DAS GROSSE GARTENBUCH

Das grosse Gartenbuch

PRAKTISCHE TIPPS UND ANLEITUNGEN ZUR GESTALTUNG IHRES GARTENS

ANTONY ATHA

JANE COURTIER

MARGARET CROWTHER

SUE HOOK

DAVID SQUIRE

Parragon

Bath • New York • Singapore • Hong Kong • Cologne • Delhi
Melbourne • Amsterdam • Johannesburg • Shenzhen

Entwurf und Realisation: The Bridgewater Book Company Ltd.

Parragon Books Ltd
Chartist House
15-17 Trim Street
Bath, BA1 1HA
U.K.

Übersetzung aus dem Englischen:
Wiebke Krabbe (Gärtnern mit Pflanzkübeln/Garten-Design)
Inga-Brita Thiele (Kleine Gärten)
Franca Fritz, Heinrich Koop (Gärtnern durchs Jahr)
Redaktion und Satz: Lesezeichen Verlagsdienste, Köln
Koordination: trans texas publishing, Köln

ISBN 978-1-4454-9818-8

Printed in China

Inhalt

Gärtnern mit Pflanzkübeln

Kleine Gärten

Gärtnern durchs Jahr

Garten-Design

Einleitung

Das Gärtnern ist eine lebenslange Leidenschaft, bei der Sie dieses einzigartige Gartenbuch als Informations- und Inspirationsquelle unterstützt. In dem umfassenden, üppig illustrierten Ratgeber finden Sie alles, was Sie zur Planung und Anlage eines neuen Gartens oder zur individuellen Umgestaltung und Verschönerung eines bestehenden Gartens wissen müssen. Er beinhaltet kreative Anregungen ebenso wie praktische Tipps und wichtige Grundkenntnisse für das ganze Gartenjahr und sollte deshalb jederzeit griffbereit sein.

Großflächige Hausgärten bilden heutzutage eher die Ausnahme: Deshalb behandelt ein ganzes Kapitel dieses Buchs die optimale Ausnutzung begrenzten Gartenraums. Kleine Gärten liegen oft beengt zwischen Nachbarhäusern und bieten wenig Privatsphäre. Ungünstig geschnittene, z. B. lange, schmale Gartengrundstücke, können ebenso wie solche mit wenig Sonne oder fehlendem Windschutz besondere Gestaltungsprobleme aufwerfen. In Neubaugebieten ist der Gartenboden oft mit Bauschutt vermischt. Zu leichte und sandige Böden können ebenso problematisch sein wie schwere, tonige Böden, die im Winter nass und klebrig, im Sommer dagegen oft knochentrocken und rissig sind. Oft scheint sich alles gegen die Schaffung eines attraktiven Gartens als sommerlicher Lebensraum für die ganze Familie verschworen zu haben, doch in Wirklichkeit stellen solche Widrigkeiten keine unüberwindlichen Hindernisse dar.

Privatsphäre z. B. lässt sich schnell und einfach durch frei stehende Rankgitter schaffen, die man mit etwas Abstand zur Gartengrenze aufstellen sollte, um zu vermeiden, dass Kletterpflanzen auf das Nachbargrundstück hinüberwuchern. Auch mit Rosen oder Goldregen berankte Bögen, die einen Gartenweg überspannen, sind ein wirkungsvoller Sichtschutz und attraktiver

◀ *Der beschauliche Ruheplatz in einem küstennahen Garten bildet einen reizvollen Kontrast zur Sand- und Kiesellandschaft jenseits des Zauns.*

Blickfang zugleich. Gartenlauben und -pavillons können als lauschige Rückzugsorte dienen. Mauern aus dekorativ durchbrochenen Formsteinen, Flechtzaunelemente oder blickdichte Bretterzäune bieten ebenfalls zuverlässigen Schutz vor neugierigen Blicken.

Bodenverbesserung

Auf kleiner Fläche ist die Beschaffenheit des vorgefundenen Gartenbodens kein so schwerwiegendes Problem wie auf einem größeren Grundstück. Hochbeete beispielsweise, die man mit einem speziell aufbereiteten Substrat füllt, stellen eine mögliche Lösung bei extrem saurem, alkalischem oder sumpfigem Boden dar. Die Verbesserung größerer Areale erfordert jahrelange systematische Maßnahmen. Zu nasse Böden lassen sich jedoch durch Drainagen relativ rasch und nachhaltig verbessern.

Gestaltungsstile

Die Vielfalt der verschiedenen Gartenstile offeriert ein breites Spektrum kreativer Möglichkeiten für jeden Geschmack. Dieses Buch bietet anregend illustrierte Gestaltungstipps für formale Gärten mit durchgeplanten Pflanzenarrangements, für zwanglose Cottage- oder Bauerngärten mit ihrem bunten Nebeneinander verschiedenster Pflanzentypen ebenso wie für Wiesen- und Schattengärten, Duft-, Nacht- und Zen-Gärten, die eine angenehm ruhige, friedvolle Atmosphäre auszeichnet.

▲ Rhododendren und Azaleen gehören zu jenen Pflanzen, die auf saurem Boden am besten gedeihen.

Gartenfarbe für jede Jahreszeit

Der Wunsch nach üppiger Farbenpracht gehört zu den Hauptmotivationen des Gärtnerns; deshalb sind mehrere Kapitel dieses Buchs der Ton-in-Ton-Gestaltung von Beeten, etwa in Rosa und Rot, Blau und Violett, Gelb und Gold, Weiß und Silber, aber auch der Anlage bunt gemischter Beete und solcher mit buntblättrigen Pflanzen gewidmet.

Ebenso werden Pflanzen für die Anlage spezieller Frühjahrs-, Sommer-, Herbst- und Winterarrangements und Gehölze mit attraktiver Rinde und bunten Zweigen vorgestellt, die den Garten das ganze Jahr hindurch bereichern.

Gärtnern mit Kübelpflanzen

Pflanzen in Kübeln und Kästen sind ideal für Höfe, Terrassen, Balkons, kleine Gärten und befestigte Flächen in größeren Gärten. Auch diese Form des Gärtnerns wird hier ausführlich und reich illustriert behandelt.

Viele Gärtner spezialisieren sich auf Kübelpflanzen, die im Sommer mit ihrer Farbe und ihrem Duft erfreuen, mit geradezu „architektonischen“ Formen reizvolle Blickfänge bilden oder im Frühling das Gartenbild nach den tristen Wintermonaten neu beleben. Auch Dachgärten gehören zum Bereich des Gärtnerns mit Kübelpflanzen, da in unseren enger werdenden Lebensräumen auch Orte für die Pflanzenzucht genutzt werden, auf die man früher nie verfallen wäre.

Nutzgärten

Gärten sind nicht nur dekorativ, sie können auch – wenn die Lage des Gartens nicht allzu ungünstig ist – allerlei frische Köstlichkeiten zum Verzehr liefern: Gemüse und Salat, delikate Beeren oder Baumobst wie Äpfel und Birnen. Geeignete Sorten lassen sich auch in kleinen Gärten erfolgreich ziehen, und die Kultivierung von Erdbeeren im Fass oder Tomaten und Salat in Pflanzbeuteln ist selbst auf kleinstem Raum möglich.

Auch Küchenkräuter kann man nicht nur in Kräuterbeeten im schmucken Wagenrad- oder Schachbrettmuster, sondern auch in Töpfen im Hof oder auf der Terrasse, in Blumenkästen am Fenster oder in Pflanzbeuteln ziehen.

▲ *Bewegtes Wasser im Garten wirkt beruhigend und anregend zugleich.*

Erquickende Wassergärten

Wasser ist ein beliebtes Gestaltungselement für Gärten, das einerseits eine beruhigende Atmosphäre erzeugt, zugleich aber durch das beständige Plätschern einer Fontäne oder das Rauschen eines Wasserfalls dynamisch wirkt. Teiche kann man auch auf Terrassen oder in Innenhöfen anlegen – ebenerdig oder als erhöhtes Becken, das dem Betrachter optimale Sicht auf Fische und Wasserpflanzen gewährt.

Wassergärten lassen sich auf reizvolle Weise mit Steingärten kombinieren, etwa in Form mehrstufiger Wasserfälle. Naturteiche sind ideal, um heimische Insekten und Kleintiere in den Garten zu locken; in Sumpfgärten am Rand naturnaher Teiche kann man viele Feuchtigkeit liebende Pflanzen ziehen.

Wo Teiche wegen Kleinkindern eine Gefahr darstellen, bieten sich Miniaturteiche in Holzbottichen auf der Terrasse oder Kieselarrangements mit Sprudelstrahl als attraktive Alternativen an.

Wandelbare Gärten

Für jeden Garten kommt irgendwann die Zeit zur Veränderung, z. B. wenn frühere Spielflächen für Kinder in ein Duftbeet, einen Naturteich oder einen Steingarten umgewandelt werden sollen. Dieses Buch liefert eine Fülle fantasievoller Umgestaltungsideen für Gärten samt Plänen und Illustrationen für ihre Umsetzung. Freilich finden junge Familien hier auch Ratschläge zur idealen Gestaltung kindgerechter Gärten.

Aufgaben und Pflichten

Das Gärtnern ist eine ganzjährige Beschäftigung, bei der es immer etwas zu tun oder zu planen gibt. Im Winter wird naturgemäß mehr geplant als praktisch gearbeitet, aber er ist auch die Zeit, um im Garten Ordnung zu schaffen und die Beete, die im späten Frühjahr oder Frühsommer des kommenden Gartenjahrs bepflanzt werden sollen, gründlich umzugraben. So haben Wind, Frost, Schnee und Eis Gelegenheit, die obere Bodenschicht feinkrümelig zu zerkleinern, bevor die Zeit des Pflanzens oder der Aussaat kommt. Das Umgraben hilft auch, Unkrautwuchs vorzubeugen und Bodenschädlinge zu bekämpfen. Tipps zum richtigen Umgraben finden Sie hier ebenso wie Anleitungen zur Rasenpflege, zur Zierpflanzenzucht, zum Anbau von Obst und Gemüse und zur Kultivierung von Gewächshauspflanzen. Das Gartenjahr wird praxisgerecht in die

▲ *Solche bunt gemischten Staudenbeete mit ihrer zwanglosen Ausstrahlung gelten als Charakteristikum eines englischen Cottage-Gartens.*

Kapitel Frühjahr, Sommer, Herbst und Winter und innerhalb dieser Kapitel noch einmal in Anfang, Mitte und Ende der jeweiligen Jahreszeit unterteilt. So kann der Gartenfreund immer gleich die richtige Seite mit wertvollen Ratschlägen für die jeweilige Jahreszeit aufschlagen.

Pflanzenauswahl

Dieser durchgehend farbig illustrierte Ratgeber bietet selbstverständlich auch Empfehlungen für die passenden Pflanzen für jeden Zweck und Standort: von Einjährigen und Stauden über Sträucher, Bäume, Kletterpflanzen, Steingartenpflanzen, Zwiebel- und Knollenpflanzen bis zu Pflanzen für Wassergärten. Die umfangreichen, übersichtlich gegliederten Pflanzenverzeichnisse präsentieren Kurzporträts zahlreicher Pflanzen mit Angaben zu Höhe, Ausbreitung und Standortbedingungen.

Diese Fülle an Informationen wird ergänzt durch Tipps zur schonenden Bekämpfung von Schädlingen, Krankheiten und Unkräutern, Hinweise zur umweltgerechten Entsorgung nicht mehr benötigter chemischer Mittel und ein umfangreiches Glossar, das Begriffe der Gartenterminologie von „abhärten" bis „zwittrig" erläutert.

Dank dieses unentbehrlichen Gartenbuchs kann das Gärtnern zu einem beglückenden Hobby für die ganze Familie werden, das Sie ein Leben lang begleiten und erfreuen möchte.

Gärtnern mit Pflanzkübeln

Der Pflanzkübel, das Multitalent

Kübel lassen sich auf vielerlei Weise einsetzen. Im traditionellen Garten können sie speziellen Pflanzen Platz bieten. In einem kleinen Hof sind sie vielleicht die einzige Pflanzmöglichkeit. Neben dem klassischen Blumentopf gibt es noch verschiedene andere Pflanzbehälter.

Gute Planung muss sein

Wer einen Garten plant, muss ihn zuerst einmal genau vermessen. Das ist vor allem in Garteninnenhöfen wichtig. Je kleiner der Garten ist, desto mehr kommt es darauf an, jeden Quadratzentimeter optimal zu nutzen und im besten Licht zu präsentieren.

Wofür wird der Garten benutzt?

Ist der Garten einmal vermessen, muss überlegt werden, wie die Bewohner ihn nutzen möchten. Der Platz ist hier entscheidend. In einen sehr kleinen Garten passen vielleicht gerade ein Tisch und Stühle – ein Essplatz für den Sommer. Auf so beengtem Raum muss sich der Gärtner eventuell mit einigen Kübeln begnügen, in denen frische Kräuter für die Küche, einjährige Blühpflanzen oder Kletterpflanzen zum Kaschieren einer Mauer gedeihen.

Je größer der Garten, desto mehr Möglichkeiten bietet er – und desto

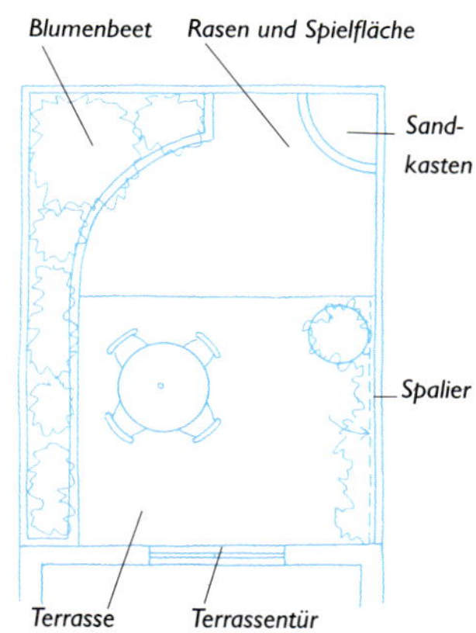

▲ *Ein kleiner Garten hinter einem Stadthaus. Das Spalier und der Baum in der rechten Ecke lockern den Bereich optisch auf.*

◀ *Ein schöner Gartenhof mit einer prächtigen Hosta in einem Kübel. Die orangefarbenen und leuchtend gelben Blüten der Kapuzinerkresse heben sich gut von dem Grün der Blätter ab.*

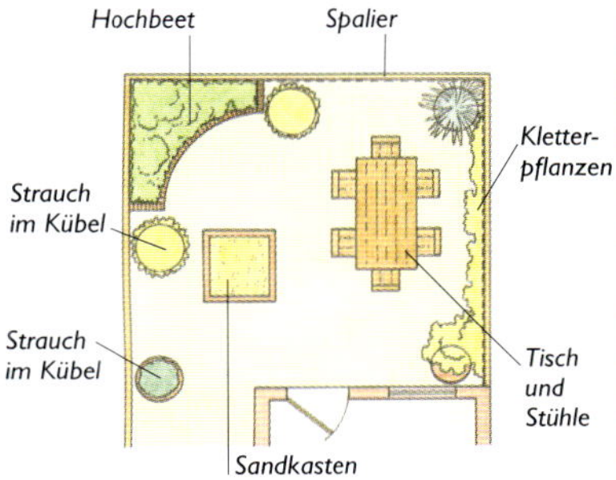

▲ *Ein Ausschnitt der Skizze auf Seite 20 für ein Stadthaus mit seitlichem Durchgang. Der Sandkasten liegt im Sichtbereich des Küchenfensters, die Kübel beleben die seitliche Grenze.*

▶ *Ein geschmackvoller Gartenhof mit einem quadratischen Wasserbecken inmitten von Farnen. Die Buchsbaumkugeln harmonisieren die kantigen Konturen des Beckens.*

mehr Probleme können auftauchen. Denken Sie zuerst an die Familie. Viele Jungen sehen sich gern als Fußballstars, doch Pflanzen und Ballspiele vertragen sich nicht gut, und Hortensien eignen sich auch nicht als Torpfosten. Mädchen sind oft ruhiger, doch alle Kinder wünschen sich Platz zum Radfahren. Kleine Kinder haben Spaß an einem Sandkasten, für den sich auch in einem kleinen Gartenhof Platz findet. (Wer einen Sandkasten baut, sollte an eine Abdeckung denken, um unerwünschten Besuchen von Nachbarkatzen vorzubeugen.)

Kernfragen Klären Sie vorab einige grundsätzliche Fragen. Soll der Garten im Sommer zum Essen genutzt werden? Dient er als zusätzlicher Wohnbereich oder Aufenthaltsplatz für die Familie? Sind diese Fragen geklärt, kann man sich den Besonderheiten des Gartens zuwenden. In welche Himmelsrichtung ist er ausgerichtet? Wie viel Sonne bekommt er – oder liegt er den ganzen Tag im Schatten? Danach überlegen Sie, welche Art von Kübeln Sie aufstellen wollen, ob vielleicht Platz für ein Hochbeet vorhanden ist und welche Pflanzen sich dafür eignen. Hochbeete haben viele Vorzüge. Sie sind für ältere und körperbehinderte Personen bequemer zu pflegen und bieten ausreichend Platz für langlebige Pflanzen wie Bäume und Sträucher. Außerdem geben Sie dem Garten Höhenstruktur. Wer ein Hochbeet anlegen will, sollte zur Hausmauer etwas Platz lassen, um die Feuchtigkeitssperre des Mauerwerks nicht zu beschädigen oder zu überbrücken.

Grundregeln Ob der Garten groß oder klein ist, einige Regeln gelten generell. Alle Elemente eines Kübelgartens müssen leicht erreichbar sein, zudem muss der Garten einen erkennbaren Grundriss haben. Das mag selbstverständlich klingen, aber im Eifer wird oft der Zugang zur Terrassentür behindert. Außerdem muss dafür gesorgt sein, dass alle Kübel problemlos gegossen werden können und dass auch das Anbinden oder Beschneiden langlebiger Pflanzen möglich ist. Natürlich muss auch der Zugang zum Außenwasserhahn frei bleiben, und schließlich darf eine Baumkrone nicht genau vor einem Fenster sein.

Kübel als Blickfang

Für einen Gartendesigner gibt es keine größere Herausforderung als einen langen, schmalen Garten, der auf einen Blick zu überschauen ist. So sollte kein Garten sein. Selbst der kleinste Garten braucht etwas Geheimnisvolles, und das lässt sich mit geschickt platzierten Kübeln durchaus schaffen.

Der kleine, formale Kübelgarten

Formale Gärten mit ihrer geometrischen Aufteilung haben sich aus den Knotengärten des späten 16. Jahrhunderts entwickelt. Quadrate, Rechtecke und Kreise sind die gängigsten Formen, die sich auch für kleine Gärten gut eignen. Wer einen schmalen, rechteckigen Garten hat, könnte diese Form noch betonen und die Grenzen mit einer dunkelgrünen Eibenhecke bepflanzen. Dann wird ein Weg aus Ziegeln oder Natursteinplatten verlegt, der mitten durch den Garten zu einem auffallenden Kübel oder Wasserspiel führt, das am Ende des Grundstücks als Blickfang dient. Ein Kreis in der Mitte des Wegs unterteilt den Garten in vier gleiche Teile. Dadurch entstehen vier Beete, die jeweils zur Mitte hin einen gerundeten Ausschnitt haben. Jedes der Beete bekommt eine klare Kontur aus einer niedrigen Buchsbaumhecke *(Buxus sempervirens)*. An den vier Ecken der Beete werden gleiche Kübel aufgestellt, bepflanzt mit der goldblättrigen Art *B. s.* 'Marginata', die sich gut in Kugelform schneiden lässt. Weil die Kugeln in Kübeln stehen, wirken sie höher als die niedrige Buchsbaumhecke und betonen die Vertikale. Und weil sie immergrün sind, sorgen sie dafür, dass der Garten auch im Winter attraktiv aussieht. Die Bepflanzung der vier Beete richtet sich nach der Größe und Ihrem persönlichen Geschmack. Sie sollte möglichst symmetrisch sein und Pflanzen unterschiedlicher Höhe enthalten.

◀ Eine rustikale Laube in einem formalen Garten, eingerahmt von Glyzinien-Hochstämmen und Kübeln mit Lilien und Aurikeln. Euphorbien flankieren die Stufen zum Kräutergarten.

Der informelle Stadtgarten Eine zweite Gestaltungsmöglichkeit für das gleiche Gartengrundstück baut auf geschwungenen Linien auf. Zuerst wird der Garten auf Kästchenpapier skizziert, dann werden an den Rändern einige Bögen gezeichnet – das sind die Blumenbeete (siehe Zeichnung oben rechts). Die Mitte des Gartens nimmt eine Rasenfläche ein, durch die sich ein leicht s-förmiger Pfad aus Trittsteinen zieht und zu einem Rondell führt, auf dem ein schöner Kübel, eine Amphore oder eine Sonnenuhr stehen könnte. An den Schnittpunkten der einzelnen Bögen wird je ein Kübel platziert. Manche sind vom Haus aus gar nicht sichtbar, andere sind nur teilweise verdeckt. Dadurch bekommt der Garten eine Reihe von „geheimen Plätzen". Als Rahmen für einen solchen Garten bieten sich ein oder zwei größere Bäume an, die zunächst den Blick von der Form der Beete ablenken und für zusätzliche optische Spannung sorgen.

Die Bepflanzung eines Gartens sollte mit den Jahreszeiten variieren. Kleine Zwiebelpflanzen wie Schneeglöckchen und Krokusse sehen zeitig im Jahr schön aus. Für den Frühsommer bieten sich farbenfrohe Stauden wie Akelei und Lerchensporn an. Wenn der Platz ausreicht, sollten auch einige kleinere Rosen als sommerlicher Farbtupfer nicht fehlen. Töpfe und Kübel werden mit leuchtend bunten Einjährigen bepflanzt.

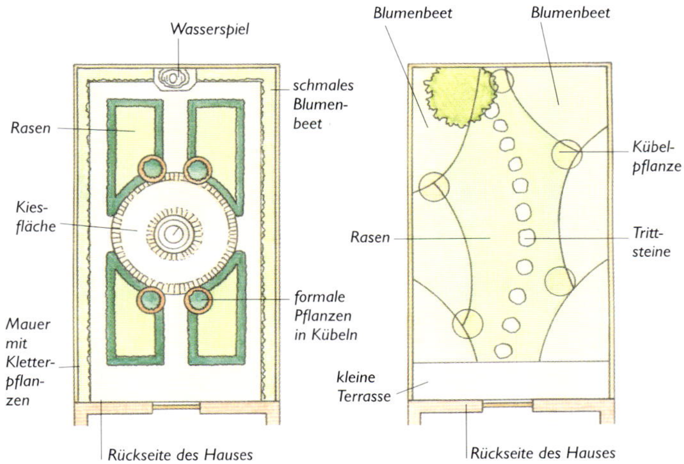

▲ *Zwei Entwürfe für das gleiche Grundstück. Die Bepflanzung des formalen Gartens (links) kann mit den Jahreszeiten variiert werden. In dem zwanglosen Garten rechts ist alles möglich.*

▶ *Eine stattliche, antike Urne in einem formalen Garten, eingerahmt von akkurat beschnittenen, niedrigen Buchsbaumhecken.*

Platz und Blickfang schaffen

Kübel eignen sich perfekt, um Gartenbereiche voneinander abzugrenzen; das gilt gleichermaßen für große Gärten auf dem Land wie für kleine Stadtgärten. Mit Kübeln kann man im Handumdrehen eine Barriere schaffen, und im folgenden Jahr können sie einfach umgestellt werden.

Kübel im kleinen Stadtgarten

Im typischen kleinen Stadtgarten schließt sich an die Rückseite des Hauses eine gepflasterte Terrasse an. Dahinter liegt ein Rasen, beiderseits von Blumenbeeten flankiert. Wer aber einen sehr langen, schmalen Garten hat, möchte ihn vielleicht in drei oder vier Bereiche unterteilen. Für solche Grundstücke bietet sich eine Querteilung förmlich an.

Stellen Sie für die erste Unterteilung eine gerade Anzahl formaler Kübel am Rand der Terrasse auf. Sie müssen Blick und Zugang zum Rasen nicht völlig versperren, um den Eindruck einer Abgrenzung zu erwecken. Werden sie im Sommer mit bunten Blumen bepflanzt, etwa Petunien und Lobelien, wirken sie obendrein als Blickfang und locken bei Sonnenschein auch Bienen und Schmetterlinge an. Auch die Kübel kommen mit solchen Pflanzen besser zur Geltung.

Wenn der Platz ausreicht, könnten Sie im hinteren Bereich ein leicht erhöhtes Beet anlegen. Bauen Sie eine niedrige Stützmauer, vielleicht zwei oder drei Ziegelsteinreihen hoch, mit einer einzelnen Stufe in der Mitte. Vor der Stützmauer werden vier Kübel aufgestellt – je einer rechts und links neben der Mauer und zwei neben der Stufe. Perfekt wird die Gestaltung durch eine Gartenbank am Ende des Gartens, die von zwei weiteren Kübeln flankiert wird und so einen formalen Blickfang bildet.

Kübel für Wege Auf einem ähnlichen Konzept basiert die Idee, Kübel in regelmäßigen Abständen beiderseits eines Gartenweges aufzustellen – wie Soldaten, die Spalier stehen. Im Idealfall sollte der Weg so breit sein, dass zwei Personen bequem nebeneinander gehen können und auch der Gärtner mit beladener Schubkarre genug Platz hat.

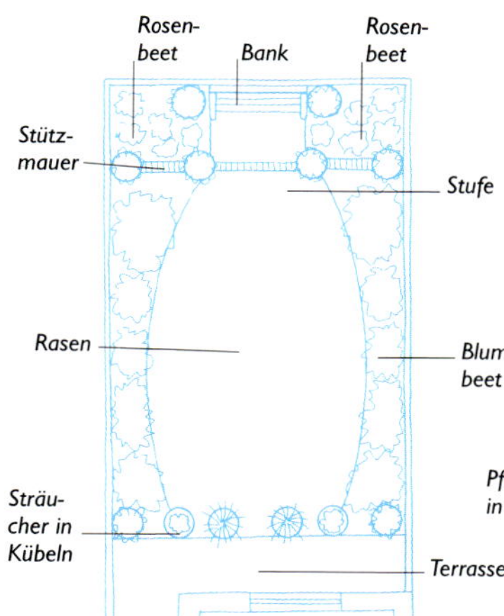

▲ *Eine gute Lösung ist die Aufteilung in drei Bereiche, die durch Kübel und Niveauunterschiede abgegrenzt werden.*

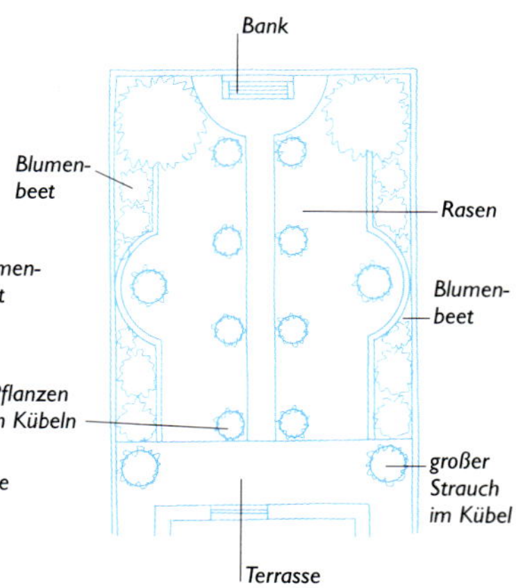

▲ *Symmetrie ist das Grundprinzip formaler Gärten. Identische Kübel flankieren den Weg, der durch die Mitte des Rasens führt.*

◀ *Eine grobe Skizze der Bereiche hilft beim Ermitteln, wie viele Kübel welcher Art gebraucht werden. Hier soll ein Sitzplatz von Duftpflanzen umrahmt werden.*

1. *Lilium* 'Golden Splendor'
2. *Nicotiana* Domino Mixed
3. *Phlox* Palona Mixed
4. *Nicotiana* Domino Mixed

Kübelpflanzen als Blickfang und Akzent

Kübelpflanzen haben den Vorteil, dass man mit ihnen die Bepflanzung beleben und immer neue Farbakzente setzen kann. Im Sommer kann man leuchtend rote und weiße Pelargonien gemischt oder separat pflanzen. Für Effekte in Blau-Weiß-Rot passen dazu zierliche Lobelien.

Eine andere Möglichkeit sind Petunien in sanften Flieder-, Rosa- und Weißschattierungen. Für solche pastellfarbenen Pflanzen eignen sich vor allem graue Kübel aus Naturstein, Beton oder Kunststoff, weil der neutrale Farbton nicht mit den Blütenfarben konkurriert. Farbige Kübel sind für solche Zwecke eher ungeeignet, weil die Kontraste leicht allzu schrill ausfallen können.

▶ *Sonnenblume und Säckelblume – eine augenfällige Kombination. Für einen ähnlichen Kontrast eignen sich auch späte Narzissen.*

Der Hintergrund zählt

Pflanzen sind niemals isoliert. Bunte Blüten leuchten vor grünem Laub, Bäume heben sich vor dem Himmel ab, weiße Clematis an einem Spalier wirkt anders als an einer Backsteinmauer. Nehmen Sie den Hintergrund Ihres Gartens wahr und beziehen Sie ihn gezielt mit ein.

Unkomplizierte Hintergründe

Manche Hintergründe sind ganz problemlos. Ideal ist beispielsweise eine dunkle, immergrüne Eibenhecke *(Taxus baccata)*, vor der alle anderen Farben strahlen. Besonders attraktiv sind weiße Kübel mit weiß blühenden Pflanzen. Ist keine Eibenhecke vorhanden, könnte man mit Efeu *(Hedera)* eine Mauer begrünen. Für eine Hintergrundbepflanzung sollte man eine dunkelgrüne Efeusorte wählen. Soll dagegen die Wand selbst interessanter wirken, empfehlen sich die vielen Efeusorten mit gelb oder weiß panaschierten Blättern. Sie sehen für sich dekorativ aus, eignen sich aber weniger als Hintergrund, weil die mehrfarbigen Blätter die Aufmerksamkeit von den blühenden Pflanzen ablenken.

Ziegelmauern

In kleinen Gärten machen Ziegel von Haus und Gartenmauern einen Großteil des Hintergrunds aus. Die meisten Zie-

◀ Mit mehrfarbigen Gräsern lassen sich interessante Effekte erzielen. Die Styroporstückchen müssen mit einem Nylonnetz fixiert werden.

Kontrastfarben sehen vor einem neutralen Flechtzaun gut aus – hier Blau und Grün.

Terrakotta harmoniert gut mit Ziegeln. Zu klassischen Kübeln passen fast alle Pflanzen.

Bei intensiven Hintergrundfarben müssen Kübel und Pflanzen sehr behutsam gewählt werden.

gel sind rötlich oder gelblich. Die Versuchung ist groß, eine Ziegelmauer weiß zu streichen – widerstehen Sie jedoch. Die Hauptfarbe von Pflanzen ist Grün, das ausgezeichnet mit den sanften Farbtönen der meisten Ziegel harmoniert. Außerdem wachsen Pflanzen schnell, und dann verdecken ihre Blätter bald den frischen Anstrich. Solange die Pflanzen noch klein sind, kann eine weiße Wand sehr grell wirken und die Farben der Blüten blass aussehen lassen. Weil obendrein attraktive weiße Pflanzen vor einer weißen Wand nicht zur Geltung kommen, begrenzen Sie unnötigerweise Ihre Pflanzenwahl durch einen solchen Anstrich.

Kleine Gefäße vor natürlichem Hintergrund Pflanzen stehen nur selten allein, darum gilt die Grundregel „hohe Arten hinten, niedrige vorn“ für große Gärten, kleine Beete und Kübelarrangements gleichermaßen. Töpfe und Kübel aus Terrakotta harmonieren mit den meisten Pflanzen. Neuen Töpfen gibt man schnell Patina, indem man sie mit Sauermilch oder Joghurt einpinselt, auf dem sich bald Moose und Flechten ansiedeln.

Achten Sie darauf, dass die Farbe der Kübel sowohl auf die Farben der Blätter als auch auf den Hintergrund abgestimmt ist. Schwierig könnte die Farbzusammenstellung eventuell bei einem Dachgarten werden. Um für Sicht- und Windschutz zu sorgen, kann man am Rand ein Spalier errichten und mit dichten Kletterpflanzen begrünen. Für den Dachgarten sind Kübel aus Fiberglas oder Kunststoff zweifellos die preiswerteste und beste Lösung, denn sie sind leichter als Kübel aus Ton, Stein oder Holz, außerdem kann man sie nach Belieben in jeder Farbe anstreichen.

▶ *Madonnen- und Königslilien sind ausgezeichnete Duftpflanzen für Kübel. Nur an sehr geschützten Plätzen kommen sie ohne eine Stütze aus.*

Kübel für Tür und Tor

Türen und andere Durchgänge sind besonders wichtige Bereiche in Haus und Garten. Die Haustür zeigt den Geschmack der Bewohner an. Ähnlich kündigt auch ein Durchgang im Garten das an, was dahinter liegt. Folglich müssen gerade hier die Kübel sehr sorgfältig ausgewählt werden.

◀ *Ein bezaubernder Garten mit Kübeln voll Hosta und* Dicentra. *Das Geißblatt am Rundbogen muss kräftig beschnitten werden.*

Der formale Eingang

Ein beliebtes Gestaltungsthema für den Eingangsbereich älterer Stadthäuser sind zwei formale Kübel im Versailles-Stil, bepflanzt mit Lorbeer-Hochstämmchen *(Laurus nobilis),* die zu sauberen Kugeln gestutzt sind. Weitere Pflanzen sind nicht nötig, man kann auf die Erde der Kübel aber eine Schicht hellen Kies oder Splitt geben. Beschnittener Buchsbaum *(Buxus)* in antiken Terrakottakübeln, vielleicht zu spiralförmigen Hochstämmen geformt, ist eine gute Alternative. Wer lieber etwas Farbe hätte, könnte stattdessen einen Margeriten-Hochstamm *(Argyranthemum)* mit silbrigem Laub und weißen Blüten wählen.

Farbenfrohe Begrüßung Für weniger formale, aber geräumigere Eingangsbereiche bieten sich ganz andere Lösungen an – je nachdem, ob ein Vorgarten vorhanden ist oder vielleicht eine gepflasterte Fläche für einige Kübel. In einem ländlichen Garten könnte man eine Kletterrose, etwa die Sorte 'Iceberg', über die Tür leiten. Ihre nickenden, weißen Blüten sehen von unten besonders zart aus. Zum Einrahmen der Rose eignen sich mehrere Kübel und Töpfe mit blau und weiß blühenden Pflanzen, beispielsweise Storchschnabel (*Geranium* 'Johnson's Blue'), dunkelblauer Lavendel (*Lavandula angustifolia* 'Hidcote'), weiße Petunien oder Bartfaden (*Penstemon* 'White Bedder').

Formale Bögen

Ein Bogen in einer immergrünen Hecke, flankiert von Terrakotta- oder Steinkübeln mit einer konsequent einfarbigen Bepflanzung, ist in jedem Garten ein faszinierender Anblick. Für solche Zwecke gibt es keine bessere Wahl als Weiß, das vor dem dunklen Grün leuchtet. Reizvoll kann aber auch eine Kombination in Blau und Weiß aussehen. Wichtig ist, dass die Kübel zur Hecke passen. Vor einer formalen Eibenhecke sind beispielsweise elegant geformte Gefäße aus Terrakotta sehr stilvoll.

Eine Tür einrahmen

1 Zuerst den Bereich rings um die Tür ausmessen und ein Spalier aus Leisten andübeln. Wer mag, verwendet statt eines Spaliers Spanndrähte.

2 Passende Kübel für die Pflanzen wählen und auf Ziegelsteine stellen, damit überschüssiges Gießwasser abfließen kann.

3 *Clematis* 'Jackmanii Superba' und die nahezu stachellose Rose 'Zéphirine Drouhin' sind harmonische Partner und sorgen für sommerliche Farbe.

Pflanzenpflege Wer sich für zwei Lorbeerhochstämmchen oder andere formale Pflanzen in identischen Kübeln entschieden hat, muss sie regelmäßig in Form schneiden, gießen und düngen. Einjährige sind preiswert und werden nach der Blüte ersetzt. Ein stattlicher Hochstamm ist hingegen eine wesentlich größere Investition, doch bei guter Pflege hat man an ihm viele Jahre Freude. Koniferen und sogar Olivenbäumchen *(Olea europaea)* in formalen Kübeln sind ebenfalls gute Türsteher. Olivenbäume sind frostempfindlich und müssen bei Forst ins Haus oder Gewächshaus.

Auf stimmige Proportionen achten

Beim Einrahmen einer Tür mit Pflanzen muss die Höhe der Tür berücksichtigt werden. Die Proportionen zwischen Tür und Kübeln sollen ausgewogen sein. Zu kleine Kübel wirken nicht, während zu große die Tür sehr einengen können. Stellen Sie die Kübel probeweise auf und stellen Sie sich vor, wie hoch die gewünschten Pflanzen werden. Achten Sie auch darauf, dass die Kübel mit dem Stil des Hauses harmonieren. Verwitterte Terrakottakübel passen zu ländlichen Backsteinhäusern. Für ein modernes Stadthaus sind schlichte Gefäße ohne jeden Schnörkel besser geeignet.

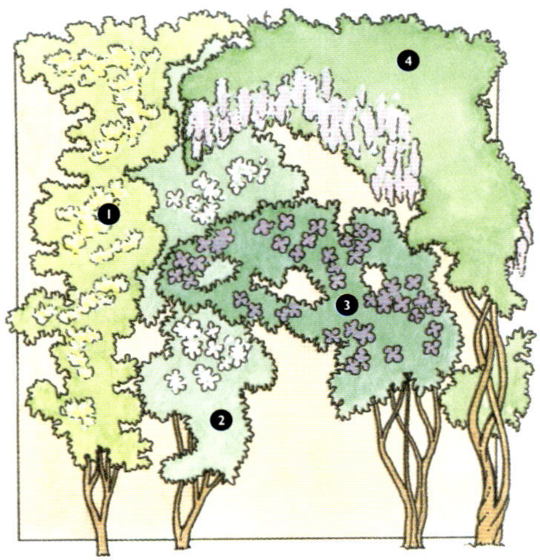

◀ *Zum Einrahmen einer Haustür eignen sich verschiedene Pflanzen. Geißblatt duftet herrlich, sieht aber etwas unordentlich aus.* Clematis montana *ist sehr schnellwüchsig. Glyzinien* (Wisteria) *müssen sorgfältig beschnitten werden und gedeihen am besten direkt im Erdreich.*

1. Geißblatt *(Lonicera)*
2. *Clematis montana*
3. *C.* 'Jackmanii Superba'
4. Glyzinie *(Wisteria sinensis)*

Kübel für Stufen und Wege

Ausgesprochen edel sehen Kübel aus, die eine formale Treppe flankieren. Stufen können auch aus dem Souterrain des Hauses zum Garten führen oder im Grenzbereich zwischen zwei Ebenen im Garten liegen. An solchen Plätzen sind Kübel ein besonderer Blickfang.

Kübel auf den Garten abstimmen

Zunächst muss der Stil der Treppe berücksichtigt werden. Schmale, rustikale Stufen aus Ziegelsteinen oder alten Eisenbahnschwellen in einem ländlichen Garten vertragen sich am besten mit kleinen Töpfen oder Kübeln, die passend zur Umgebung bepflanzt sind. Zu einer schwarzen Feuertreppe an einem Stadthaus passen Tontöpfe mit leuchtend roten Pelargonien. Am Fuß einer einfachen Treppe, die zum Haus führt, könnte man auch Kübel mit Kletterpflanzen wie Clematis aufstellen. Flicht man die Triebe durch die Streben des Geländers, wirkt auch dies gleich nicht mehr so kühl und technisch. Breite Stufen in großen, formalen Gärten verlangen nach stattlichen, klassischen Kübeln mit passenden Pflanzen, etwa weißen Hortensien. Sie lenken den Blick auf die Stufen und laden in die nächste Ebene ein; das gilt besonders für Stadthäuser, aus deren Souterrain eine Treppe in den Garten führt.

▶ *Der Weg aus Ziegelsteinen wird begleitet von Rosen, Fingerhut und* Heuchera. *Die Statue neben dem Kübel wirkt geheimnisvoll.*

Engen Raum gut nutzen

In vielen Gärten ist der Platz knapp, doch kann man Stufen oder Wege, etwa vor der Küche, ausgezeichnet nutzen. Küchenkräuter sind hier bestens platziert. Viele gedeihen in der Sonne und im Halbschatten, und der Koch muss nur wenige Schritte gehen, um frisches Grün für den Salat zu ernten. Natürlich kann man auch dunkle Bereiche mit Pflanzen

▶ *Im Sommer kann man kahle Treppen bestens mit Töpfen voll leuchtender Einjähriger dekorieren: Pelargonien, Petunien und Verbenen bieten sich an.*

1. *Pelargonium* Horizon-Serie
2. *Verbena × hybrida*
3. *Pelargonium* Horizon-Serie
4. *Pelargonium* Horizon-Serie
5. *Pelargonium* Horizon-Serie

beleben, etwa den seitlichen Durchgang neben einem Reihenhaus. Wer hierfür allerdings Blühpflanzen wählt, die viel Sonne brauchen, sollte sie regelmäßig mit anderen austauschen, damit sie ausreichend Licht bekommen. Die Mühe können Sie sich aber auch sparen, wenn Sie gleich Schattenpflanzen bevorzugen.

Kübel in Durchgängen

In Durchgängen sind die Lichtverhältnisse weiter oben an den Wänden naturgemäß besser als unten. Auf dem Boden ist es generell sehr schattig. In diesem Fall sollte man Töpfe an den Wänden befestigen, vor allem, wenn dorthin stundenweise Sonne fällt. Dadurch bleibt die Bodenfläche frei für Fußgänger, Fahrräder und Kinderspielzeug. Auch beim Dekorieren von Treppen muss darauf geachtet werden, dass die Benutzbarkeit durch die Kübel nicht eingeschränkt wird. Das gilt besonders für Feuertreppen und Fluchtwege.

Sonne und Schatten

Achten Sie bei der Planung der Bepflanzung immer auf die Himmelsrichtung. Kübel, die vor einer Südwand stehen, können sich stark aufheizen. Man bepflanzt sie am besten mit Arten, die trockene Hitze gut vertragen. Günstig sind Pflanzen aus dem Mittelmeerraum, etwa Lavendel und Rosmarin. Nordwände und schattige Bereiche verlangen nach Pflanzen, die mit wenig Licht auskommen. Geeignete Arten sind auf den Seiten 254–257 aufgeführt.

▲ *Eine Wendeltreppe aus Schmiedeeisen sieht in einem kleinen Garten gut aus. Lupinen, Fingerhut und Lilien sorgen im Sommer für Farbe.*

▲ *Sukkulenten dürfen im Sommer im Freien stehen. Die blaugrauen Blätter der Agave harmonieren mit den scharlachroten Pelargonien.*

Kübel für den Garten

Fast alle Gärten können durch Pflanzkübel zusätzlich verschönert werden. Je kleiner der Garten, desto sinnvoller ist es, auf diese Art der Bepflanzung zurückzugreifen. Und wenn ein Garten winzig ist, bieten sie manchmal die einzige Möglichkeit, überhaupt Pflanzen zu halten.

Planung und Entwurf

Bei der Planung eines neuen Gartens müssen zuerst die Bedürfnisse der Familienmitglieder bedacht werden. Wie soll der Garten genutzt werden? Ist Platz für Tisch und Stühle vorhanden? Außerdem sind noch Bodenbeschaffenheit und Himmelsrichtung von Belang.

Die Bodenqualität

Wenn der Garten ausschließlich aus Kübeln besteht, können Sie die Beschaffenheit der Pflanzerde frei bestimmen. Im Fachhandel sind verschiedene Substrate für alle Pflanzen erhältlich: saure, basische und neutrale Erde. Möchten Sie aber ein kleines Hochbeet am Rand der Terrasse bauen oder das vorhandene Erdreich bepflanzen, sollten Sie den Säuregehalt prüfen. Das lässt sich ganz einfach mit einem pH-Testset bewerkstelligen, das man im Baumarkt oder Gartencenter kaufen kann. So ein Test ist sehr wichtig und kann Ihnen Kummer und Kosten ersparen.

▲ *Die zart duftende Schlüsselblume* (Primula vulgaris) *braucht feuchten Boden im Halbschatten, sonst gedeiht sie nicht.*

Wählerische Pflanzen Pflanzen haben unterschiedliche Bedürfnisse. Einige Arten, etwa Kamelien und Heidelbeeren, gedeihen nur in saurem Substrat, dessen pH-Wert unter 6,5 liegt. Setzt man sie in basischen (alkalischen) Boden, verfärben sich die Blätter gelb, die Pflanzen entwickeln eine Chlorose und sterben schließlich ab. Zu den Säure liebenden Pflanzen gehören auch einige Beerenarten, etwa Erdbeeren und Himbeeren. Andere Pflanzen dagegen, unter ihnen Kreuzblütler und Akelei, bevorzugen einen basischen Boden und verkümmern in saurem Substrat.

Himmelsrichtung als Konstante

Die Himmelsrichtung ist enorm wichtig. Beobachten Sie den Weg der Sonne durch den Garten – nicht nur im Sommer, sondern auch im Winter. Manche Pflanzen bevorzugen Schatten. Ein Beispiel ist die Schlüsselblume *(Primula vulgaris)*. Andere hingegen brauchen täglich mehrere Sonnenstunden, um zu blühen. Manche Rosenarten fühlen sich auch an einer Nordwand wohl, während andere einen Sonnenplatz brauchen. Wer

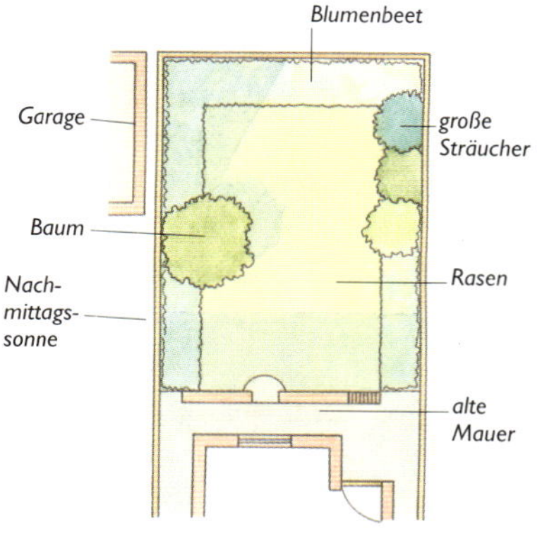

▲ *Ein nach Norden weisender Stadtgarten bekommt tagsüber kaum Sonne und liegt, wie die Zeichnung zeigt, auch abends im Schatten.*

▲ *Auf einer sonnigen Terrasse fühlen sich bunte Einjährige wohl, aber auch Gemüse wie Tomaten und Paprika.*

1 Sonnenblumen
2 Sonnenblumen
3 beschnittener Lorbeerbaum
4 Petunie
5 Stiefmütterchen
6 Ringelblumen
7 Lavendel
8 Rosen
9 Kalifornischer Kappenmohn
10 Apfelbaum
11 Stangenbohnen
12 Tomaten 'Tumbler'

schon bei der Pflanzung auf solche Belange achtet, erspart sich am Ende kostspielige Erfahrungen. Die Pflanzenlisten im letzten Kapitel dieses Buches helfen bei der Auswahl der geeigneten Arten für jeden Standort.

Die richtige Vorarbeit

Zuerst wird der Garten genau vermessen, dann wird eine maßstabsgetreue Skizze auf Kästchenpapier gezeichnet. Überlegen Sie, was sich auf dem vorhandenen Platz unterbringen lässt. Achten Sie auf die Himmelsrichtung und auch auf Gebäude, die den Garten oder Teile davon zu manchen Tageszeiten beschatten könnten. Stadtgärten inmitten hoher Gebäude bekommen manchmal nur wenig Sonne, selbst wenn sie nach Süden weisen. Schlagen Sie in der Pflanzenliste im letzten Kapitel nach, welche Pflanzen sich für Ihre Gegebenheiten eignen. Erst dann folgt der Einkauf im Gartencenter oder in einer Spezialgärtnerei. Und dann müssen Sie Geduld haben. Ein Garten ist ein Langzeitprojekt. Es braucht seine Zeit, bis Sträucher, Bäume und Stauden heranwachsen. Neu angelegte Gärten entfalten erst nach einigen Jahren ihr ganzes Potenzial.

▶ *Wenn eine Neuanlage oder größere Änderungen der Aufteilung geplant sind, muss genau Maß genommen werden.*

In die Höhe

Stellen Sie sich vor, wie langweilig ein Garten ohne Höhenunterschiede wäre. Es gibt eine Reihe kleiner Bäume, die gut in Kübeln oder alten Fässern gedeihen. Und reicht der Platz nicht einmal für einen Baum, können Mauern und Zäune mit Kletterpflanzen und Sträuchern begrünt werden.

Kleine Bäume für den Kübelgarten

Wer einen kleinen Baum pflanzen möchte, sollte einen Zwergobstbaum ins Auge fassen. Eine gute Wahl sind auch Koniferen. Und reicht der Platz für zwei oder drei Kübel aus, sollten Sie auf Abwechslung in der Blattfarbe achten. Hübsch sind auch Trauerbirken, etwa *Betula pendula* 'Purpurea' mit violett überhauchter Rinde und dunkelvioletten Blättern oder *B. p.* 'Youngii' mit silbrig weißer Rinde. Es dauert einige Jahre, bis diese Arten ausgewachsen und damit zu groß für einen Kübel sind. Sehr gut geeignet sind auch zwergwüchsige Formen des japanischen Fächerahorn *(Acer palmatum),* die unbedingt sauren Boden brauchen. Im Herbst sind sie mit ihrer leuchtenden Blattfärbung auffälliges Highlight im kleinen Garten.

Kletterpflanzen und Wandsträucher für den Kübelgarten

Wie immer beim Gärtnern sollten Sie sich vor der Pflanzenwahl einige Fragen stellen. Möchten Sie einen Zaun oder eine Mauer ganzjährig begrünen, oder nur im Sommer? Für eine ganzjährige Abdeckung empfehlen sich Immergrüne. Manche Immergrüne sind extrem starkwüchsig, selbst wenn sie im Kübel gehalten werden, und darum für kleine Gärten ungeeignet. Ist Ihr Garten geschützt und warm, oder liegt er in einer eher rauen Region? Im letzteren Fall

◀ *Die Keulenlilie* (Cordyline australis *'Variegata'*) *als Blickfang in einem großen Kübel. Sie ist allerdings frostempfindlich.*

Immergrüne Kletterer – rund ums Jahr schön

1 Wer reichlich Platz hat, könnte die immergrüne, sehr wüchsige *Clematis armandii* erwägen. Sie hat ledrige, große Blätter und trägt duftende, weiße Blüten.

2 Der panaschierte Efeu *Hedera colchia*, auch als 'Paddy's Pride' bekannt, hat interessante, gelb-grün gezeichnete Blätter. Sternjasmin duftet sehr intensiv.

3 Feuerdorn gedeiht an fast jedem Standort. Er trägt im Frühling weiße Blüten und – je nach Sorte – im Herbst rote oder gelbe Beeren.

sollten Sie auf frostempfindliche Kletterpflanzen verzichten. Gefällt Ihnen eine leuchtende Blattfärbung im Herbst? Dann könnten Sie sich für eine Kletterpflanze mit flammend rotem Herbstlaub entscheiden, etwa die Jungfernrebe *(Parthenocissus tricuspidata)*. Aber Vorsicht, die Pflanze braucht viel Platz und muss jährlich beschnitten werden, damit sie nicht unter die Dachpfannen kriecht. Wollen Sie eine Nord- oder eine Südwand begrünen? Informieren Sie sich, welche Arten für den Standort geeignet sind.

Immergrüne Kletterpflanzen für Nord- und Ostwände Der Korallenstrauch *(Berberidopsis corallina)* mit den hübschen, roten Blüten ist gut geeignet, jedoch nur bedingt winterhart. Er bevorzugt sauren Boden und wächst nicht ganz leicht an. Dekorativ ist die wüchsige *Clematis armandii* mit ihren ledrigen, länglich zugespitzten Blättern und den duftenden, weißen Blüten im Frühling. Auch sie braucht einen Winterschutz und außerdem viel Platz. Efeu *(Hedera helix)* mag etwas langweilig klingen, doch es gibt viele Sorten mit attraktiv panaschiertem Laub, etwa 'Goldherz'.

Immergrüne Kletterer für Süd- und Westwände Der etwas empfindlichere kanarische Efeu *(Hedera canariensis)* hat viele Sorten mit cremefarbig gezeichneten Blättern. Attraktiv ist der Sternjasmin *(Trachelospermum jasminoides)*, der sauren Boden verlangt. Kletternder Nachtschatten *(Solanum jasminoides)* und sein Verwandter, der chilenische Nachtschatten (*S. crispum* 'Glasnevin'), sind beliebt und mit den violetten Blüten dekorativ, beide werfen aber im Winter das Laub ab.

▶ *Auch Töpfe kann man in der Höhe staffeln. Hier fällt der hohe Kübel durch das panaschierte Laub der Pelargonien besonders ins Auge.*

Nichts als Kübel

In winzigen Gärten und in Dachgärten können Pflanzen ausschließlich in Kübeln gehalten werden. Ist mehr Platz vorhanden, könnte man in der Mitte des Gartens oder an der Seite auch ein Hochbeet bauen. Dadurch erhöht sich die Zahl der Arten, die gepflanzt werden kann, erheblich.

◀ *Die Kletterhortensie* (Hydrangea petiolaris) *wächst und blüht auch an einer Nordwand. Sie muss regelmäßig zurückgeschnitten werden.*

Kübel auf kleinem Raum anordnen

Zuerst müssen Sie ein Sortiment Kübel kaufen, das gut in den Garten passt und auch mit den umgebenden Mauern harmoniert. Tipps zu Auswahl und Einkauf der Kübel finden Sie auf Seite 84–91. Am besten wirken Kübel, wenn man sie in Gruppen arrangiert. Skizzieren Sie den Garten maßstabsgetreu auf Kästchenpapier, und zeichnen Sie alle fixen Elemente wie Türen, Fenster, Mauern, Zäune, Wasserhahn und Außensteckdosen ein. Legen Sie die Positionen der Kübel fest, und zeichnen Sie sie mit Kreide auf den Boden des Gartens, um eine konkretere Vorstellung zu bekommen, oder stellen Sie provisorisch Papierkörbe auf. Gehen Sie umher, und verändern Sie die Anordnung nach Belieben. Kübel kann man auch später noch umstellen, schwerer wird es, wenn sie mit Substrat gefüllt sind. Ideal sind Kübel in Gruppen mit ungerader Anzahl und unterschiedlicher Größe und Höhe. Noch wichtiger sind diese Vorbereitungen natürlich, wenn Sie ein Hochbeet bauen möchten.

Ein Gerüst aus Pflanzen Jeder Garten braucht ein Gerüst aus Pflanzen, und im Idealfall übernehmen Bäume und Sträucher diese dauerhaft tragende Rolle. Eine gute Möglichkeit für den kleinen Kübelgarten sind Obstbäume, die auf einer speziellen, sehr schwachwüchsigen Unterlage veredelt sind. Sie sind zwar nicht ganz billig, doch sie danken etwas liebevolle Pflege mit zauberhaften Frühlingsblüten und Früchten im Herbst.

Sommergrüne Kletterpflanzen und Wandsträucher

Wer die Wände nicht unbedingt ganzjährig begrünen möchte, hat die Wahl zwischen vielen schönen sommergrünen Arten. Geeignete Kletterpflanzen für den Kübel sind beispielsweise Clematis, Jungfernrebe *(Parthenocissus)* und echter Jasmin *(Jasminum officinale)*, der in milden Lagen halbimmergrün ist, aber nach der Blüte kräftig zurückgeschnitten werden muss.

Zu den besten Wandsträuchern gehören die Kletterrosen, die während des ganzen Sommers und bis in den Herbst hinein mit Farbe und Duft betören. Die Sorte 'Iceberg' blüht, sofern der Herbst mild war, oft noch bis zum ersten Frost. Einige Rosen gedeihen sogar an einer Nordwand, allerdings meist nur einmal im Jahr. Ein ausgezeichneter selbstklimmender Wandstrauch ist die Kletterhortensie *(Hydrangea petiolaris)*. Sie trägt im Sommer weiße Blütendolden und hat dunkelgrünes Laub, das sich im Herbst gelb färbt.

Farbe und Form Unabhängig von persönlichen Vorlieben sollten Farben und Formen im Kübelgarten ausgewogen sein. Wählen Sie attraktive Pflanzgefäße, und achten Sie auf Abwechslung bei Blattformen und -farben. Denken Sie auch an zwei oder drei immergrüne Blattpflanzen, die im Winter für Farbe sorgen, sowie an höhere Pflanzen oder Sträucher zur optischen Auflockerung. Geeignet wären Lorbeerbäumchen in Kübeln und Töpfe mit gold- oder rotlaubigen Kräutern, die in Gruppen interessante Kontraste ergeben.

▲ *Töpfe mit hohen Pflanzen, als Reihe auf einer halbhohen Mauer aufgestellt, wirken wie eine Hecke, die Durchblicke in den Bereich dahinter erlaubt. Hier werden die senkrecht aufragenden Königskerzen durch Nelken, Hosta, Veronika, Euphorbien und Iris ergänzt.*

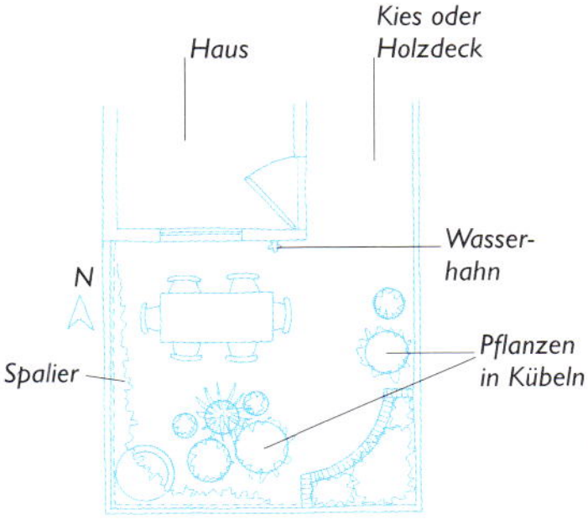

▲ *Dieser Grundriss zeigt Gruppen von Kübeln und ein kleines Hochbeet in einer Ecke. Freier Zugang zum Tisch ist hier gewährleistet.*

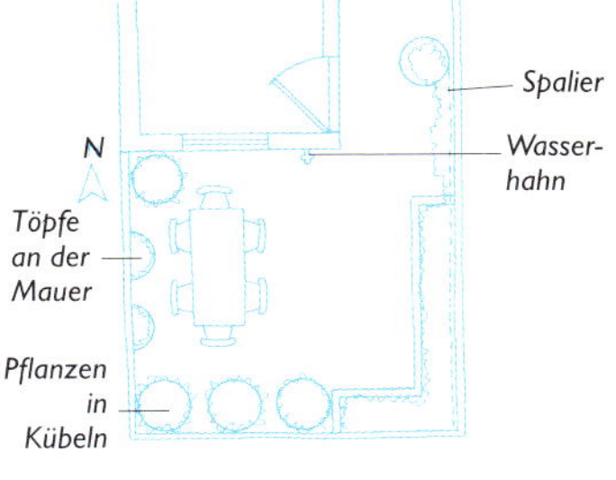

▲ *Das L-förmige Hochbeet schafft Platz für viele Pflanzen. Töpfe mit bunten Einjährigen an der Mauer lenken den Blick in die Höhe.*

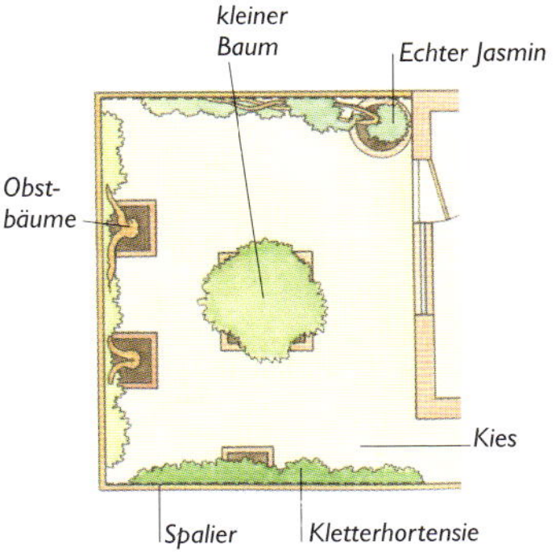

▲ *In ein Hochbeet in der Mitte des Gartens kann man sogar einen Baum als Blickfang pflanzen, etwa Fächerahorn* (Acer palmatum).

Pflanzen und Arrangieren

Sind die Hauptelemente des Kübelgartens – Bäume, Sträucher und Kletterpflanzen – verteilt, kommen die übrigen Pflanzen an die Reihe. Mit wenig Pflegeaufwand lassen sich Kräuter, Obstgehölze und sogar Gemüse im Kübel heranziehen.

Benutzen Sie den Garten nur im Sommer? Brauchen Sie also nur bunte, einjährige Sommerblumen? Oder wollen Sie in einige Kübel auch frühe Zwiebelblumen oder einige Stauden setzen? Möchten Sie Kräuter, Obst oder Gemüse ziehen? Lieben Sie Duftpflanzen? Oder hätten Sie gern Töpfe mit leuchtenden Einjährigen an der Mauer? Das sind nur einige der Möglichkeiten.

Ehe Sie zum Pflanzenkauf aufbrechen, sollten Sie auch überlegen, wie lange der Garten farbig und interessant sein soll. Es ist ganz einfach, Kübel und Töpfe mit Sommerblumen zu bepflanzen und sie kurzerhand einfach zu vergessen, wenn sie beim ersten Frost absterben. Man könnte die Sommerblumen auch durch Herbstblumen ersetzen. Mit etwas Pflege und Überlegung kann so der Kübelgarten rund ums Jahr mit leuchtenden Farben aufwarten. Ideen für die Herbst-Winterbepflanzung finden Sie auf den Seiten 188–191 und 200–203.

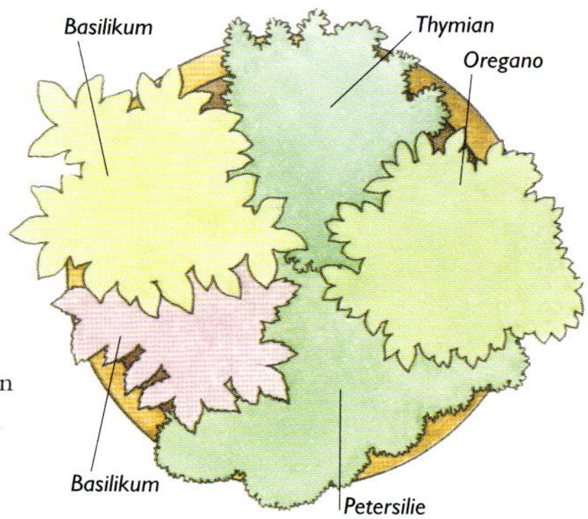

◀ *Frostempfindliche Kräuter, in kleinen Töpfen gekauft, eignen sich gut für die Kübelbepflanzung. Thymian und Oregano überstehen den Winter auch im Freien, wenn sie vor Frost geschützt werden.*

Kräuterbeet im Kübel

Viele Gärtner ziehen Kräuter in Kübeln, und selbst der winzigste Terrassengarten sollte wenigstens einen Topf für Küchenkräuter beherbergen. Einige Kräuter, darunter Minze, sind im Kübel sogar besser aufgehoben, weil sie im offenen Beet zum Wuchern neigen. Andere Kräuter sind frostempfindlich und müssen im Herbst ins Haus geholt oder mit Vlies geschützt werden.

Beschränken Sie sich anfangs auf die unkomplizierten Kräuter, die während des ganzen Sommers geerntet werden: Petersilie, Thymian, Basilikum und Oregano. Perfekt sind auch die vielen Minzearten, darunter Pfefferminze, Krauseminze, Apfelminze und Bowles' Minze. Schnittlauch ist dekorativ und würzt sommerliche Suppen, während strauchige Kräuter wie Rosmarin und Lorbeer dem Kräuterkübel mehr Struk-

◀ *Ein Kasten mit verschiedenen Minzearten bereichert das Würzrepertoire. Blattformen und -farben der Arten sind verblüffend unterschiedlich.*

◀ *Schnittlauch mit dem milden Zwiebelaroma gedeiht gut im Topf. Die essbaren Blüten kann man als Dekoration verwenden. Petersilie sät man am besten mehrmals portionsweise während des Sommers aus, sodass immer frische Blätter geerntet werden können.*

Himbeeren zu ziehen ist nicht einfach, denn sie brauchen Platz, um sich auszubreiten. Günstiger sind Zuchtformen wie Boysenbeeren oder Kulturbrombeeren, die sich auch an einer Wand ziehen lassen. Heidelbeeren gedeihen gut im Kübel, sofern sie in Moorbeeterde (sauer) gepflanzt werden. Erdbeeren sind unkompliziert, oft werden sie bereits in Töpfen oder Ampeln verkauft. Gut geeignet sind die traditionellen Erdbeertöpfe, man kann aber ebenso andere Gefäße verwenden. Hübsch sieht es aus, wenn man Töpfe auf Treppen aufstellt oder zu Pyramiden anordnet, von denen die Früchte herabhängen.

tur geben. Wer mehr Ehrgeiz hat, kann auch einen Kübel mit duftenden, sonnenhungrigen Kräutern bepflanzen, etwa Thymian, Oregano, Majoran, Rosmarin und Salbei. Letzteren gibt es in vielen Sorten, etwa mit silbrigen, grünen, violetten und panaschierten Blättern.

Gemüse ziehen

Selbst auf einer kleinen Terrasse können Sie Gemüse ernten. Erbsen und Stangenbohnen gedeihen gut in Kübeln, wenn man sie an Pyramiden aus Stangen zieht. Dadurch gewinnt der Garten einerseits an Höhe, andererseits sehen Sorten mit gelben oder violetten Früchten besonders dekorativ aus. Auch Salatsorten mit ihren vielen Farben und Blattformen eignen sich gut für den Kübel. Inzwischen gibt es sogar spezielle Zwergsorten, die eigens für die Kübelkultur gezüchtet wurden.

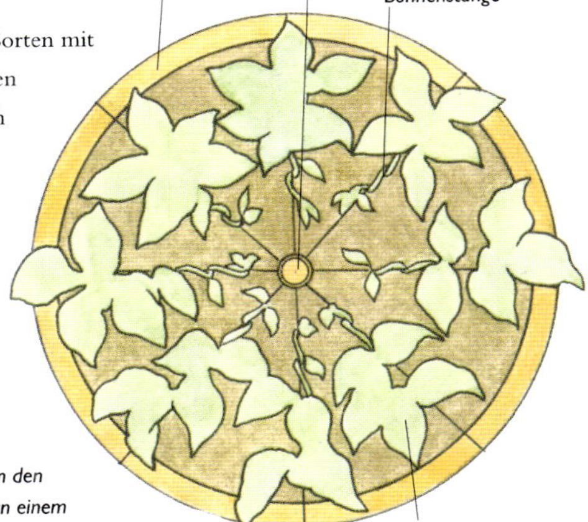

▶ *Stangenbohnen pflanzt man an den Rand eines Kübels und zieht sie an einem Zeltgerüst aus Bambusstäben.*

Kübel gruppieren

Einer der Vorteile von Pflanzkübeln ist, dass man sie umstellen kann, um neue Kombinationen auszuprobieren. Sie können auch drei gleiche Pflanzen, etwa hängende Lobelien oder Petunien, in Töpfe unterschiedlicher Höhe setzen, sodass jede von ihnen anders wirkt.

Sind in einem Garten zahlreiche Kübel und Töpfe vorhanden, könnte man einige auf eine Pflanzentreppe (Etagère) stellen. So erscheinen mehrere Reihen hintereinander, und es entsteht ein breites, farbiges Band. Diese Technik eignet sich auch gut, um den Garten in Bereiche zu gliedern. Manche Gärtner stellen Töpfe mit Gemüsepflanzen auf diese Weise auf, alternativ könnte man aus hängenden Pflanzen eine blühende Kaskade gestalten. Es ist sogar möglich, eine Hecke in Kübeln wachsen zu lassen, die einen Gartenraum abgrenzt. Dazu werden die Töpfe auf Sockel gestellt und mit kleinen Sträuchern bepflanzt, vielleicht mit herrlich duftendem Lavendel.

▲ *Rankende Kapuzinerkresse gehört zu den beliebtesten Einjährigen. Hier sieht sie fast aus wie Flammen, die aus der Mündung einer alten Kanone schlagen. Blätter und Blüten sind essbar, zudem vertreibt Kapuzinerkresse verschiedene Schädlinge und eignet daher sich gut für gemischte Pflanzungen.*

Von den Floristen lernen

Zu den Grundregeln der Floristik gehört, dass erst durch Variationen in Höhe und Farbe ein ausgewogenes Bild entsteht. Diese Regel kann der Kübelgärtner übernehmen und vereinfacht in vergrößertem Maßstab anwenden. Es wäre aber ein Fehler, Höhenunterschiede durch verschiedene Pflanzenarten erzielen zu wollen, wie man es in einem klassischen Staudenbeet täte. Vielmehr sollte die Größe des Kübels die Höhe des Arrangements bestimmen. Dabei kann alles verwendet werden – vom Minitopf bis zur wuchtigen Amphore. Gruppen

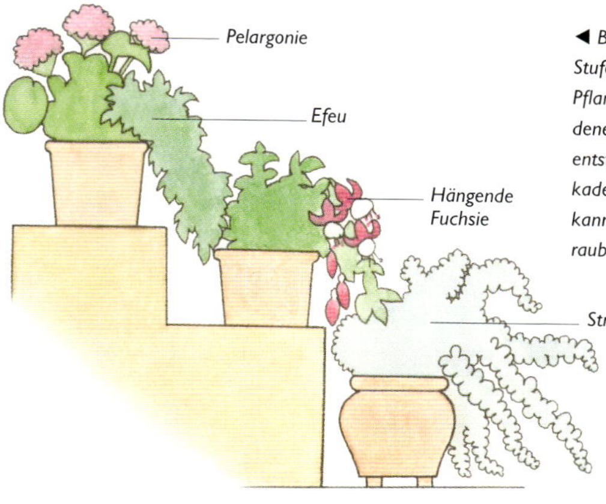

◀ *Bepflanzt man Töpfe auf Stufen oder einer speziellen Pflanzentreppe mit verschiedenen hängenden Arten, entsteht eine blühende Kaskade. So ein Arrangement kann im Sommer atemberaubend aussehen.*

Hängende Pflanzen

Viele Pflanzen hängen von Natur aus über Mauern und Stufen herab, andere wurden speziell für Ampeln und Blumenkästen gezüchtet. Kleinblättriger Efeu wie *Hedera helix* 'Glacier' (dunkelgrün mit weißen Rändern) oder *H. h.* 'Green Ripple' (dunkelgrün und zugespitzt) sind schöne Immergrüne. Als Einjährige bieten sich an: hängende Petunien (vor allem die Zuchtsorten Kaskade® und Surfinia®), hängende Fuchsien und Verbenen.

mit einer ungeraden Anzahl von Kübeln sehen generell besser aus als solche mit gerader Zahl. Zudem sollten auch die Kübel miteinander harmonieren. Bunt bemalte Eimer und große Dosen mögen am richtigen Platz eine originelle Idee sein und einen exzentrischen Akzent setzen – vielleicht auf einer Fensterbank in der Stadt. Sie passen aber nicht zu gealterten Terrakottakübeln vor einer Ziegel- oder Natursteinwand.

Den Garten wachsen lassen

Was auch immer Sie planen, wie sorgfältig Sie die Gefäße und Pflanzen für den Garten auch auswählen, Sie werden feststellen, dass sich Ihre Ideen im Laufe der Zeit verändern. Ich habe schon betont, dass das Gärtnern Geduld verlangt und dass Pflanzen Zeit zum Wachsen brauchen. Nur durch Erfahrung lernen Sie, welche Arten in Ihrem Garten gut gedeihen – und welche nicht. Konzentrieren Sie sich auf die ersteren, Ihr Garten wird davon profitieren.

Eine der treffendsten Beschreibungen für manche Stadtgärten beinhaltet der Begriff „Schrumpfrasensyndrom“. Der begeisterte Gärtner möchte laufend neue und andere Pflanzen ausprobieren, die Beete werden immer größer und die Rasenfläche immer kleiner. Ähnliches gilt für manche Kübelgärten. Allzu gern möchte man noch mehr Kübel hineinzwängen, um weitere Pflanzen kultivieren zu können.

▶ *Lavendel ist ein niedriger Strauch, der gut im Kübel gedeiht. Im Frühling sollte er kräftig zurückgeschnitten werden.*

Thematische Bepflanzung

Alle Hobbygärtner suchen Möglichkeiten, ihren Garten reizvoller zu gestalten, beispielsweise indem man ein Thema wählt und dies von Kübel zu Kübel variiert. So entsteht eine ansprechende, optische Spannung, die der Schlüssel gelungener Gartengestaltung ist.

Ideen für duftende Kübel

Eines der besten Themen für einen sommerlichen Kübelgarten ist der Duft. Es gibt eine Fülle duftender Pflanzen, darunter auch Kletterer und Einjährige, und viele schöne Sorten lassen sich in Kübelgärten unterschiedlichen Stils bestens integrieren.

Als duftende Kletterpflanzen eignen sich, sofern ausreichend Platz vorhanden ist, *Clematis armandii* und Blauregen *(Wisteria sinensis)*. Neu gepflanzter Blauregen muss sorgfältig beschnitten werden. Zu den duftenden Kletterrosen zählen 'Golden Showers' (gelb), 'Maigold' (bronzegelb) und 'Zéphirine Drouhin' (rosa), die alle auch in Schattenlagen und an Nordwänden gedeihen. 'Compassion' (rosa-gelblich), 'Climbing Ophelia' (zartrosa), 'Constance Spry' (dunkelrosa) und Sympathie® (karminrot) sind ebenfalls gute Duftrosen. 'Climbing Iceberg' und 'White Cockade' sind zwei zauberhafte, weiße Kletterrosen, die sich speziell für den kleinen Stadtgarten eignen, aber nicht so intensiv duften.

Unter den Duftsträuchern dürfen Floribunda-Rosen nicht fehlen, etwa 'Margaret Merril' (weiß) und 'English Miss' (rosa). Auch Lavendel mit silbrig grünem Laub und blauvioletten oder blassfliederfarbenen Blüten gehört dazu. Seidelbast *(Daphne odora)* ist eine Immergrüne mit dunkelvioletten oder weißlichen Blüten im Spätwinter und zeitigen Frühling. *Sarcococca hookeriana* braucht sauren Boden, ebenso die zahlreichen Rhododendren, darunter *Rhododendron luteum* mit duftenden, gelben Blüten. Der Schneeball *(Viburnum carlesii)* trägt rosafarbene Knospen, die sich zu weißen,

◄ ***Duftpflanzen eignen sich für eine Gruppe, auch wenn sie zu unterschiedlichen Jahreszeiten blühen. Die Kübel können immer an ihrem Platz bleiben oder bei Bedarf umgestellt werden.***

1. Rose 'English Miss'
2. Schneeball
3. Rosmarin
4. Rose 'Margaret Merril'
5. Nelken
6. Seidelbast
7. Heliotrop
8. Nelken
9. Maiglöckchen
10. Blauregen

duftenden Blüten öffnen. Rosmarin *(Rosmarinus officinalis)* hat duftendes Laub und trägt im Frühling blauviolette Blüten.

Zu den schönsten Duftstauden zählen altmodische Nelkensorten *(Dianthus)* wie 'Mrs Sinkins' mit ihren fiedrigen weißen Blüten. Daneben gibt es eine Fülle anderer Nelkensorten in vielen Farben mit dem charakteristischen Gewürznelken-Duft. Auch Maiglöckchen *(Convallaria majalis)* duften intensiv.

Eine spektakuläre Knollenpflanze ist die weiß blühende Königslilie *(Lilium regale)*. Die Stiele müssen gestützt werden, erfüllen aber einen kleinen Garten schnell mit ihrem schweren Duft.

Duftende Einjährige Viele Einjährige duften intensiv. Ganz oben auf der Liste steht der Ziertabak *(Nicotiana)*, daneben duften auch Ringelblumen, Phlox und Levkojen *(Matthiola)* angenehm. Ausgezeichnete Duftkräuter sind Heliotrop *(Heliotropium arborescens)*, Nachtviole *(Hesperis matronalis)*, Ysop *(Hyssopus officinalis)*, Bergamotte *(Monarda* spp.) mit scharlachroten Blüten, Süßdolde *(Myrrhis odorata)* sowie Duftblattpelargonien.

Unter den blühenden Heilkräutern sind Steinquendel *(Calamintha grandiflora)*, Kalifornischer Kappenmohn *(Eschscholzia)*, Kornblumen *(Centaurea cyanus)* und Grasnelke *(Armeria maritima)* zu erwähnen, die alle in den Sommermonaten blühen.

Grau- oder silberlaubige Pflanzen sollten in keinem Pflanzschema fehlen. Zu den schönsten gehören Wollziest *(Stachys byzantina)*, Lavendel, die verschiedenen Beifuß- und Wermutarten *(Artemisia)* sowie das Greiskraut *(Senecio)*.

Küchengarten im Kleinformat

Gemüse ist auch ein denkbares Thema für den Kübelgarten. Viele Arten gedeihen ausgesprochen gut im Kübel, die besten werden auf den Seiten 216–221 vorgestellt. Außerdem sehen Gemüsepflanzen keinesfalls immer langweilig aus. Viele haben attraktive Blätter, manche sind auch mehrfarbig panaschiert. Violette Bohnen sind auch sehr hübsch. Ein Kübel voller Gemüse, überragt von leuchtend roten Kirschtomaten, sorgt ganz sicher für Gesprächsstoff.

▶ Eine Gruppe aus duftenden, blühenden Kräutern und feinen Gemüsesorten.

1. Kalifor. Kappenmohn
2. Grasnelke
3. Duftblattpelargonien
4. Roter Mangold
5. Schnittlauch
6. Panaschierte Minze
7. Heliotrop
8. Bergamotte
9. Mondviole
10. Kornblume
11. Wollziest
12. Beifuß
13. Süßdolde
14. Pelargonien
15. Rote Bete
16. Grasnelke

Kübel für Terrasse und Hof

Terrasse und Hof sind nicht das Gleiche. Ein Gartenhof ist klein, hat einen gepflasterten Boden und ist meist von Mauern umschlossen. Unter Terrasse versteht man dagegen meist einen Sitzbereich zwischen Haus und Garten. Aber beide bieten Platz für Kübel und Kästen.

Planung und Entwurf

Wieder steht die Platzfrage an erster Stelle. Messen Sie Hof oder Terrasse aus, und fertigen Sie eine maßstabsgetreue Skizze an. Dann werden Tisch und Stühle eingezeichnet. Wer schon Gartenmöbel besitzt, sollte sie aufstellen und probieren, ob sie gut passen.

Nachdem die Stellplätze für die Möbel festgelegt sind, können Sie sich mit der Dekoration von Hof oder Terrasse beschäftigen. Auch dabei spielt das Platzangebot eine Rolle. Es macht keinen Sinn, so viele Kübel aufzustellen, dass man sich nicht mehr bequem bewegen und Tabletts, Teller oder Gläser transportieren kann. Setzen Sie Prioritäten: Was ist der Hauptzweck der Terrasse? Soll sie eher Treffpunkt für Gäste oder hauptsächlich Miniaturgarten sein? Geht es Ihnen um den Sitzplatz, dann muss die Bewegungsfreiheit der Benutzer im Vordergrund stehen.

Geeignete Pflanzen

Es macht Spaß, Hof oder Terrasse mit Kübeln voller Pflanzen in ein farbenfrohes Zimmer im Freien zu verwandeln. Einige Aspekte sollten Sie bei der Pflanzenwahl aber beachten. Platzieren Sie Rosen, Euphorbien und Raute nicht so,

◀ Strauchrosen und Frauenmantel in einem modernen Kübel bilden einen hübschen Kontrast zu der schlichten Terrasse.

dass man sie versehentlich oft streift. Rosen haben Stacheln, Euphorbien und einige andere Pflanzen können bei Hautkontakt Reizungen oder Ausschlag verursachen, vor allem bei Sonnenschein. Fragen Sie vor dem Kauf in der Gärtnerei lieber nach. Andere Pflanzen hingegen geben erst bei Berührung ihren Duft frei und dürfen oft berührt werden. Gute Beispiele sind Duftblattpelargonien und Zitronenverbene. Solche Pflanzen sind nah am Sitzplatz ein Gewinn.

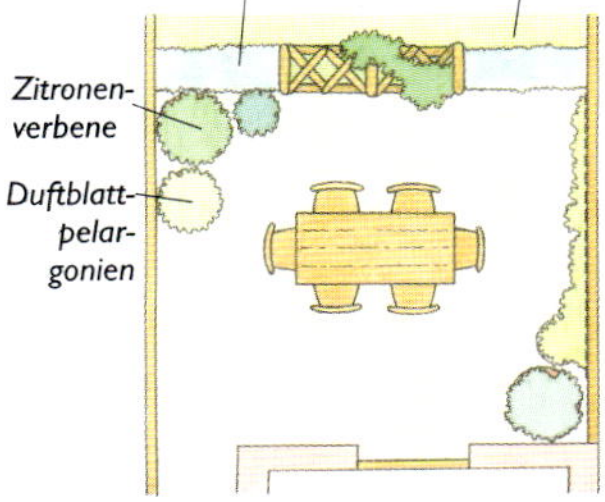

▲ *Der Tisch ist so aufgestellt, dass rundum reichlich Platz bleibt. Im Beispiel rechts sind die Pflanzen dem Tisch näher.*

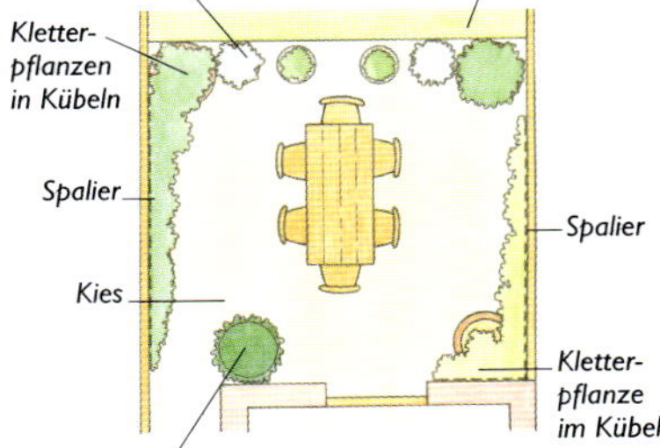

▲ *In einem kleinen Garten reicht der Platz selten für einen großen Tisch. Eventuell passt ein rundes Modell besser.*

Abgrenzung

Ist die Terrasse groß genug, kann man sie durch eine Hecke in Kübeln vom angrenzenden Rasen trennen. Gut geeignet ist eine Reihe immergrüner Koniferen, die allerdings im Sommer etwas langweilig aussehen und auch recht teuer sind. Leuchtende Pelargonien, kombiniert mit Efeu und hängenden Lobelien, eignen sich für eine Sommerbarriere in formalen wie in zwanglosen Gefäßen.

Es wäre auch denkbar, ein Spalier als Sichtschutz aufzustellen, vielleicht mit einem Rundbogen, der von Kübeln oder einer kleinen Hecke flankiert ist. Das sieht sehr gut aus. Neben Buchsbaum eignet sich Lavendel für eine niedrige Hecke sehr gut; er duftet wunderbar und wird nach der Blüte zurückgeschnitten. Eine höhere Hecke ist ungünstig, weil sie einerseits dem Haus Licht nimmt und andererseits die reizvollen Ausblicke auf den Garten versperrt.

▶ *Ein Kübelgarten auf einer Ausstellung mit Schopflavendel, Akelei, Zierlauch und Fingerhut (von links unten nach rechts oben).*

Einen Gartenhof planen

Bei der Planung eines Gartenhofs ist besondere Sorgfalt nötig. Vielleicht reicht der knappe Platz gerade für ein paar Kübel neben der Hintertür aus. Messen Sie genau und überlegen Sie, was machbar und wünschenswert ist. Dann versuchen Sie, Ihre Pläne umzusetzen.

Mit Kübeln Räume schaffen

Wenn der Platz ausreicht, könnten Sie die Form des Hofes manipulieren, beispielsweise ihn teilen, durch Gruppen von Kübeln die Ecken abrunden, Kübel in weichen Kurven und unterschiedlichen Höhen aufstellen, um für optische Abwechslung zu sorgen.

Kleine Höfe unterteilen Bei Doppelhäusern und manchen Reihenhäusern befindet sich seitlich vom Haus ein Durchgang. Führt man die Linie von der Hausecke bis zum Ende des Grundstücks mit Kübeln oder einem Spalier fort, wird die Fläche automatisch unterteilt. Fällt genug Sonne in den Gartenhof, könnte man eine Hälfte mit farbenfrohen, sonnenhungrigen Pflanzen gestalten und für die andere Hälfte Schattenpflanzen wählen. Denkbar ist auch, den Bereich durch eine „Hecke“ aus Kübeln oder aus Töpfen auf einem Unterbau zu gliedern. Auf einer Seite könnte man Blumen pflanzen, auf der anderen Kräuter, von denen viele auch im Halbschatten gedeihen. Die genaue Unterteilung richtet sich nach der Größe und Form des Gartenhofes und nach der Himmelsrichtung.

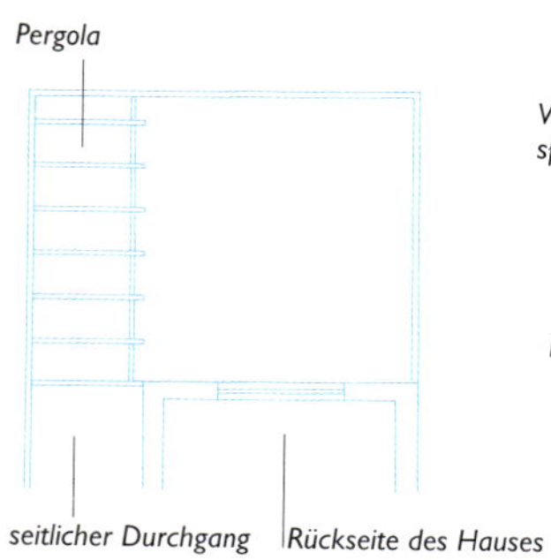

▲ *Der seitliche Durchgang neben einem Doppelhaus setzt sich unter der Pergola bis ans Ende des Grundstücks fort.*

▲ *Im Bogen aufgestellte Töpfe schaffen weiche Konturen. Lassen Sie einen schmalen Weg hinter ihnen frei.*

Ecken abrunden

Ist eine Unterteilung nicht möglich, kann man die Form des Gartenhofs verändern, indem man an den Grenzen Kübel unterschiedlicher Höhe in gerundeten Linien aufstellt. Platziert man die höchsten Gefäße der Tür gegenüber und stuft sie zur Tür hin kleiner werdend ab, wirkt der Bereich breiter und interessanter. Ein kleines Wasserspiel in einer Ecke, halb versteckt zwischen zwei Kübeln mit Hosta, kann den Minihof ebenfalls verzaubern. Sie könnten auch Töpfe mit Solitärpflanzen und größere Tröge voll Salat in verschiedenen Farben kombinieren oder eine Gruppe von Salbei mit hübschen, mehrfarbigen Blättern wählen, die auch in der Küche von Nutzen sind. Besonders attraktiv sind *Salvia officinalis* 'Purpurascens' und *S. o.* 'Tricolor'.

Ein Hauch von Asien Schön sind einzelne Töpfe mit immergrünen Gräsern, die auch im Winter ansehnlich bleiben. Weil sich die Halme beim kleinsten Windhauch biegen, sorgen sie außerdem für sanfte Bewegung und eine beruhigende Geräuschkulisse. Gartenhöfe in der Stadt sind oft sehr geschützt und gewinnen durch die Bewegung von Pflanzen oder einem Wasserspiel.

Wände bekleiden In einem winzigen Gartenhof mag der Platz nicht für große Kübel ausreichen, jedoch könnte man die Wände begrünen, wenn man Wandsträucher in Einzelcontainern wie eine Hecke aufstellt. Auch Efeu gedeiht gut in Kübeln. Er bedeckt Mauern schnell und bildet einen immergrünen Hintergrund für Blühpflanzen. Die schönsten Gärten, selbst wenn sie sehr beengt sind, profitieren von einem Thema.

Ein Thema finden

Wer Einjährige verwendet, könnte ein Farbthema wählen, etwa abgestufte Schattierungen von Pink über zartes Rosa bis zu Weiß. Für frühe Zwiebelblumen bietet sich die Palette der Gelbtöne an.

Man könnte die Pflanzen in separaten Gefäßen auch der Größe nach abstufen. Dabei sollten jeweils einige Arten gleichzeitig in Blüte stehen. Eine weitere Möglichkeit ist eine Auswahl mittelalterlicher Heilpflanzen. Ein begeisterter Koch wird sich für Töpfe und Kübel mit Kräutern entscheiden, dazu vielleicht einige Arten, die in den Abendstunden duften. All diese Pflanzideen machen einen Garten ganz unabhängig von seiner Größe interessanter. Mit etwas Fantasie wird der Gärtner durch enge Grenzen und wenig Platz gar nicht so stark eingeschränkt.

▲ *In dem kleinen Stadtgarten rahmen Petunien eine exotische Keulenlilie ein.*

▼ *Eine angenehm zurückhaltende Farbkombination mit Kandelaberprimeln, Steinkanten, weißem Kies und einer hellen Bank.*

Kübel auf Pflaster

In fast jedem Garten gibt es gepflasterte Bereiche, die durch einige Kübel gewinnen können. Im Gegensatz zum Gartenhof bildet die Pflasterung – etwa Treppen, Terrassen und ein Sitzrondell – hier nur einen Teil des Gartens, sodass Pflanzen und Kübel zur Gesamtanlage passen sollten.

Die Terrasse hinter dem Haus

In vielen Gärten findet man gleich bei der Hintertür einen gepflasterten Bereich, durch den man in den Garten gelangt. Leider übersehen Gärtner diesen Platz oft, doch er lässt sich vielfältig nutzen. Am einfachsten ist es, zwei oder drei Kübel mit Kräutern aufzustellen. So sind frische Kräuter für die Küche schnell zur Hand, niemand muss für etwas frische Petersilie weite Wege gehen. Im Idealfall liegt dieser Bereich in der Sonne, weil dann auch empfindliche Mittelmeerkräuter gut gedeihen. Man könnte den Platz auch als Sommerquartier für Zimmerpflanzen verwenden. Frische Luft tut Zitronenbäumchen, Clivien und vielen anderen Arten gut.

Ist der gepflasterte Bereich recht groß, kann er mit Kübeln vom restlichen Garten abgegrenzt werden, sodass der Eindruck eines separaten Raums entsteht. Einige Kübel kann man mit Immergrünen bepflanzen, nach Geschmack aber auch mit bunten Einjährigen, etwa Stiefmütterchen im zeitigen Frühjahr und leuchtenden Pelargonien im Sommer. So ist der Ausblick aus dem Küchenfenster gleich viel fröhlicher.

Pflanzen am Wasser

Auch am Rand von Swimmingpools und Zierbecken kann man Kübel mit lebhaften Einjährigen wie Petunien und Pelargonien aufstellen. Am Swimmingpool müssen die Pflanzen in sicherem Abstand zum Wasser stehen. Wählen Sie nur Arten, die bei Hautkontakt keine

◄ Ein kunstvoll angelegtes Wasserbecken mit passenden Bänken. Die fantasievolle Bepflanzung ist sehr attraktiv.

Reizungen verursachen. Viele vorgefertigte Wasserspiele werden mit integrierten Beeten geliefert; das Foto auf Seite 52 zeigt ein Beispiel. Durch eine Rinne fließt das Wasser in ein Zinkbecken, seitlich der Rinne liegen Beete, die wie Miniaturstaudenbeete mit Ziest, Zwergrosen, *Hosta, Sedum* und anderen bepflanzt sind. So eine Anlage sieht edel aus und lässt eine gepflasterte Fläche gleich viel lebendiger wirken.

Stufen und Treppen dekorieren

Viele Gärten haben verschiedene Ebenen. Für den Gärtner ergibt sich daraus die wunderbare Möglichkeit, die Stufen mit Kübeln voll leuchtender Sommerblumen zu dekorieren, die auf die Bepflanzung des übrigen Gartens abgestimmt werden können. Werden einige Immergrüne integriert, vielleicht rankender Efeu, sehen die Kübel auch im Winter nicht kahl aus. Neben vielen Treppen kann man sogar kleine Spaliere errichten, an denen Kletterpflanzen wie Clematis in die Höhe wachsen. Auf Backsteintreppen an alten Häusern sehen einzelne Pflanzen in einfachen Tonblumentöpfen sehr stimmig aus. Generell sollten Pflanzen und Gefäße zur Umgebung passen.

▲ *Alle Elemente eines Gartens sollten aufeinander abgestimmt sein. Hier zieren nach Maß gebaute Kästen eine moderne Treppe.*

KRÄUTERKOSMETIK

Im 13. und 14. Jahrhundert wurden Kräuter vor allem von Mönchen für Heilzwecke verwendet. Hofdamen benutzten sie aber auch zur Pflege von Haut und Haar. Viele waren beliebt, um Pickel und Sommersprossen zu bekämpfen. Alpenveilchen und Brunnenkresse verwendete man als Haarwuchsmittel, Kamillenaufguss sollte blonden Haaren mehr Glanz geben. Ungarisches Wasser, ein alkoholischer Auszug von Rosmarin, war die erste Schönheitslotion. Angeblich soll sie Königin Isabella von Ungarn bis ins hohe Alter ihre Schönheit bewahrt haben.

Tote Winkel nutzen

Manche Teile von Gärten werden kaum genutzt, vor allem die seitlichen Durchgänge zwischen Stadthäusern. Weil hierher nur wenig Licht einfällt, eignen sie sich ausschließlich für Schattenpflanzen. Das gibt ambitionierten Gärtnern die Möglichkeit, ihr Pflanzenspektrum zu erweitern. Für solche Bereiche eignen sich verschiedene Farne, mehrere *Hosta*-Arten, Lungenkraut sowie großes und kleines Immergrün *(Vinca major* und *minor)*.

▼ *Auf dem gepflasterten Plätzchen können Zimmerpflanzen „Sommerurlaub machen".*

Kübel im Hof

Der Begriff Hof ist vieldeutig und lässt auch an die grandiosen Außenanlagen königlicher Schlösser denken, mit großen Kiesflächen, geraden Baumreihen und dazwischen Kübeln mit Blumen und kleineren Sträuchern. Mit etwas Fantasie lässt sich solch ein Ambiente auch im eigenen Hof schaffen.

Der umfriedete Gartenhof

Die Stimmung ist kühl und friedlich, den wichtigsten Blickfang bildet eine Statue oder ein Springbrunnen im Zentrum. Anblick und Klang des Wassers tragen zur friedlichen Atmosphäre bei. Nur wenige Gärten sind so groß wie ein königlicher Park, doch in vielen lässt sich ein formaler Bereich gestalten, mit Arkaden oder Pergolen voll grüner Kletterpflanzen wie Goldhopfen (*Humulus lupulus* 'Aureus') und vielleicht einer klassischen Sonnenuhr oder einem kleinen Brunnen in der Mitte. Für einen solchen Effekt stellen Sie gleiche Kübel an jedem Fuß des Bogens auf. Die gewählten Kletterpflanzen werden in geeignetes Substrat gepflanzt und an den Bogen gebunden. Optimal ist ein Farbschema in Grün mit weißen Akzenten.

Der formale Hof

In einem formalen Gartenhof liegt der Schwerpunkt auf der Raumaufteilung. Wie im Knotengarten aus dem elisabethanischen Zeitalter basieren auch heutige Anlagen auf streng geometrischen Mustern und der exakten Anordnung aller Elemente innerhalb der Mauern. Dient der Hof als Eingangsbereich, darf natürlich der Zugang zum Haus nicht behindert werden. In diesem Fall sollten die gedachten Linien zwischen Bäumen und Kübeln den Eindruck von Räumen erwecken, sodass beispielsweise ein großer „Empfangsraum“ in der Mitte liegt, umgeben von mehreren „Vorzimmern“. Das gelingt, indem man formale Immergrüne wie Lorbeerbäumchen *(Laurus nobilis)* oder Koniferen in exakten Reihen aufstellt und mit Kübeln abwechselt,

◀ *Ein formaler Gartenhof mit üppigen Sträuchern und Blühpflanzen. Die Aphrodite passt ausgezeichnet in diese Komposition.*

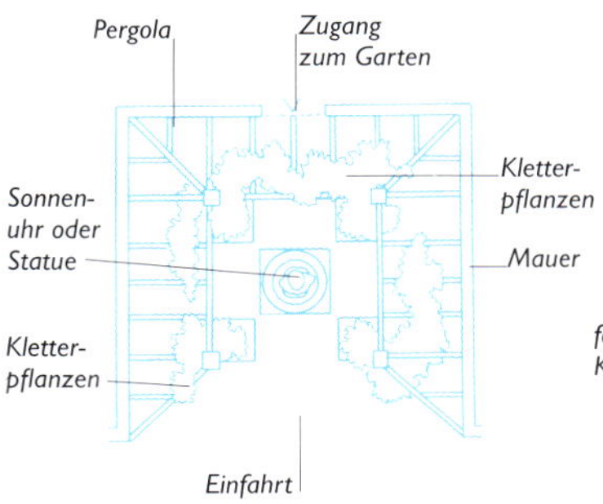

▲ *Ein kleiner Hof unter einer Pergola mit einer Statue oder Sonnenuhr in der Mitte. Diese Idee erinnert an einen stillen Klosterhof.*

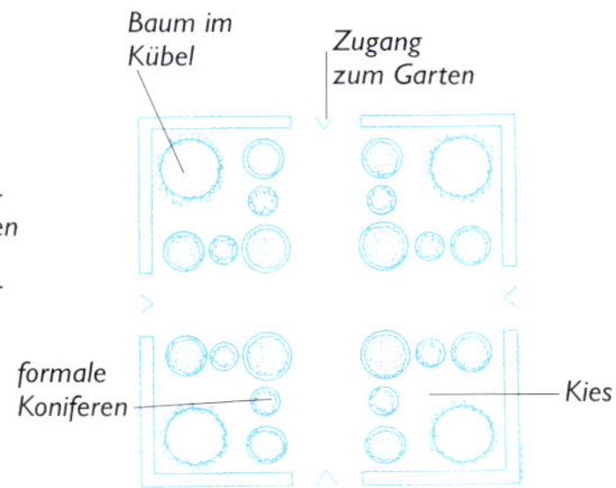

▲ *Reihen aus Koniferen in gleichen Kübeln unterteilen den Hof in mehrere kleine Räume. Dieser Plan eignet sich für größere Höfe.*

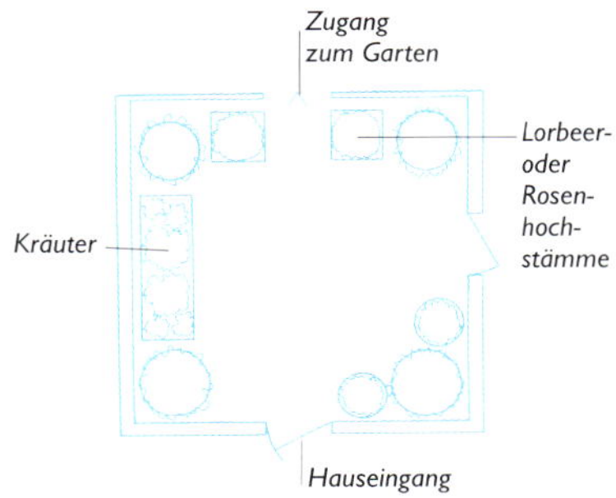

▲ *Ein „grünes Zimmer“ mit Bäumen und Sträuchern in Kübeln. Nur neben dem Durchgang zum Garten stehen zwei identische Kübel.*

die mit leuchtend blühenden Akzentpflanzen ausgestattet werden. Wechselt man die Kübelbepflanzung mit den Jahreszeiten, wirkt der Gartenhof immer wieder anders.

Wer eine solche Gestaltung anstrebt, sollte die Aufteilung zuerst auf Papier entwerfen und dann mit Küchenstühlen oder anderen Möbelstücken oder Kartons ausprobieren. Stellen Sie sich vor, die Möbel wären Bäumchen oder Kübel mit Pflanzen. So fällt es manchem leichter, sich seine Ideen konkreter vorzustellen, ehe man für viel Geld stattliche Kübel und Terrakottatöpfe kauft.

Der Innenhof

Ein Hof dieser Kategorie kann viel zwangloser gestaltet sein. Grundsätzlich ist ein Innenhof eher ein Zimmer im Freien. Die Gestaltung kann auf das Innere des Hauses abgestimmt sein. Kübel in den Ecken können bunt gefüllt werden, um rund ums Jahr Farbe in das „grüne Zimmer“ zu bringen. Gelangt man aus dem Innenhof in den Garten, könnten beiderseits der Tür oder des Durchgangs Blumenkübel aufgestellt werden. Denkbar sind auch Tröge oder Kästen mit Küchenkräutern, die wie Beete wirken und im Sommer durch bunte Blumen ergänzt werden.

Legen Sie ein Thema fest. Ringelblumen und Kapuzinerkresse sind fröhlich bunte Einjährige, die obendrein essbar sind. Auch viele Heilkräuter haben ausgesprochen attraktive Blüten.

▶ *Ein formaler Knotengarten mit niedrigen Buchsbaumhecken, klassischen Urnen und gestutzten Buchsbaumspiralen. Am Bogen klettert ein duftender Jasmin empor.*

Kübel für den Dachgarten

Der Dachgarten ist nur als Kübelgarten denkbar. Alle Pflanzen müssen samt Substrat und Gefäßen durch das Gebäude transportiert und aufgestellt werden. Dachgärten findet man hauptsächlich in Städten, und die besten sind Musterbeispiele für kreative Gestaltung und gelungene Ausführung.

Praktische Überlegungen

Der erste Schritt zur Anlage eines Dachgartens besteht darin, die Stabilität des Daches durch einen Bauingenieur prüfen zu lassen. Kübel, Substrat und Pflanzen sind schwer, vor allem nach dem Gießen, darum muss das Dach sie tragen können. Eventuell ist eine Verstärkung erforderlich.

Wind- und Sichtschutz

Bei Dachgärten ist fast immer ein Wind- und Sichtschutz wünschenswert. Damit solche Konstruktionen sicher und stabil sind, sollten Sie sie von einem Fachmann bauen lassen. Alle Bauelemente und Pflanzen müssen absolut sicher stehen, damit sie nicht bei starkem Wind umgeworfen werden, vom Dach fallen und Passanten auf der Straße verletzen.

Bodenbelag

Ein Dachgarten braucht einen Bodenbelag, der möglichst leicht sein sollte, um die Dachkonstruktion nicht zusätzlich zu belasten. Leichte Fliesen, ein Holzdeck oder Kies sind denkbar. Ihre Wahl wird letztlich vom Stil des Dachgartens und der Art seiner Nutzung abhängen. Kies ist besonders hübsch, wenn die Anlage wie ein Landhausgarten aussehen soll.

Bewässerung

Ein weiterer wichtiger Aspekt für alle Dachgärtner ist die Bewässerung. Vor allem auf dem Dach müssen die Kübel im Sommer mindestens einmal täglich bewässert werden. Darum sollte unbedingt ein leicht zugänglicher Wasserhahn vorhanden sein. Ein automatisches Bewässerungssystem ist durchaus empfehlenswert, mindestens aber sollten Sie einen Außenwasserhahn installieren lassen.

◀ Zierlauch und Stuhl sind farblich genau aufeinander abgestimmt. Der Lorbeerbaum lenkt den Blick in die Höhe.

Wer einen Dachgarten anlegt, muss unbedingt darauf achten, dass die Drainage des Daches dadurch nicht beeinträchtigt wird. Selbst das flachste Flachdach hat ein leichtes Gefälle, sodass Regenwasser abfließen kann. Dieses Gefälle darf keinesfalls unterbrochen werden, sonst drohen Schäden am Dach.

Geeignete Kübel

Denken Sie zunächst über den Zugang zum Dach nach. Ist Platz genug vorhanden, um große Kübel aufs Dach zu bringen, oder gelangt man nur über eine schmale Dachbodentreppe hinauf? Wenn der Zugang vom Haus aus schwierig ist, müssen Sie sich entweder auf kleinere Gefäße beschränken oder Holz und Werkzeug aufs Dach bringen und Kästen dort selbst bauen. Verwenden Sie möglichst Gefäße aus leichten Materialien wie Fiberglas oder Tuffstein anstelle von Naturstein und Terrakotta. Weil Dachgärten oft sehr klein sind, fällt jede Kleinigkeit ins Auge, darum sollten Sie mit viel Liebe zum Detail gestalten.

Himmelsrichtung Achten Sie auf die Himmelsrichtung des Dachgartens, die auch in diesem Fall ein wichtiger und unabänderlicher Faktor ist. Viele Dachgärten sind offen und sonnig, manche liegen aber auch im Schatten höherer Nachbargebäude oder der eigenen Hausmauern. Ehe Sie Stil und Bepflanzung festlegen, prüfen Sie, ob reichlich Sonne auf das Dach fällt – es könnte weniger sein, als Sie vermuten. In diesem Fall wählen Sie Schattenpflanzen.

◀ Diese modernen Pflanzkübel sind klassischen Vorbildern nachempfunden. Alle Kübel nehmen im Freien mit der Zeit Patina an.

▶ Dieser große Balkon hat zwei Wände und liegt meist im Schatten. Wählen Sie Kletterpflanzen, die ohne viel Sonne auskommen.

▲ Eine Sammlung von Ziergräsern, mit denen die breitblättrige Hosta kontrastiert. Anstelle der blauen Sterne könnte man bemalte Natur- oder Tuffsteine verwenden.

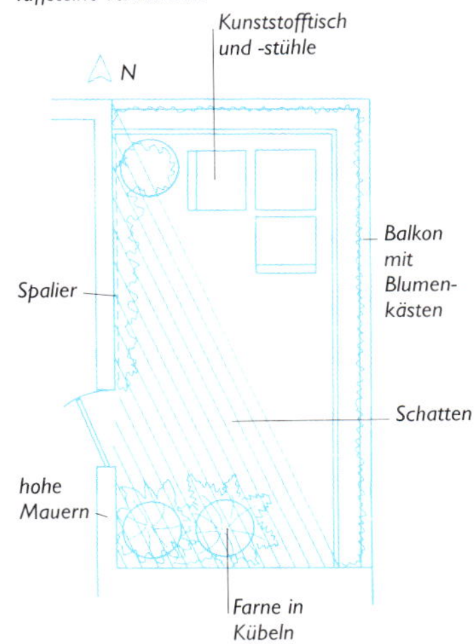

Das grüne Zimmer planen

Große Dachgärten bieten viele Möglichkeiten. Man kann sie als großen, offenen Raum konzipieren oder in Bereiche aufteilen, von denen jeder einen speziellen Charakter hat. Lässt sich die Fläche halbieren, könnte ein Teil für einen Essplatz mit Tisch und Stühlen genutzt werden, umgeben von bunten Blüh- oder Duftpflanzen. Der zweite Teil könnte formaler gestaltet werden, vielleicht mit Kübeln mit Rosen und kleinen Sträuchern oder als Miniküchengarten mit Kräutern und Gemüsen.

Wenn der Platz ausreicht, sind verschiedene Unterteilungen möglich. Die Abgrenzung kann einfach aus einer Reihe von Kübeln bestehen, sie kann aber auch strenger sein. Für feste Unterteilungen eignen sich stabile Rankgitter, ebenso eine Reihe von Bäumchen in Kübeln oder Spaliere mit Obstgehölzen. In einem Dachgarten finden sogar frei stehende Bäume Platz. Kleine Obstbäume, etwa Apfel- oder Pflaumenbäume, fühlen sich hier auch ohne Wandspalier wohl. Eine schöne Unterteilung ist auch eine Reihe immergrüner Koniferen in Kübeln. Manche Gärtner stellen Töpfe mit kleinen Sträuchern in unterschiedlichen Höhen auf und gestalten so eine „Hecke" in Augenhöhe. Sehr gut geeignet ist dafür duftender Lavendel.

Jede Form von Gliederung muss genau geplant werden. Eventuell müssen maßgenaue Pflanzgefäße an Ort und Stelle gebaut werden, um den vorhandenen Platz optimal zu nutzen.

▲ Eine Reihe von Kästen mit Lavendel bildet eine niedrige Hecke. Diese Idee lässt sich auch mit leichteren Pflanzgefäßen verwirklichen.

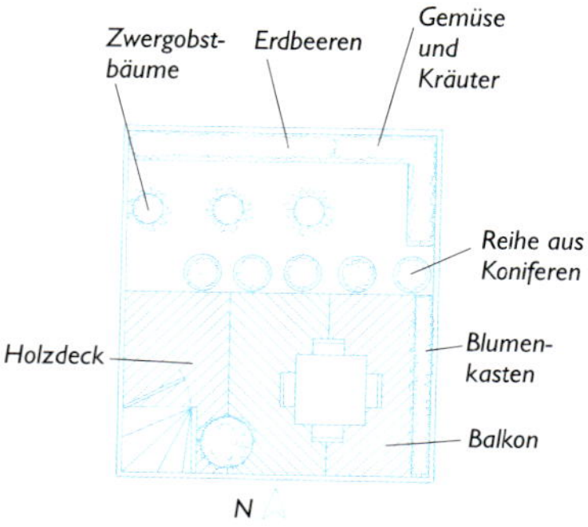

▲ Ein großer Balkon, unterteilt von einer Reihe Koniferen. In den Kübeln an den Seiten wachsen verschiedene Kräuter und Gemüse.

Der kleine Dachgarten

Die meisten Dachgärten sind eher klein. Gerade dann kommt es auf Charme und Originalität an. Wählen Sie ungewöhnliche Kübel, etwa Metalleimer, und lackieren Sie sie in abgestimmten Farben. Suchen Sie attraktive Pflanzen aus, und stellen Sie sich darauf ein, sie mehrmals im Jahr auszutauschen. Reicht der Platz nur für wenige Kübel aus, sollten Sie Pflanzen in ruhigen, hellen Farben bevorzugen und Pflanzen mit leuchtend roten oder violetten Blüten meiden. Solche intensiven Farben wirken allzu leicht aufdringlich und lassen den kleinen Raum noch winziger wirken. Helle Farben wie Weiß, zartes Rosa, Lavendel und Grau weichen optisch zurück und lassen den kleinen Dachgarten geräumiger erscheinen. Manche Dachgärten verlangen eine eher formale Gestaltung, etwa ein großer Balkon vor einem Schlafzimmer, auf den man durch eine zweiflügelige Glastür gelangt. Hier sollte die Bepflanzung die Gestaltung des Raums aufnehmen. Die schlichtesten Lösungen sind oft besonders effektvoll; so könnte eine ausgewählte Pflanze in einem edlen Kübel ausreichen, etwa eine weiße Hortensie *(Hydrangea macrophylla)* oder eine Passionsblume (*Passiflora* spp.) an einem zierlichen Spalier.

▼ *Eine Hecke aus Spalierobstbäumen, die an Spanndrähten gezogen wurden.*

Sinn fürs Detail Ein wirklich gelungener Dachgarten muss sorgfältig geplant sein, damit jedes Detail so perfekt wie möglich ausfällt. Spaliere beispielsweise sollten zur Umgebung passen; sind mehrere vorhanden, sollten sie die gleiche Größe haben. Ordnen Sie auch die Töpfe und Kübel so an, dass die Pflanzen gut miteinander harmonieren und Gefäße und Gewächse im besten Licht präsentiert werden. Wenn Sie beispielsweise in einem Dachgarten Tomaten, Paprika oder Bohnen in Erdbeuteln ziehen wollen, verstecken Sie die Plastikbeutel in Kästen, die nach Maß gebaut werden. Seien Sie mutig und ehrgeizig. Manche Dachgärten sind grüne Oasen mitten in der Stadt, überschattet von stattlichen Bäumen, mit Obstbäumen und Sträuchern, weiß gestrichenen Spalieren und Spazierwegen zwischen Kübeln voll Pflanzen in vielen Farben mit immer anderen Nuancen von Blattgrün.

► *Obstgehölze, die auf zwergwüchsiger Unterlage veredelt sind, eignen sich gut für die Kübelkultur. Im Frühling tragen sie hübsche Blüten und im Herbst saftige Früchte.*

Planung in der Praxis

Die erste praktische Erwägung ist die Größe, die zweite die Himmelsrichtung. Wie groß ist der Garten? Muss ein Windschutz gebaut werden? Herrscht starker Luftzug oder ist er an einer oder zwei Seiten von Mauern geschützt? Den Bau des Windschutzes sollte ein Fachmann übernehmen.

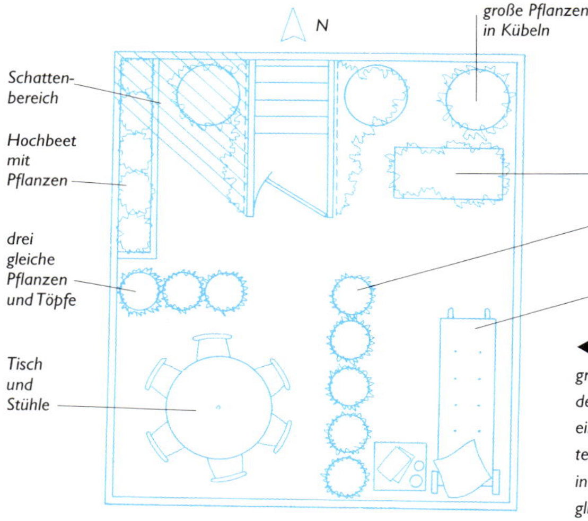

◀ *Grundriss eines großen Dachgartens, der mithilfe von aufeinander abgestimmten Pflanzbehältern in vier Bereiche gegliedert wurde.*

Gut geschützt

Wer ein Spalier oder einen Flechtzaun als Sichtschutz errichtet hat, möchte diese sicherlich mit Kletterpflanzen begrünen. Efeu ist ein beliebter immergrüner Kletterer. Sternjasmin *(Trachelospermum jasminoides)* ist ebenfalls attraktiv, braucht aber den Schutz einer sonnigen Rückwand. Efeu hält sich mit Luftwurzeln an seinem Untergrund fest, sollte aber anfangs angebunden werden, bis er festen Halt gefunden hat.

Die Auswahl an sommergrünen Kletterpflanzen ist größer. Alle Clematis-Sorten sind empfehlenswert, ausgenommen die immergrüne Art *C. armandii,* die ungewöhnlich wüchsig ist und einen geschützten Platz braucht. Winterjasmin *(Jasminum nudiflorum)* und Hängeforsythie *(Forsythia suspensa)* müssen angebunden und nach der Blüte beschnitten werden. Sie könnten auch eine Kletterrose pflanzen und an einem Spalier oder einer Wand ziehen. Clematis und Rosen harmonieren ausgezeichnet. Jungfernrebe (*Parthenocissus* spp.) und Geißblatt sind ebenfalls zu starkwüchsig, geeignet ist aber Zierwein (*Vitis vinifera* 'Purpurea') oder Hopfen *(Humulus lupulus)*. Einjährige Kletterpflanzen wie Prunkwinde oder Kapuzinerkresse können im Frühjahr aus Samen gezogen werden.

Innere Gliederung

Wenn der Dachgarten groß ist, kann man ihn in zwei oder drei Bereiche gliedern. Als Abgrenzung eignen sich echte Barrieren ebenso wie aufgereihte Töpfe mit gleichartigen Pflanzen. Für diesen Zweck eignen sich verschiedene kleine und größere Heckenpflanzen. Für eine niedrige Abtrennung ist Lavendel ideal. Er ist immergrün, duftet wunderbar und trägt im Sommer hübsche Blüten. Damit die Pflanzen wie eine Hecke wirken, müssen die Kübel jedoch relativ hoch sein. Buchsbaum kann in sehr dicht stehenden Gefäßen auch für eine formale, sehr niedrige Hecke verwendet werden.

◀ *Dieser stattliche Dachgarten zeigt, was im Laufe einiger Jahre entstehen kann. Immergrüne Sträucher, Zwergkoniferen und die Trauerbirke sorgen dafür, dass die Anlage auch im Winter reizvoll aussieht.*

▼ *Ein minimalistisches Konzept mit Aluminiumkübeln und einem Glastisch. Die Bepflanzung beschränkt sich auf einige Bambusarten.*

Ein guter Raumteiler ist eine Reihe aus Koniferen. Probieren Sie Wacholderarten wie den niedrigen, breitwüchsigen *Juniperus communis* 'Compressa', die besonders kübeltaugliche Sorte *J. c.* 'Hibernica' oder *J. scopulorum* 'Skyrocket'. Die drei Arten ähneln einander in der Form, die beiden letztgenannten Arten wachsen aber etwas schneller. *Picea glauca* 'Albertiana Conica' mit den rauchblauen Nadeln sieht ebenfalls dekorativ aus. In milden Lagen eignet sich die immergrüne oder halbimmergrüne *Abelia × grandiflora* für eine blühende Hecke, die einen sonnigen oder halbschattigen Standort bevorzugt und auch in einer Zwergform erhältlich ist. Auch Obstbäume eignen sich zur Gestaltung einer Bereichsteilung. Spalierobst ist recht einfach zu ziehen, sofern zuerst ein Gerüst aus Spanndrähten errichtet wird, und erfreut mit den Blüten im späten Frühling sowie den Früchten im Herbst. In den meisten Gartencentern sind Obstbäume erhältlich, die auf einer speziellen, schwachwüchsigen oder eintriebigen Unterlage veredelt sind. Bevorzugen Sie möglichst so genannte Selbstbestäuber, die zur Fruchtbildung keine anderen Sorten in der Nähe brauchen.

Höhenvariationen

Wichtig ist, Pflanzen unterschiedlicher Höhe zu wählen. Stellen Sie beschnittene Lorbeerbäumchen *(Laurus nobilis)* oder Rosenhochstämmchen in größeren Kübeln auf. Bohnen und Paprika wachsen gut an Stangen in die Höhe. Viele Kletterpflanzen gedeihen auch im Schatten, darunter sogar einige Rosen. Kaschieren Sie Brüstungsmauern, indem Sie Kästen davor aufstellen und mit Efeu, Kletterhortensie *(Hydrangea petiolaris)* oder Spalthortensie *(Schizophragma hydrangeoides)* bepflanzen, die beiden Letzteren tragen weiße Blütendolden.

Töpfe und Kübel für den Balkon

Für den Balkongarten gibt es drei mögliche Ansätze. Ist er sehr klein, muss man sich vielleicht auf ein oder zwei formale Pflanzen in passenden Kübeln beschränken. Man könnte ihn auch mit zahlreichen Töpfen in ein Farbenmeer verwandeln. Die dritte Variante ist ein Kräutergarten in luftiger Höhe.

Ausrichtung – bunte Einjährige in der Sonne

Stil der Bepflanzung und Art der Pflanzen müssen sich nach den geografischen Gegebenheiten richten. Bekommt der Balkon fast den ganzen Tag lang Sonne, ist er ideal für sonnenhungrige Einjährige. Jeder kennt das Bild eines Schweizer Chalets mit Blumenkästen, aus denen rote und weiße Pelargonien, Efeu und Lobelien quellen. Hierfür braucht man unbedingt einen Südbalkon. Außerdem sind Kästen erforderlich, die die gesamte Brüstungslänge einnehmen. Im Laufe des Jahres wird die Bepflanzung ausgetauscht. Sinnvoll ist es, einige Immergrüne einzusetzen, etwa hängenden Efeu, um der Bepflanzung Rhythmus zu geben. Und denken Sie daran, dass das Substrat in der prallen Sonne schnell austrocknet, die Kästen müssen also mindestens einmal täglich gegossen werden. Von Einjährigen müssen regelmäßig welke Blüten entfernt werden.

Den eigenen Stil finden

Ihr Hof, Garten oder Balkon soll vor allem Ihnen selbst gefallen. Experimentieren Sie darum und probieren Sie verschiedene Pflanzen aus. Wenn eine Pflanze sich nicht Ihren Erwartungen gemäß entwickelt, trennen Sie sich bedenkenlos von ihr. Und ist eine Pflanze zu groß für ihren Kübel geworden, kann man sie leicht herausnehmen und verschenken. Danach wird neues Substrat eingefüllt und etwas Kleineres gepflanzt. Nichts ist scheußlicher als ein winziger Garten, der von einem zu groß gewordenen Baum oder Strauch beherrscht wird – und sei er noch so schön.

◀ *Petunien und Pelargonien quellen von diesem Sommerbalkon. Solche Massenpflanzungen sollten sich auf eine Farbgruppe beschränken.*

Der informelle Balkon

Stellen Sie so viele Töpfe und Kübel auf, wie der vorhandene Platz zulässt. Natürlich haben praktische Erwägungen oberste Priorität, darum müssen zuerst Tisch und Stühle oder Bänke ihren Platz bekommen. Dann folgen die Töpfe, die mit einer bunten Vielfalt aus Einjährigen, Stauden und Immergrünen bepflanzt werden. Auf engem Raum wirkt diese Mischung interessant. Denken Sie auch an einige Kletterpflanzen.

Wenn der Balkon sehr groß ist, können Sie auch Kletterpflanzen wählen, die für Dachgärten empfohlen werden. Sehr attraktiv ist der Strahlengriffel *(Actinidia kolomikta)*, dessen grüne Blätter sich mit der Zeit rosa und dann weißlich verfärben. Sie wächst kräftig und muss angebunden und beschnitten werden. Im Sommer trägt sie duftende weiße Blüten. Wo keine Kletterpflanzen möglich sind, sollten Sie hängende Ampeln mit fröhlichen Sommerblumen vorsehen, um den Blick in die Höhe zu lenken. Töpfe mit Knollen- und Zwiebelblumen für Frühling, Sommer und Herbst dürfen nicht fehlen. Die Königslilie *(Lilium regale)* ist eine großartige Kübelpflanze mit einem feinen Duft; für den Spätsommer empfehlen sich Schmucklilien *(Agapanthus)*. Komplett wird das Arrangement durch kleine Töpfe mit Hauswurz (*Sempervivum* spp.) oder Kakteen, die den Sommer im Freien verbringen.

▶ Dieser Balkon hat durch die konsequente Beschränkung auf gelbe und weiße Blüten im Sommer eine vornehme Ausstrahlung.

Der kleine, formale Balkon

Ein typischer Balkon an einem Stadthaus ist klein und hat ein Schmiedeeisengeländer. Der Platz ist knapp, und die Bepflanzung muss, passend zum Stil des Gebäudes, zurückhaltend bleiben. Günstig sind zwei gleichartige Pflanzen in passenden Gefäßen, die das Fenster einrahmen.

► *Entwurf für einen formalen Balkon mit einer mittigen Glastür, die beiderseits von immergrünen Bäumchen flankiert ist. Reicht der Platz aus, kann noch ein Spalier mit einer Kletterpflanze wie Efeu oder Winterjasmin angebracht werden.*

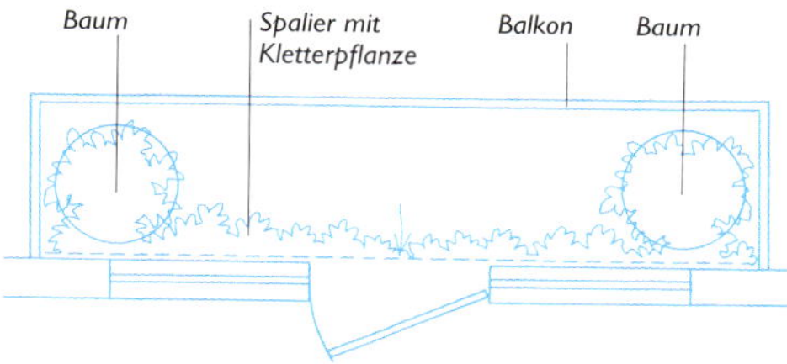

Als stilvolle Hochstämmchen für einen solchen Balkon bieten sich immergrüner Lorbeer und, sofern der Balkon schattig ist, Kamelien an. Im späten Frühling, nach der Blüte, können Kamelien durch einen kräftigen Rückschnitt in Form gehalten werden. Dekorativ ist auch Buchsbaum, der zu Kugeln oder Spiralen geformt wurde. Auf dem kleinen Stadtbalkon kommt es auf schnelle Wirkung an, darum lohnt es sich, größere Formschnittpflanzen in einer speziellen Gärtnerei zu kaufen. Schließlich dauert es

Schattenseite

Manche Balkone sind nach Norden ausgerichtet und liegen selbst im Hochsommer fast ganztägig im Schatten. In diesem Fall sind Pflanzen gefragt, die auch ohne viel Sonne für Farbe sorgen. Die typischen Sonnenkinder bilden bei Lichtmangel lange, dünne Triebe und wenige, blasse Blüten. Die Liste gegenüber enthält eine Auswahl von Pflanzen, die im Schatten blühen.

◄ *Kübel verschiedener Höhe in einem Dachgarten. Die Keulenlilie betont die Vertikale, der Neuseeländer Flachs sorgt für Farbe.*

viele Jahre, bis so eine Pflanze herangewachsen ist. Im Sommer passen als Ergänzung flache Schalen mit weißen Zuchtgänseblümchen *(Bellis)* oder Petunien sowie hängenden, blauen Lobelien zum Buchsbaum. Hier sollten Sie sich mit kräfigen Farben zurückhalten und Pflanzgefäße wählen, die gut zum Stil des Hauses passen.

Der Küchenbalkon

Südbalkone sind günstig für eine Reihe von Gemüsesorten, die in Beuteln oder Kübeln gepflanzt werden können. Beliebt sind Stangenbohnen, Tomaten und Paprika. Alle müssen während des Sommers regelmäßig gegossen und gepflegt werden. Am besten beschränken Sie sich auf Arten, die schnell heranreifen und obendrein auf kleinem Raum für attraktive Farbe sorgen.

Kräuter auf dem Balkon

Kräuter, die aus dem Mittelmeerraum stammen, lieben einen trockenen, sonnigen Standort und gedeihen prächtig auf einem Balkon, der viel Sonne bekommt. Zeigt Ihr Balkon nach Süden, könnte Ihr Kräutergarten Salbei, Thymian, Schnittlauch, Basilikum und Dill beherbergen, sowie Rosmarin, der im Frühling hübsche, hellblaue Blüten trägt.

Wohnen Sie auf der anderen Seite des Hauses, wählen Sie Schattenkräuter wie Petersilie (die aber auch in der Sonne gedeiht), Kerbel, fast alle Minzearten und Oregano. Trotz dieser Vorschläge sollten Sie experimentieren, vielleicht erleben Sie eine Überraschung.

▲ *Ein Balkon mit Gemüse und Kräutern in verschiedenen Farben kann sehr attraktiv aussehen.*

1 Stangenbohnen
2 Möhren
3 Tomaten 'Tumbler'
4 Tomaten 'Tornado'
5 Apfelminze
6 Pfefferminze
7 Basilikum
8 Petersilie
9 Thymian

PFLANZEN FÜR SCHATTIGE BALKONE

Kletterpflanzen und Wandsträucher

Clematis – Viele der großblumigen Sorten wie 'Hagley Hybrid', 'Jackmanii Superba', 'Nelly Moser', 'Comtesse de Bouchaud' oder 'Guernsey Cream' gedeihen an einer Nordwand, ebenso die Arten *C. alpina* und *C. macropetala*.

Hängeforsythie *(Forsythia suspensa)*

Kapuzinerkresse *(Tropaeolum)*

Kletterhortensie *(Hydrangea petiolaris)*

Korallenstrauch *(Berberidopsis corallina)* – Bevorzugt feuchtes, saures Substrat. Frostempfindlich.

Rosen – 'Königin von Dänemark', 'Madame Legras de Saint Germain', 'Maigold'

Spalthortensie *(Schizophragma hydrangeoides)*

Winterjasmin *(Jasminum nudiflorum)*

Sträucher

Buchsbaum *(Buxus sempervirens)*

Efeu *(Hedera helix)*

Hortensien *(Hydrangea)*

Kamelien *(Camellia)*

Lorbeer *(Laurus nobilis)*

Lorbeerrose *(Kalmia latifolia)* – Die Sorte 'Elf' ist kleinwüchsig und blüht weiß. Alle brauchen feuchten, sauren Boden.

Rhododendron – Viele kleinwüchsige Arten gedeihen gut im Kübel mit saurem Substrat.

Skimmie *(Skimmia japonica* 'Rubella')

Stauden und Einjährige

Begonien *(Begonia-rex*-Hybriden)

Farne – Fast alle sind geeignet.

Fleißiges Lieschen *(Impatiens* Neu-Guinea-Gruppe)

Frauenmantel *(Alchemilla mollis)*

Fuchsien *(Fuchsia)*

Funkien *(Hosta)*

Primeln *(Primula)*

Veilchen *(Viola)*

Wände und Spaliere

Der begeisterte Kübelgärtner wird jede Möglichkeit nutzen, um auf geringem Platz viele Pflanzen unterzubringen. Was liegt da näher, als die Wände einzubeziehen und Spaliere anzubringen? Kletterpflanzen sind dekorativ und sorgen zudem für willkommenen Sicht- und Windschutz.

Wie Pflanzen klettern

Kletterpflanzen kann man in drei Gruppen einteilen. Zur ersten gehören die Selbstklimmer wie Efeu, Wilder Wein, Jungfernrebe und Kletterhortensie. Alle halten sich mit Luft- oder Saugwurzeln an ihrem Untergrund fest. Reißt man einen Trieb von der Wand ab, sieht man die Spuren der Luftwurzeln. Diese Arten bevorzugen eine glatte Fläche, etwa eine Mauer. Eine Kletterhilfe brauchen sie nicht. In die nächste Gruppe gehören die Rankpflanzen, darunter Clematis, Passionsblumen, Staudenwicke und Wein. Diese Arten schlingen ihre Blattstiele oder, wie Passionsblumen oder Wicken, spezielle kleine Halteranken um alles, was sich auf ihrem Weg nach oben dafür anbietet. Die dritte Gruppe bilden die Schlingpflanzen wie Blauregen, Stangenbohnen und Sommerjasmin, die ihren ganzen Stiel um Stangen, Spaliere und andere Kletterhilfen winden.

Außerdem gibt es eine Reihe von Pflanzen, die etwas Hilfe auf dem Weg nach oben brauchen. Bougainvillea, kletternder Nachtschatten, Winterjasmin und Rosen bilden lange Triebe, die angebunden werden müssen. Rambler-Rosen halten sich selbst mit ihren Stacheln an Bäumen oder Sträuchern fest, doch weil sie starkwüchsig sind, eignen sie sich nicht für den Kübelgarten.

► Farbige Spaliere können sehr schön aussehen, vor allem, wenn eine andersfarbig blühende Kletterpflanze sie erklimmt. Hier eine ansprechende Kombination aus Violett und Blau.

Kletterpflanzen im Kübel pflanzen

1 Zuerst Tonscherben in den Kübel geben, damit das Abzugsloch nicht verstopft. Dann Kies oder weitere Tonscherben als Drainageschicht einfüllen.

2 Ein kleines, passendes Spalier an der Wand anbringen. Den Kübel mit Substrat füllen, die Pflanze schräg einsetzen und gut andrücken. Gründlich gießen.

3 Als Starthilfe die Triebe der Pflanze anbinden. Während der ersten Wachstumsphase müssen die Triebe weiterhin angebunden werden.

Spaliere geschickt nutzen

Für die meisten Kletterpflanzen eignet sich ein handelsübliches Spalier. Selbst Efeu und Jungfernrebe kann man mit etwas Geschick daran ziehen. Wer eine Mauer begrünen möchte, aber die Pflanzen nicht direkt am Mauerwerk klettern lassen will, muss ebenfalls ein Spalier anbringen. Die Triebe werden daran angebunden; manche Pflanzen klettern auch selbstständig daran empor. Am besten befestigt man das Spalier an Leisten, die an die Mauer gedübelt werden. So kann auch hinter den Pflanzen Luft zirkulieren. Wird das Spalier unten mit einem Scharnier befestigt und oben mit Ringschrauben auf Haken gehängt, kann man es von der Wand lösen und mitsamt der Pflanze nach vorn klappen, wenn die Mauer einmal repariert oder gestrichen werden soll.

Geeignete Kübel für Kletterer

Wer eine langlebige Kletterpflanze in Kübel setzen will, sollte ihr ein möglichst großes Gefäß gönnen. Niemand möchte eine Kletterpflanze alle zwei Jahre vom Spalier reißen, nur weil sie umgetopft werden muss.

Im Idealfall wachsen Kletterpflanzen auf Dauer in großen Gefäßen oder in Beeten entlang der Wand. Für dichte und langlebige Kletterpflanzen ist dies unbedingt erforderlich. Selbst einige zierlichere Arten wie Clematis brauchen einen kühlen, feuchten Wurzelbereich, damit sie gut gedeihen. Das lässt sich am besten mit einen großen Kübel und einer Mulchschicht einrichten. Halbierte Fässer sind ideal für Clematis, weil sie im Winter nicht so starken Temperaturschwankungen unterworfen sind wie Kübel aus Stein oder Terrakotta.

▲ *Die blauen Blüten der Säckelblume leuchten im Frühsommer. Die Triebe müssen an einem Spalier angebunden werden.*

Pflanztipps für Kletterer

Für kleine Kletterpflanzen gibt es im Fachhandel spezielle Spaliere mit zwei Beinen, die in den Kübel gesteckt werden. Man verwendet sie in Kombination mit gewöhnlichen Tonkübeln und steckt das Spalier direkt in das Substrat. Nach der Pflanzung werden die Triebe nur noch angebunden.

Soll eine Kletterpflanze frei auf einem Hof oder einer Terrasse stehen, wählen Sie eine kleinwüchsige Clematis, und pflanzen Sie sie in ein halbiertes Fass. Stecken Sie einige Stücke Gartenschlauch senkrecht in das Substrat, und schieben Sie lange Bambusstangen in die Schlauchstücke. Oben werden die Stangen wie ein Zeltgerüst zusammengebunden. Die Clematis muss möglichst tief eingepflanzt werden. Dann binden Sie die Triebe an den Stangen an.

► *Hopfen ist ein schnellwüchsiger Kletterer. Im Herbst wird er dicht über dem Boden abgeschnitten. Nur weibliche Pflanzen tragen die dekorativen Blüten.*

▼ *Feuerdorn ist ein hübscher, immergrüner Wandstrauch. Seine Beeren leuchten im Winter. Im Frühling wird er kräftig zurückgeschnitten.*

◀ *Die Zierquitte ist ein attraktiver Wandstrauch. Die Blüten erscheinen zeitig im Jahr, meist noch vor den Blättern.*

Kletterpflanzen im Überblick

Überraschend viele Kletterpflanzen gedeihen an einer Nordwand, aber nicht im Kübel. Empfehlenswert sind Akebie *(Akebia quinata)*, Korallenstrauch *(Berberidopsis corallina)*, einige Efeusorten *(Hedera)*, die Rostrote Rebe *(Vitis coignetiae)* sowie die ausdauernde Kapuzinerkresse *(Tropaeolum speciosum)*.

Zu den immergrünen Kletterern gehören Efeu *(Hedera)*, Korallenstrauch *(Berberidopsis corallina)*, *Clematis armandii*, *Clerodendrum splendens**, *C. thomsoniae**, Schönranke *(Eccremocarpus scaber*, in kühleren Regionen meist einjährig kultiviert), blaue Passionsblume *(Passiflora caerulea)*, Kranzschlinge *(Stephanotis floribunda**) und Sternjasmin *(Trachelospermum jasminoides)*. Viele der immergrünen Kletterpflanzen stammen aus den Tropen oder Subtropen und brauchen Schutz vor Frost. Die mit * gekennzeichneten Arten müssen im Haus überwintert werden, die anderen brauchen im Freien einen guten Winterschutz. Informieren Sie sich vor dem Kauf genau über die Winterhärte.

Viele Kletterpflanzen haben eine attraktive Herbstfärbung. Besonders beliebt sind die verschiedenen Formen der Jungfernrebe und des Wilden Weins. Kletterpflanzen mit schönem Laub sind: Strahlengriffel (*Actinidia kolomikta* mit Blättern in Rosa, Weiß und Grün), Goldhopfen (*Humulus lupulus* 'Aureus' mit goldgrünen Blättern), Jungfernrebe (*Parthenocissus tricuspidata* mit leuchtend rotem Herbstlaub) sowie Wein *(Vitis coignetiae* und *V. vinifera)* mit auffallender Herbstfärbung in Dunkelrot bis Violett.

WANDSTRÄUCHER

Wandsträucher sind immer eine Bereicherung. Falls Sie also genug Platz zur Verfügung haben, sollten Sie einige Exemplare, die sich gut in Kübeln halten lassen, vorsehen. Zu den schönsten gehört der Feuerdorn *(Pyracantha)* mit den weißen Frühlingsblüten und den leuchtend roten, gelben oder orangefarbenen Beeren im Herbst. Der Strauch verträgt einen kräftigen Rückschnitt und lässt sich daher gut an der Wand formen. Sein Nachteil sind die langen, spitzen Dornen. Die Laub abwerfende Zierquitte *(Chaenomeles)* wird ebenfalls gern an Mauern gezogen. Die Blüten in Rosa, Rot oder Weiß erscheinen im Frühling noch vor den Blättern, ihnen folgen essbare Früchte. Obstbäume gedeihen ebenfalls gut an Mauern, und wer eine warme Südwand hat, kann sogar empfindliche Sorten wie Pfirsiche und Nektarinen kultivieren. Und schließlich gewinnt jeder Garten durch Kletterrosen. Sie müssen zwar regelmäßig an ein Spalier oder Drähte gebunden werden, doch bilden ihre Blüte und ihr Duft einen Höhepunkt des Sommers.

Nicht alle Kletterpflanzen gedeihen gut in Kübeln. Zu den besten gehören: Bougainvillea (braucht viel Wärme), *Clematis alpina* und *C. macropetala*, viele Efeusorten, echter Jasmin *(Jasminum officinale)*, *Lapageria rosea* und die Passionsblume *(Passiflora caerulea)*. Als einjährige Kletterer für schnelle Effekte empfehlen sich Schönranke *(Eccremocarpus scaber)*, Prunkwinde *(Ipomoea tricolor)* und Schwarzäugige Susanne *(Thunbergia alata)*.

Blumenkästen

Attraktive Blumenkästen können in Bezug auf Gestaltung und Farbe ein Wunder an Einfallsreichtum sein. Allerdings brauchen sie relativ viel Fürsorge. Im Grunde ähneln sie langlebigen Blumenarrangements, darum lassen sich viele Regeln der Floristik auch auf Blumenkästen übertragen.

Praktische Aspekte

Der Kasten muss auf ein Fenstersims oder unter ein Fenster passen und absolut sicher befestigt sein. Ein Kasten voll Pflanzen und nasser Erde ist recht schwer, und wenn er über der Straße hängt, muss dafür gesorgt sein, dass er an seinem Platz bleibt. Normalerweise verschraubt man ihn mit Metallwinkeln an der Wand. Wer dabei unsicher ist, sollte sich von einem Fachmann helfen lassen.

▲ *Ein Blumenkasten mit panaschiertem Efeu, niedrigem Ziertabak, Verbenen, Strohblumen und Stiefmütterchen in abgestimmten Farben.*

Zusätzlich sollte ein solcher Kasten mit Ketten, die an Haken am Fensterrahmen oder an der Wand eingehängt werden, gesichert werden.

Blumenkästen sollten außerdem zum Gebäude passen. Meist bestehen sie aus Holz oder Kunststoff, und man kann sie problemlos im Farbton der Fensterrahmen anstreichen. Damit überschüssiges Gießwasser ablaufen kann, müssen im Boden einige Drainagelöcher vorgesehen sein. Soll ein Kasten auf einem geraden Fenstersims stehen, setzt man ihn am besten auf Holzleisten, um die Drainage zu verbessern. Sonst kann sich überschüssiges Wasser stauen, die Wurzeln faulen und die Pflanzen sterben ab. Holzblumenkästen können bei Staunässe obendrein verrotten.

Pflanzen in Kästen müssen regelmäßig gegossen und mindestens zweiwöchentlich gedüngt werden. Ihnen steht nicht viel Substrat zur Verfügung, darum sind die Nährstoffe schnell verbraucht und müssen ergänzt werden. Das gilt vor allem, wenn Sie Obst oder Gemüse im Kasten ziehen.

BLUMENKASTEN SELBST GEBAUT

Wer im Handel keinen passenden Blumenkasten für sein Fenster findet, kann ihn selbst bauen. Mit etwas handwerklichem Geschick und dem richtigen Werkzeug ist das nicht schwierig. Zuerst wird die Fensterbreite und das Holz genau ausgemessen. Nichts ist ärgerlicher, als am Ende festzustellen, dass der fertige Blumenkasten einen Zentimeter zu breit ist – und das geschieht leicht, wenn man beim Zuschnitt die Stärke der Seitenteile nicht berücksichtigt. Seitenteile und Boden werden zusammengesetzt und mit Leim fixiert. Dann schrauben Sie sie mit rostfreien Schrauben zusammen. Verwenden Sie keine Nägel, sie halten nicht zuverlässig, wenn das Holz arbeitet. Rohes Holz muss mit einem geeigneten Holzschutzmittel gestrichen werden. Verwenden Sie ein Produkt, das den Pflanzen nicht schadet. Bohren Sie Drainagelöcher in den Boden. Der fertige Kasten wird mit dicker Plastikfolie ausgelegt, die an den Oberkanten festgetackert wird. Zum Schluss wird die Folie über den Drainagelöchern durchstochen. Nun kann gepflanzt werden.

▶ *Gut durchdacht ist auch das Farbkonzept dieses Kastens mit Ginster, Efeu und Chrysanthemen.*

Den Blumenkasten zusammensetzen

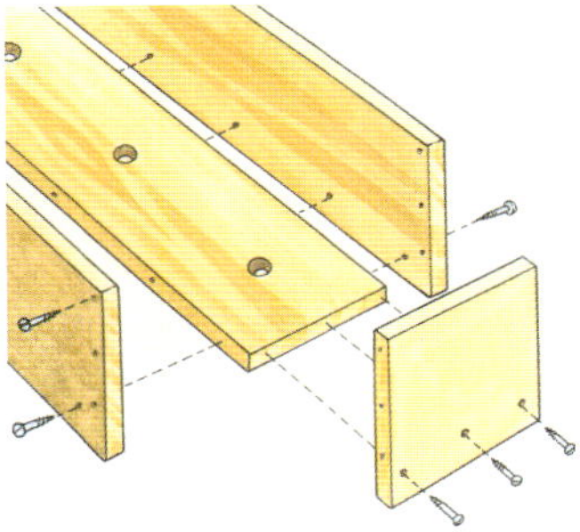

1 Die Fensterbreite ausmessen und alle Holzstücke zusägen. Löcher für die Schrauben vorbohren oder Boden und Seitenteile mit Leisten verbinden.

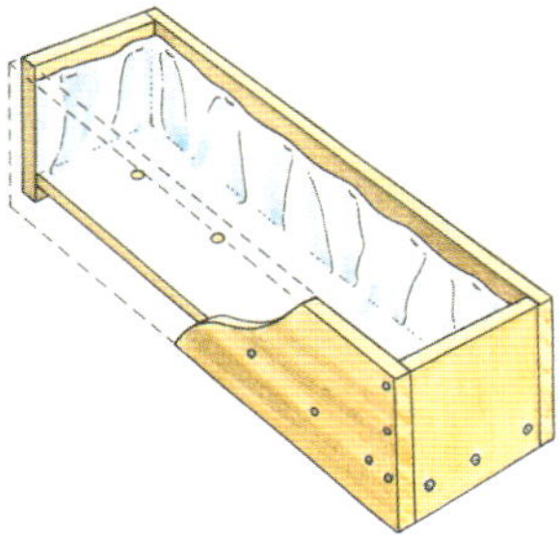

2 Nachdem der Kasten verschraubt ist, wird er mit stabiler Plastikfolie ausgelegt, damit das Holz nicht fault. Die Folie mit einem Tacker befestigen.

3 An der Wand wird der Blumenkasten mit Winkeln befestigt. Dübeln Sie die Winkel im Mauerwerk an und bringen Sie zusätzlich Sicherheitsketten an.

Blumenkasten-Vielfalt

Blumenkästen kann man auf vielerlei Weise bepflanzen. Gängig sind farbenfrohe Einjährige, es gibt aber auch andere Möglichkeiten. Sehr schön ist zum Beispiel eine Bepflanzung, die in der grauen Jahreszeit für Farbe sorgt, wenn nur wenige Blumen blühen.

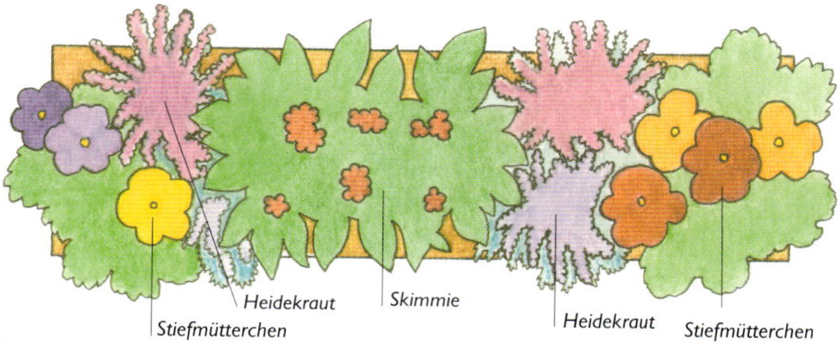

◀ *Eine einfache Pflanzidee für einen Blumenkasten, der einen ganzen Winter lang Farbe schenkt. Verwenden Sie unbedingt kalkfreies Substrat (Moorbeeterde), sonst geht das Heidekraut ein.*

Bunter Blumenkasten für den Winter

Viele Menschen meinen, dass Gärten im Herbst in den Winterschlaf fallen, aber das gilt keineswegs für Blumenkästen. Es gibt viele Pflanzen, die auch in den Wintermonaten für Farbe sorgen. Es gibt zwei Gruppen von Pflanzen, die im Winter blühen und zur Bepflanzung von Kästen geeignet sind. Es ist die Winterheide *(Erica carnea)* einerseits und die winterbühenden Stiefmütterchen *(Viola × wittrockiana)* andererseits. Eine Bereicherung für jeden Kasten sind die leuchtenden Beeren der kleinen immergrünen *Skimmia japonica reevesiana*. Sie haben einen kräftigen Scharlachrotton und halten sich mehrere Monate lang. Auch Heidekraut ist immergrün, allerdings ist ihr Laub recht unscheinbar. Es blüht in verschiedenen Rosa- und Pinktönen sowie in Weiß.

Wer für die Winterbepflanzung Heidekraut mit Stiefmütterchen kombinieren möchte, sollte eine weiße Heidesorte wählen, etwa *Erica carnea* 'Springwood White', *E. × darleyensis* 'White Glow' oder die etwas größere *E. × d.* 'White Perfection'. 'Springwood White' hat außerdem einen leicht hängenden Wuchs und verdeckt so geschickt die

◀ Erica x darleyensis *'Ghost Hills' trägt pinkfarbene Blüten, die bis zum zeitigen Frühling halten. Auch sie braucht unbedingt saure Erde.*

▲ *Ein klassischer Frühlingskasten mit Narzissen und Vergissmeinnicht. Efeu rankt über die Brüstung und weicht die strenge Kontur auf.*

Kante des Blumenkastens. Manche Heidearten vertragen zwar auch basische Erde, aber alle fühlen sich in saurer Erde wohler. Achten Sie darum darauf, den Kasten mit kalkfreiem Substrat zu füllen, damit Sie lange Freude daran haben.

Frühlingskasten mit Zwiebelblumen

Viele Zwiebelgewächse gedeihen gut im Blumenkasten, doch das entzückende Schneeglöckchen zählt leider nicht dazu. Schneeglöckchen verwildern gern unter Bäumen oder auf Wiesen. Gleich nach der Blüte gräbt man große Horste aus, teilt sie und pflanzt die Zwiebeln wieder ein. Pflanzt man sie im Herbst, blühen sie meist erst im übernächsten Jahr. Nach der Blüte soll das Laub nicht abgeschnitten werden, sondern muss einziehen. Kein Kastengärtner, der auf sich hält, hat an diesem Anblick Freude. Aber Krokusse sind gut geeignet. Pflanzt man sie im Herbst in Kästen, blühen sie im folgenden Frühling. Sie lieben einen warmen Platz und sind ein bezaubernder Anblick, wenn sie in der ersten Frühlingssonne ihre Blüten öffnen.

Auch Zwergnarzissen (*Narcissus* spp.) gedeihen gut in Kübeln und Kästen. Pflanzt man Krokusse und Narzissen gemeinsam, die Narzissen jedoch etwas tiefer, blühen beide Arten nacheinander. Setzt man dazu noch einige hübsche Immergrüne, vielleicht hängenden Efeu, entsteht ein sehr schönes Arrangement. Kleine Tulpen blühen, sofern man die Zwiebeln tief genug pflanzt, ebenfalls gut in Kästen. Gut geeignet sind die niedrigen Zuchtsorten mit der Bezeichnung „Einfache, frühe" (Gruppe 1) sowie die Sorten der Greigii-Gruppe (Gruppe 14). Achten Sie auf interessante Kontraste der Blütenfarben.

Zwiebeln sollten Sie immer bei einem Spezialanbieter mit einem umfangreichen Katalog kaufen. Beim Billigangebot aus dem Gartencenter laufen Sie Gefahr, dass verschiedene Sorten enthalten sind, die zu unterschiedlichen Zeiten blühen.

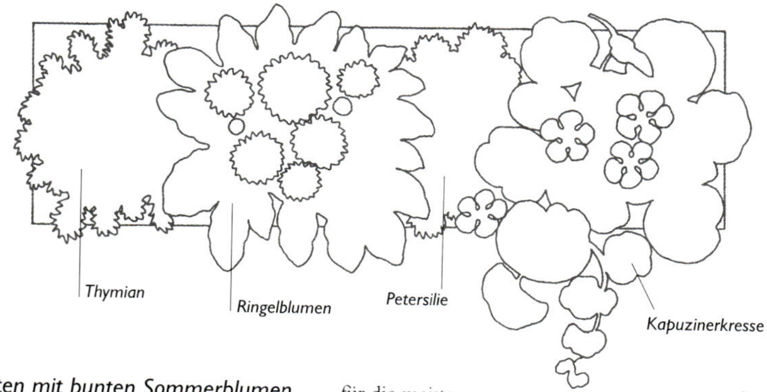

◀ *Pflanzplan für einen kleinen Kasten mit einer essbaren Mischung aus blühenden Einjährigen und Kräutern. Petersilie keimt sehr langsam. Darum wird sie in separaten Töpfen vorgezogen, die dann in den Kasten eingesenkt werden. Ringelblumen verwendet man für Tee und als Speisefarbe, Kapuzinerkresse schmeckt gut im Salat.*

Kästen mit bunten Sommerblumen

Besonders schön und farbenfroh sehen die Blumenkästen im Sommer aus, wenn sie mit Einjährigen bepflanzt sind. Einjährige sind ideal für Kübel und Kästen. Außerdem kann man mit ihnen wunderbar intensive Farbeffekte gestalten. Allerdings sollte die Farbe des Kastens auf die der Blüten abgestimmt sein. Weiß passt zu allen Farben gut, während ein sanftes Grün einen ruhigen Hintergrund für die meisten Pflanzen und ihre Blüten abgibt.

Alternativ könnten Sie den Kasten in einer leuchtenden Farbe streichen und mit einer Pflanzenkombination in Weiß oder Abstufungen einer einzigen Farbe bestücken. Kaufen Sie möglichst blühende Pflanzen für Ihre Kästen, denn nur wenige Gärtner können die exakte Blütenfarbe ihrer Jungpflanzen mit Sicherheit voraussagen. Beim Pflanzen selbst gelten die gleichen Grundregeln wie beim Gestalten eines Blumenstraußes. Fassen Sie Farben zu Gruppen zusammen, etwa Rot und Pink oder Flieder, Blau und Weiß. Setzen Sie leuchtende Farben in ruhigen Arrangements sparsam ein – oder lassen Sie die Kästen mit intensiven Farben überborden. Denken Sie an einige höhere Pflanzen und einige hängende Arten, die den Kastenrand verdecken. Eine Auswahl von einjährigen Sommerblumen finden Sie auf den Seiten 239–248 sowie 260–261.

Der nahrhafte Blumenkasten – Kräuter und Gemüse

Viele Leute ziehen in ihren Blumenkästen auch Kräuter für die Küche. Selbst Gärtner mit einem großen Gemüsebeet haben oft einen Kräuterkasten oder -kübel neben der Küchentür, damit sie jederzeit auf die Schnelle ein paar frische Stängel ernten können. Ehe Sie Ihren Kasten bepflanzen, achten Sie auf die

◀ *Solch ein Kasten mit Tomaten, Salat, Möhren, Erdbeeren und Miniblumenkohl sorgt mitten in der Stadt bestimmt für Gesprächsstoff.*

◀ *Ein Kasten in Blau und Weiß sieht im Sommer frisch und kühl aus. Petunien bilden hier die Hauptzutat.*

Himmelsrichtung, denn manche Kräuter bevorzugen Schatten, während andere in der Sonne besser gedeihen. Probieren Sie einmal blühende Kräuter wie Kapuzinerkresse *(Tropaeolum majus)*, die würzig im Salat schmeckt. Die Blüten von Ringelblumen färben Speisen ähnlich wie Safran, während man aus den Blättern milden Tee kochen kann. Schnittlauch trägt hübsche Blüten in Pink, die aber nicht so gut zu den orangefarbenen und gelben Blüten der beiden erstgenannten Pflanzen passen. Natürlich sehen auch rotblättriges Basilikum, Salbei, panaschierte Minze und krause Petersilie in einem kleinen Kräuterkasten hübsch aus.

Ein Kasten mit Minigemüsen Minigemüse ist eine witzige Idee. Es gibt inzwischen eine große Auswahl, und viele Arten gedeihen ganz ausgezeichnet in einem kulinarischen Blumenkasten. Rote Bete, Möhren, Blumenkohl, Lauch, Salat, Zwiebeln, Mais, Rüben und Zucchini sind nur einige Beispiel für geeignete Arten, die mit ihren verschiedenen Blattfarben und -formen reizvoll aussehen können. Die Pflanzen werden in Gruppen ausgesät, dann dünnt man die Sämlinge aus, damit sich die Pflanzen nicht beengen. Der Vorteil der Minigemüsesorten ist, dass sie schneller reifen als die großen Sorten. So kann man in weniger als drei Monaten im Kasten Salat und Frühlingszwiebeln, Rote Bete und Möhren ernten.

Gemischter Kasten mit Obst und Gemüse Wer Farbe und Vielfalt für seinen Gemüsekasten anstrebt, sollte Tomatenpflanzen einsetzen. Es gibt spezielle Sorten, etwa 'Tumbler' und 'Patio', die für die Kasten- und Kübelkultur entwickelt wurden und sogar in einer Blumenampel gedeihen. Witzig sieht auch die Zwergpaprika 'Jingle Bells' aus. Selbst eine Miniaturgurkenpflanze ist denkbar, wenngleich sie keinen so leuchtenden Farbakzent setzt.

Sie könnten noch Erdbeerpflanzen dazusetzen. Es gibt spezielle Sorten für Kübel und Töpfe, die über einen langen Zeitraum blühen und fruchten. Wer altmodische Pflanzen schätzt, wählt statt dessen Walderdbeeren.

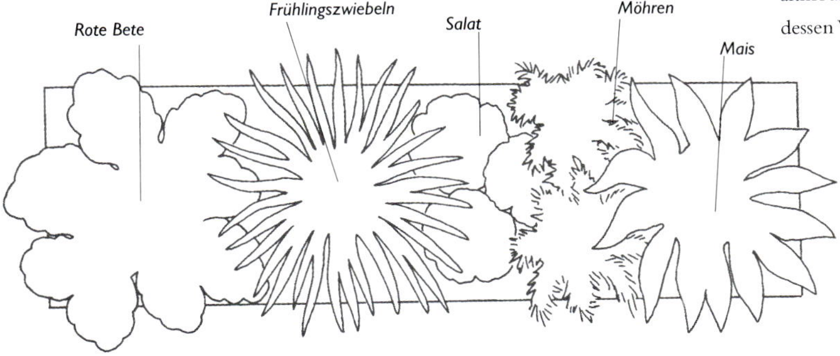

◀ *Es gibt viele Minigemüsesorten für Kübel und Kasten. So kann man in der Saison einige taufrische, chemisch unbelastete Zutaten ernten. Dafür lohnt sich die Mühe des Pflanzens und Pflegens.*

Blumenampeln

Blühende Ampeln sind im Sommer ein herrlicher Anblick, ob auf der Terrasse, am Balkon oder vor der Haustür. Sie sind einfach zu bepflanzen und zu pflegen, nur bei der Auswahl der Pflanzen sollte man sich etwas mehr Gedanken machen.

Ampel in Blau-Weiß-Rot

Für einen Pflanzkorb mit 40 cm Durchmesser brauchen Sie sechs Pflanzen mit hängendem Wuchs, etwa

Hedera helix (Efeu) – Wählen Sie kleinblättrige, panaschierte Sorten wie 'Adam', 'Asterisk' oder 'Glacier'.

Helichrysum petiolare – hängende Form, herzförmige Blätter, unten wollig dicht und grau, weiter oben heller. Cremeweiße Blüten.

Plectranthus forsteri 'Marginatus' – hängende Triebe mit grün-weiß panaschierten Blättern.

P. australis – kleine, hellgrüne Blätter oder

P. oerthendalii – weiß geäderte Blätter mit rosa-violetten Unterseiten. Dazu 3–6 hängende Pelargonien 'Roulette' mit rot-weiß gestreiften Blüten,

1–2 *Pelargonium* 'Pulsar Scarlet' für die Mitte des Korbes oder kleinwüchsige rote Sorten aus der Serie Video Mixed,

6–9 *Petunia grandiflora* – eine weiße Sorte oder 6 *Lobelia* 'Safir' – dunkelviolettblau mit weißem Auge oder 'Crystal Palace'.

Für größere oder kleinere Körbe muss die Zahl der Pflanzen entsprechend angepasst werden. Generell sehen Ampeln aber am besten aus, wenn sie beinahe übervoll sind. Die hängenden Blattpflanzen werden an den Rand des Korbs gepflanzt, sodass sie überhängen. Die bunten Pflanzen ordnen Sie in Reihen an. Im Laufe des Sommers wachsen sie immer mehr ineinander.

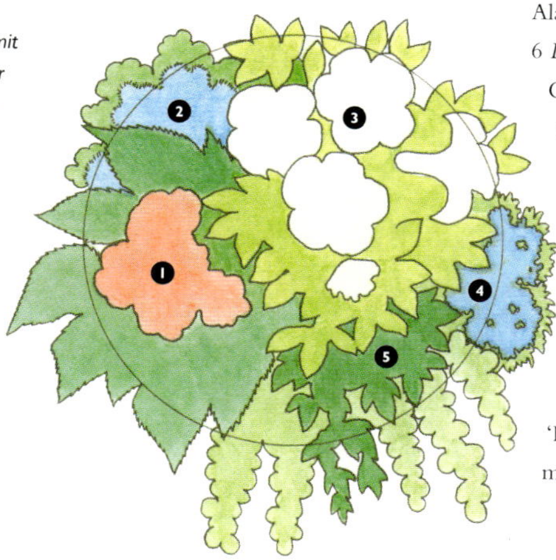

▶ *Eine andere Variante in Blau-Weiß-Rot mit Leberbalsam und Begonien. Zuerst wird der Boden der Korbeinlage bepflanzt, dann die Pflanzen von innen nach außen durch das Geflecht schieben. Dabei die Pflanzen möglichst wenig beschädigen.*

1. Begonie (rot)
2. Leberbalsam *(Ageratum)* (blau)
3. Petunie (weiß)
4. Lobelie (blau)
5. Efeu

Eine leuchtende Ampel in Gelb und Orange

Für einen Pflanzkorb mit 40 cm Durchmesser brauchen Sie

6–9 *Tropaeolum majus* (Kapuzinerkresse), entweder Double Gleam-Hybriden oder Alaska-Mix,

6 *Lysimachia congestiflora* (Felberich) – Gruppen gelber Röhrenblüten mit roter Mitte,

6 *Bidens ferulifolia* (Zweizahn) – kleine, gelbe Sternblüten, die in Kaskaden über die Korbseiten fallen, oder 6 *Tagetes* – für Ampeln eignen sich niedrige Sorten am besten, etwa die Disco- und Gem-Serien in Orange, Gold und Gelb. 'Naughty Marietta' hat gelbe Blüten mit dunkelroter Zeichnung.

▲ *Ampeln sehen überall um Haus und Garten gut aus. Hier ein Exemplar in einem Duftgarten, bepflanzt mit Duftblattpelargonien.*

▶ *Fleißige Lieschen in kräftigem Pink und Weiß in einer schlichten, zweifarbigen Ampel. Weitere Ampeln im Hintergrund greifen diese Farbkombination auf.*

Blumenampeln im Winter

Fast immer dienen Ampeln als Augenweide für den Sommer. Es ist aber auch möglich, eine Pflanzenkombination zu wählen, die in den Wintermonaten attraktiv aussieht – vorausgesetzt, der Korb ist keinem starken Frost ausgesetzt. Basis der Bepflanzung ist ein winterharter, immergrüner Farn. Dazu kommen weitere Pflanzen wie

- *Hedera helix* 'Glacier' oder *H. h.* 'Pin Oak' (beides Efeusorten) – Hängt die Ampel an einem exponierten Platz, wählen sie winterharte Sorten.
- *Polypodium vulgare* – immergrüner Farn,
- *Vinca minor* (Kleines Immergrün) – hängende Triebe und hellblaue Blüten vom Frühling bis zum Herbst oder
- *Viola × wittrockiana* (Stiefmütterchen) – entweder Sorten mit verschiedenfarbigen oder einfarbig blauen Blüten wählen. Sie blühen mehrere Monate lang.

Einfache Ampeln für den Sommer Sehr schön sehen auch Ampeln mit nur einer Pflanzenart aus, vielleicht in verschiedenen Farben. Besonders gut eignen sich für solche Bepflanzungen in kontrastreichen oder abgestuften Farben die Petunien. Man teilt sie in drei Gruppen ein. Grandiflora heißen die Sorten mit besonders großen Blüten (bis zu 13 cm Durchmesser). Multiflora ist die Gruppe mit vielen einfachen oder gefüllten Blüten von 8 cm Durchmesser. Milliflora sind kleinere Pflanzen mit zahlreichen Blüten. Meist blühen Petunien in Schattierungen von Rot, Rosa, Violett und Weiß. Pflanzen der Serie Celebrity Mixed, Celebrity Bunting (dunklere Farben) und Celebrity Pastel tragen Blüten in harmonischen Farbabstufungen. Sehr schön sind auch einfarbige Sorten wie 'Sonata' in Weiß und 'Supercascade' in Rosarot. Die Grandiflora-Petunien der Serien Picotee und Razzle Dazzle haben oft mehrfarbige Blüten mit gewellten Rändern.

Ampeln Ton in Ton

Manche Gärtner bevorzugen ruhigere Kombinationen aus abgestuften Farben. Es gibt unzählige Pflanzen und Farben, die sich dafür eignen. Beschränken Sie sich auf eine Farbe, vielleicht Rosa oder Hellblau, und kombinieren Sie dazu eine Reihe ähnlicher, aber insgesamt zarterer Töne.

Ampel in Rosa und Violett

Verwenden Sie Lavendel (*Lavandula* 'Munstead', dunkelviolett) oder eine rosafarben blühende Nelke (*Dianthus* 'London Delight', hellrosafarben mit dunklerem Auge). Dazu passen Sommerfuchsien wie 'Auntie Jinks' (weiß und violett), 'Micky Gault' (weiß mit kräftig pinkfarbener Mitte) oder 'Leonora' (zartrosa). In die Mitte des Korbes kommt ein Fleißiges Lieschen (*Impatiens* Neu-Guinea-Gruppe) in kräftigem Pink.

◀ *Eine Ampel mit rosafarbenen Blüten im Kontrast zum dunkelvioletten Lavendel. Der Lavendel muss geschickt platziert werden, damit seine Blüten gut zur Geltung kommen.*

Hängende Pflanzen mit graugrünem Laub wie *Hedera helix* 'Glacier' oder *Helichrysum petiolare* 'Roundabout' halten die Elemente optisch zusammen.

Ampel in Blau, Violett und Silber

Eine ähnliche, aber noch ruhigere Farbkombination entsteht mit blauvioletten Stiefmütterchen aus der Gruppe der *Viola × wittrockiana* als Hauptakzent. Dazu kommt die violett blühende *Salvia officinalis* 'Aurea', die klein genug für eine Ampel ist, sowie *Hedera helix* 'Glacier', Stohblume *(Helichrysum)* und graulaubiges Greiskraut *Senecio cineraria* 'Silver Dust'.

▲ *Ampeln in Blau und Weiß sehen immer frisch und kühl aus. Mischen Sie unter das Pflanzsubstrat Wasser speicherndes Granulat.*

Ampel mit frischem Gemüse

Das ist eine ungewöhnliche Idee, die aber bestens funktioniert und bestimmt für Gesprächsstoff sorgt. Alle Gemüsesorten müssen während ihrer Wachstumsperiode regelmäßig, mindestens einmal pro Woche, gedüngt werden. Das gilt besonders für die hängenden Tomaten, die den Blickfang der Kombination bilden.

Salat – Wählen Sie verschiedene Sorten mit lockerem Aufbau wie 'Red Fox' mit rot-grünen Blättern, 'Lollo Biondo' mit hellgrünen Blättern, 'Lollo Rosso' mit rot geränderten Blättern sowie 'Red and Green Salad Bowl'. Die Salate werden

Kräuter in der Ampel

Bepflanzen Sie einen kleineren Korb mit Kräutern, die hübsch aussehen und oft in der Küche gebraucht werden. Kräuter blühen nicht so spektakulär wie Sommerblumen, doch viele haben hübsch gezeichnete Blätter. Als Hängepflanzen bietet sich Kapuzinerkresse an, die ebenfalls essbar ist. Die Blätter würzen den Salat, die Blüten dienen als Dekoration. Außerdem passen in die Ampel:
Petersilie – krausblättrige ist hübscher,
Salbei – *Salvia officinalis* 'Icterina' hat gelb-grün panaschierte Blätter. Die jungen Blätter von *S. o.* 'Purpurascens' sind rötlich-violett. Es gibt weitere Sorten mit verschiedenen Blattfarben.
Schnittlauch – attraktive Blüten in Pink,
Thymian – *Thymus herba-barona*, das traditionelle Kraut zu Roastbeef mit hängendem Wuchs, *T. vulgaris* 'Aureus' und 'Silver Posie' mit golden und silbrig geränderten Blättern.
Setzen Sie als Farbtupfer noch einige Tagetes oder Ringelblumen dazu. Sehr dekorativ ist *Tagetes patula* 'Lemon Drop', Ringelblumen *(Calendula)* sind sogar essbar.

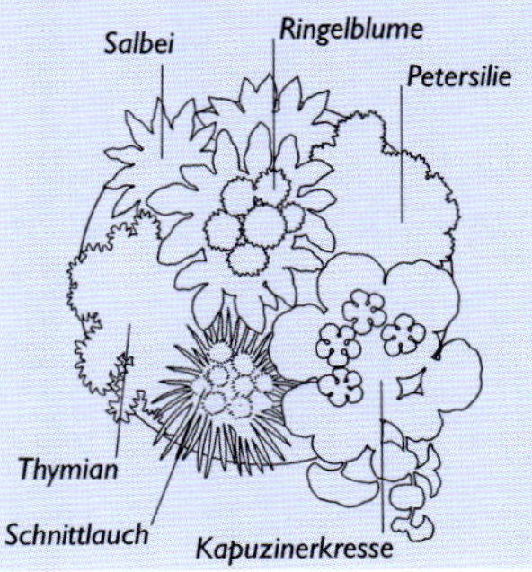

seitlich in die Ampel gepflanzt, die dunkleren im unteren Bereich und der hellgrüne 'Lollo Biondo' am oberen Rand, damit die Kontraste zwischen den Blattfarben deutlich werden. Setzen Sie oben in den Korb drei Kirschtomatenpflanzen der speziell für Ampeln gezüchteten Sorte 'Tumbler' und, wenn der Platz ausreicht, noch Basilikum oder Oregano für die passende Würze ein.

▲ *Erdbeeren und Petersilie passen gut zusammen. Hier wurde der Rand mit weißem Steinkraut* (Alyssum) *bepflanzt.*

Praxisfragen

Das Gärtnern im Kübel unterscheidet sich nicht wesentlich vom herkömmlichen Gärtnern. Samen werden gesät, Pflanzen wachsen, blühen, bilden Samen und sterben ab. Der Unterschied ist nur, dass die Wurzeln weniger Platz und Erde zur Verfügung haben und darum öfter gedüngt und gegossen werden müssen als im Beet.

Große Kübel machen Eindruck

Beim Kauf von Kübeln sollte man sich Zeit lassen. Große Kübel aus Terrakotta oder Kompositstein sind ausgesprochen teuer, und antike Gefäße haben erst recht ihren Preis. So ein edles Stück eignet sich als Blickfang für sich genommen oder als Kübel für eine ganz besondere Pflanze.

Hohe Kübel

Häufig richtet sich die Wahl eines Pflanzgefäßes nach der Höhe der Pflanze, für die es bestimmt ist, oder nach dem Stil der Gesamtanlage. In einem reinen Kübelgarten braucht man Gefäße verschiedener Höhe. Besonders hohe Exemplare, etwa große Amphoren, sind schwierig zu finden und sehr teuer. Manchmal bekommt man auf Flohmärkten oder beim Trödler attraktive Stücke für wenig Geld, die obendrein interessanter als die Standardmodelle aus dem Gartencenter sind. Nehmen Sie sich Zeit, die optimalen Kübel für Ihren Garten zu finden.

Überlegt pflanzen Beim Kauf großer Gefäße sollten Sie unbedingt die Form des oberen Randes beachten. Alte Schornsteinköpfe sind ebenso originell wie dekorativ. Auch Amphoren sehen schön aus, doch sind alle Gefäße mit verengtem Hals ungeeignet für eine dauerhafte Bepflanzung. Setzt man beispielsweise einen Strauch in ein solches Gefäß, füllen es die Wurzeln mit der Zeit so weit aus, dass man die Pflanze zum Umtopfen nicht mehr entnehmen kann. So bleibt keine andere Möglichkeit, als das Gefäß zu zerschlagen.

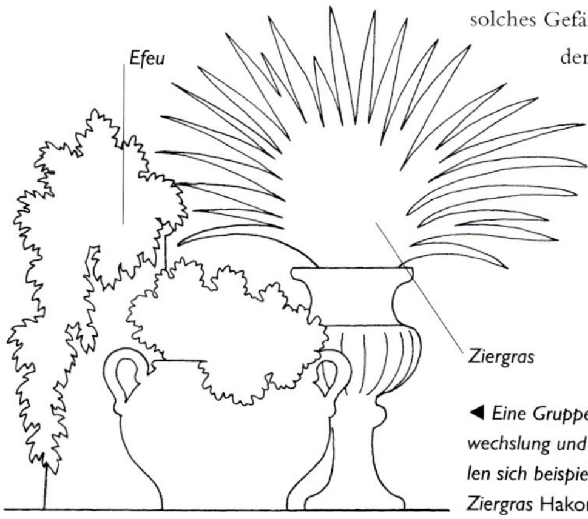

◀ *Eine Gruppe größerer Kübel sorgt für Abwechslung und Höhe. Als Bepflanzung empfehlen sich beispielsweise hängender Efeu, das Ziergras* Hakonechloa *und Thymian.*

▼ *Große oder farbige Kübel können für sich schon ein Blickfang im Garten sein. Sie sollten aber die Pflanzen optisch nicht erdrücken.*

Terrakottakübel

Das verbreitetste Material für Gartenkübel ist Terrakotta, was übersetzt „gebrannte Erde“ bedeutet. Das Angebot an unterschiedlichen Formen, Größen und Stilen ist enorm. Man kann aus Terrakottakübeln Gruppen zusammenstellen, indem man entweder gleichartige Kübel verschiedener Größe kombiniert oder

Einen Terrakottakübel schnell altern lassen

1 Moderne, neue Terrakottakübel sehen im Garten oft unangenehm steril aus. Damit sie sich besser einfügen, kann man sie künstlich altern lassen.

2 Bestreichen Sie die Oberfläche des Kübels mit Naturjoghurt oder Sauermilch. Darauf siedeln sich bald Moose und Flechten in sanften Farbtönen an.

3 Schon nach einigen Wochen wirkt der Kübel mit dem Bewuchs, als sei er schon viele Jahre alt. Die Innenseite wird nicht behandelt.

eine Reihe ganz unterschiedlicher Gefäße verwendet, etwa eckige und runde, gerade und bauchige und dazu einige flachere Schalen. Dazwischen könnte man noch ein oder zwei schlanke, betont hohe Kübel stellen.

Viele Modelle, die man heute im Handel findet, sind Kopien von Gefäßen aus dem 19. Jahrhundert. Manche Urnen und Amphoren gehen sogar auf Vorlagen der Antike zurück. Damit neue Kübel antik aussehen, kann man sie mit Joghurt oder Sauermilch anstreichen, worauf sich schnell Moose und Flechten ansiedeln, sodass das Gefäß schnell Patina ansetzt. Natürlich kann man auch farbig glasierte Kübel kaufen.

▶ *Eine klassische Schale Hauswurz* (Sempervivum). *Einige Arten haben rote Blätter und tragen zarte Blüten an aufrechten Stielen.*

Andere Kübeltypen

Viele Gefäße lassen sich als Pflanzkübel verwenden, und man muss sich keineswegs auf das Standardangebot der Gartencenter beschränken. Alte Zinkbadewannen, Spülsteine oder Steintröge eignen sich gut zum Bepflanzen und sehen originell aus. Voraussetzung ist allerdings eine gute Drainage.

Tröge

Die schwersten und teuersten Pflanztröge bestehen aus Blei und eignen sich schon wegen des Gewichts nicht für den Dachgarten. Es gibt aber überzeugende Kopien solcher Modelle aus Fiberglas. Auch traditionelle Steintröge werden als Repliken aus Kompositstein oder Torfzement angeboten. Überlegen Sie genau, wo Sie einen Trog im Garten aufstellen wollen. Große Pflanzgefäße lassen sich oft nur im leeren Zustand bewegen, darum sollten sie grundsätzlich vor dem Füllen an ihren endgültigen Platz gestellt werden. Das gilt besonders für Gruppen von großen Gefäßen. Stellen Sie sie probeweise leer auf, und probieren Sie verschiedene Anordnungen aus. Schlafen Sie eine Nacht darüber, und begutachten Sie die Gruppe am nächsten Morgen noch einmal. Wenn Ihnen alles zusagt, können die Kübel mit Substrat und Pflanzen gefüllt werden.

Erdbeertöpfe

Erdbeertöpfe sind vor allem als Terrassendekoration sehr beliebt. Es sieht hübsch aus, wenn die reifenden Früchte an allen Seiten herabhängen. Erdbeertöpfe sind in jedem größeren Gartencenter zu bekommen, allerdings ist es gar nicht so einfach, in ihnen eine gute Ernte heranzuziehen. Die Pflanzen brauchen

◀ *Erdbeeren in einem traditionellen Erdbeertopf. Das Gefäß muss oft gedreht werden, damit alle Pflanzen genug Sonne bekommen.*

viel Pflege und Fürsorge. Vor allen Dingen müssen Sie ein perforiertes Plastikrohr vorbereiten, das in die Mitte gestellt wird. Nur so bekommen auch die weiter unten eingesetzten Pflanzen ausreichend Gießwasser. Eine Schicht Kieselsteine oder Tonscherben auf dem Topfboden hält das Rohr aufrecht und sorgt für gute Drainage. Anschließend wird der Topf mit nahrhaftem Substrat gefüllt. Erdbeeren haben einen hohen Nährstoffbedarf, brauchen also reichlich Dünger. Die Pflanzen werden nach und nach beim Auffüllen des Topfes von innen nach außen durch die Öffnungen geschoben. Wählen Sie unbedingt eine Sorte, die speziell für die Topfkultur geeignet ist. Die Wurzeln werden beim Pflanzen gut angedrückt, dann muss gegossen werden. Wer ernsthaft an einer reichen Ernte interessiert ist, sollte obendrein im ersten Jahr die Blüten ausknipsen, sodass die Pflanzen kräftig werden können, ehe sie Früchte tragen.

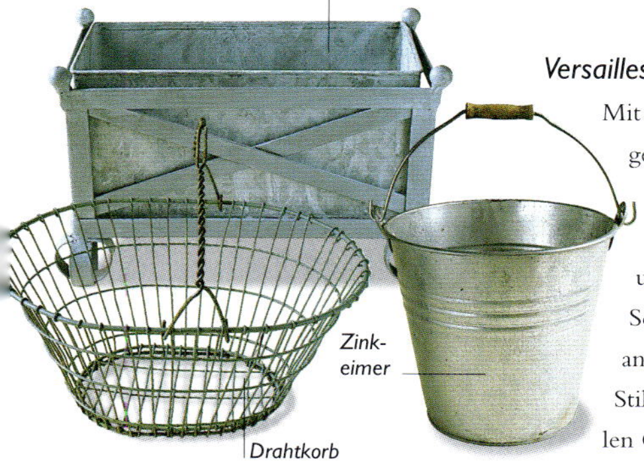

▲ *Klassische sowie unkonventionelle Gefäße eignen sich als Pflanzkübel. Denken Sie immer an die Drainagelöcher im Boden.*

Während des Sommers muss der Topf regelmäßig gegossen werden. Etwa einmal wöchentlich wird er gedreht, damit alle Pflanzen gleichmäßig viel Sonne bekommen.

Versailles-Kübel

Mit diesem Begriff sind die Gefäße gemeint, die man – bepflanzt mit Orangen- oder Lorbeerbäumchen – aus den Wintergärten und Orangerien französischer Schlösser kennt. Sie haben eine ansprechende Form, passen vom Stil her aber nur in einen formalen Garten. Es gibt heute Modelle aus Kunststoff und Holz. Die hölzernen Exemplare müssen mit einer stabilen Plastikfolie ausgekleidet werden.

▲ *Echte Bleigefäße sind schwer und teuer. Fiberglasrepliken klassischer Vorbilder sehen durchaus überzeugend aus.*

Ungewöhnliche Gefäße

Das Spektrum der Gefäße, die sich als Pflanzkübel umfunktionieren lassen, ist nahezu endlos. Alte Spülsteine und Zinkbadewannen sind denkbar, sofern sie zum Stil des Gartens passen. Spülsteine beispielsweise werden gern für niedrige alpine Pflanzen verwendet. Auch ausgediente Viehtröge und alte Wasserzisternen können sehr dekorativ sein. Sie sind allerdings sehr schwer, darum müssen sie vor dem Bepflanzen an ihren endgültigen Platz gestellt werden. Grundsätzlich müssen Drainagelöcher in den Boden aller Gefäße gebohrt werden.

Kleine Pflanzgefäße

Je kleiner ein Garten, desto sorgfältiger müssen die Töpfe und Kübel auf den Stil der Anlage und auf die Pflanzen abgestimmt sein. Oft gehen die kleineren Töpfe optisch unter. Töpfe an der Wand erweitern die Pflanzfläche und lenken den Blick in die Höhe.

Kleine Töpfe für kleine Gärten

Das Angebot an kleineren Töpfen ist gewaltig. In einem kleinen Garten reicht der Platz oft nur für wenige Pflanzen aus, die dann aber um so besser auf ihre Gefäße abgestimmt sein sollten. Aus Töpfen mit kleinen Pflanzen wie Primeln oder Stiefmütterchen kann man hübsche Gruppen arrangieren. Größere, flache Schalen bieten sich für die rosettenförmig wachsenden, vielfältigen Hauswurzarten *(Sempervivum)* an.

Konzentrieren Sie sich auf Ihre Lieblingspflanzen, vielleicht niedrige Lavendelsträucher, Zwiebelblüher für den Frühling, Kräuter und Einjährige. Dann tragen Sie eine Sammlung von Tontöpfen in verschiedenen Größen zusammen, bepflanzen und gruppieren Sie sie entsprechend den Bedingungen Ihres Gartens. Möglicherweise reicht der Platz sogar für eine oder zwei Kletterpflanzen aus. Sie brauchen allerdings einen größeren Topf, in dem sich ihre Wurzeln ausbreiten können. Clematis lieben einen schattigen Wurzelbereich, darum sollten die Kübel nicht in der

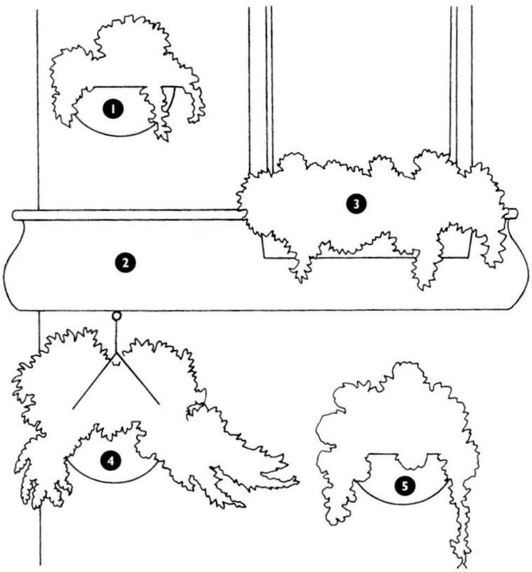

◀ *Muss sich ein Gärtner mit wenig Platz zufrieden geben, bleibt ihm die Möglichkeit, die Wände mit Wandtöpfen, Blumenkästen und Ampeln einzubeziehen. Damit ein harmonisches Bild entsteht, sollten Pflanzen und Gefäße zusammenpassen.*

1. Wandtopf
2. Balkon vor dem Fenster
3. Blumenkasten
4. Ampel
5. Wandtopf

Antike Wandtöpfe

Schlichte Wandtöpfe sehen fast immer gut aus. Manchmal eignen sich aber auch unkonventionelle Modelle, die beispielsweise an klassische Formen angelehnt sind oder Motive alter Kulturen wie der Maya oder Azteken imitieren. In der richtigen Umgebung sehen sie interessant aus. Beliebte Formen sind Muscheln und Schneckenhäuser, Flechtmuster und Kürbisse. Die geringe Substratmenge in Wandtöpfen trocknet im Sommer schnell aus, darum muss man zweimal täglich gießen.

▶ *Einfache Tonblumentöpfe mit leuchtenden Fleißigen Lieschen sind mithilfe von Drahtringen an einem Holzzaun befestigt.*

prallen Sonne stehen. So kann selbst ein winziger Garten oder Hof bezaubernd gestaltet werden.

Wandtöpfe und Blumenampeln

In einem reinen Kübelgarten sollte man stets die Dimension der Höhe im Auge behalten. Es gibt viele Möglichkeiten, den Garten nach oben auszudehnen, sofern eine Wand vorhanden ist. Selbst ein stabiles Spalier und einige hängende Töpfe können schon ausreichen. Spezielle Wandtöpfe haben eine abgeflachte Rückseite und meist eine Öse zum Aufhängen. Sie liegen flach an einer Wand an und bieten sich für Pflanzen mit hängendem Wuchs an. Mit bunten Einjährigen gefüllt sind sie ein Blickfang.

Wandtöpfe gibt es in vielen Designs, von ganz schlichten Modellen bis zu Bienenkörben, Muscheln und Schneckenhäusern, außerdem schlank zulaufende Kelchformen und üppig bauchige Töpfe. Wer in seinem Garten Terrakottakübel in verschiedenen Formen verwendet, sollte versuchen, Wandtöpfe in ähnlichen Formen zu finden, um ein einheitliches Bild zu gestalten. Wichtig ist auch, dass Wandtöpfe sicher befestigt werden und zum Gießen noch erreichbar sind. Weil sie mehr Sonne erhalten als Kübel am Boden, müssen sie ebenso häufig wie Blumenampeln gegossen werden. Wählen Sie für Wandtöpfe möglichst Pflanzen, die etwa zur gleichen Zeit blühen.

Blumenampeln

Die klassischen Körbe für Blumenampeln sind schlicht und haben einen Durchmesser von 30–40 cm. Im Fachhandel findet man auch kunstvoll verschnörkelte Modelle, doch die schlichten reichen völlig aus, da sie ohnehin in kurzer Zeit von den Pflanzen verdeckt werden. Sehr wichtig ist hingegen, dass der Haken oder Winkel zur Aufhängung von Ampeln stabil und sicher befestigt ist. Dicht bepflanzte und frisch gegossene Ampeln sind überraschend schwer. Weitere Hinweise zur Pflege und Bepflanzung finden Sie auf Seite 102–103. Wandtöpfe und Ampeln sind vor allem für Balkongärten praktisch. Nur auf einem sehr großen Balkon kann man große Kübel für Kletterpflanzen aufstellen. Auf kleinen Balkonen hingegen sorgen geschickt platzierte Wandtöpfe und Ampeln für Abwechslung.

Kübel für große Pflanzen

Es versteht sich von selbst, dass große Pflanzen geräumige Kübel benötigen, wenn sie gut gedeihen sollen. Große Kübel sind teuer, darum sollte man den Kauf genau bedenken. Außerdem müssen die Gefäße sorgfältig auf den Stil des Gartens abgestimmt werden.

Kübel für große Pflanzen

Wer große Pflanzen halten möchte, muss großzügig denken. Alle großen Pflanzen, seien es Bäume, Obstgehölze oder Sträucher, brauchen möglichst viel Erdreich, wenn sie sich gut entwickeln sollen. Im Idealfall pflanzt man sie in ein Hochbeet oder einen speziellen, großen Kübel, der gut zum Stil der Terrasse, des Dachgartens oder Hofes passt. Alle Kübel müssen Drainagelöcher im Boden haben. Ein automatisches Bewässerungssystem kann ebenfalls hilfreich sein.

Das zweite wichtige Kriterium ist der Stil. Überlegen Sie genau, wie sich ein großer, teurer Kübel in Ihren Garten integrieren lässt und wie das Gefäß zu Art und Wuchsform der gewünschten Pflanze passt. Bäume oder Sträucher mit breitem Wuchs sehen am besten in Kübeln mit weiter Öffnung aus. Akkurat gestutzte Formschnittsträucher kommen nur in klassischen, formalen Gefäßen gut zur Geltung. Häufig bestehen große Kübel aus Terrakotta. Geeignet sind aber auch Gefäße aus anderen Materialien, etwa Stein oder glasiertes Steingut, sofern sie dem Wurzelballen der Pflanze genug Platz bieten. Natürlich sollen auch die Proportionen zwischen Kübel und Pflanze ausgewogen sein. Eine kleine Pflanze kann in einem stattlichen Kübel verloren aussehen. Besser ist es, einen zunächst in der Größe passenden Kübel zu wählen und die Pflanze nach einigen Jahren umzutopfen.

◀ Blumenrohr (Canna) *passt gut in einen Garten, der Tropenstimmung vermitteln soll. Sie brauchen viel Sonne und Wärme.*

Halbe Fässer

Halbe Fässer eignen sich gut als Pflanzkübel – sogar für recht große Bäume. Weil sie sehr natürlich aussehen, passen sie in nahezu jede Umgebung. Mit etwas Glück findet man alte Fässer beim Trödler, es gibt aber auch speziell zum Bepflanzen gedachte Exemplare im Gartencenter. Wer ein ganzes Fass hat, muss es durchsägen. Dazu markieren Sie die Mitte mit einem Kreidestrich und sägen es entlang der Linie durch. Füllen Sie das Fass mit Wasser und lassen es über Nacht stehen, damit das Holz aufquellen kann. Ist das Holz stark ausgetrocknet, muss es eventuell auch länger quellen. Dann bohren Sie Drainagelöcher in den Boden und legen das Fass mit stabiler Plastikfolie aus, die am oberen Innenrand festgetackert wird. Über den Drainagelöchern im Boden wird die Folie durchstochen. Zum Schluss den Folienrand sauber abschneiden und das Fass mit Kies und Substrat füllen.

Die Form des Kübels bestimmt, welche Pflanze optimal passt. Versailles-Kästen eignen sich für kleine Bäume, hohe Amphoren dagegen für Kapuzinerkresse.

Hohe Kübel richtig platzieren

Hohe Kübel eignen sich gut als Blickfang für Gartenhof und Terrasse, denn sie sehen selbst ohne Pflanzen attraktiv aus. Besonders schön sind klassische Amphoren. Beim Bepflanzen sehr hoher Kübel ist allerdings etwas Vorsicht erforderlich. Nur schlichte, hängende Arten sind wirklich gut geeignet.

Schon die Standortwahl für sehr große Gefäße will durchdacht sein. Ein gelungenes Gartendesign muss viele Aspekte berücksichtigen. Die Farbe des Hintergrundes zählt zu denen, die häufig übersehen werden.

KÜBELFÜSSCHEN

In vielen Fällen, wenn auch nicht immer, ist es sinnvoll, den Boden eines Pflanzgefäßes etwas vom Untergrund anzuheben. Das gilt besonders für Blumenkästen aus Holz und MDF-Platte, die man auf Leisten oder Fliesenstreifen stellen sollte. Für Terrakottakübel bietet der Fachhandel spezielle Füßchen an, die für eine ungehinderte Drainage sorgen. Halbe Fässer sollte man stets auf Ziegelsteine stellen.

▶ *Grünpflanzen können in auffälligen Gefäßen sehr gut aussehen. Das Blaugrau der Agave harmoniert mit den sanften Tönen der Kübel.*

Ein Hochbeet bauen

Für einen größeren Hof ist ein Hochbeet eine gute Lösung. Es schafft einen guten Platz für langlebigere Pflanzungen und erweitert so das Spektrum der Arten, die im Garten gedeihen können. Ideal sind Hochbeete für behinderte oder ältere Menschen, die sich nicht gut bücken können.

Planen und Maß nehmen

Stellen Sie zuerst sicher, dass rund um das geplante Beet ausreichend Platz zur künftigen Pflege frei bleibt. Zeichnen Sie eine Skizze auf Papier, und berechnen Sie die Materialmenge. Hochbeete kann man aus Ziegelsteinen, Natursteinplatten, behauenen Steinblöcken oder Gasbetonsteinen bauen. Gasbeton- und Betonziegel sind recht preiswert, müssen aber verputzt und gestrichen werden. Blöcke und Platten aus Naturstein sind schwierig zu verarbeiten. Ziegelsteine sind in jeder Hinsicht gut geeignet und passen optisch in fast jeden Garten. Aber in Gegenden, wo die Häuser vorwiegend aus Naturstein bestehen, sollte man auch fürs Hochbeet Naturstein verwenden.

Nachdem der Materialbedarf berechnet ist, markieren Sie die Fläche im Freien genau mit Pflöcken und Schnur. Sofern Sie ein rechteckiges Beet bauen wollen, achten Sie darauf, dass alle Ecken rechtwinklig sind. Dann heben Sie für das Fundament der Mauern einen Graben von 30 cm Tiefe und 30 cm Breite aus. Füllen Sie den Graben mit Zement, ziehen Sie ihn exakt gerade ab, und lassen Sie das Fundament mindestens über Nacht aushärten. Wird das Hochbeet auf einer gepflasterten Fläche, etwa einem Hof, gebaut, muss das Pflaster der Grundfläche entfernt werden, damit Gieß- und Regenwasser ins Erdreich abfließen kann. Bleibt das Pflaster liegen, sammelt sich Wasser und es entsteht ein matschiger Sumpf, in dem die Pflanzen bald verfaulen. Es ist daher wichtig, sich bei diesen Arbeitsschritten viel Mühe zu

◀ Ein ganz einfaches Holzbeet mit einer Einfassung aus dicken Holzbohlen dient hier als Gemüse- und Kräuterbeet. Hübsch sind die Kontraste zwischen den Blattformen.

Ein Hochbeet bauen

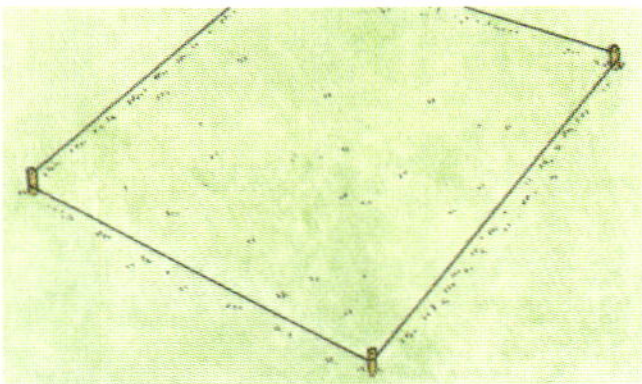

1 Zuerst die Fläche ausmessen und mit Pflöcken und Schnur markieren. Die Ecken müssen exakt rechtwinklig sein. Für die Drainage eventuell vorhandene Pflastersteine entfernen.

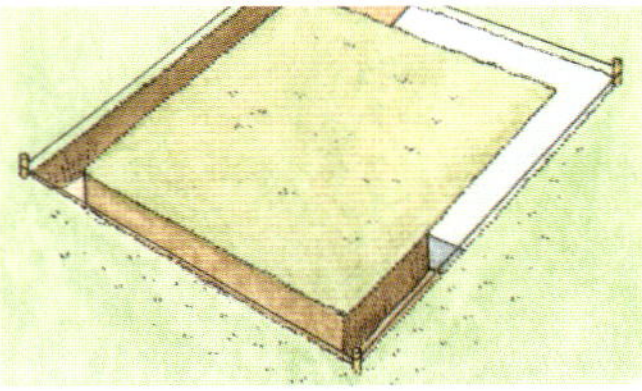

2 Am Rand des Beetes einen Graben von 30 cm Tiefe und 30 cm Breite ausheben. Etwas Schotter einfüllen und feststampfen. Dann den Graben mit Beton auffüllen und glätten.

3 Den Beton über Nacht aushärten lassen. Bei Frost oder Regen mit Folie abdecken. Zuerst eine Innenwand aus Gasbetonziegeln mit einer mindestens 12 mm dicken Mörtelschicht aufsetzen.

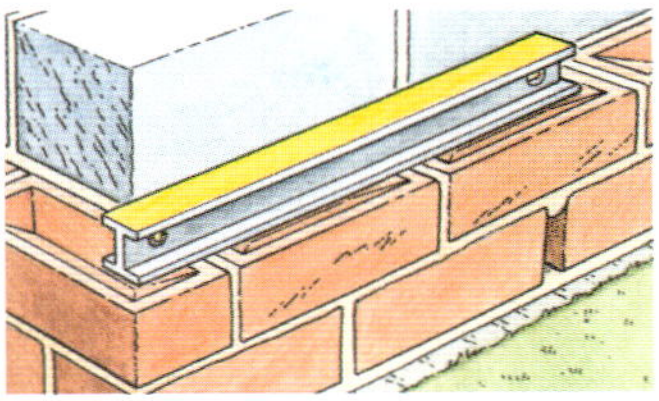

4 In Abständen Mauerwerkshaken anbringen, um die Wand zu stabilisieren. Die Außenmauer von den Ecken aus aufsetzen, dabei die Steine immer wieder mit der Wasserwaage gerade ausrichten.

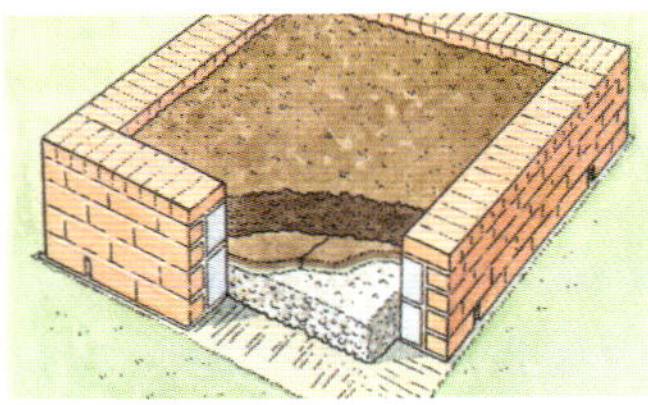

5 Als Abschluss eine Reihe Ziegelsteine quer über Außen- und Innenmauer aufsetzen. Das fertige Beet mit Kies und Erde füllen. Es dauert einige Tage, bis sich die Erde gesetzt hat. Erst dann bepflanzen.

geben. Achten Sie beim Aufnehmen des Pflasters in einem Hof darauf, dass keine darunter verlaufenden Rohre oder Leitungen beschädigt werden.

Wer ein traditionelles Hochbeet aus Backsteinen bauen will, sollte zuerst Innenmauern aus Gasbetonziegeln errichten. Die Ziegel werden auf einer 12 mm dicken Mörtelschicht vermauert und stoßen an den Ecken stumpf zusammen. Prüfen Sie zwischendurch immer wieder mit einer Wasserwaage, ob die Mauer gerade ist. Anschließend wird die Außenwand aus Ziegeln gebaut. Beginnen Sie an den Ecken, und spannen Sie Schnüre, um sicherzustellen, dass die Ziegelreihen gerade verlaufen. Um die Wand zu stabilisieren, werden einige Mauerwerkshaken eingemauert. Ist die Mauer fertig, wird eine abschließende Reihe Ziegelsteine im rechten Winkel aufgesetzt, um die Gasbetonziegel zu verdecken. Der Boden des Hochbeets wird dann mit einer dicken Schicht Kies oder Schotter bedeckt, um die Drainage zu verbessern. Anschließend füllen Sie gute Garten- oder Blumenerde ein.

▲ *Eine sehr schicke Terrasse im Stil von Charles Rennie Mackintosh mit farblich perfekt abgestimmten Hochbeeten.*

Ein gemauerter Pflanztrog

Ein gemauerter Pflanztrog ist ideal für ältere Menschen und körperlich nicht mehr so bewegliche Gartenliebhaber. Spezielle Werkzeuge mit langem Griff erleichtern darüber hinaus die Pflege von Pflanzen im hinteren Bereich des Troges. Langlebige Gewächse gedeihen hier sehr gut.

Gemauerte Tröge entlang der äußeren Begrenzung sind für viele Höfe und Terrassen eine tolle Bereicherung. Generell sind beim Bau eines solchen Troges die gleichen Aspekte zu beachten wie bei der Anlage eines rundum zugänglichen Hochbeetes. Bei der Grenzbepflanzung kommen jedoch noch einige Fragen hinzu. Das erste Kriterium ist die Tiefe. Es hat keinen Sinn, einen Trog so tief zu bauen, dass das Jäten, Schneiden oder Anbinden der Pflanzen im hinteren Bereich mühsam wird.

Ferner müssen Sie über die Höhe nachdenken. Soll der Trog relativ hoch sein, etwa so, dass auch ein Rollstuhlfahrer ihn noch erreichen kann? Oder sollen lediglich zwei Ziegelsteinreihen ein kleines Beet am Gartenrand begrenzen? In welche Richtung weist der Garten? Ein Trog an einer Süd- oder Südwestwand bietet schließlich ganz andere Bedingungen als einer an einer Nordwand. Vor einer Südwand könnten Sie beispielsweise empfindliche Obstgehölze wie Pfirsiche und Nektarinen an Spanndrähten ziehen. An einer Nordwand gedeiht mit etwas Glück noch eine Schattenmorelle, doch werden diese Bäume recht groß und sind damit für einen kleinen Kübelgarten ungeeignet.

Wer eine alte Gartenmauer als Rückwand des Troges verwenden möchte, muss prüfen, ob sie stabil genug ist, den seitlichen Druck auszuhalten. Vielleicht sind aber Ziegel und Mörtel auch schon alt und bröckelig und verkraften Feuchtigkeit und winterlichen Frost nicht mehr. Ist die Mauer in schlechtem Zustand, muss sie vielleicht zuerst repariert oder erneuert werden. Alternativ könnte man eine separate Rückwand für

◀ *In einem höheren Trog gedeihen auch langlebige Pflanzen wie Bäume und Sträucher gut.*

Einen Trog mauern

1 Zuerst die Fläche für den Trog ausmessen, dann einen Graben für das Fundament ausheben und mit Beton auffüllen. Aushärten lassen.

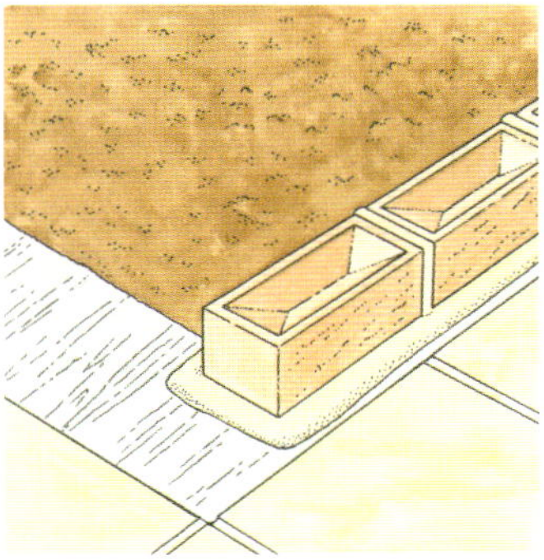

2 Die Einfassung mauern. Liegt der Trog vor einer frei stehenden Wand (z. B. einer Gartenmauer), müssen nur drei Seiten gemauert werden.

3 Liegt der Trog vor einer Hauswand, sind vier Mauern nötig, damit die Feuchtigkeitssperre des Hauses nicht überbrückt wird.

den Trog ansetzen. Dann muss allerdings zur vorhandenen Mauer ein Zwischenraum frei bleiben, sodass Luft zirkulieren kann. Das gilt auch für die Außenmauern eines Hauses. Bauen Sie niemals einen Trog direkt an die Hausmauer, weil dabei die Feuchtigkeitssperre überbrückt werden kann – Nässe dringt ins Mauerwerk. Halten Sie diesen Zwischenraum auch in der Folgezeit frei von Laub und Erde.

Entwurf

Nehmen Sie sich Zeit für die Planung, machen Sie eventuell einige Skizzen. Zwei kleine Beete könnten besser aussehen als ein großes. In einem Dachgarten sollten Sie nur Kunststoff oder Holz zum Bau verwenden, weil Ziegel zu schwer wären. Naturmaterialien wie Holz und Backstein sehen immer gut aus, aber auch andere Materialien lassen sich anstreichen.

Legen Sie die Größe des Troges fest und berechnen Sie den Bedarf an Ziegeln oder Platten. Denken Sie aber daran, dass das Mauern nicht ganz einfach ist – auch wenn es so aussieht. Wenn Sie Zweifel an Ihrem handwerklichen Geschick haben, sollten Sie einen Fachmann beauftragen.

Pflanzen für den gemauerten Trog

Der Vorteil von Hochbeeten oder gemauerten Trögen ist, dass sie das Spektrum der möglichen einzusetzenden Pflanzen erheblich erweitern. Obstbäume, an einem Spalier oder an Spanndrähten gezogen, sind geeignet. Reizend sind in einem kleinen Garten auch Kletterrosen, vor allem in Kombination mit einer Clematis, die an den Rosen Halt findet und an ihnen emporklimmen kann.

◀ Wählen Sie geeignete Pflanzen für den hinteren Bereich des Troges, dann setzen Sie niedrige Sträucher in den Vordergrund. Kletterrosen sind sehr dekorativ, Sie könnten aber ebenso immergrüne Kletterpflanzen und Sträucher wählen.

Wege und Flächen pflastern

Die Gestaltung eines Hofes oder einer Terrasse muss man als Ganzes betrachten. Auch Bodenbelag, Sitzbereich, Stufen, Spaliere und Pergolen gehören dazu. Mit etwas Geschick kann man die meisten Elemente selbst bauen, es lohnt sich aber, sich vorher in einem Fachbuch zu informieren.

Bodenbelag – Platten, Naturstein, Ziegel

Zur Pflasterung von Terrassen und Höfen gibt es viele attraktive Materialien. Reizvoll sind unregelmäßig gebrochene Natursteinplatten, die jedoch teuer und für den Laien schwierig zu verlegen sind. Sinnvoller ist da eine moderne Imitation aus Beton. Diese Platten ähneln Natursteinplatten, sind aber einheitlich in der Stärke und dadurch leichter zu verlegen – die Oberfläche bleibt eben.

Ziegel eignen sich ausgezeichnet zum Pflastern, weil sie attraktiv aussehen und flexibel einsetzbar sind. Man kann verschiedene Verlegemuster wählen, etwa Kreuz- oder Fischgrätverbund, aber auch Kreise. Durch unterschiedliche Muster lassen sich auch verschiedene Bereiche eines Hofes gut voneinander abgrenzen.

Das Angebot an Ziegeln und Betonpflastersteinen ist groß, auch die Preise variieren erheblich. Wer eine Terrasse oder einen Hof selbst ganz neu pflastern möchte, sollte zuerst ein Fachbuch studieren. Wichtig ist vor allem ein gutes Fundament aus Schotter und Sand, ferner muss bei jedem Bodenbelag im Außenbereich durch ein leichtes Gefälle dafür gesorgt sein, dass Regenwasser vom Haus wegfließt. Grenzt die gepflasterte Fläche an einen Rasen, sollte man die Rasenkante abstechen, eine Drainage legen und diese anschließend mit Erde und Rasen bedecken. Anderenfalls besteht Gefahr, dass dieser Bereich nach einem Regen nass und matschig wird.

◄ *Ein Weg aus alten Ziegeln, deren Farbton gut zu der Terrakottaamphore passt. Die Steine sind mit sehr schmalen Fugen verlegt.*

Einen Weg mit Ziegeln pflastern

1 Ziegel verlegt man am besten auf einem Untergrund aus glatt verteiltem Sand. Vor dem Verlegen der Ziegel die Fläche mit der Wasserwaage prüfen.

2 Ziegelpflaster sehen besonders attraktiv aus, wenn man sie in einem Muster verlegt. Die Fugen sollten möglichst schmal sein.

3 Zum Schluss eine Mischung aus Sand mit wenig Zement in die Fugen fegen und mit Wasser einschlämmen. Die Steine so sauber wie möglich halten.

Kieswege

Eine andere Möglichkeit zum Gestalten von Hofflächen ist Kies in verschiedenen Größen. In einem kleinen Stadtgarten, wo Rasen nicht gut wachsen würde, kann man die gesamte Fläche mit Kies bedecken. Für so einen Kiesgarten bringt man einfach eine 3 cm dicke Kiesschicht auf die Fläche auf. So können Pflanzen problemlos in die darunter liegende Erde gepflanzt werden. Wege und unbepflanzte Flächen müssen im Sommer mit einem systemischen Unkrautgift gespritzt werden. Für Kieswege sollte man den Boden etwas ausheben und, falls sie stark beansprucht werden, zuerst eine Schicht Schotter aufbringen, auf der dann der Kies verteilt wird. Größere Steine eignen sich als Dekoration.

Holzdeck Wenn Form, Größe und Stil des Gartens es zulassen, könnte man Sitzbereich oder Wege auch mit einem Holzdeck belegen. Holz ist ein sehr angenehmes Material und sieht auf einem Balkon oder einer erhöhten Terrasse immer gut aus. Es ist zwar nicht ganz so dauerhaft wie eine Pflasterung, hält aber – mit Holzschutzmittel behandelt – viele Jahre lang. Das gleiche gilt für Spaliere, Bögen und Pergolen, die jeden Garten optisch bereichern.

► *Eine gelungene Kombination: Ein schlichtes Holzdeck und ein moderner Brunnen mit einer Einfassung aus alten Eisenbahnschwellen.*

Unkonventionelle Gefäße

In einem formalen Garten sind unkonventionelle Pflanzkübel fehl am Platz. Zu eleganten Balkonen und Balustraden passen nur formale Kübel aus Terrakotta oder Stein. In einem kleinen, zwanglosen Garten dagegen darf man fantasievoll sein und allerlei Gefäße zweckentfremden.

Fundstücke

Wem neue Pflanzkübel zu teuer sind, der sollte Ecken und Winkel einmal nach Töpfen, Körben oder Eimern durchstöbern. Viele kann man anstreichen, nur Drainagelöcher müssen noch in den Boden gebohrt werden. Zinkbadewannen, alte Spülsteine, Viehfuttertröge und alte Eimer eignen sich bestens und sind im Handumdrehen passend zur Gartengestaltung lackiert. Sehr praktisch sind auch alte Auto- oder Traktorreifen. Sie mögen zunächst nicht sonderlich dekorativ sein, doch viele begeisterte Gemüsegärtner ernten daraus stattliche

▲ *Alte Schornsteinköpfe findet man bei Abrissunternehmen. In ihnen lassen sich Pflanzen gut „auf hohem Niveau" präsentieren.*

◀ *Die dunkelgrünen Blätter und leuchtenden Früchte der Calamondin-Orange kontrastieren mit dem glänzend polierten Stahleimer.*

Mengen Kartoffeln, indem sie während des Wachstums der Kartoffeln immer wieder weitere Reifen aufschichten und Kompost einfüllen. Lässt man den Rand von Hängepflanzen überwachsen, sehen sie gar nicht so übel aus.

Improvisierte Pflanzgefäße

Versuchen Sie, Gefäße zu finden, die relativ haltbar sind. Sind solche nicht verfügbar, kann man auch andere Behältnisse verwenden und austauschen, wenn sich etwas Besseres findet. Holzkisten können für eine Weile zur Heimat für Pflanzen werden, mit der Zeit verrotten sie aber durch die Feuchtigkeit des Substrats. Plastikkisten sind eine weitere Lösung. Sie können von Pflanzen verdeckt oder passend zum übrigen Garten gestrichen werden. Mülltonnen aus Metall oder Kunststoff kann man ebenfalls verwenden, möglichst mit etwas Farbe aufgefrischt. Selbst Konservendosen aus dem Großküchenbedarf können originell aussehen.

Kleinere Gefäße

Die Auswahl der Gefäße für kleinere Pflanzen ist wesentlich größer. Ungünstig sind lediglich Porzellan, Glas oder Keramik, weil es schwierig ist, Drainagelöcher in den Boden zu bohren. Verwenden Sie solche Gefäße nur für eine kurzfristige Bepflanzung, und achten Sie unbedingt darauf, dass die Wurzeln nicht im Wasser stehen, sonst faulen sie schnell, und die Pflanzen sterben ab.

Sehr gut geeignet sind dagegen Dosen in allen Größen und Formen. Der Boden lässt sich problemlos lochen, außerdem sind sie schnell bunt lackiert. Viele kleine Pflanzen gedeihen gut in Dosen. Hübsch sind Weidenkörbe, die aber mit Plastikfolie ausgelegt werden müssen. Sie passen vor allem gut in ländliche Gärten. Wer lange Freude an ihnen haben will, muss beim Gießen darauf achten, dass das Geflecht nicht nass wird, weil es sonst bald verrottet. Aus dem gleichen Grund sollten Körbe vor Regen geschützt werden.

▲ *Eine verzinkte Mülltonne mit Fingerhut steht hier zwischen Clematis und Gräsern. Die leicht verwilderte Bepflanzung kontrastiert reizvoll mit dem Material des Kübels und dem Hintergrund.*

Die Fantasie einsetzen

Das Schöne am Kübelgarten ist, dass Sie Ihrer Fantasie freien Lauf lassen dürfen. Zauberhafte Gärten können mit den bescheidensten Gefäßen entstehen, die mit etwas Farbe verblüffend elegant, natürlich oder originell wirken.

Blumenampeln/Hanging Baskets

Als Alternative zu den hier üblichen Blumenampeln – oft aus wenig attraktivem Kunststoff – bieten sich Hanging Baskets aus England an. Das sind Gitterkörbe, die es erlauben, auch durch das Gitter hindurch, also kopfüber, Pflanzen einzusetzen. Baskets sehen auch von unten betrachtet gut aus.

Blumenampeln bepflanzen

Je größer ein Basket (Gitterkorb), desto auffälliger sieht er aus. Kaufen Sie keinen zu kleinen Korb. Der Korb wird zum Bepflanzen auf einen Eimer gestellt, damit er nicht kippt. Früher legte man die Körbe mit Sphagnum-Moos aus, heute sind vorgeformte Einlagen üblich, die wesentlich umweltfreundlicher sind, aber nicht so gut aussehen. In die Einlage wird etwas Universalsubstrat gefüllt, in das Wasser speichernde Gelkristalle und ein Düngergranulat mit langsamer Nährstoffabgabe gemischt werden. Dann wird die Korbeinlage in gleichmäßigen Abständen eingeschnitten. Wässern Sie die Pflanzen in ihren Töpfchen, dann schieben Sie sie von innen durch das Korbgeflecht. Die unterste Reihe von Einjährigen wird beinahe kopfüber gepflanzt. Bepflanzen Sie die Seiten des Korbes.

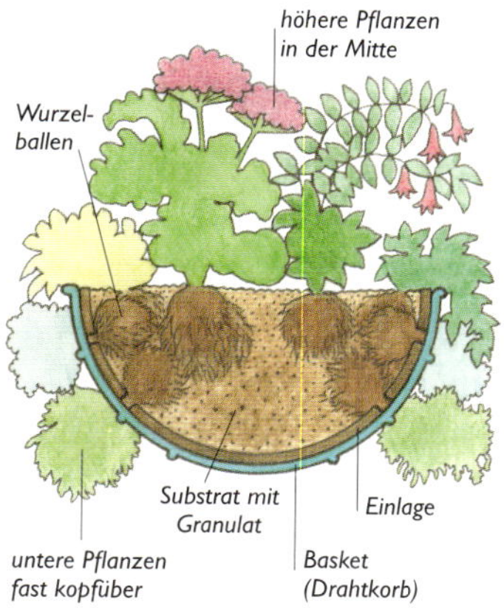

▲ *Dieser Querschnitt zeigt die Pflanzen in vollem Wachstum. Zum Bepflanzen werden Schlitze in die Einlage geschnitten.*

◀ *Die zarte Wirkung dieser Ampel beruht auf den Petunien, umgeben von* Brachyscome, Sutera *und Pfennigkraut* (Lysimachia nummularia).

Anschließend folgen Pflanzen am oberen Rand, die später den Korbrand verdecken. Zum Schluss setzen Sie einige aufrechte Pflanzen in die Mitte. Gießen Sie den fertigen Korb regelmäßig. Bald verdecken die Pflanzen die Einlage.

Hängen Sie die Ampel an einen frostfreien Ort, etwa einen Wintergarten oder eine geschützte Veranda, bis die letzte Frostgefahr vorüber ist. Ampelgefäße mit Wasserreservoir sind sehr praktisch, wenn sie nicht genug Zeit haben, mehrmals täglich zu gießen.

Grundregeln für Blumenampeln

Verwenden Sie für Einjährige, die nur einen Sommer lang blühen, ein frisches, hochwertiges Universalsubstrat. Nach der Saison geben Sie das verbrauchte Substrat auf den Komposthaufen.

Generell sollten Ampeln sehr dicht bepflanzt werden. Streben Sie eine üppige Wirkung an, und füllen Sie Lücken, die sich im Laufe der Saison zeigen, wieder auf. Direkt nach der Bepflanzung wird die Ampel gründlich gegossen, danach sollte sie nie ganz austrocknen. Ampeln müssen unbedingt täglich gegossen werden, an heißen Sommertagen sogar mehrmals. Ist eine Ampel doch einmal ausgetrocknet, kann es schwierig sein, das Substrat wieder zu durchfeuchten. Am besten tauchen Sie die ganze Ampel in ein großes Gefäß mit Wasser, und lassen sie einige Stunden darin.

Versorgen Sie die Pflanzen zusätzlich mit Flüssigdünger. Auch die Blätter sollten Sie mit Düngerlösung besprühen, um die Pflanzen gesund zu halten.

Einjährige in Kübeln und Ampeln müssen regelmäßig von verwelkten Blüten befreit werden. Sobald sich ihr biologisches Programm auf Samenbildung einstellt, bilden sie keine neuen Blüten mehr. Kontrollieren Sie Ampeln regelmäßig auf Schädlinge, und spritzen Sie bei Bedarf. Um einem Befall mit Spinnmilben vorzubeugen, sollten Sie die Pflanzen häufig mit klarem Wasser besprühen.

▼ *Ein imposanter Korb mit rankender Kapuzinerkresse. Das Blumenrohr (Canna) in den Kübeln greift die intensive Farbe auf.*

GIESSEN

Man kann nicht oft genug sagen, dass Ampeln nie austrocknen dürfen und im Sommer täglich gegossen werden müssen. Bequemer wird diese Arbeit mit höhenverstellbaren Ampeln oder speziellen Vorsätzen für Schläuche und Gießkannen.

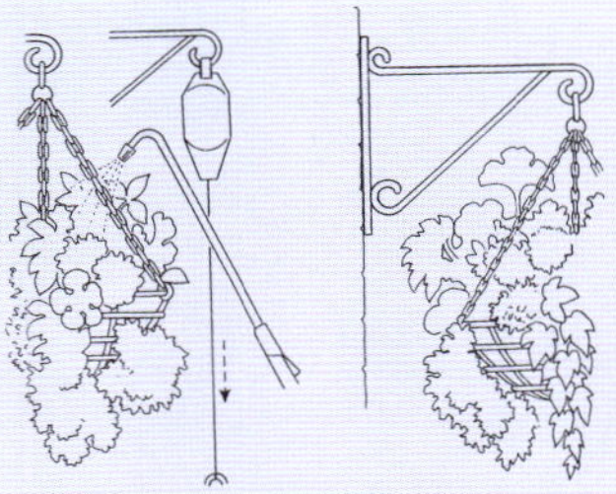

Pflanzbeutel

Zu den praktischsten (und tückischsten) „Containern" für den kleinen Garten gehören die Pflanzbeutel. Sie sind wirklich großartig: einfach anzuwenden, mit dem richtigen Substrat für bestimmte Pflanzen gefüllt und ideal für flach wurzelnde Gemüsepflanzen.

Pflanzbeutel verstecken

Die Plastikbeutel mit Erde lassen sich auf zweierlei Weise verstecken. Einerseits könnte man einen Kasten in der Größe des Beutels bauen und den Beutel hineinlegen. Die zweite Lösung bietet sich vor allem für gepflasterte Höfe und Terrassen an: Man baut von vornherein in der Pflasterung Vertiefungen ein, in die Pflanzbeutel eingelegt werden und so das gleiche Niveau wie die Pflasterung haben. Dadurch sind die Beutel zwar anfangs nicht versteckt, doch wenn die Pflanzen erst einmal wachsen, fallen sie kaum noch auf.

Stangen und Stützen

Zu manchen Pflanzbeuteln werden inzwischen spezielle Halter angeboten, in die man drei Stützen einstecken kann. Die Halter fixieren die Stützen genau an den richtigen Stellen und erleichtern so das Anbinden der Pflanzen erheblich.

◀ *Tomaten in Pflanzbeuteln vor einem Zaun. Ringelblumen* (Calendula) *im Vordergrund halten Tomatenfliegen und Blattläuse fern.*

▶ *Tomaten und Paprika in Pflanzbeuteln vor einer warmen Südwand. Wer reichlich düngt, kann sich über eine stattliche Ernte freuen.*

Zudem sehen sie ordentlich aus und sind auch dann praktisch, wenn die Beutel nicht direkt vor einer Wand liegen.

Pflanzen für den Beutel

Die klassischen Pflanzen für Erdbeutel sind Tomaten. Je nach Klima kann man die folgenden Sorten im Freiland kultivieren: 'First Lady', 'Oregon Spring' und 'Celebrity'. 'Taxi' ist eine Sorte mit goldgelben Früchten, während 'Whippersnapper', 'Sun Cherry' und 'Sun Gold' empfehlenswerte Kirschtomatensorten sind. Viele Gärtner schätzen auch Paprika und Gurken. Außer diesen kann man auf einer sonnigen Terrasse sogar Auberginen in Beuteln ziehen. Die Paprikasorte 'Ace' reift in 50 Tagen grün und in 70 Tagen rot heran. Gut geeignet ist ferner die Aubergine 'Little Finger' sowie die Freilandgurken 'Little Leaf' und 'Jazzer'.

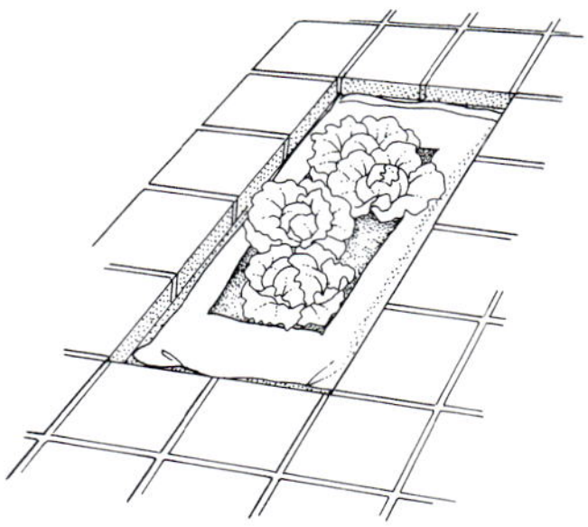

▲ *Eine Vertiefung in der Pflasterung, der einen Pflanzbeutel aufnimmt. Bald verdeckt das Grün der Pflanzen den Beutelrand.*

▲ *Niedrige Pflanzen wie Thymian oder Polsterglockenblume können um den Beutel gepflanzt werden, um ihn zu bedecken.*

Pflanzen in Beuteln ziehen

Der Vorteil von Pflanzbeuteln ist, dass sie dem Gärtner anfangs viel Zeit ersparen. Sie enthalten ein fertiges, nährstoffreiches Substrat, das häufig Anteile von Torf oder einem umweltfreundlichen Ersatz wie Kokosfaser enthält. Die Nährstoffkombination der Substrate ist für die meisten Jungpflanzen gut geeignet. Wenn sie größer werden, müssen die Nährstoffe aber ergänzt werden. Dann wird etwa alle 10 Tage ein geeigneter Flüssigdünger, etwa Tomatendünger, verabreicht. Wichtig ist natürlich das Gießen. Wie Kübel und Ampeln müssen die Beutel einmal täglich gegossen werden. Dazu empfiehlt sich ein Tropfschlauch, der das Wasser auf die gesamte Fläche der Beutel verteilt. Achten Sie auch beim Düngen auf eine gleichmäßige Verteilung.

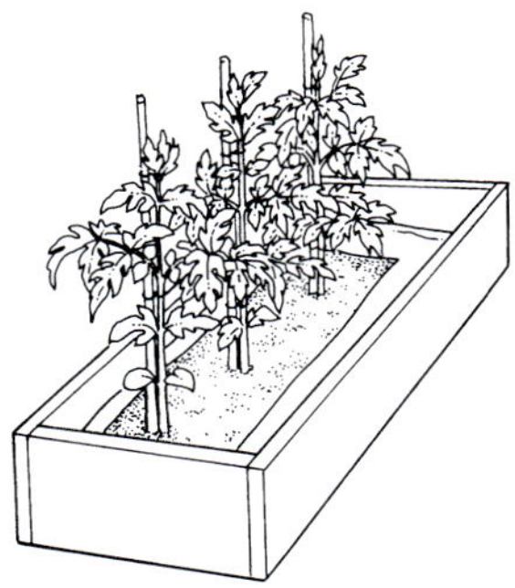

▲ *Pflanzbeutel kann man auch in Holzkästen verstecken. Diese Idee eignet sich vor allem für Dachgärten sowie kleine Terrassen und Höfe.*

Grünes Grundwissen

Beim Gärtnern stehen drei Faktoren im Mittelpunkt: Bodenbeschaffenheit, Licht und Wasser. Der Boden kann entweder sauer, neutral oder basisch sein. Jede Pflanzenart hat andere Vorlieben. Licht oder Himmelsrichtung sind aus dem gleichen Grund fast ebenso bedeutsam. Manche Arten gedeihen nur in voller Sonne, andere bevorzugen Schatten oder Halbschatten. Und natürlich müssen fast alle Pflanzen in gemäßigten Zonen regelmäßig mit Wasser versorgt werden.

Boden und Substrate

Es hat einige Vorteile, für Kübel ein gekauftes Substrat zu verwenden. Es ist sauber, sterilisiert und enthält Nährstoffe. Zudem ist es leicht, einfach zu verwenden und enthält keine unerwünschten Unkrautsamen (jedenfalls zu Anfang). Andererseits haben gute Substrate ihren Preis.

Mutterboden

Eine preiswertere Alternative ist Mutterboden, den man in Gartenbaubetrieben und bei anderen Anbietern kaufen kann. Jede Firma berechnet Ihnen die erforderliche Menge, wenn Sie genaue Angaben über das Volumen der Kübel machen können, die Sie füllen wollen. Problematisch ist gelegentlich die Tatsache, dass Mutterboden generell per LKW geliefert wird. Wer in einem Reihenhaus in der Stadt wohnt, muss ihn in eine Schubkarre schaufeln und eventuell sogar durchs Haus transportieren. Anschließend muss der Gehweg gereinigt werden. In Bezug auf die Verwendung gibt es kaum Unterschiede zwischen Fertigsubstrat und Mutterboden. Auch sterilisierter Mutterboden enthält kaum Unkrautsamen. Wichtig ist allerdings, den Boden vor der Bepflanzung auf seinen Säuregrad hin zu untersuchen. Mit einem pH-Testset aus dem Gartencenter lässt sich das leicht erledigen. Es werden auch Sets zur Prüfung des Nährstoffgehalts angeboten, doch dieser Test ist weniger wichtig.

Bodenprobe Mit einer einfachen Bodenprobe lässt sich der pH-Wert des Bodens ermitteln. Neutraler Boden, der sich für die meisten Pflanzen eignet, hat einen pH-Wert zwischen 6,5 und 7. Der

Den Boden testen

Es ist wichtig, vor der Pflanzung den Boden zu testen – vor allem, wenn Sie vorhaben, kostspielige Pflanzen zu kaufen. Es gibt zwei Methoden, mit denen man binnen Minuten den pH-Wert des Bodens ermitteln kann. Sie können ein Messgerät mit einer Sonde verwenden, die in den Boden gesteckt wird. Auf einer Skala wird der pH-Wert angezeigt. Alternativ vermischen Sie eine Bodenprobe mit speziellen Chemikalien und lesen den pH-Wert auf einer Farbskala ab. Keine Sorge, wenn der Boden sehr sauer oder alkalisch ist – der pH-Wert lässt sich beeinflussen.

1 Mit einem Messgerät lässt sich schnell und sicher feststellen, wie sauer oder alkalisch der Boden ist. Am besten prüft man den Wert an verschiedenen Stellen.

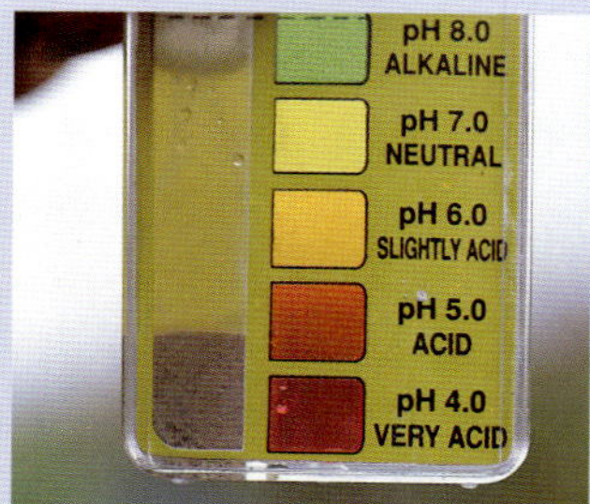

2 Für chemische Testsets wird eine Bodenprobe mit Wasser und Chemikalien gemischt und mit der Farbskala verglichen. (acid = sauer; alkaline = basisch)

▲ Kalk reduziert den Säuregehalt des Bodens.

▲ Torfhaltige Böden sind sauer.

▲ Vermiculit verbessert die Drainage.

▲ Universalsubstrat wird überall angeboten.

▲ Spezialsubstrat zum Treiben von Blumenzwiebeln.

pH-Wert von sauren Böden liegt darunter, der von alkalischen darüber.

Der pH-Wert des Bodens lässt sich beeinflussen: Soll der Säuregrad reduziert werden, streut man im Winter Kalk und lässt ihn durch den Regen in den Boden schwemmen. Soll der Boden saurer werden, arbeitet man Torf unter.

Fertigsubstrate

Abgepackte Substrate aus dem Handel lassen sich drei Gruppen zuordnen. Anfänger sind oft nicht sicher, welches Substrat sie kaufen sollen.

Anzuchtsubstrat – Dieses Substrat ist speziell für die Anzucht aus Samen gedacht. Generell sind Anzuchtsubstrate sehr fein, sodass der direkte Kontakt zu den Samen sichergestellt ist. Sie enthalten wenig Nährstoffe, damit die Jungpflanzen nicht überdüngt werden. Bleiben Sämlinge nach der Keimung längere Zeit im Anzuchtsubstrat, muss nachgedüngt werden, weil die Nährstoffe für größere Pflanzen nicht ausreichen.

Universalsubstrat – Diese Substrate eignen sich sowohl für die Anzucht von Sämlingen als auch für größere Pflanzen. Sie enthalten mehr Nährstoffe als Anzuchtsubstrate, doch auch dieser Vorrat erschöpft sich mit der Zeit, sodass die Pflanzen später mit zusätzlichem Dünger versorgt werden müssen. Für die meisten Kübelpflanzen ist Universalsubstrat gut geeignet, lediglich für langlebige Arten, die mehrere Jahre in ihrem Kübel bleiben sollen, ist ein Spezialdünger empfehlenswert.

Pflanzsubstrat – Bei den Pflanzsubstraten unterscheidet man zwischen Produkten auf Erdbasis und Produkten auf Basis von Torf oder Torfersatzprodukten.

▲ Niedrige Azaleen fühlen sich im Kübel wohl. Nach einigen Jahren müssen sie jedoch in ein größeres Gefäß getopft werden.

◄ Rhododendren brauchen unbedingt sauren Boden. Statt mit hartem (kalkhaltigem) Leitungswasser sollte man mit Regenwasser gießen.

Es gibt eine Reihe verschiedener Pflanzsubstrate für unterschiedliche Zwecke. Substrate mit einem hohen Anteil an Erden enthalten mehr Nährstoffe und besitzen ein besonders gutes Wasserhaltevermögen, darum eignen sie sich vor allem für langlebige Pflanzen in großen Gefäßen. Für Säure liebende Pflanzen wie Kamelien und Rhododendren sind sie aber nicht geeignet, weil sie einen zu hohen pH-Wert haben. Substrate auf Basis von Torf oder Torfersatzprodukten wie Kokosfasern werden häufiger angeboten. Einerseits sind sie

▲ *Eine Gruppe von formalen Kübeln, in deren höchstem eine blaue Hortensie prangt. Hortensien brauchen im Sommer viel Wasser.*

◀ *Ein immergrünes Arrangement für den schattigen Garten: Aralie* (Fatsia japonica) *und Efeu in einem eleganten, blau glasierten Kübel.*

▶ *Gesunde Erdbeerpflanzen in einem Erdbeertopf. Die ersten Blüten zeigen bereits einen Fruchtansatz. Erdbeeren sind Starkzehrer, sie müssen regelmäßig gedüngt werden.*

leichter und sauberer, andererseits trocknen sie schneller aus und lassen sich, wenn das einmal geschehen ist, nur schwer wieder durchfeuchten.

Spezialsubstrate – Neben den drei genannten Substraten findet man im Fachhandel eine Reihe von Spezialsubstraten für verschiedene Pflanzengruppen. Unter der Bezeichnung Moorbeeterde oder Moorbeetsubstrat werden saure Substrate angeboten. Auch für Zitrusfrüchte, Kakteen und Blumenzwiebeln, die im Haus getrieben werden sollen, gibt es besondere Substratmischungen. Balkonpflanzensubstrat enthält bereits die erforderliche Menge an Langzeitdünger für einen ganzen Sommer. Sie können sich Ihr Pflanzsubstrat auch selbst herstellen. Dafür verwenden Sie sterilisierten Mutterboden oder Kompost, den Sie mit Vermiculit vermischen. Ein Langzeitdüngergranulat sorgt für die erforderlichen Nährstoffe. Soll das Substrat für Ampeln verwendet werden, können Sie noch Gelkristalle untermischen.

Ein gutes Universalsubstrat mischen sie aus 7 Teilen sterilisiertem Mutterboden, 3 Teilen Torf (oder Ersatzprodukt), 1 Teil gewaschenem Sand und einem speziellen Düngergranulat. Ein Substrat für Stecklinge sollte besonders durchlässig sein. Ideal ist eine Mischung aus gleichen Mengen Torf oder einem Ersatzprodukt und Sand sowie einem Dünger mit langsamer Nährstoffabgabe.

Werkzeuge für den Kübelgarten

Ein großer Vorteil des Kübelgartens gegenüber einem herkömmlichen Garten ist, dass man weniger Werkzeuge braucht. Spaten und Grabgabel, Rasenmäher, Kanten- und Heckenschere sind überflüssig. Sie brauchen allerdings eine Handgabel, zwei Handschaufeln (eine breite und eine schmalere zum Umsetzen von Jungpflanzen), eine gute Rosenschere (keine Ambossschere), eine Gießkanne mit langer Tülle, mit der Sie auch die hinteren Kübel einer Gruppe bequem erreichen, sowie einen Handsprüher. Praktisch ist außerdem ein großer Korb, eine geräumige Plastiktasche oder eine Plane, um Gartenabfälle bequem einzusammeln. Wer Spaliere oder Spanndrähte für Kletterpflanzen, Spalierobst oder Rosen anbringen möchte, sollte außerdem Hammer, Bohrmaschine, Ringschrauben, Drahtspanner, Schrauben und Dübel besitzen. Praktisch sind ferner eine gute Haushaltsschere, eine Astsäge, ein Gartenmesser, ein Sieb und ein oder zwei Paar Gartenhandschuhe. Wer Rosen schneiden will, sollte robuste Handschuhe anziehen – außer bei der stachellosen Sorte 'Zéphirine Drouhin'.

Licht und Lage

Beobachten Sie, wie viel Sonne Ihr Garten am Tag bekommt. Die Ausrichtung nach Süden und Westen ist ideal, doch gibt es auch sehr gelungene Nord- und Ostgärten. Wo stehen die Mauern? An einer Südwand kann man verschiedene empfindliche Obstsorten und Sträucher ziehen.

Die Sonne beobachten

In einem Stadtgarten reicht es eventuell nicht aus, die Himmelsrichtung festzustellen. Selbst der Südgarten kann von Bürogebäuden oder Wohnblocks, Reihenhäusern oder anderen hohen Bauten beschattet werden. Und wie verhält es sich mit dem Sonnenlicht im Winter? Die meisten Rosen beispielsweise brauchen über sechs Monate täglich mindestens drei Stunden Sonnenlicht, wenn sie mehrmals blühen sollen. Allerdings gibt es auch einige Sorten, die mit schlechteren Bedingungen zufrieden sind und sogar an einer Nordwand gedeihen. Informieren Sie sich über geeignete Arten für die Bedingungen in Ihrem Garten.

Die Himmelsrichtung

Wenn eine Straße in nordwestlicher oder südöstlicher Richtung verläuft, gehen viele Gärtner davon aus, dass ihr Garten nach Norden oder Süden zeigt und bepflanzen ihn entsprechend. Das kann aber ein Fehler sein. In vielen Fällen ist die Seitenwand der ideale Pflanzplatz. Weil sie während des Tages den meisten Sonnenschein bekommt, sollte sie wie eine Südwand behandelt werden. Wer das richtig erkennt, kann Schlüsselblumen und andere Schattenkinder auf die andere Seite des Gartens pflanzen, wo sie sich sehr wohl fühlen.

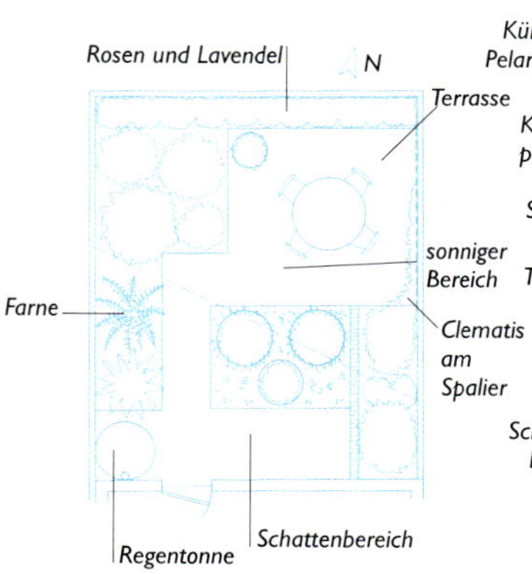

▲ *An Südwänden kann man Kletterpflanzen und andere Pflanzen ziehen, die viel Sonne brauchen, etwa Pfirsiche und Lavendel.*

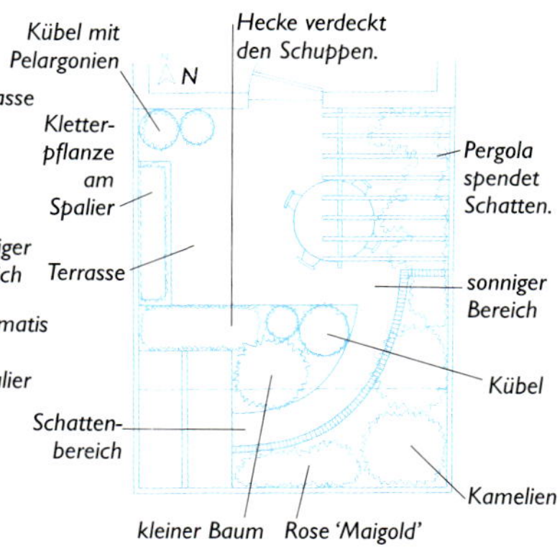

▲ *Liegt der größte Teil des Gartens im Schatten, müssen die Pflanzen mit Bedacht gewählt werden. Kamelien in Kübeln sind hier ideal.*

Temperatur und Windschutz

Fast so wichtig wie die Himmelsrichtung sind die Temperatur und der Windschutz im Garten. Das gilt besonders im Winter und im zeitigen Frühling. Selbst ein kleiner Garten oder ein Teil davon kann sich als Frostfalle entpuppen und eisig sein, während der umliegende Bereich frostfrei bleibt. In der ersten Hälfte des Winters haben Fröste selten schädliche Auswirkungen, weil die Pflanzen sich in einer Ruhephase befinden. Beginnen sie aber im Frühling oder während einer ungewöhnlich milden Periode im Spätwinter mit den Austrieb, kann ein plötz-

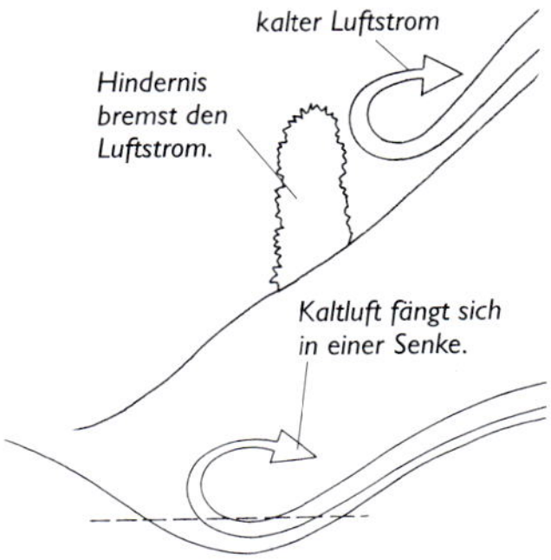

▲ *Frostfallen entstehen, wenn Kaltluft bergab strömt und sich in einer Senke oder hinter einem Hindernis, etwa einer dichten Hecke, fängt. Auf Grundstücken mit gewölbter Form kommen Frostfallen selten vor.*

licher Frosteinbruch an ungeschützten Pflanzen erheblichen Schaden anrichten.

Ist Ihr Garten häufig späten Frösten ausgesetzt, sollten Sie frostempfindliche Arten meiden. Dazu gehören vor allem früh blühende Bäume und Sträucher wie Kamelien und die herrlich duftende Winterblüte *(Chimonanthus praecox)*. Auch Obstbäume, vor allem die zeitig blühenden Pfirsich- und Aprikosenbäume, können erheblich leiden. In milden Regionen kann man diese Pflanzen eventuell abdecken, wenn der Wetterbericht Frost ankündigt. In raueren Lagen sollte man ausschließlich Arten pflanzen, die Frost vertragen, um sich Enttäuschungen zu ersparen. Scharfer, kalter Wind kann vor allem in Dachgärten zum Problem werden.

▶ *Kübel mit Lavendel und Pelargonien an einem sonnigen Platz in einem ländlichen Garten. Reinweiße Blüten bringen die übrigen Farben noch stärker zum Leuchten.*

Der Pflanzenkauf

Kaufen Sie nicht alle Pflanzen für Ihren Garten an einem Tag. Weil Gartencenter meist Pflanzen anbieten, die gerade in Blüte stehen, sollten Sie zu verschiedenen Jahreszeiten vorbeischauen. So gehen Sie sicher, dass auch in Ihrem Garten rund ums Jahr etwas grünt und blüht.

Pflanzen aus dem Versandhandel

Sinnvoll ist es, eine Liste der gewünschten Pflanzen zusammenzustellen und sich anschließend zu informieren, ob es in der Nähe einen spezialisierten Händler gibt. Das Angebot von Gartencentern ist meist recht begrenzt. Wer beispielsweise eine Kletterpflanze für eine Nordwand sucht, wird kaum im Gartencenter fündig werden. In einer speziellen Rosengärtnerei stehen die Chancen weitaus besser. Alternativ kann man Pflanzen im Versandhandel bestellen. Versandgärtnereien haben mit dieser Vertriebsform Erfahrung, und die Pflanzen kommen normalerweise in gutem Zustand an.

Wurzelnackte Pflanzen Vor allem bei Bäumen und Sträuchern spielt der richtige Pflanztermin eine Rolle. Grundsätzlich pflanzt man sie am besten im Herbst, wenn sie das Wachstum einstellen, Wärme und Feuchtigkeit aber noch ausreichen, damit sich das Wurzelwerk verankern kann. Rosen und Obstbäume kauft man möglichst wurzelnackt und nicht als Containerware. Dieser Rat mag eigentümlich klingen, vor allem, wenn die Pflanzen in einen Kübel gesetzt werden sollen. Wurzelnackte Pflanzen entwickeln sich meist besser, sofern sie zur richtigen Zeit gepflanzt werden. Seriöse Anbieter versenden wurzelnackte Ware generell zur Pflanzzeit. Wer Bäume oder Sträucher nicht sofort nach der

▲ *Wurzelnackte Rosen müssen zunächst eine halbe Stunde in Wasser gesetzt werden.*

▶ *Ein Strauch aus dem Container vor der Pflanzung. Wenn die Wurzeln verfilzt sind, zupfen Sie sie behutsam auseinander.*

Pflanzen einschlagen

Wer wurzelnackte Pflanzen nicht gleich nach der Lieferung pflanzen kann, sollte sie einschlagen. Einen abgeschrägten Graben ausheben, die Pflanzen schräg einlegen, Erde auffüllen und andrücken. Gelegentlich gießen. So überstehen die Pflanzen auch längere Wartezeiten.

▲ *Es macht Spaß, im Gartencenter zu stöbern. Blühende Pflanzen sollte man vor dem Kauf genau auf ihre Qualität hin untersuchen.*

▼ *Die kletternde Form der Rose 'Iceberg' mit ihren hübschen, nickenden Blüten. Zusammen mit Geißblatt ein herrlich duftender Sichtschutz.*

Lieferung pflanzen kann, sollte in einem großen Kübel einen kleinen Graben ausheben, die Pflanzen im Winkel von 45° einlegen und die Wurzeln mit Erde bedecken. So eingeschlagen können die Pflanzen bis zur endgültigen Pflanzung ein Weilchen warten.

Genau hinsehen Wer Pflanzen in einem Gartencenter oder einer Gärtnerei kauft, sollte sie genau in Augenschein nehmen. Untersuchen Sie die Blätter auf Anzeichen von Schädlingen oder Krankheiten. Meiden Sie Pflanzen, auf deren Wurzelballen Moos wächst – sie haben zu lange in ihrem Container gestanden. Aus dem gleichen Grund sollten Sie keine Pflanzen kaufen, deren Wurzeln aus den Drainagelöchern des Containers wachsen. Natürlich sollte die Pflanze gesund aussehen und ebenmäßig gewachsen sein.

Pikieren und umtopfen

Keine Angst vor Fachausdrücken. Pikieren bedeutet, einen Sämling aus der Saatschale in seinen ersten „eigenen" Topf zu setzen. Beim Umtopfen wird eine Pflanze aus ihrem Topf genommen und mit frischem Substrat in einen neuen, meist größeren Topf gesetzt.

Grundregeln zum Pflanzen

Jede Pflanze braucht ein Gefäß, das ausreichend Platz für ihr Wurzelsystem bietet. Das Gefäß sollte etwa 5 cm mehr Durchmesser haben als der Wurzelballen der Pflanze. Man nimmt die Pflanze vorsichtig aus ihrem alten Gefäß und lockert den Wurzelballen behutsam, falls er verfilzt ist. Beschädigte Wurzeln werden abgeschnitten. Geben Sie auf den Boden des neuen Gefäßes zuerst eine großzügige Schicht Kieselsteine oder Tonscherben, um für gute Drainage zu sorgen. Darauf schütten Sie eine Schicht Substrat. Anschließend wird die Pflanze so eingesetzt, dass sie ebenso weit aus der Erde schaut wie im vorherigen Gefäß. Die Pflanztiefe ist am Stamm der Pflanze gut zu erkennen. Zum Schluss rund um den Wurzelballen Erde einfüllen und andrücken – aber nicht zu stark, sonst werden die Wurzeln beschädigt. Wenn der Kübel nicht zu schwer ist, heben Sie

◀ *Wird eine Pflanze zu groß für ihr Gefäß, muss sie umgetopft werden. Der neue Topf sollte einen 5 cm größeren Durchmesser haben.*

Eine Pflanze umtopfen

1 Zuerst Tonscherben oder Kieselsteine auf den Topfboden geben. So kann das Drainageloch im Boden nicht verstopfen.

2 Die Pflanze behutsam aus dem alten Gefäß nehmen. Dabei auf die Pflanztiefe achten, damit die Pflanze in gleicher Höhe in das neue Gefäß gesetzt wird.

3 Verfilzte Wurzeln vorsichtig auflockern, beschädigte Wurzeln abschneiden. So wächst die Pflanze im neuen Gefäß leichter und schneller an.

ihn an und stoßen ihn einige Male auf eine harte Oberfläche, damit eingeschlossene Luft entweicht. Dann wird die Pflanze gründlich gewässert. Falls sich dabei das Substrat setzt, wird noch etwas nachgefüllt. Große Kübel sollten Sie an ihrem endgültigen Platz bepflanzen.

Umtopfen Je nach Geschwindigkeit des Wurzelwachstums müssen jüngere Pflanzen von Zeit zu Zeit in einen größeren Topf umziehen. Der neue Topf sollte einen etwa 5 cm größeren Durchmesser haben als der alte – und nicht mehr. So sorgen Sie dafür, dass die Pflanzen gleichmäßig wachsen. Wählt man ein zu großes Gefäß, breiten sich die Wurzeln zu schnell aus und das Wachstum der Pflanze gerät aus dem Gleichgewicht. Bei langsam wachsenden Pflanzen füllen die Wurzeln das Gefäß dann nicht schnell genug aus. Bei schnell wachsenden dagegen wird sehr viel Laub gebildet, aber nur wenige Blüten oder Früchte.

◀ *Schmucklilien* (Agapanthus) *sind schöne Kübelpflanzen, die aber meist eine Stütze brauchen. Sie blühen in Dunkelblau oder Weiß.*

Frische Erde

Hochbeete lassen sich nicht so leicht ausleeren, vor allem, wenn sie langlebige Sträucher beherbergen. In solchen Fällen trägt man die oberste Erdschicht ab und ersetzt sie durch frisches Substrat, dem ein Düngergranulat beigemischt wurde. Schnell wachsende Pflanzen in kleineren Gefäßen sollten einmal jährlich frische Erde bekommen, bei langsam wachsenden Pflanzen reicht das Umtopfen in Zweijahresintervallen aus. Die Pflanze aus dem Kübel nehmen, altes Substrat gründlich abschütteln und den Wurzelballen für eine Stunde in Wasser stellen. Dann mit neuem Substrat wieder einpflanzen. Verfilzte Wurzeln vor dem Pflanzen auflockern, beschädigte Wurzeln abschneiden.

Tipps zum Pflanzen

Im Kübelgarten kann zu fast jeder Jahreszeit gepflanzt werden. Ideal ist der Herbst, doch selbst im Hochsommer können Sie Pflanzen umtopfen. Dann müssen Sie allerdings reichlich gießen, damit die Wurzeln sich möglichst schnell im frischen Substrat verankern.

Wurzelnackte Bäume und Sträucher pflanzen

Rosen und Obstbäume gedeihen am besten, wenn man sie im Herbst wurzelnackt kauft und recht bald pflanzt. Das gilt auch für den Kübelgarten. Am besten bestellen Sie die Pflanzen bei einem renommierten Händler und pflanzen sie gleich nach der Lieferung. Sie wachsen in der Regel besser als die Containerware, die man im Frühling kaufen und pflanzen kann. Bestellen Sie möglichst in einer namhaften Gärtnerei, die Erfahrung im Versand hat. Ideal sind zweijährige, wurzelnackte Bäumchen. Auch dreijährige können Sie noch pflanzen, doch wachsen sie langsamer an, und die Erziehung am Spalier ist schwieriger.

▶ *Kleine Apfelbäume fühlen sich im Kübel durchaus wohl. Kaufen Sie in der Gärtnerei eine geeignete Substratmischung, und denken Sie an das regelmäßige Düngen.*

Zwiebeln pflanzen

Das Laub von Zwiebelblumen darf nach der Blüte nicht abgeschnitten werden, sondern sollte natürlich abwelken, weil die Zwiebeln ihm Nährstoffe entziehen, um die Ruhezeit zu überdauern. Das welke Laub sieht nicht schön aus, doch nur so bleiben die Zwiebeln kräftig. Man kann die Zwiebeln auch ausgraben und im Keller oder Schuppen lagern. Wenn der Platz nur für einen Kübel mit Zwiebelblumen ausreicht, könnten Sie mehrere Sorten kombinieren. Generell entspricht die Pflanztiefe für Zwiebeln ihrer zweieinhalbfachen Größe. Man pflanzt also die größten Zwiebeln nach unten. In einer höheren Schicht folgen kleinere Arten wie Krokusse und Schneeglanz. So lösen die verschiedenen Arten einander ab, und Sie haben viele Wochen Freude an der Blüte.

Zwiebeln pflanzen

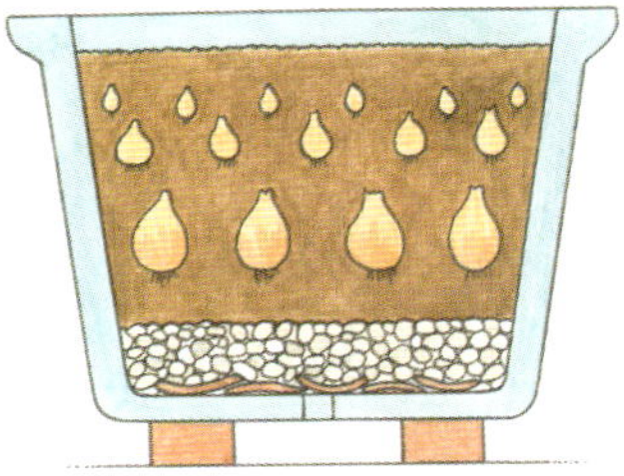

1 Auf den Boden des Kübels Tonscherben oder Kieselsteine geben, um die Drainage zu verbessern. Für Zwiebeln sollten Sie ein Spezialsubstrat verwenden.

2 Zuerst die größten Zwiebeln pflanzen. Sie werden gleichmäßig auf dem Substrat verteilt und sollten dichter stehen als in einem Beet.

3 Kleinere Zwiebeln in Schichten darüber anordnen. Nach der Blüte können die Zwiebeln ausgegraben und in den Garten gepflanzt werden.

Weinreben pflanzen

Weinreben gedeihen im Kübel, man sollte jedoch wurzelnackte Ware wählen und sie während der winterlichen Ruhezeit pflanzen. Geben Sie reichlich Düngergranulat ans Substrat, und gießen Sie die Pflanzen während der ersten Wachstumszeit reichlich. Im Container gekaufte Weinpflanzen können umgetopft werden, ehe das Wachstum einsetzt. Denken Sie daran, vorher ein Spalier zu bauen oder Spanndrähte zu ziehen, an denen die Pflanzen gezogen werden.

▲ *Stiefmütterchen werden eingepflanzt. Die Pflanzen in gleichmäßigen Abständen einsetzen und das Substrat gut andrücken.*

Einjährige pflanzen

Beim Pflanzen von Einjährigen muss vor allem darauf geachtet werden, dass die Wurzeln nicht beschädigt werden. Die Jungpflanzen zuerst sehr gut gießen, dann behutsam aus ihren Töpfen oder Schalen heben und im neuen Topf das Substrat vorsichtig rund um die Wurzeln andrücken. Nach der Pflanzung werden die Sommerblüher mit einer schwachen Düngerlösung gegossen.

SÄMLINGE PIKIEREN

Wer Pflanzen selbst ausgesät hat, muss sie nach der Keimung aus der Saatschale in Einzeltöpfe setzen. Das sollte erst geschehen, wenn sie die Keimblätter und ein weiteres Blattpaar entwickelt haben. Man hebt die Pflanze mit einem Messer oder einem Eisstiel aus dem Substrat und hält sie dabei an einem der ersten Blätter (den Keimblättern), niemals am Stiel. So kann das Pflänzchen nicht beschädigt werden. Sind die Pflanzen etwas größer, werden sie tagsüber einige Stunden lang zum Abhärten ins Freie gestellt. Nach den letzten Frösten können sie ausgepflanzt werden.

Rückschnitt – aber richtig

Kaum ein Thema verursacht Gärtnern so viel Kopfzerbrechen wie der Rückschnitt, dabei ist es ganz einfach. Es gibt nur wenige Grundregeln, und wenn man sie einmal verstanden hat, verliert das Thema seinen Schrecken. Wichtig ist vor allem, jede Pflanze zum richtigen Zeitpunkt zu schneiden.

Grundregeln

Für den Rückschnitt gibt es nur zwei Grundregeln. Erstens: Manche Pflanzen tragen Blüten und Früchte am Austrieb des Vorjahres, andere blühen und fruchten am Austrieb des laufenden Jahres. Zweitens: Der Rückschnitt regt das Wachstum an. Schneidet man einen Zweig über einer Knospe ab, entwickeln sich unterhalb des Schnittes (meist) zwei neue Triebe. Der Rückschnitt beeinflusst also die Form der Pflanze, die Blütenbildung und den Fruchtertrag.

In diesem Kapitel erfahren Sie mehr über den Rückschnitt von Pflanzen, die im Kübelgarten beliebt sind.

Kletterrosen – Wer im Kübel Rosen an einer Wand ziehen möchte, sollte eine der modernen Kletterrosen wählen, die relativ langsam wachsen. Gut geeignet sind die kletternden Formen einiger Teehybriden und Floribunda-Rosen, etwa die beliebte Rose 'Iceberg' oder 'Climbing Ophelia'. Die meisten dieser Sorten blühen mehrmals in der Saison.

Bei der Pflanzung werden alle beschädigten Wurzeln gekappt, dann werden die Triebe angebunden. Anschließend schneiden Sie alle beschädigten Triebe und die schwächeren Seitentriebe ab. Im folgenden Sommer binden Sie die neuen Seitentriebe so an, dass eine Fächerform entsteht. Im folgenden Winter oder zeitigen Frühling schneiden Sie die blühenden Seitentriebe der Hauptzweige auf etwa 15 cm zurück. Neue Triebe werden am Spalier angebunden. Die letzten Schritte werden von nun an alljährlich wiederholt. Wenn ein Haupttrieb

◀ *Damit Buchsbaum gut in Form bleibt, muss er zwei- bis dreimal im Jahr geschnitten werden. Rosmarin nicht bis ins alte Holz schneiden.*

▶ *Wüchsige Kletterer wie den Hopfen kann man, wenn sie zu groß werden, auch im Sommer zurückschneiden.*

nach einigen Jahren keine Blüten mehr bildet, wird er etwa 5 cm über dem Boden abgeschnitten. Dadurch wird die Bildung neuer Triebe angeregt. **Sommerjasmin** (echter Jasmin) ist eine sehr wüchsige Pflanze, die durch kräftigen Rückschnitt gebändigt werden muss. Sie ist nicht für jeden Kübelgarten geeignet, aber dennoch sehr beliebt. Der Rückschnitt erfolgt nach der Blüte. Alle alten Triebe werden entfernt, außerdem kann etwa ein Drittel der Triebe über dem Boden abgeschnitten werden. Neue Triebe werden fortlaufend angebunden und gekappt, falls sie zu lang werden. Seien Sie nicht zu zimperlich.

Winterjasmin *(Jasminum nudiflorum)* wird nach der Blüte geschnitten. Alle Triebe, die Blüten getragen haben, werden auf ein Drittel eingekürzt. Schwache, beschädigte oder abgestorbene Triebe werden ganz entfernt. Danach binden Sie neue Triebe an. Hopfen *(Humulus)* ist ein sehr wüchsiger Kletterer. Er stirbt im Herbst ab und treibt im Frühling aus dem Boden neu aus. Wird er zu groß, kann er jederzeit gestutzt werden. Efeu *(Hedera)*, Kletterhortensie *(Hydrangea petiolaris)* und Jungfernrebe *(Parthenocissus)* halten sich mit Luftwurzeln an ihrem Untergrund fest. Sie müssen nicht beschnitten werden. Wenn sie aber zu groß werden und etwa in die Dachrinne zu wachsen drohen, schneidet man Efeu und Kletterhortensie nach der Blüte, Jungfernrebe hingegen im zeitigen Frühling, vor dem Austrieb. Die alten Triebe reißen Sie einfach von der Wand ab.

▲ *Im Sommer verwelkte Rosenknospen abschneiden, ehe sich Hagebutten entwickeln. Die Samenbildung kostet die Pflanze unnötig Kraft.*

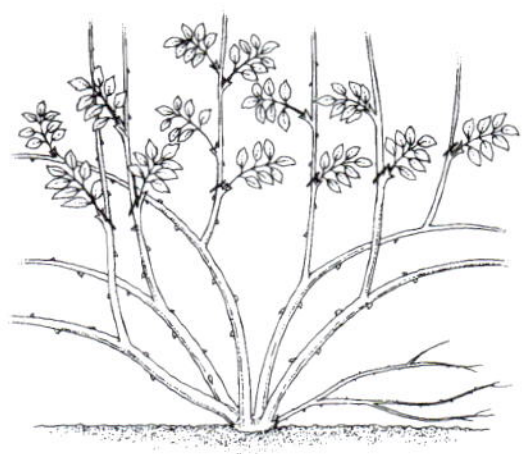

▲ *Bei Strauchrosen an einem Spalier schwache und sich kreuzende Triebe abschneiden, neue Triebe anbinden. Blühende Seitentriebe kappen.*

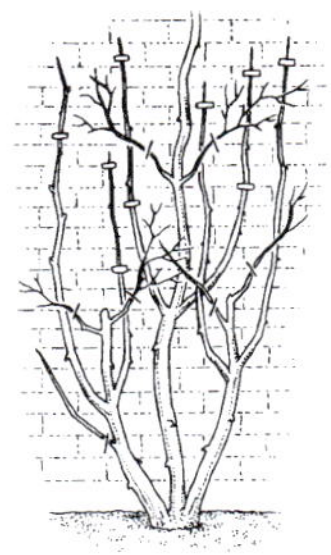

▲ *Bei neu gepflanzten Kletterrosen die Seitentriebe fortlaufend anbinden. Sich kreuzende Zweige entfernen.*

▲ *Der Rückschnitt einer* Clematis montana *ist nicht ganz einfach. Um das Wachstum zu kontrollieren, schneidet man sie nach der Blüte.*

Clematis und Wein schneiden

Clematis – Diese Pflanzengruppe macht dem Amateurgärtner im Hinblick auf den Rückschnitt mehr Sorgen als die meisten anderen Arten. Die Schwierigkeit ist aber nicht der Schnitt selbst, sondern das Erkennen der Gruppe. Es gibt drei Arten von Clematis, die unterschiedlich beschnitten werden.

Gruppe 1 – Die Angehörigen dieser Gruppe blühen am Austrieb des Vorjahres. Im Idealfall werden sie gar nicht geschnitten, doch weil sie manchmal zu groß werden, müssen alle Triebe nach der Blüte eingekürzt werden. Es ist leider unvermeidlich, dass diese Clematis im Jahr nach dem Rückschnitt schwächer blüht. Zu dieser Gruppe gehören alle Sorten von *C. alpina, C. montana* und *C. macropetala*. Nehmen Sie ein Bestimmungsbuch zu Hilfe oder fragen Sie einen erfahrenen Nachbarn oder Gärtner. Generell gelten diese Schnittregeln jedoch für alle kleinblütigen Clematis-Sorten, die im späten Frühling oder Frühsommer blühen, ferner für einige kleinblütige Arten und Zuchtformen mit Blütezeit im Winter oder Frühling, einige vor dem Hochsommer blühende großblütige Arten und fast alle großblütigen, gefüllten oder halb gefüllten Arten. Wer weder Namen noch Gruppenzugehörigkeit seiner Clematis kennt und auch niemanden fragen kann, sollte die Pflanze ein Jahr lang unbeschnitten lassen und sich notieren, in welchem Monat die ersten Blüten erscheinen.

Gruppe 2 – Diese Arten müssen nicht unbedingt geschnitten werden. Gut ist es aber, alte und abgestorbene Triebe im zeitigen Frühling zu entfernen und die übrigen Triebe bis auf ein Paar kräftiger Augen zu kürzen. Lassen Sie sich nicht von einigen milden Tagen zu einem ver-

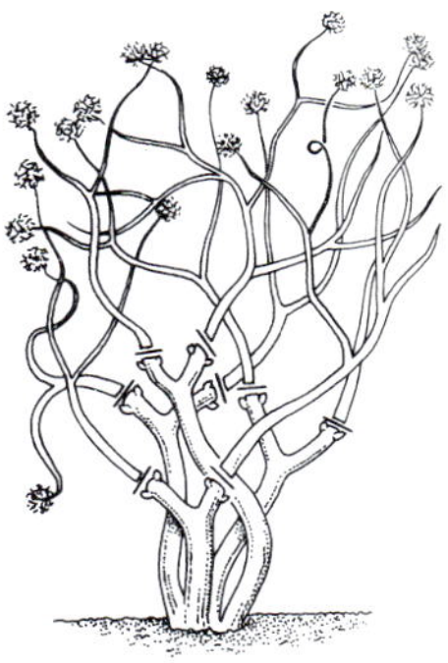

▲ *Gruppe 3, die am Austrieb des laufenden Jahres blüht, wird im Frühling über einem Augenpaar in 30–50 cm Höhe zurückgeschnitten.*

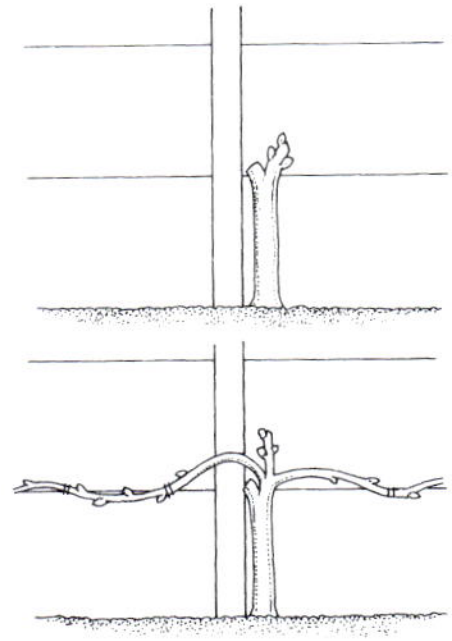

▲ *Das erste und zweite Jahr eines neu gepflanzten Weinstocks: Mitteltrieb im Winter auf drei Augen kürzen, beide Seitentriebe anbinden.*

frühten Rückschnitt verführen, sonst besteht die Gefahr von Schäden durch späte Fröste. Diese Schnittregel gilt für groß- und kleinblütige Arten und Hybriden, die nach dem Hochsommer blühen.

Gruppe 3 – Diese Clematis blühen am Austrieb des laufenden Jahres. Sie werden im Spätwinter oder zeitigen Frühling etwa 30–50 cm über dem Boden über einem kräftigen Augenpaar gekappt.

Auf diese Weise schneidet man die meisten großblütigen Arten, die nach dem Hochsommer ihre ersten Blüten tragen, ferner alle krautigen, halbkrautigen und strauchigen Clematis, die *C. viticella*-Sorten und eine Reihe kleinblütiger Arten und Sorten, die ebenfalls erst nach dem Hochsommer blühen. Keine Sorge – wenn Sie Clematis gar nicht schneiden, blühen sie trotzdem. Sie kann allerdings mit der Zeit im unteren Bereich verkahlen, sodass alle Blüten in einem unansehnlichen Gewirr aus Trieben in großer Höhe stehen.

Weinreben *(Vitis)* – Wein wird gern als Terrassenpflanze gehalten und an einer Pergola gezogen, um im Hochsommer den Sitzplatz zu beschatten. Zierformen wie *Vitis* 'Brandt' oder *V. coignetiae* schneidet man im Winter, wenn sie für ihren Platz zu groß werden. Besondere Regeln sind nicht zu beachten, wichtig ist lediglich, dass man während der Ruhezeit schneidet.

Echte Weinreben schneidet man am besten nach dem Guyot-Verfahren. Das mag technisch klingen, bedeutet aber lediglich, den Haupttrieb auf drei Augen einzukürzen. Im ersten Jahr entstehen aus diesen drei Knospen drei Triebe, die während des Wachstums regelmäßig senkrecht hochgebunden werden. Alle Seitentriebe werden ausgeknipst. Im Winter werden die beiden unteren Triebe an waagerechte Drähte gebunden und auf jeweils 1 m Länge oder 12 Augen gekürzt. Der mittlere Trieb wird auf drei Augen gekürzt. Aus den waagerechten Trieben entwickeln sich Seitentriebe, die an einer Wand oder einer Pergola befestigt werden. Die drei Triebe des mittleren Zweigs werden wie im ersten Jahr behandelt. Im Herbst werden die Seitentriebe, die Früchte getragen haben, abgeschnitten. Diese Schritte werden in den folgenden Jahren wiederholt.

▶ *Ein Kübel mit einer ausgewachsenen Weinpflanze, die über eine Pergola wächst. Damit die Trauben reifen können, wird im Sommer das Laub ausgedünnt.*

Sträucher und Obstbäume schneiden

Kräuter und Sträucher – Alle strauchig wachsenden Kräuter wie Thymian, Salbei und Majoran werden im zeitigen Frühling geschnitten, falls sie zu groß für ihren Kübel zu werden drohen. Ansonsten ist ein Rückschnitt nicht erforderlich. Winterheide *(Erica carnea* und *E. × darleyensis)* wird nach der Blüte leicht in Form gebracht.

Rosmarin darf nicht zu stark beschnitten werden, weil er aus den verholzten Zweigen nicht mehr austreibt. Die jungen Triebe können im Frühling leicht gestutzt werden. Stirbt ein Zweig ab, schneidet man ihn am Boden oder am Ansatz des Hauptastes ab. **Lavendel** schneidet man im mittleren Frühling, um die Pflanzen schön buschig zu halten und den Neuaustrieb anzuregen. Die Triebe, die Blüten tragen, werden gestutzt, wobei man mindestens 3 cm des letztjährigen Austriebs entfernt. Nach der Blüte sollte Lavendel nicht geschnitten werden, weil dadurch die Bildung neuer Triebe angeregt wird, die durch Frost geschädigt werden können. Alte, unansehnlich gewordene Lavendelsträucher kann man im Frühling radikal zurückschneiden. In den meisten Fällen treiben sie wieder kräftig aus.

Äpfel und Birnen – Kernobst im Kübel sollte man als Cordon oder an einem Spalier an einer Wand ziehen.

Für Cordons verwendet man normalerweise einstämmige Bäume, es sind jedoch auch zwei- und dreistämmige Cordons möglich. Apfel- und Birnbäume pflanzt man im Winkel von 45° und lässt sie auf eine Höhe von 1,8 m heranwachsen. So erhält der Stamm eine Länge von etwa 2,5 m. Cordonobst wird im Sommer geschnitten, im Winter fallen kaum Schnittarbeiten an. Alle Triebe werden oberhalb einer Blattgruppe knapp über dem Hauptstamm auf drei Augen gekappt. Der Leittrieb wird angebunden, aber erst geschnitten, wenn er 1,8 m Höhe erreicht hat. An ausgewachsenen Cordons muss man lediglich von Zeit zu Zeit einige der fruchtenden Triebe entfernen.

◀ *Niedrige Sträucher in Kübeln müssen eventuell nach der Blüte leicht in Form geschnitten werden.*

Ein Pflaumenbaum am Fächerspalier

Pflanzen Sie im Herbst einen jungen, bereits verzweigten Pflaumenbaum. Im Spätfrühling wird der Mitteltrieb über dem obersten, einander gegenüberstehenden Seitentriebpaar abgeschnitten. Sie werden nun waagerecht an der Wand festgebunden. Anschließend werden die Seitentriebe auf die Hälfte zurückgeschnitten, direkt hinter einem nach oben gerichteten Auge. Sie bilden die ersten „Speichen" des Fächers. Während des Sommers wählen Sie an jedem der beiden Triebe zwei Seitentriebe aus, von denen einer nach oben und einer nach unten zeigt. Das Gerüst des Fächers sollte annähernd symmetrisch sein. Die ausgewählten Triebe werden angebunden, alle übrigen auf 1–2 Blätter gekappt. Triebe, die zur Wand hin oder rechtwinklig von ihr weg wachsen, werden an der Basis abgeschnitten. Im folgenden Frühling stutzen Sie die neuen Speichen auf etwa ein Drittel und ziehen von jeder drei nachwachsende Triebe zu Speichen heran.

Als Spalierobst bezeichnet man Bäume, deren Triebe im rechten Winkel vom Hauptstamm ausgehend an einer Wand gezogen werden. Vor der Pflanzung werden waagerechte Drähte in Abständen von 40–50 cm gespannt. Zur Erziehung am Spalier pflanzt man im Herbst einen jungen, unverzweigten Obstbaum. Im Frühling wird der Trieb etwa 60 cm über dem Boden über einem Auge gestutzt. Darunter müssen noch zwei weitere Augen liegen. Im Sommer bilden sich nun drei Triebe. Der mittlere wird senkrecht angebunden, die beiden seitlichen im Winkel von 45°. Alle anderen Triebe, die sich im ersten Sommer bilden, werden über dem dritten Blatt gekappt.

Spalierobst ziehen

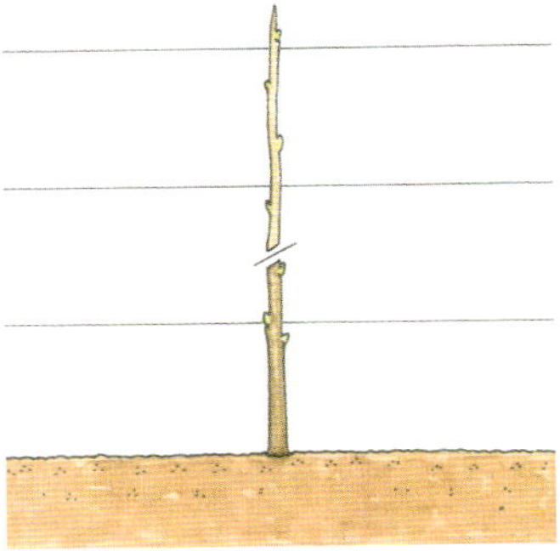

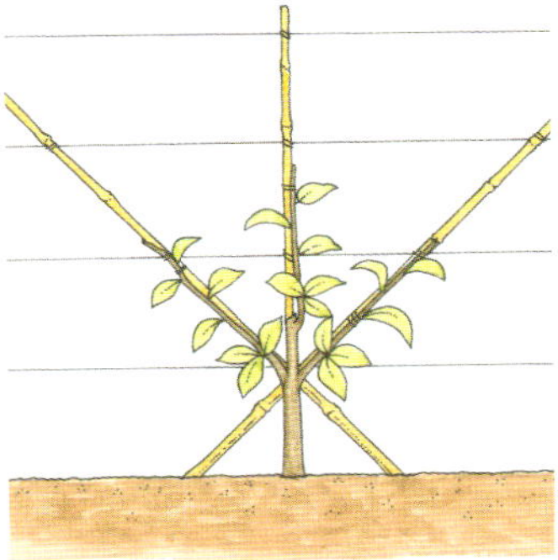

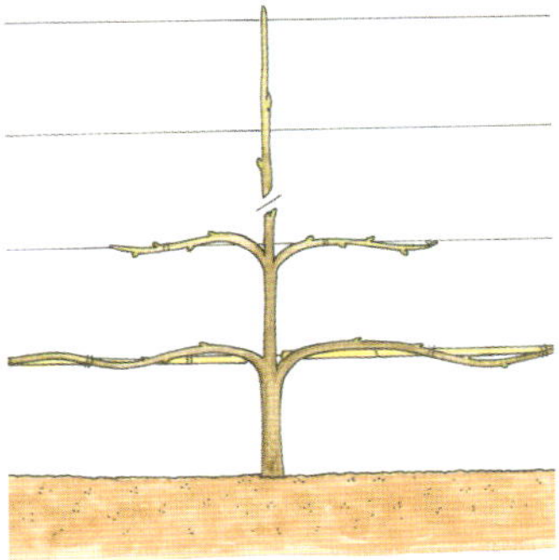

1 Einen unverzweigten, jungen Baum pflanzen und etwa 50 cm über dem Boden abschneiden. Drei Augen müssen stehen bleiben.

2 Im Sommer die drei wachsenden Triebe mithilfe von Bambusstäben anbinden – den Mitteltrieb senkrecht, die Seitentriebe im Winkel von 45°.

3 Im Winter die Seitentriebe waagerecht biegen, anbinden und einkürzen. Den Mitteltrieb 50 cm über der Verzweigung abschneiden. 1) und 2) wiederholen.

Im zweiten Jahr wird der Mitteltrieb wiederum auf drei kräftige Augen gekappt. Die beiden schrägen Seitentriebe werden nun mit Bambusstäben waagerecht an die Spanndrähte gebunden.

▲ *Strauchige Kräuter werden erst geschnitten, wenn sie für ihren Topf zu groß werden.*

▶ *'Mrs Seddon' ist eine Birnensorte mit violetten Früchten, die gut am Wandspalier gedeiht.*

Stützen und halten

Viele Pflanzen brauchen während ihres Wachstums Halt und Stütze. Manche sind sogar ihr Leben lang auf Spanndrähte oder ein Spalier angewiesen. Langlebige Konstruktionen und Spanndrähte werden generell vor der Pflanzung der Bäume oder Sträucher angebracht.

Spanndrähte anbringen

Wer Pflanzen an einer Mauer ziehen möchte, könnte Spanndrähte anbringen, um daran einen Apfel- oder Birnbaum oder auch eine andere Pflanze zu ziehen. Prüfen Sie zuerst den Zustand der Mauer. Ziegel und Mörtel müssen fest und stabil sein, anderenfalls sollten Sie die Mauer neu verfugen oder reparieren. Das ist recht aufwändig und kann, wenn es ein Fachmann übernimmt, teuer werden. Versuchen Sie aber nicht, Drähte an einer maroden Wand anzubringen, denn die Spannung kann durchaus genügen, um lose Steine aus dem Mauerwerk zu reißen.

Legen Sie Bohrmaschine, Kunststoffdübel, Ringschrauben, Hammer, Schraubendreher, Drahtspanner und kräftigen 3-mm-Draht bereit. Legen Sie den Platz für die Drahtkonstruktion fest, und planen Sie zwischen den Drähten Abstände von 40–50 cm ein. Bohren Sie Löcher in die Steine, und hämmern Sie

Spanndrähte anbringen

1 Zuerst auf der Wand die Abmessungen anzeichnen. Zwischen den Drähten 40–50 cm Abstand lassen. Stabilen Draht (3 mm Stärke) verwenden.

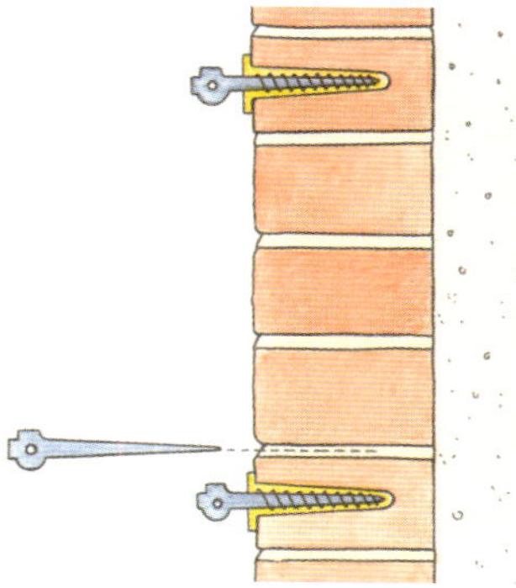

2 Mit der Bohrmaschine Löcher waagerecht in die Mauersteine bohren und die Dübel einschlagen. Die Ringschrauben in die Dübel schrauben.

3 Alternativ Metallaugen in die Fugen hämmern. Draht auf einer Seite an den Ringschrauben befestigen, auf der anderen Seite Drahtspanner verwenden.

Ein Spalier errichten

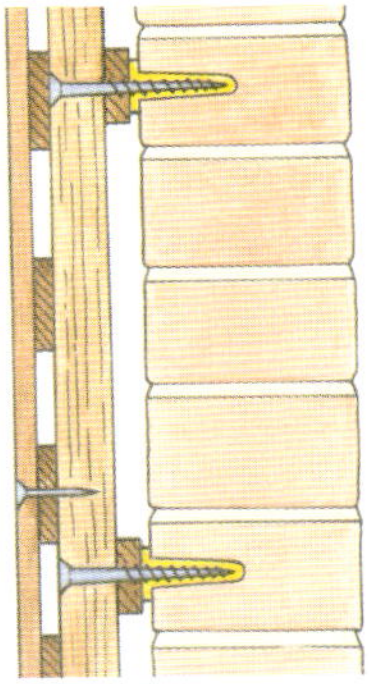

1 Die Höhe des Spaliers festlegen und die Pfosten mit Dübeln und Schrauben an der Mauer befestigen. Mit der Wasserwaage kontrollieren.

2 Die einzelnen Spalierfelder an den Pfosten festschrauben. Wieder mit der Wasserwaage kontrollieren. Kappen zum Schutz oben auf die Pfosten setzen.

3 Wird ein Spalier vor einer Mauer angebracht, setzt man es auf Leisten, um die Luftzirkulation zu verbessern.

die Dübel so weit ein, dass sie nicht mehr aus dem Mauerwerk vorstehen. Einen Draht durch eine Ringschraube stecken und gut befestigen. Am anderen Ende einen Drahtspanner einhängen, den Draht einfädeln und am Spanner drehen, bis der Draht straff gespannt ist.

Ein Spalier anbringen

Ist eine Gartenmauer niedrig, kann man durch ein Spalier problemlos mehr Rückhalt für Pflanzen schaffen. Sorgfältige Arbeit lohnt sich, wenn das Spalier nicht vom nächsten kräftigen Wind abgerissen werden soll. Möglichst bevor Sie vor der Mauer Löcher in den Boden graben, sollten Sie erwägen, verzinkte

▶ *Ein perspektivisches Spalier vergrößert einen kleinen Stadtgarten optisch. Originell sieht es aus, wenn dahinter ein Spiegel montiert wird.*

Pfostenträger einzuzementieren oder – noch besser – fertige Betonpfosten mit vorbereiteten Löchern zu verwenden, an denen die Leisten des Spaliers festgeschraubt werden können. Hölzerne Pfosten sollten Sie nicht einzementieren. Selbst wenn Sie die Fundamente sorgfältig abschrägen und das Holz mit Holzschutzmittel behandeln, wird es im Laufe der Zeit morsch werden. Dann bleibt ihnen ein Betonklotz im Boden, der nur mit Mühe zu entfernen ist.

Wer keine Betonpfosten einzementieren kann, sollte die Spalierpfosten lieber mit Dübeln und langen Schrauben an der Mauer befestigen. Legen Sie zuerst die Höhe des Spaliers fest. Messen Sie dann die Länge der Mauer aus, und ermitteln Sie, wie viele Spalierfelder Sie benötigen. Erst dann kaufen Sie das Material. Bohren Sie durch die Pfosten drei oder vier Löcher in gleichmäßigen Abständen. Dann richten Sie die Pfosten an der Mauer senkrecht aus. Anschließend einen langen Nagel durch die Löcher schieben und kräftig mit dem Hammer darauf schlagen, um die Punkte für die Bohrungen auf der Wand zu markieren. Nun die Löcher bohren und die Dübel hineinstecken. Zum Schluss die Pfosten mit langen Schrauben befestigen. Die Spalierfelder werden mit speziellen Winkeln an den Pfosten angebracht. Wird ein Spalier auf einer Mauer befestigt, sollte dahinter etwas Platz frei bleiben, damit dort Luft zirkulieren kann. Zudem lassen sich so die Triebe leichter festbinden. Widerstehen Sie der Versuchung, Triebe hinter die Spalierleisten oder Drähte zu schieben. Wenn sie nach einigen Jahren geschnitten werden müssen, lassen sie sich kaum wieder vorziehen.

Hochstämmchen stützen

Alle Bäume und Hochstämmchen müssen nach der Pflanzung gestützt werden, auch wenn sie im Kübel wachsen. Der Pfosten wird vor der Pflanze ins Pflanzloch gestellt und senkrecht ausgerichtet. Nach der Pflanzung wird der Stamm des Baumes mit einem speziellen Baumbinder angebunden, der die Rinde nicht beschädigt. Größere Bäume stabilisiert man am besten durch Spannseile, die an Ringschrauben im Terrassenboden gebunden werden. Sie müssen stabil und haltbar sein, zudem sollten Sie die Seile im Bereich des Stammes durch ein Stück alten Gartenschlauch schieben, damit keine Reibungsschäden an der Rinde entstehen können.

Stauden stützen Stauden kann man auf verschiedene Weise stützen. Die beste Methode besteht darin, früh in der Saison einen speziellen Staudenring mit einem Bambusstab zur Pflanze zu

◀ Wicken wachsen an einem Wigwam aus Weidenzweigen. Je mehr Blüten man für die Vase schneidet, desto mehr wachsen nach.

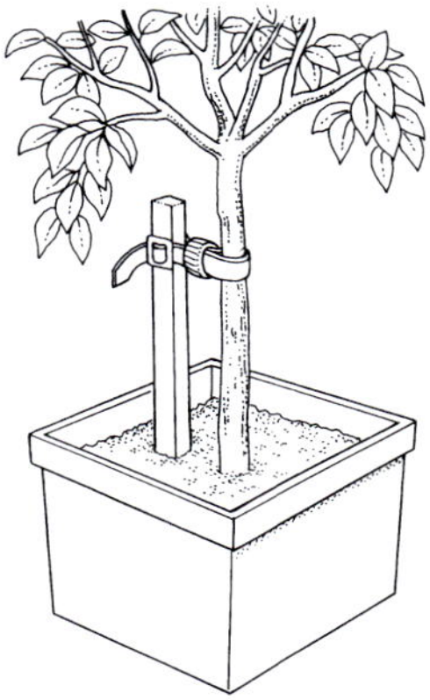

▲ *Auf windigen Terrassen und Dachgärten sollte man zarte Bäumchen stützen. Der Pfosten wird vor der Pflanzung in die Erde gesteckt.*

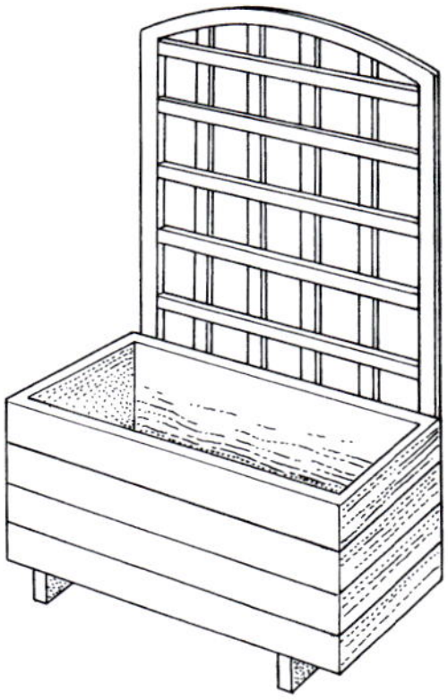

▲ *Praktisch für kleine Kletterpflanzen sind Tröge mit einem integrierten Spalier, die sich gut als Raumteiler einsetzen lassen.*

▲ *Stauden und Zwiebelgewächse stützt man, indem man entlang des Topfrands Stäbe einsteckt und rundherum eine Schnur spannt.*

stecken, sodass das Laub bald zwischen den Speichen des Rings hindurchwächst. Alternativ kann man mehrere Stäbe rings um die Pflanze in den Boden stecken und rundherum eine Schnur spannen. Besonders unauffällig ist so eine Stütze, wenn man statt der hellen Bambusstäbe dünne Zweige verwendet.

Kübelpflanzen stützen

Viele beliebte Kübelpflanzen kommen ohne Stütze nicht aus. Zu ihnen gehören beispielsweise Königslilien *(Lilium regale)* und Schmucklilien *(Agapanthus)*. Am besten steckt man mehrere Stäbe am Kübelrand entlang und verbindet sie mit einer Schnur.

Kletterpflanzen stützen Fast alle Kletterpflanzen brauchen eine Kletterhilfe, eine Ausnahme bilden nur die Arten, die sich durch Luftwurzeln selbst festhalten. Kletterrosen im Kübel sind zwar optisch eine Bereicherung, müssen aber entweder an Drähten an der Wand oder an einer Pergola angebunden werden. Clematis brauchen ein Spalier, durch das sie sich winden können. Viele einjährige Kletterpflanzen wie die Wicke *(Lathyrus odoratus)* benötigen ein Netz oder Drahtgeflecht, um sich mit ihren Ranken festzuhalten. Wer Weinreben mag, muss zuerst ein stabiles Klettergerüst errichten. In einem sonnigen Garten kann man sie auch dekorativ über eine Pergola klettern lassen. Wer eine kleinere Kletterpflanze in einen hölzernen Trog pflanzt, könnte an der Rückseite ein hölzernes Spalierfeld anschrauben. Natürlich besteht auch immer die Möglichkeit, Kletterpflanzen nahe an einer Wand zu platzieren, sodass sie sich dort an einem Spalier oder an Spanndrähten festhalten können.

Selbstklimmer wie Efeu brauchen einen festen Untergrund. An Maschendraht können sie sich nicht halten. Wer ein Drahtgeflecht mit Efeu begrünen möchte, kann Bretter daran anbinden.

Kübel im Dachgarten sichern

Kübelpflanzen können bei starkem Wind umkippen. Besonders groß ist das Risiko bei kopflastigen Kübeln mit hohen Bäumen und Sträuchern, die auf einem windigen Dachgarten stehen. An solchen Standorten müssen Kübel, aber auch Spaliere und Windschutzzäune, sehr sorgfältig befestigt werden. Hier gilt Vernunft mehr als Optik. Sehr schwere Kübel sollte man im Zweifelsfall mit Spannseilen sichern, die an Ringschrauben in der Wand oder dem Boden des Dachgartens fixiert sind. Wer sich geeignete Maßnahmen nicht zutraut, sollte unbedingt professionelle Hilfe in Anspruch nehmen.

Gießen

Im Kübelgarten spielt das Gießen eine wichtige Rolle. Alle Pflanzen brauchen Wasser, doch Kübel trocknen an heißen Sommertagen sehr schnell aus. Das gilt besonders für Kübel aus Terrakotta, weil durch das poröse Material mehr Wasser verdunstet als durch Kunststoff oder Stein.

Im Hochsommer kann ein Kübel bei Sonnenschein bis zu fünf Liter Wasser über die Blätter der Pflanze und durch die Wände des Gefäßes verdunsten. Die besonders starke Verdunstung in Terrakottakübeln lässt sich reduzieren, indem man sich die Mühe macht, die Wände vor der Bepflanzung mit Plastikfolie auszulegen. Ampeln und Töpfe an der Wand können sogar noch mehr Wasser verlieren. Vor allem bei abgeflachten Wandtöpfen steigert die Erhitzung des Mauerwerks die Verdunstung noch, da die Mauer die Sonnenwärme speichert und auch am Abend noch abgibt. Ampeln trocknen so schnell aus, weil sie im Verhältnis zur Pflanzenzahl sehr wenig Substrat enthalten. Folglich muss man alle Kübel im Sommer mindestens einmal täglich gießen, Ampeln und Wandtöpfe brauchen meist zwei Wassergaben. Wer das nicht gewährleisten kann, wird mit seinem Kübelgarten nicht viel Erfolg haben. Nun bedeutet das nicht, dass jeden Tag gegossen werden muss. An bedeckten und regnerischen Tagen ist das Bewässern natürlich überflüssig. Doch wer im Hochsommer verreist und keine Vorkehrungen für die Pflanzen trifft, darf sich nicht wundern, wenn nach der Heimkehr die meisten verdorrt sind.

▲ *Ein Schwanenhalsvorsatz für den Schlauch zum bequemen Gießen von Blumenampeln.*

▲ *Mit einem Sprengvorsatz ist das Gießen im Sommer viel schneller erledigt.*

▲ *Empfindliche Pflanzen werden mit der Kanne und einer feinen Brause gegossen.*

Bewässerung – ganz einfach

Wer kein automatisches Bewässerungssystem installieren möchte, kann sich das regelmäßige Gießen dennoch wesentlich erleichtern. Wenn Sie von Hand gießen, lassen Sie unbedingt einen Außenwasserhahn anbringen. Das ist vor allem für den Dachgarten wichtig, denn niemand möchte mit schweren, tropfenden Kannen durch das ganze Haus laufen. Kaufen Sie eine gute Gießkanne mit langer Tülle, mit der auch der hintere Bereich eines Hochbeetes bequem zu erreichen ist. Sie ist auch praktisch, wenn nicht der ganze Garten bewässert werden soll, sondern

▲ *Eine Pergola in Lilablau mit identisch gestrichenen Kübeln voll Kapuzinerkresse und Canna in leuchtendem Orange.*

▶ *Ein Sortiment aus Kräutern und leuchtend bunten Blumen auf einer Treppe in Frankreich. Vor den schlichten Stufen und der Wand wirken die Blüten besonders schön.*

nur einzelne Pflanzen. Schaffen Sie außerdem eine Schlauchkupplung für Ihren Wasserhahn an, dazu einen stabilen Schlauch aus verstärktem Kunststoff und einige Spezialdüsen. Mit dem Schlauch ist das Gießen viel schneller erledigt als mit der Gießkanne. Wer mehrere Ampeln hat, sollte sich einen Schwanenhalsvorsatz anschaffen, mit dem man auch höher hängende Wandtöpfe bequem erreicht und wenig danebenspritzt. Sehr praktisch ist schließlich ein Dosiervorsatz für Düngerkapseln, mit dem das Düngen sozusagen nebenbei beim Gießen erledigt wird.

Richtig gießen Generell sollte man durchdringend gießen, jedoch nicht zu reichlich, weil sonst Staunässe droht und die Wurzeln faulen können. Füllen Sie die Kübel bis an den Rand und lassen Sie das Wasser ins Substrat einsickern. Prüfen Sie vorher das Substrat und auch die Pflanzen. Wenn eine Pflanze kümmert, kann das an Nährstoffmangel liegen, aber auch an Staunässe. Drücken Sie einen Finger in das Substrat. Fühlt es sich in etwa 3 cm Tiefe trocken an, sollten Sie gießen. Gießen Sie regelmäßig, aber nicht übermäßig.

Bewässerungssysteme Wer einen großen Garten hat oder ahnt, dass er im Sommer nicht immer in der Lage sein wird, regelmäßig zu gießen, sollte über ein computergesteuertes Bewässerungssystem nachdenken. Diese Systeme sind mit einer 24-Stunden-Zeitschaltuhr ausgestattet, mit der sich Beginn und Ende der Bewässerungszeit programmieren lassen. Besonders ausgefeilte Systeme besitzen zusätzlich Sensoren, die die Wasserzufuhr einschalten, wenn der Boden zu trocken wird. Wer solch ein System installiert, braucht sich um die Bewässerung keine Sorgen mehr zu machen. Es gibt drei Bewässerungstechniken – Sprinkler, Tropfschlauch und Kapillarsystem. Jedes hat seine Vor- und Nachteile.

Sprinklersysteme sind recht preiswert zu installieren. Sie sind mit Düsen ausgestattet, die auf die Pflanzen gerichtet werden können. Sie verbrauchen aber recht viel Wasser, weil an heißen Tagen ein Teil verdunstet, ehe es die Wurzeln erreicht. Andererseits gibt es raffinierte Systeme, mit denen sich sogar Ampeln bewässern lassen, sowie Minianlagen für Blumenkästen. Es ist sinnvoll, sich genau zu informieren, weil solche Systeme sehr hilfreich sein können. Denken Sie auch daran, unter das Substrat in Ampeln und Blumenkästen Wasser speichernde Gelkristalle oder Tongranulat zu mischen, die das Austrocknen des Substrates an heißen Sonnentagen verzögern.

Tropfschlauch-Systeme sind in der Anschaffung teurer als Sprinkler, doch sie arbeiten effektiver, weil das Wasser direkt auf dem Boden austritt und weniger verdunstet. Dadurch verringert sich der Wasserverbrauch. Auch diese Systeme gibt es im Kleinformat für Blumenkästen und Kübel auf dem Balkon.

▼ *Ein Gewächshaus voll frostempfindlicher Pflanzen, die darauf warten, ins Freie gepflanzt zu werden. Ampeln bekommt dieses Übergangsquartier gut.*

◀ Bewässerungsmatten versorgen die Pflanzen durch Kapillarwirkung mit Wasser.

◀ Tropfschläuche sind nicht ganz preiswert, aber sehr wirkungsvoll.

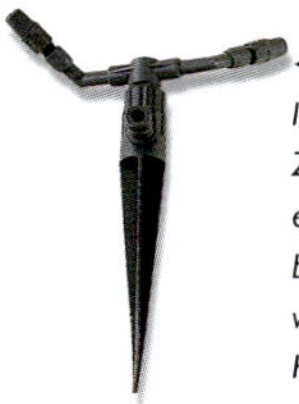

◀ Sprinklersysteme lassen sich per Zeitschaltuhr steuern, sodass auch bewässert wird, wenn niemand zu Hause ist.

▲ Ampeln müssen im Sommer häufig bewässert werden, damit sie nicht austrocknen. Ein Schwanenhalsvorsatz macht diese Arbeit wesentlich einfacher.

Kapillarsysteme versorgen die Pflanzen aus einem Reservoir *unter* dem Substrat. Aufwändige Systeme werden vorwiegend in Gärtnereien verwendet. Eine einfache Variante für den Hausgebrauch besteht darin, den Kübel in eine größere Schale zu stellen, die mit einer Schicht Kieselsteinen gefüllt ist. Sind die Kiesel mit Wasser bedeckt, versorgt sich die Pflanze selbst mit Wasser, ohne dass das Substrat staunass werden kann.

Warnung Kamelien, Heidekraut, Lavendelheide, Rhododendron oder Azaleen reagieren sehr empfindlich auf Kalk und müssen daher in Kübeln mit Moorbeeterde gehalten werden. Auch Kalk im Gießwasser kann ihnen auf Dauer schaden. Wer in einer Gegend mit hartem Leitungswasser lebt, sollte eine Regentonne aufstellen und die Pflanzen mit Regenwasser gießen.

Wo für eine Regentonne kein Platz ist, mischt man schwefelsaures Ammoniak, Harnstoff oder Ammonsulfatsalpeter unter das Substrat.

Weil sich der pH-Wert des Substrates mit der Zeit verändern kann, sollte er vor allem bei kalkempfindlichen Pflanzen regelmäßig geprüft werden. Steht eine solche Pflanze in alkalischem Substrat, entwickelt sie eine Chlorose, die an gelben Blättern erkennbar ist. Wird dann nicht schleunigst eingegriffen, stirbt die Pflanze ab.

Letzte Rettung

Wenn eine Pflanze ausgetrocknet ist und welk aussieht, lohnt es sich, sie samt Topf in einen Eimer mit Wasser zu tauchen, bis sich der Topfballen wieder vollgesogen hat. Häufig erholt sich die Pflanze. Natürlich eignet sich diese erste Hilfe nur für kleinere Töpfe, die man problemlos bewegen kann.

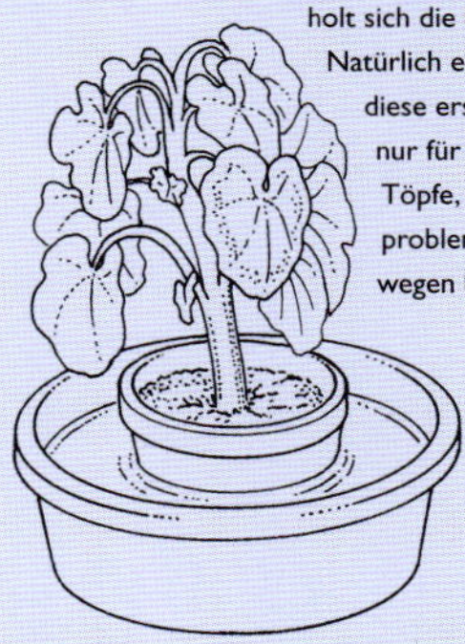

Düngen

Alle Pflanzen brauchen Nährstoffe, um gut zu gedeihen. Im Garten sind die Nährstoffe im Boden vorhanden, im Kübel sieht es anders aus. Einerseits ist die Substratmenge begrenzt, andererseits werden durch das häufige Gießen Nährstoffe ausgewaschen und müssen neu zugeführt werden.

▲ *Ein gepflegter Obst- und Gemüsegarten in einem Hochbeet und ein Erdbeertopf. Die verschiedenen Blattfärbungen sind sehr attraktiv.*

Die wichtigsten Nährstoffe

Die drei wichtigsten Nährstoffe für Pflanzen sind Stickstoff (N), Phosphor (P) und Kalium (K). Jeder der drei Stoffe hat eine andere Funktion. Stickstoff regt das Blattwachstum an, Phosphor stärkt das Wurzelsystem der Pflanze und Kalium fördert die Bildung von Blüten und Früchten. Neben diesen Hauptnährstoffen gibt es noch eine Reihe anderer wichtiger Stoffe und Spurenelemente, etwa Magnesium (Mg), Kalzium (Ca) und Mangan (Mn).

Organisch oder anorganisch Es steht außer Frage, dass im Kübelgarten die Verwendung anorganischer Düngemittel wesentlich praktischer ist als der Einsatz organischer Alternativen. Dafür gibt es zwei Hauptgründe: Verfügbarkeit und Volumen. In einem normalen Garten findet sich immer ein Platz für einen Komposthaufen, und ist ein Rasen vorhanden, fehlt es auch nie an Biomasse zum Kompostieren. Im Kübelgarten sind beide Voraussetzungen nicht erfüllt. Denkbar wäre bestenfalls eine Wurmfarm, die mit Gemüseabfällen aus der Küche gespeist wird.

Die Versorgung des Gartens mit Kompost hat zwei Funktionen. Einerseits versorgt er die Pflanzen mit wichtigen Nährstoffen, andererseits reichert er den Boden durch organische Substanz an, lockert ihn und verbessert seine Struktur. Kübel mit fertigem Pflanzsubstrat enthalten anfangs Nährstoffe und bieten keinen Platz für mehr Volumen. Anorganische Düngemittel dagegen sind in kompakter Form als Granulat, Stäbchen, Tabletten oder Flüssigkonzentrat zu haben und unkompliziert anzuwenden. Organische Alternativen wie Blutmehl oder Knochenmehl sind zwar durchaus geeignet, können aber unwillkommene Tiere in den Garten locken.

Grunddüngung

Wird eine langlebige Pflanze in einen Kübel gesetzt, sollte man ihr eine Grunddüngung geben. Am einfachsten ist es, ein anorganisches Düngergranulat mit der NPK-Formel 7:7:7 zu verwenden. Es enthält die drei wichtigen

Pflanzen richtig düngen

1 Mischen Sie beim Pflanzen eines Baumes oder Strauches Knochenmehl oder einen Universaldünger unter das Substrat.

2 Langzeitdünger in Stäbchen- oder Granulatform verabreicht man im Frühling. Je nach Produkt können die Dosierungsmengen variieren.

3 Flüssig- und Blattdünger werden beim Gießen verabreicht. Man setzt sie während der Wachstumsphase ein, danach in Abständen von 2–3 Wochen.

Grundnährstoffe Stickstoff, Phosphor und Kalium in gleichen Anteilen und deckt so alle Bedürfnisse der Pflanze ab. Wer in einer Region lebt, in der Füchse vorkommen (das kann auch in Städten der Fall sein), sollte keinesfalls Blut- oder Knochenmehl verwenden. Sonst besteht Gefahr, dass die Füchse nachts die Pflanzen ausgraben, weil sie nach Knochen oder Fischen suchen.

Eine Wurmfarm

Wurmfarmen kann man fertig kaufen oder aus einer Plastikmülltonne selbst bauen. Dazu bohren Sie Löcher in den Boden und stellen eine Auffangschale darunter. Rings um den Rand werden ebenfalls Löcher gebohrt. Außerdem muss sich der Deckel sicher befestigen lassen. Füllen Sie auf den Tonnenboden eine 10 cm dicke Schicht groben Kies, dann folgt eine Trennschicht, etwa ein Stück alter Teppich. Darauf füllen Sie 10 cm hoch Universalsubstrat und Papierschnipsel sowie mindestens 100 rote Kompostwürmer. Nun in regelmäßigen Abständen organische Küchenabfälle einfüllen.

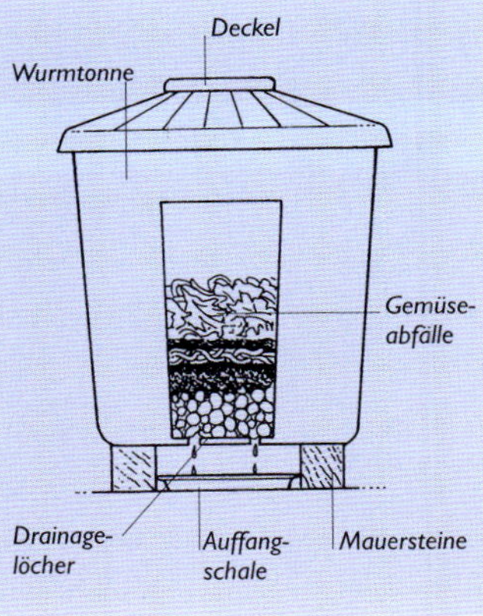

Gemüse wie Tomaten, Paprika und Auberginen braucht anfangs reichlich Stickstoff, damit es kräftig wächst. Sobald sich Blüten entwickeln, benötigt es mehr Kalium. Tomatendünger ist reich an Kalium und auch für andere Gemüsearten sehr gut geeignet.

Richtig düngen Es ist sinnvoll, allen Kübelpflanzen zu Beginn des Jahres einen langsam löslichen Dünger in Granulat- oder Stäbchenform zu verabreichen. Beachten Sie dabei die Dosierungshinweise. Viele Kübelpflanzen brauchen dann keinen weiteren Dünger. Sollten sie sich aber schlecht entwickeln, kann man zusätzlich einen Flüssig- oder Blattdünger geben. Falls Sie Wurmjauche verwenden (siehe Kasten), muss diese stark verdünnt werden, sonst verätzen Sie Ihre Pflanze.

Krankheiten und Schädlinge

Krankheiten und Schädlinge gehören zum Gartenleben. Ständige Aufmerksamkeit und Sauberkeit im Garten sind die beste Vorbeugung. Wer jeden Abend einen Gartenspaziergang unternimmt und im Notfall sofort eingreift, kann größere Probleme oder unüberschaubaren Befall meist vermeiden.

Schaffen Sie von Anfang an eine gesunde Umgebung. Der wichtigste Aspekt ist eine ausreichende Belüftung. Stehen Pflanzen auf engem Raum zusammen, breiten sich Krankheiten schnell aus. Natürlich kann diese Anforderung auf einem Balkon oder einer Terrasse nur schwer erfüllt werden. Achten Sie bei Obstbäumen und Sträuchern darum besonders auf einen lockeren Kronenaufbau mit reichlich Luftbewegung.

Verbreitete Schädlinge

Ameisen – Sie verursachen mehr Schaden, als gemeinhin bekannt ist. Sie ernähren sich vom Honigtau, den Blattläuse ausscheiden, und befördern ihn von Blatt zu Blatt. Beim Bau unterirdischer Gänge beschädigen sie Wurzeln, zudem fressen sie kleine Sämlinge. Wer ein Ameisennest findet, sollte sofort kochendes Wasser hineingießen. Anschließend streuen Sie in befallenen Bereichen ein geeignetes Insektizid aus.

Blattläuse – Es gibt viele Arten von Blattläusen, doch alle saugen den Saft aus Pflanzen und schwächen sie so. Manche Pflanzenarten sind besonders gefährdet, etwa Rosen, Pfeifenstrauch und Dicke Bohnen. Befallene Pflanzenteile sollten sofort abgeknipst werden. Dann spritzt man die Pflanze mit einem systemisch wirkenden oder einem Kontaktinsektizid. Alternativ kann man mit Seifenlauge spritzen, doch ist diese Maßnahme nur bei geringem Befall erfolgreich.

Blattwanzen – Diese glänzenden, manchmal bunten Käfer sind bis zu 1 cm lang und fressen an den Blättern. Ihre grauen Larven leben im Boden und fressen Wurzeln und Knollen. Man sammelt die Käfer von Hand ab und wirft sie in ein Gefäß mit Seifenlösung. Danach werden die Pflanzen mit einer schwachen Neem-Lösung gespritzt.

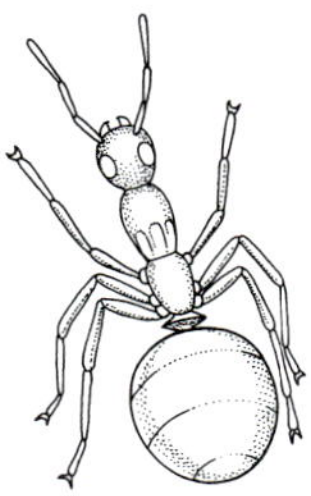

Ameise

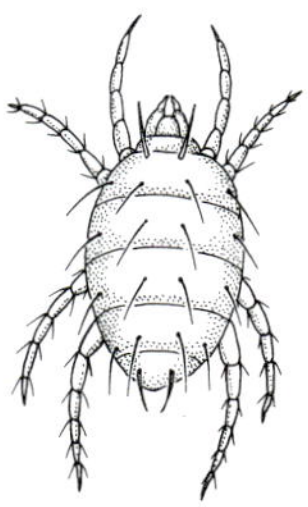

Spinnmilbe

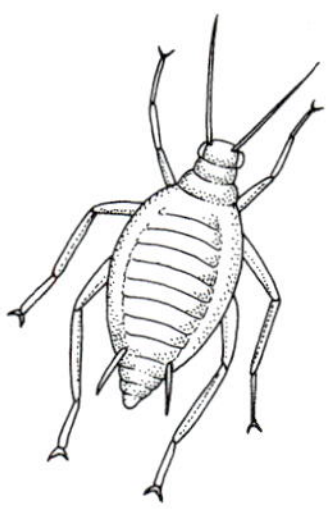

Blattlaus

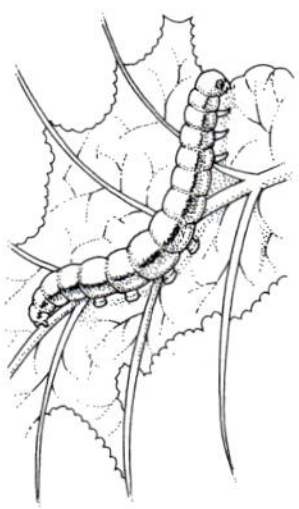

Raupe

Taube

▶ *Tomaten sind gute Gefährten für Kohl. Sie vertreiben den Kohlweißling, der seine Eier in Kohlgewächsen ablegt.*

Minierfliegen – Hierbei handelt es sich um winzige Insektenlarven, die das Innere der Blätter zerfressen. Dabei können ganze Blätter zerstört werden. Befallene Blätter werden abgezupft, außerdem sollte beim ersten Anzeichen des Befalls mit einem geeigneten Pestizid gespritzt werden. Bei schwerem Befall muss die Spritzung eventuell mehrmals in Abständen von zwei Wochen wiederholt werden.

Raupen – Mit den richtigen Pflanzenkombinationen lassen sich diese Schädlinge oft vermeiden. Wer jedoch Gemüse zieht und darauf Raupen entdeckt, sollte sie von Hand absammeln und mit einem geeigneten Pestizid spritzen. Leider kann es dann jedoch schon zu spät sein.

Sägewespen – Diese Schädlinge befallen vor allem Obstbäume wie Äpfel, Birnen und Kirschen. Mit einem Insektizid spritzen.

Schnecken – Sie können vor allem in feuchten Bereichen sehr lästig werden. Es gibt verschiedene Methoden der Bekämpfung. Man kann sie unter kopfüber ausgelegten Grapefruitschalen fangen oder Gefäße zur Hälfte mit einer süßen Flüssigkeit füllen und eingraben, sodass die Schnecken hineinfallen. Kragen aus aufgeschnittenen Plastikflaschen halten Schnecken von Jungpflanzen fern. Weil sie nicht gern über raue Oberflächen kriechen, kann man auch Kreise aus grobem Kies um die Pflanzen streuen.

Spinnmilben – Es gibt mehrere Arten dieser nur stecknadelkopfgroßen Insekten. Alle können beträchtlichen Schaden an Tomaten, Wein, Chrysanthemen und auch an Zimmerpflanzen anrichten. Viele Spinnmilbenarten sind resistent gegen Pestizide. Zur Vorbeugung sollte man für ausreichende Luftfeuchtigkeit sorgen. Im Freien kann man befallene Pflanzen mit einem harten Wasserstrahl abspritzen. Die Behandlung an drei aufeinander folgenden Tagen wiederholen.

Vögel – Sie richten vor allem im Obst- und Gemüsegarten Schaden an, sind im Kübelgarten jedoch weniger lästig als in einem konventionellen Nutzgarten. Die einzige Abhilfe besteht darin, gefährdete Pflanzen konsequent mit Netzen zu schützen.

Weiße Fliege – Die Larven dieser Insekten befallen Garten- und Zimmerpflanzen. Sie sind leicht zu erkennen, da sie von den Blüten und Blättern der befallenen Pflanzen herabhängen. Mit einem Insektizid spritzen.

Spritzen – chemisch oder biologisch?

Die Antwort auf diese schwierige Frage hängt vor allem von der persönlichen Einstellung zum Bio-Gärtnern ab. Es gibt für fast jedes chemische Spritzmittel eine organische Alternative, und man muss von Fall zu Fall entscheiden, ob die Wirksamkeit ausreicht oder die eventuelle Mehrarbeit sich lohnt.

Sinnvoll ist aber, sich mit günstigen Pflanzenkombinationen vertraut zu machen, die sich gegenseitig schützen, dann muss eventuell überhaupt nicht gespritzt werden.

Verbreitete Krankheiten

Baumkrebs – Eingesunkene Narben sind im Sommer an verholzten Trieben von Apfel-, Birnen- und Pflaumenbäumen zu erkennen. Befallene Zweige sofort abschneiden und vernichten, die Wunde mit einem Fungizid bestreichen.

Botrytis – Dieser Grauschimmel tritt bei feucht-kühlen Bedingungen auf und befällt häufig Erdbeeren. Gefährdete Pflanzen im zeitigen Frühjahr mit Gartenschwefel spritzen. Die Pflanzen trocken halten und für gute Lüftung sorgen. Befallene Blätter sofort entfernen, um die Ausbreitung der Krankheit zu verhindern.

Echter Mehltau – Diese verbreitete Pilzkrankheit kann viele Gartenpflanzen befallen. Das Symptom ist ein weißer Belag, der sich auf den Blättern und

◀ *Übervolle Pflaumenbäume sind anfällig für Botrytis. Die Früchte rechtzeitig ausdünnen, befallene Früchte sofort entfernen.*

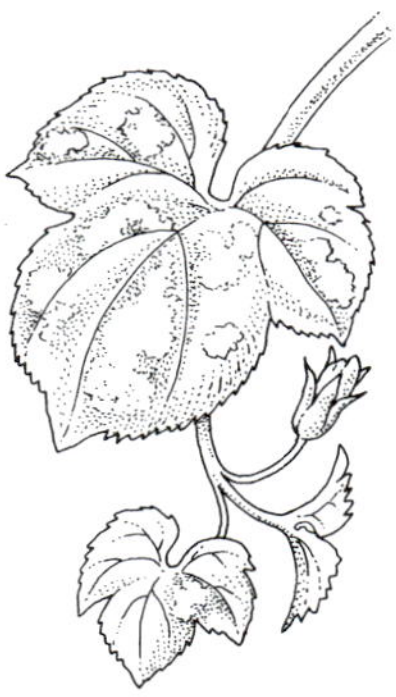

Mehltau ist verbreitet. Mit Gartenschwefel spritzen.

Weiße Fliegen mit einem Insektizid spritzen.

Krebs befällt vor allem Obstbäume. Befallene Zweige entfernen.

Sternrußtau tritt oft an Rosen auf. Gartenschwefel zur Vorbeugung.

▶ *Fast alle Krankheiten und Schädlinge lassen sich auch organisch bekämpfen. Jeder Gärtner muss sehen, womit er den besten Erfolg erzielt.*

Stielen bildet. Der Belag wird dicker und färbt sich braun, dann bilden sich schwarze Flecken. Zur Vorbeugung die Blätter beim Gießen nicht benetzen und mit Gartenschwefel spritzen.

Falscher Mehltau – Diese Krankheit wird durch verschiedene Pilze verursacht, ist aber nicht mit dem echten Mehltau zu verwechseln. Das Risiko steigt bei feuchter Witterung. Man erkennt ihn an weißem Belag auf den Blattunterseiten und Flecken auf den Oberseiten. Gefährdet sind Zwiebel- und Knollengewächse, viele Stauden und Gemüse wie Salat und Zwiebeln. Die Krankheit ist schwierig zu bekämpfen. Zur Vorbeugung die Pflanzen nicht zu dicht setzen und möglichst nicht auf die Blätter gießen. Befallene Pflanzen an einem trockenen Tag morgens mit Kupfersulfat sprühen.

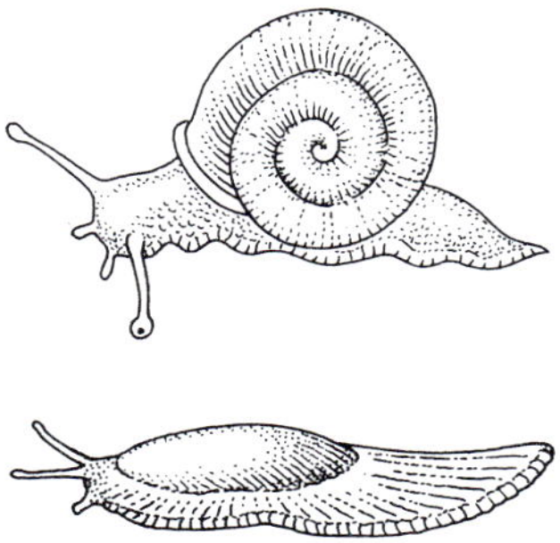

Schnecken kann man in Fallen fangen oder einfach absammeln.

Pilzkrankheiten – Krankheiten wie Schimmel und Mehltau breiten sich vor allem unter feuchten Bedingungen aus. Zur Vorbeugung sollte man daher für gute Luftzirkulation sorgen. Das gilt ebenso für Blattfleckenkrankheiten.

Sämlingsfäule – Diese Pilzkrankheit ist auch als Umfallkrankheit bekannt, weil sie Sämlinge einfach welken und umfallen lässt. Sie tritt auf, wenn Sämlinge zu dicht stehen, es zu kalt ist oder das Substrat zu feucht ist. Aussaatschalen regelmäßig desinfizieren. Sämlinge vorbeugend mit einem geeigneten Fungizid gießen. Bei Befall den Inhalt der ganzen Schale vernichten.

Sternrußtau – Befällt häufig Rosen. Vorbeugend wöchentlich mit Gartenschwefel spritzen.

Viruskrankheiten – Es gibt verschiedene Arten von Viruskrankheiten, die ähnliche Symptome haben. Die Blätter verkrüppeln oder zeigen gelbe oder braune Flecken. Wer bei einer Pflanze den Verdacht auf einen Virusbefall hat, sollte sie umgehend vernichten, weil es keine wirksame Bekämpfungsmethode gibt. Fragen Sie schon beim Kauf nach virusresistenten Sorten. Die Krankheit wird durch den Pflanzensaft verbreitet, von dem sich Blattläuse ernähren – darum ist die Blattlausbekämpfung so wichtig.

Mangelerscheinungen

Als wäre das Gärtnerleben nicht kompliziert genug, zeigen Pflanzen gelegentlich verschiedene Mangelsymptome, die einem Schädlings- oder Krankheitsbefall stark ähneln. Es ist immerhin ein Trost, dass Stickstoffmangel oder Chlorose im Kübelgarten selten auftreten, weil man die Substratqualität besser kontrollieren kann.

Überwinterung

Im Kübel heizt sich die Erde im Sommer stärker auf, und im Winter kühlt sie stärker aus als der offene Gartenboden. Darum brauchen Kübelpflanzen in der kalten Jahreszeit besonderen Schutz. Das gilt besonders für Kübel in Dachgärten, die zusätzlich kalten Winden ausgesetzt sein können.

Empfindliche Pflanzen überwintern

Wer frostempfindliche Pflanzen im Kübel halten möchte, braucht einen Raum, in dem sie überwintert werden können. Die meisten Pflanzen brauchen einen kühlen, hellen Platz, jedoch nicht in der geheizten Wohnung. Ein ungenutztes Nordzimmer, das nicht geheizt wird, ist ideal. Alternativ eignet sich auch ein Windfang, wenngleich einige Pflanzen Zugluft nicht gut vertragen. Über die genauen Überwinterungsansprüche frostempfindlicher und bedingt winterharter Arten sollten Sie sich eingehend in einem speziellen Buch oder beim Gärtner informieren. Achten Sie vor allem auf die Angaben über die Mindesttemperatur. Zu den beliebten Blühsträuchern und Kletterpflanzen, die sich gut für den Kübel eignen, jedoch im Haus überwintern müssen, gehören alle Zitrusarten *(Citrus)*, Schönmalven *(Abutilon)*, Hibiscus *(Hibiscus rosa-sinensis)* und auch die Bougainvillea, die mit den Jahren für einen Kübel zu groß werden kann. Außerdem gibt es eine Reihe kleinerer Pflanzen wie Drehfrucht *(Streptocarpus)* und Alpenveilchen *(Cyclamen)*, die in milden Klimaregionen im Freien blühen, wenn sie geschützt überwintert werden.

Kübelpflanzen im Freien schützen

Wer seine Kübel mit empfindlichen Pflanzen nicht ins Haus holen kann,

◄ *Gräser und Bambus sehen im Schnee bizarr aus. Von Nadelbäumen muss der Schnee abgeschüttelt werden, sonst brechen die Äste.*

▶ *Krokusse zwischen welken Kastanienblättern nach einem leichten Frost. Solche Bodenfröste richten im Garten meist wenig Schaden an.*

muss sie im Freien schützen. Traditionell verpackt man sie in Stroh oder Binsen und umwickelt alles mit Sackleinen. Auch empfindliche Stauden kann man mit Stroh und Sackleinen umhüllen und im Frühling wieder auspacken. Damit der Wind den Schutz nicht wegbläst, wird alles mit einem Netz gesichert.

Sehr gut eignet sich auch Gartenvlies als Winterverpackung, weil es Licht und Feuchtigkeit durchlässt. Allerdings ist es recht empfindlich und kann durch starken Wind oder scharfe Ecken schnell beschädigt werden. Wegen seiner geringen Dicke reicht es bei starkem Frost nicht aus. Eine Alternative ist Luftblasenfolie, die ausgezeichnet isoliert und lichtdurchlässig ist. Leider ist sie luftdicht und begünstigt darum das Auftreten von Pilzkrankheiten. Die Pflanzen sollten nicht länger als unbedingt nötig darin eingewickelt sein. Verblüffend ist, wie gut auch ein Netz als Frostschutz wirkt. Es ist vor allem für empfindliche Obstbäume wie Pfirsiche und Nektarinen am Wandspalier empfehlenswert. Zwei oder drei Lagen Netzmaterial reichen normalerweise völlig aus, wenn später Frost die Blüte bedroht.

Im Zusammenhang mit Frost sind zwei weitere Aspekte von Belang. Vor Weihnachten richtet der Frost selten Schaden an. Gefährlich ist er vor allem im Frühling, wenn bereits junge Triebe gebildet sind. Außerdem kann scharfer Ostwind ebenso viele Probleme bereiten wie Frost. Gegen Wind sind Netze eine ausgezeichnete Lösung, weil sie seine Kraft brechen und so Schäden an den Blättern minimieren. Vor allem in Dachgärten sollte man entsprechend vorbereitet sein.

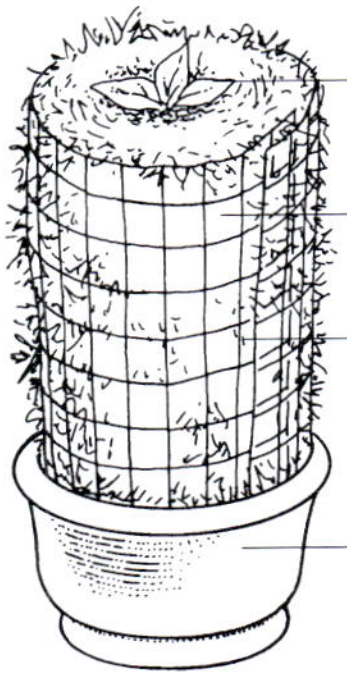

▲ *Pflanzen in runden Kübeln kann man in Strohmatten oder Vlies hüllen, die mit einem Stück Maschendraht umwickelt werden.*

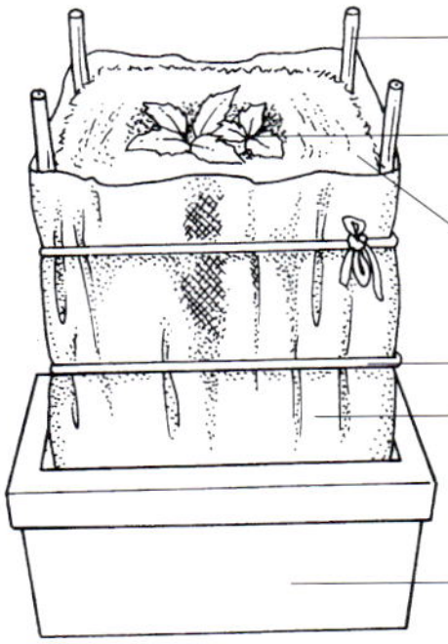

▲ *So werden Pflanzen in eckigen Kübeln geschützt. Keine Verpackung soll länger als nötig an den Pflanzen bleiben, besonders Plastik.*

Auch Kübel brauchen Schutz

Nicht nur Pflanzen brauchen Frostschutz. Terrakottakübel können platzen, wenn sie extremer Witterung mit Regen und Frost ausgesetzt sind. Zum Schutz hüllt man sie in Luftblasenfolie. Risse lassen sich auch vermeiden, wenn man einen Draht um den Kübelrand legt und die Enden fest zusammendreht.

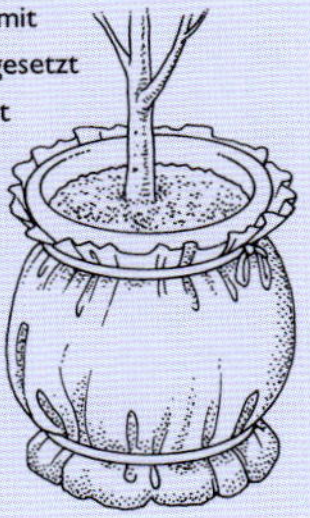

Pflanzen selbst ziehen

Im Kübelgarten gibt es wenig Platz, um Pflanzen selbst heranzuziehen. Selbst die einfache Anzucht aus Samen verlangt etwas Platz, und sei es nur eine geräumige Fensterbank. Andererseits lohnt sich der Aufwand, denn es macht Spaß, den Sämlingen beim Wachsen zuzusehen.

Vorüberlegungen zur Aussaat

Ehe Sie beginnen, überlegen Sie, wie viele Pflanzen Sie wirklich benötigen, wie viele Arten Sie ziehen wollen und wie viel Zeit Sie für die Pflege der Sämlinge aufwenden wollen. Wer reichlich Platz hat, kann durch die Aussaat viel sparen, denn aus einem Tütchen Samen kann man für wenig Geld viele Pflanzen ziehen. Seien Sie aber nicht zu ehrgeizig.

Skarifizieren und stratifizieren

Manche Samen müssen vorbehandelt werden, damit sie erfolgreich keimen. Dazu gibt es zwei Methoden. Die Skarifikation wendet man bei einigen großen Samen mit harter Außenschale an. In der Natur würden sie über den Winter im Boden liegen. Während dieser Zeit verrottet die äußere Samenschale allmählich, sodass der Samen aufquillt und zu keimen beginnt. Bei der Aussaat im Haus muss die Samenhülle auf andere Weise

◀ Aus Samen selbst gezogene Sommerblumen sind viel preiswerter als gekaufte Jungpflanzen. Ziertabak und Petunien sind unproblematisch.

Samen aussähen

1 Die Aussaatschale mit Anzuchtsubstrat füllen. Vorsichtig gießen und das Wasser einsickern lassen. Samen brauchen ein feuchtwarmes Klima.

2 Die Samen dünn auf der angefeuchteten Oberfläche verteilen. Bei sehr feinen Samen ist es hilfreich, sie zuerst auf ein geknicktes Blatt Papier zu geben.

3 In Anzuchtschalen mit einem transparenten Kunststoffdeckel und Lüftungsschiebern kann man leicht die Luftfeuchtigkeit regulieren.

geschwächt werden, damit die Keimung einsetzen kann. Dazu schleift man die Samen entweder mit Sandpapier oder einer Nagelfeile an oder ritzt die Schale mit einem Messer an. Dieses Verfahren beschleunigt beispielsweise die Keimung von Busch- und Stangenbohnen.

Aussaat

Kaufen Sie einige Anzuchtschalen und Anzuchtsubstrat. Das Substrat wird in die Schale gegeben und gleichmäßig angefeuchtet. Dann streuen Sie die Samen auf die Oberfläche, decken die Schale mit einer Glasplatte oder Klarsichtfolie ab und stellen sie an einen hellen, warmen Platz, bis sich die Sämlinge zeigen. Lesen Sie immer die Hinweise auf der Samentüte, weil die Bedingungen für die Keimung von Art zu Art unterschiedlich sind.

Von Stratifikation spricht man, wenn die Samen erst nach einer heißen oder kalten Periode keimen. Zwei klassische Beispiele aus dem Gemüsegarten sind Pastinaken, die sehr früh im Jahr in den kalten Boden gesät werden, und Petersilie, deren ausgesprochen langsame Keimung sich deutlich beschleunigen lässt, wenn man die Samen vor der Aussaat im Frühling kurz mit kochendem Wasser übergießt.

Beide Keimungsbedingungen kann man auch künstlich schaffen, indem man die Samen mit Sand oder einem Torfersatzprodukt vermischt, in eine Plastiktüte füllt und – je nach Anforderungen der Art – eine Weile in einem gut geheizten Raum oder im Kühlschrank aufbewahrt. Diese Behandlung ist allerdings nur für wenige Pflanzenarten erforderlich.

Licht und Dunkelheit

Manche Samen sind Lichtkeimer, sie dürfen also nach der Aussaat nicht mit Substrat abgedeckt werden. Gute Beispiele sind Mungobohnen und Alfalfa. Andere Samen hingegen müssen mit Substrat bedeckt und dunkel gestellt werden. Beachten Sie in jedem Fall die Aussaathinweise auf der Samentüte.

Nach der Keimung ziehen die Sämlinge auf eine helle, aber nicht sonnige Fensterbank um. Halten Sie das Substrat feucht, und drehen Sie die Aussaatschale täglich, damit die Sämlinge nicht schief zum Licht wachsen. Zuerst bildet sich ein Keimblattpaar, dann folgen die ersten „echten" Blätter. Sind zwei echte Blattpaare vorhanden, können die Sämlinge in Einzeltöpfe mit Universalsubstrat umgepflanzt (pikiert) werden.

Aussaat – ganz einfach

Feine Samen sollten so dünn wie möglich ausgestreut werden. Gehen Sie dabei langsam und sorgfältig vor. Es hat keinen Sinn, zu viele Samen in eine Schale zu streuen: Wenn alle keimen, stehen die Pflanzen zu eng, wachsen schlecht und lassen sich nur schwer vereinzeln (pikieren).

Größere Samen

Größere Samen, etwa von Erbsen und Bohnen, sind wesentlich einfacher zu säen als kleine. Auch Clivien haben hübsche, dunkelbraune Samen, aus denen in zwei Jahren Blumen wachsen.

Wer Gemüse im Kübelgarten ziehen möchte, sollte die Samen in Einzeltöpfen aussäen. Verwenden Sie spezielle Torftöpfe, Quellballen oder kompostierbare Papptöpfe und legen Sie in jeden zwei Samen. Nach der Keimung sondern Sie den schwächeren Sämling aus, sodass der kräftigere sich gut entwickeln kann. Wenn die Frostgefahr vorüber ist, werden die Pflanzen mitsamt ihren Torf- oder Papptöpfen in Kübel gepflanzt. So vermeiden Sie das Pikieren, bei dem die Wurzeln verletzt werden können.

▲ *Größere Samen wie Erbsen und Bohnen kann man in zwei Reihen in flache Gräben säen. Die optimalen Abstände stehen auf der Samentüte.*

Gießen Gießen Sie Aussaatschalen möglichst von unten und nicht von oben. Es ist schwierig, das Wasser sehr fein zu zerstäuben, andererseits können schwere Wassertropfen aber Sämlinge abknicken oder die Wurzeln freispülen. Stellen Sie die Schalen in größere Schalen mit Wasser, sodass das Substrat die erforderliche Feuchtigkeitsmenge von unten aufsaugen kann, ohne dass die empfindlichen Sämlinge gestört werden.

Temperatur

Jede Pflanzenart hat eine optimale Keimtemperatur, die man möglichst genau einhalten sollte. Sie ist auf der Samentüte vermerkt. Die meisten Gemüsearten brauchen etwa eine Woche lang eine Bodentemperatur von 7 °C, ehe sie keimen. Viele einjährige Blumen verlangen Temperaturen zwischen 13 °C und 21 °C.

Samen direkt im Kübel aussäen

Manche Sämlinge sind sehr klein und lassen sich schlecht pikieren, darum sät man sie besser an Ort und Stelle aus – sogar im Kübel. Das gilt vor allem für verschiedene Gemüsesorten wie Möhren und Rote Bete, aber auch für Schnittlauch. Nach der Keimung werden die Sämlinge ausgedünnt.

Winterharte Einjährige im Küchengarten werden oft auf diese Art ausgesät. Markieren Sie eine Unterteilung auf der Substratoberfläche und legen Sie in jedes Feld sehr dünn die Samen einer Art. Borretsch, Lein, Kalifornischer Kappenmohn und Sumpfblume sind attraktive Sommerblumen, die sich für diese Form der Direktsaat gut eignen.

Nach der Keimung

Die größte Gefahr für junge Sämlinge ist die Sämlingsfäule oder Umfallkrankheit. Es ist eine Pilzerkrankung, die auftreten kann, wenn die Sämlinge in der Schale zu beengt stehen oder wenn das Substrat zu feucht oder zu kalt ist.

Halten Sie die Anzuchtschale peinlich sauber, und besprühen Sie die Sämlinge von Zeit zu Zeit vorbeugend mit einem Fungizid. Vergessen Sie nicht, die Schalen auf der Fensterbank täglich zu drehen, damit die Pflänzchen nicht einseitig zum Licht hin wachsen. Sobald es warm genug ist, werden die Jungpflanzen im Freien abgehärtet, anfangs stundenweise und im Halbschatten. Nun bekommen sie wöchentlich Dünger.

▲ Es macht Spaß, Erbsen im Kübel zu ziehen. Als Kletterhilfe dient ein Zeltgerüst aus Stäben. Besonders gut schmecken Zuckererbsen.

▼ Wer Einjährige aus Samen zieht, sollte sich auf eine Farbe beschränken, damit sich die Pflanzen später ins Farbkonzept einfügen.

Vermehrung durch Stecklinge

Es ist sehr befriedigend, seine Pflanzen durch Stecklinge selbst zu vermehren. Das Verfahren ist einfach und immer gleich: Man schneidet ein Stück von der Mutterpflanze ab, taucht die Schnittstelle in Bewurzelungspulver und setzt den Steckling in feuchtes Substrat.

Triebstecklinge

Triebstecklinge schneidet man im Frühling, wenn die neuen Triebe ausgebildet sind und zu verholzen beginnen. Meist verwendet man Triebspitzen, bei einigen Pflanzen schneidet man jedoch Seitentriebe direkt an ihrer Basis. Der Schnitt wird direkt unter einem Blattansatz angesetzt. Dann reduziert man die Wasserverdunstung, indem man einige Blätter entfernt oder halbiert. Stecklinge brauchen zwar etwas Laub, können aber keine große Blattfläche versorgen. Die Schnittfläche des Stecklings wird in Bewurzelungspulver getaucht, dann wird der Steckling in einen Topf mit feuchtem Substrat gesteckt. Triebstecklinge benötigen hohe Luftfeuchtigkeit. Ideal ist ein Zimmergewächshaus.

Halb verholzte Stecklinge

Diese Stecklinge schneidet man im Spätsommer aus den Trieben, die im

▶ Pelargonien lassen sich leicht durch Stecklinge vermehren und auf der Fensterbank oder im kühlen Gewächshaus überwintern.

▶ Osteospermum *lassen sich im Frühsommer leicht durch Triebstecklinge vermehren. Die Sorte 'Whirligig' hat löffelförmige Blütenblätter.*

Frühling gebildet wurden. Wählen Sie möglichst einen Trieb, der keine Blüten getragen hat. Der Steckling (5–10 cm) wird direkt unter einem Blattansatz geschnitten. Die unteren Blätter werden entfernt. Zupfen Sie auch einige der oberen Blätter ab, um die Verdunstung zu reduzieren. Dann die Schnittfläche in Bewurzelungspulver tauchen und den Steckling behutsam in einen Topf mit feuchtem Substrat stecken.

Allerlei Stecklinge

Man unterscheidet Kopf-, Trieb-, Stamm-, Augen-, Knoten- und Abrissstecklinge, ferner Risslinge, Wurzelschnittlinge, Blatt- und Blattstückstecklinge. Je nach Pflanzenart verwendet man unterschiedliche Teile zur Vermehrung.

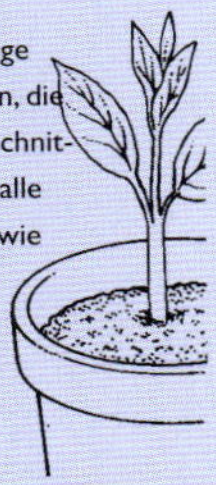

Hortensien, Malven und Kapkörbchen lassen sich am besten durch Triebstecklinge vermehren, die im Frühling geschnitten werden. Fast alle Immergrünen sowie die meisten Rosen bewurzeln am besten, wenn man im Herbst Abriss- oder Stammstecklinge nimmt. (Nähere Hinweise zur Stecklingsvermehrung finden Sie im Text dieser Doppelseite.)

Manche Stecklinge, z. B. Nadelgehölze, bewurzeln am besten, wenn ein Stück vom älteren Holz daran hängt. Für diese Abrissstecklinge reißt man einen Seitentrieb mit einer Abwärtsbewegung vom Haupttrieb, sodass sich ein Stück des Haupttriebes löst. Das „Fähnchen" des alten Holzes etwas kürzen.

Stammstecklinge

Die meisten halb oder ganz verholzten Stecklinge werden aus einem geraden Trieb geschnitten und sollten 5–12 cm lang sein. Das untere Ende wird direkt unter einem Blattansatz abgeschnitten. Entfernen Sie die unteren Blätter. Alle Knospen und Blüten werden entfernt. Pelargonien werden durch Stammstecklinge vermehrt. Die Schnittfläche fleischiger Triebe trocknen über Nacht an der Luft an. Das fördert die Wurzelbildung und verhindert die Fäulnis des Stecklings. Wer Schwierigkeiten beim Vermehren von Pelargonien hat, sollte diesen Trick einmal ausprobieren. Vor dem Einpflanzen werden die Schnittflächen von Stecklingen immer in ein Bewurzelungspulver getaucht.

Andere Vermehrungstechniken

Teilung

Viele Pflanzen, vor allem Stauden, breiten sich durch ihr Wurzelsystem aus und lassen sich im Frühling leicht durch Teilung vermehren. Generell sollte man Stauden regelmäßig teilen, weil einige Arten große Wurzelballen bilden, die im Laufe der Zeit in der Mitte kahl werden. Bei der Teilung des Wurzelballens wird der abgestorbene Teil in der Mitte entfernt, nur die vitalen äußeren Teile werden neu eingepflanzt. Auf diese Weise verjüngt und vermehrt man Rittersporn, Primeln, Hosta, Iris und Lungenkraut. Je nach Art der Pflanze bieten sich verschiedene Teilungsmethoden an. Bei Primeln und andere Pflanzen mit faserigen Wurzeln kann man den Ballen einfach mit den Händen zerreißen und die Teilstücke neu einsetzen. Hat eine Pflanze zähe oder holzige Wurzeln, sticht man den Ballen mit dem Spaten in Stücke oder reißt ihn mithilfe von zwei Grabgabeln auseinander. Oder Sie teilen den Ballen mit einem langen Messer mit Wellenschliff.

Blattstecklinge

Diese unkomplizierte Art der Vermehrung bietet sich vor allem bei Zimmerpflanzen an. Sie eignet sich besonders gut für Drehfrucht *(Streptocarpus)* und Usambaraveilchen *(Saintpaulia)*. Bei Begonien verwendet man ein ganzes Blatt. Man ritzt die Blattadern auf der Unterseite an und fixiert das Blatt dann flach liegend mit Haarnadeln auf feuchtem Substrat.

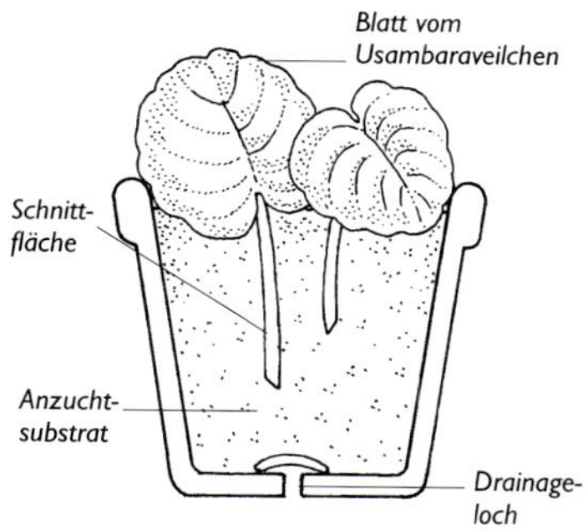

▲ *Usambaraveilchen lassen sich durch Blattstecklinge vermehren. Zupfen Sie einige Blätter ab und stecken Sie den Stiel in Anzuchterde.*

◀ *Die Blattunterkante muss Kontakt zum Substrat haben. Nur so bilden sich binnen weniger Wochen neue Blättchen.*

Pflanzen erfolgreich teilen

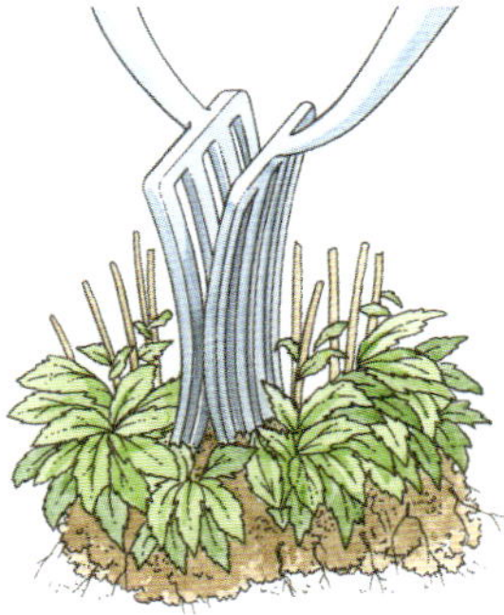

1 Kleine Pflanzen wie Primeln oder Lungenkraut lassen sich mit der Hand teilen. Graben Sie die Pflanze nach der Blüte aus und teilen den Wurzelballen.

2 Größere Stauden teilt man mit zwei Grabgabeln, die Rücken an Rücken in den Wurzelballen gestochen und wie Hebel benutzt werden.

3 Zur Vermehrung von Iris schneidet man die jüngeren Rhizomenden ab. Die Schnittflächen mit einem Fungizid-Pulver bestäuben, Blätter etwas kürzen.

Absenker

Bei vielen Pflanzen bildet sich auf natürliche Weise Nachwuchs durch Absenker. Das Verfahren eignet sich sehr gut für Arten, die nur schwierig aus Stecklingen zu vermehren sind, etwa Rhododendren. Erdbeeren vermehren sich, indem sie an langen Stielen Tochterpflanzen (Kindel) bilden, die bald bewurzeln. Man kann diese Jungpflanzen abtrennen und in separate Töpfe setzen. Bei Brombeeren bewurzeln die Triebspitzen, wenn sie über längere Zeit Kontakt mit dem Boden haben. Auf diesem Prinzip beruht auch die Vermehrung durch Absenker. Biegen Sie einen Zweig eines Strauches zum Boden hinab. Graben Sie die Stelle, wo der Zweig aufliegt, flach ein und fixieren Sie den Zweig mit einer Stück Draht. Ritzt man die Rinde des Triebes leicht an, wird die Wurzelbildung noch gefördert. Es ist sogar möglich, aus einem langen, geschmeidigen Zweig mehrere Jungpflanzen zu ziehen, indem man den Zweig an mehreren Stellen in die Erde absenkt, sodass er eine Wellenlinie bildet.

Wissenswertes über Stecklinge

Verwenden Sie möglichst Triebe ohne Blüten und Knospen, weil diese schneller bewurzeln. Benutzen Sie ein sauberes, scharfes Messer (am besten ein Okuliermesser), und führen Sie einen glatten Schnitt direkt unter einem Blattansatz aus. Alle Stecklinge müssen feucht gehalten werden. Triebstecklinge stellt man zum Bewurzeln am besten in ein Zimmergewächshaus. Abrissstecklinge brauchen ein Jahr zum Bewurzeln.

STAMMSTECKLINGE

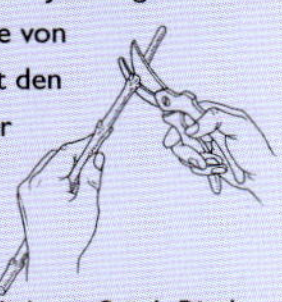

Stammstecklinge schneidet man im Herbst aus den Trieben, die im Laufe des Jahres gewachsen sind. Man schneidet Stücke von 25–30 cm Länge und setzt den oberen Schnitt direkt über einem Blattansatz, den unteren direkt unter einem Blattansatz an.

Unten wird zusätzlich ein Stück Rinde abgeschält. Die Stecklinge werden bis zur Hälfte ihrer Länge und in Abständen von 10 cm in einen Graben gesetzt, auf dessen Grund grober Sand gestreut wurde. Die Wurzelbildung kann lange dauern. Sie sollten etwa ein Jahr lang ungestört an ihrem Platz bleiben, sofern sie nicht vorher vertrocknet sind.

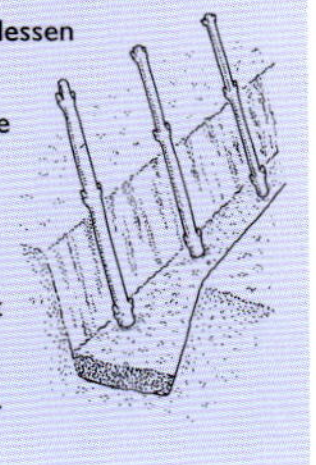

Formschnitt

Der Formschnitt ist im Kübelgarten ein schönes Thema. Gerade in formalen Gärten machen sauber gestutzte Sträucher von sich reden. Auf Terrassen und Dachgärten eignen sie sich auch, um den Raum zu gliedern und den Blick in die Höhe zu lenken.

Die Anzahl der Pflanzen, die einen Formschnitt vertragen, ist nicht sehr groß. Besonders beeindruckend ist die Eibe *(Taxus baccata),* die aber viel Platz braucht und nur in einem großen formalen Garten wirklich gut zur Geltung kommt. Die aufwändigen Formen, die sich aus ihr schneiden lassen, sind in einem durchschnittlichen Kübelgarten kaum realisierbar. Besser geeignet sind Buchsbaum *(Buxus sempervirens)* und Lorbeer *(Laurus nobilis)*, aus denen sich mit etwas Geschick und Geduld sehr schöne Formen gestalten lassen.

Lorbeer beschneiden

Lorbeer lässt sich ausgezeichnet zu Hochstämmen mit kugeliger Krone formen. Hat die Pflanze die gewünschte Höhe ein wenig überschritten, kappt man sie oben. Alle unerwünschten Seitentriebe am Stamm werden entfernt. Dann wird die Krone in Form geschnitten. Am einfachsten ist es, dabei nach Augenmaß vorzugehen. Die Form gelingt selbst bei großen Bäumen. Bei Bedarf kann man sogar die Krone abschneiden. Bald bilden sich neue Seitentriebe, die wiederum in die gewünschte Form geschnitten werden können. Anfangs wird die Form etwas unregelmäßig aussehen. Doch sobald neue Triebe die vorhandenen Lücken füllen, löst sich dieses Problem von selbst.

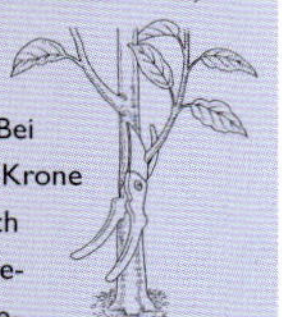

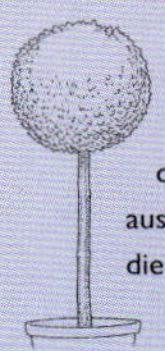

Buchsbaum formen

Buchsbaum lässt sich einfacher formen als Lorbeer, etwa zu Kugeln, Kegeln oder Spiralen. Das Prinzip des Formschnitts besteht darin, einen Hilfsrahmen um die Pflanze zu legen und alle Triebe abzuschneiden, die daraus herauswachsen. Eine einfache Form, die vor allem für Buchsbaum gern verwendet wird, ist der Kegel. Ein Hilfsrahmen lässt sich leicht aus drei oder mehr Stangen bauen, die oben zusammengebunden werden. Bei regelmäßigem Schnitt ist die Form bald zu erkennen. Für kompliziertere Formen, wie Kugeln, Spiralen oder Pyramiden, kann man im Fachhandel fertige Gerüste kaufen.

Schneiden

Ist die Form einmal zu erkennen, muss sie im Laufe des Sommers regelmäßig nachgearbeitet werden. Wenn der Herbst naht, wird das Schneiden jedoch eingestellt, weil Triebe, die im Herbst gebildet werden, durch den Frost leicht zerstört werden können.

Andere Formschnittpflanzen

Buchsbaum und Lorbeer sind besonders beliebt, doch auch Liguster wird gern für den Formschnitt verwendet. Allerdings ist er in kalten Regionen nicht immergrün. Auch Efeu *(Hedera)* kann man in vielerlei Formen bringen und vor allem in kleinen Gärten sehr gut für immergrüne Figuren einsetzen. In diesem Fall wird zuerst die gewünschte Figur aus Kükendraht modelliert. Diese belegt man dick mit Moos, das mit einer zweiten Schicht Kükendraht fixiert wird. Ist der Rohling gelungen, stellen Sie ihn auf einen Kübel mit Substrat und setzen ringsum Efeupflanzen ein. Sind die Triebe bis oben gewachsen, müssen sie nur noch in Form gehalten werden.

Einen Efeuzapfen formen

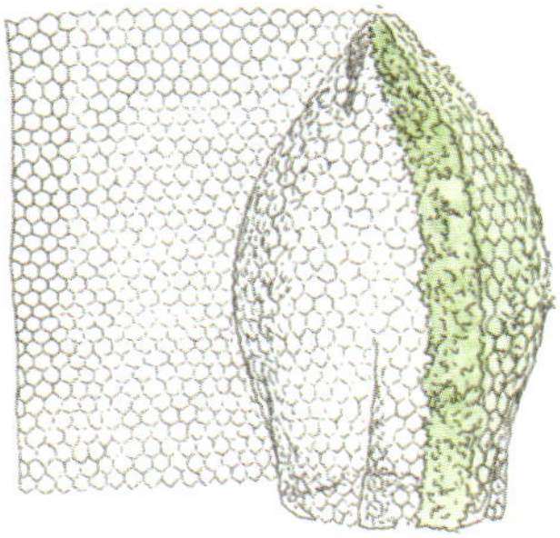

1 Zuerst eine Grundform aus Kükendraht biegen und mit Sphagnum-Moos umwickeln, das mit einer zweiten Lage Kükendraht fixiert wird.

2 Die Drahtform auf einen Kübel stellen und rundherum Efeu einsetzen. Anfangs müssen die Triebe am Draht festgebunden werden.

3 Triebe, die zu lang werden oder in die falsche Richtung wachsen, werden abgeschnitten. Für gleichmäßigen Wuchs den Kübel ab und zu drehen.

▲ *Einfache Formen aus Buchsbaum kann man nach Augenmaß schneiden, bei komplizierteren Formen sollte man eine Schnitthilfe verwenden.*

▶ *Mit etwas Geduld lassen sich auch aufwändige Formen wie diese Doppelkugeln aus Zypressen gestalten.*

Pflanzideen für den Kübelgarten

Je kleiner ein Garten und je enger der Raum, desto genauer sieht man jedes Detail aus der Nähe, darum müssen Farbe und Form der Bepflanzung sorgfältig auf Haus und Umgebung abgestimmt sein. Ein Kübel ist wie ein kleines Gemälde – Motiv und Rahmen müssen zusammenpassen.

Das Farbschema

Im Garten vertragen sich die meisten Farben miteinander, weil die grünen Blätter ausgleichend wirken. Blüten in Weiß und blassen Farbtönen bilden Brücken zwischen leuchtenderen Farben. Dennoch sollte man in einem kleinen Kübelgarten die Farbkombinationen sorgfältig planen.

Der Farbkreis

Die Farbtheorie basiert auf dem Farbkreis. Wer dieses System versteht und die Beziehungen zwischen den Farben kennt, kann auch im Garten eine ausgewogene Pflanzung zusammenstellen.

Primärfarben Die drei Primärfarben sind Rot, Gelb und Blau. Es sind die einzigen Farben, die nicht durch Mischen anderer Töne zu erzielen sind. Andererseits lassen sich durch Mischungen der Primärfarben untereinander sowie mit Schwarz und Weiß alle Farbtöne herstellen. Im Garten passen Primärfarben gut zusammen. Denken Sie nur an einen Frühlingskübel mit blauen Vergissmeinnicht *(Myosotis)*, gelben Schlüsselblumen *(Primula vulgaris)* und roten frühen Tulpen *(Tulipa* 'Brilliant Star' oder *T.* 'Mme Lefeber'). Sie alle blühen im zeitigen Frühling, das Ergebnis ist fröhlich und bunt. Wer es etwas ruhiger mag, lässt die Tulpen weg und beschränkt sich auf die Blau-Gelb-Kombination. Die Vergissmeinnicht haben hier eine zusätzliche Funktion: Als Bodendecker verstecken sie das Pflanzsubstrat.

Später im Jahr könnten die Primärfarben durch rote und gelbe Hahnenkämme *(Celosia)* und blaue Kornblumen *(Centaurea cyanus)* vertreten werden. Die Sorte 'Dwarf Blue' wird nur 30 cm hoch und eignet sich bestens für den Kübel. Im Hochsommer wirken diese Farben greller als im Frühling. Das liegt am Licht, das sanfter wirkt, wenn die Sonne noch tief am Himmel steht. Primärfarben wirken immer sehr belebend.

▲ Hier werden auf dem Farbrad die Primär- und Sekundärfarben mithilfe von Pflanzen dargestellt.

Sekundär- und Komplementärfarben

Mischt man zwei Primärfarben, so erhält man eine Sekundärfarbe. Rot und Blau ergeben Violett, Rot und Gelb ergeben Orange, Blau und Gelb ergeben Grün.

Als Komplementärfarben bezeichnet man die Farben, die einander auf dem Farbkreis gegenüberliegen. Durch Zugabe von Weiß und Schwarz lassen sich alle Farben aufhellen oder abdunkeln.

Mischt man eine Farbe mit unterschiedlichen Mengen von Weiß und Schwarz, entstehen feine Abstufungen. Gerade diese Abstufungen spielen im Garten eine wichtige Rolle. Die schönsten Farbschemata basieren auf einer gut abgestimmten Kombination verschiedener Abstufungen.

Farbeffekte

Pflanzenkombinationen in den warmen Farben Rot, Orange und Gelb wirken lebhaft und intensiv, während die kühleren Farben Lila, Blau und Petrol eine ruhigere Stimmung erzeugen. Blasse Farbtöne harmonieren generell mit-

◀ *Eine herbstliche Farbkombination in Rot, Gelb und Orange mit verschiedenen Dahlien, Taglilien* (Hemerocallis), *niedrigen Begonien im Vordergrund und hohen Montbretien* (Crocosmia) *im Hintergrund. Die Mischung ist lebhaft, aber nicht aufdringlich.*

1. *Crocosmia* 'Lucifer'
2. *Dahlia* 'Bishop of Llandaff'
3. *Begonia* 'Barcos'
4. *Dahlia* Unwins Dwarf-Gruppe
5. *Hemerocallis* 'Bertie Ferris'
6. *Hemerocallis* 'Lusty Lealand'
7. *Dahlia* 'Preston Park'
8. *Dahlia* Unwins Dwarf-Gruppe
9. *Dahlia* 'Jeanette Carter'

einander, denn sie wirken weniger dramatisch oder aufdringlich.

Pflanzengruppen in einem kleinen Kübelgarten sollten stets so geplant werden, dass sie auch zum Haus und zu ihrer Umgebung passen. Möglicherweise bestehen die Mauern von Haus und Garten aus Ziegeln in verschiedenen Tönen. Neue, rote Ziegel sind nicht ideal als Hintergrund für Pflanzen. Natürlich könnte man die Gartenmauer weiß streichen, doch auf lange Sicht lohnt es, einige Kübel mit Efeu zu bepflanzen und die Wand so zu begrünen. Blattgrün wirkt als Hintergrund für die meisten Blütenfarben am natürlichsten.

▶ *Eine Bepflanzung in Primärfarben wie Rot und Gelb ist zweifellos ein Blickfang, doch sie kann auch unruhig und aufdringlich wirken.*

Warme Farben

Leuchtende Farben aus dem warmen Sektor des Farbkreises sorgen im Beet oder Kübel immer für Aufsehen. Die Töne müssen aber sorgfältig kombiniert werden, damit das Arrangement nicht aufdringlich wirkt. Weiße oder pastellfarbene Blüten bringen Ruhe in eine solche Kombination.

Leuchtende Pflanzung mit roten und gelben Zwiebelblumen

Die wichtigsten Zwiebelblüher mit roten und gelben Blüten sind Tulpen und Narzissen. Generell blühen Narzissen etwas früher als Tulpen. Wer Wert auf eine gemeinsame Blüte legt, muss daher die Kataloge sehr sorgfältig durchstöbern und vorzugsweise frühe Tulpensorten wählen. Geeignet sind Sorten der Gruppe 1 (frühe einfache), Gruppe 12 (Kaufmanniana-Gruppe) oder Gruppe 14 (Greigii-Gruppe). Insgesamt gibt es 15 Gruppen, denen die verschiedenen Tulpensorten zugeordnet werden. Ähnlich differenziert ist die Einteilung der Narzissen in 11 Gruppen. Zu den Spätblühern gehören die Sorten der Gruppe 5 (Triandrus), Gruppe 7 (Jonquilla) und Gruppe 9 (Poeticus). Im Alltagssprachgebrauch werden sie alle unter dem Oberbegriff Narzissen zusammengefasst. Vor allem Zwergnarzissen eignen sich ausgezeichnet für die Kübelbepflanzung.

▲ Ein schöner Frühlingskübel mit Blüten in Rot, Blau und Gelb. Niedrige Tulpen gibt es in der Kaufmanniana- oder Greigii-Gruppe.

Zu den empfehlenswerten Sorten gehören *N.* 'February Gold', *N.* 'Jumblie' und *N.* 'Hawera' (alle klar gelb), während *N.* 'Shining Light' gelbe Blütenblätter und einen leuchtend orangefarbenen Innenkelch besitzt.

Tulpen gibt es in vielen Gelb-, Rot- und Orangetönen. Zu den besten für den Kübelgarten gehören die niedrigeren Sorten wie *Tulipa praestans* 'Fusilier', 'Red Riding Hood' und 'Unicum' (alle rot), *T. linifolia* Batalinii-Gruppe 'Bright Gem' und 'Yellow Gem' (gelb) sowie *T.* 'Orange Monarch' und 'Shakespeare' (orange). Wer zweifarbige Blüten schätzt, könnte sich für *T. clusiana* var. *chrysantha* (rot-gelb) oder 'Keizerskroon' (rot mit gelbem Rand) entscheiden.

◀ Ein leuchtendes Arrangement aus Einjährigen. Die weißen Petunien betonen die intensiven Rot- und Violetttöne und bringen zugleich Ruhe.

Besonders attraktive Pflanzenkombinationen in warmen Farben sind auch mit verschiedenen Tulpensorten möglich, die nach Sorten getrennt in Einzelkübel gepflanzt werden. Um möglichst sicherzugehen, dass die Pflanzen annähernd zur gleichen Zeit blühen, sollten alle der gleichen Gruppe angehören.

Knollen und Zwiebeln für feurige Sommerkübel

Sehr gut geeignet für einen Kübel in warmen Farben sind auch Montbretien *(Crocosmia)*, etwa 'Lucifer' (rot) und 'Golden Fleece' (gelb). Allerdings können Montbretien 1–1,20 m hoch werden und brauchen eine Stütze. Taglilien *(Hemerocallis)* bleiben niedriger und sind daher besser geeignet. Die Sorten 'Red Joy', 'Red Rum' und 'Stafford' blühen rot, 'Golden Chimes', 'Little Rainbow' und 'Nova' gelb, 'Francis Joiner' und *H. fulva* 'Flore pleno' orangefarben. Taglilien blühen im Hochsommer. Einige Sorten sind immergrün und dienen auch im Winter als Blickfang im Garten.

Herbstleuchten mit Dahlien

Ein ausgezeichnetes Knollengewächs für den Kübel ist auch die Dahlie. Dahlienknollen müssen im Herbst vor dem ersten Frost ausgegraben und an einem kühlen, frostfreien Platz überwintert werden. Sie eignen sich als idealer Pflanzpartner für Tulpen, wenn man beispielsweise einmal im Frühling und einmal im Herbst ein warm leuchtendes Farbarrangement präsentieren möchte. Die Tulpen werden nach der Blüte aus dem Kübel genommen und in einem unbenutzten Gefäß beiseite gestellt, bis das Laub eingezogen ist. Im Herbst können die Zwiebeln wieder eingepflanzt werden. Die Dahlien werden im späten Frühling gepflanzt, also nach der Tulpenblüte. Schöne Dahliensorten in warmen Farben sind 'Bishop of Llandaff', 'Christopher Taylor' und 'Rothesay Superb' (rot), 'Sunny Yellow', 'Lady Sunshine' und 'Ruskin Diane' (gelb) sowie 'Gateshead Festival' und 'Wiggles' (orange). Daneben gibt es unzählige andere Sorten. Manche der genannten Sorten werden bis zu 1,20 m hoch und müssen gestützt werden. Zwergwüchsige Dahlien werden normalerweise einjährig kultiviert.

▲ Kreisförmig angeordnete Tulpen in leuchtenden Farben sehen hinreißend aus, müssen aber sehr sorgfältig gepflanzt werden. Bedenken Sie bei der Auswahl, dass es 15 Gruppen von Tulpen mit unterschiedlichen Blütenformen, Höhen und Blühperioden gibt.

◀ *'Paul's Lemon Pillar' ist eine beliebte Kletterrose, die oft an Pergolen gezogen wird. Die gefüllten Blüten sind gelblich weiß und verströmen einen frischen Duft.*

Warme Farben im Sommer – Kletterpflanzen und Stauden

Wer von roten und orangefarbenen Blüten für den Sommer spricht, meint fast automatisch die Einjährigen. Rote Pelargonien stehen ganz oben auf der Beliebtheitsskala, dicht gefolgt vom Fleißigen Lieschen. In größere Gefäße passen aber auch stattlichere Pflanzen, und man sollte bei der Planung eines Kübelgartens auch einige Highlights vorsehen.

Kletterpflanzen für den Kübelgarten

Die beliebteste Kletterpflanze ist die Rose. Wo es möglich ist, sollte man eine Kletterrose an einer Wand ziehen. Die meisten Sorten gedeihen gut im Kübel, sofern sie mit ausreichend Dünger versorgt werden. Prüfen Sie zuerst, wie groß der verfügbare Platz ist und wie viele Sonnenstunden er bekommt. Kaufen Sie keine Rambler-Rose, die schnell enorme Ausmaße einnehmen kann und dann nicht mehr von allen Seiten zugänglich ist. Denken Sie auch an die Stacheln – nur die rosafarben blühende Sorte 'Zéphirine Drouhin' ist völlig stachellos. Für einen Garten in warmen Farben bieten sich an: 'Climbing Ena Harkness' (scharlachrot), 'Paul's Scarlet Climber' und 'Parkdirektor Riggers' (karminrot), 'Golden Showers' (goldgelb und für eine Nordwand geeignet), 'Maigold' (gelborange/Nordwand), 'Gloire de Dijon' (mattgelb) sowie 'Paul's Lemon Pillar' (hellgelb).

Rote und gelbe Clematis

Clematis sind schöne Kletterpflanzen. Die meisten Sorten blühen in Blau- und Violetttönen, gelbe und rote Blüten sind eher selten zu finden. Unter den großblütigen Sorten empfehlen sich 'Guernsey Cream' (cremeweiß bis gelb) sowie 'Rouge Cardinal', 'Niobe', 'Mme Edouard André', 'Ville de Lyon' und 'Vino' in verschiedenen Rottönen. Alle blühen vom Hochsommer an. Unter den kleinblütigen Sorten eignen sich *C. alpina* 'Constance' (rot), *C. macropetala* 'Rosy O'Grady' (intensives Pink) und *C. viticella* 'Mme Julia Correvon' (weinrot). Zu den schönsten gelb blühenden Clematis gehören *C. orientalis* und *C. tangutica*, die vom Spätsommer bis zum Herbst blühen.

▲ *Rote Pelargonien, eingerahmt von Fleißigen Lieschen. Die Kombination wirkt sanfter, wenn man rosafarbene Pflanzen dazusetzt.*

Gelbe Wandsträucher

Wer ausreichend große Kübel besitzt und warme Farben wünscht, sollte zwei ungewöhnliche Sträucher kennen: *Fremontodendron* 'Californian Glory' und Ginster *(Cytisus battandieri)*. Beide brauchen eine Südwest- oder Südwand und reichlich Sonne. Für farbliche Abwechslung sorgt Feuerdorn *(Pyracantha)*, den man sehr gut in ein Hochbeet pflanzen und an der Wand erziehen kann. Weil er immergrün und dornig ist, eignet er sich auch als wehrhafte Hecke. Im Spätfrühling trägt er weiße Blüten, besonders attraktiv sind aber die Trauben roter, gelber oder orangefarbener Beeren im Herbst, die den ganzen Winter lang halten.

Auch die Zierquitte *(Chaenomeles speciosa)* und ihre vielen Sorten sind dornig. Im zeitigen Frühling erscheinen noch vor den Blättern ihre roten Blüten. Die Schönmalve *(Abutilon megapotamicum)* ist ein immergrüner Strauch, der hängende Blüten in Gelb oder Rot trägt.

Nachdem Sie die Entscheidung für eine Kletterpflanze oder einen Wandstrauch gefällt haben, können Sie die übrige Bepflanzung planen. Auf die leuchtend rote Fackellilie sollten sie besser verzichten, denn sie nimmt sehr viel Platz ein und breitet sich aggressiv aus. Auch Mohn ist keine gute Wahl, weil die Blütezeit nur sehr kurz ist. Gut geeignet ist dagegen der Sonnenhut *(Rudbeckia laciniata)* 'Goldquelle' mit kompaktem Wuchs und klargelben dichten Blüten. Das Rot von Prachtsalbei *(Salvia splendens)* ist unvergleichlich und für jeden Garten ein Muss.

▼ Die Clematis 'Mme Julia Correvon' blüht vom Hochsommer bis zum Frühherbst. Sie hat einfache, weinrote Blüten mit langen Staubgefäßen.

▲ Wer genug Platz hat, kann zwei Kletterrosen nebeneinander setzen. 'Golden Showers' blüht üppig und gelb, 'Ena Harkness' blüht rot.

Kühle Farben

Blau und Weiß sind die idealen Farben für eine kühl anmutende Pflanzenkombination. Als Ergänzung eignen sich grau- und silberlaubige Arten. Diese Farben verwandeln den Garten im Sommer in einen ruhigen, friedlichen Ort. Blasse Farben sehen vor dunklem Hintergrund am schönsten aus.

Bepflanzung mit Blau

Mit blauen Pflanzen sind viele Gestaltungsmöglichkeiten denkbar. In einen traditionellen Gartenbeet kann man blau blühende Arten wie *Anchusa* oder Rittersporn *(Delphinium)* als Kontrast zu leuchtend rotem Mohn *(Papaver)* einsetzen. Im Spätfrühling könnten rote Tulpen aus einem Beet mit blauen Traubenhyazinthen *(Muscari)* herausragen. Solche kontrastreichen Primärfarben sehen effektvoll aus, wirken aber etwas unruhig. In einem beengten Kübelgarten sollte man auf solche Extravaganzen besser verzichten.

In den ersten Monaten des Jahres lassen sich blau-weiße Kombinationen leicht mit Zwiebelblumen gestalten. Beispielsweise sieht ein Kübel mit abwechselnd gesetzten blauen und weißen Hyazinthen *(Hyacinthus)* zauberhaft aus und duftet obendrein betörend. Die schweren Blüten müssen allerdings gestützt werden. Verschiedene Winterheide-Arten wie *Erica carnea* und *E.* × *darleyensis* sind auch mit weißen Blüten erhältlich. Man kann sie sehr gut mit blauen Krokussen kombinieren, etwa *Crocus chrysanthus* 'Blue Pearl', *C. c.* 'Ladykiller', *C. tommasinianus* und *C. vernus* 'Pickwick'. Sie alle blühen, wenn der Winter gar kein Ende zu nehmen scheint und frische Farben besonders willkommen sind. Wer für Heidekraut keinen Kübel mit Spezialsubstrat füllen mag, sollte deshalb auf Heide verzichten. Reizvoll ist Schneeglanz *(Chionodoxa luciliae* Gigantea-Gruppe). *C. gigantea* hat blaue Blüten mit weißen Streifen, *C. g. alba* blüht weiß.

Wer auch größere Kübel besitzt und ein breiteres Spektrum von Pflanzen ziehen möchte, könnte einige Koniferen erwägen. *Chamaecyparis lawsoniana* 'Barry's Silver' ist eine grüne Art, deren junge Triebe im Sommer silbrig weiß

◀ *Eine bezaubernde Mischung von Frühlingsblüten. Für mehr Abwechslung sorgen eventuell die gefleckten Stiefmütterchen 'Freckles' und die schwarze Sorte 'Molly Sanderson'.*

schimmern. *Picea glauca* 'Alberta Blue' hat rauchig graublaue Nadeln, *Juniperus communis* 'Compressa' ist grün und passt gut in den Steingarten. Alle geben dem Garten rund ums Jahr Farbe und Struktur. Zwergnarzissen wie die gelbe Sorte 'Jumblie' sorgen für sonnige Akzente. Man kann sie gut gemeinsam mit anderen Zwergnarzissen in anderen Farben kombinieren, die zur gleichen Zeit blühen. 'Jack Snipe' hat weiße Blüten mit leuchtend gelbem Innenkelch, 'Jenny' dagegen ist nahezu schneeweiß.

Etwa um die gleiche Zeit erscheinen die blauen Blüten des Schneeglanz *(Chionodoxa)* und des Sibirischen Blausterns *(Scilla siberica)*. Traubenhyazinthen *(Muscari)* blühen etwas später. Ein guter Tipp sind auch Knolleniris *(Iris reticulata)*, die schon früh im Jahr blühen. 'Harmony' und 'Joyce' tragen intensiv blaue Blüten mit einem Tupfer Gelb.

Polster aus Steinkraut *(Alyssum)* und Schleifenblume *(Iberis)* tragen weiße Blüten bis in den frühen Sommer. Der ideale Partner dazu ist Blaukissen *(Aubrieta)*, das vom Kübelrand herabhängt. Der Nachteil solcher Kombinationen ist das kahle Laub der Zwiebelblumen. Weil die Zwiebeln den Blättern Nährstoffe zum Überdauern der Ruhezeit entziehen, darf man es nicht vorzeitig abschneiden. Das muss man entweder in Kauf nehmen oder die Zwiebeln ausgraben und zwischenlagern.

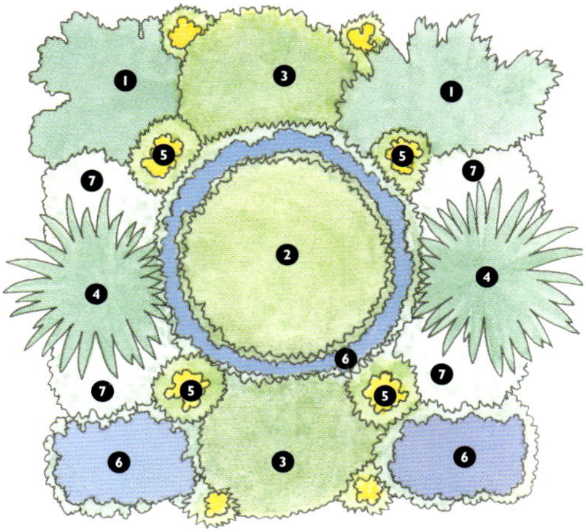

◀ *Koniferen bilden das Rückgrat dieses Arrangements in Grün, Blau und Gelb.*

1. *Cedrus deodora* 'Feelin' Blue'
2. *Chamaecyparis lawsoniana*
3. *Picea pungens* 'Globosa'
4. *Thuja orientalis* 'Raffles'
5. *Narcissus* 'Jumblie'
6. *Muscari armeniacum*
7. *Iberis saxatilis*

▶ *Dunkles Violett, blasses Gelb, Weiß, Grün und Silber bilden die Farbpalette rund um einen alten Schornsteinkopf.*

Blau und Weiß

Blüten in Blau und Weiß, gelegentlich mit etwas Gelb belebt, wirken vor allem im Frühling erfrischend, ehe die Sommerblumen ihre Blüten öffnen. So eine zarte Kombination sollte in keinem Kübelgarten fehlen. Später im Jahr kann man kühle Sommerbeete mit blauem Rittersporn oder winterhartem Storchschnabel gestalten, vielleicht vor einem Hintergrund aus 2 m hoher, nach Honig duftender *Crambe cordifolia*, blauen und weißen Iris und – im Spätsommer – blauen, violetten und weißen Glattblattastern *(Aster novi-belgii)*, die eine besänftigende Wirkung auf die goldenen Feuerfarben des Herbstes haben. Im Kübelgarten ist es natürlich schwierig, solche Pflanzen einzusetzen, weil sie viel Platz einnehmen oder sehr tief wurzeln. Verzichten Sie auf diese Pflanzen, wenn Sie kein geräumiges Hochbeet haben.

Schmucklilien

Natürlich gibt es eine Reihe von guten Alternativen. Für einen sonnigen Garten oder eine Terrasse in einer milden Gegend bietet sich die Schmucklilie *(Agapanthus)* an. Sie gedeiht sehr gut im Kübel, braucht aber eine Stütze. Besonders robust sind die Headbourne-Hybriden, die in vielen Gärtnereien erhältlich sind. 'Bressingham Blue' ist eine weitere beliebte Zuchtform mit dunkelvioletten Blüten. Rahmen Sie die Schmucklilie mit zwei gleichartigen, aber niedrigeren Kübeln ein und pflanzen Sie in jeden eine weiße Zistrose. *Cistus × cyprius* ist zu Recht beliebt, denn jedes der weißen Blütenblätter hat in der Mitte einen dunkelroten Fleck. *Cistus × corbariensis* hat reinweiße Blüten mit gelben Staubgefäßen. Zistrosen blühen vom Frühsommer bis zum Spätsommer, also etwas früher als die Schmucklilien.

◀ *Das Mauve von Petunien, Verbenen und Salbei wird von dem Weiß der Margeriten getragen.*

▶ *Schmucklilien (Agapanthus) gedeihen gut im Kübel. Headbourne-Hybriden blühen blau, 'Bressingham White' ist eine weiße Sorte.*

Vielseitiger Storchschnabel

Sehr hübsche Kombinationen sind auch mit verschiedenen winterharten Storchschnabelarten *(Geranium)* möglich. Die Gattung ist sehr groß und einige Arten sind für den Kübelgarten zu evasiv. Die meisten kleineren Arten sind jedoch sehr empfehlenswert, weil sie über Monate zierliche Blüten tragen. Weil die Blühtermine der Storchschnäbel stark variieren, besteht die größte Schwierigkeit darin, Arten zu finden, die um die gleiche Zeit blühen. *Geranium wallichinaum* 'Buxton's Variety' mit den himmelblauen, innen weiß geäderten Blüten ist aus gutem Grund ein Favorit. In einfachen Gärtnereien ist er nur selten zu finden, zudem blüht er erst vom Spätsommer an bis in den Herbst. *Geranium clarkei* 'Kashmir Blue' hat hellblaue Blüten und *G. c.* 'Kashmir White' trägt weiße Blüten mir feinen rosafarbenen Adern. Beide wachsen eher langsam und beginnen schon im Frühsommer zu blühen. Eine gute Wahl für den Kübel ist auch *G. sanguineum* 'Album', das den ganzen Sommer lang weiße Blüten trägt. *G. renardii* öffnet seine weißen bis hellen lavendelblauen Blüten mit intensiv violetten Adern im Frühsommer. *G. pratense* 'Striatum' ist etwas größer und trägt im Hochsommer weiße Blüten mit blauen Streifen. Diese überwiegend weißen Sorten eignen sich sehr gut zum Kombinieren mit den hübschen blauen und violetten Arten wie *G.* 'Johnson's Blue', dem wahrscheinlich bekanntesten Gartenstorchschnabel. Wärmer wird das Ensemble, wenn man eine der sanft rosafarben blühenden Sorten wie *G. clarkei* 'Kashmir Pink' hinzufügt.

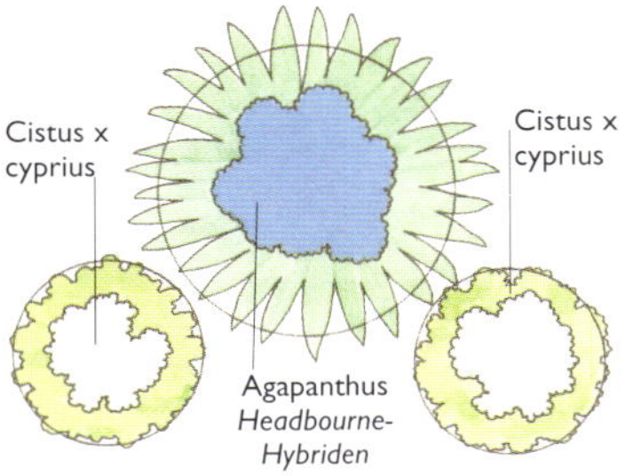

▲ *Gruppierung – ganz einfach: Jeder Kübel wird mit nur einer Farbe bepflanzt. Dann können die Kübel nach Belieben kombiniert werden.*

Im Sommer lässt sich das blau-weiße Farbschema auch durch Kletterpflanzen ergänzen. Weiße Kletterrosen, die sich auch für kleine Gärten eignen, sind beispielsweise die langsam wachsende 'White Cockade' mit ihren elegant geformten, fein duftenden Blüten, oder 'Mme Plantier', eine stark wachsende Kletterrose mit gefüllten Blüten.

Zu den großblumigen Clematis, die vom Hochsommer an weiße Blüten tragen, gehören *C.* 'Henryi', 'Gillian Blades' und 'John Huxtable'. Unter den blau blühenden Sorten sind 'General Sikorski', 'H. F. Young' und natürlich die bekannte 'Jackmanii Superba' nennenswert, wenngleich es viele weitere schöne Sorten gibt.

Von Rosa bis Rot

Warme oder kühle Farben können für sich betrachtet reizvoll sein. Für den Durchschnittsgarten ist aber eine Mischung verschiedener Farben die bevorzugte Wahl. Wichtig ist dabei, dass die Farben und Akzente einander möglichst rund ums Jahr lückenlos ablösen.

▲ *Eine Kombination aus Stiefmütterchen, Heidekraut und Ranunkeln in Rosatönen. Der Buchs gibt einen ruhigen Hintergrund ab.*

Die Wirkung weißer Blüten

Weiß hat zweierlei Wirkung. Einerseits wirkt es besänftigend und harmonisierend auf andere Pflanzen. Rot, Gelb und Blau vertragen sich besser miteinander, wenn dazwischen weiße Blüten leuchten. Daneben hebt und betont Weiß aber auch die Wirkung aller anderen Farben. Generell sollte man versuchen, in jede Gruppe eine Pflanze mit intensiverer Färbung zu setzen. Eine Gruppe hellfliederfarbener Blüten kann etwas fade aussehen. Pflanzt man eine dunkelrote Rose in ihre Mitte, wirkt das Ensemble gleich viel markanter.

Einige Farbkombinationen sind besonders geschickt. Meist liegen die Farben im gleichen Viertel des Farbkreises. Blau, Rosa und Weiß sind eine schöne Kombination. Durch einige Akzente in Gelb wirkt die Gruppe lebhafter – falls das Gelb nicht zu intensiv ist. Ähnlich gelungen wirkt die Kombination aus Creme- und Orangetönen oder eine Mischung von Rot- und Rosatönen. Die Harmonie aus Grün, Gelb und Weiß wirkt frisch und freundlich.

Manche Farbkombinationen bieten sich zu bestimmten Jahreszeiten besonders an. Im Frühling findet man viele blaue und gelbe Blüten, während Rosa und Rot noch selten zu sehen sind. Im Sommer dagegen herrschen Rosa, Pink, Mauve, Rot und Weiß vor, sodass sich Gruppen in diesen Tönen problemlos zusammenstellen lassen. Für den Kübelgarten muss nun nur noch bedacht werden, ob die gewünschten Pflanzen in engen Gefäßen gedeihen.

Frühlingsgarten in Rosa, Weiß und Rot

Zu den schönsten zierlichen Bäumen für den Kübelgarten gehört die Kamelie. Eine rosa, weiß oder rot blühende Sorte bietet sich als Mittelpunkt für ein Farbschema in Rosatönen an. Kamelien bevorzugen einen schattigen Standort. Mit ihren glänzenden, dunkelgrünen Blättern sind sie auch dann noch attraktiv, wenn die Blüten verwelkt sind. Einige Sorten vertragen zwar leicht kalkhaltigen Boden, die meisten jedoch gedeihen nur in saurem Substrat. Wenn Sie also eine Kamelie halten möchten und alkalischen Boden im Garten haben, bleibt Ihnen keine andere Wahl, als sie in einen Kübel mit Moorbeetsubstrat zu pflanzen. Zudem sollten Sie zum Gießen möglichst Regenwasser verwenden, denn auch Leitungswasser kann viel Kalk enthalten.

Es gibt eine große Auswahl geeigneter Kamelien. Alle stammen aus zwei Gruppen, den *japonica*-Hybriden und den × *williamsii*-Hybriden. Kamelien können mit der Zeit zu groß für ihren Kübel werden, doch sie wachsen sehr langsam und vertragen auch einen Rückschnitt gut. Attraktive Sorten mit rosafarbenen Blüten sind 'Akashigata' ('Lady Clare'), 'Brigadoon', 'Helen's Ballerina', 'Ave Maria', 'Lady Loch', 'Lasca Beauty' und 'Spring Festival'. Als weiße Sorten empfehlen sich 'Lovelight', 'Janet Waterhouse', 'White Nun' und 'Charlie Bettes'. Schöne, rot blühende Sorten sind 'Adolphe Audusson', 'R. L. Wheeler', 'Coquetti' und 'Royal Velvet'. Als zarte Kombination für den Frühling könnte man drei Kamelien in separaten Kübeln mit einer Unterpflanzung aus weißen Anemonen *(Anemone blanda* 'White Splendour') aufstellen. Ebenso hübsch sieht die rosa blühende Anemone 'Charmer' aus. Auch Primeln sind als Unterpflanzung gut geeignet. Sie sind in vielen Schattierungen von Weiß über Rosa bis zu rötlichem Violett erhältlich. *P. vulgaris* 'Cottage White' blüht weiß.

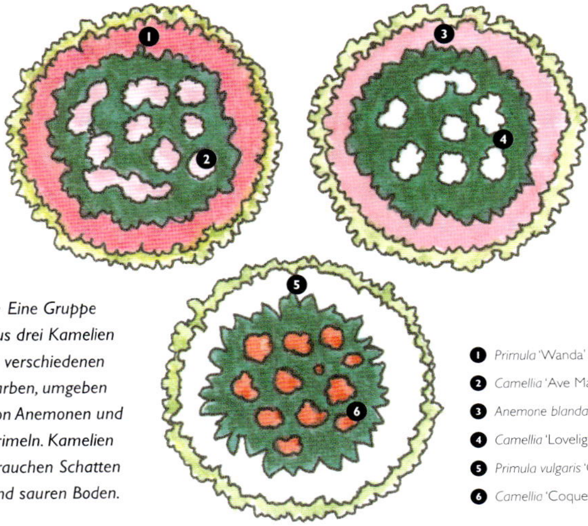

▶ *Eine Gruppe aus drei Kamelien in verschiedenen Farben, umgeben von Anemonen und Primeln. Kamelien brauchen Schatten und sauren Boden.*

1 *Primula* 'Wanda'
2 *Camellia* 'Ave Maria'
3 *Anemone blanda* 'Charmer'
4 *Camellia* 'Lovelight'
5 *Primula vulgaris* 'Cottage White'
6 *Camellia* 'Coquetti'

▶ *Ein fantasievolles Arrangement aus weißen und pinkfarbenen Fleißigen Lieschen vor einem Hintergrund aus cremefarbenen Astilben.*

Ideen für große Kübel

Wenn Ihr Garten reichlich Sonne bekommt, können Sie im Kübel ein Sommerbeet in vielen Farben gestalten. Natürlich müssen Sie die Größen der Pflanzen bedenken, doch mit einigen Vorüberlegungen lassen sich sehr schöne Ergebnisse erzielen.

Denkbar wäre beispielsweise, Wicken *(Lathyrus odoratus)* an einem Spalier oder einem Zeltgrüst aus Stäben im Hintergrund des Kübels klettern zu lassen. Schneiden Sie viele Blüten für die Vase, denn dadurch wird die Bildung neuer Blüten angeregt. In die Mitte könnte man einen langsam wachsenden, rosafarbenen Storchschnabel setzen, etwa *Geranium macrorrhizum*. Aufgefüllt wird das Ensemble durch silberlaubigen Ziest *(Stachys byzantina)* und einige Nelken *(Dianthus)* im Vordergrund. Besonders schön sind altmodische, duftende Nelken wie 'Mrs Sinkins' mit ihren gefiederten Blüten und dem unübertroffenen Duft, die man aus alten Bauerngärten kennt. Schön sind auch 'Doris' und 'Little Jock', zwei duftende, moderne Nelkensorten mit blassrosafarbenen Blüten und dunklerer Mitte. Ist im Kübel genug Platz vorhanden, könnte man zwei Bartfaden-Pflanzen *(Penstemon)* hinzufügen, die durch ihren dunkleren Rotton der Kombination mehr Gewicht verleihen. Die beste Sorte ist 'Andenken an Friedrich Hahn', auch als 'Granat' bekannt, die vom Sommer bis zum Frost dunkelrote Blüten trägt.

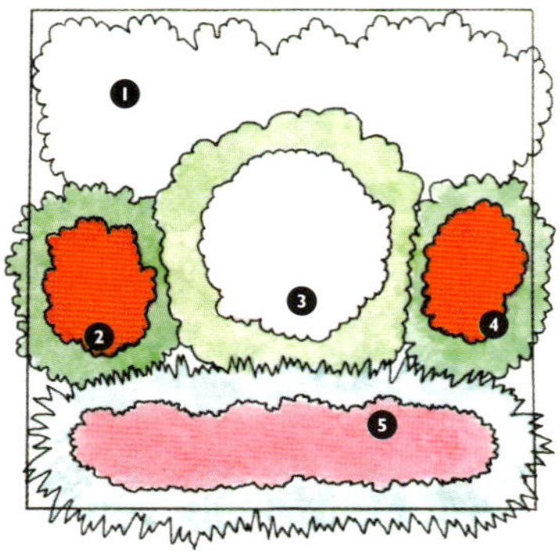

1. Ziest *(Stachys byzantina)*
2. Wicken *(Lathyrus odoratus)*
3. Storchschnabel *(Geranium macrorrhizum)*
4. Bartfaden *(Penstemon 'Andenken an Friedrich Hahn')*
5. Nelken *(Dianthus)*

▲ *Eine Kombination aus Rot, Rosa und Weiß für den Sommer. Dieses Arrangement besticht durch den Duft der Wicken und Nelken.*

Gemischter Kübel mit Zwergrosen in Rosa, Rot und Weiß

Ganz einfach, aber sehr effektvoll ist eine Kübelbepflanzung mit kleinen Rosen, die in vielen Schattierungen von Rosa, Rot und Weiß zu haben sind. Man unterteilt die kleinen Rosen in drei Gruppen. Patio-Rosen und Zwergpolyantha-Rosen werden 50–60 cm hoch, Zwergrosen bleiben normalerweise etwas kleiner.

Damit die Kombination gut wirkt, setzen Sie eine kleine, üppig blühende

▲ *Patio-Rosen wie die weiße 'Bianca' tragen im Sommer zahlreiche, schön geformte Blüten. Die meisten blühen den ganzen Sommer lang.*

Strauch- oder Floribunda-Rose als Blickfang in die Mitte, z. B. die leuchtend rote 'Evelyn Fison'. Wer es etwas ruhiger mag, wählt die rosa blühende 'English Miss'. 'Margaret Merril' hat rosafarbene Knospen, die sich zu weißen Blüten

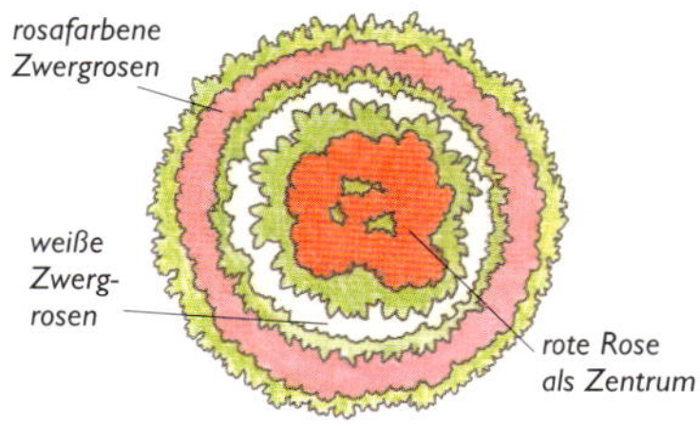

▲ *Runde Beete oder Kübel mit einer Bepflanzung aus Rosen sind im Sommer immer ein Blickfang. Wählen Sie duftende Sorten.*

öffnen. Beide Sorten duften intensiv. Diese Floribunda-Rosen erreichen Höhen von 70–90 cm, gelegentlich etwas mehr. Die Rose im Zentrum wird dann mit Zwergrosen in Rosa, Weiß oder Rot umpflanzt.

Weil die meisten Patio-Rosen eine Ausbreitung von etwa 50 cm haben, muss ein entsprechender Abstand beim Pflanzen berücksichtigt werden. Wer Zwergrosen setzt, kann den Abstand halbieren. 'White Pet' und 'Bianca' sind weiße Patio-Rosen, 'Innocence' ist eine weiße Zwergrose, 'Katharina Zeimet' und 'Yvonne Rabier' sind attraktive weiße Zwergpolyantha-Rosen. Geeignete rosafarbene Sorten sind die Patio-Rosen 'Bedazzled', 'Queen Mother' und 'Hugs 'n' Kisses'. 'Queen Margarethe' und 'Gracie Allen' haben weiße Blüten mit rosafarbenem Zentrum.

Alle Rosen brauchen reichlich Nährstoffe. Im Idealfall versorgt man sie mit gut verrottetem Stallmist oder Kompost. Bei Rosen im Kübel ist das meist nicht möglich. Düngen Sie mit Knochenmehl oder verabreichen im Frühling einen ausgewogenen Dünger. Rosen werden während ihrer Ruhezeit im Winter oder im zeitigen Frühling kräftig zurückgeschnitten, um ihre Größe zu korrigieren und den Neuaustrieb anzuregen. Stutzen Sie die Pflanzen auf die Hälfte ihrer ursprünglichen Höhe. Alle abgestorbenen Zweige werden entfernt.

▶ *Ein Zeltgerüst, an dem Wicken und Kapuzinerkresse in die Höhe klettern, ist im Sommer ein ungewöhnlicher Blickfang.*

Blattpflanzen

Viele Kübelgärten liegen in kleinen, schattigen Höfen, in die nur wenig Sonne dringt. Weil die bunten Sommerblumen hier nicht gedeihen, muss man auf die Vielfalt der Blattgewächse zurückgreifen. Es gibt viele interessante Arten, die sich in Kübeln sehr gut kombinieren lassen.

Der Hintergrund zählt

Wer einen kleinen, schattigen Garten besitzt, sollte zuerst die Hintergrundbepflanzung planen. Efeu *(Hedera)* ist bestens geeignet und bleibt ganzjährig grün. Gemeiner Efeu *(Hedera helix)* mit seinem dunkelgrünen Laub wächst fast überall. Es gibt jedoch eine Reihe von panaschierten Arten, die interessanter aussehen. Probieren Sie einmal die Sorte 'Dragon Claw' mit mittelgroßen, sanft grünen Blättern in einem schattigen Garten. Die panaschierte Sorte 'Goldherz' mit den gelb gezeichneten Blättern wirkt lebhafter, braucht aber einen geschützten Platz mit etwas Sonne.

▲ *Ein Kübel mit Farnen in verschiedenen Farben und Blattformen lässt auch einen Schattengarten lebendig wirken.*

Ein Kübel mit Farnen

Farne sind wunderschön – sanft, grün, schattenverträglich und ausgesprochen pflegeleicht. Ein Kübel mit Farnen ist leicht zu gestalten, doch wenn er wirklich Aufsehen erregen soll, braucht er einen Blickfang. Ideal geeignet ist dafür Wallichs Waldfarn *(Dryopteris wallichiana)*, eine auffällige, sommergrüne Pflanze mit aufrechten, kräftigen Wedeln. Im Frühling, wenn sie sich entrollen, sind sie hellgelbgrün, später färben sie sich dunkler. Die Wedel sind mit dunkelbraunen oder schwarzen Schuppen bedeckt. Der Farn kann bis zu 1,8 m hoch werden, diese Größe erreicht er im Kübel aber nur selten. Als Unterpflanzung eignet sich der immergrüne japanische Mondsichelfarn *(Cyrtomium falcatum)* oder der kleinere, ebenfalls immergrüne Hirschzungenfarn *(Asplenium scolopendrium)*. Besonders interessant ist die Sorte 'Crispum', die gewellte Blattränder hat.

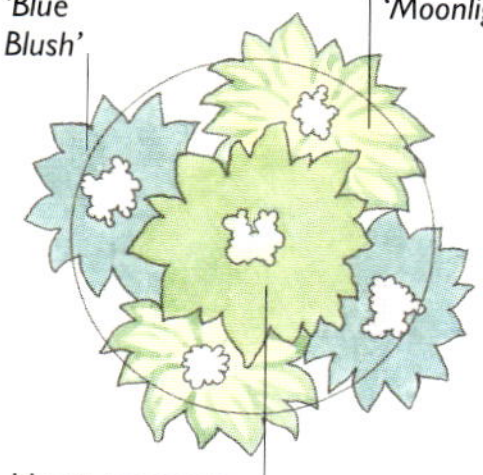

▲ *Achten Sie bei der Kombination von Funkien* (Hosta) *für den Schattengarten auf ausgewogene Farben, Höhen und Blattgrößen.*

Für den Kübelrand empfehlen sich zwei besonders kleine Farne. Der Schriftfarn *(Asplenium ceterach)* hat immergrüne attraktive Wedel und wird nur etwa 20 cm hoch. Er ist anspruchslos und wächst sogar in Mauer- und Pflasterfugen ausgezeichnet. Eine Alternative ist Tüpfelfarn *(Polypodium vulgare)*, der ebenfalls immergrün ist, aber etwa 30 cm hoch wird. Bei dieser Kombination aus Farnen ist rund ums Jahr für Abwechslung in Höhe, Blattform und Farbton gesorgt.

◀ *Ein Tüpfelfarn bildet den Blickfang in diesem schattigen Hof. Er ist umgeben von einer Aralie und einem Fächerahorn* (Acer palmatum).

▼ Hosta *gedeihen gut im Schatten. Im Kübel sind sie vor Schnecken geschützt.* H. undulata *hat eine Zeichnung in der Blattmitte.*

Ein Kübel mit Funkien

Schnecken sind ganz wild auf Funkien *(Hosta)* und fressen sie mit Begeisterung kahl. Viele Gärtner verzichten auf diese schönen Blattpflanzen, weil sie resigniert haben. Viel bessere Chancen haben *Hosta* im Kübel, weil sich die Schneckenplage leichter abwehren lässt. Zudem fühlen sie sich im Schatten wohler als in der Sonne und sind somit ideale Pflanzen für einen schattigen Kübelgarten. Der Reiz der Hosta liegt in der unglaublichen Vielfalt der Blattfarben. Ihre hellfliederfarbenen Blüten im Sommer sind eher unscheinbar. Wer sich für kleinere Arten entscheidet, kann drei oder vier Pflanzen in einen Kübel mit 80 cm Durchmesser setzen. Fragen Sie beim Einkauf nach der Sorte 'Moonlight', die 50 cm hoch wird. Ihre hellgrünen Blätter haben einen weißen Rand und verfärben sich im Laufe des Sommers gelb. 'Aureomarginata' hat dunkelgrüne Blätter mit gelb gefleckten Rändern. Zu den Sorten mit blaugrünem Laub zählen 'Blue Bush' und 'Hadspen Blue'; 'Hadspen Blue' hat jedoch größere Blätter. Zierlicher ist die blaugrüne Sorte 'Blue Moon'. 'Albomarginata' hat etwas größere, mattgrüne Blätter mit cremefarbenen Rändern.

Beständige Immergrüne

Immergrüne sollten in keinem Garten fehlen. Vor allem in den Wintermonaten fallen ihre Farben und Formen angenehm ins Auge. Viele Koniferen verändern vom Frühling bis zum Herbst ihren Grünton, was zusätzlich auf subtile Weise für Abwechslung im Gartenbild sorgt.

Immergrüne Bäume und Sträucher als Dauerbepflanzung

Es ist erstaunlich, wie viele immergrüne Bäume ausgezeichnet in einem Kübel gedeihen. Der beliebteste Kübelbaum ist sicherlich der Lorbeer *(Laurus nobilis)*, der als Formschnittpflanze vor vielen Hauseingängen steht. Die klassischen Kugelbäumchen kann man im Gartencenter kaufen, aber auch selbst aus einem Steckling heranziehen, der im Spätsommer geschnitten wird.

Ein weiterer ausgezeichneter Baum für den Kübelgarten ist die Kamelie. Es gibt zahlreiche Sorten, aber alle brauchen zum Gedeihen Schatten, viel Feuchtigkeit und einen sauren Boden. Die Blüten in Weiß, Rosa oder Rot, die sich im Frühling öffnen, sind eine Augenweide. Einige gelb blühende Sorten sind ebenfalls zu finden. Besonders interessant ist die Sorte 'Tricolor' mit weiß, rosa und rot panaschierten Blütenblättern.

◀ *Ein Vorgarten mit Kiesbelag bietet sich für ein symmetrisches Arrangement an. Immergrüne betonen den formalen Charakter.*

▶ *Die roten Beeren des Ilex-Hochstammes reifen im Herbst. Ihr Farbton passt gut zu der Jungfernrebe im Hintergrund.*

Auch Rhododendren, die ähnliche Ansprüche stellen wie Kamelien, fühlen sich im Kübel sehr wohl. Es gibt sehr viele Rhododendronsorten, darum spielt die Auswahl eine wichtige Rolle. Rhododendren wachsen weniger aufrecht als Kamelien, darum ist es schwieriger, eine Unterpflanzung aus frühen Zwiebelblühern zu gestalten. Ihre Blüten in zahlreichen Farbtönen sind jedoch hinreißend, und einige duften zudem intensiv. Viele Rhododendren sind immergrün und sehen daher noch attraktiv aus, wenn ihre Blüte vorüber ist.

Wer kein Hochbeet hat, in dem mehrere größere Sträucher Platz finden, sollte Rhododendren und Kamelien als Solitäre in große Kübel pflanzen. Zu den Rhododendren, die immergrün sind und nicht höher als 1,5 m werden, gehören die Sorten 'Azumakagami' (rosa), 'Blue Diamond' (blauviolett), 'Doc' (rosarot mit dunkleren Rändern und Flecken), 'Fabia' (orangerot), 'Hatsugiri' (karminrot), 'Hello Dolly' (apricot bis orange), 'Hydon Dawn' (blassrosa bis weiß), 'Kirin' (pink), 'Mrs Furnival' (hellrosarot), 'Percy Wiseman' (pfirsich bis creme), 'President Roosevelt' (rot mit panaschierten Blättern), 'Ptarmigan' (weiß), 'Purple Gem' (hellviolett), 'Rose Bud' (rosarot), 'Scarlet Wonder' (leuchtend rot), 'Kure-no-yuki' ('Snowflake', kleinwüchsig und weiß) sowie *R. russatum* (rot bis violett). Gewöhnliche Stechpalme *(Ilex aquifolium)* ist auf den ersten Blick keine ideale Kübelpflanze. Schon wegen der stacheligen Blätter ist sie auf engem Raum nicht empfehlenswert. Zudem müssen männliche und weibliche Pflanzen vorhanden sein, damit Beeren gebildet werden. Und schließlich werden die meisten bald zu groß für einen Kübel. Trotzdem sollte man Ilex in einem größeren, formalen Garten nicht ausschließen, denn er wächst recht langsam, und man kann ihn sehr gut in Form schneiden. Die Blätter von 'Argenta Marginata' haben einen gelben Rand, die von 'Silver Queen' einen weißen. Beide Sorten sorgen für Abwechslung zwischen anderen Grünpflanzen. Für den kleineren Garten empfiehlt sich der japanische *Ilex crenata.*

Graulaubige Immergrüne

Zwei kleine Bäume mit silbrigem, immergrünem Laub bieten sich für den Kübelgarten an. Zum einen der Eukalyptus *(Eucalyptus gunnii)*, den man auch wie einen Strauch ziehen und im Frühling radikal zurückschneiden kann. Im Sommer bildet er dann neue Triebe mit rundlichen, silbrig grünen Blättern, die während des ganzen Winters nicht abfallen. Der zweite silberlaubige Kandidat für die Kübelkultur ist die Olive *(Olea europaea)*. Oliven wachsen sehr langsam und können darum viele Jahre in ihrem Kübel verbleiben. Mit der Zeit bilden sie eine rundliche Krone aus graugrünem Blättern, deren silbrige Unterseiten im Licht schimmern. Beide Arten sind frostempfindlich und müssen im Haus überwintert werden.

Koniferen und Gräser

Koniferen sind immer beliebt, aber im Kübelgarten spielen sie eine besondere Rolle. Man kann sie entweder als Solitärpflanzen in Einzelkübel als Blickfang einsetzen, um das Auge in einen bestimmten Bereich zu lenken, oder mit ihrer Hilfe subtil eine Illusion von räumlicher Weite schaffen.

Koniferen im Dachgarten – die Illusion von Weite

Dachgärten teilt man am besten in mehrere Bereiche auf. Lässt sich so ein Konzept jedoch nicht verwirklichen, sollte man Kübel oder Versailles-Kästen an den Seiten des Dachgartens aufreihen.

Pflanzt man Koniferen in verschiedenen Größen und ordnet sie so an, dass die größten nahe beim Betrachter und die kleinsten am Ende des Dachgartens liegen, verlängert man den Raum optisch. Den selben Kunstgriff wendet man an, wenn man in einem Garten statt eines eckigen Rasens eine unregelmäßig geschwungene Grasfläche plant, die sich zum hinteren Teil hin verjüngt. So wirkt der Garten länger und geräumiger.

▲ *Die Zuckerhutfichte (*Picea glauca *var.* albertiana *'Conica') hat eine hübsche Form und blaugrüne Nadeln. Sie wird aber 2–4 m hoch!*

Variationen in Wintergrün

Koniferen haben den zusätzlichen Vorzug, dass sie auch im Winter lebendig aussehen. Kombiniert man sie mit immergrünen Buchsbaumhecken *(Buxus sempervirens)*, ist die Wirkung doppelt schön. In einer zwanglosen Gartenhofanlage mit Kübeln in verschiedenen Größen und Formen sind formale Buchsbaumhecken schwierig zu integrieren, umso besser eignen sie sich für ein niedriges Hochbeet auf einer klassischen Terrasse. Pflanzen Sie einen Rahmen aus niedrigen Buchsbaumpflanzen, und teilen Sie die Fläche, sofern sie groß genug ist, weiter in geometrische Muster auf. Die Koniferen werden dann als Akzente in dieses Muster gesetzt. Vor allem in einem verschneiten Garten kann so ein Beet hinreißend aussehen. Wählen Sie Koniferen mit aufrechtem Habitus, die nicht zu schnell wachsen. Denkbar wären beispielsweise *Chamaecyparis lawsoniana* (grün mit silbrigen Triebspitzen im Sommer), *C. thyoides* 'Rubicon' (bronzegrün im Sommer, rötlich violett im Winter), *Juniperus communis* 'Compressa' (grün), *J.* 'Cold Coast' (gelb), *J. c.* 'Hibernica' (graugrün, säulenförmig), *Picea glauca* 'Alberta Blue' (blaugrau) und *Thuja orientalis* 'Aurea Nana' (goldgrün).

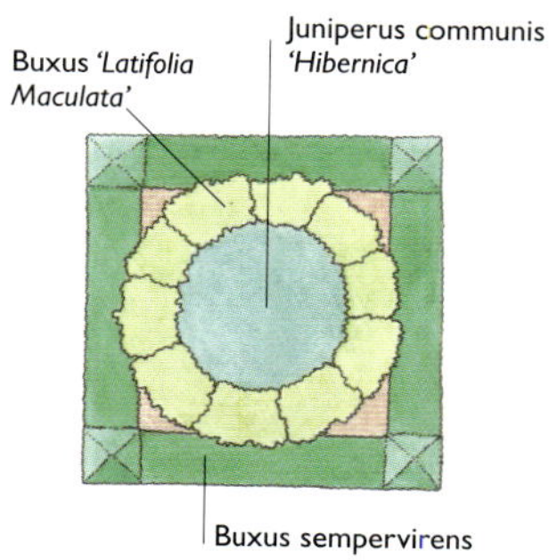

▲ *Eine Konifere in einem quadratischen Kübel, mit einem Kreis aus gelbgrünem und einem Quadrat aus dunkelgrünem Buchsbaum.*

Ziergräser

Eine weitere ungewöhnliche Idee für den Kübelgarten besteht darin, verschiedene Gräser und Binsen in separate Gefäße zu pflanzen und diese von Zeit zu Zeit umzustellen. So werden Perspektive und Schwerpunkte des Gartens laufend variiert, die Gestaltung wirkt abwechlungsreich. Für einen kleinen Garten sollte man keine Gräser verwenden, die sehr hoch werden. Die Auswahl der Arten in attraktiven Farben ist jedoch groß. Chinaschilf *(Miscanthus sinensis* 'Zebrinus') ist eine gute Wahl. Es wird etwa 1,2 m hoch und hat aufrechte Halme mit cremeweißer Zeichnung. Die mehrjährige Pflanze zieht im Winter das Laub ein. Federgras *(Stipa arundinacea)* zieht nicht ein, färbt sich im Winter aber orangerot bis bräunlich. Weil es etwas frostempfindlich ist und leicht überhängt, ist es in einem hohen Kübel am besten aufgehoben. *Hakonechloa macra* 'Aureola' empfiehlt sich für den kleinen Garten. Es wird 40 cm hoch und hat im Sommer gelb-grün gestreifte Halme.

Hohe Pflanzen

Hohe Pflanzen, in einen separaten Kübel gesetzt, bieten sich als Solitärpflanzen an. Neben Koniferen und Gräsern können auch blühende Stauden wie Lupinen, Rittersporn, Fingerhut oder Stockrosen verwendet werden. Stauden haben allerdings den Nachteil, dass ihre Blüte nur kurze Zeit dauert.

1. *Festuca glauca* 'Blaufuchs'
2. *Stipa arundinacea*
3. *Miscanthus sinensis* 'Zebrinus'
4. *Hakonechloa macra* 'Aureola'

▼ *Gräser kommen in einem Kübelgarten gut zur Geltung, weil man ihre Farben und zarten Formen aus der Nähe betrachten kann.*

▶ Elymus magellanicus *ist eine Wildroggenart aus Südafrika, die mit ihren ungewöhnlichen, blaugrünen Halmen ins Auge fällt.*

Klassische Sommerblumen

Bunte Sommerblumen bilden das Rückgrat des Kübelgartens. Viele sind einjährig, andere zweijährig, und einige sind Stauden, die man nach der Blüte in den Garten pflanzen kann. Einjährige – das verrät bereits der Name – keimen, wachsen, blühen und sterben innerhalb eines Jahres.

Blüten im Winter und Vorfrühling

Die beliebtesten und bewährtesten Kübelpflanzen für den ausklingenden Winter und das beginnende Frühjahr sind die bunten Primeln, Gänseblümchen und Stiefmütterchen, die schon so zeitig im Jahr in einem großen Spektrum an Farben überall im Handel angeboten werden. Am besten pflanzt man sie nach Sorten getrennt in separate Kübel, denn unterschiedliche Wuchs- und Blattformen harmonieren nicht gut miteinander.

Primeln

Die Winter- und Frühlingsblüher unter den Primeln gehören zur Polyanthus-Gruppe. Sie haben etwas längere Blütenstiele als die bekannten Kissenprimeln und werden zweijährig kultiviert. Man

sät sie im Sommer aus, sodass die Jungpflanzen im folgenden Winter oder zeitigen Frühling des folgenden Jahres zum ersten Mal blühen. Man kann diese Primeln auch für wenig Geld in jeder Gärtnerei kaufen und auspflanzen. Die Farbenvielfalt der Blüten ist so groß, dass man mit ihnen herrlich experimentieren kann. Hübsch ist beispielsweise eine Kombination in den Primärfarben Rot, Gelb und Blau. Pflanzen Sie die Farben entweder abwechselnd, oder fassen Sie sie zu größeren Gruppen zusammen. Generell sieht es besser aus, wenn man leuchtende Farben in Gruppen anordnet.

Gänseblümchen

Die entzückenden Kulturgänseblümchen *(Bellis)* ähneln mit ihren Kugelblüten in Rot, Rosa oder Weiß winzigen Dahlien mit nur 5 cm langen Blütenstielen. Man möchte kaum glauben, dass sie Verwandte der gewöhnlichen Gänseblümchen sind, die viele Rasenbesitzer als Unkraut ansehen. Dennoch stammen alle Kulturgänseblümchen von der Wildform *Bellis perennis* ab. Die bekanntesten Serien sind Pomponette, Roggli und Tasso. Alle werden, ebenso wie die bunten Primeln, zweijährig kultiviert. Man sät sie im Sommer an Ort und Stelle an einem sonnigen oder halbschattigen Standort aus, wo sie im folgenden Frühling blühen. Weil die Farbpalette begrenzt ist, kann man mit Bellis in runden Kübeln schön abgestufte, kreisförmige Arrangements gestalten, beispielsweise mit rot blühenden Pflanzen in der Mitte, umgeben von einem Kreis aus rosa blühenden und abschließend einem Kreis aus weiß blühenden Arten.

◄ Heidekraut, Primeln, Stiefmütterchen und rote Ranunkeln – eine gelungene Kombination von Blütenformen in gleichem Farbton.

► Die leuchtend gelben Blüten der Primeln bilden hier einen freundlichen Rahmen für die goldgrünen Nadeln einer jungen Zypresse.

Stiefmütterchen

Die beliebten Stiefmütterchen *(Viola × wittrockiana)* sind in Bezug auf die Winter- und Frühlingsblüte kaum zu übertreffen. Im Laufe der Jahre sind viele Zuchtformen mit unterschiedlichen Charakteristika entwickelt worden. Gemeinsam ist jedoch allen, dass sie sehr ausdauernd blühen. Diese Winterblüher kauft und pflanzt man um die Herbstmitte. Ihre Blüte hält sechs bis neun Monate an – bis in den Frühling oder sogar Sommer des folgenden Jahres. Wie Primeln und Gänseblümchen werden Stiefmütterchen normalerweise zweijährig kultiviert. Es gibt Sorten mit einfarbigen Blüten, besonders attraktiv sind aber die mehrfarbigen Sorten mit dem typischen „Gesicht" aus dunkleren Flecken auf den Blütenblättern. Die Gestaltung der Pflanzung ist eine Frage des persönlichen Geschmacks. Generell pflanzt man Gruppen aus mehreren gleichen Pflanzen, entweder in separaten Kübeln oder in einem größeren Gefäß gruppiert. Eine Kombination aus weiß und blau blühenden Sorten wirkt gerade in den Wintermonaten angenehm frisch und freundlich. Auch in einem größeren Garten sollte man Stiefmütterchen möglichst in Kübel pflanzen. Setzt man sie in die Beete, ziehen sie den Blick auf sich – und damit ungewollt auch auf die winterlich kahlen Pflanzen in ihrer direkten Umgebung.

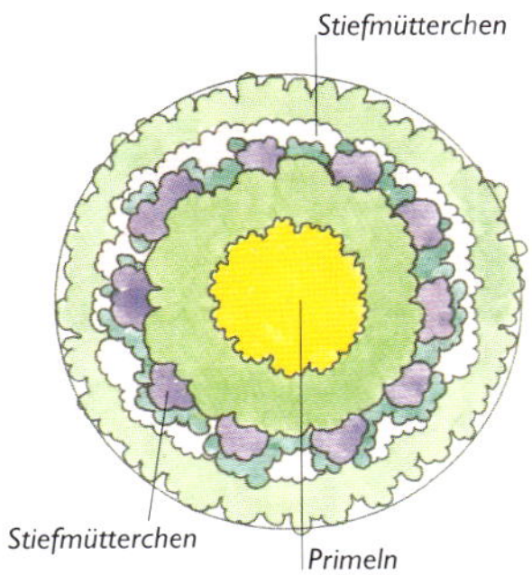

▲ Pflanzskizze für einen Frühjahrskübel in Blau und Gelb, der sich sehr schön mit Primeln und Stiefmütterchen gestalten lässt.

◀ *Petunien und Ringelblumen passen gut zusammen. Das üppige Laub sorgt dafür, dass diese Kombination nicht zu schreiend wirkt.*

Das Angebot an Sommerblumen ist so groß, dass ein begeisterter Gärtner im Winter viel Zeit für die Planung verwenden kann. Für drei Zwecke eignen sich diese Pflanzen besonders gut: zur Einrahmung von Beeten, zum Füllen von Lücken oder als Akzent in einem Bereich, der einen Blickfang braucht.

Im Kübelgarten kommen Sommerblumen ebenfalls auf verschiedene Weise zum Einsatz. Ein großes Hochbeet beispielsweise könnte man im Sommer mit roten und weißen Pelargonien auffüllen. Weiß ist eine besonders vorteilhafte Farbe, weil sie die anderen Farben des Beetes harmonisiert.

Rot, Weiß und Blau

Ob man jede Pflanzenart in einen separaten Kübel setzt oder mehrere Arten in einem Gefäß kombiniert, ist ebenso eine Frage des persönlichen Geschmacks wie die Zusammenstellung der Farben und die Wahl der Arten. Die klassische Kombination in Blau-Weiß-Rot aus blauvioletten Lobelien, scharlachrotem Prachtsalbei *(Salvia splendens)* und weißen Pelargonien kann jedoch in einem kleinen Garten leicht grell erscheinen. Lässt man das Blau weg, wirken die beiden verbleibenden Farben gleich viel ausgeglichener. Probieren Sie ein Rot-Weiß-Schema mit rötlich orangefarbenen Gauklerblumen *(Mimulus)*, rosafarbenen und roten Fleißigen Lieschen *(Impatiens)*, rotem Fuchsschwanz *(Amaranthus caudatus)*, roten und weißen Begonien *(Begonia semperflorens)* und weißen Petunien.

Farben vor einer Mauer

Einjährige eignen sich gut zur Bepflanzung von Wandtöpfen. Hier sollten Sie eine möglichst lebhafte Farbmischung anstreben, deren Schwerpunkt auf Rot und Rosa liegt. Aber auch Blau, Violett und sogar Orangetöne können gut aussehen, sofern genügend weiße Blüten dazwischen stehen. Pelargonien dürfen dabei nicht fehlen. Vor allem die hängenden Sorten eignen sich gut. Auch Lobelien, Fleißige Lieschen, Spaltblumen und Fuchsien sind für eine fröhlich leuchtende Mischung sehr zu empfehlen.

Wer sanftere Farbtöne vorzieht, hat die Wahl zwischen verschiedenen Wicken *(Lathyrus odoratus)* in Kübeln vor einer Mauer oder Wandtöpfe mit einer Petunienmischung in Pastelltönen, etwa Milleflora Fantasy Mixed oder Daddy Mixed. Fuchsien werden ebenfalls in vielen zarten Farbtönen angeboten. Auch in diesem Fall sollten Sie weiße Blüten integrieren, etwa die Petunie 'Supercascade White'.

Farbenmeer mit Sommerblumen

In einer Fernsehsendung wurde ein älteres Ehepaar vorgestellt, das alljährlich rund um seinen Wohnwagen mehr als 30 000 Sommerblumen pflanzte. Im Hochsommer wurden die Blumen zweimal täglich gewässert und ausgeputzt. Dieser hinreißende Sommergarten zeigte einerseits, was mit Einjährigen möglich ist, und bewies andererseits die Notwendigkeit des Ausputzens, um die Blüte anzuregen. Beginnt eine Einjährige mit der Samenbildung, sorgt ihr biologisches Programm dafür, dass sie die Blüte einstellt.

◀ *Ein Farbenmeer aus Sommerblumen, die eine halbhohe Gartenmauer verstecken. Dekorativ ist die symmetrische Anordnung gleichartiger Kübel.*

1. *Fuchsia* 'Gartenmeister Bonstedt'
2. *Petunia* 'Lemon Plume'
3. *Petunia* 'Carpet Mixed'
4. *Schizanthus* 'Gay Pansies'
5. Million Bells® 'Terracotta'
6. *Impatiens* 'Coral Bells'
7. *Lobelia* 'Sapphire'
8. *Tagetes* 'Safari Tangerine'
9. *Pelargonium* 'Gillian'

Orangetöne für den Herbst

Orange ist eine Farbe, die sich nicht leicht mit anderen Tönen kombinieren lässt, aber ein einzelner Kübel in Orange- und Gelbtönen, bepflanzt mit Tagetes und Kapuzinerkresse, verbreitet an trüben Herbsttagen Heiterkeit. Die Blätter der Kapuzinerkresse hängen dekorativ über den Kübelrand, während die Tagetes aufrecht in der Mitte stehen können.

Anstelle der Tagetes kann man auch Ringelblumen *(Calendula officinalis)* verwenden, die etwas höher wachsen, aber kleinere Blüten als die Tagetes haben. Die Blätter der Kapuzinerkresse eignen sich als würzige Dekoration im Salat, während man die Blüten der Ringelblume als Speisefarbe verwenden kann.

▶ *Kapuzinerkresse, rote Pelargonien und die leuchtende Lilie 'Fire King' akzentuieren diese Terrassenecke im Sommer.*

Alpinum im Trog

Weil viele Gebirgspflanzen attraktiv und zudem recht klein sind, bieten sie sich für die Kübelbepflanzung förmlich an. Ihr Nachteil ist jedoch, dass sie überwiegend im Frühling und Frühsommer blühen. Wer auch zu anderen Jahreszeiten für Farbe sorgen will, muss sehr sorgfältig planen.

Boden und Standort

Die meisten Steingartenpflanzen bevorzugen einen sonnigen, offenen Standort, idealerweise Süd- oder Südwestlage. Wer ein Steinbeet anlegen möchte und diese Bedingungen nicht bieten kann, sollte sich auf Arten beschränken, die in der Natur in Waldgebieten vorkommen und daher feuchten Boden und lichten Schatten bevorzugen. Es gibt eine Reihe geeigneter Arten, die man möglichst in einem Torfsubstrat halten sollte. Viele Gärtner legen für die alpinen Pflanzen ein spezielles Beet an. Besonders überzeugend sieht es aus, wenn so ein Beet aus Natursteinen aufgesetzt wird, in deren Ritzen und Spalten sich viele Gebirgspflanzen wohl fühlen. Wer ein Hochbeet aus Ziegelsteinen mit Mörtel baut, sollte bewusst einige Lücken in den Fugen lassen, die später bepflanzt werden. Viele kleine Steingartenpflanzen gedeihen hier ausgezeichnet.

Wichtig ist vor allem, dass das Substrat sehr durchlässig ist. Ideal ist eine Mischung aus zwei Teilen nahrhaftem Mutterboden, einem Teil grobem Sand und einem Teil Torf (oder Torfersatzprodukt). Unter den Mutterboden sollte ein langsam lösliches Düngergranulat gemischt werden. Achten Sie darauf, dass im Gefäßboden ausreichend viele Drainagelöcher vorhanden sind. Nach der Pflanzung wird das Substrat mit einer

▼ *Flache Steintröge oder alte Spülsteine eignen sich sehr gut für einen kleinen Steingarten. Wichtig ist vor allem eine sehr gute Drainage. Achten Sie beim Kauf auf die Ansprüche der Pflanzen: Die meisten brauchen Sonne.*

1. *Aubrieta* 'Greencourt Purple'
2. *Saxifraga* Moos-Steinbrech
3. *Fritillaria meleagris*
4. *Geranium dalmaticum*
5. *Gentiana acaulis*
6. *Armeria maritima*
7. *Pulsatilla rubra*
8. *Campanula carpatica* 'Bressingham White'
9. *Gypsophila repens* 'Dorothy Teacher'

Ein Steinbeet bepflanzen

1 Mischen Sie 2 Teile Mutterboden mit je 1 Teil grobem Sand und Torf (oder Ersatzprodukt) oder kaufen Sie ein Fertigsubstrat.

2 Alle Pflanzen einsetzen, dabei die Zwischenräume reichlich bemessen, weil sich die Pflanzen noch ausbreiten. Dazwischen dekorative Steine legen.

3 Das Substrat mit einer dünnen Kiesel- oder Splittschicht abdecken, um die Verdunstung zu reduzieren und das Keimen von Unkräutern zu unterdrücken.

1 cm dicken Schicht aus feinem Kies oder Splitt abgedeckt. Steingartenpflanzen sind zwar klein, doch sollte man sie nicht zu eng pflanzen. Es ist erstaunlich, wie schnell sich manche ausbreiten.

Beliebte Steingartenpflanzen

Steintäschel *(Aethionema)* – immergrüner oder halbimmergrüner Kleinstrauch mit rosafarbenen Blüten ab Spätfrühling.

PFLANZEN FÜR DEN STEINGARTEN

Das Angebot an Steingartenpflanzen ist so groß, dass dem Anfänger die Auswahl schwer fallen wird. Sinnvoll ist ein Besuch in einer Spezialgärtnerei, und zwar möglichst im Frühling, wenn viele Arten blühen. Wer einige größere Pflanzen als Akzent integrieren möchte, sollte Zwergkoniferen erwägen.

Bekannte Sorten sind *A. armenum*, *A. grandiflorum* und *A.* 'Warley Rose'.

Steinkraut und **Steinkresse** *(Alyssum* und *Aurinia)* – zwei eng verwandte, Polster bildende Pflanzen mit immergrünem Laub und gelben oder weißen, duftenden Blüten. *Alyssum spinosum* blüht weiß, *Aurinia saxatile* hat gelbe Blüten.

Mannsschild *(Androsace)* – Diese Pflanzen bilden dichte Polster mit einzeln oder in Gruppen stehenden Blüten. *A. lanuginosa* blüht zartrosafarben, *A. pyrenaica* hat weiße Blüten.

Gänsekresse *(Arabis)* – Diese Pflanze wächst in Gesteinsspalten und bildet Matten oder Polster. *A. caucasica* trägt Blüten in Weiß oder hellem Rosa, *A. c.* 'Flore Pleno' hat weiße, gefüllte Blüten.

Grasnelke *(Armeria maritima)* – sehr bekannte, Polster bildende Pflanze mit pinkfarbenen Kugelblüten. Zuchtsorten mit Blüten in Weiß und verschiedenen Rosatönen sind ebenfalls erhältlich.

Blaukissen *(Aubrieta)* – eine beliebte Bauerngartenpflanze mit immergrünen, graugrünen Blättern und bläulich oder rötlich violetten Blüten, die in langen Matten herabhängen und im Frühsommer die ganze Pflanze bedecken.

Glockenblume *(Campanula)* – eine große Pflanzengattung mit vielen Arten, die sich für den Steingarten eignen, darunter *C. cochleariifolia* (weiße bis lavendelblaue Blüten), *C. carpatica* (weiße und blaue Blüten; breitet sich schnell aus), *C. portenschlagiana* (dunkelviolette Blüten im Spätsommer).

Celmisia – immergrün mit weißen Strahlenblüten und auffälligem, gelbem Auge. Besonders attraktiv ist *C. spectabilis.*

Alpenveilchen *(Cyclamen)* – attraktive Knollenpflanze, meist mit Blüten in Weiß oder Rosa. Die Sorten von *C. coum* blühen im Spätwinter und zeitigen Frühling. *C. hederifolium*, auch als *C. neapolitanum* bekannt, blüht im Herbst.
Berufkraut *(Erigeron karvinskianus)* – kleine, immergrüne Staude, die gut in Mauerspalten gedeiht. Sie hat Strahlenblüten, die sich weiß öffnen und die Farbe von Rosa zu Rot verändern.
Alpenbalsam *(Erinus alpinus)* – Polster bildende Staude, die in milden Wintern immergrün ist und zahlreiche Blüten in Weiß, Rosa oder Violett trägt. Sie sät sich leicht selbst aus.
Schachbrettblume *(Fritillaria)* – zierliche Zwiebelblume mit zarten Blüten im späten Frühling. *F. meleagris* wird 30 cm hoch und hat weiß-violett gemusterte Blüten, *F. pontica* blüht gelb.
Enzian *(Gentiana)* – eine der beliebtesten Steingartenpflanzen mit leuchtend blauen, trompetenförmigen Blüten. *G. alpina* und *G. aucalis* blühen im Spätfrühling und Frühsommer, *G. sino-ornata* im Herbst.
Storchschnabel *(Geranium)* – Für den Steingarten eignen sich nur die kleinsten Arten, darunter *G. cinereum* (weiße oder rosafarbene Blüten), *G. c.* ssp. *subcaulescens* (magentarote Blüten mit schwarzem Auge) und *G. dalmaticum* (meist immergrün mit Blüten in leuchtendem Pink).
Teppichschleierkraut *(Gypsophila repens)* – Matten bildende Pflanze mit weißen oder rosafarbenen Blüten. Besonders schön ist die zartrosa blühende Sorte 'Dorothy Teacher'.
Sonnenröschen *(Helianthemum nummularium)* – immergrüner Zwergstrauch mit leuchtend gelben Blüten im Sommer.
Lein *(Linum)* – *Linum arboreum* ist ein immergrüner Zwergstrauch mit gelben Blüten im Spätfrühling. *L. suffruticosum* ssp. *salsoloides* ist eine Polster bildende Staude, die im Sommer weiße Blüten mit einer Äderung in Rosa oder Violett trägt.
Steinsame *(Lithodora diffusa)* – kleiner, immergrüner Strauch mit auffallenden, blauen Blüten im Spätfrühling.
Bartfaden *(Penstemon)* – eine bekannte Staudengattung mit einigen Matten bildenden Arten, die aus Gebirgsregionen stammen. *P. newberryi* trägt im Frühsommer intensiv pinkfarbene Blüten, *P. rupicola* blüht im Spätfrühling hellrosa.
Phlox – Es gibt verschiedene kriechende Phloxarten, darunter *P. subulata* mit violetten oder weißen Blüten im Spätfrühling und *P. stolonifera* mit violetten Blüten im Frühsommer. *P. adsurgens* blüht

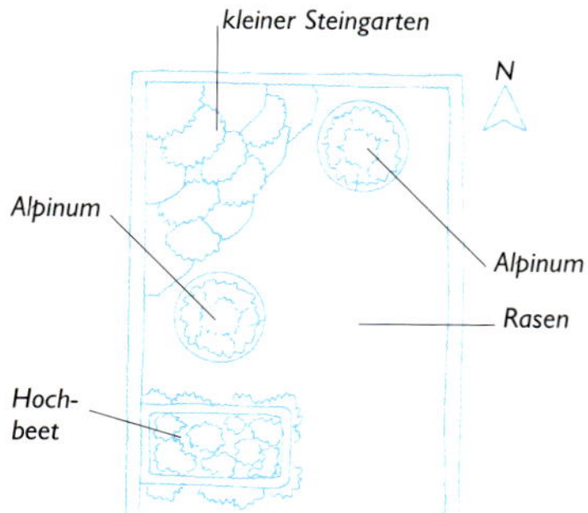

▲ *Wer einen Gartenbereich mit alpinen Pflanzen gestalten will, könnte in einer sonnigen Ecke ein kleines Steinbeet anlegen.*

◀ *Steinbrech* (Saxifraga) *darf in keinem Steingarten fehlen. Er blüht im Frühsommer weiß, rosafarben, violett oder gelb.*

▶ *Alpine Pflanzen kommen in einem rustikalen Trog besonders gut zur Geltung. Hier: immergrüne Schleifenblume (Iberis sempervirens) und kontrastierende Grasnelken in Pink.*

rosafarben, *P. douglasii* hat Blüten in dunklerem Rosa oder Karminrot.

Kalk-Kreuzblümchen *(Polygala calcarea)* – Matten bildende immergrüne Staude mit hängenden Trieben voll leuchtend blauer Blüten im Frühsommer.

Primel *(Primula)* – ideal für den schattigen Steingarten, weil sie in voller Sonne nicht gedeiht. Es gibt viele Sorten in verschiedenen Farben.

Kuhschelle *(Pulsatilla)* – beliebte, Horste bildende Staude mit sehr attraktivem Laub. Die bekanntesten Sorten sind *P. vulgaris* (violette Blüten), *P. alba* (reinweiße Blüten mit gelber Mitte) und *P. rubra* (dunkelrote Blüten).

Seifenkraut *(Saponaria ocymoides)* – mehrjährige Steingartenpflanze mit rosafarbenen Blüten vom Spätfrühling bis in den Spätsommer. Die Sorte 'Alba' blüht weiß.

Steinbrech *(Saxifraga)* – eine wichtige Gattung für den Steingarten. Die meisten Arten bilden kompakte Polster mit Blüten in Weiß, Rosa, Pink, Violett oder Gelb Zu den beliebtesten zählen *S. burseriana* (weiße Blüten), *S. exarata* (gelbe Blüten während des ganzen Sommers) und *S. × irvingii* 'Jenkinsiae' (blassrosafarbene Blüten mit dunkler Mitte im zeitigen Frühling).

Mauerpfeffer *(Sedum)* – Die niedrigen Sedumarten sind ausgezeichnete Sukkulenten für den Steingarten. *S. acre* trägt den ganzen Sommer lang gelbe Blüten. *S. sieboldii* hat panaschierte Blätter und rosafarbene Blüten, die Sorte *S. s.* 'Mediovariegatum' hat interessante Blätter in Gelb, Blau und Rot sowie rosafarbene Blüten.

Dachwurz *(Sempervivum)* – eine große Gruppe von Sukkulenten mit attraktiven Blattrosetten, aus denen im Sommer rosafarbene Blüten wachsen. Besonders empfehlenswert sind die Arten *S. arachnoidum* mit einem spinnwebartigen Überzug und *S. tectorum* mit roten Blättern.

Kriechender Ehrenpreis *(Veronica prostrata)* – Matten bildende Staude mit blauen Blüten. Viele attraktive Zuchtformen.

▼*Pflanzplan für einen Steingarten mit einem Farbschema, das sich mit verschiedenen Pflanzenarten realisieren lässt.*

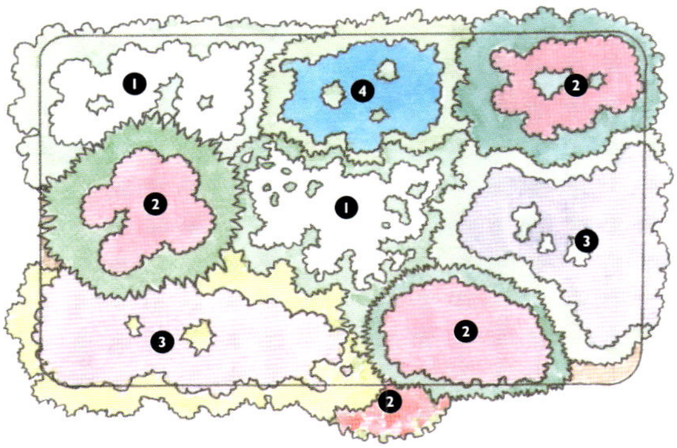

❶ Weiß
Alyssum spinosum
Androsace pyrenaica
Campanula carpatica 'Bressingham White'

❷ Rosa
Aethionema 'Warley Rose'
Geranium dalmaticum
Saponaria ocymoides

❸ Violett/Lila
Aubrieta
Phlox stolonifera
Pulsatilla vulgaris

❹ Blau
Campanula cochleariifolia
Lithodora diffusa

Kleine Wassergärten

Wasser ist von Natur aus ein faszinierendes Element. Im Garten erzeugt es eine friedliche Atmosphäre. Selbst in einem Kübel mittlerer Größe kann man mit etwas Fantasie einen bezaubernden Wassergarten gestalten, und auch auf bewegtes Wasser muss der Kübelgärtner nicht verzichten.

Ein Hof als Wassergarten

Ein Gartenhof lässt sich leicht in eine kühle Oase verwandeln, indem man in die Mitte ein Hochbeet baut und dieses nicht mit Schotter und Pflanzerde füllt, sondern mit einer Folie auslegt und so in ein Wasserbecken verwandelt. Am Rand des Beckens werden Pflanzkörbe aufgestellt, in denen Wasserpflanzen wachsen. Eventuell sollte man beim Bau des Wasserbeckens am Rand eine umlaufende Stufe einbauen, auf der diese Pflanzkörbe stehen können. Warten Sie nach dem Füllen des Teiches einige Tage, ehe Sie ihn bepflanzen. Derweil können sich Schwebstoffe auf dem Grund ablagern.

Um ein solches Wasserbecken anzulegen, müssen Sie am Grund den Boden ausheben. Legen Sie ihn mit dicker Teichfolie aus. Darauf kommt zuerst eine Lage Maschendraht, dann wird eine Betonschicht geschüttet. Für die Seitenwände wird eine Schalung

◀ Ein winziger Wassergarten ist selbst im Kübel denkbar. Achten Sie beim Kauf der Pflanzen darauf, welche Wassertiefe sie benötigen.

Ein Wassergarten im Kübel

1 Zuerst das Drainageloch des Kübels dicht verschließen. Im Fachhandel bekommt man Kunststoffstopfen, die zusätzlich mit Silikon befestigt werden.

2 Die Wassertiefe messen und in einer Spezialgärtnerei geeignete Pflanzen aussuchen. Die Pflanzkörbe können auf Ziegelsteine gestellt werden.

3 Den Kübel mit Wasser füllen und das Substrat in den Körben mit reichlich Kies bestreuen. So schwimmt das Substrat beim Einsetzen nicht nach oben.

gebaut, dann wird auch diese mit Beton aufgeschüttet.

Verwenden Sie für den Bodenbelag des Hofes und die Verkleidung der Beckenwände möglichst das gleiche Material. Überlegen Sie auch, die Beckenwand in Breite und Höhe so zu gestalten, dass sie als Sitzgelegenheit dienen kann.

Kleine Fische Wenn die Wassermenge ausreicht und keine Reiher den Garten besuchen, können Sie sogar zwei Goldfische in das Becken setzen. Dann muss allerdings dafür gesorgt sein, dass der Teich ausreichend bepflanzt ist und vor allem Sauerstoff liefernde Pflanzen vorhanden sind. Die Fische müssen behutsam in den Teich gesetzt werden. Wer Fische in einem mit Wasser und Sauerstoff gefüllten Plastikbeutel gekauft hat, sollte den Beutel zuerst auf der Wasseroberfläche schwimmen lassen, bis sich die Temperaturen angeglichen haben. Dann lässt man allmählich Teichwasser in den Beutel strömen. Setzen Sie die Fische nicht abrupt ins Teichwasser und wechseln Sie auch nie das Wasser komplett aus. Um das Wasser mit Sauerstoff anzureichern, sollte eventuell eine Pumpe gelegentlich über Nacht laufen.

Wasserspiele

Ein Springbrunnen ist für einen Miniteich im Kübel sicherlich nicht die richtige Lösung, ein schlichter Wasserspeier hingegen lässt sich schon eher unterbringen. Im Fachhandel sind kleine Teichpumpen erhältlich, mit denen sich auch im Kübel interessante Wasserspiele realisieren lassen. In einem Garten mit einer Mauer könnte man einen Wasserspeier an der Wand befestigen und diesen mit einer Pumpe verbinden. Das Wasser strömt aus dem Speier in ein Gefäß, aus dem es wiederum angesogen und in die Höhe gepumpt wird. Man könnte solch ein Wasserspiel mit zwei identischen Kübeln flankieren, die mit Hosta oder anderen Blattgewächsen bepflanzt sind. Reizvoll sieht auch die Goldsegge *(Carex elata* 'Aurea') aus.

Selbst wo kein Wasserspeier angebracht werden kann, lässt sich in einem wasserdichten Gefäß oder einer alten Zinkbadewanne ein kleiner Wassergarten mit Schwimmpflanzen oder Zwergseerosen anlegen. Zinkwannen sollte man vor dem Füllen immer mit einer Spezialfarbe für Wasserbecken streichen, weil das Metall den Pflanzen schaden kann.

Pflanzen für den Wassergarten

Die Pflanzen für einen Teich unterteilt man in vier Gruppen: Uferpflanzen gedeihen im flachen Wasser. Schwimmblattpflanzen wie Seerosen verlangen eine gewisse Wassertiefe. Unterwasserpflanzen geben Sauerstoff ans Wasser ab, und Schwimmpflanzen wurzeln nicht im Teichgrund.

Wasserpflanzen

Der Schmuck jedes Wassergartens ist eine Seerose. Kleine Sorten benötigen eine Wassertiefe von 35–40 cm, größere Sorten etwa 45–60 cm. Jungpflanzen setzt man in Pflanzkörbe, die mit spezieller Wasserpflanzenerde gefüllt sind. Man kann auch einfache Gartenerde verwenden, sofern sie keine Düngemittel enthält. Das Seerosenrhizom wird so gepflanzt, dass die Wachstumsspitze gerade aus dem Substrat schaut. Dann bedecken Sie das Substrat mit sauberem Kies und senken den Korb in den Teich ab. Zuerst wird er ins flache Wasser gestellt und später allmählich ins tiefe Wasser geschoben. Wer Seerosen halten möchte, sollte eine Spezialgärtnerei besuchen und sich unter den vielen Sorten mit weißen, rosafarbenen, roten und gelben Blüten umsehen. Eine passable Alternative ist die Wasserähre *(Aponogeton distachyos),* die aber weder in Bezug auf Blüten noch auf Blätter der Seerose das Wasser reichen kann.

Sauerstofflieferanten Diese Pflanzen sind vor allem wichtig, wenn Sie Fische im Teich halten wollen. Sie verbrauchen die Nährstoffe im Wasser und entziehen damit den Algen die Lebensgrundlage. Zu den wirkungsvollsten Sauerstofflieferanten gehören die Wasserpest *(Lagarosiphon* oder *Elodea)* mit langen, verzweigten Sprossen, das Tausendblatt *(Myriophyllum aquaticum)* und das Krause Laichkraut *(Potamogeton crispus),* das sogar verschmutztes Wasser wieder klären kann.

◀ *Eine alte Zinkbadewanne als Wasserbecken inmitten von Farnen. Einige Wasserpflanzen gedeihen nur in ruhigem Wasser.*

▶ *Ein kleines Wasserspiel mit Schlüsselblumen, Hosta und Knautia. Die Plastik einer schlafenden Nymphe ist von Flechten bedeckt.*

Schwimmpflanzen Diese Gruppe von Wasserpflanzen bekämpft das Algenwachstum im Teich, indem der Lichteinfall ins Wasser reduziert wird. Die meisten Schwimmpflanzen breiten sich stark aus und müssen regelmäßig ausgedünnt werden. Beispiele sind das Feenmoos *(Azolla filiculoides)*, Froschbiss *(Hydrocharis morsus-ranae)* mit attraktiven, weißen Blüten sowie die Wassernuss *(Trapa natans)* mit hübschen Blättern und weißen Blüten im Sommer.

Teichrandpflanzen

Dies ist die größte Gruppe der Pflanzen, auch Uferpflanzen genannt, die sich für den Teich oder Wassergarten im Kübel eignen. Anzahl und Typ hängt von der Größe des Teiches und von der Tiefe der Uferzone ab. Manche Uferpflanzen gedeihen in flachem Wasser bis 15 cm Tiefe, andere verlangen die doppelte Wassertiefe. Einige Uferpflanzen sind sehr wüchsig und müssen regelmäßig gestutzt werden, wenn sie den Teich nicht vollkommen zuwuchern sollen.

Zu den Pflanzen für die Flachwasserzone gehört die Sumpfdotterblume *(Caltha palustris)*. Die weiße 'Alba' und die gefüllte 'Flore Pleno' sind schwachwüchsiger als die Urform. Die Chamäleonspflanze *(Houttuynia cordata)* hat gefleckte Blätter mit roten Rändern. Die Asiatische Sumpfschwertlilie *(Iris laevigata)* ist in vielen Sorten erhältlich, die meisten blühen im Sommer blau. Die Wasserminze *(Mentha aquatica)* trägt im Sommer fliederfarbene Blüten. Wasservergissmeinnicht *(Myosotis scorpioides)* blühen im Frühsommer leuchtend blau. Zwergrohrkolben *(Typha minima)* eignen sich ebenfalls für den Miniaturteich.

Zu den Uferpflanzen für größere Tiefen gehören der Froschlöffel *(Alisma plantago-aquatica)* mit hübschen Blättern und winzigen, weißen Blüten und die Europäische Wasserfeder *(Hottonia palustris)* mit Frühlingsblüten in Violett, Flieder oder Weiß.

◀ ***Wasserpflanzen in einem Gartenteich, in dem an zwei Seiten eine Stufe für die Flachwasserpflanzen eingebaut wurde.***

1. *Typha minima*
2. *Iris laevigata*
3. *Calla palustris* 'Flore Pleno'
4. *Lagarosiphon major*
5. *Houttuynia cordata*
6. *Nymphaea* 'Indiana'
7. *Hydrocharis morsus-ranae*
8. *Azolla filiculoides*
9. *Myriophyllum aquaticum*
10. *Trapa natans*

Jahreszeitenthemen

Ein wirklich gelungener Garten ist zu jeder Jahreszeit eine Augenweide. Im Sommer quellen Kübel und Beete von Einjährigen, blühenden Rosen und Stauden in allen Farben über. Die Töne des Herbstes sind Gelb und Orange, während im Frühling das leuchtende Gelb der Narzissen und das Blau der Hasenglöckchen vorherrschen. Auch der Winter hat seinen Reiz, und mit etwas Überlegung kann der Garten auch in der trüben Jahreszeit Farbe und Abwechslung bieten.

Der Kübelgarten im Winter

Es gibt viele Pflanzen, die auch im winterlichen Kübelgarten beeindrucken: Immergrüne, Sträucher mit Beerenschmuck, blühende Sträucher, frühe Zwiebelblumen und vor allem Ein- und Zweijährige, die speziell um diese Zeit blühen. Am besten reserviert man für sie einen oder zwei Kübel.

Immergrüne im Garten – Koniferen

Die beliebtesten und geeignetsten immergrünen Bäume für den Kübel sind Koniferen. Ihr breites Farbspektrum reicht von Blaugrau oder Grün bis Gelb, zudem werden viele Zwergformen angeboten, die auch nach Jahren nicht höher als etwa 1,8 m werden. Wem die Färbungen anderer Arten besonders gut gefallen, der sollte sich in einer guten Gärtnerei nach ihrer Wuchsfreude erkundigen. Manche können zwar unter optimalen Bedingungen 12–15 m hoch werden, wachsen aber in einem normalen Garten eher langsam und erreichen in 10 Jahren nur 3 m Höhe. Und wachsen sie doch schneller als erwartet, kann man sie immer noch austauschen. Das gilt beispielsweise für die schönen, blaustichigen Arten *Picea pungens* 'Koster' und *Chamaecyparis lawsoniana* 'Pembury Blue', die aus gutem Grund beliebt sind. Wer kein Risiko eingehen will, wählt besser eine der folgenden Arten.

▲ *Koniferen sind im Winter ein Blickfang. Es gibt gelbe, blaue und grüne Sorten. Manche verändern im Laufe des Jahres ihre Färbung.*

Aufrechter, konischer Wuchs – *Juniperus communis* 'Compressa' (grün), 'Gold Cone', 'Golden Showers' (grün-gold) oder 'Hibernica' (graugrün).

Niedriger, breiter Wuchs – *J. × media* 'Golden Saucer' (gelb), 'Pfitzeriana' (grün) und *J. horizontalis* 'Douglasii' (blaugrau).

Konisch-rundlicher Wuchs – *Chamaecyparis lawsoniana* 'Barry's Silver' (silbergrau), *C. l.* 'Minima' (grün), *Taxus baccata* 'Aurea' und *Thuja occidentalis* 'Rheingold' (beide goldgelb).

Immergrüne und Sträucher mit Winterblüte

Hier sind zuerst die Kamelien zu nennen, vor allem die Zuchtformen von *Camellia japonica* und *C. × williamsii*. Es sind attraktive immergrüne Sträucher oder kleine Bäume mit glänzenden Blättern und wunderschönen, oft gefüllten Blüten in Rot, Rosa oder Weiß. Kamelien wachsen langsam und können beschnitten werden, wenn sie zu groß werden. Sie benötigen einen schattigen oder halbschattigen Platz und sauren Boden. Attraktive rosafarbene Sorten sind 'Akashigata' ('Lady Clare'), 'Brigadoon', 'Helen's Ballerina', 'Ave Maria', 'Lady Loch', 'Lasca Beauty' und 'Spring Festival'. Weiße Blüten tragen 'Lovelight', 'Janet Waterhouse', 'White Nun' und 'Charlie Bettes'. Rot blühen 'Adolphe Audusson' und 'R. L. Wheeler'.

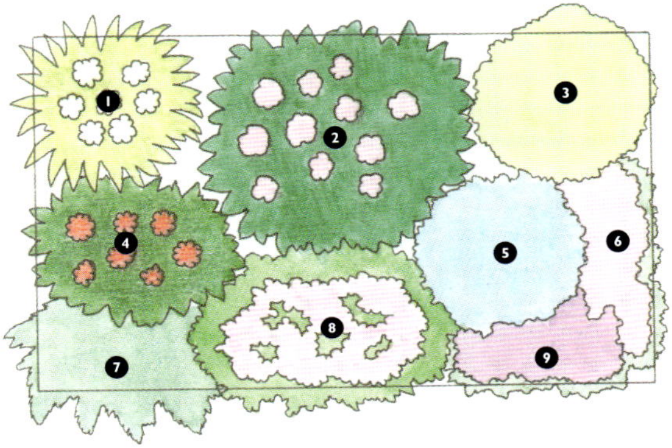

◄ *Winterblühende Sträucher*

1. *Camellia* 'Lovelight'
2. *Camellia* 'Brigadoon'
3. *Elaeagnus × ebbingei*
4. *Camellia* 'R. L. Wheeler'
5. *Daphne cneorum*
6. *Erica carnea* 'Springwood Pink'
7. *Daphne odorata*
8. *Erica carnea* 'December Red'
9. *Erica carnea* 'Vivelli'

Seidelbast *(Daphne):* Diese Gruppe teils immergrüner, teils sommergrüner Sträucher ist vor allem wegen der stark duftenden Blüten beliebt. Empfehlenswert sind die Sorten *Daphne cneorum* (immergrün mit rosaroten Blüten im Frühling), *D. mezereum* (sommergrün mit intensiv duftenden Blüten vom Spätwinter bis Frühling) und die leicht frostempfindliche Art *D. odora* (immergrün mit stark duftenden Blüten).

Die Ölweide *(Elaeagnus × ebbingei)* und ihre Zuchtformen sind immergrün und wegen ihrer gelb-grün gesprenkelten Blätter beliebt. Im Herbst tragen sie unscheinbare, weiße Blüten. Sie können zu groß für den Kübel werden, sodass sie ersetzt werden müssen, doch bis dahin vergehen einige Jahre.

Winterheide *(Erica carnea* und *E. × darleyensis)* ist bei Kübelgärtnern besonders beliebt. Die meisten Arten benötigen sauren Boden, nur wenige tolerieren auch einen gewissen Kalkgehalt, sofern der Boden nicht lehmig ist. Das Spektrum der Blütenfarben reicht von Pink über Rosa bis Weiß. Die Sorten *E. c.* 'Springwood Pink' und 'Springwood White' haben einen hängenden Wuchs und eignen sich gut für Balkonkästen.

Feuerdorn *(Pyracantha)* ist ein ausgezeichneter immergrüner Wandstrauch, dessen einziger Nachteil die langen Dornen an den Zweigen sind. Seine besondere Attraktion sind die Beeren, die je nach Sorte im Winter rot, orange oder gelb leuchten. Im Frühling trägt die Pflanze weiße Blüten.

Die Skimmie *(Skimmia japonica)* ist ebenfalls ein immergrüner Strauch. Die zwergwüchsige Sorte 'Bowles' Dwarf' eignet sich gut für den Kübel, allerdings sind weibliche und männliche Pflanzen erforderlich, damit Blüten und Früchte gebildet werden. Skimmien tragen während des ganzen Winters rote Beeren.

► *Manche Zwergkoniferen sind wirklich winzig und wachsen sehr langsam. Sie eignen sich auch für kleinere Kübel.*

◀ *Die Nieswurz-Art* Helleborus lividus *trägt früh im Jahr hellgrüne Blüten. Alle Helleborusarten sind giftig und darum für den Familiengarten nur bedingt geeignet.*

Clematis cirrhosa ist eine immergrüne Kletterpflanze, deren grüne Blätter bronzefarbene Unterseiten haben. Im Spätwinter und zeitigen Frühling trägt sie kleine, schalenförmige Blüten in Cremeweiß. Die Art *C. balearica* hat duftende, cremefarbene Blüten mit rot getupfter Innenseite, 'Freckles' hat creme- bis rosafarbene Blüten.

Efeu *(Hedera)* bildet im Kübelgarten einen schönen, immergrünen Hintergrund. Zu den besten Arten gehört der kanarische Efeu *(H. canariensis)*, der jedoch etwas frostempfindlich ist, sowie der gemeine Efeu *Hedera helix*. Attraktiv sind auch *H. h.* 'Gloire de Marengo' mit goldgelb gesprenkelten Blättern, *H. h.* 'Anne Marie' mit weiß umrandeten Blättern und *H. h.* 'Atropurpurea' mit bronzegrünen Blättern. Daneben gibt es viele andere gute Gartensorten.

Winterjasmin *(Jasminum nudiflorum)* ist ein ausgezeichneter Wandstrauch, der jedoch nicht selbst klimmen kann. Er hat lang herabhängende grüne Triebe und trägt im Spätwinter und Frühling noch vor den Blättern leuchtend gelbe Blüten. Abgestorbene Triebe werden entfernt, blühende nach der Blüte gekürzt.

Stauden für den Winter

Der Name der **Christrose** *(Helleborus niger)* ist etwas verwirrend, weil ihre Blüten selten termingemäß erscheinen. Davon abgesehen sind die Nieswurzarten, wie auch die Lenzrose *(Helleborus orientalis)* aber wunderschöne Winterstauden mit üppigen Gruppen aus Blüten in Weiß, Rosa, zartem Gelb oder Hellgrün, je nach Sorte. Häufig sind die Blüten zusätzlich auf der Innenseite interessant mit Flecken und Linien gezeichnet. Alle bevorzugen den Halbschatten, die Stinkende Nieswurz *(H. foetidus)* gedeiht auch im tiefen Schatten.

Iris unguicularis ist eine **Rhizomiris**, die zeitig im Jahr blauviolette Blüten an kurzen Stielen trägt. Ihre schlanken Blätter sind immergrün. Weil diese Art sich stark ausbreitet, sollte sie allein in einem Kübel stehen. Nach 3–5 Jahren sollte man die Rhizome ausgraben und die alten Teile aus der Mitte entfernen.

Frühe Zwiebelblumen

Schneeglöckchen (*Galanthus* spp.) blühen schon früh im neuen Jahr, ihre Hauptblütezeit liegt im Februar. Der Märzenbecher *(Leucojum vernum)* ähnelt dem Schneeglöckchen, die Blüten sind

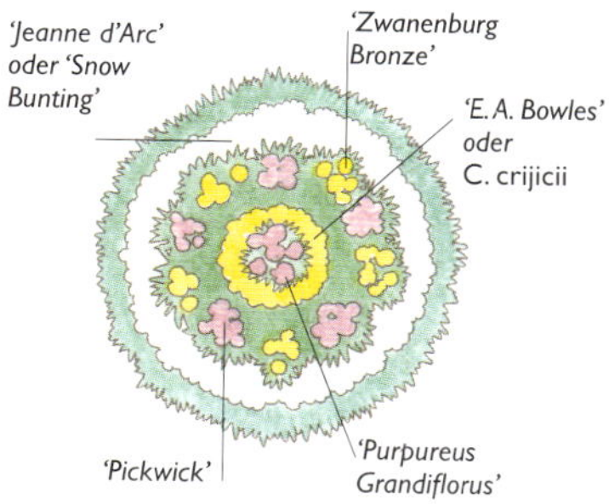

▲ *Skizze für eine kreisförmige Pflanzung aus Krokussen in mehreren Farben. Pflanzen Sie die Zwiebeln recht dicht.*

▶ *Eine Gruppe von Kletterpflanzen und niedrigeren Gewächsen, die früh im Jahr für Farbe sorgen. Winterjasmin blüht an den unbelaubten Zweigen. Nach der Blüte wird er zurückgeschnitten.*

1. *Clematis cirrhosa* 'Freckles'
2. *Jasminum nudiflorum*
3. *Helleborus argutifolius*
4. *Crocus* 'Queen of the Blues'
5. *Iris unguicularis*
6. *Hedera helix* 'Anne Marie'
7. *Crocus vernus*

aber größer und erscheinen etwas später. Beide sehen zwar zauberhaft aus, eignen sich aber nicht unbedingt für den Kübelgarten, weil sie im Sommer ungestört bleiben möchten, während das Laub abwelkt, nur dann kann man sicher sein, dass sie im nächsten Jahr wieder blühen. Wer Schneeglöckchen im Kübel halten möchte, sollte sie recht tief pflanzen und mit Krokus-Gruppen kombinieren.

Krokusse sind wesentlich unkomplizierter. Man pflanzt die Zwiebeln im Herbst, dann blühen sie im folgenden Frühling. Holländische Krokusse *(Crocus vernus)* sind besonders schön, etwa die Sorten 'Pickwick' (lila gestreift), 'Jeanne d'Arc' (weiß und violett), 'Vanguard' (helllila) sowie die Hybriden von *C. chrysanthus* 'E. A. Bowles' (gold und bronze), 'Snow Bunting' (weiß) oder 'Gipsy Girl' (gelb und violett).

Der Winterling *(Eranthis hyemalis)* ist ein mehrjähriges Knollengewächs, das sich in alkalischem Boden rasch vermehrt. In saurem Boden gedeiht er nicht. Die gelben Blüten öffnen sich kurz nach den Schneeglöckchen, und vor allem gemeinsam ergeben die beiden Pflanzen ein hübsches Bild, das einen baldigen Frühling ankündigt.

Schließlich gibt es auch Einjährige für den Winter. Vor allem sind die **Primeln** zu nennen. Besonders wichtig sind aber die Stiefmütterchen *(Viola × wittrockiana)*. Ein Kübel sollte ihnen in jedem Garten vorbehalten sein, denn sie blühen vom Herbst durchgehend bis zum Frühling.

▼ *Kleine Iris sehen in einem Kübel im zeitigen Frühling hinreißend aus. Hier die Sorte Iris histroides 'Major' mit intensiv blauen Blüten.*

Frühling

Der Frühling ist für viele die schönste Gartenjahreszeit, doch verlangt er im Kübelgarten etwas Planung. Weil der Platz oft knapp ist, müssen die Gefäße, die im Sommer mit Einjährigen oder Gemüse bepflanzt werden sollen, frei gehalten und eventuell schon vorbereitet werden.

Zwiebelblumen

Die meisten Menschen denken bei Frühling an Zwiebelpflanzen. Narzissen sind sehr beliebt, doch es gibt auch viele andere Zwiebelblüher, die sich für den Kübelgarten gut eignen, etwa Tulpen, Blaustern, Traubenhyazinthen, Hyazinthen, Schneeglanz und den Hundszahn. Wer gut plant, kann die verschiedenen Größen der Zwiebeln optimal ausnutzen und selbst in einem kleinen Kübel ein tolles Arrangement gestalten. So ein Kübel muss im Herbst des Vorjahres bepflanzt werden. Die größten Zwiebeln werden recht tief gepflanzt. Andere Blumenzwiebeln folgen dann in Etagen nach Größe abgestuft, die kleinsten zuoberst. Alle Zwiebeln müssen mit einer Erdschicht bedeckt sein, die mindestens ihrer doppelten Höhe entspricht. Die Blätter der großen Zwiebeln suchen sich ihren Weg zwischen den kleineren.

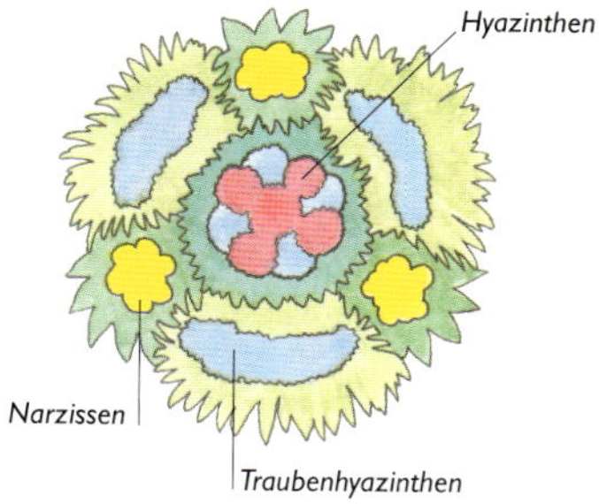

▲ *Pflanzskizze in Primärfarben für den späten Frühling. Noch lebhafter wirkt das Bild mit weißen und orangefarbenen Narzissen.*

◀ *Das dunkle, samtige Violett der Sorte 'Black Swan' erinnert an die Tulpenmanie des 18. Jh. 'Queen of the Night' ist ähnlich dunkel.*

◀ *Die Narzissensorte 'Tête-à-tête' ist für die Kübelpflanzung sehr beliebt und macht auch im Zimmer eine gute Figur.*

Es ist nicht einfach, die Bepflanzung so zu planen, dass alle Arten gemeinsam blühen. Es gibt viele Tulpen- und Narzissenarten mit unterschiedlichen Blühterminen. Generell blühen die Narzissen vor den Tulpen, aber kurz nach Blausternchen und Schneeglanz. Diese wiederum lösen die Krokusse im Kübel ab. Traubenhyazinthen, Hyazinthen und Hundszahn schließlich beenden die Blütenfolge.

Sträucher für die Frühlingsblüte

Angesichts der Frage „Was kann ich für die Frühlingsblüte pflanzen?" sind viele Gärtner nach Blumenzwiebeln und Forsythien mit ihrem Latein am Ende. Dabei gibt es viele Sträucher, die im Frühling blühen, und eine gute Anzahl von ihnen eignet sich für den Kübel. Bei der Planung muss bedacht werden, wie viel Platz zur Verfügung steht und was noch für den Sommer gepflanzt werden soll.

Zu den schönsten blühenden Sträuchern für den Frühling gehören Kamelien und Lavendelheide *(Pieris)*. Beide brauchen sauren Boden. Kamelien bevorzugen einen schattigen Platz, Lavendelheide dagegen hat es gern sonnig oder halbschattig. Ihr besonderer Reiz liegt in den anfangs leuchtend roten jungen Blättern und den weißen Blüten. Die bekannteste Art ist *Pieris japonica*. Kamelien und Lavendelheide wachsen langsam genug für den Kübelgarten.

Ein weiterer schöner Strauch für die Frühlingsblüte ist die Radspiere *(Exochorda × macrantha)* 'The Bride', die ebenfalls langsam wächst. Sie bevorzugt neutralen bis leicht sauren Boden und trägt weiße Blüten, die üppig herabhängen.

1. *Scilla siberica*
2. *Muscari armeniaca*
3. *Chionodoxa luciliae*
4. *Narcissus*
5. *Hyacinthus* 'Pink Pearl', 'Innocence'
6. *Tulipa kaufmanniana*
7. *Erythronium* 'Pagoda'
8. *Erythronium revolutum*

▶ *Kübel voller Zwiebelblumen, deren Blütezeit einander ablöst. Denkbar wären Tulpen, Traubenhyazinthen und Narzissen.*

◀ Clematis macropetala *'Jan Lindmark' blüht früh im Jahr reicher als die Urform, aber im gleichen Violettton. Die Blüten sind ungefüllt.*

Viele **Rhododendren** gedeihen gut im Kübel. Sie blühen vom späten Frühling bis zum Frühsommer und einige von ihnen duften zart. Auch sie benötigen sauren Boden. Empfehlenswerte Sorten sind 'Blue Diamond' (blauviolett), *R. calostratum* (rosarot), 'Cilpiense' (zartrosa), 'Doc' (rosarot), 'Greeting' (orangerot), *R. kiusianum* (rosa bis violett), 'Moerheim' (violettblau), 'Patty Bee' (zitronengelb), 'Kure-no-yuki' (schneeweiß) und 'Vida Brown' (rosarot).

Attraktiv sind auch die **Spiersträucher** *(Spirea japonica)* 'Goldflame' mit bronzerot austreibendem Laub sowie einige **Schneeballarten** *(Viburnum)*. Die meisten Schneebälle werden rasch zu groß für den Kübelgarten, doch der reizende *V. plicatum* 'Mariesii' wächst relativ langsam. *V. p.* 'Roseum' ist ebenfalls ziemlich kompakt und hat eine attraktive, dunkelrote Laubfärbung im Herbst.

Früh blühende Clematis

Die beliebteste zeitig im Jahr blühende **Clematis** ist *C. armandii* mit immergrünem Laub und duftenden Blüten. Allerdings ist sie nur bedingt winterhart und ausgesprochen wüchsig. Wer sie halten möchte, braucht reichlich Platz. Besser für den Kübel geeignet sind die Formen von *C. alpina* und *C. macropetala*, die vom mittleren Frühling bis in den Frühsommer blühen. Sie sind sehr winterhart, vertragen aber keinen nassen Boden. Die meisten Sorten werden nicht größer als etwa 3 m und eignen sich daher ausgezeichnet für den Kübelgarten. Nach der Blüte im Hochsommer sollten sie leicht zurückgeschnitten werden. Ein kräftiger Rückschnitt ist nur fällig, wenn sie für ihr Spalier einmal zu groß geworden sind. Zu den Alpinas mit den einfachen, glockenförmigen Blüten gehören die Sorten 'Frances Rivis' (laternenförmige, mittelblaue Blüten), 'Pink Flamingo' (zartrosa), 'Ruby' (rot mit gelben Staubgefäßen) und 'White Columbine' (weiß). Die Macropetala-Sorten ähneln den Alpinas stark, haben aber scheinbar gefüllte Blüten. Die bekanntesten Sorten sind 'Blue Bird', 'Markham's Pink', 'Rosy O'Grady' und 'White Swan'.

Obstblüte im Frühling

In Japan begeht man im Frühling zum Anlass der Kirschblüte ein traditionelles Fest. Leider gibt es nur wenige Kübelgärten, die groß genug für eine Zierkirsche sind. Selbst die Säulenform *Prunus* 'Amanogawa' wird schnell zu groß und zu breit. So bleibt nur die Lösung, Spalierobst an einem Zaun oder einer Mauer zu ziehen. Die Kirschblüte

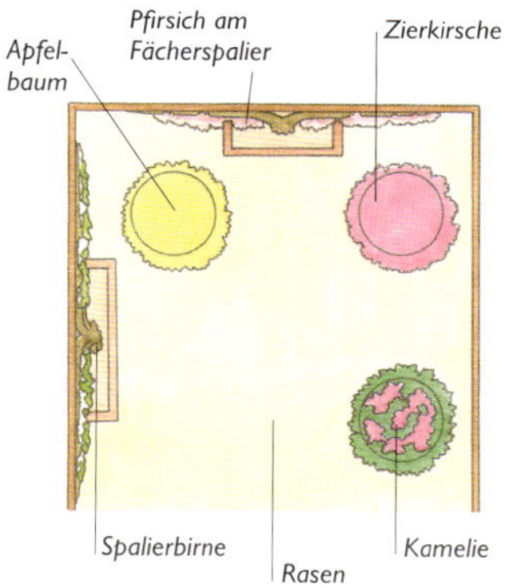

▲ *Auch in einem kleinen Garten ist Platz für Obstbäume in Kübeln. Spalierobst braucht reichlich Wandfläche, um sich auszubreiten.*

▶ *Kleine Obstbäume in Kübeln werfen oft unerwartet gute Erträge ab. Ideal sind Spalier- und Fächerbäume oder säulenwüchsige Arten.*

❶ *Malus domestica* 'Sunset'
❷ Salat
❸ *Malus domestica* 'Discovery'
❹ *Prunus persica* 'Peregrine'

im Frühling ist wirklich eine Pracht. Die ersten Bäume, die Blüten zeigen, sind Pfirsiche und Aprikosen. Ihnen folgen Birnen und etwas später Äpfel. Pfirsich- und Aprikosenbäume tragen ihre Blüten an kahlen Zweigen, noch ehe die Blätter erscheinen. Die Blüten sind ungefüllt und rosafarben oder rot. Birnen schmücken sich mit weißen Blüten, wenn gerade die ersten Blätter sprießen. Pflaumen tragen ihre weißen Blüten etwa zeitgleich mit Birnen, und auch sie beginnen dann gerade mit dem Blattaustrieb. Die Pflaumenblüte ist weniger spektakulär als die der Birnen.

Äpfel haben wahrscheinlich die hübschesten Blüten, schon darum mag kaum ein begeisterter Gärtner auf sie verzichten. Im späteren Frühling brechen die rosafarbenen Knospen auf und entfalten sich zu weißen, rosafarben überhauchten Blüten. Einige Zierapfelsorten haben Blüten in anderen Farben, von reinem Weiß bis zu kräftigem Rosarot.

Stauden im Frühling

Es gibt nicht viele Stauden, die im Frühling blühen. Darum ist es im Kübelgarten besser, sich auf die verlässlichen und hübschen Zwiebeln zu konzentrieren. Wer genug Platz hat, könnte das Lungenkraut *(Pulmonaria)* ausprobieren, eine der schönsten Frühlingsstauden. Es gibt eine Reihe von Zuchtformen mit verschiedenen Blütenfarben, doch alle haben große, interessant gefleckte Blätter. Die aufrechten Blütenstände mit den rosafarbenen, weißen, blauen, roten und violetten Blüten halten meist mehrere Wochen lang. Lungenkraut gedeiht am besten im Schatten und breitet sich schnell flächig aus.

▶ *Die rosa-weiße Apfelblüte ist besonders zauberhaft. Für die Bestäubung und damit die Ernte sind mindestens zwei Bäume erforderlich.*

Sommer

Im Sommer zeigt sich der Garten von seiner besten Seite. Die Bäume tragen frisches Laub, viele Blumen stehen in Blüte. Im Kübelgarten haben jetzt die Einjährigen ihren großen Auftritt. Wer aber einmal etwas anderes probieren möchte, findet hier eine Reihe von ungewöhnlicheren Pflanzideen.

Zwiebeln und Knollen im Sommer

Die meisten Menschen kennen nur Zwiebelblumen, die im Frühling blühen, doch es gibt auch eine Reihe von Sommerblühern. Weil sie unkompliziert sind und auch im Kübel ausgezeichnet gedeihen, sollte man sie nicht übergehen: Inkalilie *(Alstroemeria* Ligtu-Hybriden), die im Sommer in vielen Pastelltönen blüht, und *Galtonia candicans* sowie *G. viridiflora* mit den weißen, lilienartigen Blüten brauchen einen guten Frostschutz. Gladiolen *(Gladiolus)* sind ebenfalls beliebt und in vielen Größen und Farben zu haben. Jakobslilien *(Sprekelia formosissima)* haben im Frühsommer schöne, rote Blüten, brauchen aber einen Platz an einer warmen Südwand und einen Winterschutz. Die Tigerblume *(Tigridia pavonia)* ähnelt mit ihren exotisch gefleckten Blüten in Gelb-, Orange- und Rottönen einer Orchidee.

◀ Kletterpflanzen und Sträucher in verschiedenen Rot-, Rosa- und Violetttönen als Gruppe an einem sonnigen Standort. Einige weiße Blüten bringen die übrigen Farben erst richtig zum Leuchten.

◀ Die Lilie 'Sun Ray' ist eine recht niedrige Sorte mit leuchtend gelben, braun getupften Blüten. Sie gedeiht gut im Kübel, duftet aber nicht.

Lilien

Die Gattung der Lilien umfasst mehr als 100 Arten und zahllose Zuchtformen. Man gliedert sie in sechs Gruppen. Alle müssen rechtzeitig gestützt werden, damit die Stiele schon im Wachstum aufrecht gehalten werden. Man pflanzt die Knollen in tiefe Kübel mit einer nahrhaften Substratmischung aus gleichen Teilen Gartenerde, Torf (oder einem Ersatzprodukt) und Laubkompost. Die Knollen werden mit einer mindestens 8 cm dicken Erdschicht bedeckt. Besonders schön sind die Trompetenlilien, die sich sehr gut für den Kübel eignen, sowie die etwas kleineren asiatischen Lilien. Zu den Trompetenlilien zählt *Lilium speciosum* var. *rubrum* mit rosafarben und rot gefleckten Blüten sowie die Königslilie *L. regale* mit herrlich duftenden weißen Blüten, deren Außenseiten violett gestreift sind. *L. r.* var. *album* hat nahezu schneeweiße Blüten. Auch gelbe und orangefarbene Sorten sind zu finden.

Sommerzwiebeln pflanzen

1 Füllen Sie beim Pflanzen der Zwiebeln den Kübel mit frischem Substrat. Die Pflanztiefe einer Zwiebel entspricht ihrer 2 1/2-fachen Höhe.

2 Ein Zwiebelpflanzer ist praktisch. Die meisten haben seitlich eine Maßskala sowie ein Scharnier, um die ausgehobene Erde leicht auszuschütten.

3 Zwiebeln, die im Haus zur Blüte gebracht werden sollen, pflanzt man knapp unter die Substratoberfläche. Das gilt etwa für Hyazinthen und Amaryllis.

Sträucher und Kletterer für den Sommer

Sie sollten der Versuchung widerstehen, den Sommergarten ausschließlich mit Einjährigen zu gestalten. Erst die Vielfalt aus verschiedenen Pflanzen machen einen Garten wirklich interessant.

Zu den Kletterpflanzen, die im Sommer blühen, gehört der Korallenstrauch *(Berberidopsis corallina)*, der Schatten und sauren Boden braucht und in harten Wintern geschützt werden muss. Er ist immergrün und trägt kugelrunde, rote Früchte, die an langen Stielen von den Zweigen hängen. *Bougainvillea glabra* ist ein wüchsiger, immergrüner Kletterer, der gut im Kübel gedeiht, aber frostfrei überwintert werden muss. Gelegentlich sollte er kräftig gestutzt werden.

Im Sommer machen auch die großblütigen Clematissorten auf sich aufmerksam, die gut an einem Wandspalier wachsen. Zu den schönsten gehören 'Comtesse de Bouchaud' (rosa), 'Jackmanii Superba' (violett), 'Henryi' (cremeweiß), 'Marie Boisselot' (weiß), 'Lasurstern' (lavendelblau) und 'Nelly Moser' (rosa bis mauve).

▶ *Bougainvilleen gedeihen gut im Kübel, sofern sie einen warmen, sonnigen Standort bekommen und frostfrei überwintert werden.*

Die Spalthortensie *(Schizophragma hydrangeoides)* ähnelt der Kletterhortensie und hält sich wie diese mit Luftwurzeln an ihrem Untergrund fest. Sie trägt im Sommer winzige, duftende, weiße Blüten, die von cremefarbenen Brakteen umgeben sind. Vor allem vor einem einfarbigen Hintergrund sieht sie sehr reizvoll aus. Allerdings braucht sie etwas Platz und fühlt sich in einem festen Hochbeet oder Pflanzkasten vor einer Mauer am wohlsten. Man pflanzt sie mit etwa 60 cm Abstand zur Mauer und gibt ihr eine Kletterhilfe, bis sie sich selbst festhält.

Der Sternjasmin *(Trachelospermum speciosum)* ist ein weiterer ungewöhnlicher Kletterer, der aber nicht immer problemlos anwächst und vor Frost geschützt werden muss. Er verlangt einen tiefen Kübel mit neutraler bis saurer Erde. Die Wurzeln müssen stets kühl bleiben, während die Blüten Sonne brauchen. Hat er sich einmal etabliert, klettert er an einem Spalier oder an anderen Pflanzen in die Höhe und bildet vom Hochsommer an leuchtend rote Blüten. Besonders schön sieht er aus, wenn er sich durch einen Wandstrauch windet.

◀ *Sommerjasmin ist ein zarter, in milden Regionen halbimmergrüner Kletterer mit duftenden Blüten im Sommer. Er muss kräftig beschnitten werden.*

Blühsträucher für den Sommergarten

Eine Reihe von Arten bietet sich für diesen Zweck an. Schönmalve *(Abutilon)* wird gern an einer Südwand gepflanzt, weil sie Sonne und Wärme braucht. 'Boule de Neige' ist immergrün und trägt vom Frühling bis zum Spätsommer glockenförmige, weiße Blüten. *A. × suntense* ist eine sommergrüne Art mit violettblauen Blüten. 'Gorer's White' blüht weiß und *A. vitifolium* 'Veronica Tennant' trägt Blüten in Rosa bis Mauve.

Ananasginster *(Cytisus battandieri)* ist ein weiterer Strauch, der Sonne und Wärme braucht und am besten vor eine Südwand gepflanzt wird. Er trägt im Spätsommer große Gruppen duftender, leuchtend gelber Blüten, die entfernt an winzige Ananas erinnern und auch so riechen. Die Deutzie ist ein recht ungewöhnlicher Strauch, der vom mittleren Frühling bis zum Hochsommer duftende Blüten in Rosa bis Weiß trägt. Zwei besonders schöne Sorten sind *Deutzia × elegantissima* 'Rosealind' mit rosafarbenen Blüten und *D.* 'Mont Rose' mit rosaviolett gestreiften Blüten. Beide gedeihen gut in einem großen Kübel.

Fremontodendron 'California Glory' ist ein weiterer immergrüner Wandstrauch, der sich an einer Südmauer wohl fühlt und kurze Kälteeinbrüche übersteht. Vom Spätfrühling bis in den Spätsommer trägt er große, gelbe Blüten.

Die Gattung Strauchveronika *(Hebe)* umfasst viele immergrüne Sträucher, deren Blütenstände meist blau, weiß, rosa- oder fliederfarben sind.

▶ *Hosta gibt es mit unterschiedlich gefärbten Blättern von Gelb bis Graublau. Im Sommer tragen sie schlanke Blütenstände mit weißen oder violetten Blüten. Wahre Hostaliebhaber entfernen die eher unscheinbaren Blüten, weil sie von den Blättern ablenken.*

Die Vielfalt an Farben und Formen in dieser Gattung ist sehr groß. Einige werden recht groß, andere eignen sich sogar für den Steingarten, darunter *H. cupressoides* 'Broughton Dome'. Für die Pflanzung im Kübel empfehlen sich die Sorten *H.* 'Bowles Hybrid' mit lavendelblauen Blüten und *H. pinguifolia* 'Pagei' mit weißen Blüten.

Sommerstauden

Stauden werden im sommerlichen Kübelgarten allzu oft vergessen. Schade, denn sie können sehr attraktiv sein und eignen sich auch zum Füllen von Lücken. Man kann sie auf zweierlei Weise einsetzen. Wer genug Platz hat, könnte mit kleinwüchsigen Züchtungen bekannter Stauden wie Lupinen, Stockrosen und Rittersporn ein kleines Staudenbeet gestalten. Auch die von Natur aus zierlichen Arten wie Storchschnabel, Phlox, Nelken und Skabiosen eignen sich dafür gut.

Die zweite Möglichkeit bietet sich vor allem an, wenn der Platz knapp ist. Wählen Sie einige Ihrer Lieblingsstauden und setzen Sie sie in separate Kübel, sodass sie mit anderen Pflanzen zu Gruppen arrangiert werden können. Ideal sind Hosta, aber auch Skabiosen oder die blaue Ballonblume *(Platycodon grandiflorus* 'Mariesii').

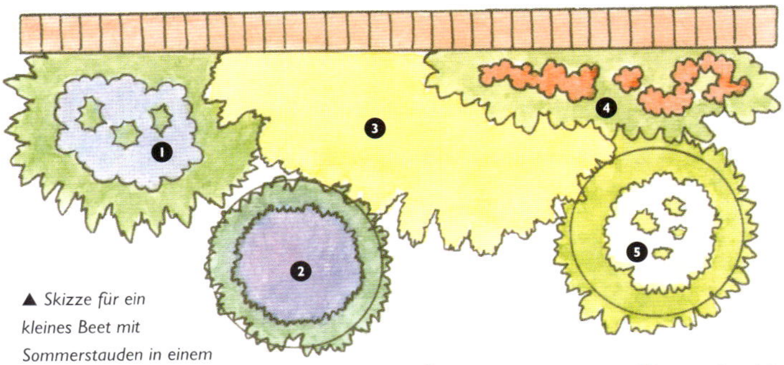

▲ *Skizze für ein kleines Beet mit Sommerstauden in einem Kübelgarten. Weiß blühende Blumen sorgen stets dafür, dass die Kombinationen anderer Blütenfarben ausgewogen wirken.*

1 *Delphinium* 'Blue Nile'
2 *Geranium* 'Johnson's Blue'
3 *Lupinus* 'Chandelier'
4 *Alcea* 'Chater's Double'
5 *Anthemis punctata* ssp. *cupaniana*

Herbst

Vielen Menschen gilt der Herbst als die schönste Jahreszeit. Der Sommer ist vorüber, die Ernte eingefahren, die Blätter an den Bäumen färben sich gelb und golden und fallen dann zu Boden. Die intensiven Farben des Sommers sind verblasst, Ruhe kehrt ein, Zeit sich zu entspannen.

Die Bedeutung der Herbstfarben

Die Herbstfarben währen nur kurz und sind stark vom Wetter abhängig – von Regen oder Sonne, Frost oder feuchtwarmen Winden. Dennoch haben sie ihren besonderen Reiz, und jeder Garten, ob groß oder klein, sollte über einige Pflanzen verfügen, die sich zu dieser Zeit von ihrer besten Seite zeigen. Zu den schönsten Herbstpflanzen zählt zweifellos der Fächerahorn *(Acer palmatum)* mit vielen Zuchtformen. Meist sind es kleine, schirmförmige Bäume, die langsam wachsen und erst nach vielen Jahren zu groß für ihren Kübel werden. Im Sommer haben sie mittelgrünes Laub, doch im Herbst verwandeln sie sich in ein Feuerwerk in Orange, Gelb, Rot und Gold. Die Sorten 'Burgundy Lace', 'Butterfly', 'Garnet' und 'Red Pygmy' sind im gut sortierten Handel zu bekommen. Alle bevorzugen Sonne oder Halbschatten und einen leicht sauren Boden.

Ein weiterer Strauch, der nicht zu schnell wächst und eine wunderbare Herbstfärbung hat, ist der Federbuschstrauch *(Fothergilla major)*, der am besten auf neutralem bis saurem Boden gedeiht. Vom mittleren Frühling bis zum Frühsommer trägt er kleine, weiße Blütenähren. Im Herbst verfärbt sich sein Laub von Gelb über Orange, Rot und Bläulich bis Schwarz, ehe es abfällt. Mit dieser interessanten Färbung ist der Federbuschstrauch ein echter Blickfang.

Beerenschmuck

Da die Beeren auch bei Vögeln und Eichhörnchen sehr beliebt sind, bleiben

◀ *Die leuchtend roten Beeren und das bronzefarbene Laub des Cotoneaster 'Cornubia' sind im Herbst eine Augenweide.*

▶ *'Lucifer' ist eine kleinwüchsige Canna, die vom Hochsommer bis in den Herbst blüht. Sie braucht einen warmen Standort und bei Trockenheit reichlich Wasser.*

sie manchmal nicht lange an den Sträuchern. Vogelbeeren beispielsweise sind sehr schnell abgefressen. Weniger begehrt sind die kleinen Holzäpfel, die rot und gelb leuchten. Die Bäume haben außerdem im Frühling eine sehr hübsche Blüte. *Malus* 'John Downie' hat rote Früchte, 'Golden Dream' trägt gelbe Miniäpfel. Beide sind selbstbefruchtend und werden, sofern sie auf einer kleinwüchsigen Unterlage veredelt sind, nicht sehr groß.

Die Schneebeere *(Symphoricarpos × doorenbosii)* ist eine weitere gute Kübelpflanze. In Beeten ist sie eher unbeliebt, weil sie sich durch Ausläufer unkontrolliert ausbreitet. Die Beeren sind für Menschen schwach giftig und auch bei Vögeln nicht sonderlich beliebt, darum bleiben sie über mehrere Wintermonate am Strauch. Attraktive Sorten sind 'White Hedge' mit Trauben weißer Beeren sowie 'Mother of Pearl' mit rosa überhauchten Beeren.

Feuerdorn *(Pyracantha)* ist für seine leuchtenden Früchte ebenso bekannt wie der Weißdorn *(Crataegus)*, der jedoch für den Kübelgarten rasch zu groß wird. Besser geeignet ist die Scheinbeere *(Gaultheria shallon* und *G. mucronata)*. Beide vermehren sich, wie die Schneebeere, durch Ausläufer und lassen sich darum in einem Kübel gut im Zaum halten. Sie benötigen ein saures Substrat und tragen auffällige, runde Beeren, deren Farbton je nach Sorte von Magenta bis Weiß rangiert.

Ein weiterer ausgezeichneter Strauch für die Herbstfarbe ist die Skimmie *(Skimmia japonica)* mit vielen Sorten, die meist leuchtend rote Beeren tragen – sofern männliche und weibliche Pflanzen vorhanden sind.

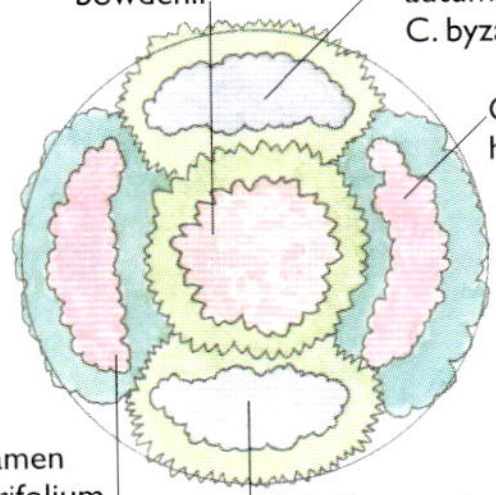

▲ *Zwiebelblüher für den Herbst eignen sich gut zum Verwildern in einer Grasfläche, wenn der Rasen nicht mehr gemäht werden muss.*

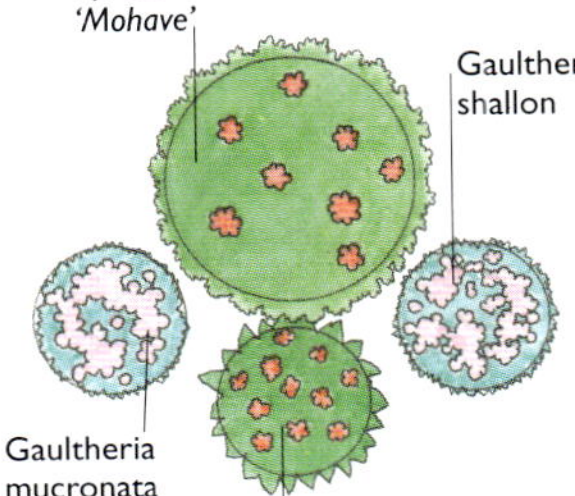

▲ *Achten Sie darauf, ob Sträucher im Herbst und Winter Beeren tragen. Sie sind für den Gärtner ebenso wie für die Vögel ein Gewinn.*

Unter den Kletterpflanzen sind vor allem die Weinarten und die Jungfernrebe *(Parthenocissus tricuspidata)* für ihre schöne Herbstfärbung berühmt. Die Urform der Jungfernreben ist *P. quinquefolia*, die früher unter der treffenden lateinischen Bezeichnung *Vitis inconstans* bekannt war. Ihre Herbstfärbung dauert nur kurz an, ist aber umso beeindruckender. Auch die Zierweine haben leuchtende Farben. *V. coignetiae* und *V. vinifera* 'Purpurea' sind besonders bekannt. Das Laub des Goldhopfens *Humulus lupulus* 'Aureus' färbt sich goldgelb, ehe es zu Boden fällt. Unter den vielen Clematissorten ist vor allem die kleinblütige *Clematis tangutica* zu erwähnen, auf deren nickende, gelbe Blüten skurrile, silbrige Samenstände folgen.

Zwiebeln und Knollen

Die bekannteste Zwiebelblume für das ausklingende Jahr ist die Herbstzeitlose *(Colchicum)*, die – je nach Sorte – vom Spätsommer bis in den frühen Winter blüht. Bekannt ist vor allem *C. autumnale* mit rosafarbenen Blüten, aus der einige Zuchtformen entwickelt wurden. 'Alboplenum' blüht weiß, während 'Pleniflorum' rundliche Blüten in Rosa trägt. Lohnend sind auch *C. byzantinum* mit fliederfarbenen Blüten und *C. speciosum* in einem intensiveren Rosaton. Die Sorte *C. s.* 'Album' hat reinweiße, kelchförmige Blüten. Ungewöhnlich ist an allen Herbstzeitlosen, dass ihre Blüten vor den Blättern erscheinen. Die meisten verwildern gern in Wiesen, aber alle gedeihen auch im Kübel. Man pflanzt sie im Spätsommer in ein tiefes Gefäß mit durchlässigem Substrat.

Zwei weitere Zwiebel- oder Knollenpflanzen fühlen sich im Kübel wohl. Die Guernsey-Lilie *(Nerine bowdenii)* ist eine davon. Sie blüht am besten, wenn ihr Wurzelwerk den Topf ausgefüllt hat, und braucht einen warmen, sonnigen Standort. Ihre Rispen mit rosafarbenen Blüten erfreuen mehrere Wochen lang. Die zweite Gruppe sind die Herbstalpenveilchen oder Efeublättriges Alpen-

◄ *Die Blätter des Zierweins* Vitis vinifera *'Purpurea' färben sich im Herbst leuchtend dunkelrot. Die Trauben schmecken nicht.*

▶ *Niedrige Dahlien gedeihen auch in kleineren Kübeln gut. Zwergwüchsige Sorten werden nur etwa 60 cm hoch.*

veilchen *(Cyclamen hederifolium* syn. *neapolitanum)*. Ihre zierlichen Blüten stehen an schlanken Stielen über dem Laub. Sie gedeihen gut im Steingarten.

Dahlien

Dahlien sind neben Astern die Herbstblumen schlechthin. Kaum eine Pflanze ist so pflegeleicht und trägt so attraktive Blüten. Sie haben die Wahl unter mehr als 20000 Sorten. Dahlien werden anhand der Form ihrer Blüten in elf Gruppen aufgeteilt, darunter die Pompondahlien, die orchideenblütigen und die päonienblütigen. Einige haben mächtige Blüten mit mehr als 25 cm Durchmesser. Das Farbspektrum reicht von Rosa über Rot, Orange und Gelb bis Weiß. Wer Dahlien pflanzen möchte, sollte einen speziellen Katalog durchblättern und Sorten aussuchen, die in Typ, Größe und Farbe zum Garten passen. Die Rhizome werden im mittleren bis späten Frühling gepflanzt, wenn jegliche Frostgefahr vorüber ist. Schon bei der Pflanzung sollte man Stäbe einstecken. Die Rhizome werden mindestens 10 cm tief in nahrhaftes Substrat gepflanzt und zusätzlich mit einem phosphathaltigen Dünger (beispielsweise Knochenmehl oder Hornspäne) versorgt. Die jungen Triebe müssen vor Schnecken geschützt werden.

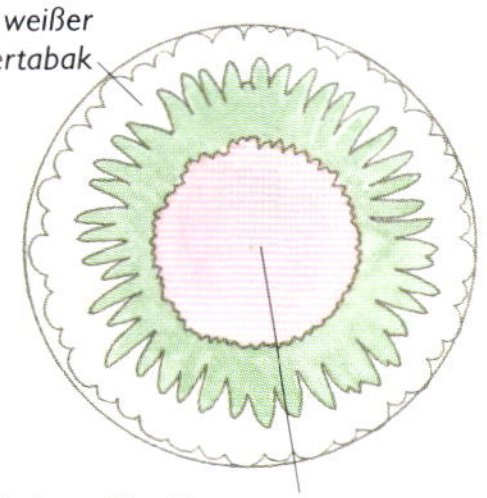

▲ *Bepflanzen Sie einen Kübel mit der Aster* novi-belgii *'Apple Blossom', und rahmen Sie sie mit* Nicotiana *'Domino White' ein.*

Stauden für die Herbstblüte

Die beliebtesten Herbststauden sind die Glattblattastern *(Aster novi-belgii)* und ihre Verwandten, die Raublattastern *(Aster novae-angliae)*. Wenn viele andere Stauden ihre Hochzeit hinter sich haben, tragen beide Sorten ihre dichten Gruppen aus Strahlenblüten in verschiedenen Blau-, Lila- und Rosatönen sowie in Weiß. Die meisten haben in der Mitte ein gelbes Auge. Einige Sorten werden bis zu 1,2 m hoch und müssen gestützt werden. Vermeiden sie diese für den Kübelgarten. *A. n.-b.* 'Apple Blossom' blüht klarrosafarben, 'Marie Ballard' in einem zarten Hellblau. Eine weitere schöne Herbststaude ist die Hornnarbe *(Ceratostigma willmottianum)* mit hübschen, hellblauen Blüten, die an das Immergrün erinnern. Ihr Laub färbt sich im Herbst intensiv rot.

Ernte aus dem Kübel

Es ist erstaunlich, wie viele Obst- und Gemüsesorten man in einem kleinen Kübelgarten ziehen kann. Mit etwas Planung reifen nacheinander verschiedene Gemüsesorten, die viel besser schmecken als alles, was man im Supermarkt kaufen kann.

Planung und Pflanzung

Wer auf engem Raum Obst und Gemüse ziehen will, muss gut planen. Überlegen Sie genau, wie sich der vorhandene Platz optimal nutzen lässt. Obstbäume, die neben der herbstlichen Ernte eine schöne Frühlingsblüte haben, erfreuen somit doppelt. Minigemüse gedeiht sogar im Blumenkasten.

Planung ist das Zauberwort. Es hat keinen Sinn, ein ganzes Päckchen Salatsamen auszusäen, sodass hundert Köpfe gleichzeitig heranreifen. Sie müssen zuerst überlegen, wie viel Platz Sie für Obst und Gemüse reservieren wollen. Soll nur ein Kübel mit Gemüse bepflanzt werden, oder wollen Sie mehrere im Garten verteilen? Ist vielleicht eine sonnige Mauer vorhanden, an der man Spalierobst ziehen kann? Wie viele Pflanzbeutel wollen Sie auf einem Hof oder einer Terrasse auslegen? Wollen Sie nur Tomaten ziehen oder auch Gurken? Reicht der Platz für einige Kübel mit Erbsen oder Bohnen aus, die an einem Zeltgerüst aus Stäben ranken können? Denken Sie an einen Kräutertopf?

Nachdem diese Fragen beantwortet sind, müssen Sie sich entscheiden, was Sie gern essen und ernten möchten. Viele Gärtner lieben Kräutertöpfe oder ziehen Erdbeeren in Kübeln. Bei Gemüse muss man genau überlegen, welche Arten wann heranreifen und ob man zwei Sorten hintereinander ziehen kann.

Für die erfolgreiche Planung ist das wichtigste Kriterium die Zeit, die jede Gemüsesorte bis zur Erntereife braucht. Pastinaken beispielsweise müssen sehr früh im Jahr gesät werden, werden aber selten vor dem Spätherbst geerntet. Ihr grünes Laub sieht zwar im Sommer at-

◀ *Ein attraktiver Gemüsegarten mit Monatserdbeeren, Tomaten und Fenchel in Kübeln aus verzinktem Eisen.*

◀ *Kräuter und Gemüse können im Sommer sehr farbenfroh sein. Allerdings blühen nicht alle gleichzeitig.*

traktiv aus, doch brauchen sie 10–11 Monate bis zur Erntereife und blockieren so wertvollen Platz. In einem traditionellen Küchengarten oder Gemüsebeet mit ausreichend Platz ist das kein Problem. In einem kleinen Garten jedoch, wo jede Pflanze ihren Platzbedarf rechtfertigen muss, kann man sich diesen Luxus kaum leisten.

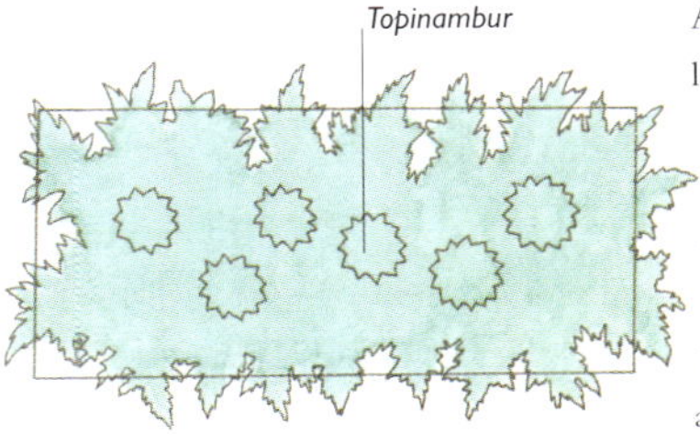

▲ *Topinambur gedeiht gut im Kübel und setzt einen vertikalen Akzent im Kübelgarten. Die hohen Pflanzen brauchen jedoch eine Stütze.*

Pflanzen Sie die Setzlinge mit geringeren Abständen, als es für das Beet empfohlen wird, und bevorzugen Sie Salate und andere Gemüsearten mit kurzer Reifezeit, um den knappen Raum mehrmals im Jahr zu nutzen. Bedenken Sie, wie groß die Pflanzen werden. Düngen Sie reichlich, denn der Nährstoffbedarf ist in Kübeln größer als im Beet.

Und vergessen Sie auch nicht das Aussehen Ihrer Kübel. Wählen Sie möglichst Gemüsearten, deren Blattform und -farbe interessante Kontraste bilden.

Denken Sie daran, wie die Pflanzen während der Reifung aussehen. Abwelkendes, umfallendes Zwiebellaub ist keine Augenweide, und auch ein halb abgeernteter Brokkoli besticht nicht gerade durch Schönheit. Manche Gemüsesorten sollte man auf engem Raum darum besser vermeiden.

Senkrecht denken

Selbst im Gemüsegarten sollte man die Dimension der Höhe bedenken. Topinambur beispielsweise kann man in einen separaten Kübel setzen. Die Pflanzen bleiben bis zur Ernte der Knollen im Herbst im Boden. Sie sehen attraktiv aus, eignen sie sich zudem für köstliche Suppen, neigen im Beet aber zum aggressiven Wuchern. Auch Erbsen und Stangenbohnen gehören zu den Gemüsesorten, die den Blick in die Höhe lenken. Erbsen gedeihen gut im Kübel und klettern gern an einem kleinen Spalier oder an Zweigen. Kaiserschoten sind besonders schmackhaft, letztlich ist die Sortenwahl aber eine Frage der persönlichen Vorlieben. Auch Stangenbohnen wachsen gut im Kübel und sind mit ihren Blüten in Rot, Weiß oder Rosa obendrein sehr ansehnlich.

Kräuter

Kräuter gehören zu den interessantesten Pflanzen für jeden Garten. Viele Menschen meinen, sie werden ausschließlich für die Küche benötigt. Tatsächlich wurden sie ursprünglich wegen ihrer Heilkräfte kultiviert. Kräuterlisten wurden auf 5000 Jahre alten sumerischen Schrifttafeln entziffert.

Viele Gärtner, ob sie nun einen großen oder einen winzigen Garten besitzen, ziehen Kräuter in Kübeln. Das hat viele Vorteile. Kübel kann man auf die Terrasse oder neben die Küchentür stellen, wo sie beim Kochen schnell und trockenen Fußes geerntet werden können. Viele Kräuter, vor allem Minze, neigen zum Wuchern und lassen sich in einem Kübel besser bändigen. Einige Kräuter sind frostempfindlich und können im Kübel drinnen überwintert werden.

Kräuter sind faszinierend. Wer genug Platz hat, könnte sich auf einen bestimmten Aspekt konzentrieren und beispielsweise Duft-, Heil- oder Küchenkräuter aus aller Welt zusammentragen. Für einen Kübel mit blühenden Heilkräutern bieten sich beispielsweise Steinquendel *(Calamintha)*, Kalifornischer Kappenmohn *(Eschscholzia)*, Kornblumen *(Centaurea)*, Beinwell *(Arnica)* und Waldmeister *(Galium)* an. In einen Kübel mit duftenden Kräutern könnte man Helio-

▶ *Thymian wird auch gern als Steingartenpflanze gehalten. In den bergigen Regionen des Mittelmeerraums wächst er wild.*

trop (auch Vanilleblume, *Heliotropium*), Nachtviole *(Hesperis)*, Ysop *(Hyssopus)*, Wilde Bergamotte *(Monarda)*, Süßdolde *(Myrrhis)*, Duftblattpelargonien *(Pelargonium)* und Duftveilchen *(Viola odorata)* pflanzen.

Kübel mit Küchenkräutern lassen sich einer bestimmten Art widmen, etwa der Minze, oder man wählt Kräuter einer speziellen Region. Mittelmeerraumkräuter bieten sich an, wenn man eine offene, sonnige Terrasse besitzt, auf der sich Thymian, Oregano, Majoran, Salbei, Rosmarin und andere Arten, die trockene Wärme lieben, wohl fühlen. Vor allem Salbei gibt es in vielen Sorten mit Blättern in unterschiedlichen Grün- und Rottönen.

Beliebte Küchenkräuter

Schnittlauch – eignet sich auch als dekorative Einfassung von Kübeln. Blüten und Halme sind essbar, beide haben einen kräftigen Zwiebelgeschmack. Die Halme kann man gut einfrieren und im Winter verwenden, wenn die Pflanze das Laub einzieht. Man sät Schnittlauch im Frühling im Haus in Schalen aus und pflanzt ihn in Gruppen von zwei bis drei Sämlingen aus. Größere Horste können nach drei bis vier Jahren im Frühling oder Herbst geteilt werden. Schnittlauch sieht auch in Töpfen seht schön aus.

◀ *Salbei mit verschiedenen Blattfarben sieht hübsch im Kräutergarten aus. Das Foto zeigt Salvia officinalis 'Purpurascens' und 'Icterina'.*

Minze – in der Küche werden vor allem Pfefferminze und Krauseminze verwendet. Krauseminze schätzt man für Saucen und kühle Sommergetränke. Empfehlenswert ist außerdem die Apfelminze mit den attraktiven grün-weißen Blättern sowie Bowles' Minze, die ausgezeichnet zu neuen Kartoffeln schmeckt.

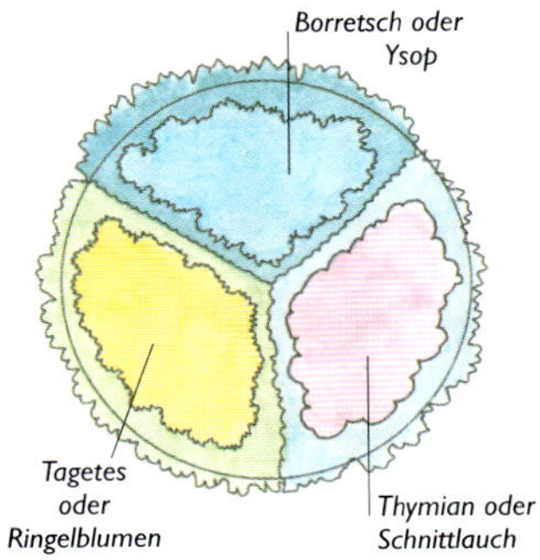

▲ *Heil- und Küchenkräuter gibt es in vielen Farben. Mit etwas Sorgfalt lässt sich mit ihnen ein Farbkreis im Kübel gestalten.*

Minzepflanzen sollte man in einer guten Gärtnerei kaufen. Bei der Anzucht aus Samen erlebt man oft Überraschungen, denn die Sorten kreuzen sich leicht und unkontrolliert. Man vermehrt Minze durch Teilung. Beim Berühren der Pflanze ist Vorsicht geboten, denn die behaarten Blätter können Hautreizungen verursachen. Tee aus Minzearten sollte man nicht über einen längeren Zeitraum regelmäßig trinken.

Oregano – ein beliebtes Kraut aus dem Mittelmeerraum zum Würzen von Nudel- und Schmorgerichten. Die buschige

◀ Origanum vulgare *'Aureum' ist eine Zuchtform des Oregano, der auch als Wilder Majoran bezeichnet wird.*

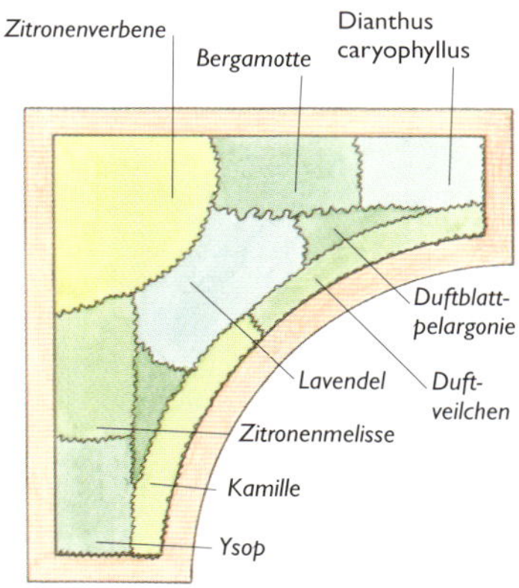

▲ *Ein kleines Hochbeet in einer sonnigen Ecke ist ideal für viele Küchenkräuter. Einige haben angenehm duftende Blätter.*

Rhizomstaude hat aufrechte Triebe. Die Blüten, die zahlreiche Bienen und andere Insekten anlocken, sind meist rosaweiß und von dunkelroten Brakteen umgeben. Es gibt einige Farbvarianten. Zu den besten Gartensorten gehören 'Aureum' (goldfarbene Blätter), 'Aureum crispum' (gekräuselte, goldfarbene Blätter) und 'Compactum' (gedrungener Wuchs). 'Heiderose' ist eine aufrechte Sorte mit rosafarbenen Blüten. Oregano sät sich selbst aus oder wird im Frühling geteilt.
Petersilie – eine zweijährige Pflanze, die man am besten einjährig kultiviert. Sie keimt nur langsam und verlangt hohe Temperaturen. Manche Gärtner säen sie erst im Sommer aus. Man kann die Samen aber auch in heißem Wasser einweichen oder nach der Direktsaat im Beet mit heißem Wasser begießen.
Rosmarin – gedeiht im Kübel an einem geschützten Platz sehr gut. Die Pflanze aus dem Mittelmeerraum verträgt leichten Frost. Sie blüht bereits im ausgehenden Winter. Der Strauch sieht leicht struppig und unordentlich aus, darf aber nicht zu stark beschnitten werden, weil er nicht aus dem Holz austreibt.
Salbei – *Salvia officinalis* ist seit Jahrhunderten als Würzkraut bekannt. Die Blätter lassen sich auch gut für den Wintervorrat trocknen. Traditionell verwendet man sie zusammen mit Zwiebeln zu gebratenem Geflügel. Man sät Salbei im Frühling im kalten Frühbeet aus oder schneidet im Sommer halb verholzte Stecklinge. Es gibt eine Reihe von Sorten mit farbigen Blättern, die besonders attraktiv aussehen.
Thymian – Es gibt verschiedene Thymiansorten mit unterschiedlichen Geschmacksnuancen. Thymian mit leichtem Kümmelgeschmack ist das traditionelle Gewürz zu Rinderbraten. Man sät Thymian im Frühling im kalten Frühbeet aus oder schneidet im Sommer halb verholzte Stecklinge.

▶ *Kleine Rosmarinpflanzen kann man zu einer niedrigen Hecke stutzen. Rosmarin bevorzugt einen geschützten Standort.*

Kräuter für den Kübelgarten

Duftkräuter
Duftnessel, *Agastache foeniculum*
Zitronenverbene, *Aloysia triphylla*
Steinquendel, *Calamintha grandiflora*
Römische Kamille, *Chamaemelum nobile*
Gartennelke, *Dianthus caryophyllus*
Waldmeister, *Galium odoratum*
Heliotrop, *Heliotropium arborescens*
Nachtviole, *Hesperis matronalis*
Ysop, *Hyssopus officinalis*
Jasmin, *Jasminum officinale*
Lavendel, *Lavandula*
Zitronenmelisse, *Melissa officinalis*
Bergamotte, *Monarda didyma*
Duftblattpelargonie, *Pelargonium*
Heckenrose, *Rosa rugosa*
Duftveilchen, *Viola odorata*

Küchenkräuter
Duftnessel, *Agastache foeniculum*
Dill, *Anethum graveolens*
Kerbel, *Anthriscus cerefolium*
Estragon, *Artemisia dracunculus*
Borretsch, *Borago officinalis*
Kümmel, *Carum carvi*
Koriander, *Coriandrum sativum*
Lorbeer, *Laurus nobilis*
Basilikum, *Ocimum basilicum*
Majoran, *Origanum majorana*
Kapuzinerkresse, *Tropaoleum majus*

Heilkräuter
Arnika, *Arnica montana*
Borretsch, *Borago officinalis*
Ringelblume, *Calendula officinalis*
Wiesenschaumkraut, *Cardamine pratensis*
Roter Sonnenhut, *Echinacea purpurea*
Natternkopf, *Echium vulgare*
Mädesüß, *Filipendula ulmaria*
Ruprechts-Storchschnabel, *Geranium robertianum*
Ysop, *Hyssopus officinalis*
Margerite, *Leucanthemum vulgare*
Poleiminze, *Mentha pulegium*
Süßdolde, *Myrrhis odorata*
Krause Petersilie, *Petroselinum crispum*
Salbei, *Salvia officinalis*
Mutterkraut, *Tanacetum parthenium*
Rainfarn, *Tanacetum vulgare*

Blühende Kräuter
Schafgarbe, *Achillea millefolium*
Grasnelke, *Armeria maritima*
Gänseblümchen, *Bellis perennis*
Borretsch, *Borago officinalis*
Ringelblume, *Calendula officinalis*
Kornblume, *Centaurea cyanus*
Gartennelke, *Dianthus caryophyllus*
Jasmin, *Jasminum officinalis*
Goldmelisse/Indianernessel, *Monarda didyma*
Duftblattpelargonie, *Pelargonium*
Tagetes, *Tagetes patula*
Duftveilchen, *Viola odorata*

Obst

Obst im Kübel muss meist an einer Wand gezogen werden. Nur im Dachgarten können Sträucher und kleine Obstbäume auch frei stehen. Erdbeeren sind eine weitere Ausnahme: Sie gedeihen in Kübeln oder Erdbeertöpfen. Die Größe des Gartens bestimmt, was Sie ernten können.

Wer Obst im Blumenkasten ziehen will, muss sich auf Walderdbeeren beschränken, die zwischen andere Kräuter oder Gemüse gepflanzt werden. Auf einem Balkon oder einer Terrasse hängen die Möglichkeiten hauptsächlich vom Platz und der Himmelsrichtung ab. In Dachgärten ist es zu windig.

Begrenzte Auswahl

Wer keine warme Mauer zur Verfügung hat oder eine nach Norden oder Osten gelegene Terrasse besitzt, hat nur eine begrenzte Auswahl. Schattenmorellen gedeihen gut an einer Nordwand. Einige robuste Apfelsorten, denen späte Fröste nichts ausmachen, tragen auch an einer Ostwand Früchte, wenngleich nicht so viele wie in einer sonnigeren Lage. Birnen blühen früher als Äpfel und sind daher durch Frost stärker gefährdet; sie brauchen mindestens eine Südostmauer. Einige Pflaumen, vor allem die beliebte Sorte 'Victoria', bringen auch bei mäßiger Sonnenbestrahlung recht gute Erträge, sofern sie im zeitigen Frühling vor Spätfrösten geschützt werden. In kühleren Regionen wird man mit Johannisbeeren an einer Mauer mehr Erfolg haben als mit Steinobst. Wer in einem sehr schattigen Garten einen Obstbaum pflanzt, sollte aufgeben, wenn dieser nach drei Jahren noch keine Blüten und Früchte trägt.

Empfindliche Früchte im Freien

Obstbäumchen in Kübeln müssen nicht zwangsläufig das ganze Jahr über im Freien stehen. Jede Terrasse gewinnt

▲ Ein Apfelbaum in einem kleinen Beet kann an einem Wandspalier erzogen werden. Auf Seite 124/125 wird der Schnitt beschrieben.

▲ Wählen Sie bei der Pflanzung eines Obstbaums einen etwas größeren Kübel. Beim Einsetzen die Pflanztiefe wie vorher einhalten.

▲ Kleine Orangen- und Zitronenbäumchen verbringen gern den Winter in der Wohnung und den Sommer auf einer sonnigen Terrasse.

Obstbäume richtig schneiden

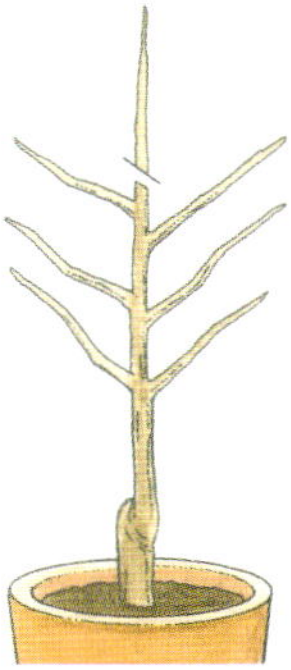

1 Um einen Obstbaum klein zu halten, schneidet man im ersten Winter den Leittrieb auf die gewünschte Länge. Es sollen 4 kräftige Zweige entstehen.

2 Den Leittrieb entfernen und 4 Zweige auswählen, die in einem günstigen Winkel stehen. Alle anderen Triebe abschneiden, die ausgewählten Triebe kürzen.

3 Am Ende des zweiten Jahres haben sich Verzweigungen gebildet. Acht davon auswählen und wie im Vorjahr beschneiden. Innere Zweige zurückschneiden.

beispielsweise durch einen kleinen Zitrusbaum. Orangen und Zitronen verbringen den Sommer gern im Freien, werden im Winter jedoch wie Zimmerpflanzen gepflegt. Besonders geeignet sind die kleinwüchsigen Sorten von × *Citrofortunella microcarpa* (Calamondin-Orange) sowie einige kleine Zitronensorten. Im Winter brauchen diese Pflanzen eine Mindesttemperatur von 10 °C. Nach einer Phase der Gewöhnung können sie über den Sommer ins Freie gestellt werden.

Tipps und Tricks

Der Erfolg steht und fällt mit dem Platzangebot und dem Schnitt. Cordonobst nimmt besonders wenig Platz ein – etwa 1,8 m × 1,2 m. Fächerförmig gezogene Bäume können, je nach Art der Veredelungsunterlage, den dreifachen Raum verlangen. Messen Sie die Fläche aus, und planen Sie entsprechend. Auch Säulenbäumchen, die frei stehen können und in einem oder mehreren Kübeln einen hübschen Blickfang abgeben, sind eine Überlegung wert. Sie verzweigen sich nicht vom Stamm aus und werden ca. 2 m groß. Weil der Pflanzabstand nur 60 cm groß sein muss, kann man zwei Bäumchen in einen großen Kübel pflanzen. Achten Sie aber vor allem auf die Veredelungsunterlage des gewählten Baums. Wählen Sie einen Baum auf einer zwerg- oder schwachwüchsigen Unterlage, sonst wird er schnell zu groß für den Kübel. Und schließlich erkundigen Sie sich, ob die gewählte Sorte selbstbestäubend ist. Handelt es sich um einen Fremdbestäuber, brauchen Sie einen zweiten Baum zur Fruchtbildung.

▶ *Weinreben in großen Kübeln ranken über eine Pergola und gliedern so den kleinen Garten in mehrere Bereiche.*

Ungewöhnliche Obstsorten

Ein kleiner Garten sollte Sie nicht davon abhalten, Obst zu ziehen. Selbst wenn der Platz für Äpfel oder Birnen nicht ausreicht, kommen immer noch Johannisbeeren oder ungewöhnlichere Beerenfrüchte infrage, die wenig Platz einnehmen. Leider sind sie im Handel selten zu bekommen.

Es gibt eine Reihe ausgezeichneter Obstsorten, die der Kübelgärtner in Erwägung ziehen sollte.

Feigen – ein idealer Baum für den Kübel, denn im Boden breiten sich die Wurzeln oft stark aus, sodass der Baum schnell wächst, aber kaum Früchte trägt. Feigen kann man an einem einigermaßen warmen Standort im Freien halten. Sie reifen am besten in Regionen, in denen starker Frost nur selten vorkommt. In kälteren Gebieten gedeihen sie besser im Gewächshaus. Feigen müssen speziell beschnitten werden, wenn sie Früchte tragen sollen. Informieren Sie sich darüber in einem Fachbuch. Die jungen Früchte brauchen einen Winterschutz.

Pflaumen – eine gute Wahl für eine geschützte Terrasse, weil sie zeitig im Frühling blühen. Bei verspäteten Frosteinbrüchen muss die Blüte allerdings geschützt werden. Wählen Sie Sorten, die auf einer zwergwüchsigen Unterlage veredelt sind. In manchen Jahren tragen die Bäume ungewöhnlich viele Früchte. Dann sollten Sie den Behang ausdünnen, damit die Zweige unter dem Gewicht nicht brechen. Wer nur für einen Pflaumenbaum Platz hat, sollte eine saftige Dessertsorte wählen und den Baum an einer Wand ziehen.

Süß- und Sauerkirschen – Neuere Veredelungsunterlagen machen es möglich, Kirschbäume im Kübel als Fächer zu ziehen. Sie brauchen dann nur eine Wandfläche von 1,8 m in der Höhe und 3,5 m in der Breite. Außerdem gibt es

◀ *Feigenbäume tragen an warmen Mauern Früchte. Die Wurzeln dürfen nicht zu viel Platz zur Ausbreitung haben. Der Rückschnitt wird in Fachbüchern ausführlich erklärt.*

Kulturbeeren ziehen und schneiden

1 Kulturbeeren bilden alljährlich neue Triebe, die senkrecht und dann horizontal angebunden werden. Abgeerntete Triebe des Vorjahres abschneiden.

2 Wählen Sie 6 kräftige Triebe und binden Sie diese wellenförmig an Spanndrähten fest. Sind alle Triebe angebunden, bilden sie ein Muster wie in Zeichnung 3.

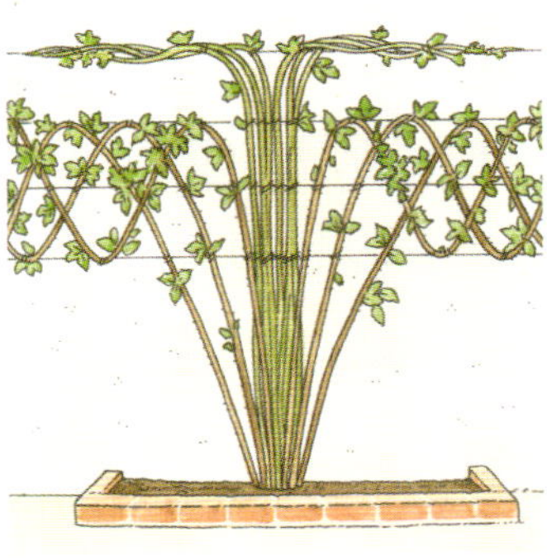

3 So sieht der Strauch am Ende des Jahres aus. Neue Triebe senkrecht anbinden, die abgeernteten Triebe wieder über dem Boden abschneiden.

heute viele selbstbestäubende Sorten. Die aromatische Schattenmorelle, eine Sauerkirsche, gedeiht sogar an einer Nordwand und hat einen ähnlichen Platzbedarf. Wenn die Früchte reifen, lassen sich Kirschen am Spalier recht einfach mit einem Netz vor gefräßigen Vögeln schützen. Wer diese Mühe scheut, muss die Früchte wohl oder übel mit den Vögeln teilen.

Pfirsiche – In milden Regionen kann man Pfirsiche durchaus ins Freiland pflanzen, doch ist ihre Pflege keineswegs einfach. Wer einen Pfirsichbaum in seinem Garten halten möchte, sollte sich unbedingt vorher in der einschlägigen Fachliteratur eingehend informieren. Soll der Baum als Fächer erzogen werden, müssen vier Bedingungen erfüllt sein. Es muss eine Wandfläche von 1,8 m × 3,5 m vorhanden sein. Sie brauchen eine Konstruktion aus stabilen Spanndrähten, an denen die Zweige mit Stäben angebunden werden. Sie müssen Zeit und Geduld haben, um den Fächer sorgfältig zu erziehen. Ferner müssen Sie wissen, dass Pfirsiche am Holz des vorigen Jahres tragen und dies beim Rückschnitt berücksichtigen. Schließlich müssen Sie die Pflanzen im Winter gegen häufig auftretende Krankheiten spritzen.

Beerenfrüchte

Johannisbeeren – Sie gedeihen auch gut in kühleren Regionen. Schwarze, weiße und rote Johannisbeeren wachsen gut im Kübel und können an einer Wand als Cordon oder Spalier gezogen werden.

Kultursorten – Stachellose Brombeeren, Jostabeeren und Loganbeeren sind nur einige der Zuchtformen, die gut in einem Kübel an einer Wand gedeihen. Spanndrähte brauchen sie alle, doch sie sind einfach zu ziehen und weitaus besser geeignet als Himbeeren, die für den Kübel zu wüchsig sind.

Erdbeeren – die Lieblingsfrucht des Kübelgärtners. Erdbeeren sehen mit ihren weißen Blüten und den hübschen roten Früchten in Kübeln und Töpfen zauberhaft aus. Wer sie in Pflanzbeuteln kultivieren will, pflanzt sie im Spätsommer, sodass sie im folgenden Jahr Früchte tragen. Erdbeerpflanzen können zwei Jahre lang in den Pflanzbeuteln bleiben, besser ist es jedoch, sie alljährlich zu erneuern. Weil sie einen sehr hohen Nährstoffbedarf haben, müssen sie schon bei der Pflanzung mit einem Langzeitdünger versorgt werden.

Gemüse

Wegen des begrenzten Platzes ist es im Kübelgarten anzuraten, sich auf wenige Lieblingssorten zu beschränken. Wählen Sie schnell reifende Sorten, die speziell für Kübel und Kästen gezüchtet wurden, sowie einige Spezialitäten für besondere Anlässe.

Es gibt viele Gründe, Gemüse im Kübel zu ziehen. Man kann es taufrisch ernten und verwerten, es schmeckt viel besser als die Ware aus dem Geschäft, man kennt Wachstumsbedingungen und Hilfsstoffe wie Düngemittel genau – und es ist befriedigend, etwas so Konkretes zur Ernährung der Familie beizutragen.

Der Gemüsegarten im Kübel muss genau geplant werden. Der Platz ist knapp, darum können von jeder Sorte nur einige Pflanzen gezogen werden. Informieren Sie sich zuerst, wie viel Platz die ausgewachsenen Pflanzen einnehmen, und versuchen Sie, Samen für die Miniversionen zu bekommen, die speziell für Kübel und Kästen gezüchtet wurden. Bevorzugen Sie Sorten, die auf geringem Raum möglichst hohe Erträge bringen.

▲ *Viele Gemüsesorten gedeihen gut im Kübel. Bevorzugen Sie Minisorten, die ebenso gut schmecken wie ihre großen Verwandten.*

Auberginen – Dieses Gemüse braucht einen warmen, geschützten Standort, um gut zu gedeihen. Wenn man ihr sogar einen vollsonnigen Platz bieten kann, wächst und fruchtet sie gut. Am besten sät man sie im Frühling im Haus direkt in Kübel, die im Frühsommer ins Freie gestellt werden. Für ein optimales Wachstum sollten die Temperaturen tags und nachts zwischen 16 und 18 °C liegen. Auberginen haben lange Wurzeln und benötigen darum einen tiefen Kübel mit nahrhaftem Substrat. Sie brauchen etwas Zeit, um sich zu entwickeln, und müssen während der Wachstumsperiode regelmäßig gegossen werden. Man sät sie im Frühling im Haus bei Temperaturen zwischen 21 und 30 °C.

Erbsen – eines der köstlichsten und beliebtesten Gemüse, das aber nicht ganz unproblematisch ist, weil auch Vögel und Mäuse ihre Freude daran haben. Einerseits keimen Erbsen nur widerwillig in kaltem Boden, andererseits brauchen sie einen eher kühlen Standort und gedeihen in offenen Lagen nur schlecht. Im Kübel wachsen sie jedoch recht gut und eignen sich an einem kleinen Spalier auch als Blickfang. Lesen Sie aber beim Samenkauf die Angaben über die Wuchshöhe, die je nach Sorte zwischen 50 cm und 1,5 m variieren kann. Liegt die Terrasse oder der Dachgarten eher offen, ist ein gewisser Schutz vor Wind und auch vor Vögeln erforderlich. Die reifen

▲ *Damit laufend geerntet werden kann, legt man Salat in Folgesaaten. Es gibt viele köstliche Sorten wie 'Salad Bowl' und 'Lollo Rosso'.*

▶ *Erbsen sehen im Kübel sehr interessant aus und liefern reichlich Ernte. Diese Sorte 'Feltam First' gedeiht sehr gut in einem großen Kübel.*

Erbsen sollten nach der Ernte sofort gekocht werden, weil vom Augenblick des Pflückens an sich der Zucker allmählich in Stärke verwandelt. Wer Platz für mehr als einen Kübel hat, sollte von Frühling bis Frühsommer Folgesaaten legen.

Gurken – Freilandgurken waren lange Zeit unbeliebt, weil sie wenig Ertrag brachten und die knappen Früchte oft auch noch klein, unförmig und bitter waren. Inzwischen wurden aber neue Sorten gezüchtet, die auch in kühleren Gegenden gedeihen und lange, glatte, bitterfreie Früchte tragen. Die Samen werden hochkant in Torftöpfe oder direkt an Ort und Stelle in den Boden gesteckt, wo sie bei 20 °C keimen. Gurken mögen nicht umgepflanzt werden.

Kohl – Auf dem engen Raum im Kübelgarten ist Kohl keine bevorzugte Sorte, andererseits wächst er recht kompakt und vor allem Rot- und Wirsingkohl können durchaus dekorativ aussehen. Die meisten Kohlsorten sind im Herbst erntereif, es gibt aber auch einige Sorten, die im Frühling geerntet werden und so für frische Vitamine zeitig im Jahr sorgen. Aus Platzmangel sät man Kohl in Folgesaaten vom zeitigen Frühling bis zum Frühsommer. Frühlingskohl wird im Spätsommer gesät.

▶ *Roter Mangold sieht mit seinen leuchtenden Blattstielen interessant aus. Man bereitet ihn wie Spinat zu.*

Kopfsalat – eine gute Wahl für den Kübelgarten. Salat wächst schnell, braucht wenig Platz und kann auch zwischen andere Gemüsepflanzen gesät werden. Das ist besonders praktisch, wenn Pflanzen abgeerntet sind und so Lücken entstehen. Im Kübelgarten besteht zudem kaum das Risiko, dass zu viele Salatpflanzen gleichzeitig erntereif sind. Damit aber eine Versorgung über einen möglichst langen Zeitraum gewährleistet ist, sollte die Aussaat sorgfältig geplant werden. Der Kübelgärtner sollte nicht an Ort und Stelle säen, sondern besser nach Bedarf je zwei Samenkörner in Torftöpfe geben. Keimen beide, wird der schwächere entfernt. Vor dem Umpflanzen in den Kübel müssen die Pflanzen abgehärtet werden. Probieren Sie neben dem Kopfsalat auch Eisberg- oder Romanasalat.

Andere Blattsalate – Dunkelgrüne, zarte Blätter geben belegten Broten und Salaten ein pikantes Aroma. Wenige Blättchen Rauke, Feldsalat oder Gartenkresse reichen schon aus, um einem Gericht mehr Pepp zu geben. Am besten legt man Folgesaaten von Mai an.

Für noch mehr Abwechslung sorgen fertige Mischungen verschiedener Blattsalate wie der südfranzösische Mesclun. Auch diese Mischungen werden in zweiwöchentlichen Intervallen gesät. Sie wachsen schnell und können schon nach etwa drei Wochen geerntet werden.

Möhren – Im Gemüse-Kübelgarten muss man sich auf Möhrensorten beschränken, die eine kurze, gedrungene Form haben. Die größeren Wintermöhren brauchen zu lange bis zur Erntereife. Außerdem müssen Möhren in einen tiefen Kübel gesät werden. In einem flachen Pflanzbeutel gedeihen sie nicht. Das fiedrige grüne Laub bildet einen schönen Kontrast zu anderen Gemüsesorten, die man mit Möhren zusammen in einen Kübel pflanzen kann. Man sät sie sehr dünn an Ort und Stelle oder in Torftöpfen, in denen sie später ausgepflanzt werden. Ideal sind Folgesaaten in Abständen von zwei Wochen, sodass man laufend ernten kann.

Paprika – ursprünglich stammt dieses Gemüse aus den Tropen, doch inzwischen gibt es Züchtungen, die auch in kühleren Regionen gedeihen. Der ideale Platz ist eine warme Terrasse. Paprika ist eine beliebte Salatzutat, man kann sie aber auch grillen oder füllen. In Wuchs und Ansprüchen ähneln sie den Tomaten. Man zieht sie entweder im Gewächshaus

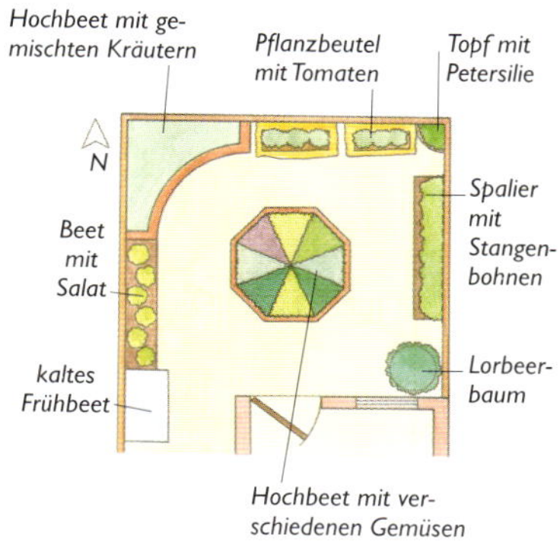

▲ *Ein kleiner Gartenhof mit allerlei Sommergemüse. Im Winter könnte das Hochbeet mit Stiefmütterchen bepflanzt werden.*

◀ *Die Salatssorte 'Salad Bowl' setzt einen Farbakzent. Säen Sie Salat in kleinen Mengen aus, sonst reift zu viel gleichzeitig heran.*

Tomaten im Kübel anbinden

1 Strauchtomaten im Kübel werden an 1,2 m langen Stangen angebunden. Am besten fixiert man die Stangen zur Sicherheit an der rückwärtigen Wand.

2 Wenn die Pflanzen wachsen, bindet man den Leittrieb an und kneift die Seitentriebe aus, die in den Blattachseln erscheinen. Das Gießen nicht vergessen.

3 Wenn die Pflanze 4 Trauben Früchte angesetzt hat oder zu groß wird, wird der Leittrieb über dem zweiten Blatt über dem obersten Fruchttraube abgeknipst.

oder im Freien. Gesät wird Paprika im Haus bei 21 °C. Die Samen keimen binnen 14–21 Tagen.

Radieschen – eines der unkompliziertesten Gemüse, das sich auch bestens eignet, um Kinder einzubeziehen. Radieschen keimen schnell und können schon nach etwa einem Monat geerntet werden. Gärtner mit großem Gemüsebeet verwenden sie gern als Markiersaat zwischen anderen, langsam keimenden Gemüsearten. Wer experimentierfreudig ist, könnte auch Winterradieschen oder japanischen Rettich ausprobieren.

Für den Kübelgarten eignen sich vor allem die kugelrunden Sommer-

▶ *Auberginen sind ungewöhnliche Pflanzen, die im großen Kübel auf einer sonnigen Terrasse gut gedeihen. Man pflegt sie wie Gemüsepaprika.*

◀ *Eichblattsalat ist ein Pflücksalat, von dem man nur so viel erntet, wie man gerade braucht. Er ist auch optisch eine Bereicherung.*

▼ *Neue Gurkensorten gedeihen gut im Freiland und tragen große, milde Früchte.*

Stangenbohnen

Bohnen sind unkompliziert. Zieht man die Pflanzen an Stangen vor einer Wand, bilden sie mit ihren leuchtend roten, weißen oder rot-weißen Blüten einen fröhlichen Hintergrund. Kleinwüchsige Sorten werden nur 50 cm hoch und gedeihen sogar in Blumenkästen und Trögen. Stangenbohnen brauchen einen sehr nahrhaften Boden. Sobald sich die ersten Schoten bilden, muss regelmäßig geerntet werden. Man legt jeweils zwei Samen in einen Topf (8 cm Durchmesser) und entfernt den schwächeren Keimling. Ausgepflanzt wird erst, wenn die Frostgefahr vorüber ist.

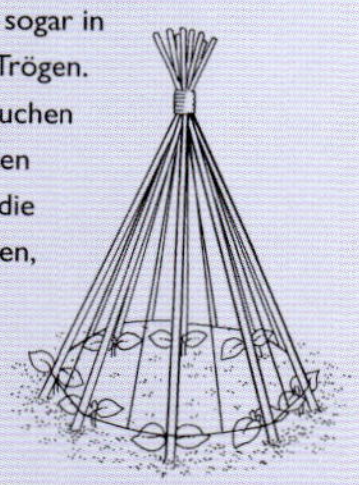

radieschen, die man gut mit Salat und Mangold kombinieren oder zum Füllen der Lücken zwischen Kohlgewächsen verwenden kann.

Rote Bete – ein köstliches Gemüse, vor allem ganz frisch gedünstet mit Butter und Knoblauch eine Delikatesse. Die Blätter sind sehr dekorativ, darum ist ein Kübel mit Roter Bete auch ein Schmuck für die Terrasse. Man sät ab dem mittleren Frühling, wenn sich der Boden erwärmt hat, direkt in den Kübel. Weichen Sie die Samen über Nacht in Wasser ein, dann keimen sie binnen 10–14 Tagen.

Tomaten – Freilandtomaten sind recht unkompliziert und zählen zu den besten Gemüsearten für den Kübel. Die Blüten und Früchte sind attraktiv, doch am besten gedeihen die Pflanzen in warmem Klima. Wer ihnen nicht ausreichenden Windschutz und die Wärme einer Südwand bieten kann, darf keine großen Erträge erwarten.

Man unterscheidet generell zwischen Strauchtomaten und Cordontomaten. Die Cordonsorten sind besonders verbreitet, aber um gut zu gedeihen, muss man die Pflanzen in regelmäßigen Abständen an Stangen oder Drähten anbinden, ohne die Triebe abzuschnüren. Dazu verwendet man am besten Bast.

Seitentriebe, die sich in den Blattachseln bilden, werden regelmäßig ausgeknipst. Auf diese Weise erhalten Sie einen geraden Stamm mit mehreren

Trauben von Früchten. Wenn sich an der vierten Traube kleine Früchte bilden, sollte der Haupttrieb über dem zweiten Blatt oberhalb der obersten Traube abgeknipst werden. So können die Früchte sich gut entwickeln und ausreifen.

Falls der Sommer ungewöhnlich früh endet und noch viele grüne Tomaten an den Pflanzen hängen, können sie abgepflückt werden und im Haus nachreifen. Köstlich schmeckt aber auch ein würziges Chutney aus grünen Tomaten, das als Beilage zu kaltem Fleisch passt.

Strauchtomaten sind unkomplizierter. Wie der Name verrät, wachsen sie entweder zu niedrigen Sträuchern heran oder kriechen flach über den Boden. Sie müssen weder angebunden noch ausgeknipst werden, allerdings sollte man den Boden abdecken, damit er keinen Kontakt zu den Früchten bekommt. Zwergtomatenpflanzen werden kaum höher als 20 cm und gedeihen auch in Töpfen und Blumenkästen, liefern aber keine großen Erträge. Man legt zwei Samen in einen kleinen Topf und entfernt den schwächeren Keimling.

Zucchini – dieses Mitglied der Gurken- und Kürbisfamilie ist bei Gärtnern sehr beliebt und eignet sich als leckeres Sommergemüse. Besonders attraktiv sehen die gelbschaligen Sorten aus.

Zucchini aus dem Garten schmecken viel besser als solche aus dem Geschäft. Empfehlenswert sind vor allem die kompakten, buschigen Sorten. Sofern regelmäßig geerntet wird, tragen sie über einen langen Zeitraum Früchte. Man sät sie wie Gurken, die Samen keimen bei etwa 15 °C. Normalerweise sät man Zucchini in Töpfen und pflanzt sie erst aus, wenn sich der Boden erwärmt hat und nicht mehr mit Frost zu rechnen ist. Alle im Haus gezogenen Gemüsepflanzen sollten vor dem Auspflanzen abgehärtet werden. Dazu stellt man die Töpfe tagsüber zuerst stundenweise, dann etwas länger ins Freie. Alle Sorten gedeihen in lockerer, nährstoffreicher Erde am besten.

▶ *Edle Gartenobelisken sehen auch mit Tomaten in voller Sonne sehr schön aus, wenn die Pflanzen sorgfältig gepflegt sind.*

Pflanzenverzeichnis

Alle in diesem Verzeichnis aufgeführten Pflanzen eignen sich für die Kübelkultur. Natürlich ist die Liste keineswegs vollständig, sie soll lediglich eine Auswahl aus dem breiten Spektrum interessanter Pflanzen vorstellen. Bei der Auswahl spielen auch das Mikroklima, Bodenqualität und Himmelsrichtung des Gartens eine Rolle. Im Zweifelsfall fragen Sie einen Gärtner um Rat.

Bäume

OBSTBÄUME

Malus domestica

Apfel

Höhe: 1,80 m

Ausbreitung: 1,80 m

Kleinwüchsige Apfelbäume gedeihen gut im Kübel. Man kann sie als Cordon oder an einem Wandspalier ziehen. Vor allem sind sie als Raumteiler in Dachgärten beliebt. Sorten, die auf einer kleinwüchsigen Unterlage veredelt sind, werden als Cordon etwa 3 m und am Spalier etwa 1,80 m breit, je bei 1,80 m Höhe. Achten Sie darauf, dass ausreichend Platz zur Verfügung steht. Einzelne Halbstämmchen oder Säulenformen können auch frei stehend im Kübel gehalten werden. Sie erreichen etwa 1,80–2,50 m Höhe. Die meisten Apfelsorten brauchen zur Bestäubung einen weiteren Baum, evtl. im Nachbargarten. Erkundigen Sie sich beim Kauf in der Baumschule, welche Sorten als Bestäubungspartner geeignet sind. Empfehlenswerte Dessertäpfel sind: 'Gravensteiner', 'Fiesta', 'North Pole', 'Golden Sentinel' und 'William's Pride'.

Pyrus communis

Birne

Höhe: 1,80 m

Ausbreitung: 1,80 m

Birnen werden wie Äpfel kultiviert. Weil sie jedoch früher als Äpfel blühen, ist die Blüte stärker durch späte Fröste gefährdet. Die Schönheit der Blüte lohnt jedoch einen Versuch. Birnen bevorzugen eine Süd- oder Südwestwand. Für den Kübelgarten sollten sie auf einer kleinwüchsigen Unterlage veredelt sein. Wie Äpfel brauchen sie einen Bestäubungspartner, da die meisten Arten nicht selbstbestäubend sind. Lassen Sie sich beim Kauf in der Baumschule beraten. Beliebte Sorten sind: 'Highland', 'Conférence', 'Comice', 'Warren' und 'Harrow Delight'.

Prunus domestica

Pflaume

Höhe: 1,80 m

Ausbreitung: 3,70 m (am Fächerspalier)

Für den Kübelgarten sollte man Pflaumenbäume wählen, die auf einer kleinwüchsigen Unterlage veredelt sind, und sie als Fächer erziehen. Der Fächer ist eine besondere Form der Spaliererziehung, die etwas schwieriger ist. Informieren Sie sich zusätzlich in einem speziellen Buch über Obstbaumschnitt. Pflaumenbäume werden auch in Säulenform angeboten. Auf engem Raum ist es sinnvoll, eine selbstbestäubende Sorte zu wählen, etwa 'Italian Prune', 'Golden Transparent Gage', 'Cambridge Gage', 'Santa Rosa' oder die beliebte Sorte 'Victoria'. Die Letztere gedeiht auch an einem relativ schattigen Platz.

ZIERBÄUME

Acer palmatum* var. *dissectum

Fächerahorn

Höhe: 1,80 m

Ausbreitung: 3 m (nach einigen Jahren)

Japanischer Fächerahorn ist ein idealer Kübelbaum, der in einem kleinen Garten für fernöstliche Atmosphäre sorgt. Er bleibt recht niedrig und trägt tief eingeschnittene, hängende Blätter. Sein besonderer Reiz ist die faszinierende Herbstfärbung in Schattierungen von Orange, Gelb und Dunkelrot. Ist die Sorte *A. p.* var. *dissectum* nicht erhältlich, wählen Sie eine andere langsam wachsende Sorte aus der *A. p.* Dissectum-Gruppe.

Pyrus communis 'Conférence'

Prunus domestica

Acer palmatum var. *dissectum*

Ilex aquifolium

Camellia 'Donation'
Kamelie

Höhe: 5 m

Ausbreitung: 2,50 m

Kamelien kann man den kleinen Bäumen oder den Sträuchern zuordnen. Finden sie in freier Natur günstige Bedingungen vor, können sie stattliche Größen erreichen. Weil sie aber langsam wachsen und einen Rückschnitt gut vertragen, lassen sie sich über viele Jahre erfolgreich in einem Kübel kultivieren. Mit ihren zugespitzten, immergrünen Blättern und den herrlichen Blüten im Frühling sind Kamelien ideale Hochstämme für den formalen Garten. Um gut zu gedeihen, brauchen sie Schatten und sauren Boden. Es gibt viele Zuchtformen, hauptsächlich mit Blüten in Rosa, Weiß und Rot. Die Sorte 'Donation' bevorzugt tiefen Schatten.

× *Citrofortunella microcarpa/ Citrus limon*
Calamondin-Orange, Panama-Orange, Zitronenbaum, Zitrus

Höhe und Ausbreitung: 45–60 cm

Zitrusbäumchen werden in gemäßigten Regionen als Zimmerpflanzen gehalten. Im Sommer fühlen sie sich aber auch an einem geschützten, sonnigen Platz im Freien wohl. Die Calamondin-Orange hat dunkelgrüne Blätter und trägt im Frühling duftende, weiße Blüten, denen orangefarbene oder gelbe Früchte folgen. Zitronenbäume haben hellgrüne Blätter und ungewöhnlich intensiv duftende Blüten, aus denen sich Zitronen entwickeln. Die Sorte 'Meyer' ist wegen ihres kompakten Wuchses für die Kübelkultur besonders beliebt. Alle Zitrusbäumchen eignen sich ausgezeichnet als Blickfang für die Terrasse, vor allem im Terrakottakübel.

Ilex aquifolium
Ilex, Stechpalme

Höhe: 3 m

Ausbreitung: 2 m

Ilex ist ein langsam wachsender Strauch mit interessantem, immergrünem Laub, weißen Blüten und roten Beeren im Winter, die sich für Weihnachtsdekorationen eignen. Er ist sehr schnittverträglich und kann auch als niedrige Hecke gehalten werden. Die Blätter der männlichen Sorte 'Silver Queen' haben weiße Ränder, die weibliche Sorte 'J. C. van Tol' trägt dunkelgrünes Laub. Beeren bilden sich nur, wenn es weibliche und männliche Sorten gibt.

Camellia 'Leonard Messel'

Laurus nobilis
Lorbeer

Höhe: 12 m

Ausbreitung: 9 m

Bei guten Voraussetzungen kann der Lorbeer in freier Natur extrem groß werden. Dennoch ist er für den Kübelgarten sehr beliebt, weil er sehr langsam wächst und auch einen kräftigen Rückschnitt nicht übel nimmt. Er lässt sich gut zu Kugeln, Hochstämmchen und Kegeln trimmen. Vor allem als Hochstamm ist er ein schöner Schmuck für kleine Gärten, Höfe und Balkone. Die dunkelgrünen, zugespitzten Blätter können als Küchengewürz verwendet werden. Lorbeerbäume tragen im Frühling unscheinbare, weiße Blüten, denen winzige, schwarze Früchte folgen.

Olea europaea
Olive

Höhe und Ausbreitung: 6 m und mehr

Die langsam wachsenden Olivenbäume aus dem Mittelmeerraum erfreuen sich in gemäßigten Regionen zunehmender Beliebtheit als Kübelpflanzen. Die Winter werden generell milder, und bei starkem Frost kann man die Pflanzen zusätzlich schützen. Oliven haben immergrüne, längliche, graugrüne Blätter mit silbriger Unterseite. Als Bäume entwickeln sie eine rundliche Krone. Sie brauchen ein nahrhaftes Substrat und müssen in der Wachstumsperiode regelmäßig mit Flüssigdünger versorgt werden. Die kleinen, weißen Blüten duften angenehm. Die Früchte sind zuerst grün und werden mit zunehmender Reife schwarz.

Koniferen

Koniferen spielen im Kübel- und Steingarten eine wichtige Rolle. Hier stellen wir einige langsam wachsende Sorten mit interessanter Färbung vor, die vor allem in Gruppen reizvolle Kontraste bilden.

Cedrus deodara 'Feelin' Blue'
Zeder

Höhe: 30 cm

Ausbreitung: 90 cm

Die meisten Zedern sind stattliche Bäume, die viel Platz brauchen. Es sind aber einige Zwergformen gezüchtet worden, die auch mit wenig Platz im Kübel oder Steingarten zufrieden sind. Diese Art hat attraktive, blaugrüne Nadeln an herabhängenden Zweigen. Wie alle Zedern bevorzugt sie einen durchlässigen, aber feuchten Boden in vollsonniger Lage. Weitere kleinwüchsige Sorten sind *C. deodara* 'Golden Horizon' (etwas größer, bei einem Standort im Schatten dunkelblaugrüne Nadeln) und *C. d.* 'Aurea' mit goldgrünen Nadeln.

Chamaecyparis lawsoniana 'Barry's Silver'
Lawson-Zypresse

Höhe: 1,50 m

Ausbreitung: 80 cm

Es gibt eine Reihe von Scheinzypressen in unterschiedlichen Farbtönen. 'Barry's Silver' ist eine neue, langsam wachsende Sorte aus Neuseeland. Die jungen Triebspitzen im Sommer sind silbrig weiß und färben sich später grün. Der aufrecht wachsende Strauch steht idealerweise in voller Sonne, doch sollte der Boden nicht austrocknen. Empfehlenswert sind auch die Sorten 'Little Spire' (blaugrün) und 'Stardust' (gelb).

Laurus nobilis

Juniperus communis 'Compressa'

Buxus sempervirens

Juniperus communis 'Compressa'
Wacholder

Höhe: 75 cm

Ausbreitung: 15 cm

Diese beliebteste Konifere für den kleinen Garten wächst zu einer schlanken, kompakten Säulenform heran. Sie hat leuchtend grüne Nadeln mit silbriger Rückseite. Sie wächst sehr langsam und wird kaum jemals zu groß für ihren Kübel. Sie eignet sich auch gut als vertikaler Akzent für Blumenkästen und passt ausgezeichnet in den Steingarten. *J. c.* 'Depressa Aurea' ist ein kleinwüchsiger Wacholder mit goldgelben Nadeln, die sich im Winter bronzegrün färben. Die Pflanze wird bis zu 1,50 m hoch.

Picea glauca 'Alberta Blue'
Kanadische Fichte

Höhe und Ausbreitung: 40–60 cm

Eine hübsche Zwergkonifere mit intensiv silbrig blauen jungen Trieben im Sommer, die zum Herbst dunkler werden. Auch diese Pflanze passt gut in den Steingarten und in Kübel aller Art. Sie bevorzugt Sonne oder Halbschatten und einen durchlässigen Boden. *P. abies* 'Ohlendorffii' ist eine weitere langsam wachsende Sorte für den Kübel mit dunkelgrünen Nadeln und kugeligem Wuchs. Sie kann bis zu 3 m hoch werden.

Thuja orientalis 'Raffles'
Lebensbaum

Höhe: 30–50 cm

Ausbreitung: 30 cm

Ein reizvoller Aspekt der Lebensbäume ist, dass sich ihre Färbung im Laufe des Jahres verändert. Die Sorte 'Raffles' hat im Frühling gelblich grüne Nadeln, die sich bronzerot färben, wenn die kalten Herbstwinde kommen. Die langsam wachsende Sorte hat eine kegelförmige Gestalt und eignet sich gut für den Kübel. Die Pflanze ist giftig, die Nadeln dürfen nicht gegessen werden.

Sträucher

Buxus sempervirens
Buchsbaum

Höhe (als Baum): 5 m

Ausbreitung: 5 m

Buchsbaum ist eigentlich ein Baum, doch er wird fast immer als niedriger Strauch kultiviert und ist weltweit beliebt für niedrige Hecken und Formschnittfiguren. Er bildet das Gerüst fast aller Knotengärten, und eine niedrige, akkurat beschnittene Buchsbaumhecke ist beinahe das Markenzeichen eines ernsthaften Gärtners. Wegen seiner kleinen Blätter lässt er sich auch zu dekorativen Figuren trimmen. Es gibt eine Reihe attraktiver Zuchtformen, darunter 'Aureovariegata' (golden gefleckte Blätter), 'Elegantissima' (besonders dichter Wuchs) und 'Suffruticosa' (kompakt und langsam wachsend).

Fatsia japonica

Exochorda × macrantha 'The Bride'
Blumenspiere, Radspiere

Höhe: 1,20 m

Ausbreitung: 1,50 m

Dieser langsam wachsende Strauch eignet sich gut für Kübel und kleine Gärten. An einem sonnigen oder halbschattigen Standort trägt er im späten Frühling oder Frühsommer üppige Kaskaden reinweißer Blüten, die an den hängenden Zweigen stehen. Schon wegen der herrlichen Blüte sollte er besser bekannt sein. Die Blüten erscheinen am Austrieb des Vorjahres, darum sollte man den Strauch nicht schneiden. Er gedeiht in jedem Gartenboden, bevorzugt aber neutrales Substrat. Manche Arten vertragen seine Nachbarschaft nicht.

Fatsia japonica
Aralie

Höhe und Ausbreitung: 1,50 m

Dieser Strauch ist zu Recht wegen seiner Wuchsform und seiner dekorativen Blätter beliebt. Im Spätsommer erscheinen an langen Stielen Gruppen kleiner, weißer Blüten. Sie sind, wie die nachfolgenden schwarzen Beeren, eher unscheinbar und erinnern entfernt an Raumstationen aus einem Sciencefictionfilm. Die Pflanze mit den großen Blättern ist frostempfindlich, verträgt aber Schatten und verschmutzte Luft gut. Daher eignet sie sich ausgezeichnet für Großstadtgärten. Es gibt eine Reihe von bemerkenswerten Zuchtformen wie die Strahlenaralie mit interessant panaschierten Blättern.

× *Halimiocistus wintonensis*

Höhe: 60 cm

Ausbreitung: 1 m

Ein weiterer, leider zu wenig bekannter Strauch, der sich gut für den Kübelgarten eignet. Es handelt sich um eine Kreuzung zwischen *Cistus* (Zistrose) und *Halimium,* die viele gute Eigenschaften von beiden Eltern geerbt hat. Der Strauch gedeiht an jedem sonnigen, offenen Standort und harmoniert gut mit anderen Zistrosen im Steingarten. Er behält sein graugrünes Laub auch im Winter und trägt hübsche, schalenförmige, weiße Blüten mit gelben Staubgefäßen, die von einem dunkelroten Band eingerahmt sind.

Hebe 'Rosie'
Hebe, Strauchveronika

Höhe: 30 cm

Ausbreitung: 60 cm

Die Gattung Hebe umfasst mehr als 100 Arten immergrüner Sträucher in Größen bis zu 2,50 m, aber auch Zwergformen, die gut in den Steingarten passen. Die Frostverträglichkeit der Arten ist unterschiedlich. Beliebt sind sie wegen der konischen Blütenstände in Blau, Weiß oder Violett, die im Hochsommer erscheinen und lange halten. 'Rosie' ist eine relativ neue, kleinwüchsige Art, die sich gut für den Kübel eignet. Sie trägt mehrere Monate lang hübsche, dunkelrosafarbene Blüten und ist ausgesprochen winterhart.

Hydrangea macrophylla
Hortensie

Höhe: 1,20 m

Ausbreitung: 1,80 m

Hortensien eignen sich gut für die Kübelkultur und verdienen einen Einzelplatz. Die Sträucher tragen dicke, kugelige Blütenstände in Rosa, Weiß, Blau oder Flieder. Die Blütenfarbe kann je nach Sorte und abhängig vom Säuregehalt des Bodens variieren. Eine der schönsten Sorten ist 'Générale Vicomtesse de Vibraye'. Sie gedeiht gut im Kübel, kann als Jungpflanze aber auch im Haus gehalten werden. Die Blüten sind in saurem Boden blassblau, ansonsten zeigen sie verschiedene Rosatöne.

Hydrangea macrophylla

Pieris formosa

Kolkwitzia amabilis 'Pink Cloud'
Kolkwitzie

Höhe: 3 m

Ausbreitung: 4 m

Auch dieser attraktive Strauch sollte besser bekannt sein – nicht nur für den Kübelgarten. Da die Kolkwitzie unerwünschte Wildtriebe bildet, ist sie im Kübel bestens aufgehoben. Sie wächst langsam, und es dauert lange, bis sie ausgewachsen ist. Sie benötigt fruchtbaren Boden und Sonne oder Halbschatten. Ihr besonderes Plus sind die Kaskaden rosafarbener Blüten, die im Spätfrühling von den Zweigen hängen. Die Blüten der hier genannten Sorte haben einen ungewöhnlich intensiven Farbton. Die jungen Blätter können durch späte Fröste geschädigt werden, darum ist ein Winterschutz empfehlenswert.

Lavandula angustifolia 'Hidcote'
Lavendel

Höhe und Ausbreitung: 50–90 cm

Lavendel ist einer der besten Sträucher für den Kübelgarten, sofern man ihm einen sonnigen, warmen Platz bieten kann. Er stammt ursprünglich aus dem Mittelmeerraum und benötigt wie alle Pflanzen aus dieser Region viel Sonne und Wärme. Blätter und Blüten haben einen intensiven Duft, darum werden sie gern getrocknet und zum Füllen von Duftkissen verwendet. Die Sorte 'Hidcote' ist wegen ihrer dunkelvioletten Blüten besonders beliebt. 'Munstead' hat dunkelblaue Blüten, 'Loddon Pink' blüht rosa. Weitere beliebte Lavendelarten sind *L.* x *intermedia* (englischer Lavendel) und *L. stoechas* (Schopflavendel). Alle Lavendelarten werden im zeitigen Frühling in Form geschnitten.

Pieris formosa var. *forrestii*
Lavendelheide

Höhe: 4 m

Ausbreitung: 3,50 m

Lassen Sie sich von der Maximalgröße dieses Strauches nicht abschrecken. Lavendelheide wächst langsam und erreicht diese Ausmaße nur unter optimalen Bedingungen. Es ist ein ausgezeichneter Strauch für den Kübelgarten. Die jungen Blätter im Frühling sind leuchtend rot und verfärben sich später zu hellem Grün. Dunkelrosafarbene Knospen öffnen sich zu weißen Blüten. Lavendelheide braucht einen halbschattigen Platz mit saurer Erde. Kalten Frühlingswind verträgt sie nur schlecht. Die Sorte *P. formosa* 'Wakehurst' hat einen relativ aufrechten Wuchs, *P. japonica* hat eine rundlichere Kontur.

Lavandula angustifolia 'Hidcote'

Spiraea japonica 'Goldflame'
Spierstrauch

Höhe: 1,80 m

Ausbreitung: 1,50 m

Spiersträucher sind sommergrün. Verschiedene Arten eignen sich gut für Kübel und kleine Gärten, weil sie relativ kompakt wachsen.

Spiraea japonica 'Goldflame'

S. j. 'Goldflame' ist recht bekannt. Sie treibt im Frühling goldfarbene bis bronzerote Blätter, die sich später grün verfärben und im Herbst wieder einen Goldton annehmen. Ab Hochsommer erscheinen dunkelrosafarbene Blütenstände. Die Pflanze bevorzugt volle Sonne und sehr nahrhaften Boden.

Kleine Rosen

Die kleinen Rosensorten kann man in drei Gruppen gliedern. Besonders klein sind die Zwergrosen, die meist nur 30 cm hoch werden. Patio-Rosen werden etwa 50 cm hoch und kleinwüchsige Polyantha-Rosen erreichen eine Höhe von 60–90 cm.

'Pretty Polly'
Zwergrose

Höhe: 25 cm

Ausbreitung: 50 cm

Eine ausgezeichnete Zwergrose mit zahlreichen kleinen, rosaroten, gefüllten Blüten. Sie eignet sich sehr gut für einen kleinen Gartenhof und sogar für den Blumenkasten. Manche Gärtner pflanzen sie als blühende Hecke um Beete oder Kübel. Als interessante Kontraste bietet sich die Sorte 'Black Jade' mit dunkelschwarzroten Blüten von Frühling bis Herbst an. 'Little White Pet' blüht ebenso ausdauernd, trägt jedoch rote Knospen, die sich zu weißen Blüten öffnen.

'Stars 'n' Stripes' Zwergrose

Höhe: 30 cm

Ausbreitung: 60 cm

Zwergrosen sind attraktive, buschige Pflanzen mit winzigen Blüten. Weil sie so wenig Platz brauchen, sind sie ideal für den Kübelgarten und sogar für Blumenkästen geeignet. In großen Gärten kann man sie als niedrige Hecke pflanzen. 'Stars 'n' Stripes' wurde an der amerikanischen Westküste gezüchtet. Sie hat weiße Blüten mit roten Tupfen und Streifen und sieht aus wie eine Zwergversion der alten Rose *Rosa gallica* 'Versicolor'. Weitere schöne Zwergrosen sind 'The Fairy' (rosafarbene Blüten ähnlich einer Moosrose) und 'Innocence' (cremeweiße Blüten).

'Singin' in the Rain' Patio-Rose

Höhe und Ausbreitung: 60 cm

Dies ist eine der besten Patio-Rosen mit üppigem, dunkelgrünem Laub und aufrecht stehenden, stark gefüllten Blüten in einem warmen Apricotton. Sie hat einen zarten Duft. Wie die Zwergrosen blühen auch Patio-Rosen mehrmals, sind aber geringfügig größer. 'George Burns' hat gestreifte Blüten in Gelb, Rot und Rosa, während 'Gracie Allen' weiße Blüten mit rosafarbenem Auge zeigt. Wer intensivere Farben mag, könnte 'Europeana' (samtig dunkelrot) wählen oder auch 'Sun Flare' (gelb) und 'Judy Garland' (gelb, später leuchtend orange bis scharlachrot).

'Katharina Zeimet' Zwergpolyantha

Höhe und Ausbreitung: 30–90 cm

Es gibt zwei Typen von Zwergpolyantha-Rosen. Einige tragen große Gruppen dicht gefüllter Blüten, die an Rambler-Rosen erinnern. Die Blüten der anderen Gruppe ähneln in der Form kleinen Teehybriden. 'Katharina Zeimet' mit weißen, duftenden Blüten gehört zur ersten Gruppe, ebenso wie 'Coral Cluster' und 'Nathalie Nypels' (beide rosa). Die bekannteste Sorte der zweiten Gruppe ist 'Cécile Brünner' mit bläulich rosa Blüten. 'Perle d'Or' hat eine ähnliche Blütenform, jedoch in Apricot.

Rosa 'Sweet Dream'

Rosa 'Compassion'

Kletterrosen

Kletterrosen – nicht zu verwechseln mit Ramblern – haben größere Blüten und blühen meist mehrmals. Die meisten modernen Kletterrosen blühen fortwährend den ganzen Sommer lang. Rambler sehen herrlich aus, wenn sie in einen alten Baum klettern dürfen, sind aber für den Kübelgarten viel zu wüchsig.

'Blairii Number 2' Bourbon-Rose

Höhe: 4,50 m

Ausbreitung: 1,80 m

Die Gruppe der Bourbon-Rosen entstand in der zweiten Hälfte des 19. Jahrhunderts. 'Blairii Number 2' hat sich ihre Beliebtheit über mehr als 150 Jahre erhalten. Sie hat wunderschöne, duftende, gefüllte Blüten in Rosa – dunkler in der Mitte, zum Rand hin verblassend. Sie blüht einmal reich, dann folgt eine schwächere Nachblüte. Die jungen Blätter treiben rötlich grün aus und färben sich später mittelgrün. Die Sorte ist etwas anfällig für Mehltau.

'Compassion' Moderne Kletterrose

Höhe: 3 m

Ausbreitung: 2,50 m

'Compassion' mit den großen, an eine Teerose erinnernden Blüten mit apricotgelber Innen- und blassrosa Außenseite zählt zu den besten und beliebtesten modernen Kletterrosen. Die Blüten sind haltbar und ihr angenehmer Duft straft die Behauptung Lügen, moderne Rosen dufteten nicht.
Sie hat einen kräftigen, buschigen Wuchs und blüht fortlaufend während des ganzen

Sommers. Der ideale Standort ist eine Südwand, an der ihre Blüten gut zur Geltung kommen.

'Constance Spry'
Englische Rose

Höhe: 3,50 m

Ausbreitung: 3,50 m

Dies ist eine der schönsten Englischen Rosen aus der Zucht von David Austin. Man kann sie als Strauchrose halten, doch lassen sich die geschmeidigen Triebe auch gut an ein Spalier binden. Die riesigen, klarrosafarbenen Blüten haben einen ausgeprägten Myrrheduft. Diese Rose ist ein Hingucker. Ihr einziger Nachteil ist, dass sie – im Gegensatz zu den meisten Englischen Rosen – nur einmal blüht. Dennoch wiegen die Vorteile diesen Nachteil definitiv auf.

'Copenhagen'
Moderne Kletterrose

Höhe: 2,50 m

Ausbreitung: 2,50 m

Eine weitere moderne Kletterrose mit angenehm duftenden, mittelgroßen, dunkelscharlachroten Blüten in Teerosen-Form. Die Sorte blüht fortlaufend den ganzen Sommer lang und sieht besonders schön aus, wenn sich eine weiße Clematis wie 'Gillian Blades' durch ihre Zweige schlingt. Als Alternative bietet sich die moderne Kletterrose 'Crimson Cascade' an, die eine ähnliche Höhe erreicht, aber größere Blüten trägt. Sie ist sehr wüchsig und krankheitsresistent.

'Golden Showers'
Moderne Kletterrose

Höhe: 3 m

Ausbreitung: 3 m

Diese Sorte ist eine der besten und zuverlässigsten Kletterrosen. Sie hat gefüllte, klargelbe Blüten, die mit der Zeit zu einem hellen Cremeton verblassen. Die Blüten duften und erscheinen während des ganzen Sommers. Ihr besonderer Vorzug ist, dass sie auch an einer Nordwand reich blüht und sich daher für schattige Gärten gut eignet. 'Danse du Feu' mit rötlich orangefarbenen Blüten verträgt ebenfalls einen Platz an einer Nordwand.

'Climbing Iceberg'
Floribunda

Höhe: 3 m

Ausbreitung: 2,50 m

Die kletternde Form der beliebten Sorte 'Iceberg' wächst ausgezeichnet an einer Wand und bildet einen guten Hintergrund für andere Pflanzen. Das Laub ist hellgrün, die weißen Blüten sind gelegentlich rosa überhaucht und stehen in zarten Gruppen. Leider duften sie nur sehr schwach. 'Iceberg' blüht länger als die meisten anderen Rosensorten, und es kann in milden Wintern durchaus vorkommen, dass man noch zu Weihnachten Blüten schneiden kann.

'Maigold'
Kletterrose

Höhe: 3,50 m

Ausbreitung: 3 m

Wie 'Golden Showers' ist auch 'Maigold' sehr robust und nimmt mit fast jedem Standort vorlieb. Das sind Vorteile, die diese beiden Sorten gegenüber anderen auszeichnet. Sie trägt zahlreiche halb gefüllte Blüten in einem warmen Bronzegelb, blüht allerdings nur einmal. Dafür duften die Blüten aber auch ganz besonders stark. Das üppige, dunkelgrün glänzende Laub ist kaum anfällig für Krankheiten. Wer eine Kletterrose pflanzen möchte, ihr aber nur eine Nordwand bieten kann, sollte sich für diese Sorte entscheiden. Jedes andere Exemplar würde hier aufgeben.

Rosa 'Constance Spry'

Rosa 'Copenhagen'

'New Dawn'
Moderne Kletterrose

Höhe: 3 m

Ausbreitung: 2,50 m

Diese verdientermaßen beliebte Sorte gehört zu den ältesten modernen Kletterrosen. Sie ist sehr wüchsig und hat glänzende, hell- bis mittelgrüne Blätter. Die zartsilbrig rosa gefärbten Blüten haben ein etwas dunkleres Zentrum. Sie blühen den ganzen Sommer lang in Gruppen und haben einen angenehm frischen Duft. 'New Dawn' ist kaum anfällig für Krankheiten und verträgt auch einen halbschattigen Platz. An einer Nordwand fühlt sie sich jedoch nicht wohl.

'Paul's Lemon Pillar'
Teehybride

Höhe: 6 m

Ausbreitung: 3 m

Diese klassische Kletterrose mit dem dunkelgrünen Laub sieht man in vielen Gärten an Pergolen oder alten Baumstämmen. Sie gedeiht auch in Kübeln am Fuß eines Bogens oder einer Pergola. Sie hat große, zitronengelbe, gefüllte Blüten, deren Blätter sich an den Rändern nach außen biegen. Der Duft ist sehr intensiv. Die robuste, wüchsige Rose muss angebunden werden, beispielsweise an einer Säule.

Rosa 'New Dawn'

'A Shropshire Lad'
Englische Rose

Höhe: 2,50 m

Ausbreitung: 1,80 m

Eine weitere Englische Rose, die sich an einer warmen Wand auch als Kletterrose halten lässt. Sie hat die typische, dicht gefüllte, schalenförmige Blütenform vieler Englischer Rosen und einen angenehmen Duft. Die Blüten öffnen sich in einem warmen Pfirsichrosa und verblassen mit der Zeit. Am besten wirkt die Rose an einem Spalier an einer Südwand, man kann sie aber auch an andere Standorte setzen.

Kletterpflanzen und Wandsträucher

Abutilon × suntense 'Violetta'
Zimmerahorn, Schönmalve

Höhe: 5 m

Ausbreitung: 3 m

Manche *Abutilon*-Arten sind immergrün, andere werfen das Laub ab. Alle sind frostempfindlich. *A.* x *suntense* ist jedoch eine sehr unkomplizierte Pflanze, die in einem Kübel vor einer geschützten Südwand gut gedeiht. Die Blüten sind groß und haben eine offene Schalenform. Bei der Sorte 'Violetta' sind sie intensiv violett und erscheinen im späten Frühling. Triebe mit Frostschäden sollten im Frühling bis ins gesunde Holz zurückgeschnitten werden.

Clematis alpina 'Frances Rivis'
Clematis, Waldrebe

Höhe: 4 m

Ausbreitung: 1,80 m

Clematis alpina ist für die Kübelkultur sehr gut geeignet, weil sie relativ klein bleibt und weitaus langsamer wächst als *C. montana*. Die ungefüllten, glockenförmigen Blüten mit den spitzen Blütenblättern erscheinen im Frühling. 'Frances Rivis' ist die größte *C. alpina*-Sorte mit hübschen, dunkelblauen Blüten, auf die plusterige Samenstände folgen. Alle Formen dieser Art sind unkompliziert und gedeihen auch an ungünstigen Standorten. Lediglich Staunässe vertragen sie nicht.

Clematis tangutica
Clematis, Waldrebe

Höhe: 4,50 m

Ausbreitung: 1,80 m

Als spät blühende Sorte bezaubert *C. tangutica* im Herbst mit ihren ungewöhnlichen, leuchtend gelben Glockenblüten, die manchmal aussehen, als wären die Spitzen miteinander verklebt. Aus ihnen entwickeln

Rosa 'Paul's Lemon Pillar'

sich interessante Samenstände, die den ganzen Winter halten und überfrostet sehr gut aussehen. Die Sorte 'Helios' bleibt kleiner und eignet sich besonders für kleine Gärten. Es gibt eine Reihe von Zuchtformen, die alle winterhart sind.

Fremontodendron 'California Glory'

Höhe: 3 m

Ausbreitung: 3 m

Fremontodendron muss vor einer Wand gezogen und angebunden werden. Er ist nur bedingt winterhart, übersteht mit entsprechendem Schutz aber auch kalte Winter. Die immergrünen Blätter sind recht locker verteilt und bis zu 8 cm lang. Die Attraktion der Pflanze sind die großen, leuchtend gelben Blüten, die vom Spätfrühling bis in den Spätsommer fortlaufend erscheinen. Die Pflanze wurzelt tief und braucht daher einen hohen Kübel und gute Drainage. Vom Frost geschädigte Triebe werden im Frühling bis ins gesunde Holz zurückgeschnitten.

Clematis tangutica

Hydrangea petiolaris syn. *H. anomala* ssp. *petiolaris*

Hedera helix 'Glacier'
Efeu

Höhe: 1,80 m

Ausbreitung: 1,80 m

Aus dem gemeinen Efeu *(Hedera helix)* sind eine Vielzahl von Zuchtformen entwickelt worden. Alle eignen sich zur ganzjährigen Wandbegrünung, aber auch als Bodendecker und sogar als Zimmerpflanzen. Die Sorte 'Glacier' ist für alle drei Zwecke zu empfehlen. Sie hat dunkelgraugrüne Blätter mit silbrigen oder cremefarbenen Rändern. Im Freien braucht sie einen hellen Platz, um eine schöne Blattfärbung zu entwickeln; sie gedeiht aber auch im Halbschatten.

Hydrangea petiolaris syn. *H. anomala* ssp. *petiolaris*
Kletterhortensie

Höhe: 10 m

Ausbreitung: 10 m

Die Kletterhortensie ist ein ausgezeichneter Wandstrauch, weil sie kaum Ansprüche an Standort und Lichtverhältnisse stellt. Sie ist sehr wüchsig, kann aber im Frühling kräftig zurückgeschnitten werden. Sie hält sich mithilfe von Luftwurzeln am Untergrund fest. Im Sommer trägt sie Gruppen von unscheinbaren, sterilen Blüten und auffälligeren, weißen Brakteen. Im Herbst färbt sich das Laub leuchtend gelb.

Jasminum officinale
Echter Jasmin

Höhe und Ausbreitung: 12 m

Auch diesen wüchsigen Kletterer sieht man häufig als Kübelpflanze. Mit seinen langen Trieben bedeckt er schnell Spaliere oder große Wände, sofern er eine Kletterhilfe vorfindet, um die er seine Triebe schlingen kann. Die weißen Blüten erscheinen vom Sommer bis zum Frühherbst und duften sehr intensiv. Am besten beschneidet man Jasmin gleich nach der Blüte. Um seinen Wuchs zu bändigen, kann er stark zurückgeschnitten werden. An kalten, exponierten Standorten fühlt er sich nicht wohl.

Lapageria rosea

Höhe und Ausbreitung: 5 m

Eine windende Kletterpflanze, die eine Kletterhilfe braucht und vor Frost geschützt werden muss. Da sie aus den Wäldern Chiles stammt, gedeiht sie nur an einem warmen, schattigen Standort. Volle Sonne verträgt sie nicht. Wer ihr aber geeignete Bedingungen bietet, kann sich an einer attraktiven Immergrünen mit langen, dunkelgrünen Blättern und rosa- oder pinkfarbenen Trompetenblüten erfreuen. Die Blüten erscheinen vom Hochsommer bis zum Herbst.

Jasminum officinale

Pyracantha 'Orange Glow'
Feuerdorn

Höhe und Ausbreitung: 3 m

Feuerdorn ist ein robuster Strauch, der sich leicht an einer Wand ziehen lässt und jeden Standort von voller Sonne bis zu tiefem Schatten toleriert. Je weniger Sonne die Pflanzen erhalten, desto schwächer fallen allerdings Blüte und Fruchtschmuck aus. An einer Wand sollte man die Triebe an Drähten anbinden. Ein kräftiger Rückschnitt ist im Frühling fällig, ein zweiter im Spätsommer, damit die gelben, roten oder orangefarbenen Beeren sichtbar werden, die auf die weißen Frühlingsblüten folgen.

Solanum crispum 'Glasnevin'
Kletternder Nachtschatten

Höhe und Ausbreitung: 6 m

Zwei Verwandte der Kartoffel sind beliebte Kletterpflanzen: *S. crispum* und *S. jasminoides.* Beide sind immergrün oder halbimmergrün und bedingt winterhart. Die Sorte 'Glasnevin' ist in gemäßigten Regionen beliebt, weil sie an einer warmen Wand auch harte Winter übersteht. Die Triebe beider Arten sind geschmeidig und müssen an ein Spalier oder eine andere Kletterhilfe angebunden werden. 'Glasnevin' trägt vom Sommer bis zum Herbst blauviolette Blüten.

Stauden

Kübelgärtner konzentrieren sich meist auf Einjährige und Kletterpflanzen, Stauden sieht man seltener. Es gibt jedoch eine Reihe von mehrjährigen Stauden, die ausgezeichnet im Kübel gedeihen.

Agapanthus Headbourne-Hybriden
Schmucklilie

Höhe: 90 cm

Ausbreitung: 45 cm

Der Name „Schmucklilie" ist irreführend, denn ihre imposanten Blütenstände, die im Spätsommer erscheinen und an eine große Kugel aus Glockenblumen an einem langen, gemeinsamen Stiel erinnern, sehen nicht wie andere Lilien aus. Schmucklilien haben fleischige Wurzeln, die in Trockenzeiten Wasser speichern. Sie brauchen einen sonnigen Standort. Weil sie frostempfindlich sind, benötigen sie einen Winterschutz. Die Headbourne-Hybriden und einige Namenssorten wie 'Blue Giant' und 'Alice Gloucester' sind jedoch relativ robust.

Aponogeton distachyos
Wasserähre

Ausbreitung: 1,20 m

Die Wasserähre ist eine Rhizomstaude aus Südafrika. Ihre ovalen Blätter schwimmen,

Pyracantha 'Orange Glow'

wie die einer Seerose, auf der Wasseroberfläche. Im Frühling und noch einmal im Herbst erscheinen kleine, weiße, duftende Blüten, die an verzweigten Stielen etwa 5 cm über dem Wasser stehen. Sie bevorzugt volle Sonne, toleriert aber auch Halbschatten. Die Wasserähre eignet sich gut, um das Wachstum von Algen in einem Teich einzudämmen.

Aquilegia vulgaris
Akelei, Columbine

Höhe: 90 cm

Ausbreitung: 50 cm

Die Akelei ist eine beliebte Bauerngartenpflanze, die im späten Frühling und Frühsommer blüht. Sie gedeiht in verschiedensten Gefäßen, sowohl allein als auch in Gesellschaft anderer Arten. Die Grundform hat dunkelblauviolette Blüten, es gibt jedoch eine Vielzahl von Zuchtformen mit Blüten in Weiß, verschiedenen Blautönen, Rosa und Gelb. Die interessant geformten Blüten stehen an langen Stielen über einer Rosette aus hellgrünen Blättern. Akelei sät sich willig selbst aus.

Aster novi-belgii
Glattblattaster

Höhe: 1–1,20 m

Ausbreitung: 60–90 cm

Glattblattastern zählen zu den farbenprächtigsten Pflanzen im Kübelgarten. Sie blühen vom Spätsommer bis zum Frühherbst in vielen Schattierungen von Rosa, Violett, Flieder oder Weiß, zumeist mit einem gelben Auge, das für die Pflanzenfamilie typisch ist. Zu den schönsten Sorten gehören 'Marie Ballard' (hellblau), 'Jenny' und 'Royal Ruby' (pink), 'Lassie' (hellrosa) und 'Kristina' (weiß). Alle bevorzugen durchlässigen Boden und gedeihen auch im Halbschatten. Im Kübel brauchen die höheren Sorten eine Stütze.

Aubrieta cultorum
Blaukissen

Höhe: 5 cm

Ausbreitung: 60 cm

Das Blaukissen ist eine winterharte Staude, die man im zeitigen Frühjahr im Haus oder im Frühsommer im Freiland aussäen kann. Es bildet dichte Matten aus kleinen Blättern, über denen blaue oder violette Blüten stehen. Auch in Mauerfugen wird es gern gesät. Nach der Blüte wird es zurückgeschnitten. Fast alle Sorten haben bläulich violette Blüten. 'Hartswood Purple' und 'Joy' sind beliebt.

Dicentra formosa
Tränendes Herz

Höhe: 50 cm

Ausbreitung: 60 cm

D. spectabilis ist eine beliebte Staude, die im Frühling blüht, für einen durchschnittlichen Kübelgarten aber zu groß wird. Besser geeignet ist die niedrigere Form *D. formosa*, die sich leicht ausbreitet. Die reizenden, rötlich violetten Blüten stehen über silbergrauen Blättern. Die Sorte 'Stuart Boothman' ähnelt ihr im Aussehen, ist aber etwas höher, nicht ganz so wüchsig und hat weiße Blüten. Alle Sorten blühen im späten Frühling und Frühsommer und bevorzugen einen Schattenplatz und neutralen Boden. Man vermehrt sie einfach durch Teilung.

Euphorbia amygdaloides
Wolfsmilch

Höhe: 80 cm

Ausbreitung: 30 cm

Es gibt mehr als 2000 verschiedene Wolfsmilcharten – von winzig bis baumgroß. Die bekannteste Gartenart ist wohl *E. characias* ssp. *wulfenii*, eine auffällige Beetpflanze, die sich aber für einen kleinen Kübelgarten nicht eignet. Empfehlenswert ist dagegen *E. amygdaloides*, ein kleiner Bodendecker, der auch im Schatten gedeiht. Er hat dunkelgrüne Blätter und gelbgrüne Blüten, die an hohen Stielen stehen. Die Sorte 'Purpurea' hat rötlich violette Blätter und gelbe Blüten,

Solanum crispum 'Glasnevin'

Aster novi-belgii

Geranium farreri

während var. *robbiae* 'Mrs Robb's Bonnet' wesentlich breitere Blätter trägt. Letztere Sorte neigt zum Wuchern.

Geranium farreri
Storchschnabel

Höhe: 10–15 cm

Ausbreitung: 15 cm

Wenige Gartenpflanzen sind so dankbar wie die Storchschnabel-Arten. Sie blühen den ganzen Sommer lang, und es gibt sie in verschiedenen Größen. *G. psilostemon* hat stattliche Ausmaße, *G. farreri* ist winzig und für den Steingarten beliebt. Die zierliche Art hat intensiv rosa- bis lilafarbene Blüten mit auffälligen schwarzen Staubgefäßen. Andere beliebte Storchschnabel-Arten, die sich für den Kübel eignen, sind *G. wallichianum* 'Buxton's Variety' (himmelblau mit weißer Äderung und dunklen Staubgefäßen) sowie *G. clarkei* 'Kashmir White' (weiß mit pinkfarbener Äderung).

Helianthus × multiflorus 'Loddon Gold'
Staudensonnenblume

Höhe: 1,50 m

Ausbreitung: 90 cm

Die meisten Sonnenblumen sind einjährig und häufig Gegenstand des Wetteiferns zwischen Hobbygärtnern um die größte Höhe. Auch die Staudensonnenblume ist recht groß und macht im Kübel Eindruck, wenn man genug Platz für sie hat. Sie hat stattliche Blütenstände in leuchtendem Gelb und braucht nicht gestützt zu werden. Es gibt eine Reihe von Zuchtformen wie 'Capenoch Star' (einfache, gelbe Blüten) und 'Soleil d'Or' (gefüllte, gelbe Blüten). Alle brauchen einen sonnigen Standort.

Helleborus orientalis
Lenzrose

Höhe: 50 cm

Ausbreitung: 50 cm

Die Lenzrose blüht kurz nach ihrer Verwandten, der Christrose *(H. niger)* – also zu einer Zeit, wenn noch kaum Blüten im Garten zu sehen sind. Die schalenförmigen, leicht nickenden Blüten sind weiß, rosafarben, mauve oder mattrot und halten sich sehr lange an der Pflanze. Die Innenseiten sind oft interessant gezeichnet. An einer geschützten Stelle ist die Lenzrose immergrün. Sie schätzt einen windgeschützten Schattenplatz und lockeren Boden.

Helleborus orientalis

Hosta 'Blue Moon'
Hosta, Funkie

Höhe: 10 cm

Ausbreitung: 30 cm

Hosta gedeihen besser in Kübeln als in Beeten, weil sie bei Feuchtigkeit im Handumdrehen von Schnecken abgefressen werden. Im Kübel lässt sich der Schaden begrenzen, weil Schnecken nicht so schnell die Gefäßwände hinaufkriechen können. Hosta wirken hauptsächlich wegen ihres interessanten Laubs. Es gibt viele Arten mit blaugrauen, grünen, gelbgrünen und panaschierten Blättern, die auch als Gruppe reizvoll aussehen. Im Schatten fühlen sie sich besonders wohl. 'Blue Moon' ist eine niedrige Art mit blaugrauem Laub. 'Aureomarginata' hat gelb geränderte Blätter, 'Gold Standard' hat gelbe Blätter mit grünem Rand.

Lobelia cardinalis
Kardinalslobelie

Höhe: 90 cm

Ausbreitung: 30 cm

Die Kardinalslobelie ist eine kurzlebige Rhizomstaude mit dunkelroten Stielen und leuchtend grünen, bronzefarben überhauchten Blättern. Im Spätsommer und Frühherbst trägt sie Blüten in einem Rot, mit dessen Intensität nur wenige Gartenpflanzen konkurrieren können. Die Blüten eignen sich gut als Basis für eine Farbkomposition in feurigen Tönen. Kardinalslobelien bevorzugen tiefgründigen, feuchten Boden in voller Sonne, tolerieren aber auch Halbschatten. *L. erinus* ist die niedrige, hängende Art, die als Einjährige beliebt ist.

Lobelia cardinalis

Lupinus Gallery-Hybriden
Lupine

Höhe: 50 cm

Ausbreitung: 20 cm

Viele Lupinen, darunter auch die beliebten Russell-Hybriden, sind mit durchschnittlich 1,20 m Höhe für den normalen Kübelgarten zu groß. Wer aber einen Bauerngarten im Kleinformat gestalten möchte, sollte unbedingt die kleinwüchsigen Gallery-Hybriden in Erwägung ziehen. Die Farben sind etwas zarter als bei den Russell-Hybriden, es gibt eine Reihe sanfter Rosa-, Gelb-, Blau-, Rot-, Violett- und Lavendeltöne. Zudem sind die Blüten kompakter als bei den großen Sorten. Weitere Zwergzüchtungen sind die Lulu-Serie und Dwarf Russell Mixed. Alle Lupinen brauchen einen sonnigen Platz.

Nymphaea 'Gonnère'
Seerose

Ausbreitung: 1–1,20 m

Seerosen muss man mit viel Sorgfalt auswählen. Die wichtigsten Kriterien sind die Größe und vor allem die Wassertiefe des Teiches. 'Gonnère' ist eine der schönsten weißen Sorten mit klargelber Mitte. Sie hat zahlreiche Blütenblätter und einen zarten Duft. Sie benötigt eine Wassertiefe von etwa 90 cm, breitet sich aber nicht so stark aus wie andere Seerosen. Seerosen blühen nur in voller Sonne gut. In fließendem Wasser gedeihen sie nicht, leichte Bewegung tolerieren sie aber.

Penstemon 'Andenken an Friedrich Hahn'
Bartfaden

Höhe: 80 cm

Ausbreitung: 60 cm

Der Bartfaden ist leider nicht sehr bekannt. Es ist eine ausgezeichnete immergrüne oder halbimmergrüne Pflanze, die vom Hochsommer bis zum Herbst lange Blütenstände trägt. Die Pflanze lässt sich leicht vermehren. Man nimmt entweder im Sommer Stecklinge oder teilt sie im Herbst. Sie ist auch für Kübelgärtner sehr empfehlenswert, die nicht so viele Einjährige verwenden möchten. Es gibt eine Reihe schöner Namenssorten, darunter 'Andenken an Friedrich Hahn' (dunkelrot), 'Apple Blossom' (zartrosa) und 'Maurice Gibbs' (rot mit weißer Mitte).

Lupinus

Phlox paniculata
Staudenphlox

Höhe: 1,20 m

Ausbreitung: 60–80 cm

Der Phlox ist eine schöne Sommerstaude, deren Blüte vom Hochsommer bis in den Herbst andauert. Es gibt viele Sorten mit Blüten in unterschiedlichen Schattierungen von Rosa, Rot, Violett, Flieder, Blau und Weiß. Die locker-kugeligen Blütenstände stehen wie ein runder Hut oberhalb der Blätter. Zu den beliebtesten Sorten gehören 'Amethyst' (violett), 'Eva Cullum' (pink), 'Fujiyama' (weiß), 'Le Mahdi' (blauviolett), 'Mother of Pearl' (weiß mit einem Hauch Rosa) und 'Prince of Orange' (orangerot).

Primula vulgaris
Primel, Schlüsselblume

Höhe: 20 cm

Ausbreitung: 30 cm

Die Gattung der Schlüsselblumen und Primeln umfasst mehr als 400 Arten und tausende von Sorten. Dennoch ist die einfache Schlüsselblume *P. vulgaris* eine Lieblingspflanze vieler Gärtner geblieben. Die Blüten sind von zartem Hellgelb mit dunklerer Mitte. Sie duften leicht und wirken zauberhaft bescheiden. Schlüsselblumen lassen sich problemlos durch Teilung nach der Blüte vermehren. Sie bevorzugen Schatten. An einem heißen, trockenen Platz gedeihen sie nicht. Schlüsselblumen stehen unter Naturschutz, man darf sie nicht im Wald ausgraben, um sie in den Garten zu pflanzen.

Phlox paniculata

Pulmonaria saccharata
Lungenkraut

Höhe: 30 cm

Ausbreitung: 60 cm

Das Lungenkraut ist ein hübscher Anblick, wenn sich im Frühling die Blüten über die gefleckten Blätter erheben, wegen derer die Pflanze ihren volkstümlichen Namen trägt. Es gedeiht gut im Kübel und breitet sich leicht in lockerem Substrat aus. Ideal sind erhöhte Gefäße, sodass man die zierlichen Blüten aus der Nähe betrachten kann. Meist sind die Blüten blau oder rosafarben, einige öffnen sich auch rosafarben und werden nach einigen Tagen blau, sodass an einem einzigen Stiel sowohl rosafarbene als auch blaue Blüten stehen können. Es gibt eine Reihe von Namenssorten. Sorten der Argenta-Gruppe haben silbriges Laub und rote Blüten, die sich violett verfärben. 'Mrs Moon' trägt rosafarbene Knospen, die sich zu fliederfarbenen Blüten öffnen.

Scabiosa caucasica 'Clive Greaves'
Skabiose

Höhe: 60 cm

Ausbreitung: 60 cm

Die wilde Skabiose *S. columbaria* ist eine beliebte, zauberhafte Wildblume. Die Gattung ist jedoch recht groß und umfasst mehr als 80 Arten. Die Kultursorten haben sich den Charme der Wildform meist bewahrt. Viele haben zartblau oder fliederfarbene Blüten, es gibt aber auch andere Töne von Violett bis Weiß. Die Skabiose blüht im Spätsommer, wenn die Sommerblumen schon verblüht sind. So hilft sie, die Blühsaison im Garten zu verlängern. 'Clive Greaves' hat lavendelblaue Blüten, 'Perfect Alba' und 'Mrs Willmott' blühen weiß.

Stachy byzantina
Ziest

Höhe: 50 cm

Ausbreitung: 60 cm

Der Ziest ist eine der bekanntesten graulaubigen Gartenpflanzen. Er gedeiht fast überall und bildet einen guten Hintergrund für das grüne Laub anderer Arten. Er bildet eine dichte Matte aus silbrig weißen, filzähnlich behaarten Blättern, über denen sich im Sommer lavendelblaue Blüten an schlanken Stielen öffnen. Ziest bevorzugt einen sonnigen Platz und verträgt jeden Boden, solange er durchlässig ist. Zu den Zucht-

Primula vulgaris

formen gehören 'Big Ears' (grüne Blätter mit grauem Flaum) und 'Silver Carpet' (silbrige Blätter). Letztere blüht gar nicht und eignet sich gut als Bodendecker.

Einjährige

Sie bilden den Mittelpunkt des Kübelgartens, weil man mit ihnen jedes Jahr eine neue Farbkombination ausprobieren kann. Manche sind eigentlich frostempfindliche Mehrjährige, die jedoch in kühlen und gemäßigten Regionen einjährig kultiviert werden.

Ageratum houstonianum
Leberbalsam

Höhe: 15–30 cm

Ausbreitung: 15–30 cm

Diese niedrige, frostempfindliche Einjährige stammt aus Mexiko. Die gängigste Blütenfarbe ist Blau, es gibt jedoch auch weiße und rosafarben blühende Sorten. Wie Polster stehen die kleinen Blüten direkt über dem Laub. Zu den bekannteren Namenssorten gehören die Hawaii-Serie, die kleinwüchsige 'Swing Pink' (pink bis rot) und 'Blaue Donau' (sanftes Blau). Im Frühling bei 16 °C aussäen.

Pulmonaria saccharata

Amaranthus caudatus
Fuchsschwanz

Höhe: 80 cm

Ausbreitung: 50 cm

Eine frostverträgliche Einjährige mit ungewöhnlichen, nickenden „Blütenschwänzen". Es gibt auch Sorten mit aufrechten Blütenständen. Sie ist größer als die meisten Einjährigen. *A. tricolor* wächst buschiger und hat leuchtend gefärbte Blätter. Im Frühling bei 20 °C aussäen.

Antirrhinum majus
Löwenmäulchen

Höhe: 30–50 cm

Ausbreitung: 30 cm

Diese frostempfindlichen Stauden werden hierzulande einjährig kultiviert. Kinder lieben die Blüten besonders, die sich auf leichten Druck öffnen und schließen lassen. Es gibt sie in vielen leuchtenden Farben: Rot, Gelb, Orange und Weiß, zudem sind viele Serien und Zuchtformen erhältlich. Die Rocket-Serie ist besonders hoch. Die Sonnet-Serie blüht früh und ist mittelhoch. Die Tahiti-Serie und 'Floral Showers' sind kleinwüchsig.

Aubrieta cultorum
Blaukissen

Eigentlich eine Staude (s. S. 235), wird aber gerne wie eine Einjährige behandelt und als Beetpflanze verkauft.

Begonia
Begonie

Höhe: 25 cm

Ausbreitung: 30 cm

Es gibt sehr viele Begonienarten. In sommerlichen Gärten sieht man fast immer Sorten von *B. tuberosa*, der Knollenbegonie, mit großen, farbenprächtigen Blüten, oder *B. semperflorens*, die oft bronzefarbiges Laub hat und viele kleine Blüten trägt. Beide werden am besten wie Einjährige behandelt. Die Vielfalt der Blütenformen und -farben ist enorm. Unter den Sorten von *B. semperflorens* ist die Cocktail-Serie empfehlenswert. Die Knollenbegonie 'Can-Can' hat große, gelbe Blüten mit einem rötlichen, gekräuselten Rand.

Bellis perennis
Bellis, Kulturgänseblümchen

Höhe: 15–20 cm

Ausbreitung: 15 cm

Bellis sind ebenfalls winterharte Stauden, die normalerweise einjährig kultiviert werden. Die Pomponblüten in Rot, Weiß oder Rosa stehen an schlanken Stielen. Man kann sie überwintern, aber die meisten Gärtner pflanzen sie jedes Jahr neu. Es ist möglich, sie im zeitigen Frühjahr bei 10 °C im Haus auszusäen. Bekannt sind die Serien Pomponette, Roggli und Tasso, es gibt aber auch noch viele andere empfehlenswerte.

Antirrhinum majus

Brachyscome iberidifolia

Höhe: 30 cm

Ausbreitung: 30 cm

Diese beliebten, kleinen Einjährigen tragen Gruppen von meist weißen, fliederfarbenen oder violetten Blüten, die an Gänseblümchen erinnern. Besonders beliebt ist die Splendour-Serie. Dwarf Bravo Mixed ist etwas kleiner, Summer Skies hat Blüten in schönen Schattierungen von Blau, Rosa und Weiß.

Calceolaria Herbeohybrida-Gruppe
Pantoffelblume

Höhe: 25 cm

Ausbreitung: 15 cm

Diese bedingt frostverträglichen Zweijährigen werden gern als Sommerblumen in Kübel und Kästen gepflanzt. Die Blüten haben eine kompakte Rautenform und sind meist leuchtend gelb oder orangefarben. Einige gelbe Sorten haben eine attraktive orangerote Zeichnung in der Mitte. 'Bright Bikinis' trägt rote, gelbe und orangefarbene Blüten. Die Anytime-Serie ist kompakt und kommt schnell zur Blüte. Man sät sie bei 18 °C im Spätsommer oder zeitigen Frühling.

Calceolaria integrefolia

Calendula officinalis
Ringelblume

Höhe: 30–50 cm

Ausbreitung: 30 cm

Diese beliebte Einjährige wird schon seit Jahrhunderten kultiviert. Die gelben und orangefarbenen Blüten sehen kleinen Chrysanthemen ähnlich. Sie können im Frühling oder Herbst an Ort und Stelle ausgesät werden. Die Pacific-Beauty-Serie ist am meisten verbreitet. Die Blüten von *C. officinalis* sind ungefüllt.

Callistephus chinensis
Gartenaster, Sommeraster

Höhe: 20–40 cm

Ausbreitung: 20–40 cm

Diese Pflanzen werden schnell buschig und bilden chrysanthemenähnliche Blüten in einer Reihe von Farben aus: Rosa, Gelb, Rot Mauve und Weiß. Unter den vielen Serien sind folgende am bekanntesten: Ostrich Plume, Comet, Milady Mixed und Thousand Wonder. Bei 15 °C im zeitigen Frühjahr aussäen oder etwas später an Ort und Stelle.

Campanula carpatica
Karpatenglockenblume

Höhe: 30 cm

Ausbreitung: 30–60 cm

Es gibt zahlreiche Glockenblumen, die ihren Namen zu Recht wegen der hübschen, meist blauen, violetten oder weißen Glockenblüten tragen. Die Art *C. carpatica* ist eine winterharte Staude, die dichte Polster bildet und sich auch sehr gut als Einfassung für Beete und Wege eignet. Sie ist sehr wüchsig und muss eventuell eingedämmt werden. Beliebte Sorten sind 'Jewel' (dunkelviolett), 'Blue Clips' (blau) und 'Bressingham White' (weiß). Alle werden im Frühling an Ort und Stelle gesät. Man kann auch ältere Pflanzen teilen.

Catananche caerulea
Rasselblume

Höhe: 80 cm

Ausbreitung: 30 cm

Eine attraktive, Horste bildende, kurzlebige Staude mit graugrünen, grasartigen Blättern. Den ganzen Sommer über bildet sie viele einzelne Blüten in verschiedenen Blautönen an langen Stielen. Häufig wird sie als Einjährige kultiviert. Es gibt einige Namenssorten. 'Bicolor' hat weiße Blüten mit blauer Mitte. 'Major' hat fliederfarbene Blüten mit dunkler Mitte und 'Perry's White' hat weiße Blüten mit cremefarbener Mitte. Die Namenssorten müssen durch Teilung oder Wurzelstecklinge vermehrt werden. Bei Aussaat sind sie nicht farbtreu.

Calendula officinalis

Campanula carpatica 'Blue Gem'

Celosia argentea
Hahnenkamm

Höhe: 20–50 cm

Ausbreitung: 15–40 cm

Es gibt zwei Formen des Hahnenkamms. Die Plumosa-Gruppe hat offene, pyramidenförmige, fiedrige Blütenstände, während die Cristata-Gruppe dicht gedrängte, gewellte Blütenstände trägt. Sorten der Plumosa-Gruppe sieht man häufig in den Beeten von Parks und Grünanlagen. Mit ihren Blüten in Gelb, Pink, Orange und Rot kann man sie kaum übersehen. Besonders bekannt sind die Sorten der Century-Serie. Die Kimono-Serie ist kleiner und besser für Kübel und kleine Gärten geeignet. Man sät sie ab dem Frühling bei 18 °C.

Centaurea cyanus
Kornblume

Höhe: 25–90 cm

Ausbreitung: 15–20 cm

Kornblumen sind winterharte Stauden mit Blüten in Blau, Weinrot, klarem Rot und Rosa. Die traditionelle Farbe der Kornblume ist jedoch ein intensives Blau, und viele Gärtner geben diesem den Vorzug. Es gibt eine Reihe von Serien, darunter die Boy-Serie, zu der auch die leuchtend blaue 'Blue Boy' gehört. Bekannte Sorten sind ferner 'Jubilee Gem', 'Pinkie' und 'Florence Blue'. Man sät Kornblumen im Herbst oder im Frühling an Ort und Stelle.

Chrysanthemum parthenium 'Aureum'

Chrysanthemum parthenium syn. *Tanacetum parthenium*
Rainfarn

Höhe: 50–60 cm

Ausbreitung: 30 cm

Der Name dieser kurzlebigen Staude ist vor kurzem geändert worden, sodass sie in manchen Büchern unter dem ersten oder dem zweiten, heute gültigen Namen zu finden ist. Die Gartensorten haben gelbe oder weiße Blüten, einige haben gelbe Blätter. Hübsch sind die gefüllten Formen, etwa 'Plenum' und 'Snowball' (beide weiß). Sie werden im zeitigen Frühling bei 10 °C ausgesät oder durch krautige Stecklinge im Frühling vermehrt.

Cineraria maritima syn. *Senecio cineraria*
Greiskraut

Höhe: 20–30 cm

Ausbreitung: 25–30 cm

Der gültige Name ist *Senecio*, man wird diese Pflanze aber häufig noch unter ihrer alten Bezeichnung finden. Es ist eine klassische Blattpflanze mit silbrigen Blättern, die einen ausgezeichneten Hintergrund für farbenfrohe Einjährige abgibt. Besonders bekannt sind die Sorten 'Silver Dust' und 'Cirrus'. Man sät sie im Frühling bei 20 °C aus oder nimmt im Spätsommer halbreife Stecklinge, die überwintert werden.

Clarkia amoena
Atlasblume

Höhe: 80 cm

Ausbreitung: 30 cm

Eine sehr hübsche Einjährige mit trichterförmigen Blüten, manchmal mit gezeichneter Mitte. Gelegentlich findet man sie auch unter dem Namen *Godetia amoena* und *G. grandiflora*. Die Blüten sind meist rosafarben, weiß oder intensiv lavendelblau. Die Satin-Serie bleibt gedrungener. *C. unguiculata*, auch als *C. elegans* im Handel, ist größer und hat aufrechte Blütenstände. Die Blüten der Royal-Bouquet-Serie erinnern an kleine Stockrosen. Man sät sie im zeitigen Frühling an Ort und Stelle, ein Umpflanzen ist nicht nötig. Atlasblumen lassen sich gut trocknen.

Consolida ajacis

Consolida ajacis
Lerchensporn

Höhe: 30–50 cm

Ausbreitung: 15–25 cm

Dekorative Einjährige mit aufrechten Blütenständen in angenehmen Pastelltönen von Weiß, Hellblau und Rosa, gelegentlich auch Dunkelviolett. Die kleineren Sorten werden meist bevorzugt, beliebt sind die Serien Dwarf Hyacinth und Dwarf Rocket. Die kräftigen Pflanzen vertragen Wind recht gut. Die Serie Giant Imperial ist mit 90 cm wesentlich höher und sollte im Hintergrund eines Kübels oder Beets gepflanzt werden. Die winterharte Einjährige wird im Herbst oder im zeitigen Frühling an Ort und Stelle ausgesät. Die Pflanze ist für den Menschen giftig.

Convolvulus tricolor
Winde

Höhe: 30–40 cm

Ausbreitung: 25–30 cm

Die Ackerwinde ist eins der hartnäckigsten Gartenunkräuter, doch die Kulturformen sind sehr ansprechend und umfassen verschiedene Arten von Sträuchern bis zu Einjährigen. *C. tricolor* wird als winterharte Einjährige kultiviert. Die Serie Flagship Mixed blüht in Rot, Dunkelblau, Hellblau, Weiß und Rosa. Die trompetenförmigen Blüten haben eine auffällige, weiße Zeichnung und eine gelbe Mitte. *C. sabatius* ist eine blaue Staude, die meist im Steingarten gehalten wird. Vor starkem Frost muss sie geschützt werden. Die Einjährigen im mittleren Frühling an Ort und Stelle säen, die Staude durch Stecklinge vermehren.

Coreopsis tinctoria
Färbermädchenauge

Höhe: 30 cm

Ausbreitung: 15 cm

Die kleineren Mädchenauge-Sorten stammen von dieser Art ab. Beliebt ist vor allem die Serie Dwarf Mixed. 'Mahogany Midget' hat bronzerote Blüten mit gelbem Auge, die vom Hochsommer bis zum Herbst in großer Zahl erscheinen. *C. grandiflora* und ihre Sorten sind winterharte Stauden, die manchmal als Einjährige kultiviert werden und meist gelb blühen. 'Early Sunrise' und 'Tiger Flower' sind zuverlässige Sorten. Man sät im Frühling an Ort und Stelle.

Dianthus chinensis
Einjährige Nelke

Höhe: 15–25 cm

Ausbreitung: 10–15 cm

Die Gattung *Dianthus* ist sehr groß und umfasst viele Arten, die sowohl im Haus als

Eschscholzia californica

auch im Freien gedeihen. Viele beliebte Gartennelken werden als frostempfindliche Einjährige kultiviert. Man sät sie im Frühling bei 16 °C, dann blühen sie im Spätsommer des gleichen Jahres. Es gibt verschiedene Serien und Namenssorten. Die Serien Baby Doll und Carpet haben einfache Blüten, meist in Rosatönen, aber auch in Rot und Weiß. Die schöne 'Raspberry Tart' hat rosafarbene Blüten mit dunkelroter Mitte. 'Dad's Favorite' trägt weiße Blüten mit rotem Rand und violetter Mitte.

Erigeron karvinskianus
Berufkraut

Höhe: 15–30 cm

Ausbreitung: bis 90 cm

Eine ausgezeichnete Pflanze, die über Mauern herabhängt. Auch sehr gut für Blumenkästen und Ampeln. Die kleinen Strahlenblüten erscheinen im Hochsommer. Sie sind zuerst weiß und verfärben sich dann langsam zu Rosa und Rot. In Blumenkästen und Ampeln wird sie einjährig kultiviert. Im Garten treibt sie jedes Jahr wieder aus. Weil sie aber sehr wüchsig ist, muss man sie eventuell eindämmen. 'Profusion' ist eine beliebte Sorte. Im Frühling im kalten Frühbeet aussäen.

Fuchsia 'Tennessee Waltz'

Eschscholzia californica
Kalifornischer Kappenmohn

Höhe: 15–30 cm

Ausbreitung: 15 cm

Kalifornischer Kappenmohn lässt sich ganz unkompliziert aussäen, weil die Pflanzen selbst in einem Kiesbeet wurzeln. Sie säen sich aber auch stark selbst aus und müssen in den Folgejahren eventuell gejätet werden. Die einfachen Blüten stehen auf aufrechten Stielen. Sie sind meist gelb oder orange, es gibt aber auch Sorten mit roten, rosafarbenen und weißen Blüten. Besonders schön ist die Serie Thai Silk mit halb gefüllten Blüten in verschiedenen Farben. Im Frühling an Ort und Stelle säen.

Fuchsia
Fuchsie

Höhe (kleine Sorten): 40–60 cm

Ausbreitung: 30–60 cm

Fuchsien sind bedingt winterharte, mehrjährige Sträucher. Einige Sorten vertragen Temperaturen bis –5 °C im Freiland. Sie haben hängende Blüten, meist in attraktiven Rosatönen, viele sind auch zweifarbig. Fuchsien eignen sich sehr gut für Ampeln und Kübel und können im Haus überwintert werden. Empfehlenswert sind 'Margaret Brown' (Blüten in zwei Rosatönen), 'La Campanella' (weiß und violett), 'Swingtime' (gefüllte, weiße Blüten mit roten Hüllblättern).

Gazania

Höhe: 20 cm

Ausbreitung: 25 cm

Frostempfindliche Staude, die einjährig kultiviert wird. Gazanien sind entfernt mit den Astern verwandt und haben Strahlenblüten mit etwas breiteren Blütenblättern. Die Chansonette-Serie hat Blüten in Gelb, Rosa, Rot und Orange. Die Mini-star-Serie ist kleiner und hat ein reicheres Farbspektrum. Im zeitigen Frühling bei 18–20 °C aussäen.

Heliotropium arborescens
Heliotrop, Sonnenwende, Vanilleblume

Höhe: 30–50 cm

Ausbreitung: 30–35 cm

Viele Sorten des Heliotrop wachsen zu Sträuchern heran, die kleineren Sorten werden meist als Einjährige kultiviert. 'Marine' ist die beliebteste Sorte mit besonders intensivem Duft. 'Mini Marine' ist etwas kleiner und kompakter. Die Blüten sind blauviolett und machen sich sehr gut in einem sommerlichen Kübel. Man sät sie im Frühling bei 16 °C aus.

Gazania

Lavatera trimestris 'Silver Cup'

Die Namenssorten werden durch Stecklinge vermehrt, weil sie bei Aussaat nicht farbtreu sind.

Iberis umbellata
Doldige Schleifenblume

Höhe: 15–30 cm

Ausbreitung: 20 cm

Eine weitere sehr beliebte, winterharte Einjährige, die im Herbst oder zeitigen Frühling an Ort und Stelle gesät wird. Bekannt sind vor allem die Fairy-Serie mit Blüten in Rosa, Lavendel und Weiß sowie die Flash-Serie mit intensiveren Tönen von Pink, Violett und Rot. Die Blüten sind in flachen Dolden angeordnet und bedecken die Pflanze komplett.

Impatiens Neu-Guinea-Gruppe
Fleißiges Lieschen

Höhe: 35 cm

Ausbreitung: 30 cm

Fleißige Lieschen gehören zu den beliebtesten Sommerblühern. Eigentlich sind es frostempfindliche Stauden, sie werden jedoch fast immer einjährig kultiviert. Die Sorten der Neu-Guinea-Gruppe (Neu-Guinea-Hybriden) haben Blüten in verschiedenen Schattierungen von Rosa, Pink, Rot und Weiß, auch zweifarbige Blüten sind zu finden. Die Blätter sind oval und zugespitzt, meist hellgrün oder bronzegrün, gelegentlich auch cremefarben, weiß oder gelb panaschiert. Fleißige Lieschen bevorzugen den Halbschatten und haben den Vorzug, sogar im tiefen Schatten reich zu blühen. Es gibt eine Reihe weiterer Serien. Zu den bekannten Sorten gehören 'Cheers', 'Concerto', 'Tango' und 'Red Magic'. Man sät sie im Frühling bei 16 °C. Im Sommer geschnittene Stecklinge kann man im Haus überwintern.

Lavatera trimestris
Malve

Höhe: 60–90 cm

Ausbreitung: 30–50 cm

Diese Einjährigen sind recht hoch, aber außergewöhnlich schön. Sie tragen die typischen, weit geöffneten Trompetenblüten der Malvenfamilie. 'Pink Beauty' hat rosafarbene Blüten mit weißer Äderung und einer dunkleren Mitte. 'Silver Cup' hat ein intensiveres Pink, während 'Mont Blanc' nahezu reinweiß blüht. 'Ruby Regis' zeigt ein dunkles Pink, das fast als Rot gelten kann. Man sät sie im mittleren Frühjahr an Ort und Stelle.

Impatiens Neu-Guinea-Gruppe

Limnanthes douglasii
Sumpfblume, Spiegeleierblume

Höhe: 15 cm

Ausbreitung: 15 cm

Die niedrige Einjährige mit den schalenförmigen, weißen Blüten und dottergelbem Auge hat einen sehr treffenden Populärnamen. Die Blüten erscheinen während des ganzen Sommers und sind eine gute Bienenweide. Die unkomplizierte Pflanze wird im Herbst oder Frühling an Ort und Stelle gesät. Bei Herbstaussaat blüht sie früher, muss aber vor Frost geschützt werden.

Linum grandiflorum
Lein

Höhe: 50–60 cm

Ausbreitung: 15 cm

Lein blüht normalerweise blau, das trifft auch auf die meisten ausdauernden Leinarten zu. Lediglich die einjährige Form hat rosarote Blüten. Zu den Namenssorten gehören 'Bright Eyes' (weiß), 'Caeruleum' (blau), 'Magic Circles' (rot und weiß) sowie 'Rubrum' (rot). Lein ist eine unkomplizierte, winterharte Einjährige. Sie wird im Frühling oder schon im Herbst an Ort und Stelle gesät. Alle bevorzugen einen sonnigen Standort und humusreichen, durchlässigen Boden. Am besten wirken die Pflanzen in größeren einfarbigen Gruppen.

Lobelia erinus

Lobelia erinus
Lobelie

Höhe: 10–15 cm

Ausbreitung: 15 cm

Diese niedrigen, Polster bildenden Stauden werden als Einjährige kultiviert. In aller Welt sind sie als Ampelpflanzen beliebt, weil die Triebe mit den kleinen Blüten – meist blau mit weißem Auge – so hübsch herabhängen. Lobelien passen auch gut in den Steingarten oder in ein blau-weißes Beet – zusammen mit silbrigem Greiskraut *(Senecio)* und der weißen Lobeliensorte 'White Cascade'. Die Sorten der Cascade-Serie haben Blüten in Pink, Rot, Blau und Weiß, während die der Palace-Serie meist blau oder weiß sind. Es gibt auch höhere Sorten, die sich für Beeteinfassungen eignen.

Matthiola incana
Levkoje

Höhe: 20–50 cm

Ausbreitung: 25–30 cm

Levkojen sind aufrechte Stauden oder Halbsträucher, die meist als frostempfindliche Einjährige kultiviert werden. Innerhalb ungewöhnlich kurzer Zeit bilden sie aufrechte Blütenstände in Weiß, Rot, Rosa oder Violett, mit intensivem Duft. Im Handel findet man verschiedene Serien, darunter die Brompton-Serie, die zweijährig kultiviert wird. Ten Week Mixed hat meist gefüllte Blüten, während die Sentinel-Serie besonders hoch wird.

Mesembryanthemum criniflorum
Mittagsblume

Höhe: 8 cm

Ausbreitung: 15 cm

Mittagsblumen sind beliebte Einjährige, die sich an trockenen, sonnigen Standorten von der besten Seite zeigen. Sie haben zahlreiche Strahlenblüten in Rosa, Weiß, intensivem Pink und Gelb, gelegentlich auch in Pastelltönen, und eignen sich sehr gut als Bodendecker. Man sät sie im zeitigen Frühling bei 16 °C im Haus.

Mimulus × hybridus
Gauklerblume

Höhe: 10–30 cm

Ausbreitung: 30 cm

Eine frostempfindliche Staude, die einjährig kultiviert wird. Bekannt sind vor allem die Serien Calypso, Magic und Mystic. Die trompetenförmigen Blüten sind meist gelb oder orange, es gibt aber auch Sorten mit cremeweißen, roten oder rosafarbenen Blüten. Viele sind in der Mitte gefleckt. Gauklerblumen bevorzugen feuchten Boden und werden bei mindestens 7 °C im Frühling im Haus gesät.

Matthiola incana

Nemesia strumosa
Nemesia

Höhe: 20–30 cm

Ausbreitung: 10–15 cm

Eine beliebte frostempfindliche Einjährige für den Steingarten mit schönen, originellen Blüten, die voll geöffnet zwei Hälften haben und oft zweifarbig sind. 'KLM' ist blau-weiß, 'National Ensign' und 'Danish Flag' sind rot-weiß. 'Blue Gem' ist saphirblau mit weißem Auge, während die Sorten der Carnival-Serie kleiner bleiben. Nemesia wird im Frühling an Ort und Stelle gesät. Bei Aussaat im Herbst blüht sie früher, muss aber vor Frost geschützt werden. Die Pflanzen brauchen zur Blütenbildung viel Wasser.

Nicotiana × sanderae
Ziertabak

Höhe: 30–60 cm

Ausbreitung: 20–40 cm

Diese Art ist etwas kleiner als der traditionelle Ziertabak. Die Blüten öffnen sich bereits tagsüber und nicht erst am Abend. Sie duften jedoch weniger intensiv. 'Lime Green' ist eine beliebte Sorte mit hellgrünen Blüten. Es gibt eine Vielzahl von Serien. Bekannt sind vor allem Domino und Havana, während Merlin speziell für Kübel und Kästen gezüchtet wurde. Man kultiviert sie als frostempfindliche Einjährige und sät sie im Frühling bei 18 °C.

Petunia
Petunie

Höhe: 20–30 cm

Ausbreitung: 30–90 cm

Petunien zählen zweifellos zu den bekanntesten und beliebtesten Sommerpflanzen. Es sind frostempfindliche Stauden, die generell einjährig kultiviert werden. Man unterteilt sie in zwei Gruppen. Grandiflora-Sorten haben einzelne, sehr große Blüten, während die Multiflora-Sorten buschiger wachsen und viele kleine Blüten tragen. Die Farbauswahl ist enorm, sie umfasst einfarbige und zweifarbige Blüten, viele haben auch einen andersfarbigen Schlund oder ein Fleckenmuster in einem dunkleren Farbton. Für Ampeln ist die Supercascade-Serie besonders beliebt. Die Carpet-Serie eignet sich für Sommerbeete, während die Picotee-Serie gekräuselte, weiße Ränder besitzt. Man sät Petunien im Frühling im Freien. Um die Blüte anzuregen, muss Verwelktes regelmäßig entfernt werden.

Pelargonium
Pelargonie, auch fälschlich: Geranie

Höhe: 15–60 cm

Ausbreitung: 20–30 cm

Diese große Pflanzengattung wird in sechs Gruppen unterteilt. Die verbreitetste ist die der Zonal-Pelargonien, die wiederum sieben an der Blütenform orientierte Untergruppen umfasst. Hängende Pelargonien sind ideal für Blumenkästen an Balkonbrüstungen, aber auch für Ampeln. Die Blütenfarben reichen von klarem Rot über alle Schattierungen von Pink und Rosa bis zu Weiß. Pflanzen aus der Horizon-Serie sind kompakt und buschig, also ideal für Kübel, während Sorten der Orbit-Serie früh blühen. Es gibt eine Vielzahl von Namenssorten. Pelargonien kann man im Frühling bei 16 °C aus Samen ziehen, besser aber vermehrt man sie durch Stecklinge, die ganzjährig geschnitten werden können.

Nicotiana × sanderae

Petunia

Sidalcea malviflora

Phlox drummondii
Einjähriger Phlox
Höhe: 10–50 cm
Ausbreitung: 20 cm
Diese hübsche, frostempfindliche Einjährige trägt attraktive Blütenstände, die entfernt an kleine Hortensien erinnern. Das Farbspektrum ähnelt dem von Petunien: Weiß, Violett, Lavendel, Rosa und Rot sind die Hauptfarben. Es gibt eine Reihe von Serien, die sich vor allem in der Höhe unterscheiden. Sehr beliebt ist die Serie Twinkle Star Mixed mit sternförmigen Blütenblättern. Die Fantasy-Serie in klaren Farben duftet angenehm, die Palona-Serie umfasst buschige, kleinwüchsige Sorten. Im Frühling bei 16 °C im Haus oder im Frühsommer im Freien aussäen.

Salvia splendens
Prachtsalbei, Salvie
Höhe: 30–40 cm
Ausbreitung: 15–20 cm
Die Gattung Salbei umfasst viele Arten, doch die als Zierpflanzen verwendeten Formen sind aus *S. splendens* entstanden, die im Sommer aufrechte, leuchtend rote Blütenstände trägt. Sie gehören zu den beliebtesten Sommerblumen und eignen sich sehr gut für die Kübelpflanzung. Zu den Zuchtserien gehören beispielsweise Sizzler mit acht Blütenfarben, darunter Lachs, Pink, Hellgelb, Lavendel, Rot, Violett. 'Firecracker' ist eine Zwergsorte. Daneben gibt es viele weitere Namenssorten. Man sät sie im mittleren Frühling bei 16 °C.

Tropaeolum majus

Schizanthus pinnatus
Spaltblume
Höhe: 20–50 cm
Ausbreitung: 20–30 cm
Die Spaltblume kann im kalten Gewächshaus gezogen und als Zimmerpflanze kultiviert werden. Man kann sie aber auch an einem warmen, geschützten Platz im Freien als Einjährige halten. Außerdem kann sie während des Winters unter Glas ausgesät werden. Die Blütenstände bestehen aus attraktiven, offenen Röhrenblüten in Weiß, Gelb, Rosa, Rot oder Violett, meist mit einer gelben oder gelb-roten Zeichnung in der Mitte. 'Hit Parade' und 'Star Parade' gehören zu den bekanntesten Sorten. Bei 16 °C im Frühling säen, alternativ im Spätsommer säen und die Pflanzen im Winter im Haus zur Blüte bringen.

Sidalcea malviflora
Präriemalve
Höhe: 30–90 cm
Ausbreitung: 10–50 cm
Präriemalven sind Stauden, die wild auf Weideland, in lichten Wäldern und an den Ufern der Flüsse Nord- und Westamerikas vorkommen. Sie gedeihen in fast jedem Boden, sofern er nicht staunass ist, und bevorzugen volle Sonne. Für den Kübelgarten eignen sich vorwiegend die kleineren Sorten 'Loveliness' mit blassrosafarbenen Blüten, 'Puck' mit intensiv pinkfarbenen Blüten oder eine der Spezialzüchtungen für Kübel und Kästen. Die Blüten haben eine offene Schalenform und stehen an langen Stielen über einer Rosette aus grundständigen Blättern.

Tropaeolum majus
Kapuzinerkresse
Höhe: 30 cm
Ausbreitung: 50 cm
Diese beliebte Kletterpflanze gedeiht in fast jedem Boden und kann vom späten Frühling an im Freiland an Ort und Stelle gesät werden. Sie bevorzugt einen sonnigen Standort. Es gibt eine Reihe verschiedener Züchtungen, manche eher buschig wachsend, andere mit langen, rankenden Trieben. Alle tragen Blüten in verschiedenen Gelb- und Orangetönen. Beliebt ist die Whirlybird-Serie sowie die gefüllten Gleam-Mixed-Hybriden.

Verbena × hybrida
Gartenverbene
Höhe: 30 cm
Ausbreitung: 25 cm
Verbenen sind strauchige Stauden, die als Einjährige kultiviert werden. Züchter haben eine Reihe von Serien mit verschiedenen Blütenfarben entwickelt, von dunklem Violett über Blau, Rot, Rosa, Pfirsich und Weiß. Die Blüten erscheinen in Gruppen, die Einzelblüten ähneln Schlüsselblumen. Häufig haben sie eine kräftiger gezeichnete Mitte. Einige

Serien wachsen aufrecht, andere haben einen flach-breiten oder hängenden Wuchs. Letztere eignen sich vor allem für Ampeln. Die Serien Sandy und Romance umfassen aufrechte Sorten. 'Peaches and Cream' und 'Imagination' sind breitwüchsige Sorten.

Viola × wittrockiana
(Garten-)Stiefmütterchen

Höhe: 20–30 cm

Ausbreitung: 20–30 cm

Stiefmütterchen, die im Winter blühen, sind ein Gewinn für jeden Garten. Nach der Pflanzung im Herbst blühen sie mehrere Monate lang fortwährend. Eigentlich sind es winterharte Stauden, doch sollte man sie jedes Jahr durch neue Pflanzen ersetzen. In Kübeln kann man mit ihnen gezielt Farbakzente setzen. In den letzten Jahren wurden zahlreiche Serien gezüchtet, darunter viele zwei- oder mehrfarbige. Es sind jedoch auch einfarbige Sorten erhältlich. Das Farbspektrum reicht von dunklem Violett über Fliedertöne, Blau und Weiß bis zu Gelb- und Orangetönen. Viele haben das typische „Gesicht" aus dunkleren Flecken. Die Serien Fama, Regal und Ultima blühen zuverlässig im Winter. Die Imperial-Serie besticht durch große Blüten, die Accord-Serie hat einen sehr dunklen Fleck in der Mitte.

Zwiebeln und Knollen für die Frühlingsblüte

Chionodoxa luciliae
Schneeglanz

Höhe: 15 cm

Ausbreitung: 5 cm

Der Schneeglanz ist weniger bekannt als andere frühe Zwiebelblüher, dabei handelt es sich um eine sehr attraktive Pflanze. Er hat kleine, sternförmige Blüten aus sechs Blütenblättern, meist in Blau, mit auffälligem, weißem Auge. Die Pflanzen bevorzugen einen sonnigen Platz und säen sich willig selbst aus. Es gibt eine Reihe von Zuchtformen, doch sind die botanischen Bezeichnungen etwas unübersichtlich. Man findet sie beispielsweise unter den Namen *C. gigantea* (blau mit weißem Auge), *C. g.* 'Alba' (weiß), *C. luciliae* (hellblau mit weißem Auge), *C. l.* 'Pink Cloud' (rosa) oder *C. sardensis* (blau).

Chionodoxa luciliae syn. *gigantea*

Fritillaria meleagris

Crocus chrysanthus
Krokus

Höhe: 5 cm

Ausbreitung: 5 cm

Dies ist der Krokus, der im zeitigen Frühling blüht und für die ersten Farbtupfer im Garten sorgt. Die bekanntesten Arten sind *C. chrysanthus* und *C. tommasinius.* Die Blüten sind meist Gelb, Orange, Hell- bzw. Dunkelviolett oder Weiß. Sie gedeihen problemlos, sofern der Boden nicht zu lehmig ist und sie etwas Sonne bekommen. Es sieht hübsch aus, wenn sich an einem sonnigen Frühlingstag die Blütenkelche weit öffnen, um die Sonnenstrahlen einzufangen.

Cyclamen coum
Gartenalpenveilchen

Höhe: 5 cm

Ausbreitung: 10 cm

Dies ist die winterharte Alpenveilchen-Art, die im Frühling blüht. Im Herbst blüht die Art *C. hederifolium*, die sehr ähnlich aussieht. Beide Arten haben zierliche weiße, rosafarbene, violette oder rote Blüten, die an kurzen Stielen über den Blättern erscheinen und an kleine, kopfüber hängende Schmetterlinge erinnern. Sie bevorzugen einen Boden, der nicht austrocknet, mögen aber auch zu viel Feuchtigkeit nicht. Besonders wohl fühlen sie sich im Schutz von Bäumen oder ausladenden Sträuchern. Im Winter sollten die Blätter mit Mulch vor Frost geschützt werden.

Narcissus
Narzisse, Osterglocke

Höhe: 30–60 cm

Es gibt tausende verschiedener Narzissenarten und -sorten. Beim Blättern im

Katalog eines renommierten Händlers bekommt man einen Eindruck von der Vielfalt. Man unterteilt sie in 12 Gruppen. Für den kleinen Kübelgarten eignen sich vor allem die Sorten von *N. cyclamineus* (Gruppe 6), die recht klein bleiben, etwa 'Little Witch' (klargelb), 'Jack Snipe' (weiß mit gelber Mitte), 'Foundling' (gelb mit orangefarbener Mitte) oder 'Jenny' (weiß mit weißer oder hellgelber Mitte). Empfehlenswert sind auch die ebenfalls kleinwüchsigen Jonquillen (Gruppe 7).

Narcissus

Erythronium dens-canis
Hundszahn

Höhe: 10–15 cm

Ausbreitung: 10 cm

Der Hundszahn ist eine zauberhafte Frühlingsblume, die kurz nach den ersten Zwiebelpflanzen blüht. Er braucht einen feuchten, schattigen Standort und einen durchlässigen Boden, der nicht austrocknet. Er wird wegen seines dekorativ gefleckten Laubs geschätzt, aber auch wegen der zierlichen, lang gestielten Blüten mit weit auseinander stehenden, nach hinten geschlagenen Blütenblättern und langen Staubgefäßen. Schöne Sorten sind 'Pink Perfection' (rosa), 'Lilac Wonder' (violett) und 'Snowflake' (weiß mit rosa Zeichnung). Im Handel findet man eine Reihe weiterer Zuchtformen.

Hyacinthus orientalis 'Pink Pearl'

Fritillaria meleagris
Schachbrettblume, Kiebitzblume

Höhe: 30 cm

Ausbreitung: 5–10 cm

Die Schachbrettblume ist ein beliebtes Zwiebelgewächs, das in Wiesen leicht verwildert. Sie eignet sich außerdem sehr gut für den Steingarten, wo man ihre Schönheit aus der Nähe betrachten kann. Sie braucht einen vollsonnigen Standort. *F. meleagris* mit den violett gefleckten Blüten ist recht verbreitet, es gibt aber auch eine weiße Form, *F. m. alba*. Für den Steingarten eignen sich auch einige der höheren Arten wie *F. acmopetala* (grüne, rosafarben überhauchte Glockenblüten) und *F. camschatcensis* (schwarzviolette Blüten mit gelber Mitte).

Hyacinthus orientalis
Hyazinthe

Höhe: 30 cm

Ausbreitung: 10 cm

Hyazinthen sind ausgezeichnete Zwiebelpflanzen für Kübel und Kästen, man kann sie aber früh im Jahr im Haus ziehen oder vortreiben und dann ins Freie stellen. Die intensiv duftenden Blüten stehen an langen, fleischigen Stielen. Man pflanzt sie am besten in Gruppen aus zwei oder drei Farben: Weiß, Flieder und Rosa sind die verbreitetsten und attraktivsten. 'Carnegie' und 'Innocence' sind weiße Sorten. 'Lady Derby' und 'Pink Pearl' blühen rosafarben, 'Blue Jacket' und 'Delft Blue' haben blaue Blüten. Die schweren Blüten knicken leicht ab und sollten gestützt werden. Im Fachhandel bekommt man spezielle Hyazinthenhalter.

Iris reticulata und *I. unguicularis*
Früh blühende Iris

Höhe: 10–15 cm und ca. 5 cm

Ausbreitung: ca. 5 cm und 30–50 cm

Iris reticulata ist eine Knolleniris, *I. unguicularis* (früher *I. stylosa*) eine Rhizomsorte. Beide blühen früh im Jahr. Fast alle haben attraktive blaue oder violette Blüten mit einer interessanten Zeichnung, lediglich 'Natasha' blüht weiß. *I. danfordiae* hat gelbe Blüten. Weitere reizvolle Sorten sind 'Cantab' (blau mit gelben Streifen) und 'Harmony' (samtig dunkelblau). *I. unguicularis* ist blassblau und hat einen gelben Streifen auf dem hängenden Blatt. Schöne Sorten dieser Art sind 'Mary Barnard' (violett) und 'Walter Butt' (helles Lavendelblau).

Iris reticulata

Muscari armeniacum
Traubenhyazinthe, Perlhyazinthe

Höhe: 20 cm

Ausbreitung: 5 cm

Auf Traubenhyazinthen sollte man nicht verzichten, denn ihre Blüte schließt an die der ersten Frühlingsblumen an. Außerdem sind sie unkompliziert und anspruchslos. Die Blüten sind meist bläulich violett, es gibt aber auch rosastichige und weiße Sorten. Besonders beliebt ist *M. armeniacum*, die intensiv blau blüht. Die Zwiebeln vermehren sich rasch und müssen auf engem Raum eventuell eingedämmt werden.

Tulipa
Tulpe

Höhe: 15–60 cm

Ausbreitung: 5–10 cm

Es gibt sehr viele Tulpensorten in verschiedenen Farben und Größen. Bei der Auswahl ist etwas Sorgfalt nötig, vor allem Farbschema und vorhandener Platz müssen bedacht werden. Tulpen werden in 14 Gruppen unterteilt, die zu etwas unterschiedlichen Zeitpunkten blühen. Sollen alle gewählten Sorten gleichzeitig blühen, müssen sie der gleichen Gruppe angehören. Das Farbspektrum reicht von Gelb über Orange, Rosa und Rot bis zu dunkelstem Violett und Weiß. Ferner gibt es gestreifte, zwei- und mehrfarbige Sorten. Robuste, mittelfrühe Sorten (Gruppe 3, Triumph) sind 'Don Quixote' (rosa), 'Margot Fonteyn' (kardinalsrot mit gelbem Rand), 'Shirley' (weiß mit violettem Rand) und 'Palestrina' (lachsrosa). Zu den gefüllten frühen Tulpen gehören 'Monte Carlo' (grüngelb mit roten Streifen), 'Murillo' (weiß, rosa überhaucht) und 'Peach Blossom' (dunkelrosa).

Zwiebeln und Knollen für Sommer und Herbst

Zwiebelblumen blühen nicht nur im Frühling. Es gibt eine Reihe von schönen Sorten für die Sommer- und Herbstblüte, die sich ausgezeichnet für den Kübelgarten eignen.

Allium
Zierlauch

Höhe: 60 cm–1,50 m

Ausbreitung: 5–15 cm

Viele Zierlauch-Arten blühen im späten Frühling oder im Frühsommer, es gibt aber auch einige, deren Blütezeit in den Spätsommer und Herbst fällt. Die kleineren eignen sich gut als später Farbtupfer für den Steingarten. Zu den schönsten gehört

Tulipa

A. sphaerocephalon, der 60 cm hoch wird und dunkelkarminrote Blüten hat. *A. ostrowskianum* ist mit seinen rosafarbenen Blüten im Hochsommer eine schöne Steingartenpflanze. *A. moly* ist eine weitere niedrige Art mit gelben Blüten.

Alstromeria Ligtu-Hybriden
Inkalilie, Peruanische Lilie

Höhe: 50 cm

Ausbreitung: 80 cm

Inkalilien sind für die Sommerblüte im Kübelgarten sehr beliebt. Weil die Rhizome mindestens 25 cm tief gepflanzt werden sollten, brauchen sie einen entsprechend hohen Kübel. Da sie sich im freien Beet zu stark ausbreiten, sind sie im Kübel jedoch bestens aufgehoben. Sie haben weit offene Trichterblüten in verschiedenen Farben, meist Pfirsich, Orange, Rosa oder Creme. Die Nuancenvielfalt ist groß, darum sind sie eine Bereicherung für eine pastellfarbene Sommerpflanzung. Sie benötigen viel Sonne, zumindest Halbschatten sowie durchlässigen, sauren Boden.

Alstromeria Ligtu-Hybriden

Anemone coronaria
De Caen-Anemone

Höhe: 30–50 cm

Ausbreitung: 15 cm

Anemonen sind mehrjährige Knollenpflanzen, die am liebsten ungestört an ihrem Platz bleiben. Sie bevorzugen leichten, sandigen Boden und volle Sonne. Sie eignen sich sehr gut als Schnittblumen. *A. blanda* und ihre Sorten blühen im Frühling, man sieht sie häufig in Steingärten. Die Sorten der *A. coronaria* blühen im späten Frühling und Frühsommer. Zu ihnen gehören die Gruppen De Caen (einfache Blüten) und St. Brigid (gefüllte Blüten). Die gängigsten Farben der an Mohn erinnernden Blüten sind Rot, Blau, Violett und Weiß. Die wesentlich höheren japanischen Anemonen blühen im Herbst und passen besser ins Staudenbeet. Sie gehören der Art *A. hupehensis* var. *japonica* an.

Colchicum
Herbstzeitlose, Herbstkrokus

Höhe: 10–20 cm

Ausbreitung: 5–10 cm

Die Herbstzeitlose ist auch als Herbstkrokus bekannt, ist jedoch mit dem Krokus nicht verwandt. Es ist eine Knollenpflanze, deren Blüte noch vor den Blättern erscheint. Meist findet man die Arten *C. agrippinum*, *C. autumnale* und *C. speciosum*. Erwähnenswerte Namenssorten sind *C. s.* 'Album' (große, weiße Blüten), *C.* 'The Giant' (große, rötlich violette Blüten), 'Violet Queen' (rosaviolette Blüten) und 'Glory of Heemstede' (rötlich violette Blüten). *C.* 'Lilac Wonder' hat bis zu 10 cm große Blüten, die etwa 20 cm hoch stehen.

Camassia

Höhe: 80 cm

Ausbreitung: 50 cm

Die Camassia ist eine dekorative Pflanze, die lange, mittelgrüne Blätter und im Sommer aufrechte Blütenstände trägt. Die Blütenfarbe ist meist Blau, jedoch in vielen Schattierungen. 'Zwanenburg' hat dunkelblaue Blüten, 'Semiplena' trägt halbgefüllte, cremeweiße Blüten. Alle bevorzugen nahrhaften, feuchten Boden und Sonne bis Halbschatten. Während der Ruhezeit der Pflanze können die Horste geteilt werden. Im Herbst vermehrt man sie, indem man Tochterzwiebeln abnimmt.

Cardiocrinum giganteum
Riesenlilie

Höhe: 1,50–2 m

Ausbreitung: 50 cm

Die Riesenlilie ist eine außergewöhnliche Pflanze. Sie wird noch höher als die Königslilie und muss, wenn sie im Kübel wächst, unbedingt gestützt werden. An jedem Stiel trägt sie mehrere cremeweiße Trichterblüten, die sehr intensiv duften. Die Knollen werden knapp unterhalb der Oberfläche in nahr-

Colchicum

Galtonia candicans

haftes, feuchtes Substrat gepflanzt. Sie bevorzugt Halbschatten und gedeiht nicht in voller Sonne. Nach der Blüte können Tochterzwiebeln abgenommen werden.

Cyclamen hederifolium × neapolitanum
Herbstalpenveilchen

Höhe: 15 cm

Ausbreitung: 20 cm

Diese Rhizompflanze ist der Herbstblüher unter den winterharten, mehrjährigen Alpenveilchen. Die Blüten erscheinen noch vor den Blättern und haben meist Rosatöne, es gibt aber auch eine weiße Form.

Besonders gut gedeiht das Herbstalpenveilchen im trockenen Schatten unter Bäumen. Die Zeichnung der Blätter erinnert an Efeu. Unter guten Bedingungen sät sich die Pflanze schnell aus und bildet große Kolonien.

Galtonia candicans
Galtonie

Höhe: 90 cm–1,20 m

Ausbreitung: 10 cm

Diese Zwiebelpflanze trägt im Spätsommer hohe Blütenstände mit herabhängenden, weißen Einzelblüten. Wegen ihrer Form erinnern die Einzelblüten an übergroße Schneeglöckchen. Die Galtonia bevorzugt nahrhaften, feuchten Boden, der nicht austrocknet, und einen sonnigen Standort. Weil sie etwas frostempfindlich ist, sollte man die Kübel mit den Zwiebeln über den Winter ins Haus holen. Bekannt sind vor allem zwei Arten: *G. candicans* mit weißen Blüten und *G. viridiflora* mit grün überhauchten Blüten. Letztere Art ist von etwas aufrechterem Wuchs als die erste.

Lilium
Lilie

Höhe: 90 cm–1,50 m

Ausbreitung: 25 cm

Die große Gattung der Lilien ist in 9 Hauptgruppen und 11 Untergruppen gegliedert. Alle eignen sich gut für die Kübelpflanzung. Ein Kübel mit mehreren Lilien einer Art kann ein großartiger Blickfang sein. Alle hohen Lilien sollten gestützt werden. Einige haben einen wunderbaren Duft. Zu den besten gehören *L. regale,* die Königslilie, *L. candidum*, die Madonnenlilie, *L.* 'Casa Blanca' (weiß), *L.* 'Citronella'(gelb) und *L. martagon*, die Türkenbundlilie (violett).

Lilium 'Sunray'

Nerine bowdenii
Guernsey-Lilie
Höhe: 35 cm
Ausbreitung: ca. 10 cm
Die Nerine galt früher als sehr empfindlich und wurde nur im Gewächshaus kultiviert. Sie ist jedoch in milden Regionen durchaus winterhart, sofern sie vor eine geschützte Süd- oder Südwestwand gepflanzt wird. Die attraktiven rosafarbenen Trompetenblüten erscheinen in Gruppen im Frühherbst und halten ungewöhnlich lange. Die Form *alba* trägt weiße Blüten mit einem Hauch Rosa, 'Mark Fenwick' hat pinkfarbene Blüten auf dunklen Stielen. Nach der Pflanzung sollte man sie nicht mehr stören. Sie blühen am besten, wenn das Wurzelwerk den Topf ausfüllt.

Sparaxis
Fransenschwertel
Höhe: 10–25 cm
Ausbreitung: ca. 10 cm
Diese ausdauernde Pflanze kommt aus Südafrika. Es gibt 6 Arten, meist werden sie aber gemeinsam als Mischung verkauft. Alle tragen ab dem Hochsommer hübsche Blüten in Weiß oder Rot- und Rosatönen, stets mit einem klar umgrenzten Ring an der Basis der Blütenblätter und einem gelben Schlund. Eine Schale voll mit diesen Blumen ist eine hübsche Tischdekoration. Sie brauchen volle Sonne und gedeihen in gemäßigten Klimazonen nur in ausgesprochen milden Regionen.

Sprekelia formosissima
Jakobslilie
Höhe: 15–35 cm
Ausbreitung: 15 cm
Diese Lilie, von der keine Zuchtformen und Varianten bekannt sind, wird in gemäßigten Regionen als Zimmerpflanze gehalten, gedeiht aber auch im Freien, sofern die Temperatur nicht unter 7 °C fällt. Sie hat auffallende, rote Blüten, die aussehen, als würden sie die Zunge herausstrecken. Als Zimmerpflanze braucht sie viel Licht und muss während des Wachstums reichlich gegossen und gedüngt werden. Sie blüht im späten Frühling oder im Frühsommer. Während der Ruhezeit trocken halten.

Tigridia pavonia
Tigerblume
Höhe: 40 cm
Ausbreitung: 10 cm
Eine weitere ungewöhnliche Sommerblume aus Mexiko und Guatemala, wo sie wild in trockenen, sandigen Grasgebieten und gelegentlich zwischen Steinen wächst. In gemäßigten Regionen sollte man sie entweder als Kübelpflanze halten und im Haus überwintern oder in milden Lagen in ein sonniges Beet pflanzen, im Herbst ausgraben und ins Haus holen. Sie eignet sich auch als Ganzjahreskübelpflanze für den Wintergarten oder das kühle Gewächshaus. Das Substrat sollte sandig, durchlässig und nahrhaft sein. *T. pavonia* ist eine Knollenpflanze mit lanzettartigen Blättern. Die Blüten bestehen aus drei großen Außenpetalen in Weiß, Orange, Rosa oder Rot sowie kleineren Innenpetalen, die häufig eine kontrastierende Zeichnung in leuchtendem Gelb und mit roten Flecken zeigen. Man sät sie im Frühling bei 13–18 °C. Während der Ruhezeit können Tochterzwiebeln abgenommen werden. Pflanzen mit Virusbefall sollte man nicht vermehren.

Nerine bowdenii

Sparaxis Mixed Varieties

Tigridia pavonia

Anchusa azurea 'Loddon Royalist'

Osteospermum

Phormium 'Pink Panther'

Pflanzenlisten

In folgenden Listen werden Pflanzen zusammengefasst, die jeweils in bestimmten Gartenbereichen oder unter bestimmten Bedingungen gedeihen. Viele der Pflanzen sind mit einer Vielzahl von Arten und Sorten im Handel, vor allem solche, die nur mit dem Gattungsnamen (z. B. *Rhododendron*) angegeben sind. Finden Sie anhand eines detaillierten Pflanzenlexikons oder in Zusammenarbeit mit der Gärtnerei heraus, ob die von Ihnen gewünschte Pflanze tatsächlich für die Containerkultur geeignet ist. Eine Pflanze, die zu schnell wächst und deshalb ausgesondert werden muss, ist eine Fehlinvestition.

Pflanzen für sonnige Standorte

Viele Pflanzen gedeihen in Sonne und Halbschatten. Die folgenden Arten brauchen volle Sonne, vertragen aber auch Trockenheit.

Stauden

- *Acantholimon glumaceum* Igelpolster
- *Acanthus spinosus* Akanthus
- *Achillea filipendulina* Schafgarbe
- *Aethionema grandiflorum* Steintäschel
- *Agapanthus* Headbourne-Hybriden Schmucklilie
- *Anchusa azurea* Italienische Ochsenzunge
- *Anthemis tinctoria* Färberkamille
- *Artemesia absinthium* Wermut
- *Aster novi-belgii* Glattblattaster
- *Campanula carpatica* Karpatenglockenblume
- *Carex elata* 'Aurea' Goldsegge
- *Catananche caerulea* Rasselblume
- *Dianthus* Nelke
- *Echinops bannaticus* Kugeldistel
- *Epilobium canum* ssp. *angustifolium* syn. *Zauschneria californica* Weidenröschen
- *Eryngium bourgatii* Spanischer Mannstreu
- *Geranium* Storchschnabel
- *Gypsophila paniculata* Schleierkraut
- × *Halimiocistus wintonensis*
- *Helianthemum* Sonnenröschen
- *Helichrysum italicum* ssp. *serotinum* Strohblume
- *Hibiscus syriacus* Hibiskus
- *Hypericum olympicum* Johanniskraut
- *Iris germanica* Deutsche Schwertlilie
- *Liriope muscari*
- *Lithodora diffusa*
- *Lychnis chalcedonica* Lichtnelke, Brennende Liebe
- *Lysimachia punctata* Felberich
- *Nepeta racemosa* Katzenminze
- *Oenothera biennis* Nachtkerze
- *Osteospermum* Kapkörbchen
- *Papaver* Mohn
- *Penstemon* Bartfaden
- *Perovskia atriplicifolia* Silber-Perowskie
- *Phlox paniculata* Staudenphlox
- *Phormium tenax* Neuseeländer Flachs
- *Ruta graveolens* Wein-Raute
- *Salvia officinalis* Salbei
- *Saponaria ocymoides* Seifenkraut
- *Senecio (Brachyglottis)* Dunedin-Hybriden Greiskraut
- *Sisyrinchium striatum* Binsenlilie
- *Stachys byzantina* Ziest
- *Stipa arundinacea* Federgras
- *Thymus vulgaris* Thymian
- *Veronica prostrata* Liegender Ehrenpreis
- *Yucca filamentosa* Yukka, Palmlilie

Bäume und Sträucher

- *Abelia* × *grandiflora* Großblütige Abelie
- *Buxus sempervirens* Buchsbaum
- *Carpenteria californica*
- *Caryopteris* × *clandonensis* Clandon-Bartblume
- *Ceratostigma willmottianum* Willmotts Hornnarbe
- *Cistus* × *cyprius* Zistrose
- *Convolvulus ceonorum* Winde
- *Cotoneaster horizontalis* Cotoneaster, Kriechmispel
- *Cytisus battandieri* Ananasginster

- *Cytisus kewensis* Ginster
- *Escallonia* Escallonie
- *Eucalyptus gunnii* Eukalyptus
- *Euonymus fortunei* Spindelstrauch
- *Fremontodendron* 'California Glory'
- *Hebe pinguifolia* 'Pagei' Fettblättriger Strauchehrenpreis, Strauchveronika
- *Ilex aquifolium* Ilex, Stechpalme
- *Indigofera heterantha* Himalaya-Indigostrauch
- *Lavandula* Lavendel
- *Myrtus communis* Myrte
- *Olearia* × *haastii* Maßliebchenstrauch
- *Philadelphus* vars. Pfeifenstrauch
- *Phlomis fruticosa* Strauchiges Brandkraut
- *Potentilla fruticosa* Fingerstrauch
- *Rosmarinus officinalis* Rosmarin
- *Santolina chamaecyparissus* Heiligenkraut
- *Spiraea japonica* Japanischer Spierstrauch
- *Teucrium fruticans* Gamander

Kletterpflanzen

- *Campsis radicans* Amerikanische Klettertrompete
- *Clematis tangutica* Mongolische Waldrebe
- *Eccremocarpus scaber* Schönranke
- *Ipomoea hederacea* Prunkwinde
- *Parthenocissus tricuspidata* Jungfernrebe
- *Passiflora caerulea* Passionsblume
- *Vitis coignetiae* Wilder Wein

Pflanzen für Schattenplätze

- *Aconitum napellus* Eisenhut
- *Adiantum pedatum* Pfauenrad-Farn
- *Ajuga reptans* Günsel
- *Alchemilla mollis* Frauenmantel
- *Begonia-rex*-Hybriden Königsbegonie, Buntblattbegonie
- *Brunnera macrophylla* Großblättriges Kaukasusvergissmeinnicht
- *Carex elata* 'Aurea' Goldsegge
- *Dicentra formosa* Tränendes Herz
- *Digitalis purpurea* Fingerhut
- *Dodecatheon pulchellum* Götterblume
- *Dryopteris filix-mas* Wurmfarn
- *Epimedium grandiflorum* Elfenblume, Sockenblume
- *Euphorbia amygdaloides* Mandelblättrige Wolfsmilch
- *Galium odoratum* Waldmeister
- *Gentiana asclepiadea* Schwalbenwurz-Enzian
- *Geranium* vars. Storchschnabel
- *Helleborus orientalis* Lenzrose
- *Hepatica nobilis* Leberblümchen
- *Hosta* vars. Hosta, Funkie
- *Houttuynia cordata* Eidechsenschwanz
- *Hypericum calycinum* Großblütiges Johanniskraut
- *Oxalis acetosella* Wald-Sauerklee
- *Paeonia lactiflora* vars. Garten-Pfingstrose
- *Polypodium vulgare* Tüpfelfarn
- *Pulmonaria saccharata* Spanisches Lungenkraut
- *Smilacina racemosa* Duftsiegel
- *Thalictrum aquilegiifolium* Akeleiblättrige Wiesenraute
- *Tradescantia* vars. Dreimasterblume
- *Trillium grandiflorum* Große Dreizipfel-Lilie
- *Trollius europaeus* Europäische Trollblume
- *Viola riviniana* Purpurea-Gruppe, Hain-Veilchen (Blume des Jahres 2002)

Bäume und Sträucher für Schattenplätze

- *Acer palmatum* Fächerahorn
- *Buxus sempervirens* Buchsbaum
- *Camellia* Kamelie
- *Choisya ternata* Orangenblüte
- *Clethra delavayi* Zimterle
- *Cotoneaster horizontalis* Cotoneaster, Kriechmispel
- *Elaeagnus* × *ebbingei* Ölweide
- *Fatsia japonica* Zimmeraralie
- *Fuchsia* Fuchsie
- *Gaultheria mucronata* Scheinbeere

Euonymus fortunei 'Harlequin'

Passiflora caerulea

Choisya ternata 'Sundance'

Kerria japonica

Camellia williamsii 'Debbie'

Erica carnea 'Golden Starlet'

- *Kalmia latifolia* Breitblättrige Lorbeerrose
- *Leucothoe fontanesiana* Traubenheide
- *Rhododendron* Rhododendron
- *Skimmia japonica* Japanische Skimmie
- *Symphoricarpos × doorenbosii* Schneebeere

Kletterpflanzen für Schattenplätze

- *Berberidopsis corallina* Korallenstrauch
- *Clematis* Klematis, Waldrebe
- *Forsythia suspensa* Hängeforsythie
- *Hedera helix* Efeu
- *Hydrangea petiolaris* syn. *H. anomala* ssp. *petiolaris* Kletterhortensie
- *Kerria japonica* Kerrie, Ranunkelstrauch
- *Parthenocissus* Jungfernrebe
- *Pyracantha* Feuerdorn
- *Rosa* Rose, verschiedene Arten und Sorten, darunter: *R. alba*, *R.* 'Gloire de Dijon', *R.* 'Golden Showers', *R.* 'Maigold'
- *Schizophragma hydrangeoides* Spalthortensie
- *Tropaeolum speciosum* Kapuzinerkresse

Im Gegensatz zu den meisten Einjährigen blühen *Impatiens* (Fleißiges Lieschen) und *Meconopsis cambrica* (Wald-Scheinmohn) auch im Schatten.

Immergrüne

Mit (h) gekennzeichnete Arten sind halbimmergrün und verlieren in harten Wintern ihr Laub.

Bäume und Sträucher

- *Abelia × grandiflora (h)* Großblütige Abelie
- *Abies* (kleinwüchsige Sorten) Fichte
- *Andromeda polifolia* Kahle Rosmarinheide
- *Arbutus unedo* 'Elfin King' Westlicher Erdbeerbaum
- *Arctostaphylos uva-ursi* Echte Bärentraube, Immergrüne Bärentraube
- *Aucuba japonica* Japanische Aukube
- *Buxus sempervirens* Buchsbaum
- *Calluna vulgaris* Heidekraut
- *Camellia* Kamelie
- *Chamaecyparis* (kleinwüchsige Sorten) Zypresse
- *Choisya ternata* Orangenblüte
- *Cistus* Zistrose
- *Cotoneaster* Cotoneaster, Kriechmispel
- *Cryptomeria japonica* Sicheltanne
- *Cupressus* Zypresse
- *Daboecia cantabrica* Irische Heide
- *Daphne odora* Seidelbast
- *Elaeagnus × ebbingei* Ölweide
- *Embothrium coccineum*
- *Erica carnea* Winterheide
- *Escallonia* Escallonie
- *Eucalyptus gunnii* Eukalyptus
- *Euonymus fortunei* Spindelstrauch
- *Fatsia japonica* Zimmeraralie
- *Grevillea alpina*
- *Hebe* Strauchveronika
- *Hypericum* Johanniskraut
- *Ilex* Ilex, Stechpalme
- *Juniperus communis* Wacholder
- *Kalmia latifolia* Breitblättrige Lorbeerrose
- *Laurus nobilis* Lorbeer
- *Lavandula* Lavendel
- *Ligustrum ovalifolium (h)* Liguster
- *Myrtus communis* Myrte
- *Olearia × haastii* Maßliebchenstrauch
- *Picea* (kleinwüchsige Sorten) Fichte
- *Pinus* (kleinwüchsige Sorten) Kiefer
- *Pittosporum tenuifolium* (kleinwüchsige Sorten) Klebsame
- *Prunus laurocerasus* 'Otto Luyken' Kirschlorbeer
- *Rhododendron* Rhododendron
- *Rosmarinus officinalis* Rosmarin
- *Santolina chamaecyparissus* Heiligenkraut
- *Skimmia japonica* Japanische Skimmie
- *Taxus baccata*

Eibe
- *Vaccinium*
  Heidelbeere
- *Viburnum tinus*
  Immergrüner Schneeball
- *Vinca major*
  Großes Immergrün
- *Vinca minor*
  Kleines Immergrün
- *Yucca filamentosa*
  Yucca, Palmlilie

Kletterpflanzen und Wandsträucher

- *Carpentaria californica*
- *Ceanothus*
  Säckelblume
- *Garrya elliptica*
- *Hedera*
  Efeu
- *Pyracantha*
  Feuerdorn

Duftpflanzen

Bäume und Sträucher

- *Chimonanthus praecox*
  Chinesische Winterblüte
- *Clethra arborea*
  Maiglöckchenstrauch
- *Cytisus battandieri*
  Ananasginster
- *Daphne odora*
  Seidelbast
- *Hamamelis mollis*
  Hamamelis, Zaubernuss
- *Lonicera fragrantissima*
  Geißblatt
- *Magnolia stellata*
  Sternmagnolie
- *Osmanthus delavayi*
  Delavays Duftblüte
- *Philadelphus*
  Pfeifenstrauch
- *Pittosporum tenuifolium*
  Klebsame
- *Robinia pseudoacacia*
  Robinie, Scheinakazie
- *Rosa* (viele Arten)
  Rose
- *Stephanotis floribunda*
  Kranzschlinge
- *Trachelospermum jasminoides*
  Sternjasmin

Stauden

- *Convallaria majalis*
  Maiglöckchen
- *Dianthus*
  Nelke
- *Hosta plantaginea*
  Hosta, Funkie
- *Iris unguicularis*
  Winteriris
- *Primula veris*
  Echte Schlüsselblume
- *Primula vulgaris*
  Kissenprimel

Ein- und Zweijährige

- *Centaurea moschata*
  Flockenblume
- *Erysimum cheiri*
  Goldlack
- *Exacum affine*
- *Lathyrus grandiflorus*
  Staudenwicke
- *Matthiola incana*
  Levkoje
- *Scabiosa atropurpurea*
  Samtskabiose
- *Viola odorata*
  Duftveilchen

Kletterpflanzen

- *Clematis*
  Klematis, Waldrebe
- *Jasminum officinale*
  Echter Jasmin
- *Lonicera*
  Geißblatt, Jelängerjelieber
- *Rosa* (kletternde Arten)
  Rose
- *Stephanotis floribunda*
  Kranzschlinge

Zwiebeln und Knollen

- *Crinum bulbispermum*
  Hakenlilie
- *Crocus angustifolius*
  Krokus
- *Crocus longiflorus*
  Krokus
- *Cyclamen purpurascens*
  Alpenveilchen
- *Lilium*
  Lilie
- *Narcissus*
  Narzisse

Pflanzen für sauren Boden

Alle hier genannten Arten bevorzugen sauren Boden, einige vertragen jedoch gar keinen Kalk und gedeihen ausschließlich in Moorbeetsubstrat (sog. Kalkflieher). Schlagen Sie im Zweifelsfall in einem Fachbuch nach.

Bäume und Sträucher

- *Abies* (kleinwüchsige Sorten) Tanne
- *Acer palmatum*
  Fächerahorn
- *Arbutus unedo* 'Elfin King'
  Erdbeerbaum
- *Arctostaphylos uva-ursi*
  Echte Bärentraube
- *Berberis*
  Berberitze
- *Calluna vulgaris*
  Heidekraut
- *Camellia*
  Kamelie
- *Cassiope*
  Schuppenheide
- *Ceanothus*
  Säckelblume
- *Choisya ternata*
  Orangenblüte

Ilex aurea marginata

Viburnum tinus 'Eve Price'

Ceanothus 'Concha'

Cotinus obovatus

Mahonia japonica 'Bealei'

Centranthus ruber

- *Cotinus coggygria* Perückenstrauch
- *Disanthus cercidifolius* Doppelblüte
- *Enkianthus campanulatus* Glockige Prachtglocke
- *Erica carnea* Winterheide
- *Eucryphia × nymansensis*
- *Euonymus fortunei* Spindelstrauch
- *Fothergilla major* Federbuschstrauch
- *Gaultheria mucronata* Scheinbeere
- *Indigofera heterantha* Indigostrauch
- *Kalmia latifolia* Breitblättrige Lorbeerrose
- *Lavatera* 'Barnsley' Buschmalve
- *Lithodora diffusa*
- *Mahonia* Mahonie
- *Menziesia ciliicalyx* Bewimperte Menziesie
- *Osmanthus delavayi* Delavays Duftblüte
- *Picea* (kleinwüchsige Sorten) Fichte
- *Pieris* Lavendelheide
- *Pinus* (kleinwüchsige Sorten) Kiefer
- *Rhododendron* Rhododendron
- *Sarcococca humilis* Schleimbeere, Fleischbeere
- *Styrax americanus* Storaxbaum
- *Vaccinium* Heidelbeere

Kletterpflanzen

- *Berberidopsis corallina* Korallenstrauch
- *Forsythia suspensa* Hängeforsythie
- *Tropaeolum speciosum* Kapuzinerkresse

Stauden

- *Aconitum napellus* Eisenhut
- *Alchemilla mollis* Frauenmantel
- *Astrantia major* Große Sterndolde
- *Campanula* Glockenblume
- *Centranthus ruber* Rote Spornblume
- *Ceratostigma willmottianum* Bleiwurz
- *Corydalis cashmeriana* Blauer Himalaya-Lerchenporn
- *Cypripedium reginae* Königin-Frauenschuh
- *Epimedium grandiflorum* Elfenblume, Sockenblume
- *Filipendula palmata* Mädesüß
- *Galium odoratum* Waldmeister
- *Gentiana sino-ornata* Enzian
- *Lapageria rosea*
- *Lupinus luteus* Lupine
- *Meconopsis betonicifolia* Tibet-Scheinmohn
- *Myosotis sylvestris* Vergissmeinnicht
- *Ourisia*
- *Phlomis fruticosa* Strauchiges Brandkraut
- *Santolina chamaecyparissus* Heiligenkraut
- *Sarracenia purpurea* Braunrote Schlauchpflanze
- *Tradescantia* Dreimasterblume
- *Trillium grandiflorum* Große Dreizipfel-Lilie
- *Veronica prostrata* Liegender Ehrenpreis
- *Vinca minor* kleines Immergrün
- *Viola* Veilchen, Stiefmütterchen

Pflanzen mit schöner Herbstfärbung oder Winterblüte

Bäume und Sträucher

- *Acer palmatum* Fächerahorn
- *Calluna vulgaris* Heidekraut
- *Ceratostigma willmottianum* Willmotts Hornnarbe
- *Cotinus coggygria* Perückenstrauch
- *Daboecia cantabrica* Irische Heide
- *Disanthus cercidifolius* Doppelblüte
- *Enkianthus campanulatus* Glockige Prachtglocke
- *Erica carnea* Winterheide
- *Euonymus fortunei* 'Emerald 'n' Gold' Spindelstrauch
- *Fothergilla major* Federbuschstrauch
- *Hamamelis mollis* Zaubernuss
- *Lagerstroemeria indica* Indische Lagerstroemie
- *Spiraea japonica* 'Goldflame' Japanischer Spierstrauch
- *Symphoricarpos × doorenbosii* Schneebeere
- *Thuja occidentalis* Lebensbaum
- *Viburnum opulus* Schneeball
- *Viburnum tinus* Immergrüner Schneeball

Kletterpflanzen und Wandsträucher

- *Celastrus orbicularis* Rundblättriger Baumwürger
- *Dregea sinensis*
- *Humulus lupulus* 'Aureus'

Goldhopfen
- *Jasminum nudiflorum* Winterjasmin
- *Parthenocissus quinquefolia* Jungfernrebe
- *Pyracantha* Feuerdorn
- *Vitis coignetiae* Wilder Wein
- *Vitis vinifera* Weinrebe

STAUDEN UND ZWIEBELN

- *Chiastophyllum oppositifolium* Goldtröpfchen
- *Chionodoxa luciliae* Schneeglanz
- *Crocus* Krokus
- *Epimedium grandiflorum* Elfenblume, Sockenblume
- *Eranthis hyemalis* Winterling
- *Festuca glauca* Blauschwingel
- *Galanthus* Schneeglöckchen
- *Helleborus niger* Christrose
- *Iris unguicularis* Winter-Iris
- *Narcissus* Narzisse
- *Persicaria affinis* syn. *Bistorta affinis* Teppichknöterich
- *Primula* Kissenprimel
- *Scilla sibirica* Blausternchen
- *Viola × wittrockiana* Stiefmütterchen

Pflanzen für den Steingarten

- *Acantholimon glumaceum* Igelpolster
- *Aethionema grandiflorum* Steintäschel
- *Androsace lanuginosa* Mannsschild
- *Anemone blanda* Anemone, Windröschen
- *Antirrhinum molle* Löwenmäulchen
- *Aquilegia flabellata* Akelei
- *Arabis caucasica* Gänsekresse
- *Armeria maritima* Grasnelke
- *Aubrieta deltoidea* Blaukissen
- *Aurinia saxatilis* syn. *Alyssum saxatile* Felsen-Steinkraut
- *Campanula cochleariifolia* Zwerg-Glockenblume
- *Celmisia coriacea*
- *Chiastophyllum oppositifolium* Goldtröpfchen
- *Corydalis flexuosa* Lerchensporn
- *Corydalis solida* Lerchensporn
- *Cyclamen hederifolium* Alpenveilchen
- *Dianthus alpinus* Alpen-Nelke
- *Dianthus deltoides* Heide-Nelke
- *Draba aizoides* Immergrünes Felsenblümchen
- *Erigeron karvinskianus* Berufkraut
- *Erinus alpinus* Alpenbalsam
- *Erodium petraeum* Reiherschnabel
- *Gentiana aucalis* Keulen-Enzian
- *Geranium dalmaticum* Storchschnabel
- *Gypsophila repens* Kriechendes Schleierkraut, Teppichschleierkraut
- *Haberlea rhodopensis*
- *Hacquetia epipactis* Goldteller, Schaftdolde
- *Horminum pyrenaicum* Drachenmaul
- *Incarvillea mairei*
- *Leontopodium alpinum* Edelweiß
- *Lewisia cotyledon* Bitterwurz
- *Linum arboreum* Lein
- *Lychnis alpina* Alpen-Lichtnelke
- *Meconopsis cambrica* Wald-Scheinmohn
- *Oenothera biennis* Nachtkerze
- *Onosma alborosea* Goldtropfen
- *Papaver alpinum* Alpen-Mohn
- *Penstemon newberryi* Bartfaden
- *Phlox subulata* Polsterphlox
- *Platycodon grandiflorus* Ballonblume
- *Polemonium pulcherrimum* Jakobsleiter
- *Polygala calcarea* Kalk-Kreuzblümchen
- *Polygonatum hirtum* Salomonssiegel
- *Primula* Primel
- *Pterocephalus perennis*
- *Pulsatilla vulgaris* Küchenschelle
- *Ramonda myconi*
- *Saponaria ocymoides* Seifenkraut
- *Saxifraga* Steinbrech
- *Sedum* Fetthenne
- *Sempervivum arachnoideum* Hauswurz, Dachwurz
- *Silene maritima* Leimkraut
- *Soldanella montana* Berg-Troddelblume
- *Tropaeolum polyphyllum* Kapuzinerkresse
- *Veronica prostrata* Strauch-Ehrenpreis

Calluna vulgaris 'Peter Sparkes'

Vibernum opulus

Sedum hispanicum 'Minor Glaucum'

Rhododendron

Diascia

Papaver 'Patty's Plum'

- *Viola*
  Veilchen, Stiefmütterchen

STRÄUCHER UND KONIFEREN FÜR DEN STEINGARTEN

- *Abies balsamea* 'Nana'
  Tanne
- *Chamaecyparis lawsoniana* 'Gnome'
  Lawson-Zypresse
- *Clematis alpina*
  Berg-Waldrebe
- *Cytisus ardoinii*
  Ardoines Geißklee
- *Daphne* Seidelbast
- *Dryas octopetala*
  Weiße Silberwurz
- *Erinacea anthyllis*
  Igelginster
- *Genista delphinensis*
  Ginster
- *Helianthemum nummularium*
  Sonnenröschen
- *Hypericum balearicum*
  Johanniskraut
- *Iberis sempervirens*
  Schleifenblume
- *Juniperus communis* 'Compressa'
  Wacholder
- *Lithodora diffusa*
- *Origanum rotundifolium*
  Oregano
- *Picea mariana* 'Nana'
  Schwarz-Fichte
- *Pinus mugo* 'Humpy'
  Krummholz-Kiefer
- *Rhododendron* 'Dwarf'
  Rhododendron
- *Salix reticulata*
  Netz-Weide
- *Taxus baccata* 'Dwarf White'
  Eibe
- *Thuja orientalis* 'Aurea Nana'
  Lebensbaum
- *Verbascum dumulosum*
  Königskerze

Einjährige und Beetpflanzen

Einige der hier genannten Pflanzen sind mehrjährig, werden aber meist einjährig kultiviert. Sie sind mit (m) gekennzeichnet.

- *Agastache (m)*
  Duftnessel
- *Ageratum*
  Leberbalsam
- *Alyssum* (ein- und mehrjährig)
  Steinkraut
- *Amaranthus*
  Fuchsschwanz
- *Antirrhinum*
  Löwenmäulchen
- *Aubretia (m)*
  Blaukissen
- *Begonia rex*
  Königsbegonie
- *Begonia semperflorens*
  Begonie Semperflorens-Gruppe
- *Begonia tuberosa*
  Knollenbegonie
- *Bellis perennis (m)*
  Gänseblümchen
- *Molucella laevis*
  Muschelblume
- *Bidens*
  Zweizahn
- *Brachyscome*
- *Calendula officinalis*
  Ringelblume
- *Campanula (m)*
  Glockenblume
- *Catananche (m)*
  Rasselblume
- *Celosia*
  Hahnenkamm
- *Centaurea (m)*
  Kornblume
- *Cerinthe*
  Wachsblume
- *Chrysanthemum* (einjährige Sorten)
  Chrysantheme
- *Cineraria*
- *Clarkia* syn. *Godetia*
  Atlasblume
- *Cleome*
- *Consolida*
  Lerchensporn
- *Coreopsis (m)*
  Mädchenauge
- *Cosmos* Kosmee, Schmuckkörbchen
- *Cynoglossum*
  Hundszunge
- *Dahlia* (Zwergsorten)
  Dahlie
- *Dianthus*
  Nelke
- *Dianthus barbatus*
  Bartnelke
- *Diascia*
- *Echinacea (m)*
  Sonnenhut
- *Echium*
  Natternkopf
- *Erigeron*
  Berufkraut
- *Eschscholzia*
  Kalifornischer Kappenmohn
- *Gazania*
- *Helianthemum (m)*
  Sonnenröschen
- *Helianthus*
  Sonnenblume
- *Helichrysum*
  Strohblume
- *Heliotropium*
  Heliotrop, Vanilleblume
- *Iberis*
  Schleifenblume
- *Impatiens*
  Fleißiges Lieschen
- *Ipomoea*
  Prunkwinde
- *Lathyrus odoratus*
  Duftwicke
- *Lavatera*
  Malve
- *Limnanthes*

Sumpfblume
- *Lobelia* Lobelie
- *Malcolmia* Afrikanische Meerviole
- *Matthiola* Levkoje
- *Mesembryanthemum* Mittagsblume
- *Nasturtium* Brunnenkresse
- *Nemesia*
- *Nicotiana* Ziertabak, Tabaksblume
- *Nigella* Jungfer-im-Grünen
- *Papaver* Mohn
- *Pelargonium* Pelargonie (Geranie)
- *Petunia* Petunie
- *Phacelia* Bienenfreund
- *Phlox drummondii* Sommerphlox
- *Physalis* Lampionblume
- *Primula* Primel
- *Rudbeckia* Sonnenhut
- *Salvia* Salbei
- *Salvia horminum* syn. *S. viridis* Schopf-/Scharlachsalbei
- *Saxifraga (m)* Steinbrech
- *Scabiosa* Skabiose, Witwenblume
- *Silene* Leimkraut
- *Tagetes* Tagetes
- *Thunbergia alata* Schwarzäugige Susanne
- *Tithonia*
- *Verbena* Verbene
- *Veronica (m)* Veronika, Ehrenpreis
- *Viola* × *wittrockiana* Stiefmütterchen
- *Zinnia* Zinnie

Cerinthe major purpurescens

Kleine Gärten

Einleitung

Am Gärtnern kann man sein ganzes Leben lang Freude haben, auch wenn man nur einen kleinen Garten sein eigen nennt. Auf unterschiedlichste Weise gestaltet und bepflanzt, kann man dort das Pflanzenwachstum und die Ruhe genießen.

Durch größere Gestaltungselemente wie Lauben oder Terrassen lässt sich leicht ein ruhiger, abgeschiedener Rückzugsort anlegen. Kommen dann noch Duftpflanzen oder der beruhigende Klang von Windspielen, Blätterrauschen und Vogelgezwitscher hinzu, kann völlige Entspannung einsetzen.

Anregungen und Tipps

Dieses üppig illustrierte, praxisorientierte Buch möchte sowohl Anfängern als auch erfahrenen Gärtnern gezielt bei der Anlage ihres Traumgartens auf kleiner Fläche helfen. Zunächst erhalten Sie grundlegende Anregungen: vom bebilderten Überblick über die zahlreichen Gestaltungsstile und -möglichkeiten für kleine Grundstücke bis zu Ratschlägen zum Umgang mit schwierigen Böden, ungünstigem Gelände und extrem schattigen oder sonnigen Lagen.

Im weiteren Verlauf werden eine Fülle praktischer Anleitungen zu den verschiedensten Aspekten der Gartenarbeit vorgestellt – von der Säuregehaltmessung des Bodens über das Verlegen von Bodenplatten bis zur Anlage eines Komposthaufens. Außerdem wird dargestellt, wie man Pflanzen in kleinen Gärten optimal zur Geltung bringt, ob in kunterbunt gemischten oder Ton in Ton gehaltenen Beeten – hier reichen die Möglichkeiten von Rosarot bis zu Weiß mit Silber. Überdies gibt es Tipps zur Planung und Gestaltung spezieller Arrangements für Frühjahr, Sommer, Herbst und Winter. Zudem werden die dekorative Bepflanzung von Blumenkästen, Blumenampeln, Kübeln, Töpfen und Steintrögen für den Hof oder die Terrasse und schließlich spezielle Themen wie Duftbeete, Schnittblumengärten, Bodendecker, Hecken und Rosenzucht ausführlich behandelt.

Zum Schluss werden in Kurzporträts mehr als 100 Pflanzenarten – von winterharten Einjährigen über Stauden bis hin zu Sträuchern, Bäumen und Kletterpflanzen – dargestellt. Diese Dar-

▲ *Eine üppige Rabatte aus Blüten- und Grünpflanzen. Es gibt Pflanzen für jeden Standort, ob sonnig oder schattig.*

Höhe und Ausbreitung

Die für Sträucher und Bäume angegebenen Höhen und Ausbreitungen gelten für 15–20 Jahre alte Pflanzen, die unter günstigen Bedingungen gedeihen.

stellungen beinhalten Angaben zu Höhe, Ausbreitung, Boden- und Standortansprüchen. Den Abschluss bilden Informationen zur Identifizierung und Abwehr von Schädlingen und Krankheiten sowie zur Bekämpfung der verbreitetsten Unkräuter.

Dieser als praktischer Ratgeber konzipierte Teil des Buchs soll Ihnen helfen, selbst auf kleinstem Raum mit Pflanzen sowie Wegen, Zäunen, Lauben und Terrassen Ihren Traum vom eigenen Gartenparadies zu verwirklichen.

► *Die Garbe* (Achillea) *ist eine ideale Staude für trockene, sonnige Beete, und auch als Schnittblume ist sie sehr dekorativ.*

▼ *Pflanzen mit panaschierten Blättern zieren den Garten den ganzen Sommer über, immergrüne sogar das gesamte Jahr hindurch.*

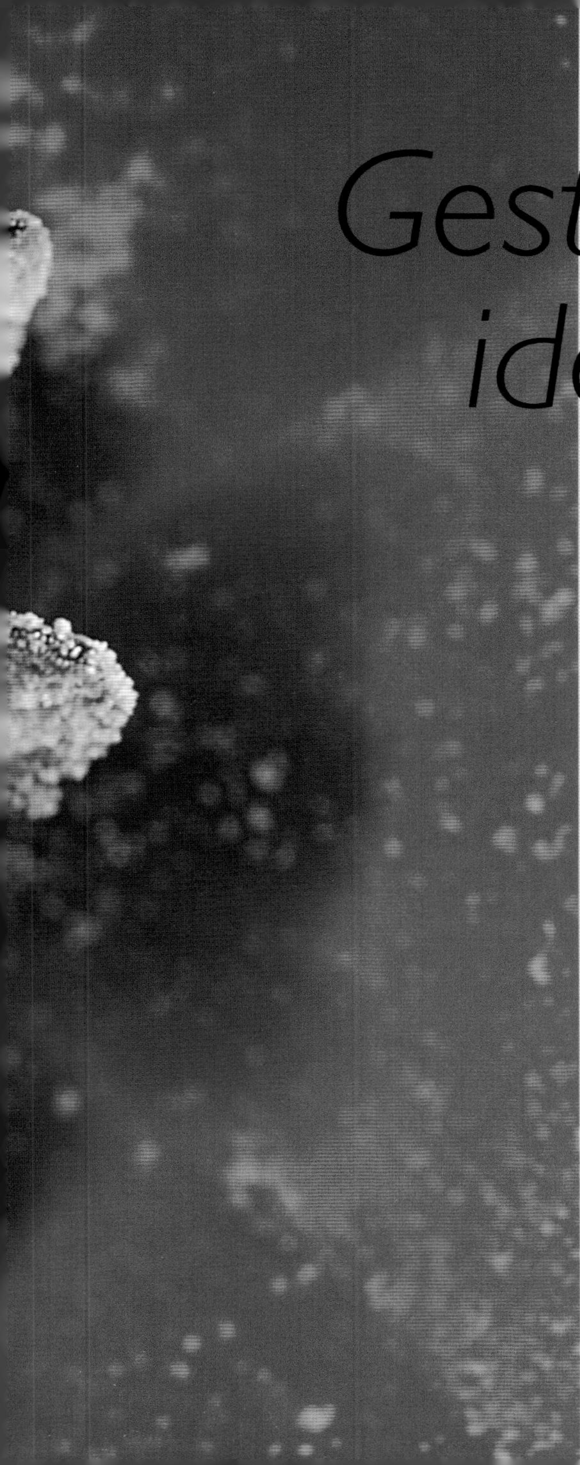

Gestaltungs-ideen

Boden, Gelände, Form und Lage

Einen Traumgarten kann man auf jeder Art von Boden und im Schatten ebenso wie auf einer ungeschützt der Sonne ausgesetzten Fläche anlegen. Auch für extreme Licht- und Bodenverhältnisse gibt es Lösungen: von der systematischen Bodenverbesserung bis zur Anlage von Hochbeeten oder dem Einsatz von Blumenkübeln und -kästen. Selbst steile Hanglagen lassen sich mit einigen kreativen Gestaltungskonzepten vorteilhaft nutzen.

Aus allem das Beste machen

Böden lassen sich durch Einarbeiten von verrottetem Dung oder Gartenkompost verbessern. Schneller geht es natürlich, wenn man Pflanzen auswählt, die unter den gegebenen Bedingungen gut gedeihen. Doch auf die Dauer wird man unweigerlich auch andere Pflanzenarten ziehen wollen.

Hochbeete

Wenn der Boden besonders kalkhaltig oder sauer ist, wenn er ständig feucht und eine Drainage schwierig ist, kann man ein Hochbeet anlegen und mit guter Pflanzenerde füllen. Hier gedeihen die verschiedensten Pflanzen, üppige Hängepflanzen kaschieren die Ränder.

Pflanzflächen vorbereiten

Bei besonders trockenem oder schlechtem Boden kann man kleinere Bereiche verbessern. Einen Bereich von ca. 60 cm Länge, Breite und Tiefe ausheben. Dann 10 cm hoch Schotter einfüllen, mit Mutterboden auffüllen und diesen gut andrücken. Eine Pflanze hineinsetzen und regelmäßig wässern, bis sie angewachsen ist. Kletterpflanzen mindestens 30 cm von Mauern entfernt pflanzen, weil der Boden in Mauernähe zu trocken ist.

Säure liebende Pflanzen

Die meisten Böden sind nur schwach sauer und lassen sich verbessern, indem man sie jeden Winter mit Löschkalk oder gemahlenem Kalkstein bestäubt (siehe Seite 316–317). Auf sehr sauren Torfböden zieht man besser gleich Säure liebende Pflanzen wie z. B. Heidekrautgewächse *(Calluna, Erica)*, die teils ihres attraktiven Laubs, teils ihrer schönen Blüten wegen gepflanzt werden. Viele blühen auch im Winter. Im Halbschatten auf schwach saurem Boden kann man

◀ *Ein Hochbeet bringt die Pflanzen optisch gut zur Geltung und ist einfacher zugänglich.*

Azaleen pflanzen, deren reiche Blüte im Frühjahr frühe Farbenfülle garantiert.

Kalk liebende Pflanzen

Kalkige Böden sind schwerer zu verbessern als saure. Man kann säurehaltige Dünger wie Ammoniumsulfat in Kombination mit Torf einsetzen, doch wenn die tieferen Bodenschichten alkalisch sind, setzt man besser nur Kalk liebende Pflanzen. Für andere Pflanzen ist ein Hochbeet die beste Lösung.

Feuchte, sumpfige Böden

Sumpfige Böden lassen sich durch Drainage oft so stark entwässern, dass sie für die meisten Pflanzen geeignet sind. Auf von Natur aus dauerfeuchtem und vielleicht in Wassernähe gelegenem Gelände hält man sich jedoch besser an Feuchtigkeit liebende Pflanzen wie z. B. die Gelbe und die Weiße Scheincalla *(Lysichiton americanus* bzw. *L. camtschatcensis)* mit aronstabähnlichen Blütenscheiden im Frühjahr. Für Uferzonen eignen sich auch Hartriegelsträucher wie *Cornus stolonifera* 'Flaviramea' und *C. alba* 'Sibirica', deren Äste und Zweige im Winter bunt leuchten.

Warme, trockene Böden

Die besten Ergebnisse auf warmen, trockenen Böden erzielt man durch die Beimischung von gut verrottetem Mist oder Gartenkompost, um die Wasserhaltekraft zu verbessern, regelmäßige Bewässerung und Mulchen im Frühjahr. Zudem sollte man standortgeeignete Pflanzen wählen (siehe Seite 322–323).

Pflanzgefäße

Manche Böden sind so unfruchtbar, dass kaum etwas auf ihnen gedeiht. Dieses Problem löst man am besten, indem man Pflanzen in Gefäßen zieht. Die Auswahl reicht von Töpfen und Kübeln über Blumenkästen, Blumenampeln und Trögen bis zu Wandkörben. Kauf, Pflanzung und Pflege von Kübelpflanzen sind kostspieliger und arbeitsaufwändiger als die Pflege von Beeten. Andererseits kann man Gefäße jederzeit umstellen und den Garten somit neu gestalten, was für rastlose Gärtner sehr befriedigend sein kann.

▲ *Große Töpfe mit klein- oder langsamwüchsigen Koniferen, z. B. als Wegeinfassung, sorgen das ganze Jahr hindurch für Farbe im Garten.*

▼ *Die Begrünung einer Trockenmauer kann in der Mauer selbst wurzeln oder an ihrem Fuß gepflanzt werden, eventuell auch in Töpfen.*

Hanglagen optimal nutzen

Hanglagen eröffnen die Möglichkeit, einen wirklich spektakulären Garten anzulegen, was allerdings mit mehr Aufwand verbunden ist als auf ebenem Gelände. Wenn der Hang vom Haus aus abfällt, können mehrere befestigte, terrassierte Bereiche rund ums Haus sehr reizvoll wirken.

▲ *Ein Teich oder Springbrunnen setzt einen befestigten Bereich auf halber Höhe eindrucksvoll in Szene.*

Terrassierte Gärten

Gärten können nach strikt architektonischen Gesichtspunkten oder eher zwanglos terrassiert werden. Zu modernen Häusern passen meist ordentliche, durch Treppenstufen verbundene Terrassen, zu alten Landhäusern hingegen zwanglosere Gestaltungen.

Befestigte Bereiche

Wenn der Garten vom Haus aus ansteigt, lässt sich dazwischen meist eine ebene, befestigte Fläche anlegen. Legt man die Befestigung auf etwa einem Drittel der Hanghöhe an, lässt sich die Steigung optisch unterbrechen. Dieser Bereich sollte so platziert werden, dass er vom Erdgeschoss des Hauses aus bequem zu sehen ist.

Wenn das Gelände vom Haus aus abfällt, sollte man eine ebene, befestigte Fläche möglichst nah am Haus anlegen. Von hier aus können sich gepflasterte Wege kreuz und quer über den Hang schlängeln, sodass sie nicht zu steil werden. Die Befestigung muss nicht zentral, sondern kann auch seitlich versetzt angelegt werden, was zu nicht streng geometrisch konzipierten Gärten besonders gut passt. Falls der Garten zum Ende hin wieder ansteigt, kann man dort einen Bereich einebnen und darauf eine Gartenlaube errichten.

Böschungsmauern

Eine solche Mauer wird quer zum Gefälle angelegt, um bis 1,2 m Höhenunterschied auszugleichen. Die Mauer kann aus Ziegeln, Betonblöcken oder Naturstein bestehen. Letzterer eignet sich besonders für die Anpflanzung von Felsensteinkraut *(Aurinia saxatilis*, besser bekannt als *Alyssum saxatile)* und Blaukissen *(Aubrieta)*. Von breiten Wegen an rustikalen Böschungsmauern kann man deren Berankung aus der Nähe bewundern. Bei glatt gemauerten Böschungen sind solche Wege entbehrlich. Falls Böschungsmauern an Rasen grenzen, sollte man an ihrem Fuß einen Mähstreifen anlegen, um mit dem Rasenmäher dicht an die Mauer heranzukommen.

Waldland und wilde Gärten

Alte Bahnschwellen, mit Holz- oder Metallpfählen sicher im Boden verankert, sind ideal zur Stabilisierung des Erdreichs auf steilen Hängen in ländlicher Umgebung. Beete mit Heidekrautgewächsen oder sommergrünen Azaleen können auf Hanglagen farbenprächtige Akzente setzen. Zudem lassen sich mit Torfblöcken Böschungen anlegen und Bereiche für Säure liebende Pflanzen schaffen. Wo Torf auszutrocknen und abzubröckeln droht, kann man eine Stützkonstruktion aus Bahnschwellen davor bauen.

Rasenböschungen

Traditionell teilte man Hanggärten oft in 3–3,5 m breite Rasenterrassen auf, unterbrochen von Rasenböschungen mit 45° Gefälle. Ähnliches lässt sich in formalen Gärten durchaus auch in kleinerem Maßstab verwirklichen.

▲ Gartentreppen können optisch sehr ansprechend gestaltet werden, vor allem sollten sie stabil und wetterfest konstruiert sein.

◀ Hanglagen sind ideal für einen mehrstufigen Wasserfall, der gegebenenfalls einen Speichertank am oberen Ende erfordert.

Lange Gärten, kurze Gärten

Gärten sind selten perfekt proportioniert. Mal sind sie lang und schmal, mal kurz und breit oder sie laufen spitz zu, was die Planung erschwert. Doch man kann bezaubernde Gärten auch auf ungünstig geschnittenen Grundstücken anlegen und Problembereiche durch vielerlei Tricks kaschieren.

Gärten optisch verkürzen

Bei einem langen, schmalen Grundstück lässt sich der Garten optisch am einfachsten verkürzen, indem man ihn in mehrere Bereiche unterteilt. Legen Sie durch diese einen langen Weg in der Mitte an oder einen, der von einer Seite des Gartens zur anderen verläuft. Ein zentraler Weg, der durch verschiedene Bereiche führt, sollte nicht einfach vor einem Zaun oder einer kahlen Mauer, sondern an einem Blickfang wie einer großen Vase oder einem Springbrunnen enden. Hecken und frei stehende Spaliere sind für die Aufteilung ebenfalls sehr hilfreich.

Gärten optisch verbreitern

Wenn man den Garten optisch verkürzt, indem man die hintere Grenze näher ans Haus rückt, wirkt er zugleich breiter.

▲ *Geschwungene Wege erzeugen optische Spannung im Garten und ermöglichen die Einrichtung lauschiger, abgeschirmter Winkel.*

Man sollte die Verkürzung allerdings nicht übertreiben. Ein frei stehendes Rankgitter mit einem zentralen Blickfang wie einer Sonnenuhr ist eine ideale Begrenzung.

Gärten optisch verschmälern

Ein großer Garten lässt sich optisch leichter verschmälern als ein kleiner. Frei stehende Spaliere, an Pfosten gezogene Kletterrosen, schmale Koniferen und Hecken können den Mittelbereich abteilen. Oder man platziert in einer Ecke eine Laube und in einer anderen vielleicht einen befestigten Bereich.

Zwanglose Gärten

Auch auf quadratischen oder rechteckigen Grundstücken kann man einen zwanglosen Garten anlegen, z. B. durch Beete und Rasenflächen in geschwungenen Formen. Mit Teichfolie lässt sich ein natürlich wirkender Teich in jeder gewünschten Form und Größe zwischen unregelmäßig geformten Beeten und Rasenstücken einfügen. Rustikale Spaliere und Zierbögen sorgen für Höhe.

▲ *Ein attraktiver Blickfang am Ende eines kurzen, quadratischen Gartens macht eine kleine Fläche interessanter.*

Lage, Licht und Schatten

Es gibt so viele Bäume, Sträucher, Stauden, einjährige und andere Gartenpflanzen, dass es geeignete Gewächse für jeden Standort gibt. Wo man diese Extreme nicht durch Pflanzung oder Fällen von Bäumen mildern kann, muss man die Gegebenheiten hinnehmen.

Zufallsfaktor Lage

Die Lage des Gartens ist beim Hauskauf selten der entscheidende Faktor, und so ist sie für die meisten Gärtner eine eher zufällige Gegebenheit. Schneidende, kalte Winde sind für manche Pflanzen problematisch, während andere in sengender Sonne nicht gut gedeihen. Jeder Garten hat seine Möglichkeiten und Grenzen, aber selbst für die unwirtlichsten Standorte gibt es Pflanzen. Auf den Seiten 322–323 finden Sie Pflanzen für heiße, sonnige Standorte und Ratschläge zu ihrer Pflege, auf den Seiten 324–325 eine Liste Schatten liebender Pflanzen.

Gärten in Küstennähe

Bei Gärten am Meer besteht die Gefahr, dass kalte, böige Winde insbesondere im Winter Bäume und Sträucher verkrüppeln und die Salzluft Blätter und Blüten schädigt. Hier sind Hecken und anderer Windschutz wichtig, um den Wind zu

◀ *Auch ein Schattenbeet kann einen farbenprächtigen Anblick bieten. Es gibt für jede Lage Pflanzen mit schönen Blüten und Blättern.*

filtern und abzuschwächen, vor allem in direkter Küstenlage. Pflanzen, die in Küstennähe gut gedeihen, werden auf den Seiten 326–327 vorgestellt.

Winterliches Wunderland

In manchen Regionen ist der Winter so rau, dass man kaum Winterblüher pflanzen kann. Es gibt jedoch eine Reihe frostharter Bäume, die im Winter blühen, so z. B. die Chinesische Zaubernuss *(Hamamelis mollis)* und die Kornelkirsche *(Cornus mas)*. Raureif und Schnee wirken nicht nur sehr reizvoll auf Zweigen und Blättern, in sehr kalten Gegenden kann eine Schneedecke die Pflanzenzwiebeln sogar vor tiefen Minusgraden schützen, doch von immergrünen Sträuchern sollte man den Schnee vorsichtig abbürsten, bevor er sie zu sehr niederdrückt und die Zweige verkrüppelt.

▲ *Die soliden Stufen in der Böschungsmauer muten verwunschen an und gewähren Zugang zum dahinter liegenden Beet.*

▼ *Ein Gartenteich sollte in einem sehr hellen Bereich platziert werden und im Herbst von Blättern befreit werden.*

Gartenstile

Die grundlegendste gärtnerische Entscheidung betrifft den Stil, in dem ein Garten angelegt werden soll. Die Auswahl ist riesig: vom Bauerngarten mit bunten Blumen und Obstbäumen bis zu raffinierten, formalen Gestaltungen mit speziellen Beetkonzepten für die verschiedenen Jahreszeiten. Es liegt bei Ihnen, wie nostalgisch oder modern Sie es mögen, oder ob Sie sich für etwas Ausgefalleneres entscheiden, etwa einen mediterranen Garten mit sonnenhungrigen Pflanzen und bunten Pflanzkübeln oder einen eleganten japanischen Garten mit Kies- und Wasserflächen.

Englische Blumengärten

Typisch für den ländlichen Garten im englischen Stil sind dicht wuchernde Staudenrabatten mit Pflanzen, die im Herbst bis auf Bodenniveau absterben, um im Frühjahr neu auszutreiben, und kunterbunt gemischte Beete mit verschiedensten Pflanzenarten von Sträuchern bis zu Zwiebelpflanzen.

▲ *Die Schmucklilie (Agapanthus), eine Staude mit fleischigem Rhizom, erfreut vom Hoch- bis zum Spätsommer mit üppigen Blütendolden.*

Staudenrabatten

Gegen Ende des 19. Jahrhunderts veröffentlichte der irische Gartenautor William Robinson (1838–1935) sein Buch *The English Flower Garden*, in dem er ein Loblied auf die Stauden anstimmte und die englischen Bauerngärten als Fundgrube für die schönsten unter ihnen bezeichnete. Seine Schriften erschienen zu einer Zeit, in der Gartenbücher und -zeitschriften gerade populär wurden. Die berühmteste Fürsprecherin der Stauden war jedoch Gertrude Jekyll (1843–1932), deren erstes Buch über diese Pflanzenart, *Wood and Garden*, 1899 erschien. Tipps für monochrome Beete, etwa in Rosa und Rot, Blau und Violett, Gelb und Gold oder Weiß und Silber, finden Sie auf den Seiten 434–447.

Gemischte Beete

In kleinen Gärten kann man selten mehr als eine Ecke in einer bestimmten Farbe gestalten. Ansonsten bieten sie meist ein abwechslungsreiches Nebeneinander von Stauden, Zwiebelpflanzen, Einjährigen, Sträuchern und Bäumen in allen Farben, Größen und Formen. In gemischten Beeten können Sie nahezu jede Pflanze unterbringen, die Ihnen gefällt.

Winterharte und frostempfindliche Einjährige sind ideale Lückenfüller für die ersten Jahre eines gemischten Beetes. Die frostempfindlichen Einjährigen setzt

man im Frühsommer, sobald die Frostgefahr gebannt ist, in die letzten Lücken. Die winterharten Einjährigen kann man schon früher aussäen; sie sollten jedoch immer dünn gesät werden.

Zwiebelpflanzen sorgen für zusätzliche Farbenpracht, so z. B. die Lilien, die gern im Schatten anderer Pflanzen stehen. Narzissen sind eine hübsche Bereicherung für den Frühlingsbeginn, auch wenn sie im Frühsommer einen unordentlichen Blätterwust hinterlassen.

Beete mit winterharten Einjährigen

Wer eine Vorliebe für leuchtende und von Jahr zu Jahr veränderliche Farben hat, kann auch ein ganzes Beet mit winterharten Einjährigen bepflanzen. Schon ein paar Samentütchen bescheren Ihnen eine überwältigende Farbenpracht. Aussaat und Pflege winterharter Einjähriger werden auf den Seiten 384–385 behandelt. Säen Sie die Samen nicht zu früh aus: Sie keimen erst, wenn der Boden warm genug ist, und können bei feuchtem Wetter faulen.

In windigen Gegenden sollte man halbhohe winterharte Einjährige wählen und mit Zweigen abstützen. Bei Kindern besonders beliebt ist die Gewöhnliche Sonnenblume *(Helianthus annuus)*, deren beeindruckende Blüten bis zu 30 cm Durchmesser erreichen. Manche Sorten werden bis zu 3 m hoch, aber es gibt auch Zwergsorten, die für windige Standorte besser geeignet sind. Sonnenblumen kann man leicht an sonnigen Plätzen ziehen.

▲ Relativ niedrigwüchsige Pflanzen mit lockeren Blütenbüscheln eignen sich gut als zwanglose Wegeinfassung.

◀ Üppig blühende Staudenrabatten wirken urwüchsig und sind ein typischer Bestandteil englischer Cottage-Gärten.

Winterharte Einjährige für Steingärten

Auch in kleinen Gärten sind Einjährige nützlich, insbesondere im Steingarten, wo sie Lücken farbenfroh füllen können, z. B.:

- Herbst-Adonisröschen *(Adonis annua)* – 25 cm hoch, purpurrote Blüten mit schwarzer Mitte.
- Sumpfblume *(Limnanthes douglasii)* – 15 cm hoch, leuchtend weiße, zur Mitte hin goldgelbe Blüten.

Zwanglose Gärten

Zwanglose Gärten verbreiten eher eine anheimelnde Atmosphäre als streng geometrisch konzipierte Gärten mit sehr geordnet angelegten Pflanzenreihen und Beeten. Englische Cottage-Gärten sind mit ihrem sympathischen Durcheinander verschiedenster Pflanzen der Inbegriff der Zwanglosigkeit.

Cottage-Gärten

Zu ihren typischen Elementen gehören versteckte Gartenlauben, rustikale Spaliere mit duftenden Kletterpflanzen und bunte Beete mit Blumen, Früchten und Gemüse. Hübsche Details sind auch in Form von Vögeln und Tieren gestutzte Eiben *(Taxus)* und Ligustersträuche *(Ligustrum)* sowie Armillarsphären mit konzentrischen Ringen, die die Anordnung von Himmelskörpern darstellen – eine Alternative zu Sonnenuhren.

Für authentische Bauerngartenatmosphäre sorgen köstliche Apfelsorten wie 'Cox Orange', 'Boskopp', 'Elstar', 'Rheinischer Winterrambur' und 'Gravensteiner'. Empfehlenswerte Birnensorten sind 'Conference', 'Gute Graue', 'Gute Luise' und 'Pastorenbirne'. Stangenbohnen *(Phaseolus vulgaris)* bereichern die Beete um Höhe und bilden einen guten Hintergrund für andere Pflanzen.

Naturnahe Gärten

Naturnahe Gärten sind keineswegs verwildert. Ein lockeres Baumkronendach bietet Schatten für allerlei Pflanzen von Hasenglöckchen *(Hyacinthoides)* bis zu Azaleen. Sie können einen sehr schattigen Garten durch das Ausdünnen von Ästen etwas aufhellen, dennoch sollten Sie Schatten liebende Pflanzen bevorzugen (siehe Seite 324–325). Passende Elemente sind gewundene, rustikale Wege zwischen Gartenbereichen und „Alpenwiesen" mit kleinwüchsigen Zwiebelpflanzen in kurzem Gras – besonders reizvoll in Hanglage.

◀ Bänke und andere Sitzgelegenheiten sind unentbehrliche Ruheplätze, von denen aus man den Garten entspannt genießen kann.

Wildblumen braucht man, um vielerlei Insekten anzulocken. Es gibt spezielle Wildblumenmischungen, die am besten im Frühjahr ausgesät werden. Die meisten Arten säen sich danach selbst wieder aus und bieten eine umweltfreundliche Möglichkeit, einen gesunden Garten zu unterhalten.

Wohltuende Klänge

Bunte Blumen und schöne Grünpflanzen findet man in den meisten Gärten, aber wie wäre es mit beruhigenden Klängen als zusätzlicher Sinnenfreude? Die Möglichkeiten reichen vom Rascheln der Blätter bis zum angenehmen Plätschern von Springbrunnen und Wasserläufen. Manche Pflanzen sind besonders geeignet, schon bei der leichtesten Brise Geräusche hervorzubringen. Lange Gräser und Bambus rascheln, ebenso die Blätter bestimmter Bäume. Ein zu beiden Seiten mit Bambus bepflanzter Kiesweg bereitet das ganze Jahr hindurch akustische Genüsse. Locken Sie durch ein Vogelbad oder eine für Katzen unerreichbare Futterstelle Singvögel an. Füttern Sie sie auch den Winter hindurch, aber geben Sie Ihnen im Frühjahr, wenn sie vielleicht Junge im Nest haben, keine ganzen Erdnüsse, hartes Fett oder zu viel Brot.

Windspiele

In Bäumen nahe beim Haus aufgehängte Windspiele bereichern das Gartenerlebnis um wohltuende Klänge. Man sollte sie aber nicht so platzieren, dass sie ständig angestoßen werden.

▲ Ein kleiner Bach, der sich durch eine Wildblumenwiese schlängelt, wirkt ausgesprochen reizvoll und idyllisch.

▼ Wildblumenwiesen lassen sich mit entsprechenden Samenmischungen, die dünn ausgesät werden, leicht anlegen.

Formale Gärten

Formal angelegte Gärten erfreuen sich nach wie vor großer Beliebtheit. Sie bieten ein geordnetes Bild und bessere Möglichkeiten als zwanglose Gärten, Pflanzenarrangements vom Frühjahr zum Sommer oder von einem Jahr zum anderen zu verändern. Kleine Vorgärten werden oft formal gestaltet.

Teppichbeete

Mitte des 19. Jahrhunderts gelangten viele niedrige, subtropische Pflanzen in europäische Gärten, die man später vorzugsweise in Form bunter Teppichpflanzungen einsetzte – meist in geometrischen Mustern, auf größeren Anwesen auch in Form von Monogrammen.

Bald setzten sich Teppichpflanzungen auch in botanischen Gärten und städtischen Parks durch, und viele Ortschaften wetteiferten geradezu um die Gestaltung der originellsten Anlagen. In Parks, Stadtzentren oder Kurorten sind sie heute noch sehr verbreitet.

▲ *Die Sachlichkeit formaler Gartenstile passt gut zu kleinen Flächen. Ein Wasserbecken bildet einen reizvollen Mittelpunkt.*

In Hausgärten kann man Teppichbeete im Sommer mit Einjährigen, im Frühjahr und Herbst mit Zwiebelpflanzen und Zweijährigen anlegen.

Sommerarrangements

Sommerliche Beetarrangements werden im späten Frühjahr oder im Frühsommer gepflanzt, sobald die Frostgefahr gebannt ist. Die Pflanzen werden im beginnenden Frühjahr im warmen Gewächshaus aus Samen vorgezogen und später draußen abgehärtet. Neben Einjährigen bieten sich dafür auch Pflanzen mit dekorativen Blättern an, wie z. B. die Sommerzypresse bzw. Besenradmelde *(Bassia scoparia trichophylla,* besser bekannt als *Kochia scoparia),* Schnee-auf-dem-Berge *(Euphorbia marginata)* oder die Bunte Samtpappel *(Abutilon pictum* 'Thompsonii'). Man kann diese Pflanzen für mehr optische Höhe gut im Beet verteilen.

Klassiker für formale Beetarrangements sind auch Silberkraut oder Duftsteinrich *(Lobularia maritima,* früher als *Alyssum maritimum* bekannt), buschige Formen des Männertreu *(Lobelia erinus)* in Blau, Weiß und Rot und die vielen Formen der Studentenblume *(Tagetes).*

Frühlingsarrangements

Hierzu verwendet man meist eine Mischung aus Zweijährigen und früh blühenden Zwiebelpflanzen. Zweijährige werden im späten Frühjahr oder im Frühsommer in Frühbeete gesät und im Spätsommer oder Frühherbst in die Gartenbeete umgepflanzt. Gleichzeitig werden die Tulpenzwiebeln gesetzt.

Frühlingsarrangements können verschiedene Farben, Formen und Höhen umfassen, so z. B. Gänseblümchen *(Bellis perennis),* Schöterich *(Erysimum),* Bartnelken *(Dianthus barbatus)* und Waldvergissmeinnicht *(Myosotis sylvatica).* Nach der Blüte werden sie entfernt. Dann wird der Boden aufgelockert, mit der Ziehhacke etwas eingeebnet und mit Sommerblumen bepflanzt.

Knotengärten

Der so genannte Knotengarten symbolisierte einst den ewigen Kreislauf des Lebens. Ab Mitte des 17. Jahrhunderts verstand man darunter einen mit Wegen eingefassten und durchflochtenen Blumengarten. Heute kennzeichnet der Begriff kleine, mit Zwerghecken aus niedrigwüchsigem Buchsbaum *(Buxus sempervirens* 'Suffruticosa') eingefasste Blumenbeete. Für kleine Gärten eignen sich solche ornamentalen Formen hervorragend.

Formale Teiche

Runde Becken wirken schlicht, aber markant, besonders in Kombination mit einer Fontäne. Sie verlangen nach einem formalen Rahmen wie z. B. einer Rasenfläche, die wiederum von einer gestutzten Eibenhecke *(Taxus baccata)* eingefasst ist. Oder man umrahmt den Teich mit breiten Wegen und teilt die Umgebung in vier separate, mit Sommerblumen bepflanzte Bereiche auf. Vereinzelte höhere Pflanzen erzeugen optische Spannung.

GEOMETRISCHER FORMSCHNITT

Statt der in Cottage-Gärten beliebten Vogel- und Tierformen passen zu formalen Gärten eher in Kegel-, Pyramiden- oder Würfelform geschnittene Sträucher, die man gruppenweise arrangiert oder im Garten verteilt.

▶ *Zwerghecken aus niedrigem Buchsbaum erzeugen als Beeteinfassung einen formalen Eindruck, ohne den Garten zu dominieren.*

Mediterrane Gärten

Wolkenloser Himmel, warme Brisen, wenig Regen – so präsentieren sich uns die Gärten mit Mittelmeerklima im Sommerurlaub. Doch auch diese Gärten durchlaufen einen regelmäßigen Wandel von heißen, trockenen Sommern zu kühleren, feuchten Wintern.

Mediterrane Pflanzen

Früh blühende Zwiebel- und Knollenpflanzen entfalten ihre Blüten, sobald die winterliche Kühle der Frühjahrssonne weicht, während die Einjährigen eifrig austreiben. Zur Pflanzenwelt des Mittelmeers gehören Rosmarin, Rispelstrauch *(Myricaria)*, Zistrose *(Cistus)*, Lorbeer, Oliven, Feigen und Zwergpalmen *(Chamaerops)*. Wohl bekannt ist auch die Italienische Zypresse *(Cupressus sempervirens)*, zumal schmalere Formen, die oft in Gruppen angeordnet werden.

Silberblättrige Pflanzen wie z. B. strauchige und krautige Beifußarten *(Artemisia)* vertragen das heiße, trockene Klima besser als Pflanzen mit grünen Blättern. Das Gleiche gilt für Pflanzen mit behaarten Blättern; zu den bekanntesten gehört der Wollziest *(Stachys byzantina)* mit seinen ovalen, weißflaumigen Blättern. Auch die Zistrosen, deren Blätter einen harzigen Duft verströmen, gedeihen in warmen Gegenden ausgezeichnet.

◀ *Terrakotta, bunte Kacheln und panaschierte Blätter wie die der* Agave americana *'Marginata' vermitteln mediterranes Flair.*

Warme Terrassen

Breite Terrassen mit prachtvollen Steinbrüstungen sind vorzügliche „Wohnräume" und ideale Standorte für Pflanzen in allen Arten von Pflanzgefäßen. Man platziert diese am besten im Halbschatten, wo sich die Erde nicht zu sehr aufheizt und man sie nicht ganz so häufig und ausgiebig gießen muss.

Schatten ist auch für uns Menschen wichtig. Ein hoher Baum, durch den sich eine Kletterpflanze wie die Bergwaldrebe *Clematis montana* 'Elizabeth' (oder eine andere Sorte) rankt, bietet zur Blütezeit im späten Frühjahr und im Frühsommer einen überwältigenden Anblick und spendet zugleich wohltuenden Schatten für einen Ruheplatz im Freien. Wenn die Waldrebe allzu üppig wuchert, kann man sie nach der Blüte zurückschneiden. Auch andere Kletterpflanzen sorgen für Schatten, z. B. ein Blauregen *(Wisteria)* an einer Pergola, der aber häufiger beschnitten werden muss und kein ganz so dichtes Blätterdach bildet.

Farbtupfer für Treppenstufen

Breite Treppenstufen zwischen Terrasse und tieferen Gartenebenen müssen nicht rein funktionell bleiben. Platzieren Sie Gruppen von Pflanzgefäßen am oberen und unteren Ende, vor allem, wenn die Treppe nach unten breiter wird. Bei schmalen Treppen kann man die Seiten mit Hängepflanzen schmücken. Eine flankierende Trockenmauer lässt sich mit gelb blühendem Felsensteinkraut *(Aurinia saxatilis,* bekannter als *Alyssum saxatile)* und mit Griechischem Blaukissen *(Aubrieta deltoidea)* bepflanzen, das im späten Frühjahr und im Frühsommer eine Fülle lila- bis rosafarbener Blüten trägt.

Robuste Palmen

Manche Palmen vertragen auch gemäßigtes Klima, so z. B. die Chinesische Hanfpalme *(Trachycarpus fortunei)*. Sie verlangt gute Drainage, aber Feuchtigkeit haltenden Boden und einen sonnigen, geschützten Standort. Neben einer Terrasse kann sie als Schattenspenderin dienen. Sie wird in 15 Jahren ca. 3 m hoch und hat fächerförmige, bis zu 90 cm breite Wedel; ihr Stamm ist mit drahtigen, schwärzlichen Fasern bedeckt.

▲ Auch kleinste Ecken lassen sich mit mediterranen Pflanzen, farbigen Wänden und Metallmöbeln stimmungsvoll gestalten.

◀ Bunte Töpfe mit niedrigen, üppig wuchernden Pflanzen eignen sich bestens als Schmuck für Treppenstufen.

Japanische Gärten

Traditionelle asiatische Gärten strahlen Ruhe und Gelassenheit aus. Sie sind sehr schlicht, denn gerade ihre klare Ordnung verleiht ihnen eine harmonische und meditative Atmosphäre. Die frühen Japangärten gehen auf einen im 7. Jahrhundert aus China zurückgekehrten Gesandten zurück.

Kiesgärten

Zu den für das Auge erholsamsten Elementen des Japangartens gehört der Kiesgarten, der z. B. aus einer großen, ebenen Kiesfläche mit sorgfältig angeordneten Gruppen von zwei, drei oder fünf Felsblöcken bestehen kann, die wie Inseln im Meer wirken. Der Kies wird in Form flacher Wellen geharkt. Große Kiesflächen werden durch einen Trittsteinweg (eventuell auch Baumstammscheiben) noch reizvoller. Ein etwaiger zweiter Weg aus kleineren Steinen sollte sich nicht in den Vordergrund drängen.

Wege und Flüsse

In etwas weniger formalen Bereichen – und bei Gefälle – kann man statt Kies auch etwas größere Kiesel nehmen und zwei oder drei Wege und „Flüsse" anlegen. Große, unregelmäßig geformte Trittsteine, die man mit farbigem Schiefer umgibt, erzeugen die Illusion eines Wasserlaufs, der auf steiler geneigtem Gelände schmaler, auf ebeneren Flächen breiter ausfallen und natürliche, harmonische Konturen erhalten kann.

Wasser und Brücken

Bewegtes Wasser ist ein wichtiger Bestandteil in vielen japanischen Gärten. Von einer kleinen Pumpe gespeiste Wasserfälle oder plätschernde Wasserläufe faszinieren das ganze Jahr hindurch. Japanische Holzbrücken haben oft einen ganz eigenen Charakter und wirken zu Unrecht meist zerbrechlich. Schlichte,

◀ *Japangärten strahlen eine unvergleichliche Ruhe und Harmonie aus. Hauptelemente sind Felsbrocken, Kies und Bambuspflanzen.*

aber wohl geformte Brücken über schmale Bäche kann man ganz einfach aus kräftigen Holzbohlen oder langen Steinplatten konstruieren. Große Trittsteine wirken ebenfalls reizvoll und können auch entlang der Mittellinie eines Wasserlaufs verlegt werden.

TEEGÄRTEN

Teegärten sind die traditionellen Orte für die Teezeremonie. Die Teilnehmenden versammeln sich im Garten, wo sie ihre weltlichen Sorgen hinter sich lassen und den Tee genießen. Wichtige Elemente sind Kies und Trittsteine sowie zeitlos und besinnlich wirkende Bäume, Sträucher und Farne, jedoch keine kurzlebigen Blumen, die vom Wechsel der Jahreszeiten und von Endlichkeit künden.

Gehölze und Bambus

Bambus ist eine für japanische Gärten typische Pflanze, die besonders gut an Gewässern gedeiht. Manche Sorten lassen sich auch in großen Kübeln oder quadratischen Holzkästen ziehen. (siehe auch Seiten 476–477)

Ebenso typisch sind die beiden kleinen Fächerahorne *Acer palmatum* 'Dissectum' und *A. p.* 'Dissectum atropurpureum' mit rotbronzefarbenem Laub, die sich auch in Kübeln ziehen lassen. Beide haben ausladende, kuppelförmige Kronen und werfen ihr Laub im Winter ab. Auch die immergrüne Zimmeraralie *(Fatsia japonica)* gedeiht in einem großen Pflanzgefäß und bildet mit ihren glänzend dunkelgrünen, sieben- bis neunlappigen Blättern einen schönen Strukturkontrast.

▲ *Kleine Bäume mit gefiederten grünen oder rotbronzefarbenen Blättern gehören zur charakteristischen Bepflanzung von Japangärten.*

▼ *Gewundene Wasserläufe, schlichte Brücken und mit niedrigen Pflanzen eingefasste Kieswege erzeugen ein entspannendes Ambiente.*

Befestigte Flächen, Mauern und Spaliere

Zur Grundstruktur eines Gartens, die nur selten verändert wird, gehören z. B. Mauern, Wege und Lauben. Sie erfüllen mehrere Funktionen: Sie unterteilen und strukturieren den Garten, schaffen „Wohnräume", Sitzplätze und Übergänge, die ihm Atmosphäre verleihen, und sind dabei selbst markante Gestaltungselemente. Doch bevor Sie sich entschließen, etwa ein Spalier aufzustellen, sollten Sie überlegen, wie und wo Sie es einsetzen und welche Pflanzen Sie daran ziehen möchten. Auf den nächsten Seiten wird eine große Auswahl an Gestaltungselementen vorgestellt.

Wege für jeden Gartentyp

Wege sollten nicht nur rein funktionale Flächen sein, die raschen Zugang von einem Gartenbereich zum anderen bieten, sondern zugleich interessante Gestaltungselemente, deren Belag sich harmonisch in den Garten einfügt. Dazu bieten sich viele unterschiedliche Materialien an.

Wozu braucht man Wege?

Wege sind in vielen Bereichen des Gartens unentbehrlich. Insbesondere braucht man eine bei jedem Wetter begehbare Fläche rund ums Haus, die es mit Garage, Mülltonnen oder Schuppen verbindet. Zu rustikalen Häusern passen graue Trittplatten mit geripptem Oberfläche, die in Kies verlegt werden, oder Natursteine mit Zwischenräumen für niedrige Pflanzen. Moderne Häuser erfordern eine formalere Gestaltung, ob nun mit einheitlichem Belag oder einem Materialmix. Lange, monotone Wege können mitunter langweilig sein.

Rahmenbedingungen

Die Wahl des Belagmaterials für einen Weg ist u. a. von den örtlichen Gegebenheiten und der Form des Gartens abhängig. Quadratische oder rechteckige Platten sind ideal für gerade Wege, während Bruchsteinpflaster anpassungsfähiger und für gerade und gewundene Wege gleichermaßen geeignet ist. Auch Rasenwege mit oder ohne Trittsteine in der Mitte können mäandernd oder gerade verlaufen. Zwanglose Thymianwege sind zur Blütezeit besonders reizvoll.

Ein Garten mit Bodenwellen oder starkem Gefälle erfordert spezielle Materialien. Bruchsteinplatten sind für gewelltes Gelände und nicht linear verlaufende Wege ideal, während sich formale Wege besser für nur in eine Richtung abfallendes Gelände eignen. Kieswege sollte man nur auf ebenen Flächen anlegen, weil der Kies sonst „wandert“.

Der Belag eines Wegs sollte im Verhältnis zu seiner Breite stehen. Ein Weg

▶ *Bruchsteinplatten eignen sich sowohl für ebene wie auch für abschüssige Gärten, weil sie sich gut an Bodenwellen anpassen lassen.*

aus kleinen rechteckigen und quadratischen Platten wirkt unproportioniert, wenn er breiter als 60 cm ist. Für breitere Wege sollte man größere Platten verwenden. Umgekehrt kann Bruchplattenpflaster bei zu schmalen Wegen unharmonisch wirken; es passt besser zu breiteren Wegen ohne strenge Konturen.

Materialmix

Man kann Wege auch aus unterschiedlichen Materialien gestalten. In zwanglosen Bereichen kann man z. B. Baumscheiben als Trittplatten in Kies oder sechseckige Betonplatten zwischen Kiesel betten; auch Bahnschwellen, deren 8–10 cm breite Fugen mit Pflastersteinen oder Kies ausgefüllt werden, wirken attraktiv. Zu wilden Gärten passen mit Rundhölzern eingefasste Kies- oder Graswege. Holzklötze können als „Trittsteine" Zugang zu breiten Beeten in ländlichen Gärten gewähren.

Für formale Gärten ist die Materialauswahl noch größer. Beliebt sind Muster aus Platten von unterschiedlicher Form, aber ähnlicher Farbe und Struktur, deren Zwischenräume mit Kopfsteinpflaster ausgefüllt werden. Auch mit Ziegelklinkern o. Ä. lassen sich sehr reizvolle Muster legen.

WINTERHINWEIS

Wenn die Fugen zwischen Bodenplatten bepflanzt sind, sollte man den Weg weder mit Salz noch mit der Schaufel von Eis und Schnee befreien, sondern lieber warten, bis Tauwetter einsetzt.

▲ Wege aus Rindenmulch auf durchlässigem, aber solidem Untergrund mit Flechtwerkeinfassung passen hervorragend zu rustikalen Gärten.

▼ Betonpflaster ist ideal für gerade Wege in formalen Gärten. Man kann es in geraden Reihen oder komplexen Mustern verlegen.

Mauern und Zäune

Die meisten Gärten haben Mauern oder Zäune, die ihre Grenzen markieren, Sichtschutz bieten und Lärm fern halten. Mauern benötigen über ihre gesamte Länge ein solides Fundament, während bei einem Zaun nur die Beton- oder Holzpfosten sicher verankert sein müssen.

◀ *Durch Mauern, ob sauber verfugt oder locker geschichtet, schafft man gemütliche Ecken, die man pflastern und möblieren kann.*

Mauer oder Zaun?

Eine Ziegelmauer ist wesentlich kostspieliger als ein Zaun. Eine 1,8 m hohe Mauer muss mindestens 20 cm tief sein und alle 1,8 m mit Stützpfeilern versehen werden. Selbst Hohlblocksteinmauern (aus Elementen von 30 cm × 30 cm × 10 cm in Gitterwerkoptik) erfordern ein solides Fundament, Stützpfeiler in 3 m Abstand und zusätzliche Pfeiler an den Enden. Dekoratives Hohlblockmauerwerk lässt sich gut mit Ziegelmauerwerk kombinieren.

Die Auswahl an Zauntypen reicht von weißen Lattenzäunen bis zu blickdichten Bretterzäunen aus 10–15 cm breiten Planken, die auf Kanthölzer genagelt werden. Solche Zäune sind in der Regel 1,2–1,8 m hoch. Achten Sie darauf, dass der Zaun mit dem Garten harmoniert. So wäre z. B. ein Lattenzaun ideal als vordere Abgrenzung eines ländlichen Gartens, während Flechtwerk- und Bretterzäune besser für den rückwärtigen Bereich geeignet sind. Paneelzäune aus 1,8 m langen Paneelen von 1,2–1,8 m Höhe sind beliebt und etwas billiger als blickdichte Bretterzäune.

Ein Zaun aus niedrigen Pfosten mit einer Kette dazwischen reicht zur Kennzeichnung der Gartengrenze völlig aus. Die Kette besteht heutzutage oft aus robustem Kunststoff, der keiner Pflege bedarf. Rustikale Ranchzäune aus 2–2,5 m langen und 15–20 cm breiten Holzbohlen, die quer auf im Boden einbetonierte Zaunpfosten genagelt werden, verbreiten ein modernes, offenes Flair. Wem es blickdicht lieber ist, kann von innen versetzte Bohlen darüber nageln. Solche Zäune können 1–2 m hoch sein.

Schmiedeeiserne Zäune eignen sich als Vorgarteneinfriedung alter Stadtvillen. Sie sind meist 1–2 m hoch und schwarz gestrichen. Dank ihrer kunstvollen Ausführung sind sie exzellente Gestaltungselemente; schlichtere Ausführungen kann man mit üppigen Grünpflanzen bewuchern lassen.

Tore für jeden Garten

Mauern und Zäune um Vorgärten wirken unvollständig ohne ein dazu passendes Tor. Zu weißen Lattenzäunen passen rustikale Holztore, während eine verwitterte alte Ziegelmauer mit Torbogen am besten ein schmiedeeisernes Tor ziert.

Die Auswahl an schmiedeeisernen Toren ist ebenso groß wie die Preisspanne. Auch Holztore gibt es in verschiedenen Stilen, neben einfachen Lattentoren z. B. auch solche aus überlappenden Brettern oder rautenförmigem Lamellengeflecht.

▼ Der Zaun sollte zum Garten passen. Rustikale Flechtzaunsegmente an soliden Pfosten sind gut geeignet für zwanglose Bauerngärten.

DIEBSTAHLSICHERUNG

Schmiedeeiserne Tore, die an einfachen Angelzapfen aufgehängt sind, können leicht gestohlen werden. Um das zu verhindern, das Tor auf den nach oben zeigenden unteren Zapfen setzen, dann den oberen Zapfen mit der Spitze nach unten montieren. Jetzt lässt sich das Tor nicht mehr ausheben. Bei Holztoren werden Scharniere an Tor und Torpfosten festgeschraubt und so besser gesichert.

Holzdecks

Holzdecks erfreuen sich als wetterfeste Freizeitbereiche über Bodenniveau zunehmender Beliebtheit. Traditionell wurden sie an eine Seite des Hauses angebaut – oft als Veranda mit Geländer. Heutzutage errichtet man sie auch an der Gartengrenze oder als frei stehenden Sitzplatz.

◀ *Eine besonders attraktive Kombination aus Holzdeck und Teich vor einem Hintergrund aus großblättrigen, immergrünen Pflanzen.*

Konstruktion eines Holzdecks

Holzdecks werden meist aus Rotholz oder anderem hochdruckimprägniertem, wetterbeständigem Nadelholz gebaut. Die Planken werden mit verzinkten Nägeln auf einen Balkenrahmen genagelt; die Fugen sind etwa 1 cm breit.

Der Balkenrahmen wird an stabilen Pfosten verankert, welche auf Metallplatten montiert sind, die wiederum auf Fundamentsockel aus Beton geschraubt werden. So lassen sich auch Höhenunterschiede des Untergrunds ausgleichen, doch muss die gesamte Konstruktion sehr sorgfältig ausgeführt werden.

In Baumärkten bekommt man teilweise vormontierte Elemente für Holzdecks. Außerdem gibt es viele Unternehmen, die auf den Bau solcher Decks spezialisiert sind und Ihnen eine Ihren speziellen Bedürfnissen entsprechende Plattform entwerfen, bauen und vor Ort montieren.

Preisgünstige Alternative

Der Bau herkömmlicher Holzdecks ist teuer und zeitaufwändig, vor allem wenn mehrere Ebenen gewünscht werden. Preiswerter ist es, Schlackenbetonblöcke und Zaunpfosten zu verwenden. Die Schlackenbetonblöcke zur Hälfte im Boden versenken und die Zaunpfosten (bis zu 3 m Länge) quer darauf montieren; dann hochdruckimprägnierte Sockelbretter (die üblicherweise für Bretterzäune verwendet werden) auf die Pfosten nageln.

Bäume umbauen

Es ist grundsätzlich kein Problem, eine Holzbank um einen ausgewachsenen Baum herum anzulegen. Zunächst muss man eventuell einige tiefere Äste entfernen. Meist sieht man jedoch Sitzbänke mit sechseckiger, bei dicken Stämmen mit achteckiger Außenkontur. Wenn die Bank auch noch eine Rückenlehne haben soll, ist ein Heimwerker mit diesem Projekt wahrscheinlich überfordert. Dennoch: Eine solche Bank ist im Sommer ein Lieblingsplatz.

Holzfliesen

60 cm x 60 cm große Holzfliesen sehen in der Fläche ähnlich aus wie ein Holzdeck und sind leicht zu verlegen. Man muss den Untergrund dazu sorgfältig entwurzeln, dann einebnen, 5 cm hoch Gartenbausand verteilen und glatt harken. Die Holzfliesen dicht an dicht im Schachbrettmuster darauf verlegen und rundum mit kräftigen Holzpflöcken fixieren, damit sie nicht verrutschen.

◀ *Von üppigen Grünpflanzen gesäumte Holzstufen bilden einen dekorativen Übergang von einem Gartenniveau zum anderen.*

▼ *Im Boden versenkte Bahnschwellen, deren Fugen mit Kies ausgefüllt werden, bilden eine ansprechende, unregelmäßige Oberfläche.*

Gartentreppen

Treppen, die sich harmonisch in den Garten einfügen, sind dauerhafte Gestaltungselemente von besonderem Reiz. In erster Linie müssen sie funktionell sein, doch es gibt zahllose Möglichkeiten, sie auch als Zierde zu gestalten. Hier einige Vorschläge für Gärten jeder Stilrichtung und Größe.

Zwanglose Stufen

Holzbalkenstufen passen ausgezeichnet zu naturnahen Gärten in Hanglage. Kräftige Holzbalken oder Bahnschwellen als Trittstufen wirken natürlich und zwanglos.

Einen hübschen Kontrast bilden im nahen Rasen gepflanzte Narzissen. Setzen Sie die Narzissen großzügig in Gruppen, die etwa einem Drittel der Stufenbreite entsprechen.

Falls in der Nähe der Stufen ein Torfbeet angelegt werden soll, verwendet man am besten Bahnschwellen, vor allem, wenn sie auch als Stützkonstruktion für den Torf dienen sollen.

Bepflanzen Sie eine schmale, in eine steile Böschung eingelassene Treppe zu beiden Seiten mit Bäumen, deren Kronen einen luftigen Baldachin bilden. Grasstufen passen gut in zwanglose und mäßig formale Umgebungen, sind aber nicht bei jedem Wetter sicher begehbar. Für lange Treppen dieses Typs empfiehlt sich ein Rasentrimmer; für kleine Flächen reicht eine Rasenschere aus. Formale Rasenstufen haben Vorderkanten aus Ziegelklinkern.

▲ *Stufen sind reizvolle Gestaltungselemente für jeden Garten, insbesondere wenn sie aus natürlich wirkenden Materialien gebaut sind.*

Formale Treppen

Breite Treppen mit großzügigen Podesten an beiden Enden sind dominante Gestaltungselemente. In kleinen Gärten können auch schmalere Treppen reizvoll wirken, wenn sie z.B. aus Ziegeln mit abgeschrägter Kante als Teil der Trittstufe und andersartigen Ziegeln als Setzstufe konstruiert sind.

Eine Treppe mit halbrunden Stufen und einem kompletten Ziegelkreis am oberen Ende ist ein hübscher Blickfang. Die Auftrittsflächen der Stufen können aus farbigem Kies, Ziegelklinkern oder Gras bestehen. Halbrunde Stufen machen sich gut als Verbindung zwischen Terrasse und Rasen oder zwischen verschiedenen Rasenebenen, man sollte in dieser Form aber keine längeren Treppen anlegen; drei Stufen reichen auf leichtem Gefälle meist aus.

▼ *Schmiedeeiserne Wendeltreppen sind ideal für tief liegende Gärten oder als Übergang zu einem anderen Gartenniveau.*

Umfunktionierte Wendeltreppen

Dekorative alte Wendeltreppen machen sich gut als origineller Blickfang für tief liegende Gärten. Sie lassen sich hübsch mit kleinblättrigem Efeu *(Hedera)* beranken, der in Töpfen und kleinen Hängekörben wachsen kann.

Schattenterrassen

Im Hochsommer bietet eine gegen die sengende Sonne abgeschirmte Hausterrasse einen angenehm kühlen Zufluchtsort, dessen erholsame Wirkung sich durch üppige Grünpflanzen, leise plätscherndes Wasser und herrlich duftende Blüten und Blätter noch steigern lässt.

Oasen der Ruhe

Selbst in unseren Breiten ist es im Sommer mitunter eine Wohltat, sich an einen ruhigen, schattigen Ort im Freien zurückziehen zu können, wo man vor aufdringlichen Blicken geschützt ist.

Schattenterrassen anlegen

Viele Häuser haben eine L-förmige Fläche am Hintereingang, die man durch einen Zaun teilweise abschirmen kann. Eine Alternative ist ein von der Grundstücksgrenze etwas entfernt aufgerichtetes, frei stehendes Rankgitter in L-Form. Eine immergrüne Sichtschutzwand aus Laub erhält man, indem man ein solches Spalier mit einer großblättrigen, panaschierten Efeusorte wie *Hedera colchica* 'Sulphur Heart' oder *H. c.* 'Dentata Variegata' berankt. Im Sommer kann auch der kletternde Hopfen *Humulus lupulus* 'Aureus' eine reizvolle Blätterwand bilden. Wer sich zusätzlich an

◀ *Ein abgeschiedener, sonnengeschützter Winkel wird mit einem Tisch und Bänken zum gern genutzten sommerlichen „Wohnzimmer".*

Blüten erfreuen möchte, sollte eine Bergwaldrebe *(Clematis montana)* pflanzen.

Der richtige Bodenbelag

Wichtig ist ein ansprechender Bodenbelag, auf dem Regenwasser gut abläuft. Er muss nicht durchgehend verlegt werden; man kann auch Lücken für Sträucher und kleine Bäume aussparen. Andere Bereiche können gepflastert und mit großen Kübeln bestückt werden.

Bestens geeignet sind etwa Bodenplatten mit strukturierter Oberfläche oder in Mustern verlegte Klinker und Granitpflaster. Auf zu glatte oder bunte Materialien und Schachbrettmuster sollte man verzichten.

Therapeutische Wirkung

Besonderen Zauber und Erholungswert erhält der schattige Ruheplatz durch kühles, erfrischendes Wasser etwa aus einem Springbrunnen. Konstante, sanfte Geräusche wie das Plätschern von Wasser haben eine wohltuende, Stress abbauende Wirkung. Auch Pflanzendüfte können sich auf einer abgeschirmten Terrasse optimal entfalten. Der Duft des Currystrauchs *(Helichrysum serotinum)* kann Erinnerungen an eine Asienreise wachrufen; betörender Fliederduft lässt vielleicht an einen Brautstrauß denken. Auch persönlichere Dufterinnerungen, wie etwa honigähnliche Noten, lassen sich so reproduzieren, z. B. mithilfe des Kleinen Krokus *(Crocus chrysanthus)* oder der Schwertlilie *Iris danfordiae*. Beide wirken reizvoll neben Wegen, aber auch in Kübeln und Blumenkästen.

Schmuckelemente für Terrassen

Kleine Statuen und dekorative Kübel verleihen dem Ruheplatz zusätzlichen optischen Reiz. Große, fassförmige Kübel sind ideal für die üppig rankende Großblumige Waldrebe *(Clematis macropetala)*, die im späten Frühjahr und im Frühsommer gefüllte blaue Blüten trägt. Auch ihre seidig flauschigen Fruchtstände sind sehr dekorativ.

▶ *Ein Zierteich ist wegen seiner beruhigenden und Stress abbauenden Wirkung eine Bereicherung für den schattigen Ruheplatz.*

Sonnenterrassen

Die typische Sonnenterrasse ist eine nicht überdachte, befestigte Fläche, die das Haus mit dem Garten verbindet und als vielseitig nutzbarer Freizeitbereich dient. Oft ist sie durch ein Geländer oder eine niedrige Mauer begrenzt, vor allem, wenn sie über dem Gartenniveau liegt.

Zur Geschichte

Terrassierte Landschaften (oder hängende Gärten) mit herrlichem Panoramablick kannte man im ägyptischen Theben schon um 1500 v. Chr. Diese Form der Gartengestaltung verbreitete sich nach Italien, wo Terrassen als Status- und Machtsymbole galten. Im Mittelalter wurden ähnliche Aussichtsplätze auf Burgmauern errichtet oder in Gärten, wie auf den Hängen der Alhambra im Spanien des 13. Jahrhunderts. Der englische Gartenarchitekt Humphry Repton (1752–1818) setzte Terrassenanlagen als wichtiges Gestaltungselement ein, und im 18. Jahrhundert wurde in England eine als „Terrassenweg" bezeichnete Variante mit Rasenfläche anstelle von Plattenbelag populär. Solche Rasenterrassen waren oft sehr lang und so angeordnet, dass sie schöne Ausblicke in die Umgebung gewährten.

Gestaltungsmöglichkeiten

In unserem gemäßigten Klima grenzen die meisten befestigten Gartenflächen unmittelbar ans Haus und sind ohne feste Überdachung, damit sie möglichst viel Sonne erhalten (während man in heißeren Regionen schattige Plätze vorzieht). Die Auswahl der Bodenbeläge für Terrassen reicht von Naturstein, ideal z. B. für Häuser im ländlichen Stil, bis zu modernen Betonplatten. Ein Natursteinbelag wirkt noch zwangloser, wenn man die Fugen mit Steingewächsen bepflanzt. Zu formalen Terrassen passen auch bunte Platten mit glatter Oberfläche, die man im Schachbrettmuster verlegen kann. In formalen Bereichen, die mit Kübelpflanzen gestaltet werden sollen, verwendet man besser monochrome Platten mit gerippter Oberfläche.

Große Terrassen sind manchmal mit Hochbeeten eingefasst, die man mit Sträuchern und kleinen Bäumen be-

◀ Terrassen in Südlage sind wahre Sonnenparadiese. Ein Teich ist ein Blickfang und verschafft an heißen Tagen Kühlung.

pflanzen kann, um etwas Schatten zu erhalten. Auch Kübel, dekorative Steinbecken, Töpfe, Blumenkästen und Tröge können die Terrassen schmücken.

Balustraden und Mauern

Klassische Terrassen hatten kunstvoll gemeißelte Steinbrüstungen. Auch heute können solche Brüstungen einen prunkvollen Abschluss der Terrasse bilden und ihr eine klassizistische Note verleihen. Sie passen aber eher zu traditionellen Architekturstilen, nicht zu modernen, bunt gestalteten Terrassen, für die eine aus Hohlblocksteinen konstruierte Mauer mit Betondeckplatte weitaus geeigneter ist. Bei Terrassen, die an einen steilen Hang angrenzen, hat Sicherheit die oberste Priorität, insbesondere, wenn Kinder sie nutzen. 80 cm sind das absolute Minimum.

Holzgeländer sind auf Terrassen eher selten, obwohl eine rustikale Einzäunung im Ranchstil zu Terrassen mit bunten, glatten Bodenplatten durchaus passt. Der Zaun kann auch weiß gestrichen werden. Soll er gleichzeitig als Sichtschutz dienen, zieht man ihn ein Stück höher.

▲ *Gegen zu starke Sonneneinstrahlung helfen Markisen über Türen und Fenstern oder ein im Herbst abnehmbarer Baldachin.*

▼ *Der Bodenbelag der Terrasse sollte wetterfest sein und vom Haus aus leicht abfallen, damit auch ein Sturzregen gut abläuft.*

Innenhöfe

Die Geschichte der Innenhöfe reicht weit zurück. Sie waren stets ein wichtiger Funktionsbereich in Festungen und Burgen und unentbehrlich in den Palästen muslimischer Herrscher in Arabien, Nordafrika und Spanien, wo sie willkommene Zuflucht vor der Sonnenhitze boten.

Schattig und geschützt

Innerstädtische Höfe sind meist klein, umbaut, schattig und windgeschützt. Bei nach Norden gelegenen Außentoren besteht jedoch die Gefahr, dass kalte Winterwinde das Laub immergrüner Pflanzen schädigen. Der Lichtmangel in Innenhöfen ist kein ernsthaftes Problem, da viele Pflanzen, wie etwa Farne, in beschattetem, feuchtem Boden bestens gedeihen (siehe Seite 324–325). Viele Gewächse, von kleinen Bäumen bis zu Zwiebelpflanzen, kann man auch in Gefäßen ziehen, die stundenweise gezielt in der Sonne platziert werden.

Abgeschiedenheit und Schatten an heißen Tagen schätzen wohl die meisten Gärtner, gerade in den lauten, dicht besiedelten Großstädten. Am späteren Abend kann der Hof jedoch womöglich zu düster sein. Eine Lösung wären Gartenfackeln oder die fachmännische Installation von indirekter Beleuchtung.

Auch vor Souterrainwohnungen gibt es oft Bereiche, die man mit Kübelpflanzen verschönern kann. Oft führen Steinstufen nach oben. Hier machen sich Hängepflanzen wie das Kleine Immergrün *(Vinca minor)* mit seinen glänenzend dunkelgrünen, zugespitzten, elliptischen Blättern gut, das frei vom oberen Treppenende herabhängen kann. Auch das gut im Halbschatten gedeihende kriechende Pfennigkraut *(Lysimachia nummularia)* kann gut als Treppenzierde dienen. Farbenfroher ist die gelbblättrige Sorte 'Aurea', die allerdings etwas Sonne benötigt.

Bodenbeläge für Höfe

Hierfür steht eine Vielzahl von Materialien zur Auswahl. Große, alte Natursteinplatten mit deutlichen Abnutzungsspuren sind gut geeignet, aber nicht leicht zu bekommen und meistens teuer. Alter-

▶ *Auch schattige Höfe lassen sich mit Pflanzen verschönern, wenn man solche wählt, die unter diesen Bedingungen gut gedeihen.*

nativen sind z. B. Ziegel, Granit und Kunststein. Kopfsteinpflaster ist ebenfalls schön, aber etwas unkomfortabler.

Möbel und Tore

Verschnörkelte Möbel aus Schmiedeeisen oder Aluminium passen bestens zu einem abgeschiedenen, schattigen Innenhof. Möbel aus Nichteisenmetall rosten nicht, sie müssen im Frühjahr lediglich von Flechten und Moos befreit werden. Auch Holzmöbel, wie etwa Tisch- und Bankkombinationen in einem Stück, sind sehr beliebt. Legen Sie im Herbst einen Ziegel unter jedes Tischbein und decken Sie die Konstruktion mit einer stabilen, gut befestigten Plastikfolie ab. Klappbare Lattenmöbel lassen sich über den Winter im Haus verstauen. Dekorativ gearbeitete schmiedeeiserne Tore sind als Zugang zum Hof besonders schön; sie wirken weniger abweisend als Holztore und gewähren Durchblick auf die Außenwelt.

▲ *Für kleine Höfe sind Klappmöbel mit Metallgestell ideal, weil sie wenig Platz beanspruchen und bei Bedarf leicht weggeräumt werden können.*

Frühe Motels

Eine althergebrachte Einrichtung des Orients waren die Karawansereien, Rasthäuser für die Handelskarawanen, die um einen großen Innenhof herum gebaut waren. Sie boten einen sicheren und friedlichen Ruheplatz zur Erholung von den Strapazen der Reise.

Pergolen, Bögen und Spaliere

Konstruktionen wie die Pergola kennt man im Süden seit Urzeiten. Schon im alten Ägypten dienten sie vermutlich als Stütze für Weinreben und als Schattenspender. Die Italiener griffen die Idee auf und meinten mit Pergola einen mit Kletterpflanzen begrünten Laubengang.

Pergolen für jeden Standort

Es gibt zwanglose, formale und sogar asiatisch anmutende Pergolen. Solche aus rustikalen Holzbalken, die oft einen Weg überspannen, sind ideale Stützkonstruktionen für üppig belaubte Kletterpflanzen wie die Weinrebe *(Vitis vinifera)*. Wer eine sehr natürlich wirkende, blühende und stark duftende Berankung wünscht, sollte die Waldgeißblattsorten *Lonicera periclymenum* 'Belgica' oder *L. p.* 'Serotina' wählen. Auch das Japanische Geißblatt *(Lonicera japonica)* trägt eine Fülle locker herabwallender Blüten.

Streng konstruierte Pergolen aus sauber gehobelten Vierkanthölzern sind ideale Stützen für Blauregen *(Wisteria)*. Man kann ihn zwar auch an der Hauswand ziehen, er wirkt aber am besten, wenn die großen Blütentrauben frei herabhängen. Außerdem zieht die starkwüchsige Kletterpflanze alle Feuchtigkeit aus dem Bodenstreifen, sodass dort keine weiteren Pflanzen wachsen können.

Ein asiatisches Flair erhalten Pergolen, wenn man die Unterkanten und Enden der Traghölzer abschrägt. Eine andere Variante sind ans Haus angebaute Pergolen, die wie eine Laube wirken können, wenn man die senkrechten Pfosten und die Traghölzer üppig berankt. Es gibt spezielle Befestigungen, um die Traghölzer mit einem Ende an der Wand festzuschrauben, während das andere von hölzernen Pfosten getragen wird.

◀ *Pergolen müssen nicht immer rechteckig konstruiert sein, sie können auch ein Rondell abgrenzen, in dem man z. B. Rosen zieht.*

Zierbögen

Außer schlichten, meist quer über einen Weg aufgestellten Stützbögen, die man mit allerlei Kletterpflanzen, von Rosen bis Hopfen, beranken kann, gibt es heute eine Vielfalt von Bögen in allen Formen und Größen, z. B. auch viertorige Bögen für Wegkreuzungen.

Bögen dienen auch als Blickfang, der dem Garten eine zusätzliche Höhendimension verleiht. Metallbögen sind beliebt, um daran Rosen über Wege ranken zu lassen, oder auch als üppig bewucherter „Laubenersatz" in der Rasenmitte. Mit einigen Metall- oder Holzbögen vor einer Mauer oder einem Zaun lässt sich mit geringem Aufwand eine romantische Laube gestalten.

Spaliere

Spaliere, früher meist an Mauern montiert, werden heute auch als frei stehende Elemente eingesetzt, die Sichtschutz bieten und den Garten in kleinere Bereiche gliedern können. Hinter ihnen kann man auch die prosaischen Mülltonnen verdecken.

Rosenliebhaber schätzen frei stehende Rankgitter als attraktive Stütze für Kletterrosen. Sie können am Ende einer breiten Rasenfläche eine Spalierwand mit kürzeren Spalierelementen im rechten Winkel dazu aufstellen. Noch abwechslungsreicher wird das Arrangement, wenn man Spaliere und Wigwams miteinander kombiniert. Wigwams eignen sich auch sehr gut für Bohnen.

▲ Wenn Pflanzen ihre Blüten auf Augenhöhe entfalten, kann man ihren Anblick und Duft noch besser genießen.

▼ Vor Mauern angebrachte Spaliere sind ideal für Kletterrosen und viele andere Pflanzen, die eine Rankhilfe benötigen.

Lauben und Tunnel

Lauben und Laubentunnel gibt es in vielerlei Formen und Größen. Die üppige Blätter- und Blütenpracht ihrer Berankung verleiht ihnen oft etwas Weltentrücktes. Besonders originelle Tunnel erhält man, indem man blühende oder Frucht tragende Bäume über eine Holz- oder Metallkonstruktion zieht.

▲ *Der über Metallbögen gezogene Goldregen* (Laburnum) *trägt im Frühjahr und Frühsommer eine Fülle gelber Blütentrauben.*

Lauben für jeden Garten

Viele Laubentypen lassen sich selbst auf kleinen Grundstücken in einer Ecke oder neben einer Wand unterbringen. Man bekommt sie als Bausätze samt integrierter Sitzbank. Zwanglose Lauben kann man aus rustikalen Pfählen, formalere aus glattem Kantholz herstellen. Nostalgische, fragil wirkende Lauben aus Schmiedeeisen harmonieren bestens mit Rosen und anmutigen Kletterpfanzen wie der Orientalischen Waldrebe *(Clematis orientalis),* der Mongolischen Waldrebe *(C. tangutica)* und der Großblumigen Waldrebe *(C. macropetala).*

Eine Laube in der Gartenmitte ist ein unwiderstehlicher Blickfang. Sie erfordert eine solide, befestigte Grundfläche für Sitzmöbel und einen Tisch. Manche Lauben stehen auf einem leicht erhöhten Sockel. Diese Konstruktion passt am besten zu etwas formaleren Gärten. Eine zwanglose Laube mit einem Bodenbelag aus Naturstein wirkt zu ebener Erde meist vorteilhafter. Auch Bruchsteinplatten machen sich besser in einer Laube mit ebenerdigem Bodenniveau.

Laubentunnel

Sie sind ideal, um Besucher von einem Teil des Gartens in einen anderen zu leiten. Als attraktiver Blickpunkt am Tunnelende kann eine Sonnenuhr, ein Zierbrunnen oder ein Sitzplatz dienen. Eine blühende Berankung, etwa mit Kletterrosen, macht den Tunnel besonders dekorativ. Auch Apfel- und Birnenbäume kann man über eine Reihe von Metallbögen in Tunnelform ziehen. Traditionell dienten Brombeeren zur Gestaltung Frucht tragender Tunnel. Auch Nusslaubengänge, die nicht einmal eine Stützkonstruktion brauchten, waren einst sehr beliebt. Die Äste der Sträucher wurden so modelliert, dass sie eine Art Tunnel bildeten.

Auf einem kurzen Grundstück sollte man keinen langen Tunnel anlegen, der die Kürze des Gartens noch betont. Als Gliederungselemente werden Tunnel oft mittig angeordnet. Wenn der Garten durch ein quer stehendes Spalier unterteilt ist, kann ihn ein im rechten Winkel dazu verlaufender Tunnel optisch noch stärker gliedern. Am Ende eines Obstbaumtunnels kann man wiederum eine Sitzbank aufstellen, die von einem Kiesweg mit Kräuterbeeten umgeben ist.

▲ *Der offene Eisenrahmen dieses Pavillons eignet sich bestens für Kletterrosen und für Kletterpflanzen mit frei hängenden Blüten.*

▲ *Versteckte Gartenwinkel werden durch eine Bedachung aus blühenden Kletterpflanzen zu lauschigen Ruheplätzen.*

◀ *Ein hübscher Pavillon wirkt noch reizvoller, wenn man ihn zwischen Stauden und Sommerblumen auf einen soliden Sockel stellt.*

Eingänge und Vorbauten

Ein Vordach oder Windfang bietet vor der Haustür Stehenden Wind- und Wetterschutz. Insbesondere die vordere Eingangstür kann man mit aufwändigeren Konstruktionen umbauen. Ein rustikaler oder formaler Türbogen – an der Wand befestigt – ist einfach, aber dekorativ.

Türen einladend gestalten

Ein kahler Bereich rund um die Haustür wirkt oft lieblos oder abweisend. Ein hübscher Vorbau dagegen lässt Haus und Garten sympathischer erscheinen, insbesondere wenn er begrünt ist. Wenn eine gemauerte Konstruktion nicht in Frage kommt, hilft auch ein einfacher Türbogen. Zum Landhausstil passen rustikale Versionen, zu modernen Häusern eher formale Bögen. Als zusätzlichen Wetterschutz können Sie am oberen Ende ein schlichtes Holzbrett anbringen, das mit der Zeit von Kletterpflanzen überwuchert wird. Den Bogen gut an der Wand befestigen und die Pfosten standsicher im Boden einbetonieren. Man unterschätzt das Gewicht von Kletterpflanzen leicht, und zudem können raue Winterwinde lose Befestigungen aus der Verankerung reißen.

Größere Vorbauten können innen mit Blumenampeln und einem bunten Arrangement nicht frostharter Pflanzen wie Glockenblumen *(Campanula isophylla)* und Grünlilien *(Chlorophytum comosum* 'Variegatum') dekoriert werden. Im Sommer kann man zusätzlich die Außenseite mit Hängekörben verschönern. Achten Sie darauf, sie so aufzuhängen, dass sie nicht den Durchgang behindern.

◀ *Kletterpflanzen verschönern den Eingangsbereich und lassen Garten und Haus freundlich und einladend wirken.*

Auf dem Boden kann man den Eingangsbereich mit winterharten Kübelpflanzen wie schlanken Koniferen, in Form geschnittenem Buchsbaum (geometrische Formen oder Tiere) und Lorbeerhalbstämmen schmücken.

Blumen und Grünpflanzen können einen Vorbau nicht nur von innen und außen verschönern, sondern bieten auch die Möglichkeit, ihn das ganze Jahr hindurch farbenfroh zu gestalten. Zu diesem Zweck kann man z. B. bei einem gemauerten Vorbau schmale Spaliere zu beiden Seiten der Tür an der Wand befestigen und mit buntblättrigen Immergrünen oder zu unterschiedlicher Zeit blühenden Pflanzen beranken.

Tore und Eingänge verschönern

Bei Vorgärten, die von einer Hecke, wie etwa Liguster oder Eibe, umgeben sind, kann man die Heckenzweige so ziehen, dass sie einen Bogen über den Weg bilden. Das dauert einige Jahre, da es eine hohe Hecke erfordert. Bei einem langen Weg ließe sich auf etwa zwei Drittel der Strecke ein Metall- oder Holzbogen aufstellen. Über Metallbögen rankende Kletterrosen passen zu formalen und zwanglosen Gestaltungen gleichermaßen. Rustikale Holzbögen, die als Stütze für Geißblatt oder Jasmin hervorragend geeignet sind, sollten Gärten im ländlichen Stil vorbehalten bleiben.

Wenn nicht genug Platz für einen Bogen ist, können auch ein bis zwei an Pfosten gezogene Kletterrosen zu beiden Seiten eines Weges dem Garten mehr Höhe verleihen.

▲ Ein kleiner Vorbau kann als nützlicher und zugleich dekorativer Wetterschutz dienen. Hier ist er harmonisch in den Zaun integriert.

▼ Schmiedeeiserne Tore und Eingangsbereiche im rustikalen Stil wirken mit einem Rosen- oder Geißblattbogen geradezu verwunschen.

Gartenpraxis

Besondere Bedingungen

Um aus Ihrem Garten das Beste zu machen, müssen Sie vor allem die richtigen Pflanzen für den jeweiligen Standort wählen. Manche brauchen volle Sonne, manche Schatten, andere können sich an unterschiedliche Bedingungen anpassen. Wer einen Garten in Küstennähe sein Eigen nennt, sollte wissen, welche Pflanzen bei Wind und Salzluft gedeihen. Auch die Gartengestaltung in Hanglagen wird durch einige Tipps und Tricks erleichtert. Zudem kann man auch unabänderliche Gegebenheiten eines Gartens kreativ nutzen, um eine individuelle Gartenoase anzulegen.

Mit jedem Boden leben

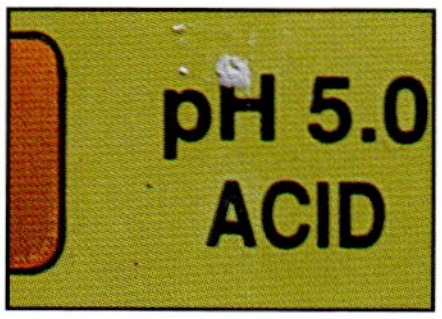

Jeder Gärtner träumt vom idealen Gartengrundstück mit guter Drainage, fruchtbarem, im Sommer Feuchtigkeit bindendem Boden, ohne Unkraut und Bodenschädlinge, mit leichtem Südgefälle, das im Frühjahr das Wachstum fördert und vor Wind geschützt. Aber das bleibt wohl auch nur ein Traum.

Bodenuntersuchung

Böden lassen sich in Bezug auf ihre Beschaffenheit grob unterteilen in leichte, mittelschwere und schwere. Wenn der Boden in Klumpen an Ihren Stiefeln klebt, ist er tonhaltig. Zur Beurteilung nimmt man am besten eine Hand voll und reibt etwas davon zwischen Daumen und Zeigefinger. Wenn er eine glatte, fettige Oberfläche bildet, enthält der Boden Ton, bleibt er grobkörnig, so ist er vorwiegend sandig.

Zur genaueren Untersuchung füllt man ein Schraubdeckelglas zur Hälfte mit einer Bodenprobe, dann wird es mit Wasser auf drei Viertel aufgefüllt. Gut schütteln und eine Stunde stehen lassen. Steine, grober Sand, feiner Sand, Schlamm und Lehm setzen sich schichtweise auf dem Boden ab. Organische Materie treibt an der Oberfläche. Das Verhältnis der Schichten vermittelt ein gutes Bild von der Zusammensetzung des Bodens.

◀ Wenn man eine Bodenprobe mit Wasser mischt, kräftig schüttelt und sich setzen lässt, erhält man ein gutes Bild vom Boden.

Ton- und Lehmböden optimieren

Das bedeutet vor allem Entwässerung und verbesserte Belüftung. Wenn das Wasser auf der Oberfläche steht, sollte man eine Drainage anlegen (siehe Seite 348–349) und im Winter Auflockerungsmaterial wie gut verrotteten Mist und Gartenkompost untergraben. Kleine Bereiche lassen sich durch Beimengung von Gartensand verbessern. Den Boden im Winter mit Löschkalk oder gemahlenem Kalkstein bestäuben, wodurch die Lehmteilchen aneinander haften und die Drainage verbessert wird. Messen Sie zuvor den pH-Wert, um die richtige Kalkmenge zu bestimmen. Keinesfalls gleichzeitig düngen und Kalk auftragen.

Sandböden verbessern

Sandböden sind leicht zu kultivieren, da sie sich im Frühjahr rasch erwärmen und nicht zu Staunässe neigen. Weil das Wasser jedoch rasch hindurchzieht, droht den Pflanzen Feuchtigkeits- und Nährstoffmangel. Dem kann man durch Un-

Sauren Boden neutralisieren

Boden	Löschkalk	gemahlener Kalkstein
Ton	510 g/m²	680 g/m²
Lehm	340 g/m²	450 g/m²
Sand	170 g/m²	230 g/m²

tergraben von Mist und Gartenkompost entgegenwirken. Man kann den Boden auch den Sommer über mit einer 8 cm dicken Mulchschicht bedecken, um die Verdunstung zu reduzieren, und ggf. zusätzlich Sprinkler installieren.

Messung des pH-Werts

Wie sauer oder alkalisch ein Boden ist, wird auf einer pH-Skala von 0–14 angegeben: Neutrale Böden besitzen einen Wert von 7,0, darunter liegende Werte weisen auf sauren, darüber liegende auf alkalischen Boden hin. Wie viel Kalk man zur Neutralisierung eines sauren Bodens braucht, hängt von seinem pH-Wert und dem verwendeten Kalk ab.

Mit im Handel erhältlichen pH-Testern kann man rasch prüfen, ob der Boden sauer oder alkalisch ist: Einfach eine Bodenprobe mit Wasser und Chemikalien mischen und die Verfärbung mit der Farbtafel vergleichen.

Bei stark alkalischem Boden Gartenkompost oder Mist untergraben und säurehaltige Dünger wie Ammoniumsulfat verwenden. Alternativ kann man Pflanzen auf neutralem Boden in Hochbeeten ziehen oder Kalk liebende Pflanzen setzen. Zu sauren Boden gleich nach dem winterlichen Umgraben kalken. Die Kalkmenge richtet sich nach dem Säuregrad. Links finden Sie die Mengenangaben je 1,0 pH. Anzustreben ist ein pH-Wert von 6,5.

Sauer oder alkalisch?

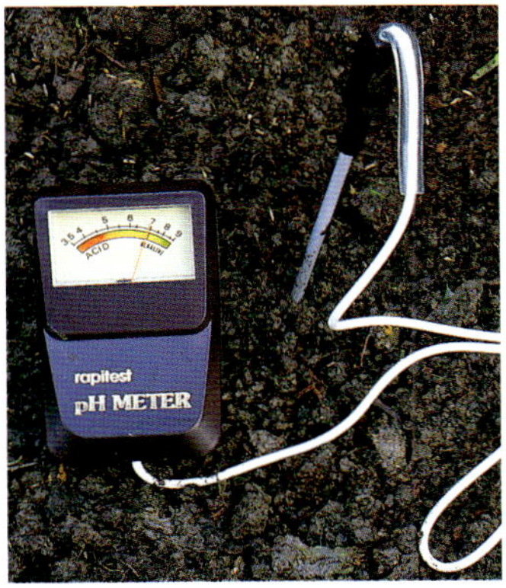

1 Ein solches pH-Messgerät ermittelt den Säure- oder Alkaligehalt des Bodens im Nu. Das empfindliche Gerät sollte an einem trockenen Ort aufbewahrt werden.

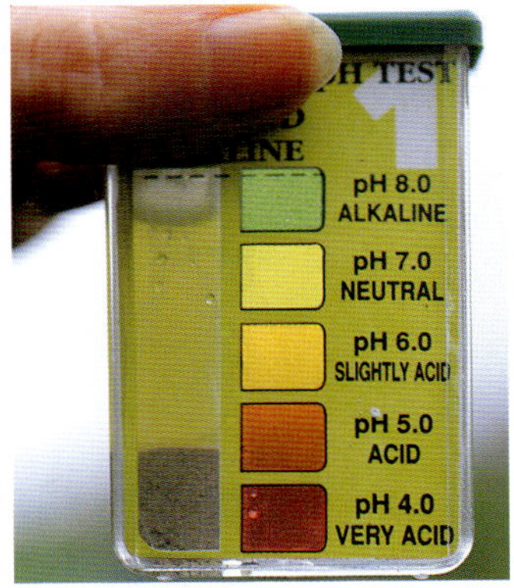

2 PH-Tester, in denen man eine Bodenprobe mit Wasser und Chemikalien mischt, sind preiswert und unkompliziert. Der pH-Wert wird durch Vergleich der Verfärbung mit einer Farbtafel ermittelt.

▶ *Beim Umgraben des Bodens im Spätherbst oder Winter sollte gut verrotteter Gartenkompost oder Mist untergemengt werden.*

Unebene Gärten

Ein ebener Garten hat viele Vorteile, vor allem wenn Spielflächen für Kinder oder rollstuhlgerechte Wege gewünscht werden, doch Hanglagen bieten mehr Chancen für optische Spannungsmomente und Abwechslung. Seien Sie also nicht betrübt, wenn Ihr Garten Gefälle aufweist.

Praktische Überlegungen

Statt gegen die natürlichen Gegebenheiten eines Gartens anzuarbeiten, sollte man sie sich lieber zunutze machen. Große Erdmassen zu bewegen und zu planieren, ist harte und zeitaufwändige Arbeit, selbst wenn man dazu Spezialgeräte mietet. Und man nimmt dabei immer das Risiko in Kauf, guten Mutterboden (die für das Pflanzenwachstum günstigsten oberen 30 cm der Erdschicht) unter Unterboden zu begraben. Zudem kann die natürliche Entwässerung des Bodens beeinträchtigt werden.

Hangaufwärts arbeiten

Es ist anstrengend, große Mengen Erde hangaufwärts zu bewegen. Befestigen Sie ein Seil vorne an der Schubkarre, damit eine zweite Person von oben ziehen kann. Legen Sie Bretter aus, damit das Rad nicht einsinkt.

Wege an Hängen

Auf einem terrassierten Hang werden die verschiedenen Ebenen meist durch Stufen verbunden. Zusätzlich sollte man möglichst einen Weg mit nicht zu starkem Gefälle anlegen, um mit einer Schubkarre durch den Garten fahren zu können. Eine dezente Lösung wäre z. B. ein Rasenweg mit Trittsteinen, doch wenn Sie viel im Garten arbeiten, dürfte das Gras darunter leiden. Wege mit steilem Gefälle sollten eine auch bei Nässe

▶ *Bei starkem Gefälle sollte man lange Treppen quer über den Hang anlegen und hier und da Sitzplätze zum Ausruhen vorsehen.*

absolut rutschsichere Oberfläche haben. Gerade in Hanglagen erfordern Wege stets einen soliden, frostfesten Unterbau.

Steile Böschungen

Eine grasbewachsene Böschung ist eine preiswerte Alternative zu einer Stützmauer. Ihr Gefälle sollte nicht mehr als 45° betragen. Schneiden Sie das Gras mit einem kleinen Luftkissenmäher. Die Böschung oben etwas abrunden, damit der Mäher das Gras nicht „skalpiert". Die Oberfläche sollte aus Torf bestehen, damit Samen nicht schon vor dem Auskeimen an den Fuß der Böschung gespült werden. In formaleren Gärten kann man die Grasböschungen durch Stufen aus Steinplatten oder Klinkern verbinden, ansonsten durch preiswertere und einfacher zu verlegende Stufen aus Holzbalken.

Böschungsmauern

Sie stützen den Hang ab, trennen Gartenebenen und bieten zugleich einen idealen Standort für Steingartenpflanzen. Eine Trockenmauer kann man auf der Mauerkrone mit Strauch- und Zwiebelpflanzen, weiter unten mit Hängegewächsen bepflanzen. Sie sollte nicht höher als 1,2 m sein. Die Rückseite mit grobem Drainagematerial hinterfüllen und entlang der Mauerbasis alle 1,2 m Entwässerungsöffnungen anbringen, damit die Mauer dem Wasserdruck standhält.

Gartenparterre

Ein vertieftes Gartenparterre muss in einem tiefer liegenden und gut entwässerten Teil des Gartens angelegt werden. Gegebenenfalls sollte das Wasser durch Drainageleitungen zu einer nahen Sickergrube abgeleitet werden. Das ist besonders wichtig, falls Wasser aus dem übrigen Garten oder einem Nachbargarten in diesen Bereich einsickert. Ein Gartenparterre wird meist formal angelegt, etwa als Rasenfläche mit einer etwa 90 cm hohen Einfassungsmauer.

Konstruktion einer Böschungsmauer

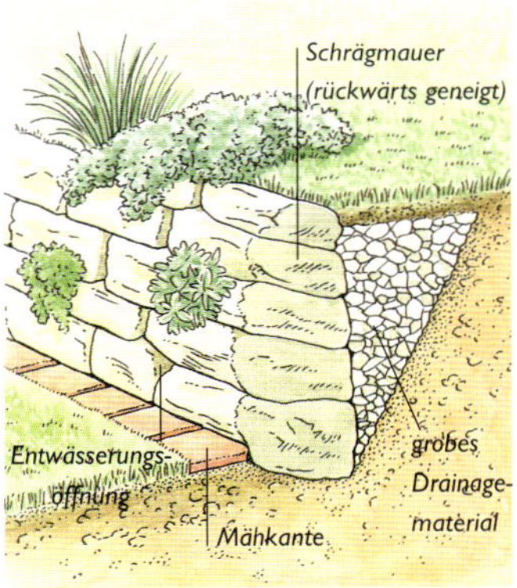

▼ *Durch Teiche oder Wasserbecken wird ein Gartenparterre noch reizvoller. Der Bereich muss aber gut entwässert werden, um Überflutungen zu vermeiden.*

Die gute Form

Die Form des Grundstücks – ob lang, schmal, breit, quadratisch oder sogar dreieckig – muss der Gestaltung eines attraktiven Gartens nicht im Wege stehen. Gerade auf Parzellen, deren Zuschnitt auf den ersten Blick äußerst ungünstig erscheint, entstehen oft die interessantesten Gärten.

Formgebung

Sie können Ihren Garten unabhängig von seiner Form so zwanglos oder formal gestalten, wie Sie es wünschen – etwa als Rasenfläche mit geschwungenen Rändern, einem im Frühjahr blühenden Kirschbaum und gewundenen Wegen oder als streng rechteckigen, mit Beeten eingefassten Rasen, um nur zwei Standardbeispiele zu nennen. Bei der Planung ist zu bedenken, dass Bäume und Sträucher – als strukturbildende Elemente – mit der Zeit größer werden und dann u. U. ausgedünnt oder entfernt werden müssen. Auch wandeln sich die Bedürfnisse einer Familie im Laufe der Zeit von Rasenflächen für spielende Kinder hin zu aufwändigeren Gestaltungen.

Privatsphäre schaffen

Da die Gärten neu gebauter Häuser immer kleiner werden und die Häuser immer dichter beieinander stehen, ist Privatsphäre zunehmend schwerer zu realisieren. Frei stehende Rankgitter mit Rosen und anderen Kletterpflanzen, von Obstbäumen oder Goldregen überrankte Laubengänge, von Blauregen überwucherte Pergolen oder Hecken gewähren Ihrem Garten Sichtschutz. Auch ein Pavillon schafft Intimsphäre.

◀ Kiesbeete fügen sich in fast jeden Garten gut ein; unerlässlich ist ein Untergrund mit guter Drainage.

Ein mit der Rückwand zur Gartenmauer oder zum Zaun aufgestelltes Gartenhäuschen bildet einen lauschigen Rückzugsbereich, insbesondere mit angebauter Pergola.

Lange, schmale Gärten

Diese für Stadtgärten typische Form lässt sich in eine Abfolge kleinerer, unterschiedlich gestalteter Bereiche unterteilen. Immergrüne Hecken aus dunklen Eiben *(Taxus baccata)* oder hellgrünen Monterey-Zypressen *(Cupressus macrocarpa)* bieten ganzjährigen Sichtschutz und lassen sich sogar zu Zierbögen ziehen und stutzen. Frei stehende Rankgitter und -bögen mit Kletterrosen und anderen Rankgewächsen bilden im

Korrespondierende Formen

Ein runder Teich harmoniert mit anderen runden Elementen wie einem Pavillon oder einem Rundbeet. Es erzeugt hingegen größere Spannung, wenn unterschiedliche Formen in optischer Beziehung zueinander stehen.

Sommer abgeschiedene Ruheoasen. Auch der Kletternde Hopfen *Humulus lupulus* 'Aureus' wirkt mit seinen gelbgrünen Blättern im Sommer attraktiv. Sofern der Blick nicht durch mehrere Rankbögen hindurch auf einen zentralen Blickfang wie z. B. eine Statue fallen soll, kann man den Gartenweg in den verschiedenen Bereichen mal auf die eine, mal auf die andere Seite schweifen lassen.

Kurze und breite Gärten

Hier zielt die Gestaltung darauf ab, den Eindruck übermäßiger Breite im Verhältnis zur Tiefe zu vermeiden. Das Fehlen eines eindeutigen Blickpunkts verwirrt das Auge. Eine dekorative Trennwand kann als zentraler oder seitlich versetzter Blickfang dienen. Pergolen und Spaliere schützen kleine Gärten gegen Blicke aus den Nachbarhäusern. Bei weniger beengter Lage könnte man z. B. eine Sonnenuhr oder Armillarsphäre auf einen niedrigen Sockel stellen und mit einem Rasen und Rosenbeeten umgeben. Eine Laube kann ebenfalls als zentrales Hintergrundelement dienen.

In formale Gärten passen gut frei stehende Spaliere mit quadratischem oder rautenförmigem Gittermuster, in ländliche Gärten eher rustikale, von Geißblatt überwucherte Pergolen. Die Bergwaldrebe *(Clematis montana)* fügt sich in formale und zwanglose Umgebungen gleichermaßen gut ein.

▶ *Der Garten sollte nicht auf einen Blick überschaubar sein. Hecken und berankte Spaliere bilden dekorative Trennelemente.*

▼ *Solide konstruierte und mit üppigen Kletterpflanzen berankte Bögen gliedern den Garten, ohne die weite Sicht zu beeinträchtigen.*

Gärtnern in voller Sonne

Viele Pflanzen, u. a. diverse frostharte Einjährige, Stauden und Sträucher, gedeihen auch in voller Sonne. Leider bedeutet heiße Sonne unweigerlich auch trockenen Boden, doch dies ist kein unlösbares Problem. Es gibt überraschend viele Pflanzen, die solche Bedingungen gut vertragen.

Trockene, heiße Böden

Volle Sonne führt zwangsläufig zu völlig ausgedörrtem Boden, sofern man keine Gegenmaßnahmen ergreift. Dazu gehört das Untergraben von Gartenkompost oder Mist, um die Feuchtigkeitsbindung zu erhöhen. Außerdem sollte man den Boden gründlich wässern und mit einer ca. 8 cm dicken Mulchschicht bedecken, die die Verdunstung reduziert und den Boden kühl hält. Im Steingarten kann eine Kies- oder Splittschicht diese Funktion übernehmen.

Frostharte Einjährige für volle Sonne

Einige frostharte Einjährige fühlen sich in voller Sonne erst richtig wohl. Auch hier kann allerdings die Verbesserung des Bodens durch Beimengung von Kompost oder Mist im Winter und regelmäßiges Wässern im Sommer nicht schaden. Besonders geeignet für sonnige Standorte sind:

- Gewöhnliche Kornrade *(Agrostemma githago* 'Milas')
- Stachelmohn *(Argemone mexicana)*
- Meier *(Asperula orientalis)*
- Gartenringelblume *(Calendula officinalis)*
- Färberdistel *(Carthamus tinctorius)*
- Kornblume *(Centaurea cyanus)*
- Kalifornischer Kappenmohn *(Eschscholzia californica)*
- Atlasblume *(Clarkia amoena)*
- Sommerschleierkraut *(Gypsophila elegans)*
- Gartenstrohblume *(Helichrysum bracteatum)*
- Bittere Schleifenblume *(Iberis amara)*
- Sumpfblume *(Limnanthes douglasii)*
- Trichtermalve *(Malope trifida)*
- Giftbeere *(Nicandra physalodes)*
- Jungfer-im-Grünen *(Nigella damascena)*
- Büschelschön *(Phacelia campanularia)*
- Samtskabiose *(Scabiosa atropurpurea)*

▶ *Garbe* (Achillea) *verträgt viel Sonne und kontrastiert schön mit der Stockrose* (Alcea), *einer meist zweijährig gezogenen Staude.*

Stauden für Sonnenbeete

Da Stauden alljährlich neue Stängel, Blätter und Blüten austreiben, müssen sie vom Frühjahr bis zum Herbst rasch und unbehindert wachsen können. Viele im Mittelmeerraum heimische Pflanzen überleben auch in voller Sonne auf trockenem Boden, insbesondere silberblättrige Arten. Stauden für sonnige, trockene Standorte sind:

- Gewöhnliche Schafgarbe *(Achillea millefolium)*
- Inkalilie (Hybriden von *Alstroemeria ligtu)*
- Silberimmortelle *(Anaphalis margaritacea)*
- Junkerlilie *(Asphodeline lutea)*
- Indigo-Lupine *(Baptisia australis)*
- Rindsauge *(Buphthalmum salicifolium)*
- Rasselblume *(Catananche caerulea)*
- Flockenblume *(Centaurea macrocephala)*
- Kugeldistel *(Echinops ritro)*
- Edeldistel *(Eryngium)*
- Rispiges Gipskraut *(Gypsophila paniculata)*
- Gartensonnenauge *(Heliopsis helianthoides* var. *scabra)*
- Widerstoß *(Limonium latifolium)*
- Blauminze *(Nepeta × faassenii)*
- Goldrute *(Solidago)*
- Wollziest *(Stachys byzantina)*

Sträucher für trockene, sonnige Beete

Sträucher für trockene Standorte in voller Sonne nur in gründlich vorbereiteten Boden setzen. Geeignete Sträucher sind:

- Eberraute *(Artemisia abrotanum)*
- Echter Wermut *(Artemisia absinthium)*
- Greiskraut *(Brachyglottis* 'Sunshine')
- Gewöhnlicher Sommerflieder *(Buddleja davidii)*
- Clandon-Bartblume *(Caryopteris × clandonensis)*
- Willmotts Hornnarbe *(Ceratostigma willmottianum)*

▲ *Die Garbe ist eine ideale Staude für trockene, sonnige Beete und wirkt auch in Schnittblumenarrangements höchst reizvoll.*

TOPFGÄRTEN

In heißen, sonnigen Ländern sind Topfgärten besonders beliebt, da man eine erstaunliche Vielzahl von Pflanzen in Töpfen, Kübeln und Blumenkästen ziehen kann. Die Anordnung solcher Pflanzbehälter in Gruppen statt verstreut stehend, etwa an einer Seite der Terrasse, erleichtert das Gießen und hält sie kühler. Falls die hinteren Kübel zum Gießen nur schwer erreichbar sind, ein stabiles, etwa 1,2 m langes Bambusrohr am Schlauch festbinden, um ihn weiter ausstrecken zu können.

- Mexikanische Orangenblume *(Choisya ternata)*
- Zistrose *(Cistus)*
- Elfenbeinginster *(Cytisus × praecox* 'Warminster')
- Ätnaginster *(Genista aetnensis)*
- Strauchveronika *(Hebe speciosa)*
- Currystrauch *(Helichrysum italicum* subsp. *serotinum)*
- Kolkwitzie *(Kolkwitzia amabilis)*
- Echter Lavendel *(Lavandula angustifolia)*
- Buschmalve *(Lavatera* 'Rosea')
- Kalifornischer Baummohn *(Romneya coulteri)*
- Rosmarin *(Rosmarinus officinalis)*
- Echter Salbei *(Salvia officinalis)*

Gärtnern im Schatten

Die meisten Gärten verfügen über schattige Bereiche, z. B. an Mauern, Zäunen, Hecken oder unter einem großen Baum. Solche Abschnitte sollten nicht als Problemzonen angesehen werden, sondern als Chance, zahlreiche Pflanzen zu ziehen, die schattige Standorte bevorzugen.

Tipps zur Pflanzung

In trockenen, schattigen Bereichen gehen Pflanzen nicht so rasch an wie in feuchterem Boden. Trockene Bereiche gut umgraben und reichlich Gartenkompost oder Mist beimengen.

▲ *Viele Grünpflanzen gedeihen im Schatten. Hier ziert ein Zimmeraralie* (Fatsia japonica) *ein feucht-schattiges Beet neben einem Weg.*

Ausgelaugter Boden, z. B. unter einem Baum oder rund um Gehölze, erfordert gezielte Düngung, um nicht etwa das Wachstum der bereits vorhandenen Bepflanzung zu forcieren: Etwas Knochenmehl ins Pflanzloch geben und im ersten Jahr mehrfach Universaldünger rund um die Pflanze einharken. Die Pflanze regelmäßig wässern, bis sie gut angewachsen ist, und in jedem Frühjahr eine ca. 8 cm dicke Mulchschicht um die Pflanzen legen. In feuchten Schattenzonen den Wasserabzug durch Beimengung von Gartensand verbessern, um Wurzelfäule zu vermeiden.

Pflanzen für trockenen Schatten

Reizvolle Gehölze für solche Standorte sind u. a. die Gewöhnliche Mahonie *(Mahonia aquifolium)* mit glänzend grünen Blättern und – im Frühjahr – duftenden gelben Blüten sowie der Stachlige Mäusedorn *(Ruscus aculeatus)*, die Schneebeere *(Symphoricarpos)* und die Duftblüte *(Osmanthus)*. Geeignete Stauden sind z. B. die Silberimmortelle *(Anaphalis margaritacea)* mit graugrünen Blättern und perlweißen Blüten im Spätsommer oder ihre nahe Verwandte *Anaphalis triplinervis*. Imposanter wirkt der 1,5–1,8 m hohe Meerkohl *(Crambe cordifolia)*, der im Frühsommer eine Fülle kleiner weißer Blüten trägt. Hübsche Bodendecker sind die bis zu 30 cm hohen Elfenblumen *(Epimedium)* und der Immergrüne Schneckenknöterich *(Persicaria affinis*, noch bekannt als *Polygonum affine)*.

Pflanzen für feuchten Schatten

Geeignete Sträucher sind z. B. die früh blühenden Kamelien, die Schmalblättrige Ölweide *(Elaeagnus angustifolia)*, die Shallon- und die Niederliegende Scheinbeere *(Gaultheria shallon* bzw. *G. procumbens)* und die markante Zimmeraralie *(Fatsia japonica)*. Empfehlenswerte Stauden sind Geißbart *(Aruncus dioicus)*, Großblättriges Kaukausus-Vergissmeinnicht *(Brunnera macrophylla)*, Julisilberkerze *(Cimicifuga racemosa)*, Funkie *(Hosta)*, Pfennigkraut *(Lysimachia nummularia)*, Schmalblättriges Lungenkraut *(Pulmonaria angustifolia)* und Bronzeblatt *(Rodgersia pinnata)*.

Pflanzen für schattige Mauern

Es gibt eine Reihe von Kletterpflanzen und Gehölzen, die selbst an der schattigen Nordseite einer Mauer üppig wuchern.

Das immergrüne Spalierbecherkätzchen *(Garrya elliptica)* gedeiht in Sonne und Schatten, blüht auf der Sonnenseite jedoch üppiger. Die Hortensie *Hydrangea anomala* subsp. *petiolaris* ist eine starkwüchsige Kletterpflanze, die sich auch an einer Nord- oder Nordostwand wohl fühlt und im Frühsommer cremefarbene Blüten trägt. Der gelb blühende Winterjasmin *(Jasminum nudiflorum)* gedeiht selbst an einer dunklen Nordwand. Diverse Feuerdornarten *(Pyracantha)* mit hübschen Beeren können an sonnigen und schattigen Mauern wachsen.

Schattenliebende Farne

Die meisten Farne bevorzugen feuchten Schatten, doch manche gedeihen auch in trockenen Schattenzonen. Hierauf spezialisierte Gärtnereien führen eine Vielzahl von Farnen als pflegeleichte Bereicherung für jedes Schattenbeet. Für feuchten Boden geeignete Farne sind z. B. Hirschzunge *(Asplenium scolopendrium,* auch als *Phyllitis scolopendrium* oder *Scolopendrium vulgare* bekannt), Europäischer Straußfarn *(Matteuccia struthiopteris),* Perlfarn *(Onoclea sensibilis)* und der Gewöhnliche Rispenfarn *(Osmunda regalis).* Farne für trockenen oder leicht feuchten Boden sind der Gewöhnliche Wurmfarn *(Dryopteris filix-mas),* der Waldfrauenfarn *(Athyrium filix-femina)* und das Engelsüß *(Polypodium vulgare).*

Schattenliebende Bodendecker

Die folgenden Schattenpflanzen gedeihen am besten auf sorgfältig vorbereitetem Boden (siehe Seite 316–317):

- *Ajuga reptans* (Kriechender Günsel)
- *Alchemilla mollis* (Weicher Frauenmantel)
- *Bergenia* (Bergenie)
- *Epimedium* (Elfenblume)
- *Hedera* (Efeu)
- *Hypericum calycinum* (Großblütiges Johanniskraut)
- *Lamium maculatum* (Gefleckte Taubnessel)
- *Pachysandra terminalis* (Japanischer Ysander)
- *Tellima grandiflora* (Falsche Alraunenwurzel)
- *Tiarella cordifolia* (Waldschaumkraut)
- *Vinca* (Immergrün)

▼ *Viele Farne fühlen sich in feuchtem Schatten am wohlsten. Hier ein schönes Exemplar neben einer Zimmeraralie.*

Gärtnern an der Küste

Starke Winde und salzige Gischt, die weit landeinwärts geweht wird, sind die beiden Hauptprobleme für Gärten in Küstennähe. Doch auch solche Bedingungen vertragen im Schutz einer Gartenhecke viele Pflanzen – Koniferen, Sträucher und Stauden ebenso wie Zwiebel- und Knollengewächse.

Windschutzhecken

In kleinen Gärten ist man vielleicht auf vorhandene Pflanzen als Windschutz angewiesen, doch wo dies möglich ist, sollte man eine Windschutzhecke aus Monterey-Zypressen *(Cupressus macrocarpa)* pflanzen, die gut 6 m hoch werden. Die gelegentlich empfohlene Hybride × *Cupressocyparis leylandii* ist eigentlich zu starkwüchsig für kleinere Gärten und sollte in jedem Fall regelmäßig beschnitten werden.

Gehölze für küstennahe Gärten

Zu den erstaunlich vielen Gehölzen, die Salzluft vertragen, gehört die Wintergrüne Ölweide *(Elaeagnus × ebbingei)*, eine schnellwüchsige Hybride, die in 12 Jahren 3–4,5 m hoch wird und mit ihrem ganzjährig silbergrauen Laub einen schönen Hintergrund für andere Pflanzen bildet. Die ebenfalls immergrüne Kapuka *(Griselinia littoralis)* wächst langsamer und ist ideal als Hecke oder als Einzelstrauch in einem Beet. Sie hat apfelgrüne Blätter; es gibt aber auch panaschierte Formen wie z. B. 'Dixon's Cream' mit weiß gefleckten Blättern.

Der frostharte, sommergrüne Gewöhnliche Sanddorn *(Hippophae rhamnoides)* trägt vom Herbst bis tief in den Winter orangefarbene Beeren und kann auch als Hecke gepflanzt werden. Der immergrüne neuseeländische Strauch *Olearia macrodonta* mit stechpalmenartigen Blättern und einer Fülle kleiner, weißer Blüten im Hochsommer ist ziemlich frostempfindlich und eher etwas für wärmere Regionen. Der Maßliebchenstrauch *(Olearia × haastii)* ist eine frostharte Hybride für kühle Gegenden.

▲ *Pflanzen wie der Wollziest* (Stachys byzantina) *mit seinen silbergrauen Blättern können Wegränder auflockern.*

Minderung der Windgeschwindigkeit

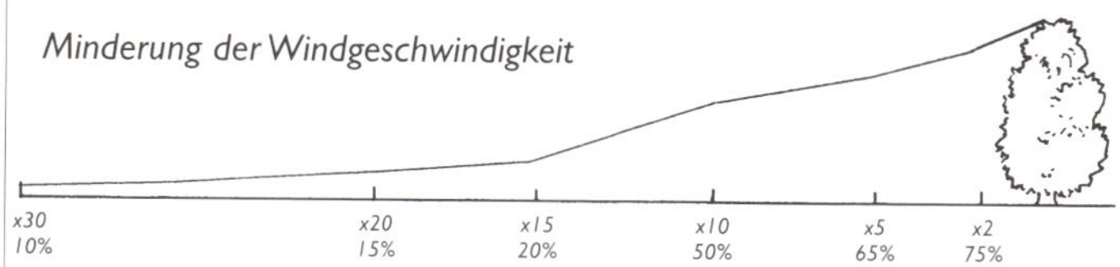

Die Zeichnung zeigt, wie sich die Wirkung einer Windschutzhecke noch in einer Entfernung bemerkbar macht, die dem 30-fachen ihrer Höhe entspricht, wobei der Windschutz auf dem ersten Drittel dieser Strecke am effektivsten ist.

Die winterharte, sommergrüne Viermännige Tamariske *(Tamarix tetrandra)* wird 3–3,5 m hoch und trägt im späten Frühjahr rosafarbene Blüten. Sie gedeiht gut am Meer, jedoch nicht auf kalkigem Boden. Zur Bepflanzung größerer Flächen ist die sommergrüne Gewöhnliche Schneebeere *(Symphoricarpos albus)* unübertroffen, die regelrechte Dickichte bildet und eine große Böschung rasch zuwuchern kann. Vom Frühherbst bis zu den ersten Frösten trägt sie weiße Beeren. Eine besonders attraktive Zuchtform ist 'White Hedge'. Der sommergrüne, frostempfindliche Pfriemenginster *(Spartium junceum)* wirkt mit seinen binsenartigen Zweigen fast immergrün; besonders dekorativ sind die duftenden, leuchtend gelben Blüten, mit denen er sich vom Früh- bis zum Spätsommer schmückt.

Der Schmalblättrige Klebsame *(Pittosporum tenuifolium)* mit hellgrünen Blättern und schwarzen Zweigen ist in gemäßigtem Klima nicht winterhart, aber ein ideales Heckengewächs für Küstenregionen mit milderem Klima.

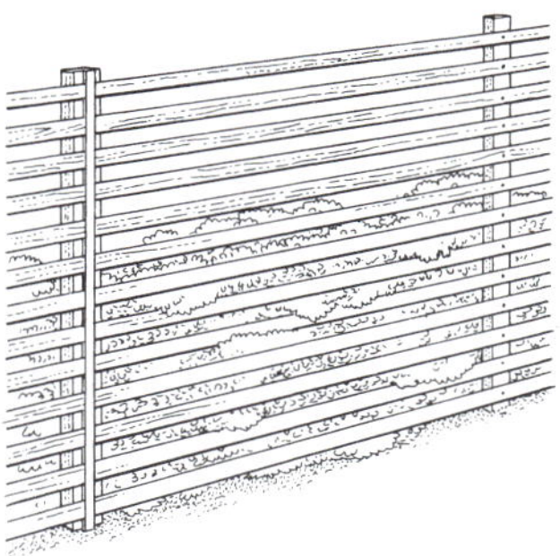

▲ *Schutzzäune aus Latten können als vorläufiger Windschutz dienen, bis die Pflanzen richtig angewachsen sind.*

Stauden für Küstengebiete

Zu den vielen Stauden, die hinter einer Windschutzhecke auch rauem Küstenklima widerstehen, gehören herrliche Blumen wie die Bergaster *(Aster amellus)* und Hybriden der Fackellilie *(Kniphofia)*, aber auch attraktiv belaubte Pflanzen wie der silbergraue Wollziest *(Stachys byzantina)*. Weitere geeignete Stauden sind:

- Herbstanemone *(Anemone × hybrida)*
- Flockenblume *(Centaurea macrocephala)*
- Meerkohl *(Crambe cordifolia)*
- Echte Artischocke *(Cynara scolymus)*
- Trichterschwertel *(Dierama pulcherrimum)*
- Alpenmannstreu *(Eryngium alpinum)*
- Edeldistel *(Eryngium varifolium)*
- Brandkraut *(Phlomis russeliana)*
- Salbei *(Salvia × superba)*
- Schöne Fetthenne *(Sedum spectabile)*
- Ähriger Ehrenpreis *(Veronica spicata)*

Zwiebeln und Knollen für Küsten

- Anemone
- Schneeglanz
- Krokus
- Alpenveilchen
- Narzisse
- Blaustern (Scilla)

▲ *Fackellilien* (Kniphofia) *sind ideale Stauden für Gärten in Küstennähe und in vielen Hybridformen erhältlich.*

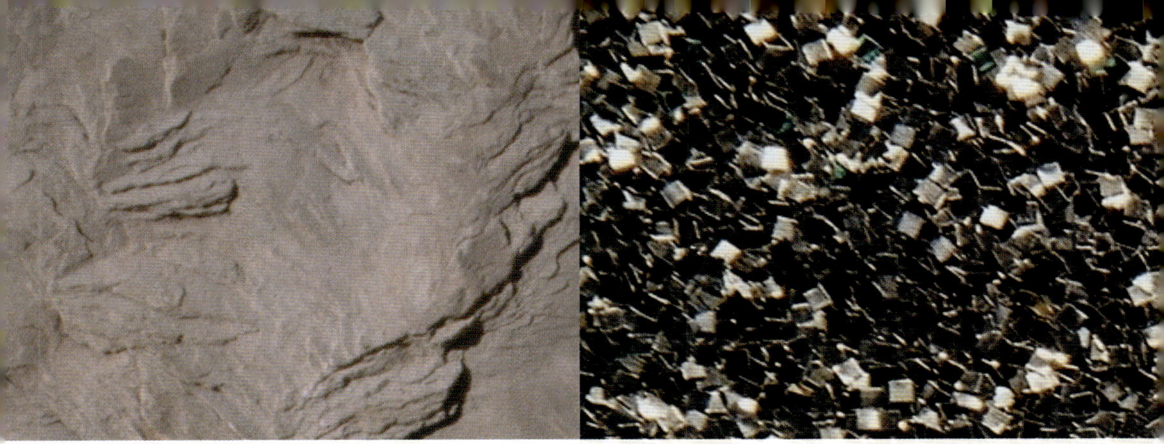

Wege, Treppen und Spaliere selber bauen

Viele Gestaltungselemente des Gartens, wie Wege, Treppen, Wandspaliere und freistehende Rankgitter, kann man leicht selber anlegen bzw. konstruieren. Auf den folgenden Seiten finden Sie praktische Anleitungen, um Wege aus unterschiedlichen Materialien, wie Kies, Kunst- und Natursteinplatten, Beton- und Bruchplattenpflaster, selbst anzulegen, um Holzbalken- und Klinkertreppen zu bauen und um Spaliere zu errichten.

Kieswege und -einfahrten

Kieswege wirken immer zwanglos, weshalb sie mit vielen Pflanzen und Gartenstilen harmonieren. Sie lassen sich rasch anlegen, sind relativ preiswert und kündigen durch ihr Knirschen jeden Besucher schon von weitem an.

Grundsätzliches

Als Wegbelag eignet sich am besten 6-mm-Feinkies, für Einfahrten nimmt man besser gröberen Schotter, der sich nicht so leicht ins Profil der Schuhsohlen setzt und dem Druck der Autoreifen besser standhält.

Kies oder Schotter setzt sich mit der Zeit, sodass man später meist eine weitere Schicht aufbringen muss. Außerdem ist der Kiesbelag anfällig für Unkraut. Verwenden Sie zur Unkrautbekämpfung kein Natriumchlorat, falls in der Nähe auch Zierpflanzen wachsen. Setzen Sie stattdessen ein spezielles Herbizid zur Unkrautbekämpfung auf Wegen ein.

Einen Kiesweg anlegen

Der Weg braucht eine Einfassung, damit der Kies nicht seitlich wegrutscht. In rustikalen Gärten kann diese aus Rundhölzern bestehen, die mit Pflöcken im Boden befestigt werden. Bei geraden Wegen in formalerer Umgebung konstruiert man sie am besten aus Betonrandleisten von 90 cm Länge, 15 cm Tiefe und 4 cm Dicke mit abgerundeter Oberkante oder aus mit Holzschutzmittel imprägnierten Planken von etwa 1,80 m Länge, 15 cm Tiefe und 3 cm Dicke.

Zunächst wird das ca. 90 cm bis 1,20 m breite Wegbett 15 cm tief ausgehoben. Dann bringt man die Einfassung so an, dass ihre Oberkante nur knapp über die umgebende Erd- oder Grasfläche hinausragt. Mit einer Wasserwaage kontrollieren, ob die Einfassung durchgehend eben ist, bevor man die Betonleisten einzementiert bzw. die Holzplanken mit kräftigen Pflöcken fixiert. Dann als Unterbau eine Schicht groben Schotter bis etwa 8 cm unterhalb der Einfassungskante aufbringen und mit Feinkies bis auf ca. 2 cm unterhalb der Einfassungskante auffüllen.

Eine Einfahrt anlegen

Den Wasserabzug im vorgesehenen Bereich prüfen (siehe Seite 348–349) und gegebenenfalls eine Drainage anlegen. Die geplante Einfahrt mit Pflöcken und Schnur abstecken. Den Bereich je nach geplanter Nutzung und Belastung (für einen Stellplatz muss das Bett nicht ganz so tief sein) mindestens 20 cm tief ausheben und dabei alle Unkrautwurzeln gründlich entfernen.

Als solide Randbefestigung eine Ziegelreihe so einzementieren, dass ihre Oberkante ca. 2 cm über die Kiesfläche hinausragt. Ziegel mit abgeschrägter Innenkante schonen beim Gegenfahren die Autoreifen.

Als unterste Lage eine gut 8 cm dicke Schicht Schotter aufbringen, dann mit Kies auffüllen.

Ländliche Einfahrt

Leihen Sie eine Bodenfräse aus, um den Boden 15–20 cm tief umzugraben. Eine Schicht Zementpulver darüber verteilen, gut untermischen, dann mehrfach, am besten mit einem Traktor, über den Boden fahren, um ihn zu verdichten. Die Fläche mit Kies bedecken, gut wässern und vier bis fünf Tage nicht betreten oder befahren.

▶ *Durch ein Muster aus frostsicheren Klinkern wird ein Kiesweg noch reizvoller. Die Klinker auf einer Betonunterlage verlegen.*

Einen Kiesweg anlegen

1 Das ca. 90 cm bis 1,20 m breite Wegbett 15 cm tief ausheben. Ausgehobenen Mutterboden auf die Beete verteilen. Darauf achten, dass alle Wurzelunkräuter restlos ausgegraben werden.

2 Eine stabile Einfassung aus ca. 90 cm langen Betonrandleisten einzementieren oder massive Holzplanken mit Pflöcken fixieren.

3 Eine Schicht Schotter bis ca. 8 cm unterhalb der Einfassungskante einfüllen, und falls die Wurzelunkräuter nicht vollständig entfernt werden konnten, mit wasserdurchlässiger Folie abdecken.

4 Wegbett bis auf ca. 2 cm unterhalb der Einfassungskante mit Kies auffüllen; die Oberfläche glatt streichen. Der Kies setzt sich mit der Zeit, sodass man später eine weitere Schicht aufbringen muss.

Bodenplatten verlegen

Natur- oder Kunststeinplatten sind der ideale Belag für stabile, bei jedem Wetter begehbare Wege und Terrassen. Die Auswahl an verschiedenen Platten ist schier unüberschaubar; viele wirken auch in Kombination mit Ziegeln, Pflaster oder Kieseln sehr attraktiv.

Plattenauswahl

Außer den verschiedenen Naturmaterialien, wie Granit, Schiefer oder Sandstein, gibt es eine Fülle meist deutlich preiswerterer Beton- bzw. Kunststeinplatten in vielerlei Farbtönen, Oberflächenstrukturen, Formen und Größen. Gängige Formate sind z. B. 25 cm × 50 cm, 50 cm × 50 cm oder 50 cm × 75 cm. Sechseckige Formate sind ebenfalls beliebt. Platten mit strukturierter Oberfläche sind besonders rutschfest. Bunte Platten passen gut zu formalen Flächen, etwa als Einfassung eines Swimmingpools, wirken aber in naturnahen Gärten eher fehl am Platz.

Platten, die nicht sofort verlegt werden, auf keinen Fall gestapelt stehen lassen: Zwei stabile Bretter mit ca. 30 cm Abstand im rechten Winkel zu einer Wand auf festen, ebenen Untergrund legen. Eine Platte aufrecht darauf stellen und gegen die Wand lehnen; dabei ein Holzstück zwischen Platte und Wand klemmen. Die übrigen Platten entsprechend aneinander gelehnt aufreihen.

▲ *Dank eines sorgfältig verlegten Plattenbelags wird die Terrasse zum attraktiven und vielseitig nutzbaren Wohnraum im Freien.*

Einen Plattenweg anlegen

Breite und Länge des Weges mit Pflöcken und Schnur abstecken. Seine Breite muss auf die Dimensionen des Gartens abgestimmt sein. Er sollte möglichst so breit sein, dass zwei Personen nebeneinander (bzw. ein Rollstuhl oder eine Schubkarre) bequem passieren können. Gleichzeitig sollte er ein ansprechendes, ins Auge fallendes Gestaltungselement sein.

Eine Terrasse anlegen

Die Vorbereitungen sind die gleichen wie bei einem Weg. Die Terrasse sollte ein geringes Gefälle haben, damit Wasser vom Haus abfließen kann. Ihre Oberfläche muss mindestens 15 cm unter dessen Feuchtigkeitssperrschicht liegen, die meist als durchgehende Linie aus Abdichtungsfolie oder Schiefer zu erkennen ist. Ist dies nicht möglich, muss eine 10 cm breite und 15 cm tiefe, mit Feinkies gefüllte Sickerrinne zwischen Plattenbelag und Gebäude angelegt werden.

Höhenunterschiede kontrollieren

Um Höhenunterschiede über größere Entfernungen zu kontrollieren, durchsichtige Plastikröhrchen in die Enden eines Schlauchs stecken und in 8 cm Abstand von ihrer Oberseite markieren. Ein Schlauchende so an einem Pflock festbinden, dass die Markierung auf der gewünschten Höhe ist. Den Schlauch mit Wasser füllen, sodass der Wasserspiegel bis an die Markierungen reicht.

Bodenplatten verlegen

1 Auf eine 10 cm dicke Lage aus zerkleinertem Schutt, Schlacke oder Schotter eine 5 cm dicke Schicht Sand aufbringen, glatt rechen und feststampfen.

2 Für jede Platte fünf Kleckse Mörtel aufbringen – einen pro Ecke und einen in der Mitte –, um sie leicht ausrichten zu können. Beim Arbeiten mit Mörtel immer Handschuhe tragen.

3 Mit der Wasserwaage kontrollieren, ob die verlegte Platte waagerecht und auf gleicher Höhe mit den benachbarten Platten liegt.

4 Die Fugen zwischen den Platten sorgfältig mit Fugenmörtel ausfüllen. Darauf achten, dass möglichst wenig Mörtel auf die Platten gelangt, von denen er sofort entfernt werden muss.

▲ *Sitzplätze mit Plattenbelag brauchen einen soliden Unterbau, insbesondere, wenn sie wie hier an einen Teich angrenzen.*

Bruchplattenpflaster verlegen

Für Bruchplattenpflaster verwendet man gewöhnlich Bruchstücke von Kunststeinplatten mit glatter Oberfläche und in gedecktem Farbton. Dazwischen kann man aber auch Stücke von farbigen Platten einfügen, um eine farbenfrohere, auffälligere Wirkung zu erzielen.

Wege aus Bruchplattenpflaster

Damit der Sandunterbau nicht verläuft, erhält der Weg eine Einfassung aus ca. 15 cm breiten, 1,80 m langen und 2 cm dicken Holzbrettern; bei gekrümmter Wegführung wird dünneres, biegsames Holz benötigt. Die Einfassungsbretter von außen mit Pflöcken fixieren; so lassen sie sich später entfernen, wenn ein Rasen an den Weg angrenzt. Die Plattenbruchstücke flach ausbreiten und genau prüfen. Stücke mit geraden Kanten gehören an die Wegränder. Dann das Wegbett 15 cm tief ausheben und eine 5 cm dicke Schicht Ziegelbruch, Schlacke oder Schotter einfüllen. Darauf 5 cm Sand verteilen, glatt streichen und zuletzt eine 2 cm dicke Schicht Mörtel auftragen. Lange Wege am besten abschnittweise bearbeiten, damit der Mörtel nicht aushärtet, bevor man alle Platten verlegt hat.

▲ *Bruchplattenpflaster ist ein idealer Belag für gewundene Wege oder solche auf unebenem Terrain.*

Größere Bruchstücke mit geraden Kanten entlang der Wegränder verlegen. Den Zwischenraum mit kleineren Stücken ausfüllen, die man wie ein Puzzle zusammenfügt. Es ist wichtig, dass die Oberfläche eben ist; jedes Plattenstück muss fest in Mörtel eingebettet sein. Abschließend verbleibende Fugen und Lücken mit Mörtel ausfüllen, wobei kein Mörtel auf die Platten gelangen sollte. Der Mörtel soll mit der Oberfläche der Platten bündig abschließen; die Fugen sollten jedoch leicht gekehlt sein, damit Regenwasser gut abläuft.

Wege aus Natursteinplatten

Von sämtlichen Belagsmaterialien wirken unregelmäßige Natursteinplatten am zwanglosesten, insbesondere wenn man Pflanzen in den Zwischenräumen wachsen lässt. Es gibt auch preiswertere Natursteinnachbildungen aus Beton. Natursteinplatten sind wegen ihrer ungleichmäßigen Dicke schwerer zu verlegen als Bruchplattenpflaster. Wenn man Pflanzen dazwischen setzen will, kann man die Platten auf festem Untergrund direkt auf eine 5 cm dicke Sand-

Einfahrt mit Bruchplatten

Hier ist ein verstärkter Unterbau aus ca. 10 cm verdichtetem Schotter, Schlacke o. Ä. erforderlich. Bei viel befahrenen Einfahrten sollte man auf den Unterbau aus Schotter und Sand eine zusätzliche Betondecke aufbringen, auf die dann die Bruchplatten mit Mörtel verlegt werden.

Bruchplatten verlegen

1 Stabile Randbefestigungen (Betonleisten oder Holz) anbringen und das Wegbett 15 cm tief ausheben. 5 cm Ziegelbruch o. Ä. einfüllen und gut verdichten.

2 Auf den Ziegelbruch eine 5 cm dicke Schicht Sand auftragen, glatt streichen und feststampfen.

3 Eine Schicht Mörtel auf den Sand aufbringen. Große Plattenstücke mit geraden Kanten entlang der Ränder verlegen. Prüfen, ob sie waagerecht liegen.

schicht legen. Sonst verlegt man sie so, wie für das Bruchplattenpflaster beschrieben.

Die Seiten des Weges mit Pflöcken und Schnur abstecken und das Wegbett etwa 8 cm tief ausheben. Den Untergrund feststampfen und mit einer 5-cm-Schicht Sand bedecken. Die Platten fest in den Sand einbetten bzw. für größere Stabilität auf je fünf Kleckse Mörtel verlegen. Die Fugen mit Mörtel ausfüllen, falls keine Bepflanzung geplant ist.

▶ *Die natürliche Wirkung von Bruchplattenpflaster passt bestens zu naturnahen Gärten. Die Wegränder können überwuchert werden.*

4 Kleinere Bruchstücke in die Wegmitte legen und alle Fugen und Lücken so mit Mörtel auffüllen, dass er bündig mit den Platten abschließt.

Betonpflaster verlegen

Als besonders strapazierfähiger Belag für Wege und Einfahrten eignet sich auch quadratisches oder rechteckiges Betonpflaster. Die Steine werden in ein Sandbett verlegt und können bei Bedarf wieder aufgenommen und erneut verwendet werden.

Auswahl an Pflastersteinen

Pflastersteine aus Beton sind in vielen Farbtönen und mit unterschiedlichen Oberflächenstrukturen erhältlich. Außer verschiedenen rechteckigen und quadratischen Formaten in Stärken von 6 cm bis 14 cm gibt es auch sechseckiges Pflaster und Verbundsteine. Letztere sind so geformt, dass sie ineinander greifen und dadurch eine besonders belastbare Oberfläche bilden, weshalb sie z. B. für Einfahrten ideal sind.

▲ *Zwanglose Klinkerwege passen gut zu Gärten im Cottagestil. Durch die versetzten Fugen entsteht eine stabile Oberfläche.*

Einen Weg pflastern

Randbefestigungen zur seitlichen Stabilisierung von Unterbau und Pflaster sind unerlässlich. Wählen Sie ein Pflastermuster (s. u.), legen Sie die Steine in der entsprechenden Anordnung auf einer ebenen Fläche aus und messen Sie die sich ergebende Breite. Den Weg in der gewünschten Länge und Breite 15 cm tief ausheben, dann die Randbefestigungen aus Beton, Klinkern oder Holzbrettern anbringen. In das Wegbett eine 8 cm dicke Lage Ziegelbruch, Schotter o. Ä. einfüllen. Darauf eine Lage Sand verteilen. Diese sollte so dick sein, dass zur Oberkante der Randbefestigung ein Abstand bleibt, der um 1 cm geringer ist als die Stärke der Pflastersteine. Hierzu ein ca. 12 cm breites Holzbrett, das etwas länger ist als der Weg breit, an den Enden so zusägen, dass seine Mitte, wenn man damit über den Sand fährt, ihn genau auf die richtige Höhe abzieht. Den Sand nicht feststampfen.

Die Pflastersteine im gewünschten Muster auf dem Sand verlegen. Sie ragen zunächst noch etwas über die Randbefestigungen hinaus und müssen jetzt mit einer Rüttelmaschine (die man mieten kann) oder mithilfe eines Fäustels und eines dazwischengelegten Holzbretts festgestampft werden. Danach wird die Oberfläche mit feinem, trockenem Sand bedeckt, der sorgfältig in die Fugen gefegt wird. Dies am besten mehrmals wiederholen. Abschließend die ganze Fläche vorsichtig wässern.

PFLASTERMUSTER

Pflastermuster

Pflastersteine kann man in vielen verschiedenen Mustern verlegen, von denen einige auf Seite 336 abgebildet sind. Die folgenden sind so einfach, dass man sie gut selbst verlegen kann:

- Läuferverband – gerade Reihen mit versetzten Fugen. Einfach zu verlegen; man braucht nur einige halbe Steine für die Reihenenden (die Steine mit einer Steinsäge halbieren, falls kein hydraulischer Steinspalter verfügbar ist).
- Rohrflechtmuster – eine attraktive Gestaltung, für die man nur ganze Steine benötigt. Man verlegt je drei Steine parallel nebeneinander und einen Stein quer dazu. Der Belag ist belastbar genug für einen Weg, aber nicht für eine Einfahrt.
- Fischgrätenverband – schönes, auch für Einfahrten geeignetes Muster, weil es eine sehr stabile Oberfläche ergibt. Es müssen allerdings viele Steine geteilt werden.
- Würfelverband – leicht zu verlegen: Es werden je zwei parallele Steine im rechten Winkel zu zwei anderen gelegt. Gut für Wege, aber nicht für Einfahrten.
- Quadratmuster – für Wege und wenig befahrene Einfahrten. Je vier ganze Steine werden so verlegt, dass sie ein Quadrat um einen halben Stein in der Mitte bilden. Für größere Flächen empfiehlt sich ein hydraulischer Steinspalter.
- Fischschwanzmuster – bildet eine sehr stabile Oberfläche und passt besonders gut in zwanglose Gartenbereiche.

Betonpflaster verlegen

1 Das Wegbett 15 cm tief ausheben und mit soliden Randbefestigungen versehen. Eine 8 cm dicke Lage gut zerkleinerten Ziegelbruch, groben Schotter o. Ä. einfüllen.

2 Den Unterbau so mit einer Schicht Sand bedecken, dass zur Oberkante der Randbefestigung ein Abstand bleibt, der 1 cm geringer als die Stärke der Pflastersteine ist. Die Steine auf dem Sand verlegen.

3 Die Pflastersteine mit einer Rüttelmaschine oder einem Fäustel mit zwischengelegtem Holzbrett gut feststampfen.

4 Wenn die Oberfläche der Steine auf einer Höhe mit der Randbefestigung ist, nacheinander mehrere Schichten feinen Sand auftragen und in die Fugen fegen. Abschließend die ganze Fläche wässern.

Einfassungen setzen

Einfassungen für Wege, Einfahrten, Beete und Rasen sind nicht ausschließlich funktionale Elemente, sie können durchaus reizvoll und zur Umgebung passend gestaltet werden. Die Möglichkeiten reichen von gewelltem Kunststoff über Ziegel und dekorative Formsteine bis zu Rundhölzern.

Klinker und Pflastersteine

Frostsichere Klinker und Betonpflastersteine eignen sich gut zur dekorativen Einfassung von Beeten oder Kieswegen und -einfahrten. Man kann sie hochkant stellen und festzementieren. Dank ihrer geringen Breite passen sie sich auch geschwungenen Wegrändern gut an. Klinker wirken weniger streng, wenn man sie im 45-°-Winkel schräg stellt, sodass sie aneinander lehnen. Wenn man sie etwa zur Hälfte im Boden versenkt, stehen sie auch ohne Mörtel stabil genug.

Randsteine

Glasierte oder unglasierte Randsteine in dekorativen Formen sind eine besonders hübsche Lösung. Wenn man sie im Boden versenkt, halten sie auch ohne Mörtel.

▲ *Eine solche Palisade aus Rundhölzern ist eine passende Einfassung für ein zwanglos gestaltetes Beet.*

Randleisten

Hier gibt es allerlei Möglichkeiten – von Betonprofilen bis zu Kunststoffstreifen. Gebräuchliche Betonrandleisten sind meist 90 cm lang, 15 cm tief und 4 cm dick, mit abgerundeter oder gezackter Oberkante. Sie sind ideal als Einfassung für gerade Kieswege und -einfahrten, müssen aber festzementiert werden. Randeinfassungen aus gewelltem grünem Kunststoff, den man als Rollenware in verschiedenen Breiten erhält, sind am besten für Beete geeignet.

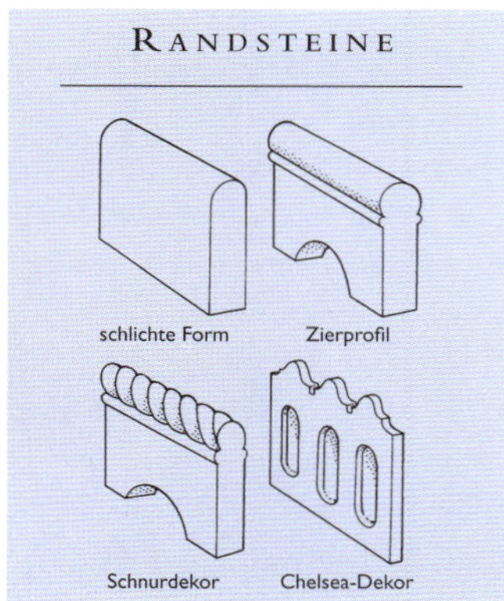

Randsteine setzen

1 Um eine Einfassung für ein Beet mit gerader Begrenzung anzulegen, diese zuerst mit einer Schnur abstecken. Einen Graben von 7–10 cm Tiefe ausheben.

2 Die Randsteine so platzieren, dass sie zu zwei Dritteln im Boden versenkt werden. Darauf achten, dass die Steine gerade stehen und exakt aneinander stoßen.

3 Die Erde bis zur Höhe des angrenzenden Bodens am Fuß der Randsteine anschütten und gut festdrücken, bis die Steine sicher stehen.

Holzeinfassungen

Darunter fallen sowohl Rundhölzer, die gut in naturnahe Bereiche passen, als auch mit Holzschutzmittel imprägnierte Bretter als Randbefestigung für gerade Wege.

Niedrige Rundholzpalisaden sind eine ansprechende Einfassung für Beete oder gewundene Wege in rustikaleren Gärten. Dazu verwendet man imprägnierte Rundhölzer, die in verschiedenen Längen und Durchmessern erhältlich sind. Sie werden in einen Graben gesetzt, der etwa halb so tief wie die Höhe der Einfassung ist. Diesen mit Erde auffüllen, die sorgfältig festgestampft wird, um die Rundhölzer sicher zu fixieren. Liegende Rundhölzer von ca. 10 cm Durchmesser sind eine schöne Einfassung für gerade Wege in zwanglosen Gärten. Einen flachen Graben neben dem Weg ausheben, die Rundhölzer hineinlegen und den umgebenden Boden gut andrücken. Die Rundhölzer mit Holzpflöcken sichern.

Kiesrinnen

Um einen Rasen herum kann man eine 15–30 cm breite, mit Feinkies gefüllte Rinne anlegen, die als ansprechende Abgrenzung dient und zugleich für guten Wasserabzug sorgt. Wo Gefahr besteht, dass die Rasenkante durch Darauftreten abbröckelt, sollte man eine Befestigung aus Holzbrettern anbringen, deren Oberkante bündig mit dem Rasen abschließt.

▲ *Schräg gestellte Klinker bilden hübsche Wegeinfassungen für rustikale Gärten und brauchen nicht einzementiert zu werden.*

Gartentreppen bauen

Gartentreppen können mehr als nur eine sichere und praktische Möglichkeit bieten, um von einem Höhenniveau zum anderen zu gelangen. Sie sollten vielmehr ansprechende Gestaltungselemente sein, deren Proportionen und Material sich harmonisch in die Umgebung einfügen.

Kleine Treppenkunde

Damit Treppen gut zu begehen sind, müssen ihre Proportionen stimmen. Für den Treppenbau wichtige Fachbegriffe:

- Grundplatte – Steinplatte am Fuß einer Treppe; besonders wichtig, wenn die Treppe direkt auf einen Rasen führt.
- Podest (oder Absatz) – besonders breite Trittstufe, die vor allem bei längeren Treppen zum Ausruhen dient.
- Überhang – das Stück, um das die Kante der waagerechten Trittstufe über die senkrechte Setzstufe hinausragt.
- Setzstufe – senkrechter Abstand von einer Trittstufe zur nächsten; in der Regel ca. 10–18 cm.
- Trittstufe – die Auftrittfläche der Stufe. Sie ist meist 30–45 cm tief und leicht nach vorne geneigt, damit das Regenwasser ablaufen kann.
- Stufenbreite – damit zwei Personen nebeneinander gehen können, müssen die Stufen mindestens 1,20 m breit sein. Für eine Person sind 75 cm ausreichend.

Treppenarten

Man hat die Wahl zwischen vielerlei formalen oder rustikalen Gestaltungsstilen und unterschiedlichen Baumaterialien.

- Eingelassene Stufen – besonders einfach herzustellen: Die Form der Stufen wird leicht vertieft aus dem Hang ausgehoben; als Trittstufen dienen Wegplatten, die Setzstufen baut man aus Klinkern.
- Frei stehende Treppe – wird an einer fast senkrechten Böschung so auf ebenen Untergrund gebaut, dass die oberste Stufe auf einer Höhe mit der Oberkante der Böschung ist. Sie kann ebenfalls aus Wegplatten und Klinkern gebaut werden, erfordert jedoch erhebliches Unterbaumaterial, Mörtel und einigen Arbeitsaufwand.
- Holzstufen – am ehesten für leichtes Gefälle geeignet. Die Auftrittsflächen können aus Gras bestehen; für Begehbarkeit bei jedem Wetter ist jedoch eine dünne Feinkiesschicht besser. Die Setzstufen werden aus pflanzenfreundlich imprägnierten, 10–15 cm dicken Rundhölzern oder kräftigen Balken gebaut.

Man beginnt am unteren Ende des Hangs, bettet das erste Rundholz etwas in die Erde ein und fixiert es mit Holzpflöcken. Kies hinter dem Rundholz aufschütten, verdichten, glätten und das nächste Rundholz anbringen. Statt Kies kann man auch Rindenmulch verwenden, der jedoch oft von Vögeln verstreut und bei feuchtem Wetter rutschig wird.

Stufen ausmessen

Damit die Treppe bequem begehbar ist, muss man die Tiefe der Trittstufen und die Höhe der Setzstufen richtig wählen. Am besten probiert man einige Treppen in öffentlichen Parks oder Gärten von Bekannten aus und orientiert sich an deren Abmessungen.

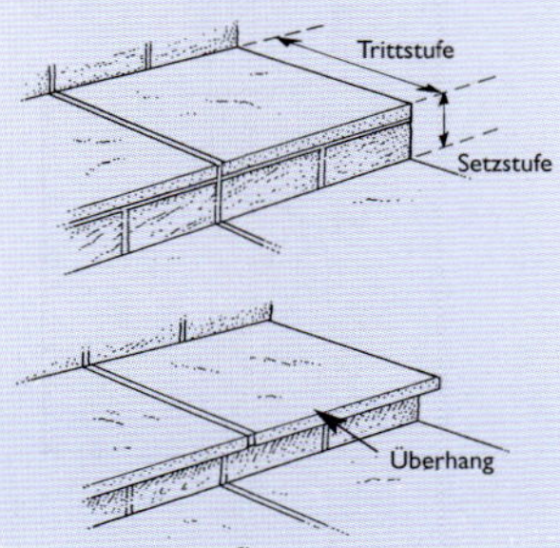

Eingelassene Stufen bauen

1 Das Bett für die unterste Stufe ca. 15 cm tief ausheben. 5–8 cm hoch mit zerkleinertem Schutt oder Schotter auffüllen und diesen gut verdichten.

2 Eine 5 cm dicke Schicht Sand darauf verteilen. Feststampfen und mit einer Wasserwaage glätten. Eine Mörtelschicht aufbringen und die Platten darauf legen.

3 Nach Anhärten des Mörtels aus Klinkern die Setzstufe bauen, die die nächste Trittstufe tragen soll. Das Bett für die nächste Stufe ausheben und vorbereiten.

▲ *Eine Treppe aus frostfesten Klinkern ist ein reizvoller Blickfang für jeden nicht allzu streng gestalteten Garten.*

4 Stufenbett mit zerkleinertem Schutt füllen, verdichten, Sand aufbringen und verdichten. Mit einer langen Holzleiste prüfen, ob die Oberfläche eben ist.

Spaliere aufstellen

Spaliere und Rankgitter erfüllen im Garten mehrere Funktionen. Sie dienen nicht nur als Stütze für Kletterpflanzen, sondern können auch als dekorative Sichtschutzwand an der Gartengrenze, zur Gliederung des Gartens oder zum Bau einer Gartenlaube eingesetzt werden.

Ein Wandspalier anbringen

Vor Anbringung des Spaliers prüfen, ob die Wand stabil genug ist und Halt für Dübel bietet. Die Wand eventuell vorher streichen. Die Fläche ausmessen, um dann ein passendes Spalier zu kaufen.

▲ *Spaliere lassen sich an Wänden oder frei stehend montieren. Von Pflanzen berankt sind sie attraktive Gestaltungselemente.*

Achten Sie darauf, dass das Spalier für die zu erwartende Ausbreitung der Kletterpflanzen, die Sie daran ziehen wollen, ausreichend dimensioniert ist.

Das Spalier sollte so angebracht werden, dass sich seine Unterkante 25–30 cm über dem Boden befindet. Das Spalier an die Wand halten, seine Platzierung mit einer Wasserwaage kontrollieren, dann die Ecken des Spaliers auf der Wand markieren. Herunternehmen, Montagelöcher durchs Holz bohren und etwas erweitern, damit Sie die Schraubenköpfe im Holz versenken können. Das Spalier wieder an die Wand halten, in jedes Loch eine Schraube stecken und ihre Spitzen leicht in die Wand schlagen, um ihre Positionen zu markieren.

Spalier beiseite stellen. Mit der Bohrmaschine Montagelöcher in die Wand bohren und die Dübel hineinstecken. Das Spalier vor die Wand setzen, zunächst lose anschrauben, ausrichten und die Schrauben festziehen. Zur Anbringung von Spalieren nur verzinkte Schrauben verwenden. Noch besser ist es, das Spalier auf Leisten zu schrauben, sodass es ca. 3 cm Abstand von der Wand hat und die Pflanzen sich gut hindurchwinden können.

Ein frei stehendes Spalier aufstellen

Frei stehende Rankgitter lassen sich gut aus Spalierelementen errichten, deren Holzrahmen an senkrechten quadratischen Pfosten von 10–15 cm Dicke befestigt werden. Diese mindestens 50 cm tief in den Boden einbetonieren. Für eine 1,80 m hohe Sichtschutzwand braucht man 1,80 m lange und 1,50 m hohe Spalierelemente und 2,40 m lange Pfosten. Den Verlauf der Spalierwand mit Schnur abstecken und in Abständen von je 1,80 m Löcher von 30 cm × 30 cm Breite und 45 cm Tiefe graben. Zwei Pfosten auf den Boden legen und ein

Am Hang

Spalierwände am Hang abstufen: Die Oberkante des Pfostens am unteren Ende des Spalierelements muss sich 3 cm über der Oberkante des Spaliers befinden. Jedes Element waagerecht aufstellen.

Spalierelement mit verzinkten Nägeln so daran befestigen, dass sich seine Oberkante ca. 3 cm unter dem oberen Ende der Pfosten befindet. Das Spalier mit zwei Helfern aufstellen und die Pfosten in die Löcher setzen. Mit der Wasserwaage kontrollieren, ob die Pfosten senkrecht stehen und das Spalier waagerecht ausgerichtet ist. Dann die Pfosten mit Holzstücken verkeilen.

Das nächste Spalier an einen Pfosten nageln. Den Pfosten in das entsprechende Loch setzen und die andere Seite des Spaliers an den bereits aufgestellten Pfosten nageln. Die Ausrichtung nochmals mit der Wasserwaage kontrollieren. Beton mischen und in die Löcher gießen. Etwa eine Woche später Abdeckungen oben auf die Pfosten nageln, damit kein Wasser in die Schnittflächen dringt und das Holz vor Fäule geschützt ist.

▲ *Es gibt viele dekorative Typen von Spalieren, z. B. aus quadratischem oder rautenförmigem Holzgitter.*

Ein Wandspalier anbringen

1 Zuerst prüfen, ob das Spalier die geeignete Größe für die Wand hat. Montagelöcher ins Holz bohren.

2 Das Spalier an die Wand halten, waagerecht ausrichten, die Position der Montagelöcher mit den Schrauben oder mit der Bohrerspitze auf der Wand markieren.

3 Montagelöcher in die Wand bohren und Dübel einsetzen; diese gegebenenfalls mit dem Hammer vorsichtig einschlagen.

4 Das Spalier an die Wand schrauben – am besten mit dazwischen gesetzten Abstandshaltern. Schrauben nicht zu festziehen, um das Spalier nicht zu beschädigen.

Grundlegende Arbeiten

Es ist kein großes Fachwissen erforderlich, um einen schönen Garten anzulegen, aber ein paar Grundkenntnisse etwa darüber, wie man den Boden verbessert und drainiert, können nicht schaden. Dieses Kapitel vermittelt einiges an Basiswissen, z. B. über Gartengeräte, das Umgraben und Entwässern, die Anlage von Komposthaufen, die Abstützung hochwüchsiger Pflanzen, den Bau eines Gartenschuppens und die richtige Beleuchtung des Gartens – eben alles, was von Beginn an zum guten Gelingen Ihres Gartens beiträgt.

Wichtige Gartengeräte

Gartengeräte sollten nicht nur funktionell sein, sondern auch angenehm zu handhaben. Leisten Sie sich möglichst qualitativ hochwertige Geräte und prüfen Sie vor dem Kauf, ob Ihnen Gewicht und Größe zusagen. Bei sorgfältiger Pflege können die Geräte viele Jahre halten.

Umgrabegeräte

⌘ Spaten gibt es in verschiedenen Größen – etwa mit Spatenblättern von 27 cm Länge und 19 cm Breite oder, für Beete, in 23 cm Länge und 14 cm Breite. Empfehlenswert sind Spaten mit Trittkanten zu beiden Seiten des Stiels, durch die man mit dem Fuß mehr Druck auf das Spatenblatt ausüben kann. Der Stiel sollte so lang sein, dass er bei senkrecht gestelltem Spaten etwa bis zum unteren Ende Ihres Brustkorbs reicht.

⌘ Grabegabeln dienen zum schonenden Umgraben, zur Auflockerung schwerer Bodenschollen und zur oberflächlichen Lockerung des Bodens zwischen Gehölzen und Stauden. Sie haben meist vier Zinken; es gibt größere Ausführungen für schwereres Umgraben, kleinere für Beete und flachzinkige Kartoffelgabeln.

Hackgeräte

⌘ Zieh- oder Bügelhacken bestehen aus einer scharfen Klinge, die mit einem gekrümmten Bügel an einem 1,50–1,80 m langen Holz- oder Kunststoffstiel befestigt ist. Sie dienen vor allem zum Jäten von Samenunkräutern, die sie auf Bodenniveau kappen.

⌘ Kombigeräte bestehen aus einem Hackblatt zum Unkrautjäten auf der einen und einem mehrzinkigen Kultivator zur oberflächlichen Bodenlockerung auf der anderen Seite.

⌘ Hand-Jäthacken, die kurzen Ziehhacken ähneln, dienen mit ihrem 30–38 cm langen Stiel speziell zum Jäten zwischen Jungpflanzen.

◀ *Spaten und Grabegabeln dienen u. a. zum Umgraben im Winter und zur Bodenlockerung vor dem Säen und Pflanzen.*

Rechen

⌘ Metallrechen oder -harken dienen zur Glättung des Bodens. Gebräuchliche Ausführungen sind 25–30 cm breit, mit 10–14 Zinken von 6–7,5 cm Länge, und haben einen 1,50–1,80 m langen Holz- oder Kunststoffstiel.

⌘ Holzrechen mit bis zu ca. 70 cm Breite benutzt man zur Einebnung großer Flächen.

Pflanzgeräte

⌘ Handschaufeln oder Pflanzkellen mit Metallblatt an einem 15–30 cm langen Stiel sind praktisch unentbehrlich.

⌘ Pflanzhölzer in verschiedenen Größen dienen dazu, Löcher für Setzlinge zu stechen.

⌘ Blumenzwiebelpflanzer sind spezielle Geräte, um passende Löcher für Blumenzwiebeln in den Boden zu stanzen.

▲ *Pflanzkellen, Blumengabeln und Pflanzholz braucht man für kleine Zierpflanzen und Gemüsesetzlinge.*

Schneid- und Sägegeräte

⌘ Scheren – die Auswahl reicht von einfachen Gartenscheren für Blumen und dünne Zweige über spezielle Heckenscheren (auch mit Elektroantrieb) bis hin zu robusten Astscheren zum Beschneiden von Bäumen.

⌘ Sägen – nützlich sind z. B. spezielle Astsägen mit gebogener Klinge und große Sägen zum Durchtrennen dickerer Stämme.

Rasenpflegegeräte

⌘ Fächerbesen zum Zusammenrechen von Rasenschnitt oder Laub sowie zum Entmoosen gibt es in Metall und Kunststoff.

Gerätepflege

Geräte regelmäßig reinigen, damit sie ansehnlich und funktionsfähig bleiben. Nach Gebrauch:

- Geräte mit klarem Wasser reinigen und gut abtrocknen.
- Metallteile leicht einölen.
- In einem trockenen, gut belüfteten Schuppen aufbewahren, am besten hängend.

⌘ Rasenkantenstecher mit scharfer, halbmondförmiger Klinge dienen zum sauberen Abstechen der Rasenkanten.

⌘ Rasenkantenscheren – Handscheren mit ca. 80 cm langen Griffen und 20 cm langen Scherenblättern zur Bearbeitung der Rasenkanten und anderer schwer zugänglicher Stellen.

▲ *Zum Beschneiden von Bäumen und Gehölzen: Astsäge (oben), Heckenschere (Mitte) und Klappsäge (unten).*

◀ *Ziehhacken zum Jäten, Kultivator zur Bodenlockerung, Rechenbesen, Kantenstecher und Metallrechen.*

Drainagen anlegen

Bei dauernder Staunässe des Bodens faulen die Wurzeln der meisten Pflanzen. Es gibt einige Ausnahmen, die auch auf sumpfigem Boden gedeihen, doch die meisten Gartenpflanzen brauchen Boden mit gutem Wasserabzug bis in eine Tiefe von mindestens 60 cm.

Notwendigkeit einer Drainage

Wo ständig Wasser auf dem Boden steht oder Binsen bzw. Schilfgras wachsen, muss vermutlich drainiert werden. Sie können auch im Herbst ein 1,20 m tiefes Loch graben und den Wasserstand darin den Winter hindurch beobachten. Falls der Wasserspiegel konstant innerhalb 25 cm unter der Oberfläche bleibt, ist eine Drainage erforderlich.

Drainagemöglichkeiten

Wählen Sie zwischen Kiesgräben, Ton- oder perforierten Kunststoffrohren.

⌘ Kiesgräben sind relativ preiswert, falls man genug groben Kies o. Ä. zur Hand hat. Meist braucht man nur einen zu einer Sickergrube führenden Hauptdrainagegraben, in den Seitendrainagekanäle einmünden. Der Abstand zwischen diesen variiert je nach Bodenart von 3,50–4,50 m für Tonboden bis zu 12 m für Sandboden. Die Gräben 30–45 cm breit und 60–75 cm tief mit mindestens 1% Gefälle ausheben, zur Hälfte mit grobem Kies füllen. Diesen mit robuster Polyäthylenfolie abdecken, damit keine Erde in die Drainageschicht gelangt. Mit Erde auffüllen, verdichten.

⌘ Tonrohre. Man verwendet unglasierte Tonrohre von ca. 13 cm Durchmesser als Hauptdrainageleitungen und von 10 cm Durchmesser für die Zuleitungen. Sie werden in Gräben verlegt. Dazu die Gräben 8 cm hoch mit Kies füllen, die Rohre darauf verlegen und alle Verbindungsstellen mit besonders dicker Polyäthylenfolie abdecken. Darüber eine 10 cm dicke Kiesschicht, robuste Polyäthylenfolie und abschließend eine Lage wasserdurchlässigen Erdboden legen.

⌘ Perforierte Kunststoffrohre sind leichter zu verlegen als Tonrohre. Die Leitungen aus robustem, gewelltem Kunststoff sind als 25-m-Rollen mit 8–10 cm Durchmesser erhältlich.

Sickergruben oder -gräben

Wenn man einen geeigneten Graben in der Nähe hat, kann man das Ende des Hauptdrainagerohrs in diesen einmünden lassen und mit Maschendraht abdecken, um Ratten fern zu halten. Meist muss man jedoch eine Sickergrube am tiefsten Punkt des Gartens anlegen: Eine Grube von ca. 1,20 m Länge und Breite und 1,20 m Tiefe ausheben. Ihr Boden muss 30 cm unter dem tiefsten Punkt der Drainageleitung liegen. Grube zur Hälfte mit Steinen oder grobem Schutt, dann bis 30 cm unter Bodenniveau mit Schotter oder Kies auffüllen. Mit besonders dicker Polyäthylenfolie abdecken und mit Erde auffüllen.

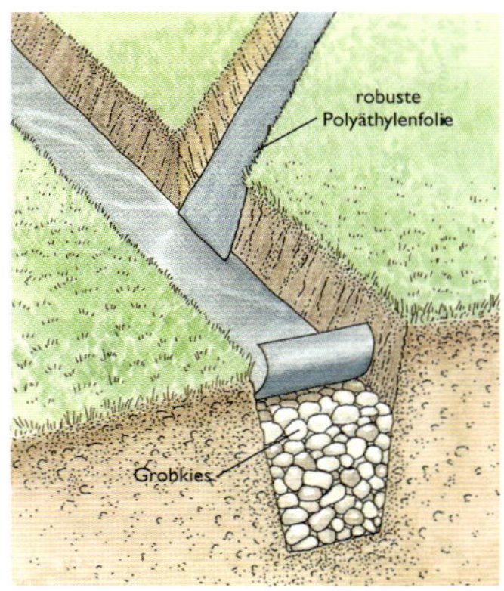

▲ *Kiesgräben sind eine relativ preiswerte Lösung: Sie können u. U. auch mit grob zerkleinertem Schutt gefüllt werden.*

Drainagerohre aus Kunststoff verlegen

1 Verlauf der Haupt- und Seitengräben mit Schnur abstecken. Gräben mit leichtem Gefälle zur Sickergrube hin ausheben. Darauf achten, dass die Grabenränder nicht einbrechen.

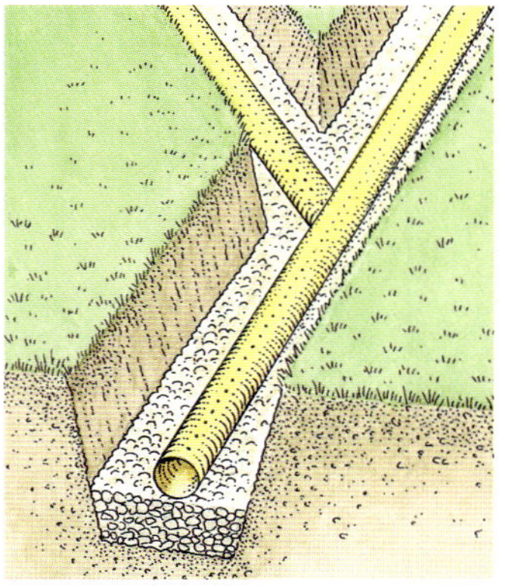

2 Gräben ca. 8 cm hoch mit Grobkies o. Ä. füllen. Kunststoffrohre mittig darauf legen. Seitenrohre an den Anschlussstellen zum Hauptrohr schräg abschneiden, damit sie exakt zusammenpassen.

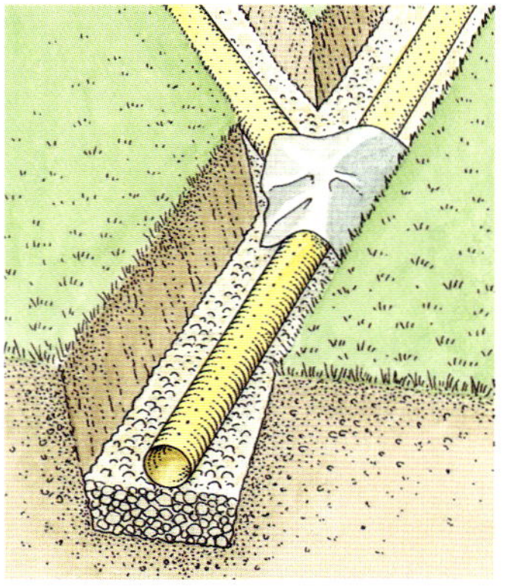

3 Verbindungsstellen der Rohre mit besonders dicker Polyäthylenfolie abdecken, damit keine Erde in die Rohre gelangt. Die Folie mit etwas Kies beschweren.

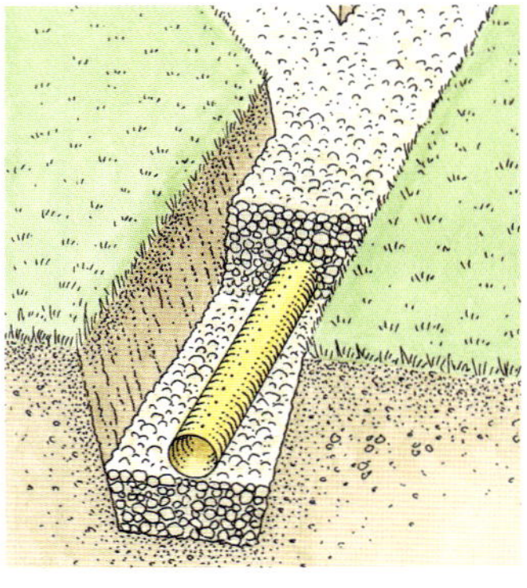

4 Die Rohre mit ca. 8 cm Kies bedecken. Darüber eine Lage robuste Polyäthylenfolie legen. Den Graben mit wasserdurchlässigem Boden auffüllen. Diesen etwas aufhäufen, da er sich noch setzt.

▲ *Gut entwässerter Boden ist für die meisten Pflanzen lebenswichtig, da ihre Wurzeln bei ständiger Staunässe absterben.*

Bodenvorbereitung

Das Umgraben gehört zu den wichtigsten Gartenarbeiten und erfolgt vorwiegend im späten Herbst oder frühen Winter, um den Boden für die Bepflanzung im Folgejahr vorzubereiten. Dabei wird der Boden in der Regel spatentief (also 25–30 cm tief) umgestochen.

Warum umgraben?

Durch das Umgraben wird der Boden aufgelockert, sodass Luft und Wasser in die oberste Bodenschicht eindringen und überschüssiges Wasser in den Untergrund ablaufen kann. Falls dieser wasserundurchlässig ist, muss man eine Drainage anlegen (siehe Seite 348–349).

Pflanzenwurzeln können den aufgelockerten Boden besser durchdringen. Samenunkräuter werden untergegraben, und Wurzelunkräuter können entfernt werden. Zugleich kann man Gartenkompost und gut verrotteten Mist untergraben. Die beim Umgraben entstehenden groben Erdschollen zerfallen später durch den Frost zu feinen Krümeln. Das Umgraben bringt auch Bodenschädlinge, wie z. B. Schnaken- und Maikäferlarven, an die Oberfläche, wo sie von Vögeln aufgepickt werden.

Umgrabepraxis

Das Umgraben ist eine systematische Tätigkeit, die man rasch erlernt. Graben Sie nicht zu schnell oder zu lange am Stück. Sie werden bald Ihren eigenen Rhythmus finden, wodurch die Arbeit angenehmer und weniger anstrengend wird.

Fruchtfolge

Der Anbau der immer gleichen Gemüseart auf einem Beet über einen längeren Zeitraum zehrt die Bodennährstoffe auf und fördert die Ausbreitung von Schädlingen und Krankheiten. Rhabarber und Spargel kann man immer wieder auf dem gleichen Beet ziehen, doch ansonsten sollte man den Gemüsegarten in drei Beete aufteilen, auf denen man verschiedene Gemüsegruppen in nachfolgender Reihenfolge zieht.

- Wurzelgemüse: Dem Boden weder Kalk noch Mist beimengen. Einige Wochen vor Pflanzung bzw. Aussaat einen Universaldünger unterrechen. Zu dieser Kategorie gehören z. B. Rote Bete, Möhren, Topinambur, Pastinaken, Kartoffeln und Schwarzwurzel.
- Kohlpflanzen: Boden ggf. mit gut verrottetem Mist oder Gartenkompost anreichern. Sauren Boden im späten Winter kalken. Vor Aussaat oder Pflanzung Universaldünger ausbringen. Kohlpflanzen sind z. B. Brokkoli, Rosen-, Blumen-, Weiß- und Rotkohl, Rettich und Kohlrüben.
- Sonstiges Gemüse: Gut verrotteten Mist oder Gartenkompost untergraben, sauren Boden im Spätwinter kalken. Vor Aussaat oder Pflanzung Universaldünger unterrechen. Zu dieser Gemüsegruppe zählen z. B. Auberginen, Bohnen, Paprika, Sellerie, Lauch, Salatpflanzen, Kürbisse, Zwiebeln, Erbsen, Mais und Tomaten.

NIE MEHR UMGRABEN

Diese von vielen Gärtnern vertretene Philosophie funktioniert nur bei leichtem, gut entwässertem und belüftetem Boden ohne Wurzelunkräuter. Gemüse wird auf einer jährlich erneuerten Kompostschicht gezogen. Bei stark tonhaltigen Böden gibt es keine Alternative zum Umgraben unter Beimengung von Kompost oder Mist.

▶ *Das winterliche Umgraben verbessert den Boden und verleiht Blumen- und Gemüsebeeten ein gepflegteres Aussehen.*

Spatentiefes Umgraben

1 Zunächst einen 25–30 cm tiefen und 30 cm breiten Graben an einem Ende des Beetes ausheben. Den Aushub ans andere Ende des Beetes schaffen.

2 Unkraut und Gras vom angrenzenden Bodenstreifen abtragen und in den Graben werfen. Dann gut verrotteten Mist oder Kompost in den Graben geben.

3 Spaten im rechten Winkel zum Graben in den Boden treiben, um einen Block Erde auszustechen.

4 Die ausgehobene Erde umgekehrt in den Graben schütten. Vorgang über die ganze Länge des Grabens wiederholen.

Komposthaufen anlegen

Gut verrotteter Kompost aus Küchen- und Gartenabfällen, der im Winter untergegraben oder im Frühjahr und Sommer als Mulch verwendet wird, verbessert die Bodenbelüftung, reichert den Boden mit Nährstoffen an und verbessert seine Wasserhaltekraft.

Kompostierung

Man kann die Garten- und Küchenabfälle einfach auf den Boden häufen und verrotten lassen. Besser ist es jedoch, sie schichtweise in Kompostbehälter zu füllen. Am besten benutzt man drei davon: einen, der gerade befüllt wird, einen, der vor einigen Monaten befüllt wurde und noch den Verrottungsprozess durchläuft, und einen mit reifem Kompost, den man entnehmen und im Garten verwenden kann.

Günstig sind z. B. quadratische Kompostsilos von 1–1,3 m Höhe, die Luftzufuhr gewähren, aber nur so viel, dass der Kompost nicht zu rasch austrocknet. Man kann sie aus Brettern von 15–20 cm Breite mit 5 cm breiten Zwischenräumen, Maschendraht o. Ä. selbst bauen oder im Handel erwerben. Silos aus Maschendraht sollte man mit perforierter, schwarzer Polyäthylenfolie auskleiden, damit der Kompost nicht zu stark austrocknet.

◀ *Kompostsilos aus Maschendraht mit perforierter Polyäthylenfolie auskleiden, damit der Kompost feucht bleibt.*

Richtige Befüllung

Ein Kompostsilo auf Boden mit gutem Wasserabzug stellen und als Erstes eine 20–30 cm dicke Schicht grobes Material wie Stroh einfüllen. Diese gut festtreten und mit einer 15 cm dicken Schicht aus Pflanzenabfällen wie Rasenschnitt, verwelkten Einjährigen und nicht verholzten Pflanzenteilen bedecken. Keinen unvermischten Rasenschnitt verwenden, weil er zur Fäulnis neigt.

Abschließend eine 5 cm dicke Schicht Gartenerde aufbringen, gut wässern und mit 14 g Ammoniumsulfat je Quadratmeter bestäuben. Oder einen speziellen Kompoststarter kaufen und gemäß Packungsanweisung verwenden. Abfälle weiterhin im Wechsel mit Gartenerde einschichten. Wenn der Kompost den oberen Rand des Silos erreicht, gründlich wässern und mit 3–5 cm Erde bedecken. Eine Plastikfolie darüber legen und gut befestigen, damit der Kompost nicht zu nass oder trocken wird. Nach etwa sechs Monaten (im Sommer weniger) ist der Kompost reif.

Kompostierbares Material

Außer nicht verholzten Pflanzenteilen können Sie z.B. auch Zeitungen (aber kein Hochglanzpapier), zerdrückte Eierschalen, Erbsenschoten, Kartoffelschalen und Teebeutel zum Kompost geben. Verwenden Sie keinen Rasenschnitt, wenn der Rasen mit Unkrautvernichtungsmittel behandelt wurde. Keine Wurzelunkräuter zum Kompost geben.

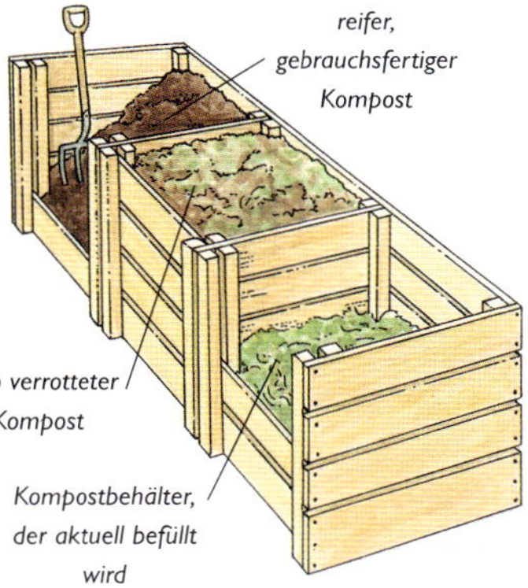

▲ *Drei Kompostbehälter, die nacheinander befüllt werden, versorgen Sie laufend mit reifem Gartenkompost.*

Laubkompostierung

Das Laub sommergrüner Gehölze und Bäume kann in 15–25 cm dicken Schichten mit dazwischen gestreutem Ammoniumsulfat in einen Kompostbehälter gefüllt werden. Laub von immergrünen Sträuchern und Bäumen ist ungeeignet. Blätter von Pappeln und Platanen verrotten langsamer als die von Buchen und Eichen.

Man kann Laub auch in perforierten Säcken aus schwarzem Polyäthylen kompostieren. Etwas Ammoniumsulfat zwischen die Schichten streuen. Wenn der Sack voll ist, den Inhalt wässern und den Sack gut verschließen. Nach etwa sechs Monaten kann man den Laubkompost als Mulch verwenden oder in den Boden eingraben.

▲ *Solche Komposter, die es in vielen verschiedenen Ausführungen gibt, sind gerade für kleine Gärten äußerst praktisch.*

Pflanzen abstützen

Viele Pflanzen, von frostharten Einjährigen bis zu Obstbäumen, brauchen Abstützungen. Dabei sollten Stützen für Zierpflanzen möglichst unauffällig sein, während solche für Obstbäume vor allem solide, funktionell und langlebig sein müssen.

Frostharte Einjährige

Die jährlich aus Samen gezogenen Pflanzen, die im Sommer ihre bunte Pracht entfalten, brauchen oft Stützen.

⌘ Reiser – das sind Zweige z. B. von Buchen oder Birken in verschiedenen Längen von 30 cm bis 1,20 m. Diese gleich nach dem letzten Ausdünnen zwischen die Jungpflanzen tief in den Boden stecken und ihre Spitzen bis knapp unter die erwartete Höhe der ausgewachsenen Pflanzen kürzen.

▲ *Erbsen kann man gut mit aneinander gelehnten und verschnürten Stangen (Wigwam) oder mit Reisern abstützen.*

Stauden

Nur einige dieser Pflanzen, die im Herbst bis auf Bodenniveau absterben und im Frühjahr neu austreiben, benötigen eine der folgenden Stützmethoden:

⌘ Reiser – hier nimmt man meist kräftigere und längere Zweige als für die Einjährigen und steckt sie im Frühjahr oder Frühsommer rund um die jungen Pflanzen in den Boden. Vor allem Stauden mit vielen Stängeln benötigen mitunter eine solche Stütze.

⌘ Stützstäbe und Schnur – eine gute Stützmethode für Dahlien. Drei 1,20 m lange Stäbe 25 cm tief in den Boden stecken, sodass sie ein Dreieck um die Pflanze bilden, und auf mehreren Höhen straff gespannte Schnur um die Stäbe legen.

⌘ Metallstützen – der Handel bietet verschiedene Modelle an, z. B. solche aus zwei Hälften mit halbkreisförmigen Bügeln am oberen Ende, welche die Stängel umschließen.

Stützen für Stauden

Bäume

Hier sind robuste Stützen besonders wichtig, damit Äste und Stämme nicht vom Wind geknickt werden.

- Senkrechte Stützen: Einen kräftigen Pflanzpfahl aus Eschen- oder Kastanienholz o. Ä. verwenden, dessen oberes Ende, wenn man ihn 30 cm tief in den Boden rammt, bis knapp unter den untersten Ast reicht. Den Pfahl vor der Pflanzung des Baums auf der Windseite ins Pflanzloch rammen und mit einer speziell für diesen Zweck angebotenen Befestigung mit dem Baumstamm verbinden, damit dieser nicht am Pfahl scheuert. Diese Methode ermöglicht z. B. bei in den Rasen gepflanzten Bäumen ungehindertes Mähen rund um den Baum.
- Schrägstützen: Der Pfahl wird im 45-°-Winkel so in den Boden gerammt, dass sich sein oberes Ende knapp unter dem untersten Ast befindet und in die vorherrschende Windrichtung zeigt.
- H-Stützen werden nach der Pflanzung des Baums angebracht. Zwei Pfähle zu beiden Seiten des Baums in den Boden rammen. Ein Querholz unter der Höhe des untersten Asts an beiden befestigen. Den Stamm am Querholz anbinden.

Gemüsepflanzen

Viele Gemüsesorten müssen den ganzen Sommer hindurch und teils bis in den Herbst hinein stabil abgestützt werden.

- Stangenbohnen – 2,50–3 m lange Holzstangen mit 30 cm Abstand in zwei 45–60 cm auseinander liegenden Reihen so aufstellen, dass jeweils zwei sich oben überkreuzen und ein umgekehrtes V bilden. Dann eine waagerechte Stange quer über die ganze Reihe legen und alles gut festbinden. Oder drei bis vier Stangen als Pyramide aneinander lehnen.
- Erbsen mit Reisern oder 90–120 cm hohem, grobem Maschendraht abstützen, der von Bambusrohren gehalten wird.
- Dicke Bohnen – robuste Pfähle an den Reihenenden aufstellen und die Pflanzen mit kräftiger, an den Pfählen befestigter Schnur umschlingen.

▶ *Stauden mit zahlreichen Stängeln können mittels rund um die Jungpflanzen gesetzte Reiser abgestützt werden.*

Stützen für Bäume

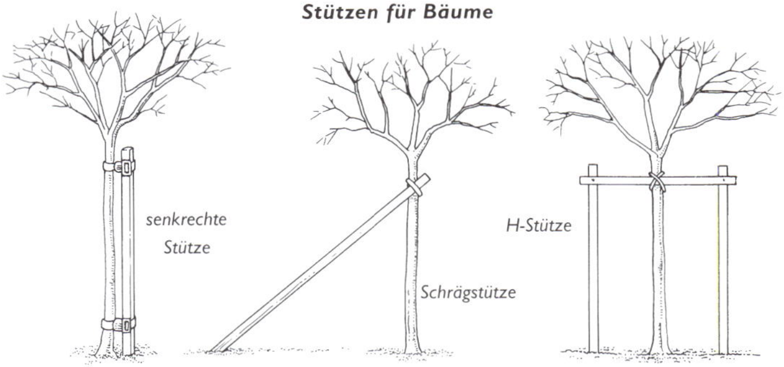

Obstbaumzweige abstützen

Manchmal sind Obstbaumzweige so mit Früchten überladen, dass das Gewicht sie nach unten zieht. In diesem Falle gegabelte Äste als Abstützung unter dem Zweig in den Boden rammen. Oder einen 3 m langen Pfahl neben dem Stamm einrammen und die Zweige von ihm aus mit kräftigem Seil leicht hochbinden.

Der richtige Gartenschuppen

Ein trockener, mäusesicherer Schuppen ist ideal zur Aufbewahrung von Gartengeräten und sonstigem Material für die Gartenarbeit. Er sollte so groß sein, wie es die Größe Ihres Gartens und Ihre Geldbörse zulassen, und muss auf ebenem, festem Untergrund stehen.

Bautypen

Gartenschuppen gibt es in vielerlei Formen und Größen, manche mit Giebel-, andere mit einfachem Schrägdach. Es gibt auch Ausführungen mit angebautem Gewächshaus und Gartenhäuser mit integriertem Stauraum für Geräte. Der Schuppen sollte zum Stil Ihres Gartens passen, selbst wenn er in der hintersten Gartenecke untergebracht wird (ein Schuppen, in dem Benzin oder Petroleum aufbewahrt wird, sollte nicht zu nah am Haus stehen). Stellen Sie den Schuppen auf ein Stück weniger guten Boden oder so, dass er einen unschönen Anblick verdeckt. Einen nicht sehr ansehnlichen Schuppen können Sie hinter einem frei stehenden Rankgitter verstecken. Zwischen Schuppen und Haus benötigt man einen bei jedem Wetter begehbaren Weg.

Es gibt auch Schuppen aus Hart-PVC, attraktiver sind jedoch Holzschuppen, die meist aus einem Balkenrahmen mit Bretterverkleidung – Stülpschalung oder Nut- und Federbretter – bestehen. Das verwendete Holz hat Einfluss auf den Preis, aber auch auf die Lebensdauer des Schuppens. Weichholz (meist Kiefer, Fichte oder Tanne) muss druckimprägniert sein, während kostspieligere Hölzer wie etwa Zedernholz von Natur aus wetterfest sind, aber regelmäßig geölt werden sollten.

Einen Schuppen aufbauen

Wichtig ist vor allem ein fester, ebener Untergrund. Als Erstes den Standort von Bewuchs und überhängenden Ästen befreien. Der Schuppen kann auf druckimprägnierte Tragbalken gestellt werden, die direkt auf dem Boden aufliegen. Besser ist es aber, den Untergrund zunächst mit Bodenplatten zu belegen. Die Grundfläche des Schuppens auf dem

Boden abstecken und mit der Wasserwaage auf absolute Ebenheit überprüfen. Dann drei Reihen quadratische Bodenplatten auslegen. Auf diese verlegt man dann die Balken, die ihrerseits die Bodenkonstruktion des Schuppens tragen.

Die Bodenkonstruktion aufbauen und noch einmal auf Ebenheit kontrollieren. Am besten baut man den Schuppen zu zweit oder zu dritt auf. Zuerst die Seitenwände aufstellen und verschrauben, dann das Dach aufsetzen und befestigen. Das Dach mit Dachpappe bedecken und an den überlappenden Stellen gut verkleben. Nicht öffnende Fensterscheiben lassen sich einfach einsetzen und fixieren. Die Scheiben von aufklappbaren Fensterflügeln sollten in Glaserkitt eingebettet werden.

Pavillons

Dies sind offene, besonders attraktiv gestaltete Gartenbauten, die einen schönen Ausblick auf den Garten gewähren. Ein Pavillon macht sich gut als Blickfang am hinteren Ende einer Rasenfläche. Oder man stellt ihn in eine Ecke, von der man einen möglichst umfassenden Blick auf den Garten hat. Pavillons bestehen meist aus einem runden, vier- oder mehreckigen Holzrahmen, teils mit Holzgitterwerk oder großen Sprossenfenstern und Spitz- oder Kuppeldach. Eine schlichte Version mit Schrägdach lässt sich schon auf vier kräftigen Pfählen errichten.

◀ *Kletterpflanzen, Sträucher und hohe Zweijährige binden den Schuppen harmonisch in den Garten ein.*

Einen Schuppen aufstellen

1 Der Schuppen kann direkt auf kräftige Tragbalken gesetzt werden. Ein trockeneres und frostsichereres Fundament erhält man, indem man unter den Balken Bodenplatten verlegt.

2 Zur Aufstellung der Schuppenwände braucht man ein oder zwei Helfer. Die Wände miteinander verschrauben, dabei immer wieder überprüfen, ob alles gerade und senkrecht steht.

3 Zuletzt wird das Dach aufgesetzt. Die Dachhalterungen sorgfältig einrasten und überprüfen, ob das Dach rundum gleichmäßig überhängt.

4 Das Dach sorgfältig mit Dachpappe belegen. Überlappende Stellen mit einem geeigneten Spezialkleber verkleben, und die Dachpappe mit verzinkten Breitkopfnägeln festnageln.

Strom im Garten

Stromversorgung im Garten ist für vieles erforderlich – vom beheizten Gewächshaus über Licht und Steckdosen im Schuppen und den Betrieb eines Springbrunnens bis zur Beleuchtung für Terrasse und Garten. Die Leitungen sollten in jedem Fall vom Fachmann verlegt werden.

Terrassenbeleuchtung

Im Sommer hält man sich gern bis spätabends auf der Terrasse auf und weiß eine gute Beleuchtung zu schätzen. Sie schreckt auch Einbrecher ab, insbesondere wenn man sie mit einem Infrarot-

Leuchtentypen

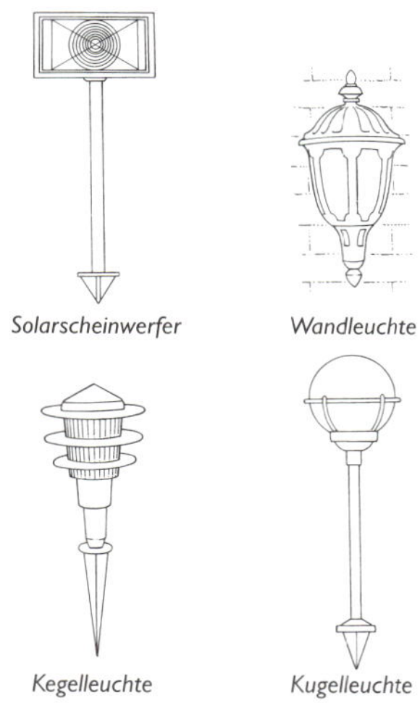

◀ *Gartenteiche mit Effektbeleuchtung und gedämpftes Licht in anderen Bereichen wirken abends sehr stimmungsvoll.*

Bewegungsmelder kombiniert, der nach Einbruch der Dunkelheit das Licht automatisch einschaltet, sobald er Körperwärme registriert. Auch bei Scheinwerfern an der Hausfront ist ein Bewegungsmelder sinnvoll; er sollte aber nicht auf Passanten auf einem angrenzenden Gehweg reagieren, weil er sonst die ganze Nacht das Licht ein- und ausschaltet. Sehr hübsch wirken zwischen der Bepflanzung einer Terrasse angeordnete Scheinwerfer.

Elektrizität für Teiche

Für Gartenteiche gibt es zwei Möglichkeiten der Stromversorgung: 220-Volt-Netzstrom oder Schwachstrom mit 12 oder 24 Volt. Diese zweite Art der Stromversorgung, bei der ein Transformator die Voltzahl reduziert, gewährleistet in Kombination mit Wasser größere Sicherheit und ist für Beleuchtung und kleine Fontänen völlig ausreichend. Braucht man hingegen Strom für mehrere Fontänen, einen Wasserfall und Intensivbeleuchtung, kommt man um eine Netzstromversorgung kaum herum, deren Installation jedoch kostspieliger ist als die einer Schwachstromanlage. Es gibt auch solarstrombetriebene Springbrunnenpumpen, die unproblematisch zu installieren sind, jedoch nur bei ausreichendem Sonnenschein konstant laufen.

Gewächshäuser

Eine Netzstromversorgung ist insbesondere für Gewächshäuser nützlich, die mit Elektroheizung oder beheizten Anzuchtkästen ausgestattet sind. Auch einige kleine Anzuchtkästen für Hobbygärtner werden mit Netzstrom betrieben.

Netzstromversorgung vom Fachmann installieren lassen. Den neben der Tür in mindestens 1,20 m Höhe angebrachten Sicherungskasten mit einer lose befestigten Plastikfolie vor Tropfwasser schützen, dabei jedoch zugleich auf gute Luftzirkulation achten. Zusätzlich einen FI-Schutzschalter installieren, der den Stromkreis bei Fehlerstrom unterbricht.

Licht und Strom im Schuppen

Das ist nicht unerlässlich, macht das Leben aber einfacher, vor allem, wenn man im Winter nach Geräten sucht. Auch hier einen eigenen Sicherungskasten installieren lassen, mit der man den Stromkreis von der Hauselektrik trennen kann.

▲ *Solche in den Boden eingelassene Leuchten sind ideal zur dezenten Illumination der Bepflanzung rund um einen Sitzplatz.*

SICHERHEITSHINWEISE

Die vier wichtigsten Regeln:
- Bei elektrischen Installationen im Garten immer einen Fachmann zu Rate ziehen; nur geprüfte Produkte verwenden.
- Unterirdische Kabel in Kabelrohren verlegen und ihre Lage auf einem Plan verzeichnen. Beim Verkauf des Grundstücks den Käufer über die Lage unterirdischer Leitungen informieren.
- Nur für den Einsatz im Freien bestimmte Komponenten und Geräte verwenden und diese jährlich überprüfen lassen.
- Bei Netzstromversorgung des Gartens muss ein FI-Schutzschalter eingebaut werden, vor allem wenn man elektrische Rasenmäher oder Heckenscheren nutzt.

Rasenanlage und -pflege

Dem Rasen wird oft zu wenig Aufmerksamkeit geschenkt, obwohl er in vielen Gärten die größte Fläche einnimmt. Auf Rasen kann man spielen, sitzen oder essen; Rasenstücke dienen zur Verbindung verschiedener Gartenbereiche und als ruhige Kontrastflächen, die viele Pflanzen erst richtig zur Geltung bringen. Hier finden Sie grundlegende Tipps zur Anlage, Düngung und Bewässerung von Rasenflächen, zur Behebung von Rasenschäden und zur Pflanzung duftender Kamillerasen und Thymianwege.

Rasen säen

In unserem Klima gibt es zwei Möglichkeiten, Rasenflächen neu anzulegen: durch Aussaat oder durch Verlegung von Fertigrasen. Die Aussaat ist die wesentlich gebräuchlichere, weil auch deutlich kostengünstigere Methode.

Bodenvorbereitung

Als Erstes kontrollieren, ob der Boden im vorgesehenen Bereich nicht zu feucht ist (siehe Seite 348–349); nötigenfalls eine Drainage anlegen. Den Boden im Winter gründlich umgraben (siehe Seite 350–351) und sehr sorgfältig von Wurzelunkräutern befreien. Einige Wochen vor Aussaat des Rasens die ganze Fläche mit dem Rechen einebnen, anschließend mit den Füßen (nicht mit der Walze) leicht verdichten. Dann die Bodenoberfläche noch einmal feinkrümelig rechen.

Vorteile der Aussaatmethode

- Erheblich preiswerter als Fertigrasen.
- Leichtere Arbeit als bei Fertigrasen.
- Für unregelmäßige Flächen gut geeignet.
- Es gibt spezielle Rasenmischungen für Sonnen- und Schattenzonen, Spiel- oder Zierrasen.

Nachteile der Aussaatmethode

- Rasen kann erst nach 3–4 Monaten benutzt werden.
- Katzen, Hunde und Vögel können die eingesäte Fläche in Mitleidenschaft ziehen.
- Bei nachlässiger Bodenvorbereitung werden Wurzelunkräuter zum Problem.

Aussaat

Etwa eine Woche vor Aussaat der Rasensamen (vom späten Frühjahr bis zum frühen Herbst möglich) etwas Universaldünger (50 g je m^2) über die Fläche verteilen und leicht in den Boden rechen. Zur Aussaat einen Tag abwarten, an dem die Bodenoberfläche trocken ist. Die Fläche mit Schnur in 1 m breite Streifen unterteilen. Dann mit zwei Bambusstangen ein Quadrat von 1 m × 1 m an einem Ende des ersten Streifens abgrenzen.

Auf diesen Quadratmeter 50 g Saatgut möglichst gleichmäßig verteilen. Wenn man zu dünn aussät, fällt der Rasenwuchs spärlich aus; wenn man zu viel Saatgut nimmt, stehen die Sämlinge zu dicht und sind anfällig für Krankheiten.

Nun mit einer Bambusstange ein neues Quadrat bilden. Dieses ebenfalls mit 50 g Samen einsäen und so fortfahren, bis die gesamte Fläche eingesät ist. Dann, auf einem größeren Holzbrett stehend, die Samen leicht und gleichmäßig in den Boden einrechen. Die eingesäte Fläche nicht begehen, damit der Boden nicht zu stark verdichtet wird und keine Samen an den Schuhen kleben bleiben. Falls trockenes Wetter angekündigt ist, den Boden sanft, aber gründlich wässern. Als Schutz gegen Vögel schwarzes Garn in 15 cm Höhe und 20 cm Abstand über die eingesäte Fläche spannen. Stattdessen können Sie die Fläche auch mit schwarzer Teichfolie abdecken, die zugleich die Feuchtigkeit im Boden hält. Diese muss jedoch sofort entfernt werden, wenn die Grassamen zu keimen beginnen.

Tipp

Immer etwas mehr Saatgut kaufen, als man für die Fläche benötigt, damit man etwaige Kahlstellen mit dem gleichen Samentyp nachsäen kann.

▶ *Ruhige Rasenflächen bringen üppigen Pflanzenwuchs optimal zur Geltung. Rasenwege können dezent Gartenteile verbinden.*

Rasen aussäen

1 Den Boden einebnen und größere Steine entfernen. 50 g Universaldünger je Quadratmeter Fläche in den Boden rechen.

2 Fläche mit Schnur in 1 m breite Streifen unterteilen. Dann mit zwei Bambusstangen ein 1 m^2 großes Feld abgrenzen.

3 50 g Saatgut möglichst gleichmäßig auf das Feld verteilen. Dabei Ränder und Ecken nicht vernachlässigen.

4 Wenn das Feld komplett eingesät ist, eine Bambusstange so umlegen, dass ein neues Feld entsteht. So fortfahren, bis die gesamte Fläche eingesät ist. Samen leicht in den Boden rechen.

Rasenpflege

Der Rasen ist ein vereinheitlichendes Element des Gartens, eine das Auge beruhigende Fläche, von der sich Zierpflanzen schön abheben, aber auch eine Spielfläche, auf der Kinder und Haustiere tollen. Mit etwas Pflege lässt er sich trotz aller Beanspruchung in ansehnlichem Zustand erhalten.

Rasenkanten ausbessern

Rasenkanten werden mit den Jahren oft ausgefranst und unansehnlich, lassen sich aber leicht wieder herrichten (siehe rechte Seite).

Löcher ausbessern

Spielende Kinder und Haustiere hinterlassen oft Löcher im Rasen. Sie sollten möglichst rasch ausgebessert werden, bevor sich der Schaden ausweitet (siehe rechte Seite).

▲ *Rasen brauchen ganzjährige Pflege, um üppig zu gedeihen. Ein vernachlässigter Rasen wird rasch unansehnlich.*

Unebenheiten ausgleichen

Buckel oder Senken im Rasen lassen sich leicht einebnen, solange sie nicht breiter als 1,50 m sind. Eine Schnur über den Mittelpunkt der Unebenheit spannen. Den Rasen mit einem Kantenstecher an der Schnur entlang ca. 6 cm tief einstechen. Dann 30 cm breite Streifen im rechten Winkel zur Mittellinie abmessen und abstechen. Die Rasenstreifen mit einem Spaten von der Mitte nach außen abheben und aufrollen, um die unebene Stelle freizulegen. Überschüssigen Boden entfernen bzw. Senke mit Kompost auffüllen und verdichten. Rasen wieder auflegen und andrücken. Etwas Kompost in die Ritzen streuen und den Bereich gut wässern.

Kahle Stellen

Diese entstehen meist durch übermäßige Beanspruchung. Manchmal reicht es, die Stelle mit Maschendraht abzudecken und feucht zu halten, damit neues Gras darauf wächst. Falls der Boden zu stark verdichtet ist, den Bereich ca. 15 cm tief mit der Grabegabel auflockern und etwas Gartensand untergraben. Einebnen, leicht verdichten und mit Rasensamen (50 g pro m^2) einsäen. Den Bereich leicht wässern, die Oberfläche etwas trocknen lassen und mit transparenter Polyäthylenfolie abdecken. Diese entfernen, sobald die Grassämlinge kräftig wachsen.

Regelmässige Pflege

Drei Maßnahmen zur Erhaltung der grünen Rasenpracht:

- Vom Frühjahrsbeginn bis zum Spätherbst regelmäßig mähen. Den Rasenschnitt außer bei sehr heißem, trockenem Wetter nicht auf dem Rasen liegen lassen.
- Rasen im Frühjahr und Frühsommer (außer bei Trockenheit) alle sechs bis acht Wochen mit schnell wirkendem Dünger, im Spätsommer und Frühherbst mit verzögert wirkendem Dünger behandeln. Vom Hersteller empfohlene Menge und Anwendungshäufigkeit beachten.
- Rasen im Spätsommer durchlüften: Rasenfläche in 8-cm-Abständen 10 cm tief mit der Grabegabel einstechen oder mit einem Vertikutierer bearbeiten. Dann eine Mulchkompostmischung in den Boden rechen. Den Rasen auch im Frühjahr vor dem Düngen einstechen.

Rasenkanten ausbessern

1 Ein Holzbrett von 20–25 cm Breite und 30 cm Länge so auf die beschädigte Stelle legen, dass eine der Schmalseiten bündig mit der Rasenkante abschließt.

2 Rasen mit einem Kantenstecher rund um das Brett ca. 6 cm tief einstechen; auch die Ecken sauber ausstechen. Das Brett wegnehmen. Das Rasenstück mit einem Spaten anheben und wenden.

3 Die beschädigte Kante liegt jetzt zur Rasenmitte hin, die abgestochene Kante ist bündig mit der Rasenkante. Den beschädigten Bereich mit Kompost auffüllen, verdichten und mit Rasensamen einsäen.

Löcher ausbessern

1 Ein quadratisches Brett von 25–30 cm Kantenlänge auf das Loch legen. Das Rasenstück rund um das Brett säuberlich mit einem Kantenstecher ausstechen.

2 Das beschädigte Rasenstück abheben. Mit dem gleichen Brett ein Stück gesunden Rasen an einer unauffälligen Stelle ausstechen, an der ersten Stelle in den Rasen einbetten und gut andrücken.

3 Die Fuge rund um das Rasenstück mit Kompost ausfüllen und den Bereich regelmäßig gründlich wässern, bis das Rasenstück gut angewachsen ist.

Kamillerasen und Thymianwege

Diese Elemente finden als farbenfrohe und herrlich duftende Attraktionen auch im kleinsten Garten Platz. Wohlriechender Kamillerasen war in England schon zu Zeiten Elisabeths I. sehr beliebt, und der intensive Duft des Thymians bringt mediterranes Flair in Ihren Garten.

Kamillerasen

Dieser wird mit Römischer Kamille *(Chamaemelum nobile*, früher *Anthemis nobilis)* angepflanzt, einer kriechenden, Matten bildenden Staude mit fein geteilten Blättern, die beim Betreten einen fruchtigen Duft verströmen. Die nicht blühende Zuchtform 'Treneague' verströmt einen bananenähnlichen Duft.

Neu angelegte Kamillerasen sind anfällig für Unkraut. Die Fläche muss sorgfältig vorbereitet werden: Im Winter 30 cm tief umgraben und alle Wurzelunkräuter entfernen. 12 Monate brachliegen lassen und alle Unkräuter ausgraben. Im zweiten Winter wieder umgraben; im nächsten Frühjahr bepflanzen.

Kamillerasen anpflanzen

Den Bereich mit dem Rechen einebnen, mit den Füßen gleichmäßig verdichten, noch einmal glatt rechen. Bei Trockenheit gründlich wässern, und wenn die Oberfläche trocken und krümelig ist, bepflanzen.

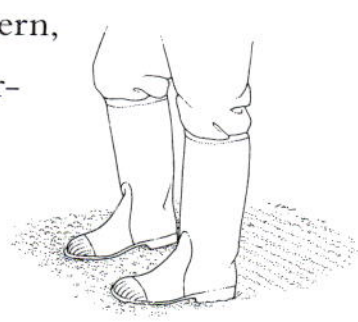

Man kann den Kamillerasen im späten Frühjahr oder im Frühsommer pflanzen. Die Pflänzchen in versetzten Reihen im Abstand von 15–20 cm pflanzen. Pflanzlöcher großzügig ausheben; darauf achten, dass der Wurzelansatz gerade mit Erde bedeckt ist. Boden etwas verdichten und den Rasen sanft, aber gründlich wässern. Später kann man die Pflanzen mit einer Heckenschere stutzen.

Thymianwege

Hierfür eignet sich der Sandthymian *(Thymus serpyllum)*, ein immergrünes, teppichbildendes Kraut mit würzig duftenden, leuchtend grünen Blättern, das einen großen Teil des Sommers hindurch rosa bis violette Blüten trägt. Es erreicht eine Ausbreitung von 45–60 cm, doch zur raschen Bodendeckung sollte man die Pflanzen enger setzen.

Thymianwege gestalten

Im Winter die Wegbreite abstecken und den Bereich gut umgraben, um Wurzelunkräuter zu entfernen. Die Oberfläche grobschollig lassen, damit der Frost sie fein zerkrümelt. Im Frühjahr den Boden rechen und Trittsteine verlegen (darauf achten, dass der Abstand für alle potenziellen Benutzer des Wegs geeignet ist). Die Trittsteine so in den Boden einlassen, dass ihre Oberfläche gut 1 cm über das Bodenniveau hinausragt. Die Thymianpflanzen im Abstand von 25–30 cm setzen. Den Boden um die Pflanzen festdrücken und den Bereich bis zum Anwachsen der Pflanzen immer wieder gründlich wässern, vor allem am Rand, wo der Boden leicht austrocknet.

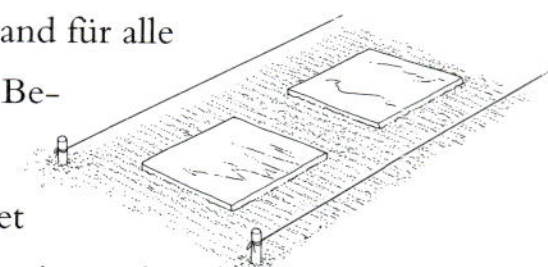

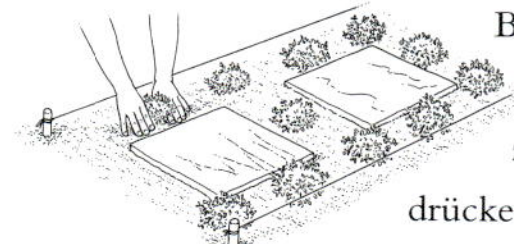

▲ *Ein Rasen aus hellgrünen, fruchtig duftenden Kamilleblättchen versetzt jeden Besucher in Staunen.*

▶ *Thymianwege bilden im Sommer farbenprächtige Verbindungsglieder zwischen einzelnen Gartenbereichen.*

Duftbänke

Sie sind eine originelle Bereicherung für kleine Gärten. Es handelt sich um erhöhte Beetkonstruktionen von ca. 45 cm Höhe, 1,20–1,80 m Länge und 50–60 cm Tiefe, die mit Kamille oder Thymian bepflanzt werden. Da ein solches erhöhtes Beet besonders leicht austrocknet, muss es unbedingt regelmäßig gewässert werden. Man kann zwischen die Pflanzen auch kleine Bodenplatten legen, die als Sitzfläche dienen und zugleich die Verdunstung reduzieren.

Wasser- und Steingärten

Wassergärten werden immer beliebter, und es gibt viele Möglichkeiten, das nasse Element effektvoll in den Garten einzubeziehen, sei es in Form eines Naturteichs mit Fröschen und Molchen, als Wasserfall oder als Sumpfgarten mit ständig feuchtem Boden zur Kultivierung spezieller Pflanzen. Vielleicht bevorzugen Sie aber auch Steingärten mit besonders durchlässigem Boden, auf dem äußerst reizvolle Kleinpflanzen gedeihen. Die folgenden Seiten bieten allerhand nützliche Tipps zur Anlage attraktiver Wasser- und Steingärten.

Wassergärten

Wasser hat eine beruhigende Wirkung, kann aber auch Bewegung in den Garten bringen. Ein Seerosenteich in einer offenen, sonnigen Gartenecke, über dessen Wasserfläche Libellen schwirren, erzeugt eine entspannende Atmosphäre.

Wasser für jeden Garten

Für alle, denen die Anlage eines Teichs zu aufwändig ist, aber auch für Gärten, in denen Kleinkinder spielen, bieten sich attraktive Alternativen an, z.B. ein Sprudelstrahl, der auf Kiesel plätschert, oder eine flache Wasserschale, in der das Wasser mittels einer Pumpe umgewälzt wird. Solche Wasserelemente lassen sich sogar auf Terrassen unterbringen.

Gartenteiche kann man in jeder Form und Größe anlegen – beispielsweise mit der Wasseroberfläche auf Bodenniveau oder als erhöhtes Becken. Ein Teich zu ebener Erde mit unregelmäßiger Kontur kann in einen Sumpfgarten oder ein Naturbiotop integriert werden. Früher bestanden Teiche grundsätzlich aus rechteckigen Betonbecken, doch inzwischen werden Fertigteiche in natürlicheren Formen aus stabilem Kunststoff angeboten.

Die gebräuchlichste Alternative zum Fertigteich ist die Verwendung von Teichfolien, mit denen man eine in der gewünschten Form und Größe ausgehobene Grube auslegt. Es gibt verschiedene Arten von Teichfolie, die sich vor

▲ *Gartenteiche können eine Fülle von Wasser- und Sumpfpflanzen beherbergen. Ihr Anblick wirkt sehr beruhigend.*

Springbrunnen

- Das Sprühwasser sollte nicht auf Seerosen oder Randbepflanzung spritzen.
- Die Höhe des Strahls sollte maximal dem halben Teichdurchmesser entsprechen.
- In windigen Gegenden Strahldüsen wählen, die große Wassertropfen erzeugen.
- Die Wassertropfen sollten keine Schwimmpflanzen beeinträchtigen.

allem in Haltbarkeit und Preisniveau unterscheiden. Polyäthylenfolie ist preiswert, aber nicht sehr haltbar, vor allem, wenn sie direkter Sonnenbestrahlung ausgesetzt ist. Butylkautschukfolien versprechen eine Lebensdauer von über 20 Jahren, sind aber wesentlich teurer.

Unter der Teichfolie dürfen keine spitzen Steine liegen, die sich durch die Folie drücken könnten. Starre Fertigteiche werden einfach in ein Loch von entsprechender Form versenkt. Modelle aus glasfaserverstärktem Kunststoff sind relativ teuer, können aber auch über 20 Jahre halten.

Miniteiche für Terrassen

Platz für einen Teich ist auf der kleinsten Terrasse. Rustikale Holzbottiche können im Sommer Zwergseerosen und andere Wasserpflanzen beherbergen. Gefäße mit geringem Wasserinhalt sollten im Wintergarten oder Gewächshaus überwintern. Empfehlenswerte Zwergseerosen:

Nymphaea 'Aurora' – zuerst gelbrosafarben, dann orange, später rot.

Nymphaea 'Indiana' – orangefarben mit orangeroten Staubgefäßen.

Nymphaea tetragona – cremefarben mit gelben Staubgefäßen.

Uferbepflanzung: Steife Segge *(Carex elata* 'Aurea') – schmale, goldgelbe Halme.

Zebrasimse *(Scirpus lacustris* var. *tabernaemontani* 'Zebrinus') – grünweiß gebänderte Halme.

Seerosen

Sie müssen sorgfältig für den jeweiligen Teich ausgewählt werden, da starkwüchsige Arten einen kleinen Teich rasch zuwuchern. Es gibt vier Kategorien: Zwergformen, schwach, mittelstark und stark wachsende Seerosen. Zwergformen eignen sich für 10–25 cm tiefe Teiche, schwach wachsende für 15–45 cm Wassertiefe, mittelstark wachsende für 30–60 cm, starkwüchsige brauchen mindestens 50–90 cm Wassertiefe.

Um eine Seerose *(Nymphaea)* zu pflanzen, den Wurzelballen mit Erde in einen Pflanzkorb aus Plastikgitter setzen und mit 3 cm Feinkies bedecken. Gut wässern und in den Teich setzen. Eventuell Ziegel unterlegen, um den Pflanzkorb so zu platzieren, dass die Seerosenblätter auf der Wasseroberfläche schwimmen. Wenn die Pflanze wächst, kann man die Ziegel nach und nach entfernen.

▲ *Ein Wasserbecken, dessen Baumaterial zur Gesamtgestaltung passt, ist ein markantes Schmuckelement für die Terrasse.*

FOLIENTEICH

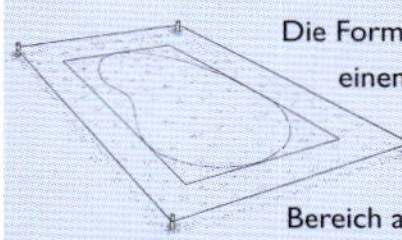

Die Form des Teichs mit einem Seil oder Schlauch markieren. Den Bereich ausheben; am Rand einen Saum von 30 cm Tiefe für die Uferbepflanzung lassen. Rund um den Teich für die Randsteine einen 25 cm breiten Streifen ca. 10 cm tief ausstechen.

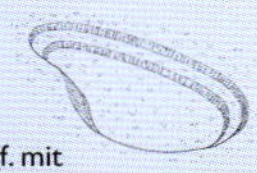

Das Teichbett von Steinen befreien, mit einer 3 cm dicken Sandschicht und ggf. mit Schutzvlies bedecken. Die Teichfolie einlegen und an den Rändern mit Steinen beschweren.

Den Teich mit Wasser füllen und dabei die Gewichte lockern, damit sich die Folie der Grube anpassen kann. Die Folie rundum so abschneiden, dass sie 15–20 cm übersteht. Den Teichrand mit festzementierten Randsteinen befestigen.

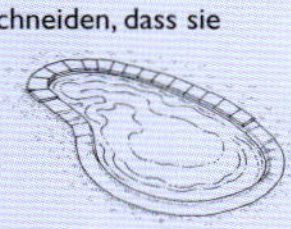

Sumpfgärten

Neben einem naturnahen Teich oder an einer von Natur aus feuchten Stelle des Gartens kann man mit Feuchtigkeit liebenden Pflanzen einen Sumpfgarten kreieren. Zu den Sumpfpflanzen gehören z. B. diverse Primeln, Feuchtigkeit liebende Farne und viele bunt blühende Stauden.

Einen Sumpfgarten anlegen

Die meisten Gärten verfügen nicht über einen Bereich, dessen Boden von Natur aus das ganze Jahr hindurch feucht bleibt. Ein Sumpfgarten lässt sich aber mithilfe von Kunststofffolie problemlos auch auf eigentlich trockenem Boden anlegen. Dabei sind einige Grundregeln zu beachten: Zunächst sollte man den Sumpfgarten so klein halten, dass man alle Pflanzen erreichen kann, ohne den Sumpfboden betreten zu müssen, was ihn unnötig verdichten würde. Um zu gewährleisten, dass die Bodenmischung feucht, aber nicht übermäßig wassergetränkt bleibt, sollte die Kunststofffolie in regelmäßigen Abständen perforiert werden. Darauf achten, dass das Bodenniveau des Sumpfgartens ein wenig unter dem Wasserspiegel eines angrenzenden Teichs liegt. Im Frühjahr und Sommer sollte man den Sumpfgarten bei anhaltend trockenem Wetter mit einem Rasensprenger wässern.

Bauanleitung

Die Umrisse des geplanten Sumpfgartens neben einem naturnahen Gartenteich mit einem Gartenschlauch markieren, um die Form eventuell noch ändern zu können. Achten Sie bei der Formgebung darauf, dass Sie alle Stellen von außen erreichen können.

Den Bereich 40–50 cm tief ausheben. Den Mutterboden neben der Grube aufhäufen; den Unterboden entfernen. Die Grube mit einer 3-cm-Schicht feuchtem Sand auskleiden, dann mit Folie auslegen. Den Folienrand unter die Randbefestigung des Teichs schieben.

Im Abstand von 70–90 cm Löcher von ca. 1 cm Durchmesser in die Folie stechen, damit überschüssiges Wasser ablaufen kann. Die Folie 5 cm hoch mit Feinkies bedecken. Die Grube mit einer Mischung aus drei Teilen Mutterboden, drei Teilen Torf und einem Teil sauberem, kalkfreiem Grobsand auffüllen. Den

◀ Hosta gedeihen ausgezeichnet in Sumpfgärten und können mit ihrem üppigen Blattwerk strenge Teichbegrenzungen auflockern.

Boden leicht verdichten. Große Steine rund um den Sumpfgarten legen, um den Folienrand zu bedecken.

Bepflanzung

Den Sumpfgarten bepflanzt man am besten im Frühjahr oder Frühsommer. Zunächst Universaldünger auf den Boden stäuben und leicht untergraben. Dann die Pflanzen so verteilen, dass der Gesamteindruck möglichst attraktiv ist. Die Pflanzen mithilfe einer Pflanzkelle von der Beetmitte zum Rand hin setzen. Den Boden um die Wurzeln etwas andrücken und den Bereich behutsam, aber gründlich wässern. Geeignete Pflanzen sind beispielsweise:

Primeln

Kugelprimel *(Primula denticulata)* – dichte, kugelförmige Blütenköpfchen im Frühjahr. Das Farbspektrum reicht von Weiß über Blau bis zu Lila.
Tibet-Primel *(P. florindae)* – duftende, glockenförmige Blüten in hellem Orange bis Blutrot vom Früh- bis zum Hochsommer.
Japanische Etagenprimel *(P. japonica)* – an aufrechten Stängeln etagenförmig angeordnete Blüten in den Farben Weiß, Rosa, Violett oder Karmesinrot vom späten Frühjahr bis zum Hochsommer.

Farne

Perlfarn *(Onoclea sensibilis)* – 60 cm hoch mit blassgrünen Wedeln.
Gewöhnlicher Rispenfarn *(Osmunda regalis)* – 1,2–1,8 m hoch mit erbsengrünen Wedeln.

Stauden

Gartenastilbe *(Astilbe × arendsii)* – trägt im Sommer fedrige Blütenähren in Rot, Rosa oder Weiß.
Funkie *(Hosta)* – viele Arten, teils mit einfarbigen, teils mit panaschierten Blättern.
Wiesenschwertlilie *(Iris sibirica)* – blaue Blüten im Frühsommer.
Gelbe Scheincalla *(Lysichiton americanus)* – aronstabähnliche Blütenscheiden im Frühjahr und Frühsommer.
Bronzeblatt *(Rodgersia pinnata)* – große dunkelgrüne bis bräunliche Blätter.
Trollblume *(Trollius × cultorum)* – im späten Frühjahr und frühen Sommer gelbe bis orangefarbene Blüten, die an gefüllte Butterblumen erinnern.

▲ *Im Sonnenlicht glitzernde Wasserfälle und -kaskaden sind eine reizvolle Ergänzung zu Gartenteichen jeder Größe.*

Einen Sumpfgarten anlegen

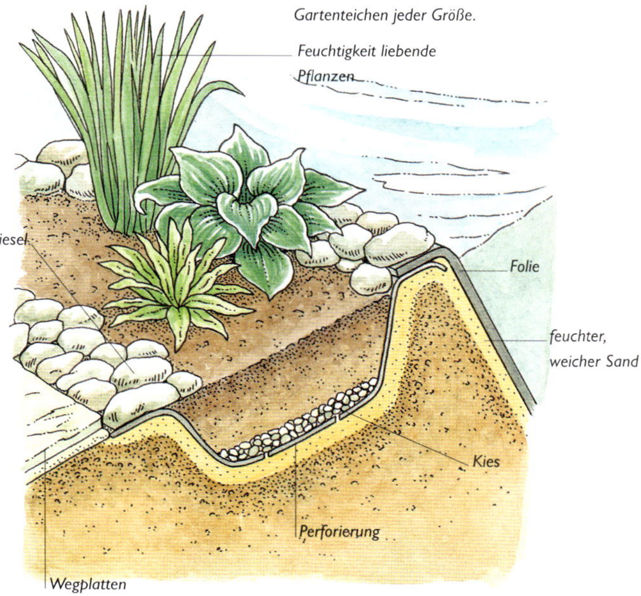

Einen Steingarten anlegen

Steingärten, die man mit einer Vielzahl zierlicher Blütenpflanzen gestalten kann, sind eine besonders reizvolle Bereicherung für kleine Gärten. Man kann sie auf leichtem Gefälle anlegen, aber auch als freistehende Hügel, die man mit geschichteten Steinen bedeckt.

Steingärten

Falls Sie einen Garten mit leichtem Süd- oder Westgefälle besitzen, lässt sich ein Steingarten ganz leicht aus Natursteinbrocken, z. B. Kalk- oder Sandstein, anlegen, die in geraden Reihen aufgeschichtet werden. Für einen Steingarten von 5 m^2 Fläche braucht man 1–2 Tonnen Steine.

Die große Auswahl an Steingartenpflanzen umfasst u. a. Hochgebirgspflanzen, kleine Stauden und Zwiebelpflanzen sowie Zwergkoniferen. Als Grundbepflanzung können Zwergsträucher wie die Kleinblättrige Zwergmispel *(Cotoneaster microphyllus)* mit ca. 30 cm Höhe und 50 cm Breite dienen. Geeignete Sträucher sind auch Thymian, Olymp-Johanniskraut *(Hypericum olympicum)* mit prächtigen gelben Blüten und die Kolibitrompete *(Zauschneria californica)*, die im Spätsommer und Frühherbst fuchsienähnliche rote Blüten trägt.

Frei stehende Steingärten

Hierfür schüttet man einen Hügel aus durchlässigem Boden auf und bedeckt ihn mit Natursteinen in geschichteten Lagen. Die meist kleinflächige Front nicht mit großen Sträuchern überladen, sondern lieber mit säulenförmigen, schwachwüchsigen Koniferen bepflanzen, die den Eindruck von Höhe erwecken. Gut geeignet sind z. B. der Gewöhnliche Wacholder *Juniperus communis* 'Compressa', der in 10 Jahren

Bestseller	
Aubrieta deltoidea	Sedum acre
Aurinia saxatilis	Saponaria ocymoides

◀ *Eine solche Kombination aus Steingarten und Wasserlauf wirkt besonders faszinierend.*

nur 50 cm hoch wird, oder der Felsengebirgswacholder *Juniperus scopulorum* 'Skyrocket' mit 1,8 m Höhe nach 10 Jahren. Will man den unteren Bereich des Steingartens betonen, damit er breiter wirkt, empfehlen sich der Schuppenwacholder *Juniperus squamata* 'Blue Star' (nach 10 Jahren 40 cm hoch und 60 cm breit) oder die Hybride *Juniperus × pfitzeriana* 'Gold Coast' (wird in 10 Jahren 50 cm hoch und 75 cm breit).

Trockenmauern

Solche Mauern gewinnen sehr, wenn man ihre Seiten mit bunt blühenden Pflanzen bewuchert. Besonders schön wirkt das Felsensteinkraut *(Aurinia saxatilis,* bekannter als *Alyssum saxatile):* Es breitet sich 30–50 cm weit aus und lässt seine goldgelben Blüten bis zu 60 cm herabhängen. Das immergrüne, mehrjährige Griechische Blaukissen *(Aubrieta deltoidea)* trägt im Frühjahr und Frühsommer vierblättrige Blüten in Rosa- bis Violetttönen.

Man kann auch die Mauerkrone mit Pflanzen besetzen, deren üppiges Laub die harten Konturen auflockert. Hierfür eignet sich z. B. das Kleine Seifenkraut *(Saponaria ocymoides),* das sich den Frühsommer hindurch mit blassrosafarbenen Blüten bedeckt und seine Zweige bis 60 cm herabranken lässt, ebenso wie der Scharfe Mauerpfeffer *(Sedum acre* 'Aureum'), der leuchtend gelbe Blüten trägt und sich 60 cm weit ausbreitet.

Kiesbeete

Sie sind schön als Einfassung für Steingärten, aber auch an sich sehr attraktiv. Pflanzen Sie kleinwüchsige Koniferen, Zwiebelpflanzen oder Stauden wie Steintäschel *(Aethionema),* Reiherschnabel *(Erodium),* Alpinen Phlox *(Phlox douglasii)* oder Leimkraut *(Silene).*

▲ *Kiesbeete sind ideal für kleine Gärten, ob als Ausläufer eines Steingartens oder als eigenständiges Gartenelement.*

Ein Kiesbeet anlegen

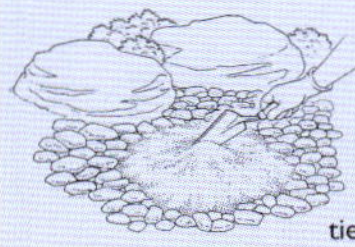

Eine Fläche am Fuß eines Steingartens abstecken, ca. 40 cm tief ausheben und 15 cm hoch groben Schotter einfüllen. Mit einer 5 cm dicken Schicht Grobsand bedecken. Eine Bodenmischung aus einem Teil Mutterboden, einem Teil feuchtem Torf und drei Teilen Sand als 15 cm dicke Schicht über die Fläche ausbreiten.

Ein paar Steinbrocken dekorativ anordnen und die Steingartenpflanzen setzen. Zuletzt eine ca. 3 cm dicke Lage Kies auf die Fläche streuen, um die Wasserverdunstung zu reduzieren.

Naturteiche

Solche Teiche und ihre Umgebung können als Lebensraum für die heimische Fauna, wie Wasserinsekten, kleine Säugetiere, Amphibien und Vögel, dienen. Goldfische und andere Exoten, die Farbe in Zierteiche bringen, sind hier fehl am Platz und würden ohnehin bald Vögeln zum Opfer fallen.

Einen Naturteich anlegen

Naturteiche haben ihre Berechtigung nicht nur auf dem Lande, sondern auch in Stadtgärten, wo sie Vögeln als Futterplatz, Bad und Tränke dienen.

Sie lassen sich am besten mit flexibler Teichfolie, vorzugsweise aus Butylkautschuk, gestalten. Eine Grube mit unterschiedlich tiefen Bereichen (60–75 cm) ausheben. Diese Mindesttiefe ist für das Überwintern von Tieren und Pflanzen im Teich erforderlich. Den Teich ohne regelmäßige Kontur anlegen und an einer Seite Platz für einen Sumpfgarten (Seite 374–375) vorsehen. Die Uferzone sollte sanft abfallen, damit Tiere leicht ins Wasser und wieder heraus gelangen können. Das Teichbett 5 cm dick mit feuchtem Sand auskleiden. Darauf Folie verlegen. Falls ein Weg am Ufer geplant ist, eine Überlappung von 25 cm vorsehen. Die Folie mit einer weiteren Sandschicht bedecken und darauf eine 5–8 cm dicke Schicht schweren Boden aufbringen.

Die Folienkanten mit großen Kieseln o. Ä. bedecken. Einen Eimer auf den Teichboden stellen, einen Schlauch hineinhängen und den Teich mittels Überlauf vorsichtig befüllen. Reine Unterwasserpflanzen können direkt in den Teichboden gepflanzt werden, während man Seerosen und Randbepflanzung am besten in Pflanzkörbe aus Plastikgitter setzt.

Teichpflege

Ihr Teich sollte sich möglichst natürlich entwickeln. Grundlegende Pflegemaßnahmen wie die Entfernung übermäßiger Mengen von Fadenalgen und Entengrütze sowie von Herbstlaub und ggf. die

◀ Naturteiche verbreiten eine beruhigende Stimmung und ziehen allerlei Vögel, Amphibien und kleine Säugetiere an.

Anlage eines Naturteichs

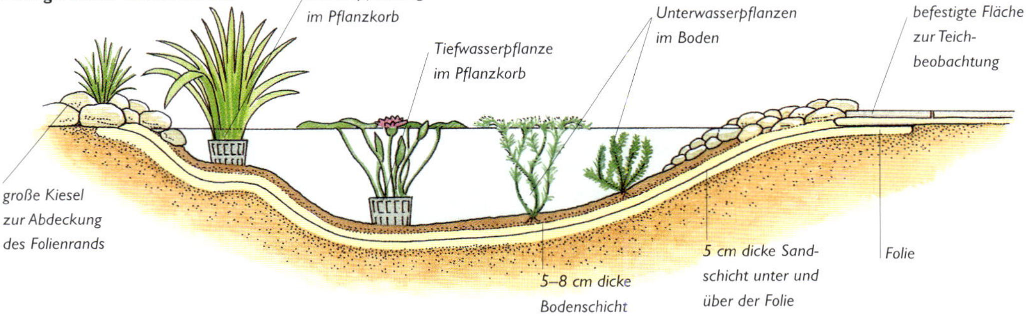

Ausdünnung zu üppig wuchernder Pflanzen sind jedoch unerlässlich. Nach Befüllung des Teichs einige Eimer Wasser aus einem älteren Teich zugeben, um Kleinsttiere und -pflanzen anzusiedeln.

Naturschutz

- Keine Pestizide o. Ä. auf Pflanzen in oder neben einem Teich sprühen, da Frösche, Kröten und Molche auf solche Mittel sehr empfindlich reagieren.
- Keine Herbizide auf Rasenflächen rund um einen Teich einsetzen.
- Am Teichrand „Zugangsrampen" für Kleintiere und Amphibien anlegen.
- Die Umgebung des Teichs möglichst einsehbar gestalten, um Vögel vor sich anschleichenden Katzen zu schützen.
- Den Bereich von überhängenden Ästen Laub werfender Bäume freihalten. Faulendes Falllaub produziert giftige Gase.
- In Teichnähe sollten keine Gehölze mit giftigen Beeren, wie z. B. Goldregen, wachsen.

▶ *Viele Feuchtigkeit liebende Pflanzen, wie z. B. Farnarten für feuchte Standorte, fühlen sich rund um einen Naturteich wohl.*

Aussaat und Vermehrung

Wohl jeder Gärtner verspürt den Wunsch, neue Pflanzen zu erzeugen, ob durch Aussaat, Stecklinge, Teilung oder Absenker. Die meisten dieser Methoden erfordern keinen großen Zeit- und Geldaufwand. Die Anzucht frostempfindlicher Einjähriger muss jedoch im warmen Gewächshaus, Frühbeet oder notfalls im Haus erfolgen. Später werden die Sämlinge aus den Saatschalen in Töpfe umgesetzt und erst nach den letzten Frösten ins Freie ausgepflanzt. Frostharte Einjährige sät man im späten Frühjahr direkt an den endgültigen Standort.

Einfache Vermehrung

Viele Gärtner empfinden die Vermehrung von Pflanzen als besonders befriedigend, vor allem wenn sie schnell und preiswert zu Ergebnissen führt. Zu den schnellsten Methoden gehört die Teilung. Stecklinge und Absenker zu bewurzeln, ist ebenfalls recht einfach, dauert aber etwas länger.

Pflanzen teilen

Nach etwa fünf Jahren bestehen viele Stauden und Kräuter aus einem Gewirr verholzter Stängel mit kahler Mitte. Im Herbst oder Frühjahr alle Stängel bis auf Bodenniveau abschneiden, den Wurzelballen mit der Grabegabel ausgraben. Zwei Grabegabeln Rücken an Rücken in den Ballen stechen und so auseinander hebeln, dass er in mehrere Teile zerlegt werden kann. Gesunde, junge Stücke vom Außenrand zurück ins Beet pflanzen. Alte, verholzte Stücke entsorgen.

Zum Absenken geeignete Sträucher und Bäume

Azalee – Besenheide *(Calluna)* – Essigbaum *(Rhus)* – Felsenbirne *(Amelanchier)* – Forsythie *(Forsythia)* – Glockenheide *(Erica)* – Hartriegel *(Cornus)* – Heidel-/Preiselbeere *(Vaccinium)* – Kamelie *(Camellia)* – Lavendelheide *(Pieris)* – Magnolie – Perückenstrauch *(Cotinus)* – Pfaffenhütchen *(Euonymus)* – Scheinquitte *(Chaenomeles)* – Schneeball *(Viburnum)* – Winterblüte *(Chimonanthus)* – Winterjasmin *(Jasminum nudiflorum)* – Zaubernuss *(Hamamelis)* – Zwergmispel *(Cotoneaster)*

Absenker von Gehölzen

Eine sehr einfache Methode; es kann aber über ein Jahr dauern, bis der Absenker Wurzeln bildet und von der Mutterpflanze getrennt werden kann. Dieses Verfahren eignet sich für verholzte Pflanzen mit tief hängenden Zweigen, die man bis auf die Erde hinunterbiegen kann. Am besten eignen sich hierzu das Frühjahr und die Zeit vom Spätsommer bis zum Frühherbst.

Verholzte Stecklinge

Eine Möglichkeit zur Vermehrung vieler Zier- und Beerensträucher, für die man nur ein Anzuchtbeet, einen Spaten und feinen Sand benötigt. Man schneidet im Herbst diesjährige, verholzte Triebe, steckt sie in den Boden und braucht sich danach kaum noch um sie zu kümmern. So kann man z. B. Berberitze, Deutzie, Forsythie, Stechpalme *(Ilex)*, Liguster, Pfeifenstrauch *(Philadelphus)*, Spierstrauch *(Spiraea)* und Weigelie vermehren.

Zur Vermehrung der Schwarzen Johannisbeere *(Ribes nigrum)* um die Herbstmitte 20–25 cm lange Triebe knapp ober- und unterhalb einer Triebknospe abschneiden. Stecklinge im Abstand von 8–10 cm in einen Graben mit senkrechten Wänden so auf eine Schicht Feinsand setzen, dass zwei Triebknospen über Bodenniveau hinausragen. Den Boden rundum gut andrücken. Bei Stachelbeeren um die Herbstmitte 30 cm lange Stecklinge schneiden, alle Triebknospen bis auf die obersten vier entfernen und sie wie oben beschrieben ca. 15 cm tief in einen Graben setzen. Rote Johannisbeeren werden auf die gleiche Weise vermehrt.

Zur Teilung geeignete Stauden

Berufkraut *(Erigeron)* – Frauenmantel *(Alchemilla mollis)* – Geißbart *(Aruncus)* – Glockenblume *(Campanula)* – Goldrute *(Solidago)* – Igelkopf *(Echinacea)* – Indianernessel *(Monarda)* – Mädchenauge *(Coreopsis)* – Mädesüß *(Filipendula)* – Mehrjährige Astern – Silberimmortelle *(Anaphalis)* – Prachtspiere *(Astilbe)* – Punktierter Gilbweiderich *(Lysimachia punctata)* – Schafgarbe *(Achillea)* – Schaumblüte *(Tiarella)* – Sonnenbraut *(Helenium)* – Sonnenhut *(Rudbeckia)* – Storchschnabel *(Geranium)*

Stauden teilen

1 Zur Teilung eines großen Wurzelballens zwei Grabegabeln in den Ballen stechen, um ihn auseinander zu hebeln. Den älteren Mittelteil des Wurzelballens entsorgen.

2 Die jüngeren Seitenstücke des Wurzelballens behutsam lösen und einpflanzen. Keine zu kleinen Stücke abtrennen, die lange brauchen, um sich zu stattlichen Pflanzen zu entwickeln.

Verholzte Stecklinge (Liguster)

Einen gesunden, verholzten Trieb von 25–30 cm Länge unterhalb eines Blattknotens abschneiden.

Alle Blätter bis auf die obersten sechs oder acht entfernen.

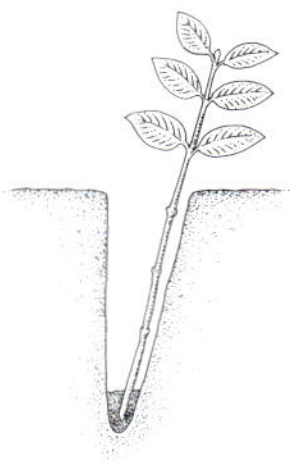

Einen 15–20 cm tiefen Graben mit einer senkrechten Seite ausheben. Etwas feinen Sand in den Graben streuen, den Steckling hineinstellen und den Boden rundum gut andrücken.

Absenker von Gehölzen

1 Einen langen, tief hängenden, bis zu zweijährigen Zweig auswählen. 25–50 cm von der Zweigspitze einen 8–15 cm tiefen, schmalen Graben ziehen.

2 Den Zweig in den Graben absenken und das Ende nach oben biegen. An der Unterseite der Biegung schräg bis zur Zweigmitte einschneiden.

3 Den Zweig mit einer Drahtklammer im Boden fixieren. Daneben einen Stützstab in den Boden stecken. Erde um den Zweig andrücken.

4 Absenker locker am Stützstab festbinden. Entwickelt er neue Triebe, kann man ihn von der Mutterpflanze trennen und ins Frühbeet setzen.

Frostharte Einjährige säen

Frostharte Einjährige werden im Frühjahr direkt ins Blumenbeet gesät, treiben aus, blühen und sterben wieder ab, sobald kaltes Herbstwetter einsetzt. Doch für ihre Kurzlebigkeit entschädigt ihre üppige Farbenpracht, ob im eigenen Beet oder in Kombination mit anderen Gartenpflanzen.

Bodenvorbereitung zur Aussaat

Das Beet im Spätherbst oder zu Winterbeginn unter Beigabe von reifem Kompost oder Mist spatentief umgraben. Samenunkräuter untergraben, Wurzelunkräuter ausgraben und verbrennen. Die grobschollige Erde vom Frost fein zerkrümeln lassen. Gegen Mitte oder Ende des Frühjahrs den Boden vorsichtig mit den Füßen verdichten und glatt rechen.

▲ *Frostharte Einjährige werden oft als „Lückenfüller" in Staudenrabatten oder gemischten Beeten eingesetzt.*

Aussaat

Frostharte Einjährige werden erst gegen Mitte oder Ende des Frühjahrs ausgesät, wenn sich der Boden bereits aufgewärmt hat, da die Samen in kaltem, nassem Boden nicht keimen. Die Bereiche, die mit verschiedenen Arten oder Sorten eingesät werden sollen, mit feinem Sand markieren. Niedrigere Blumen im vorderen Bereich des Beets säen.

Manche Gärtner säen Einjährige, indem sie die Samen auf dem Boden verstreuen, doch das ist Verschwendung. Stattdessen mit einem spitzen Stock im Abstand von 20 cm gerade Saatrillen von 5–10 mm Tiefe ziehen. Diese sollten in jedem markierten Bereich in eine andere Richtung verlaufen. Die Samen dünn und gleichmäßig säen, dann mit dem Rücken eines Metallrechens vorsichtig mit feinkrümeliger Erde bedecken. Den Boden mit dem Metallrechen sanft andrücken. Zur Erleichterung des späteren Jätens die Enden der Saatreihen mit kleinen Stäben markieren. Jeden Saatbereich mit Pflanzennamen und Aussaatdatum kennzeichnen. Den Boden feucht halten.

Zum Schutz vor Vögeln ggf. schwarzes Garn über das Beet spannen. Wenn die Sämlinge so groß sind, dass man sie anfassen kann, muss man sie ausdünnen. Der richtige Abstand für die jeweilige Sorte ist auf der Samentüte angegeben. Sämlinge in zwei Etappen erst auf die Hälfte des angegebenen Abstands, dann auf den endgültigen Abstand ausdünnen.

Anzucht von Zweijährigen

Diese Pflanzen blühen erst im zweiten Jahr. Zweijährige im späten Frühjahr oder im Frühsommer in ca. 10 mm tiefe Saatrillen mit 20 cm Abstand ins Saatbeet säen. Die Samen dünn und gleichmäßig ausbringen. Wenn die Sämlinge groß genug sind, muss man sie ausdünnen: Kleine Zweijährige wie Gänseblümchen auf 8–10 cm Abstand, größere wie Goldlack auf 13–15 cm Abstand. Bei zu dicht gesäten Pflanzen die Wurzelballen mit der Blumengabel ausgraben, die kräftigsten Sämlinge auswählen und in 30 cm auseinander liegenden Reihen mit 15–20 cm Abstand wieder einpflanzen. Die gut angegangenen Pflanzen im Spätsommer oder Frühherbst in Blumenbeete oder Pflanzbehälter umsetzen.

Frostharte Einjährige säen

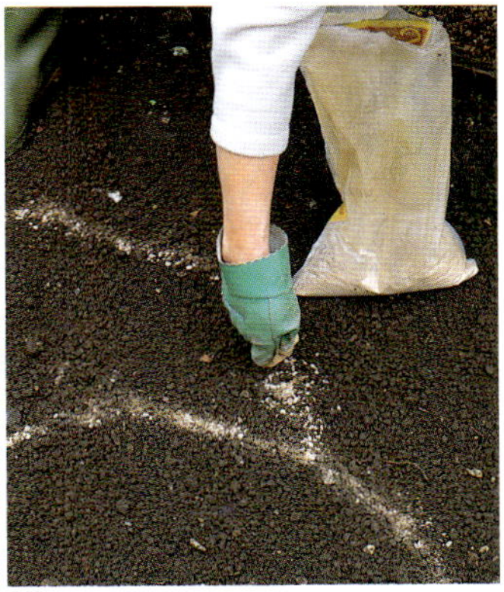

1 Den Boden im Winter umgraben und im Frühjahr mit dem Rechen einebnen. Mit den Füßen vorsichtig verdichten. Erneut glatt rechen und die Saatbereiche mit feinem Sand abgrenzen.

2 Mit einem spitzen Stock 5–10 mm tiefe, parallele Saatrillen in ca. 20 cm Abstand voneinander ziehen. Sie sollten in jedem Saatbereich in eine andere Richtung verlaufen.

3 Die Samen dünn und gleichmäßig in die Saatrillen säen. Wenn sie zu dicht gestreut werden, behindern sich die Sämlinge gegenseitig beim Wachsen.

4 Nach der Aussaat mit dem Rücken eines Metallrechens feinkrümelige Erde über die Samen schieben. Den Boden im Bereich der Saatrillen mit senkrecht gestelltem Rechen leicht andrücken.

▲ *Frostharte Einjährige sind leicht zu ziehen und bescheren den Sommer hindurch Blütenfülle in allen Farben und Formen.*

Empfindliche Einjährige säen

Wie die frostharten versprechen auch die frostempfindlichen Einjährigen bunte Blütenpracht nicht nur für Sommerbeete, sondern auch für Blumenkästen, -ampeln und -kübel. Da sie keinen Frost vertragen, müssen sie jedoch im Gewächshaus, Frühbeet o. Ä. vorgezogen werden.

Aussaat

Da diese Pflanzen gegen Kälte empfindlich sind, werden sie im späten Winter oder zu Beginn des Frühjahrs im wärmeren Klima eines Gewächshauses oder Wintergartens ausgesät. Notfalls kann man sie auch auf der Fensterbank ziehen. Zunächst eine Saatschale mit spezieller Aussaaterde füllen und diese besonders an den Rändern sanft festdrücken.

Noch etwas Aussaaterde zugeben und die Oberfläche mit einem Holzbrett glätten. Die Erde mit einem Bodenverdichter aus einem stabilen Holzbrett mit Griff auf der Rückseite so weit verdichten, dass die Kante der Saatschale 1 cm übersteht.

Zum Aussäen einige Samen in ein Stück längs gefaltetes Papier schütten, dieses über die Saatschale halten und leicht gegen sein Ende klopfen, sodass

Frostempfindliche Einjährige säen

1 Eine Saatschale mit Aussaaterde füllen. Die Erde mit einem Holzbrett so weit verdichten, dass die Kante der Schale ca. 1 cm übersteht.

2 Einige Samen in ein Stück gefaltetes Papier geben und gegen dessen Ende klopfen, um sie gleichmäßig auszusäen. Rundum 1 cm Rand freilassen.

3 Etwas Aussaaterde ganz dünn über die Samen sieben. Die Dicke der Schicht für die jeweilige Pflanzenart ist auf der Samentüte angegeben.

4 Die Saatschale in eine mit Wasser gefüllte Schüssel stellen, bis die Feuchtigkeit an die Erdoberfläche dringt. Dann abtropfen lassen.

die Samen einzeln herausfallen. Rund um die Saatschale einen gut 1 cm breiten Rand von Samen freihalten. Die Samen hauchdünn mit gesiebter Aussaaterde bedecken. Die Dicke dieser Erdschicht beträgt meist 3–6 mm (siehe auch Samentüte). Dann die Saatschale zum Wässern in einen 3 cm hoch mit sauberem Wasser gefüllten Behälter stellen und wieder herausnehmen, sobald die Feuchtigkeit bis an die Erdoberfläche durchgedrungen ist.

Zum Keimen ist eine Temperatur von 16–21 °C erforderlich. Den Temperaturbereich für die jeweilige Pflanzenart findet man auf der Samentüte. Die Saatschale mit transparenter Folie oder einer Glasscheibe und Zeitungspapier abdecken, weil die meisten Samen ausschließlich im Dunkeln keimen – nur wenige brauchen Licht.

Die Erde regelmäßig kontrollieren und feucht halten; das Kondensat von der Unterseite der Glasscheibe abwischen. Bis zur Keimung dauert es je nach Pflanze 7–21 Tage. Sobald die Samen keimen, das Zeitungspapier entfernen und die Abdeckung von Tag zu Tag länger abnehmen. Die Temperatur auch allmählich absenken, um die Sämlinge auf die Temperaturen im Freien vorzubereiten.

TIPP

Zur Aussaat und zum Pikieren nur saubere Aussaaterde verwenden. Erde aus dem Garten ist meist nicht durchlässig genug und kann Schädlinge oder Krankheitserreger enthalten, die den Sämlingen schaden.

Sämlinge pikieren

1 Nach dem Keimen wachsen die Sämlinge rasch. Sobald sie groß genug sind, um angefasst zu werden, muss man sie vereinzeln.

2 Eine neue Saatschale mit Aussaaterde füllen. Mit einem kleinen Pflanzholz 25–35 mm tiefe Löcher im Abstand von 35 mm stechen. Rundum 1 cm Rand lassen.

3 Einige Sämlinge mit einer alten Gabel o. Ä. aus der Schale heben und auf eine feuchte Zeitung legen, damit die Wurzeln nicht austrocknen.

4 Die Sämlinge einzeln vorsichtig an den Blättern, nicht am Stängel fassen und so ins Pflanzloch setzen, dass die Wurzeln etwa so tief sitzen wie zuvor.

5 Die Erde um die Wurzeln ganz vorsichtig mit dem Pflanzholz andrücken, und die Erdoberfläche behutsam glätten.

6 Die Saatschale auf eine ebene Fläche mit gutem Wasserabzug stellen und sanft mit einer Brause wässern, damit sich die Erde um die Wurzeln setzt.

Vermehrung durch Stecklinge

Stecklinge sind eine beliebte Möglichkeit zur vegetativen Vermehrung von Pflanzen. Verholzte Stecklinge lassen sich problemlos im Freien bewurzeln. Unverholzte und halb verholzte Stecklinge werden in Töpfen herangezogen.

Unverholzte Stecklinge

Von vielen Zimmerpflanzen und Stauden kann man zur Vermehrung unverholzte Triebspitzen abschneiden.

Dies kann bei krautigen Gewächshauspflanzen das ganze Jahr über geschehen; die besten Zeiten sind das Frühjahr und der Frühsommer. Unverholzte Stecklinge von Stauden werden im Früh- bis Hochsommer geschnitten. Es gibt jedoch Ausnahmen. Um die Entwicklung zarter, früher Chrysanthementriebe anzuregen, ruhende Wurzeln im Frühwinter in Substrat packen und dann warm und feucht halten. Sie treiben zarte Sprossen aus, die man als Stecklinge nehmen kann. Die Stecklinge gegen Winterende oder im Frühjahr auf 5–8 cm Länge schneiden und je drei bis vier Stecklinge etwa 3 cm tief in einen zu gleichen Teilen mit feuchtem Torf und feinem Sand gefüllten Topf setzen. Das Substrat um die Stecklinge andrücken, wässern und die Temperatur auf 13 °C halten. Hormonbewurzelungspulver kann die Bewurzelung beschleunigen.

Halb verholzte Stecklinge

Zum Umgang mit solchen bereits leicht verholzten Stecklingen siehe Seite 389.

Verholzte Stecklinge

Viele winterharte Zier- und Beerensträucher lassen sich durch Stecklinge vermehren, die von verholzten, diesjährigen Trieben geschnitten werden. Vom Herbst bis zum Frühjahr, wenn die Pflanzen ruhen, einen kräftigen Trieb von – je nach Gehölz – 25–40 cm Länge abschneiden: An beiden Enden knapp oberhalb bzw. unterhalb einer Triebknospe durchschneiden. Mit dem Spaten einen Graben mit einer senkrechten Wand in ein Anzuchtbeet stechen. Die Stecklinge in 10 cm Abstand je zwei Drittel ihrer Länge tief einpflanzen und den Boden rundum andrücken. Verholzte Stecklinge brauchen etwa ein Jahr, um Wurzeln zu bilden. Nach der Bewurzelung sollte man sie auf größeren Abstand vereinzeln.

◀ *Von der sommergrünen Scheinquitte* (Chaenomeles) *kann man im Hoch- oder Spätsommer halb verholzte Stecklinge nehmen.*

Unverholzte Stecklinge

1 Unverholzte Stecklinge am besten im Frühjahr oder Frühsommer schneiden. Einen Topf zu gleichen Teilen mit feuchtem Torf und feinem Sand füllen. Substrat besonders am Rand gut festdrücken.

2 In einen Topf von 8 cm Durchmesser passen drei bis vier Stecklinge. Mit einem Pflanzholz gut 1 cm vom Topfrand entfernt ca. 35 mm tiefe Pflanzlöcher stechen.

3 Die Stecklinge unten mit einem Messer knapp unter einem Blattknoten abschneiden. Die unteren Blätter entfernen. Dann die Stecklinge in die Löcher setzen, das Substrat andrücken und sanft wässern.

4 Zur schnelleren Bewurzelung drei bis fünf Stäbe von 15–20 cm Länge in den Topf stecken, eine durchsichtige Plastiktüte darüber stülpen und rund um den Topf mit einem Gummiband abdichten.

Halb verholzte Stecklinge

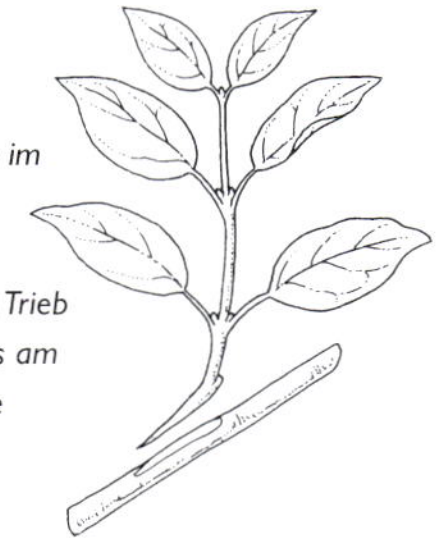

Diese nimmt man im Hoch- oder Spätsommer. Einen 10–15 cm langen Trieb so abtrennen, dass am unteren Ende eine „Fahne“ bleibt.

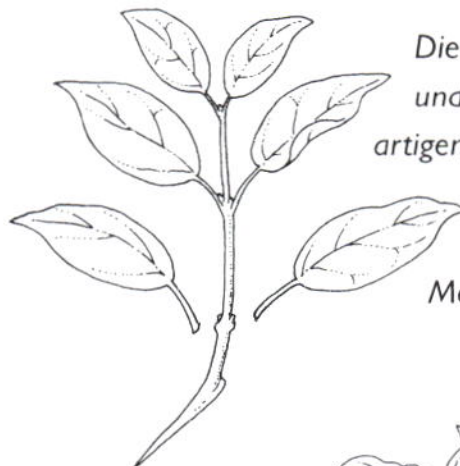

Die unteren Blätter und etwaigen bartartigen Bewuchs an der „Fahne“ mit einem scharfen Messer entfernen.

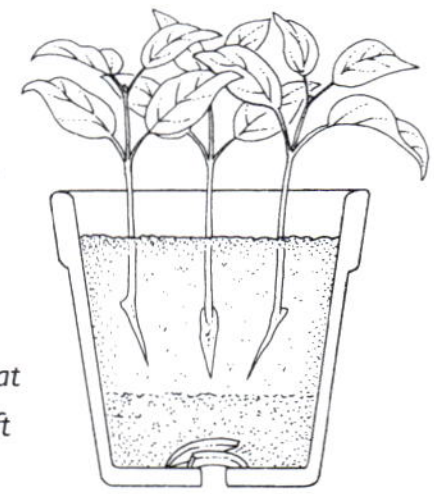

Die Stecklinge 3,5–5 cm tief in ein Gemisch aus 1 Teil feuchtem Torf und 1 Teil feinem Sand stecken. Das Substrat andrücken und sanft wässern.

Gehölze für halb verholzte Stecklinge

- Abelie *(Abelia)*
- Andenstrauch *(Escallonia)*
- Fingerkraut *(Potentilla)*
- Kamelie *(Camellia)*
- Säckelblume *(Ceanothus)*
- Scheinquitte *(Chaenomeles)*
- Schneeball *(Viburnum)*
- Winterblüte *(Chimonanthus)*
- Zistrose *(Cistus)*
- Zwergmispel *(Cotoneaster)*

Bäume, Sträucher und Kletterpflanzen

Die richtige Pflanztechnik ist bei langlebigen Bäumen, Sträuchern, Kletterpflanzen und Hecken besonders wichtig. Zu kleine Pflanzlöcher oder schlechter Boden beeinträchtigen Angehen und Entwicklung der Pflanzen. Auch der regelmäßige Schnitt darf bei vielen Zier- und Obstgehölzen sowie Kletterpflanzen nicht vernachlässigt werden. Für den jährlichen Rosenschnitt muss man mit den unterschiedlichen Schnitttechniken für Edel-, Beet-, Strauch- und Kletterrosen vertraut sein.

Bäume und Sträucher pflanzen

Da Gehölze die Grundstruktur der Gartenbepflanzung bilden, sollte man nur kräftige und gesunde Bäume und Sträucher von seriösen Baumschulen, Gärtnereien oder Gartencentern kaufen. Minderwertige Pflanzen garantieren herbe Enttäuschungen und jahrelangen Ärger.

Containerpflanzen

Diese kann man jederzeit pflanzen, sofern der Boden weder gefroren noch allzu nass ist. Die beste Zeit ist das Frühjahr, da das Gehölz dann den ganzen Sommer Zeit hat, richtig anzuwurzeln, bevor der kalte Winter kommt.

Eine Woche vor der Pflanzung eine Schicht Dünger locker in den Boden graben. Am Tag vor dem Einpflanzen die Pflanze in ihrem Behälter auf eine Fläche mit gutem Wasserabzug stellen und das Substrat wässern. Am nächsten Tag ein großzügiges Pflanzloch ausheben und einen flachen Hügel auf dem Boden des Lochs aufschütten. Die Pflanze so in das Loch stellen, dass ihre attraktivste Seite nach vorn zeigt. Sie muss so hoch stehen, dass der obere Wurzelansatz knapp unter Bodenniveau liegt. Jetzt nach und nach Erde um den Wurzelballen ins Loch füllen und schichtweise festdrücken. Am Schluss die Erde rundum festtreten, Fußabdrücke glatt rechen und die Pflanze gründlich wässern.

Bäume mit nackten Wurzeln

Gehölze mit nackten Wurzeln, die während ihrer Ruhezeit aus den Anzuchtbeeten der Baumschulen und Gartencenter ausgegraben werden, am besten im Frühjahr oder Herbst pflanzen, wenn der Boden frostfrei und nicht zu nass ist.

Sobald man die Pflanze zu Hause hat, sämtliche Verpackung entfernen, die Pflanze mit den Wurzeln einen Tag lang in einen mit Wasser gefüllten Eimer stellen und dann einpflanzen oder, falls die Bodenbedingungen ungünstig sind, bis zur Pflanzung in einen etwa 30 cm tiefen Graben setzen und die Wurzeln mit Erde bedecken. Vor dem Pflanzen zu lange, dünne oder beschädigte Wurzeln sowie verbogene oder beschädigte Zweige abschneiden. Ein großzügiges Pflanzloch ausheben und die Pflanze, wie auf Seite 393 gezeigt, einpflanzen. Darauf achten, dass feinkrümelige Erde zwischen die Wurzeln rieselt.

Einen etwaigen senkrechten Stützpfahl vor Pflanzung des Baums auf der Windseite so in den Boden einschlagen, dass sein oberes Ende bis knapp unter den untersten Ast reicht, und am Baum festbinden. Weitere Abstützungsmethoden siehe Seite 355.

Vorteile von Containerpflanzen

Seit es Gartencenter gibt, werden Gehölze immer häufiger im Behälter angeboten. Ihre Vorteile:

- Geringe Beeinträchtigung durch das Verpflanzen.
- Können vor dem Kauf mit Laub und ggf. in Blüte begutachtet werden.
- Verschönern den Garten sofort.

Vorteile von ballenlosen Gehölzen

- Häufig billiger als Containerpflanzen.
- Wurzeln konnten sich meist freier entfalten als im Container.
- Ausgefallenere Gehölze bekommt man u. U. nicht als Containerpflanzen, sondern nur mit nackten Wurzeln bei speziali-sierten Baumschulen.

Containergehölze pflanzen

1 Eine Woche vor der Pflanzung etwas Universaldünger auf den Boden streuen und mit der Gabel gleichmäßig untergraben.

2 Am Vortag die Pflanze im Topf gut wässern. Ein großzügiges Pflanzloch ausheben. Auf seinem Boden einen flachen Hügel aufschütten und festdrücken.

3 Wurzelballen in das Loch setzen. Mit einer Holzlatte prüfen, ob seine Oberfläche knapp unter Bodenniveau liegt.

4 Das Loch rund um den Wurzelballen mit Erde füllen. Wurzelballen mit Erde bedecken und diese festtreten. Erde glatt rechen und Pflanze gründlich wässern.

Gehölze mit nackten Wurzeln pflanzen

1 Vor der Pflanzung die Wurzeln gründlich in Wasser einweichen. Das Pflanzloch so ausheben, dass der Wurzelhals etwas unter Bodenniveau liegt.

2 Manche Gehölze haben eine attraktivere „Schokoladenseite". Diese ggf. bei der Pflanzung nach vorn ausrichten.

3 Feinkrümelige Erde zwischen und auf die Wurzeln rieseln lassen und schichtweise festdrücken. Abschließend den Boden glatt rechen.

4 Zuletzt den ganzen Bereich gut wässern und die Pflanze mit einer 5–8 cm dicken Mulchschicht aus Gartenkompost umgeben.

Hecken

Hecken aus immer- oder sommergrünen Gehölzen können viele Funktionen erfüllen: ob als Begrenzung, Sicht-, Lärm- und Windschutz oder auch zur Gliederung des Gartens und zur Anlage geschützter Gartenbereiche für empfindliche Pflanzen.

Mehrzweckhecken

Hecken dienen verschiedenen dekorativen und funktionalen Zwecken. Dichte Hecken mit Dornen oder stacheligen Blättern helfen, Tiere und andere Eindringlinge aus dem Garten fern zu halten. Hierfür sind z. B. Stechpalme *(Ilex)*, Feuerdorn *(Pyracantha)* und Berberitze *(Berberis)* geeignet, die man alle in niedriger, dichter Wuchsform ziehen kann.

Für Grenzhecken sind Buchen, Liguster und Eiben empfehlenswert. Hübsche Zwerghecken zur Einfassung von Wegen oder Abgrenzung von Gartenteilen lassen sich aus Lavendel oder dem Gewöhnlichen Buchsbaum *Buxus sempervirens* 'Suffruticosa' gestalten.

In windigen Gegenden sind Windschutzhecken ratsam, deren Wirkung erstaunlich weit reicht (siehe Seite 326). In Küstennähe können Hecken auch dazu beitragen, die Pflanzen vor Salzluft zu schützen. Heckengehölze, die solche Bedingungen vertragen, sind Tamarisken und einige Sanddorn- und Andenstraucharten *(Hippophae* bzw. *Escallonia)*.

Immergrüne Hecken, etwa aus Koniferen oder Liguster, gewähren guten, ganzjährigen Sichtschutz und wirken zugleich schalldämmend. Besonders effektiven Lärmschutz verspricht eine versetzt gepflanzte Doppelreihe aus Heckengehölzen. Zugleich können Hecken auch als attraktiver Hintergrund für andere Pflanzen dienen. Eiben z. B. wirken sehr prachtvoll hinter einem Staudenbeet – vor allem weiße Blüten heben sich sehr schön von ihrem dunklen Grün ab.

Sommergrüne Heckenpflanzen mit nackten Wurzeln

Solche Gehölze pflanzt man in der Wachstumsruhezeit vom Spätherbst bis zum Frühjahrsbeginn. Damit sie buschig wachsen, muss man sie gleich nach der Pflanzung auf etwa die Hälfte ihrer Höhe einkürzen.

◀ *Die etwas frostempfindliche Mexikanische Orangenblume* (Choisya ternata) *hat nach Orangen duftende Blüten und Blätter.*

Eine Koniferenhecke pflanzen

1 Einen 30 cm tiefen und 30–50 cm breiten Graben ausheben. Die Pflanzen in ihren Töpfen wässern, dann in den Graben stellen. Prüfen, ob der Wurzelansatz knapp unter Bodenniveau liegt.

2 Töpfe entfernen. Feinkrümelige Erde um und über die Wurzelballen verteilen und schichtweise festdrücken; darauf achten, dass die Pflanzen aufrecht stehen. Erde rundum festtreten.

3 Jede Pflanze mit einem achtförmig geführten Stück Schnur locker an ein stützendes Bambusrohr binden. Später regelmäßig kontrollieren, ob die Schnur nicht zu eng sitzt.

4 Erde gut wässern, damit sie sich um die Wurzeln setzt. Eine 8–10 cm dicke Mulchschicht um die Pflanzen legen. Pflanzen im ersten Sommer besonders sorgfältig und regelmäßig wässern.

Die beliebtesten Hecken

Gewöhnlicher Buchsbaum
(Buxus sempervirens 'Suffruticosa')
Heckenhöhe: 20–40 cm
Heckenbreite: 15–25 cm
Pflanzabstand: 15–20 cm
Immergrüner Zwergstrauch, ideal für Miniaturhecken in Knoten- oder Kräutergärten. Kleine, glänzende, dunkelgrüne Blätter.

Monterey-Zypresse *(Cupressus macrocarpa)*
Heckenhöhe: 1,8–3 m
Heckenbreite: 1–1,2 m
Pflanzabstand: 45–60 cm
Immergrüne Konifere mit dichtem, leuchtend grünem Laub. Jungpflanzen brauchen in kaltem Klima etwas Schutz, bis sie ausgewachsen sind.

Andenstrauch *(Escallonia* 'Donard Seedling')
Heckenhöhe: 1,5–1,8 m
Heckenbreite: 1,2–1,5 m
Pflanzabstand: 40–45 cm
Etwas frostempfindlicher, immergrüner Strauch mit lockerem Wuchs und rosafarbenen Blüten vom Früh- bis zum Hochsommer.

Rotbuche *(Fagus sylvatica)*
Heckenhöhe: 2,5–3,5 m
Heckenbreite: 1–1,5 m
Pflanzabstand: 45–60 cm
Sommergrüner Baum, Laub zunächst hell-, später mittelgrün, im Herbst gelb bis rotbraun.

Lavendel *(Lavandula angustifolia* 'Hidcote')
Heckenhöhe: 30–60 cm
Heckenbreite: 45–60 cm
Pflanzabstand: 25–30 cm
Immergrüner Halbstrauch, als Hecke oft kurzlebig, mit silbergrauen Blättern und blauvioletten Blüten vom Hoch- bis zum Spätsommer. Ideal für Einfassungen.

Japanischer Liguster *(Ligustrum ovalifolium)*
Heckenhöhe: 1,2–1,8 m
Heckenbreite: 60–75 cm
Pflanzabstand: 30–45 cm
Buschiger, in nicht zu kaltem Klima immergrüner Strauch mit ovalen Blättern.

Ziersträucher schneiden

Das Beschneiden von Gehölzen wird von einigen Enthusiasten wie eine Geheimwissenschaft dargestellt. Dabei ist der richtige Schnitt, um Ziersträucher gesund zu halten, in eine attraktive Form zu bringen und zu üppiger Blüte anzuregen, gar nicht weiter schwierig.

Wann schneiden?

Der richtige Zeitpunkt für einen Rückschnitt ist nicht immer eindeutig. Blühende Gehölze sollte man normalerweise unmittelbar nach der Blüte zurückschneiden, andererseits muss man bei Spätblühern aber vermeiden, dass die zarten Jungtriebe, die sich nach dem Schnitt entwickeln, durch kaltes Winterwetter geschädigt werden.

◀ *Der Schmetterlingsstrauch* (Buddleja davidii) *trägt vom Hochsommer bis zum Herbst große Blütenrispen. Zeitig im Frühjahr schneiden.*

Sommergrüne Blütensträucher

Diese Sträucher lassen sich nach ihrer Blütezeit in drei Kategorien unterteilen: Winter, Frühjahr bis Hochsommer und Spätsommer. Beliebte Arten sind z. B.:

Winterblüte: Chinesische Zaubernuss *(Hamamelis mollis)*, Kornelkirsche *(Cornus mas)* und winterblühende Schneeball-Arten *(Viburnum)*. Bei diesen lediglich im Frühjahr beschädigte Triebe bis auf gesunde Triebknospen zurückschneiden sowie zu dünne und nach innen wachsende Zweige entfernen.

Frühjahrs- bis Hochsommerblüte: Diese Gehölze, zu denen z. B. Forsythie, Pfeifenstrauch *(Philadelphus)* und Weigelie gehören, blühen an Trieben des Vorjahres. Sie werden unmittelbar nach der Blüte zurückgeschnitten.

Spätsommerblüte: Diese Gehölze blühen an Trieben des laufenden Jahres, so z. B. der Schmetterlingsstrauch *(Buddleja davidii)*, die Clandon-Bartblume *(Caryopteris × clandonensis)* und der Japanische Spierstrauch *(Spiraea japonica)*. Im Frühjahr nach den letzten Frösten die Blütentriebe des Vorjahres herausschneiden, um üppigen Neuaustrieb anzuregen.

Bunte Zweige

Sträucher wie der Tatarische Hartriegel *(Cornus alba, C. a.* 'Sibirica') und der Gelbrindige Hartriegel *(C. stolonifera* 'Flaviramea') entwickeln, wenn man sie im Frühjahr bis knapp über Bodenniveau zurückschneidet, eine Fülle junger, leuchtend roter oder gelber Triebe, die im Herbst und Winter sehr attraktiv wirken.

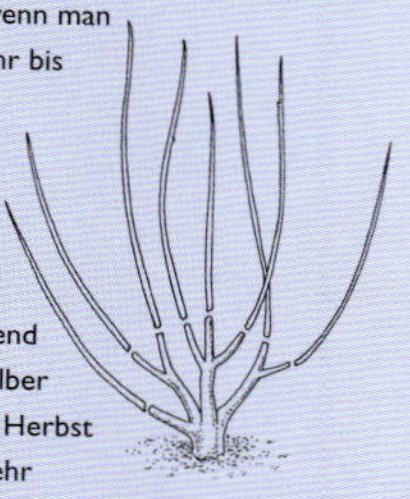

▶ *Die Liebliche Weigelie* (Weigelia florida *'Foliis Purpureis') mit rosafarbenen Blüten und grünvioletten Blättern ist ideal für kleine Gärten.*

Sträucher beschneiden

Bei winterblühenden Gehölzen wie der Chinesischen Zaubernuss (Hamamelis mollis) *nur abgestorbene, dürre Triebe abschneiden.*

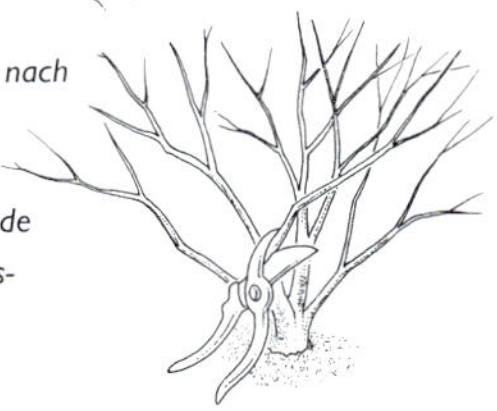

Abgestorbene, nach innen wachsende und zu eng stehende Zweige herausschneiden.

Der spät blühende Schmetterlingsstrauch (Buddleja davidii) *wird schon im Frühjahr nach den letzten Frösten geschnitten.*

Immergrüne Sträucher

Diese sind ganzjährig belaubt und brauchen wenig Schnitt. Im Frühling oder, in sehr kalten Gegenden, im Frühsommer schwache und kranke Zweige herausschneiden. Bei Frühlingsblühern bis nach der Blüte warten.

Koniferen

Die meisten Koniferen sind immergrün; Ausnahmen sind Ginkgo und Lärche *(Larix)*. Koniferen „bluten" stark, wenn man sie im Frühjahr oder Sommer schneidet, weshalb man den Rückschnitt besser im Spätherbst oder im frühen Winter vornimmt.

Heidepflanzen (Erica *und* Calluna)

Die immergrünen Sträucher kann man mit der Heckenschere in Form bringen. Der optimale Zeitpunkt richtet sich nach der Blütezeit. Allen Schnittabfall entfernen.

⌘ *Calluna* und sommerblühende *Erica*-Arten – im Frühjahr vor dem Neuaustrieb abgestorbene Blüten rundum sauber abschneiden. Hierunter fallen z. B. die Graue Heide *(Erica cinerea)*, die Cornwall-Heide *(E. vagans)*, die Steife Heide *(E. terminalis)*, die Glockenheide *(E. tetralix)* und die Besenheide *(Calluna vulgaris)*.

⌘ Winter- und Frühlingsblüher – Sie werden gleich nach der Blüte rundum in Form geschnitten. Hierzu gehören u. a. *Erica × darleyensis*, die Purpurheide *(E. erigena*, bekannter als *E. mediterranea)* und die Schneeheide *(E. carnea)*.

Irische Heide *(Daboecia)* – im Spätherbst nach der Blüte alte Blütenköpfe und schlaffe Zweige abschneiden. In kalten Regionen im Frühjahr schneiden.

Baumheide *(Erica arborea)* – hier lediglich im Frühjahr, nach der Blüte, zu stark wuchernde Zweige entfernen.

Kletterpflanzen beschneiden

Sommergrüne Kletterpflanzen, die ihres attraktiven Laubs wegen gezogen werden, brauchen keinen regelmäßigen Schnitt, sofern man nicht zu ausuferndes Wachstum eindämmen möchte. Dekorativ blühende Kletterpflanzen sollten hingegen regelmäßig beschnitten werden.

Kletterpflanzen und -gehölze

Sie sind in Wuchs, Blütezeit und Größe so verschieden, dass der Schnitt hier für jede Art einzeln beschrieben wird:

⌘ Akebie *(Akebia)* – nur in mildem Klima immergrüner Kletterer. Im Spätwinter oder Frühjahr ausdünnen und zurückschneiden.

▲ *Üppig belaubte Kletterpflanzen schaffen Privatsphäre und sind auch ideal zur Trennung verschiedener Gartenbereiche.*

⌘ Baumanemone *(Carpenteria californica)* – leicht frostempfindlicher, immergrüner Strauch. Wuchernde Triebe ggf. nach der Blüte zurückschneiden.

⌘ Bergwaldrebe *(Clematis montana)* – sommergrün. Braucht bei ausreichendem Platz kaum geschnitten zu werden. Sonst ggf. gleich nach der Blüte zurückschneiden.

⌘ Blaue Passionsblume *(Passiflora caerulea)* – leicht frostempfindlich, immergrün. Stark verschlungene Triebe im Spätwinter bis zum Ansatz oder auf Bodenniveau zurückschneiden. Seitentriebe auf etwa 15 cm kürzen.

⌘ Blauregen *(Wisteria)* – sommergrün. Bei gut angewachsenen Pflanzen im Spätwinter alle Triebe auf zwei oder drei Triebknospen über dem Ansatz des Vorjahreswuchses zurückschneiden. Neue Triebe im Spätsommer auf fünf oder sechs Triebknospen über ihrem Ansatz zurückschneiden.

⌘ Brennende Waldrebe *(Clematis flammula)* – sommergrün. Schwache und abgestorbene Triebe im Spätwinter oder zeitigen Frühjahr entfernen. Blütentriebe des Vorjahres auf gesunde Triebknospen zurückschneiden.

⌘ Echter Jasmin *(Jasminum officinale)* – sommergrüner Strauch. Blütentriebe nach der Blüte bis zum Ansatz zurückschneiden.

⌘ Efeu *(Hedera)* – immergrün. Große Formenvielfalt von kleinblättrigen Typen bis zu solchen mit über 15 cm großen Blättern. Stark wuchernde Pflanzen ggf. im Frühjahr zurückschneiden.

⌘ Geißblatt *(Lonicera)* – immer- oder sommergrüne Kletterer. Brauchen keinen regelmäßigen Schnitt; zu dicht wuchernde Triebe ggf. nach der Blüte ausdünnen.

⌘ Gewöhnlicher Hopfen *(Humulus lupulus* 'Aureus') – krautiger Kletterer mit gelbgrünen Blättern. Im Herbst oder Spätwinter alle Triebe auf Bodenniveau kürzen.

⌘ Jungfernrebe/Wilder Wein *(Parthenocissus)* – sommergrün. Braucht keinen regelmäßigen Schnitt. Zu dichte und abgestorbene Triebe im Frühjahr auslichten.

Winterjasmin schneiden

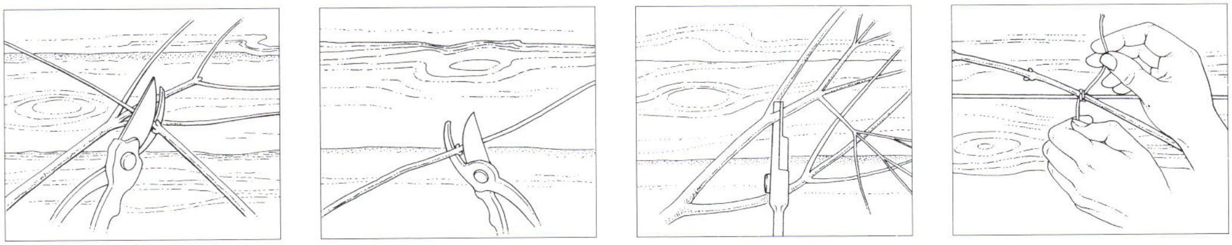

1 Überkreuzende Triebe mit einer scharfen Gartenschere auf kräftige Triebknospen zurückschneiden.

2 Seitentriebe auf kräftige Triebknospen zurückschneiden, um neuen Austrieb anzuregen.

3 Zu dicht wachsende Triebe auf kräftige Triebe oder Knospen zurückschneiden.

4 Zuletzt alle Seitentriebe mit weicher Schnur an Stützdrähten festbinden.

- Kiwistrauch *(Actinidia deliciosa,* auch als *A. chinensis* bekannt) – sommergrüner Kletterer. Im späten Winter ausdünnen und zurückschneiden.
- Kletterhortensie *(Hydrangea anomala* subsp. *petiolaris)* – sommergrün. Braucht keinen regelmäßigen Schnitt; ggf. im Frühjahr in Form schneiden und abgestorbene Triebe entfernen.
- Kolomikta-Strahlengriffel *(Actinidia kolomikta)* – sommergrüner Kletterer. Ggf. im späten Winter zurückschneiden.
- Korallenstrauch *(Berberidopsis corallina)* – etwas frostempfindlich, immergrün. Zu dicht wachsende Triebe im Spätwinter oder zeitigen Frühjahr auslichten.
- Mongolische Waldrebe *(Clematis tangutica)* – sommergrün. Wie Brennende Waldrebe.
- Orientalische Waldrebe *(Clematis orientalis* 'Orange peel') – sommergrün. Schnitt wie bei der Brennenden Waldrebe.
- Rostrote Rebe *(Vitis coignetiae)* – sommergrün. Braucht keinen regelmäßigen Schnitt. Falls sie zu üppig wächst, ggf. im Frühjahr zurückschneiden.
- Säckelblume *(Ceanothus)* – viele immergrüne Arten können an Wänden gezogen werden. Vorjahrestriebe im Frühjahr zurückschneiden.
- Schlingflügelknöterich *(Fallopia baldschuanica)* – sommergrün. Zu starken Wuchs im Frühjahr zurückschneiden.
- Schönranke *(Eccremocarpus scaber)* – immergrüner, kletternder Halbstrauch. Frostgeschädigte Triebe im späten Frühjahr abschneiden. Bei schwerem Frostschaden alle Triebe im Frühjahr bis zum Ansatz zurückschneiden.
- Winterjasmin *(Jasminum nudiflorum)* – sommergrüner Strauch. Nach der Blüte schwache und überalterte Triebe entfernen; Blütentriebe auf 5–8 cm kürzen.

▶ *Der krautige gelbblättrige Gewöhnliche Hopfen* (Humulus lupulus *'Aureus') treibt alljährlich neu aus dem Wurzelstock aus.*

Obststräucher und -bäume schneiden

Sträucher, Halbsträucher und Bäume tragen teils an jungen Trieben des laufenden Jahres, teils am älteren Holz. Der Schnitt muss darauf abzielen, das Wachstum geeigneter Triebe zu fördern und allen Teilen der Pflanze genug Licht und Luft zu verschaffen.

Beerensträucher

Diese für kleine Gärten besonders geeigneten Gehölze tragen innerhalb weniger Jahre nach der Pflanzung.

⌘ Schwarze Johannisbeeren – gleich nach der Pflanzung alle Triebe auf ein oder zwei Augen zurückschneiden. Die neuen Triebe des nächsten Jahres wachsen und Früchte tragen lassen. Zwischen Spätherbst und Frühjahrsbeginn des Folgejahrs und in den weiteren Jahren alle Triebe, die Früchte getragen haben, auf Bodenniveau kürzen. Zu dünne, schwache und kranke Triebe auslichten.

⌘ Stachelbeeren – sie tragen am vorjährigen Holz. Bei neu gepflanzten Stachelbeersträucher ohne kräftiges Astgerüst im Winter alle Triebe auf die Hälfte einkürzen. Bei älteren Sträuchern jeweils im Winter alle kranken, beschädigten oder zu dicht stehenden Triebe entfernen, vorjährige Triebe um die Hälfte zurückschneiden und Seitentriebe auf ca. 5 cm einkürzen.

⌘ Rote und weiße Johannisbeeren wie Stachelbeeren schneiden.

▲ *Beim Himbeerstrauch regt der jährliche Schnitt das Wachstum neuer Ruten an, die im Folgejahr Früchte tragen.*

Halbsträucher

Da man ihre rutenförmigen Triebe senkrecht ziehen kann, passen sie auch an beengte Standorte, z. B. neben einen Weg.

⌘ Im Sommer tragende Himbeeren – sie tragen an den Trieben des Vorjahres. Jeweils im Herbst alle Triebe, die im Sommer Früchte hervorgebracht haben, auf Bodenniveau abschneiden. Junge Triebe belassen und an Stützdrähten festbinden; sie tragen im Folgejahr.

⌘ Im Herbst tragende Himbeeren – sie tragen an im gleichen Jahr entwickelten Trieben. Im Spätwinter alle Ruten auf Bodenniveau zurückschneiden. Wenn sie im Frühjahr neu austreiben, schwache Triebe auf Bodenhöhe abschneiden; die übrigen an Stützdrähten festbinden.

⌘ Brombeeren – sie fruchten an den vorjährigen Ruten. Gleich nach der Ernte alle Triebe, die Beeren getragen haben, auf Bodenniveau zurückschneiden. Die verbleibenden Jungtriebe ausbreiten und an Stützdrähte binden.

Obstbäume

Es dauert meist einige Jahre, bis sich ein solides Gerüst aus Ästen und Fruchtholz bildet. Wo es an Platz mangelt, kann man die Äste auch kordon- oder fächerförmig an einem Wandspalier ziehen oder an einem mehrstufigen Drahtgerüst festbinden.

⌘ Äpfel und Birnen – In den ersten vier Jahren kommt es vor allem darauf an, eine wohlgeformte Krone aus gesunden Ästen aufzubauen. Danach zielt der weitere Schnitt darauf ab, einerseits dieses Astgerüst in Form zu halten und ggf. auszulichten, und andererseits dafür zu sorgen, dass sich stets genug Fruchtholz bildet. Der Schnitt zum Aufbau und zur Pflege der Baumkrone erfolgt am besten im Winter. Wenn man Äpfel und Birnen an Spalieren zieht, müssen sie auch im Sommer geschnitten werden, um sie in Form zu halten und das Wachstum unerwünschter Triebe einzudämmen.

⌘ Kirschen – Niemals im Winter schneiden, wenn sie im Ruhezustand sind und an den Schnittstellen eindringende Brandbakterien nicht abwehren können. Sie lassen sich gut fächerförmig an Wandspalieren ziehen.

⌘ Pflaumen – Können auch als Sträucher oder Spalierfächer gezogen werden. Der Schnitt zum Aufbau der Krone eines jungen Baums erfolgt am besten um die Frühjahrsmitte, wenn der Saft gerade zu fließen beginnt. Später im Frühsommer schneiden, um altes und krankes Holz auszulichten und den Baum gesund und lockerwüchsig zu erhalten. An Spalieren gezogene Bäume im Frühjahr schneiden, um kurze Seitentriebe zu erhalten, die vom Hauptastgerüst abgehen.

⌘ Feigen – lassen sich relativ leicht kultivieren, wenn man ihr Wachstum durch Einengung der Wurzeln beschränkt. Ältere Pflanzen im Frühsommer schneiden. Alle Jungtriebe bis auf fünf Blätter kürzen, um die Entwicklung neuer Fruchttriebe anzuregen. Im Frühherbst die unreifen Früchte (von etwa Erbsengröße) ausdünnen. Die reifen Früchte kann man dann im Folgejahr ernten.

▶ Apfelbäume muss man regelmäßig schneiden, um die Entwicklung von neuem Fruchtholz zu fördern. Altes Holz auslichten.

Schnitt bei Stachelbeeren

Schnitt bei Himbeeren

Strauch- und Wildrosen schneiden

Viele Gärtner vertreten ihre eigene, ganz entschiedene Meinung über Zeitpunkt, Technik und Intensität des richtigen Rosenschnitts. Wir erläutern hier einige Grundregeln, die aber gegebenenfalls je nach Rosensorte, Bodenart und Wetter abgewandelt werden müssen.

Edelrosen (Teehybriden) und Beetrosen (Floribunda-Rosen)

Diese müssen regelmäßig geschnitten werden, um Gesundheit und Blütenfülle zu erhalten, es herrscht jedoch Uneinigkeit über Technik und Zeitpunkt. Der Schnitt kann prinzipiell während der ganzen Ruheperiode erfolgen, doch verschiebt man ihn in kalten Regionen am besten aufs zeitige Frühjahr. Optimal ist der Augenblick, in dem das Wachstum einsetzt und die oberen Knospen reifen, noch bevor sich die Blätter entwickeln. Nur überlange Triebe sollten schon im Spätherbst oder frühen Winter gekürzt werden, um die Sträucher vor Schäden durch Winterwinde, welche die Wurzeln lockern können, zu schützen.

Strauchige Rosen reagieren je nach Intensität des Rückschnitts auf unterschiedliche Weise. Starker Rückschnitt, d. h. Kürzung aller Zweige auf drei bis vier Augen, führt zu kräftigem Neuaustrieb in der folgenden Saison, was bei neu gepflanzten Sträuchern und schwachwüchsigen Sorten erwünscht ist. Auch bei großblütigen Rosensträuchern, die dicht zusammenstehen, ist ein starker Rückschnitt empfehlenswert, der zur Ausbildung kräftiger Zweige mit weniger, aber größeren Blüten führt.

Ein moderater Rückschnitt, bei dem die Zweige etwa auf die Hälfte gekürzt werden, unterstützt ein gesundes Wachstum und empfiehlt sich für die meisten strauchigen Rosen.

Beim schwachen Rückschnitt um etwa ein Drittel der Zweiglänge treiben die Sträucher nicht so stark neu aus. Dies ist bei starkwüchsigen Sorten und Rosen auf leichtem, sandigem und nährstoffarmem Boden günstig. Wird aber über Jahre nur schwach zurückgeschnitten,

◀ *Die meisten Rosensträucher müssen jährlich geschnitten werden, um gesunden Wuchs und Blütenpracht zu gewährleisten.*

Schnitttechnik

Wichtig ist zunächst die richtige Platzierung des Schnitts: Wenn man zu hoch über einem Auge schneidet, kann der Trieb absterben, wenn man zu nah am Auge schneidet, kann dieses beschädigt werden. Mit einer scharfen Gartenschere einen schrägen Schnitt ca. 6 mm oberhalb eines nach außen zeigenden Auges führen. Durch ausgefranste Schnittflächen können Krankheitserreger eindringen.

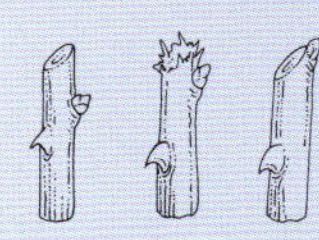

kommt es oft zur Entwicklung spärlicher Sträucher mit dürftiger Blüte. Besseres Wachstum sollte durch Düngung, Mulchen und Wässern angeregt werden.

Wildrosen

Diese verlangen nur wenig und in den ersten zwei Jahren nach der Pflanzung gar keinen Schnitt. In dieser Zeit sollte man der Pflanze zunächst erlauben, sich buschig zu entwickeln. Danach jeweils im Frühjahr abgestorbene, schwache und kranke Triebe herausschneiden. Falls der Strauch nach mehreren Jahren zu dicht wird, älteres Holz auslichten.

Englische Rosen

Dies sind mehrfach blühende Sträucher. Ziel des Schnitts ist es, eine attraktive Strauchform aufzubauen und die regelmäßige Entwicklung junger Triebe anzuregen, wobei man nicht zu stark schneiden sollte. Englische Rosen sind beim Kauf meist schon geschnitten, sodass man sie im ersten Jahr nicht mehr zurückschneiden muss. Im Frühjahr schwache, dürre und kranke Triebe entfernen. Nach einigen Jahren zu dichten Wuchs auslichten. Verbleibende Triebe auf die halbe Länge einkürzen, sofern dies der Form des Strauchs zuträglich ist. Einige Englische Rosen können auch als Kletterrosen gezogen werden.

Schnitt bei Edel- und Beetrosen

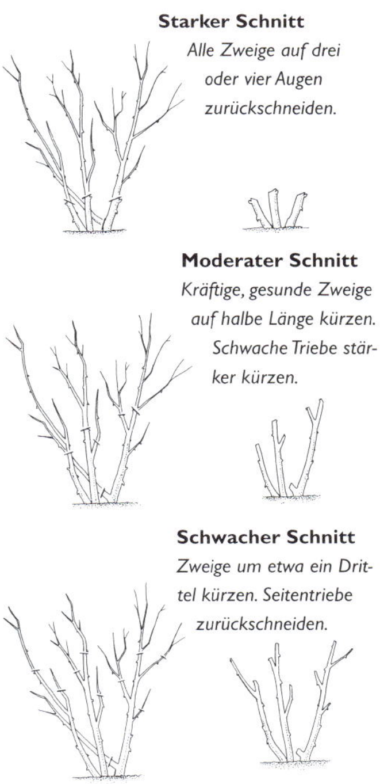

▶ *Rosen sind immer eine Augenweide – ob in gemischten Rabatten neben anderen Blumen oder in separaten Rosenbeeten.*

Kletterrosen schneiden

Man unterscheidet zwischen modernen Kletterrosen mit langlebigem, kräftigem Triebgerüst, die meist vom Früh- bis zum Hochsommer größere Blüten tragen, und den alten oder historischen Kletterrosen, die an weicheren, kurzlebigeren Trieben im Hochsommer Büschel kleiner Blüten tragen.

Moderne Kletterrosen

Hier gibt es je nach Sorte zwei Grundmethoden. Der Schnitt erfolgt im Frühjahr, wenn das Wachstum gerade einsetzt. Erste Methode: Der Schnitt beschränkt sich darauf, abgestorbenes, krankes und überaltertes Holz auszulichten und alle Seitentriebe, die im Vorjahr geblüht haben, auf ca. 10 cm zu kürzen. Dies gilt z. B. für die Sorten: 'Casino', 'Climbing Ena Harkness', 'Climbing Étoile de Hollande', 'Mme Grégoire Staechelin' und 'Mermaid'.

Zweite Methode: Hier lediglich abgestorbenes, krankes und altes, erschöpftes Holz auslichten und verkrüppelte Triebspitzen abschneiden. Dies gilt etwa für die Sorten 'Compassion', 'Golden Showers', 'Joseph's Coat', 'Parade', 'Madame Alfred Carrière', 'Maigold', 'Meg', 'Pink Perpetue' und 'Zéphirine Drouhin'.

Historische Kletterrosen

Für diese auch „Rambler" genannten Rosen gibt es drei grundlegende Schnittmethoden, die sich ebenfalls nach der Sorte richten. Geschnitten wird im Spätsommer oder Herbst gleich nach der Blüte. Die Zweige neu gepflanzter Rambler auf Bodenniveau zurückschneiden.

◀ *Die großen gelben Einzelblüten der Kletterrose 'Mermaid' wirken in voller Sonne vor einer Mauer besonders prächtig.*

Die weiteren Angaben gelten für ausgewachsene Kletterrosen mit Jungtrieben, die im Folgejahr blühen werden, und Alttrieben, die im laufenden Jahr geblüht haben.

Erste Methode: Alle Triebe, die im laufenden Jahr geblüht haben, abschneiden. Jungtriebe an einer Rankhilfe festbinden. Wenn nicht genügend Neuaustrieb vorhanden ist, einige alte Triebe stehen lassen und ihre Seitentriebe auf 8 cm einkürzen. Diese Methode gilt für die Sorten 'American Pillar', 'Crimson Shower', 'Dorothy Perkins', 'Sander's White Rambler' und 'Seagull'.

Zweite Methode: Alle abgeblühten Triebe auf Neuaustriebe zurückschneiden. Ein oder zwei alte Triebe auf etwa 30 cm über Bodenniveau kürzen. Bei zu dicht wuchernden Pflanzen, aus denen man keine Triebe herausschneiden kann, die Seitentriebe auf 8 cm kürzen. Dies gilt z.B. für 'Albéric Barbier', 'Albertine', 'Paul's Himalayan Climber' und 'Veilchenblau'.

Dritte Methode: Hier beschränkt sich der Schnitt darauf, abgestorbenes und überaltertes Holz auszulichten und die Spitzen der abgeblühten Seitentriebe zurückzuschneiden. Diese Methode empfiehlt sich z.B. für die Sorten 'Emily Gray', *Rosa filipes* 'Kiftsgate' und 'Wedding Day'.

▲ *Die langen, anmutigen Knospen der Kletterrose 'Mme Grégoire Staechelin' entfalten sich zu dunkelrosafarbenen, halb gefüllten Blüten.*

Schnittwerkzeuge

Die dünneren Seitentriebe von Kletterrosen kann man mit einer hochwertigen Garten- oder Rosenschere kürzen. Mit langstieligen Astscheren, auch in Ambossausführung erhältlich, lassen sich auch kräftigere Zweige gut schneiden, ohne dass man sich in Reichweite gefährlicher Dornen begeben muss. Mit einer Astsäge mit schmalem, gebogenem Blatt kann man auch zwischen dicht wachsenden Zweigen gut hantieren. Beim Rosenschneiden immer dicke Handschuhe tragen, um die Hände zu schützen.

FISONS GRO-BAG

Gärtnern unter Glas

Ein Gewächshaus erweitert die gärtnerischen Möglichkeiten enorm. So erlaubt es z. B., frostempfindliche Einjährige selbst aus Samen heranzuziehen, statt sie als Setzlinge kaufen zu müssen. Es gibt zahlreiches sinnvolles Zubehör, welches das Gärtnern im Gewächshaus erleichtert, wie etwa Lüftungsautomaten, Sauggebläse und beheizte Anzuchtkästen. Die folgenden Seiten bieten Tipps zur Konstruktion und Ausstattung von Gewächshäusern, stellen aber auch Alternativen wie Frühbeet und Folientunnel vor, die vor allem für Gemüsegärten äußerst nützlich sind.

Gewächshäuser

In Gewächshäusern lassen sich auch in unserem gemäßigten Klima frostempfindliche Exoten und wärmeliebende Gemüse kultivieren. Außerdem kann man viele Sommerblumen, Stauden und Gemüsesorten ab Februar aus Samen ziehen und nach den letzten Frösten ins Freie auspflanzen.

Gewächshaustypen

Die Auswahl an Gewächshäusern verschiedenster Form, Bauweise und Größe ist enorm. Wählen Sie das größte, das Sie sich leisten und gut im Garten unterbringen können, denn das Gärtnern im Gewächshaus wird leicht zur Leidenschaft, die immer mehr Raum fordert.

- Traditionelle Satteldachgewächshäuser haben einen rechteckigen Grundriss und ein Satteldach aus Glas. Früher wurden sie aus Holz gebaut, heute sind Gewächshäuser mit Aluminiumrahmen und Glas- oder Kunststoffscheiben beliebter. Eine Breite von mindestens 2,5 m ist empfehlenswert, da man so einen Mittelgang mit ausreichend Platz für Grundbeete, Regale und Kulturtische zu beiden Seiten einrichten kann. Auch für einen Arbeitstisch sollte genügend Platz eingeplant werden.
- Anlehngewächshäuser haben ein Pultdach und werden mit einer Seite direkt an eine Mauer angebaut. Meist werden sie vollständig verglast; man kann sie stattdessen aber auch mit einer ca. 75 cm hohen Sockelmauer ausstatten. Wenn sie über einen direkten Zugang zum Haus verfügen, wirken sie fast schon wie ein Wintergarten, werden aber baurechtlich anders behandelt.
- Sechseckige Glaspavillons mit Aluminiumrahmen wirken sehr modern und erfreuen sich zunehmender Beliebtheit.
- Kleinstgewächshäuser sind für Gärten konzipiert, in denen gerade nur Platz für eine winzige Anlehnkonstruktion neben

◀ *Ein Anlehngewächshaus mit Holzrahmen passt gut in den naturnahen Garten. Aluminiumrahmen wirken meist nüchterner.*

einer Gartenmauer, einem soliden Zaun oder der Hauswand ist. Hier kann man zumindest im Frühjahr Jungpflanzen heranziehen. Durch das geringe Volumen kann es jedoch im Inneren zu starken Temperaturschwankungen kommen.

Holz oder Metall?

Traditionell wurden Gewächshäuser aus Holz gebaut; inzwischen hat sich jedoch Aluminium als Baumaterial durchgesetzt.

⌘ Holzrahmen – Die Lebensdauer hängt vorwiegend von der verwendeten Holzart ab. Kiefernholz muss regelmäßig mit pflanzenverträglichem Holzschutzmittel gestrichen werden. Das besonders widerstandsfähige Rotzedernholz wird nur geölt. In früheren Jahrhunderten verwendete man langlebige Harthölzer wie Eiche und Teak, die aber heute kaum noch erschwinglich sind.

⌘ Aluminiumrahmen sind heute am gebräuchlichsten. Bei den verwendeten Aluminiumprofilen sind die Halterungen für Hängeborde meist schon integriert. Da die Aluminiumprofile viel schmaler sind als Holzbalken von entsprechender Stabilität, gelangt auch mehr Licht ins Gewächshaus.

▶ *Ausgefallenere Gewächshaustypen sind z. B. zeltförmige Konstruktionen (rechts) oder sechseckige Glaspavillons.*

▼ *Ein voll verglaster Aluminiumrahmen gewährleistet ein Maximum an Lichteinfall.*

STANDORTWAHL

Der richtige Standort kann die Heizkosten des Gewächshauses reduzieren:

• Beim Satteldachtyp sollte der First in Ost-West-Richtung verlaufen. Anlehngewächshäuser an eine Süd- oder Westwand stellen. Türen möglichst auf der Seite anbringen, die der vorherrschenden Windrichtung abgewandt ist. Scharniertüren sollten möglichst nicht direkt in den Wind öffnen. Auch Schiebetüren sollten auf der windabgewandten Seite zu öffnen sein.

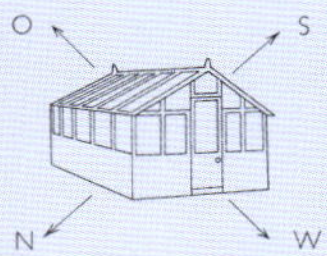

• Überhängende Bäume nehmen Licht weg; außerdem können herabfallende Äste das Dach beschädigen.

• Bei heftigen Winden, die das Gewächshaus im Winter und Frühjahr stark auskühlen könnten, auf der Nord- oder Windseite in einigen Metern Abstand eine immergrüne Hecke pflanzen.

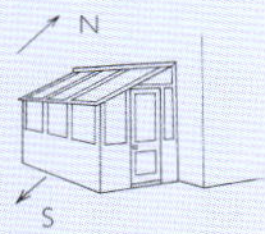

Gewächshausausstattung

Zum erfolgreichen Gärtnern im Gewächshaus braucht man einiges an Ausstattung, so etwa Beschattung und Lüftung im Sommer und ggf. eine Heizung im Winter. Während man z. B. Tomaten auf Bodenniveau ziehen kann, benötigt man für Saatschalen und -töpfe Stellagen bzw. Hängeborde.

Lüftung

Ausreichende Frischluftzufuhr ist für gesundes Pflanzenwachstum im Gewächshaus unerlässlich – besonders im Sommer. Empfehlenswert sind Lüftungsklappen an beiden Dachseiten. Sehr kleine Gewächshäuser haben oft nur eine, die sich an der Südseite befinden sollte, große sollten auch seitliche Lüftungsklappen haben. Ausgesprochen praktisch ist eine Lüftungsautomatik, welche die Klappen bei einer bestimmten Temperatur automatisch öffnet. Zusätzlich kann man ein Sauggebläse im Giebel des Gewächshauses installieren.

Beschattung

Starke Sonneneinstrahlung kann die Temperatur im Gewächshaus drastisch ansteigen lassen und empfindliche Pflanzen schädigen. Es gibt spezielle Schattierfarbe, die man zu Sommerbeginn von außen auf das Gewächshaus aufträgt. Sie wird allmählich vom Regen abgewaschen und kann im Herbst ganz entfernt werden. Ansonsten kann man Schattiergewebe über das Dach legen oder aufwändigere Jalousien anbringen, die sich bei bewölktem Wetter zurückrollen lassen.

Stellagen und Hängeborde

Wenn Sie im Frühjahr Pflanzen aus Samen ziehen wollen, brauchen Sie dauerhafte oder provisorische Stellagen bzw. Hängeborde an mindestens einer Seite des Gewächshauses.

⌘ Holzstellagen: In Gewächshäusern mit Holzrahmen hat man meist hölzerne Gestelle, deren Stellflächen aus Latten mit 3 cm Abstand dazwischen bestehen. Das ermöglicht eine gute Luftzirkulation um die Pflanzen herum und lässt Wasser ungehindert ablaufen.

◀ *Elektroheizung und Anzuchtkästen erleichtern die Anzucht und Kultivierung verschiedenster Pflanzen im Gewächshaus.*

⌘ Metallstellagen: Für Gewächshäuser mit Aluminiumrahmen gibt es spezielle Stellagen aus Aluminium oder Stahl (teils auch aus Kunststoff), die in die Halterungen der Rahmenprofile passen. Sie lassen sich leicht wegklappen oder abnehmen, um in den Grundbeeten darunter Gemüse zu ziehen.

⌘ Fest montierte Kulturtische: Traditionell bestanden sie aus einem massiven Unterbau, der mit einer Lage Feinkies bedeckt wurde. Das ist besonders im Sommer praktisch, weil man ein Feuchtklima für die Pflanzen schaffen kann, indem man den Kies feucht hält.

⌘ Provisorische Stellagen: Im Frühjahr, wenn man Samen aussäen und Sämlinge pikieren möchte, kann man in Gewächshäusern mit Holzrahmen zusätzliche Stellfläche schaffen, indem man Holzbretter mit kräftigem Draht an den Rahmenbalken aufhängt. Gewächshäuser aus Aluminium haben meist integrierte Halterungen für zusätzliche Hängeborde.

Nach Saisonende

- Das Gewächshaus im Spätherbst oder Winter von außen und innen gründlich reinigen. Saubere Scheiben lassen mehr Licht herein. Verschmutzte Rahmen können Schädlinge und Krankheitserreger beherbergen.
- Gesprungene Scheiben austauschen.
- Pflanzen herausnehmen und alle Oberflächen mit heißem Wasser und Desinfektionsmittel reinigen. Lüftungsklappen öffnen, bis der Innenraum wieder trocken ist.
- Elektrische Anschlüsse und Geräte überprüfen.

Wärmeisolierung

Das Entweichen warmer Luft muss vor allem im Spätwinter und Frühling verhindert werden. Kontrollieren, ob alle Lüftungsklappen und Türen dicht schließen. Bei Frostgefahr kann man von innen Noppenfolie als zusätzliche Isolierung an den Holzrahmen nageln. Aluminiumgewächshäuser haben dafür mitunter spezielle Klemmschienen.

▶ *Holzstellagen mit Lattenböden ermöglichen guten Wasserablauf und bieten relativ warme Stellflächen für Jungpflanzen.*

▼ *Im Frühjahr kann man im Gewächshaus vielerlei frostempfindliche Einjährige aus Samen ziehen, um sie später auszupflanzen.*

Beheizte Gewächshäuser

Um Sommerblumen im Spätwinter oder Frühjahr aus Samen vorziehen zu können, braucht man in unserem gemäßigten Klima ein beheiztes Gewächshaus. Auch Tomaten kann man in Pflanzbeuteln oder -behältern im beheizten Gewächshaus schon zu Beginn des Frühjahrs pflanzen.

Heizmöglichkeiten

Für ein kleines Gewächshaus bieten sich in erster Linie Petroleumöfen, Heizgeräte mit Gasflaschen oder Elektroheizungen an.

- Petroleumöfen und Gasheizungen sind relativ billig in Anschaffung und Betrieb; man braucht aber einen abschließbaren Schuppen in ausreichender Entfernung vom Haus zur Lagerung des Brennstoffs. Die Geräte sind leicht transportabel und können zu Sommerbeginn aus dem Gewächshaus entfernt, gereinigt und eingelagert werden. Ihre Heizleistung hängt von der Größe des Geräts und bei Petroleumöfen auch von der Länge des Dochts ab. Ein zu langer Docht produziert schwarzen Qualm. Es gibt Geräte mit Einzel- oder Doppelbrenner in verschiedenen Größen.

Während der Heizperiode jeden Abend kontrollieren, ob die Geräte noch genug Brennstoff haben. Petroleum- wie Ölbrenner verbrauchen Sauerstoff und erzeugen Wasserdampf und Abgase; daher ist es wichtig, während des Betriebs immer eine Lüftungsklappe leicht geöffnet zu halten.

▲ *Elektrisch beheizte Anzuchtkästen sind auch für kleine Gewächshäuser bestens geeignet.*

Beheizte Anzuchtkästen

Sie bieten optimale Bedingungen für die Keimung von Samen und Bewurzelung von Stecklingen, ohne dass man das ganze Gewächshaus heizen muss. Es gibt sie mit Elektroheizung in verschiedenen Größen. Nach Saisonende die Kästen reinigen und in einem trockenen Schuppen lagern. Alle Elektrokabel und -anschlüsse überprüfen.

⌘ Elektroheizungen sind sauber und effektiv; allerdings muss die Stromversorgung von einem Fachmann installiert und gewartet werden. Elektrizität und Wasser sind eine gefährliche Kombination – gehen Sie hier kein Risiko ein.

Die Elektroheizung sollte über ein Thermostat gesteuert werden. Eine Rippenrohrheizung wird entlang einer Wand in ca. 25 cm Höhe angebracht und erzeugt einen sanften Warmluftstrom. An der Rückseite einer darüber befindlichen Stellfläche ggf. einen Spalt von 10–15 cm lassen, damit die Warmluft frei aufsteigen und zirkulieren kann.

Spezielle Gebläseöfen sorgen ebenfalls für gute Warmluftzirkulation und beugen so Krankheiten vor, die durch feuchte, stehende Luft begünstigt werden. Darauf achten, dass der heiße Luftstrom nicht direkt auf Pflanzen gerichtet ist. In Gewächshäusern keinesfalls normale Haushaltsheizlüfter verwenden, die nicht für den sicheren Betrieb in Feuchträumen ausgelegt sind.

Wärmeverluste minimieren

Um die Heizkosten für das Gewächshaus zu reduzieren, sollte man dessen Standort so wählen, dass es gerade im Spätwinter und Frühjahr möglichst viel Sonne bekommt. Eine auf der Windseite mit etwas Abstand positionierte Hecke kann Wärmeverluste mindern.

Die Heizkosten steigen mit jedem zusätzlich erzeugten Grad Wärme drastisch an. Daher sollte man die optimale Temperatur für alle Pflanzen möglichst realistisch und exakt bestimmen und den Thermostat entsprechend einstellen.

Im Herbst prüfen, ob Türen und Lüftungsklappen dicht schließen, und gesprungene Scheiben austauschen. Zusätzliche Zugluftdichtungen rund um die Türen befestigen. Bei starker Kälte von innen Noppenfolie als Wärmedämmung anbringen. In besonders kalten Regionen eine große Plane aus transparentem Polyäthylen über die windzugewandte Seite des Gewächshauses spannen und gut fixieren. Das Gewächshaus nach Stürmen auf zerbrochene Scheiben kontrollieren.

▼ *Petroleumheizgeräte mit Einzel- oder Doppelbrenner (unten) sind relativ preiswert und problemlos aufzustellen.*

Frühbeete und Folientunnel

Glasabdeckungen und Folientunnel werden in Gemüsegärten häufig eingesetzt, um die Erntezeit vom Frühjahr bis zum Herbst auszudehnen. Frühbeete dienen vor allem dazu, frostempfindliche Jungpflanzen abzuhärten, bevor sie endgültig ins Freie ausgepflanzt werden.

Glasabdeckungen

Tatsächlich bestehen diese Abdeckungen heute oft nicht mehr aus Glas, sondern aus preiswerterem und bruchsicherem PVC. Sie müssen keineswegs luftdicht sein, sondern sollen vielmehr eine sanfte Luftzirkulation ermöglichen.

⁂ Glasabdeckungen lassen mehr Licht an die Pflanzen als solche aus Kunststoff und speichern die Wärme besser. Es gibt verschiedene Typen und Größen für die unterschiedlichen Gemüsearten. Eine Satteldachabdeckung besteht aus vier durch Klammern verbundene Scheiben: zwei als Seitenwände, die anderen beiden als Dach. Dieser Typ ist ideal für Pflanzen von bis zu 30 cm Höhe. Die noch einfacher konstruierte Zeltabdeckung, eine Art Zeltdach aus nur zwei Scheiben, ist niedriger und damit eher für Jungpflanzen und kleinere Salatpflanzen wie Kopfsalat und Radieschen geeignet. Seltener sind Rahmenkonstruktionen von etwa 60 cm Höhe und 1,2–1,5 m Breite, die eine besonders gute Luftzirkulation über den Pflanzen gewährleisten.

⁂ Gerippte PVC-Abdeckungen sind extrem robust und flexibel. Sie lassen zwar weniger Licht durch als Glas, sind dafür aber wesentlich bruchfester und minimieren die Verletzungsgefahr. Halbkreisförmige Metallbügel stützen das PVC und fixieren es sicher im Boden. Es gibt aber auch Satteldachbeetabdeckungen aus PVC, deren Dachteile oft aus klaren und deren Seitenwände aus mattierten PVC-Scheiben bestehen.

⁂ Glasglocken von 40–60 cm Höhe können ebenfalls dazu dienen, Jungpflanzen vor Frost zu schützen. Notfalls kann man einzelnen Pflanzen oder Setzlingen auch große, durchsichtige Plastikflaschen mit abgeschnittenem Boden oder große Marmeladengläser als Schutz überstülpen.

▲ *Solche Glasglocken bieten einzelnen Jungpflanzen dekorativen Schutz vor Frost und Schädlingsfraß.*

Beetabdeckungen

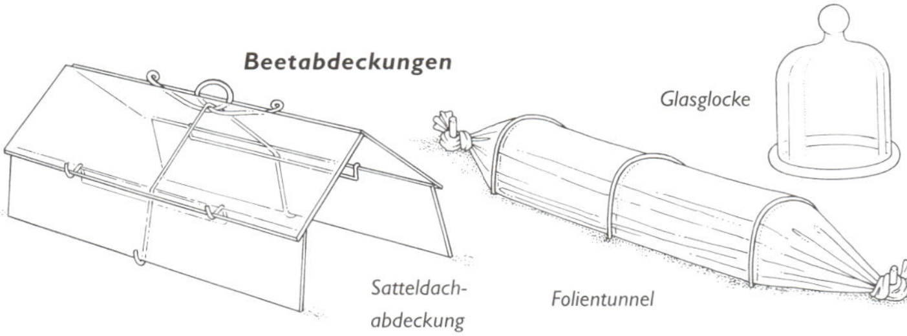

Folientunnel

Sie bestehen einfach aus halbrunden, in den Boden gesteckten Metallbügeln mit darüber gespannter Polyäthylenfolie. Wenn diese keine Löcher hat, muss der Tunnel zur Belüftung der Pflanzen täglich geöffnet werden. Obwohl die gegen UV-Bestrahlung empfindliche Folie in der Regel nur zwei bis drei Jahre hält, ist dies eine sehr preiswerte Methode, niedrigwüchsige Pflanzen zu schützen.

Frühbeete

Frühbeete dienen vor allem dazu, im Winter oder Frühjahr bei Gewächshaustemperatur vorgezogene Jungpflanzen allmählich abzuhärten, bevor man sie endgültig ins Freie setzt. Sie sind aber auch sehr nützlich, um kleinere Frühgemüsesorten zu ziehen. Man kann sie als Fertigbausatz mit Aluminium- oder Holzrahmen und Kunststoffscheiben erwerben. Oder man baut selbst einen kräftigen Holzrahmen, der mit pflanzenverträglichem Holzschutzmittel behandelt wird, bzw. mauert den Beetkasten aus Klinkern auf. Dieser Rahmen oder Kasten sollte vorn 15–35 cm und hinten 30–50 cm hoch, ca. 60 cm tief und 1,2–2 m lang sein. Die Vorderseite nach Süden oder Südwesten ausrichten, damit das Beet möglichst viel Sonne bekommt. Als Abdeckung nimmt man am besten stabile Kunststoffplatten.

▲ *Frühbeete können im Frühjahr kälteempfindliche Pflanzen schützen, bevor sie in den Garten ausgepflanzt werden.*

Obst, Gemüse, Kräuter

Zu den besonderen Freuden des Gärtnerns gehört der Genuss von frischem Obst und Gemüse aus dem eigenen Garten. Viele Gemüsesorten, wie z. B. Salat, Frühlingszwiebeln, Radieschen und Tomaten, lassen sich auch in kleinen Gärten problemlos anbauen. Frische Kräuter kann man in Kräutergärtchen oder auch in Kübeln und Kästen auf der Terrasse ziehen. Große Obstbäume finden im kleinen Garten keinen Platz, doch Äpfel und Birnen, Pfirsiche und Nektarinen gedeihen auch am Spalier. Zwergapfelbäume, die üppige Ernte versprechen, können sogar im Kübel kultiviert werden.

Äpfel und Birnen

Äpfel sind ein ideales Obst für gemäßigte Klimazonen. Birnen stellen etwas höhere Ansprüche an die klimatischen Bedingungen und brauchen meist einen sonnigeren und windgeschützteren Standort als Äpfel. In kleinen Gärten kann man Äpfel und Birnen an Spalieren ziehen.

Äpfel

Angestammte Apfelsorten erreichen bis zu 10 m Höhe, was Schnitt und Ernte entsprechend aufwändig gestaltet. Inzwischen gibt es jedoch Zwergapfelbüsche auf M27-Unterlage, die mit 1,8 m Höhe ideal für den kleinen Garten sind und dabei jährlich rund 5,5–7 kg Äpfel liefern. In Cordon-Form gezogene Apfelpflanzen mit 45 cm Pflanzabstand liefern gut 2–3 kg Jahresertrag, mit etwa 4 m Abstand gepflanzte Spaliergehölze sogar 9–13 kg. Buschformen verlangen weniger Schnittaufwand als Spalierpflanzen.

◀ *Apfelbäume mit zwergwüchsiger Unterlage lassen sich sogar im Topf oder Kübel auf der Terrasse halten.*

Wählen Sie einen möglichst frostfreien und windgeschützten Standort in voller Sonne. Viel Sonne ist für das Ausreifen aromatischer Tafeläpfel wichtig. Äpfel blühen meist in der zweiten Frühjahrshälfte; in frostgefährdeteren Regionen wählt man am besten spät blühende Sorten.

Äpfel brauchen Feuchtigkeit bindenden Boden mit gutem Wasserabzug. Kochäpfel gedeihen auch auf schwererem Boden. Bäume mit nackten Wurzeln werden in der winterlichen Ruheperiode gepflanzt. Dann den Boden mit gut verrottetem Gartenkompost oder Mist anreichern.

Containerpflanzen können bei geeigneten Boden- und Wetterverhältnissen zu jeder Jahreszeit gepflanzt werden; Pflanzanleitungen finden Sie auf den Seiten 392–393. Zur Kultivierung von Spaliergehölzen verzinkte Drähte mit 40–45 cm Abstand bis ca. 2 m Höhe

Apfelbäume im Kübel

Als Obstlieferant im kleinen Garten eignet sich am besten ein auf der Terrasse im Kübel gezogener Apfelbaum. Zwergunterlagen wie M27 (als Kübelpflanze bis ca. 1,8 m hoch) und M9 (bis zu 2,5 m) gedeihen gut in Kübeln von ca. 40 cm Durchmesser.

Wichtig sind lockerer, Feuchtigkeit bindender Kompost und regelmäßiges, ggf. tägliches Gießen im Sommer. Im Winter muss man den Kübel u. U. mit Stroh umwickeln, um die Wurzeln vor Frostschäden zu schützen. Eine Plastikfolie kann dafür sorgen, dass die Erde im Kübel nicht zu nass wird. Der Baum sollte jedes zweite Jahr im Spätwinter umgetopft und jeden Sommer gedüngt werden. Gute Sorten sind z. B. 'Gravensteiner', 'Jakob Fischer' und 'Schöner aus Wiltshire'.

zwischen kräftige Pfosten spannen, die ihrerseits 2,5–3,5 m auseinander stehen.

Birnen

Bei Birnen ist die Auswahl an Veredelungsunterlagen geringer; sie können daher nicht in so kleinen Formen wie die Zwergapfelbäume gezogen werden. In kleinen Gärten zieht man Birnen deshalb am besten am Spalier. Im Abstand von 75 cm gesetzte Cordon-Pflanzen können jährlich je 1,8–2,8 kg Früchte tragen; eine Palmette liefert 7–11,5 kg Birnen.

Für Pflanzung und Spalierkonstruktion gilt dasselbe wie für Äpfel; allerdings sind Birnen empfindlicher gegen Trockenheit, weshalb man sie in Trockenperioden immer gründlich wässern sollte. Birnen brauchen einen passenden Pollenspender in der Nähe, der zur gleichen Zeit blüht. 'Conference' z. B. ist teils selbstbestäubend, braucht aber dennoch zusätzliche Sorten. In warmen Gärten kann man auch die hervorragende 'Neue Poiteau' pflanzen, an der sich die Früchte bis zum frühen Winter halten.

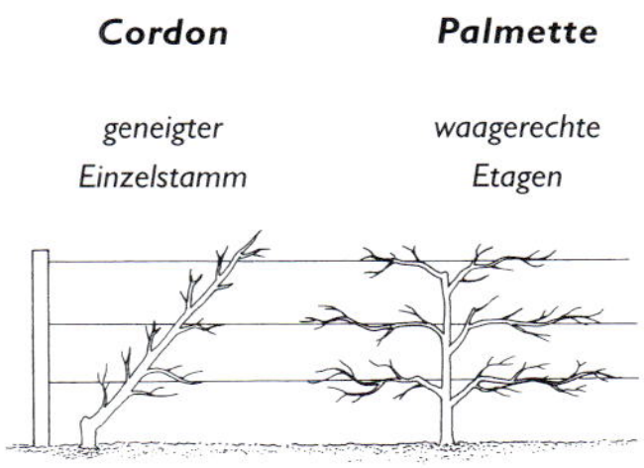

Spalierkonstruktion

▶ *In kleinen Gärten zieht man Birnen am besten am Spalier. So kann man die Früchte auch ohne Leiter problemlos ernten.*

Beerenobst

Gerade Beerenobst eignet sich ausgezeichnet zur Kultivierung in kleinen Gärten. Himbeertriebe kann man senkrecht ziehen; Johannisbeerbüsche haben ohnehin einen geringen Platzbedarf. Erdbeeren kann man z. B. neben einen Weg, aber auch in Töpfe und Fässer pflanzen.

Erdbeeren

Es gibt verschiedene Arten dieser ungemein beliebten, leicht anzubauenden Beere, darunter auch Hochgebirgsformen und mehrfach tragende Sorten. Am gebräuchlichsten sind jedoch die im Sommer fruchtenden Sorten. Nach der Pflanzung kultiviert man sie meist drei bis vier Jahre, bevor man neue Beete mit Jungpflanzen anlegt. Man kann sie auch als Einjahreskultur ziehen, die besonders hochwertige Früchte verspricht, aber nicht so üppig wächst wie gut etablierte zwei- oder dreijährige Pflanzen. Pflanzen mit nackten Wurzeln kann man vom Hochsommer bis zum frühen Herbst pflanzen, Containerpflanzen bei frostfreiem Boden jederzeit; am besten pflanzt man sie aber zur gleichen Zeit.

▲ *Die Brombeere 'Loch Ness' trägt ab dem Spätsommer große Beeren und kann an einem Spalier oder Bogen gezogen werden.*

Erdbeerbeete vorbereiten: Den Boden im späten Frühjahr oder Frühsommer unter Beimengung von reifem Gartenkompost oder Mist umgraben und Wurzelunkräuter entfernen. Das Beet unmittelbar vor der Pflanzung mit Universaldünger bestäuben. Bei der Pflanzung nackte Wurzeln über eine kleine Aufschüttung auf dem Boden des Pflanzlochs ausbreiten und darauf achten, dass der Wurzelansatz auf Höhe des Bodenniveaus ist. Boden rund um die Wurzeln festdrücken. Containerpflanzen so setzen, dass sich der Wurzelansatz auf Bodenniveau befindet. Gründlich wässern und den Bereich regelmäßig jäten.

Im folgenden Frühjahr Universaldünger rund um die Pflanzen streuen, Boden wässern und mit einer Schicht Stroh bedecken, um die Beeren vom Boden fern zu halten. Wenn die Beeren rundum rot sind, frühmorgens mit den Kelchblättern pflücken.

Himbeeren

Es gibt sommer- und herbstfruchtende Himbeeren. Gut angewachsene sommerfruchtende Himbeeren versprechen den höchsten Ertrag. Zum Schnitt, siehe Seiten 400–401; Ernte und Lagerung, siehe Seiten 428–429.

Wichtig ist ein Spalier aus galvanisiertem Draht: Drähte in 75 cm, 1 m und 1,6 m Höhe zwischen zwei kräftige Pfosten mit 3,5 m Abstand spannen. Himbeerpflanzen mit nackten Wurzeln im Spätherbst oder zeitig im Frühjahr mit 50 cm Pflanzabstand setzen. Gleich nach der Pflanzung alle Ruten knapp oberhalb einer gesunden Triebknospe auf 25–30 cm Höhe einkürzen.

Die neuen Triebe des ersten Jahres tragen im darauf folgenden Jahr Früchte.

Schwarze Johannisbeeren

Sträucher bei der Pflanzung etwas tiefer in den Boden setzen, als sie vorher gestanden haben, um die Entwicklung neuer Bodentriebe anzuregen. Sträucher mit 1,5 m Abstand pflanzen und alle Triebe auf 2,5 cm über Bodenniveau kürzen. Containerpflanzen können bei entsprechenden Boden- und Wetterbedingungen ganzjährig gepflanzt werden. Bei im Sommer gepflanzten Sträuchern erst im Herbst alle alten Triebe bis auf Bodenniveau zurückschneiden. Vom Herbst bis zum Frühjahr gepflanzte Sträucher sofort zurückschneiden.

ERDBEERFÄSSER

Traditionell zieht man Erdbeeren auch gern in Holzfässern mit seitlich ausgesägten Löchern. Wasserabzugslöcher in den Fassboden bohren, eine Schicht Grobkies einfüllen und eine kiesgefüllte Maschendrahtröhre von 10–15 cm Durchmesser in die Fassmitte stellen. Das Fass mit lockerem Substrat füllen und in jedes Seitenloch eine Erdbeerpflanze setzen.

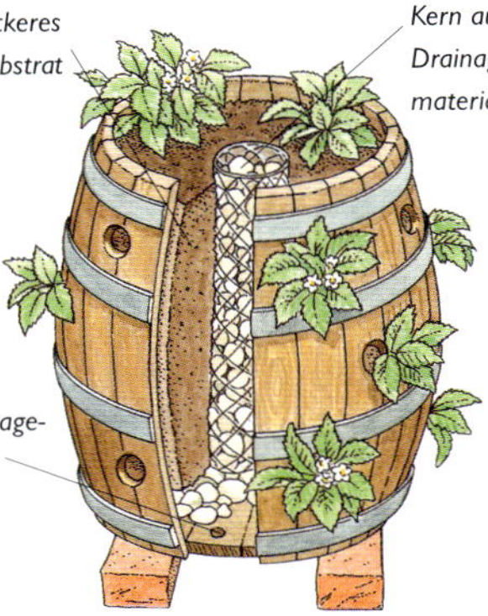

▲ *Erdbeeren im Topf zu ziehen, ist für kleine Gärten praktisch und schützt die Pflanzen auch vor Schneckenfraß.*

Johannisbeeren pflanzen

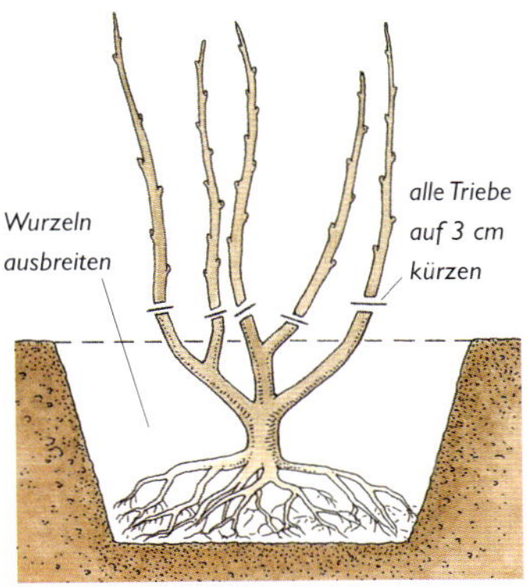

Erdbeeren pflanzen

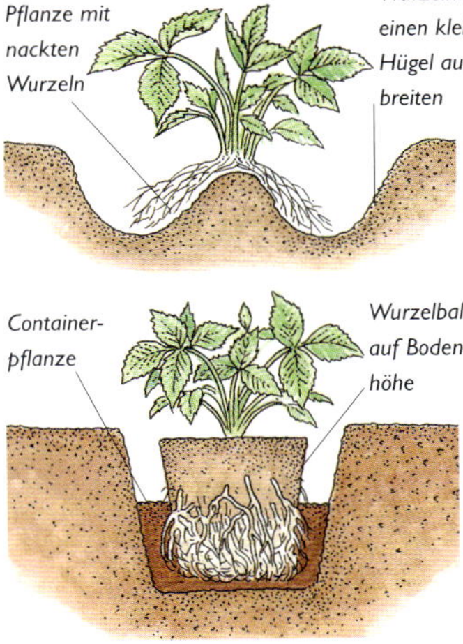

Gemüse für kleine Gärten

Es gibt ausdauernde Gemüsesorten wie Spargel oder Artischocken, die mehrere Jahre am gleichen Platz kultiviert werden können. Andere werden jedes Jahr neu ausgesät und im Wechsel ins Gemüsebeet gepflanzt, um optimale Ernteerfolge zu erzielen.

Empfehlenswerte Gemüsesorten

Hier eine Auswahl beliebter und leicht anzubauender Gemüsesorten, die für den kleinen Garten gut geeignet sind.

⌘ Gurken: Fürs Freiland eignen sich am besten Gurkensorten zum Einlegen, die man auf fruchtbarem, Feuchtigkeit bindendem Boden an einem warmen, sonnigen und windgeschützten Standort zieht.

Mitte des Frühjahrs ein 30 cm tiefes und breites Loch ausheben und zu gleichen Teilen mit Muttererde und reifem Kompost oder Mist füllen; obenauf einen Hügel aufschütten. Im späten Frühjahr oder Frühsommer drei Samen 2 cm tief mit 5 cm Abstand pflanzen, wässern und mit einem großen Marmeladenglas abdecken. Regelmäßig wässern; das Glas nach der Keimung entfernen. Später die beiden schwächeren Sämlinge ausziehen. Wenn die Seitentriebe fünf oder sechs Blätter haben, ihre Spitzen knapp oberhalb einer Blattknospe abknipsen. Pflanzen gut wässern und düngen, sobald sich Früchte entwickeln.

◀ Viele Gemüsesorten können auch in kleinen Gärten gezogen werden, eventuell sollte man schwachwüchsige wählen.

⌘ Salate: Hier steht eine Vielzahl unterschiedlicher Sorten zur Wahl, so z. B. der klassische Kopfsalat, der allseits beliebte Eisbergsalat, der Römische Salat, auch Sommerendivie genannt, der anspruchslose Feldsalat und der Blatt- oder Pflücksalat, dessen Blätter man einzeln erntet, da er keine Köpfe ausbildet. Indem man Samen zu verschiedener Zeit aussät, kann man einen großen Teil des Jahres hindurch Salat ernten, wobei die im Sommer ausgesäten Salate am leichtesten zu kultivieren sind. Ab Mitte des Frühjahrs bis Beginn des Spätsommers Samen in 1 cm tiefe, mit 25 cm Abstand gezogene Saatrillen dünn und gleichmäßig aussäen. Den Bereich feucht halten. Wenn die Sämlinge ca. 3 cm hoch sind, dünnt man sie zuerst auf 10 cm, später auf 30 cm, kleinere Sorten auf 25 cm Abstand aus. Geerntet wird vom Frühsommer bis zum Herbst.

⌘ Radieschen: Samen ab Mitte des Frühjahrs bis zum Spätsommer alle zwei Wochen dünn in 1 cm tiefe, mit 15 cm Abstand gezogene Saatrillen säen. Die Keimung dauert fünf bis sieben Tage. Wenn die Sämlinge so groß sind, dass man sie greifen kann, auf 3 cm Abstand ausdünnen. Boden rundum wieder andrücken und wässern. Radieschen jung ernten, bevor sie holzig werden.

⌘ Frühlings- oder Lauchzwiebeln sind ebenfalls eine lohnende Gemüsesorte und eine besonders köstliche Zutat für Salate und andere Gerichte.

Tomaten im sonnigen Hof

Zur Tomatenzucht einen möglichst geschützten, sonnigen Standort, am besten vor einer Südwand, wählen. In Höfen oder auf Terrassen kann man Tomaten in Kübeln oder Pflanzbeuteln ziehen. Sie müssen mit Bambusrohren o. Ä. gestützt werden. In einen Standardpflanzbeutel passen zwei Tomatenpflanzen. Es gibt eintriebig gezogene oder buschige Tomaten. Besonders wichtig ist es, die so genannten Geiztriebe, die in den Blattachseln wachsen, laufend abzuknipsen. Wenn eine eintriebige Tomatenpflanze vier Tomatenbüschel angesetzt hat, die Triebspitze zwei Blätter über dem obersten Büschel abknipsen. Die Pflanzen den Sommer über regelmäßig wässern und düngen und reife Tomaten laufend abernten.

Pflanzbeutel

▲ Wurzelgemüse lässt sich rasch und einfach im Garten ziehen. Samen dünn und gleichmäßig säen.

▼ Auch Gemüsebeete können dekorativ wirken. Im Bauerngarten kann man Gemüse und Blumen gleich nebeneinander ziehen.

Baumobst ernten und lagern

Die verschiedenen Arten von Baumobst, wie z. B. Äpfel, Birnen, Pfirsiche, Nektarinen und Pflaumen, werden zu unterschiedlichen Zeiten geerntet. Auch Erntetechnik und Lagerungsmethoden unterscheiden sich je nach Obstart.

Baumobst

Behutsam ernten: Bei grober Handhabung erleiden die Früchte Druckstellen und Verletzungen, was ihre Lagerfähigkeit stark vermindert. Schlimmstenfalls übertragen sie Fäule auf andere Früchte.

⌘ Äpfel: Der Erntetermin variiert je nach Sorte von Hochsommer bis Herbstmitte. Auch die Lagerdauer unterscheidet sich sehr; manche Sorten müssen wenige Wochen nach der Ernte verzehrt sein, andere halten sich bis zum Frühjahr.

Äpfel werden geerntet, wenn sich der Stiel leicht vom Baum löst. Jeden Apfel zunächst sanft mit dem Handteller anheben und leicht drehen. Wenn sich der Stiel vom Holz löst, ist der Apfel erntereif.

Süsskirschen ernten

Diese müssen bis zur Vollreife am Baum bleiben. Regelmäßig probieren, ob sie schon süß genug sind. Falls die Haut aufzuplatzen beginnt, sofort ernten. Dabei die Stiele an den Früchten lassen. Kirschen am besten sofort nach dem Pflücken frisch verzehren.

Äpfel mit etwas Abstand in Steigen (flache Lattenkisten) legen und in einem kühlen, gut gelüfteten, ungeziefer- und frostsicheren Schuppen lagern. Bei trockener Luft einzeln in Pergamentpapier wickeln, mit der Faltungsseite nach unten legen. Regelmäßig auf Fäule kontrollieren.

Man kann auch je ca. 2 kg der gleichen Apfelsorte in einen perforierten Polyäthylenbeutel füllen. Diesen oben umfalten und umgekehrt an einen geeigneten Ort stellen.

⌘ Birnen lassen sich kürzer lagern als Äpfel, und der richtige Erntetermin ist schwerer zu ermitteln. Manche Sorten werden im Spätsommer erntereif, andere erst gegen Mitte des Herbstes. Die Erntereife genauso wie bei Äpfeln prüfen. Früh reifende Sorten werden am Baum leicht mehlig und weich; deshalb sollte man sie schon etwas vor der Vollreife ernten, indem man die Stiele mit einer Schere durchtrennt. In einem kühlen, trockenen, gut belüfteten, dunklen, ungeziefersicheren Schuppen in Steigen lagern oder einzeln einwickeln; dann sind sie jedoch schwerer auf Fäule zu kontrollieren.

⌘ Pfirsiche und Nektarinen ernten, sobald sich die Haut rötlich verfärbt und das Fleisch um den Stiel weich wird. Dies geschieht zwischen Ende des Hochsommers und dem Frühherbst.

Die Frucht sanft mit dem Handteller anheben und drehen; wenn sich der Stiel leicht löst, ist sie reif. Pfirsiche am besten frisch verzehren. Sie sind unverpackt an einem kühlen Ort etwa eine Woche lagerfähig.

⌘ Pflaumen werden je nach Sorte ab Ende des Hochsommers bis zum Spätherbst geerntet, sobald sie sich leicht vom Stiel lösen. Zum Einmachen und Backen verwendete Sorten kann man vor der Vollreife ernten; solche zum Frischverzehr sollten am Baum ausreifen. Pflaumen in mit Seidenpapier ausgelegten Steigen lagern und täglich auf Fäule kontrollieren.

▶ *Äpfel nicht drücken, sondern behutsam anheben und drehen, um festzustellen, ob sie sich leicht lösen.*

Birnen ernten und lagern

1 Birne sanft mit dem Handteller anheben und vorsichtig drehen. Wenn sich der Stiel leicht vom Baum löst, ist die Frucht erntereif.

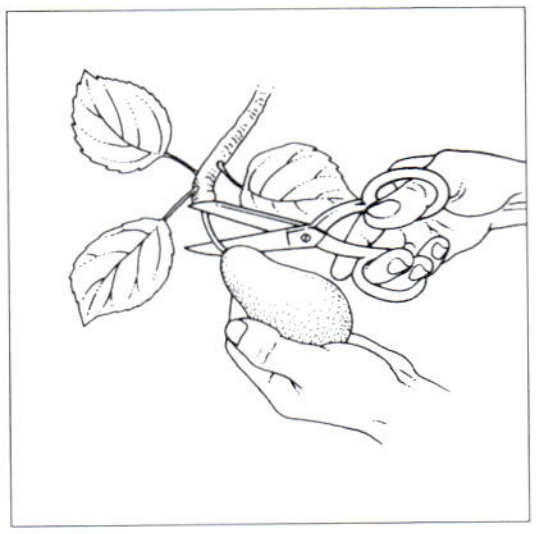

2 Früh reifende Sorten schon vor der Vollreife mithilfe einer Schere ernten. Wenn sie zu lange am Baum bleiben, werden sie weich und mehlig.

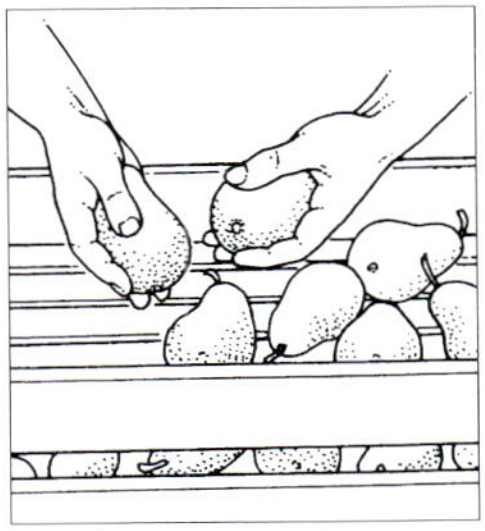

3 Birnen so in Steigen legen, dass sie sich nicht berühren, damit sich Fäule nicht so leicht von einer Frucht zur anderen ausbreiten kann.

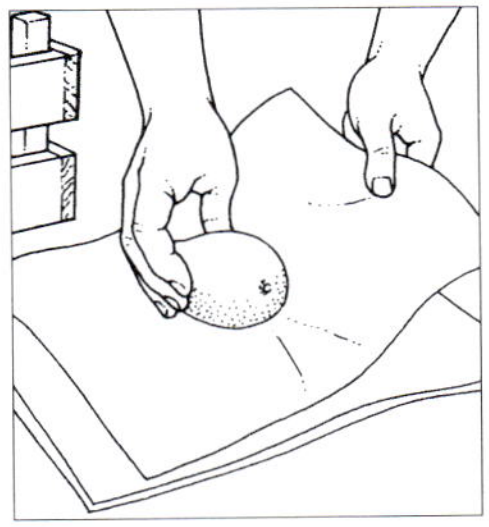

4 Bei Lagerung in trockener Luft Früchte einzeln in Pergamentpapier wickeln. So lassen sie sich aber nicht mehr so gut auf Fäule kontrollieren.

Beerenernte

Am köstlichsten schmecken die im Sommer reifenden Beeren, wenn man sie gleich nach der Ernte frisch verzehrt. Bei der Ernte besonders vorsichtig vorgehen: Wenn die Beeren beschädigt werden, verderben sie rasch. Beeren immer in standsichere Behälter pflücken, die nicht umkippen können.

Beerensträucher

Schwarze Johannisbeeren werden vom Hoch- bis zum Spätsommer geerntet. Etwa eine Woche, nachdem sich die Beeren schwarzblau verfärben, sind sie erntereif. Man kann sie einzeln pflücken, aber sie halten sich besser, wenn man sie in ganzen Büscheln aberntet. Sie können im Kühlschrank etwa eine Woche gelagert werden. Sträucher regelmäßig kontrollieren, da nicht alle Beeren gleichzeitig reif werden.

Rote und weiße Johannisbeeren erntet man im Hochsommer, wenn sie glänzen und Farbe angenommen haben. In mehreren Durchgängen die jeweils reifen Beeren in ganzen Büscheln ernten, um einzelne Beeren nicht zu beschädigen.

▲ *Die wohlschmeckenden Stachelbeeren werden einzeln gepflückt, sobald sie vollreif und gleichmäßig grün gefärbt sind.*

Einige Grundregeln

- Arbeiten Sie sich beim Beerenpflücken systematisch vor, um keine reifen Beeren zu übersehen. Reife Beeren, die zu lange hängen bleiben, werden bald von Wespen gefressen.
- Beeren in kleine, flache Behälter sammeln, die nicht zu leicht umkippen. Sobald diese halb gefüllt sind, die Beeren in einen größeren, standsicheren Behälter umfüllen. Behälter nirgends abstellen, wo sie von Kindern oder Hunden umgestoßen werden können.
- Verschiedene Sorten immer in getrennte Behälter sammeln, um ihr Aroma später vergleichen zu können.
- Beeren möglichst rasch in einen kühlen Raum bringen, aber keinesfalls in der Nähe stark duftender Gemüse oder Kräuter aufbewahren.
- Wenn Sie Beeren einfrieren wollen, sollte dies möglichst sofort nach dem Pflücken geschehen.

Johannisbeeren am besten erntefrisch verzehren. Im Kühlschrank halten sie sich etwa eine Woche.

Stachelbeeren kann man je nach Sorte ab Ende des Frühsommers bis zum Beginn des Spätsommers ernten. Vollreife Früchte sind weich und kräftig gefärbt. Im Kühlschrank halten sie sich mehrere Wochen.

Erdbeeren täglich kontrollieren und alle rundum geröteten Früchte pflücken. Beim Pflücken am Stängel anfassen, sodass dieser an der Beere bleibt. Erdbeeren möglichst bald verzehren.

Beerenranken

Im Sommer fruchtende Himbeeren erntet man vom Beginn des Hochsommers bis in den Spätsommer hinein, im Herbst tragende Sorten vom Spätsommer bis gegen Mitte des Herbstes. Sie schmecken am besten, wenn sie eine kräftige Farbe angenommen haben, aber noch fest sind. Die Frucht sanft fassen und abziehen, sodass Stängel und kelchförmiger Blütenboden an der Pflanze bleiben. Am besten sofort erntefrisch genießen. Zum Einfrieren feste Beeren pflücken, mit etwas Abstand auf den Boden einer flachen Plastikschale legen und diese in den Gefrierschrank stellen. Gefrorene Beeren später in Gefrierbeutel oder -boxen umfüllen.

Brombeeren und ihre Hybridsorten erntet man, sobald sie vollreif und weich sind. Dazu sollten die Beeren nach Möglichkeit trocken sein, da feuchte Beeren rasch verderben und schimmeln. Beeren sanft zwischen den Fingern fassen und abziehen. Dabei bleibt der Blütenboden meist in der Beere. Am besten sofort verzehren oder einfrieren.

▲ *Rote Johannisbeeren passen zu vielen Gerichten. Ein ausgewachsener Strauch bringt im Jahr rund 4,5 kg Ertrag.*

Himbeeren pflücken und einfrieren

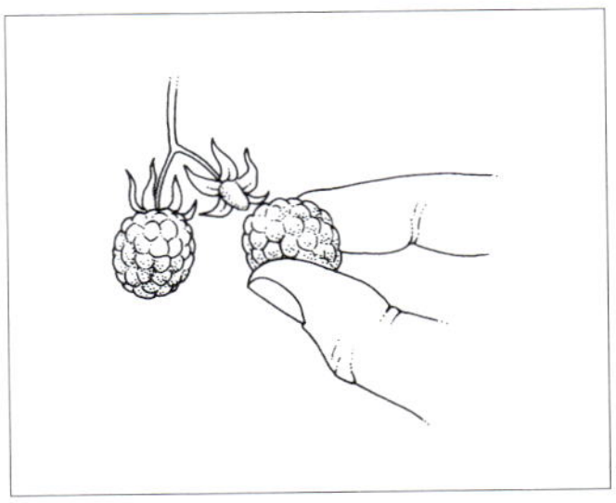

1 Gut gerötete, aber noch feste Beeren einzeln pflücken. Der kelchförmige Blütenboden bleibt an der Pflanze. Sträucher regelmäßig abernten, da zu lange hängende Beeren rasch verderben.

2 Himbeeren gleich nach dem Pflücken einfrieren: Kleine, feste Früchte mit etwas Abstand in eine flache Plastikschale legen, gut durchfrieren und in Gefrierbeutel umfüllen.

Stachelbeeren pflücken

Beeren einzeln pflücken, sobald sie reif und rundum kräftig gefärbt sind. Die Erntezeit variiert je nach Sorte. Jeden Strauch in mehreren Durchgängen abernten.

Kräuterbeete für kleine Gärten

Manche Kräuter, wie die zweijährige Engelwurz, sind so groß, dass sie am ehesten in die Staudenrabatte passen. Die meisten Kräuter sind jedoch auch für kleine Gärten bestens geeignet. Kriechende Formen kann man gut zwischen im Schachbrettmuster verlegte Platten setzen.

Ein „Kräuterrad" anlegen

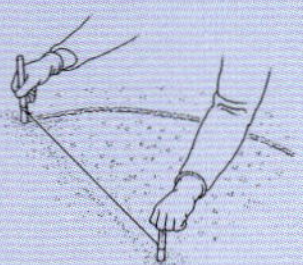

Den Boden umgraben, Wurzelunkräuter entfernen und ggf. reifen Gartenkompost untergraben, um die Wasserhaltekraft zu verbessern. Den Boden etwas verdichten, dann glatt rechen. Mithilfe von zwei Stöcken und einem 90 cm langen Stück Schnur einen Kreis auf dem Boden anzeichnen. Kreisumfang und „Speichen" mit Kieseln markieren. Im Zentrum zwischen den Speichen dreieckige Felder mit weiteren Kieseln abteilen.

Kräuter am Tag vor der Pflanzung in ihren Behältern wässern, dann möglichst attraktiv im „Wagenrad" verteilen. Kräuter pflanzen, wässern, freie Bodenflächen eventuell mit farbigem Kies bedecken.

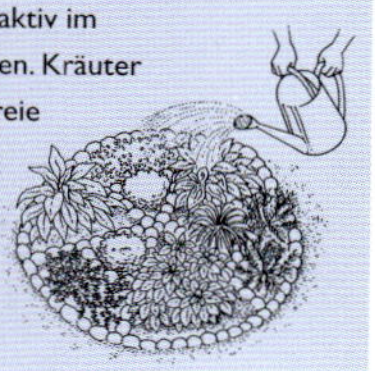

Beet in Wagenradform

Eine traditionelle und sehr dekorative Kräuterbeetanlage, die nur etwa 1,8 m² Fläche erfordert. Wenn man kein altes Wagenrad bekommt, kann man ein entsprechendes Muster auch mit großen Kieseln gestalten.

Schachbrettmuster

Eine praktische und attraktive Möglichkeit, niedrigwüchsige Kräuter anzupflanzen. Einen Bereich von ca. 2–2,5 m² abgrenzen und den Boden gut vorbereiten. Dann wird die Fläche im Schachbrettmuster mit quadratischen Platten von 40–50 cm Kantenlänge ausgelegt, wobei die dunklen Felder unbedeckt bleiben. Diese mit einer Auswahl niedriger Kräuter bepflanzen. Lücken der Bodendeckung mit Kies oder Splitt bestreuen, der die Feuchtigkeit im Boden hält.

▼ Kräuterbeete in Wagenradform, hier mit verschiedenfarbigen Thymiansorten bepflanzt, sind dekorativ und pflegeleicht.

Neun beliebte Kräuter

Kümmel: zweijährig, fein gefiederte Blätter und weiße Blütendolden.
Schnittlauch: Zwiebelpflanze mit röhrenförmigen Blättern und rosafarbenen Blütenköpfchen.
Dill: winterhart, einjährig, zart gefiederte Blätter und gelbe Blütendolden.
Fenchel: hochwüchsige Staude, fedrige Blätter und große Dolden winziger, gelber Blüten.
Zitronenmelisse: ovale, nach Zitrone duftende und schmeckende Blätter.
Minze: Staude mit wuchernden Kriechwurzeln; in vielen Arten von Pfeffer- bis zu Apfelminze.
Petersilie: zweijähriges Kraut, krause oder glatte Blätter, wobei Letztere ein intensiveres Aroma haben.
Salbei: Halbstrauch, graugrüne Blätter und kleine, violette Blütentrauben im Frühsommer. Es gibt auch Formen mit panaschierten oder purpurnen Blättern, die meist als Zierpflanzen gezogen werden.
Thymian: kleinwüchsiger Halbstrauch. Gartenthymian ist ein ausgezeichnetes Küchengewürz, es gibt aber auch sehr dekorative Arten mit panaschierten Blättern oder violetten Blüten.

▼ *Ein hübsches Gärtchen mit niedrigwüchsigen Kräutern als Schachbrettmuster zwischen Wegplatten und Klinkern.*

Kräuter in Pflanzbehältern

Kräuter kann man, wie auf Seite 461 beschrieben, ausgezeichnet in Kästen am Fenster oder in Kübeln auf Terrasse oder Balkon ziehen. Besonders für Minze, die sich im Garten leicht unkontrolliert ausbreitet, ist dies eine ideale Alternative.

Kräutertöpfe mit ausgebuchteten Öffnungen an den Seiten brauchen wenig Platz und können Sommerkräutern wie Schnittlauch, Sauerklee und Basilikum einen sonnigen Standort bieten.

Pflanzbeutel (etwa die im Vorjahr für Tomaten genutzten) können nach Beigabe von etwas Universaldünger für kurzlebige Kräuter wie Petersilie wieder verwendet werden.

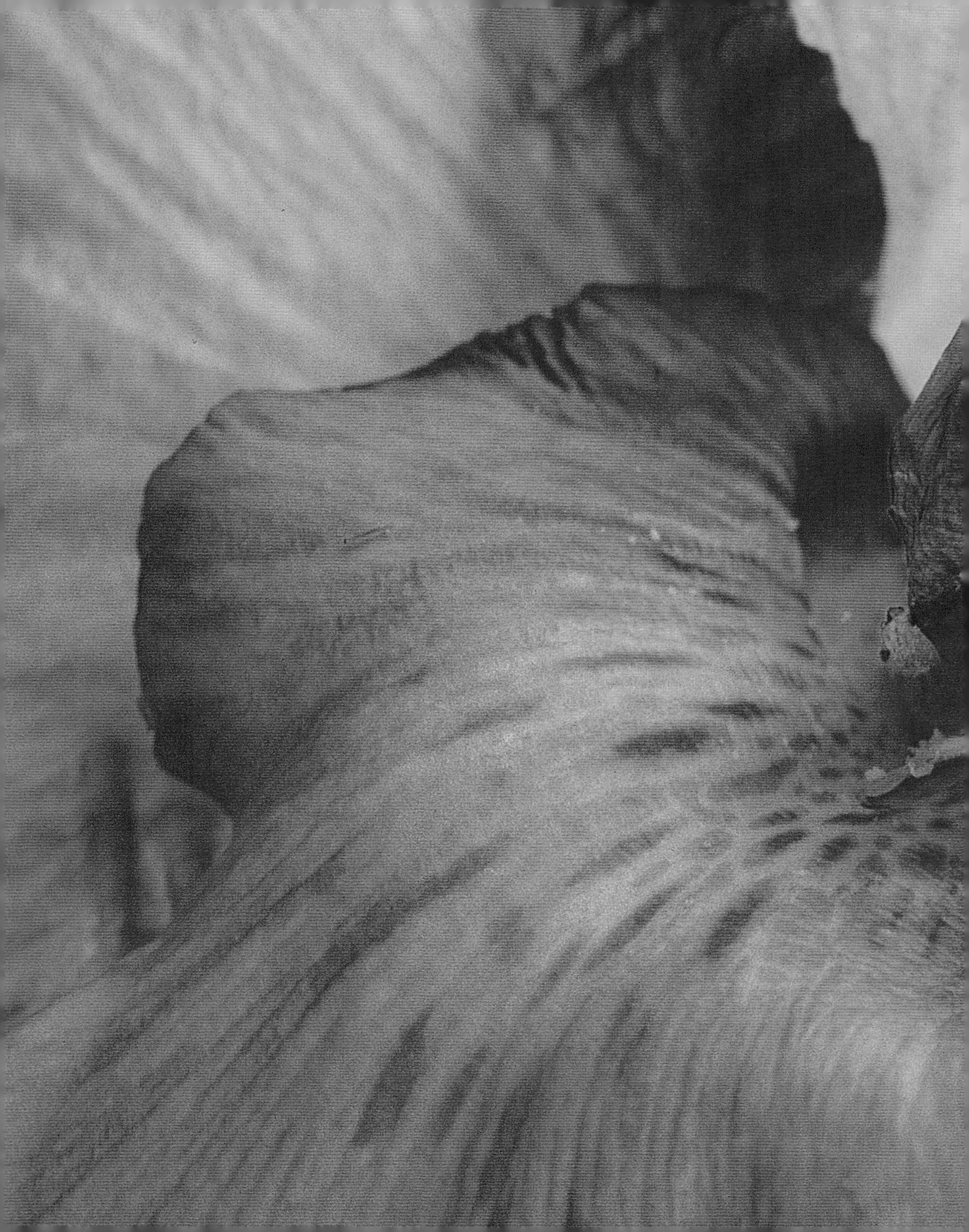

Pflanzen-arrangements

Farbkonzepte für Beete und Rabatten

Bunte Blütenpracht den ganzen Sommer hindurch ist wohl das Ziel der meisten Gärtner. Eine attraktive Alternative zum fröhlich bunten Farbmix ist die Ton-in-Ton-Gestaltung einzelner Beete, z. B. in Rosa und Rot, Blau und Violett, Gelb und Gold oder Weiß und Silber. Auch mit buntblättrigen Pflanzen wie immer- und sommergrünen Sträuchern oder Stauden lassen sich faszinierende Beete gestalten.

Gärten in Rot und Rosa

Rot ist eine auffällige, dominante Gartenfarbe, vor allem bei großflächigem Einsatz. Rosa hingegen ist ein ungesättigtes Rot mit wärmerer Ausstrahlung. Rottöne wandeln sich im Tagesverlauf von starker Leuchtkraft bei intensivem Licht bis zu einer ins Schwärzliche spielenden Wirkung gegen Abend.

Blumenbeete

Die Auswahl an rot und rosafarben blühenden Stauden und Sommerblumen ist groß genug, um ein solches Farbkonzept vom Frühjahrsbeginn bis in den Herbst hinein umsetzen zu können. Das Pflanzenspektrum für Staudenbeete reicht von Inkalilien *(Alstroemeria)* über rote und rosafarbene Sorten der spät blühenden Glattblattaster *(Aster novi-belgii)* und Raublattaster *(Aster novae-angliae)* bis zu den feuerroten Blüten des Spaltgriffels *(Schizostylis coccinea* 'Major'). Viele Dahlien in herrlichen Rottönen, von kleinen mit kugeligen Köpfchen bis zu Riesenblüten von bis zu 25 cm Durchmesser, setzen im Spätsommer intensive Farbakzente.

Frühlingsarrangements aus Zwiebelpflanzen und Zweijährigen pflanzt man im Spätsommer oder Frühherbst. Eine schöne Kombination bildet z. B. das Griechische Blaukissen *(Aubrieta deltoidea)* auf der Krone einer Trockenmauer mit prächtigen Tulpen der Sorte 'Mme Lefeber' an ihrem Fuß. Höchst attraktive einjährig gezogene Sommerblumen in Rot- und Rosatönen sind *Begonia semperflorens* 'Cocktail Series' und der Prachtsalbei *(Salvia splendens)*.

Der passende Hintergrund

Viele Pflanzen, von Kettersträuchern bis zur kurzlebigeren Bepflanzung von Blumenkästen und -ampeln, kommen vor einem harmonierenden oder kontrastierenden Hintergrund noch besser zur Geltung. So heben sich leuchtend rote Blüten von einer weißen Wand besonders eindrucksvoll ab, während Rosa und gedämpftere Rottöne gut mit grauen Steinmauern harmonieren.

◀ *Rosa- und Rottöne haben eine warme, romantische Ausstrahlung. Rosafarbene Blüten bleiben auch in der Dämmerung gut sichtbar.*

Bäume und Sträucher

Die üppige Frühjahrsblüte der sommergrünen Azaleen *(Rhododendron)* ist ein sicheres Zeichen dafür, dass der Garten zu neuem Leben erwacht. Ein naturnaher Garten mit hohem, lockeren Baumkronendach bietet den idealen Rahmen. Viele Azaleenarten bereichern den Garten zusätzlich durch die prächtige Herbstfärbung ihrer Blätter.

Weitere rosafarben oder rot blühende Sträucher sind z. B. der prachtvolle Straucheibisch *(Hibiscus syriacus)* und die Kolkwitzie *(Kolkwitzia amabilis)* mit trompetenförmigen rosafarbenen Blüten. Überaus eindrucksvoll wirkt die früh blühende Purpurmagnolie *(Magnolia liliiflora* 'Nigra') mit ca. 8 cm langen Blüten in Dunkelrot bis Tiefviolett. Einen ganz eigenen Charme hat die sommergrüne Schöne Leycesterie *(Leycesteria formosa)*, die hängende, weiße Blüten, umgeben von einem Kranz dunkelroter Deck-blätter, und im Herbst rotviolette Beeren trägt.

Kletterpflanzen und -sträucher

Hier bieten sich u. a. Kletterrosen, Waldreben *(Clematis)* und die Flammende Kapuzinerkresse *(Tropaeolum speciosum)* an, welche im Herbst bis auf Bodenniveau abstirbt. Sie trägt vom Hochsommer bis zum Herbst scharlachrote, trompetenförmige Blüten an langen Stängeln und windet sich gern durch Sträucher. Es gibt verschiedene großblütige, rote oder rosafarbene Waldrebensorten, z. B. 'Nelly Moser', deren hellrosafarbene Blütenblätter ein purpurner Mittelstreifen ziert, 'Ville de Lyon' in Karminrot und 'Ernest Markham' in samtig glänzendem Magenta.

▲ *Ganz unterschiedliche Pflanzen lassen sich hervorragend kombinieren, hier z. B. Rosen und Tulpen mit verschiedenen kleinen Koniferen.*

▼ *Beete mit niedriger Bepflanzung in Rosa- und Rottönen, womöglich am Rand eines Steingartens, schaffen eine warme Atmosphäre.*

Bepflanzung

1. *Vergissmeinnicht* (Myosotis)
2. *Schlüsselblumen* (Primula *'Wanda'*)
3. *Primeln* (Primula)
4. Anemone x fulgens
5. *Purpurmagnolie* (Magnolia liliiflora)
6. *Rhododendren*
7. *Azaleen* (Rhododendron)
8. *Griechisches Blaukissen* (Aubrieta deltoidea)

Beete in Blau und Violett

Blau ist eine Gartenfarbe mit beruhigender Ausstrahlung. Es heißt, dass eine Umgebung in Blautönen den Blutdruck senkt und Atem- und Herzfrequenz verlangsamt. Zur Auflockerung eignen sich gebrochenes Weiß und Zitronengelb, aber keine satten Gelbtöne.

Blumenbeete

In Blau gehaltene Staudenbeete entfalten ihre Blütenpracht meist ganz plötzlich zu Sommerbeginn. Zu den auffälligsten Stauden gehört der Hohe Rittersporn *(Delphinium elatum)* in vielerlei Farben:

▲ Blaue Blüten schaffen eine besinnliche und beruhigende Stimmung; das spannungsreichere Lila setzt man am besten sparsam ein.

Die Sorten der Elatum-Gruppe tragen vom Früh- bis Hochsommer große, dicht gedrängte Blüten an senkrechten Stängeln, die der Belladonna-Gruppe kleinere Blüten an anmutig verzweigten Stängeln – sie passen ausgezeichnet in Gärten im Cottage-Stil.

Es gibt verschiedene mehrjährige Astern in Blautönen, so z.B. die Bergaster *(Aster amellus)*. 'King George' ist eine besonders attraktive Sorte mit blauvioletten Blütenblättern um eine gelbe Mitte. *Aster × frikartii* 'Mönch' wirkt mit ihrem sanften Lavendelblau etwas dezenter. Weitere blau blühende Stauden sind z.B. der Rote Sonnenhut *(Echinacea purpurea)* mit purpurvioletten Zungenblüten, die einen bräunlichen Kegel in der Mitte tragen, die Gelenkblume *(Physostegia virginiana)* mit blasslilafarbenen Blütenähren und die Gartendreimasterblume *(Tradescantia × andersoniana* 'Isis') mit dreilappigen, blauvioletten Blüten.

Im Frühjahr blühende Zwiebelpflanzen in Blaunuancen sind z.B. die Gewöhnliche Hyazinthe *(Hyacinthus orientalis)* und die Traubenhyazinthe *(Muscari armeniacum)*, die mit der Tuberose *(Polianthes)* harmoniert. Das Alpenvergissmeinnicht *(Myosotis alpestris)* mit seiner Fülle kleiner, duftender, hellblauer Blüten ist eine winterharte Staude, die meist als Zweijährige kultiviert wird und sich bereitwillig selbst aussät.

Als Sommerblumen für dieses Farbkonzept empfehlen sich blau blühende Formen des Leberbalsams *(Ageratum houstonianum)*, z.B. die lavendelblaue Sorte 'Blue Danube', und Männertreu *(Lobelia erinus)* in Sorten wie 'Blue Moon' und 'Cambridge Blue'. Als Hängepflanze ideal für Blumenkästen und -ampeln.

Der passende Hintergrund

Blau ist eine besänftigende Farbe, die neben zu kräftigen Kontrastfarben leicht verblasst. Attraktiv wirken dunkelblaue oder dunkelviolette Blüten vor einer grauen Steinmauer. Üppige Büschel hellblauer Blüten kommen auch vor roten Ziegelwänden gut zur Geltung.

Bepflanzung

1. *Bergaster* (Aster amellus)
2. *Rittersporn* (Delphinium)
3. *Große Hasel* (Corylus maxima *'Purpurea'*)
4. *Europäischer Perückenstrauch* (Cotinus coggygria *'Notcutt's Variety'*)
5. *Gartenhortensie* (Hydrangea macrophylla)
6. *Roter Sonnenhut* (Echinacea purpurea)
7. *Gelenkblume* (Physostegia virginiana)
8. *Leberbalsam* (Ageratum houstonianum)

Bäume und Sträucher

Der Gewöhnliche Judasbaum *(Cercis siliquastrum)* trägt im Frühsommer üppige Büschel rosavioletter Blüten an noch kahlen Zweigen. Die französische Säckelblumen-Hybride *Ceanothus × delileanus* 'Gloire de Versailles' besticht vom Hochsommer bis zum Frühherbst mit blassblauen, duftenden Blütenrispen. Sehr beliebt sind auch die blau blühenden Sorten der Gartenhortensie *(Hydrangea macrophylla)*.

Dazu passen Sträucher und Bäume mit violettem Laub wie bestimmte Sorten der Großen Hasel *(Corylus maxima* 'Purpurea'), des Europäischen Perückenstrauchs *(Cotinus coggygria* 'Notcutt's Variety') und der Thunbergs Berberitze *(Berberis thunbergii* 'Atropurpurea').

Kletterpflanzen und -sträucher

Besonders attraktiv sind Säckelblumen wie *Ceanothus impressus* mit dunkelblauen Blüten im Frühjahr und die hellblau blühende *C. thyrsiflorus repens* sowie die Großblumige Waldrebe *(Clematis macropetala)* mit gefüllten, hell- und dunkelblauen Blüten im späten Frühjahr und frühen Sommer. Blaue Blüten tragen auch die Chile-Kartoffel *(Solanum crispum)*, der Japanische Blauregen *(Wisteria floribunda* 'Macrobotrys') und die Sammetmalve *(Abutilon vitifolium)*.

▲ *Der kleine Wassergarten in Blau- und Lilatönen ist ein beschaulicher Rückzugsort.*

▶ *Zitronengelb und gebrochenes Weiß geben blauen Beeten im Abendlicht mehr Leuchtkraft.*

Gestaltung in Gelb und Gold

Dies sind leuchtende, dominante Farben, die sich selbst im schwachen Morgen- und Abendlicht durchsetzen. Gelb macht sich daher auch gut als Randbepflanzung für sommerliche Blumenbeete.

Blumenbeete

Ein in Gelb und Gold gehaltenes Staudenbeet muss keineswegs eintönig wirken, sondern kann z. B. auch Sträucher mit gelb und grün panaschiertem Laub enthalten, die es um eine feste Grundstruktur sowie Höhen- und Farbkontraste bereichern. Es gibt viele attraktive gelb blühende Stauden, so z. B. die Goldgarbe *(Achillea filipendulina* 'Gold Plate'), die vom Hoch- bis zum Spätsommer mit großen, flachen, goldgelben Blütenköpfchen aufwartet, oder den Frauenmantel *(Alchemilla mollis),* der sich ausgezeichnet zur Überwucherung zu strenger Beetbegrenzungen eignet.

Zur reichhaltigen Staudenauswahl für gelbe Beete gehören überdies der Netzblattstern *(Coreopsis vertillata)* mit leuchtend gelben, sternförmigen Blüten, Dahlien, das Strauchige Brandkraut *(Phlomis fruticosa)* und die Seidenhaarkönigskerze *(Verbascum bombyciferum)* mit langen Blütenähren und silbrig behaarten Blättern, außerdem der Gewöhnliche Sonnenhut *(Rudbeckia fulgida)* mit gelben Zungenblüten um eine rostbraune Mitte und die Goldrute *(Solidago* 'Goldenmosa') mit flauschig gelben Blütenköpfchen.

◀ *Auch gelb panaschierte Blätter können spannende Farb- und Formkontraste bieten. Empfindliche Pflanzen am besten in Töpfen halten.*

Bäume und Sträucher

Zu den gelb blühenden Bäumen und Sträuchern gehören u. a. Zaubernuss *(Hamamelis),* Winterblüte *(Chimonanthus)* und Mahonie im Winter sowie Forsythie, Darwins Berberitze *(Berberis darwinii)* und Stechginster *(Ulex)* im Frühjahr. Einen besonders attraktiven Farbkontrast verspricht die Kombination von Chinesischer Zaubernuss *(Hamamelis mollis)* mit der Stachelspitzigen Azalee *(Rhododendron mucronulatum),* der im Winter rosaviolette Trichterblüten trägt. Als sommerlicher Kontrast bietet sich der Europäische Perückenstrauch *(Cotinus coggygria* 'Royal Purple') mit dunkelviolettem Laub an.

Der passende Hintergrund

Gelbtöne passen gut zu einem kontrastierenden Hintergrund. Sattes Gelb wirkt vor weißem Hintergrund noch kraftvoller, während zitronengelbe Blüten besser vor einer roten Ziegelmauer platziert werden.

Kletterpflanzen und -sträucher

Die Schwarzäugige Susanne *(Thunbergia alata)* wird, da nicht winterhart, meist als Einjährige kultiviert und im Frühjahr drinnen im Warmen vorgezogen, bevor man sie ins Beet oder an ein Wandspalier auspflanzt. Der Winterjasmin *(Jasminum nudiflorum)* trägt den ganzen Winter hindurch leuchtend gelbe Blüten an kahlen Zweigen.

Verschiedene etwas frostempfindliche Sträucher gedeihen am besten an der Sonnenseite einer Mauer, so etwa der Silberginster *(Cytisus battandieri),* der im Hochsommer nach Ananas duftende, goldgelbe Blüten zwischen großen, silbergrauen Blättern entfaltet, und der Nepal-Goldregen *(Piptanthus nepalensis,* bekannter als *Piptanthus laburnifolius),* der im späten Frühjahr und frühen Sommer leuchtend gelbe Schmetterlingsblüten trägt. Die sommergrüne, schnellwüchsige Bocksblattheckenkirsche *(Lonicera tragophylla)* eignet sich ideal zur Bewucherung von Bögen, Pergolen und Mauern und bringt vom Früh- bis zum Hochsommer orangegelbe Blüten hervor.

▶ *Goldgelbe Beete – von gelbblättriger Randbepflanzung bis zu imposanten Sonnenblumen – bringen Leben in den Garten.*

Bepflanzung

1. Sonnenhut (Rudbeckia fulgida)
2. Spindelstrauch (Euonymus fortunei 'Emerald 'n' Gold')
3. Sonnenblumen (Helianthus annuus)
4. Schwarzäugige Susanne (Thunbergia alata)
5. Seidenhaarkönigskerze (Verbascum bombyciferum)
6. Goldgarbe (Achillea filipendulina 'Gold Plate')
7. Goldrute (Solidago 'Goldenmosa')
8. Hohe Studentenblume (Tagetes erecta)

▲ *In leuchtenden Gelbtönen gestaltete Gärten haben etwas unwiderstehlich Lebendiges. Torbögen sorgen für mehr Höhe und Spannung.*

Konzepte in Weiß und Silber

Reinweiße Blüten haben bei starkem Sonnenlicht eine eindrucksvolle Leuchtwirkung. Silber, oft auch als Grauweiß bezeichnet, wirkt weniger dominant, weil es das Licht streut, statt es wie glatte, weiße Blütenblätter konzentriert zu reflektieren.

Blumenbeete

Für Staudenbeete in Grau, Silber und Weiß gibt es eine große Auswahl an Pflanzen, so z. B. die Himalaya-Silberimmortelle *(Anaphalis triplinervis)* mit schmalen, silbergrauen, an der Unterseite behaarten Blättern und Büscheln kleiner, weißer Blüten im Spätsommer. Die ihr nah verwandte Silberimmortelle *(Anaphalis margaritacea yedoensis)* hat graue Blätter und trägt vom Hochsommer bis zum Herbst weiße Blütenköpfchen.

Beifußarten mit silbrigen Blättern sind z. B. der Echte Wermut *Artemisia absinthium* 'Lambrook Silver' mit silbergrauen, fein geteilten Blättern und kleinen, gelben Blüten im Hoch- und Spätsommer und der Weiße Beifuß *(Artemisia ludoviciana)* mit teils gezähnten, weiß behaarten Blättern und im Spätsommer und Frühherbst silbrig weißen Blüten. Die Gewöhnliche Eselsdistel *(Onopordum acanthium)* hat stachelig gezackte, silbergraue Blätter.

Zu den silberblättrigen Pflanzen gehört weiterhin der Wollziest *(Stachys byzantina)*, dessen ovale Blätter dicht mit silbrig weißem Flaum bedeckt sind. Das Silbergreiskraut *(Senecio cineraria)*, seiner Frostempfindlichkeit wegen meist einjährig gezogen, bedeckt das Beet mit fein gelappten, wollig weiß behaarten Blättern. Die Pyrenäen-Margerite *(Leucanthemum maximum*, immer noch bekannter als *Chrysanthemum maximum)* ist eine Staude, die sich vom Hoch- bis zum Spätsommer mit einer Fülle großer weißer Zungenblüten mit gelber Mitte schmückt. Das Rispige Gipskraut *(Gypsophila paniculata)* hat graugrüne Blätter und hüllt sich im Frühjahr in Wolken winziger, weißer Blüten. Der Kalifornische Baummohn *(Romneya coulteri)* trägt vom Hochsommer bis zum Herbst große weiße Einzelblüten.

Der frostempfindliche, einjährige Duftsteinrich *(Lobularia maritima*, bekannter als *Alyssum maritimum)* eignet sich ideal als weiß blühende Einfassung für Sommerblumenbeete.

◀ *Weiße Blüten und silbernes Laub leuchten selbst im schwächsten Licht und bringen Frische und Vitalität in jeden Garten.*

Der passende Hintergrund

Den optimalen Hintergrund für weiße Blüten und silbriges Laub bilden rote Ziegelmauern.

Bepflanzung

1. *Eselsdistel* (Onopordum acanthium)
2. *Silberimmortelle* (Anaphalis margaritacea yedoensis)
3. *Weißer Beifuß* (Artemisia ludoviciana)
4. *Baumanemone* (Carpenteria californica)
5. *Chinesischer Blauregen* (Wisteria sinensis *'Alba'*)
6. *Kalifornischer Baummohn* (Romneya coulteri)
7. *Pyrenäen-Margerite* (Leucanthemum maximum)
8. *Wollziest* (Stachys byzantina)

Bäume und Sträucher

Sehr attraktiv sind z. B. die im Frühjahr üppig weiß blühende Kupferfelsenbirne *(Amelanchier lamarckii),* die Scheinulme *Eucryphia × nymansensis,* die im Spätsommer und Frühherbst weiße oder cremefarbene Blüten von 7 cm Durchmesser entfaltet, die Waldhortensie *Hydrangea arborescens* 'Grandiflora' mit halbrunden, weißen Blütenständen vom Hochsommer bis zum Frühherbst und die Rispenhortensie *H. paniculata* 'Grandiflora' mit pyramidenförmigen Blütenrispen vom Spätsommer bis zum Herbst.

Zu den schönsten weiß blühenden Gehölzen gehört die Sternmagnolie *(Magnolia stellata),* die ihre Blüten von 10 cm Durchmesser im Frühjahr öffnet. Sehr dekorativ ist auch die Weidenbirne *(Pyrus salicifolia* 'Pendula') mit schmalen, silbergrauen Blättern und Büscheln reinweißer Blüten im Frühjahr. Der Brautspierstrauch *(Spiraea × arguta)* und der Gewöhnliche Schneeball *Viburnum opulus* 'Sterile', auch *V. o.* 'Roseum' genannt, sind ebenfalls hübsch für weiße Beete.

▲ *Eine Gartenbank eignet sich ausgezeichnet als Mittelpunkt eines kleinen, in Weiß und Silber gestalteten Gartens.*

▲ *Ein Topfpflanzenarrangement – auf wasserdurchlässigem Untergrund – ist ein attraktiver Blickfang für kleine Gärten.*

Buntblättrige Pflanzen

Mehrfarbig panaschiertes Laub zieht die Blicke auf sich und erzeugt optische Spannung im Garten. Es gibt eine große Auswahl an Stauden, Gehölzen und Kletterpflanzen mit panaschiertem Laub in gedämpften oder leuchtenden Farbtönen.

Blumenbeete

Zur überwältigenden Vielfalt der buntblättrigen Stauden gehören z. B. die Funkien *Hosta* 'Fortunei Albopicta', *H. crispula* und *H.* 'Gold Standard'. Eine der verblüffendsten panaschierten Pflanzen ist wohl die Geißfußsorte *Aegopodium podagraria* 'Variegatum', deren hellgrüne Blätter weiß umrandet sind. Auch wenn sie nicht so aggressiv wuchert wie das berüchtigte Unkraut, zieht man sie doch am besten in großen Kübeln auf der Terrasse. Auch das mehrjährige Japangras *Hakonechloa macra* 'Aureola' mit schmalen, gelb-grün gestreiften und im Herbst bronzefarben überhauchten Blättern kommt im Kübel oder in einer Ecke eines Hochbeets am besten zur Geltung.

Eine Bereicherung für jedes Beet sind die Bleiche Schwertlilie *(Iris pallida)* mit grün-gelb gestreiften Blättern sowie ihre Zuchtform *I. p.* 'Argentea Variegata' mit weißen Streifen. Ebenfalls sehr dekorativ sind die panaschierten Phloxsorten 'Norah Leigh' und 'Harlequin' und die Fädige Palmlilie *Yucca filamentosa* 'Variegata' mit ihren spitzen, schwertförmigen Blättern.

Bäume und Sträucher

Eindrucksvoll wirkt der Kletternde Spindelstrauch *Euonymus fortunei* 'Emerald 'n' Gold', ein niedriger, dichter, immergrüner Strauch mit grün-gelb panaschierten Blättern, die sich im Winter bronze-rosa verfärben. 'Emerald Gaiety' und 'Silver Queen' sind höherwüchsige panaschierte Sorten. Zeitlos beliebt ist die Japanische Aukube *Aucuba japonica* 'Variegata' mit gelb gesprenkelten Blättern, die schön mit Osterglocken harmoniert. Ebenfalls immergrün ist die Dornige Ölweide *Elaeagnus pungens* 'Maculata' mit ledrigen, dunkelgrünen, goldgefleckten Blättern.

Die Salbeisorte *Salvia officinalis* 'Icterina' wird ca. 30 cm hoch und eignet sich z. B. als Randbepflanzung eines Wegs, wo sie unattraktive Kanten

◀ *Der dekorative Zaun bietet mit üppigem Ziergras und niedrigwüchsigen Pflanzen ein harmonisches Gesamtbild.*

mit ihren hübschen grün-goldenen Blättern kaschiert. Höchst faszinierend wirkt auch die Sorte 'Tricolor' mit graugrünen, teils weiß, teils rötlich geränderten Blättern.

Der sommergrüne Tatarische Hartriegel *Cornus alba* 'Spaethii' hat hellgrüne Blätter mit goldgefleckten Rändern und gefällt im Winter durch leuchtend rote Zweige. Auch sehr hübsch ist der Wechselblättrige Hartriegel *C. alternifolia* 'Argentea', ein kleiner Baum mit horizontal ausgebreiteten Zweigen und kleinen, grünen, weiß geränderten Blättern.

Panaschierte Stechpalmen schmücken den Garten das ganze Jahr, so etwa die Großblättrige Stechpalme *Ilex × altaclarensis* 'Lawsoniana' mit meist ungestachelten, grünen, in der Mitte gelb gefleckten Blättern und orangeroten Beeren im Winter. Von der Gewöhnlichen Stechpalme *(Ilex aquifolium)* gibt es viele Sorten mit stacheligen, panaschierten Blättern, z. B. 'Golden Queen', deren Blätter einen breiten goldenen Rand haben.

Kletterpflanzen und -sträucher

Zu den bekanntesten panaschierten Kletterern zählen viele Efeuarten, von *Hedera helix* 'Goldherz' mit dunkelgrünen, in der Mitte gelb gefleckten Blättern bis zu großblättrigen Sorten wie dem Kanarischen Efeu *H. canariensis* 'Gloire de Marengo' mit dunkelgrünen, silbergrau und weiß gezeichneten Blättern. Auch vom Kaukasus-Efeu *(H. colchica)* gibt es schöne buntblättrige Formen, so etwa 'Dentata Variegata' mit gelblich geränderten und 'Sulphur Heart' mit gelb gefleckten Blättern. Der Kolomikta-Strahlengriffel *(Actinidia kolomikta)* hat grüne, an den Spitzen auffallend weiß und rosafarben gefleckte Blätter.

▶ *Üppiger Pflanzenwuchs verdeckt die Kanten des Holzdecks und der Treppe. Zu stark wuchernde Pflanzen regelmäßig stutzen.*

▼ *Eine Auswahl panaschierter Pflanzen als Randbepflanzung einer Treppe ergänzt den markanten Riesenhartriegel.*

Bepflanzung

1. *Japangras* (Hakonechloa macra *'Aureola'*)
2. *Phlox* (Phlox *'Norah Leigh'*)
3. *Fädige Palmlilie* (Yucca filamentosa *'Variegata'*)
4. *Riesenhartriegel* (Cornus controversa *'Variegata'*)
5. *Panaschierter Neuseel. Flachs* (Phormium)
6. *Bleiche Schwertlilie* (Iris pallida *'Argentea Variegata'*)
7. *Blaublattfunkie* (Hosta sieboldiana *'Frances Williams'*)
8. *Funkie* (Hosta fortunei *'Albopicta'*)

Farbmix

Es gibt zwei unterschiedliche Arten von Farbmix: Einerseits das bunte Durcheinander verschiedenfarbiger Sommerblumen aus der Samentüte, andererseits die wohl geplante Kombination und Anordnung unterschiedlicher Blüten- und Laubfarben im Garten.

Bunte Farbmischungen

Mit einer Blumenart oder -sorte in verschiedenen Farben bepflanzte Blumenkästen, -ampeln und Wandkörbe wirken oft besonders reizvoll. So gibt es z. B. bunte Samenmischungen für Hängelobelien in Weiß, Blau, Zartlila, Purpur und Rot. Ein Vorteil einer solchen Bepflanzung liegt darin, dass die Pflanzen einer Sorte alle gleich stark wachsen und somit keine die anderen überwuchert oder verdrängt.

▲ *Panaschierte Pflanzen wirken den ganzen Sommer, immergrüne gar ganzjährig attraktiv. Viele können in Kübeln gezogen werden.*

Farben kombinieren

Die Wahl von Farbkombinationen ist eine Frage des persönlichen Geschmacks, doch ein Farbkreis aus den drei Grundfarben – Gelb, Blau und Rot – und den drei Sekundärfarben – Orange, Grün und Violett – hilft erkennen, welche Farben sich ergänzen oder harmonieren.

Komplementärfarben haben keine gemeinsamen Pigmente, dagegen haben harmonierende Farben einige Pigmente gemeinsam. Gelb/Violett, Blau/Orange sowie Rot/Grün sind komplementär zueinander. Gelb harmoniert mit Grün und Orange, Blau mit Grün und Violett, Rot mit Orange und Violett.

Glänzende und matte Oberflächen

Die Oberflächenstruktur eines Blatts hat Einfluss darauf, wie es das Licht reflektiert. Eine glatte Oberfläche wirft das Licht im gleichen Winkel zurück, in dem es einfällt, und wirkt dadurch leuchtend. Eine matte Oberfläche streut das Licht stärker und wirkt dadurch stumpfer.

Farbplanung

Die Farbplanung ist keine Platz- oder Geldfrage. Beginnen Sie einfach mit der Bepflanzung einer Mauer oder einer Ecke eines Gehölzbeets.

Gelb und Gold: Viele gelbblättrige Bäume und Sträucher sind ein idealer Hintergrund für Pflanzen mit purpurfarbenem Laub. Eine schöne Kombination bildet z. B. die dunkelblättrige Berberitze *Berberis thunbergii* 'Atropurpurea' mit gelb belaubten Sträuchern wie dem Traubenholunder *Sambucus racemosa* 'Plumosa Aurea'.

Bepflanzung

1. *Gartenringelblume* (Calendula officinalis)
2. *Netzblattstern* (Coreopsis verticillata)
3. *Perückenstrauch* (Cotinus coggygria *'Notcutt's Variety'*)
4. *Europäischer Pfeifenstrauch* (Philadelphus coronarius *'Aureus'*)
5. *Verschiedenfarbige Lupinen* (Lupinus)
6. *Berberitze* (Berberis thunbergii *'Atropurpurea'*)
7. *Türkischer Mohn* (Papaver orientale)
8. *Storchschnabel* (Geranium *'Johnson's Blue'*)

Blau und Violett: Als blaue Hintergrundbepflanzung vor einer geschützten, sonnigen Mauer eignet sich die Säckelblume *Ceanothus* 'Cascade'. Der bis 3 m hohe und breite Strauch trägt im späten Frühjahr und frühen Sommer eine Fülle kleiner, tiefblauer Blüten. Dazu passt z. B. die immergrüne Mexikanische Orangenblume *(Choisya ternata)*.

Rot und Rosa: Rot muss man mit Bedacht einsetzen, weil es sehr dominant wirken kann. Vor grünem Hintergrund haben leuchtend rote Blüten wie die des frostharten, einjährigen Klatschmohns *(Papaver rhoeas)* eine ausgeprägt dreidimensionale Wirkung. Gedämpftere Rottöne und Rosa, ein ungesättigtes Rot, fügen sich leichter zwischen andere Gartenfarben ein.

▲ *Blumenampeln mit mehrfarbiger Bepflanzung sind ein farbenfroher Blickfang und passen sich vielen Hintergrundfarben an.*

▼ *Solche bunt gemischten Beete stellen gerade für kleine Gärten eine attraktive Gestaltungsmöglichkeit dar.*

Saisonale Farbenpracht

Auf bunte Blüten- und Blätterpracht im Garten muss man zu keiner Jahreszeit verzichten. Am üppigsten ist die Farbenvielfalt im Sommer, zur Blütezeit der meisten Einjährigen, Stauden und Gehölze. Als Nächstes folgt das herrliche Farbenspiel des Herbstlaubs sommergrüner Sträucher, Bäume und Kletterpflanzen. Selbst im Winter blühen noch einige Gehölze und kleinere Zwiebelpflanzen, und dann kann man sich schon auf den Frühling mit seinen leuchtenden Narzissen und der zauberhaften Baumblüte freuen.

Gartenfarbe fürs Frühjahr

Typische Frühlingsblüher sind vor allem die Zwiebelpflanzen, die sich in reizvollen Kombinationen mit zu dieser Zeit ebenfalls üppig blühenden Gehölzen und Obstbäumen einsetzen lassen. Es ist die Hochzeit der Zierkirschen, deren Blüten nun förmlich explodieren.

Frühlingsblühende Gehölze

Zu den markantesten gelb blühenden Gehölzen gehört die Forsythie 'Lynwood', die ihre glockenförmigen Blüten an kahlen Zweigen entfaltet, bevor kurz darauf auch die dunkelgrünen Blätter erscheinen.

Der Europäische Stechginster *(Ulex europaeus)* ist ein immergrüner Strauch, der sich im Frühjahr und Frühsommer mit einer Fülle süß duftender, gelber Schmetterlingsblüten bedeckt und oft noch bis zu Beginn des folgenden Frühjahrs sporadisch nachblüht.

Die sommergrüne Kupferfelsenbirne *(Amelanchier lamarckii)* trägt im Frühjahr üppige Büschel reinweißer Sternblüten. Die Sternmagnolie *(Magnolia stellata)* ist ein kleinerer, sommergrüner Strauch mit auffallenden, weißen Einzelblüten von bis zu 10 cm Durchmesser. Das ebenfalls sommergrüne Japanische Goldröschen *(Kerria japonica* 'Pleniflora') trägt im späten Frühjahr und frühen Sommer an langen Ruten gefüllte Blüten von sattem Gelb. Weitere frühlingsblühende Gehölze sind die Scheinquitte *(Chaenomeles × superba)*, der Elfenbeinginster *(Cytisus × praecox* 'Warminster'), die Schmalblättrige Berberitze *(Berberis × stenophylla)*, die Blutjohannisbeere *(Ribes sanguineum)* und Burkwoods Schneeball *(Viburnum × burkwoodii)*.

Bäume im Frühjahr

Traubenkirsche *(Prunus padus)*: Trauben mit nach Mandeln duftenden weißen Blüten im späten Frühjahr.

Frühjahrskirsche *(Prunus subhirtella* 'Pendula Rosea'): ausladender Baum mit hängenden Ästen und rosaweißen Blüten.

Zierkirsche *Prunus* 'Accolade': anmutiger, lockerwüchsiger Baum mit bläulich-rosa Blüten.

◀ *Schon im Frühherbst frühlingsblühende Zwiebelpflanzen setzen, um die winterliche Tristesse möglichst früh zu durchbrechen.*

Frühlingsblühende Zwiebelpflanzen

Zwiebelpflanzen wie der Kleine Krokus *(Crocus chrysanthus)*, der oft schon im Spätwinter zu blühen beginnt, wirken hübsch als Grüppchen in kurzem Gras oder im Steingarten.

Zwiebelpflanzen, die vom Spätwinter bis ins zeitige Frühjahr hinein blühen, sind z. B. der blassblaue Schneestolz *(Chionodoxa luciliae)*, der gelb blühende Kleine Winterling *(Eranthis hyemalis)* und das Kleine Schneeglöckchen *(Galanthus nivalis)* mit weißen Blüten. Etwas später folgen der Frühlingsstern *(Ipheion uniflorum)* mit weißen bis blauvioletten Sternblüten und der Sibirische Blaustern *(Scilla siberica)* mit leuchtend blauen oder weißen Blüten. Zu den Frühlingstulpen gehören u. a. *Tulipa tarda* mit Büscheln weißer Blüten, die einen großen, leuchtend gelben Mittelfleck aufweisen, und *Tulipa kaufmanniana* mit sternförmigen, weißen Blüten, die außen rot-gelb gefärbt sind.

Farbkombinationen

Das spätere Frühjahr bietet ausgezeichnete Möglichkeiten für attraktive Pflanzenarrangements in Beeten und vor Mauern. Sehr schön harmonieren z. B. die Kletterrose *Rosa banksiae* 'Lutea', die schmale, dunkelgrüne Blätter hat und im späten Frühjahr duftende, gefüllte gelbe Blüten trägt, und die Bergwaldrebe *Clematis montana* 'Elizabeth', die zur gleichen Zeit mit einer überwältigenden Blütenfülle in blassem Rosa aufwartet.

Der Schneeball *Viburnum opulus* 'Roseum' ist ein sommergrüner Strauch, der im späten Frühjahr und frühen Sommer große, runde, elfenbeinweiße Blütenköpfe trägt, unter deren Gewicht sich oft die Zweige biegen. Einen attraktiven Kontrast bilden rundum gepflanzte Blaublattfunkien *(Hosta sieboldiana)*.

EMPFEHLENSWERT

- Kupferfelsenbirne *(Amelanchier lamarckii)*
- Bergwaldrebe *(Clematis montana)*
- Kleiner Krokus *(Crocus chrysanthus)*
- Kleiner Winterling *(Eranthis hyemalis)*
- Jap. Goldröschen *(Kerria japonica* 'Pleniflora')
- Sternmagnolie *(Magnolia stellata)*
- Armenische Traubenhyazinthe *(Muscari armeniacum)*

▶ *Das Japanische Goldröschen* (Kerria japonica *'Pleniflora') bezaubert im Frühjahr und Frühsommer mit goldgelber Blütenfülle.*

Gartenfarbe für den Sommer

Im Sommer ist die Intensität der Gartenfarben geradezu überwältigend. Bunt blühende Stauden, Einjährige und Zwiebelpflanzen drängen sich in den Beeten; Kletterpflanzen und -sträucher wuchern an Mauern und Spalieren. Buntblättrige Pflanzen tragen wesentlich zur Gesamtwirkung bei.

▲ *Die großen, markanten Lilienblüten setzen leuchtende Akzente in gemischten Beeten und passen auch gut in ländliche Gärten.*

Sommerblühende Gehölze

Die große Auswahl umfasst z. B. im Frühsommer blühende Sträucher wie die Zistrosen-Hybriden *Cistus × cyprius* mit purpurrot gefleckten weißen Blüten von rund 8 cm Durchmesser und *Cistus × purpureus* mit rosavioletten, dunkelrot gefleckten Blüten. Die vielen Sorten des Strauchfingerkrauts *(Potentilla fruticosa)* tragen bis in den Spätsommer gelbe bis zinnoberrote Blüten. Der Pfeifenstrauch *(Philadelphus*, auch in Zwergsorten) schmückt den Garten vom Früh- bis zum Hochsommer mit duftenden weißen Blüten.

Um die Sommermitte erblühen viele der herrlichen Hortensien. Die Gar-

EMPFEHLENSWERT

Gartenhortensie *(Hydrangea macrophylla)*
Johanniskraut *(Hypericum* 'Hidcote')
Hybrid-Goldregen
(Laburnum × watereri 'Vossii')
Pfeifenstrauch *(Philadelphus coronarius* 'Aureus')
Strauchfingerkraut *(Potentilla fruticosa)*
Greiskraut *(Brachyglottis* 'Sunshine')

tenhortensie *(Hydrangea macrophylla)* bildet rundliche Sträucher mit Blütenständen von bis zu 20 cm Durchmesser und blüht bis in den Herbst hinein. Besonders eindrucksvoll wirkt auch die im Spätsommer blühende Rispenhortensie *Hydrangea paniculata* 'Grandiflora', die ihre langen, weißen Blütenrispen bis zum Frühherbst behält.

Farbkombinationen

Eine attraktive Zusammenstellung von besonderer Leuchtkraft bildet z. B. der Graue Ginster *(Genista cinerea)*, ein sommergrüner Strauch mit gelben, süß duftenden Blüten vom Früh- bis zum Hochsommer, mit dem immergrünen Greiskraut *Brachyglottis* 'Sunshine' (bekannter als *Senecio* 'Sunshine'), das graue, weiß behaarte Blätter und gelbe Zungenblüten hat.

Der sommergrüne Hybrid-Goldregen *Laburnum × watereri* 'Vossii' schafft mit seinen langen gelben Blütentrauben einen idealen Hintergrundkontrast zu violettem Flieder.

Die Pontische Azalee *(Rhododendron luteum)*, die im späten Frühjahr und frühen Sommer süß duftende, gelbe Blüten trägt, passt gut in wilde Gärten, z. B. gemeinsam mit rot blühenden Japanischen Etagenprimeln *(Primula japonica)* unter ein lockeres Baumkronendach. Der immergrüne Rosmarinstrauch *(Rosmarinus officinalis)*, der vorwiegend im Frühjahr und dann vereinzelt bis zum Herbst leuchtend blau blüht, kommt neben dem gelbblättrigen Pfeifenstrauch *Philadelphus coronarius* 'Aureus' gut zur Geltung.

▲ *Pflanzen mit üppigem grünem oder panaschiertem Laub sind attraktiv und helfen, Unkrautwuchs zu unterdrücken.*

Sommerblühende Lilien

Viele Lilien lassen sich schön mit anderen Pflanzen kombinieren. Zu den weißen Trompetenblüten der im Früh- und Hochsommer blühenden Madonnenlilie *(Lilium candidum)* bildet das purpurfarbene Laub des sommergrünen Perückenstrauchs *Cotinus coggygria* 'Royal Purple' einen fantastischen Hintergrundkontrast. Etwas weniger dramatisch wirkt die Zusammenstellung von Madonnenlilien und Rotem Fingerhut *(Digitalis purpurea)* vor blauem Rittersporn *(Delphinium)*. Die Königslilie *(Lilium regale)* hat weiße Blüten mit rötlich überhauchter Außenseite und wirkt ideal in ländlich schlichter Kombination mit Weißbirken und Wurmfarn *(Dryopteris filix-mas)*.

BUNTE BLÄTTER

Jap. Aukube *(Aucuba japonica* 'Variegata'): immergrüner Strauch, gelb gesprenkelte Blätter.
Perückenstrauch *(Cotinus coggygria* 'Royal Purple'): sommergrüner Strauch mit Blättern in dunklem Purpurton.
Dornige Ölweide *(Elaeagnus pungens* 'Maculata'): immergrüner Strauch, goldgelb gefleckte Blätter.
Hopfen *(Humulus lupulus* 'Aureus'): krautige Kletterpflanze mit leuchtend gelben Blättern.
Pfeifenstrauch *(Philadelphus coronarius* 'Aureus'): sommergrün mit gelbem Laub.
Kirschpflaume *(Prunus cerasifera* 'Pissardii'): sommergrün, dunkelrote Blätter verfärben sich im Spätsommer zu dunklem Violett.
Scheinakazie *(Robinia pseudoacacia* 'Frisia'): sommergrüner Baum mit goldgelbem Laub.

Gartenfarbe für den Herbst

Der Herbst ist keineswegs eine trübe Jahreszeit, sondern erfreut das Auge mit einer Fülle bunter Blüten und natürlich dem herrlichen Herbstlaub in einer unendlichen Palette von Gelb-, Rot- und Goldbrauntönen.

Herbstblühende Gehölze

Der Schmetterlingsstrauch *(Buddleja davidii)* trägt vom Hochsommer bis weit in den Herbst hinein lange, violette, nach Honig und Moschus duftende Blütenrispen. Es gibt auch Sorten in Weiß, dunklem Purpur und Lavendelblau. Die Clandon-Bartblume *Caryopteris × clandonensis* 'Kew blue' hat graugrüne Blätter und ab dem Spätsommer dunkelblaue Blüten; der Straucheibisch *(Hibiscus syriacus)* trägt vom Hochsommer bis zum Frühherbst trompetenförmige Blüten in vielen Schattierungen, u.a. Blauviolett und Rosa.

Die beliebte Gartenhortensie *(Hydrangea macrophylla)* ist ein Strauch mit großen, oft blauen Blütenständen bis in den Herbst hinein. Ein prächtiger sommer- und herbstblühender Strauch ist auch die Buschmalve *Lavatera* 'Rosea', auch als *Lavatera olbia* 'Rosea' bekannt, die an stark verzweigten Ästen eine Fülle rosafarbener Blüten trägt.

▲ *Die Blätter des sommergrünen Essigbaums* (Rhus typhina) *nehmen im Herbst leuchtende Rot-, Gelb- und Purpurtöne an.*

Zwiebel- und Knollenpflanzen

Die Krokusart *Crocus longiflorus* öffnet ihre kelchförmigen, blass- bis tiefblauvioletten Blüten mit auffallend orangefarbenen Narben und orangefarben geflammtem Innenfleck von der Herbstmitte bis zum Spätherbst. Der Safrankrokus *(C. sativus)* trägt um die Herbstmitte dunkelrote Blüten mit großen roten Narben und orangefarbenen Staubblättern. Sehr beliebt und äußerst winterhart ist auch das vom Spätsommer bis zum Spätherbst blühende Herbstalpenveilchen *(Cyclamen hederifolium)*, dessen Blütenfarbe von Weiß über Blassrosa bis zu Blassviolett variiert.

Herbstlilien

Einige sommerblühende Lilien bilden bis in den Herbst hinein eine schöne Bereicherung für den Garten, brauchen aber einen sonnigen, windgeschützten Stand-

ort. Die Goldbandlilie *(Lilium auratum)* trägt im Spätsommer und Frühherbst süß duftende, trichterförmige, leuchtend weiße Blüten mit goldgelber Bänderung. Bei ihrer Verwandten *L. henryi* sind die ebenfalls köstlich duftenden Blüten, die vom Spätsommer bis zum Frühherbst erscheinen, blassorange mit roten Flecken. Sehr beliebt ist auch die Prächtige Lilie *(L. speciosum)* mit weißen, teils rosafarben getönten, hängenden Blüten.

EMPFEHLENSWERT

Buddleja davidii — *Hibiscus syriacus*

Hydrangea macrophylla — *Lavatera* 'Rosea'

Farbkombinationen

Ein schönes Arrangement ergibt z. B. die Pflanzung einer ca. 90 cm hohen, vor allem in milderen Regionen bis in den Frühherbst blühenden Rose der Sorte 'Ophelia' mit Blüten von bläulichem Rosa zwischen himmelblauen Trompetenblüten des Herbstenzians *(Gentiana sino-ornata)*, der etwa 15 cm hoch und 30–40 cm breit wird und vom Früh- bis zum Spätherbst blüht. Kräftigere Farbe verspricht eine Reihe von Pflanzen der Fetthennensorte 'Herbstfreude', deren lachsrosafarbene Blütenköpfchen sich zum Spätherbst hin allmählich über Orangerot zu Orangebraun verfärben.

▲ *Dicht gepflanzte Hortensien bieten vom Hochsommer bis in den Frühherbst einen tollen Anblick. Die abgeblühten Blütenstände wirken auch mit Reif bedeckt sehr attraktiv.*

GEHÖLZE MIT SCHÖNEM HERBSTLAUB

Chinesische Zaubernuss *(Hamamelis mollis)* – leuchtendes Gelb

Amerikanischer Amberbaum *(Liquidambar styraciflua)* – satte Orange- und Scharlachtöne

Blasenbaum *(Koelreuteria paniculata)* – sattes Gelb

Wolliger Apfel *(Malus tschonoskii)* – intensive Rot- und Gelbtöne

Parrotie *(Parrotia persica)* – Purpur-, Gold- und Bernsteintöne

Essigbaum *(Rhus typhina)* – sattes Orangerot, Purpur und Gelb

Gartenfarbe für den Winter

Sie können bestimmte Ecken des Gartens mit Winterblühern bepflanzen, um in einem sonst vielleicht farblosen Umfeld reizvolle Oasen zu schaffen. Daneben eignen sich auch Sträucher und Bäume mit farbenprächtigen Stämmen oder Zweigen als winterliche Attraktionen.

Winterblühende Gehölze

Diese bilden eine dauerhafte Grundstruktur, in die man andere Pflanzen einfügen kann. Die Chinesische und die Japanische Zaubernuss *(Hamamelis mollis* bzw. *H. japonica)* tragen im Winter duftende, sternförmige, gelbe Blüten an kahlen Zweigen. Der Bodnant-Schneeball *(Viburnum × bodnantense* 'Dawn') schmückt sich den Winter hindurch mit süß duftenden Blüten in rot überhauchtem Weiß, der Duftende Schneeball *(V. farreri)* mit leuchtend weißen Blüten. Sehr schön sind auch die Mahonien, insbesondere die immergrüne *Mahonia × media* 'Charity', die vom Spätherbst bis in den späten Winter wohlriechende, gelbe Blütenbüschel trägt.

▲ *Die Kleine Netzblattiris* (Iris reticulata) *verspricht prachtvolle Blütenfülle und ist ideal zur Pflanzung im Steingarten.*

Zwiebelpflanzen

Bei manchen winterblühenden Zwiebelpflanzen verschiebt sich die Blütezeit je nach Witterung vom Spätwinter ins zeitige Frühjahr. Das satte Goldgelb der kelchförmigen Blüten des Kleinen Krokus *(Crocus chrysanthus)* zieht unweigerlich alle Blicke auf sich. Er blüht vom Spätwinter bis ins Frühjahr hinein und wirkt besonders schön im Steingarten oder rund um eine Weißbirke gepflanzt. Die Kleine Netzblattiris *(Iris reticulata)* ist mit ihren nach Veilchen duftenden Blüten in dunklem Blauviolett mit orangefarbener Zeichnung von der Wintermitte bis zum Spätwinter ein attraktiver Blickfang und mit ihrer geringen Höhe von ca. 10 cm ideal für den Steingarten oder als Wegrandbepflanzung. Die Schwertlilie *Iris histrioides* 'Major' trägt um etwa dieselbe Zeit dunkelblaue Blüten und macht sich besonders gut in Kombination mit goldgelben Krokussen und weißen Schneeglöckchen *(Galanthus nivalis)*, die im winterlichen Garten nicht fehlen dürfen.

Farbkombinationen

Eine schöne Paarung mit angenehmem Duft bildet die Christrose *(Helleborus niger)* mit der Chinesischen Winterblüte *(Chimonanthus praecox* 'Grandiflorus'). Erstere trägt zur Wintermitte weit geöffnete weiße Blüten, die Chinesische Winterblüte vom Früh- bis zum Spätwinter würzig duftende Blüten aus gelben Blütenblättern um eine rote Mitte. Sehr attraktiv wirkt es auch, wenn man die Chinesische Zaubernuss *(Hamamelis mollis)*, die ab Mitte des Winters goldgelbe Blüten trägt, mit dem immergrünen Kletternden Spindelstrauch *(Euonymus fortunei)* umpflanzt, der gelbgrünes Laub trägt. Einen zusätzlichen Farbakzent setzen einige niedrigwüchsige, immergrüne Sträucher der Fleischbeere *(Sarcococca confusa)* mit weißen, süß duftenden Blüten.

Dekorative Rinde

Zimtahorn *(Acer griseum)* – Die hellbraune Rinde schält sich alljährlich ab, wobei orangebraune Unterborke zum Vorschein kommt.

Streifenahorn *(Acer pensylvanicum* 'Erythrocladum') – Stamm und Äste haben weiß gezackte Streifen.

Bastarderdbeerbaum *(Arbutus x andrachnoides)* – rötlich braune Rinde.

Weiße Himalaya-Birke *(Betula utilis jacquemontii)* – Die sich schälende Rinde ist meist leuchtend weiß, es gibt aber auch rosa-bräunliche oder ocker-cremefarbene Sorten.

▶ *Auch bunte Zweige sind ein schöner winterlicher Blickfang: hier der Tatarische Hartriegel* Cornus alba *'Sibirica', der sich an Wasserläufen besonders wohl fühlt.*

Empfehlenswert

Chinesische Zaubernuss *(Hamamelis mollis)*

Mahonie *(Mahonia x media* 'Charity')

Kleiner Krokus *(Crocus chrysanthus)*

Chinesische Winterblüte *(Chimonanthus praecox)*

Winterjasmin *(Jasminum nudiflorum)*

Fleischbeere *(Sarcococca confusa)*

Bunte Gehölze

Wenn man diese Sträucher im Frühjahr radikal bis fast auf Bodenniveau zurückschneidet, entwickeln sie über den Sommer neue Triebe, die zum Winter intensive Farbe annehmen.

Tatarischer Hartriegel *(Cornus alba)* – leuchtend rote Zweige

Cornus alba 'Sibirica' – karmesinrote Zweige

Weißer Hartriegel *(Cornus stolonifera)* – Zweige in mattem Rot

Cornus stolonifera 'Flaviramea' – leuchtend gelbe bis olivgrüne Zweige

◀ *Der winterharte, immergrüne Strauch* Mahonia x media *'Charity' erfreut das Auge im Winter mit üppiger gelber Blüte.*

Dekorative Pflanzideen

Zur Verschönerung kleiner Gärten gibt es eine große Auswahl an dekorativen Pflanzenarrangements: von Blumenkästen auf Fensterbänken über Kübel und Tröge auf der Terrasse bis zu bambusbepflanzten Wegen und attraktiven Gruppierungen von Ziergräsern. Kletterrosen können nicht nur Spaliere und Pergolen farbenprächtig überwuchern, sondern auch durch Bäume ranken. Und duftende Blüten erfüllen den Garten mit köstlichen Aromen von Mandel bis zu Vanille.

Farbenpracht fürs Fensterbrett

Eine Kombination von Frühjahrs-, Sommer- und Winterarrangements gewährleistet das ganze Jahr hindurch Farbenpracht vor dem Fenster. Nach frühjahrsblühenden Zwiebelpflanzen und bunten Sommerblumen sorgen im Winter vor allem immergrüne Pflanzen für einen reizvollen Anblick.

Ganzjahresarrangements

Den Blumenkasten direkt aufs Fensterbrett stellen oder mit Halterungen unterhalb des Fensters an der Wand aufhängen. Besorgen Sie sich drei etwas kleinere, in den ersten hineinpassende Blumenkästen, die Sie jeweils schon frühzeitig neu bepflanzen können, um das Arrangement dreimal jährlich auszutauschen.

▲ *Kunstvoll gestaltete Wandtöpfe oder -körbe mit farbenfroher Bepflanzung sind ein äußerst reizvoller Schmuck für Terassenwände.*

⌘ Frühjahrsarrangements im Herbst mit frühlingsblühenden Zwiebelpflanzen, wie z. B. Hyazinthen, Tulpen und Narzissen, und Zweijährigen wie Goldlack *(Erysimum cheiri)*, Vergissmeinnicht *(Myosotis)* und gefüllten Gänseblümchen *(Bellis perennis)* pflanzen und in einem kühlen, geschützten, nicht zu feuchten Teil des Gartens aufbewahren. Im Frühjahr, wenn die Pflanzen knospen, die Winterbepflanzung durch das Frühjahrsarrangement ersetzen.

⌘ Sommerarrangements im späten Frühjahr pflanzen und im Freien an frostfreier, geschützter Stelle oder im gut belüfteten Wintergarten aufbewahren. Zu Sommerbeginn gegen das verblühte Frühjahrsarrangement austauschen.

⌘ Winterarrangements: Sobald das Sommerarrangement im Herbst verblasst, ersetzt man es durch ein Winterarrangement aus kleinen winterharten, immergrünen Pflanzen wie der Japanischen Aukube *(Aucuba japonica)*, kleinblättrigem Efeu *(Hedera)*, Zwergkoniferen, winterblühenden Heidegewächsen *(Erica* und *Calluna)* und buntblättrigen Sorten des Japanischen Spindelstrauchs *(Euonymus japonicus)* und der Strauchveronika *(Hebe × andersonii* 'Variegata').

Wandkörbe und -schalen

Solche Körbe und Schalen in Form einer Viertelkugel machen sich an den Wänden einer Terrasse oder eines Innenhofs besonders gut. Bei direkter Bepflanzung sind hier allerdings nur zwei verschiedene Pflanzenarrangements übers Jahr möglich. Das Frühlingsarrangement wird im Herbst direkt in den Behälter gepflanzt. Wenn es zum Frühjahrsende verblüht ist, nimmt man alle Pflanzen heraus, füllt frische Erde ein und pflanzt das Sommerarrangement. Dieses bleibt bis zum Herbst; dann wird wieder ein neues Frühlingsarrangement gepflanzt.

EMPFEHLENSWERT

Jap. Aukube *(Aucuba japonica* 'Variegata')
Duftsteinrich *(Lobularia maritima)*
Traubenhyazinthe *(Muscari armeniacum)*

Favoriten für jede Saison

Einige besonders beliebte, reizvolle Kombinationen aus der großen Pflanzenauswahl für Blumenkästen:

- Frühjahr: Zweijährige wie Goldlack *(Erysimum)*, gefüllte Gänseblümchen *(Bellis perennis)* und Vergissmeinnicht *(Myosotis)* mit Zwiebelpflanzen wie der Armenischen Traubenhyazinthe *(Muscari armeniacum)*, *Tulipa greigii* und *T. fosteriana*.
- Sommer: Eine farbenprächtige Kombination bilden hängende Lobelien, Zonale Pelargonien, Duftsteinrich *(Lobularia maritima)*, Knollenbegonien und sommerblühende Veilchen *(Viola)*. Hängepflanzen an einer Seite oder vorn, Begonien in der Mitte platzieren. Pflanzen in Blumenkästen ab und zu düngen und bei Trockenheit häufig und gründlich wässern.
- Winter: Attraktive Immergrüne wie Efeu *(Hedera helix* 'Glacier'), buntblättrige Formen des Japanischen Spindelstrauchs *(Euonymus japonicus)*, Zwergformen von Lawsons Scheinzypresse *(Chamaecyparis lawsoniana)* und winterblühende Heide *(Erica)* als Farbakzent.

Kräutergärtchen im Blumenkasten

Einen Blumenkasten vor dem Küchenfenster kann man mit einer Auswahl niedrigwüchsiger Kräuter wie z. B. Minze, Thymian, Schnittlauch, Petersilie, Majoran und Estragon bepflanzen. Die einzelnen Pflanzen in ihren Töpfen lassen und im Blumenkasten so auf eine Schicht Kies stellen, dass die Topfränder bis knapp unter den Rand des Blumenkastens reichen. Feuchten Torf rund um die Töpfe packen, um die Erde darin feucht und kühl zu halten.

▶ *Bepflanzen Sie Blumenkästen mit aufrechten, buschigen Pflanzen und am vorderen Rand mit Hängepflanzen.*

▼ *Statt Sommerblumen direkt in den Kasten zu pflanzen, kann man sie in ihren Töpfen lassen und auswechseln, sobald sie verblühen.*

Blumenampeln

Blumenampeln und Baskets können reizlose Ecken und eintönige Mauern, Fenster, Türen und Eingangsbereiche mit Sommerfarbe und Wintergrün beleben. Auch im Bereich befestigter Flächen, ob Terrasse oder Innenhof, sind sie ein dekorativer Blickfang.

Die richtige Platzierung

Bepflanzte Blumenampeln an einer auffälligen Stelle aufhängen – z. B. zu beiden Seiten eines Fensters. Auch das Geländer eines Balkons oder einer Veranda kann mit Blumentöpfen oder Pflanzkörben behängt werden, um seine strengen Linien durch üppige Hängepflanzen aufzulockern.

Unansehnliche Mauern oder Carports gewinnen durch die Dekoration mit Blumenampeln, aber achten Sie darauf, sie nicht an Ecken oder anderen Stellen aufzuhängen, an denen man leicht dagegen stößt. Um zu verhindern, dass Vorübergehende an einer Mauer hängende Blumentöpfe anstoßen, kann man Pflanzkübel am Fuß der Mauer aufstellen, aber nicht direkt unter Hängekörben, damit kein Wasser auf sie heruntertropft. Einige Blüten in Weiß oder blassen Farbtönen sorgen dafür, dass die Blumenampeln auch im Dämmerlicht noch sichtbar bleiben.

◀ Blumenampeln und Hängekörbe an einer stabilen Halterung so platzieren, dass sie nicht im Weg sind.

Bepflanzung

Die Wirkung einer Blumenampel hängt von der richtigen Bepflanzung ab. Man sollte der Versuchung widerstehen, sie mit Pflanzen zu überladen.

Wenn die Pflanzen gut angewachsen sind, schwache Exemplare herausnehmen. Einige große, gesunde Pflanzen wirken besser als eine Menge verkümmerter Pflänzchen. Mischbepflanzungen können gut aussehen, aber vier oder fünf überlegt gewählte Pflanzen sind attraktiver als ein Dutzend Pflanzenarten im gleichen Hängekorb.

Für Mischbepflanzungen Pflanzen mit unterschiedlicher Wuchsform – hängend, buschig und aufrecht – wählen. Eine stattliche Pflanze, z. B. eine Fuchsie oder eine aufrechte Pelargonie, in die Mitte setzen und Hängepflanzen über den Rand des Topfs oder Korbs wuchern lassen. Die Auswahl an Jungpflanzen in Gärtnereien und Gartencentern ist oft begrenzt. Wenn Sie sich Ihre Pflanzen selbst aus Samen ziehen, halten Sie sich dabei an kompakte, für Blumenkästen empfohlene Pflanzentypen. Mischen Sie Sommerblumen, winterharte Stauden und Grünpflanzen wie panaschierten, kleinblättrigen Efeu *(Hedera)* und attraktiv belaubte Zwergformen des Kletternden Spindelstrauchs *(Euonymus fortunei)*.

Meiden Sie schädlingsanfällige Pflanzen wie z.B. Brunnenkresse, die Blattläuse anzieht.

Erdbeeren und Tomaten

Verschiedene Erdbeer- und Tomatenarten wirken auch in hängenden Töpfen attraktiv. Die Walderdbeere *(Fragaria vesca)* ist eine dekorative Staude. Die Sorte 'Alexandria' trägt kleine, zur Dekoration von Gebäck ideale Beeren. 'Lipstick' verspricht aromatische Beeren vom Hochsommer bis zu den ersten Herbstfrösten. Auch eine buschige Tomate macht sich im Hängekorb sehr gut.

▶ *Besonders wirkungsvoll sind Kombinationen aus aufrechten und hängenden Pflanzen. Tägliches Gießen ist unerlässlich.*

EINHEITLICHE BEPFLANZUNG

Folgende Pflanzen garantieren eine prächtige Wirkung:

Pantoffelblumen *(Calceolaria integrifolia* 'Sunshine'): Sie ziehen mit ihrer Fülle gelber, lippenförmiger Blüten die Blicke an.

Fuchsien: Buschige und hängende Formen kombinieren und gut entwickelte Pflanzen wählen.

Fleißige Lieschen *(Impatiens)*: bunte Farbenpalette.

Laurentia axillaris: fünfblättrige Blüten von ca. 3 cm Durchmesser in vielen Farben, u.a. Blau, Weiß und Rosa.

Lobelien (in gemischten Farben): Die Hängepflanzen bieten eine überwältigende Farbenpracht.

Petunia grandiflora der Superkaskaden-Sorten: reich blühend über einen langen Zeitraum mit großen Blüten in vielen Farben.

Töpfe und Kübel

Diese beliebten, vielseitigen Gefäße können Pflanzen verschiedenster Größe aufnehmen. Die Schmucklilie (Agapanthus), die an hohen Stängeln prächtige Blütendolden trägt, macht sich gut in quadratischen Pflanzkästen, während rundliche, immergrüne Sträucher in runden Kübeln besser wirken.

Platzierung von Töpfen und Kübeln

Es gibt passende Pflanzen für jeden Behälter und den richtigen Behälter für jeden Standort. Ein kleiner befestigter Bereich, wie z. B. ein Innenhof, braucht mindestens eine dominante Pflanze in einem imposanten Pflanzgefäß, um das man andere Topfpflanzen gruppieren kann. Eine Möglichkeit wäre eine Zimmeraralie *(Fatsia japonica)* in einem großen Tonkübel. Sie braucht einen geschützten, halbschattigen Standort.

Auch das obere Ende einer Gartentreppe lässt sich mit Topfpflanzen verschönern. In formalen Gärten platziert man am besten nur eine Pflanze auf jeder Seite; im zwanglosen Rahmen wirkt eine Gruppe kleinerer Töpfe hübscher. Auf einer Terrasse kann man einen großen Trog als zentralen Blickfang unter ein Fenster stellen, mit kleineren Töpfen zu beiden Seiten.

Als Pflanzbehälter für ländliche Gärten kann man drei oder vier Autoreifen aufeinander stapeln, mit Draht verbinden und weiß anstreichen. Einen Plastikeimer hineinsetzen und mit Frühlingsblumen bepflanzen. In städtischen Vorgärten wirken kleine Kübel mit sauber gestutzten Lorbeerhalbstämmen *(Laurus nobilis)* zu beiden Seiten der Haustür attraktiv. Eine prunkvolle, massive Vase auf einem hohen Sockel ist ein idealer Blickfang für eine Wegkreuzung in einem größeren Garten. Bepflanzte Kübel aus Kunststoff,

◀ *Neben Terrassen und Wegen halb im Boden versenkte Töpfe brauchen nicht so oft gegossen zu werden.*

Glasfaser, Kunststein oder anderen Materialien auf einer Mauer oder am Rand einer Terrasse bzw. Veranda aufreihen. Unwiderstehlich wirken sommerblühende Hängepflanzen, die an Mauern oder von Balkonen herabwallen.

Blattpflanzen für Töpfe und Kübel

Als konstanter Schmuck und verbindendes Element zwischen Blütenpflanzen empfehlen sich immergrüne Sträucher mit panaschiertem Laub wie z. B. die Japanische Aukube *(Aucuba japonica* 'Variegata') mit gelb geflecktem Laub, die Strauchveronikasorten *Hebe × franciscana* 'Variegata' mit cremefarben geränderten und *Hebe × andersonii* 'Variegata' mit cremefarben panaschierten Blättern, die Mexikanische Orangenblume *(Choisya ternata* 'Sundance') mit leuchtend gelbem Laub und die Fädige Palmlilie *(Yucca filamentosa* 'Variegata') mit schwertförmigen, cremefarben gestreiften Blättern.

KLETTERPFLANZEN IN PFLANZBEHÄLTERN

Verschiedene Kletterpflanzen lassen sich in Behältern ziehen, müssen dann aber unbedingt regelmäßig gegossen werden. Einige davon sind Stauden, andere Einjährige, die jedes Jahr aus Samen neu gezogen werden.

Großblumige Waldreben *(Clematis):* Blühen je nach Sorte vom Früh- bis zum Spätsommer in einer großen Auswahl von Farben. Gut zur Berankung schmiedeeiserner Gitter.

Clematis macropelata: In einen großen Ton- oder Holzkübel eine Schicht groben Kies geben, dann mit durchlässigem Substrat auffüllen. Mehrere Pflanzen mit hell- und dunkelblauen Blüten hineinsetzen.

Hopfen *(Humulus lupulus* 'Aureus'): Diese krautige Kletterpflanze mit leuchtend gelbem Laub in einem großen Kübel an einer Pyramide aus 1,5–1,8 m langen Stangen ziehen.

Purpurprunkwinde *(Ipomoea purpurea):* Wird als frostempfindliche Einjährige gezogen und trägt große, trichterförmige Blüten in verschiedenen Farben.

Große Kapuzinerkresse *(Tropaeolum majus):* Frostempfindliche Einjährige, die den Sommer hindurch in verschiedenen Gelb- und Rottönen blüht.

▶ *Eintönige Mauern mit Töpfen in verschiedenen Größen an stabilen Halterungen dekorieren.*

▼ *Die klaren Linien solcher eckiger Pflanzbehälter mit schmalblättrigen Pflanzen passen gut in eine moderne Umgebung.*

Miniaturgarten im Steintrog

Wo kein Platz für einen Steingarten ist, kann man kleine Steingartenpflanzen, Zwiebelpflanzen und Zwergkoniferen auch in einem Futtertrog oder einem alten Spülstein auf der Terrasse ansiedeln. Bei richtiger Pflanzenwahl ist dieser Miniaturgarten das ganze Jahr über hübsch anzusehen.

▲ *Ein solcher Steintrog ist der ideale Platz für einen Steingarten im Miniaturformat. Den Trog auf Ziegel stellen, um Schnecken fern zu halten.*

Wahl und Vorbereitung des Behälters

Wenn man keinen alten Futtertrog oder ein altes Spülbecken aus Stein bekommt, kann man auch ein modernes, viereckiges Porzellanspülbecken patinieren: Die Oberfläche anrauen, mit Holzleim bestreichen und mit einem angefeuchteten Gemisch aus gleichen Teilen Zement, Sand und Torf ummanteln.

Den Trog so auf vier stabile Ziegelsteine setzen, dass er eine leichte Neigung in Richtung Abfluss hat. Feinen Maschendraht über das Abflussloch legen, damit es nicht verstopft, dann eine Schicht Tonscherben oder Kiesel als

Platzierung des Trogs

Der Miniaturgarten im Steintrog sollte einen Standort in voller Sonne oder im Halbschatten erhalten. Wenn man ihn nicht in einer sicheren Ecke der Terrasse oder eines Hofs unterbringen kann, sollte man ihn mit beiderseits aufgestellten hochwüchsigen Koniferen in Kübeln unübersehbar markieren. Hellgrüne Koniferen sind auch im Dämmerlicht gut sichtbar.

Drainagematerial auf dem Boden verteilen. Eine 3 cm dicke Schicht Sand darüber geben. Den Trog zur Hälfte mit einer Mischung aus gleichen Teilen Blumenerde, feuchtem Torf und grobem Sand auffüllen. Bei besonders tiefen Trögen mehr Drainagematerial einfüllen. Für kalkfliehende Pflanzen entsprechendes Torfsubstrat wählen.

Den Trog bis 3 cm unterhalb der Oberkante mit Substrat auffüllen. Die Pflanzen hineinsetzen und mit einer 1 cm dicken Schicht Splitt oder Feinkies umgeben. Wenn sich das Substrat gesetzt hat, mit zusätzlichem Kies auffüllen.

▲ *Ein altes steinernes Spülbecken ist ein attraktiver Behälter für winterharte Sukkulenten wie die Fransenhauswurz* (Jovibarba).

Bepflanzung

Die Auswahl an geeigneten Pflanzen ist groß: Zu den frühlingsblühenden Zwiebelpflanzen zählen u. a. der Kleine Krokus *(Crocus chrysanthus)* mit goldgelben Blüten im Spätwinter und zeitigen Frühjahr, den es auch in Weiß, Blau und Violett gibt, das Alpenveilchen *(Cyclamen coum)* mit rosafarbenen und karminroten Blüten ab Mitte des Winters bis ins zeitige Frühjahr, der Kleine Winterling *(Eranthis hyemalis)* mit zitronengelben Blüten im Spätwinter und Frühjahr, die Schwertlilie *Iris danfordiae* mit duftenden, zitronengelben Blüten in der zweiten Winterhälfte, die Kleine Netzblattiris *(Iris reticulata)* mit blauvioletten, orangefarben gezeichneten Blüten vom Spätwinter bis zum Frühjahrsbeginn, die Reifrocknarzisse *(Narcissus bulbocodium)* mit gelben Trompetenblüten im Spätwinter und zeitigen Frühjahr und die Alpenveilchennarzisse *(Narcissus cyclamineus)*, die vom Spätwinter bis ins Frühjahr schmale, gelbe Trompetenblüten mit zurückgebogenen Blütenblättern trägt.

▲ *Eine Miniaturhecke bildet einen schönen Hintergrund für farbenprächtige Blütenpflanzen.*

Die Steingartenstauden umfassen u. a. das Katzenpfötchen *(Antennaria rosea)* mit dunkelrosafarbenen Blüten im Frühjahr und Frühsommer, die Zwergglockenblume *(Campanula cochleariifolia)* mit blauen Blüten vom Hochsommer bis zum Herbst, die Zwergbüschelglocke *(Edraianthus pumilio)* mit lavendelblauen Blüten vom späten Frühjahr bis zum Hochsommer, den Alpenbalsam *(Erinus alpinus)* mit rosavioletten Blüten vom Frühjahrsbeginn bis zum Spätsommer und Bursers Steinbrech *(Saxifraga burseriana)* mit weißen Blüten im Spätsommer und zeitigen Frühjahr.

Bei Zwergkoniferen ist es ratsam, hochwüchsigere Sorten an ein Ende des Trogs und ausladende ans andere zu setzen, um der Bepflanzung Höhe und Profil zu geben.

EMPFEHLENSWERT

Crocus chrysanthus   Eranthis hyemalis

Duftgärten

Duftende Blüten und Blätter erfüllen die Luft mit einer Vielfalt köstlicher Aromen. Selbst in unserem gemäßigten Klima entfalten sich hunderte raffinierter Duftnoten – von Schokolade und Ananas bis zu Banane und Zitrone.

Platzierung duftender Pflanzen

Der ideale Platz für einen Duftgarten ist geschützt vor starken Winden, die seine Düfte verwehen würden, ist frei von Frost, der das Wachstum empfindlicher Pflanzen beeinträchtigt, und hat ein leichtes Gefälle zur Sonne hin, um die Wärme einzufangen, die die Pflanzen zur Freisetzung ihrer Düfte anregt. Wo diese Bedingungen nicht gegeben sind, kann man versuchen, geschützte Bereiche für Duftpflanzen mit Hilfe von Hecken und freistehenden Spalieren zu schaffen.

◀ *Lavendel* (Lavandula angustifolia) *und Weinraute* (Ruta graveolens) *bringen Farbe und Duft in den Garten.*

Blumenbeete

Viele Stauden verströmen köstliche Düfte, so z. B. die kurzlebige, winterharte Nachtviole *(Hesperis matronalis)* mit vor allem abends stark duftenden weißen, flieder- oder purpurfarbenen Blüten vom Früh- bis zum Hochsommer. Auch die rosafarbenen Blüten des Echten Seifenkrauts *(Saponaria officinalis)*, die sich vom Hoch- bis zum Spätsommer öffnen, verbreiten einen süßen Duft. Der beliebte Staudenphlox *(Phlox paniculata)* trägt vom Hoch- bis zum Spätsommer ebenfalls intensiv duftende Blüten – je nach Sorte von Weiß über Rosa bis zu Rot und Violett.

Prächtige Sommerfarbe und üppigen Duft verspricht eine Kombination von Levkojen *(Matthiola bicornis)*, die im Hoch- und Spätsommer rosa- bis malvenfarbene Blüten tragen, mit Grauen Meerviolen *(Malcolmia maritima)*. Die Samen in mehreren Durchgängen vom Frühjahr bis zum Hochsommer in feinkrümelige Erde unters Fenster säen.

Die Gartenresede *(Reseda odorata)* ist eine beliebte, winterharte Staude für den Bauerngarten, die sich den Sommer über mit Köpfchen aus kleinen, weiß-gelben, stark duftenden Blüten bedeckt. Man

DUFTSTRÄUCHER

Clandon-Bartblume *(Caryopteris x clandonensis)*: scharf-würzig

Mexikanische Orangenblume *(Choisya ternata)*: nach Orangen

Echter Lavendel *(Lavandula angustifolia)*: Lavendelduft

Rosmarin *(Rosmarinus officinalis)*: Rosmarin

Weinraute *(Ruta graveolens)*: bitter

kann sie auch in Blumenkästen und -töpfen ziehen.

Es gibt verschiedene kleinwüchsige Zwiebelpflanzen, die Steingärten oder Wegränder um Farbe und Wohlgeruch bereichern, so z. B. das Schneeglöckchen *(Galanthus nivalis)* und die Kleine Netzblattiris *(Iris reticulata)*, die im Spätwinter und zeitigen Frühjahr veilchenduftende Blüten tragen.

Bäume und Sträucher

Die Traubenkirsche *Prunus padus* 'Watereri', ein sommergrüner, ausladender Baum, trägt im Frühsommer lange weiße Blütentrauben, die nach Mandeln duften. Auch die Tokio-Kirsche *(Prunus × yedoensis)* verströmt zarten Mandelduft. Die in der zweiten Frühjahrshälfte erscheinenden Blüten der sommergrünen Armblütigen Scheinhasel *(Corylopsis pauciflora)* sind schlüsselblumengelb und duften auch so. Der Currystrauch *(Helichrysum serotinum)* verdankt seinen Namen dem würzigen Duft seiner Blätter.

EMPFEHLENSWERT

- Schneeglöckchen *(Galanthus nivalis)*
- Currystrauch *(Helichrysum serotinum)*
- Nachtviole *(Hesperis matronalis)*
- Staudenphlox *(Phlox paniculata)*
- Stechginster *(Ulex europaeus 'Flore Pleno')*

Honigduft im Frühjahr versprechen die gefüllten gelben Blüten des Stechginsters *Ulex europaeus* 'Flore Pleno'. Der sommergrüne Pfeifenstrauch *(Philadelphus)* erfüllt den Garten im Hochsommer mit dem Orangenduft seiner Blüten. Der Silberginster *(Cytisus battandieri)*, den man am besten vor eine Südwand pflanzt, trägt nach Ananas duftende, goldgelbe Blüten, und der sommergrüne Holzapfelbaum *Malus* 'Brandywine' eine Fülle wohlriechender, rosafarbener Blüten.

▼ *Eine sehr hübsche Bauerngartenpflanze ist die Nachtviole* (Hesperis matronalis), *die ihren intensiven Duft abends entfaltet.*

Der Schnittblumengarten

Selbst ein kleiner Garten kann mit einer Vielzahl Blumen und Laubzweige zur Verschönerung der Innenräume beitragen. Meist verwendet man hierzu die Blüten von Stauden und Einjährigen sowie Laubzweige von immergrünen Sträuchern und Kletterpflanzen.

Stauden

Gerade aufgeblüht, liefern sie Blüten und Blätter für Sommersträuße. Neben den normalen Beetpflanzen kann man eine Ecke für Schnittblumen reservieren.

Blüten von welken Pflanzen lassen rasch den Kopf hängen. Die Pflanzen am Vortag wässern, früh am Morgen schneiden, in einem Eimer Wasser für 24 Stunden in einen kühlen Raum stellen. Dann die Stiele im 45-°-Winkel anschneiden und die unteren Blätter entfernen.

Gut geeignet sind z. B. Goldgarbe *(Achillea filipendulina)*, Inkalilie *(Alstroemeria)*, Bergaster *(Aster amellus)*, Raublattaster *(A. novae-angliae)*, Glattblattaster *(A. novi-belgii)*, Rasselblume *(Catananche caerulea)*, Netzblattstern *(Coreopsis verticillata)*, Gartenmargerite *(Leucanthemum × superbum)*, Widerstoß *(Limonium latifolium)*, Gilbweiderich *(Lysimachia vulgaris)*, Staudenphlox *(Phlox paniculata)*, Schlitzblättriger Sonnenhut *(Rudbeckia laciniata)*, Goldrute *(Solidago)* und Balsamkraut *(Tanacetum)*.

▲ *Ein gemischtes Beet bietet eine Fülle bunter Blüten und unterschiedlicher Blattformen für abwechslungsreiche Sträuße.*

Einjährige

Diese liefern jedes Jahr eine neue Auswahl an frischen, farbenprächtigen

EMPFEHLENSWERT

- Frauenmantel *(Alchemilla mollis)*
- Goldgarbe *(Achillea filipendulina)*
- Gartenringelblume *(Calendula officinalis)*
- Netzblattstern *(Coreopsis verticillata)*
- Dornige Ölweide *(Elaeagnus pungens* 'Maculata')
- Gartenmargerite *(Leucanthemum × superbum)*
- Gilbweiderich *(Lysimachia vulgaris)*
- Staudenphlox *(Phlox paniculata)*

Schnittblumen und werden genauso behandelt wie die Stauden. Schön sind z. B. Gartenringelblume *(Calendula officinalis)*, Fiederblättriges Schmuckkörbchen *(Cosmos bipinnatus)*, Gartenrittersporn *(Consolida ajacis)*, Kokardenblume *(Gaillardia)*, Sommerschleierkraut *(Gypsophila elegans)*, Doldige Schleifenblume *(Iberis umbellata)*, Duftwicken *(Lathyrus odoratus)*, Gretel-im-Busch *(Nigella damascena)* und Gartenresede *(Reseda odorata)*.

Als Trockenblumen eignen sich besonders Brandschopf *(Celosia)*, Strohblume *(Helichrysum)*, Meerlavendel *(Limonium sinuatum)* und Muschelblume *(Moluccella laevis)*. Die Blumen mit langen Stielen schneiden, wenn sich die Blüten gerade öffnen, zu kleinen Sträußen binden und in einem trockenen, gut belüfteten Raum kopfüber zum Trocknen aufhängen.

Attraktives Laub

Viele Stauden, immergrüne Sträucher und Kletterpflanzen haben dekoratives Laub, das sich auch in Blumensträußen gut macht, so z. B. panaschierte oder einfarbige Blätter von Funkien *(Hosta)*. Auch die großen, rundlichen, ledrigen Blätter der Bergenien bilden einen idealen Hintergrund. Die des Frauenmantels *(Alchemilla mollis)* sind zarter und mit ihrem Limonengrün weniger auffällig.

Die immergrüne Dornige Ölweide *(Elaeagnus pungens* 'Maculata') hat markante glänzend grüne, gelb gefleckte Blätter, während die der Wintergrünen Ölweide *(Elaeagnus × ebbingei)* lederartig und silbergrau sind. Im Frühsommer wirken die Zweige der Glänzenden Heckenkirsche *Lonicera nitida* 'Baggesen's Gold' besonders hübsch. Das Laub des Greiskrauts *Brachyglottis* 'Sunshine' hat einen zartgrauen Farbton. Auch die Ranken verschiedener Immergrün- *(Vinca)* oder Efeuarten *(Hedera)* lassen sich gut am Rand eines Straußes mit einbinden.

Samenstände zum Trocknen

Die getrockneten Samenstände einiger Stauden eignen sich besonders gut für winterliche Arrangements. Empfehlenswerte Pflanzen sind z. B.:

Prachtakanthus *(Acanthus mollis)*

Brennender Busch *(Dictamnus albus)*

Kugeldistel *(Echinops ritro)*

Übelriechende Schwertlilie *(Iris foetidissima)*

Widerstoß *(Limonium latifolium)*

Eselsdistel *(Onopordum acanthium)*

Wilde Blasenkirsche *(Physalis alkekengi)*

▲ *Die Duftwicken bereichern mit ihrer großen Farbenvielfalt sowohl den Garten als auch hübsche Blumensträuße.*

▲ *Die aufrechten Blütenähren des Prachtakanthus* (Acanthus mollis) *passen besonders gut in Schnittblumenarrangements.*

Gärten im Cottage-Stil

Die wunderbar entspannte, zwanglose und nostalgische Atmosphäre englischer Cottage-Gärten mit ihrem bunten Durcheinander von Blumen, Obst, Gemüse und Kräutern passt bestens zu kleinen Gärten, in denen Lauben und Rankgitter lauschige Winkel schaffen.

Dekorativer Sichtschutz

Sehr ansprechend ist die in Hecken an englischen Straßenrändern verbreitete Gewöhnliche Waldrebe *(Clematis vitalba)*, die im Herbst und teils bis in den Winter glänzende, seidige Samenstände trägt, für den kleinen Cottage-Garten jedoch zu stark wuchert. Hier sind andere Waldrebenarten mit anmutigeren Blüten vorzuziehen, z. B. die Großblumige *(Clematis macropelata)*, die Brennende *(C. flammula)* und die Orientalische Waldrebe *(C. orientalis)*. Auch die Bergwaldrebe *(C. montana)* ist sehr attraktiv, für kleine Bereiche aber oft zu starkwüchsig. Das Geißblatt *(Lonicera)* passt ebenfalls gut in Cottage-Gärten, und selbst Stangenbohnen an einer ca. 1,8 m hohen Stangenpyramide eignen sich als dekorative Abschirmung.

Hübsche Sichtschutzwände bilden auch am Spalier gezogene Apfelbäume. Wählen Sie am besten traditionsreiche Sorten wie 'Gravensteiner', 'Jakob Fischer', 'Krügers Dickstiel' oder 'Schöner aus Wiltshire'.

▲ *Die prächtigen Blüten des Türkischen Mohns* (Papaver orientale) *bieten im Frühsommer ein überwältigendes Schauspiel.*

Blumenbeete

In diesen kann man eine Mischung aus Sträuchern, Bäumen, Stauden, Zwiebelpflanzen und Einjährigen ziehen, die in attraktiven Gruppierungen angepflanzt bzw. ausgesät werden.

- Frühjahr: Tulpen bieten ein großes Farbenspektrum. Sehr schön wirkt z. B. eine Kombination aus dunkelblauen Vergissmeinnicht mit orangeroten und gelben Tulpen oder auch aus hellblauen Vergissmeinnicht und der früh blühenden Tulpensorte 'Keizerskroon' in Scharlachrot mit Goldgelb. Ein attraktives Weiß-Blau-Arrangement bildet ein Teppich aus zweijährigen Gänseblümchen *(Bellis perennis)* mit blauvioletten Papageientulpen. Als größeres Frühjahrsarrangement in einem zentralen Beet kann man den gelb blühenden, sommergrünen Forsythienstrauch 'Lynwood' mit kleinen Gruppen der rot blühenden *Tulipa kaufmannia* umpflanzen.
- Sommer: Die Madonnenlilie *(Lilium candidum)* ist mit ihren großen, reinweißen Blüten eine ideale Begleiterin

EMPFEHLENSWERT

Clematis montana	*Hydrangea macrophylla*
Geranium endressii	*Sedum 'Herbstfreude'*

für verschiedene Fingerhutarten, die an hohen Stängeln Trauben glockenförmiger Blüten in Purpur über Rosa bis Rot tragen. Eine reizvolle Kombination ist auch die Brennende Waldrebe *(Clematis flammula)*, die kleine, süß duftende Blüten trägt, mit Blauem Eisenhut *(Aconitum napellus)*.

Rosen sind eigentlich unentbehrlich für Sommerarrangements. Die aprikosengelben Blüten der Sorte 'Buff Beauty' bilden einen harmonischen Kontrast zur Blauminze *(Nepeta × faassenii)* und dem Türkischen Mohn *(Papaver orientale)* 'Perry's White'. Sehr attraktiv wirkt die weiße Damaszena-Rose 'Mme Hardy' mit rosafarbenem Storchschnabel *(Geranium endressii)*. Die purpurroten Blüten der strauchigen Bourbon-Rose 'Mme Isaac Pereire' passen zu vielen Tulpen, Lilien, Pfingstrosen und Fliedersorten.

⌘ Herbst: Blau blühende Sorten der winterharten Gartenhortensie *(Hydrangea macrophylla)* kommen vor der immergrünen, strauchigen Scheinulme *(Eucryphia × nymansensis)* mit cremefarbenen Blüten gut zur Geltung.

Ein attraktives Duo für den Herbst bilden auch die immergrüne Fetthenne *Sedum* 'Herbstfreude', deren rosafarbene Blütenköpfe sich später über Orange bis Rostrot verfärben, und die rosafarben bis violett blühende Herbstzeitlose *Colchicum* 'Waterlily'.

▲ *Eine reizende Kombination aus Tulpen und duftenden Vergissmeinnicht* (Myosotis) *für Frühjahr und Frühsommer.*

▼ *Die diversen Gartenformen des Storchschnabels bieten den ganzen Sommer hindurch einen prächtigen, bunten Anblick.*

Bodendecker

Pflanzen, die den Boden mit dichten Blättermatten bedecken, unterdrücken Unkrautwuchs und sind so willkommene Gartenhelfer. Die große Auswahl umfasst Stauden, Sträucher und einige Kletterpflanzen wie z. B. den großblättrigen Kaukasus-Efeu (Hedera colchica *'Sulphur Heart'*).

Mehrjährige Bodendecker

Die meisten von ihnen sind Stauden, die im Winter bis auf Bodenniveau absterben, doch einige behalten ihr Laub auch den Winter hindurch.

⌘ Sonne oder Schatten: Manche Pflanzen gedeihen in Sonne und Schatten, blühen an einem sonnigen, feuchten Standort aber deutlich üppiger. Zu den geeigneten Pflanzen gehört der Frauenmantel *(Alchemilla mollis)* mit limettengrünen, behaarten Blättern und gelbgrünen, sternförmigen Sommerblüten. Bergenien bedecken den Boden mit großen, rundlichen Blättern und blühen im Frühjahr. Die zierlicheren Elfenblumen *(Epimedium)* tragen herzförmige Blätter, die im Herbst und weit in den Winter hinein attraktive Farbtöne annehmen. Der Storchschnabel *Geranium grandiflorum* ist eine ausladende Staude mit blauvioletten Blüten vom Früh- bis zum Hochsommer. Die Taglilie *(Hemerocallis)* bildet üppige Büschel langer, grasartiger Blätter mit prachtvollen lilienartigen Blüten; tiefer Schatten beeinträchtigt ihre Blühfreudigkeit jedoch.

Der Schneckenknöterich *(Persicaria affinis)* bildet Matten aus lanzettlichen Blättern und trägt vom Hoch- bis zum Spätsommer rosarote Blütenähren. Die Steinbrech-Hybride *Saxifraga × urbium* hat kleine Blattrosetten und vom späten Frühjahr bis zum Frühsommer eine Fülle rosafarbener Sternblüten. Die Echte Goldnessel *(Lamium galeobdolon* 'Florentinum', bekannter als *L. g.* 'Variegatum') breitet sich rasant aus; ihre silbergrau gezeichneten Blätter nehmen im Winter eine Bronzetönung an. Diese Pflanzen mögen keinen tiefen Schatten.

◀ *Eine dichte Bepflanzung mit Bodendeckern wirkt attraktiv und erspart viel Jätarbeit.*

Das Pfennigkraut *(Lysimachia nummularia)* hat niederliegende Stängel mit rundlichen Blättern und goldgelben Blüten vom Früh- bis zum Hochsommer.

✂ Halbschatten bevorzugen der Kriechende Günsel *Ajuga reptans* 'Multicolor' mit violettem Laub und das Großblättrige Kaukasus-Vergissmeinnicht *(Brunnera macrophylla)* mit herzförmigen Blättern und blauen Blütenrispen im späten Frühjahr und Frühsommer; Letzteres mag keinen trockenen Boden. Auch die vielen Funkien *(Hosta)* sind mit ihren großen Blättern ausgezeichnete Bodendecker. Das Schmalblättrige Lungenkraut *(Pulmonaria angustifolia)* trägt über lanzettlichen Blättern im Frühjahr blaue Röhrenblüten. Das Spanische Lungenkraut *(P. saccharata)* hat weiß gefleckte Blätter. Der wuchernde Kleine Kaukasus-Beinwell *(Symphytum ibericum)* trägt im Frühjahr weiße Röhrenblüten; das Waldschaumkraut *(Tiarella cordifolia)* hat ahornähnliche, hellgrüne Blätter.

✂ Volle Sonne: Die vom Frühjahr bis zum Herbst blühende Blauminze *(Nepeta × faassenii)* hat graugrüne Blätter; auch die weißflaumigen Blätter des Wollziests *(Stachys byzantina)* wirken stets reizvoll.

EMPFEHLENSWERT

Frauenmantel *(Alchemilla mollis)*

Efeu *(Hedera colchica* 'Sulphur Heart')

Wollziest *(Stachys byzantina)*

Bodendeckende Sträucher

Auch viele Sträucher und Halbsträucher sind ideale Bodendecker.

Das Großblütige Johanniskraut *(Hypericum calycinum)* ist ein niedriger Strauch, der sich rasch ausbreitet und im Sommer goldgelbe Blüten entfaltet. Verschiedene Immergrünarten *(Vinca)* können zu stark wuchern. Die panaschierten Sorten sind leichter im Zaum zu halten. Heide *(Calluna und Erica)* bedeckt den Boden rasch mit attraktiven Laubzweigen und Blüten. Sie verlangen ebenso wie die Niederliegende Scheinbeere *(Gaultheria procumbens)* nach saurem Boden. Der Japanische Ysander *(Pachysandra terminalis)* hat dunkelgrüne, lederartige Blätter.

▼ *Trittsteine in einer großen, mit Bodendeckern bepflanzten Fläche erleichtern die Pflege.*

Ziergras und Bambus

Ziergräser und Bambus lassen sich vielfältig einsetzen, ob als Beetbegrenzung, Sichtschutz oder dekorative Zugabe zu Blumengestecken und Trockensträußen. Ziergräser können ein- oder mehrjährig sein, während alle Bambusarten ausdauernd und langlebig sind.

▲ *Das Chinaschilf* (Miscanthus sinensis) *sollte man nicht einengen, um seinen attraktiven natürlichen Wuchs nicht zu beeinträchtigen.*

Mehrjährige Gräser

Hohe mehrjährige Ziergräser wirken Aufsehen erregend, wenn man ihnen ein ganzes Beet reserviert; niedrigere können gemeinsam mit einjährigen Gräsern in gemischte Grasbeete oder als dekorative Beeteinfassung gepflanzt werden. Sehr dekorativ sind z. B. der ca. 30 cm hohe Blauschwingel *(Festuca glauca)* mit blaugrauen Halmen und das markante Hohe

Bambusarten zur Kübelbepflanzung

Einige Bambusarten können in großen Töpfen, Kübeln oder Holzkästen gezogen werden. Auf die Dauer wird man sie jedoch in den Garten auspflanzen oder herausnehmen und teilen müssen; dies geschieht am besten im Frühsommer. Um Frostschäden an den Wurzeln zu vermeiden, sollte man besonders frostharte Arten wählen, z. B.:

Muriels Schirmbambus *(Fargesia murieliae)*:
Höhe 1,8–2,5 m

Pleioblastus auricomus:
Höhe 1–1,5 m

Maketebambus *(Pseudosasa japonica)*:
Höhe 2,5–3,5 m

Perlgras *Melica altissima* 'Atropurpurea' mit bis zu 1,5 m Höhe und herabgebogenen, purpurfarbenen Ährchen.

Es gibt mehrjährige Gräser in allen Höhen, Farben und Formen. Das Federgras *(Stipa tenuissima)* erreicht ca. 75 cm Höhe und wächst in schlanken, weichen Büscheln. Das Amurschilf oder Silberfahnengras *(Miscanthus sacchariflorus)* bietet ein besonders dramatisches Schauspiel: Es wächst alljährlich rasch auf etwa 3 m Höhe und ist so auch ein idealer Sichtschutz. Die Pflanzen mit etwa 50 cm Abstand setzen; im ersten Jahr erreichen sie u. U. nur ca. 1,8 m. Das Chinaschilf *Miscanthus sinensis purpurascens* hat purpurfarben überhauchte Halme und wird ca. 1,5 m hoch.

Einjährige Gräser

Diese Ziergräser können direkt ins Beet gesät werden und sind nützlich, um etwaige Lücken der Bepflanzung zu schließen und ein von Jahr zu Jahr wechselndes Bild zu gewährleisten. Viele eignen sich gut für Trockensträuße.

Zu ihnen gehören das Größte Zittergras *(Briza maxima)* mit anmutig hängenden Ährchen, die Mähnengerste *(Hordeum jubatum)* und das Hasenschwanzgras *(Lagurus ovatus)*, das große, flaumige Scheinähren bildet.

Bambussorten für jeden Garten

Diese verholzten, meist winterharten Gräser bringen mit der Vielfalt ihrer Rohre und Blätter Farbe und Spannung in den Garten. Manche sind halbimmergrün, einige nur sommergrün. Sie sind nützlich zur Kaschierung unschöner Anblicke und machen angenehm raschelnde Geräusche. Bambusarten wie *Pleioblastus auricomus* werden nur bis zu 1,5 m hoch und können in einem Kübel von 25 cm Durchmesser gezogen werden; andere erreichen rasch 3 m oder mehr.

Sehr beliebt sind Muriels Schirmbambus *(Fargesia murieliae)* mit hübsch gebogenen, hellgrünen Rohren, der Fontänenschirmbambus *(Fargesia nitida)* mit purpurfarbenen Rohren und schmalen grünen Blättern, der Maketebambus *(Pseudosasa japonica)* mit lanzettlichen, dunkelgrünen Blättern und der markante Schwarzrohrbambus *(Phyllostachys nigra)*.

▲ *In Bereichen, in denen Schnecken ein Problem sind, kann man Kies ausstreuen und Töpfe mit Ziergräsern und Bambus darauf verteilen.*

◀ Pleioblastus auricomus, *ein Zwergbambus mit goldgelb panaschierten Blättern, passt ausgezeichnet in ein Beet oder in einen Kübel.*

Attraktive Hecken

Auch als Gartenbegrenzung oder Sichtschutz dienende Hecken müssen nicht rein funktionell sein, sondern können herrlich duften, farbenprächtige Blüten und Beeren tragen und reizvolle Farbkontraste bieten. Selbst der allgegenwärtige Liguster hat dekoratives Potenzial.

Heckenkombinationen

Für eine originelle Hecke abwechselnd je eine Pflanze des Japanischen Ligusters *(Ligustrum ovalifolium)* und zwei der gelb panaschierten Sorte *L. o.* 'Aureum' setzen. Bei diesem Verhältnis wird das Gelb nicht so leicht von der starkwüchsigeren grünen Sorte verdrängt. Die Hecke regelmäßig stutzen. Als attraktive immergrüne Hecke, die sehr langsam wächst, kann man auch panaschierte Stechpalmen *(Ilex)* zusammen mit Eiben *(Taxus)* pflanzen. Der Pflanzabstand sollte ca. 1,2 m betragen.

Duftende Hecken

Es gibt erstaunlich viele Heckenpflanzen mit duftenden Blüten oder Blättern. Manche duften z. B. nach Apfel oder Himbeere. Einige als Hecken geeignete Koniferen verströmen einen interessanten Duft, wenn man ihr Laub streift.

Apfelduft verspricht der Abendländische Lebensbaum *Thuja occidentalis* 'Smaragd' mit dunkelgrünem Laub. Zitronenduft verbreitet die Monterey-Zypresse *Cupressus macrocarpa* 'Goldcrest', deren weiches, goldgelbes Laub mit dem Alter hellgrün wird. Der nach Ananas duftende Riesenlebensbaum *(Thuja plicata)* mit glänzenden, sattgrünen, unten weiß gezeichneten Blättern eignet sich am ehesten für eine hohe Begrenzungshecke. Der Duft der Scheinzypressensorten *Chamaecyparis lawsoniana* 'Allumii' mit weichen, blaugrauen Schuppenblättern und *C. l.* 'Fletcheri' mit fedrigen, blaugrünen Blättern erinnert an eine Mischung aus Harz und Petersilie.

◀ *Die immergrüne Darwins Berberitze* (Berberis darwinii) *trägt im Frühjahr eine Fülle orangegelber Blüten und danach blaue Beeren.*

Extravagantere Düfte bieten als Hecken gepflanzte Rosen, etwa 'Zéphirine Drouhin' mit rosafarbenen, nach Himbeere duftenden Blüten. Die nach Moschus duftenden, halb gefüllten Blüten von 'Penelope' sind blassrosafarben. Süß duftende, für Hecken geeignete Rosen sind auch die Rugosa-Rosen 'Roseraie de l'Hay' mit Blüten in Karminviolett, 'Felicia' in Lachsrosa und 'Prosperity' in Cremeweiß.

Zwanglose, immergrüne Hecken mit unwiderstehlichem Duft bilden der Echte Lavendel *Lavandula angustifolia* 'Hidcote' mit dunkelvioletten Blüten und silbrig grünen Blättern und der Rosmarin *(Rosmarinus officinalis)*.

Harmonie oder Kontrast

Traditionell pflanzte man Ton in Ton gehaltene Staudenrabatten vor harmonierende oder kontrastierende Hecken.

Dekorative Beeren

Sträucher für zwanglose Hecken mit attraktiven Beeren sind z. B.:

Darwins Berberitze *(Berberis darwinii)*: immergrüne, stechpalmenähnliche Blätter, im Frühjahr Büschel orangegelber Blüten, gefolgt von blauen Beeren.

Schmalblättrige Berberitze *(Berberis x stenophylla)*: immergrün, im Frühjahr goldgelbe Blüten, gefolgt von kugeligen, purpurblauen, weiß überlaufenen Beeren.

Sanddorn *(Hippophae rhamnoides)*: sommergrün, mit dichten Büscheln orangefarbener Beeren im Herbst und frühen Winter.

Rugosa-Rose 'Roseraie de l'Hay': sommergrün, mit Blüten in Karminviolett, gefolgt von großen orangeroten Hagebutten im frühen Herbst.

So bringen dunkelgrüne Eiben die Farben Weiß, Orange, Blau und Grün optimal zur Geltung, gelb panaschierte Stechpalmen harmonieren gut mit goldgelben Beeten, und Tamarisken sind ein schöner Hintergrund für Beete in Silbergrau.

Auch die sommergrüne Rotbuche *(Fagus sylvatica)*, deren Blätter sich vom Frühjahrshellgrün zu sommerlichem Mittelgrün verfärben, bildet einen eindrucksvollen Hintergrund für viele Stauden. Die Gelb- bis Rotbrauntöne ihres Herbstlaubs sind eine schöne Ergänzung zu Herbstblühern und attraktiven Samenständen.

▼ *Viele Rosen eignen sich als blühende Sichtschutzhecken, die auch in Stadtgärten Bauerngartenatmosphäre erzeugen.*

Strauchrosen

Die Auswahl an großblütigen Edelrosen oder Teehybriden und üppig blühenden Floribunda-Rosen ist groß, und es kommen jedes Jahr neue hinzu. Die Fülle ebenfalls sehr attraktiver Wildrosen und moderner Englischer Rosen vergrößert die Qual der Wahl noch mehr.

Verwendungsmöglichkeiten

Während man früher fand, dass strauchige Rosen nur in formale Beete, umgeben von Wegen oder Rasenflächen, gehören, findet man heute auch niederliegende Bodendeckerrosen, Rosen im Kübel als Terrassenschmuck, Wildrosen in Gehölzbeeten und Hochstämme mit überhängenden Zweigen in Beeten oder inmitten des Rasens. Kleine Rosensträucher passen in Steingärten oder Blumenkästen am Fenster. Zu diesen gehören 'Baby Masquerade' (gelb bis rosa und rot), 'Cinderella' (weiß mit etwas Rosa), 'Darling Flame' (orangerot), 'Black Jade' (dunkles, fast schwarzes Rot) und 'Popcorn' (weiß mit Honigduft).

Die eindrucksvollen überhängenden Hochstammrosen entstehen durch Veredelung von Kletterrosensorten auf eine etwa 1,3 m hohe Unterlage. Bei der ausgewachsenen Pflanze ist die Krone, von der die Blütentriebe herabhängen, dann 1,5–1,8 m hoch. Zu den verwendeten Sorten gehören 'Albéric Barbier' (cremefarben), 'Crimson Shower' (rot), 'François Juranville' (lachsrosa) und 'Goldfinch' (gelb, zu Weiß verblassend).

▲ *Die Apothekerrose* (Rosa gallica officinalis) *trägt große, halb gefüllte Blüten in kräftigem Rosa.*

Kombination mit anderen Pflanzen

Sehr attraktiv wirkt die butterblumengelbe Floribunda-Rose 'Chinatown' vor der Waldrebe *Clematis* 'Countess of Lovelace', einer großblütigen, vom Sommer bis in den Herbst dunkelviolett blühenden Sorte, die sich gut zur Berankung eines Zauns oder einer Mauer eignet. (Generell blühen Waldreben mit gefüllten Blüten meist den Sommer über, solche mit ungefüllten Blüten im Spätsommer und Herbst.) Unter weißblühende Strauchrosen kann man das immergrüne, ausdauernde Waldschaumkraut *(Tiarella cordifolia)* pflanzen, das über grundständigen, ahornförmigen Blättern im späten Frühjahr und frühen Sommer kleine cremeweiße Blüten trägt.

Das kräftige Rosa der Floribunda-Rose 'Queen Elizabeth' hebt sich von Eiben besonders schön ab. Die großblütige gelbe 'Grandpa Dickson' macht sich gut vor dem dunkelvioletten Laub der sommergrünen Thunbergs Berberitze *(Berberis thunbergii* 'Atropurpurea'). Einen zusätzlichen Farbakzent setzt die einjährige Tabakpflanze *Nicotiana* 'Lime Green'.

Auch die so genannten Alten Rosen, von Alba- bis zu Moosrosen, lassen sich mit anderen Pflanzen attraktiv kombinieren. Die rosafarbenen Blüten der Alba-Rose 'Königin von Dänemark' etwa wirken besonders gut vor der silberblättrigen, hängenden Weidenbirne *Pyrus salicifolia* 'Pendula'.

Die moderne Strauchrose 'Nevada' mit einfachen, cremefarbenen Blüten passt ausgezeichnet zu blauem Rittersporn *(Delphinium)* und Glockenblumen *(Campanula)*. Die Englische Rose 'Constance Spry' hat große, rosafarbene Blüten, die schön mit silbrig belaubten Pflanzen kontrastieren.

Patio-Rosen

Die Rosen dieser relativ neuen Gruppe sind zwischen Zwergrosen und kleinen Floribunda-Rosen anzusiedeln und ideal als dekorative Kübelpflanzen für die Terrasse, die mit einer Höhe von 45–60 cm freie Sicht auf den Garten lassen. Zu ihnen gehören u.a. 'Anna Ford' (leuchtendes Orangerot), 'Living Easy' (aprikosenorange), 'Betty Boop' (elfenbeingelb mit rotem Rand), 'Robin Redbreast' (rot mit heller Mitte) und 'Top Marks' (leuchtendes Zinnoberorange).

▲ Rosen bilden einen markanten Hintergrund für niedrigere Pflanzen und können die Umgebung einer Gartenbank mit köstlichem Duft erfüllen.

▼ Viele Rosen mit lockerem Wuchs wirken attraktiv, wenn man sie ungebändigt am Rand von Rasenflächen und Wegen wuchern lässt.

Kletterrosen

Kletterrosen sind ein unvergleichlicher Blickfang, insbesondere wenn sie farblich richtig auf den Hintergrund abgestimmt sind. Gelbe oder hellrote Rosenblüten kommen vor einer weißen Wand optimal zur Geltung; Rosa und dunkleres Rot wirken vor einer grauen Steinmauer besser.

Moderne und historische Kletterrosen

Bei Kletterrosen unterscheidet man zwischen „modernen" und „historischen" Sorten (auch „Rambler" genannt). Die modernen Kletterrosen bilden ein langlebigeres Zweiggerüst und tragen größere Blüten, entweder einzeln oder in kleinen Büscheln. Die historischen Kletterrosen haben lange, biegsame Triebe, die in einer Saison um 3–4 m wachsen können, und tragen meist nur einmal im Jahr große Blütenbüschel.

◀ *Pergolen und Rankgitter sind ideale Stützen für Kletterrosen, die man z. B. neben Wegen oder Rasenflächen platzieren kann.*

Rosen als Baumkletterer

Alte, unansehnlich gewordene Bäume gewinnen sehr, wenn man Kletterrosen durch ihr Geäst ranken lässt. Ein Pflanzloch in mindestens 1 m Entfernung vom Stamm ausheben, die Rose hineinsetzen, das Loch mit einer Mischung aus Mutterboden und reifem Kompost oder Mist auffüllen. Den Boden gut andrücken und wässern, dann die Rosentriebe an einem kräftigen Pfahl zum Baumstamm leiten.

Geeignete Sorten von unterschiedlich starkem Wuchs sind z. B. 'Rambling Rector' (3 m, cremeweiß, Rambler), 'Emily Gray' (4,5 m, buttergelb, Rambler), 'Mme Grégoire Staechelin' (6 m, dunkelrosa), 'Paul's Himalayan Musk' (9 m, bläulich-rosa, Rambler), 'Sympathie' (4,5 m, blutrot) und 'Wedding Day' (7,5 m, cremeweiß mit Rosaschimmer, Rambler).

Rosensäulen

Diese sind als dekoratives Element auch für kleine Gärten bestens geeignet. Man braucht nur einen groben Holzpfahl oder eine Pyramide aus grob gesägten Kanthölzern. Zur Berankung solcher Konstruktionen empfehlen sich Klet-

BODENDECKERROSEN

Bodendeckerrosen bilden keine dichte, Unkrautwuchs unterdrückende Matte aus Stängeln, Blättern und Blüten, sondern eher einen lockeren Blütenteppich. Zur Auswahl stehen z. B. 'Baby Blanket' (rosa), 'Nozomi' (perlmuttrosa bis weiß), 'Pheasant' (rosa), 'Rosy Cushion' (rosa) und 'Snow Carpet' (weiß) sowie die County-Serie mit 'Avon' (perlweiß), 'Essex' (kräftiges Rosarot), 'Hertfordshire' (karminrosa) und 'Wiltshire' (rosa).

terrosen von mittelstarkem Wuchs, wie z. B. 'Bantry Bay' (halb gefüllt, dunkelrosa), 'Compassion' (lachsrosa, orange überlaufen), 'Händel' (cremefarben, mit rosarotem Rand), 'Pink Perpetue' (kräftiges Rosa) und 'Reine Victoria' (perlmuttrosa).

Kletterrosen für kalte Mauern

Eine kalte Mauer ist kein optimaler Standort für Rosen, aber einige robuste Kletterrosen gedeihen auch unter solchen Bedingungen. Frostharte und starkwüchsige Sorten für solche Standorte sind etwa 'Albéric Barbier' (cremefarben), 'Félicité et Perpétue' (weiß), 'Morning Jewel' (kräftiges Rosa), 'New Dawn' (rosa bis weißlich) und 'Zéphirine Drouhin' (dunkelrosa).

Kombinationen mit anderen Pflanzen

Natürlich können auch Kletterrosen mit anderen Pflanzen attraktive Arrangements bilden. So passt z. B. die Ramblersorte 'Bobbie James', die oft zur Berankung von Pergolen oder Bäumen eingesetzt wird, mit ihren großen Büscheln halb gefüllter, cremeweißer Blüten ausgezeichnet zur Blauminze *(Nepeta × faassenii)*, einer buschigen Staude, die bis zu 50 cm hoch wird und den Sommer hindurch lavendelblau blüht. Ein schönes Paar bilden auch die moderne Kletterrose 'New Dawn' mit halb gefüllten, bläulich-rosafarbenen Blüten und die starkwüchsige Waldreben-Hybride *Clematis* 'Perle d'Azur', die vom Früh- bis zum Spätsommer hellrosafarben blüht.

▼ *Die Kletterrose 'Helen Knight' entwickelt im späten Frühjahr und frühen Sommer eine Fülle butterblumengelber Blüten.*

Auf einen Blick

Ein- und Zweijährige

A

***Agrostemma githago* 'Milas'**
GEWÖHNLICHE KORNRADE
Frostharte Einjährige mit schmalen, hellgrünen Blättern und vielen rosa-violetten Blüten auf langen Stängeln vom Hochsommer bis zum Herbst.
Höhe: 90 cm–1,20 m
Ausbreitung: 40–50 cm
Standort: durchlässiger, aber ausreichend feuchter Boden und volle Sonne. Verträgt magere Böden.

Amaranthus caudatus
GARTENFUCHSSCHWANZ
Frostharte Einjährige mit hellgrünen Blättern und 50 cm langen, herabhängenden Scheinähren aus dunkelroten Blüten; Hoch- bis Spätsommer. 'Viridus' hat hellgrüne Blüten.
Höhe: 90 cm–1,20 m
Ausbreitung: 40–50 cm
Standort: tiefgründig vorbereiteter, fruchtbarer, durchlässiger, aber feuchter Boden in voller Sonne.

B

Begonia semperflorens
BEGONIE
Frostempfindliche Staude, die als Einjährige gezogen und im Frühsommer in Beete oder Pflanzbehälter ausgepflanzt wird. Sie trägt vom Früh- bis zum Spätsommer glänzend grüne oder violette Blätter und rote, rosafarbene oder weiße Blüten.
Höhe: 15–25 cm
Ausbreitung: 20–25 cm
Standort: durchlässiger, aber feuchter, mäßig fruchtbarer Boden in voller Sonne oder im Halbschatten.

Bellis perennis
GÄNSEBLÜMCHEN
Frostharte Staude, die generell als Zweijährige gezogen wird und vom Frühjahrsbeginn bis zum Herbst blüht, aber meist für Frühjahrs- und Frühsommerarrangements verwendet wird. Weiße, rosa überhauchte Blütenköpfchen um eine gelbe Mitte. Zahlreiche Sorten in Farbtönen wie Weiß, Karmin, Rosa, Lachsrosa und Kirschrot.
Höhe: 2,5–10 cm
Ausbreitung: 8–10 cm
Standort: Durchlässiger, aber feuchter, mäßig fruchtbarer Boden in voller Sonne oder im Halbschatten.

C

Calendula officinalis
GARTENRINGELBLUME
Frostharte Einjährige mit hellgrünen Blättern und vom Frühsommer bis zum Herbst gelben oder orangefarbenen Blütenköpfchen von ca. 5 cm Ø. Es gibt auch gefüllt blühende und Zwergsorten.
Höhe: 50–60 cm
Ausbreitung: 25–30 cm
Standort: durchlässiger, sogar magerer Boden und volle Sonne.

Campanula medium
MARIENGLOCKENBLUME
Frostharte Zweijährige mit langen, aufrechten Stängeln, die vom späten Frühjahr bis zum Hochsommer blaue, weiße, violette oder rosafarbene Glockenblüten von ca. 4 cm Länge tragen. Die 40 cm hohe Sorte 'Bells of Holland' ist ideal für kleine Gärten.
Höhe: 40–90 cm
Ausbreitung: 25–30 cm
Standort: durchlässiger, mäßig fruchtbarer Boden in voller Sonne. Pflanzen mit Reisern abstützen.

Cleome spinosa
DORNIGE SPINNENPFLANZE
Frostempfindliche Einjährige mit lockeren Köpfchen von bis zu 10 cm Ø aus weiß-rosafarbenen Blüten vom Hochsommer bis zum Spätherbst. 'Color Fountain Mixed' (rosa, hellviolett, purpur und weiß), 'Rose Queen' (hellrosa), 'Helen Campbell' (reinweiß).
Höhe: 90 cm–1 m
Ausbreitung: 40–50 cm
Standort: fruchtbarer, durchlässiger, aber feuchter Boden in voller Sonne.

◀ *Der hochwüchsige Rote Fingerhut* (Digitalis purpurea) *ist eine schöne Hintergrundpflanze für Gärten im Cottage-Stil.*

Consolida ajacis
GARTENRITTERSPORN
Frostharte Einjährige mit fein geteilten Blättern und aufrechten Stängeln, die vom Früh- bis zum Spätsommer Ähren blauer, violetter, roter, rosafarbener oder weißer Blüten tragen. Diverse Sorten.
Höhe: 90 cm–1,20 m
Ausbreitung: 30–40 cm
Standort: fruchtbarer, durchlässiger, aber feuchter Boden in voller Sonne oder im Halbschatten. Mit Reisern abstützen.

D

Dianthus barbatus
BARTNELKE
Kurzlebige, generell als Zweijährige gezogene Staude, die im Früh- und Hochsommer blüht. Manche Sorten zieht man besser als frostharte Einjährige. Abgeflachte, 10–15 cm breite Büschel aus süß duftenden, einfachen oder gefüllten Blüten, deren Farbenspektrum u.a. Karmin, Scharlach, Lachs- und Kirschrosa umfasst.
Höhe: 30–60 cm
Ausbreitung: 20–40 cm
Standort: durchlässiger Boden und volle Sonne.

Digitalis purpurea
ROTER FINGERHUT
Frostharte Zweijährige mit aufrechten Stängeln und Trauben glockenförmiger Blüten im Früh- und Hochsommer. Die Farbpalette reicht von Purpur über Rot und Rosa bis zu Weiß und Gelb.
Höhe: 90 cm–1,50 m
Ausbreitung: 40–60 cm
Standort: durchlässiger, feuchter und mäßig fruchtbarer Boden; Halbschatten.

E

Erysimum* × *allionii
SCHÖTERICH
Frostharte, buschige Staude, die generell als Zweijährige gezogen wird und ab Mitte des Frühjahrs bis zum Frühsommer blüht. Endständige

Büschel duftender, orangefarbener Blüten.
Höhe: 30–40 cm
Ausbreitung: 25–30 cm
Standort: fruchtbarer, leicht alkalischer, durchlässiger Boden in voller Sonne.

Eschscholzia californica
KALIFORNISCHER KAPPENMOHN
Frostharte Einjährige mit zarten, fein geteilten, blaugrünen Blättern und einer Fülle tellerförmiger, leuchtend orangegelber Blüten von bis zu 8 cm Ø vom Früh- bis zum Spätsommer, gefolgt von blaugrünen Samenkapseln. Sorten in Scharlach, Karmin, Rosa, Orange, Gelb, Weiß und Rot.
Höhe: 30–40 cm
Ausbreitung: 15–25 cm
Standort: leichter, magerer, durchlässiger Boden und volle Sonne. Fruchtbarer Boden und Schatten vermindern die Farbintensität der Blüten.

H

Helianthus annuus
GEWÖHNLICHE SONNENBLUME
Frostharte Einjährige mit großen Blütenköpfen von bis zu 30 cm Ø im Hoch- und Spätsommer. Viele Sorten, auch zwergwüchsige, blüht blassgelb bis kupferbronze. Die Mitte ist purpurfarben oder braun.
Höhe: 90 cm–3 m
Ausbreitung: 30–40 cm
Standort: fruchtbarer, durchlässiger, aber feuchter Boden in sonniger, geschützter Lage.

Heliotropium arborescens
STRAUCHIGE SONNENWENDE
Frostempfindliche Staude, die als Einjährige gezogen wird, mit runzligen, dunkelgrünen Blättern und 8–10 cm breiten Büscheln duftender Blüten von Dunkelviolett über Lavendelblau bis Weiß vom Frühsommer bis zum Herbst.
Höhe: 40–50 cm
Ausbreitung: 30–40 cm
Standort: fruchtbarer, durchlässiger, aber feuchter Boden und volle Sonne.

Hesperis matronalis
GEWÖHNLICHE NACHTVIOLE
Frostharte, aber kurzlebige Staude, generell als Zweijährige gezogen. Aufrechter Wuchs und lange Doldentrauben duftender, weißer, blassvioletter oder purpurner Blüten im Frühsommer.
Höhe: 60–90 cm
Ausbreitung: 40–50 cm
Standort: leichter, durchlässiger, aber feuchter Boden; volle Sonne oder Halbschatten.

L

Lavatera trimestris
BECHERMALVE
Frostharte Einjährige mit aufrechtem, buschigem Wuchs und vom Hoch- bis zum Spätsommer trompetenförmigen, weit geöffneten Blüten in Weiß oder Rosa von bis zu 10 cm Ø. Diverse Sorten wie 'Silver Cup' mit 60 cm Höhe.
Höhe: 60–90 cm
Ausbreitung: 40–50 cm
Standort: mäßig fruchtbarer, durchlässiger, feuchter Boden. Volle Sonne oder Halbschatten. Zu nährstoffreicher Boden begünstigt das Blätterwachstum auf Kosten der Blüten.

Limnanthes douglasii
SUMPFBLUME
Niedrigwüchsige, bodendeckende, frostharte Einjährige mit tief eingeschnittenen Blättern und einer Fülle becherförmiger, goldgelber, weiß geränderter Blüten vom Früh- bis zum Spätsommer.
Höhe: 15 cm
Ausbreitung: 15–25 cm
Standort: durchlässiger, feuchter Boden und volle Sonne. Sät sich fürs Folgejahr selbst aus.

Limonium sinuatum
MEERLAVENDEL
Frostharte Staude, generell als Einjährige gezogen, mit 8 cm langen Büscheln kleiner blauer und cremefarbener Blüten vom Hochsommer bis zum Herbst. Es gibt auch Sorten in Orangegelb, Lachsrosa, Hellrosa, Rot, Karmin und Lavendelblau.
Höhe: 40–50 cm
Ausbreitung: 25–30 cm
Standort: durchlässiger, aber feuchter Boden in offener, sonniger Lage.

Lobelia erinus
MÄNNERTREU
Frostempfindliche Staude, die generell als Einjährige gezogen wird. Zahlreiche blaue, weiße oder rote Blüten vom späten Frühjahr bis zum Herbst. Es gibt buschig und kompakt wachsende Sorten sowie hängende Sorten für Blumenkästen und -ampeln.
Höhe: 10–20 cm
Ausbreitung: 10–15 cm
Standort: mäßig fruchtbarer, durchlässiger, feuchter Boden; Halbschatten.

▲ *Die Sonnenblume ist eine frostharte Einjährige, trägt zahlreiche, flache Blütenköpfe von bis zu 30 cm Durchmesser.*

Lobularia maritima (syn. *Alyssum maritimum*)
DUFTSTEINRICH
Eine beliebte winterharte Einjährige, jedoch als frostempfindliche Einjährige gezogen. Die vielfach verzweigten Stängel tragen vom Früh- bis zum Spätsommer rundliche Trauben weißer, violetter, rosafarbener oder dunkelpurpurner Blüten. Ideal als Beetbegrenzung.
Höhe: 10–15 cm
Ausbreitung: 20–30 cm
Standort: mäßig fruchtbarer, durchlässiger Boden in voller Sonne.

M

Myosotis sylvatica
WALDVERGISSMEINNICHT
Frostharte zweijährige oder kurzlebige mehrjährige Pflanze mit duftenden, blassblauen Blüten im späten Frühjahr und frühen Sommer. Es gibt mehrere misch- und einfarbige Sorten.
Höhe: 20–30 cm
Ausbreitung: 15–20 cm
Standort: mäßig fruchtbarer, durchlässiger, aber feuchter Boden im Halbschatten. Auf zu schwerem Boden mit Staunässe sterben die Pflanzen im Winter leicht ab.

N

Nicotiana* × *sanderae
TABAK
Frostempfindliche Einjährige, die vom Früh- bis zum Spätsommer an aufrechten Stängeln lockere Büschel stark duftender, weißer Trompetenblüten von ca. 8 cm Länge trägt. Viele Sorten in Weiß, Creme, Rosa, Karmin, Gelb und Limonengrün. Manche entfalten ihren Duft erst abends.
Höhe: 40–60 cm
Ausbreitung: 25–30 cm
Standort: fruchtbarer, durchlässiger, aber feuchter Boden in voller Sonne oder im Halbschatten.

Nigella damascena
JUNGFER-IM-GRÜNEN, SCHWARZKÜMMEL
Frostharte Einjährige mit hellgrünen, federigen Blättern und kornblumenblauen oder weißen Blüten vom Früh- bis zum Hochsommer. Es gibt auch Sorten mit blassgelben und solche mit halb oder ganz gefüllten Blüten. In voller Sonne selbstaussäend.
Höhe: 40–60 cm
Ausbreitung: 15–25 cm
Standort: leichter, durchlässiger, feuchter Boden, am besten in voller Sonne.

▲ *Blühende Tabakpflanzen erfüllen den Garten den Sommer hindurch und ganz besonders abends mit ihrem süßem Duft.*

P

Papaver rhoeas
KLATSCHMOHN
Frostharte Einjährige mit gelappten grünen Blättern und vom Früh- bis zum Hochsommer roten Blüten von etwa 8 cm mit schwarzer Mitte auf aufrechten Stängeln. Die Farbpalette der Sorten reicht von Lachs-, Hell- und Dunkelrosa bis zu Blauviolett.
Höhe: 50–60 cm
Ausbreitung: 25–30 cm
Standort: normaler, magerer bis mäßig fruchtbarer, durchlässiger Boden und volle Sonne.

Papaver somniferum
SCHLAFMOHN
Frostharte Einjährige mit gelappten, graugrünen Blättern und weißen, rosafarbenen, scharlachroten oder violetten Blüten von bis zu 10 cm Ø im Früh- und Hochsommer. Teils gefüllte Blüten.
Höhe: 70–90 cm
Ausbreitung: 30–40 cm
Standort: durchlässiger Boden und volle Sonne.

Petunia* × *hybrida
GARTENPETUNIE
Frostempfindliche Staude, generell als frostempfindliche Einjährige gezogen, mit trompetenförmigen Blüten von 5–10 cm Ø vom Frühsommer bis zu den Herbstfrösten. Weiße, cremefarbene, rosafarbene, rote, violette, blaue und zweifarbige Sorten.
Höhe: 15–30 cm
Ausbreitung: 15–30 cm
Standort: mäßig fruchtbarer Boden und volle Sonne. Verträgt keine kalten, zu feuchten und schattigen Standorte.

R

Rudbeckia hirta
RAUER SONNENHUT
Kurzlebige Staude, generell als frostharte Einjährige gezogen, vom Hochsommer bis zum Frühherbst mit goldgelben Blütenköpfchen von ca. 8 cm Ø um rotbraune Mittelkegel. Viele Sorten.
Höhe: 45–60 cm
Ausbreitung: 30–45 cm
Standort: Fruchtbarer, durchlässiger, aber feuchter Boden und volle Sonne.

S

Salvia splendens
PRACHTSALBEI
Frostempfindliche mehrjährige, generell als Einjährige kultivierte Pflanze mit aufrechten Ähren roter Blüten vom Hochsommer bis zum Herbst. Es gibt vorzügliche ein- und mischfarbige Sorten, u. a. in Hell- und Dunkelrosa, Lachs, Violett und Weiß.
Höhe: 30–40 cm
Ausbreitung: 20–25 cm
Standort: fruchtbarer, durchlässiger, aber feuchter Boden, volle Sonne.

Scabiosa atropurpurea
SAMTSKABIOSE
Aufrechte, buschig verzweigte Einjährige mit mittelgrünen Blättern und Einzelblüten von 5 cm Ø vom Hoch- bis Spätsommer. Viele Sorten von Weiß über Blau bis Violett.
Höhe: 40–60 cm
Ausbreitung: 15–25 cm
Standort: mäßig fruchtbarer, durchlässiger, neutraler bis leicht alkalischer Boden in voller Sonne.

T

Tagetes patula
STUDENTENBLUME
Frostempfindliche Einjährige, buschiger Wuchs, dunkelgrüne, tief geteilte Blättern, gelbe oder rotbraune Blüten von bis zu 5 cm Ø ab dem Frühsommer bis zum Herbst. Viele Sorten mit einfachen und gefüllten Blüten, einige davon auch zwergwüchsig. Eine beliebte, farbenprächtige Sommerblume für Beete und Blumenkästen.
Höhe: 30 cm
Ausbreitung: 25–30 cm
Standort: mäßig fruchtbarer Boden und volle Sonne.

Z

Zinnia elegans
ZINNIE
Frostempfindliche Einjährige, die vom Hoch- bis zum Spätsommer an aufrechten Stängeln leuchtend violette Blüten von 6 cm Ø trägt. Viele Sorten in Weiß, Violett, Gelb, Orange, Rot, Rosa und Blassgrün, manche davon mit gefüllten Blüten.
Höhe: 15–75 cm
Ausbreitung: 15–40 cm
Standort: fruchtbarer, durchlässiger, aber feuchter Boden, volle Sonne.

◀ *Die Dreimasterblume* (Tradescantia x andersoniana) *ist eine markante und beliebte Staude.*

Stauden und andere Beetpflanzen

A

Acanthus spinosus
STACHLIGER AKANTHUS
Winterharte Staude mit markanten, tief eingeschnittenen, stacheligen Blättern und hohen, aufrechten Ähren weißer und violetter Blüten vom Hoch- bis zum Spätsommer.
Höhe: 90 cm–1 m
Ausbreitung: 60–75 cm
Standort: mäßig fruchtbarer, leichter, durchlässiger, aber feuchter Boden in voller Sonne oder im Halbschatten.

Achillea filipendulina
GOLDGARBE
Winterharte Staude mit farnähnlichen Blättern und zitronengelben Blüten in flachen Scheindolden von 10–15 cm Ø ab dem Hochsommer bis zum Herbst. Viele vorzügliche Sorten.
Höhe: 90 cm–1,20 m
Ausbreitung: 90 cm
Standort: fruchtbarer, durchlässiger, aber feuchter Boden in voller Sonne.

Agapanthus praecox
IMMERGRÜNE SCHMUCKLILIE
Frostempfindliche, immergrüne Staude mit fleischigen Wurzeln und großen Dolden hell- bis mittelblauer Blüten. Es gibt auch eine weiße Sorte.
Höhe: 60–75 cm
Ausbreitung: 50 cm
Standort: fruchtbarer, durchlässiger Boden; windgeschützter Standort in voller Sonne; am besten im Kübel.

Alchemilla mollis
FRAUENMANTEL
Winterharte Staude, behaarte, hellgrüne Blätter mit gewelltem und gezähntem Rand, trägt vom Frühsommer bis zum Herbst zahllose, winzige, schwefelgelbe Blüten über den Blättern.
Höhe: 30–50 cm
Ausbreitung: 40–50 cm
Standort: mäßig fruchtbarer, durchlässiger, aber feuchter Boden und volle Sonne oder Halbschatten.

Allium moly
GOLDLAUCH
Zwiebelpflanze mit graugrünen, riemenförmigen Blättern und Dolden leuchtend gelber, sternförmiger Blüten im Früh- und Hochsommer.
Höhe: 25–30 cm
Ausbreitung: 20–25 cm
Standort: leichter, durchlässiger Boden und volle Sonne. Bildet mit der Zeit einen großen, in die Breite wuchernden Horst.

Aster sedifolius
ASTER
Winterharte Staude, die vom Spätsommer bis in den Herbst zahllose lavendelblaue Blütenköpfe mit gelber Mitte trägt. 'Nanus' wird nur 30 cm hoch.
Höhe: 60–75 cm
Ausbreitung: 40–50 cm
Standort: fruchtbarer, durchlässiger, aber feuchter Boden und volle Sonne.

Astilbe × arendsii
GARTENASTILBE
Winterharte Staude mit farnähnlichen, dunkelgrünen Blättern und zahlreichen federigen Blütenähren vom Früh- bis zum Spätsommer. Sorten in vielen Farben von Weiß über Hellrosa, Rosaviolett, Dunkelrosa bis zu Dunkelrot.
Höhe: 60–75 cm
Ausbreitung: 40–50 cm
Standort: fruchtbarer, feuchter Boden und volle Sonne oder Halbschatten.

C

Camassia quamash
PRÄRIELILIE
Etwas frostempfindliche Zwiebelpflanze mit sternförmigen Blüten an aufrechten Stängeln vom Früh- bis zum Hochsommer. Blütenfarben von Weiß über Blau bis Violett.
Höhe: 40–70 cm
Ausbreitung: 30–40 cm
Standort: fruchtbarer, feuchter Boden in voller Sonne oder im Halbschatten. Gedeiht auch auf schwereren Böden.

Campanula lactiflora
RIESENDOLDENGLOCKENBLUME
Winterharte Staude mit einer Fülle glockenförmiger, lavendelblauer Blüten im Früh- und Hochsommer. Das Farbenspektrum der Sorten reicht von blassem Rosa bis zu dunklem Blauviolett.
Höhe: 90 cm–1,50 m
Ausbreitung: 45–50 cm
Standort: leichter, fruchtbarer, durchlässiger, aber feuchter Boden in voller Sonne oder Halbschatten.

Coreopsis verticillata
NETZBLATTSTERN
Winterharte Staude mit fein geteilten Blättern und einer Fülle gelber Blüten vom Frühsommer bis zum Herbst. Für kleine Gärten gibt es auch kompaktere und zwergwüchsige Sorten.
Höhe: 40–60 cm
Ausbreitung: 30–50 cm
Standort: mäßig fruchtbarer, durchlässiger, aber feuchter Boden und volle Sonne.

D

Delphinium elatum
HOHER RITTERSPORN
Die wichtigsten Hybridgruppen dieser winterharten Staude sind die Elatum-Gruppe, an deren steif aufrechten, unverzweigten Stängeln dicht angeordnete, große Blüten vor allem in Blau-, aber auch in Lavendel- und Malventönen sowie in Weiß sitzen, und die Belladona-Gruppe mit verzweigten Stängeln und lockeren Trauben kleinerer Blüten.

Höhe: 90 cm–1,50 m
Ausbreitung: 40–60 cm
Standort: fruchtbarer, tiefgründig vorbereiteter, feuchter Boden und volle Sonne.

Dictamnus albus
BRENNENDER BUSCH
Winterharte Staude mit Trauben duftender, weißer, sternförmiger Blüten im Früh- und Hochsommer. 'Purpureus' trägt rosafarbene Blüten mit roten Streifen.
Höhe: 40–60 cm
Ausbreitung: 40–50 cm
Standort: leicht alkalischer, tiefgründig vorbereiteter, durchlässiger Boden und volle Sonne.

E

Echinacea purpurea
ROTER SONNENHUT
Winterharte Staude mit Blütenköpfen von 10 cm Ø aus rosapurpurnen Zungenblüten um einen orangebraunen Kegel ab dem Hochsommer bis zum Herbst. Sorten in Weiß und dunklem Rosaviolett.
Höhe: 90 cm–1,20 m
Ausbreitung: 50–60 cm
Standort: fruchtbarer, durchlässiger, aber feuchter, tiefgründig vorbereiteter Boden und volle Sonne.

Erigeron speciosus
BERUFKRAUT
Winterharte Staude mit zahlreichen violetten Korbblüten vom Früh- bis zum Spätsommer. Es gibt viele schöne Sorten in Hellrosa, Lavendelblau und Blauviolett.
Höhe: 40–60 cm
Ausbreitung: 30–40 cm
Standort: fruchtbarer, durchlässiger, aber feuchter Boden und volle Sonne oder Halbschatten.

F

Filipendula purpurea
JAPANISCHES MÄDESÜSS
Winterharte Staude mit tief geteilten Blättern und großen, flaumigen Trugdolden karminroter bis rosafarbener Blüten im Hochsommer. Es gibt auch Sorten mit weißen und rosaroten Blüten.
Höhe: 90 cm–1 m
Ausbreitung: 40–50 cm
Standort: leicht alkalischer, durchlässiger, aber feuchter Boden und volle Sonne oder Halbschatten.

G

Geranium endressii
ROSA STORCHSCHNABEL
Winterharte, bodendeckende Staude mit gelappten Blättern und blassrosafarbenen, rot geäderten Blüten vom Frühsommer bis zum Herbst. Verschiedene Sorten.
Höhe: 30–50 cm
Ausbreitung: 40–50 cm
Standort: durchlässiger Boden in voller Sonne oder im Halbschatten.

Gypsophila paniculata
RISPIGES GIPSKRAUT
Winterharte Staude mit fein verzweigten Stängeln, die vom Früh- bis zum Spätsommer eine Fülle winziger, meist weißer Blüten tragen. Diverse Sorten mit einfachen oder gefüllten Blüten in Weiß oder Rosa, teils auch mit kompakterem Wuchs.
Höhe: 60–90 cm
Ausbreitung: 60–75 cm
Standort: tiefgründig vorbereiteter, leicht alkalischer, durchlässiger, aber feuchter Boden in voller Sonne.

H

Helenium autumnale
GEWÖHNLICHE SONNENBRAUT
Winterharte Staude, die vom Hochsommer bis zum Herbst eine Fülle von ca. 3 cm großen Korbblüten trägt. Viele Sorten in Gelb, Orange, Kupfer, Bronzerot und Rotbraun.
Höhe: 1,20–1,80 m
Ausbreitung: 40–50 cm
Standort: durchlässiger, aber feuchter Boden und volle Sonne.

Hemerocallis thunbergii
THUNBERGS TAGLILIE
Winterharte Staude mit großen, trompetenförmigen, orangegelben Blüten an langen Stielen im Früh- und Hochsommer. Es gibt viele Hybridsorten in Goldgelb, Rosa, Orange und Ziegelrot. Ihre Blüten haben je nach Sorte ca. 10–20 cm Ø.
Höhe: 75–90 cm
Ausbreitung: 60–75 cm
Standort: fruchtbarer, durchlässiger, aber feuchter Boden in voller Sonne oder im Halbschatten.

K

Kniphofia
FACKELLILIE
Winterharte Staude in vielen Arten und Hybridsorten. Alle entwickeln vom Frühsommer bis zum Frühherbst markante kolbenförmige Blütenstände mit einem Farbspektrum von Cremeweiß über Gelb bis zu Feuerrot.
Höhe: 60 cm–1,50 m
Ausbreitung: 40–60 cm
Standort: tiefgründig vorbereiteter, mäßig fruchtbarer, durchlässiger, aber feuchter Boden und volle Sonne. Kalte und nasse Böden sind ungeeignet.

L

Leucanthemum × superbum
GARTENMARGERITE
Winterharte Staude, die vom Früh- bis zum Spätsommer flache, weiße Blütenkörbe von ca. 8 cm Ø mit goldgelber Mitte trägt.
Höhe: 75–90 cm
Ausbreitung: 30–50 cm
Standort: Fruchtbarer, durchlässiger, aber feuchter, leicht alkalischer Boden und volle Sonne.

Lychnis chalcedonica
BRENNENDE LIEBE
Winterharte Staude mit kleinen, hellroten Blüten, die vom Hoch- bis zum Spätsommer in abgeflachten Dolden von ca. 15 cm Ø getragen werden.
Höhe: 75–90 cm
Ausbreitung: 40–50 cm
Standort: durchlässiger, aber feuchter Boden in voller Sonne oder im Halbschatten.

Lysimachia punctata
PUNKTIERTER GILBWEIDERICH
Winterharte, langlebige, starkwüchsige Staude, bietet vom Früh- bis zum Spätsommer mit gelben, kelchförmigen Blüten in bis zu 20 cm langen Wirteln ein sehr attraktives Bild.
Höhe: 60–90 cm
Ausbreitung: 40–50 cm
Standort: fruchtbarer, durchlässiger, aber feuchter Boden und volle Sonne oder Halbschatten. Gedeiht auch auf schwerem Boden.

◀ *Die Goldgarbe* (Achillea filipendulina) *schmückt das Staudenbeet vom Hochsommer bis zum Frühherbst.*

▲ *Der Wollziest* (Stachys byzantina) *bedeckt den Boden mit silbrig flaumigen Blätter.*

M

Monarda didyma
SCHARLACHINDIANERNESSEL
Winterharte Staude mit dichten, ca. 8 cm großen Köpfchen leuchtend roter Blüten vom Früh- bis zum Spätsommer. Diverse Sorten in Rosa, Lavendel, Purpurviolett und Weiß.
Höhe: 60–90 cm
Ausbreitung: 40–50 cm
Standort: durchlässiger, aber feuchter Boden in voller Sonne oder im Halbschatten.

P

Perovskia atriplicifolia
SILBERPEROWSKIE
Winterharter, sommergrüner Halbstrauch, der seinen Platz meist in Staudenrabatten oder gemischten Beeten findet. Fein geteilte, duftende Blätter und im Spätsommer und Frühherbst blauviolette Blütenrispen an aufrechten, verzweigten Trieben.
Höhe: 90 cm–1,50 m
Ausbreitung: 40–60 cm
Standort: tiefgründig vorbereiteter, fruchtbarer, durchlässiger Boden in voller Sonne oder lichtem Schatten.

Phlox paniculata
STAUDENPHLOX
Winterharte Staude mit endständigen Rispen violetter Blüten vom Hochsommer bis zum Herbst. Sorten in vielen Farben, u. a. Rosa, Purpurviolett, Malve, Weiß, Hellviolett, Burgunderrot und Scharlachrot.
Höhe: 50 cm–1 m
Ausbreitung: 50–60 cm
Standort: fruchtbarer, durchlässiger, aber feuchter Boden und volle Sonne oder Halbschatten.

R

Rudbeckia fulgida
GEWÖHNLICHER SONNENHUT
Winterharte Staude, vom Hochsommer bis zum Herbst mit orangegelben Körbchenblüten von 6 cm Ø um einen braunen Mittelkegel. Viele Sorten, darunter die eindrucksvolle 'Goldsturm' mit bis zu 15 cm großen Blüten.
Höhe: 60–90 cm
Ausbreitung: 50–60 cm
Standort: mäßig fruchtbarer, durchlässiger, aber feuchter Boden, volle Sonne.

S

Sedum 'Herbstfreude'
FETTHENNE
Staude mit blassgrünen, fleischigen Blättern. Im Spätsommer entwickelt sie große, kuppelförmige Blütenköpfe in Lachsrosa, die sich bis zum Spätherbst allmählich über Orange zu Rostrot verfärben.
Höhe: 50–60 cm
Ausbreitung: 40–50 cm
Standort: leichter, durchlässiger, aber feuchter Boden und volle Sonne.

Solidago-Hybriden
GOLDRUTE
Eine Gruppe winterharter Stauden mit markanten, federigen, leicht gebogenen, goldgelben Blütenrispen vom Hochsommer bis zum Herbst. Viele Sorten in verschiedenen Höhen.
Höhe: 30 cm–1,50 m
Ausbreitung: 25–60 cm
Standort: mäßig fruchtbarer, tiefgründig vorbereiteter, durchlässiger Boden und volle Sonne oder Halbschatten.

Stachys byzantina (syn. _Stachys lanata_)
WOLLZIEST
Etwas frostempfindliche Staude mit einer Fülle silbrig behaarter Blätter, die sich auch gut als Bodendecker eignet. Im Hochsommer trägt sie rotviolette Blütenähren. 'Silver Carpet' ist eine dichtlaubige, nicht blühende Sorte.
Höhe: 30–50 cm
Ausbreitung: 30–40 cm
Standort: durchlässiger Boden und volle Sonne oder Halbschatten.

T

Tradescantia × _andersoniana_ 'Isis'
DREIMASTERBLUME
Winterharte Staude mit markanten, dreiblättrigen, violetten Blüten von bis zu 4 cm Ø ab dem Früh- bis zum Spätsommer. Sorten in vielen Farben, u. a. Weiß und dunkles Violett.
Höhe: 50–60 cm
Ausbreitung: 40–50 cm
Standort: durchlässiger, aber feuchter Boden in voller Sonne oder im Halbschatten.

Zwiebel- und Knollengewächse

C

Chionodoxa sardensis
DUNKLE STERNHYAZINTHE, SCHNEEGLANZ, SCHNEESTOLZ
Winterharte Zwiebelpflanze mit zwei schmalen Blättern und vom zeitigen bis späten Frühjahr Stängeln voller sternförmiger, himmelblauer Blüten (20 cm Ø) mit weißer Mitte.
Höhe: 10–15 cm
Ausbreitung: 5–10 cm
Standort: leichter, durchlässiger Boden, volle Sonne. Schweren, ständig feuchten Boden verträgt sie nicht. Ideal für Steingärten oder als vordere Begrenzung zwangloser Beete.

Crocus chrysanthus
KLEINER KROKUS
Winterharte Knollenpflanze mit becherförmigen, nach Honig duftenden, leuchtend gelben Blüten im späten Winter und zeitigen Frühjahr. Viele Hybridsorten in Goldgelb, hellem Blauviolett, dunklem Blauviolett und dunklen Bronzetönen.
Höhe: 8–10 cm
Ausbreitung: 5–8 cm
Standort: durchlässiger, aber feuchter Boden und volle Sonne oder Halbschatten.

E

Eranthis hyemalis
KLEINER WINTERLING
Winterharte Knollenstaude mit goldgelben, schalenförmigen Blüten über einer Krause aus tief gelappten, grünen Blättern. Sie blüht manchmal schon mitten im Winter, meist aber im späten Winter und zeitigen Frühjahr.
Höhe: 10 cm
Ausbreitung: 8 cm
Standort: durchlässiger, aber feuchter Boden und volle Sonne oder Halbschatten. Gedeiht auch auf schwerem Lehmboden.

◀ *Tulpen gehören zu den beliebtesten Gartenblumen. Sie sind sehr robust und versprechen alljährlich wiederkehrende Farbenpracht.*

G

Galanthus nivalis
KLEINES SCHNEEGLÖCKCHEN
Winterharte, horstbildende Zwiebelpflanze mit schmalen Blättern und nickenden, glockenförmigen, weißen Blüten vom späten Winter bis zum zeitigen Frühjahr. 'Flore Pleno' trägt gefüllte Blüten.
Höhe: 10–20 cm
Ausbreitung: 10–15 cm
Standort: fruchtbarer, durchlässiger, aber feuchter Boden und Halbschatten. Ideal für Waldbeete.

H

Hyacinthoides hispanica
SPANISCHES HASENGLÖCKCHEN
Winterharte Zwiebelpflanze mit schmalen, glänzend grünen Blättern und blauvioletten Glockenblüten im späten Frühjahr und frühen Sommer. Es gibt auch eine hübsche weiß blühende Sorte.
Höhe: 25–30 cm
Ausbreitung: 10–15 cm
Standort: fruchtbarer, durchlässiger, aber feuchter Boden im Halbschatten. Ideal für Waldbeete.

I

Ipheion uniflorum
FRÜHLINGSSTERN
Winterharte, horstbildende Zwiebelpflanze mit blassgrünen, halmartigen Blättern und duftenden, weißen bis blassblauen, sternförmigen Blüten im späten Frühjahr.
Höhe: 15–20 cm
Ausbreitung: 5–8 cm
Standort: durchlässiger, aber feuchter Boden und ein geschützter Platz in voller Sonne oder im Halbschatten.

L

Leucojum vernum
FRÜHLINGSKNOTENBLUME
Winterharte, horstbildende Zwiebelpflanze mit schmalen, glänzend grünen Blättern und weißen, an den Spitzen grünen Glockenblüten vom späten Winter bis zum zeitigen Frühjahr.
Höhe: 20 cm
Ausbreitung: 10 cm
Standort: durchlässiger, aber feuchter Boden und Halbschatten.

M

Muscari armeniacum
ARMENISCHE TRAUBENHYAZINTHE
Winterharte, horstbildende Zwiebelpflanze mit schmalen Blättern und im Frühjahr und Frühsommer aufrechten Stängeln, die am oberen Ende Trauben duftender, blauer, weiß geränderter Blüten tragen. Diverse Sorten, u. a. 'Blue Spike' mit gefüllten Blüten.
Höhe: 20–25 cm
Ausbreitung: 8–10 cm
Standort: durchlässiger Boden und volle Sonne. Kann sich mit der Zeit wuchernd ausbreiten.

N

Narcissus
TROMPETENNARZISSE/OSTERGLOCKE
Winterharte, horstbildende Zwiebelpflanze mit schmalen, leuchtend grünen Blättern und großen gelben Trompetenblüten im späten Winter und zeitigen Frühjahr. Viele Sorten, u. a. zweifarbige (weiß und gelb) und reinweiße.
Höhe: 30–50 cm
Ausbreitung: 8–10 cm
Standort: durchlässiger, aber feuchter Boden und volle Sonne oder Halbschatten. Schön in großen Gruppen unter sommergrünen Bäumen oder im Rasen.

T

Tulipa
TULPE
Eine große Gruppe winterharter Zwiebelpflanzen, die im Frühjahr auf aufrechten Stängeln kelchförmige Blüten tragen. Die Vielfalt der Blütenformen und -farben ist enorm; es gibt Sorten mit einfachen oder gefüllten Blüten. Sie werden oft mit winterharten Stauden zu Frühlingsarrangements kombiniert.
Höhe: 15–75 cm
Ausbreitung: 15–20 cm
Standort: fruchtbarer, durchlässiger, aber feuchter Boden und volle Sonne.

Steingartenpflanzen

A

Aethionema 'Warley Rose'
STEINTÄSCHEL
Winterharter, immergrüner Halbstrauch mit lose verzweigten Trieben und graugrünen Blättern. Trägt in der zweiten Frühjahrshälfte rosarote Blütenköpfchen.
Höhe: 10–15 cm
Ausbreitung: 30–40 cm
Standort: leichter, durchlässiger Boden und volle Sonne.

Arabis caucasica
KAUKASISCHE GÄNSEKRESSE
Winterharte, wuchernde Staude mit graugrünen Blättern; außer in sehr kalten, nassen Wintern immergrün. Vom späten Winter bis zum Frühsommer vierblättrige, weiße Blüten; es gibt auch eine gefüllte Sorte.
Höhe: 25 cm
Ausbreitung: 50–60 cm
Standort: durchlässiger Boden und volle Sonne oder Halbschatten. Für kleine Steingärten u. U. zu starkwüchsig; ideal für eine Trockenmauer oder Böschung, von der sie frei herabhängen kann.

Armeria maritima
GEWÖHNLICHE GRASNELKE
Winterharte, immergrüne, Polster bildende Staude mit halmartigen Blättern. Vom späten Frühjahr bis zum Hochsommer rosafarbene Blütenköpfchen von 3 cm Ø. Sorten in Weiß und Rosarot.
Höhe: 15–25 cm
Ausbreitung: 25–30 cm
Standort: durchlässiger Boden und volle Sonne.

Aubrieta deltoidea
GRIECHISCHES BLAUKISSEN
Winterharte, niedrigwüchsige, wuchernde – manchmal hängende – immergrüne Staude mit kleinen, grüngrauen Blättern und einer Fülle rosafarbener bis violetter Blüten vom zeitigen Frühjahr bis zum Frühsommer. Viele Sorten, auch panaschiert.
Höhe: 8–10 cm
Ausbreitung: 50–60 cm
Standort: durchlässiger, am besten kalkiger Boden und volle Sonne.

***Aurinia saxatilis* (syn. *Alyssum saxatile*)**
FELSENSTEINKRAUT
Winterharter Halbstrauch mit graugrünen Blättern und ab der Frühjahrsmitte bis zum Frühsommer unzähligen goldgelben Blütenköpfchen. Diverse Sorten, u. a. 'Citrina' (zitronengelb), 'Compacta' (goldgelb und 15 cm hoch) und 'Dudley Nevill' (cremegelb).
Höhe: 25–30 cm
Ausbreitung: 30–40 cm
Standort: durchlässiger Boden und volle Sonne. Ideal zur Bepflanzung einer Trockenmauer.

C

Campanula carpatica
KARPATENGLOCKENBLUME
Matten bildende, winterharte Staude mit gezähnten Blättern und im Hoch- und Spätsommer zahlreichen kelchförmigen Blüten von 3–4 cm Ø in Blau, Lavendel oder Weiß.
Höhe: 25–30 cm
Ausbreitung: 30–40 cm
Standort: mäßig fruchtbarer, durchlässiger Boden und volle Sonne oder Halbschatten.

Corydalis lutea
GELBER LERCHENSPORN
Winterharte, buschige, immergrüne Staude mit farnartigen Blättern und röhrenförmigen, gespornten Blüten vom späten Frühjahr bis zum Spätherbst.
Höhe: 15–20 cm
Ausbreitung: 25–30 cm
Standort: durchlässiger Boden in voller Sonne oder im Halbschatten. Gedeiht auf alten Mauern, kann sich aber als Selbstaussäer übermäßig ausbreiten.

▲ *Der Polsterphlox* Phlox subulata *'Temiskaming' ist mit seinen magentaroten Blüten im späten Frühjahr sehr beliebt.*

▲ *Die Steinbrechsorte* Saxifraga *'Southside Seedling' trägt zahllose weiße, rot gefleckte Blüten.*

G

Gentiana acaulis
KEULENENZIAN
Winterharte Staude, die Matten glänzender, ovaler Blätter bildet und im späten Frühjahr und frühen Sommer zahlreiche trompetenförmige, aufrechte, leuchtend blaue Blüten von ca. 8 cm Länge trägt.
Höhe: 8 cm
Ausbreitung: 40–50 cm
Standort: durchlässiger, aber feuchter Boden, volle Sonne oder Halbschatten.

H

Helianthemum nummularium
GEWÖHNLICHES SONNENRÖSCHEN
Winterharter, niedrigwüchsiger, immergrüner Halbstrauch mit kleinen, glänzend grünen Blättern und einer Fülle tellerförmiger Blüten im Früh- und Hochsommer. Viele Sorten, u. a. in Gelb, Orange, Rosa, Rot, auch zweifarbige.
Höhe: 10–15 cm
Ausbreitung: 50–60 cm
Standort: leichter, durchlässiger Boden und volle Sonne. Gedeiht gut auf magerem Boden.

I

Iberis sempervirens
IMMERGRÜNE SCHLEIFENBLUME
Winterharter, immergrüner, ausladender Halbstrauch mit schmalen, dunkelgrünen Blättern und einer Fülle weißer Blütenköpfchen im späten Frühjahr und frühen Sommer. 'Little Gem' wird nur 10 cm hoch und ca. 25 cm breit.
Höhe: 25 cm
Ausbreitung: 40–60 cm
Standort: durchlässiger Boden in voller Sonne. Gedeiht gut auf magerem Boden.

P

Phlox subulata
POLSTERPHLOX
Winterharte, niederliegende Staude, die in der zweiten Frühjahrshälfte Teppiche violetter oder rosafarbener Blüten bildet. Viele Sorten, u. a. in Lachsrosa, Blassrosa, Lavendelblau, Scharlachrot und Magenta.
Höhe: 5–10 cm
Ausbreitung: 30–50 cm
Standort: mäßig fruchtbarer, leichter, durchlässiger, aber feuchter Boden und volle Sonne oder Halbschatten.

S

Saxifraga 'Southside Seedling'
STEINBRECH
Winterharte, Matten bildende Staude mit dunkelgrünen Blättern und im Früh- und Hochsommer langen, gebogenen Rispen weißer Blüten mit roten Flecken.
Höhe: 30 cm
Ausbreitung: 30–40 cm
Standort: durchlässiger, sandiger, leicht kalkiger Boden und ein windgeschützter Platz im Halbschatten. Direkte Sonne vermeiden. Ideal für Spalten zwischen Steinen.

Sedum acre
SCHARFER MAUERPFEFFER
Winterharte, Matten bildende, zum Wuchern neigende, immergrüne Staude mit gelbgrünen Blättern und flachen gelben Blütenköpfchen vom Früh- bis zum Hochsommer. 'Aureum' (früher 'Variegatum') hat vom Frühjahrsbeginn bis zum Frühsommer hellgelbe Triebspitzen.
Höhe: 5 cm
Ausbreitung: 50–60 cm – teils mehr
Standort: durchlässiger, mäßig feuchter Boden und volle Sonne.

Gehölze

A

Amelanchier lamarckii
KUPFERFELSENBIRNE
Winterharter, sommergrüner, großer Strauch mit grünen Blättern, die sich im Herbst schön verfärben. Zahlreiche reinweiße Sternblüten um die Frühjahrsmitte.
Höhe: 4,50–7,50 m
Ausbreitung: 3,50–6 m
Standort: durchlässiger, aber feuchter, kalkfreier Boden und volle Sonne oder Halbschatten.

Aucuba japonica 'Variegata'
JAPANISCHE AUKUBE
Winterharter, immergrüner Strauch mit rundlicher Kontur und ovalen, glänzend dunkelgrünen, gelb gefleckten Blättern.
Höhe: 2–3 m
Ausbreitung: 2–2,50 m
Standort: durchlässiger, aber feuchter Boden und volle Sonne oder Halbschatten.

B

Berberis darwinii
DARWINS BERBERITZE
Winterharter, immergrüner Strauch mit kleinen, stechpalmenartigen, glänzend grünen Blättern und einer Fülle dunkelgelber Blüten im späten Frühjahr, gefolgt von blauen Beeren.
Höhe: 2–2,50 m
Ausbreitung: 2–2,50 m
Standort: mäßig fruchtbarer, durchlässiger Boden und volle Sonne.

Brachyglottis 'Sunshine' (syn. _Senecio_ 'Sunshine')
GREISKRAUT
Winterharter, hügelförmig wachsender, immergrüner Strauch mit silbergrauen, unten weiß behaarten Blättern und gelben Korbblüten im Früh- und Hochsommer.
Höhe: 60 cm–1,20 m
Ausbreitung: 90 cm–1,50 m
Standort: tiefgründig vorbereiteter, durchlässiger, aber feuchter Boden und volle Sonne.

Buddleja alternifolia
SCHMALBLÄTTRIGER SOMMERFLIEDER
Winterharter, sommergrüner Strauch mit schmalen, blassgrünen Blättern und im Früh- und Hochsommer duftenden, lavendelblauen Blütenbüscheln an hängenden Zweigen. Kann auch als Hochstamm gezogen werden.
Höhe: 3–4,50 m
Ausbreitung: 3–4,50 m
Standort: tiefgründig vorbereiteter, feinkrümeliger, durchlässiger, aber feuchter Boden und volle Sonne.

Buddleja davidii
SCHMETTERLINGSSTRAUCH
Winterharter, sommergrüner Strauch mit duftenden, hellvioletten Blütenrispen an langen, gebogenen Trieben im Hoch- und Spätsommer, oft noch bis in den Herbst. Viele Sorten, u. a. in Weiß, dunklem Violett, Flieder und Purpurrot.
Höhe: 2–2,50 m
Ausbreitung: 2–2,50 m
Standort: fruchtbarer, durchlässiger, aber feuchter Boden, volle Sonne.

C

Calluna vulgaris
BESENHEIDE
Winterharter, niedriger, buschiger, immergrüner Strauch mit schuppenartigem Laub, das sich im Laufe des Jahres von Grün zu Orange- und Rottönen verfärbt. Vom Hochsommer bis zum Winteranfang Ähren einfacher oder gefüllter Blüten in vielen Farben, u. a. Weiß, Rosa und

▶ *Die Säckelblume* Ceanothus *'Concha' bietet im Staudenbeet einen überwältigenden Anblick.*

Violett. Verschiedene Höhen und Breiten.
Höhe: 10–60 cm
Ausbreitung: 10–60 cm
Standort: saurer, torfiger, feuchter Boden in offener, sonniger Lage.

Caryopteris* × *clandonensis
CLANDON-BARTBLUME
Winterharter, sommergrüner Strauch mit duftenden graugrünen Blättern und vom Spätsommer bis in den Herbst Scheindolden aus zarten blauen Blüten. Diverse schöne Sorten, wie 'Arthur Simmonds' (leuchtend blau), 'Heavenly Blue' (dunkelblau) und 'Kew Blue' (kräftiges Blau).
Höhe: 60 cm–1,20 m
Ausbreitung: 60–90 cm
Standort: feinkrümeliger, durchlässiger Boden und volle Sonne.

***Ceanothus* × *delileanus* 'Gloire de Versailles'**
SÄCKELBLUME
Winterharter, sommergrüner Strauch mit lockerem Wuchs und 15–20 cm langen Büscheln duftender, himmelblauer Blüten vom Hochsommer bis zum Herbst.
Höhe: 2–2,50 m
Ausbreitung: 2–2,50 m
Standort: fruchtbarer, tiefgründig vorbereiteter, durchlässiger, aber feuchter Boden in windgeschützter, sonniger oder halbschattiger Lage.

Ceratostigma willmottianum
WILLMOTTS HORNNARBE
Frostempfindlicher, sommergrüner Strauch mit rautenförmigen, dunkelgrünen Blättern, die sich im Herbst prächtig verfärben. Im Hoch- und Spätsommer endständige, blauviolette Blütenbüschel von bis zu 5 cm Ø.
Höhe: 60–90 cm
Ausbreitung: 60–90 cm
Standort: leichter, durchlässiger Boden und volle Sonne.

Chimonanthus praecox
CHINESISCHE WINTERBLÜTE
Winterharter, buschiger, sommergrüner Strauch, wird oft vor einer Wand gezogen. Ab der Wintermitte bis zum Spätwinter becherförmige, duftende, blassgelbe Blüten mit dunkelvioletter Mitte. 'Grandiflorus' trägt größere Blüten mit roter Mitte.
Höhe: 2–3 m
Ausbreitung: 2,50–3 m
Standort: durchlässiger, aber feuchter Boden. Am besten vor einer warmen Süd- oder Westwand.

▲ *Darwins Berberitze* (Berberis darwinii) *ist ein immergrüner Strauch mit goldgelben Blüten.*

Choisya ternata
MEXIKANISCHE ORANGENBLUME
Leicht frostempfindlicher, immergrüner Strauch mit glänzend grünen Blättern, die beim Zerreiben nach Orangen duften. In der zweiten Frühjahrshälfte und danach oft sporadisch bis zum Spätsommer Büschel duftender weißer Blüten. 'Sundance' hat das ganze Jahr über goldgelbe Blätter.
Höhe: 1,50–2 m
Ausbreitung: 1,50–2 m
Standort: tiefgründig vorbereiteter, fruchtbarer, durchlässiger Boden und Schutz vor kalten Winden.

Cornus mas
KORNELKIRSCHE
Winterharter, sommergrüner Strauch, der ab Mitte des Winters bis zum Frühjahr an kahlen Zweigen kleine Büschel goldgelber Blüten und später manchmal durchscheinende rote Beeren trägt. Die Blätter verfärben sich im Herbst zu rötlichen Purpurtönen.
Höhe: 2,50–3,50 m
Ausbreitung: 2–3 m
Standort: durchlässiger, aber feuchter Boden und volle Sonne oder Halbschatten.

***Cytisus* × *praecox* 'Warminster'**
ELFENBEINGINSTER
Winterharter, buschiger, sommergrüner Strauch, der im Frühjahr und Frühsommer an gebogenen Zweigen cremeweiße Schmetterlingsblüten trägt. 'Allgold' hat goldgelbe Blüten.
Höhe: 1,50–2 m
Ausbreitung: 1,50–2 m
Standort: durchlässiger, nicht zu nährstoffreicher Boden, volle Sonne.

E

***Elaeagnus pungens* 'Maculata'**
DORNIGE ÖLWEIDE
Winterharter, immergrüner, rundlicher Strauch mit lederartigen, ovalen, glänzend grünen, gelb gefleckten Blättern. Im Herbst silbrig weiße, duftende Blüten.
Höhe: 2–3,50 m
Ausbreitung: 2–3 m
Standort: fruchtbarer, tiefgründig vorbereiteter Boden und volle Sonne oder Halbschatten. Verträgt salzige Luft in Meeresnähe.

Erica carnea
SCHNEEHEIDE
Winterharter, niedriger, immergrüner Halbstrauch mit endständigen Blütenbüscheln in Weiß, Rosa oder Violett vom Spätherbst bis zum späten Frühjahr.
Höhe: 5–30 cm
Ausbreitung: 15–60 cm
Standort: torfiger, saurer, feuchter Boden und volle Sonne.

***Euonymus fortunei* 'Emerald 'n' Gold'**
KLETTERNDER SPINDELSTRAUCH
Winterharter, buschiger, immergrüner, dicht belaubter Strauch mit goldgelb panaschierten Blättern, die sich im Winter bronze-rosafarben verfärben. Viele weitere Sorten, u.a. 'Emerald Gaiety' (cremeweiß und grün) und 'Golden Prince' (junge Blätter mit goldgelben Spitzen).
Höhe: 30–50 cm
Ausbreitung: 50–60 cm
Standort: normaler Gartenboden und volle Sonne.

F

Forsythia* × *intermedia
GARTENFORSYTHIE
Winterharter, immergrüner Strauch, der in der ersten Frühlingshälfte eine überwältigende Fülle goldgelber, glöckchenförmiger Blüten trägt. Viele schöne Sorten, u. a. 'Lynwood' (große gelbe Blüten) und 'Spectabilis' (gelb).
Höhe: 2–2,50 m
Ausbreitung: 1,50–2 m
Standort: tiefgründig vorbereiteter, fruchtbarer, feuchter Boden in voller Sonne oder im Halbschatten.

Fuchsia magellanica
SCHARLACHFUCHSIE
Etwas frostempfindlicher, sommergrüner, buschiger Strauch, der zum Wuchern neigt und vom Hochsommer bis zum Herbst ca. 5 cm lange, hängende Blüten in Karmin und Violett trägt.
Höhe: 1,20–1,50 m
Ausbreitung: 60 cm–1,20 m
Standort: fruchtbarer, feuchter, leichter Boden und volle Sonne. Bietet Schutz vor kalten Winden; ideal für Küstenregionen.

G

Genista aetnensis
ÄTNAGINSTER
Winterharter, sommergrüner Strauch mit lockerem Wuchs und binsenartigen Zweigen. Im Hoch- und Spätsommer Büschel goldgelber Blüten.
Höhe: 4,50–6 m
Ausbreitung: 4,50–5,50 m
Standort: leichter, durchlässiger, eher magerer Boden und volle Sonne.

H

Hamamelis mollis
CHINESISCHE ZAUBERNUSS
Winterharter, sommergrüner Strauch oder kleiner Baum, der in der ersten Winterhälfte an kahlen Zweigen Büschel süß duftender, goldgelber, sternförmiger Blüten trägt. Attraktive Laubverfärbung im Herbst.
Höhe: 2–3 m
Ausbreitung: 2–3 m
Standort: neutraler oder leicht saurer, durchlässiger, aber feuchter Boden. Volle Sonne oder Halbschatten.

Helichrysum serotinum
CURRYSTRAUCH
Etwas frostempfindlicher, sommergrüner Strauch mit nadelartigen Blättern, die beim Zerreiben einen würzigen Duft verströmen. Trägt im Früh- und Hochsommer senfgelbe Blütenköpfchen.
Höhe: 30–40 cm
Ausbreitung: 40–50 cm
Standort: leichter, eher magerer, durchlässiger Boden und volle Sonne. Verträgt weder kalte, schwere Böden noch Staunässe.

Hibiscus syriacus
STRAUCHEIBISCH
Winterharter, sommergrüner, buschiger Strauch. Vom Hochsommer bis zum Frühherbst Trompetenblüten von ca. 8 cm Ø in vielen Farben. Sorten u.a. in Blauviolett, Weiß mit roter Mitte und kräftigem Rosa.
Höhe: 2–3 m
Ausbreitung: 1,20–1,80 m
Standort: fruchtbarer, durchlässiger, aber feuchter Boden und volle Sonne oder Halbschatten.

Hydrangea arborescens
WALDHORTENSIE
Winterharter, sommergrüner Strauch mit halbrunden Blütenständen in mattem Weiß vom Hoch- bis zum Spätsommer, in mildem Klima bis in den Frühherbst. 'Grandiflora' hat größere Blütenköpfe.
Höhe: 1,20–1,80 m
Ausbreitung: 1,20–1,80 m

◀ *Blühende Zierkirschen und goldgelbe Narzissen bieten im Frühjahr einen herrlichen Anblick.*

▶ Die im Frühjahr blühende Forsythie ist besonders leicht zu kultivieren und harmoniert wunderbar mit großblütigen Narzissen.

Standort: fruchtbarer, feuchter Boden. Volle Sonne oder Halbschatten.

Hydrangea macrophylla
GARTENHORTENSIE
Winterharter, sommergrüner Strauch von rundlichem Wuchs. Es gibt zwei Gruppen: die mit flachen Blütenständen von 10–15 cm Ø und die mit rundlichen Blütenständen von 12–20 cm Ø. Beide blühen vom Hochsommer bis zum Frühherbst.
Höhe: 1,20–1,80 m
Ausbreitung: 1,20–1,80 m
Standort: fruchtbarer, leicht saurer, feuchter Boden und Halbschatten. Saurer Boden sorgt dafür, dass blaue Sorten wirklich blau bleiben. Alkalischem Boden Ammoniumsulfat zugeben.

Hypericum 'Hidcote'
JOHANNISKRAUT
Winterharter, teils immergrüner, buschiger Strauch mit dunkelgrünen Blättern und tellerförmigen, wächsernen, goldgelben Blüten von bis zu 8 cm Ø ab dem Hochsommer bis zum Herbst.
Höhe: 90 cm–1,50 m
Ausbreitung: 1,50–2 m
Standort: fruchtbarer, durchlässiger, aber feuchter Boden und volle Sonne. Verträgt keinen trockenen Boden und tiefen Schatten.

K

Kerria japonica 'Pleniflora'
JAPANISCHES GOLDRÖSCHEN, KERRIE
Winterharter, sommergrüner Strauch mit langen, schlanken Zweigen, gezähnten, leuchtend grünen Blättern und im späten Frühjahr und beginnenden Sommer gefüllten, orangegelben Blüten von 5 cm Ø.
Höhe: 2–2,50 m
Ausbreitung: ca. 2 m
Standort: mäßig fruchtbarer, feinkrümeliger, durchlässiger, aber feuchter Boden und volle Sonne oder Halbschatten.

Kolkwitzia amabilis
KOLKWITZIE
Winterharter, sommergrüner Strauch, der an gebogenen Zweigen im Frühsommer rosafarbene Trompetenblüten mit gelbem Inneren trägt. Die Sorte 'Pink Cloud' trägt Blüten in dunklem Rosa.
Höhe: 2–3 m
Ausbreitung: 1,50–2,50 m
Standort: durchlässiger, aber feuchter Boden und volle Sonne oder Halbschatten.

L

Laburnum × _watereri_ 'Vossii'
GOLDREGEN
Winterharter, sommergrüner Strauch mit hängenden, bis zu 60 cm langen Trauben duftender, goldgelber Blüten im Frühsommer.
Höhe: 3–4,50 m
Ausbreitung: 3–3,50 m
Standort: durchlässiger, feuchter Boden, volle Sonne oder Halbschatten.

Lavatera 'Rosea'
BUSCHMALVE
Winterharter, starkwüchsiger, weichholziger, stark verzweigter Strauch mit gelappten, graugrünen Blättern und einer Fülle rosafarbener Blüten von ca. 8 cm Ø vom Hochsommer bis zum Herbst.
Höhe: 1,50–2 m
Ausbreitung: 2–2,50 m
Standort: leichter, durchlässiger, aber feuchter Boden und ein warmer, geschützter Platz in voller Sonne.

M

Magnolia stellata
STERNMAGNOLIE
Winterharter, langsam wachsender, sommergrüner Strauch mit lanzettlichen Blättern und duftenden, sternförmigen, weißen Blüten von bis zu 10 cm Ø in der ersten Frühjahrshälfte. 'Rosea' hat rosafarbene Blüten.
Höhe: 2,50–3 m
Ausbreitung: 2,50–3 m
Standort: tiefgründig vorbereiteter, mäßig fruchtbarer, durchlässiger, aber feuchter Boden; volle Sonne und Schutz vor kalten Winden.

Mahonia × _media_ 'Charity'
MAHONIE
Winterharter, markanter, immergrüner Strauch mit lederigen, stacheligen Blättern und langen, aufrechten Trauben gelber Blüten vom Winterbeginn bis zum Spätwinter.
Höhe: 2–2,50 m
Ausbreitung: 1,50–2 m
Standort: torfiger, etwas saurer und durchlässiger, aber feuchter Boden im Halbschatten.

P

Philadelphus-Hybriden
PFEIFENSTRAUCH
Eine große Gruppe winterharter, sommergrüner Sträucher (z. B. 'Avalanche' oder 'Virginal') mit lockerem Wuchs und vom Früh- bis Hochsommer einfachen oder gefüllten, süß duftenden, meist weißen Blüten.
Höhe: 1–3 m
Ausbreitung: 1–3,50 m
Standort: tiefgründig vorbereiteter, mäßig fruchtbarer, durchlässiger, aber feuchter Boden und volle Sonne oder Halbschatten.

Potentilla fruticosa
STRAUCHFINGERKRAUT
Winterharter, sommergrüner, buschiger, aber kompakter Strauch, der vom Früh- bis zum Spätsommer und teils bis in den Herbst zahlreiche butterblumengelbe Blüten von 3 cm Ø trägt. Mehrere ausgezeichnete Hybridsorten, u. a. 'Red Ace' (orangerot), 'Elizabeth' (zartgelb), 'Sunset' (orange bis ziegelrot) und 'Tangerine' (sanftes Orange).
Höhe: 1–1,20 m
Ausbreitung: 1–1,20 m
Standort: leichter, durchlässiger, aber feuchter Boden und volle Sonne.

◀ *Weigelien sind ideal für kleine Gärten, die sie im späten Frühjahr und frühen Sommer mit ihrer Blütenfülle zieren.*

***Prunus* 'Accolade'**
ZIERKIRSCHE
Winterharte, sommergrüne Zierkirsche mit lockerem, ausladendem Wuchs; trägt in der ersten Frühjahrshälfte große Mengen halb gefüllter, blassrosafarbener Blüten in hängenden Büscheln.
Höhe: 4,50–6 m
Ausbreitung: 4,50–7,50 m
Standort: leicht kalkiger, durchlässiger, aber feuchter Boden und volle Sonne.

***Prunus subhirtella* 'Pendula'**
FRÜHJAHRSKIRSCHE
Winterharter, sommergrüner, ausladender Baum mit hängenden Ästen, die im Frühling eine Fülle blassrosafarbener Blüten tragen. Besonders schön in Kombination mit großblütigen gelben Narzissen.
Höhe: 3,50–4,50 m
Ausbreitung: 3,50–6 m
Standort: leicht kalkiger, durchlässiger, aber feuchter Boden und volle Sonne.

R

Rhododendron luteum
PONTISCHE AZALEE
Winterharter, sommergrüner Strauch mit duftenden, leuchtend gelben Blüten, die er in der zweiten Frühjahrshälfte an kahlen Ästen trägt. Die Blätter verfärben sich im Herbst in üppigen Gelb- und Rottönen.
Höhe: 2–3 m
Ausbreitung: 1,50–2 m
Standort: leichter, fruchtbarer, etwas saurer, feuchter Boden. Halbschatten.

S

***Salvia officinalis* 'Icterina'**
ECHTER SALBEI
Etwas frostempfindlicher und relativ kurzlebiger, immergrüner Halbstrauch mit bei dieser Sorte gelbgrün panaschierten Blättern. In kalten Regionen oft nur halbimmergrün. Weitere schöne Sorten sind z. B. 'Purpurascens' (purpurn überlaufen) und 'Tricolor' (Blätter teils dunkelrot und rosa überlaufen und cremeweiß gefleckt).
Höhe: 50–60 cm
Ausbreitung: 50 cm
Standort: durchlässiger Boden und ein warmer, geschützter Platz in voller Sonne.

Spirae × arguta
BRAUTSPIERSTRAUCH
Winterharter, sommergrüner Strauch; trägt in der zweiten Frühjahrshälfte an seinen schlanken Zweigen zahlreiche Büschel reinweißer Blüten, die sich von seinen grünen Blättern schön abheben.
Höhe: 2–2,50 m
Ausbreitung: 1,50–2 m
Standort: tiefgründig vorbereiteter, fruchtbarer, durchlässiger, aber feuchter Boden und volle Sonne.

U

***Ulex europaeus* 'Flore Pleno'**
GEWÖHNLICHER STECHGINSTER
Winterharter, stacheliger, immergrüner Strauch, vom Frühjahr bis zum frühen Sommer mit nach Honig duftenden, goldgelben Schmetterlingsblüten. Blüht oft noch bis zum folgenden Frühjahr sporadisch nach.
Höhe: 1,50–2 m
Ausbreitung: 1,50–2 m
Standort: magerer, durchlässiger Boden und volle Sonne.

V

***Viburnum opulus* 'Sterile'**
GEWÖHNLICHER SCHNEEBALL
Winterharter, sommergrüner, buschiger Strauch, der im Frühsommer große, runde, weiße Blütenköpfe trägt.
Höhe: 2,50–3,50 m
Ausbreitung: 2,50–3,50 m
Standort: fruchtbarer, tiefgründig vorbereiteter, durchlässiger, aber feuchter Boden und volle Sonne.

Viburnum tinus
IMMERGRÜNER SCHNEEBALL
Winterharter, dicht belaubter, immergrüner Strauch mit dunkelgrünen Blättern und vom frühen Winter bis zum späten Frühjahr ca. 10 cm breiten Büscheln weißer Blüten, die sich aus rosafarbenen Knospen entwickeln. Attraktive Sorten, u. a. 'Eve Price' mit rosaweißen Blüten und roten Knospen.
Höhe: 2–2,50 m
Ausbreitung: 1,50–2 m
Standort: fruchtbarer, tiefgründig vorbereiteter, durchlässiger, aber feuchter Boden und volle Sonne.

W

***Weigelia*-Hybriden**
WEIGELIE
Winterharter, sommergrüner Strauch mit gebogenen Zweigen, die im späten Frühjahr und beginnenden Sommer zahllose 3 cm lange Blüten tragen. Hybridsorten sind z. B. 'Abel Carrière' (hellrosa), 'Bristol Ruby' (rubinrot) und 'Newport Red' (hellrot).
Höhe: 1,50–2 m
Ausbreitung: 1,50–2,50 m
Standort: fruchtbarer, gut durchlässiger, aber feuchter Boden in voller Sonne oder Halbschatten.

Kletterpflanzen und Wandsträucher

C

Ceanothus thrysiflorus repens
KRIECHENDE SÄCKELBLUME
Winterharter, immergrüner Strauch, der im späten Frühjahr und frühen Sommer ca. 8 cm lange Büschel kleiner, hellblauer Blüten trägt. Eine der frosthärtesten Säckelblumen.
Höhe: 1,20–1,50 m
Ausbreitung: 1,50–1,80 m
Standort: neutraler oder leicht saurer, durchlässiger, leichter Boden und ein windgeschützter Platz in voller Sonne.

Clematis montana
BERGWALDREBE
Winterharte, schnellwüchsige, sommergrüne Kletterpflanze mit reinweißen Blüten von ca. 5 cm Ø im späten Frühjahr und frühen Sommer. Viele ausgezeichnete Sorten, z.B. 'Elizabeth' (rosa und sanft duftend), 'Alexander' (cremeweiß, duftend) und 'Rubens' (leicht duftend, rosa Blüten und purpur-bronzene Blätter).
Höhe: 5,50–7,50 m – teils mehr
Ausbreitung: 5,50–7,50 m – teils mehr
Standort: fruchtbarer, neutraler bis leicht alkalischer, durchlässiger, aber feuchter Boden und volle Sonne. Braucht eine Kletterhilfe; kann auch durch Bäume ranken.

Clematis, großblütige Hybriden
Winterharte Kletterpflanzen mit besonders großen Blüten von 10–15 cm Ø. Je nach Sorte variierende Blütezeiten im Sommer; in vielen Farben.
Höhe: 1–4,50 m
Ausbreitung: 1,50–2,50 m
Standort: fruchtbarer, neutraler bis leicht alkalischer, durchlässiger, aber feuchter Boden in voller Sonne. Braucht Drähte oder ein Spalier als Kletterhilfe.

F

Fremontodendron californicum
KALIFORNISCHER FLANELLSTRAUCH
Etwas frostempfindlicher, sommergrüner oder halbimmergrüner Kletterstrauch mit dreilappigen, mattgrünen, flaumigen Blättern. Trägt vom Sommer bis in den Frühherbst goldgelbe, becherförmige Blüten von ca. 5 cm Ø. 'California Glory' blüht besonders üppig.
Höhe: 2–3 m
Ausbreitung: 2–3 m
Standort: leichter, durchlässiger, aber feuchter Boden und ein warmer, geschützter Platz in voller Sonne. Braucht ein Spalier oder Drähte als Kletterhilfe.

H

Hedera colchica 'Sulphur Heart'
KAUKASUS-EFEU
Winterharte, starkwüchsige, immergrüne Kletterpflanze; dicke, lederige, leuchtend grüne Blätter mit unregelmäßiger goldgelber Panaschierung, die mit zunehmendem Alter der Blätter verblasst.
Höhe: 5,50–6 m
Ausbreitung: 5,50–6 m
Standort: durchlässiger, aber feuchter Boden und volle Sonne oder Halbschatten. Braucht keine Rankhilfe, da selbsthaftend.

Hedera helix 'Goldheart'
GEWÖHNLICHER EFEU
Winterharte, immergrüne Kletterpflanze; die kleinen, glänzend grünen Blätter tragen einen großen, goldgelben Mittelfleck.
Höhe: 3,50–5 m
Ausbreitung: 3,50–5 m
Standort: durchlässiger, aber feuchter Boden und volle Sonne oder Halbschatten. Braucht keine Rankhilfe, da selbsthaftend.

Humulus lupulus 'Aureus'
GEWÖHNLICHER HOPFEN
Winterharte, schnellwüchsige, krautige Kletterpflanze mit einer Fülle drei- oder fünflappiger, gezähnter, leuchtend gelber Blätter. Stirbt im Herbst bis auf Bodenniveau ab und treibt im Frühjahr neu aus.
Höhe: 2–3 m
Ausbreitung: 2–2,50 m
Standort: fruchtbarer, durchlässiger, aber feuchter Boden und volle Sonne. Braucht eine Stütze, an der er emporranken kann.

J

Jasminum nudiflorum
WINTERJASMIN
Winterharter, sommergrüner, lockerwüchsiger Strauch mit biegsamen Zweigen, die vom Spätherbst bis zum späten Frühjahr leuchtend gelbe Blüten tragen.
Höhe: 1,20–1,80 m
Ausbreitung: 1,80–2,50 m
Standort: leichter, durchlässiger Boden und ein Platz vor einer Nordwand. Zweige lose an einem Rankgerüst festbinden.

L

Lonicera periclymenum
WALDGEISSBLATT
Winterharte, sommergrüne, rankende Kletterpflanze mit dicht verschlungenen Trieben. Die Sorte 'Belgica' trägt im Frühsommer Blüten in Purpurrot und Gelb, 'Serotina' trägt im Spätsommer und Frühherbst rotviolette und cremeweiße Blüten.
Höhe: 4,50–5,50 m
Ausbreitung: 4,50–5,50 m
Standort: mäßig, fruchtbarer, durchlässiger, aber feuchter Boden. Braucht eine Rankhilfe.

W

Wisteria floribunda
JAPANISCHER BLAUREGEN
Winterharte, starkwüchsige, sommergrüne Kletterpflanze mit 12–19-fiedrigen Blättern. Trägt im späten Frühjahr und frühen Sommer lange, hängende Trauben duftender, blauvioletter Blüten. Es gibt auch eine weiße Sorte.
Höhe: 7,50–9 m
Ausbreitung: 6–7,50 m
Standort: fruchtbarer, durchlässiger, aber feuchter Boden und volle Sonne. Kann an einer großen Pergola oder über eine Laube gezogen werden.

▲ *Das Waldgeißblatt* Lonicera periclymenum *'Serotina' ist eine zwanglos wuchernde Kletterpflanze mit üppiger Blütenpracht.*

Schädlinge und Krankheiten

Zarte, saftige Pflanzen in Gärten und Gewächshäusern wirken auf Schädlinge sehr anziehend und bilden für Krankheiten ideale Brutstätten. Dies gilt insbesondere für weichblättrige, einjährige Pflanzen und Stauden. Auch größere Gruppen gleichartiger Gemüse sind gefährdet. Insekten widmen sich eigentlich nur dem Fressen und Vermehren – dem sie unter günstigen Bedingungen jedoch mit großen Eifer nachgehen.

Insekten vernichten?

Dies ist oft die einzige Möglichkeit, um Schäden an Pflanzen und Ernteausfälle bei Obst und Gemüse zu vermeiden. Saugende Insekten wie Blattläuse verursachen Flecken an Blättern und Blüten, und ihr Speichel kann Viren von einer Pflanze zur anderen übertragen. Zudem scheiden sie eine klebrige Substanz aus, den Honigtau, der Ameisen und Rußtau anzieht. Fraßschädlinge wie Raupen zerfressen und verkoten Blätter.

Es gibt verschiedene Möglichkeiten, Schädlinge loszuwerden und zukünftigem Befall vorzubeugen, z. B. das Spritzen chemischer Mittel. Durch manche Pflanzenschutzmittel, wie etwa die systemischen, werden die Pflanzen für Insekten über einen bestimmten Zeitraum giftig. Viele Gärtner bevorzugen jedoch chemiefreie Methoden.

TIPP

- Gegen Mäuse: Bei der Aussaat von Erbsen klein gehackten Stechginster *(Ulex europaeus)* mit in die Saatrillen streuen.
- Maulwurfshügel sind unschön, und Maulwürfe (die unter Artenschutz stehen) fressen nützliche Würmer, aber auch Schädlinge wie Drahtwürmer, Schnakenlarven und Tausendfüßler. Um sie zu vertreiben, ihre Gänge mit Schieferplatten blockieren und ein Kinderwindrad in einen Maulwurfshügel pflanzen. Sie mögen auch bestimmte Pflanzen nicht: Holunderzweige, Stinkende Nieswurz, Knoblauch oder Kreuzblättrige Wolfsmilch pflanzen.

Umweltfreundliche Schädlings- und Krankheitsbekämpfung

- Schnecken mit einer Mischung aus Bier und Zucker in flachen Untertassen anlocken, um sie am nächsten Morgen einzusammeln und zu vernichten.
- Als Ohrwurmfalle einen Blumentopf mit Stroh füllen und umgekehrt auf einen Stock setzen. Ohrwürmer morgens entfernen.
- Das Entfernen welker Blüten beugt der Ausbreitung von Krankheiten vor.
- Junge Triebspitzen der Saubohne ausgeizen, um Thripsbefall vorzubeugen.
- Zwischen den Pflanzen wucherndes Unkraut jäten, weil es Schädlinge und Krankheiten anzieht. Auch verwilderte Ecken von Unkräutern befreien. Wer jedoch Schmetterlinge und Motten in seinen Garten locken möchte, sollte diese stehen lassen, weil sie vielen Insekten Nahrung und Zuflucht bieten.
- Kahlen Boden im frühen Winter umgraben und ungeglättet lassen. Durch Frost und Vögel werden viele Larven und anderen Bodenschädlinge beseitigt.
- Eine ausgewogene Nährstoffversorgung erhält Gesundheit und Abwehrkraft der Pflanzen. Zu viel Stickstoff macht sie anfällig für Krankheiten.
- Das Ausdünnen zu dicht stehender Sämlinge beugt der Ausbreitung von Krankheiten vor.
- Im Frühling Sackleinen- oder Wellpappenringe als Fallen für Apfelwickler- und Schwammspinnerraupen um die Stämme von Obstbäumen legen. Raupen von Hand absammeln und vernichten.
- Gegen Krankheiten möglichst unempfindliche Gemüsesorten pflanzen.
- Schädlingsvertilgende Insekten im Garten dulden bzw. ansiedeln. Marienkäfer (Larven und Käfer) fressen Blattläuse, Schildläuse, Wollläuse und Thripse. Auch Florfliegenlarven ernähren sich von Blattläusen. Auf dem Boden lebende Laufkäfer vertilgen Larven und Eier von allerlei Schädlingen; Kurzflügler- oder Raubkäfer fressen die Maden der Kohlfliege.

Chemischer Pflanzenschutz

Alle chemischen Mittel für den Garten müssen mit Sorgfalt und Vorsicht angewendet werden. Bei fahrlässigem Einsatz stellen sie eine Gefahr für den Gärtner selbst sowie für Kinder und Tiere dar.

- Vor dem Einsatz anhand des Etiketts genau prüfen, ob das Mittel geeignet ist.
- Keine chemischen Mittel aus Verpackungen ohne Originaletikett verwenden. Solche stattdessen ordnungsgemäß entsorgen (siehe rechts). Pflanzenschutzmittel nie aus dem Originalbehälter in einen anderen umfüllen.
- Die genaue Dosierung befolgen. Zu hohe Konzentrationen können Pflanzen schädigen; zu schwache Lösungen können unwirksam sein.
- Alle Chemikalien in kindersicher verschlossenen Schränken aufbewahren.
- Vor Behandlung von Gemüse die empfohlene Wartezeit zwischen Anwendung und Ernte überdenken.
- Keine chemischen Mittel in Innenräumen spritzen, in denen sich Haustiere befinden.
- Haustiere nicht an behandelten Pflanzen knabbern oder lecken lassen. Viele Pflanzenschutzmittel wirken wochenlang nach.
- Pestizide und Herbizide nicht mit den gleichen Geräten spritzen.
- Alle Spritzgeräte nach dem Einsatz gründlich reinigen.
- Nach Einsatz chemischer Mittel Hände gründlich waschen. Ggf. Schutzkleidung (Handschuhe/Atemmaske) tragen.
- Falls Sie aufgrund eines Unfalls mit einem chemischen Mittel zum Arzt oder ins Krankenhaus müssen, das betreffende Produkt zur Identifizierung mitnehmen.

Schutz für Haus- und Wildtiere

Beim Einsatz chemischer Mittel im Garten müssen alle Maßnahmen getroffen werden, um Schäden für Haus- und Wildtiere abzuwenden. Dabei muss man bedenken, dass manche Mittel lange nachwirken.

- Beim Anmischen und Einsatz der Mittel Haustiere im Haus halten.
- Mittel erst abends spritzen, wenn kaum noch nützliche Insekten und Bienen fliegen. Offene Blüten unbehandelt lassen, weil sie Nützlinge anziehen.
- Nicht bei Wind spritzen.

Entsorgung chemischer Pflanzenschutzmittel

Chemische Mittel müssen ordnungsgemäß entsorgt werden: Also keinesfalls in den Abfluss schütten, im Garten vergraben oder zum Hausmüll geben, sondern bei einer offiziellen Sondermüll- bzw. Schadstoffsammelstelle abgeben, insbesondere wenn der Verpackung zu entnehmen ist, dass es sich um ein gesundheitsschädliches, oxidierendes oder reizendes Mittel handelt. Wenn die Originalverpackung fehlt, sollte man davon ausgehen, dass dies der Fall ist.

- Pflanzenfresser wie Kaninchen und Meerschweinchen nicht an vor kurzem behandelten Pflanzen knabbern lassen.
- Chemische Mittel nicht in der Nähe von Gartenteichen, Vogelbädern, Bächen oder Gräben einsetzen.
- Nicht in der Nähe natürlicher Tümpel mit Fröschen, Kröten, Molchen etc. spritzen.
- Schneckenköder nur da auslegen, wo sie für andere Tiere unerreichbar sind.

Übersicht

Anthraknose befällt alle Bohnensorten. Symptome: schwarze, vertiefte Flecken an Hülsen, Blättern, Stängeln. Fungizid spritzen, feuchte Blätter nicht berühren.

Ameisen werden von Blattläusen angelockt und sind in Steingärten oft lästig, weil sie den Boden um die Wurzeln lockern. Boden mit Ameisenmittel bestreuen.

Blattläuse tummeln sich im Sommer auf vielen Pflanzen. Sie saugen ihren Saft und verursachen Verfärbungen und Schäden an Blättern, Blüten und Stängeln. Mit speziellen Blattlausmitteln behandeln.

Spargelkäfer (schwarz mit eckigen orangefarbenen Flecken) fressen die Spargelblätter ab. Insektizid spritzen, sobald sie gesichtet werden. Käfer absammeln und vernichten.

Vögel scharren frisch gesäte Samen aus dem Boden und picken an Blüten. Saatreihen mit Zweigen abdecken oder schwarzes Garn darüber spannen.

Schwarzbeinigkeit ist eine Krankheit an Stecklingen vor allem der Pelargonie, durch die die Stängelbasis schwarz und faulig wird. Begünstigt wird sie durch kalte, nasse, verdichtete, sauerstoffarme Böden.

Sternrußtau ist eine Pilzkrankheit, die bei Rosen schwarzbraune Flecken auf den Blättern hervorruft. Mehrfach mit Fungizid spritzen. Erkrankte,

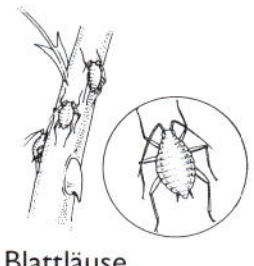

Blattläuse

Sternrußtau

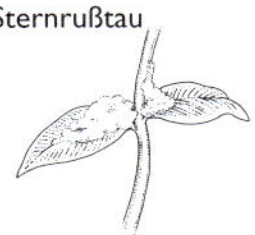

Grauschimmel/Botrytis

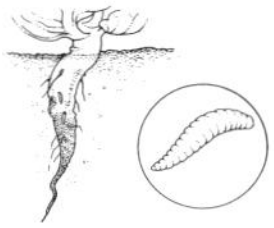
Kohlfliegenmade

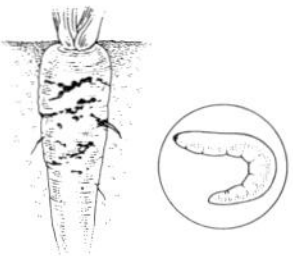
Möhrenfliegenmade

Möhrenrüsselkäfer

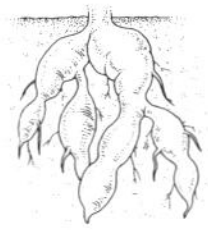
Kohlhernie

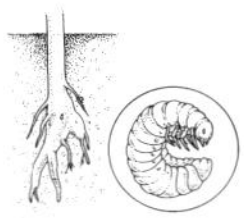
Japankäferlarve

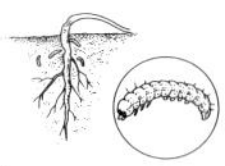
Erdraupe

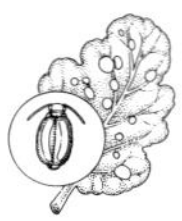
Erdfloh/Flohkäfer

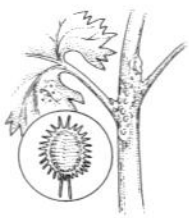
Wolllaus

abgefallene Blätter sofort entfernen und verbrennen.

Grauschimmel (Botrytis) bildet einen flaumigen, grauen Pilzflaum auf Blüten, Stängeln und Blättern. Er gedeiht bei Kühle, Feuchtigkeit und schlechter Belüftung. Bepflanzung ausdünnen; ggf. spritzen.

Rosenblattwespe Ihre behaarten, schleimigen Larven fressen das weiche Gewebe zwischen den Blattadern – meist nachts – von der Blattunterseite aus. Insektizid spritzen.

Kohlfliegenmaden bohren sich in die Wurzeln und Stängel junger Kohlsetzlinge, die sich dadurch gelb verfärben und verkümmern. Setzlinge durch Vliestunnel schützen.

Möhrenfliegen Ihre kleinen, cremefarbenen Maden richten an Möhren, Pastinaken und Sellerie verheerende Fraßschäden an. Vor der Aussaat ein Insektizid in den Boden harken.

Möhrenrüsselkäfer-Larven entblättern Möhren und Sellerie, bevor sie sich in die Wurzeln bohren. Beim Auftreten der ersten Symptome mit Insektizid spritzen. Befallene Blätter entfernen.

Raupen sind die Larven von Motten und Schmetterlingen. Ablesen und vernichten, Insektizide einsetzen, schwer befallene Pflanzen ausziehen und verbrennen.

Katzen graben gern in lockerem, trockenem Boden, was nicht nur junge Sämlinge, sondern auch ältere Pflanzen schädigt. Boden mit Pfeffer bestreuen. Kieselmulch schützt Steingartenpflanzen.

Kohlhernie: Kropfartige Verdickungen an den Wurzeln von Kohl- und verwandten Pflanzen, die dadurch oft absterben. Setzlinge vor dem Pflanzen mit Fungizid behandeln. Saurer Boden begünstigt die Krankheit.

Gurkenkäfer können Krankheiten rasch durch den Gemüsegarten verbreiten. Setzlinge mit Vliestunneln abdecken, um die Jungpflanzen vor Käferfraß zu schützen.

Erdraupen, die Larven verschiedener Eulenfalterarten, bevölkern die obere Bodenschicht und können die Stängelbasis von Pflanzen durchfressen. Boden mit Insektizid bestäuben, unkrautfrei halten. Boden im Winter umgraben.

Umfallkrankheit Sie lässt Keimlinge in Gewächshäusern umknicken und absterben und wird durch zu hohe Temperaturen, zu dichte Bepflanzung und zu feuchten Kompost begünstigt. Ursachen beseitigen.

Triebsterben Eine Krankheit, die dazu führt, dass Triebe von der Spitze nach unten absterben. Ursachen können Rost, Brand, Frost und Staunässe sein. Infizierte Teile abschneiden und verbrennen.

Ohrwürmer fressen an Blüten, weichen Stängeln und Blättern, vor allem nachts. Ablesen und vernichten oder in strohgefüllten, umgekehrt auf Stöcke gesetzten Blumentöpfen fangen. Insektizid verstäuben.

Erdflöhe oder Flohkäfer fressen Löcher in die Blätter von Kohl- und verwandten Pflanzen, wodurch Jungpflanzen absterben können. Sie sind in Trockenperioden besonders aktiv. Pflanzen gut wässern, mit Insektizid bestäuben.

Japankäferlarven leben im Boden, wo sie an den Wurzeln fressen. Die Larven auflesen und vernichten. Boden im Winter tief umgraben.

Zwergzikaden saugen an Blättern, wodurch es zu hellen Flecken und Misswuchs kommt. Bei starkem Befall fallen die Blätter ab. Pflanzen mit einem systemischen Insektizid spritzen.

Rosenblattrollwespen veranlassen Rosenblätter, sich in Längsrichtung einzurollen. In den Blattröhren entwickeln sich ihre graugrünen Larven. Vereinzelte Blattröhren abknipsen und verbrennen oder vorbeugend Insektizid spritzen.

Woll- und Schmierläuse erscheinen auf Stängeln, Blättern und Ästen als weiße, wollige Masse. Sie saugen Pflanzensaft und verursachen Missbildungen. Kleinere Ansammlungen mit in Isopropylalkohol getränkten Tupfern abwischen.

Mäuse graben sich bei der winterlichen Futtersuche oft bis zu den Pflanzenzwiebeln durch. Die Zwiebeln mit im Boden verankertem Maschendraht abdecken. Auch über den Sommer gelagerte Pflanzenzwiebeln vor Mäusen schützen.

Minzrost verursacht orangefarbene Pusteln an der Unterseite von Minzeblättern und ist schwer zu beseitigen. Die Pflanzen, falls erforderlich, regelmäßig spritzen.

Maulwürfe stehen unter Artenschutz, können aber durch ihre Gänge und Hügel vor allem in Steingärten und auf Rasen zur Last fallen. Ihre Gänge mit Steinen blockieren. Keine Metallfallen verwenden!

Zwiebelfliegen Ihre kleinen, weißen Maden fressen die Wurzeln von Zwiebeln und Lauchpflanzen an, deren Blätter daraufhin welken und absterben. Befallene Pflanzen ausziehen und verbrennen. Vor der Aussaat Insektizid ausbringen.

Kartoffelschorf verursacht erhabene, schorfige Flecken auf der Kartoffelschale. Nur die Schale ist betroffen; die Knollen können trotzdem gegart und verzehrt werden. Den Boden nicht kalken.

Echter Mehltau bildet einen pudrigen, weißen Pilzbelag auf Blättern, Blüten und Stängeln. Er wird durch mangelnde Luftzirkulation um die Pflanze herum und trockenen Boden begünstigt. Boden feucht und Blätter trocken halten; Fungizid einsetzen.

Spinnmilben saugen an Blättern und hinterlassen Verfärbungen und feine Spinnfäden, insbesondere an Gewächshauspflanzen. Die Pflanzen mit insektizidhaltiger Seifenlauge einsprühen.

Wurzelläuse, vor allem in warmen Bereichen aktiv, fressen an den Wurzeln, wodurch sich die Pflanzen verfärben und welken. Pflanzen mit Insektizid angießen.

Wurzelfäule wird durch kalten, nassen Boden gefördert. Steingartenpflanzen, die gut entwässerten Boden brauchen, sind besonders anfällig. Etwas Bausand untermischen.

Rosenschildläuse sieht man meist an alten, vernachlässigten Rosensträuchern als schuppige Ansammlungen. Kolonien mit Isopropylalkohol abwischen und ein systemisches Insektizid einsetzen.

Rost ist vor allem an Stockmalven *(Althaea)* ein schwer zu bekämpfendes Problem; zur Vorbeugung schwer befallene Pflanzen am besten ausziehen und verbrennen.

Schildläuse bilden wachsartige, braune Schilde aus, unter denen die jungen Insekten schlüpfen. Sie saugen Pflanzensaft und verursachen Verfärbungen. Schwer befallene Pflanzen vernichten oder systemisches Insektizid einsetzen.

Nacktschnecken sind bei warmem, feuchtem Wetter besonders aktiv. Sie fressen an allen Pflanzenteilen, vorwiegend nachts. Schneckenköder einsetzen.

Gehäuseschnecken fühlen sich bei warmem, feuchtem Wetter am wohlsten und richten erhebliche Fraßschäden an Pflanzen an. Von Hand absammeln und Schneckenköder einsetzen (Weinbergschnecken stehen jedoch unter Artenschutz!).

Rußtau- oder Schwärzepilze gedeihen auf dem von Blattläusen ausgeschiedenen Honigtau und verfärben Blätter und Stängel. Pflanzen regelmäßig gegen Blattläuse spritzen.

Ringelspinner Seine behaarten Raupen leben tagsüber in seidigen Gespinsten in den Ästen von Obst- und Zierbäumen bzw. -sträuchern und fallen nachts gefräßig über die Blätter her. Zweige mit Gespinsten herausschneiden oder klebrige Mittel auf den Baumstamm auftragen, um die Raupen zu fangen.

Thripse oder Blasenfüße sind winzige Fliegen, die von Blatt zu Blatt fliegen oder hüpfen und silbrig glänzende Spuren hinterlassen. Sie verursachen Missbildungen der Blüten und sind bei trockenem Wetter besonders aktiv. Insektizid spritzen.

Gefurchter Dickmaulrüssler Seine weißen Larven fressen an den Wurzeln, bis die Pflanzen welken und absterben. Wenn Kübelpflanzen unerwartet zu welken beginnen, die Erde im Kübel kontrollieren. Mit Insektizid behandeln.

Viren befallen viele Pflanzen, schwächen ihren Wuchs und verfärben Blätter und Stängel, führen jedoch nur selten zum Absterben der Pflanze. Sie werden durch saugende Insekten übertragen.

Rüsselkäfer haben einen deutlich zum Rüssel verlängerten Kopf. Ihre beinlosen Larven fressen ebenso wie die Käfer selbst an Wurzeln, Stängeln und Blättern z. B. von Obststräuchern und -bäumen. Mit Insektizid stäuben oder spritzen.

Weiße Fliegen sind winzige, mottenähnliche Insekten, die vor allem Pflanzen in Gewächshäusern und Wintergärten befallen. Sie saugen Pflanzensaft und verursachen Vergilbungen an Blättern und Blüten. Insektizid einsetzen.

Drahtwürmer sind die am Boden lebenden Larven der Schnellkäfer. Sie fressen an Wurzeln, wodurch Pflanzen oft absterben, und treten gehäuft auf frisch umgebrochenem Wiesengelände auf. Insektizid einsetzen.

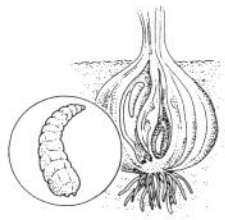

Zwiebelfliegenmade

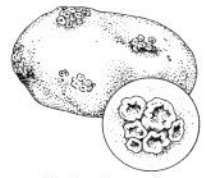

Kartoffelschorf

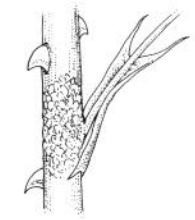

Rosenschildläuse

Rost

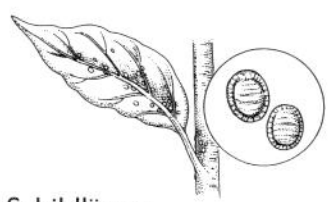

Schildläuse

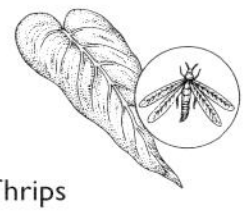

Thrips

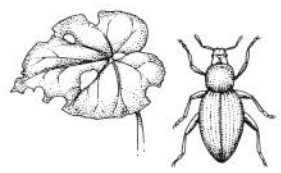

Gefurchter Dickmaulrüssler

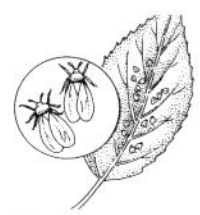

Weiße Fliegen

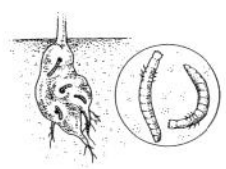

Drahtwürmer

Brennnessel

Vogelmiere

Gänsefuß

Greiskraut

Hirtentäschel

Scharbockskraut

Ackerwinde

Huflattich

Unkräuter: Vorbeugung & Bekämpfung

Unkrautwuchs vorzubeugen bzw. ihn zu bekämpfen, gehört zu den unvermeidlichen Gartenarbeiten. Es gibt kaum einen Garten ohne Unkraut in Blumen- oder Gemüsebeeten oder unter Hecken. Unkraut ist nicht nur optisch störend, sondern nimmt auch den anderen Pflanzen Wasser, Nährstoffe, Licht und Platz weg. Zudem begünstigt es Schädlinge und Krankheiten: Disteln beherbergen Zikaden und Rüsselkäfer; Erdraupen und andere Schädlinge nutzen Unkraut als winterliche Zuflucht.

Auch der Rasen bleibt vom Unkraut nicht verschont. Verstreute Gänseblümchen können hübsch aussehen, Schafgarbe und Wegerich aber weniger. Unkraut im Rasen hinterlässt unansehnliche, verdichtete Stellen im Boden.

Unkraut bekämpfen

Um es in Schach zu halten, sind folgende regelmäßige Maßnahmen nötig:

⌘ Traditionelles Jäten von Hand. Dabei kann man zugleich die Pflanzen auf Schädlings- und Krankheitsbefall prüfen. Unkräuter in eine Kiste sammeln. Einjährige Unkräuter (Samenunkräuter) auf den Kompost geben, ausdauernde Wurzelunkräuter, vor allem Giersch und Quecke, vernichten.

⌘ In Blumen- und Gemüsebeeten die Unkräuter mit Ziehhacke bzw. Schuffeleisen auf Bodenniveau abhacken. Das ist ideal gegen einjährige Pflanzen, hilft aber nicht gegen ausdauernde Unkräuter. In Saatbeeten und um kleineres Gemüse herum ist ein schmaler Kultivator bzw. Grubber praktisch. Im Gemüsegarten hilft der alljährliche Fruchtwechsel, den Unkrautwuchs zu unterbinden.

⌘ Den Boden mit einer 8 cm dicken Schicht aus gut verrottetem Mist, Laub, Rindenmulch oder Gartenkompost bedecken. Das verhindert nicht nur den Unkrautwuchs, sondern hält auch die Feuchtigkeit im Boden und verbessert Bodenstruktur und -nährstoffgehalt. Alternativ kann man auch schwarze Kunststofffolie verwenden, um Unkräuter zu unterdrücken. Eine Schicht Kieselmulch im Steingarten hilft ebenfalls gegen Unkraut und beugt zugleich der Bodenerosion durch heftige Regenfälle vor. Schon die alten Römer streuten Kieselmulch um Weinstöcke und Aprikosenbäume.

⌘ Falls erforderlich Herbizide (chemische Unkrautvernichtungsmittel) einsetzen, dies aber mit Vorsicht und Bedacht, um weder Haustiere noch Umwelt zu gefährden. Es gibt drei Hauptkategorien:

1) Vorauflaufherbizide werden auf den nackten Boden gespritzt, um keimendes Unkraut sofort abzutöten.

2) Totalherbizide vernichten jeglichen Pflanzenwuchs. Solche mit Langzeitwirkung sind ideal für Wege und Auffahrten, kurzlebigere können auch in Beeten eingesetzt werden.

3) Selektive Herbizide töten nur bestimmte Unkräuter ab.

Einjährige Unkräuter

Auch Samenunkräuter genannt: Sie sprießen jedes Jahr neu aus Samen, blühen und sterben dann ab. Oft säen sich mehrere Generationen im Jahr aus. Die meisten wuchern und müssen regelmäßig bekämpft werden.

Kleine Brennnessel Aufrechte Nesselblätter, trägt den ganzen Sommer hindurch kleine grüne Blüten, hat aber keinen kriechenden Wurzelstock. Wächst auf leichtem, kultiviertem Boden und Brachland.

Vogelmiere Niedrige, buschig wuchernde Pflanze mit zahlreichen kleinen, weißen Blüten in lockeren Büscheln vom Frühlingsbeginn bis in den Spätsommer. Wächst vorwiegend auf feuchtem, kultiviertem, fruchtbarem Boden.

Gemeines Greiskraut auch Kreuzkraut genannt. Aufrecht, mit weichen, biegsamen Stängeln, gelappten Blättern und Büscheln kleiner, gelber Blüten, hauptsächlich im Sommer. Gedeiht auf Brachland und auf kultiviertem Boden, insbesondere da, wo es regelmäßig gestört wird.

Gänsefuß Aufrecht mit rautenförmigen bis lanzettlichen Blättern und grünen oder weißen Blüten von Sommer bis Herbst. Wächst auf Brachland und kultiviertem Boden.

Hirtentäschel Einjährige Pflanze mit langer, spitzer Wurzel und auf-rechten Stängeln, die vorwiegend im Sommer lockere Büschel weißer Blüten tragen. Wächst auf Brachland und kultiviertem Boden.

Ausdauernde Unkräuter

Dies sind langlebige Unkräuter mit ausgedehntem Wurzelsystem (deshalb auch Wurzelunkräuter genannt). Sie sind viel schwieriger loszuwerden als die einjährigen und kommen bald wieder, sofern man irgendwelche Wurzelreste im Boden lässt.

Ackerwinde Hartnäckiges, kletterndes Unkraut, dessen Wurzeln bis zu 1,8 m tief in den Boden dringen. Trägt vom Frühsommer bis zum Frühherbst rosafarbene oder weiße Blüten. Außer in Wäldern überall verbreitet.

Huflattich Ausdauernde Pflanze mit großen, gerundeten, leicht herzförmigen, grundständigen Blättern und aufrechten Stängeln, die vom Spätwinter bis zur Mitte des Frühjahrs gelbe, gänseblümchenartige Blüten tragen. Weit verbreitet auf leicht kalkigen, feuchten Gartenböden und Brachland.

Sauerampfer Ovale, spitz zulaufende, eng am Stängel sitzende Blätter und rötlich grüne Blüten in der ersten Sommerhälfte. Sehr verbreitet in Gärten, auf Wiesen und Heiden, vor allem auf sauren Böden.

Kriechender Hahnenfuß Ausladende Pflanze mit kriechendem Wurzelstock, der in regelmäßigen Abständen austreibt. Gezahnte und gelappte Blätter und vom späten Frühjahr bis zum Spätsommer gelbe, butterblumenähnliche Blüten. Auf Brachland und kultiviertem Boden anzutreffen.

Löwenzahn Allseits bekannte Pflanze mit dicker Pfahlwurzel und langen, tief eingeschnittenen Blättern, deren Stängel das ganze Jahr hindurch, aber verstärkt im Sommer goldgelbe, gänseblumenartige Blüten tragen. Praktisch überall verbreitet.

Schmalblättriges Weidenröschen Hohe, starkwüchsige Staude mit aufrechten Stängeln, die von der Mitte des Sommers bis zum frühen Herbst leuchtend rosafarbene Blüten tragen. Weit verbreitet auf Brachland, am Straßenrand und auf Wiesen.

Geißfuß, auch Giersch genannt. Ein äußerst lästiges ausdauerndes Unkraut mit feinen, unterirdischen Ausläufern. Trägt von Früh- bis Spätsommer kleine weiße Blüten in endständigen Büscheln. Sehr verbreitet in Gärten und auf Brachland.

Ackerschachtelhalm Hartnäckig wucherndes Unkraut mit unterirdischen Ausläufern, die in regelmäßigen Abständen austreiben. Häufig auf kultiviertem Boden, Äckern und in Dünen anzutreffen.

Scharbockskraut Kriechende Wurzeln und Stängel und relativ fleischige, herzförmige Blätter. Im Frühjahr leuchtend goldgelbe Blüten, die dann zu Weiß verblassen. Weit verbreitet auf nackten Böden, in Wäldern und an Hecken.

Wegerich Kurzer, dicker Wurzelstock und breite, ovale Blätter. Trägt vom Sommer bis in den frühen Herbst Ähren unscheinbarer kleiner Blüten. Weit verbreitet auf Brachland, Rasen und Wiesen.

Gemeine Quecke Gefürchtetes, zügellos wucherndes Unkraut mit meterlangen, unterirdischen Ausläufern, die in kurzen Abständen austreiben. Auf Brachland und kultiviertem Boden.

Jakobsgreiskraut auch Jakobskreuzkraut. Zwei- oder mehrjährige Pflanze mit kurzem, dickem Wurzelstock, aufrechten, vielfach verzweigten Stängeln und dichten, abgeflachten Ständen gelber, gänseblümchenartiger Blüten vom Frühsommer bis zum Herbst. Sehr verbreitet auf Feuchtwiesen und in Sumpfgebieten sowie in feuchtem Waldland.

Gänsedistel, auch Saudistel genannt. Eine aufrechte, starkwüchsige Staude mit kriechendem Wurzelstock, deren Stängel vom Hochsommer bis zum Spätherbst lockere Stände gelber Blütenköpfchen tragen. Auf kultiviertem Boden, Brachland und am Straßenrand.

Große Brennnessel Kriechende Wurzeln und senkrechte Stängel voller nesselnder Blätter. Vom Hochsommer bis zum Frühherbst schlanke, kätzchenartige Blütenstände. Sehr verbreitet auf Brachland und am Straßenrand.

Schafgarbe Die kriechenden Wurzeln treiben aufrechte Stängel mit fein gefiederten Blättern aus, die den ganzen Sommer hindurch flache, schirmartige weiße oder rosafarbene Blütenstände tragen. Häufig auf Brachland, kultiviertem Boden, Wiesen und gelegentlich auch auf Rasen anzutreffen.

Kriechender Hahnenfuß

Löwenzahn

Wegerich

Geißfuß/Giersch

Schachtelhalm

Jakobsgreiskraut

Gänsedistel

Schafgarbe

Gärtnern durchs Jahr

Einleitung

Der allmähliche Wechsel der Jahreszeiten zählt zu den schönsten Aspekten eines Gartens. Manchmal vollziehen sich die Veränderungen so langsam, dass sie kaum wahrnehmbar sind. Dennoch könnte es keinen größeren Kontrast geben als den zwischen den warmen Sommertagen mit voll erblühten Blumen und üppig grünen Pflanzen und den klirrend kalten Januartagen, wenn nackte Zweige von Eis überzogen sind und sämtliches pflanzliche Leben zum Stillstand gekommen scheint. Jede Jahreszeit hat ihren eigenen Reiz – von der schwungvollen Rückkehr des Lebens im Frühling über die flirrende Fülle von Blüten und Blättern im Sommer bis hin zu den leuchtenden Farben des Herbstes und der skulpturalen Schönheit der Pflanzenwelt im Winter. Und jede Jahreszeit kennt unterschiedliche Aufgaben, die gewissenhaft erledigt werden wollen. Doch obwohl in manchen Monaten mehr Arbeit anfällt als zu anderen Zeiten, erfordert ein attraktiver Garten das ganze Jahr über Hege und Pflege.

Einer der Gründe, warum Freizeitgärtner ihr Hobby als Entspannung empfinden, besteht darin, dass man Pflanzen nicht zur Eile antreiben kann. Und obwohl uns in manchen Fernsehsendungen vorgegaukelt wird, jeder könne im Handumdrehen einen Garten anlegen, sieht die Wirklichkeit anders aus. Der Reiz des Gärtnerns liegt schließlich zum

▼ *Der Genuss eines Sommergartens wird durch das sanfte Plätschern eines Gartenteichs noch verstärkt.*

◀ *Freesienknollen müssen im Spätsommer gesetzt werden, wenn sie im Winter blühen sollen.*

▼ *Mit etwas Planung lassen sich Kübel so bepflanzen, dass sie auf Balkon und Terrasse das ganze Jahr über einen tollen Anblick bieten.*

Großteil darin, dass man beobachten kann, wie aus einem Samenkorn oder einem winzigen Steckling langsam eine gesunde, kräftige Pflanze heranwächst oder wie sich die kleinen Kübelbäumchen, die vor Jahren gepflanzt wurden, zu stattlichen Bäumen entwickeln. Obwohl es sicherlich Zeiten gibt, in denen man sich wünscht, ein ganzes Team von Gärtnern würde das eigene Grundstück über Nacht in einen blühenden Garten verwandeln, ist es doch wesentlich befriedigender, sagen zu können: „Dies ist alles mein Werk."

Menschen, die sich der Pflege eines Gartens verschrieben haben, sind meistens optimistisch und vorausschauend – unerlässliche Eigenschaften für jeden guten Gärtner, da man im Garten ständig vorausplanen muss. Schließlich hat es keinen Zweck zu warten, bis die Stangenbohnen Saison haben, wenn man Bohnen aus dem eigenen Garten ernten möchte: Das Saatgut muss Wochen vorher – im Frühling – in die Erde. Heutzutage führen viele Menschen ein so hektisches und geschäftiges Leben, dass sie derartige Aufgaben im Garten allzu leicht übersehen. Dieses Buch hilft allen vergesslichen Gartenfreunden als unentbehrliche Gedächtnisstütze, die erinnert, was wann erledigt werden sollte.

Die klassischen Jahreszeiten Frühling, Sommer, Herbst und Winter werden für den Gärtner noch in „früh, Mitte und spät" unterteilt, so erhält man ein Dutzend „Minijahreszeiten", die allerdings nicht genau den zwölf Monaten des Jahres entsprechen. Sie hängen nicht vom Kalender ab, sondern vom Klima einer Region und den örtlichen Klimaschwankungen. Aus diesem Grund verwenden wir statt exakter Datumsangaben lieber die oben genannte Einteilung.

Ich möchte Sie an all die Dinge erinnern, die Sie im Garten erledigen möchten und müssen, und Sie zu neuen Ideen ermutigen. Darüber hinaus will Ihnen dieses Buch die Vorzüge jeder Jahreszeit vor Augen führen, sodass sie die Gartenarbeit ganzjährig genießen.

Frühling

Der Frühling ist eine wundervolle Jahreszeit für alle Gärtner. Von Tag zu Tag können wir verfolgen, wie der Garten zu neuem Leben erwacht, wie junge Schösslinge aus dem Boden schießen, frische grüne Blätter sich entfalten und ein farbenfroher Blütenteppich die Wiesen überzieht. Jetzt wird es Zeit, sich ans Werk zu machen, denn der Frühling ist zwar die arbeitsintensivste, aber auch die vergnüglichste Zeit des Jahres.

Vorfrühling

Dank der länger werdenden Tage können Sie mehr Zeit im Garten verbringen und alle anfallenden Arbeiten erledigen. Obwohl es tagsüber noch kalt ist und auch die nächtliche Frostgefahr keineswegs gebannt ist, liegt ein charakteristischer linder Frühlingshauch in der Luft.

Frühlingssonne, mildes Wetter und die unübersehbaren Anzeichen neuen Lebens im Garten stimmen fast jeden Gartenbesitzer unternehmungslustig. Doch es lohnt sich, noch eine Weile Zurückhaltung zu üben, denn beständiges warmes Wetter lässt noch auf sich warten.

Die meisten Gärtner hoffen jetzt auf ein paar trockene, sonnige Tage, um den Boden zu trocknen und damit für die Aussaat vorzubereiten. Dazu müssen Sie lediglich die Krume fein und glatt harken.

Obwohl es zunächst oft scheint, als käme der Frühling nicht richtig in Gang, legt er im Laufe der Zeit beträchtlich an Geschwindigkeit zu, und plötzlich muss der Gärtner sich beeilen, um sämtliche Arbeiten noch rechtzeitig zu erledigen: Zwiebelgewächse wollen gestützt und nach der Blüte gestutzt werden, Beetpflanzen benötigen Stützen, damit sie nicht umknicken, Kübel und Kästen müssen für die Sommerbepflanzung bestückt werden – ganz zu schweigen von der Aussaat! Außerdem wollen Bäume und Sträucher gepflanzt und beschnitten werden, und im Gewächshaus drängeln sich dutzende von Sämlingen. Versuchen Sie trotzdem, etwas Zeit zum Genießen abzuzweigen. Lassen Sie sich von der köstlichen Frische und Lebendigkeit verzaubern, die der Garten jetzt bereithält – keine andere Jahreszeit kann damit konkurrieren.

◀ *Wenn die Tage langsam heller und wärmer werden, drängen die ersten, lang ersehnten Frühlingsblüten kraftvoll ans Licht.*

Arbeiten im Vorfrühling

Allgemeines:

- Bereiten Sie den Boden für die Aussaat vor, wenn das Wetter es zulässt,
- entfernen Sie sämtliches Unkraut, und bedecken Sie den Boden mit einer Mulchschicht aus feuchtigkeitsbindendem Material.

Ziergarten:

- Containerbäume und -sträucher pflanzen, Stauden teilen und pflanzen,
- Beetpflanzen stützen,
- winterharte Pflanzen und Duftwicken (Lathyrus odoratus) ins Freiland säen,
- Rosen und Sträucher – Schmetterlingsstrauch (Buddleja), Hortensie (Hydrangea) und Hartriegel (Cornus alba) – schneiden,
- Winterschutz von empfindlichen Pflanzen entfernen,
- frühlingsblühende Zwiebelgewächse, winterharte Stauden und Sträucher düngen,
- im Steingarten eine frische Kiesschicht auftragen,
- winterblühende Heide (Calluna) stutzen.

▼ *Eine frische Schicht Kies oder Splitt um die Wurzelkrone von Steingartenpflanzen bringt die Blüten besonders schön zur Geltung.*

Rasenflächen:

- Rasen wieder regelmäßig mähen und nackte Stellen ausbessern.

Nutzgarten:

- Das restliche überwinterte Gemüse ausgraben und stattdessen Frühgemüse säen,
- Frühkartoffeln, Rhabarber und Schalotten pflanzen,
- Rhabarber und Kohl ernten,
- im Herbst oder Vorfrühling gesäte Bohnen und Erbsen stützen,
- die Blüten früh blühender Obstbäume schützen,
- Beerensträucher pflanzen,
- die Stützen der Himbeersträucher überprüfen.

Gewächshaus:

- Die Scheiben reinigen, damit viel Licht einfallen kann,
- bedingt winterharte Einjährige und Kräuter sowie Auberginen, Gurken, Paprika und Tomaten säen; Sämlinge pikieren,
- Chrysanthemen und Dahlien vortreiben, um Stecklinge zu erhalten,
- unverholzte Stecklinge von überwinterten Pflanzen nehmen, die bereits austreiben,
- das Gewächshaus lüften, vorzugsweise mit einem Ventilator, damit Sie auf plötzliche Temperaturwechsel rasch reagieren können,
- Knollenbegonien pflanzen,
- die Pflanzen regelmäßig auf Krankheits- oder Schädlingsbefall überprüfen,
- Pflanzsäcke für Tomaten kaufen und Temperatur annehmen lassen,
- Saatgutreste an einem kühlen, trockenen Ort aufbewahren,
- früh getriebene Zwiebelgewächse nach der Blüte in den Garten setzen.

▼ *Schon bald füllt sich das Treibhaus mit unverholzten Stecklingen von überwinterten Pflanzen.*

Ziergarten: *Allgemeine Arbeiten*

Täglich öffnen nun immer mehr früh blühende Zwiebelgewächse ihre Knospen. Mit ein wenig Pflege blühen sie nicht nur besonders lange, sondern auch im nächsten Jahr wieder. Kübel und Kästen müssen bald für die Sommerbepflanzung bestückt werden.

Früh blühende Zwiebelgewächse düngen

Zwiebelgewächse, die von Jahr zu Jahr in der Erde verbleiben, profitieren meist von etwas Dünger. Zwar wird die aktuelle Blüte davon nicht beeinflusst, aber der Dünger stärkt die Zwiebeln, sodass sie im nächsten Jahr wieder kräftig austreiben. Und bei Kübelpflanzen sind regelmäßige Düngergaben besonders wichtig.

Die Düngezeit reicht vom Beginn der Blüte bis zum Absterben der ersten Blätter. Am besten verwenden Sie einen Kaliflüssigdünger, der leicht um die Pflanzen herum ausgebracht werden kann. Beachten Sie bitte die Angaben des Herstellers, wie oft gedüngt werden muss.

Auf Rasen wachsende Zwiebelgewächse sollte man nicht zu häufig düngen, weil dadurch das Wachstum der Gräser und nicht der Zwiebeln gefördert wird. Am besten düngen Sie diese Pflanzen alle zwei bis drei Jahre, sobald die Zwiebeln nicht mehr kräftig austreiben.

◄ *Etwas Dünger während der Blütezeit stärkt früh blühende Zwiebelgewächse schon für das folgenden Jahr.*

Steingartenpflanzen mit einer frischen Kieselschicht versehen

Die meisten Gebirgspflanzen gedeihen am besten in mageren, steinigen, durchlässigen Böden in kaltem, aber trockenem Klima. Im Garten leiden

AUSPUTZEN

Sobald die Blüten der Zwiebelpflanzen verblassen, sollte man sie direkt unterhalb des Blütenkopfs abknicken, so dass sich keine Samen bilden können und die Pflanze alle Kraft in die Bildung neuer Blüten in der nächsten Blütezeit steckt. Falls sich manche Blütenstängel nicht sauber abknicken lassen, verwenden Sie am besten eine Gartenschere. Bei großen Mengen von Pflanzenbeständen kann das Entfernen sämtlicher verwelkter Blütenköpfe ziemlich zeitaufwändig sein.

Kübel für die Sommerbepflanzung vorbereiten

Töpfe, Kübel, Balkonkästen und Blumenampeln stehen wahrscheinlich seit dem Ende des vergangenen Sommers im Keller oder Schuppen. Doch jetzt ist der richtige Zeitpunkt, um sie hervorzuholen, gründlich zu überprüfen, sorgfältig zu reinigen und eventuell zu reparieren oder sogar zu ersetzen.

Im Gartencenter finden Sie in dieser Jahreszeit die größte Auswahl an Gefäßen und Behältern, da später im Frühling viele Modelle bereits ausverkauft sind.

Die Behälter gibt es in unterschiedlichen Stilrichtungen, Preisklassen und Materialien: Kunststoff, Glasfaser, Stein, Beton, Holz, Keramik und Ton.

Bevor Sie einen besonders großen oder schweren Container kaufen, denken Sie an das zusätzliche Gewicht von Blumensubstrat und Pflanzen.

sie häufig unter zu viel Feuchtigkeit, wodurch Wurzeln oder Stängelbasis zu faulen beginnen.

Entfernen Sie sämtliches Unkraut rund um die Pflanzen und lockern Sie den Boden behutsam mit einer Handgabel. Dann bedecken Sie das Beet mit einer neuen Schicht Kies oder Splitt und verteilen dabei auch etwas um und unter die Wurzelkrone der Pflanzen. So wird die Drainage verbessert und das Beet wirkt viel attraktiver, da die Steingartenpflanzen schön zur Geltung kommen.

Gebirgspflanzen benötigen aber nicht unbedingt einen Steingarten: Sie können sie auch in einen flachen Steintrog setzen. Bei sehr kleinen Gärten lassen sich auch flache Schalen mit Gruppen von Steingartenpflanzen bestücken, und selbst Mauernischen eignen sich als Standort.

▶ Die meisten Gartencenter bieten fertig verpackten Kies oder Splitt an, der sich ideal für Steingartenpflanzen eignet.

Ziergarten: *Säen*

Einjährige lassen sich am leichtesten aus Samen ziehen. Jetzt ist der richtige Zeitpunkt, um beispielsweise Duftwicke – die nicht nur mit ihrem Duft, sondern auch mit ihren attraktiven Blüten erfreut – im Freien zu säen und krautige Stauden sorgfältig abzustützen.

Duftwicken im Freien säen

Diese Pflanzen werden häufig als Schnittblumen im Nutzgarten gesät, bieten aber auch in Blumenbeeten einen schönen Anblick.

Vor der Aussaat sollten Sie den Boden sorgfältig umgraben und mit einem Universaldünger anreichern. Dann drücken Sie die Erde an, stecken die Stützstäbe hinein und säen die Wickensamen. Im Handel sind spezielle Verbindungselemente erhältlich, mit denen man Bambusstäbe zu einem Wigwam oder einem A-förmigen Rahmen befestigen kann. Diese Rankhilfe wird mit einem Maschengeflecht aus Kunststoff bedeckt und gibt den Wicken Halt.

Am besten ritzen Sie die Samenschale mit einem scharfen Messer vorsichtig ein, um die Keimung zu beschleunigen. Sie können die Samen aber auch einfach über Nacht in etwas Wasser einweichen. Säen Sie das Saatgut etwa 3 cm tief und im Abstand von 7 cm bzw. am Fuß jedes Bambusstabes aus.

Ein Beet mit Einjährigen anlegen

Einjährige bieten für viele Wochen einen leuchtend bunten Anblick. Wenn Sie frostverträgliche Arten verwenden, können Sie bereits jetzt mit der Aussaat im Freien beginnen. Geeignet sind Steinkraut *(Alyssum)*, Ringelblume *(Calendula)*, Mandelröschen *(Clarkia)*, Kornblume *(Centaurea cyanus)*, Sumpfblume *(Limnanthes)* und Schwarzkümmel *(Nigella)*.

Winterharte Einjährige werden direkt an Ort und Stelle in sorgfältig vorbereiteten Boden gesät. Erstellen Sie zuvor einen Saatplan für das Beet – die größten Pflanzen sollten im Hintergrund stehen.

1 Für jede Sorte einen Saatbereich markieren, indem Sie das Beet mit einer Sandspur in aneinander grenzende Bögen unterteilen (rechts). Das wahllose Verteilen gemischter Samen bringt nur selten gute Ergebnisse.

BEETPFLANZEN STÜTZEN

Stützen für Beetpflanzen müssen früh platziert werden – lange bevor die Pflanzen sie tatsächlich benötigen. Auf diese Weise können ihre Stiele noch während des Wachstums durch die Rankhilfen hindurchgeführt werden, bis sie die Stützen schließlich vollständig verdecken. Im Handel sind verschiedene Stützsysteme erhältlich: Rosen- und Ringstützen sowie Gestelle aus einzelnen, ineinander gehakten Stützen. Sie können aber durchaus auch selbst geschnittene Stöcke verwenden. Achten Sie aber darauf, dass das Ganze natürlich wirkt – einzeln angebundene Pflanzen machen sich in einer lockeren Blumenrabatte nicht gut.

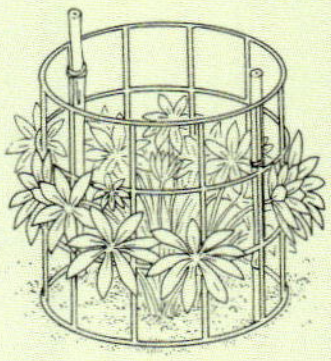

2 Im ersten Bereich mehrere kurze, parallel verlaufende Rillen ziehen und das Saatgut dünn entlang der Rillen ausstreuen (links). Die Erde vorsichtig über die Samen harken und mit dem Harkenrücken andrücken. Auf die gleiche Weise bereiten Sie die anderen Saatbereiche vor.

3 Zusammen mit den Einjährigen werden auch zahlreiche Wildkräuter keimen, die aber leicht zu erkennen sind, da sie im Gegensatz zu den in Reihen wachsenden Einjährigen durcheinander wuchern. Entfernen Sie das Unkraut regelmäßig und pikieren Sie die Einjährigen bald.

◀ *Eine Reihe mit Duftwicken liefert während der gesamten Sommermonate wundervoll duftende Schnittblumen.*

▶ *Farbenprächtige Einjährige wie Kapuzinerkresse* (Tropaeolum) *lassen sich leicht aus Samen ziehen.*

Ziergarten: *Pflanzen*

Containerbäume und -sträucher können zwar im Prinzip das ganze Jahr über gepflanzt werden, im Vorfrühling erzielen Sie jedoch besonders gute Ergebnisse, da die Pflanzen nun ihre ersten Blätter hervorbringen. Zu dieser Zeit kommen allmählich auch Kräuter und Stauden wieder zum Vorschein.

Bäume und Sträucher pflanzen

Bäume und Sträucher sind ausgesprochen wertvolle Gartenpflanzen, da sie nicht nur für Höhe sorgen, sondern dem Garten auch das ganze Jahr über Struktur verleihen. Für jeden Gartentyp gibt es zahlreiche geeignete Baum- und Strauchsorten. Vor allem Sträucher sind in unterschiedlichen Formen und Größen erhältlich und werden wegen ihrer Blätter, Blüten oder Gestalt ausgewählt. Immergrüne Pflanzen bieten das ganze Jahr über einen schönen Anblick, während man Laub abwerfende Arten beim reizvollen Wechsel der verschiedenen Jahreszeiten beobachten kann: zarte Knospen im Frühling, üppiges Grün im Sommer und warme Farbenpracht im Herbst.

Auch blühende Sträucher sind praktisch das ganze Jahr über erhältlich und im kahlen Wintergarten besonders willkommen.

In kleinen Gärten muss man die Auswahl der Bäume sorgfältig planen, da schnellwüchsige Pflanzen Mauerwerk oder Abflüsse beschädigen können. Gut geeignet sind dagegen kleine, langsam wachsende Varietäten von Birke *(Betula)*, Koniferen, Holzapfel *(Malus)*, Zierkirsche *(Prunus)* und Ahorn *(Acer)*.

◀ *Immergrüne Gewächse sorgen das ganze Jahr für Farbe und Struktur. Jetzt ist ein besonders günstiger Zeitpunkt zum Pflanzen.*

Bäume und Sträucher pflanzen

Je nach Wetter kann man vielleicht noch wurzelnackte Bäume und Sträucher pflanzen, aber sobald die Ruheperiode vorüber ist und die Pflanzen wieder zu wachsen beginnen, werden nur noch Kübel- und Containerpflanzen gesetzt.

STAUDEN PFLANZEN

Winterharte Kräuter und Stauden lassen sich sowohl im Herbst als auch Frühling pflanzen. Im Vorfrühling gesetzte Pflanzen müssen im Spätfrühling und Frühsommer regelmäßig gegossen werden. Jetzt ist auch die richtige Zeit zum Teilen von Stauden, die zu groß geworden sind. Haben Sie im Herbst vergessen, alle Pflanzen herauszunehmen und zu teilen, sollten Sie es jetzt nachholen.

Zu dieser Jahreszeit sollten Sie die Containerpflanzen im Gartencenter sorgfältig überprüfen, denn manche sind gar nicht in ihrem Behälter gewachsen, sondern gegen Ende der Ruheperiode als wurzelnackte Exemplare in die Pflanzgefäße gesetzt worden.

Qualitativ hochwertige Containerpflanzen haben einen festen Wurzelballen mit kräftigen, gesunden Wurzeln. Erst kürzlich in den Kübel gesetzte Pflanzen benötigen länger, um im Garten zu gedeihen, und sind ihren Preis wahrscheinlich nicht wert.

Frühling und Herbst eignen sich zur Pflanzung besser als der Hochsommer, da hohe Temperaturen und Wassermangel den Pflanzen stärker zusetzen. Jetzt gepflanzte Bäume und Sträucher gedeihen gut und wachsen schnell an.

▼ Eine sorgfältige Auswahl von Bäumen und Sträuchern verleiht dem Garten zusätzliche Höhe und lässt ihn auch älter wirken.

1 Wässern Sie die Pflanze am Abend vor dem Einsetzen. Graben Sie ein ausreichend großes Loch (die Oberfläche des Wurzelballens sollte später knapp mit Erde bedeckt sein) und lockern Sie den Grund.

2 Nehmen Sie die Pflanze aus dem Container. Dann setzen Sie den Wurzelballen in das vorbereitete Loch.

3 Füllen Sie Hohlräume mit Erde und drücken Sie sie an. Achten Sie darauf, dass die Erde zu Beginn immer feucht bleibt.

Ziergarten: *Rückschnitt*

Vor dem Pflanzenrückschnitt schrecken viele Gärtner zurück, weil sie sich nicht sicher sind, warum und vor allem wie sie diese Aufgabe bewältigen sollen. Der Rückschnitt bringt die Pflanze in Form, regt die Bildung von Blüten und Früchten an und fördert einen kräftigen, gesunden Wuchs.

Rosen schneiden

Der erste Schritt ist bei allen Rosensorten gleich: Zunächst müssen sämtliche schwachen, abgestorbenen und beschädigten Triebe entfernt werden. Wildrosen und alte Rosen (wie Gallica-, Bourbon- und Damaszena-Rosen) benötigen darüber hinaus nur einen leichten Schnitt: Schneiden Sie alle zwei Jahre zwei oder drei alte Triebe bis zum Grund zurück, damit die Rose neue Triebe bildet.

Bei großblütigen Teehybriden müssen sämtliche Triebe um die Hälfte bis zwei Drittel gekürzt werden (schwachwüchsige Sorten sollte man am stärksten zurückschneiden). Floribunda-Rosen werden lediglich um ein Drittel gestutzt. Um die Bildung neuer Triebe anzuregen, können bei Teehybriden und Floribunda-Rosen ein Viertel bis ein Drittel aller Triebe nach Wunsch bis zum Grund zurückgeschnitten werden.

Bäume schneiden

Zierbäume müssen zwar nicht regelmäßig beschnitten werden, aber schwache, abgestorbene oder beschädigte Zweige sollten sofort entfernt werden. Wenn man der Natur ihren Lauf ließe, könnten große Äste beim Herabfallen zur Gefahr werden.

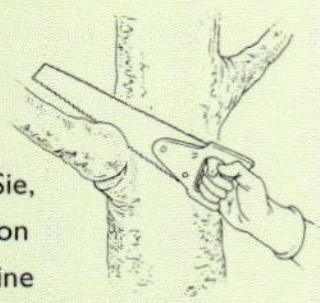

Einen Ast entfernen Sie, indem Sie zunächst von unten mit der Säge eine Kerbe schneiden (verhindert ein Reißen des Holzes) und ihn dann von oben durchtrennen. Ein Versiegeln mit Wundverschlussmittel ist nicht erforderlich.

◀ *Schneiden Sie Rosen mit einer scharfen Gartenschere. Führen Sie direkt oberhalb eines gesunden Auges einen sauberen Schnitt durch.*

Sträucher schneiden

Der richtige Zeitpunkt und die geeignete Technik für den Rückschnitt von Ziersträuchern hängen davon ab, zu welcher Jahreszeit sie blühen. Im Spätsommer blühende Sträucher bringen ihre Blüten auf neuen Trieben hervor, die erst kurz zuvor gewachsen sind. Wenn Sie diese Sträucher zu Beginn der Wachstumsperiode zurückschneiden, fördern Sie die Bildung kräftiger neuer Triebe und zusätzlicher Blüten.

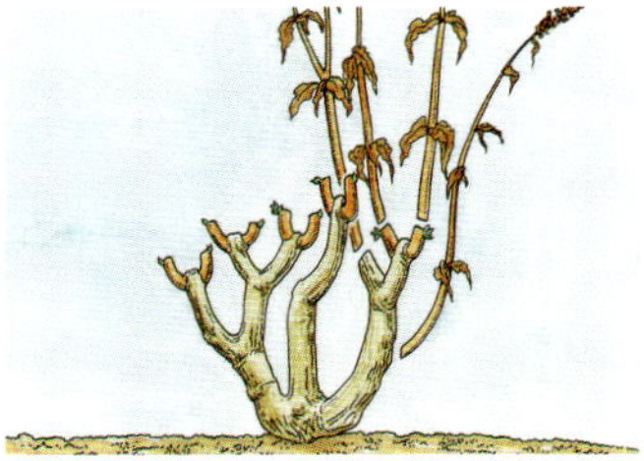

1 Sträucher wie *Buddleja davidii* profitieren von einem kräftigen Rückschnitt im Vorfrühling. Schneiden Sie die Triebe bis 15–30 cm über dem Grund zurück. Bei einigen alten Trieben benötigen Sie dazu eventuell eine lange Astschere.

2 Auch wenn dieser Rückschnitt zunächst radikal erscheint, bringen die Sträucher umgehend neue Triebe hervor. Nicht gestutzte Pflanzen wirken mit ihren schwachen, hochgeschossenen Trieben ungepflegt und kopflastig.

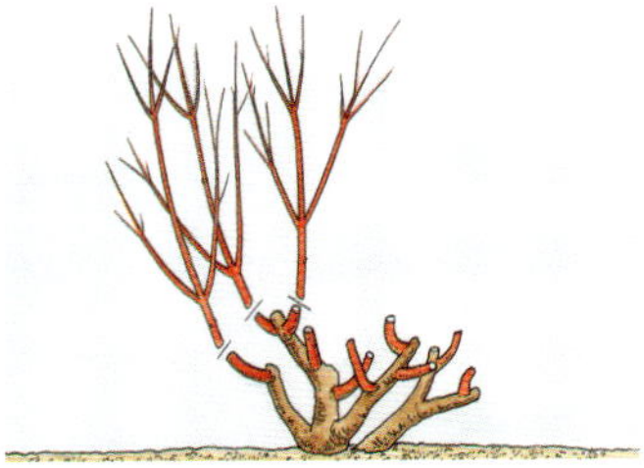

3 Die Hartriegelsorte *Cornus alba* 'Sibirica' wird besonders wegen ihrer leuchtend roten Winterzweige geschätzt. Schneiden Sie die Triebe bis 10 cm über dem Grund zurück, damit der Strauch viele neue Triebe hervorbringt.

4 Wenn Eukalyptus jedes Frühjahr stark zurückgeschnitten wird, behält er seine Form und seine rundlichen, leuchtend bunten Primärblätter. Schneiden Sie alle Triebe des vergangenen Jahres bis 10 cm über den Haupttrieben zurück.

5 Einige Sträucher, die an älteren Trieben Blüten tragen – wie etwa Europäischer Perückenstrauch *(Cotinus coggygria)*, Andenstrauch *(Escallonia)*, Fingerkraut *(Potentilla)* und Holunder *(Sambucus)* – sollten im Frühling nicht vollständig zurückgeschnitten werden; stattdessen entfernt man einmal jährlich etwa ein Drittel des alten Holzes. Auf diese Weise bleiben genügend alte, Blüten tragende Zweige erhalten, während die Pflanze neue Triebe hervorbringt.

◀ *Kletterpflanzen wie die Waldrebe* (Clematis) *müssen regelmäßig geschnitten werden, damit die Pflanze kräftige Blütentriebe hervorbringt.*

Balkon- und Dachgärten

Balkone oder Dachflächen sollten immer zur Begrünung genutzt werden. Allerdings ist sorgfältige Planung wichtig; vor allem muss die Tragfähigkeit der Konstruktion geprüft werden. Durch Pflanzen, Substrat und Gießwasser kann ein beträchtliches Gewicht zusammenkommen, und viele Balkone sind dieser Belastung nicht gewachsen. Es lohnt sich, den Rat eines Statikers einzuholen.

▲ *Ein Torfkultursubstrat ist ideal für Balkone, da diese Mischungen wesentlich leichter sind als Pflanzsubstrat auf Lehmbasis.*

Wenn in dieser Hinsicht nichts gegen eine Begrünung spricht, sollten Sie als Nächstes überprüfen, ob der Balkonboden oder die Dachfläche wasserdicht ist und überschüssiges Wasser über ein ausreichendes Drainagesystem abfließen kann. Wenn Sie im obersten Stock eines Mietshauses wohnen, werden sich die Bewohner der darunter liegenden Wohnungen irgendwann beschweren, wenn bei jedem Blumengießen Kaskaden von Wasser über ihre Balkone schwappen. Und Feuchtigkeit, die vom Dachgarten ins Mauerwerk zieht, kann massive Schäden am Gebäude verursachen.

Darüber hinaus sollten Sie sich Gedanken über den Zugang zu Balkon oder Dachgarten machen. Viele Balkone sind recht klein, sodass man sie kaum betreten kann. Auch kann der Zugang eventuell sehr schmal sein,

Wetterschutz

Dach- und Balkongärten in exponierten Lagen sind für Mensch und Pflanze viel angenehmer, wenn sie auf der Wetterseite vor Wind geschützt werden. Ideal wäre ein Spalier mit Kletterpflanzen, aber wenn Sie eine besonders schöne Aussicht erhalten möchten, lohnt sich vielleicht die Installation einer Glaskonstruktion.

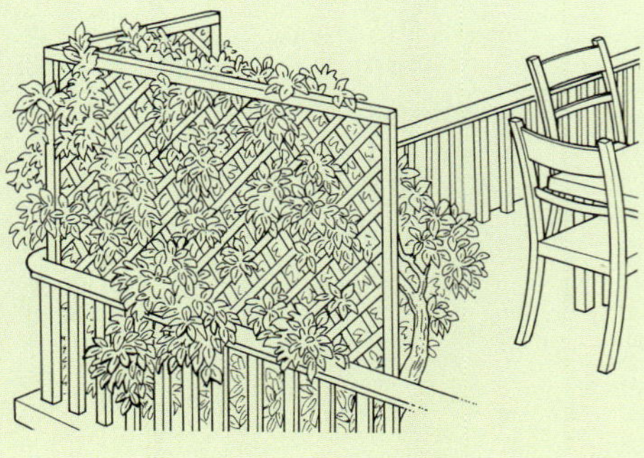

▶ *Farblich aufeinander abgestimmte Blumenampeln und Balkonkästen machen diesen kleinen Balkon zu einem wunderbaren Freisitz.*

was das Gießen, Umtopfen und Aufräumen erheblich erschwert. Kübel, Gießkannen oder Blumensubstrat müssen oft über steile Treppen oder Leitern aufs Dach befördert werden. Außerdem sollten Sie nicht vergessen, dass die Pflanzen in Töpfen wachsen und vor allem im Sommer täglich gegossen werden wollen. Vielleicht können Sie ja einen Gartenschlauch bis nach oben ziehen, um die Gießkanne vor Ort zu füllen, oder sogar einen Wasseranschluss auf dem Dachgarten legen lassen.

Planung

Wenn all diese Fragen geklärt sind und Sie mit der Planung Ihres Gartens beginnen wollen, empfiehlt es sich, zuallererst über die Gartenmöbel und andere Ausstattungsmerkmale nachzudenken. Das Wichtigste ist dabei, das Gesamtgewicht möglichst gering zu halten.

Wenn Sie auf dem Dach oder dem Balkon umhergehen können, ist ein Fußbodenbelag wahrscheinlich angebracht. Herkömmliche Betonplatten sind meist viel zu schwer, aber Sie können auch Holzbeläge, eine dünne Schicht Kies oder Rindenmulch und sogar Gummifliesen und Kunstrasen verwenden. Die Pflanzen setzen Sie vorzugsweise in leichte Kunststoff- oder Glasfaserbehälter; Kübel aus Ton, Keramik und Stein sind meistens zu schwer. Große, schwere Kübel platzieren Sie am besten auf Holzplattformen, die das Gewicht gleichmäßiger verteilen, und zwar dort, wo sich die tragenden Balken befinden – Ihr Statiker kann Ihnen dazu Auskunft geben.

Als Pflanzsubstrat empfiehlt sich Torfkultursubstrat oder ein Torfersatzprodukt wie Kokosfaser, da diese wesentlich leichter sind als Topferde auf Lehmbasis. Allerdings müssen solche Substrate häufiger gegossen und gedüngt werden.

Wind- und Wetterschutz

Dach- und Balkongärten liegen naturgemäß höher und meist an exponierter Stelle, worunter viele Pflanzen sehr leiden können. Behälter können vom Wind umgestoßen werden. Ein Windfang aus einem feinmaschigem Netz oder Spalierwerk – mit Kletterpflanzen bedeckt – spendet etwas Schutz; trotzdem müssen Pflanzen und Kübel sorgfältig befestigt werden, damit sie bei stürmischem Wetter keinen Schaden nehmen oder verursachen.

Sicherheit geht vor!

Beachten Sie bei Ihrem Balkon- oder Dachgarten folgende Punkte:

- Lassen Sie von einem Fachmann überprüfen, dass der Balkon oder das Dach ausreichende Tragkraft besitzt.
- Beide müssen mit einem umlaufenden Geländer oder Mauern gesichert sein, die regelmäßig überprüft und instand gehalten werden.
- Pflanzen, Kübel und Dekorationen müssen sorgfältig befestigt werden, damit nichts über den Rand in die Tiefe stürzen kann.
- Gießwasser und Abfälle dürfen die Bewohner der darunter liegenden Wohnungen nicht belästigen.
- Sie sollten in jedem Fall ausreichend versichert sein.

Ziergarten: *Pflanzen der Jahreszeit*

Tag für Tag erscheinen jetzt immer mehr junge Triebe und Blätter, und die ersten Blüten lassen den Garten nach der langen Ruheperiode aufleben. Die Zwiebelgewächse sind jetzt die Stars, aber es gibt auch viele attraktive Bäume, Sträucher und Stauden.

▼ *Die prächtigen violetten Blüten des Blaukissens* (Aubrieta) *heitern jeden Garten auf.*

▲ *'Dark Secret' – eine früh blühende Tulpe – ist eine Neuzüchtung mit üppigen, warmen Farben, die den Garten leuchten lassen.*

Stauden und Beetpflanzen

Aubrieta (Blaukissen)
Bergenia cordifolia (Sternbergenie)
Doronicum (Gemswurz)
Primula vulgaris und andere Primeln
Pulmonaria (Lungenkraut)

Zwiebelgewächse

Anemone (Windröschen)
Bulbocodium vernum (Lichtblume)
Chionodoxa (Schneestolz)
Crocus (Krokus)
Cyclamen coum (Vorfrühlingsalpenveilchen)
Eranthis (Winterling)
Erythronium (Hundszahn)
Iris danfordiae, I. reticulata (Iris, Schwertlilie)
Leucojum vernum (Märzenbecher)
Muscari (Traubenhyazinthe)
Narcissus (Narzisse)
Puschkinia scilloides (Kegelblume)
Tulipa kaufmanniana, T. fosteriana, T. tarda und andere Tulpen

Bäume und Sträucher

Acer pseudoplatanus 'Brilliantissimum' (Bergahorn), *A. rubrum* (Rotahorn)
Calluna 'Spring Cream', *C.* 'Spring Torch' und andere Heidekrautsorten
Camellia japonica (Japanische Kamelie)
Chaenomeles speciosa, C. japonica (Zierquitte)
Chimonanthus praecox (Chin. Winterblüte)
Clematis armandii (Armands Waldrebe)
Cornus mas (Kornelkirsche)
Corylopsis pauciflora (Armblütige Scheinhasel)
Erica-carnea-Varietäten (Schneeheide)
Forsythia × intermedia, F. suspensa (Forsythie)
Magnolia stellata (Sternmagnolie)
Prunus cerasifera 'Pissardii' (Kirschpflaume)
Salix caprea (Salweide)

▶ *Die heiteren rosa-weißen Blüten der* Anemone blanda *gedeihen sowohl an halbschattigen als auch an sonnigen Standorten.*

Nutzgarten: *Allgemeine Arbeiten*

Jetzt ist der richtige Zeitpunkt, einen Teil der überwinterten Gemüsepflanzen zu verwerten und alles für die neue Ernte vorzubereiten. Mit ein wenig Planung können Sie fast das ganze Jahr über frische Produkte aus dem eigenen Küchengarten genießen.

▲ *Rharbarber lässt sich ganz leicht im Gemüsegarten ziehen, doch den besten Geschmack besitzen die ersten, zarten Blattstiele.*

Rhabarber und Kohl ernten

Die zarten Blattstängel des Rhabarbers sind zu dieser Jahreszeit eine wahre Delikatesse und erinnern gar nicht an die hartfaserigen, sauren Stängel gegen Ende der Erntezeit.

Kohl ist reich an Vitamin A und C und sollte viel öfter angebaut werden. Diese meist winterharte Pflanze wird im Vorfrühling und erneut im Spätsommer aus Samen herangezogen. Für eine ganz frühe Ernte säen Sie die Samen in Saatschalen und setzen die Sämlinge später ins Freie.

Auch Rharbarber lässt sich früher ernten, wenn man die Wurzeln in Kisten setzt und im Gewächshaus vortreibt bzw. die Kronen der Freilandpflanzen mit speziellen Treibtöpfen oder schwarzen Kunststoffbehältern lichtdicht abdeckt.

Zu Beginn oder während des Winters abgedeckte Pflanzen dürften jetzt die ersten zarten, rosafarbenen Triebe hervorgebracht haben – je nach den Witterungsbedingungen der vorangegangenen Wochen.

Blüten früh blühender Bäume schützen

Im Vorfrühling besteht immer noch Frostgefahr. Die Blüten einiger früh blühender Obstbäume wie Aprikosen- und Pfirsichbäume können

Überwintertes Gemüse verwerten

Die Pastinaken haben wahrscheinlich den ganzen Winter über darauf gewartet, geerntet zu werden. Im Vorfrühling treiben die Wurzeln aus, was sich an kleinen grünen Büscheln zeigt, die oberhalb der Wurzeln aus dem Boden sprießen. Je weiter deren Wachstum voranschreitet, desto weicher und schlaffer werden die Wurzeln, bis sie kaum noch genießbar sind – deshalb sollte man sie jetzt verwenden. Auch der Lauch beginnt nun erneut zu treiben und bildet Blütenstände, die in der Mitte der Lauchstange wachsen und den Geschmack und die Qualität des Gemüses beeinträchtigen. Daher empfiehlt es sich, sämtliche noch im Garten befindlichen Pastinaken- und Lauchpflanzen auszugraben und bis zur Verwendung an anderer Stelle im Garten aufzubewahren.

▶ *Ein speziell gebauter Rahmen, über den man die Frostschutzfolie legt, erleichtert den Schutz kälteempfindlicher, früher Obstbaumblüten.*

erheblichen Schaden nehmen, wodurch sich die Chancen auf eine ertragreiche Ernte verringern.

Schützen Sie die Bäume vor Nachtfrost, indem Sie sie mit einer leichten Frostschutzfolie abdecken. Falls die Bäume vor einer Mauer oder einem Zaun stehen, können Sie auch eine auf einen Rahmen gespannte Stoffrolle verwenden, die abends zum Schutz der Blüten herabgelassen wird. Achten Sie aber darauf, dass die Konstruktion die Blüten nicht beschädigt.

Bei besonders früh blühenden Obstbäumen empfiehlt es sich, die Blüten selbst zu bestäuben. Übertragen Sie den Pollen behutsam mit einem kleinen, weichen Pinsel auf die anderen Blüten.

Erbsen und Bohnen stützen

Im Herbst oder Vorfrühling gesäte Erbsen und Bohnen sollten während ihres Wachstums eine Rankhilfe erhalten. Bei Erbsen reicht meist ein Pflanzenstütznetz aus Kunststoff, das in regelmäßigen Abständen mit Stäben gesichert wird. Den gleichen Zweck erfüllt ein Dickicht aus Reisigstäben. Bohnen freuen sich ebenfalls über diese Form der Rankhilfe; Sie können aber auch auf beiden Seiten der Pflanzenreihe mehrere Stäbe in den Boden stecken und mit Gartenzwirn umgeben, damit die Pflanzen nicht nach außen wegknicken.

Nutzgarten: *Pflanzen und säen*

Die meisten Gärtner können nun mit der Aussaat beginnen – lediglich in Gärten mit schweren Böden oder an besonders kalten Standorten sollte man noch ein wenig warten. Es empfiehlt sich, bei der Gartenarbeit immer die örtlichen Bedingungen zu berücksichtigen.

Den Boden für die Aussaat vorbereiten

Die Erde in einem Saatbeet sollte in kleine, feine Krümel aufgebrochen und gut aufgelockert werden. Lässt man die Erde in dicken Klumpen, wird es schwierig, ein ebenes Saatbeet anzulegen, sodass die Samen entweder zu tief oder zu flach in der Erde ruhen und nicht gut keimen.

Wenn der Gemüsegarten den Winter über grob umgegraben ruhen durfte, hat der Frost die Erde durch das wiederholte Frieren und Auftauen bereits aufgebrochen. Sobald der Boden durch eine trockene, windige Wetterlage an der Oberfläche angetrocknet ist, können die Erdklumpen mit der Rückseite einer Harke zerkleinert und dann normal mit der Harke verteilt werden.

Beginn der Gemüseaussaat

Je nach Witterungsbedingungen kann nun eine Vielzahl von Gemüsesorten ausgesät werden, einschließlich Bohnen, Möhren, Lauch, Salat, Pastinaken, Sommer- und Herbstkohlsorten, Blumenkohl, Spinat und Mangold. Legen Sie mithilfe einer Schnur und einer Hacke mehrere gerade Reihen an, verteilen Sie die Samen dünn in den Furchen, harken Sie die Erde über das Saatgut und drücken Sie sie fest. Kennzeichnen Sie die Reihen mit Etiketten.

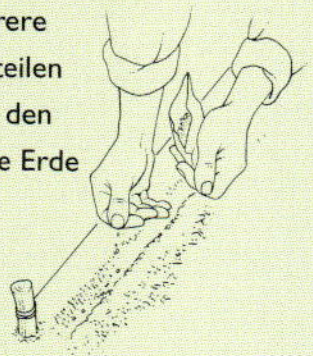

Für eine Freilandaussaat von empfindlicherem Gemüse wie Zucchini, Speisekürbis, Busch- und Stangenbohnen ist es noch zu früh; diese Pflanzen können aber im Gewächshaus vorgezogen werden.

▲ *Ziehen Sie die Harke leicht über das Saatbeet, sodass eine feine, gleichmäßige Oberfläche entsteht. Große Steine sofort entfernen.*

Kartoffeln pflanzen

Wenn nur wenig Platz zur Verfügung steht, sollten Sie statt Kartoffeln für die Haupternte lieber Frühkartoffeln pflanzen, vorzugsweise ungewöhnliche Sorten, die im Supermarkt nicht erhältlich sind. Frisch geerntete Frühkartoffeln schmecken einfach unvergleichlich –, aber denken Sie bei der Pflanzung daran, dass das Kartoffelkraut frostempfindlich ist. Im Allgemeinen dauert es zwei bis drei Wochen, bis die ersten Triebe durch die Erde brechen.

1 Statt die Kartoffeln direkt zu pflanzen, können Sie sie auch auf einer kühlen, hellen Fensterbank vorkeimen lassen. Die Augen, aus denen die Triebe entstehen, befinden sich alle an einem Ende. Setzen Sie die Knollen so in einen Eierkarton, dass dieses Ende nach oben zeigt.

2 Kartoffeln sollten immer in gut vorbereitete Beete gepflanzt werden, mit je 30–50 cm Abstand und mit 50 cm Reihenabstand. Vorgekeimte Knollen wachsen schneller nach dem Pflanzen, müssen aber vorsichtig behandelt werden, damit die Triebe nicht abknicken.

3 Ziehen Sie mit einer Hacke etwa 15 cm tiefe Rillen, oder heben Sie mit einem Handspaten einzelne, 15 cm tiefe Pflanzlöcher aus. Vorgekeimte Knollen mit den Trieben nach oben in das Loch setzen. Alle anderen Knollen mit den Augen nach oben pflanzen.

4 Überprüfen Sie die Kartoffelreihen regelmäßig, damit Sie die ersten dunkelblaugrünen Triebe (rechts) sofort entdecken und gegebenenfalls vor Frost schützen können. Allerdings ist nicht gleich alles verloren, wenn unerwartete Nachtfröste die ersten Triebe beschädigen.

◀ *In den meisten Gärten findet sich ein Platz für Beerensträucher. Der Vorfrühling ist ein guter Zeitpunkt zur Pflanzung.*

Farbenfrohes Ziergemüse

Heutzutage wird so manches Gemüse nicht nur wegen seiner geschmacklichen Eigenschaften, sondern auch wegen seines Erscheinungsbildes gezüchtet – und einige Sorten können sogar mit den Blütenpflanzen im Blumenbeet konkurrieren. Von vielen Gemüsearten gibt es leuchtend bunte Sorten mit interessanten Formen und Texturen. Vor allem Kräuter haben eine Brücke zwischen Nutz- und Ziergarten geschlagen, wo Pflanzen wie Weißbunter Thymian *(Thymus vulgaris variegata)* und Violetter Gartensalbei *(Salvia officinalis* 'Purpurascens') in Blumen- und Strauchbeeten für Farbe und in der Küche für schmackhafte Zutaten sorgen.

▲ *Im Handel sind viele dekorative Salatvarietäten erhältlich. Besonders schön wirkt der Kontrast zwischen kraus- und glattblättrigen Sorten.*

Eine ähnliche Rolle könnten auch manche Gemüsesorten übernehmen: Prächtige Artischocken *(Cynara scolymus)* mit ihren interessanten spitzen Blütenköpfen und geteilten Blättern, Möhren mit ihrem leuchtend grünen, fein gefiederten Laub oder Gemüsefenchel *(Foeniculum vulgare* var. *azoricum),* dessen symmetrische, cremeweiße Blattstiele von fein geschnittenen, fedrigen Blättern bedeckt sind. Aber auch ungewöhnlichere Gemüsearten haben ihren Reiz: die Spargelerbse *(Tetragonolobus purpureus),* eine rundliche, wuchernde Pflanze mit feinen, hellgrünen Blättchen und roten Blüten, die tiefroten Bohnensorten 'Purple Queen' und 'Sequoia' oder die leuchtend roten Kirschtomaten (vor allem Sorten für Töpfe und Blumenampeln) sowie kleinfrüchtige Gemüsepaprikasorten wie 'Jingle Bells' und 'Ace', die für den Farbwechsel von Grün zu Rot etwa 65–70 Tage benötigen.

Bunte Auswahl

Ein Blick in einen herkömmlichen Samenkatalog zeigt, dass heutzutage von fast jeder alten Gemüsesorte neue farbenfrohe Sorten existieren. Die Brechbohnensorte 'Goldmania' hat nicht nur hübsche Blüten, sondern auch gelbe Hülsen von bis zu 20 cm Länge, während die elegante 'Trionfo' dunkelviolette Hülsen besitzt, die an Spalieren besonders attraktiv wirken.

Auch bei den kompakt wachsenden Buschbohnen gibt es verschiedene Sorten mit tiefvioletten Hülsen, die beim Kochen allerdings grün werden. Dagegen behalten

Dekorativer Küchengarten

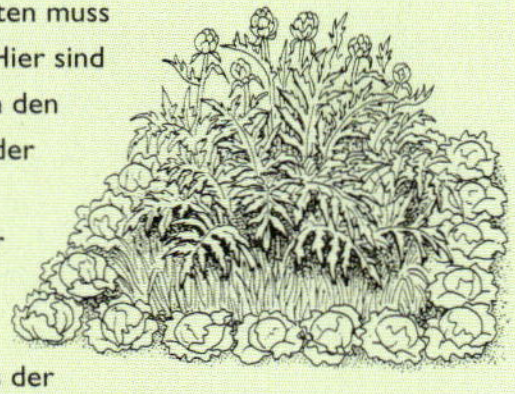

Ein dekorativer Küchengarten muss sorgfältig geplant werden. Hier sind prächtige Artischocken von den kontrastierenden Formen der Salatköpfe umgeben.

Die Pflanzen müssen vor Krankheiten und Ungeziefer geschützt werden. Bedenken Sie, dass der teilweise Verzehr ein schickes Design ruinieren würde.

die Varietäten 'Goldkist', 'Brittle Wax' und 'Gold Mine' ihre prächtig gelbe Farbe.

Auberginen gedeihen sowohl im Gewächshaus als auch an warmen, geschützten Standorten im Freien. Zu den farbenprächtigsten Sorten zählen 'Purple Rain', 'Zebra' (kastanienbraun mit weißen Streifen) und die dunkelrosafarbene 'Neon'.

Auch Salate sind in vielen Farben und Formen erhältlich, wie etwa die rotblättrige Eichblattsorte 'Red Salad Bowl' oder die Sorten 'Red Sails', 'Cocarde', 'Santa Fe', 'Sweet Red', 'Sierra' und 'Burgundy Ice' (burgunderrote Außenblätter und hellgrünes Herz). Manche Varietäten besitzen auch krause Blattränder, wie etwa 'Loma' und 'Lollo Rosso'.

Peppen Sie Ihre Salate doch einmal mit roten Zwiebeln 'Giant Red Hamburger', Japanischer Gurke 'Tasty Jade', braunem Paprika 'Sweet Chocolate', weißer Roter Bete 'Chioggia' und verschiedenen Tomatensorten wie 'Celebrity, 'Green Zebra', 'Taxi', 'Sungold' und 'Striped German' auf. In der Kürbisfamilie eignen sich besonders die Zucchinisorte 'Gold Rush' und die Patissonsorte 'Sunburst' (tiefgelbe Früchte mit gewelltem Rand), während die Mangoldform 'Bright Lights' mit ihren roten, weißen sowie rosa- und orangefarbenen Stielen jeden Garten aufheitert und die Kohlsorte 'Red Russian' den ganzen Winter über tiefrot geäderte Blätter zeigt.

Die Möhrenform 'Sweet Sunshine' strahlt leuchtend gelb, und der Spargel 'Purple Passion' besitzt Aufsehen erregende blauschwarze Stangen. Im Handel sind auch violette Blumenkohlsorten (wie 'Purple Head' und 'Violet Queen') und grüner Romanesco ('Tower') erhältlich.

Beim Zuckermais gibt es weiße ('Silver Queen'), weißgelbe ('Double Standard'), gelb-braune ('Indian Summer') und die wundervollen mehrfarbigen Sorten 'Indian Color', 'Peaches and Cream' und 'Fiesta'.

Gemüse im Lauf der Geschichte

Die Idee, Gemüse als Zierpflanzen zu verwenden, ist keineswegs neu. Schon vor Jahrhunderten gab es Gärten mit formal angelegten oder kunstvoll verschlungenen Gemüsereihen. Diese Kunst wurde Anfang des 20. Jahrhunderts nach Plänen aus dem 16. Jahrhundert in den Gärten des Château de Villandry im französischen Loire-Tal perfektioniert.

▲ *Die leuchtend bunten Blattstängeln der Mangoldsorte 'Bright Lights' hält, was ihr Name verspricht. Stiele und Blätter sind schmackhaft.*

Gewächshaus: *Pflanzen und säen*

Das Gewächshaus füllt sich nun mehr und mehr mit Kisten und Paletten voller Stecklinge, Sämlinge und Jungpflanzen: Achten Sie darauf, dass alle genügend Platz haben, und reinigen Sie die Scheiben des Gewächshauses regelmäßig, damit ausreichend Licht hineinfällt.

Säen

Im Gewächshaus wird weiterhin fleißig gesät. Passen Sie die Saatzeit von Treibhausgemüse wie Gurken und Tomaten den Heizmöglichkeiten Ihres Gewächshauses an – es lohnt sich nicht, diese Pflanzen früh auszusäen, wenn Sie keine ausreichende, beständige Wärme garantieren können. Busch- und Stangenbohnen können zwar im Gewächshaus gesät und nach den letzten Frösten ins Freie gesetzt werden, aber in den meisten Regionen ist es jetzt noch etwas früh dafür – die Frühlingsmitte wäre besser geeignet.

Säen Sie jetzt verschiedene Kräuter, um sie später in den Garten zu setzen: Basilikum, Koriander, Dill, Fenchel, Majoran, Petersilie, Rauke und Bohnenkraut. Geben Sie dazu nur kleine Samenmengen in die verschiedenen Töpfe, da Sie später nur wenige Pflanzen benötigen.

Bedingt winterharte Einjährige säen

Während winterharte Einjährige im Freien gesät werden können, bleiben die bedingt winterharten Varietäten unter Glas, bis die Frostgefahr vorüber ist. Am besten säen Sie sie jetzt im Gewächshaus, da die meisten dieser Pflanzen Temperaturen zwischen 13 und 21 °C zum Keimen benötigen.

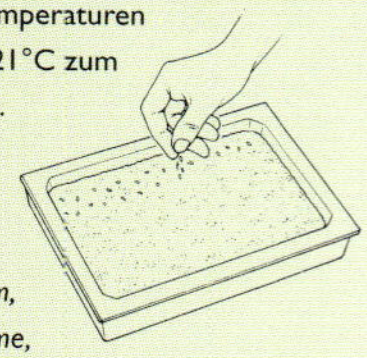

Zu den geeigneten Arten zählen *Ageratum, Alyssum, Antirrhinum, Begonia, Brachyscome, Clarkia, Lobelia, Nemesia, Petunia, Salvia, Impatiens, Matthiola, Nicotiana, Tagetes* und *Zinnia*. Achten Sie darauf, dass die Saatschalen ausreichend belüftet werden, und pikieren Sie sie möglichst bald.

◀ *Jetzt gesäte Gurken benötigen gleichmäßige, beständige Wärme, damit sie sich zu gesunden Pflanzen mit einer guten Ernte entwickeln.*

Zimmerpflanzen umtopfen

Der Frühling ist der richtige Zeitpunkt, um Ihre Zimmerpflanzen in frische Erde zu setzen und ihnen so neuen Schwung zu verleihen. Manche Pflanzen freuen sich über einen größeren Kübel, während andere erneut in einen Topf gleicher Größe gesetzt werden können.

1 Gießen Sie die Pflanzen am Tag vor dem Umtopfen gründlich. Fassen Sie die Pflanze mit einer Hand am Grund des Stammes (rechts), drehen Sie den Topf um, und klopfen Sie den Topfrand kräftig gegen eine harte Fläche, um den Wurzelballen herauszulösen.

2 Ziehen Sie den Topf vorsichtig vom Wurzelballen (links). Entfernen Sie die alte Erde behutsam mit den Fingern, damit Sie die Wurzeln nicht verletzen.

◀ *Zimmerpflanzen gedeihen meistens am besten, wenn man sie zu Gruppen arrangiert, anstatt sie einzeln zu platzieren.*

3 Pflanzen, deren Wurzeln den Topf vollständig ausgefüllt haben, benötigen einen größeren Topf. Füllen Sie den Boden des neuen Topfes mit frischem Substrat, und setzen Sie die Pflanze so hinein, dass sich die Oberfläche des Wurzelballens direkt unterhalb des Topfrandes befindet.

4 Füllen Sie den Topf mit weiterer Blumenerde auf; dabei drücken Sie das Substrat mit den Händen oder einem Stab fest an, damit keine Lufteinschlüsse entstehen (links). Bedecken Sie die Oberfläche des Wurzelballens mit Substrat, und gießen Sie gründlich.

5 Wenn eine Pflanze bereits den größtmöglichen Topf bezogen hat, können Sie sie nach Schritt 2 wieder zurücksetzen. Ersetzen Sie die alte Erde durch frisches Substrat. Bei sehr großen Pflanzen kann auch nur die oberste Schicht erneuert werden: Kratzen Sie dazu mit einem Pflanzholz etwas alte Erde weg, und füllen Sie frisches Substrat und etwas Langzeitdünger nach.

Gewächshaus: *Vermehren*

Früher gesäte Sämlinge müssen jetzt in Töpfe und Schalen pikiert werden, damit sie genügend Platz zum Wachsen bekommen. Und von den überwinterten Wurzeln von Chrysanthemen und Dahlien können nun Stecklinge genommen werden, die meist rasch anschlagen und Wurzeln bilden.

Sämlinge pikieren

Wenn die Sämlinge so groß sind, dass man sie problemlos aus der Erde nehmen kann, beziehen sie ein neues Quartier mit mehr Platz. Achten Sie darauf, dass Sie die Pflänzchen nur an ihren Keimblättern festhalten und nicht am Keimlingsspross, da dieser extrem empfindlich ist. Gießen Sie die Sämlinge ein paar Stunden vor dem Pikieren, und nehmen Sie sie dann mit einem Pflanzholz heraus.

Nun geben Sie Pflanzsubstrat in einen Topf, verteilen es gleichmäßig, und drücken mit dem Pflanzholz ein Loch hinein. Dort setzen Sie den Sämling ein und drücken die Erde leicht an. Die Keimblätter mehrerer Sämlinge sollten einander nicht berühren. Dann befeuchten Sie das Substrat und stellen die Schale ein bis zwei Tage an einen halbschattigen Standort, damit sich die Pflänzchen etwas erholen können.

Tomatensämlinge vereinzeln

Tomatensämlinge werden meist von der Saatschale direkt in Einzeltöpfe pikiert und dürfen dabei nur an ihren Keimblättern gefasst werden. Damit die Keimlinge kräftige Nebenwurzeln bilden, müssen Tomatensämlinge tiefer als andere Pflanzen in die Erde gesetzt werden. Platzieren Sie die Sämlinge so tief in das Loch, dass die Keimblätter auf der Substratoberfläche ruhen. Drücken Sie die Erde an, und gießen Sie sie sorgfältig.

▶ *Verwenden Sie ein Pflanzholz, um die Setzlinge vorsichtig aus der Erde zu heben. Die jungen Wurzeln sind sehr empfindlich.*

Unverholzte Stecklinge schneiden

Pflanzen, die den Winter im Gewächshaus verbracht haben, bringen jetzt kräftige, neue Triebe hervor, die sich hervorragend als Stecklinge eignen, da sie schnell Wurzeln bilden und viele robuste, junge Pflanzen liefern. Stecklinge von Dahlien, Chrysanthemen, Fuchsien und Pelargonien bieten sich für diese Vermehrungsmethode an und entwickeln sich im Gewächshaus zu gesunden Pflanzen, die später ins Freie gesetzt werden können.

1 Achten Sie darauf, nur kräftige, gesunde Triebe zu verwenden, die Sie entweder von der Mutterpflanze abbrechen oder mit einem sehr scharfen Messer abschneiden. Da unverholzte Stecklinge rasch verwelken, erledigen Sie diese Aufgabe am besten morgens, wenn die Pflanzen besonders frisch sind.

2 Schneiden Sie die Stecklinge dicht unter einem Knoten (Blattgelenk) ab, und entfernen Sie die unteren Blätter. Der Steckling sollte etwa 5–8 cm lang sein und zwei voll entwickelte Blätter aufweisen. Weitere Blätter würden zu viel Wasser verdunsten.

3 Setzen Sie die Stecklinge in Schalen oder Töpfe mit spezieller Anzuchterde, die Sie mit einer Schicht grobem Sand bedecken. Der Sand verbessert die Drainage um die Stilbasis und fördert die Wurzelbildung. Drücken Sie die Erde an, und gießen Sie sie mit einer feinen Brause.

4 Decken Sie Schale oder Topf mit dem Deckel eines Anzuchtkastens ab, und schützen Sie die Pflanze ein bis zwei Tage mit einer Zeitung vor zu viel Sonneneinstrahlung. Sobald sich die Stecklinge erholt haben und nicht mehr welk erscheinen, können Sie die Zeitung entfernen.

◀ *Der Vorfrühling ist der richtige Zeitpunkt, um Dahlien vorzutreiben und Stecklinge zu nehmen.*

Frühlingsmitte

Der Garten sieht nun wundervoll aus: Die Bäume sind von frischen, jungen Blättern bedeckt, der Rasen sprießt üppig grün und die Frühlingsblumen stehen in voller Blüte. Die ersten warmen, sonnigen Tage wecken in jedem Gärtner die Lust, sich im Garten zu betätigen – zu tun gibt es jetzt genug!

▲ *Tulpen und Vergissmeinnicht ergeben eine klassische Frühlingskombination. Säen Sie jetzt für die nächste Frühlingsbepflanzung.*

Doch die Gärtner sind nicht die Einzigen, die sich über das Frühlingswetter freuen – auch Schädlinge und Wildkräuter gedeihen nun prächtig. Das Unkrautjäten zählt zu den Arbeiten, die zwar das ganze Jahr über anfallen, aber in der Frühlingsmitte schießen die unerwünschten Pflanzen förmlich aus der Erde. Sie müssen regelmäßig entfernt werden, weil die anderen Gartenpflanzen noch klein sind und von den Wildkräutern überwuchert werden können.

Auch Schädlinge sind nun auf dem Vormarsch und fühlen sich von den zarten, jungen Pflanzentrieben angezogen. Nicht nur Schnecken entwickeln sich zum Problem, auch Blattläuse tummeln sich zuhauf an den Spitzen der Triebe, vor allem bei Gewächshauspflanzen.

Im Garten finden sich gelegentlich empfindliche Pflanzen, die durch die Winterkälte abgestorben scheinen; werfen Sie sie jedoch noch nicht sofort auf den Kompost, da manche Zeit bis zum Sommer benötigen, bis sie sich wieder erholen. Kratzen Sie einfach ein wenig Rinde vom Haupttrieb ab – ist das darunter liegende Holz grün und feucht, lebt die Pflanze noch.

Frühlingsblühende Zwiebelgewächse erfreuen auch weiterhin den Betrachter. Sobald sie jedoch verwelken, sollten Sie die Blüten entfernen, damit sie keine Samen bilden. Auch andere Frühlingsblumen beleben jetzt den Garten: Wenn Sie im Frühsommer die nächste Aussaat vorbereiten, denken Sie daran, mehr Saatgut von solchen Pflanzen wie Schöterich *(Erysimum)*, Gänseblümchen *(Bellis perennis)* oder Vergissmeinnicht *(Myosotis)* zu besorgen. Kaufen Sie sie zusammen mit den Beetpflanzen für den Sommer.

Auch im Nutzgarten fällt jetzt viel Arbeit an: Unkraut jäten, säen, pflanzen und Gemüse pikieren. Das Gewächshaus benötigt nun einen Sonnenschutz, und mit zunehmend wärmerem Wetter sollte häufiger gelüftet und gegossen werden.

Arbeiten in der Frühlingsmitte

Allgemeines:

- *Unkraut, Schnecken und andere Schädlinge entfernen, sobald sie auftreten,*
- *Pflanzen überprüfen, die durch Frost abgestorben scheinen.*

Ziergarten:

- *Sommerblühende Zwiebelgewächse pflanzen und die Blüten von frühlingsblühenden Zwiebeln entfernen. Beetpflanzen für die Sommerbepflanzung kaufen,*
- *weiterhin winterharte Einjährige säen,*
- *Schneeglöckchen (Galanthus) als frische, belaubte Zwiebeln (mit ihren Blättern) pflanzen,*
- *bei panaschierten Sträuchern einfarbige Triebe entfernen,*
- *Rosen auf Krankheiten überprüfen und entsprechend behandeln,*
- *Steingarten- und immergrüne Gewächse pflanzen,*
- *frühlingsblühende Sträucher wie Forsythien (Forsythia) nach der Blüte zurückschneiden.*

Rasenflächen:

- *Kombinationspräparat aus Rasendünger und Unkrautvernichter ausbringen,*
- *Rasen regelmäßig mähen und Kanten trimmen,*
- *Regenwurmexkremente und Moos entfernen,*
- *neuen Rasen aussäen.*

Wassergarten:

- *Mit den Aushebungsarbeiten für einen neuen Teich beginnen.*

▼ Sorgfältig getrimmte Kanten bringen den frisch gemähten Rasen besonders gut zur Geltung.

Nutzgarten:

- *Verschiedene Gemüsesorten säen. Furchen für Stangenbohnen graben,*
- *Winterkohl im Freien säen,*
- *Unkraut regelmäßig entfernen,*
- *Lauch und Zwiebeln pflanzen,*
- *Kartoffeln mit Erde bedecken und weitere Frühkartoffeln und Sorten für die Haupternte pflanzen,*
- *Obstblüten mit einem Pilzbekämpfungsmittel spritzen, wenn es in den vorherigen Jahren Probleme mit Mehltau oder Schimmel gab,*
- *auf das Spritzen von Obstbäumen mit Insektengift verzichten, solange noch Bestäuberinsekten umherfliegen,*
- *Pflaumenbäume zurückschneiden.*

▼ Sämlinge und Jungpflanzen werden im Gewächshaus pikiert und umgetopft.

Gewächshaus:

- *Für Beschattung sorgen und häufiger lüften und gießen,*
- *Heizungsanlage noch nicht ausschalten,*
- *Beetpflanzen langsam abhärten,*
- *Sämlinge und Jungpflanzen pikieren,*
- *Tomaten in die Randbeete im Gewächshaus setzen,*
- *Stangen- und Buschbohnen sowie Melonen säen.*

Ziergarten: *Pflanzen und säen*

Steingartenpflanzen gedeihen in der Frühlingsmitte besonders gut. Am besten setzen Sie sie an einen erhöhten Standort, sodass ihre kleinen Blüten schön zur Geltung kommen. Schneeglöckchen und zahlreiche sommerblühende Zwiebelgewächse sollten ebenfalls jetzt gepflanzt werden.

Schneeglöckchen pflanzen

Im Gegensatz zu vielen anderen Zwiebelgewächsen sollten Schneeglöckchen gepflanzt werden, solange sie noch ihre Blätter tragen; Zwiebeln in der Ruhephase schlagen meist nicht mehr so gut an.

Falls in Ihrem Garten bereits Schneeglöckchen gedeihen, die Sie gerne vermehren möchten, ist jetzt der richtige Zeitpunkt, sie zu teilen und an neuen Standorten einzusetzen. Nehmen Sie die Pflanzen mithilfe einer Handgabel vorsichtig aus der Erde, teilen Sie sie behutsam in zwei oder drei kleinere Gruppen, und pflanzen Sie sie sofort – jedoch nicht tiefer als 8 cm – wieder ein, damit sie nicht austrocknen. Bei schweren Böden geben Sie etwas groben Sand oder Splitt sowie gut zersetzten Kompost unter die Erde, bevor Sie die Zwiebeln setzen.

Steingarten bepflanzen

Die Frühlingsmitte ist gut zur Pflanzung neuer Steingartengewächse. Im Handel sind bereits blühende Containerpflanzen erhältlich. Bereiten Sie den zukünftigen Standort sorgfältig vor, und denken Sie daran, dass alpine Pflanzen einen gut durchlässigen Boden benötigen. Setzen Sie sie mithilfe eines Handspatens ein, drücken die Erde leicht an, und geben etwas Kies oder Splitt um und unter die Wurzelkrone, damit das Gießwasser gut abfließt.

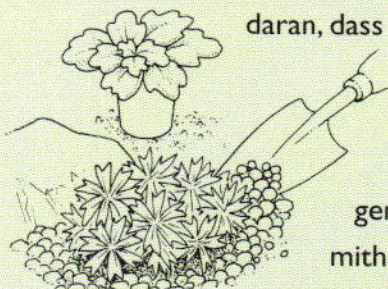

▶ *Die gefüllte Schneeglöckchensorte* Galanthus *'Flore Pleno' erfreut sich aufgrund ihrer zarten, gerüschten Blüten großer Beliebtheit.*

Sommerblühende Zwiebelgewächse pflanzen

Obwohl man bei Zwiebelpflanzen hauptsächlich an den Frühling denkt, gibt es auch viele Arten und Varietäten, die im Sommer prachtvoll blühen. Daher lohnt es sich, ein paar dieser pflegeleichten Pflanzen jetzt zu setzen.

1 Die meisten sommerblühenden Zwiebelgewächse bevorzugen warme, geschützte Standorte. Der Boden sollte gut durchlässig sein, damit die Zwiebeln nicht faulen. Bei schweren Böden groben Sand einarbeiten.

2 Die Zwiebeln sollten gepflanzt werden, sobald sie im Gartencenter erhältlich sind. Nur große, feste und unbeschädigte Exemplare kaufen. Kleine, verschrumpelte Zwiebeln bringen keine schönen Blüten hervor.

3 Mit einem Handspaten ein Loch graben, etwas Sand hineinfüllen und die Zwiebel in das Loch setzen (links). Die ideale Pflanztiefe variiert von Spezies zu Spezies und hängt von der Größe der Zwiebel ab. Als Faustregel gilt jedoch: in zweifacher Zwiebelhöhe einpflanzen.

4 Zwiebeln mit Erde bedecken und leicht andrücken. Danach die Pflanzstelle beschriften, damit die Zwiebeln nicht versehentlich beschädigt werden, bevor ihre Triebe den Boden durchbrechen.

◀ *Leuchtend gelbe Lilien bringen den Garten im Sommer zum Strahlen und können jetzt gepflanzt werden.*

Ziergarten: *Pflanzen und schützen*

Für viele Immergrüne ist die Frühlingsmitte der richtige Zeitpunkt zum Pflanzen, und im Handel gibt es jetzt eine große Auswahl an immergrünen Sträuchern und Bäumen mit und ohne Blüten. Sie sind sowohl interessanter Blickfang als auch Wind- und Sichtschutz.

Immergrüne als Windschutz

Eine Hecke ergibt meistens einen besseren Windschutz als ein massives Gartenelement (wie etwa eine Mauer oder ein Paneelzaun), da sie halb durchlässig ist und den Wind filtert, statt ihn über das Hindernis zu lenken und nach unten zu verwirbeln. Dabei kann die Gestalt der Hecke von formal bis natürlich variieren – je nach Gartenstil. Die folgenden Pflanzen eignen sich besonders gut:

Formale Hecken

Stechpalme *(Ilex)*: viele Sorten, einige panaschiert und mit Früchten.
Japanischer bzw. kalifornischer Liguster *(Ligustrum ovalifolium)*: weit verbreitet, die panaschierte Sorte 'Aureum' ist farbenfroh.
Kirschlorbeer *(Prunus laurocerasus)*: große, glänzende, dunkelgrüne Blätter.

Frei wachsende Hecken

Sauerdorn *(Berberis x stenophylla)*: im Frühling mit goldgelben Blüten übersät.
Andenstrauch *(Escallonia macrantha)* und Hybriden: kleine, glänzende Blätter und rosafarbene oder rote, engröhrige Blüten im Frühsommer; relativ empfindlich.
Feuerdorn *(Pyracantha rogersiana)*: hellgrüne Blätter, weiße Blüten und farbenfrohe Beeren.

Immergrüne zur Geltung bringen

Immergrüne Pflanzen verleihen jedem Garten das ganze Jahr über Form und Struktur; besonders im Winter sind sie von großem Wert, wenn alle anderen Pflanzen nackt und kahl sind. Aber auch im Frühling und Sommer spielen sie eine wichtige Rolle, vor allem als Hintergrund für bunte Blüten. Viele Immergrüne wie etwa Andenstrauch *(Escallonia)*, Orangenblume *(Choisya)*, Duftblüte *(Osmanthus)* und Säckelblume *(Ceanothus)* sind relativ kälte- und windempfindlich, sodass man sie am besten in der Frühlingsmitte und nicht während der Ruheperiode einpflanzt. Achten Sie auf einen geschützten Standort mit durchlässigem Boden.

▲ Immergrüne Hecken sind sowohl nützlich als auch dekorativ, vor allem, wenn man sie sorgfältig schneidet.

▶ Eine Mischung aus immergrünen und Laub abwerfenden Gewächsen verleiht dem Garten das ganze Jahr über Struktur und Farbe.

Immergrüne einpflanzen

Wurzelnackte, Laub abwerfende Sträucher sollten während der Ruheperiode gepflanzt werden, aber für immergrüne Gewächse ist die Frühlingsmitte besser geeignet. Da in dieser Jahreszeit trockenes Wetter überwiegt, müssen Sie darauf achten, dass Ihre Immergrünen in den Wochen nach der Pflanzung nicht austrocknen.

1 Den zukünftigen Standort sorgfältig umgraben und etwas gut zersetztes organisches Material wie Gartenkompost oder Stallmist bzw. ein Markensubstrat hinzufügen.

2 Ein Pflanzloch graben, das so tief ist, dass sich die Oberfläche des Wurzelballens später auf einer Höhe mit der Erdoberfläche befindet. Die Erde am Grund der Grube auflockern.

3 Immergrüne sind häufig als Ballenpflanze erhältlich, bei der der Wurzelballen von einem Netz zusammengehalten wird. Die Pflanze inklusive der Umhüllung in das Loch setzen, das Netz entfernen (links) und das Loch mit Erde auffüllen. Andrücken nicht vergessen.

4 Immergrüne sind besonders windanfällig, da ihr Blattwerk zur Pflanzzeit voll entwickelt ist. Der Wind entzieht den Blättern Feuchtigkeit, sodass sie austrocknen und abfallen können. Immergrüne an exponierten Standorten mit einem provisorischen Windschutz versehen.

5 Die neu gepflanzten Sträucher gründlich gießen. Auch in den darauf folgenden Frühlings- und Sommerwochen muss, außer bei feuchten Witterungsverhältnissen, regelmäßig gewässert werden. Die Erde darf auf keinen Fall austrocknen, solange die Pflanze sich nicht etabliert hat.

Ziergarten: *Pflanzenschutz*

Im Frühling nimmt der Schutz der Pflanzen vor Schädlingen und Krankheiten viel Zeit in Anspruch. Dabei sind Schnecken ein besonders hartnäckiges Problem. Auch Rosen müssen regelmäßig gegen Krankheiten behandelt werden, und der Kampf gegen das Unkraut geht unvermindert weiter.

Pflanzen vor Schnecken schützen

Schnecken sind unersättliche Pflanzenfresser und können im Garten enormen Schaden anrichten. Schneckenkorn ist zwar effektiv, gefährdet aber auch Wild- und Haustiere.

Eine Alternative besteht darin, die Schnecken in eine Falle zu locken. Platzieren Sie flache Schalen mit Bier so zwischen die Pflanzen, dass die Schnecken davon angelockt werden und darin ertrinken (der Rand sollte allerdings hoch genug sein, dass nützliche Insekten nicht das gleiche Schicksal erleiden). Sie können aber auch ausgepresste Orangen- oder Grapefruitschalen mit der Schnittfläche nach unten auf den Grund legen. Die angelockten Schnecken müssen am darauf folgenden Morgen beseitigt werden. In manchen Fällen hilft auch Aluminiumsulfat.

Eine vielversprechende neue Methode besteht darin, die Schnecken auf biologische Weise zu bekämpfen; dabei wird ein Fadenwurm namens *Phasmarhabditis hermaphrodita* eingesetzt. Da der Boden dazu warm sein muss, eignet sich diese natürliche Maßnahme nur von der Frühlingsmitte bis zum Ende des Sommers.

◄ *Schnecken fressen meist im Schutz der Dunkelheit und können selbst üppiges Blattwerk über Nacht vollkommen kahl fressen, vor allem bei feuchter Witterung.*

Rosen auf Krankheiten überprüfen

Rosen werden vor allem von drei Krankheiten befallen: Sternrußtau, Mehltau und Rost. Sternrußtau lässt sich leicht an schwarzen, unregelmäßig geformten Flecken auf den Blättern erkennen, die zudem meist frühzeitig abfallen. Mehltau überzieht junge Blätter mit einer weißen pudrigen Schicht und lässt die Blüten verkümmern. Rost erkennt man dagegen nicht immer sofort: Auf der Unterseite der Blätter bilden sich kleine, orangefarbene, sporengefüllte Pusteln, und die Blattoberseite zeigt eine entsprechende hellgelbe Verfärbung. Die Blätter fallen frühzeitig ab, und die ganze Pflanze wird erheblich geschwächt.

Untersuchen Sie die Blätter (einschließlich der Unterseiten) regelmäßig auf Krankheiten, und ergreifen Sie bei den ersten Anzeichen geeignete Gegenmaßnahmen. Im Handel sind verschiedene Fungizide erhältlich, die man regelmäßig abwechseln sollte, um gute Ergebnisse zu erzielen.

Unkraut jäten und verhindern

Während dieser Jahreszeit gedeiht einfach alles im Garten – vor allem Unkraut. Es ist sehr wichtig, dass Sie diese Wildkräuter regelmäßig entfernen, nicht nur damit der Garten gepflegter wirkt, sondern auch, weil Ihre Kulturpflanzen nur so genügend Feuchtigkeit, Nährstoffe und Licht erhalten.

1 Unkraut beseitigt man am besten, solange es noch klein ist und man mit einer Schuffel gute Ergebnisse erzielt (links). Einen trockenen, windigen Tag wählen, damit die Pflanzen rasch welken und absterben. Die Schuffel so halten, dass die scharfe Schnittkante parallel zur Erdoberfläche geführt wird und die Wurzeln durchtrennt.

2 Wenn das Unkraut zwischen den Kulturpflanzen wächst, besteht beim Schuffeln die Gefahr, auch die erwünschten Pflanzen zu beschädigen. In diesem Fall eine Handgabel zum Jäten tief wurzelnder Wildkräuter verwenden.

3 Chemische Unkrautvernichter sind häufig sehr effektiv (links). Kontaktherbizide töten zwar die Blätter, die man damit besprüht, aber nicht die Wurzeln. Daher eignen sie sich für junge einjährige Wildkräuter, nicht aber für tief wurzelndes Unkraut, das wieder nachwächst.

4 Bei systemischen Herbiziden wird der Wirkstoff in alle Pflanzenteile, einschließlich der Wurzeln geleitet; sie eignen sich am besten für hartnäckige Unkräuter wie Ackerwinde *(Convolvulus)* und Quecke *(Agropyron)*. Diese Mittel dürfen nicht versehentlich auf Kulturpflanzen gelangen.

5 Sobald die Erdoberfläche vom Unkraut befreit ist, eine dicke Schicht Rindenmulch darüber geben (oben). Dies verhindert die Keimung von Unkrautsamen in der obersten Erdschicht; außerdem lassen sich Wildkräuter, die trotzdem durch die Mulchschicht brechen, leichter herausziehen.

◀ *Eine Handgabel hilft beim Heraushebeln tief wurzelnder Wildkräuter. Verbleiben Wurzelreste im Boden, wächst das Unkraut schnell nach.*

Ziergarten: *Pflanzen der Jahreszeit*

Nun beginnen auch viele Bäume und Sträucher zu sprießen, und so manche Beetpflanze bringt ihre ersten Blüten hervor, nachdem die ersten frühlingsblühenden Zwiebelgewächse ihre Hochzeit bereits hinter sich haben.

▼ *Die meisten Wolfsmilchgewächse (Euphorbia) bringen mit ihren gelbgrünen Blütenköpfen den Garten zum Leuchten, während die stahlblauen Blätter auch im Winter für Farbe sorgen.*

Bäume und Sträucher

Acer pseudoplatanus 'Brilliantissimum' (Bergahorn), *A. rubrum* (Rotahorn)
Amelanchier lamarckii (Kupferfelsenbirne)
Berberis darwinii (Sauerdorn, Berberitze)
Ceanothus (Säckelblume)
Clematis alpina (Alpenwaldrebe)
Cytisus x *praecox* (Elfenbeinginster)
Daphne burkwoodii (Burkwoods Seidelbast), *D. cneorum* (Rosmarinseidelbast)
Forsythia (Forsythie)
Kerria japonica (Japanisches Goldröschen)
Magnolia stellata (Sternmagnolie)
Malus (Apfel, Holzapfel)
Osmanthus burkwoodii, O. delavayii (Duftblüte)
Pieris (Lavendelheide)
Prunus (Zierkirsche, Pflaume ...)
Rhododendron (Rhododendron)
Ribes sanguineum (Blutjohannisbeere)
Rosmarinus officinalis (Rosmarin)
Spiraea × *arguta* (Brautspierstrauch)
Ulex europaeus (Gewöhnlicher Stechginster)
Vinca major, V. minor (Immergrün)

▲ *An exponierten Standorten leiden die prächtigen Blütenkelche der* Magnolia x soulangiana *häufig unter späten Nachtfrösten.*

▼ *Die Blutjohannisbeere* (Ribes sanguineum) *ist ein pflegeleichter Strauch mit attraktiven rosaroten Blüten und duftendem Blattwerk.*

Stauden und Beetpflanzen

Aubrieta (Blaukissen)
Aurinia saxatilis (Felsensteinkraut)
Bellis perennis (Gänseblümchen)
Bergenia (Bergenie)
Doronicum (Gemswurz)
Epimedium (Elfenblume)
Erysimum cheiri (Goldlack)
Euphorbia characias, E. polychroma (Wolfsmilch)
Helleborus orientalis (Orient. Nieswurz)
Iberis sempervirens (Immergr. Schleifenblume)
Myosotis (Vergissmeinnicht)
Primula (Primel)

Zwiebelpflanzen

Anemone (Windröschen)
Bulbocodium vernum (Lichtblume)
Chionodoxa (Schneestolz)
Convallaria majalis (Maiglöckchen)
Erythronium revolutum (Forellenlilie)
Fritillaria imperialis (Kaiserkrone), *F. meleagris* (Schachbrettblume)
Leucojum vernum (Märzenbecher)
Muscari (Traubenhyazinthe)
Narcissus (Narzisse)
Tulipa (Tulpe)

Rasenflächen

Der Rasen ist ein wichtiger Bestandteil des Gartens, da er einen ruhigen, grünen Hintergrund für die leuchtenden Farben von Beetpflanzen und Blüten bildet. Manchen Rasenflächen sieht man die Strapazen des Winters an. Mit etwas Unterstützung erstrahlen sie bald wieder.

Rasendünger ausbringen

Im Frühling kurbelt ein stickstoffreicher Dünger das Wachstum der Grashalme an und sorgt für eine kräftig grüne Farbe, während die ebenfalls im Rasendünger enthaltenen Wirkstoffe Phosphat und Kalium das Wurzelwachstum fördern und die Widerstandsfähigkeit gegen Krankheiten und widrige Witterungsbedingungen verbessern.

Dünger ist in Form von Pulver, Granulat und als Flüssigdünger erhältlich. Flüssigdünger lassen sich mit einer Düngemittelspritze auftragen; sie zeigen zwar eine rasche Wirkung, können aber bei großen Rasenflächen sehr teuer werden. Düngerpulver oder -granulat wird von Hand aufgetragen. Allerdings ist es recht schwierig, einen solchen Dünger gleichmäßig zu verteilen, sodass der Rasen eventuell fleckig wird. Am besten verwenden Sie einen Streuwagen, der den Dünger gleichmäßig abgibt.

▼ *Die Frühlingsmitte ist ideal, um neuen Rasen anzulegen. Der Boden wird sorgfältig vorbereitet, bis er eine feinkrümelig ist.*

Rasenunkräuter entfernen

Wenn der Rasen nur an vereinzelten Stellen Unkraut aufweist, können die unerwünschten Pflanzen entweder mit einem schmalen Handspaten oder einem Unkrautstecher entfernt oder mit speziellen Unkrautvernichtern behandelt werden.

Wenn das Unkraut den ganzen Rasen befallen hat, wird kurz nach dem Düngen der Einsatz eines selektiven Rasenherbizids erforderlich. Sie können aber auch ein Kombinationspräparat aus Rasendünger und Unkrautvernichter verwenden. Achten Sie darauf, dass diese Unkrautvernichter nicht versehentlich auf Ihre Kulturpflanzen oder in den Nachbargarten gelangen. Selbst kleinste, vom Wind fortgetragene Mengen können bei anderen Pflanzen großen Schaden anrichten.

▶ *Bei warmem, feuchtem Frühlingswetter keimen die Grassamen rasch; daher eignet sich diese Jahreszeit gut zur Reparatur kahler Stellen.*

Rasen mähen und Kanten trimmen

Ein perfekt gepflegter, smaragdgrüner, samtiger Rasen ist das Ideal vieler Gärtner – aber nur die wenigsten scheinen dieses Ziel zu erreichen. Dabei kann man mit der richtigen Rasenpflege und Mähtechnik die Qualität eines Rasens erheblich verbessern.

1 Da das Gras jetzt schnell wächst, sollte der Rasen einmal wöchentlich gemäht werden, zweimal pro Woche, wenn der Sommer näher rückt. Vor dem Mähen Steine, Tannenzapfen, Stöcke und anderen Unrat entfernen und warten, bis der Morgentau getrocknet ist.

2 Die Klingen auf die richtige Länge einstellen (rechts); viel zu häufig wird der Rasen regelrecht skalpiert. In dieser Jahreszeit sollte das Gras nach dem Mähen mindestens noch 20–30 mm Länge aufweisen und im Sommer dann mindestens 15 mm (besser 20 mm).

3 Den Rasen in parallelen Streifen auf- und abmähen. Wenn Sie einen Spindelmäher mit Walze verwenden, entstehen die bei vielen Gartenbesitzern beliebten hellen und dunklen Streifen. Diese Streifen sollten möglichst gerade und gleichmäßig verlaufen.

4 Den Rasen beim nächsten Mähen quer zur letzten Mährichtung schneiden. Eine andere Richtung bei jedem Schnitt garantiert eine glatte Rasenfläche und verhindert das Wachstum von Unkraut.

5 Nach dem Mähen die Kanten mit einem langen Kantenschneider oder einer Kantenschneidemaschine schneiden und trimmen. Falls die Rasenkanten ungleichmäßig und schadhaft sind, können Sie sie nun mit einem Halbmond-Kantenstecher begradigen.

Nutzgarten: *Pflanzen und säen*

Planen Sie die Gemüseaussaat so, dass Sie während des ganzen Sommers ernten können und nie von einer Gemüsewelle überflutet werden. Das gilt besonders für Gemüse, das sich nur kurze Zeit nutzen lässt, wie etwa Salat, der bald Samen bildet, oder Erbsen, die zäh werden.

Weiterhin Gemüse säen

Je wärmer die Tage, desto mehr Sorten können Sie aussäen. Zu den Pflanzen, die direkt ins Freilandbeet gesät werden, zählen Rote Bete, Mangold, Bohnen, Möhren, Kohlrabi, Kopfsalat, Erbsen, Rettich, Radieschen, Schalotten, Schwarzwurzel, Spinat und Weiße Rüben. Beim Säen sollten Sie so viel Platz zwischen den Reihen lassen, wie die Pflanzen zum Wachstum benötigen.

Einige Gemüsesorten wie etwa Rosenkohl, Brokkoli, Blumenkohl, Sommer-, Herbst- und Winterkohlarten sowie Lauch werden in einem Saatbeet gezogen und später an ihren endgültigen Standort gesetzt.

Gemüse am laufenden Band

„Wenig, aber oft" ist das Motto der Aussaat im Gemüsebeet.

Denn nur so steht Ihnen immer frisches und zartes Gemüse zur Verfügung. Die folgenden Gemüsesorten eignen sich besonders für mehrmalige Aussaat: Rote Bete, Kohl, Möhren, Blumenkohl, Salat, Erbsen, Rettich, Radieschen, Spinat und Weiße Rüben.

Säen Sie das Gemüse in kurzen Reihen im Abstand von zwei bis vier Wochen, oder nehmen Sie verschiedene Varietäten, die zu unterschiedlichen Zeiten heranwachsen.

◀ *Halten Sie den Gemüsegarten unkrautfrei und stützen Sie die Pflanzen, die es brauchen, möglichst früh.*

Tochterzwiebeln setzen

Zwiebeln lassen sich leicht aus Steckzwiebeln (kleine, unreife Brutzwiebeln) ziehen. Kaufen Sie am besten nur wärmebehandelte Steckzwiebeln, da das Schossrisiko bei ihnen nicht so groß ist wie bei unbehandelten Exemplaren.

1 Die Steckzwiebeln benötigen einen freien Standort und fruchtbare, feinkrümelige Erde (rechts). Unmittelbar vor dem Setzen der Zwiebeln etwas Universaldünger unter die Erde geben.

2 Die Zwiebeln mit 5–10 cm Abstand und 25 cm Reihenabstand pflanzen (je größer der Abstand, desto größer werden die Zwiebeln). Die Pflanzlöcher sollten so tief sein, dass die Spitzen der Zwiebeln gerade aus der Erde ragen.

3 Bei besonders leichtem Boden können die Zwiebeln in die Erde gedrückt werden. Auf den richtigen Abstand achten (links). Bei schweren Böden Pflanzlöcher ausheben, da sonst die Erde unter den Zwiebeln zusammengepresst wird. So können die Wurzeln nicht tiefer eindringen und schieben die Zwiebeln selbst nach oben.

4 Um zu verhindern, dass Vögel die frisch gepflanzten Zwiebeln aus der Erde ziehen, die abgestorbenen, braunen Spitzen der Steckzwiebeln mit einer Schere oder Gartenschere abschneiden (unten).

5 Die Zwiebeln nach dem Pflanzen gießen und von Unkraut freihalten. Wärmebehandelte Steckzwiebeln brauchen häufig etwas länger zum Wachstum als unbehandelte, holen dann aber rasch auf.

◀ *In der Frühlingsmitte gepflanzte Tochterzwiebeln entwickeln sich im Gemüsegarten mühelos zu perfekten, goldglänzenden Zwiebeln.*

Bestäubung

Pflanzen vermehren sich durch geschlechtliche Fortpflanzung und zwar mithilfe von Samen, die möglichst weit verbreitet werden sollten. Im Gegensatz zu anderen Lebewesen ist eine Pflanze jedoch an ihren Standort gebunden. Daher besteht einer ihrer wichtigsten Verbreitungsstrategien darin, Tiere und Vögel zu „ermuntern", ihre Samen mitzunehmen, etwa weil das Samenkorn von einer süßen, saftigen Frucht umgeben ist.

▲ *Apfelblüten müssen bestäubt werden, damit sie Früchte tragen. Es empfiehlt sich, mindestens zwei kompatible Varietäten zu pflanzen.*

Aus diesem Grund ist die Fruchtbildung im Allgemeinen untrennbar mit der geschlechtlichen Fortpflanzung und der Samenproduktion verbunden. Um aber Samen bilden zu können, müssen erst Pollenkörner von den männlichen Teilen einer Blüte auf die Narbe gelangen, die sich auf dem Fruchtknoten befindet, dem weiblichen Teil der Blüte. Dieser Vorgang heißt Bestäubung.

Nach der Bestäubung folgt die Befruchtung. Dabei verschmelzen die männlichen und weiblichen Zellen und bringen einen Keimling oder Samen hervor, der zur Frucht anschwillt. Ohne Bestäubung und Befruchtung bildet sich im Allgemeinen keine Frucht.

Fremdbestäubung und Selbstbestäubung

Viele Blüten benötigen für die Bestäubung keine fremde Hilfe, da die meisten Pflanzenarten sowohl männliche als auch weibliche Teile in ihren Blüten tragen (allerdings gibt es auch getrennte männliche und weibliche Blüten, manchmal an ein und derselben Pflanze, manchmal an individuellen Exemplaren). Gelegentlich kann der Pollen die weiblichen Zellen der gleichen Blüte bestäuben (Selbstbestäubung), doch die meisten Blüten sind „selbstunverträglich". Das bedeutet, dass der Pollen von einer anderen Blüte, einer anderen Pflanze oder einer Varietät der gleichen Spezies stammen muss (Fremdbestäubung).

Viele Obstbäume, wie Apfel und Birne, sind auf Fremdbestäubung angewiesen, um eine Fülle von Früchten hervorzubringen. Zwar sind einige Varietäten zum Teil selbstfruchtbar, so dass sie selbst dann eine kleine Menge von Früchten produzieren, wenn sich in der Nähe kein anderer Obstbaum befindet, aber eine große Ernte wird nur durch Fremdbestäubung erreicht. Da in vielen Fällen Insekten die Bestäubung übernehmen, sollten die Bäume in Flugabstand zu einem geeigneten Partnerbaum stehen.

Bestäubungspartner

Die beiden Varietäten einer Baumart, die einander als Bestäubungspartner dienen sollen, müssen miteinander kompatibel sein und zur gleichen Zeit blühen. Einige Sorten können sich nicht gegenseitig bestäuben, wie etwa 'Cox Orange'. In Pflanzenkatalogen erfahren Sie Einzelheiten über die Blütezeit, die meist in früh, Mitte und spät unterteilt und mit den Zahlen 1, 2 und 3 angegeben wird. Am besten entscheiden Sie sich für zwei Varietäten aus der gleichen Bestäubungsgruppe. Die Blütezeiten von Sorten aus benachbarten Gruppen überschneiden einander häufig, sodass auch hier mit einer guten Ernte gerechnet werden darf, aber Varietäten aus Gruppe 1 können keine Sorten aus Gruppe 3 bestäuben und umgekehrt.

Manche Apfel- und Birnensorten besitzen einen zusätzlichen Chromosomensatz und werden als „triploid" (mit dreifachem Chromosomensatz) bezeichnet. Diese Pflanzen (etwa 'Alexander Lukas'-Birnen oder 'Boskoop'-Äpfel) können keine anderen Varietäten bestäuben und müssen ihrerseits von zwei Sorten befruchtet werden.

Handbestäubung

Wenn keine Insekten zur Verfügung stehen, müssen die Blüten bestimmter Obstbäume von Hand bestäubt werden, etwa wenn sie sehr früh im Jahr blühen, oder falls sie im Gewächshaus oder Wintergarten gedeihen. Meistens handelt es sich um Pfirsich-, Aprikosen- und Nektarinenbäume. Da sie selbstfruchtbar sind, können sie mit Pollen des gleichen Baumes bestäubt werden. Warten Sie jedoch, bis sich mehrere Blüten geöffnet haben und der Pollen an den Staubbeuteln sichtbar ist. Dann streichen Sie mit einem feinen Pinsel behutsam über jede Blüte und übertragen so den Pollen von einer Blüte zur anderen.

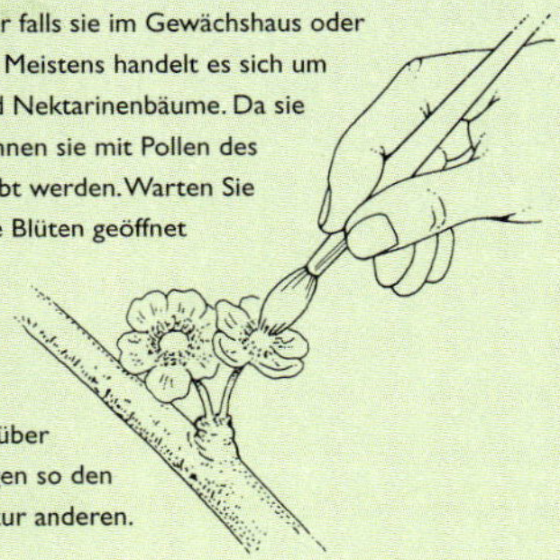

Schutz bestäubender Insekten

Bienen und andere Insekten sind wichtige Bestäuber von Obstbäumen. Daher sollten Sie Ihre Pflanzen während der Obstblüte niemals mit Insektenspray besprühen.

▼ *Birnenblüten: Birnbäume müssen fremdbestäubt werden, um genügend Früchte hervorzubringen.*

Gewächshaus: *Allgemeine Aufgaben*

Sobald die Frostgefahr vorüber ist, können Sie Ihre Treibhauspflanzen ins Freie setzen. Allerdings sollten Sie sie vorher abhärten. Manche Pflanzen müssen jetzt auch in größere Töpfe gesetzt werden, und bei zunehmender Sonneneinstrahlung sollten Sie Ihr Gewächshaus beschatten.

Junge Pflanzen abhärten

Pflanzen, die direkt vom Treibhaus an ihren endgültigen Standort im Garten gesetzt werden, scheinen eine Weile jegliches Wachstum einzustellen, bis sie sich den veränderten Umweltbedingungen angepasst haben. Doch damit verlieren sie häufig ihren Vorsprung, den sie durch die schützende Gewächshausumgebung gewonnen hatten.

Daher sollten Sie Ihre Pflanzen über einen Zeitraum von ein bis zwei Wochen an die Freilandbedingungen gewöhnen. Diesen Vorgang bezeichnet man als „abhärten". Am besten transportieren Sie die Pflanzen vom beheizten Gewächshaus in ein unbeheiztes Frühbeet – auch Kalter Kasten genannt –, dessen Abdeckung zunächst geschlossen, dann aber für immer längere Perioden offen bleibt. Falls Sie kein Frühbeet besitzen, können Sie die Pflanzen während der warmen Tagesstunden an einen geschützten Standort im Garten stellen und sie wieder hereinholen, sobald es kühler wird. Steigern Sie die Länge der Aufenthalte im Freiland allmählich, bis die Pflanzen ihren endgültigen Standort beziehen.

◄ *Beetpflanzen sollten ausreichend abgehärtet werden, bevor sie an ihren endgültigen Standort im Garten gesetzt werden.*

Gewächshaus-temperatur prüfen

Obwohl es inzwischen wärmer ist, wäre es noch viel zu früh, die Heizung im Gewächshaus nachts abzustellen. Die Temperatur darf auf keinen Fall unter die Frostgrenze fallen. Ein vernünftiger Thermostat sorgt dafür, dass die Heizung erst bei niedrigen Temperaturen anspringt und keine Energie verschwendet wird. An besonders warmen Tagen muss das Gewächshaus ausreichend belüftet werden. Falls Sie tagsüber nicht nach Ihrem Garten sehen können, sollten Sie die Lüftungsklappen offen lassen – es sei denn, es friert oder Sie besitzen einen automatischen Öffner.

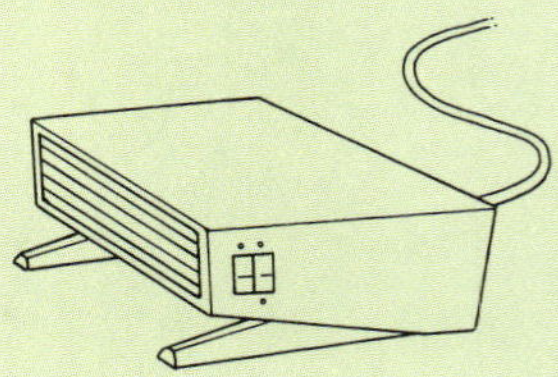

Sämlinge und Jungpflanzen umtopfen

Milde Temperaturen und mehr Sonnenstunden lassen die Pflanzen im Gewächshaus schnell wachsen. Setzen Sie daher Sämlinge und Jungpflanzen bald in größere Töpfe – je länger Sie mit dem Umtopfen warten, desto langsamer wachsen Ihre Pflanzen. Aber achten Sie darauf, die empfindlichen Wurzeln nicht zu beschädigen.

Gewächshaus-Beschattung

Durch das Glashaus einfallendes Sonnenlicht ist so stark, dass es die Blätter vieler Pflanzen versengen kann. Daher sollten Sie jetzt wenigstens einen Teil des Gewächshauses beschatten; beginnen Sie dabei mit den Dachflächen, und beschatten Sie auch die Seiten, wenn es noch wärmer wird. Im Handel sind unterschiedliche Formen von Beschattungen erhältlich, wie etwa Außen- oder Innenrollos, Kunststoffgeflecht und Schattierfarben. Manche Farben werden bei Feuchtigkeit lichtdurchlässiger, sodass an trüben, regnerischen Tagen automatisch mehr Licht einfällt.

1 Die Größe des Topfes richtet sich nach der Größe der Pflanze, aber Behältnisse mit einem Durchmesser von 8 cm eignen sich im Allgemeinen gut als Ersttopf. Vereinzelte Pflanzen können in die nächsthöhere Topfgröße umziehen, aber auf keinen Fall in noch größere Gefäße.

2 Sämlinge nur an den Keimblättern anfassen, da die jungen Keimlingssprossen sehr leicht beschädigt werden. Topf mit Substrat füllen und mit einem Pflanzholz ein Loch hineinbohren (oben). Den Sämling in das Loch setzen und die Erde leicht andrücken.

3 Die Pflanzen können umgetopft werden, sobald ihre Wurzeln durch die Löcher im Topfboden wachsen (oben). Sämlinge ein paar Stunden vor dem Umtopfen gießen, den Topf über Kopf gegen eine harte Fläche klopfen, um den Wurzelballen herauszulösen.

4 Den Boden des neuen Topfes mit Substrat füllen und den Wurzelballen darauf setzen. Mit Blumenerde auffüllen, diese fest andrücken und gießen. Die Töpfe ein bis zwei Tage an einen halbschattigen Standort stellen, damit sich die Pflanzen etwas erholen können.

Gewächshaus: *Pflanzen und säen*

Das Jahr ist weit genug fortgeschritten, dass man auch empfindlichere Gemüsesorten wie Melonen und Stangenbohnen säen kann. Sobald die Frostgefahr vorüber ist, können Stangenbohnen im Freiland ausgesät werden, während Melonen vielerorts am besten im Gewächshaus gedeihen.

◀ *Melonen sollten jetzt ausgesät werden. Ihre Wachstumsbedingungen müssen den Möglichkeiten Ihres Gewächshauses entsprechen.*

Melonen säen

Einige Melonen-Varietäten eignen sich sogar für die Aussaat im Frühbeet oder im Freiland – selbst in relativ kühlen Regionen. Die süßen, aromatischen Früchte bieten im Sommer eine willkommene Erfrischung. Füllen Sie 8 cm große Töpfe mit Anzuchterde, und geben Sie je zwei Samen hinein. Die Samen sind kleiner als Gurkensamen, sollten aber genau wie diese seitlich in die Erde gelegt werden, damit sie nicht zu schnell verfaulen. Als Keimtemperatur empfiehlt sich 18–24 °C. Die Pflanzen werden im Grunde wie Gewächshausgurken gezogen, müssen aber bestäubt werden. Zu den kälteunempfindlicheren, für die Freilandkultur geeigneten Sorten (in kalten Regionen im Frühbeet oder unter einer Haube) zählen 'Sweet Granite', 'Ambrosia Hybrid', 'Crème de la Crème Hybrid', 'Honey Pearl' und 'Supersun Hybrid'. Am besten lassen Sie sich in Ihrem örtlichen Gartencenter beraten.

Busch- und Stangenbohnen in Töpfe säen

Obwohl Busch- und Stangenbohnen auch direkt ins Freiland gesät werden können, lassen sich unter Glas gezogene Pflanzen viel früher ernten. Buschbohnen haben kleine Samen und können zu etwa 18 Pflänzchen in Saatschalen gesetzt werden. Dagegen gedeihen Stangenbohnen in Einzeltöpfen von 8 cm Durchmesser besser. Pflanzgefäße mit Anzuchterde füllen, andrücken und die Samen einzeln in die Erde schieben, bis sie unter der Oberfläche liegen. Mit einer transparenten Haube abdecken.

▶ *In der Frühlingsmitte können im Gewächshaus Tomaten gepflanzt werden. Achten Sie auf Anzeichen von Krankheiten oder Schädlingen.*

Tomaten im Randbeet des Gewächshauses pflanzen

Tomaten zählen zu den beliebtesten Gewächshauspflanzen und sorgen im Sommer für ertragreiche Ernten. Die Jungpflanzen können an ihren endgültigen Standort gesetzt werden, sobald am unteren Fruchtstand die ersten Blüten erscheinen.

1 Die Randbeete im Gewächshaus eignen sich gut für die Tomatenzucht, da die Pflanzen hier weniger unter Wassermangel leiden als in Einzeltöpfen. Allerdings benötigen sie ein nährstoffreiches Substrat mit gut verrottetem Stallmist oder Kompost.

2 Den Topf umdrehen und kräftig gegen den Topfboden klopfen, um die Tomatenpflanze herauszulösen. Mit einem Handspaten ein Loch in das Randbeet graben, die Pflanze hineinsetzen und fest andrücken (rechts). Gründlich gießen.

3 Im Gewächshaus werden Tomaten meist als Spaliertomaten gezogen, die eine Rankhilfe benötigen, an der man den Haupttrieb im Laufe des Wachstums immer wieder befestigt (links). Den Trieb nicht zu fest anbinden und beschädigen.

4 Sie können die Tomaten aber auch an Drähten oder Gartenschnur ziehen (unten). Ein Stück Gartenschnur im Boden verankern oder lose unterhalb des untersten Blatts um den Tomatentrieb wickeln. Das andere Schnurende hochführen und befestigen. Den Haupttrieb regelmäßig um die Schnur winden.

5 Pflanzsäcke sind eine beliebte Alternative zur Pflanzung im Randbeet. Zwei bis drei Tomatenpflanzen in jeden Sack setzen. Die Folie kreuzförmig einschneiden und zurückklappen, so dass ein Pflanzloch entsteht. Häufig gießen.

Spätfrühling

In dieser Jahreszeit ist das Wetter in der Regel mild und bereits recht sonnig. Die Frühlingsblüten mischen sich mit den ersten Sommerblumen, und das Blattwerk von Bäumen und Sträuchern wirkt noch immer wundervoll frisch. Für Gärtner sind die letzten Wochen des Frühlings ein Hochgenuss.

In vielen Regionen ist die Frostgefahr gegen Ende des Spätfrühlings endgültig vorüber, doch zu Beginn dieser Periode sollte man noch auf der Hut sein, vor allem in kühleren Klimazonen. Und wenn Ihr Garten in einer Frostsenke liegt, müssen Sie besonders vorsichtig sein.

Der Spätfrühling ist der richtige Zeitpunkt zur Bepflanzung von Blumenampeln, Balkonkästen und Kübeln, die im Garten und um das Haus herum für einen farbenfrohen Blickfang sorgen. Im Gartencenter sind jetzt von vielen Kübelpflanzen auch neue und ungewöhnliche „Patio"-Sorten erhältlich. Wenn Sie diese kleinwüchsigen Pflanzen setzen, sollten Sie sie zunächst ein paar Tage abdecken oder an einen geschützten Standort bringen. Die Frühlingsbeetpflanzen haben ihren Zenit inzwischen überschritten und müssen entfernt werden, um Platz für die Sommerblumen zu schaffen. Aber vergessen Sie nicht, bereits jetzt Beetpflanzen für den nächsten Frühling zu säen.

Obwohl die Pflanzen nun kräftig wachsen, müssen sie gedüngt und von Unkraut befreit werden, und eventuellen Schädlingsbefall sollte man sofort behandeln. Im Nutzgarten können empfindliche Gewächse wie Stangen- und Buschbohnen sowie Zucchini jetzt problemlos im Freien ausgesät werden.

Zu guter Letzt ist der Spätfrühling die ideale Jahreszeit zum Anlegen eines Teichs, der jedem Garten ein Gefühl der Ruhe und Entspannung verleiht, was durch das leise Plätschern eines Springbrunnens oder kleinen Wasserfalls noch zusätzlich verstärkt wird.

▶ *Sobald die Frostgefahr vorüber ist, verleihen sorgfältig bepflanzte Kübel jeder Terrasse zusätzliche Farbe.*

Arbeiten im Spätfrühling

▲ Bepflanzen Sie Ihre Kübel mit verschiedenen attraktiven Blütenpflanzen.

Allgemeines:

- *Alle Pflanzen auf Schädlingsbefall überprüfen und umgehend behandeln,*
- *kräftig wachsende Pflanzen regelmäßig düngen,*
- *ausdauernde Unkräuter mit einem Herbizid behandeln.*

Ziergarten:

- *Blumenampeln, Balkonkästen und Kübel bepflanzen,*
- *Beetpflanzen stützen,*
- *Unkraut zwischen den Sämlingen von Einjährigen entfernen, Sämlinge ggf. vereinzeln,*
- *Frühlingsbepflanzung entfernen,*
- *Sommerblumen pflanzen,*
- *Dahlien setzen,*
- *verwelkte Narzissenblüten (Narcissus) entfernen, aber das Laub einziehen lassen,*
- *winterblühende Stiefmütterchen (Viola) und Zweijährige wie Schöterich (Erysimum), Bartnelke (Dianthus barbatus) und Vergissmeinnicht (Myosotis) säen,*
- *frisch gepflanzte Bäume und Sträucher bei trockenem Wetter gründlich gießen,*
- *immergrüne Hecken gegebenenfalls schneiden.*

Rasenflächen:

- *Die Klingen des Rasenmähers auf eine kürzere Schnitthöhe stellen,*
- *Rasenunkräuter mit einem geeigneten Herbizid bekämpfen.*

Wassergarten:

- *Neue Teiche anlegen und bepflanzen, Fische erst einsetzen, wenn die Pflanzen angeschlagen sind,*
- *bei bestehenden Gartenteichen die Pflanzen teilen und neue Varietäten einsetzen,*
- *Fische mäßig füttern,*
- *Seerosenblätter auf Blattläuse überprüfen und befallene Blätter untertauchen, sodass die Fische sie fressen können.*

▼ Etwas Stroh rund um die Erdbeerpflanzen schützt die Früchte vor Schneckenfraß und Schmutz.

Nutzgarten:

- *Ausgiebig gießen, um eine reiche Ernte zu erzielen,*
- *weiterhin verschiedene Gemüsesorten säen,*
- *abgehärtete Busch- und Stangenbohnen ins Freie setzen, sobald die Frostgefahr vorüber ist. Busch- und Stangenbohnen im Garten säen,*
- *in Reihen stehende Sämlinge vereinzeln. Möhren abends pikieren, um keine Möhrenfliegen anzulocken. Erbsenpflanzen stützen,*
- *Gemüse in Töpfe und Pflanzsäcke setzen,*
- *Pflaumenbäume auf Bleiglanzbefall überprüfen,*
- *Pheromonfallen gegen Schäden durch den Apfelwickler aufhängen,*
- *Erdbeerpflanzen in Stroh betten und mit Netzen vor Vögeln schützen.*

Gewächshaus:

- *Mit zunehmend warmem Wetter häufiger gießen und lüften,*
- *Gurken, Melonen und Tomaten erziehen und stützen,*
- *weiterhin Sämlinge pikieren und bewurzelte Stecklinge in größere Töpfe setzen,*
- *das Höhenwachstum bei Pelargonien und Fuchsien begrenzen (Vegetationspunkte ausknipsen), sodass die Pflanzen buschiger wachsen.*

Ziergarten: *Allgemeine Arbeiten*

Winterharte Einjährige gedeihen in dieser Jahreszeit ganz prächtig. Stauden benötigen jetzt etwas Pflege, damit sie ihre Form behalten. Wenn Sie Sträucher vermehren möchten, versuchen Sie es mit Absenkern. Auch die Zahl der Schädlinge nimmt bei warmem Wetter leider von Tag zu Tag zu.

Pflanzen auf Schädlingsbefall überprüfen

Zu den hartnäckigsten Schädlingen zählt der Gefurchte Dickmaulrüssler. Zwar sind Gewächshauspflanzen am meisten gefährdet, aber die geschlechtsreifen Dickmaulrüssler verbreiten sich bei warmem Wetter auch im Freien (der Höhepunkt liegt zwischen Frühsommer und Herbstmitte). Man erkennt ihre nächtlichen Aktivitäten am charakteristischen unregelmäßigen Fraß an den Blatträndern. Doch der Schaden, den die Larven anrichten, ist viel schlimmer: Sie ernähren sich von Wurzeln und können das Wurzelsystem einer Pflanze vollkommen zerstören.

◀ *Die Larven des Gefurchten Dickmaulrüsslers vertilgen das Wurzelsystem einer Pflanze, bis die gesamte Pflanze zusammenbricht.*

Falls Ihre Pflanzen also plötzlich welken und ohne ersichtlichen Grund absterben, sollten Sie – vor allem bei Topfpflanzen – mit einem Befall durch Dickmaulrüsslerlarven rechnen.

Bei längeren Warmwetterperioden können Sie die Schädlinge auf biologischem Wege bekämpfen. Verwenden Sie dazu Fadenwürmer, um die Larven zu dezimieren.

PPFLANZEN STÜTZEN

Beetpflanzen weiterhin stützen, während sie gedeihen (siehe Seite 517). Die wachsenden Triebe vorsichtig um die Stützen winden und ggf. mit weichem Gartenzwirn, Kunststoffanbindern oder Bast befestigen. Wenn Sie selbst geschnittene Stöcke als Stützen verwenden, sollten diese mit der Zeit von den Beetpflanzen völlig verdeckt werden.

Einmal umgeknickte Pflanzenstengel wachsen auch durch nachträgliches Stützen nicht mehr vollkommen gerade.

Diese Stütze wächst mit der Pflanze mit. Beim Verstellen die Stängel nicht beschädigen.

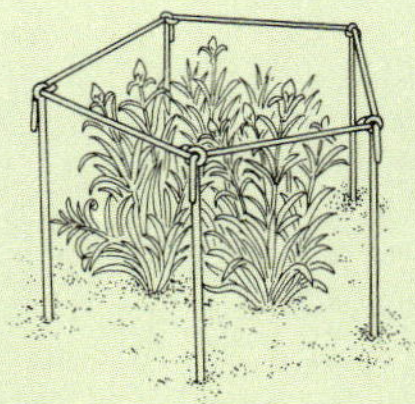

Stützgestelle aus einzelnen, ineinander gehakten Pflanzenstützen passen sich jeder Pflanzengröße und -form an.

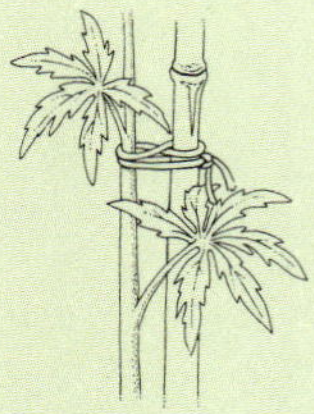

Größere Pflanzen wie etwa Rittersporn *(Delphinium)* benötigen einzelne Stäbe als Stütze für ihre Blütentriebe.

Strauchvermehrung durch Absenker

Für diese einfache Vermehrungsmethode von Sträuchern mit niedrigen Zweigen eignen sich viele Gewächse, auch für Magnolien und Rhododendron, die sonst sehr schwierig zu vermehren sind. Nehmen Sie einen geeigneten, niedrig wachsenden Zweig, der unter die Erdoberfläche gesenkt werden kann, am besten einen gesunden, kräftigen Trieb vom Vorjahr.

1 Den Trieb auf den Boden drücken und die Stelle markieren, wo er die Erde berührt. Diesen Bereich mit einem Handspaten umgraben und eine etwa 10 cm tiefe Mulde ausheben (rechts), die zur Mutterpflanze hin leicht ansteigt.

2 Den Trieb erneut auf den Boden drücken, um die Lage der Mulde zu überprüfen. Die oberen 25 cm des Zweigs bis zur Spitze sollten aus dem Boden aufragen und von der steileren Muldenwand in Position gehalten werden. Alle Blätter und Seitentriebe von dem Triebteil, der abgesenkt wird, entfernen.

3 Wo der Trieb aufliegt, mit einem scharfen Messer eine kleine Kerbe in die Rinde schneiden (links). Diese Wunde wird die Pflanze zur Wurzelbildung anregen.

▼ *Durch Pikieren geben Sie den Sämlingen winterharter Einjähriger mehr Platz zum Wachsen. Lassen Sie die kräftigsten Exemplare an ihrem ursprünglichen Standort.*

4 Den Trieb mit einer kleinen Drahtgabel im Boden feststecken (unten), die Mulde vollständig mit Erde füllen und vorsichtig andrücken.

5 Die Triebspitze an einem Stab befestigen, damit sie aufrecht wächst, und gründlich gießen – die Erde sollte stets feucht sein. Im Laufe des Sommers bilden sich an der Schnittfläche unter der Erde Wurzeln. Dann kann der gut bewurzelte Absenker ausgegraben und von der Mutterpflanze getrennt werden.

Steingärten

Einige der schönsten Pflanzen der Erde gedeihen in alpinen Regionen. Sie zeichnen sich durch ihren kleinen, kompakten Wuchs aus und bringen im Spätfrühling eine Fülle leuchtend bunter Blüten hervor. Steingartenpflanzen sollten in keinem Garten fehlen, allerdings benötigen sie für ihr Wachstum spezielle Bedingungen. Steingartenpflanzen besitzen eine Reihe von Ausstattungsmerkmalen, die ihnen das Überleben unter den unwirtlichen Klimabedingungen ihres Lebensraum erleichtern. So haben sie sich an niedrige Temperaturen mit starker Sonneneinstrahlung gewöhnt, an eiskalten Wind und an karge oder nicht vorhandene Böden. Um stürmischen Böen keine Angriffsfläche zu bieten, wachsen sie meist dicht und kriechend über dem Boden, sodass auch das schwere Gewicht der winterlichen Schneemassen ihnen kaum Schaden zufügen kann. Da ständiger Wind zu hohem Feuchtigkeitsverlust bei Pflanzen führt, besitzen Gebirgspflanzen häufig Blätter, die die Verdunstung auf ein Minimum beschränken – sie sind entweder sehr schmal oder behaart oder haben eine Wachsschicht, die sie außerdem vor der intensiven Höhensonne schützt. Die Bodenschicht in Gebirgsregionen ist oft nährstoffarm und dünn, sodass sich die Pflanzen häufig in Felsspalten ansiedeln, die ihnen etwas Schutz bieten. Aufgrund der geringen Niederschlagsmengen und des felsigen Untergrunds, in dem Regen rasch versickert, müssen sie außerdem mit wenig Wasser auskommen.

Solche Gewächse erscheinen zunächst als ideale Gartenpflanzen: Schließlich sind sie in der Lage, selbst den widrigsten Umständen zu trotzen. Aber leider sieht die Realität etwas anders aus. Während Alpenpflanzen hervorragend an das Leben in großen Höhen angepasst sind, vertragen sie nicht alle Lebensbedingungen in weniger gebirgigen Regionen. Das Hauptproblem dabei sind übermäßige Regenmengen, vor allem im Winter. Daher benötigen Steingartenpflanzen unbedingt einen gut durchlässigen Boden, da sie sonst rasch verfaulen.

◀ *Steingärten enthalten Pflanzen, die sehr zäh und einer Vielzahl von unwirtlichen Klimabedingungen trotzen.*

▲ *Echte Alpenpflanzen wachsen in Gebirgsregionen oberhalb der Baumgrenze, doch inzwischen wird der Begriff auch für Gewächse nicht ganz so hoch gelegener Regionen verwendet.*

Steingartenpflanzen im Garten

Die meisten Alpenpflanzen gedeihen am besten in einem gesonderten Bereich des Gartens, der die benötigten Kulturbedingungen aufweist. Das kann z. B. ein Steingarten sein: ein abschüssiges Gelände mit Felsen und Steinen. Die Errichtung eines solchen Steingartens erfordert sehr viel Sorgfalt; so sollten die Felsbrocken natürlich arrangiert werden. Da etwa ein Drittel jedes Steins von Erde bedeckt wird, sind für einen attraktiven Steingarten relativ große Felsbrocken erforderlich – die leider ihren Preis haben.

Steingartenpflanzen in Trockenmauern

Trockenmauern eignen sich hervorragend für bestimmte Alpenpflanzen, die entweder oben oder an der Seite in Spalten platziert werden. Mit einem Löffelstiel etwas Substrat und Sand in die Spalte drücken und die Pflanzen vorsichtig einsetzen, mit weiterer Erde andrücken. Hierzu eignen sich *Lewisia*, Glockenblume *(Campanula)*, Enzian *(Gentiana)*, Nelke *(Dianthus)*, Fetthenne *(Sedum)*, Steinbrech *(Saxifraga)* und viele andere alpine Pflanzen, die die Mauer mit ihren Blüten und Blättern aufheitern.

Für eine gute Drainage empfiehlt es sich, den Boden zuerst mit einer Schicht Schotter zu bedecken, diese mit einem hochwertigen, leichten Pflanzsubstrat zu versehen und die Felsbrocken so zu platzieren, dass die Maserung im Gestein in die gleiche Richtung weist. Setzen Sie die Steingartenpflanzen an geeignete Standorte, und füllen Sie die Lücken zwischen Pflanzen und Steinen mit einem speziellen Steingartensubstrat. Als Abschluss tragen Sie Kies oder Splitt auf und verteilen dabei auch etwas um und unter die Wurzelkrone der Pflanzen.

Hochbeete

Erhöhte Beete sind eine Alternative für kleine Gärten. Außerdem fallen Pflanzen im Hochbeet leichter ins Auge und können dadurch ihren Charme besser entfalten. Bedecken Sie den Boden mit einer Schicht Schotter, füllen Sie das Beet mit Sandboden, und verschönern Sie das Erscheinungsbild mit einigen attraktiven, sorgfältig platzierten Steinen. Setzen Sie die Pflanzen wie oben beschrieben, und geben Sie zum Schluss eine Schicht Kies oder Splitt über die Erde.

Ziergarten: *Pflanzen und säen*

Die meisten Gärtner wünschen eine Bepflanzung, die möglichst lange attraktiv wirkt. Da die Frühlingsblüten inzwischen ihren Zenit überschritten haben, empfiehlt es sich, sie durch Sommerblumen zu ersetzen. Bei guter Planung haben Sie im Herbst und Winter noch einen farbenfrohen Garten.

Frühlingsblüten durch Sommerblumen ersetzen

Gegen Ende des Spätfrühlings sollte das Wetter so warm sein, dass Sie verwelkte Frühlingsblüten problemlos durch eine abgehärtete Sommerbepflanzung ersetzen können.

Entfernen Sie zusammen mit der alten Bepflanzung eventuelle Unkräuter, graben Sie den Boden um, und verteilen Sie etwas Universaldünger über die Oberfläche. Nehmen Sie die Pflanzen aus ihren Töpfen, lockern Sie die Wurzeln, graben Sie mit dem Handspaten ein Loch, und setzen Sie die Pflanzen ein. Dann drücken Sie die Erde an und gießen die frisch bepflanzten Beetbereiche.

VORAUSSCHAUEND PLANEN

Damit Ihre Dahlien im Spätsommer und Frühherbst farbenfrohe Blüten hervorbringen, sollten Sie die überwinterten Knollen oder bewurzelten Stecklinge jetzt einpflanzen. Nur in manchen kälteren Regionen, in denen die Frostgefahr noch nicht vollständig gebannt ist, sollten Sie eventuell noch etwas länger warten.

Im Winter sorgen winterblühende Stiefmütterchen *(Viola)* für Farbe im Garten. Am besten säen Sie sie jetzt, vorzugsweise im Frühbeet, damit sie im Herbst gesetzt werden können. Die Blüten erscheinen dann während warmer Wetterperioden im Winter und vor allem im Vorfrühling.

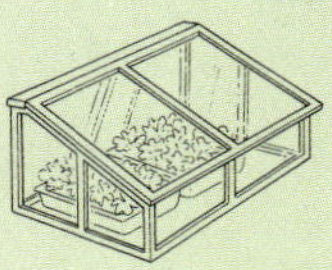

▲ *Das leuchtende Gelb der Ringelblumen* (Calendula) *verleiht Ihren Sommerrabatten eine heitere Note.*

▶ *Sobald die Frühlingsblüten ihren Zenit überschritten haben, können Sie Kübel und Töpfe mit attraktiven Sommerblumen bepflanzen.*

Kübel bepflanzen

Kübel, Balkonkästen und Blumenampeln mit attraktiver, lange blühender Bepflanzung sind sehr beliebt. Da die Frostgefahr jetzt im Grunde vorüber ist, können Sie sie mit Pflanzen Ihrer Wahl bestücken und ins Freie setzen.

1 In dieser Jahreszeit halten die meisten Gartencenter eine große Auswahl an geeigneten Pflanzen bereit. Sowohl aufrecht wachsende als auch Hängepflanzen in Komplementärfarben wählen und einige Blattpflanzen zwischen die blühenden Exemplare setzen.

2 Drainagelöcher des gewählten Pflanzenbehälters überprüfen und gegebenenfalls vergrößern. Die Löcher mit großen Steinen oder Tonscherben bedecken, damit überschüssiges Wasser ungehindert abfließen kann (rechts).

3 Zwei Drittel des Kübels mit Substrat füllen und etwas Langzeitdünger und Wasser speicherndes Granulat darunter geben (links), das die Feuchtigkeit aufnimmt und „festhält" – auf diese Weise müssen Sie weniger häufig gießen.

4 Die Pflanzen in ihren Plastiktöpfen zur Probe arrangieren. Auf ein ausgewogenes Gleichgewicht zwischen aufrecht wachsenden und Hängepflanzen und eine harmonische Kombination von Farben und Blattstrukturen achten.

5 Den Kübel mithilfe eines Handspatens bepflanzen und gegebenenfalls mit Substrat auffüllen. Die Pflanzen fest andrücken (oben), gründlich gießen und den Kübel ein bis zwei Tage an einen halbschattigen Standort stellen, damit sich die Pflanzen etwas erholen können.

Farbe und Struktur

Die meisten Menschen mögen leuchtend bunte, heitere Gärten, aber der Einsatz von Farbe will sorgfältig geplant sein. Eine ungeplante „Farbenorgie“ kann auf kleinen Flächen (z. B. in Blumenampeln oder Kübeln) sehr reizvoll sein; auf einem ganzen Grundstück wirkt sie jedoch meist zu unruhig.

Daher bedienen sich viele Landschaftsgärtner bei der Gartengestaltung des Farbkreises. Auf einem einfachen Farbkreis sind die Farben des Regenbogens – Rot, Orange, Gelb, Grün, Blau, Violett – kreisförmig angeordnet, wobei jede Farbe ein bestimmtes Kreissegment belegt. Benachbarte Farben auf dem Farbkreis harmonieren miteinander, während die gegenüberliegenden einen Kontrast bilden. Komplexere Farbkreise bieten lediglich mehr Farben und Schattierungen.

Verschiedene Farben üben auf den Betrachter unterschiedliche Wirkungen aus. Die warmen Töne – Rot, Orange und kräftiges Gelb – sind lebhaft und anregend, während die kühlen Töne – Blau, Grün und Weiß – ruhig und entspannend wirken. Daher lassen sich mit Farben in jedem Bereich unterschiedliche Stimmungen schaffen.

Leuchtende Farben kommen vor einem kontrastierenden Hintergrund am besten zur Geltung: So wirken scharlachrote Blüten vor einer schlichten grünen Hecke eindrucksvoller als in einem bunten Beet. Mithilfe des Farbkreises können Sie die Farbe finden, die zu einer bestimmten Schattierung den schönsten Kontrast bildet (sie liegt im Farbkreis genau gegenüber).

▼ *An heißen Sommertagen besonders willkommen: Eine angenehm kühle Gartenecke zum Entspannen, mit Pflanzen in blauen, weißen und grünen Schattierungen.*

▶ *Gelbe Blüten kommen neben violetten besonders gut zur Geltung, da sich die beiden Farben auf dem Farbkreis gegenüberliegen.*

Pastelltöne, bei denen reine Farben mit Weiß gemischt sind, eignen sich gut, um kräftige Farben besser in das Gartenschema zu integrieren. So haben beispielsweise Rosa, Lachsrosa, Hellgelb und Creme eine dämpfende, beruhigende Wirkung auf leuchtende Rot-, Orange- und Gelbtöne, während Hellblau, Hellgrün und Grau dunkle Farbtöne aufheitern.

Bei der Planung des Farbschemas empfiehlt es sich, kräftige, leuchtende Farben im Vordergrund zu platzieren und die blasseren Töne (vor allem gedämpfte Grün-, Blau- und Grautöne) möglichst weit im Hintergrund. Auf diese Weise erscheinen auch kleine Flächen größer. Sie können leuchtend bunte Pflanzen aber auch als Akzent einsetzen, der den Blick des Betrachters auf bestimmte Bereiche lenkt und z. B. ein langes, schmales Beet perspektivisch verkürzt.

Strukturen

Blüten und Blätter zeigen eine enorme Vielfalt von Strukturen: Sie sind z. B. stachlig, spitzenartig, zart, fedrig, weich, pelzig, rau, skulpturiert oder geädert. Besonders eindrucksvoll wirken Pflanzengruppen mit kontrastierenden Strukturen. So bilden die großen, auffälligen Blätter der Funkien *(Hosta)* oder Bergenien *(Bergenia)* einen perfekten Hintergrund für die fedrigen Blüten von Schleierkraut *(Gypsophila)* oder Prachtspiere *(Astilbe)*. Und denken Sie daran, dass man Pflanzen nicht nur sehen, sondern auch berühren kann – die samtigen Blattoberflächen von Wollziest *(Stachys byzantina)* oder Königskerze *(Verbascum)* sind eine wahre Sinnesfreude.

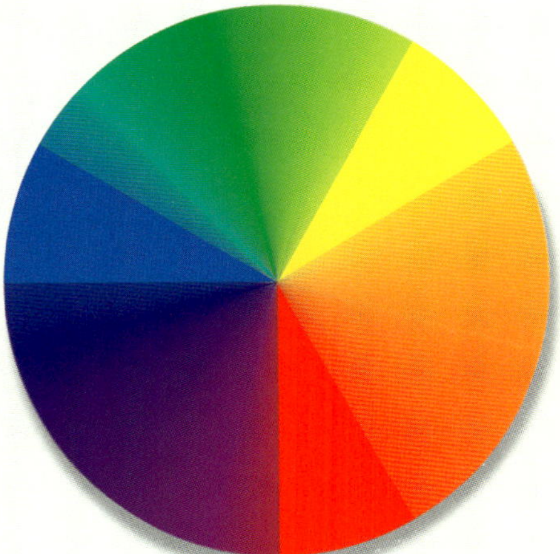

◀ *Der Farbkreis: Die Primärfarben Rot, Gelb und Blau liegen gegenüber den Sekundärfarben Grün, Violett und Orange.*

FARBAUSWAHL

Viele Samenkataloge bieten immer mehr Pflanzen nicht nur in einzelnen Tönen, sondern auch in Farbmischungen an. Diese sind seit jeher sehr beliebt, da man Beete und Rabatten so leichter planen kann. Wahrscheinlich finden Sie einfarbige Pflanzen eher in Versandkatalogen als in Gartencentern; manchmal müssen Sie sich für die besten Varietäten auch an große Samenhandlungen wenden.

Pflanzen der Jahreszeit

Im Spätfrühling erfreuen vor allem Steingartenpflanzen durch ihre üppige Blütenfülle. Glyzine und Goldregen bringen lange, bunte Blütentrauben hervor – doch die wahrscheinlich Aufsehen erregendsten Pflanzen sind Rhododendren und Azaleen.

▼ *Im Spätfrühling bieten die duftenden Blüten der Glyzine* (Wisteria) *häufig einen wundervollen Anblick.*

▲ *Die glänzenden, aromatischen Blätter der Mexikanische Orangenblume* (Choisya ternata *'Sundance') leuchten in kräftigem Gelbgrün.*

▼ Ceanothus *'Concha': Die dichten, himmelblauen Blütenbüschel zieren die Säckelblume vor allem an geschützten Standorten.*

Bäume und Sträucher

Aesculus hippocastanum (Gewöhnliche Rosskastanie)
Berberis (Berberitze, Sauerdorn)
Buddleja globosa (Schmetterlingsstrauch)
Ceanothus (Säckelblume)
Cercis siliquastrum (Gew. Judasbaum)
Choisya ternata (Mex. Orangenblume)
Clematis montana (Bergwaldrebe)
Crataegus (Weißdorn)
Crinodendron hookerianum
Davidia involucrata (Taubenbaum)
Deutzia gracilis, D. rosea (Deutzie)
Genista hispanica (Spanischer Ginster)
Kerria japonica (Japanisches Goldröschen)
Kolkwitzia amabilis (Kolkwitzie)
Laburnum (Goldregen)
Magnolia × soulangiana (Tulpenmagnolie)
Malus (Apfel, Holzapfel)
Paeonia (Pfingstrose)
Pieris (Lavendelheide)
Potentilla fruticosa (Fingerkraut)
Prunus (Zierkirsche)
Rhododendron (Rhododendron/Azalee)
Robinia hispida, R. margaretta (Robinie)
Rosmarinus officinalis (Rosmarin)
Sambucus racemosa plumosa 'Aurea' (Traubenholunder)
Sorbus aria (Gew. Mehlbeere)
Spiraea × arguta (Brautspierstrauch)
Syringa (Flieder)
Viburnum opulus (Gew. Schneeball), *V. plicatum* (Japanischer Schneeball)
Weigela (Weigelie)
Wisteria (Glyzine)

Zwiebelgewächse

Allium (Lauch)
Anemone (Windröschen)
Convallaria majalis (Gew. Maiglöckchen)
Fritillaria imperialis (Kaiserkrone)
Hyacinthoides non-scripta (Atlantisches Hasenglöckchen)
Hyacinthus (Hyazinthe)
Leucojum aestivum (Sommerknotenblume)
Tulipa (Tulpe)

Stauden und Beetpflanzen

Ajuga reptans (Kriechender Günsel)
Aquilegia (Akelei)
Armeria (Grasnelke)
Aubrieta (Blaukissen)
Aurinia saxatilis (syn. *Alyssum saxatile*) (Felsensteinkraut)
Dicentra spectabilis (Tränendes Herz)
Euphorbia (Wolfsmilch)
Geranium (Storchschnabel)
Helianthemum (Sonnenröschen)
Iberis (Schleifenblume)
Lithodora diffusa (Steinsame)
Primula (Primel)
Saxifraga umbrosa (Porzellanblümchen)

Wassergarten: *Gartenteich*

Jeder Garten bietet die Möglichkeit, Wasser als gestalterisches Element einzusetzen. Und nicht nur Sie werden Ihre Freude am sprudelnden Wasser, den Fischen und den leuchtenden Wasserpflanzen haben, sondern auch viele verschiedene Tierarten.

Wasserläufe und Wasserfälle

Ein Gartenteich ist immer ein Blickfang, doch mit fließendem Wasser wirkt das Ganze noch lebendiger: Es erzeugt Lichtspiele sowie ein angenehmes Plätschern und sorgt für einen hohen Sauerstoffgehalt im Teich, der Fischen und Pflanzen wohl tut.

Sowohl Wasserläufe als auch Wasserfälle und Springbrunnen halten Wasser in Bewegung. Am einfachsten erzielen Sie die gewünschte Wirkung mit einer Unterwasserpumpe. Sobald erst einmal der Elektroanschluss gelegt ist (lassen Sie diese Arbeit unbedingt von einem Elektriker durchführen), können verschiedene Springbrunnenaufsätze installiert werden. Dagegen erfordern Wasserfälle etwas mehr Vorbereitung. Verzichten Sie auf vorgefertigte Bauteile, und errichten Sie den Wasserlauf lieber mithilfe einer Teichfolie, über die Sie flache Natursteinplatten legen und so die Abstufungen erzeugen.

▼ Das Plätschern von einem Wasserfall oder einem Springbrunnen erweckt jeden Gartenteich zum Leben.

Tierwelt im Gartenteich

Sobald der Gartenteich angelegt ist, wird sich eine Vielfalt von Tierarten in Ihrem Garten einfinden, die beim Kampf gegen Schädlinge häufig sehr nützlich sein können. Frösche, Kröten und Wassermolche vertilgen eine große Anzahl von Insekten. Bald werden auch Vögel – ebenfalls wertvolle Schädlingsbekämpfer – Ihren Teich aufsuchen, um dort zu trinken und zu baden, und Schnecken fressende Raubtiere stillen hier gleichermaßen ihren Durst. Auch die eindrucksvollen, farbenfrohen Libellen, die über die Wasseroberfläche flitzen, sind gefürchtete Insektenfresser. Ein schmaler, flacher Wasserbereich mit einem von Uferpflanzen gesäumten „Strand", lädt eine Vielzahl von Lebewesen ins Wasser ein und sorgt dafür, dass Säugetiere es gefahrlos erreichen und wieder verlassen können.

Einen Gartenteich anlegen

Der Spätfrühling ist der perfekte Zeitpunkt zur Anlage und Bepflanzung eines Gartenteichs. Diese Aufgabe geht leichter von der Hand, als viele Menschen denken; achten Sie allerdings darauf, dass Ihr Teich an einem offenen, sonnigen Standort entsteht, weit weg von überhängenden Bäumen.

1 Vorgefertigte Teichwannen sind zwar sehr beliebt, bieten aber nur eine begrenzte Auswahl an Formen und Größen. Dagegen lässt sich mit Teichfolie jede gewünschte Teichform anlegen. PVC-Folien sind preiswerter als Teichfolie aus Butyl-Kautschuk, halten aber nicht so lange.

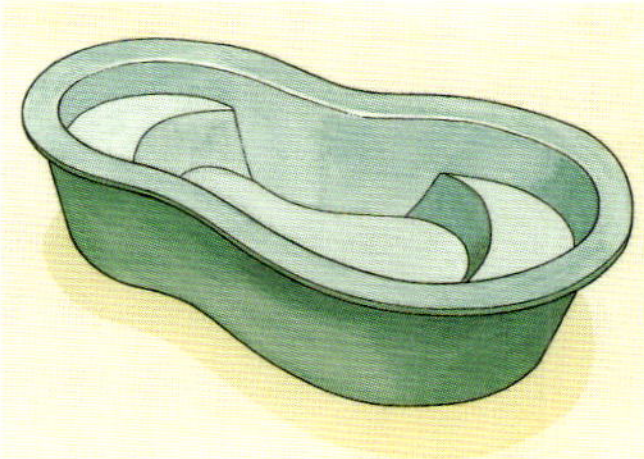

2 Die Umrisse des Teichs mit einem Seil oder einer Sandspur markieren; am besten eignen sich schlichte Nierenformen. Die Grube in gewünschter Tiefe ausheben, die Seitenwände sollten leicht geneigt sein. Einen 25 cm breiten und 20 cm tiefen Sockel für die Uferpflanzen anlegen und überprüfen, ob der Teichrand waagerecht ist.

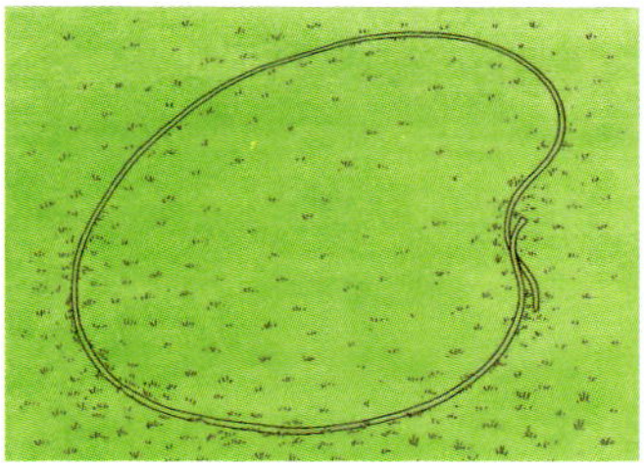

3 Spitze Steine oder andere Gegenstände, die die Teichfolie beschädigen könnten, entfernen und den Grund der Grube und des Sockels mit einer flachen Sandschicht bedecken (links). Die Folie über die Grube breiten, ohne ihre Form exakt nachzubilden. Den Rand der Folie mit Steinen beschweren.

4 Einen Gartenschlauch in die Mitte der Folie legen und Wasser einlaufen lassen (oben). Das Gewicht des Wassers dehnt die Folie allmählich, sodass sie sich der ausgegrabenen Form exakt anpasst. Sobald der Teich mit Wasser gefüllt ist, die überstehende Folie bis auf einen 15 cm breiten Rand zurechtschneiden, der mit Steinen verdeckt wird.

◀ Solange das Gleichgewicht zwischen Pflanzen, Tieren und Wasser stimmt, benötigen Gartenteiche nur wenig Pflege. Legen Sie einen möglichst großen Teich mit einer Mindesttiefe von 60 cm an, denn: Je kleiner der Teich, desto schwieriger lässt er sich in Ordnung halten.

Wassergarten: *Gartenteich*

Fische verleihen einem Teich zusätzliches Leben und verhindern, dass Mücken zu einem Problem werden. Wasserpflanzen wie Seerosen bilden den krönenden Abschluss. Außerdem ist jetzt die richtige Zeit, um neue Pflanzen zu setzen oder bereits existierende zu teilen.

Fische einsetzen

Mücken suchen gerne stille Wasserflächen auf, um dort ihre Eier abzulegen, und sobald der Nachwuchs aus den Eiern geschlüpft ist, verleiden ganze Insektenschwärme den Aufenthalt im Garten. Fische im Gartenteich sind eine ideale Lösung für dieses Problem, da sie die Larven auffressen und so verhindern, dass der Mückennachwuchs sich vollständig entwickelt.

Zu den am weitesten verbreiteten Fischarten in Gartenteichen zählen die Goldfische – sie sind preiswert, fast überall erhältlich und meist problemlos zu halten. Goldorfen mit ihren schlanken Körpern und der attraktiven hellen Goldtönung sind ebenfalls sehr beliebt.

Der Shubunkin-Goldfisch hat silberne, rote, blaue, braune und schwarze Farbtupfer, während der Schleierschwanz eine attraktive, geteilte Schwanzflosse besitzt.

Setzen Sie nicht mehr als drei bis fünf Fische pro Quadratmeter ein.

▲ *In einem Teich sollten nicht mehr als drei bis fünf Fische pro Quadratmeter leben. Halten Sie sich an diese Regel.*

Tiefwasserpflanzen teilen

Wasserpflanzen wie Seerosen *(Nymphaea)* und Wasserähre *(Aponogeton distachyos)* werden im Laufe der Zeit so groß, dass sie ihren Pflanzkörben entwachsen, was sich nachteilig auf ihr Wachstum und ihre Blüte auswirken kann. Der Spätfrühling ist ein günstiger Zeitpunkt, diese Pflanzen zu teilen. Den Pflanzkorb dafür aus dem Wasser holen und die Pflanze herausnehmen. Bei stark gewucherten Exemplaren müssen Sie möglicherweise den Korb aufschneiden. Die Pflanze mit einem scharfen Spaten oder einem Messer in kleinere Abschnitte teilen. Die Pflanzen in neue Körbe setzen, die mit Sackleinen ausgekleidet, mit schwerem, feuchtem Lehm gefüllt und mit Kies oder Splitt abgedeckt werden, bevor sie wieder in den Teich gesetzt werden.

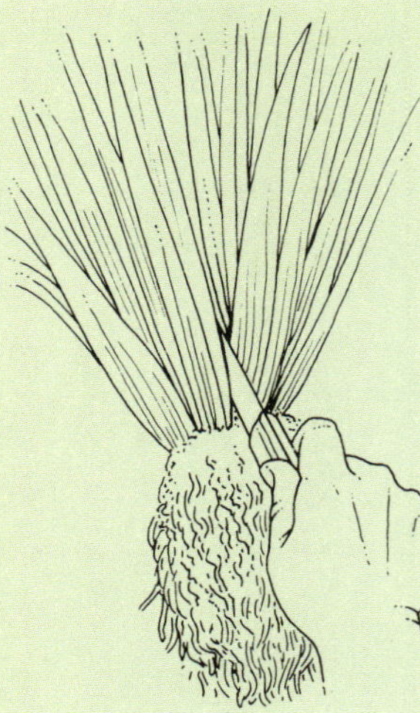

Wasserpflanzen einsetzen

Die richtige Pflanzenmischung ist für die Wasserqualität Ihres Gartenteichs von entscheidender Bedeutung: Sauerstoff bildende Pflanzen wie Kanadische Wasserpest *(Elodea canadensis)* halten das Wasser klar, aber auch Wasserpflanzen mit schwimmenden Blättern, etwa Seerosen *(Nymphaea)* und Wasserähre *(Aponogeton distachyos)*, erfüllen einen wichtigen Zweck im Teich.

1 Einen Pflanzkorb mit Sackleinen auslegen und mit schwerem, feuchtem Lehm füllen.

2 Die Pflanzen in die Erde setzen, fest andrücken und sorgfältig gießen. Das Pflanzsubstrat mit Kies oder Splitt bedecken, damit die Erde nicht ausgeschwemmt wird.

3 Den Korb langsam absenken, bis er – je nach Pflanzenart – auf dem Grund oder Sockel steht (links). Wenn Sie die Pflanzen nicht direkt in eine Erdschicht auf dem Teichgrund setzen, sondern in Pflanzkörben ansiedeln, können Sie sie leichter herausnehmen und pflegen.

4 Sauerstoff bildende Pflanzen werden häufig als unbewurzelte Stängelbündel angeboten. Mit einem kleinen Bleigewicht verhindern Sie, dass die Stiele an die Wasseroberfläche treiben. Steckt man die Stängelbündel fest in mit Lehm gefüllte Pflanzkörbe (rechts), bilden sie rasch Wurzeln.

5 Nicht alle Seerosen *(Nymphaea)* benötigen die gleiche Wassertiefe. Sorten, die eigentlich in Uferzonen gedeihen, können in tieferen Wasserbereichen mithilfe von Ziegelsteinen auf die richtige Höhe gebracht werden.

◀ *Füttern Sie die Fische im Frühling und Sommer mit speziellem Fischfutter, und entfernen Sie nach 10 Minuten die Futterreste.*

Nutzgarten: *Pflanzen und säen*

Das Gemüse im Nutzgarten wächst jetzt so rasch, dass man dabei zuschauen könnte. Bei trockenem Wetter muss gegossen werden, man sollte jedoch den richtigen Zeitpunkt zum Gießen beachten. Auch können Sie jetzt Stangenbohnen im Freien säen.

Busch- und Stangenbohnen im Freien säen

Der Boden müsste jetzt so warm sein, dass Bohnensamen darin rasch zu keimen beginnen, und gegen Ende des Spätfrühlings dürfte den frischen Sämlingen eigentlich kein Nachtfrost mehr drohen.

Buschbohnen werden in Reihen mit 8 cm Pflanzabstand gesät. Kletter- und Stangenbohnen benötigen Rankhilfen, die vor der Aussaat platziert werden sollten – eine doppelte Reihe aus Bambusstäben, die einander an der Spitze kreuzen, eignet sich gut. Hohe Erträge erzielt man auch mit mehreren Reihen von Stangen, wobei der Abstand zwischen den einzelnen Stangen 30 cm und der zwischen den Reihen 60 cm beträgt; am Fuß jeder Stange werden zwei Bohnen gesät.

Im Handel sind viele Varietäten von Busch- und Stangenbohnen erhältlich. Bei Miniatursorten sollten die Schoten nicht zu dicht über dem Boden hängen, da sie sonst von Schnecken gefressen oder mit Dreck bespritzt werden. Varietäten mit violetten oder goldfarbenen Hülsen lassen sich leicht pflücken.

◀ *Manchmal fallen die Blüten der Kletterbohne aus, ohne Schoten zu bilden. Ursache ist meist ein zu trockener Boden.*

Gemüse giessen

Eine trockene Phase während dieser Jahreszeit kann bei Jungpflanzen zu einer Beeinträchtigung des Wachstums führen, sodass Sie sie gegebenenfalls gießen sollten. Blattgemüse wie Kohl und Spinat belohnt Sie mit erhöhten Erträgen, wenn es während der Wachstumszeit regelmäßig gegossen wird. Generell sollten alle frisch umgesetzten Gemüsepflanzen gewässert werden, bis sie sich etabliert haben. Allerdings darf man manche Gemüsesorten nicht zu früh gießen, da dies das Blattwachstum fördert – auf Kosten der Blüten- und Fruchtbildung.

So sollten Sie Bohnen und Erbsen erst gießen, wenn sie zu blühen beginnen (es sei denn, die Pflanzen verwelken bereits) – danach aber regelmäßig, damit sich viele zarte Schoten bilden.

Gemüse in Töpfe pflanzen

Nicht jeder Garten bietet Platz für einen eigenen Nutzgartenbereich, aber in fast jedem findet sich ein Eckchen, um Gemüse in Töpfen oder Pflanzsäcken anzubauen. Mit den richtigen Sorten lassen sich überraschend gute Ergebnisse erzielen. Die Kübel und Töpfe sollten genügend Drainagelöcher besitzen. Bedecken Sie sie mit Tonscherben oder grobem Drainagematerial, bevor Sie die Töpfe mit Substrat füllen.

1 Kübel und Töpfe auf die übliche Weise vorbereiten. Drainagelöcher mit Tonscherben oder grobem Drainagematerial bedecken und die Töpfe mit Substrat füllen: Torfkultursubstrat oder lehmhaltige Blumenerde – ganz nach Wunsch.

2 Tomaten, Auberginen (unten) und Paprika gehören zu den am häufigsten in Kübeln gezogenen Gemüsepflanzen. Jetzt ist der richtige Zeitpunkt, um abgehärtete Jungpflanzen ins Freie zu setzen. Etwas Wasser speicherndes Granulat unter das Pflanzsubstrat geben, damit Sie weniger häufig gießen müssen.

3 In Pflanzsäcken (unten) gedeihen auch buschige Zucchinipflanzen (nur ein Exemplar pro Kultursack). Sie können aber auch Kletterbohnen in Pflanzsäcken am Fuß eines Zauns oder vor einer Mauer platzieren. Gemüse in Kultursäcken muss regelmäßig gegossen werden.

4 Auch Kartoffeln, Rote Bete, Kohlrabi, Möhren, Buschbohnen (unten), Kopfsalat und Radieschen eignen sich gut für die Topfkultur. Schnell reifende, kompaktwüchsige Sorten verwenden, die speziell für Balkone oder Terrassen gezüchtet wurden.

▼ Zucchinis lassen sich hervorragend in Pflanzsäcken ziehen, müssen aber reichlich und häufig gegossen werden.

Nutzgarten: *Krankheiten und Schädlinge*

Normalerweise sind Vögel im Garten willkommen, da sie eine Vielzahl von Schädlingen bekämpfen. Leider können sie sich im Nutzgarten jedoch zu einer Plage entwickeln, wenn sie über Früchte und Beeren herfallen. Daher sollten besonders gefährdete Gartenbereiche vor ihnen geschützt werden.

Gemüse und Obst vor Vögeln schützen

Die an sich gern gesehenen Vögel entwickeln sich zu wahren Plagegeistern, sobald sie sich auf die reifenden Früchte stürzen. Die Beerensaison erreicht nun bald ihren Höhepunkt, und viele Vögel schätzen die saftigen Früchte genau so sehr wie wir. Aber auch Erbsen und anderes junges Gemüse sind vor ihnen nicht sicher.

Am besten schützen Sie die gefährdeten Pflanzen mit Netzen, vorzugsweise mit einem Käfig aus Maschendraht oder Kunststoffnetz, damit Sie Zugang zu Ihrer Ernte haben. Erdbeeren lassen sich mit niedrigen Folien- oder Netztunneln schützen. Ansonsten sollte man es einmal mit der guten alten Vogelscheuche versuchen (siehe S. 693).

Früchte vor Maden schützen

Viele kennen das: Sie beißen herzhaft in einen scheinbar perfekten Apfel und stellen dann fest, dass er von Maden zerfressen ist. Häufig handelt es sich dabei um die Raupen des Apfelwicklers, der in dieser Jahreszeit wieder zur Paarung ausfliegt. Eine Bekämpfung mit chemischen Mitteln ist schwierig, aber der Schaden lässt sich auf biologischem Wege mithilfe von Pheromonfallen begrenzen. Diese werden in die Bäume gehängt, um die männlichen Wickler anzulocken. Sie bleiben an klebrigen Papierstreifen im Inneren hängen und können keine neuen Eier befruchten. Diese Fallen wurden ursprünglich von Obstbauern eingesetzt, doch sie können auch im Hausgarten sehr nützlich sein.

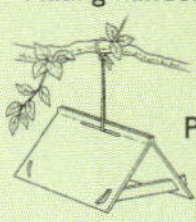

▲ *Die Beerensaison ist wohl die Lieblingszeit der Vögel. Damit sie nicht die ganze Ernte fressen, sollten Sie Schutzmaßnahmen ergreifen.*

Erdbeeren schützen

Erdbeeren zählen zu den Lieblingsfrüchten vieler Gärtner – doch ohne entsprechende Schutzmaßnahmen werden ihnen wahrscheinlich Vögel, Schnecken oder andere Schädlinge zuvorkommen. Der Spätfrühling ist der richtige Zeitpunkt, um die Pflanzen zu schützen.

1 Da die Erdbeeren dicht über dem Boden wachsen, sollten sie vor Feuchtigkeit, Schmutz und am Boden lebenden Schädlingen wie Schnecken und Asseln geschützt werden. Unter und zwischen den Pflanzen eine Lage Stroh ausbreiten (rechts), sodass die heranreifenden Früchte trocken und sauber liegen.

2 Statt Stroh können Sie aber auch Mulchfolie oder Matten verwenden (links unten). Sie verhindern Schmutzspritzer und hemmen das Wachstum von Unkräutern, wirken aber nicht so gut gegen Schnecken und andere Schädlinge.

3 Viele Gartenvögel haben eine Vorliebe für Erdbeeren und werden geradezu magisch von den reifenden Früchten angezogen. Die einzige Schutzmaßnahme besteht darin, die Erdbeeren mit einem Netz abzudecken (rechts).

4 Allerdings hat es keinen Zweck, einfach nur ein Netz über die Pflanzen zu werfen. Besser eignen sich spezielle niedrige Käfige, die Sie aus Metallstützen und Maschendraht oder Kunststoffnetz auch selbst anfertigen können. Achten Sie darauf, dass Sie selbst leicht an die Früchte herankommen, damit Sie sie mühelos pflücken und danach wieder abdecken können.

5 In manchen Gärten lohnt es sich sogar, einen begehbaren Obstkäfig aufzustellen, in dem Johannis-, Erd-, Him- und Blaubeeren sicher gedeihen können. Die zusätzlichen Kosten für diese Schutzmaßnahme werden durch die ungestörte Ernte wieder wettgemacht.

◀ *Bleiglanz ist bei Pflaumenbäumen weit verbreitet. Befallene Zweige so weit zurückschneiden, bis das Holz nicht mehr braun verfärbt ist.*

Gewächshaus: *Allgemeine Arbeiten*

Mit zunehmender Sonnenintensität und steigenden Temperaturen müssen Bewässerung und Lüftung des Gewächshauses gewissenhaft organisiert werden. Berufstätige Hobbygärtner können sich dabei von automatischen Systemen helfen lassen.

Automatische Systeme

Viele Gewächshäuser sind während des Tages unbeaufsichtigt, was zu Problemen führen kann. Da das Wetter in dieser Jahreszeit häufig umschlägt, fällt es nicht leicht, die benötigte Menge an Wasser oder Frischluft abzuschätzen.

Automatische Bewässerungs- und Lüftungssysteme bieten eine große Erleichterung. Automatische Luftklappenöffner sind temperaturgesteuert und verhindern eine Überhitzung des Gewächshauses. Auch verschiedene Bewässerungssysteme hält der Handel bereit: Für kleine Gewächshäuser eignen sich Berieselungsanlagen, die preiswerter sind als Deckensprinkleranlagen. Sie können aber auch Kapillarmatten oder computergesteuerte Zeitschaltuhren einsetzen, die mit der Hauptwasserleitung verbunden sind.

▼ *Berieselungsanlagen transportieren Wasser aus einem Tank oder von der Hauptleitung direkt zu den einzelnen Töpfen oder Pflanzen.*

Sämlinge pikieren

Es ist ausgesprochen wichtig, die Sämlinge umzutopfen, bevor sie ihre Pflanzschale vollkommen überwuchern. Bleiben sie zu lange in der Schale, verwachsen ihre Wurzeln miteinander, sodass diese beschädigt werden, wenn man die Pflanzen trennt. Außerdem sind wuchernde Sämlinge anfälliger für Pilzbefall und leiden eher unter Wasser- und Nährstoffmangel. Daher sollten Sie bei der Aussaat in Saatschalen darauf achten, die Samen möglichst dünn und gleichmäßig zu verteilen, sodass die Sämlinge länger darin verbleiben können.

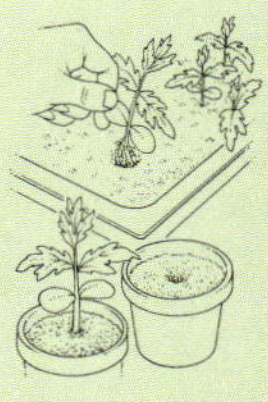

Bewurzelte Stecklinge umtopfen

Im Vorfrühling geschnittene, unverholzte Stecklinge bilden schnell Wurzeln und sollten umgetopft werden, sobald das Wurzelsystem kräftig genug ist.

1 Wenn Stecklinge ein gutes Wurzelsystem gebildet haben, nehmen die Triebspitzen eine frische, grüne Farbe an und der ganze Steckling wirkt gesund und kräftig (rechts). Die Pflanze wächst nun in alle Richtungen, und manchmal kann man die Wurzelspitzen durch die Drainagelöcher im Topfboden erkennen.

2 Dann wird es Zeit, sie umzutopfen. Ein Pflanzholz vorsichtig am Rand der Saatschale unter den Sämling führen und ihn behutsam heraushebeln, damit die neuen Wurzeln nicht verletzt werden (links). Falls die Wurzeln nicht ausreichend entwickelt sind, den Steckling noch eine Weile in der Saatschale lassen.

3 Stecklinge mit gut entwickeltem Wurzelsystem werden in Einzeltöpfe mit 8 cm Durchmesser gesetzt (rechts). Bleiben sie zu lange in der Saatschale, verwachsen ihre Wurzeln miteinander, sodass diese beschädigt werden, wenn man die Pflanzen umtopft.

Jungpflanzen ausknipsen

Einige aus Saat oder Stecklingen gezogene Pflanzen wie Fuchsien und Pelargonien müssen entspitzt oder ausgeknipst werden, damit sie Seitentriebe entwickeln und buschig wachsen. Entfernen Sie dazu die Triebspitze, sobald die Pflanze etwa 10 cm groß ist. Auf diese Weise entwickelt die Jungpflanze in den Blattachseln kräftige, neue Seitensprosse.

Obst und Gemüse

Das Gewächshaus bietet uns die Möglichkeit, Obst und Gemüsesorten zu ziehen, die in unserer Klimaregion im Freien nicht gedeihen.

Tomaten

In den meisten Gewächshäusern werden Spaliertomaten angebaut, weil Buschformen zu viel Platz einnehmen. Sie können mit Stäben gestützt werden; oft zieht man sie jedoch an Gartenschnüren, die am Gewächshausdach befestigt sind. Seitentriebe an den Blattgelenken sollten möglichst sofort entfernt werden, vorzugsweise morgens, wenn die Pflanzen besonders viel Wasser aufgenommen haben. Sobald die Triebspitze das Dach des Gewächshauses erreicht, sollten Sie sie ausknipsen.

Tomatenpflanzen benötigen viel Wasser; geben Sie Wasser speicherndes Granulat unter das Substrat. Vor allem in der Zeit der Blüten- und Fruchtbildung ist eine regelmäßige Wasserversorgung wichtig, denn Triebe, die jetzt auch nur einmal schlaff werden, können bei sämtlichen Tomaten zu Fruchtschäden (der so genannten Blütenendfäule) führen. Wenn die ersten Blüten erscheinen, sollten Sie die Pflanzen einmal täglich fein einnebeln, damit sich die Früchte bilden, und mit einem Kaliflüssigdünger versorgen.

Paprika

Paprikapflanzen wachsen buschig und sind meist mit Stab als Rankhilfe erhältlich. Befestigen Sie den Haupttrieb während des Wachstums der Pflanze regelmäßig an der Stütze. Hinsichtlich Gießen, Düngen und Sprühnebel verhalten sich Paprikapflanzen wie Tomatenpflanzen.

Wenn Sie sie noch grün ernten, erzielen Sie höhere Erträge, da die Pflanze dann neue Früchte bildet. Schneiden Sie sie ab, sobald sie eine leichte Tönung zeigen, und lassen Sie sie ein paar Tage nachreifen.

Auberginen

Diese Pflanzen bevorzugen nur etwas höhere Temperaturen als Tomaten und Paprikapflanzen. Genau wie die Paprika zeichnet sich auch die Aubergine durch einen buschigen Wuchs aus und wird meistens von einem Stab gestützt. Pro Pflanze kann man höchstens vier bis fünf Früchte erwarten, die geerntet werden sollten, wenn sie sich vollständig gefärbt haben – meist tiefviolett, obwohl

◀ *Auberginen bevorzugen wärmeres Klima als andere Treibhausgewächse, wie etwa Paprika und Tomaten.*

▲ *Tomaten zählen zu den beliebtesten Treibhauspflanzen und müssen unter Umständen mehrmals täglich gegossen werden.*

◀ *Melonen: Die Blüten müssen von Hand bestäubt werden, vorzugsweise mit einem kleinen, feinen Pinsel.*

es auch andersfarbige Varietäten gibt. Auberginen sind recht anfällig für Gewächshausschädlinge, vor allem für Weiße Fliegen.

Gurken

Diese Kletterpflanzen mögen Wärme und hohe Luftfeuchtigkeit. Am besten zieht man sie an Gartenschnüren. Kappen Sie die Vegetationspunkte der Seitentriebe zwei Blätter über einer Blüte, und entfernen Sie alle männlichen Blüten, da bestäubte Früchte bitter schmecken. Weibliche und männliche Blüten lassen sich durch die Miniaturgurke unterscheiden, die bei den weiblichen Exemplaren von Anfang an vorhanden ist (siehe S. 601). Auch „rein weibliche" Sorten bringen manchmal männliche Blüten hervor, daher regelmäßig überprüfen.

Gießen Sie die Pflanzen regelmäßig, und düngen Sie mit einem Kaliflüssigdünger. Die Ernte erfolgt am besten, sobald die Gurken groß genug sind, und vorzugsweise morgens, wenn sie noch besonders fest sind.

Melonen

Ziehen Sie die Triebe an Gartenschnüren hoch und kappen Sie die Triebspitze, wenn die Pflanzen das Dach des Gewächshauses erreichen. Entfernen Sie die Vegetationspunkte bei Seitentrieben, sobald sie fünf Blätter hervorgebracht haben. Die sich dann entwickelnden Seitentriebe tragen die Früchte.

Bestäuben Sie die Blüten von Hand, gießen Sie regelmäßig, und verwenden Sie einen Kaliflüssigdünger.

Biologische Schädlingsbekämpfung

Gewächshauspflanzen sind für zwei Schädlingsarten besonders anfällig: Spinnmilben und Weiße Fliegen. Durch biologischen Pflanzenschutz lassen sich die Schäden eindämmen. Gegen Spinnmilben setzt man Raubmilben *(Phytoseiulus persimilis)* ein, während man gegen Weiße Fliegen am besten Schlupfwespen *(Encarsia formosa)* verwendet. Diese Nützlinge sind über spezielle Lieferanten oder im Gartencenter erhältlich.

Sommer

Der Sommer bildet den Höhepunkt im Gartenjahr – nun tragen all unsere Mühen endlich Früchte. Die Tage sind lang, das Wetter ist warm und sonnig, und welchen schöneren Ort könnte man sich in dieser Zeit vorstellen als den eigenen Garten mit seinen Farben und Wohlgerüchen?

Frühsommer

Während man im Garten noch überall die Frische des Frühlings spürt, entfaltet sich jetzt allmählich die üppige Blütenfülle des Sommers. Und obwohl es für den Gärtner noch reichlich zu tun gibt, weicht die hektische Betriebsamkeit des Frühlings einer ruhigeren Phase.

Wetter und Wasser

Während wir uns nach warmem Wetter sehnen, braucht die Natur unbedingt genügend Regen, damit die Pflanzen kräftig weiterwachsen können. Der Frühsommer zeichnet sich zwar oft durch Mischwetter aus, bei dem heftige Gewitter den Garten innerhalb weniger Minuten regelrecht überschwemmen können, aber als Gärtner sollte man darauf vorbereitet sein, bei anhaltend trockenem Wetter mit Gießkanne oder Gartenschlauch Abhilfe zu schaffen. Jetzt zahlt es sich aus, wenn man Wasser speicherndes Granulat unter das Pflanzsubstrat gemischt und den Boden gemulcht hat, sodass über die Erdoberfläche weniger Feuchtigkeit verdunstet.

◀ *Im Frühsommer sprühen die Blumenbeete förmlich vor Farbe. Kontrastierende Farben liegen auf dem Farbkreis einander gegenüber.*

Pflanzen und Blütenpracht

Ab jetzt muss man sich keine Sorgen mehr wegen drohender Nachtfröste machen, und sämtliche empfindlichen Pflanzen dürfen nun ins Freie. Die Wachstumsbedingungen in dieser Jahreszeit sind nahezu ideal, und schnellwüchsige Pflanzen müssen regelmäßig gepflegt und an ihren Stützen befestigt werden, damit sie nicht alles überwuchern.

Frühlingsblühende Sträucher wie Forsythien haben jetzt ihren Zenit überschritten und sollten nach der Blütezeit zurückgeschnitten werden. Dagegen bringen Rosen bald ihre schönsten Blüten hervor, die jedoch nur allzu häufig durch Schädlinge und Krankheiten verdorben werden. Sprühen Sie sie vorbeugend mit einem Fungizid, kontrollieren Sie die Pflanzen regelmäßig auf Schädlingsbefall, und ergreifen Sie gegebenenfalls sofort geeignete Gegenmaßnahmen.

Smaragdgrüne Rasenflächen bilden den idealen Hintergrund für üppige Blumenbeete. Wässern, düngen und mähen (nicht zu kurz) Sie den Rasen regelmäßig. Auch der Nutzgarten bringt jetzt eine ständig steigende Zahl von Früchten hervor, die in dieser Jahreszeit das beste Aroma besitzen. Und gegen Ende des Frühsommers reifen schon verschiedene Beerenfrüchte.

Arbeiten im Frühsommer

Ziergarten:

- Empfindliche Beetpflanzen ins Freie setzen und Zweijährige und Stauden säen,
- frühlingsblühende Sträucher schneiden und Hecken trimmen,
- Steingartenpflanzen nach der Blüte stutzen,
- Kletterpflanzen an ihren Stützen befestigen und durch Absenker vermehren,
- Beetpflanzen stützen und mit Flüssigdünger behandeln; ausputzen,
- Wolfsmilchgewächse (Euphorbia), die ihren Zenit überschritten haben, stutzen,
- alle Pflanzen auf Schädlingsbefall überprüfen und umgehend behandeln,
- Sumpfschwertlilien (Iris pseudacorus) und Primeln (Primula) nach der Blüte teilen und neu pflanzen,
- Stecklinge von Nelken (Dianthus) schneiden,
- alle Kübelpflanzen gießen und düngen,
- Rosen gegebenenfalls mit Mitteln gegen Schädlinge und Krankheiten besprühen, Wurzelschösslinge entfernen,
- Narzissen (Narcissus) herausnehmen und teilen,
- Beete mulchen, um das Unkrautwachstum zu unterdrücken.

▲ Jetzt können Sie selbst empfindliche Pflanzen problemlos ins Freie setzen.

Rasenflächen:

- Den Rasen weiterhin mähen, gießen und düngen und Unkräuter entfernen,
- Bereiche mit angesiedelten Zwiebelgewächsen mähen,
- Maulwürfe bekämpfen, sobald die ersten Maulwurfshügel erscheinen.

Nutzgarten:

- Weiterhin gießen und jäten,
- Kartoffeln mit Erde bedecken und frühe Sorten herausnehmen,
- spätes Gemüse wie Radieschen, Sommerspinat, Salat und Weiße Rüben säen,
- Bohnen, Lauch und Winterkohlarten ins Freie setzen,
- Bohnen ausknipsen und frühe Erbsensorten ernten,
- Tomaten und Paprika ins Freie setzen,
- Gemüse auf Raupen und andere Schädlinge überprüfen,
- bei Erdbeeren Ausläufer entfernen,
- unreife Früchte von Obstbäumen ausdünnen,
- bei roten und weißen Johannisbeeren sowie bei Stachelbeeren einen Sommerschnitt durchführen.

▲ In milden Klimaregionen gedeiht Paprika auch im Freilandbeet.

Gewächshaus:

- Den Boden mit Wasser besprühen und regelmäßig lüften,
- heranreifendes Gemüse (Tomaten, Gurken, Paprika, Auberginen) düngen,
- männliche Blüten bei Gurken und Seitentriebe bei Tomaten entfernen,
- Schädlinge wie Weiße Fliegen und Spinnmilben bekämpfen,
- Greiskrautgewächse (Senecio) säen,
- Topfpflanzen wie Azaleen (Rhododendron) und Lampionblume (Physalis) den Sommer über in den Garten setzen.

Nützlinge

Viele Gärtner glauben, alle Insekten im Garten seien eine potenzielle Gefahr für ihre Pflanzen, doch einige Insekten sind regelrechte Verbündete im Kampf gegen Schädlinge. Daher ist es wichtig, die Nützlinge von den unerwünschten Insekten unterscheiden zu können, denn Insektizide machen keine Unterschiede.

Käfer

Obwohl manche Käferarten den Pflanzen Schaden zufügen, gibt es auch viele Nützlinge unter ihnen. Dazu gehören die Laufkäfer, die am Erdboden leben und während der Nacht Insekten, Schnecken und Würmer jagen, sowie die Kurzflügelkäfer, wie der Schwarze Moderkäfer, und der beliebte Marienkäfer (siehe rechte Seite).

Blindwanzen

Einige Blindwanzenarten gelten als Schädlinge. Andere helfen dem Gärtner, wie etwa die Art *Blepharidopterus angulatus,* die Blattläuse und Spinnmilben auf Obstbäumen dezimiert. Bei Obstbäumen sind die äußerlich ähnlichen, räuberischen Blumenwanzen ebenfalls nützlich.

Hundertfüßler

Goldbraune Hundertfüßler fressen Insekten, Insekteneier und -larven sowie kleine Schnecken und Würmer. Häufig werden sie mit Tausendfüßlern (Schädlinge!) verwechselt, aber Letztere sind dunkler, haben mehr Beine, die den Körper an der Seite wie Fransen säumen, und rollen sich zu einer Kugel, wenn man sie aufschreckt, statt wie Hundertfüßler in Deckung zu laufen.

▲ *Schnecken und Würmer lassen sich mithilfe einiger nützlicher Käferarten bekämpfen. Andere können sich jedoch zu einer Plage entwickeln.*

◀ *Schwebfliegen sind Nützlinge. Sie ernähren sich vorzugsweise von Blattläusen und anderen weichhäutigen Insektenschädlingen.*

◀ *Der Marienkäfer hat einen unersättlichen Appetit und vertilgt in seinem Leben große Mengen von Blattläusen und anderen Schädlingen.*

Schwebfliegen

Schwebfliegen werden auf den ersten Blick häufig mit Bienen verwechselt, obwohl sie einen völlig anderen Flugstil zeigen – sie schweben fast reglos in der Luft und schießen dann über kurze Strecken nach vorne. Aber im Gegensatz zu Bienen und Wespen haben Schwebfliegen statt zwei Flügelpaaren nur eins. Die Larven der verschiedenen Schwebfliegenarten sind sehr klein, aber häufig effiziente Verbündete im Kampf gegen Läuse und andere weichhäutige Insektenschädlinge.

Netzflügler

Eine Familie der Netzflügler, die so genannten Florfliegen – mit hellgrünen, fast durchsichtigen Körpern, großen Flügeln und langen, ruhelosen Fühlern –, zeichnen sich durch einen besonders großen Appetit auf Blattläuse aus. Auch die eher unscheinbaren, hellbraunen Larven vertilgen viele dieser Schädlinge. Netzflügler finden sich im ganzen Garten und werden abends von Lichtquellen magisch angezogen.

Marienkäfer

Fast jedes Kind kann einen Marienkäfer bestimmen, aber kaum jemand ist in der Lage, seine Larven zu identifizieren. Während Marienkäfer generell als harmlos gelten, werden ihre kleinen, gürteltierartigen, blau-orangefarbenen Larven mit größerem Misstrauen betrachtet und häufig „vorsichtshalber" vernichtet. Dabei vertilgen gerade die Larven besonders große Mengen von Insekten, insbesondere Blattläuse – in ihrem dreiwöchigen Leben fressen sie bis zu 500 dieser Schädlinge. Bevor aus der Larve ein Marienkäfer wird, muss sie sich erst noch verpuppen, und diese gelbe Puppe wird häufig mit dem äußerlich ähnlichen Kartoffelkäfer verwechselt. Marienkäfer sind meist rot mit zwei oder sieben schwarzen Punkten, aber es gibt auch schwarze Exemplare mit roten Punkten, gelbe mit schwarzen Punkten und schwarze mit gelben Punkten.

Wespen

Wespen sind berüchtigt für ihre Stiche und können sich gegen Ende des Sommers zu einer echten Plage entwickeln. Aber sonst sind sie hilfreiche Verbündete im Garten, da sie alle möglichen Arten von weichhäutigen Insektenlarven und Insekten sammeln, um sie an ihre eigenen Wespenlarven zu verfüttern. Auch andere, unscheinbarere Wespenarten wie etwa die Schlupfwespen – mit langem, schlanken Körper, aber weniger auffälliger Zeichnung – sind sehr nützlich, indem sie beispielsweise Eier in die Larven von Insektenschädlingen legen und diese so von innen auffressen.

Nützlinge unterstützen

Der beste Weg zur Unterstützung von Nützlingen besteht darin, im Garten möglichst keine Insektizide zu verwenden oder nur solche Mittel, die bestimmte Schädlinge töten, für andere Insekten aber harmlos sind. Auch ein abgetrennter Gartenbereich mit aufgehäuften Ästen, altem Laub und hohlen Stängeln abgestorbener Pflanzen bietet den Nützlingen Gelegenheit, sich anzusiedeln, und man kann sie sogar mit bestimmten Pflanzen anlocken: Schwebfliegen fühlen sich beispielsweise von blühendem Buchweizen magisch angezogen.

Ziergarten: *Allgemeine Aufgaben*

Damit die Staudenbeete vom Früh- bis zum Hochsommer besonders üppig blühen, müssen jetzt entsprechende Vorkehrungen getroffen werden. So sollten Sie Ihre Pflanzen gegebenenfalls abstützen, Unkräuter sorgfältig jäten und Kletterpflanzen regelmäßig anbinden.

▲ *Gartennelken* (Dianthus) *lassen sich leicht aus Stecklingen ziehen, die in sandigem, gut durchlässigem Substrat Wurzeln bilden.*

Stecklinge von Gartennelken

Nelken zählen zu den beliebtesten Gartenpflanzen; meist bilden sie kleine, niedrige Büschel mit attraktiven, silbergrauen Blättern und Blüten in einer Vielzahl von Rot-, Rosa- und Cremeschattierungen. Und manche Arten duften sogar wundervoll. Gartennelken eignen sich hervorragend als Bepflanzung für den vorderen Beetbereich, für Kübel und Töpfe sowie für Steingärten.

Darüber hinaus lassen sie sich mithilfe von Stecklingen ganz einfach vermehren: Halten Sie den Stängel unter einem Knoten fest und ziehen Sie vorsichtig an der Stängelspitze, sodass sich dieser Stängelteil sauber vom Blattgelenk löst und als neuer Steckling dienen kann. Die Stecklinge sollten etwa 8–10 cm lang sein und können direkt in feuchte Anzuchterde gesetzt und angedrückt werden. Als Standort eignet sich ein halbschattiges Frühbeet, wo die Stecklinge den Winter über Wurzeln bilden können.

PFLANZEN ABSTÜTZEN

Diese Aufgabe im Garten sollte man regelmäßig erledigen, denn wenn die Triebe zu lang werden, lassen sie sich nicht mehr an den Stützen befestigen, ohne vollkommen missgestaltet zu wirken. Wuchernden Pflanzen mehrere Stäbe zur Verfügung stellen und die Triebe einzeln befestigen – vorzugsweise mit langen Gartenschnüren, um ein natürliches Erscheinungsbild zu erzielen, und möglichst weit unten, damit sie weniger auffallen. Im Handel sind zwar viele kleinwüchsige, stämmige Beetpflanzensorten erhältlich, aber selbst diese kompakten Formen profitieren davon, dass man sie sorgfältig abstützt.

Kletterpflanzen ziehen und stützen

Kletterpflanzen verleihen jedem Garten eine neue Dimension, da sie senkrechte Elemente wie Mauern und Zäune in attraktive Blickfänge verwandeln und so insgesamt die Bepflanzungsfläche vergrößern – besonders wichtig in kleinen Gärten. Doch die Pflanzen benötigen dazu entsprechende Rankhilfen.

Rabatten mulchen

Sämtliches Unkraut entfernen, den Boden sorgfältig durchfeuchten und eine dicke Schicht Mulchmaterial darüber geben, um weiteres Unkrautwachstum zu unterdrücken und die Bodenfeuchtigkeit während des Sommers zu bewahren.

1 Holzspaliere sind beliebte Rankhilfen an Mauern und sollten mit einem für Pflanzen unschädlichen Holzschutzmittel behandelt werden. Mehrere Holzleisten an der Mauer anbringen und das Spalier anschrauben oder mit Haken und Ringschrauben befestigen. So können Spalier und Pflanze leichter entfernt werden, falls Reparaturarbeiten an der Mauer erforderlich sind.

2 Sie können als Rankhilfe aber auch horizontale, kunststoffummantelte Drähte zwischen Ringschrauben spannen. Alle 1,8 m eine Ringschraube in die Mauer setzen und die Ringschrauben im Abstand von 40 cm übereinander platzieren. Den Draht durch die Ringe führen und am Ende fixieren. Die Drähte spannen, indem Sie die Ringschrauben mit einer Zange nachziehen.

3 Die Kletterpflanze regelmäßig anbinden, um das Spalier im Laufe der Zeit vollkommen zu verdecken. Triebe mit Raffiabast, weichem Gartenzwirn oder Kunststoffanbindern befestigen. Den Draht oder Zwirn zu einer Acht drehen, damit die Triebe nicht zu fest angebunden und beschädigt werden (rechts).

4 Manche Kletterpflanzen wirken besonders attraktiv, wenn sie sich durch Baumkronen oder Sträucher winden; allzu wuchsfreudige Sorten vermeiden, da sie die Wirtspflanze ersticken können. Kombinieren Sie Staudenkapuzinerkresse *(Tropaeolum speciosum)* und eine dunkle Konifere.

Ziergarten: *Teilen und pflanzen*

Da einige früh blühende Gartenpflanzen jetzt allmählich ihren Zenit überschreiten, wird es Zeit, ihnen durch Teilung neues Leben einzuhauchen. Außerdem können empfindliche Beetpflanzen nun im Freien das Auge des Betrachters mit ihrer Blütenfülle erfreuen.

Schwertlilien teilen und neu einpflanzen

Sumpfschwertlilien bilden im Laufe der Jahre ein wucherndes Büschel, deren Mitte verholzen und kahl werden kann. Nach der Blüte lassen sich die Pflanzen herausnehmen und teilen, um die Blütenpracht im Folgejahr zu verbessern. Graben Sie den Rhizomballen vorsichtig aus und schneiden Sie gesunde Teilstücke am Ballenrand mit kräftigen, jungen Trieben und vielen Faserwurzeln mit einem Messer ab. Dann werfen Sie die alten, verholzten Teile weg, schneiden Sie die Blätter auf etwa 25 cm lange Keile zurück, und setzen Sie die Rhizome in Dreier- oder Fünfergruppen mit 15 cm Pflanzabstand wieder in den Garten. Die obere Hälfte der Rhizome sollte beim Einpflanzen aus dem Boden ragen.

▲ *Sobald die Blüten der Sumpfschwertlilien verwelken, können etablierte Pflanzenbüschel herausgenommen und geteilt werden.*

Narzissen herausnehmen und teilen

Narzissenzwiebeln verbleiben normalerweise von Jahr zu Jahr im Boden, doch nach einigen Jahren lässt manchmal die Blüte nach und die Blätter kränkeln. Meist liegt das daran, dass die Pflanzen zu dicht stehen; dann sollte man sie herausnehmen und die Zwiebeln wieder einsetzen.

Die Zwiebeln vorsichtig mit einer Grabgabel herausheben, sobald das Laub abgestorben ist, und die Erde abschütteln. An vielen Zwiebeln sind so genannte Brutzwiebeln entstanden, kleine Tochterzwiebeln rund um den Zwiebelboden. Wenn sie groß genug sind, können Sie sie leicht von der Mutterzwiebel abtrennen und im richtigen Pflanzabstand in gut umgegrabene und mit Langzeitdünger angereicherte Erde setzen.

Empfindliche Beetpflanzen ins Freie setzen

Viele beliebte Beetpflanzen sind frostempfindlich und können erst ins Freiland gesetzt werden, wenn die Frostgefahr vorüber ist. In Gartencentern findet man sie allerdings meist schon viel früher. Empfindliche Beetpflanzen müssen allmählich an die kühleren Lebensbedingungen im Garten gewöhnt werden, bevor man sie an ihren endgültigen Standort setzen kann. Lassen Sie diese Pflanzen nachts im Gewächshaus, Wintergarten oder einem anderen frostfreien Standort, und stellen Sie sie tagsüber ins Freie, bis sie endgültig ausgepflanzt werden können.

1 Den Boden mit einer Grabgabel sorgfältig umgraben, sämtliches Unkraut entfernen und etwas Universaldünger unter die oberste Erdschicht arbeiten.

2 Die Pflanzen am Abend vor dem Umtopfen gießen. Den Topf umdrehen und den Topfrand vorsichtig gegen eine harte Fläche klopfen, um den Wurzelballen herauszulösen (rechts). Befinden sich zwei Pflanzen im Topf, diese behutsam trennen.

3 Die Pflanzen mit einem Handspaten an ihren endgültigen Standort setzen (unten). Die Wurzeln dürfen nicht zu lange der Luft ausgesetzt werden, da sie rasch austrocknen und die Pflanze sich dadurch schlechter erholt. Die gepflanzten Gewächse mit den Fingerknöcheln fest andrücken.

4 Sobald das Beet bepflanzt ist, sämtliche Pflanzen mit einer feinen Brause gießen (unten). Da in dieser Jahreszeit oft warmes, trockenes Wetter herrscht, müssen die Pflanzen gegebenenfalls häufiger gegossen werden – dies gilt vor allem für die Tage nach dem Einpflanzen.

◀ *Kapuzinerkresse und Studentenblumen ergeben eine attraktive Farbmischung, vor allem wenn sie dicht nebeneinander stehen.*

Ziergarten: *Schneiden und trimmen*

Einige Sträucher, deren Blütezeit vorüber ist, sollten nun geschnitten werden. Der Frühsommer ist aber auch die richtige Jahreszeit, um Hecken sorgfältig zu trimmen, sodass sie ihre Form bewahren.

Früh blühende Sträucher schneiden

Zu den Sträuchern, deren Blütezeit nun vorüber ist, zählen Säckelblume *(Ceanothus)*, Geißklee *(Cytisus)*, Kerrie *(Kerria)*, Deutzie *(Deutzia)*, Sommerjasmin *(Philadelphus)*, Spierstrauch *(Spiraea)*, Flieder *(Syringa)*, Schneeball *(Viburnum)* und Weigelie *(Weigela)*.

Diese Pflanzen müssen nicht jährlich geschnitten werden, doch wenn sie zu groß sind oder ungepflegt wirken, wäre jetzt der richtige Moment dazu.

Entfernen Sie zunächst mit einer Gartenschere oder -säge alles kranke und abgestorbene Holz und danach alte, schwache oder störende Zweige. Schneiden Sie die Triebe über dem Boden ab. Damit die Strauchmitte Licht und Luft erhält, kann ein Drittel aller Zweige entfernt werden.

Ausputzen

Das Entfernen verwelkter Blüten dient drei Zielen: Der Garten wirkt gepflegter, die Pflanze behält ihre Kraft, da man die Samenbildung verhindert, und die Entwicklung neuer Blüten wird angeregt. Von Pflanzen, die man aufgrund ihrer Früchte, Beeren oder Samenstände schätzt, dürfen die Blüten natürlich nicht entfernt werden.

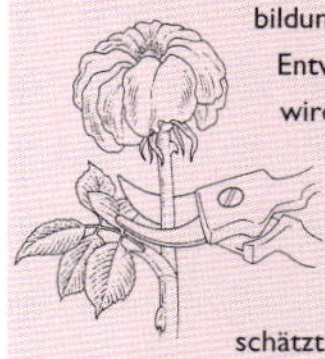

Am besten knipsen oder schneiden Sie die verwelkten Blüten mit einer Gartenschere direkt oberhalb eines Blattgelenks ab. Eine Ausnahme bilden Rhododendren und Azaleen: Sie bringen die neuen Knospen direkt hinter den alten Blüten hervor, sodass man verwelkte Blüten von Hand entfernen muss.

◀ *Bei frühlingsblühenden Sträuchern wie etwa Flieder sollten alte und schwache Zweige jetzt entfernt werden.*

▶ *Bei Rosen erkennt man Wurzelschösslinge an der großen Zahl von Blättern. Entfernen Sie den Wildling ganz unten am Wurzelstock.*

Hecken schneiden

Das Schneiden der Hecke zählt nicht zu den beliebtesten Tätigkeiten im Garten, bei sorgfältiger Planung und Durchführung lassen sich jedoch sehr schöne Ergebnisse erzielen. Viele Hecken müssen nur zweimal jährlich geschnitten werden – jetzt und im Spätsommer.

1 Eine Plane oder dicke Kunststofffolie unter die Hecke legen, um die Schnittabfälle aufzufangen (rechts). Grenzt die Hecke an ein Blumenbeet, empfiehlt es sich, entlang der Basis der Hecke eine Plattenreihe zu verlegen. So hat man einen besseren Stand als auf der Beeterde, und Schnittabfälle lassen sich leichter entfernen.

2 Für einen formalen Schnitt ein Stück Schnur waagerecht über der Heckenspitze spannen, damit die Hecke auch wirklich gerade gestutzt wird (oben). Die Hecke kann oben flach geschnitten werden, aber in Regionen mit starkem Schneefall sollte sie oben spitz zulaufen, damit der Schnee nicht darauf liegen bleibt.

3 Kleine Hecken lassen sich gut von Hand mit einer Heckenschere trimmen, doch elektrische Heckenscheren sind wesentlich schneller und effizienter (oben). Die Heckenschere sollte einen Schutzschalter haben und das Stromkabel während des Scherens nicht in die Nähe des Heckenscherenblattes geraten.

4 Die Hecke von unten nach oben schneiden. Die Seiten sollten sich zur Spitze hin etwas verjüngen, sodass eine Keilform entsteht (oben). Beim Stutzen hoher Hecken eine stabile Trittleiter verwenden, die Sie parallel zur Hecke ausrichten; die Leiter nicht gegen die Hecke lehnen, da dies den Schnitt ruiniert.

Ziergarten: *Pflanzen der Jahreszeit*

Jetzt beginnt die Zeit der Blütenfülle – immer mehr Knospen öffnen ihre Blätter. Besonders beliebt sind Rosen, aber es gibt noch viele andere blühende Sträucher. Auch zahlreiche Beetpflanzen wirken jetzt besonders attraktiv.

▼ *Die Blüten der Klatschmohnsorte* Papaver *'Patty's Plum' leben zwar nur kurz, aber es erscheinen lange Zeit immer wieder neue Blüten.*

▲ Der *Storchschnabel* (Geranium) *bildet weiche Büschel fein geschnittener Blätter, aus denen violettblaue Blüten herausragen.*

▼ *Seine eleganten Blütenähren machen den Rittersporn* (Delphinium) *zu einer beliebten Beetpflanze, vor allem im Cottage-Garten.*

Bäume und Sträucher

Abelia × grandiflora (Großblütige Abelie)
Buddleja alternifolia, B. globosa (Schmetterlingsstrauch)
Ceanothus (Säckelblume)
Cistus × purpureus (Zistrose)
Deutzia gracilis (Zierliche Deutzie)
Escallonia (Andenstrauch)
Lonicera periclymenum (Waldgeißblatt)
Philadelphus (Sommerjasmin)
Potentilla (Fingerkraut)
Pyracantha (Feuerdorn)
Rhododendron (Rhododendron, Azalee)
Rosa (Rose)
Spiraea douglasii (Douglas-Spierstrauch)
Syringa (Flieder)
Viburnum plicatum (Japanischer Schneeball)
Weigela (Weigelie)
Wisteria sinensis (Chinesische Glyzine)

Stauden und Beetpflanzen

Achillea filipendulina 'Gold Plate' (Goldgarbe)
Ageratum (Leberbalsam)
Althaea (Eibisch)
Aquilegia vulgaris (Gewöhnliche Akelei)
Astrantia major (Große Sterndolde)
Campanula (Glockenblume)
Coreopsis (Mädchenauge)
Delphinium elatum (Hoher Rittersporn)
Dianthus (Nelke)
Dictamnus albus (Brennender Busch)
Digitalis purpurea (Roter Fingerhut)
Fuchsia (Fuchsie-Sorten für Beete)
Geranium (Storchschnabel)
Heuchera
Iris (Schwertlilie)
Lobelia erinus (Blaulobelie)
Lupinus (Lupine)
Nepeta × faassenii (Blauminze)
Paeonia (Pfingstrose)
Papaver orientale (Türkischer Mohn)
Pelargonium (Pelargonie)

Zwiebelgewächse

Allium (Lauch)
Camassia leichtlinii, C. quamash (Prärielilie)
Iris (Schwertlilie)
Lilium (Lilie) – Abbildung unten

Rasen und Wassergärten: *Allgemeines*

Ein gepflegter Rasen bringt den ganzen Garten besser zur Geltung: Deshalb ist es jetzt, derweil die anderen Pflanzen im Garten ihren Zenit erreichen, besonders wichtig, ihn möglichst üppig und saftig grün zu halten.

Rasenflächen wässern

Zwar stirbt das Gras nur selten durch Dürreperioden, aber ein fleckiger, brauner Rasen wirkt unansehnlich und wird häufig von Unkräutern überwuchert. Mit etwas Pflege erhalten Sie einen grünen Rasen, ohne Wasser zu verschwenden.

Erhöhen Sie die Widerstandskraft des Rasens gegenüber Dürreperioden, indem Sie ihn im Herbst mit einer Mischung aus Sand und Lehm oder Torf versehen und niemals zu kurz schneiden. Stellen Sie die Klingen des Rasenmähers bei trockenem Wetter auf eine längere Schnitthöhe ein, und beobachten Sie Ihren Rasen: Richtet sich das Gras nach dem Betreten nicht mehr auf oder hat eine matte Farbe, ist es Zeit, den Rasen zu sprengen – vorzugsweise am Abend mit einer effizienten Sprinkleranlage (mind. 12 mm).

Maulwurfshügel beseitigen

Maulwürfe zählen zu den frustrierendsten Gartenschädlingen. Auf Rasenflächen richten sie große Schäden an. Mittel wie der Maulwurfschreck nützen nur selten, und mit einer Falle lässt sich nur ein Tier fangen, dessen Revier daraufhin von anderen übernommen wird. Am besten üben Sie sich in Geduld, bis der Maulwurf sein Tunnelsystem errichtet hat, da er danach normalerweise keine weiteren Hügel aufwirft. Die Erdhügel gleichmäßig über den Rasen verteilen, sobald sie auftauchen.

Bei Ameisenhügeln auf die gleiche Weise vorgehen. Wenn man sie mit dem Rasenmäher überrollt, sterben die umliegenden Graspflanzen ab und die Fläche wird von Unkräutern besiedelt. Im äußersten Fall Ameisenkolonien mit einem Insektizid behandeln.

▼ Wird der Rasen nicht gründlich gewässert, wird nur das Wurzelwachstum in den oberen, leicht austrocknenden Erdschichten gefördert.

Wasserspiele im Garten

Fließendes Wasser ist eine Bereicherung für jeden Garten. Ein Mühlsteinbrunnen benötigt nur wenig Platz und stellt keine Gefahr für kleine Kinder dar, bietet aber das typische Plätschern und Funkeln, das wir am Element Wasser so schätzen. Allerdings sollten Sie die Installation der Wasserpumpe einem Fachmann überlassen.

1 Eine Grube für das Wasserreservoir ausheben, die mindestens 40 cm tiefer und im Durchmesser 60 cm breiter als der Mühlstein sein muss, die Grube mit einem flachen Rand versehen und mit Teichfolie aus Butyl-Kautschuk auslegen. (Sie können aber auch eine Glasfaserform oder ein Plastikbecken verwenden.)

2 Eine Unterwasserpumpe auf dem Grund des Reservoirs platzieren. In der Mitte zwei oder drei Säulen aus Ziegelsteinen oder Betonblöcken errichten, die das Gewicht des Mühlsteins tragen, und ein rostfreies Metallgitter so darauf legen, dass es auf den Säulen und dem flachen Grubenrand ruht (rechts).

3 Einen flexiblen Schlauch von der Pumpe durch die Mühlsteinmitte führen und ein festes Rohrstück darauf stecken, das unterhalb der Steinoberfläche endet, um einen sprudelnden Effekt zu erzielen. Das noch sichtbare Metallgitter mit Kieselsteinen bedecken (links).

4 Das Reservoir mit Wasser füllen, die Pumpe einschalten und den Wasserdurchfluss korrigieren, bis der gewünschte Effekt entsteht. Das Wasser wird aus der Mitte des Mühlsteins perlen und über die Kieselsteine ins Reservoir zurückfließen; es sollte aber regelmäßig aufgefüllt werden, weil ein Teil verdunstet. Wenn Sie die Pumpe in regelmäßigen Abständen ausschalten, sodass der Mühlstein vollkommen trocknen kann, hemmen Sie die Algenbildung.

▶ *Wasser spielt in japanischen Gärten eine wichtige Rolle. Dieser Bambusbrunnen verleiht jedem Garten ein fernöstliches Flair.*

WASSER OHNE TEICH

Nicht jeder Garten bietet sich für die Anlage eines Teichs an, vor allem nicht, wenn sich kleine Kinder dort aufhalten – unbeaufsichtigte Kleinkinder können selbst in flachem Wasser ertrinken. Das bedeutet jedoch nicht, dass man auf die Freuden des Elements Wasser im Garten gänzlich verzichten muss. Jedes Wasserspiel, das kein stehendes Wasser umfasst, ist normalerweise kindersicher, und im Handel sind viele Wandbrunnen als Fertigbausatz erhältlich. Mit etwas Phantasie können Sie leicht Ihre eigenen Vorstellungen umsetzen. Lassen Sie sich in größeren Gartencentern oder bei Wassergartenspezialisten beraten.

Nutzgarten: *Allgemeine Arbeiten*

Zahllose Schädlinge und Krankheiten können das Erscheinungsbild von selbst gezogenem Gemüse und Obst vollkommen ruinieren, aber wer sofort handelt, kann es wirksam schützen. Zu chemischen Bekämpfungsmitteln gibt es in den meisten Fällen umweltfreundliche Alternativen.

Früchte vor Schädlingen und Krankheiten schützen

Der Apfelwickler zählt wahrscheinlich zu den hartnäckigsten Schädlingen in dieser Jahreszeit. Die Falter fliegen bei Nacht und legen ihre Eier auf heranreifende Früchte und Blätter. Wenn die Raupen schlüpfen, fressen sie sich durch die Früchte. Eine gewisse Abhilfe schaffen Pheromonfallen (siehe S. 574), doch wenn Sie lieber zu einem chemischen Mittel greifen möchten, können Sie jetzt ein Insektizid mit dem Wirkstoff *Permethrin* und erneut zu Beginn des Hochsommers einsetzen.

Die ersten Anzeichen von Mehltaubefall bei Stachelbeeren ist ein weißgrauer Pilzbelag auf den Triebspitzen und unreifen Früchten, der sich rasch braun verfärbt. Im Handel sind diverse Fungizide zur Bekämpfung dieser Krankheit erhältlich.

▼ *Der dichte braune Belag auf Stachelbeeren mit Mehltaubefall kann vor dem Verzehr abgerieben werden, aber das ist mühsam.*

Raupen auf Kohlgemüse

Die meisten Gärtner mögen Schmetterlinge in ihrem Garten, aber nur die wenigsten würden den Kohlweißling begrüßen. Diese Schmetterlingsart legt auf alle Kohlarten ihre Eier, aus denen dann gefräßige Raupen schlüpfen, die eine ganze Pflanze innerhalb weniger Tage kahl fressen. Statt die Raupen von Hand abzusammeln, empfiehlt sich eine biologische Schädlingsbekämpfung, die Sporen und Giftstoffe eines natürlichen Bakteriums – *Bacillus thuringiensis* – kombiniert. Die damit infizierten Raupen sterben zwar erst nach ein paar Tagen, aber sie hören sofort auf zu fressen.

Kartoffeln mit Erde bedecken

Zum Schutz vor späten Nachtfrösten können die jungen Triebe der Kartoffelpflanzen mit Erde bedeckt werden. Wenn man weiterhin Erde über die wachsenden Pflanzen häuft, lassen sich außerdem bittere, grüne Stellen an den Knollen verhindern.

1 In kühlen Regionen kann es auch im Frühsommer noch Nachtfröste geben. Wenn Frost angekündigt ist, die jungen, soeben durch die Erde brechenden Kartoffeltriebe vollständig mit Erde, Zeitungspapier bzw. Folientunneln abdecken (mit Erde oder Steinen fixieren), diese Abdeckung jedoch am nächsten Tag entfernen.

2 Sobald die Triebspitzen sich weiterentwickeln, Erde seitlich gegen die Triebe häufeln, sodass ein „Hügelrücken" entsteht (rechts). Dieser verhindert, dass Kartoffeln an der Erdoberfläche grün und ungenießbar werden. Die grünen Stellen der Knollen enthalten das giftige Solanin, das schwere Magenverstimmungen verursacht.

3 Das Anhäufeln kann man auch durch die Pflanzung unter schwarzer Plastikfolie ersetzen: Die Saatkartoffeln in vorbereitete Erde setzen, mit schwarzer Folie bedecken und diese kreuzweise einschneiden, sobald sich die Triebe entwickeln, damit sie hindurchwachsen können.

Erbsen ernten

Früh gesäte Erbsenpflanzen sind jetzt erntebereit und sollten gepflückt werden, sobald die Hülsen schwellen und die Form der Erbsen durch die Hülsen erkennbar ist. Nicht zu lange hängen lassen, da große Erbsen zäh und mehlig schmecken.

4 Frühkartoffeln sind erntereif, wenn die Pflanze Blüten hervorbringt. Etwas Erde beiseite kratzen, um die Knollen freizulegen. Sie sollten mindestens die Größe eines Eis haben. Frühkartoffeln liefern meist nur geringe Erträge, schmecken dafür aber besonders gut.

Nutzgarten: *Pflanzen und säen*

Die Saatzeit für Gemüse ist noch nicht vorüber. Im Gegenteil: Es gibt eine ganze Reihe von Sorten, die – jetzt ausgesät – die Erntezeit bis in den Spätsommer verlängern. Bei vorausschauender Planung haben Sie sogar auch im Winter noch lange frisches Gemüse.

Späte Aussaat für späte Ernte

Obwohl die eigentliche Saatzeit vorüber ist, kann man auch in den nächsten Wochen noch Gemüse säen, das dann im Spätsommer oder Frühherbst erntereif ist, wie etwa Radieschen, Möhren, Rote Bete, Feldsalat, Kopfsalat, Kohlrabi, Rauke, Radicchio, Weiße Rüben, Kohlrüben und Spinat. Da sich manche Sorten für die Spätaussaat besser eignen als andere – weil sie schossresistent sind oder unempfindlich gegenüber Krankheiten wie Mehltau –, sollte man die Sorten sorgfältig auswählen.

Im Sommer gesäter Salat gedeiht häufig nicht richtig, da hohe Temperaturen die Keimung beeinträchtigen. Deshalb sollte man an heißen Tagen besonders vorsichtig sein und die Reihen unmittelbar vor der Aussaat gießen, um die Bodentemperatur zu senken, oder vorzugsweise am kühlen Abend säen.

◀ *Rasch reifende Radieschen können den ganzen Sommer über in regelmäßigen Abständen gesät werden.*

Wintergemüse pflanzen

Wintergemüse wie Rosenkohl, Weißkohl, Grünkohl und Lauch kann jetzt gepflanzt werden. Sämtliche Gewächse der *Brassica*-Familie (heimische Kohlarten) müssen sehr fest gepflanzt werden, da sie sonst keine festen Köpfe bilden. Die Erde (außer bei sehr schweren Böden) rund um die neu gesetzten Pflanzen fest antreten, gießen und erneut antreten. Wenn Sie nun vorsichtig an einem Blatt zupfen, sollte eher das Blatt reißen, als dass sich die Wurzeln der Pflanze im Erdreich bewegen.

Paprika ins Freiland pflanzen

Sobald die Frostgefahr vorüber ist, können empfindliche Gemüsesorten wie Paprika und Tomaten an ihren endgültigen Standort im Garten gesetzt werden. Aber achten Sie darauf, dass die Jungpflanzen ausreichend abgehärtet sind.

1 Am besten eignen sich kräftige Jungpflanzen, deren Wurzelballen einen Topf von 8 cm Durchmesser vollkommen ausfüllt. Nur wuchsfreudige, gesunde Pflanzen mit dunkelgrünen Blättern nehmen, deren weiße Wurzelspitzen durch die Drainagelöcher im Topfboden zu sehen sind.

2 Die Pflanze mit einer Hand am Grund des Triebs fassen, den Topf umdrehen und den Topfrand kräftig gegen eine harte Fläche klopfen, um den Wurzelballen herauszulösen. Den Topf vorsichtig vom Wurzelballen ziehen (links).

3 Mit einem Handspaten ein Pflanzloch im Gemüsegarten ausheben, die Pflanze hineinsetzen (links), die Oberfläche des Wurzelballens mit Erde bedecken, mit den Fingerknöcheln andrücken und sorgfältig gießen.

4 Falls das Wetter nach dem Pflanzen umschlägt, können Sie die Jungpflanzen mit einer Haube vor Wind und Kälte schützen. Bei größeren Pflanzen stellt man zwei Hauben daneben, sodass sie noch immer etwas Schutz bieten.

5 Paprika und andere empfindliche Gemüsepflanzen gedeihen auch gut in Pflanzsäcken auf der Terrasse – ein meist geschützter, warmer Standort (oben). Die besten Ergebnisse erzielen Sie mit maximal zwei Pflanzen pro Kultursack. Die Folie kreuzweise einschneiden und nach innen umschlagen, damit ein Pflanzloch entsteht. Pflanzen in Kultursäcken müssen regelmäßig gegossen und mit Flüssigdünger versorgt werden, vor allem bei trockenem oder windigem Wetter.

◄ *Grüne Paprika sind unreif geerntete Schoten, die sich je nach Sorte zu roten, gelben oder orangefarbenen Paprika weiterentwickelt hätten.*

Gewächshaus: *Allgemeine Arbeiten*

Da Gewächshäuser auch Schädlingen ideale Wachstumsbedingungen bieten, sollten diese bei den ersten Anzeichen bekämpft werden, um eine Epidemie zu vermeiden. Treibhauspflanzen müssen regelmäßig gedüngt werden, vor allem, wenn sie in Töpfen oder Kultursäcken wachsen.

Treibhausgemüse düngen

Gewächshauspflanzen wachsen meist in kleinen Randbeeten, die durch ständige Nutzung nährstoffarm sind, oder in der begrenzten Erdmenge eines Kübels oder Pflanzsacks, die ebenfalls nicht alle erforderlichen Nährstoffe zur Verfügung stellen kann. Daher muss Treibhausgemüse regelmäßig gedüngt werden. Die am weitesten verbreiteten Gemüsesorten – Auberginen, Paprika, Gurken und Tomaten – bilden Früchte und sollten erst nach Beginn der Blütezeit Dünger erhalten, um nicht das Blattwachstum auf Kosten von Blüten und Früchten anzuregen. Sobald die Blüte einsetzt, gibt man ihnen einen komplexen Dünger mit mittlerem Stickstoff- und Phosphorgehalt und hohem Kalianteil wie etwa Flüssigdünger für Tomaten.

▲ *Gewächshausgemüse gedeiht durch regelmäßiges Düngen besonders üppig. Vor allem Flüssigdünger werden rasch aufgenommen.*

Schädlinge bekämpfen

Die warme, geschützte Atmosphäre im Gewächshaus fördert auch das Wachstum vieler Schädlinge. Zu dieser Jahreszeit können sie sich rapide vermehren, sodass innerhalb weniger Tage sämtliche Pflanzen befallen sind. Daher sollten Sie die Pflanzen regelmäßig auf Anzeichen von Schädlings- oder Krankheitsbefall untersuchen. Dies gilt vor allem für die jungen Triebspitzen, an denen sich Blattläuse bevorzugt sammeln, und die Blattunterseiten, wo sich Weiße Fliegen und Spinnmilben verstecken. Ungeziefer entweder mit einem biologischen Mittel oder mit einem für Gewächshäuser geeigneten Insektizid bekämpfen. Die Anleitung sorgfältig lesen und genauestens beachten. Die vorgeschriebene Zeit bis zur Ernte verstreichen lassen, falls Sie Ihr Gemüse damit behandeln.

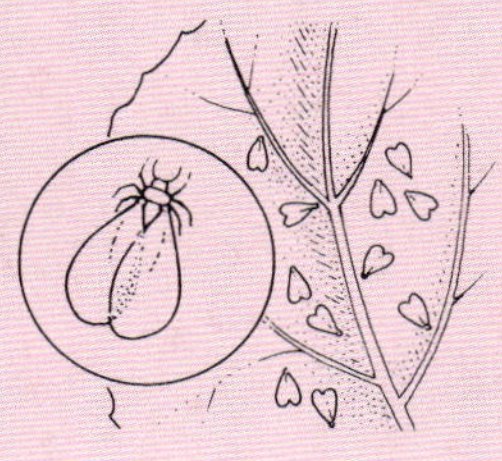

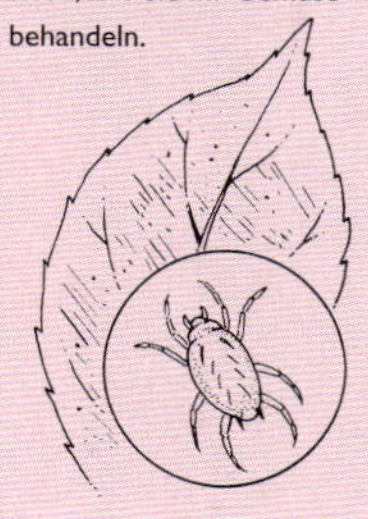

Greiskrautgewächse säen

Mit ihren leuchtenden, margeritenartigen Blüten ergeben die Greiskrautgewächse hübsche, im Winter und Frühling blühende Topfpflanzen. Am besten sät man sie jetzt in eine Saatschale mit Anzuchterde und verteilt das Saatgut möglichst dünn. Weitere Erde oder eine feine Schicht Quarzsand darüber geben, das Ganze mit einer Anzuchtkastenhaube abdecken und die Samen im Gewächshaus oder Frühbeet keimen lassen – die Sämlinge erscheinen nach etwa 10–14 Tagen. Jetzt gesäte Pflanzen blühen in fünf oder sechs Monaten und sind in vielen Farben erhältlich, von Rot, Rosa, Violett, Blau und Weiß bis hin zu zweifarbigen Saatmischungen.

Gurken und Tomaten erziehen

Diese beliebten Treibhauspflanzen müssten inzwischen kräftig gewachsen sein und sollten daher regelmäßig gepflegt werden, damit sie später reiche Früchte tragen.

1 In den meisten Gewächshäusern werden Tomaten als Spaliertomaten gezogen, weil sie ohne diese Erziehungsmaßnahmen einen buschigen Wuchs mit dichtem Blattwerk entwickeln. Buschformen nehmen im Gewächshaus jedoch zu viel Platz ein und lassen sich schlecht pflegen.

2 Die Seitentriebe werden entfernt, sobald sie so groß sind, dass man sie abbrechen kann (unten). Alle Pflanzen einmal täglich überprüfen, vorzugsweise morgens – zu große Seitensprosse beschädigen beim Entfernen das Pflanzengewebe.

3 Gewächshausgurken bringen die besten Früchte aus unbestäubten Blüten hervor. Da durch Bestäubung geschwollene, missgestaltete und bittere Gurken entstehen, sollten Sie männliche Blüten entfernen, sobald sie auftauchen.

4 Weibliche und männliche Blüten lassen sich durch die Miniaturgurke unterscheiden, die bei den weiblichen Exemplaren von Anfang an vorhanden ist (links).

Hochsommer

In den meisten Gärten stehen die Pflanzen jetzt in voller Blüte, und der Gärtner muss regelmäßig gießen, stützen, ernten und verwelkte Blüten entfernen. Er kann seinen Garten aber auch in seiner üppigen Pracht genießen und sich in den Abendstunden an seinen betörenden Düften erfreuen.

Rasenflächen

Rasengräser leiden als erste unter anhaltend warmem Wetter. Mähen Sie weiterhin regelmäßig, aber stellen Sie die Klingen des Rasenmähers auf eine längere Schnitthöhe. Sehr kurze Schnittabfälle können bei trockenem Wetter liegen bleiben, damit das Gras die Feuchtigkeit besser hält.

Pflanzen

Steingartengewächse und einige früh blühende Stauden sollten nach dem Ende der Blütezeit kräftig zurückgeschnitten werden, damit sie gepflegter wirken. Schneiden Sie auch Laub abwerfende Blütensträucher nach der Blüte auf die gewünschte Größe zurück. Der Hochsommer ist darüber hinaus der richtige Zeitpunkt, um viele Sträucher mithilfe halbreifer Stecklinge zu vermehren.

Ernte

Im Nutzgarten gibt es jetzt ständig erntereife Früchte und Gemüse, und wenn Sie weiterhin aussäen, können Sie die Erntezeit erheblich verlängern. Fruchtgemüse wie Bohnen und Kürbisse müssen während der Blütezeit reichlich gegossen werden, damit sie viele Früchte hervorbringen. Wahrscheinlich zählt das Wässern des gesamten Gartens zu den arbeitsintensivsten Arbeiten im Hochsommer. So leiden vor allem Kübelpflanzen an heißen, wolkenlosen Sommertagen innerhalb weniger Stunden unter Wassermangel.

Schädlinge und Krankheiten

Bei warmem Wetter kommt es häufig zu Pilzbefall; daher sollte man anfällige Pflanzen vorbeugend mit einem Fungizid behandeln. Ein vorbeugendes Besprühen mit einem Insektizid ist jedoch nicht sinnvoll.

► *Wenn Sie Ihre Pflanzen regelmäßig düngen und abstützen sowie verwelkte Blüten entfernen, bieten Ihre Blumenbeete den ganzen Sommer über einen wunderbaren Anblick.*

Arbeiten im Hochsommer

▲ Beleuchtung verleiht dem Garten eine besondere Stimmung, und der Gärtner kann sein Werk auch noch nach dem Anbruch der Dunkelheit genießen.

Allgemeines:

- Die Pflanzen regelmäßig auf Schädlings- oder Krankheitsbefall überprüfen und umgehend behandeln,
- gießen, ohne Wasser zu verschwenden,
- Gartenbeleuchtung installieren.

Ziergarten:

- Sträucher nach Ende der Blütezeit zurückschneiden; Glyzinen stutzen,
- alle Hecken trimmen,
- früher gesäte Stauden und Zweijährige pikieren,
- verwelkte Blüten entfernen,
- halbreife Stecklinge von Sträuchern schneiden,
- im Gartencenter nach Zwiebelgewächsen für den Herbst und Madonnenlilien (Lilium candidum) schauen und möglichst früh setzen,
- früh blühende Beetpflanzen zurückschneiden, um die Bildung einer zweiten Blüteperiode anzuregen,
- Kübelpflanzen gießen und schneiden und verwelkte Blüten entfernen,
- Schnittblumenschmuck fürs Haus schneiden,
- Dahlien stützen und anbinden und Knospen entfernen, wenn die Pflanze große Blüten bilden soll,
- Glattblattastern (Aster novi-belgii) auf Mehltaubefall überprüfen und umgehend handeln,
- frühlingsblühende Zwiebelgewächse aus Pflanzenkatalogen bestellen.

▲ Säen Sie jetzt Kräuterpflanzen wie Koriander, die später für die Verwendung während der Wintermonate in Töpfe umgepflanzt werden.

Rasenflächen:

- Schnittabfälle gelegentlich auf dem Rasen liegen lassen,
- die Klingen des Rasenmähers bei Dürre auf eine längere Schnitthöhe stellen.

Wassergarten:

- Den Teich gegebenenfalls mit frischem Wasser auffüllen,
- Fische weiterhin füttern, damit sie größer und kräftiger werden.

Nutzgarten:

- Gemüse schneiden und pflücken, sobald es erntereif ist,
- Kartoffeln auf Braunfäulebefall überprüfen,
- Kräuter zum Trocknen und Einfrieren pflücken,
- Sämlinge pikieren,
- kühl gelagerte Kartoffeln für eine Ernte im Herbst pflanzen,
- Wintergemüse pflanzen,
- Bohnen während der Blütezeit gießen,
- nach der Ernte das Stroh von den Erdbeerbeeten entfernen und Blattwerk, das Sie nicht für die Vermehrung benötigen, schneiden; Erdbeeren mithilfe von bewurzelten Ausläufern vermehren,
- bei Pflaumen- und anderen Steinobstbäumen alle von Bleiglanz befallenen Blätter entfernen,
- bei Spalieräpfeln und -birnen mit dem Sommerschnitt beginnen,
- nach der Ernte die Fruchtruten einmal tragender Himbeeren entfernen.

Gewächshaus:

- Gemüse weiterhin erziehen,
- gegebenenfalls die Beschattung erneuern; gießen, lüften und den Boden weiterhin mit Wasser besprühen,
- Heizlüfter zum Verteilen kühler Luft einsetzen,
- Greiskrautsämlinge pikieren,
- bewurzelte Stecklinge in Töpfe pflanzen,
- Kräuter für die Verwendung im Winter säen,
- Blütenendfäule bei Tomaten durch regelmäßiges Gießen vermeiden (die Triebe dürfen nicht schlaff werden). Gurken-, Paprika- und Tomatenpflanzen mit einem Kalidünger versorgen und die Früchte pflücken, sobald sie herangereift sind.

Allgemeine Arbeiten

Während trockener Wetterperioden ist regelmäßiges Gießen zwar unerlässlich – doch falsch ausgeführt bringen die Wassermengen mehr Schaden als Nutzen. Die meisten Gärtner verbringen jetzt viel Zeit im Garten, und ein Beleuchtungssystem verschönert die Abendstunden.

◀ *Mit einem Sickerschlauch lassen sich Pflanzen sehr effizient und mühelos wässern; es geht kaum Feuchtigkeit durch Verdunstung verloren.*

Beetpflanzen sorgfältig gießen

Beim Gießen sollten Sie unbedingt darauf achten, dass die Erde oder das Pflanzsubstrat bis zum Hauptwurzelbereich gut durchgefeuchtet wird. Geringe Wassermengen durchdringen häufig nur die oberste Bodenschicht, wodurch vorrangig in diesem Bereich neue Wurzeln gebildet werden. Dadurch leidet die Pflanze während zukünftiger Dürreperioden schneller unter Wassermangel. Daher gilt die Devise: Entweder gründlich gießen oder gar nicht!

Das Wässern kann auf unterschiedliche Weise erfolgen: mit Gießkanne, Gartenschlauch, Sprinkleranlage oder einem Sickerschlauch. Mit einem Sickerschlauch (einer an einem Ende verschlossenen Röhre mit Löchern in regelmäßigen Abständen) lassen sich die Pflanzen sehr effizient gießen, da kaum Feuchtigkeit durch Verdunstung verloren geht. Der Schlauch wird zwischen den Pflanzen verlegt und an die Wasserleitung angeschlossen.

Beetpflanzen stützen

Zu dieser Jahreszeit sind heftige Gewitter keine Seltenheit, und Regengüsse oder Hagelschauer können Ihre Pflanzen innerhalb weniger Minuten zerstören. Nur sorgfältig gestützte und in regelmäßigen Abständen angebundene Pflanzen sind in der Lage, derartige Wetterkapriolen unbeschadet zu überstehen.

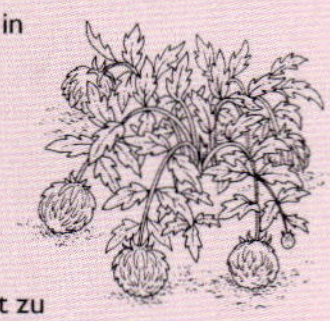

Das feuchte Wetter verursacht aber noch andere Schäden, vor allem bei Rosen: Insbesondere bei alten Sorten mit gefüllten Blüten öffnen sich die Knospen dann nicht mehr vollständig und verfaulen. Leider lässt sich dagegen nicht viel unternehmen. Sie können lediglich diese so genannten „runden Köpfe“ entfernen, damit die Pflanze zur Bildung einer zweiten Blüte angeregt wird.

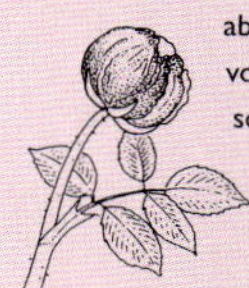

Vorbereitungen für die Urlaubszeit

Die Sommerferienzeit liegt für den Garten sehr ungünstig, denn gerade jetzt sind alle Pflanzen üppig und grün und benötigen regelmäßige Pflege. Wer dennoch verreisen will, sollte etwas Zeit für die Vorbereitung des Gartens erübrigen, damit dieser nach der Rückkehr nicht einem wilden Dschungel gleicht.

1 Alle bepflanzten Kübel und Töpfe, inklusive Blumenampeln, an einem geschützten, halbschattigen Standort sammeln (unten), etwas Wasser speicherndes Granulat unter die Erde geben und die Pflanzen ausgiebig gießen, bevor Sie verreisen. Bei längeren Reisen einen Nachbarn bitten, die Blumen alle paar Tage zu gießen.

2 Den Rasen unmittelbar vor der Abreise mähen, aber nicht kürzer als sonst, da das Gras sonst anfälliger für Trockenschäden wird. Falls der Rasen bei Ihrer Rückkehr viel zu lang ist, über mehrere Tage stufenweise auf die gewünschte Schnitthöhe zurückschneiden (rechts).

3 Blumen- und Gemüsebeete sorgfältig mit einer Hacke bearbeiten, um sämtliche Unkräuter zu entfernen, und den Boden mulchen, damit die Erde feucht bleibt und das Unkrautwachstum unterdrückt wird.

4 Im Nutzgarten alles reife Fruchtgemüse pflücken. Da an den Pflanzen verbleibende Exemplare die zukünftige Fruchtproduktion reduzieren, einen Freund oder Nachbarn bitten, die Ernte während Ihrer Abwesenheit fortzusetzen. Die meisten Menschen kommen dieser Bitte nur allzu gerne nach – im Tausch gegen eine Portion frisches, selbst gezogenes Gemüse!

Den Garten ausleuchten

Mithilfe gut platzierter Beleuchtungskörper lässt sich der Garten auch abends eindrucksvoll in Szene setzen. Mit Strahlern können Sie bestimmte Pflanzen oder Skulpturen punktgenau ausleuchten oder interessante Schattenspiele erzeugen. Eine Unterwasserbeleuchtung verleiht einem Teich ein geheimnisvolles Flair. Auf einer beleuchteten Terrasse kann man auch nach Anbruch der Dunkelheit noch gemütlich sitzen, und mit gezielter Ausleuchtung werden potenziell gefährliche Bereiche wie Wege und Stufen sicherer. Im Handel sind fertige Gartenbeleuchtungssets erhältlich, die sich leicht installieren lassen (siehe S. 606).

Ziergarten: *Allgemeine Arbeiten*

Dahlien zählen zu den wichtigsten Blumen im Spätsommer und Herbst und benötigen jetzt besondere Aufmerksamkeit. Madonnenlilien (Lilium candidum) *bilden ebenfalls einen sommerlichen Blickfang; die Brutzwiebeln müssten jetzt bald im Handel erhältlich sein.*

◄ *Niedervolt-Gartenbeleuchtungssets enthalten alles, was Sie benötigen, um Ihren Garten stimmungsvoll ins Licht zu setzen.*

Gartenbeleuchtung installieren

Niedervolt-Gartenbeleuchtungssysteme sind nicht nur sicher, sondern auch leicht zu installieren. Der Fachhandel hält verschiedene anschlussfertige Komplettsets inklusive Leuchtmittel, Kabel und Transformator bereit.

Zeichnen Sie zuerst eine Skizze Ihres Beleuchtungsplans, um die benötigte Leuchten- und Kabelmenge abzuschätzen. Bei der Platzierung des Transformators sollten Sie sich an die Herstellerangaben halten. Legen Sie die Leuchten an ihren Standort und verlegen Sie ein Kabel dazwischen. Geben Sie etwas Länge zu. Befestigen Sie die Kabel, setzen Sie die Leuchten vollständig zusammen, und stecken Sie sie tief in den Erdboden. Sobald alle Leuchten angeschlossen sind, schalten Sie das System probeweise ein. Wenn alles ordnungsgemäß funktioniert, werden die Kabel unter der Erde verlegt. Achten Sie darauf, dass sie bei späteren Grabungsarbeiten nicht beschädigt werden können.

Dahlien stützen und abknospen

Dahlien bringen den Garten im Spätsommer und Herbst zum Leuchten. Für besonders große Blüten alle Knospen bis auf die Endknospe entfernen. Diesen Vorgang regelmäßig wiederholen. Die Blüten tragenden Stängel sollten mit einem kräftigen Stab gestützt und in regelmäßigen Abständen angebunden werden. Manchmal entwickeln sich Ohrwürmer zu einer Plage, wenn sie die Blütenblätter anfressen und verunstalten; sie lassen sich aber mit kleinen, strohgefüllten Tontöpfen fangen, die kopfüber auf die Stützstäbe der Pflanzen gesteckt werden. Die Töpfe jeden Morgen überprüfen, eventuell darin versteckte Ohrwürmer herausschütteln und vernichten.

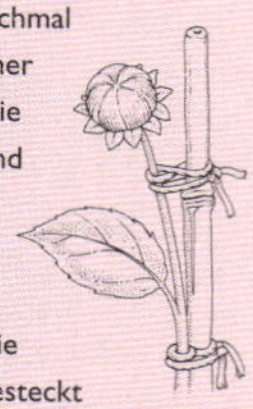

Halbreife Stecklinge schneiden

Viele Sträucher kann man durch halbreife Stecklinge vermehren, die weniger empfindlich sind als unverholzte. Obwohl die meisten Stecklinge bis zum Herbst schon kräftige Wurzeln bilden, werden sie in ihren Töpfen an einem geschützten Standort überwintern.

1 Ein paar gesunde Triebe vom diesjährigen Holz wählen, die noch biegsam sind und an der Basis gerade erst zu verholzen beginnen. Mit einer Gartenschere abschneiden. Kleinere Exemplare können auch vom Haupttrieb abgezogen werden, sodass noch etwas Rinde daran hängt.

2 Das unterste Blattpaar entfernen und die Stecklinge mit einem Messer knapp unter einem Knoten auf 10–15 cm Länge kürzen.

3 Die Stecklingsbasis in Bewurzelungspulver tauchen. Ein- oder zweimal abklopfen, um überschüssiges Pulver zu entfernen (links).

4 Die Stecklinge in vorbereitete Töpfe mit Anzuchterde und einer Deckschicht aus grobem Sand stecken (rechts) und die Töpfe vorzugsweise in ein Gewächshaus oder an einen geschützen Standort im Freien stellen. In den ersten Tagen in den Halbschatten stellen.

Herbstblüher Pflanzen

Herbstblühende Zwiebelgewächse wie etwa Amaryllis *(Hippeastrum)* und Herbstzeitlose *(Colchicum)* können jetzt gepflanzt werden, vorzugsweise an einen geschützten, sonnigen Standort. Madonnenlilien *(Lilium candidum)* blühen zwar im Sommer, sollten aber ebenfalls bald gepflanzt werden, damit sie im nächsten Jahr wieder große, reinweiße, trompetenförmige und betörend duftende Blüten hervorbringen. Im Gegensatz zu den meisten anderen Lilien erfordern Madonnenlilien eine sehr niedrige Pflanzhöhe: Setzen Sie die Zwiebeln so in die Erde, dass die Spitze knapp 5 cm hoch mit Substrat bedeckt ist.

Ziergarten: *Schneiden und ausputzen*

Im Augenblick geben sich die Pflanzen große Mühe, eine üppige Blütenfülle hervorzubringen, wobei sie sich häufig schnell verausgaben. Doch mit etwas Pflege lässt sich die Blütezeit verlängern, sodass Sie Ihren Garten in seiner vollen Pracht noch lange genießen können.

Pflege von Kübelpflanzen

Üppig bepflanzte Töpfe, Balkonkästen und Blumenampeln bilden im Sommer einen wichtigen Bestandteil vieler Gärten und beleben auch dunklere Ecken mit ihrer Farbenpracht.

Da die Pflanzen in den Behältern meist dicht gedrängt stehen und nur wenig Erde zur Verfügung haben, sollten Sie sie regelmäßig gießen und düngen sowie verwelkte Blüten entfernen; dies verlängert die Blütezeit Ihrer Pflanzen.

Die benötigte Wassermenge richtet sich nach dem verwendeten Pflanzsubstrat und nach dem jeweiligen Standort. Doch bei heißem Sommerwetter müssen alle Kübel und vor allem kleine Töpfe mindestens zweimal täglich gegossen werden. Geben Sie bei jedem Gießen etwas Flüssigdünger ins Wasser, oder arbeiten Sie etwas Langzeitdünger unter die Erde. Auch das regelmäßige Entfernen verwelkter Blüten regt die Bildung weiterer Blüten an.

Steingartenpflanzen nach der Blüte zurückschneiden

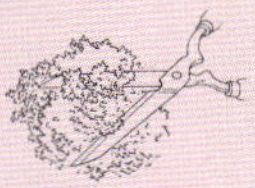

Viele Steingartenpflanzen wirken jetzt, da ihre Blüten verwelkt sind, eher verwahrlost. Die Triebe von Blaukissen *(Aubrieta)*, Steinkraut *(Alyssum)*, Schleifenblume *(Iberis)* und Hornkraut *(Cerastium)* mit einer Gartenschere etwa auf die Hälfte der ursprünglichen Länge zurückschneiden. Dadurch wird die Bildung neuer Triebe (und schönerer Blüten im nächsten Frühjahr) angeregt, außerdem wirken die Pflanzen klein und kompakt. Manchmal bringen die Gewächse dann auch noch eine zweite Blüte hervor, die den Steingarten erneut aufleben lässt.

▼ *Einige Beetpflanzen, die im Spätfrühling oder Frühsommer blühen, lassen sich durch einen Rückschnitt zur einer zweiten Blüte anregen.*

Glyzinen zurückschneiden

Die herrlich duftende Blütezeit der Glyzine *(Wisteria)* ist zwar vorüber, aber durch einen sorgfältigen Rückschnitt blüht sie auch im nächsten Jahr wieder üppig. Obwohl sich die Glyzine manchmal als sehr anspruchsvolle Kletterpflanze erweist, die nur zögerlich Blüten hervorbringt, sollten Sie sie jetzt und im Winter erneut sorgfältig zurückschneiden, um ihre Blütenbildung zu verbessern.

1 Glyzinen blühen recht früh, wenn die Blätter sich gerade erst öffnen. Doch bis zum Hochsommer entwickeln sich die hübschen Fiederblätter prächtig und geraten manchmal regelrecht außer Kontrolle (oben).

2 In den nächsten Wochen nahezu alle langen Triebe regelmäßig auf 15–25 cm Länge bis zum Haupttrieb zurückschneiden (oben). Nur Triebe, die Lücken in der Grundstruktur füllen, werden nur leicht oder gar nicht gestutzt.

3 Kletterpflanzen wie die Glyzine blühen besser, wenn der Pflanzensaft nicht senkrecht aufsteigt, sondern langsam in waagerecht erzogene Seitentriebe fließt. Die Glyzinentriebe behutsam in eine fast waagerechte Position ziehen und an ihrem Spalier befestigen (links).

4 Der Sommerschnitt allein reicht jedoch nicht aus: Die gerade zurückgeschnittenen Triebe müssen im Winter erneut gestutzt werden, und zwar auf zwei bis drei Augen. Dies fördert die Bildung von Blütensprossen.

5 Anschließend die Erde rund um die Wurzeln sorgfältig anfeuchten und den Bereich um den Stamm mulchen (rechts). Glyzinen bevorzugen eine nicht zu nährstoffreiche, lehmhaltige Erde. Zu trockene Böden führen dazu, dass die Knospen noch vor dem Öffnen abfallen.

◀ *In wenigen Wochen freuen Sie sich über eine zweite Blüteperiode bei einigen Pflanzen wie diesem Storchschnabel* (Geranium).

Duftende Pflanzen

Ein Garten sollte nicht nur durch seinen Anblick erfreuen, sondern auch alle anderen Sinne und vor allem den Geruchssinn anregen. Es gibt viele Pflanzen, die durch ihren wundervollen Duft betören.

Unser Geruchssinn ist äußerst komplex: Nicht jeder Duft erzeugt bei allen Menschen die gleiche Wirkung: Manche nehmen einen Geruch intensiv wahr, während andere gar nichts riechen, und genauso empfinden nicht alle Menschen einen bestimmten Duft gleichermaßen als angenehm.

▲ *Die Rosensorte Rosa 'Sir Edward Elgar' sieht nicht nur wunderschön aus, sondern verströmt auch einen betörenden Duft.*

Aber wenn wir von „Wohlgerüchen" sprechen, denken wir meist an duftende Blüten, obwohl natürlich auch Blätter einen Duft verströmen können, der allerdings eher würzig und nie so süß und schwer wie der von Blüten ist. Blumen duften, um Bestäuberinsekten anzulocken, vor allem Schmetterlinge und Nachtfalter, die die Blüten anhand des Duftes orten – das süße Aroma verspricht ihnen üppigen Nektar. Manche Blüten werden aber auch von Fliegen bestäubt und verströmen daher als Lockstoff den Geruch von verwesendem Fleisch – wie etwa die berühmt-berüchtigte Eidechsenwurz *(Sauromatum guttatum)*. Der Zweck duftender Blätter ist weniger offensichtlich; aber möglicherweise werden auf diese Weise Tiere vom Fressen abgehalten, da stark aromatische Substanzen häufig einen unangenehmen Geschmack haben.

Nicht alle Blüten und Blätter geben ihren Geruch auf die gleiche Weise ab: Manche Düfte wehen über lange Strecken in der Luft, während man bei anderen Blumen den Duft nur aus der Nähe wahrnimmt. Einige Gerüche werden nur nach einem leichten Regen freigesetzt, und viele Pflanzen verströmen ihr Aroma erst nach Anbruch der Dunkelheit, um nachtaktive Falter anzulocken. Es gibt auch Aromen wie etwa den Veilchenduft, die zunächst verführerisch riechen, aber nach wenigen Sekunden verschwinden, so sehr man auch an der Blüte schnuppert. Und viele Blätter geben ihr duftiges Geheimnis erst preis, wenn man sie berührt.

Düfte im Garten

Ein Rundgang durch den Garten, bei dem man die Mischung der verschiedenen Blütendüfte genießen kann, ist für jeden Gartenfreund eine Freude. Aber viele Gärtner setzen wohlriechende Pflanzen bevorzugt an einen

Standort, an dem man das Aroma jederzeit wahrnehmen kann, etwa in die Nähe der Terrasse, rund um eine Gartenlaube oder unter das Wohnzimmerfenster.

Der Standort sollte relativ geschützt sein, damit der aufsteigende Duft nicht sofort vom Wind verweht wird, und auch nach Anbruch der Dunkelheit mühelos zugänglich sein, wenn viele Pflanzen ein besonders betörendes Aroma verströmen.

Pflanzen, die ihren Wohlgeruch nur bei Berührung freisetzen, platziert man am besten so, dass man häufig an ihnen vorbeistreicht, z. B. in Spalten zwischen Pflastersteinen oder neben einem Durchgang. Außerdem werden Bewohner und Besucher auf diese Weise angeregt, die Blätter beim Vorbeigehen kurz zu zerdrücken und so ihren Duft freizusetzen.

▲ *Hyazinthen* (Hyacinthus) *zählen zu den duftintensivsten Frühlingsblühern und erfreuen sich als Zimmerpflanzen großer Beliebtheit.*

▲ *Vom süß duftenden Geißblatt* (Lonicera) *gibt es verschiedene Varietäten, einschließlich der farbenprächtigen Sorte 'Dropmore Scarlet'.*

PFLANZEN MIT DUFTENDEN BLÜTEN

Brugmansia (Engelstrompete)
Buddleja (Schmetterlingsstrauch)
Chimonanthus praecox * (Chinesische Winterblüte)
Clerodendrum trichotomum (Japanischer Losbaum)
Clethra alnifolia (Erlenblättrige Zimterle, Scheineller)
Convallaria majalis (Maiglöckchen)
Cosmos atrosanguineus (Schwarze Kosmee)
Cytisus battandieri (Marokkanischer Ginster)
Daphne odora * (Seidelbast)
Dianthus (Nelke)
Hamamelis mollis * (Zaubernuss)
Heliotropium (Sonnenwende)
Hyacinthus (Hyazinthe)
Iris unguicularis *
Jasminum (Jasmin)
Lathyrus odoratus (Duftwicke)
Lavandula (Lavendel)
Lilium (Lilie)
Lonicera (Geißblatt)
Magnolia sieboldii (Magnolie)
Mahonia japonica * (Japanische Mahonie)
Matthiola incana (Levkoje)
Narcissus poeticus (Dichternarzisse) und *N. tazetta*-Hybriden (Tazette)
Nicotiana (Tabak)
Osmanthus burkwoodii (Burkwoods Duftblüte)
Paeonia (Pfingstrose)
Petunia (Petunie)
Philadelphus (Sommerjasmin, Pfeifenstrauch)
Phlox paniculata (Staudenphlox)
Polianthes tuberosa (Tuberose)
Primula (Primel)
Reseda odorata (Gartenresede)
Ribes odoratum (Johannisbeere)
Romneya coulteri (Kalifornischer Baummohn)
Rosa (Rose)
Sarcococca * (Fleischbeere)
Syringa (Flieder)
Viburnum x bodnantense, V. fragrans, V. farreri * (Schneeball)
Viola odorata * (Duftveilchen)
* = winterblühend

Pflanzen der Jahreszeit

Zu diesem Zeitpunkt zeigen sich sowohl die Einjährigen – pflegeleichte, farbenfrohe Gartenpflanzen – als auch prächtige Beetpflanzen, üppig grüne Bäume und blühende Sträucher im Garten von ihrer schönsten Seite.

▼ *Lavendel* (Lavandula) *bringt nicht nur Farbe in den Garten, sondern sorgt in dieser Jahreszeit auch für einen betörenden Duft.*

▲ *Bei heftigen Regenfällen erleiden vor allem Lupinen (hier: 'Gallery Pink') schwere Schäden, wenn sie nicht ausreichend abgestützt sind.*

▼ *Bei üppig blühende Pelargonien* (Pelargonium) *verlängert das regelmäßige Entfernen verwelkter Blüten die Blütezeit.*

Bäume/Sträucher

Abelia floribunda, A. x *grandiflora* (Abelie)
Catalpa bignonioides (Gewöhnlicher Trompetenbaum)
Ceanothus (Säckelblume)
Cistus (Zistrose)
Clethra alnifolia (Erlenblättrige Zimterle)
Cytisus battandieri (Marokkanischer Ginster)
Escallonia (Andenstrauch)
Eucryphia
Fuchsia magellanica (Scharlachfuchsie)
Genista (Ginster)
Helianthemum (Sonnenröschen)
Hydrangea macrophylla (Gartenhortensie)
Hypericum calycinum (Johanniskraut)
Lavandula (Lavendel)
Lonicera periclymenum (Waldgeißblatt)
Olearia x *haastii* (Maßliebchenstrauch)
Philadelphus (Sommerjasmin, Pfeifenstrauch)
Rosa (Rose)
Vinca (Immergrün)

Duftpflanzen

Achillea (Garbe)
Alstroemeria (Inkalilie)
Althaea (Eibisch)
Astilbe (Astilbe, Prachtspiere)
Astrantia major (Große Sterndolde)
Begonia semperflorens (Begonie)
Campanula (Glockenblume)
Chrysanthemum maximum (Wucherblume)
Coreopsis (Mädchenauge)
Delphinium-elatum-Hybriden (Hoher Rittersporn)
Dianthus (Nelke)
Digitalis purpurea (Roter Fingerhut)
Echinops ritro (Kugeldistel)
Erigeron (Berufkraut)
Fuchsia (Fuchsie)
Gaillardia x *grandiflora* (Großblütige Kokardenblume)
Geranium (Storchschnabel)
Geum (Nelkenwurz)
Gypsophila paniculata (Rispiges Gipskraut)
Helenium (Sonnenbraut)
Hemerocallis (Taglilie)
Heuchera
Kniphofia (Fackellilie)
Lathyrus (Platterbse)
Lupinus (Lupine)
Nepeta x *faassenii* (Blauminze)
Nicotiana alata (Flügeltabak)
Oenothera (Nachtkerze)
Pelargonium (Pelargonie)
Penstemon (Bartfaden)
Phlox paniculata (Staudenphlox)
Romneya coulteri (Kalifornischer Baummohn)
Scabiosa caucasica (Skabiose)
Solidago (Goldrute)

Zwiebelgewächse

Cardiocrinum giganteum (Riesenlilie)
Crocosmia x *crocosmiiflora* (Gartenmontbretie)
Eucomis bicolor (Schopflilie))
Gladiolus (Gladiole)
Lilium (Lilie)

Nutzgarten: *Allgemeine Arbeiten*

Die Braunfäule zählt zu den wenigen Pflanzenkrankheiten, die wirklich katastrophale Folgen für die Ernte haben. Sobald Sie die ersten Anzeichen bei Ihren Kartoffeln beobachten, sollten Sie umgehend handeln. Außerdem können Erdbeeren jetzt mithilfe von Ausläufern vermehrt werden.

Braunfäule

Diese Krankheit, die auch als Kraut- und Knollenfäule bezeichnet wird, taucht bevorzugt in feuchten Sommern auf und verbreitet sich mit einer unglaublichen Geschwindigkeit. Die ersten Symptome zeigen sich als braune Flecken auf den Blättern und manchmal als weißes Pilzmyzel auf den Blattunterseiten und befallen innerhalb weniger Tage den gesamten oberirdischen Teil einer Pflanze, sodass sie welkt und abstirbt.

Durch Regen werden die Pilzsporen von den Blättern auch in die Erde transportiert und befallen als nächstes die Knollen, was sich durch dunkelbraune Verfaulungsflecken zeigt. Daher sollte man – falls die Knollen bereits groß genug sind – bei den ersten Anzeichen sofort sämtliches Kartoffelkraut abschneiden, verbrennen und jegliche Blattreste von der Erdoberfläche entfernen.

▼ Achten Sie auf die ersten Anzeichen von Braunfäule an Kartoffelblättern. Durch sofortige Maßnahmen lässt sich die Ernte oft noch retten.

Erdbeerbeete

Wenn die Erntezeit der Erdbeeren vorüber ist, sollte man die Pflanzen einer radikalen Behandlung unterziehen. Früher hat man das Stroh rund um die Pflanzen angezündet, wodurch nicht nur die Blätter, sondern auch alle anhaftenden Schädlinge und Krankheitserreger vernichtet wurden. Da ein solcher Brand aber außer Kontrolle geraten kann, greift man heute zu anderen Methoden: Die Blätter der Erdbeerpflanzen abschneiden, ohne jedoch die jungen Triebe in der Mitte zu beschädigen. Das abgetrennte Blattwerk zusammen mit dem Stroh aufsammeln und entsorgen.

Erdbeeren durch Ausläufer vermehren

Kräftige, gesunde Erdbeerpflanzen bilden von Natur aus eine Fülle leicht zu bewurzelnder Ausläufer, mit deren Hilfe man entweder die Anbaufläche vergrößern oder alte, ertragsarme Pflanzen ersetzen kann.

1 Die langen, kriechenden Ausläufer erstrecken sich von der Mutterpflanze aus in alle Richtungen und besitzen meist zwei oder drei Jungpflanzen. Nicht für die Vermehrung verwendete Ausläufer werden normalerweise regelmäßig entfernt, um ein zu wucherndes Wachstum zu verhindern (links).

2 Vier oder fünf besonders kräftige Ausläufer für die Vermehrung auswählen und den Rest entfernen. Die Ausläufer gleichmäßig um die Mutterpflanze verteilen.

3 Die der Mutterpflanze am nächsten gelegene Jungpflanze ist meist die kräftigste; daher die nachfolgenden Jungpflanzen entfernen. Die ausgewählten Ausläufer beschwert man mit einem Stein oder sichert sie mit einer Drahtschlaufe im Boden, damit sie nicht fortgeweht werden und in Ruhe bewurzeln können (links).

4 Die Jungpflanzen können aber auch in Töpfen mit hochwertiger Garten- oder Anzuchterde Wurzeln schlagen: Auf diese Weise sind sie später leichter umzusetzen, da die Wurzeln nicht beschädigt werden.

Gartentomaten erziehen

Vorzugsweise Tomatensorten wählen, die für die Freilandzucht empfohlen werden, und sie entweder als Spaliertomaten (wie Gewächshaustomaten) oder als Buschformen ziehen. Bei letzteren muss man – im Gegensatz zu den Spalierpflanzen – weder regelmäßig ausgeizen noch den Haupttrieb an der Stütze befestigen. Einige Buschtomaten werden speziell für die Zucht in Kübeln oder sogar Blumenampeln angeboten, sodass die Triebe dann über den Rand herabhängen. Sie müssen zwar nicht erzogen, aber wie alle Kübelpflanzen regelmäßig gegossen und gedüngt werden.

Zwischen dem Hoch- und Spätsommer sollten Sie die Triebspitzen ausgeizen, damit die Energie sich in den Früchten konzentriert.

Buschtomaten bilden eine wuchernde Hügelform und müssen weder gestützt noch gekappt werden.

5 Die Ton- oder Kunststofftöpfe halb in die Erde eingraben (in der Nähe der Mutterpflanze) und den jeweiligen Ausläufer im Pflanzsubstrat sichern (oben). Die Erde in den Töpfen darf nicht austrocknen.

Nutzgarten: *Pflanzen und ernten*

Das Aroma frischer Kräuter ist natürlich unschlagbar, aber die Pflanzen können für eine spätere Verwendung auch konserviert werden. Der richtige Zeitpunkt zum Pflücken liegt im Hochsommer, wenn die Kräuter auf dem Höhepunkt ihrer Entwicklung stehen.

Kräuter ernten

Kräuter pflückt man besten in den frühen Morgenstunden eines trockenen Sommertages, sobald der Tau getrocknet ist. Wählen Sie nur junge Triebe aus und waschen Sie sie nur, wenn es sich wirklich nicht vermeiden lässt. Die älteste Konservierungsmethode besteht darin, Kräuter in kleinen, lockeren Bündeln zusammenzubinden – zu große Bündel verschimmeln in der Mitte – und zum Trocknen an einem warmen, trockenen Ort aufzuhängen. Die Luft in der Küche ist für diesen Zweck meist zu feucht; besser eignen sich selten benutzte Schlafzimmer oder ein Gartenschuppen. Sobald die Stängel und Blätter vollständig getrocknet sind, können die Kräuter zerdrückt und in luftdicht verschließbaren Gefäßen aufbewahrt werden.

Sie können die Kräuter aber auch über Nacht auf einem Rost im Backofen bei sehr niedriger Temperatur trocknen.

▲ *Zum Konservieren sollten Sie frische, junge Kräutertriebe auswählen. Pflücken Sie morgens, wenn der Tau auf den Blättern getrocknet ist.*

KRÄUTER EINFRIEREN

Tiefgefrorene Kräuter schmecken frischer als getrocknete. Außerdem eignet sich diese Konservierungsmethode besonders für Kräuter, die nicht einfach zu trocknen sind.

Die sauberen Blätter sortenweise oder gemischt im Mixer mit etwas Wasser fein zerhacken. Die Kräuter-Wasser-Mischung in eine Eiswürfelschale gießen und einfrieren. Bei Bedarf ein oder zwei Kräuterwürfel zum Verfeinern in Suppen, Saucen und Schmorgerichte geben.

Lauch ins Freiland setzen

Lauch ist ein Wintergemüse, das auch längere Kaltwetterperioden unbeschadet übersteht. Im Frühling gesäte Lauchsämlinge haben jetzt die richtige Größe, um an ihren endgültigen Standort im Garten gesetzt zu werden.

1 Das Beet sorgfältig umgraben, da Lauch sehr tief gepflanzt werden muss, um lange, weiße Stangen hervorzubringen. Vor dem Einpflanzen etwas gut verrotteten Kompost oder Stallmist unter die Erde graben, um eine bessere Ernte zu erzielen.

2 Gegen die Unterseite der Saatschale klopfen, um die Wurzeln zu lösen, und die Sämlinge behutsam auseinander ziehen. Mehrere Sämlinge gleichmäßig übereinander legen und die langen, wuchernden Wurzeln mit einer Schere auf eine Länge schneiden, damit sich die Sämlinge leichter setzen lassen (rechts).

3 Mit einem Pflanzholz 15 cm tiefe Löcher mit jeweils 15 cm Abstand bohren und einen Sämling in jedes Pflanzloch setzen. Die Wurzeln sollten vollständig bis zum Boden reichen (daher die einheitliche Wurzellänge), die Pflanzlöcher noch nicht verschließen (links).

4 Wenn alle Sämlinge gesetzt sind, vorsichtig gießen. Auf diese Weise wird genügend Erde in die Pflanzlöcher gespült, sodass die Wurzeln Halt finden (rechts).

5 Bei besonders trockenen Witterungsverhältnissen muss man die Lauchsämlinge eventuell mehrmals gießen. Ansonsten benötigen sie bis zur Ernte im Herbst oder Winter keine weitere Pflege.

◄ *Entfernen Sie auch weiterhin alle Unkräuter aus dem Gemüsegarten. Jetzt reifen besonders viele Gemüsearten heran.*

Gewächshaus

Die Treibhauspflanzen müssen weiterhin regelmäßig gegossen und gedüngt werden, während Sämlinge pikiert, Stecklinge umgepflanzt und Samen ausgesät werden. Für eine frühe Erdbeerernte lassen Sie einige Erdbeerpflanzen in Töpfen im warmen Gewächshaus überwintern.

Gemüse regelmäßig gießen und düngen

Für eine reiche Ernte müssen Treibhausgewächse wie Auberginen, Gurken, Melonen, Paprika und Tomaten jetzt ausreichend gegossen und gedüngt werden. Sämtliches Fruchtgemüse benötigt große Mengen Kalium, das sich am besten mit einem Kaliflüssigdünger zufügen lässt.

Bei vielen Tomaten zeigen sich in dieser Jahreszeit dunkelbraune oder schwarze, vertrocknete, eingesunkene Stellen an den Früchten – die so genannte Blütenendfäule. Diese Fruchtschäden werden meist durch einen Wassermangel während der Blütezeit verursacht, da die sich entwickelnde Frucht dann nicht genügend Kalzium erhält. Bei den betroffenen Früchten lässt sich leider nichts mehr unternehmen, aber Sie verhindern ein erneutes Auftreten dieses Kalziummangels, indem Sie die Erde ständig ausreichend feucht halten und gelegentlich eine Handvoll Kalk (Calciumcarbonat) ins Gießwasser geben.

Erdbeerpflanzen

Schon Wochen vor den ersten Freilanderdbeeren garantiert Ihnen ein beheiztes Treibhaus frische Erdbeeren. Dazu werden zuvor bewurzelte Ausläufer in 15 cm große Töpfe mit lehmhaltiger Erde gesetzt, an einen geschützten Standort im Garten oder ins Frühbeet gestellt und für den Rest des Sommers sorgfältig gegossen.

Die Pflanzen müssen im Herbst vor übermäßigen Regenmengen geschützt werden. Ab Wintermitte sollten sie im frostfreien Gewächshaus stehen.

▼ *Tomatenpflanzen in Kübeln dürfen auf keinen Fall austrocknen, da sonst durch die Blütenendfäule Fruchtschäden auftreten können.*

Greiskrautsämlinge pikieren

Greiskrautsämlinge sollten jetzt in Einzeltöpfe (8 cm Ø) gesetzt werden, sobald man sie problemlos aus der Erde nehmen kann. Die Pflänzchen nur an ihren Keimblättern anfassen, nicht am Keimlingsspross. Die Pflanzen bevorzugen kühle, luftige Wachstumsbedingungen. Sobald die Sämlinge in ihren Einzeltöpfen gut etabliert sind, setzt man sie in ein helles Frühbeet, das jedoch vor starkem, direktem Sonnenlicht geschützt werden muss, damit die großen, weichen Blätter nicht verbrennen. Wenn Sie jetzt und in ein paar Wochen erneut Greiskraut aussäen, haben Sie im Vorfrühling einen beständigen Nachschub an blühenden Pflanzen.

Kräuter im Winter

Frische Kräuter zählen zu den höchsten Genüssen des Sommers. Sie können sie sich aber auch im Winter gönnen, wenn Sie jetzt Kräuter aussäen und die Sämlinge später in Töpfe setzen.

1 Zwar gedeihen nicht alle Kräuter gut in Töpfen, aber Basilikum, Koriander, Kerbel, Schnittlauch, Dill, Majoran und Petersilie liefern meist gute Ergebnisse. Die Kräuter mehrmals hintereinander aussäen, damit ständiger Nachschub an Jungpflanzen vorhanden ist, welche dann bei Bedarf vom Gewächshaus in die Küche geholt werden.

2 Die untere Hälfte eines Anzuchtkastens mit Anzuchterde füllen, andrücken, das Saatgut dünn darauf verteilen und mit einer dünnen Schicht Erde oder grobkörnigem Sand bedecken. Die Abdeckung auf den Kasten setzen und das Ganze an einen halbschattigen, warmen Standort stellen, bis die Samen keimen.

3 Die Haube entfernen und die Keimlinge an einem hellen, kühlen und luftigen Standort platzieren, bis sie mehr Platz für ihre Entwicklung benötigen. Nach Bedarf pikieren und jeweils zwei oder drei Jungpflanzen in einen Topf mit 8 cm Durchmesser setzen (links).

4 Manche winterharten Kräuter, wie etwa Lorbeer, Rosmarin, Salbei, Thymian und Winterbohnenkraut sind immergrün oder halbimmergrün und können auch im Winter genutzt werden. Jetzt in Gartenkübel setzen und diese im Herbst in die Nähe der Küche stellen, damit Sie die Kräuter leichter ernten können.

Spätsommer

Obwohl der Garten noch in voller Blütenpracht steht, machen sich bereits die ersten Anzeichen des Herbstes bemerkbar. Die Abenddämmerung setzt wieder früher ein, und morgens liegt ein Hauch von Nebel und schwerem Tau über den Feldern.

Während trockener Wetterperioden muss sowohl im Zier- als auch im Nutzgarten ausgiebig gewässert werden, und auch das Jäten sollten Sie nicht vernachlässigen.

Rabatten und Beete zeigen sich jetzt noch von ihrer schönsten Seite, erfordern aber auch Pflege. Besonders das Abstützen der Pflanzen ist unerlässlich, da Gewitter im Spätsommer gern heftige Regenfälle und kräftige Windböen mit sich bringen. Manche Beetpflanzen, die allmählich ihren Zenit überschreiten, müssen gestutzt werden, damit spät blühende Pflanzen besser wirken. Darüber hinaus empfiehlt es sich, weiterhin auf Anzeichen von Schädlings- oder Krankheitsbefall zu achten. In manchen Jahren macht sich Mehltau auf bestimmten Pflanzen wie Glattblattastern *(Aster novi-belgii)* stark bemerkbar und erfordert ein Fungizid.

Im Nutzgarten herrscht in dieser Jahreszeit oft ein Überangebot, da alle Gemüse gleichzeitig herangereift sind. Ernten Sie die Früchte regelmäßig, denn wenn die Hülsen, Schoten und Früchte von Bohnen, Erbsen, Zucchini und Kürbissen an den Pflanzen weiterreifen, stellen diese ihre Produktion ein. Gemüse und Obst, das Sie nicht sofort verwerten, sollte jetzt für den Winter und den kommenden Frühling konserviert werden, indem Sie es einfrieren, einmachen oder zu Marmelade und Essiggemüse verarbeiten.

Jetzt ist auch die Jahreszeit, in der viele Gärtner in Urlaub fahren und den Garten sich selbst überlassen. Wenn Sie jedoch entsprechende Vorkehrungen treffen, müssen Sie bei Ihrer Rückkehr nicht mit einem Chaos rechnen.

▶ *Auch in den nächsten Wochen erfreuen Beete und Rabatten mit ihrer Farbenpracht. Regelmäßiges Ausputzen verlängert die Blütezeit.*

Arbeiten im Spätsommer

Ziergarten:

- Verwelkte Lavendel- und Thymianblüten entfernen und die Pflanzen stutzen,
- Stecklinge von empfindlichen und angeblich winterharten Stauden schneiden, bei denen Sie sich aber nicht sicher sind,
- Glattblattastern weiterhin mit einem Fungizid gegen Mehltau schützen,
- Beete und Rabatten jäten und die Pflanzen stutzen,
- spät blühende Beetpflanzen düngen,
- Dahlien und Chrysanthemen auf Ohrwurmschäden überprüfen,
- Minze für die Verwendung im Winter in Töpfe pflanzen,
- Beetpflanzen zurückschneiden, damit spät blühende Sorten besser wirken,
- wurzelnackte Sträucher und Bäume für die Pflanzung im Herbst bestellen,
- Containersträucher und -beetpflanzen setzen,
- verblühte Balkonkästen und Blumenampeln entrümpeln und mit einer Winterbepflanzung versehen; noch gut erhaltene Sommerbepflanzungen gießen und düngen,
- immergrüne Hecken zum letzten Mal in diesem Jahr zurückschneiden,
- verblühte Einjährige entfernen,
- weiterhin halbreife Stecklinge von Sträuchern schneiden.

Rasenflächen:

- Den Boden für die Rasenaussaat vorbereiten.

◀ Die Erde rund um frisch gepflanzte Erdbeeren fest andrücken. Der Boden sollte immer feucht sein.

Wassergarten:

- Den Gartenteich bei schwülem Wetter belüften.

Nutzgarten:

- Kräutergarten anlegen,
- Stecklinge von Halbsträuchern schneiden,
- Erdbeeren pflanzen,
- Spalierobstbäume einem Sommerschnitt unterziehen,
- die ersten Äpfel pflücken, sobald sie reif sind,
- Gemüse und Beerenobst ernten und konservieren,
- Freilandtomaten mit Kalidünger versorgen; untere gelbe Blätter entfernen,
- Lauch durch Anhäufeln bleichen,
- Winterspinat und Schnittmangold für die Ernte im Frühjahr säen,
- Frühlingskohlsorten ins Saatbeet säen,
- Überwinterungszwiebeln säen,
- junge, einmal tragende Himbeerruten ausdünnen und die anderen stützen,
- herbsttragende Himbeeren pflücken, sobald sie reif sind,
- Stroh um Kürbispflanzen legen, damit die Früchte nicht auf der feuchten Erde liegen,
- das Laub der Zwiebeln niedertreten, um die Reifung zu beschleunigen.

Gewächshaus:

- Melonen, Tomaten und Gemüse ernten, sobald sie reif sind,
- regelmäßig den Wetterbericht verfolgen und die Lüftungsfenster während kühlerer Nächte schließen,
- Chrysanthemensamen für Zimmerpflanzen säen; alte Alpenveilchenknollen zum Wachstum anregen,
- Stecklinge von Pelargonien schneiden,
- Freesienknollen in Töpfe pflanzen, damit sie im Winter herrlich duftende Blüten hervorbringen,
- die Heizlüfter überprüfen.

▼ Die ersten Äpfel sind dann erntereif, wenn sich die Früchte leicht pflücken lassen.

Zwiebelgewächse für Sommer und Herbst

Zwiebel- und Knollenpflanzen

Bei dem Wort Zwiebelpflanzen denken viele Menschen sofort an den Frühling, aber es gibt auch zahlreiche Zwiebelgewächse, die vom Spätsommer bis in den Frühherbst hinein die üppige Blütenpracht im Garten auf Aufsehen erregende Weise abrunden.

Die meisten dieser Zwiebelgewächse bevorzugen warme, sonnige und geschützte Standorte, wie etwa vor einer warmen, sonnenbeschienenen Mauer. In Regionen mit kalten Wintern müssen manche dieser Pflanzen nach der Blütezeit aus der Erde genommen und im Gewächshaus überwintert werden.

Agapanthus campanulatus und *Agapanthus*-Hybriden (Schmucklilien)

Große, leuchtend blaue, trichterförmige Blütenkugeln über einem Büschel aus riemenförmigen Blättern. Bevorzugt einen geschützten Standort; muss in besonders kälteanfälligen Gärten drinnen überwintern.

Canna-Hybriden (Blumenrohr)

Eindrucksvolle, exotisch wirkende Pflanzen mit großen Blättern und leuchtend gefärbten, häufig gestreiften oder gesprenkelten Blüten. Die Wurzelstöcke im Herbst aus der Erde nehmen und hinter Glas überwintern.

Colchicum autumnale (Herbstzeitlose)

Erinnert mit ihren rosa-, lilafarbenen oder weißen, kelchförmigen Blüten optisch an Krokusse. Winterhart.

Crinum x *powellii* (Hakenlilie)

Die kräftigen Blütentriebe tragen bis zu zehn große, duftende, trichterförmige und rosafarbene Blüten (die Sorte 'Album' hat reinweiße Blüten). Recht empfindlich. Den Pflanzbereich mit einer Laub- oder Torfschicht schützen; in sehr kalten Regionen müssen die Pflanzen im Gewächshaus überwintern.

Cyclamen purpurascens (Wildes Alpenveilchen)

Purpurrote oder dunkelrosafarbene Blüten mit gebogenen Blütenblättern und zartem Duft. Die runden Blätter tragen eine attraktive silbrige Zeichnung. Winterhart.

◄ *Schmucklilien* (Agapanthus) *verleihen jeder Sommerbepflanzung zusätzliche Höhe und Farbe.*

▲ *Die leuchtend roten Blüten des Blumenrohrs* (Canna) *bringen Schwung in die Farbgestaltung des Gartens.*

Eucomis bicolor (Schopflilie)
Hellgrüne Blüten mit hellgrünen, violett gesäumten Blütenblättern in dichten Trauben, die von ananasartigen, blattähnlichen Hochblättern überragt werden. Im Winter mit Mulchmaterial schützen.

Galtonia candicans (Riesenhyazinthe)
Hohe Stiele mit hängenden, glockenförmigen, weißen Blüten über langen, riemenförmigen Blättern. Frosthart.

Gladiolus callianthus (Sterngladiole)
Sternenförmige, weiße Blüten mit einem tiefroten Fleck in der Mitte und süßem Duft. Die Knollen im Herbst aus der Erde nehmen, in trockener Erde überwintern.

Schizostylis coccinea (Spaltgriffel)
Sternförmige Blüten mit satinartigen, freiblättrigen Kronblättern; meistens scharlachrot, aber es gibt auch rosafarbene Sorten. Erste Blüteperiode im Spätsommer, weitere Blüteperioden im Herbst. Frosthart.

Tigridia pavonia (Tigerblume)
Eine lange Blüteperiode mit kurzlebigen Blüten, die aus drei großen und drei kleinen Blütenblättern bestehen, meist rot mit gelber, rotviolett gefleckter Mitte. Die Zwiebeln im Herbst aus der Erde nehmen und drinnen in einem Pflanzgefäß mit trockener Erde überwintern.

▶ *Blumenrohr* (Canna) *eignet sich gut als Aufsehen erregende Solitärpflanze und bezaubert durch feurige Farben und kühn geformte Blätter.*

ZWIEBELGEWÄCHSE DÜNGEN

Wenn Zwiebelgewächse von Jahr zu Jahr wieder verwendet werden sollen, müssen sie in der Lage sein, während der Wachstumszeit ausreichende Energievorräte in ihren Speicherorganen anzulegen. Am besten versorgen Sie sie von der Knospenbildung bis hin zum Absterben des Laubs regelmäßig mit einem ausgewogenen Universaldünger, der in gleichen Teilen Kalium, Phosphat und Stickstoff enthält. Das gilt besonders für Kübelpflanzen.

Ziergarten: *Allgemeine Arbeiten*

Mauern und Zäune markieren nicht nur die Grenzen eines Gartens, sie erfüllen auch noch andere Zwecke: Sie schützen vor kaltem Wind, halten Tiere fern, bieten Sichtschutz und verdecken unansehnliche Bereiche, die von den attraktiven Seiten des Gartens ablenken würden.

Verschiedene Formen von Absperrungen

Die am besten geeignete Absperrform richtet sich immer nach dem Zweck. Als Schutz vor starkem Wind sind massive Mauern oder Zäune weniger empfehlenswert – die Luft wird nach oben gelenkt und dann nach unten verwirbelt, wodurch sich das Problem meist noch verschlimmert. Ein durchlässiger Windschutz wie etwa ein Rankgitter mit daran wachsenden Pflanzen, eine durchbrochene Mauer aus Gittersteinen oder ein Pfostenzaun stellt eine bessere Lösung dar, da sie den Wind filtern und bremsen.

Wer dagegen in erster Linie einen Sichtschutz wünscht, ist in der Regel mit einer massiven Mauer besser bedient; allerdings genügt in manchen Fällen bereits ein leichter Holzzaun. Das Gleiche gilt für unansehnliche Bereiche innerhalb des Gartens, die neugierigen Blicken entzogen werden sollen. Planen Sie den Standort des Sichtschutzes sorgfältig, da er je nach Entfernung zum Stein des Anstoßes höher oder niedriger bzw. breiter oder schmaler ausfallen kann.

ZÄUNE

Zäune können aus Holz, Kunststoff oder Draht bestehen. Zu den beliebtesten Zauntypen zählen vorgefertigte Holzpaneele, die aus dünnen, miteinander verwobenen Holzlatten oder aus Latten mit einseitig zugespitzter Kante bestehen. Die Paneele werden an Holz- oder Betonpfosten befestigt; da sie undurchlässig sind, eignen sie sich weniger gut als Windschutz. Pfahl- oder Staketenzäune bestehen aus vertikalen Holzlatten, die in regelmäßigen Abständen an Querhölzern befestigt sind. Pfostenzäune setzen sich aus Pfählen und zwei oder drei horizontalen Brettern zusammen; sie sind zwar preisgünstig, eignen sich aber nur als Grundstücksbegrenzung.

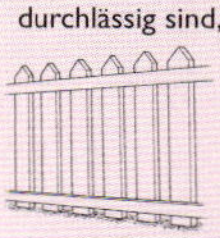

Maschendrahtzäune wirken zwar nicht besonders attraktiv, mit Kletterpflanzen bedeckt bieten sie aber auch Wind- und Sichtschutz.

▼ *Ein leichter Holzzaun kann bereits genügen, um in einem offenen Garten kleine geschützte Bereiche zu schaffen.*

Frostempfindliche Stauden überwintern

Viele beliebte Gartenpflanzen sind nicht ganz frosthart; sie werden häufig als „bedingt winterhart" bezeichnet und sterben in kalten Wintern ab. Jetzt ist der richtige Zeitpunkt, um ein paar Stecklinge zu schneiden, die rasch Wurzeln bilden und dann als „Versicherung" gegen Winterschäden dienen.

Ohrwurmfalle

Überprüfen Sie Ihre Chrysanthemen und Dahlien regelmäßig auf Ohrwurmbefall, da diese Pflanzen besonders gerne von diesen Schädlingen heimgesucht werden. Ohrwürmer fressen bevorzugt bei Nacht die Blütenblätter und Knospen an und verkriechen sich tagsüber. Bieten Sie ihnen ein verlockendes Versteck, indem Sie einen umgedrehten und mit Stroh gefüllten Blumentopf auf einen Stab in die Nähe der gefährdeten Pflanzen stecken. Die darin „gefangenen" Schädlinge können dann herausgeschüttelt und beseitigt werden.

Zu den besonders anfälligen Arten zählen Pelargonie *(Pelargonium)*, viele Fuchsiensorten *(Fuchsia)*, Strauchmargerite *(Argyranthemum)*, Wandelröschen *(Lantana)*, Sonnenwende *(Heliotropium)* und Strohblume *(Helichrysum petiolare)*.

1 Kräftige, gesunde, nicht blühende Triebe wählen und mit einer Gartenschere abschneiden. Die unteren Blätter entfernen und die Stecklinge dicht unter einem Knoten mit einem scharfen Messer einschneiden (rechts).

2 Die Stecklinge in Schalen mit sandiger Anzuchterde setzen (unten), mit einer feinen Brause gründlich wässern und mit der Kastenabdeckung an einen warmen, halbschattigen Standort stellen.

3 Sobald die Stecklinge Wurzeln bilden, die Haube zeitweise entfernen. Während der Wintermonate sollten sie im frostfreien Gewächshaus, im Wintergarten oder in einem kühlen, hellen Raum im Haus stehen.

Ziergarten: *Pflanzen und eintopfen*

Jetzt sollte die verblühte Sommerbepflanzung in Kübeln und Töpfen durch eine interessante Winterbepflanzung ersetzt und auch Bäume und Sträucher gepflanzt werden; bei heißem Wetter müssen sie gut gegossen werden. Frische Minze für den Winter kann ebenfalls jetzt gesetzt werden.

Kübelpflanzen

Sowohl Container-Sträucher als auch Beetpflanzen können den ganzen Sommer gepflanzt werden, benötigen aber – vor allem bei warmem Wetter – viel Wasser. Gießen Sie die Kübelpflanzen einige Stunden vor dem Umtopfen ausgiebig, damit sich die oberirdischen Pflanzenteile ausreichend mit Feuchtigkeit voll saugen und die ganze Prozedur besser überstehen. Außerdem lässt sich der Wurzelballen auf diese Weise leichter und ohne Schädigung der Wurzeln aus dem Topf nehmen. An heißen Tagen sollten Sie die Pflanzen nicht mittags umpflanzen, sondern lieber bis zu den kühleren Abendstunden warten. Gießen Sie die umgesetzten Pflanzen anschließend sofort sehr gründlich und eventuell ein paar Stunden später erneut, damit das Wasser bis zu den Wurzeln vordringt.

▲ *Kübel und Töpfe sind in vielen verschiedenen Formen und Größen erhältlich. Dieser Behälter wurde aus alten Autoscheinwerfern gefertigt.*

Minze für den Winter

Während der Wintermonate übersteht die Minze im Freiland die kalte Zeit ruhend, aber Sie können eingepflanzte Wurzeln im Haus mühelos zum Wachstum anregen.

Die wuchernden Wurzeln der Minze direkt unter der Erdoberfläche mit einem Handspaten aus dem Boden nehmen. Die Wurzeln brechen zwar leicht, aber selbst kleine Stücke treiben noch aus. Die Mutterpflanze erleidet durch die Entnahme keinen Schaden. Eine Saatschale mit Substrat füllen, die Erde andrücken und die Wurzelstücke in das Substrat drücken, bis sie vollständig bedeckt sind. Eine weitere Schicht Erde darüber geben und gießen, bis das Substrat leicht feucht ist. Die Schale an einen mäßig warmen Standort stellen – ins Gewächshaus oder auf eine helle Fensterbank im Haus. Sobald die ersten Triebe erscheinen, die Minze an einen möglichst hellen Standort umsetzen.

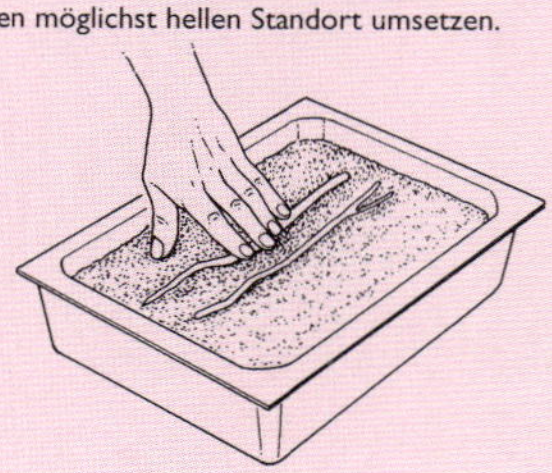

Winterbepflanzung für Balkonkästen

Im Spätsommer wirkt die Bepflanzung vieler Blumenkästen und Kübel verwildert und unordentlich; dann wird es Zeit, einige der Behälter mit einer interessanten Winterbepflanzung zu versehen.

1 Die alte Bepflanzung incl. Erde entfernen. Den Balkonkasten reinigen, die Drainagelöcher mit neuen Tonscherben abdecken und frisches Substrat einfüllen (rechts).

2 Nur Pflanzen nehmen, die im Herbst und Winter mit ihren Blüten und Blättern für Farbe und Struktur sorgen, wie etwa Winterheide und Stiefmütterchen, Skimmie, Koniferen, panaschierten Efeu und kleine Zwiebelgewächse wie Schneeglöckchen und früh blühende Krokusse.

3 Die Pflanzen in ihren Töpfen in den Blumenkasten setzen und so lange hin und her platzieren, bis Ihnen das Arrangement gefällt. Hohe, aufrechte Pflanzen eignen sich am besten für die Mitte, während Kriechpflanzen an den Seiten die Konturen ein wenig abrunden (links).

4 Die Pflanzen aus den Töpfen nehmen und endgültig einpflanzen. Mit Erde auffüllen und andrücken. Zum Schluss ein paar Zwiebeln setzen, die mit einem Pflanzholz in die Erde gedrückt werden (rechts).

5 Den bepflanzten Balkonkasten sorgfältig gießen und ein paar Tage an einen geschützten Standort stellen, damit sich die Pflanzen etablieren können. Danach zieht er an seinen endgültigen Standort um, der weder großer Kälte noch eisigen Winden ausgesetzt sein sollte, denn die Wurzeln von Kübelpflanzen sind unwirtlichen Witterungsverhältnissen schutzloser ausgeliefert als ihre Kollegen im Erdboden.

◀ *Bepflanzen Sie Ihre Blumenampeln schon jetzt für den Winter, etwa mit farbenfrohen Stiefmütterchen, Efeu und Skimmie.*

Ziergarten: *Pflanzen der Jahreszeit*

Rabatten und Beete erreichen derzeit vermutlich ihren Höhepunkt. Auch die Bepflanzung von Blumenampeln, Balkonkästen und Kübeln wirkt meist noch attraktiv, muss aber regelmäßig gegossen, ausgeputzt und gedüngt wurden.

▼ Die aromatischen, flachen und farbenfrohen Blütenköpfe der Garbe (Achillea) zählen zu den schönsten Beetpflanzen des Spätsommers.

▲ *Viele Rosensorten bringen vom Sommer bis zum Frühherbst immer wieder neue Blüten hervor.*

Bäume/Sträucher

Buddleja davidii (Schmetterlingsstrauch)
Campsis radicans (Amerik. Klettertrompete)
Clerodendrum bungei (Losstrauch, Losbaum)
Eucryphia
Fuchsia (Fuchsie)
Hebe (Strauchveronika)
Hibiscus syriacus (Roseneibisch)
Hydrangea macrophylla (Gartenhortensie)
Hypericum (Johanniskraut)
Lonicera (Geißblatt)
Rosa (Rose)

Zwiebelgewächse

Crocosmia x crocosmiiflora (Montbretie)
Cyclamen purpurascens (Wildes Alpenveilchen)
Eucomis bicolor (Schopflilie)
Gladiolus-Hybriden (Gladiole)
Lilium (Lilie)

▼ *Der süße Duft der Lilien erfreut jeden Gartenbesucher.*

Stauden

Acanthus (Bärenklau)
Achillea (Garbe)
Aconitum (Eisenhut)
Anemone-Hybriden
Aster (Aster)
Begonia semperflorens (Begonie)
Chrysanthemum (Wucherblume)
Gazania (Gazanie)
Helenium (Sonnenbraut)
Helianthus annuus (Gew. Sonnenblume)
Hemerocallis (Taglilie)
Kniphofia (Fackellilie)
Phlox paniculata (Staudenphlox)
Romneya coulteri (Kalifornischer Baummohn)
Rudbeckia (Sonnenhut)

Rasen und Wassergärten: *Allgemeines*

Die Rasenflächen sind jetzt noch recht saftig. Bald naht der beste Zeitpunkt, um neuen Rasen zu säen, daher sollten Sie den Boden schon jetzt vorbereiten. Auch der Wassergarten bietet mit seinen Ufer- und Wasserpflanzen einen interessanten Anblick.

Ein gesunder Wassergarten

Da sich die Schwimmpflanzen wie etwa Seerosen *(Nymphaea)* inzwischen vermehrt haben, große Teile der Wasseroberfläche beschatten und damit vor direkten Sonnenstrahlen schützen, sollten eventuelle Probleme mit übermäßigem Algenwuchs nun endgültig vorüber sein. Seerosen und andere Wasserpflanzen bringen zwar noch viele Blüten hervor, aber einige der älteren Blätter werden sich allmählich gelb verfärben und absterben und sollten sofort entfernt werden – genau wie alles andere abgestorbene Pflanzenmaterial. Überprüfen Sie die Blattunterseiten der Seerosen auch auf Schneckeneier, und entfernen Sie sie. Wasserschnecken können sich zu einer wahren Plage entwickeln und werden meist unbemerkt durch Eier an neu gesetzten Pflanzen eingeschleppt. Lediglich die Posthornschnecke eignet sich für den Einsatz im Gartenteich.

Teiche belüften

Normalerweise nimmt das Wasser eines Gartenteichs Sauerstoff auf und setzt Kohlendioxid an der Oberfläche frei. Aber bei schwülem Gewitterwetter wird dieser Vorgang stark verlangsamt, was den Fischen schadet. Manchmal sieht man sie sogar an der Wasseroberfläche nach Luft schnappen. Wenn dann nicht sofort etwas unternommen wird, sterben sie bald. Das Problem verschärft sich während der Nacht, wenn die Teichpflanzen ebenfalls Kohlendioxid an das Wasser abgeben.

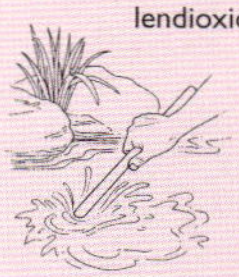

Am besten bringt man das Wasser in Bewegung, um seine Oberfläche zu vergrößern. Den Springbrunnen oder Wasserfall laufen lassen, das Wasser mit einem Stab kräftig umrühren oder mit einem kräftigen Strahl aus dem Gartenschlauch die Oberfläche verwirbeln.

▲ *Wasserfälle wirken und rauschen nicht nur schön, sie belüften auch den Teich.*

► *Ein gut gepflegter Rasen bringt den Rest des Gartens eindrucksvoll zur Geltung. Bald ist der richtige Zeitpunkt, neuen Rasen auszusäen.*

Bodenvorbereitung zur Rasenaussaat

Der Herbst ist der beste Zeitpunkt für die Aussaat von Rasen, daher sollte das Gelände bereits jetzt entsprechend vorbereitet werden. Da Ihr Rasen Sie viele Jahre lang erfreuen soll, lohnt es sich, die Bodenvorbereitung sorgfältig durchzuführen – nur auf diese Weise verhindern Sie spätere Bodenprobleme.

1 Möglichst sämtliche Pflanzen von dem zukünftigen Rasengelände entfernen. Vor allem Unkräuter müssen sorgfältig beseitigt werden, da man sie später kaum noch in den Griff bekommt; eventuell einen Unkrautvernichter verwenden.

2 Alle anderen hinderlichen Fremdkörper, wie größere Steine, Trittplatten u. Ä. beiseite räumen (rechts). Das gereinigte Gelände kann danach eingeebnet werden, indem man Senken auffüllt oder Erhebungen abträgt.

Einen neuen Rasen vorbereiten

Grassamen keimen rasch und liefern schnell sichtbare Ergebnisse. Aber obwohl die Bodenvorbereitung nicht so aufwändig sein muss wie bei der Aussaat anderer Pflanzen, lohnt sich etwas Mühe. Ausdauernde Unkräuter und Steine entfernen und den Boden mit einem Langzeitdünger versehen, um die Wachstumsbedingungen zu verbessern.

3 Bei sehr abschüssigem Gelände eventuell den Neigungswinkel abflachen oder Terrassenstufen anlegen. Die oberste Bodenschicht abtragen und die unteren Erdschichten bearbeiten. Die gelagerte Deckschicht wieder gleichmäßig über das Gelände verteilen.

4 Bodenstruktur und -beschaffenheit überprüfen. Gut verrotteten Kompost oder Stallmist unter die Erde geben, um die Qualität zu verbessern (links).

Nutzgarten: *Pflanzen und säen*

Ihre monatelangen Bemühungen werden allmählich belohnt, da jetzt immer mehr Gemüse erntereif ist. Trotzdem sollten Sie auch jetzt vorausschauend planen und Gemüse für das nächste Jahr säen oder pflanzen sowie das bald zur Ernte anstehende Wintergemüse weiterhin sorgfältig pflegen.

Spinat für die Frühjahrsernte

Zarte grüne Spinatblätter sind im Frühjahr besonders willkommen. Jetzt ausgesäte Pflanzen sind schossresistenter als im Frühling gesäte und für die Sommerernte bestimmte Sorten. Traditionell werden gröbere Winterspinatsorten im Spätsommer und Frühherbst gesät und Sommerspinat im Frühling, aber moderne Hybriden eignen sich für jede Saison.

Gießen Sie bei trockenem Wetter den Boden am Tag vor der Aussaat. Säen Sie die Samen dünn mit 3 cm Abstand in Reihen von 30 cm Abstand und pikieren die Sämlinge später auf 25 cm Abstand. Je nach Witterungsverhältnissen können die ersten Blätter bereits im Spätherbst oder Winter geerntet werden, doch die eigentliche Erntezeit ist der Vorfrühling. Eine frühere Ernte ist im Folientunnel möglich.

Winterzwiebeln

Winterharte Zwiebelsorten wie 'Martina' und 'Senshyu Yellow' eignen sich besonders für die Spätsommeraussaat und bilden im nächsten Früh- bis Hochsommer die ersten Zwiebeln. Allerdings ist der Zeitpunkt der Aussaat wichtig: Zu früh gesäte Pflanzen bilden im Frühling häufig vorzeitig Samen, während zu spät gesäte meist nur eine magere Ernte mit kleinen Zwiebeln ergeben oder den Winter nicht überstehen. Außerdem muss in kalten Regionen ein oder zwei Wochen früher ausgesät werden als in wärmeren.

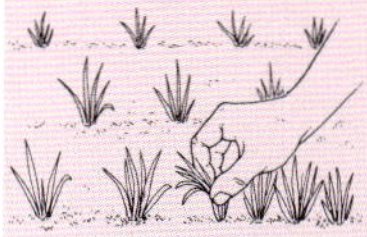

Die Samen in Reihen von 25–30 cm Abstand säen und die Sämlinge im Frühling auf 10 cm Abstand pikieren. Die Reihen vor der Aussaat und in den darauf folgenden Tagen regelmäßig gießen, vor allem bei warmem Wetter, um den Boden abzukühlen und die Keimung zu verbessern.

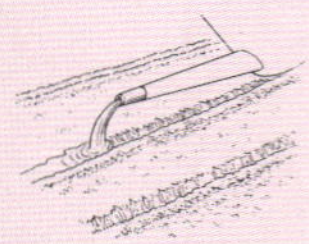

◀ *Säen Sie mehrere Reihen Spinat, denn die Blätter fallen beim Garen so sehr zusammen, dass man große Mengen benötigt.*

Erdbeeren pflanzen

Häufig lässt bei Erdbeeren sowohl die Ertragsmenge als auch die Qualität der Früchte nach drei Jahren nach, sodass das Beet dann neu bepflanzt werden sollte. Wenn Sie aber jedes Jahr ein Drittel der Erdbeerpflanzen durch neue ersetzen, können Sie jedes Jahr Erdbeeren ernten.

1 Erdbeeren sind anfällig für verschiedene Viruskrankheiten, die zu geringeren Erträgen führen. Daher unbedingt Jungpflanzen aus virusfreiem Hochzuchtpflanzgut verwenden.

2 Vor dem Kauf der Pflanzen den Boden sorgfältig vorbereiten: Gut verrotteten Stallmist oder Kompost unter die Erde arbeiten und alle Unkräuter sorgfältig entfernen.

3 Im Gartencenter (oder Spezialversand) finden Sie gut bewurzelte Ausläufer in kleinen Töpfen oder Torfquelltöpfen, die möglichst bald nach dem Erwerb mit 30–40 cm Abstand in Reihen von 90 cm Abstand eingepflanzt werden sollten (unten).

4 Die Pflanzen mit einem Handspaten setzen und die Erde mit den Schuhen andrücken. Die Kronen der Pflanzen sollten sich auf einer Höhe mit der Bodenoberfläche befinden. Die Pflanzen mit einer feinen Brause gießen, um die Wurzeln nicht zu beschädigen (unten).

◀ *Wintergemüse wie Kohl müsste inzwischen kräftig gewachsen sein. Weiterhin regelmäßig jäten und sorgfältig gießen, vor allem bei warmem Wetter.*

Nutzgarten: Ernten

Im Spätsommer und Frühherbst reift täglich neues Gemüse und Obst heran. Einige Früchte müssen möglichst schnell nach dem Pflücken verzehrt werden, während andere Produkte aus dem eigenen Garten bei richtiger Lagerung sehr viel länger haltbar sind.

Früchte ernten und lagern

Die beste Zeit zum Ernten sind die frühen Morgenstunden, bevor die Früchte durch die Wärme des Tages ihre Feuchtigkeit verlieren. Gehen Sie vorsichtig mit den Früchten um – Obst mit Druckstellen oder anderen Verletzungen sollte für den sofortigen Verzehr aussortiert werden. Einmal gepflücktes Obst oder Gemüse lagern Sie am besten an einem kühlen, dunklen Ort, etwa im Gemüsefach des Kühlschranks.

Wurzelgemüse kann während des Winters im Boden verbleiben oder in Kisten mit feuchtem Sand gelagert werden. Kohlsorten mit festen Köpfen, reife Kürbisse und viele Apfel- und Birnensorten lassen sich gut in einem kühlen, luftigen Schuppen lagern; Zwiebeln und Schalotten können zu Strängen verflochten an einem trockenen Ort aufbewahrt werden. Darüber hinaus können Sie viele Gemüsearten sauer einlegen oder Obst mit Zucker einkochen.

Tiefgefrieren

Das Einfrieren zählt zu den beliebtesten Konservierungsmethoden und eignet sich besonders für Beerenobst und Gemüse, das nach dem Pflücken rasch verwelkt. Farbe und Aroma bleiben weitestgehend erhalten, aber Struktur und Konsistenz können in manchen Fällen stark beeinträchtigt werden.

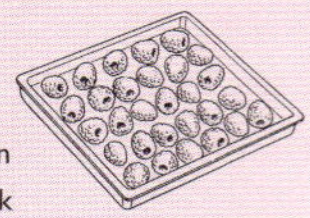

Die Früchte sorgfältig überprüfen und nur waschen, wenn es sich nicht vermeiden lässt. Das Obst zum Einfrieren auf Tabletts verteilen oder mit Kristallzucker in Gefrierbehälter geben bzw. in Zuckersirup eingelegt einfrieren. Manche Früchte, die zu Kompott verarbeitet werden, wie Kochäpfel oder Stachelbeeren, kann man vor dem Einfrieren auch garen. Das Tiefkühlgut sorgfältig etikettieren.

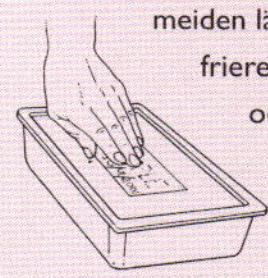

◀ Stachelbeeren für Kompott pflückt man, sobald sie groß genug sind. Die Sorten zum Direktverzehr lässt man am Strauch reifen.

▶ Frühe Apfelsorten ernten, sobald sich die Früchte leicht mit Stängel vom Baum pflücken lassen. Sie sollten sofort verzehrt werden.

Sommerschnitt bei Obstbäumen

Äpfel und andere als Spalierobst gezogene Bäume müssen im Sommer zurückgeschnitten werden. Denn nur durch einen sorgfältigen Schnitt lassen sich die verschiedenen Formen (Cordon, Fächer oder Spalier) beibehalten, sodass die Bäume weiterhin attraktiv aussehen und viele Früchte tragen.

1 Der Sommerschnitt erfolgt über mehrere Wochen, wenn die Triebe jeweils das richtige Stadium erreichen: Sie sind dann bleistiftdick, verholzen an der Basis und wirken dunkel.

2 Die untersten Basalblätter eines Triebs (meist drei Blätter, die gemeinsam an einer Stelle wachsen) bezeichnet man als Blattrosette; diese sollten beim Zählen der Blätter eines Triebs nicht mitgerechnet werden.

3 Der Rückschnitt richtet sich nach der Größe der Triebe: Neue Seitentriebe von über 20 cm Länge, die direkt vom Leitast abzweigen, auf drei Blätter über der Blattrosette zurückschneiden, und zwar direkt und schräg über dem Auge in der Blattachsel im Winkel von 45° vom Auge abfallend.

4 Seitentriebe an älteren Seiten- oder Fruchttrieben schneidet man bis auf ein Blatt über der Blattrosette zurück. Durch den Sommerschnitt wird die Entwicklung von Fruchttrieben angeregt und damit die Ertragsmenge des Baumes gesteigert.

Einen Kräutergarten anlegen

Frische Kräuter verleihen selbst zubereiteten Speisen ein unvergleichliches Aroma, und kaum ein Koch möchte auf diesen Genuss verzichten. Aber es gibt noch weitere Gründe, Kräuter im heimischen Garten zu ziehen: Viele duften wunderbar und sehen auch noch gut aus.

Häufig werden Kräuter in speziellen Kräutergärten angebaut, die traditionell einen formalen, oft kunstvoll entworfenen Grundriss aufweisen. Aber auch zwanglos angelegte Kräuterbeete erfreuen sich inzwischen großer Beliebtheit und passen meist besser in das Gesamtbild moderner Gärten.

In jedem Fall ist Folgendes zu berücksichtigen: Kräuter benötigen unbedingt einen offenen, aber zugleich geschützten und sonnigen Standort. Dienen die Kräuter vorrangig als Zutat auf dem Speiseplan, sollte der Kräutergarten in der Nähe der Küche liegen, sodass man selbst bei kaltem oder nassem Wetter schnell ein paar Kräuter pflücken kann. Aus dem gleichen Grund empfiehlt es sich, die wichtigsten Kräuter so zu positionieren, dass sie vom Weg aus oder über Trittsteine leicht erreichbar sind.

Sobald Sie den richtigen Standort gefunden haben, sollten Sie den Grundriss festlegen. Es gibt viele traditionelle Gestaltungsmöglichkeiten, von den komplexen Formen eines Barockgartens bis hin zu einem schlichten Schachbrettmuster aus Trittsteinen und Kräuterbeeten. Gerade in formalen Anlagen kommen Kräuter besonders gut zur Geltung: Sehr beliebt sind beispielsweise zwei einander kreuzende Pfade, die einen kleinen, quadratischen Kräutergarten in vier gleich große Beete un-

◀ *Verlegen Sie bei der Gestaltung des Kräutergartens einige Trittsteine, damit Sie die Pflanzen auch bei feuchtem Wetter gut erreichen können.*

KRÄUTERÖL

Eine Handvoll würziger Kräuter, wie Fenchel, Majoran, Rosmarin, Estragon oder Thymian, pflücken und vorsichtig zerdrücken, in ein Glas mit Schraubverschluss geben und mit einem leicht erwärmten Qualitätsöl bedecken. Olivenöl ist zwar sehr beliebt, besitzt aber einen intensiven Eigengeschmack, während das geschmacksneutralere Traubenkernöl das Aroma der Kräuter besser zur Geltung bringt. Das Glas zwei bis drei Wochen an einen warmen Ort stellen und häufig schütteln. Danach das Öl durch ein feines Sieb in ein anderes Gefäß mit frischen Kräutern gießen und den Vorgang wiederholen.

terteilen – wobei eine in der Mitte platzierte Sonnenuhr oder Statue einen zusätzlichen Blickfang bilden kann.

▲ *Verwenden Sie nur gesunde Jungpflanzen. Wenden Sie sich für ungewöhnlichere Kräuterpflanzen an eine Spezialgärtnerei.*

Auswahl der Pflanzen

Wählen Sie die Kräuter nach Ihren persönlichen Vorlieben aus, aber pflanzen Sie auch ein paar immergrüne wie Lorbeer, Rosmarin, Salbei und Bergbohnenkraut, die auch im Winter noch attraktiv aussehen. Am besten mischen Sie Pflanzen mit panaschiertem, silbernem oder dunklem Blattwerk und wechseln Kräuter mit großen, auffälligen Blättern wie Engelwurz oder Liebstöckel mit Pflanzen ab, die feine fedrige Blätter besitzen wie Fenchel und Dill.

Die meisten Kräuter bevorzugen lockere, durchlässige Böden. Außerdem sollte der Boden nicht zu nährstoffreich sein, weil weiche, üppige Pflanzen nicht die besten Aromen liefern. Graben Sie das Beet sorgfältig und tief um, um eine gute Drainage zu ermöglichen, und arbeiten Sie gegebenenfalls etwas groben Sand oder Splitt unter die Erde. Besonders magere Böden düngt man mit Knochenmehl, damit die Pflanzen gleichmäßig wachsen.

Kaufen Sie nur junge, kräftige Containerpflanzen, drücken Sie sie nach dem Pflanzen sorgfältig an und versehen Sie sie mit Namensschildern. Die Pflanzen sollten sich erst einmal etablieren können, bevor Sie sie zum Würzen verwenden, aber es schadet nicht, wenn Sie zur Förderung neuer Seitentriebe gelegentlich die Triebspitzen ausknipsen.

▲ *Eine Deckschicht aus Kies oder Splitt sorgt für eine bessere Drainage der obersten Erdschicht und sieht hübsch aus.*

Gewächshaus: *Allgemeine Arbeiten*

Die Abende und Nächte kühlen jetzt wieder ab und bilden damit ideale Wachstumsbedingungen für Krankheiten wie Grauschimmelpilz. Nun wird es auch Zeit, die Funktionstüchtigkeit der Heizlüfter im Gewächshaus zu überprüfen, damit sie im Bedarfsfall sofort einsatzbereit sind.

Im Treibhaus ernten

Pflücken Sie auch weiterhin Auberginen, Gurken, Melonen, Paprika und Tomaten, sobald sie reif sind. Achten Sie darauf, dass der Boden immer feucht ist, vor allem bei Tomaten, da diese aufplatzen können, wenn man sie nach einer längeren Trockenperiode wieder gießt. Entfernen Sie die unteren Blätter, wenn sie sich gelb verfärben.

Paprikaschoten können auch unreif, d. h. grün geerntet werden. Wenn Sie sie ernten, sobald sie sich rötlich oder gelb verfärben, reifen die Früchte später noch nach.

Den Reifegrad bei Melonen beurteilt man am besten mit dem Geruchssinn: Reife Früchte verströmen ein starkes, fast alkoholähnliches Aroma, und der Fruchtstiel beginnt zu schrumpfen oder aufzureißen. Ernten und verzehren Sie sie dann möglichst bald, da Melonen nicht lange haltbar sind.

PELARGONIEN-STECKLINGE

Pelargonien können im Herbst zurückgeschnitten und in ihren Töpfen im Gewächshaus überwintert werden, doch Jungpflanzen von jetzt geschnittenen Stecklingen entwickeln sich häufig besser. Nur kräftige, gesunde, vorzugsweise nicht blühende Triebe verwenden oder eventuell in den Vegetationspunkten vorhandene Blütenaugen ausknipsen. Den Anleitungen zum Schneiden unverholzter Stecklinge (siehe S. 535) folgen und die Stecklinge mit einer Anzuchtkastenhaube abdecken, bis sie Wurzeln gebildet haben. Sobald sich die Jungpflanzen gut entwickeln, können Sie die Mutterpflanze fortwerfen.

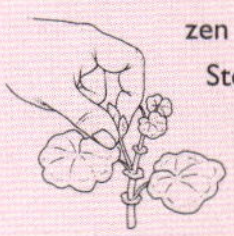

▼ *Heranreifende Melonen können sehr schwer werden und sollten gegebenenfalls mit Netzen gestützt werden.*

Alpenveilchen zum Wachstum anregen

Mit ihren eleganten, leicht gewölbten Blütenblättern an langen Stielen zählen Alpenveilchen *(Cyclamen)* zu den beliebtesten winterblühenden Zimmerpflanzen. Der Spätsommer ist der richtige Moment, um alte Knollen aus ihrer Sommerruhe zu holen und neue Pflanzen aus Samen heranzuziehen.

1 Alpenveilchenknollen, die den Sommer ruhend in Töpfen mit trockenem Pflanzsubstrat gelagert haben, werden jetzt wahrscheinlich winzige Blätterbüschel hervorbringen. Die Knollen aus dem Topf nehmen und die alte Erde entfernen.

2 Besonders große Knollen in zwei oder mehrere Teilstücke mit mindestens einem Vegetationspunkt schneiden, etwas Fungizid auf die Schnittflächen geben und die Knollen zur Hälfte in frische, feuchte Anzuchterde setzen.

3 Die Keimung von Cyclamensamen lässt sich durch 12-stündiges Einweichen in lauwarmem Wasser beschleunigen. Dann 30 Minuten unter sanft fließendem Wasser abspülen, um die Keimungshemmstoffe zu entfernen (oben).

4 Das Saatgut in Anzuchterde säen und knapp unter die Erdoberfläche drücken (links). Die Sämlinge entwickeln sich mit ihrem langen Stiel und einer winzigen, durchscheinenden Knolle an der Erdoberfläche. Vorsicht beim Pikieren!

Freesienknollen umtopfen

Freesien haben wundervoll duftende Blüten, und jetzt gesetzte Stängelknollen bringen in der Wintermitte elegante Pflanzen hervor. Beim Kauf der Knollen darauf achten, dass es sich tatsächlich um duftende Sorten handelt.

Die Stängelknollen so in sandiges Substrat pflanzen, dass ihre Brutknospen etwa 3 cm unter der Erdoberfläche liegen, und jeweils sechs Knollen in einen Topf mit 15 cm Durchmesser geben. Sorgfältig gießen, sodass das Substrat gerade feucht ist, und an einen geschützten Standort im Garten stellen. Bei Frostgefahr in ein Frühbeet setzen oder ins Gewächshaus holen.

Herbst

Jetzt ist die Zeit, den Garten in seiner üppigen Farbenpracht ein letztes Mal mit allen Sinnen zu genießen, bevor die Tage dunkler werden und das kalte, trübe Herbstwetter die Vorherrschaft übernimmt. In dieser nachsommerlichen Phase gibt es nicht nur viel aufzuräumen – vorausschauende Gärtner treffen schon jetzt Vorbereitungen für das nächste Frühjahr.

Frühherbst

Im Frühherbst heißt es aufräumen und die Reste der Sommerblüte entfernen, doch die warmen, sonnigen Tage mit ihren bunten Blüten, Blättern und Früchten entschädigen für diese melancholische Arbeit. Außerdem sollte man nun an das nächste Frühjahr denken und dafür pflanzen und säen.

Obwohl die Hauptwachstumszeit im Herbst zu Ende geht, gibt es im Garten viel zu tun: Früchte ernten, Laub fegen und nicht winterharte Pflanzen vor dem ersten Frost schützen. Neblige Herbstmorgen, schwerer Tau und kühles Wetter bieten ideale Wachstumsbedingungen für viele Pilzkrankheiten, daher sollten Sie Ihre Pflanzen regelmäßig überprüfen und gegebenenfalls sofort handeln.

Die absterbenden Blätter Laub abwerfender Bäume und Sträucher bieten einen herrlichen Anblick, werden aber nur allzu bald von den ersten Herbststürmen hinweggefegt. Entfernen Sie das Laub möglichst schnell aus Teichen, von Rasen, Steingärten, Wegen und Terrassen, bevor es Schaden anrichten kann.

Gärtner, die eine kluge Pflanzenauswahl getroffen haben, können sich auch jetzt noch an blühenden Beeten und Rabatten erfreuen. Entfernen Sie verwelkte Blüten und abgestorbene Pflanzenstiele, um diese spät blühenden Gewächse besonders schön zur Geltung zu bringen. Und vergessen Sie das Unkrautjäten nicht!

Der Herbst ist die ideale Zeit zum Setzen wurzelnackter und Containerpflanzen sowie zum Pflanzen früh blühender Zwiebelgewächse – eine angenehme Aufgabe, da sie an den nächsten Frühling denken lässt.

Auch bestimmte Samen sollte man jetzt im Freien säen: Verschiedene winterharte Einjährige trotzen der Winterkälte und bringen im kommenden Frühsommer prächtige Blüten hervor. Der Gemüsegarten hält nun Erbsen und Bohnen bereit, die getrocknet werden können – und zu guter Letzt ist nun die ideale Zeit, um einen neuen Rasen zu säen.

◀ *Die fast architektonisch anmutenden, stahlblauen Edeldisteln* (Eryngium) *bilden auch in den Herbstmonaten einen schönen Anblick.*

Arbeiten im Frühherbst

▲ Narzissenzwiebeln sollten gepflanzt werden, sobald sie im Handel erhältlich sind.

Allgemeines:

- Auf Pilzkrankheiten im Garten achten,
- herabgefallenes Laub entfernen,
- Gartenmöbel reinigen und winterfest verstauen.

Ziergarten:

- Früh blühende Zwiebelgewächse pflanzen,
- winterharte Einjährige säen,
- Stecklinge von Immergrünen schneiden und winterharte Immergrüne pflanzen,
- empfindliche Pflanzen vor dem ersten Frost ins Haus oder Gewächshaus holen,
- halb winterharte Exemplare im Freien gut abdecken,
- verblühende Einjährige und Sommerbepflanzungen gegen Frühjahrsbepflanzungen austauschen,
- Kübel reinigen und mit früh blühenden Zwiebelgewächsen und Frühjahrsbepflanzung versehen,
- Unkraut zwischen herbstblühenden Zwiebelgewächsen und Stauden jäten,
- zukünftige Standorte für zu pflanzende wurzelnackte Bäume und Sträucher vorbereiten,
- dekorative Beeren vor gefräßigen Vögeln schützen,
- Stecklinge von alten und Strauchrosen schneiden,
- Stützen und Anbinder von Bäumen überprüfen und gegebenenfalls justieren.

Rasenflächen und Wassergarten:

- Neuen Rasen säen,
- Rasenflächen harken, belüften und Herbstdünger auftragen,
- kahle Stellen und schadhafte Kanten ausbessern sowie Vertiefungen und Erhebungen ausgleichen,
- Giftpilze entfernen,
- den Teich mit einem Netz abdecken und so vor Laub schützen,
- nicht winterharte Wasserpflanzen vor dem ersten Frost herausnehmen.

Nutzgarten:

- Frühjahrskohl pflanzen,
- Kartoffeln der Haupternte ausmachen,
- Winterkohlarten gegebenenfalls abstützen,
- Möhren und Rote Bete ernten,
- Sämlinge ausdünnen,
- Freilandtomaten ernten und die Pflanzen entfernen,
- Kürbisse vor dem ersten Frost ernten,
- Salat unter einer Abdeckung (Glocke, Haube oder Folientunnel) säen,
- Steckzwiebeln für eine frühe Ernte pflanzen,
- weiterhin Äpfel und Birnen pflücken.

▼ Alpenveilchensämlinge sollte man ausdünnen, sobald man sie an den Keimblättern fassen kann.

Gewächshaus:

- Das Gewächshaus regelmäßig lüften und die Pflanzen sorgfältig gießen,
- Topfpflanzen wie Azaleen und Nachtschattengewächse ins Gewächshaus stellen,
- restliches Gemüse wie Paprika und Tomaten pflücken und die Pflanzen entfernen,
- Rahmen und Fensterscheiben reinigen,
- für die Treibhauskultur Zwiebeln in Schalen und Töpfe setzen,
- Greiskraut- und Alpenveilchensämlinge in Töpfe pflanzen,
- weiterhin Stecklinge von frostempfindlichen Freilandpflanzen schneiden.

Ziergarten: *Allgemeine Arbeiten*

Auch wenn spät blühende Blumen nun verwelkt sind, muss der Herbstgarten nicht eintönig aussehen. Das Laub kann in dieser Zeit spektakuläre Farben annehmen. Beeren setzen das Schauspiel noch über Monate hinweg fort, und auch Immergrüne kommen jetzt schön zur Geltung.

Farbenfrohe Herbstpracht

Die schwindende Tageslichtmenge bewirkt bei einigen Laub abwerfenden Bäumen und Sträuchern, dass sich ihre Blätter leuchtend rot, orange und gelb färben. Dies gilt z. B. für Ahorn *(Acer)*, Sauerdorn, Berberitze *(Berberis)*, Katsurabaum *(Cercidiphyllum)*, Federbuschstrauch *(Fothergilla)*, Tupelobaum *(Nyssa)*, Jungfernrebe *(Parthenocissus)* und Zaubernuss *(Hamamelis)*.

Auch das Klima und die Bodenbedingungen spielen eine Rolle: Je größer der Unterschied zwischen Tag- und Nachttemperatur, desto bunter leuchtet das Laub. Dagegen wirkt sich feuchtes, mildes Wetter, bei dem die Blätter grün bleiben und länger an den Bäumen hängen, optisch eher nachteilig aus. Wenn Sie Ihre Bäume an einen geschützten Standort setzen, verhindern Sie, dass schön gefärbtes Laub frühzeitig von den Zweigen geweht wird. Düngen Sie die Bäume während der Wachstumsperiode, damit sie ein üppiges Blattwerk entwickeln.

▼ Es empfiehlt sich, einige Laub abwerfende Bäume und Sträucher im Garten zu pflanzen, die eine schöne Herbstfärbung versprechen.

Beeren vor Vögeln schützen

Leuchtende Beeren bieten im Herbst und Winter einen farbenfrohen Anblick, aber häufig locken sie nach dem ersten Frost scharenweise Vögel an. Zwar lässt sich mit Netzen verhindern, dass die Beeren gefressen werden, doch optisch wirken Netze nicht sehr ansprechend. Im Handel erhältliche Sprays, die Vögel fernhalten, sind eine gute Alternative: Sie enthalten einen Bitterstoff, sodass die Beeren nicht mehr schmecken. Da orangefarbene und gelbe Beeren seltener gefressen werden als rote, pflanzen Sie doch einfach Feuerdorn- und Stechpalmensorten wie *Pyracantha* 'Orange Glow' und *Ilex aquifolium* 'Bacciflava'.

Stecklinge von Immergrünen

Die als Stecklinge vorgesehenen Triebe sollten am unteren Ende verholzt und etwa 15 cm lang sein. Die Triebe so vom Haupttrieb abziehen, dass ein kleines Stückchen Rinde am unteren Ende hängen bleibt, in ein Kombinationspräparat aus Bewurzelungshormon und Fungizid tauchen und in sandige Anzuchterde stecken. Die Stecklinge in einem Frühbeet oder ungeheizten Gewächshaus überwintern. Im nächsten Frühjahr müssten sich die ersten Wurzeln zeigen.

Frostempfindliche Pflanzen schützen

Eine Vielzahl von Garten- und Balkonpflanzen sind nicht winterhart und müssen gegen Kälte geschützt werden. Wenn Sie von diesen Gewächsen im Spätsommer Stecklinge geschnitten haben (siehe Seite 625), haben Sie zumindest Ersatz zur Hand, falls der Winterschutz nicht ausreicht.

1 Stauden sterben im Herbst ab und überwintern unterirdisch als ruhender Wurzelstock. Frostempfindliche Pflanzen schützt man am besten mit trockenem Laub, abgestorbenem Farn oder Rindenmulch, was den Wurzelbereich abdeckt und Frost und Kälte abhält.

2 Kleine Bäume und Sträucher schützt man vor Frostschäden, indem man sie mit Stroh oder Farn umwickelt. Zur Vermeidung von Pilzkrankheiten muss das Isoliermaterial trocken sein und locker um die Pflanze gepackt werden, damit die Luft zirkulieren kann.

3 Den Strauch mit Maschendraht umgeben, der mit Pfählen gestützt wird, und den Drahtkäfig locker mit Stroh oder Farn füllen. Ein Stück Plastikplane hält das Isoliermaterial trocken (unten links).

4 Die Wurzeln von Kübelpflanzen sind besonders kälteempfindlich. Den Kübel mit Stroh oder mehrfach mit Luftpolsterfolie umwickeln (unten).

Ziergarten: *Pflanzen und säen*

Schon jetzt kann man für einen farbenfrohen Frühling vorsorgen, indem man verblühte Sommerbepflanzungen und Einjährige ersetzt und früh blühende Zwiebelgewächse in Rasenflächen pflanzt. Außerdem können Sie nun auch neue immergrüne Sträucher setzen, sofern sie nicht frostempfindlich sind.

Winterharte Immergrüne pflanzen

Da Immergrüne bereits beim Pflanzen ihr gesamtes Blattwerk ausgebildet haben, müssen sie vor widrigen Wetterverhältnissen besonders geschützt werden: Kräftiger Wind kann den Blättern viel Feuchtigkeit entziehen, sodass sie austrocknen und abfallen, während starker Frost die Blattspitzen und -ränder beschädigt. Achten Sie darauf, dass die jetzt gepflanzten Immergrünen winterhart sind; frostempfindliche Sorten gedeihen besser, wenn man sie im Spätfrühling setzt.

Bereiten Sie den Boden wie üblich vor, indem Sie ein tiefes Pflanzloch ausheben und etwas Langzeitdünger über den Grund verteilen. Achten Sie darauf, die Pflanze sorgfältig anzudrücken, da sie sonst leicht umkippen kann (gegebenenfalls mit einem Windschutz versehen, bis die Wurzeln Halt gefunden haben; siehe Seite 668). Am besten den Halt regelmäßig kontrollieren.

Sommerbepflanzung ersetzen

Die Sommerbepflanzung und Einjährige werden bald ihren Zenit überschreiten; sie sollten in den nächsten Wochen durch eine Frühjahrsbepflanzung ersetzt werden, die im Frühling für Farbe sorgt.

Die verblühten Pflanzen auf den Kompost werfen, die verbleibende Erde umgraben, Unkraut entfernen und etwas Langzeitdünger unterarbeiten; dann das Pflanzgefäß mit frischem Substrat auffüllen. Als Bepflanzung eignen sich besonders Vergissmeinnicht *(Myosotis)*, Stiefmütterchen *(Viola)*, Primel *(Primula)* und Schöterich *(Erysimum)*, die sich gut mit Tulpen und Hyazinthen abwechseln lassen.

▼ *Immergrüne Sträucher und Bäume kommen im Herbst und Winter zur Geltung, weil sie dem Garten Farbe und Form verleihen.*

Zwiebeln naturnah anpflanzen

Auf Rasenflächen wachsende Zwiebelpflanzen bilden besonders im Frühling einen fröhlichen Anblick. Neben Narzissen und Krokussen lassen sich auch andere Gewächse auf diese naturnahe Weise setzen, wie etwa Herbstzeitlose *(Colchicum autumnale)*, Gewöhnliche Schachbrettblume *(Fritillaria meleagris)*, Traubenhyazinthe *(Muscari)* und Blaustern *(Scilla)*.

1 Ein natürliches Erscheinungsbild ist hier besonders wichtig. Eine Hand voll Zwiebeln wird über die Rasenfläche verstreut. Sie werden dort eingepflanzt, wo sie hingefallen sind, gegebenenfalls mit kleineren Korrekturen (oben).

2 Das Entfernen des Rasens und der Erde macht viel Mühe (oben). Den Rasen zwei, drei Tage vorher ausgiebig gießen, um den Boden aufzuweichen. Einen langstieligen Handspaten verwenden.

3 Eine Zwiebel so in das Pflanzloch setzen, dass sie den Grund berührt, mit Erde bedecken und das Rasenstück wieder fest andrücken.

4 Bei kleinen Zwiebeln wie Krokussen empfiehlt es sich, einen ganzen Rasenziegel herauszunehmen und die Zwiebeln darunter zu setzen: Dazu mit einem Kantenstecher ein „H" in den Rasen (links) schneiden, die Grasdecke abtrennen und beide Hälften zurückschlagen, um den Boden freizulegen. Die Zwiebeln unregelmäßig verteilen (unten), gießen, mit den Grasdeckenhälften bedecken und sorgfältig andrücken.

5 Der bepflanzte Rasen kann im Frühjahr erst dann gemäht werden, wenn das Zwiebellaub abgestorben ist. Diese Pflanzmethode eignet sich daher am besten für naturnahe Gärten, wo dies keine Rolle spielt.

Harte Einjährige im Freien säen

Winterharte Einjährige wie Jungfer-im-Grünen *(Nigella)*, Ringelblume *(Calendula)*, Sumpfblume *(Limnanthes)* und Sonnenblume *(Helianthus)* können direkt an ihrem endgültigen Standort im Garten gesät werden.

Zwiebeln, Stängelknollen und Knollen

Pflanzen benötigen für ihr Wachstum bestimmte Bedingungen: geeignete Temperaturen, genügend Licht und eine ausreichende Menge an Wasser und Nährstoffen. Falls jedoch eine dieser Komponenten fehlt, muss die Pflanze in der Lage sein, diese „Notlage" eine Zeit lang zu überstehen.

Viele Pflanzen begeben sich in einen Ruhezustand – etwa im Winter, wenn es zu kalt ist –, bis sich die Wachstumsbedingungen wieder zu ihren Gunsten ändern.

Doch die wahren Überlebenskünstler unter den Pflanzen legen zusätzlich noch Wasser- und Nährstoffvorräte an (in unterirdischen Speicherorganen wie Zwiebeln, Stängelknollen und Knollen), um die schwierige Zeit überstehen und im richtigen Augenblick wieder mit dem Wachstum beginnen zu können. Viele Gärtner bezeichnen diese Speicherorgane mit dem Sammelbegriff „Zwiebeln" und die Pflanzen ganz allgemein als „Zwiebelgewächse", doch es gibt große Unterschiede zwischen den verschiedenen Typen.

Zwiebeln sind eigentlich modifizierte Blätter mit einem Blattgrund an einem kurzen Stiel. Die Blätter sind sehr fleischig und enthalten Nährstoffreserven, und der kleine Stamm ist kegel- oder scheibenförmig. In der Mitte der Zwiebel befinden sich die Blütenknospe und die noch unentwickelten Blätter, die als erste erscheinen, sobald die Zwiebel zu wachsen beginnt.

Die fleischigen Blätter sind außen von einer trockenen Haut umgeben, die die Zwiebel vor Feuchtigkeitsverlust und Schädlingsbefall oder Krankheiten schützt. Allerdings gibt es auch Pflanzen ohne diese papierartige Schutzhülle, wie etwa Lilien *(Lilium)* und Kaiserkrone *(Fritillaria)*, bei denen die einander überlappenden Blattschuppen deutlich sichtbar sind. Da diese Zwiebeln besonders empfindlich sind und rasch austrocknen, müssen sie vorsichtiger behandelt und gelagert werden als Zwiebeln mit dieser Haut. Schneiden Sie doch einfach einmal eine Zwiebel in der Mitte durch, dann können Sie die fleischigen Blätter, den kegelförmigen „Zwiebelkuchen", die winzige Blütenknospe und die äußere Schutzhülle

◄ *Dahlien bilden ein Wurzelknollenbündel. Die Triebknospen liegen auf einem kurzen Stück des Haupttriebes.*

▲ *Die Narzisse zählt zu den bekanntesten echten Zwiebeln. Die Vermehrung erfolgt über Tochterzwiebeln, die sich an der Zwiebelbasis bilden und schließlich vollkommen davon lösen.*

▲ *Stängelknollen sind außen von den getrockneten Niederblättern des Vorjahres umhüllt und erinnern daher manchmal an Zwiebeln.*

mühelos erkennen. Stängelknollen sind modifizierte Stängel. Ihre Außenhaut wird von den getrockneten Niederblättern des Vorjahres gebildet, sodass sie äußerlich an Zwiebeln erinnern. Unter diesen Niederblättern befinden sich die parallel verlaufenden Blattknoten. Jedes Jahr bildet sich auf der alten Stängelknolle eine neue Knolle, und die alte verwelkt. Halbiert man eine Stängelknolle, dann erkennt man eine feste Struktur, die nicht aus mehreren Blättern besteht wie etwa eine Zwiebel.

Eine Knolle ist ein weiteres Speicherorgan, das je nach Pflanze an der Sprossbasis aus einem Wurzelstück (Wurzelknolle) oder an den Sprossen (Sprossknolle) gebildet wird. Kartoffeln zählen zu den bekanntesten Sprossknollengewächsen, während Dahlien ein Wurzelknollenbündel bilden. Auf Kartoffelknollen findet man an einem Ende mehrere Triebknospen, die „Augen", aus denen sich Triebe bilden, welche sich zu Wurzeln und schließlich zu weiteren Knollen entwickeln. Die ursprüngliche Knolle verkümmert, wenn sie ihre Nährstoffvorräte aufgebraucht hat. Da sich die Triebknospen der Wurzelknollen nur auf einem kurzen Stück des Haupttriebes der Pflanze befinden, benötigt jede Wurzelknolle ein kleines Stück dieses Haupttriebes, damit sie wachsen kann.

Speicherorgane einpflanzen

Wenn Zwiebeln, Stängelknollen und Knollen falsch herum eingesetzt werden, bilden sie zwar Triebe, aber diese müssen in einer 180-°-Kurve ans Licht wachsen, und dieser Knick im Trieb ist später besonders anfällig für Beschädigungen. Die „richtige" Seite des Speicherorgans erkennt man an einem Vegetationspunkt oder an einer Brutknospe an einem Ende und den restlichen Wurzeln am anderen. Da Knollen eine gewölbte Oberfläche besitzen, fällt die Suche hierbei etwas schwerer, aber meist lassen sich winzige Triebknospen erkennen. Kaiserkronen- und Lilienzwiebeln haben oft eine Aushöhlung in der Mitte, in der sich Wasser sammeln kann, daher die Zwiebeln am besten schräg in die Erde setzen.

Ziergarten: *Pflanzen der Jahreszeit*

Der Frühherbst bedeutet zwar das allmähliche Ende der Wachstumsperiode, bietet aber noch eine Fülle von Farben und Strukturen: spät blühende Stauden und Zwiebelgewächse, leuchtende Früchte und Beeren und die ersten bunten Blattverfärbungen an Laub abwerfenden Bäumen und Sträuchern.

▲ Perovskia atriplicifolia *'Blue Spire' bildet über den aromatischen, graugrünen Blättern attraktive, lavendelblaue Blütenrispen.*

▶ Sedum spectabile – *der Liebling aller Schmetterlinge. Die Sorte 'Iceberg' besitzt keine rosafarbenen, sondern schneeweiße Blüten.*

▼ *Die zarten Blüten des Alpenveilchens* Cyclamen hederifolium *erscheinen über marmorierten Blättern und erfreuen bis in den Winter.*

Bäume und Sträucher

Caryopteris x clandonensis (Clandon-Bartblume)
Ceanothus (Säckelblume)
Clerodendrum bungei (Losstrauch), *C. trichotomum* (Japanischer Losbaum)
Erica (Glockenheide)
Hebe (Strauchveronika)
Hydrangea macrophylla (Gartenhortensie)
Leycesteria formosa (Schöne Leycesterie)
Malus (Apfel, Holzapfel)
Perovskia atriplicifolia (Silberperowskie)
Rosa (Blüten und Hagebutten) (Rose)
Vinca major (Großes Immergrün), *V. minor* (Kleines Immergrün)

Stauden und Beetpflanzen

Achillea (Garbe)
Aconitum napellus (Blauer Eisenhut)
Anemone-Hybriden (Anemone)
Aster (Aster)
Eryngium (Edeldistel)
Helenium (Sonnenbraut)
Hemerocallis (Taglilie)
Kniphofia (Fackellilie)
Rudbeckia (Sonnenhut)
Schizostylis coccinea (Spaltgriffel)
Sedum spectabile (Schöne Fetthenne)
Solidago (Goldrute)

Zwiebelgewächse

Amaryllis belladonna (Belladonna-Lilie)
Colchicum autumnale (Herbstzeitlose)
Crinum x powellii (Hakenlilie)
Crocosmia x crocosmiiflora (Gartenmontbretie)
Crocus (Krokus, herbstblühende Arten)
Cyclamen (Alpenveilchen)
Nerine bowdenii (Guernsey-Lilie)

◀ *Mit ihren margeritenartigen Blüten in leuchtenden Rot-, Bronze- und Gelbtönen heitert die* Sonnenbraut (Helenium) *eine Rabatte auf.*

Rasenflächen und Wassergarten: *Allgemeine Arbeiten*

Mildes, feuchtes Herbstwetter ist ideal für die Keimung von Grassamen. Das Wasser des Gartenteiches sollte regelmäßig von Pflanzenresten gesäubert werden, und die Fische brauchen etwas Aufmerksamkeit, damit sie den kommenden Winter überstehen.

Frostempfindliche Wasserpflanzen entfernen

Einige Schwimmpflanzen, wie etwa Wasserhyazinthe *(Eichhornia crassipes)* und Wassersalat *(Pistia stratiotes)*, wirken zwar im Sommer sehr attraktiv, überleben aber die kalten Wintermonate nicht im Freien. Daher sollte man sie rechtzeitig vor dem ersten Frost aus dem Teich nehmen, im frostfreien Gewächshaus überwintern (dazu den Boden einer Plastikwanne mit Teichschlamm bedecken, mit Teichwasser füllen und die Pflanzen hineinsetzen) und im nächsten Frühsommer wieder in den Teich zurückpflanzen. Als Einjährige überlebt die Gewöhnliche Wassernuss *(Trapa natans)* den Winter nicht und sollte jetzt entfernt werden, damit ihre verwesenden Pflanzenteile das Teichwasser nicht verschmutzen.

TEICHE VOR LAUB SCHÜTZEN

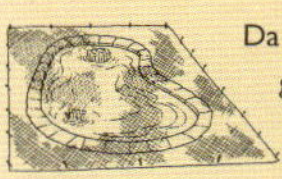

Da zerfallende Pflanzenteile giftige Gase freisetzen, die Fischen schaden und das Wasser biologisch absterben lassen, sollte man den Teich mit einem darüber gespannten Kunststoffnetz vor herabfallenden Blättern schützen. Das Netz muss sicher verankert sein.

Zunächst übermäßigen Wuchs Sauerstoff bildender Pflanzen zurückschneiden und mit den abgestorbenen Blüten und Blättern von Schwimm- und Uferpflanzen entfernen, dann das Netz anbringen.

Neuen Rasen säen

Am preisgünstigsten lässt sich ein neuer Rasen mit Grassamen anlegen – außerdem hat man so die Wahl zwischen verschiedenen Sorten. Obwohl der Rasen auch im Frühling gesät werden kann, ist der Frühherbst mit seinem noch warmen, feuchten Wetter ideal.

1 Die vorbereitete Fläche gleichmäßig antreten und die Harke leicht darüber ziehen, sodass eine feine, gleichmäßige Oberfläche entsteht (rechts); dicke Klumpen sofort in kleine, feine Krümel aufbrechen.

2 Die benötigte Saatmenge genau abwiegen (Informationen: siehe Verpackung; im Schnitt 35–50 g pro Quadratmeter Rasenfläche) und die gesamte Saatgutmenge in zwei Hälften teilen.

3 Die erste Saatguthälfte möglichst gleichmäßig über die gesamte Fläche in eine Richtung, dann die andere Hälfte quer dazu verteilen (links). Durch diesen doppelten Saatvorgang werden Unregelmäßigkeiten bei der Saatmenge ausgeglichen.

4 Das Saatgut mit einem Fächerbesen leicht einarbeiten, die Samen jedoch nicht vollständig bedecken (unten). Mit einem speziellen Vogelschutzmittel behandeltes Saatgut verhindert, dass sich die Vögel auf die Samen stürzen. Man kann die Fläche aber auch mit einem Netz schützen.

Pilze aus Rasenflächen entfernen

In dieser Jahreszeit sind Pilze auf Rasenflächen ein weit verbreitetes Übel. Die meisten Pilzarten erscheinen regelrecht über Nacht, wachsen auf organischem Material im Boden und sind relativ harmlos. Wenn sie das Erscheinungsbild des Rasens stören, pflückt man sie einfach und entsorgt sie.

Dagegen erzeugt der Nelkenschwindling *(Marasmius oreades)* unansehnliche, grüne Ringe im Gras und lässt sich trotz diverser Fungizide kaum in den Griff bekommen. Die einzige Lösung besteht darin, den Rasen neu anzulegen oder die dunkelgrünen Ringe zu kaschieren, indem man eine Lage Dünger ausbringt, sodass der restliche Rasen ebenfalls eine grünere Tönung annimmt.

◀ *Die Wasserhyazinthe* (Eichhornia crassipes) *überwintert in frostfreien Klimazonen, während sie in kühlen Regionen im Herbst abstirbt.*

Nutzgarten: *Allgemeine Arbeiten*

Auch jetzt gibt es im Nutzgarten noch viel zu säen und pflanzen, und das geerntete Gemüse will sorgfältig gelagert werden. Achten Sie darauf, dass sich das Wintergemüse weiterhin gut entwickelt, und schützen Sie es bereits jetzt vor schlechtem Wetter.

Kürbisse ernten

Kürbisse sollten vor dem ersten Frost von der Pflanze geschnitten und an einem kühlen, frostfreien, trockenen Ort gelagert werden. Überprüfen Sie, ob die Früchte durch den Kontakt mit dem Erdboden Beschädigungen oder faule Stellen aufweisen. Auch die Haupternte der Kartoffeln steht nun an: Holen Sie die Kartoffeln an einem trockenen, sonnigen Tag mit einer Harke aus dem Boden, und lassen Sie sie mehrere Stunden zum Trocknen liegen. Kartoffeln lagert man am besten an einem kühlen, dunklen Ort in Jute- oder reißfesten Papiersäcken oder in Holzkisten bzw. stabilen Pappkartons. Verwenden Sie keine Plastikbeutel – sie halten die Feuchtigkeit fest, was zum Verfaulen der Ernte führt.

Winterkohlarten stützen

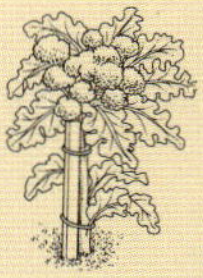

Winterkohlarten wie Brokkoli, Rosenkohl und Grünkohl können eine erstaunliche Höhe erreichen. Sie sollten an exponierten Standorten mit stabilen Holzpflöcken gestützt werden, da ihre flachen Wurzeln kräftigen Windstößen eventuell nicht standhalten.

Frühe Rosenkohlsorten sind jetzt schon reif für die Ernte. Am unteren Stammende beginnen und sich nach oben vorarbeiten.

▶ *Kürbisse lassen sich mehrere Wochen lagern, doch beschädigte Exemplare sollte man sofort verwenden, da sie schnell zu faulen beginnen.*

Wurzelgemüse ernten

Einige Wurzelgemüsearten können den ganzen Winter über in der Erde bleiben, doch andere sollten am Ende der Wachstumsperiode herausgenommen und oberirdisch gelagert werden, besonders bei schweren Böden, die im Winter ständig feucht sind. Die Feuchtigkeit lässt das Gemüse rasch verfaulen.

1 Möhren schmecken am besten, wenn man sie jung erntet (rechts) und direkt verzehrt, aber es gibt auch lagerfähige Sorten. Allerdings dürfen sie nicht zu lange in der Erde bleiben, da sie sonst aufplatzen und unbrauchbar werden.

2 Die Möhren vorsichtig mit einer Grabegabel heben oder von Hand herausziehen, überschüssige Erde entfernen und das Laub abschneiden (unten). Die Möhren kühl und dunkel in Kisten mit feiner, fast trockener Erde, Sand oder Torf lagern. Beschädigte Möhren sofort verwerten.

3 Rote Beten werden häufig als Essiggemüse eingemacht, schmecken aber auch gegart köstlich. Die Sorte 'Burpee's Golden' färbt im Gegensatz zur herkömmlichen Roten Bete nicht alles rosa, was mit ihr in Berührung kommt.

4 Rote Beten werden genau wie Möhren geerntet und gelagert, allerdings sollte man das Laub abdrehen und nicht abschneiden, da die Wurzeln sonst ausbluten. Die Rüben nicht zu lange in der Erde lassen, weil sie holzig werden.

Im Sommer gepflanzte Kartoffeln schützen

Im Sommer gesetzte Kartoffeln für die Herbst- und Winterernte sollten allmählich vor kalter Witterung geschützt werden. Die Wurzelhälse mit Stroh, Farn oder einem anderen trockenen Mulchmaterial abdecken. Die ersten Knollen reifen in der Herbstmitte heran, können meistens aber bis tief in den Winter im Erdboden verbleiben.

Nutzgarten: *Pflanzen und säen*

Der Herbst ist nicht nur die Zeit der Ernte, sondern auch der richtige Zeitpunkt, um für zukünftige Ernten weiterhin zu pflanzen und zu säen. Die Aussaat unter Glas schützt vor schlechtem Wetter. Zuvor gesäte Sämlinge müssen nun ausgedünnt oder umgetopft werden.

Steckzwiebeln setzen

Im Herbst gepflanzte Steckzwiebeln sorgen im nächsten Frühsommer für eine frühe Ernte (meist mehrere Wochen vor der herkömmlichen Erntezeit), die sich allerdings nur wenige Wochen hält. Aufgrund ihrer Frost- und Krankheitsbeständigkeit sind die Sorten 'Stuttgarter Riesen', 'Yellow Spanish', 'Sturon' und die rote 'Red Hamburger' besonders geeignet. Bereiten Sie das Beet sorgfältig vor: Da der Herbstanbau einen durchlässigen Boden benötigt, sollten Sie etwas grobkörnigen Sand oder Kies unterarbeiten. Die Zwiebeln in Reihen mit 10–15 cm Pflanzabstand setzen; dazu Pflanzlöcher mit einem Handspaten ausheben. Drückt man die Zwiebeln einfach nur in das Beet, wird die Erde unter den Zwiebeln zusammengepresst, sodass die Wurzeln den Boden nicht durchdringen können.

Sämlinge ausdünnen

Sämlinge von spät gesäten Gemüsesorten – Salat, Rettich, Spinat und Weiße Rübe – sollte man ausdünnen, sobald sie groß genug sind. Das Ausdünnen erfolgt am besten in zwei Phasen: zuerst nur auf die Hälfte des empfohlenen Pflanzabstandes ausdünnen und später jede zweite Pflanze herausnehmen.

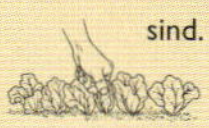

Bei besonders dicht stehenden Sämlingen muss man sehr vorsichtig vorgehen, um die Wurzeln der verbleibenden Pflanzen nicht zu beschädigen. Bei trockenem Wetter die Sämlinge vor dem Ausdünnen gießen, um das Herausnehmen der unerwünschten Exemplare zu erleichtern.

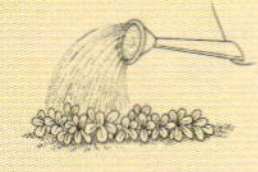

◄ *Im Herbst gepflanzte Steckzwiebeln bringen im darauf folgenden Frühsommer ihre Ernte hervor.*

Salat für die Winterernte

Gärtner mit einem Gewächshaus müssen selbst im Winter nicht auf frischen Salat verzichten, auch wenn dieser nicht ganz so knackig und üppig gedeiht wie im Sommer. Der Frühherbst ist der richtige Moment zur Aussaat. Sobald die Sämlinge eine gewisse Größe erreicht haben, setzt man sie in Pflanzsäcke oder direkt in das Gewächshausbeet.

1 Da sich nur wenige Salatsorten für die Gewächshauskultur im Winter anbieten, sollte man sich im örtlichen Gartencenter nach den am besten geeigneten Sorten erkundigen.

2 Auch in ungeheizten Gewächshäusern lässt sich Salat ziehen, doch geheizte liefern schneller sichtbare Ergebnisse. Man kann aber auch ein Frühbeet oder einen Folientunnel verwenden.

▲ *Dicht gesetzte Kohlpflanzen erzeugen viele Blätter; runde, kompakte Kohlköpfe erzielt man durch einen größeren Pflanzabstand zwischen den Jungpflanzen.*

3 Das Saatgut dünn und gleichmäßig über eine vorbereitete Saatschale mit feuchtem Substrat verteilen und leicht mit Erde bedecken. Die Saatschale muss unbedingt an einem gut gelüfteten, halbschattigen Standort stehen.

4 Sobald die Sämlinge erscheinen, die Schale an einen sonnigen Standort bringen, sehr vorsichtig gießen (um Pilzerkrankungen zu vermeiden) und die Sämlinge ausdünnen, sobald man sie an den Keimblättern fassen kann.

Zerstäuber und Druckspritzen

Ein effizienter, leicht zu bedienender Zerstäuber ist ein wichtiges Gartenutensil, vor allem in Nutzgärten, in denen Schädlinge und Krankheiten häufiger auftreten. Viele Gärtner sehen sich von Zeit zu Zeit gezwungen, ein Pflanzenschutzmittel zu sprühen, und selbst Betriebe mit biologischem Anbau nutzen diese Geräte zum Ausbringen von Düngern und organischen Schutzmitteln.

Mit einem Zerstäuber lassen sich Flüssigkeiten sehr fein und gleichmäßig über eine Pflanze verteilen: Sie werden unter Druck durch eine Düse gepresst und in feinste Tröpfchen zerteilt. Müssen nur wenige Pflanzen – etwa Zimmerpflanzen im Haus oder ein paar Exemplare im Garten – behandelt werden, reicht ein kleiner, preiswerter Pumpsprüher mit 500 ml Fassungsvermögen. Diese kleinen Geräte haben allerdings auch ein paar Nachteile: So ist es nicht leicht, Pestizide in diesen kleinen Mengen zu mischen, das ständige Nachfüllen wird bald lästig und das Betätigen des Sprühhebels ist auf die Dauer sehr ermüdend.

Für größere Flächen wie etwa mittlere bis große Gärten eignet sich daher ein Kompressionsmodell mit 5–8 l Fassungsvermögen, das vor Gebrauch aufgepumpt wird und mit einer ausziehbaren Sprühlanze versehen ist, sodass man auch weiter entfernte Pflanzenteile mühelos erreicht.

Bei noch umfangreicheren Sprüharbeiten empfiehlt sich ein Rückenspritzgerät mit 10–12 l Fassungsvermögen und gepolsterten Tragegurten, sodass man diese Geräte wie einen Rucksack umhängen kann. Mit der einen Hand wird der Pumphebel bedient, während man

◀ *Bei diesem Zerstäuber handelt es sich um ein Kompressionsmodell, das vor Gebrauch aufgepumpt wird. Die ausziehbare Sprühlanze erleichtert die Arbeit zusätzlich.*

▼ *Ein kleiner Pumpsprüher eignet sich nur für den gelegentlichen Gebrauch, für große Flächen ist er weniger empfehlenswert.*

die Sprühlanze in der anderen Hand hält. Rückenspritzgeräte sind relativ teuer und lohnen sich normalerweise nur für große Gemüsegärten und Obstplantagen; sie können aber auch zum Verteilen von Unkrautvernichtern auf großen Rasenflächen verwendet werden. Im gefüllten Zustand bringen sie ein beträchtliches Gewicht auf die Waage und eignen sich daher nicht für rückengeschädigte Gärtner.

▲ *Rückenspritzgeräte sind in großen Grünanlagen eine enorme Arbeitserleichterung, aber für die meisten Gärten reicht auch ein kleineres Modell.*

Sicherer Umgang mit Pflanzenschutzsprays

Da der feine Sprühnebel vom Wind fort getragen werden und große Strecken zurücklegen kann, sollten Sie nie an windigen Tagen sprühen, weil sonst andere Pflanzen oder sogar Nachbargärten in Mitleidenschaft gezogen werden können.

Halten Sie sich unbedingt an die Verdünnungsempfehlungen und Gebrauchsanleitungen der Hersteller, und entsorgen Sie eventuelle Restmengen wie auf der Packung angegeben. Die besten Zeiten zum Sprühen sind die frühen Morgen- und späten Nachmittag- bzw. Abendstunden, wenn die Sonne die Blätter nicht (mehr) versengen kann und nützliche Insekten weniger gefährdet sind als zur Tagesmitte.

Wenn Sie einen Zerstäuber zum Auftragen von Unkrautvernichter benutzen, beschriften Sie das Gerät mit einem wasserfesten Stift, und verwenden Sie es ausschließlich für dieses Mittel. Füllen Sie es nicht mit Pestiziden oder Dünger für Ihre Kulturpflanzen, da sich trotz gründlichen Ausspülens immer noch Spuren von Unkrautvernichter darin befinden können.

Sicherheitsmassnahmen bei Pflanzenschutzmitteln

- Pflanzenschutzmittel immer in ihren Originalgebinden inklusive Gebrauchsanleitung und außer Reichweite von Kindern und Haustieren aufbewahren,
- das Präparat sorgfältig für den beabsichtigten Zweck auswählen; möglichst flüchtige, nicht lange anhaltende Mittel verwenden,
- die Gebrauchsanleitung sorgfältig lesen und genau befolgen,
- nur die benötigte Menge mischen; eventuelle Restmengen ordnungsgemäß entsorgen,
- Kinder und Haustiere während des Mischens und Sprühens fernhalten,
- das Gerät nach Gebrauch gründlich reinigen und das Reinigungswasser auf einem Stein- oder Kiesweg entsorgen,
- Schutzhandschuhe beim Gebrauch von Konzentraten und Lösungen tragen, und ungeschützte Hautflächen nach dem Sprühen sorgfältig abwaschen.

Gewächshaus: *Allgemeine Arbeiten*

Da die Sonneneinstrahlung jetzt nachlässt, sollten die Gewächshauspflanzen sie auch wirklich vollständig nutzen können: Deshalb die Scheiben sorgfältig reinigen! Restliche Sommergewächse wie Tomaten machen jetzt Sämlingen und frostempfindlichen Pflanzen Platz.

Azaleen schützen

Azaleen, die den Sommer in ihren eingegrabenen Töpfen im Freien an einem halbschattigen Standort verbracht haben, werden nun herausgenommen und mit den gereinigten Töpfen zurück ins Gewächshaus geholt.

Sie können sie gegebenenfalls auch umtopfen, aber am schönsten blühen diese Pflanzen, wenn ihre Wurzeln relativ dicht zusammengedrängt sind. Traditionell setzt man Azaleen in Tontöpfe mit lehmhaltiger Blumenerde; bei sorgfältigem Gießen gedeihen sie aber auch in Kunststoffbehältern mit Torfkultursubstrat. Die Erde sollte immer leicht feucht sein. Stellen Sie sie an einen kühlen Standort, also nicht auf die Fensterbank über der Heizung.

Gewächshaus reinigen

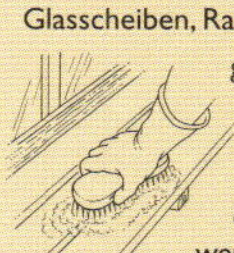

Auch wenn die Scheiben sauber wirken, hat sich im Laufe des Sommers Schmutz darauf abgelagert, der die Lichtausbeute der Gewächshauspflanzen beeinträchtigt. Die Außenflächen mit einer langstieligen Bürste und warmer Seifenlauge oder einem Dampfstrahlreiniger putzen. Für die Reinigung der Innenflächen – Glasscheiben, Rahmen und sämtliche Stellagen – einen trockenen, milden, windstillen Tag wählen, damit die Pflanzen gefahrlos ins Freie gestellt werden können. Dieser Herbstputz lässt das Gewächshaus nicht nur in neuem Glanz erstrahlen, sondern verhindert auch, dass hier Schädlinge und Krankheitserreger überwintern können. Nicht allzu viel Putzwasser verschütten und sorgfältig lüften, dann die Pflanzen zurückstellen.

Sämlinge eintopfen

Zuvor gesäte Sämlinge von Greiskraut *(Cineraria)* und Alpenveilchen *(Cyclamen)* können jetzt umgetopft werden, um in der dunklen Jahreszeit das Haus mit ihrer Farbenpracht zu erfüllen. Im Spätfrühling und Frühsommer gesätes Greiskraut blüht zwischen Winteranfang und Wintermitte, später gesäte Exemplare im Frühling. Alpenveilchen benötigen etwa 14 Monate bis zur Blütezeit.

1 Da *Cyclamen*-Samen über einen längeren Zeitraum keimen, werden nicht alle Sämlinge die gleiche Größe aufweisen und sich zum Umtopfen eignen. Die größten Exemplare auswählen und vorsichtig aus der Saatschale nehmen, um die verbleibenden Pflanzen nicht zu beschädigen.

2 Dabei sehr behutsam vorgehen, die Sämlinge an den Keimblättern fassen und nicht an den dünnen, empfindlichen Stängeln. Die winzigen Knollen auf die Oberfläche des Substrats setzen (rechts) und ganz leicht andrücken.

3 Greiskraut ist robuster und keimt gleichmäßiger: Je nach Entwicklung können die Sämlinge in größere Saatschalen, Einzeltöpfe von 8 cm Durchmesser oder größere Töpfe gesetzt werden (unten). Das Substrat immer feucht halten!

4 Die neu gepflanzten Sämlinge ein paar Tage mit Abdeckfolie oder Zeitungspapier vor direktem Sonnenlicht schützen (unten). Sowohl Greiskraut als auch Alpenveilchen benötigen einen kühlen Standort; daher das Gewächshaus an sonnigen Tagen gut lüften.

Restliche Tomatenbestände

Gewächshaustomaten nähern sich jetzt dem Ende ihres produktiven Lebens und sollten entfernt werden. Restliche Tomaten kann man noch pflücken und an einem kühlen, dunklen Ort ein paar Wochen nachreifen lassen. Wenn man sie zusammen mit einem Apfel oder einer Banane im Schrank lagert, geht der Reifungsprozess schneller voran. Kleine, feste Früchte, die nicht mehr reifen wollen, lassen sich zu einem köstlichen Chutney aus grünen Tomaten verarbeiten.

◀ *Topfazaleen sind relativ pflegeleicht und erfreuen auch im Winter durch ihre Blütenpracht.*

Herbstmitte

In einer Jahreszeit, in der immer mehr Blätter von den Bäumen fallen und auch die letzten Sommerblüten verwelken, muss der Garten auch weiterhin aufgeräumt und gefegt werden. Außerdem wird es nun höchste Zeit, frostempfindliche Pflanzen zu schützen.

Aufräumarbeiten

Das bunte Laub an Bäumen und Sträuchern fällt jetzt meist ohne Unterlass oder wird von kräftigen Herbststürmen fast vollständig heruntergefegt. Trockene Blätter richten zwar keinen Schaden an, aber der nächste Regen verwandelt sie in eine glitschige, braune Masse, die eine Gefahr für Mensch und Pflanze bildet. Entfernen Sie sie daher von Wegen und Treppen (damit niemand ausrutscht) sowie von Rasenflächen und kleinen, empfindlichen Gewächsen wie Steingartenpflanzen, bevor diese vom Laub vollständig bedeckt werden.

Auch verwelkte Blüten und abgestorbenes Blattwerk sollten nun aus den Rabatten genommen werden; allerdings verleihen manche getrockneten Blätter und dekorativen Samenstände dem Garten auch im Herbst und Winter eine interessante, ansprechende Ausstrahlung.

◀ *Die pinkfarbenen Blüten der Guernsey-Lilienart* Nerine bowdenii *leuchten in der Sonne. Ihr Blattwerk erscheint erst im nächsten Frühjahr.*

Plötzliche Kälteeinbrüche

Die Herbstmitte bringt meist die ersten Nachtfröste mit sich, wobei diese natürlich von Region zu Region unterschiedlich ausfallen. Während manche Gebiete schon bald mit Minusgraden rechnen müssen, können andere auf milde Herbst- und Wintermonate vertrauen. Dennoch sollte man sich immer auf das Schlimmste einstellen und schon jetzt alle nicht zweifelsfrei winterharten Pflanzen vor Frost schützen, damit sie nicht von einem plötzlichen Kälteeinbruch überrascht und erheblich beschädigt werden.

Zukunftspläne

Da immer mehr Gemüsesorten im Nutzgarten das Wachstum einstellen und deshalb entfernt werden sollten, entsteht nun Platz in den Beeten, den man für eine Frühjahrsbepflanzung umgräbt. Beginnen Sie mit dieser arbeitsintensiven Aufgabe möglichst früh, damit Sie nicht alles auf einmal erledigen müssen. Deprimierendem Herbstwetter begegnet man am besten mit dem Pflanzen früh blühender Zwiebelgewächse und dem intensiven Studium neuer Saatkataloge.

Arbeiten in der Herbstmitte

▲ Jetzt ist der ideale Zeitpunkt zum Setzen von Tulpenzwiebeln. Pflanzt man sie zu früh, beginnen sie vorzeitig zu wachsen.

Allgemeines:

- *Herabgefallenes Laub von Wegen, Terrassen, Treppen und Rasenflächen entfernen,*
- *sämtliches verwelkte und verblühte Pflanzenmaterial entfernen,*
- *empfindliche Pflanzen vor Regen, Kälte und den ersten Nachtfrösten schützen.*

Ziergarten:

- *Rabatten aufräumen und Beetpflanzen teilen; Beete, Sträucher und Bäume mit Knochenmehl düngen,*
- *Tulpen und Hyazinthen pflanzen; Lilienzwiebeln setzen, sobald sie erhältlich sind,*
- *krankes Rosenlaub entfernen und verbrennen,*
- *wurzelnackte Bäume und Sträucher pflanzen,*
- *Dahlienwurzeln aus der Erde nehmen und lagern, sobald der Frost die Blätter schwarz gefärbt hat,*
- *Gladiolen und Knollenbegonien herausnehmen und lagern,*
- *Frühjahrsbepflanzung der Beete abschließen,*
- *frisch gepflanzte Sträucher vor starkem Wind schützen.*

Rasenflächen:

- *Rollrasen verlegen,*
- *weiterhin Blätter entfernen und schadhafte Stellen ausbessern. Gegebenenfalls mähen; dabei die Klingen des Rasenmähers auf eine längere Schnitthöhe einstellen,*
- *den Rasen absanden.*

▼ Bei mild-feuchtem Herbstwetter gelegte Rasensoden etablieren sich recht schnell, sodass man sofort einen neuen Rasen erhält.

Wassergarten:

- *Unterwasserpumpen herausnehmen, reinigen und abgedeckt lagern,*
- *Wasser- und Uferpflanzen ausdünnen, abgestorbene Blätter entfernen.*

Nutzgarten:

- *Weiterhin Früchte und Gemüse ernten; bereits gelagertes Obst und Gemüse überprüfen,*
- *Gemüsepflanzen entfernen, wenn sie ihre Produktion eingestellt haben; Beete umgraben und mit organischem Dünger versehen; gegebenenfalls ein neues Gemüsebeet anlegen,*
- *letztmalig Frühjahrskohl pflanzen,*
- *Samen für das nächste Jahr bestellen,*
- *Steckhölzer von Beerensträuchern schneiden,*
- *neue Rhabarberkronen pflanzen,*
- *Schwarze Johannisbeeren, Brombeeren und Rubus-Hybriden zurückschneiden.*

Gewächshaus:

- *Beschattungen entfernen und Glasscheiben reinigen (falls nicht im Frühherbst geschehen),*
- *Wohlriechende Wicke* (Lathyrus odoratus) *für das nächste Jahr säen,*
- *nicht zu stark gießen oder viel Wasser verschütten. Abgestorbenes Pflanzenmaterial (Blüten, Blätter und Früchte) sofort entfernen,*
- *möglichst viel lüften,*
- *gegebenenfalls die Heizung einschalten, damit die Pflanzen nicht zu kühl stehen.*

Allgemeine Arbeiten

Beseitigen Sie abgefallene Blätter und Pflanzenreste, und verwandeln Sie sie in wertvollen Kompost und Blatthumus. Eine Reihe von Gartenpflanzen muss im Herbst und Winter vor Kälte und schweren Regengüssen geschützt werden.

Kälteschutz für Pflanzen

Achten Sie weiterhin darauf, dass nicht winterharte Pflanzen gut vor Frost geschützt sind (siehe S. 645). Auch Gewächse, die als „relativ winterhart", „bedingt winterhart" oder „semi-winterhart" bezeichnet werden, sollte man in Regionen mit starkem Frost sorgfältig abdecken – dies gilt vor allem für Jungpflanzen oder frisch gepflanzte Exemplare, die sich noch nicht genügend eingewöhnen konnten. Gefährdet sind u. a.: Schmucklilie *(Agapanthus)*, Keulenlilie *(Cordyline)*, Kapfuchsie *(Phygelius)*, Palmlilie *(Yucca)*, Eukalyptus *(Eucalyptus)*, Passionsblume *(Passiflora)* und Akazie *(Acacia)*.

Denken Sie daran, dass viele Pflanzen kurze Nachtfröste ohne Schaden zu nehmen überstehen, wenn die Tagestemperaturen noch hoch klettern, aber länger andauernde Frostperioden von sieben und mehr Tagen möglicherweise nicht überleben.

◀ *In dieser Jahreszeit müssen empfindliche Pflanzen vor Nachtfrösten geschützt werden, z. B. mit einer transparenten Abdeckfolie.*

Vor starkem Regen schützen

Im Herbst und Winter verursachen besonders nasse Witterungsverhältnisse meist größere Schäden als Frostperioden. Pflanzen mit behaarten Blättern wie etwa die Königskerze *(Verbascum)* sind besonders gefährdet, da die Feuchtigkeit an ihren Blättern lange haftet. Auch Pflanzen mit silbrigem Laub, die an trockene Wachstumsbedingungen gewöhnt sind, leiden unter zuviel Feuchtigkeit.

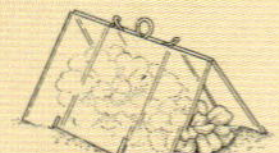

Diese anfälligen Gewächse mit einem Glaszelt (an beiden Enden offen) schützen, das das Wasser fern hält, aber die Luft zirkulieren lässt, damit sich keine Pilzerkrankungen bilden.

Einen Komposthaufen aufsetzen

Nahezu jeder Boden kann durch zersetztes organisches Material verbessert werden – das sich aber nicht immer leicht finden lässt. Das Aufsetzen eines Komposthaufens im eigenen Garten bietet zwei Vorteile: Einerseits steht Ihnen jederzeit organisches Material zur Verfügung, und andererseits können Sie verschiedene Gartenabfälle bequem entsorgen.

1 Ein Komposthaufen ist ein Ort im Garten, an dem gesammelte Pflanzenabfälle gemeinsam verrotten (links). Ein selbst gebauter oder gekaufter Kompostbehälter aus Drahtgeflecht, Kunststoff oder Holz bietet ideale Kompostierbedingungen, sodass sich die Pflanzen schneller zersetzen; außerdem bleibt der Garten aufgeräumt.

2 Jegliches organische Material (d.h. alles, das einmal gelebt hat) kann kompostiert werden, doch sollte man auf Fleisch und Gekochtes verzichten, da diese Ungeziefer anlocken. Junge Unkräuter, Pflanzenabfälle, Obst- und Gemüseschalen kann man einfach auf den Haufen werfen, während Rasenschnitt zuvor mit gröberen Materialien gemischt werden sollte.

Laub fegen

Es ist schon erstaunlich, wie schnell sich ein paar herabgefallene Blätter bei feuchtem Wetter in eine Rutschbahn verwandeln können und auf Wegen, Treppen und Terrassen zu einer echten Gefahr werden. Am besten regelmäßig fegen, da sich Laub im trockenen Zustand leichter in einen Plastiksack füllen lässt. Den Sack verschließen, mit einer Grabegabel mehrere Löcher in die Seiten stechen und ihn in eine Ecke des Gartens stellen, wo sich der Inhalt im Laufe der Zeit zersetzt und zu wertvollem Blatthumus verwandelt.

3 Den vollständig gefüllten Behälter mit einem Stück Teppichrest oder Karton abdecken, damit er die Wärme hält und nicht durchnässt, und warten, bis der Inhalt zu einem dunkelbraunen, feinkrümeligen Material verrottet ist (oben). Gelegentliches Umsetzen (d.h. Wenden des Inhalts) beschleunigt den Zersetzungsprozess.

4 Gehölzschnitt und andere sperrige Gartenabfälle sowie erkranktes Pflanzenmaterial und älteres Unkraut sollte man besser in den Hausmüll geben, da Krankheitserreger und Unkrautsamen durch den Verrottungsprozess nicht immer abgetötet werden.

Ziergarten: *Allgemeine Arbeiten*

Auch jetzt bietet der Ziergarten noch einen interessanten Anblick. Es ist der richtige Moment, einige Pflanzen herauszunehmen und im Haus oder Gewächshaus zu überwintern, die Blumenrabatten aufzuräumen sowie Stauden zu teilen und erneut zu pflanzen.

Dekorative Samenstände

Beim Aufräumen der Sommerrabatten sollten Sie vorsichtig vorgehen: Manche verblühte Pflanze kann nämlich auch im Herbst und Winter noch wichtige Aufgaben erfüllen. Da viele Samenstände ausgesprochen dekorativ sind, sollten Sie die letzten Blüten nicht entfernen, damit sich Samen bilden können.

Besonders schöne Samenstände bringen die folgenden Gewächse hervor: Bärenklau *(Acanthus)*, Lauch *(Allium)*, Zittergras *(Briza)*, Artischocke *(Cynara)*, Edeldistel *(Eryngium)*, Schwingel *(Festuca)*, Übelriechende Schwertlilie *(Iris foetidissima)*, Silberling *(Lunaria)*, Jungfer-im-Grünen *(Nigella damascena)*, Mohn *(Papaver)*, Lampionblume *(Physalis alkekengi)*, Skabiose 'Paper Moon' *(Scabiosa)* und Rohrkolben *(Typha)*. Außerdem besitzen viele Gewächse – wie etwa Garbe *(Achillea)*, Eberwurz *(Carlina)*, Hortensie *(Hydrangea)* und Schöne Fetthenne *(Sedum spectabile)* – attraktive, getrocknete Blüten, die vor allem mit Reif überzogen sehr dekorativ sind.

KNOCHENMEHL AUSBRINGEN

Knochenmehl ist ein natürlicher Langzeitdünger, der die Nährstoffe – etwas Stickstoff und einen höheren Anteil an Phosphat – langsam an den Boden abgibt und am besten während der Ruheperiode um Stauden, Bäume und Sträucher ausgebracht wird.

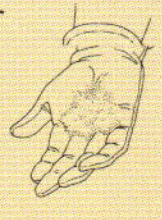

Beim Ausbringen immer Schutzhandschuhe tragen, da das (geringe) Risiko besteht, dass der Dünger mit tierischen Krankheitserregern verseucht sein könnte. Außerdem verursacht Knochenmehl, genau wie jedes andere Düngepulver, ein unangenehmes Brennen bei Hautverletzungen oder Schürfwunden.

Beetpflanzen teilen

Durch Teilen kann man auf einfache Weise seinen Pflanzenbestand vergrößern, wobei man nicht nur neue Gewächse erhält, sondern auch die Qualität der Pflanzen verbessert, die bereits mehrere Jahre an einem Standort stehen. Diese Aufgabe können Sie zwar auch im Frühling erledigen, aber die Herbstmitte ist die ideale Jahreszeit dafür.

1 Beliebte Beetpflanzen wie Glockenblume *(Campanula)*, Funkie *(Hosta)*, Garbe *(Achillea)*, Kugeldistel *(Echinops)* und Mohn *(Papaver)* lassen sich gut teilen: Die Pflanze samt Wurzelballen vorsichtig mit einer Grabegabel ausgraben und auf eine Plastikplane auf der Wiese oder dem Gartenweg legen (rechts).

2 Die Ballenmitte ist meist verholzt, während die kräftigsten Triebe am Rand sitzen. Durch das Teilen entfernt man die unproduktive Mitte und verjüngt die Pflanze, indem man die wuchsfreudigen Teile wieder einpflanzt.

3 Den Ballen mit zwei Rücken an Rücken gelegten Grabegabeln auseinander ziehen (links) und mit einem Messer teilen. Kleine Gewächse können von Hand geteilt werden, wobei jede Hälfte die Handfläche gut ausfüllen und starke Wurzeln sowie kräftige Triebknospen besitzen sollte.

4 Die neuen Teile sofort wieder einsetzen, damit die Wurzeln nicht austrocknen. Beim gleichen Standort vor dem Einsetzen die Erde rasch mit einem Handspaten lockern, Unkraut entfernen und etwas Knochenmehl oder anderen Langzeitdünger hinzufügen.

◀ Sedum spectabile *zählt zu den zahlreichen Beetpflanzen, deren vertrocknete Blütenköpfe auch im Herbst noch sehr attraktiv wirken.*

Dahlien herausnehmen und teilen

Freilanddahlien müssen vor kaltem, feuchtem Winterwetter geschützt werden, damit sie bis zum Frühling überleben. Sobald der Frost das Laub schwarz verfärbt hat, den Haupttrieb bis auf 15 cm kürzen, die Wurzelknollen herausnehmen und ein paar Tage kopfüber lagern, damit die Feuchtigkeit aus den hohlen Stängeln entweichen kann. Dann sorgfältig säubern, in Kisten legen, mit fast trockenem Substrat bedecken und an einem kühlen, frostfreien, trockenen Ort (Garage oder Schuppen) überwintern. Auf die gleiche Weise jetzt auch Gladiolen und Begonien herausnehmen und lagern.

Ziergarten: *Pflanzen*

Der Herbst ist die ideale Pflanzzeit, doch in windreichen Regionen sollte man die neu gesetzten Pflanzen vorübergehend mit einem Windschutz versehen. Die meisten früh blühenden Zwiebelgewächse wurden bereits gepflanzt, aber einige Gewächse bevorzugen einen späteren Pflanztermin.

Wurzelnackte Bäume und Sträucher

Wurzelnackte Pflanzen werden während ihrer Ruheperiode verkauft und umgepflanzt; sie sind meist preiswerter als Containerpflanzen und häufig in einer größeren Sortenauswahl erhältlich. Außerdem lassen sie sich leichter transportieren und können sogar über den Versandhandel bestellt werden.

Achten Sie darauf, dass die Wurzeln nicht allzu sehr austrocknen, und wickeln Sie sie während des Transports in Plastiksäcke, Papier oder Jutesäcke. Idealerweise setzt man die Pflanzen sofort an ihren endgültigen Standort; Sie können die Wurzeln aber auch vorübergehend in feuchte Tücher einschlagen und mit feinkrümeliger Erde an einer schattigen Stelle bedecken. Überprüfen Sie die Wurzeln unmittelbar vor dem Einpflanzen erneut, und entfernen Sie alle beschädigten Stellen mit einer Gartenschere.

▲ *Wurzelnackte Koniferen (hier zu Transportzwecken eingeschlagen) lassen sich am besten während der Ruheperiode verpflanzen.*

Neu gepflanzte Sträucher vor starkem Wind schützen

In dieser Jahreszeit können frisch gesetzte Sträucher an exponierten Standorten erheblichen Windschaden erleiden. Immergrüne sind durch ihr dichtes Blattwerk besonders gefährdet, aber auch bei Laub abwerfenden Exemplaren können Zweige abknicken – oder die Pflanze wird sogar vollständig umgeweht.

Um dies zu vermeiden, auf der dem Wind zugewandten Seite des Strauchs einen zeitweiligen Windfang errichten: zwei oder drei Pfähle setzen und eine Windschutzmatte, ein Stück Sackleinen oder sogar alte Plastiktüten daran festtackern. Dieser Windschutz kann im nächsten Spätfrühling entfernt werden, sofern die Pflanzen sich gut etabliert haben.

▶ *Viele kleine Tulpenvarietäten – wie etwa diese Tulipa-kaufmannia-Hybriden mit ihren hübsch gefleckten Blättern – sind besonders attraktiv.*

Tulpen und Hyazinthen pflanzen

Früh blühende Zwiebelgewächse wie Narzissen und Krokusse werden im Frühherbst gesetzt, doch Tulpen und Hyazinthen pflanzt man vorzugsweise erst in der Herbstmitte oder sogar im Spätherbst, da sie sonst vorzeitig zu wachsen beginnen und durch das kalte Wetter Schaden erleiden könnten.

1 Tulpen und Hyazinthen sind attraktive Beetpflanzen, vor allem in Kombination mit Frühlingsblumen wie Schöterich und Vergissmeinnicht. Den Boden tief umgraben und etwas Langzeitdünger wie Knochenmehl hinzufügen.

2 Die Pflanzlöcher mit einem Handspaten (rechts) ausheben und die Zwiebeln in zweifacher Zwiebelhöhe einpflanzen. Eine zu flache Pflanztiefe führt zu kümmerlichen Blüten.

3 Die Spitzen der Zwiebeln müssen nach oben weisen und die Zwiebeln den Grund berühren. Die Löcher mit Erde füllen und diese leicht andrücken.

4 Den Pflanzbereich mit einem Schild versehen (unten), damit bei Erdarbeiten im Winter die Zwiebeln nicht versehentlich beschädigt werden.

Zwiebeln in Töpfen

Tulpen und Hyazinthen eignen sich auch als Bepflanzung für Kübel und Blumenkästen. Den schönsten Effekt erzielt man mit einer Gruppe von Zwiebeln einer Sorte, weil sie gleichzeitig blühen.

Pflanzen mit panaschiertem Blattwerk

Der botanische Begriff „panaschiert" bedeutet, dass grüne Pflanzenteile – in der Regel Blätter – mit einer andersfarbigen, unregelmäßigen Musterung versehen sind, meistens mit gelben oder weißen Flecken. In der Natur kommen aber auch rote, rosa-, purpur- und orangefarbene Muster vor.

Panaschierte Blätter verleihen dem Garten fast so viel Farbe wie bunte Blüten, halten aber wesentlich länger und heitern an immergrünen Gewächsen Beete und Büsche auch im Herbst und Winter auf. Panaschierte Immergrüne, vor allem solche Sorten mit goldenen Flecken, die im Sommer im Hintergrund verschwinden, kommen in der Ruheperiode besonders gut zur Geltung und strahlen im trüben Wintergarten förmlich.

Da panaschierte Varietäten durch ihre andersfarbige Musterung weniger Chlorophyll besitzen (das grüne Pigment, das für die Fotosynthese, also die Energiegewinnung der Pflanzen, unerlässlich ist), wachsen sie im Allgemeinen langsamer als durchgehend grüne Exemplare. Daher benötigen sie einen besonders hellen Standort, an dem sie möglichst viel Licht bekommen. An zu dunklen Standorten versucht die Pflanze, den Lichtmangel durch eine erhöhte Chlorophyllproduktion zu kompensieren, sodass die Panaschierung schließlich verschwindet.

Auch in Bezug auf die Gartengestaltung sollte der Standort panaschierter Gewächse sorgfältig geplant werden. Stehen zu viele dieser Exemplare in unmittelbarer Nähe zueinander, verlieren die einzelnen Pflanzen an Wirkung und erzeugen sogar eine unruhige Mischung aus Farben und Tönen. Am besten kommen diese Gewächse vor einem Hintergrund aus möglichst dunklen, unifarbenen Pflanzen zur Geltung.

Panaschierungen können unterschiedliche Formen aufweisen – vom unregelmäßigen Muster über unifarbene Flecken in der Blattmitte bis hin zu gelben oder silbernen Rändern unterschiedlicher Breite. Viele Blätter sind in einer kontrastierenden Farbe gefleckt oder unregelmäßig marmoriert, wobei meistens nur zwei Farben beteiligt sind; es gibt aber auch Pflanzen mit mehrfarbigen Panaschierungen, wie etwa bestimmte *Hedera*-Sorten (Efeu) mit grünen, hellgrünen, cremefarbenen und weißen Flecken. Manche Gewächse wie die Buntnessel *(Solenostemon)* besitzen sogar vier oder noch

◀ *Der Kletternde Spindelstrauch* Euonymus fortunei *'Emerald 'n' Gold' besitzt panaschierte Blätter mit goldenem Rand, die bei kaltem Wetter manchmal von einem Rosaton überhaucht werden.*

◀ Ilex aquifolium *'Aureomarginata' besitzt nicht nur Blätter mit goldenem Rand, sondern bringt als weibliche Sorte auch Beeren hervor.*

mehr Farbschattierungen auf einem Blatt, und gelegentlich ist überhaupt kein grünes Pigment mehr sichtbar – z. B. bei der Sauerdornsorte *Berberis* 'Rose Glow' mit ihren purpurfarbenen Blättern und rosafarbener Marmorierung. In diesem Fall wird das Chlorophyll durch andere Pigmente überlagert.

Die Panaschierung einer Sorte erkennt man häufig schon am Pflanzennamen: Achten Sie auf Zusätze wie „aureomarginata" oder „argenteomarginata" (mit goldenem oder silbernem Rand), „variegata" (bunt gefleckt), „maculata" (getupft) und „picturata" (scheckig).

Die folgenden panaschierten Immergrünen sind besonders attraktiv und zuverlässig:

- *Aucuba japonica* 'Crotonifolia', 'Picturata', 'Variegata' u. a. (Japanische Aukube)
- *Cornus alba* 'Elegantissima', 'Spaethii' (Tatarischer Hartriegel)
- *Elaeagnus* x *ebbingei* 'Limelight', 'Gilt Edge', *E. pungens* 'Maculata', 'Frederici' u. a. (Ölweide)
- *Euonymus fortunei* 'Emerald 'n' Gold', 'Emerald Gaiety', 'Silver Queen' u. a. (Kletternder Spindelstrauch)
- *Hedera colchica* 'Dentata Variegata', *H. helix* 'Goldherz', 'Glacier' u. a. (Efeu)
- *Ilex aquifolium* 'Golden Queen', 'Silver Milkmaid' u. a. (Gewöhnliche Stechpalme)
- *Osmanthus heterophyllus* 'Aureomarginatus' (Stachelblättrige Duftblüte)
- *Pieris japonica* 'Variegata' (Japanische Lavendelheide)
- *Viburnum tinus* 'Variegatum' (Immergrüner Schneeball)
- Vinca major 'Variegata' (Großes Immergrün)
- Vinca minor 'Argentiovariegata' (Kleines Immergrün)

Zurückschlagende Sprosse

Panaschierte Sorten entstehen häufig aus der Mutation einer grünblättrigen Spezies und können gelegentlich zur ursprünglichen Pflanze zurückschlagen, d. h. wieder die Merkmale der Mutterpflanze zeigen. Diese nicht panaschierten Sprosse enthalten mehr Chlorophyll, sind daher wuchsfreudiger und dominieren schließlich die Pflanze. Am besten schneidet man die unifarbenen Sprosse bis auf den Haupttrieb zurück. Manchmal deutet die Bildung zurückschlagender Sprosse auch darauf hin, dass die Pflanze hellere Wachstumsbedingungen benötigt.

◀ *Die* Aucuba japonica *'Variegata' bildet das ganze Jahr über einen attraktiven Blickfang.*

Ziergarten: *Pflanzen der Jahreszeit*

In den meisten Regionen erreicht das leuchtende Herbstlaub jetzt seinen Höhepunkt – aber bald fällt die bunte Pracht herab. Dann spielen Samenstände und Früchte eine immer wichtigere Rolle im Garten, mit wenig spät blühenden Stauden und Zwiebeln.

▼ *Die wuchsfreudige Kletterpflanze* Parthenocissus quinquefolia, *auch Wilder Wein genannt, besitzt Aufsehen erregendes Herbstlaub.*

▲ *Der Spaltgriffel* (Schizostylis coccinea) *zählt zu den besonders spät blühenden Beetpflanzen. Die Sorte 'Sunrise' hat zarte, muschelrosafarbene Blüten.*

▶ *Die Rosenart* Rosa glauca *wird nicht nur wegen ihrer purpurroten Blätter geschätzt, sondern auch aufgrund ihrer glänzend roten Hagebuttenbüschel.*

Bäume und Sträucher

Acer (Ahorn)
Berberis (Laub abwerfend; Sauerdorn, Berberitze)
Cercidiphyllum japonicum (Katsurabaum)
Cotoneaster (Zwergmispel)
Erica (Glockenheide)
Euonymus alatus (Flügelspindelstrauch), *E. europaeus* (Gewöhnliches Pfaffenhütchen) u.a.
Fothergilla major (Großer Federbuschstrauch)
Gaultheria mucronata (Torfmyrte)
Hamamelis (Zaubernuss)
Hippophae rhamnoides (Gewöhnlicher Sanddorn)
Hydrangea quercifolia (Eichenblättrige Hortensie)
Malus (Apfel, Holzapfel)
Parthenocissus (Jungfernrebe)
Pyracantha (Feuerdorn)
Rosa (Hagebutten; Rose)
Skimmia (Skimmie)
Sorbus (Eberesche)
Vitis coignetiae (Rostrote Rebe), *V. vinifera* (Weinrebe)

Stauden

Aconitum napellus (Blauer Eisenhut)
Anemone-Hybriden (Anemone)
Aster (Aster)
Gentiana sino-ornata (Herbstenzian)
Liriope muscari (Lilientraube)
Physalis alkekengi var. *franchettii* (Lampionpflanze)
Sedum spectabile (Schöne Fetthenne)

Zwiebelgewächse

Amaryllis belladonna (Belladonna-Lilie)
Colchicum autumnale (Herbstzeitlose)
Crinum x powellii (Hakenlilie)
Cyclamen (Alpenveilchen)
Galanthus reginae-olgae (Schneeglöckchen)
Nerine bowdenii (Guernsey-Lilie)
Schizostylis coccinea (Spaltgriffel)

Rasenflächen und Wassergarten: *Allgemeine Arbeiten*

Teiche und Wasseranlagen müssen immer noch regelmäßig von Laub und anderen Pflanzenresten befreit werden. Außerdem ist nun der ideale Zeitpunkt zum Verlegen von Rollrasen. Und falls Sie die Qualität einer bestehenden Rasenfläche verbessern möchten, wirkt Sand wahre Wunder.

Wasser- und Uferpflanzen

Damit der Wassergarten in dieser Jahreszeit keinen ungepflegten Eindruck macht, empfiehlt es sich, die abgestorbenen, gelben Stängel und Blüten der Uferpflanzen bis kurz über der Wasseroberfläche zurückzuschneiden. Achten Sie darauf, dass kein Schnittgut ins Wasser fällt. Sauerstoff bildende Pflanzen sollten jetzt ebenfalls gestutzt werden, da die Gewächse im Frühling und Sommer zwar enorm wachsen, aber im Herbst und Winter größtenteils absterben. Verwenden Sie dazu eine Gartenschere, und kürzen Sie die Stängel um zwei Drittel (das Entfernen des Schnittguts nicht vergessen!)

Die Futtermenge für die Fische richtet sich jetzt nach den Witterungsbedingungen. Falls es noch relativ warm ist, geben Sie eine kleine Menge Futter ins Wasser, um zu überprüfen, ob die Tiere noch Hunger haben. Sobald sie das Futter nicht mehr innerhalb von 5–10 Minuten vollständig auffressen, sollten Sie das Füttern einstellen.

Unterwasserpumpen entfernen

Jetzt wird es höchste Zeit, eventuell vorhandene Unterwasserpumpen aus dem Teich zu nehmen, sorgfältig zu reinigen (vor allem die Filter) und während der Wintermonate an einem trockenen Ort abgedeckt zu lagern.

Falls sich die Pumpe in der Mitte eines großen Teichs befindet und schlecht zu erreichen ist, kann man sie auch im Wasser lassen. Allerdings muss sie dann während der Wintermonate alle paar Wochen für kurze Zeit eingeschaltet werden – falls der Teich nicht zugefroren ist! Die Lebensdauer einer Pumpe verlängert sich jedoch, wenn man sie im Herbst herausnimmt.

▼ *Wasser- und Uferpflanzen zurückschneiden, damit die absterbenden Pflanzenteile das Wasser nicht verschmutzen.*

Rollrasen verlegen

Rollrasen ist zwar erheblich teurer als Grassamen, besitzt aber einen großen Vorteil – die Rasenfläche ist sofort fertig. Im Handel sind unterschiedliche Rollrasenarten erhältlich, von teuren Luxusrasen bis hin zu preiswerteren Wiesenrasen, auf denen man zwar nicht Golf spielen kann, die aber für die meisten Familiengärten völlig ausreichen. Der Arbeitsaufwand beim Verlegen eines Rollrasens wird gerne unterschätzt; sichern Sie sich daher die Unterstützung möglichst vieler Helfer.

Absanden

Torf (oder Torfersatzsubstrat), hochwertige, gesiebte Topferde auf Lehmbasis und mittelfeinen Sand mischen. Die Mengenverhältnisse richten sich nach dem jeweiligen Untergrund: Bei schweren Böden den Sandanteil erhöhen und bei leichten Böden mehr Erde und Torf verwenden. Die Sandmischung gleichmäßig über den gesamten Rasen verteilen und mit dem Rechenrücken oder einem festen Besen einarbeiten. Zwar sieht der Rasen zunächst ungepflegt aus, doch die Sandmischung verschwindet bald im Boden und sorgt dafür, dass im nächsten Frühling und Sommer dichtes, kräftiges Gras wächst.

1 Den Untergrund wie für die Rasenaussaat (siehe S. 653) sorgfältig vorbereiten. Rollrasen muss innerhalb von ein oder zwei Tagen nach Lieferung verlegt werden.

2 Die ersten Grassoden entlang einer geraden Kante verlegen; gegebenenfalls mit einer Schnur eine Hilfslinie ziehen (rechts). Die Rasenstücke mit dem Rechenrücken oder einer Gartenwalze festdrücken, damit keine Lufteinschlüsse bleiben.

3 Ein Brett zur Gewichtsverteilung auf die erste Reihe legen, dann die nächste Reihe versetzt verlegen – wie beim Mauern von Ziegeln. Die Ränder der Soden sollten dicht nebeneinander liegen (rechts). Auf diese Weise die gesamte Fläche mit Grassoden bedecken.

4 Zum Schluss die Rasenkanten mit einem Halbmond-Kantenstecher schneiden (für gerade Ränder eine Schnur spannen, für runde Abschlüsse einen Gartenschlauch als Hilfslinie verwenden). Die Nahtstellen zwischen den Grassoden mit einer Mischung aus Torf und Sand oder feinkrümeligem Substrat schließen (links).

Nutzgarten: *Allgemeine Arbeiten*

Obwohl Rhabarber meist als Obst eingestuft wird, gehört er eigentlich zu den Gemüsepflanzen. Die jungen, zarten Stiele sind im Frühjahr delikat, und der Herbst ist der richtige Zeitpunkt zum Pflanzen. Einige Beerensträucher sollten nun gestutzt und mit Steckhölzern vermehrt werden.

▲ *Jetzt gesetzt, kann Rhabarber im Frühjahr geerntet werden. Beim Pflanzen auf virusfreie Teilstücke aus dem Gartenfachhandel achten.*

Rhabarberkronen pflanzen

Rhabarber pflanzt man am besten mit Hilfe von virusfreien Kronen (oder Teilstücken) aus dem Gartencenter oder -versand. Dabei handelt es sich um Bündel fleischiger Wurzeln mit mindestens einer großen Knospe. Graben Sie zersetzten Kompost oder Stallmist unter die Erde des geplanten Standorts, aber verzichten Sie auf Kalkzusätze, da Rhabarber leicht saure Böden bevorzugt.

Setzen Sie die Teilstücke (z.B. 'Holsteiner Blut' oder 'Elmsjuwel') so ein, dass die Knospen gerade mit Erde bedeckt sind, gegebenenfalls mit 90 cm Pflanzabstand zwischen den Teilstücken – aber schneiden Sie im darauf folgenden Frühjahr nicht zu viele der zarten Stiele. Wenn Sie Süßdolde daneben setzen und den Rhabarber zusammen mit einer Handvoll Süßdoldenblätter garen, verringert das den Säuregehalt.

Wurzelgemüse im Winter

Wurzelgemüse wie Pastinaken, Haferwurz und Kohlrüben können in vielen Regionen im Beet überwintern und bei Bedarf geerntet werden. Aber sobald das Laub abgestorben ist, sind die Wurzeln nur noch schwer zu finden. Daher die Reihen sorgfältig markieren, immer vom gleichen Ende der Reihe ernten und die Markierung an die Stelle setzen, an der zuletzt etwas herausgenommen wurde. Da man bei gefrorenen Böden nicht ernten kann, empfiehlt es sich, einen Teil des Gemüses herauszunehmen und in Kisten mit Erde im Schuppen zu lagern, sobald eine Frostperiode angekündigt wird.

Steckhölzer von Beerensträuchern schneiden

Beerenobst wie Johannis- und Stachelbeeren lassen sich leicht durch Steckhölzer vermehren. Die Stecklinge können den Winter über im Garten verbleiben. Aber achten Sie darauf, dass Sie sie nicht kopfüber in den Boden stecken – ein häufiger Fehler, der sich jedoch durch eine sorgfältige Markierung vermeiden lässt.

1 Die Steckhölzer werden in der Ruheperiode mit einer Gartenschere von vollständig verholzten Trieben des jeweiligen Jahres geschnitten. Warten, bis sämtliche Blätter abgestorben sind und nur kräftige, gesunde, bleistiftdicke Triebe verwenden.

2 Die Triebe mit einer scharfen Gartenschere in mehrere 15–25 cm lange Teilstücke schneiden (rechts), wobei die Steckhölzer unten gerade und oben schräg angeschnitten werden, damit man nicht oben und unten verwechselt. Das untere Ende mit Bewurzelungshormon behandeln.

3 Den Boden umgraben und etwas groben Sand hinzufügen, um die Drainage zu verbessern. Mit einem Spaten eine schmale Rille ziehen und die Steckhölzer so in die feuchte Erde setzen, dass sie 5 cm herausragen. Die Stecklinge müssen ein Jahr lang ungestört wurzeln können.

4 Die Erde rund um die Steckhölzer kräftig andrücken und die Reihe markieren (links). Gelegentliches Unkrautjäten nicht vergessen. Im Laufe des Winters bildet sich an der Basis der Stecklinge Kallusgewebe, aus dem im nächsten Frühling die Wurzeln hervorgehen.

Schwarze Johannisbeeren und Brombeeren

Johannisbeersträucher bringen den größten Teil ihrer nächsten Ernte an Trieben des aktuellen Jahres hervor. Daher das abgeerntete Fruchtholz (an seiner grauen bis schwarzen Tönung zu erkennen) bis zum Boden zurückschneiden und nur die hellbraunen Jungtriebe stehen lassen. Bei Unterscheidungsschwierigkeiten die Pflanzen

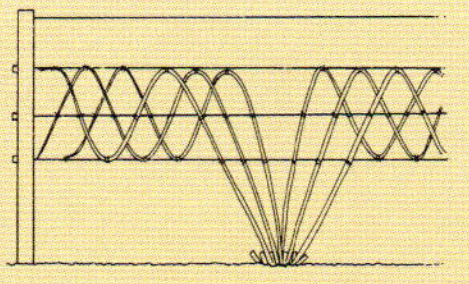

einfach im nächsten Jahr während der Erntezeit zurückschneiden: Triebe mit Beeren sofort entfernen, sobald die Johannisbeeren reif sind. Auch Brombeeren benötigen jetzt einen Rückschnitt: Das Fruchtholz entfernen und die Jungtriebe behalten. Die verbleibenden Ruten befestigen.

Nutzgarten: *Ernten und umgraben*

Viele Äpfel lassen sich nur wenige Wochen lagern, einige jedoch bis zum nächsten Frühjahr. Im Gemüsegarten müssen weiterhin die letzten Gemüsepflanzen ausgehoben werden. Falls Sie noch kein Gemüsebeet besitzen, wäre jetzt der richtige Zeitpunkt, ein solches anzulegen.

Äpfel und Birnen pflücken

Nur wenige Apfel- und Birnensorten reifen erst im Spätherbst, die meisten sind Ende der Herbstmitte pflückreif. Die folgenden Apfelsorten lassen sich gut lagern, manche sogar bis zum Spätfrühling: 'Berlepsch', 'Golden Delicious', 'Elstar' und 'Boskoop'. Verwenden Sie nur unbeschädigte Exemplare, wickeln Sie sie einzeln in Pergamentpapier, und lagern Sie sie in Kisten mit je einer Lage an einem kühlen Ort (Garage, Keller oder Schuppen). Sie können aber auch je sechs Äpfel in einen Gefrierbeutel geben, mit einem Bleistift mehrere Löcher in den Beutel stechen und ihn locker verschließen, sodass eine kleine Öffnung bleibt. Diese Methode eignet sich gut für Sorten, die leicht schrumpeln. Dagegen lassen sich Birnen nicht gut lagern und müssen täglich kontrolliert werden, da sie ausgereift innerhalb von ein oder zwei Tagen verfaulen können.

Gemüsepflanzen entfernen

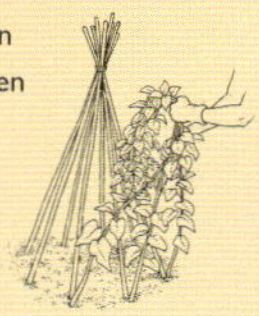

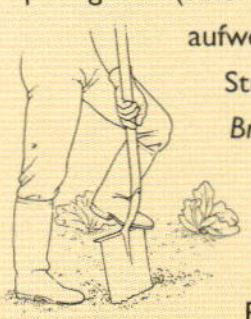

In der Herbstmitte stellen die meisten Gemüsesorten wie Stangen- und Prinzessbohnen, Sommerkohlarten und Speisekürbisse ihre Produktion ein. Die Pflanzen aus dem Beet nehmen und auf den Kompost geben (sofern sie keine Krankheiten aufweisen). Harte, verholzte Strünke wie bei manchen *Brassica*-Sorten zersetzen sich nur langsam und sollten zerkleinert werden. Sobald eine Pflanzenreihe abgeerntet ist, den Boden umgraben und etwas Kompost oder Dünger unterarbeiten.

▶ *Äpfel sind pflückreif, wenn man die Früchte leicht anhebt und dreht und der Stiel sich dann mühelos vom Zweig löst.*

▶ *Einzeln eingewickelte Äpfel lassen sich besser lagern, da eventuelle faule Stellen nicht sofort auf die anderen Früchte übertragen werden. Bewahren Sie nur makellose Exemplare auf – beschädigte Äpfel sind nicht lange haltbar.*

Ein neues Gemüsebeet anlegen

Selbst gezogenes Gemüse ist eine schmackhafte Bereicherung des Speiseplans. Während sich manche Gemüsearten auch in Kübeln kultivieren lassen, bietet ein eigenes Gemüsebeet mehr Möglichkeiten zum Ausprobieren neuer Sorten. Das Beet sollte so groß sein, dass Sie es mühelos bearbeiten können.

1 Der Rasen muss zuerst entfernt werden. Dazu mit einem Halbmond-Kantenstecher parallele Linien in den Rasen stechen und die Grasdecke mit einem scharfen Spaten von der darunter befindlichen Erde trennen (links).

2 Sind die Soden von guter Qualität, können sie woanders neu verlegt oder sogar verkauft werden. Anderenfalls stapelt man sie kopfüber, bis sie sich in hochwertige Blumenerde verwandelt haben.

3 Das freigelegte Beet muss nun sorgfältig umgegraben werden, entweder von Hand (links) oder mit einem Motor-Kultivator. Die Arbeit mit diesen Geräten geht zwar schneller und leichter von der Hand, aber das so genannte Doppelgraben (zwei Spaten tief umgraben) liefert langfristig bessere Ergebnisse. Diese Arbeit gegebenenfalls über mehrere Wochen verteilen.

4 Während des Umgrabens möglichst viel Gartenkompost unter die Erde arbeiten, um die Ertragsfähigkeit und die Bodenstruktur zu verbessern (bei schweren Böden die Drainage und bei leichten die Feuchtigkeitsspeicherung). Das Beet über Winter grob umgegraben liegen lassen, damit der Frost große Erdklumpen aufbricht.

5 Bodenuntersuchungen liefern wichtige Informationen zur Bodenbeschaffenheit (pH-Wert und Nährstoffgehalt). Während der pH-Wert anzeigt, ob der Boden eher sauer oder basisch ist und evtl. durch Kalkung verändert werden sollte, ist die Nährstoffanalyse weniger zuverlässig.

Gewächshaus: *Allgemeine Arbeiten*

Die kalt-feuchte Witterung dieser Jahreszeit begünstigt die Verbreitung von Pilzerkrankungen. Auch der Lichtmangel wirkt sich nachteilig aus, daher sollten die Scheiben sauber sein, damit möglichst viel Licht hindurchfällt. Und säen und pflanzen Sie schon jetzt für das nächste Jahr.

Wohlriechende Wicke für eine frühe Blüte im nächsten Jahr säen

Im Herbst gesäte Wicken blühen etwa vier Wochen vor den im Frühjahr gesäten Exemplaren. Vor allem bei dunkelbraunen oder schwarzen Samen kann die Keimung jedoch durch die harte Außenschale der Saatkörner behindert werden.

Ritzen Sie daher das Saatgut gegenüber dem helleren Auge (wo der Sämling erscheint) mit einem scharfen Messer an.

Säen Sie die Samen in Töpfen oder speziellen Wickenröhren, in denen sich die langen Wurzeln voll entwickeln können. Für die Keimung genügt eine Temperatur von 15 °C, sodass die Sämlinge im Frühbeet oder ungeheizten Gewächshaus zu kräftigen Pflanzen heranwachsen und in der Zeit zwischen Vorfrühling und Frühlingsmitte an ihren endgültigen Standort gesetzt werden können. Sorten mit pastellfarbenen Blüten wie etwa 'Unwin's Striped Mix', 'Old Spice Mix', 'Royal Mix', 'Noel Sutton' und 'Quito' duften besonders betörend.

▲ *Jetzt gesät, erscheinen die duftenden Blüten der Wohlriechenden Wicke* (Lathyrus odoratus) *im nächsten Jahr besonders früh.*

Belüften und Wässern

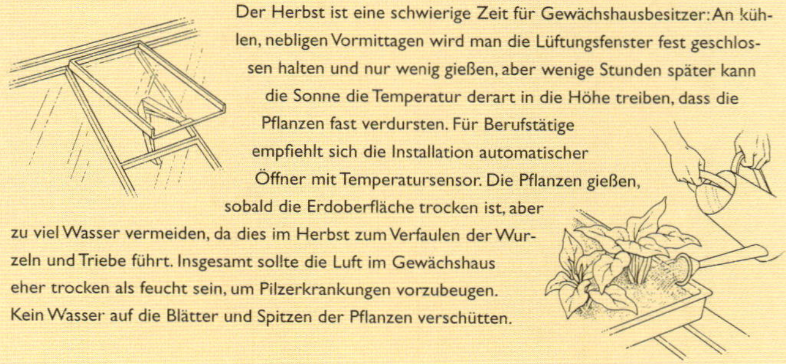

Der Herbst ist eine schwierige Zeit für Gewächshausbesitzer: An kühlen, nebligen Vormittagen wird man die Lüftungsfenster fest geschlossen halten und nur wenig gießen, aber wenige Stunden später kann die Sonne die Temperatur derart in die Höhe treiben, dass die Pflanzen fast verdursten. Für Berufstätige empfiehlt sich die Installation automatischer Öffner mit Temperatursensor. Die Pflanzen gießen, sobald die Erdoberfläche trocken ist, aber zu viel Wasser vermeiden, da dies im Herbst zum Verfaulen der Wurzeln und Triebe führt. Insgesamt sollte die Luft im Gewächshaus eher trocken als feucht sein, um Pilzerkrankungen vorzubeugen. Kein Wasser auf die Blätter und Spitzen der Pflanzen verschütten.

Zwiebelgewächse vortreiben

Für viele Gärtner ist der Winter eine trübe und frustrierende Jahreszeit – sie sehnen sich förmlich nach den ersten Frühlingsboten. Doch mit verschiedenen früh getriebenen Zwiebelgewächsen in Schalen und Töpfen lässt sich leicht Abhilfe schaffen, sodass man sich auch mitten im Winter an einer fröhlichen Blütenpracht erfreuen kann.

Beschattung

Die Beschattung, die im Sommer das Versengen der Pflanzen verhindert hat, sollte nun abgenommen werden, damit das Gewächshaus möglichst viel Licht erhält. Schattierfarben entfernt man an einem trockenen Tag mit einem trockenen Tuch; Rollos und Kunststoffgeflecht können jetzt ebenfalls gereinigt und aufgerollt werden. Die Scheiben hinter der Schattierung sorgfältig reinigen.

1 Die frühesten Blüten erzielt man mit speziell präparierten Zwiebeln, die einer Kältebehandlung unterzogen wurden, um ihre Blütezeit zu verändern. Herkömmliche Zwiebeln lassen sich zwar auch vortreiben, aber sie blühen erst kurz vor den Freilandexemplaren.

2 Die Zwiebeln dicht nebeneinander in Gefäße mit feuchtem Torfkultursubstrat (oben) oder speziellem faserreichem Substrat für die Treibhauskultur setzen. Die Spitzen der Zwiebeln sollten gerade aus der Erde herausragen.

3 Die Pflanzgefäße mehrere Wochen an einen dunklen, kühlen Ort mit 2–5 °C (kühle Garage, Keller, Schuppen oder abgedunkeltes Frühbeet) stellen. Traditionell schlägt man die Gefäße in ein Beet mit Sand oder Grit ein, sodass sie gleichmäßig kühl, feucht und dunkel stehen; man kann sie aber auch in einen alten, funktionstüchtigen Kühlschrank in der Garage stellen.

4 Je nach Sorte benötigen die Zwiebeln 10–16 Wochen zur Bildung eines kräftigen Wurzelsystems. Das Substrat darf in dieser Zeit nicht austrocknen, jedoch auch nicht zu nass – es sollte immer gerade feucht sein (links).

Spätherbst

Während die Aufräumarbeiten und die Frostschutzmaßnahmen für empfindliche Pflanzen weiterhin andauern, müssen jetzt Vorbereitungen für das nächste Frühjahr getroffen werden: Es wird Zeit, zu pflanzen und Samenbestellungen loszuschicken.

In dieser Jahreszeit wird vielen Menschen wieder richtig bewusst, wie kurz die Tage inzwischen sind. Viele Gärtner bekommen ihren Garten nur am Wochenende bei Tageslicht zu sehen, sodass alle anfallenden Aufgaben an diesen beiden kurzen Tagen erledigt werden müssen – vorausgesetzt, das Wetter spielt mit.

Glücklicherweise sind aber nur wenige Arbeiten unaufschiebbar.

Wichtig ist der Frostschutz für empfindliche Pflanzen, bevor die kälteste Jahreszeit, der Winter mit seinen lang anhaltenden Minustemperaturen anbricht. Und vergessen Sie nicht, Wasseranschlüsse und -leitungen im Freien ebenfalls sorgfältig zu isolieren. Durch Herbststürme verursachte Schäden bei Pflanzen und Gartenbestandteilen gilt es sofort zu beheben. Zäune sind besonders anfällig und müssen regelmäßig überprüft werden, und auch Gartenschuppen zeigen jetzt häufig Abnutzungserscheinungen. Befestigen Sie lose Dachpappe, und kontrollieren Sie von innen, ob das Dach leckt und dementsprechend umgehend repariert werden sollte. Schließlich sollen nicht nur Ihre Gartengeräte (inklusive Dünger u. Ä.) trocken überwintern, sondern auch Ihre eigenen Erzeugnisse wie Obst und Wurzelgemüse.

Da Unkraut keine Jahreszeit zu kennen scheint und ungehindert wächst, müssen Sie auch im Herbst und Winter weiterhin jäten.

◀ *Erfreuen Sie sich noch einmal an spät blühenden Gewächsen wie dieser Fetthenne* (Sedum), *bevor der Herbst mit Stürmen und Regen die letzten Farben hinwegrafft.*

Arbeiten im Spätherbst

Allgemeines:

- *Eventuelle Lücken in Beeten und Rabatten notieren und Pläne zur Behebung des Problems erstellen,*
- *außen liegende Wasseranschlüsse und -leitungen isolieren, damit sie nicht zufrieren,*
- *Holzstöße für Herbstfeuer vor dem Anzünden auf eventuell darin überwinternde Tiere überprüfen.*

Ziergarten:

- *Rabatten weiterhin aufräumen; in kalten Regionen oberirdische Pflanzenteile als Winterschutz stehen lassen; Rosen an exponierten Standorten leicht zurückschneiden,*
- *weiterhin wurzelnackte Bäume und Sträucher pflanzen,*
- *Steckhölzer von Sträuchern schneiden,*
- *Steingartenpflanzen vor Regen schützen,*
- *Chrysanthemen herausnehmen und die Wurzeln für Stecklinge im Frühling in Kisten überwintern,*
- *letztmalig Tulpen und Hyazinthen setzen,*
- *weiterhin Unkraut jäten,*
- *Steingartenbeete aufräumen.*

▼ *Ein auf der Wasseroberfläche schwimmender Ball kann das Zufrieren des Teiches hinauszögern.*

Rasenflächen:

- *Gegebenenfalls ein letztes Mal mähen; Rasenmäher warten/Klingen schärfen,*
- *verdichtete Flächen belüften,*
- *bei mildem Wetter weiterhin Rollrasen verlegen.*

Wassergarten:

- *Teiche und Fische vor Kälte schützen. Das Füttern der Tiere einstellen.*

Nutzgarten:

- *Bohnen und frostharte Erbsen zum Überwintern aussäen,*
- *weiterhin frei werdende Beete umgraben,*
- *Pastinaken und Rosenkohl ernten. Einen Teil des Wurzelgemüses aus dem Boden nehmen, bevor es gefriert,*
- *im Sommer gepflanzte Kartoffeln überprüfen und herausnehmen, sobald sie erntereif sind. Neue Saatkartoffeln bestellen,*
- *neue Obstbäume und -sträucher pflanzen; mit dem Winterschnitt beginnen,*
- *weiterhin Unkraut jäten,*
- *Winterkohlsorten vor Vögeln schützen.*

▲ *Der Spätherbst ist der ideale Zeitpunkt zum Pflanzen neuer Obstgehölze.*

Gewächshaus:

- *Sorgfältig lüften und gießen; gegebenenfalls Fungizide verwenden,*
- *früh getriebene Zwiebelgewächse ans Licht stellen, sobald sie sich entwickeln. Darauf achten, dass die im Sandbeet eingeschlagenen Zwiebeln feucht bleiben,*
- *Gewächshaus und Frühbeete mit Luftpolsterfolie isolieren,*
- *die Spitzen der im Herbst gesäten Wickensämlinge (Lathyrus odoratus) in 10–15 cm Höhe ausknipsen,*
- *Narcissus 'Paper White' pflanzen,*
- *Sprossensamen aussäen (für die Verwendung im Salat).*

Ziergarten: *Allgemeine Arbeiten*

Chrysanthemen sollten jetzt herausgenommen und ihre Wurzeln in Kisten überwintert werden, damit im Frühling junge Stecklinge zur Verfügung stehen. Mit dem Schneiden von Steckhölzern brauchen Sie dagegen nicht bis zum Frühjahr zu warten, sie können schon jetzt geschnitten werden.

Chrysanthemenwurzeln

Einige Sorten der so genannten Gartenchrysanthemen *(Chrysanthemum, Dendranthema)* sind zwar winterhart, doch die besten Pflanzen erzielt man mit Stecklingen im Frühling. Schneiden Sie die Triebe nach der Blütezeit auf 15 cm Länge zurück, heben Sie die Wurzeln vorsichtig mit einer Grabegabel aus dem Beet, schütteln Sie überschüssige Erde ab, und überwintern Sie sie in einer Kiste mit fast trockener Topferde.

Bewahren Sie die Kiste an einem frostfreien Ort (Gewächshaus, Frühbeet, Schuppen, Garage) auf, und halten Sie die Pflanzen fast trocken. Erst zur Wintermitte müssen sie in ein beheiztes Gewächshaus geholt und gegossen werden, damit sie zu wachsen beginnen. Falls Sie verschiedene Sorten überwintern, versehen Sie jede Pflanze mit einem Etikett.

▼ Chrysanthemen stellen in dieser Jahreszeit ihr Wachstum ein. Man kann sie zurückschneiden und die Wurzeln aus der Erde nehmen.

Steingartenpflanzen vor Regen schützen

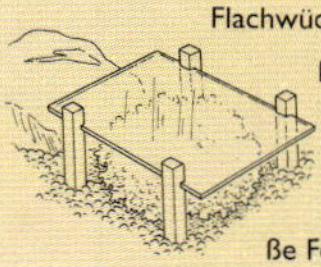

Flachwüchsige Steingartenpflanzen sind gut gegen Kälte gewappnet, vertragen aber keine große Feuchtigkeit, sodass man sie mit einer Glas- oder Plexiglasscheibe vor Regen schützen sollte. Die Scheibe zwischen eingekerbte Holzpfähle schieben oder auf zwei Ziegelsteine legen (und zur Sicherheit beschweren). Die Luft um die Pflanzen sollte gut zirkulieren können.

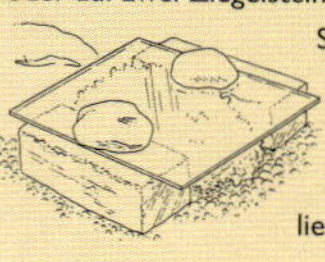

Steckhölzer schneiden

Viele Gartensträucher lassen sich mit Hilfe von Steckhölzern vermehren, die sich im Allgemeinen gut bewurzeln und wenig Pflege benötigen. Ein Frühbeet eignet sich hervorragend zum Überwintern der Stecklinge – man kann sie aber auch an einen geschützten Standort im Garten setzen, solange dieser auch Schutz vor zu viel Regen bietet. Während einige Steckhölzer bereits im nächsten Frühjahr Wurzeln treiben, kann es bei anderen zwölf Monate und länger dauern, bis ihr Wurzelsystem genügend entwickelt ist, um sie an ihren endgültigen Standort zu pflanzen.

1 Nur gesunde Triebe des jeweiligen Jahres nehmen, die etwa bleistiftdick sind. Schwache Triebe ergeben keine kräftigen Stecklinge.

2 Bei Laub abwerfenden Sträuchern alle Blätter entfernen, die noch nicht abgefallen sind (rechts). Die Triebe in 15 cm lange Teilstücke unterteilen, die dünne Spitze wegwerfen. Bei den Steckhölzern oben und unten nicht verwechseln.

3 Bei immergrünen Sträuchern bei jedem Steckholz alle Blätter bis auf das obere Drittel entfernen, das untere Ende in Bewurzelungshormone tauchen (unten) und in Töpfe mit feuchter, sandiger Anzuchterde stecken. Die Töpfe ins Frühbeet oder an einen geschützten Standort im Garten stellen.

4 Folgende Sträucher und Bäume sind geeignet: Aukube *(Aucuba)*, Schmetterlingsstrauch *(Buddleja)*, Buchsbaum *(Buxus)*, Quitte *(Cydonia)*, Goldglöckchen *(Forsythia)*, Sommerjasmin *(Philadelphus)*, Pappel *(Populus)*, Weide *(Salix)*, Holunder *(Sambucus)*, Spierstrauch *(Spiraea)*, Schneeball *(Viburnum)*, Rebe *(Vitis)* und Weigelie *(Weigela)*.

Beete aufräumen

Blumenbeete auch weiterhin aufräumen, abgestorbene Triebe zurückschneiden und abgestorbene Blätter entfernen, da sonst eine Reihe von Gartenschädlingen, vor allem Schnecken, darunter überwintern und im nächsten Frühling enorme Schäden verursachen können – vor allem, wenn sie sich auf die jungen, zarten Schösslinge stürzen, die dann erscheinen.

Beerenfreuden

Beeren tragende Sträucher heitern jeden Garten im Herbst durch ihre bunte Beerenpracht auf, die manchmal sogar den Winter übersteht.

Für eine erfolgreiche Vermehrung müssen Pflanzen möglichst viele potenzielle Nachkommen produzieren. So besitzt jede einzelne Beere einen oder mehrere Samen, die auf unterschiedliche Weise für eine Verbreitung ihrer Art sorgen: Manche Samen keimen aus Beeren, die nach dem Heranreifen zu Boden fallen, doch dies begrenzt die Verbreitung auf die unmittelbare Umgebung der Mutterpflanze. Um aber neue Flächen zu besiedeln, muss das Saatgut auf irgendeinem Wege möglichst weit transportiert werden. Das übernehmen Vögel und kleine Säugetiere, indem sie die Beeren fressen. Die Samen passieren unversehrt ihren Verdauungstrakt und werden später, häufig in beträchtlicher Entfernung, wieder ausgeschieden. Daher besitzen diejenigen Pflanzen die größten Überlebenschancen, deren Beeren besonders schmackhaft, verlockend und auffällig sind, was sich vor allem durch prächtige Formen und leuchtende Farben äußert.

▲ *Die leuchtenden Früchte von Wilsons Berberitze* (Berberis wilsoniae) *ziehen schon bald viele hungrige Vögel an.*

Geringe Beerenerträge

Wenn ein Gewächs speziell wegen seiner Beeren gepflanzt wurde und diese nicht erscheinen, ist die Enttäuschung groß. Für dieses gar nicht mal so seltene Phänomen gibt es eine Reihe von Ursachen: Viele Arten, einschließlich Stechpalme *(Ilex)* und Skimmie *(Skimmia)*,

Giftige Gartenbeeren

Aufgrund ihrer leuchtenden Farben und ihrer Ähnlichkeit mit essbaren Beeren bilden viele Ziergartenbeeren eine gefährliche Verlockung für kleine Kinder. Die folgenden Gartenpflanzen besitzen zwar dekorative, aber giftige Beeren: Gefleckter Aronstab *(Arum maculatum)*, Gewöhnliches Pfaffenhütchen *(Euonymus europaeus)*, Gewöhnliche Stechpalme *(Ilex aquifolium)*, Übelriechende Schwertlilie *(Iris foetidissima)*, Amerikanische Kermesbeere *(Phytolacca decandra)*, Schneebeere *(Symphoricarpos)* und Schneeball *(Viburnum opulus)*. Aber auch Gartenpflanzen, die nicht nur aufgrund ihrer Beeren gepflanzt werden, haben giftige Früchte: Europäische Eibe *(Taxus baccata)*, Kirschlorbeer *(Prunus laurocerasus)*, Japanischer Liguster *(Ligustrum ovalifolium)*.

▼ *Die Feuerdornsorte* Pyracantha *'Orange Glow' sorgt im Herbst für ein aufregendes Farbenspiel und erfreut sich daher großer Beliebtheit.*

zeichnen sich durch getrennte männliche und weibliche Exemplare aus, aber nur die weiblichen Pflanzen tragen Beeren – und auch nur dann, wenn die Blüten von einer männlichen Pflanze befruchtet wurden.

Dies bedeutet, dass man eine weibliche Pflanze benötigt und dass ein männliches Exemplar in Reichweite von Bestäuberinsekten stehen muss. Daher lohnt es sich, direkt eine weibliche und eine männliche Pflanze zu setzen. Aber lassen Sie sich beim Kauf der Gewächse nicht durch die Sortenbezeichnung verwirren: So ist *Ilex aquifolium* 'Silver Queen' eine männliche Sorte, *Ilex* x *altaclerensis* 'Golden King' trägt weibliche Blüten.

Auch ein zu trockener Boden während der Blütezeit kann die Beerenbildung einschränken, was sich durch regelmäßiges Mulchen mit organischem Material aber vermeiden lässt. Generell gilt natürlich: Wenige Blüten ergeben auch nur wenige Beeren.

Der natürliche Zweck der Beeren besteht darin, von Tieren gefressen zu werden. Besonders gefährdet sind rote Beeren vor grünem Hintergrund; dagegen behalten Pflanzen mit weißen, gelben, orange-, purpur- oder rosafarbenen Beeren ihren Herbstschmuck meist länger.

Beeren tragende Sträucher

Aucuba japonica 'Rozannie', 'Salicifolia' u.a. (Japanische Aukube)*
Berberis x *carminea* 'Barbarossa', 'Buccaneer' u.a. (Sauerdorn, Berberitze)
Callicarpa bodinieri var. *giraldii* (Bodinières Schönfrucht)
Celastrus orbiculatus (Rundblättriger Baumwürger)
Cotoneaster 'Cornubia', *C.* x *watereri* 'John Waterer' u.a. (Zwergmispel)
Crataegus x *lavallei* 'Carrierei' u.a. (Lederblättriger Weißdorn)
Euonymus europaeus (Gewöhnliches Pfaffenhütchen)
Gaultheria procumbens (Niederliegende Scheinbeere)
Gaultheria mucronata (Torfmyrte)
Hippophae rhamnoides (Gewöhnlicher Sanddorn)*
Ilex x *altaclarensis* 'Camelliifolia', *I. aquifolium* 'J. C. Van Tol' u.a. (Stechpalme)*
Iris foetidissima (Übelriechende Schwertlilie)
Leycesteria formosa (Schöne Leycesterie)
Mahonia aquifolium u.a. (Gewöhnliche Mahonie)
Photinia davidiana, P. glabra (Glanzmispel)
Pyracantha 'Mohave', 'Orange Glow' u.a. (Feuerdorn)
Ruscus aculeatus (Stacheliger Mäusedorn)*
Skimmia japonica 'Nymans', 'Veitchii' u.a. (Japanische Skimmie)*
Symphoricarpos albus var. *laevigatus* (Gewöhnliche Schneebeere), *S.* x *doorenbosii* 'Mother of Pearl' u.a.
Viburnum opulus (Gewöhnlicher Schneeball), *V. wrightii* var. *hessei*

* Männliche und weibliche Pflanzen erforderlich

▲ *Diese Sorte der Großen Blutberberitze* Berberis x ottawensis *'Superba' (syn. 'Purpurea') besitzt reizvoll geformte Beeren und bunte Blätter.*

Ziergarten: *Pflanzen der Jahreszeit*

Nun übernehmen immergrüne Gewächse die Regie im Garten, der fast nur durch Früchte und Beeren etwas Farbe erhält. Vorausschauende Gärtner können sich aber auch weiterhin an einigen wenigen, jetzt noch blühenden Pflanzen erfreuen.

▶ *Die dunkelblauen Blüten des Herbstenzians* (Gentiana sino-ornata) *bereichern das Farbschema des Gartens.*

▼ *Dieser Lorbeerschneeball* (Viburnum tinus *'Eve Price') besitzt schaumig-fedrige Blüten.*

Stauden

Aster (Aster)
Helianthus (Sonnenblume)
Gentiana sino-ornata (Herbstenzian)
Iris unguicularis (Winteriris)
Liriope muscari (Traubenlilie)

Zwiebelgewächse

Colchicum autumnale (Herbstzeitlose)
Crocus (Krokus, herbstblühende Arten)
Cyclamen (Alpenveilchen)
Galanthus reginae-olgae (Schneeglöckchen)
Nerine bowdenii (Guernsey-Lilie)
Schizostylis coccinea (Spaltgriffel)
Sternbergia lutea (Sternbergie)

▼ *Sonnenblumen erzeugen im herbstlichen Garten leuchtende, heitere Farbkleckse.*

Bäume und Sträucher

Aucuba japonica (Japanische Aukube)
Berberis (Sauerdorn, Berberitze)
Callicarpa (Schönfrucht)
Clematis orientalis, C. tangutica (Waldrebe)
Cornus alba (Tatarischer Hartriegel)
Cotoneaster (Zwergmispel)
Fatsia japonica (Zimmeraralie)
Gaultheria mucronata (Torfmyrte)
Jasminum nudiflorum (Winterjasmin)
Leycesteria formosa (Schöne Leycesterie)
Malus (Apfel, Holzapfel)
Prunus x subhirtella 'Fallalis' (Higankirsche)
Pyracantha (Feuerdorn)
Rosa (Hagebutten) (Rose)
Salix alba var. *vitellina* 'Britzensis' (Dotterweide)
Skimmia (Skimmie)
Sorbus (Eberesche)
Symphoricarpos (Schneebeere)
Vaccinium (Heidelbeere)
Viburnum (Schneeball)

Rasenflächen und Wassergarten: *Allgemeine Arbeiten*

Viel benutzte Rasenflächen zeigen jetzt Abnutzungserscheinungen, da sich der Boden bei feuchtem Wetter zunehmend verdichtet. Mähen Sie ein letztes Mal, bevor Sie den Rasenmäher warten lassen. Dagegen erfordert der Teich kaum Pflege, solange es nicht ausgesprochen kalt wird.

▲ *Verdichtete Rasenflächen sollten nun unbedingt (mit einer Grabegabel) belüftet werden, damit das Regenwasser besser versickern kann.*

Rasen belüften

Feuchte Erde verdichtet sehr schnell, und häufig benutzte Wege über den Rasen entwickeln sich rasch zu Schlammpfaden, weil das Gras ausdünnt und schließlich ganz verschwindet. Daher empfiehlt es sich, bereits bei den ersten Abnutzungserscheinungen Gegenmaßnahmen zu ergreifen, damit das Oberflächenwasser während des ganzen Jahres abfließen kann und die Graswurzeln genügend Luft bekommen (sonst bilden sich schon bald Moosflächen).

Als erstes sollten Sie die Trampelpfade verlegen und die verdichteten Flächen mit einer Grabegabel belüften, d. h. die Zinken etwa 10 cm tief in den Rasen stechen und leicht hin und her bewegen, um die Löcher etwas zu vergrößern. Wiederholen Sie diesen Vorgang in regelmäßigen Abständen auf der gesamten Rasenfläche.

Rasenmäher

Falls der Rasen weiterhin gewachsen ist, nun noch ein letztes Mal mähen (Klingen auf Winterschnitthöhe stellen) und dann den Rasenmäher zur jährlichen Wartung geben. Im Frühling muss man sich unter Umständen mehrere Wochen gedulden, bis man ihn zurückerhält, da alle anderen auf die gleiche Idee gekommen sind. Handwerklich erfahrene Gärtner können die Wartung natürlich auch selbst erledigen: Die Klingen müssen geschärft und neu justiert werden, damit sie das Gras sauber schneiden und nicht zerreißen – keine leichte Aufgabe, die man eventuell doch besser einem Profi überlässt.

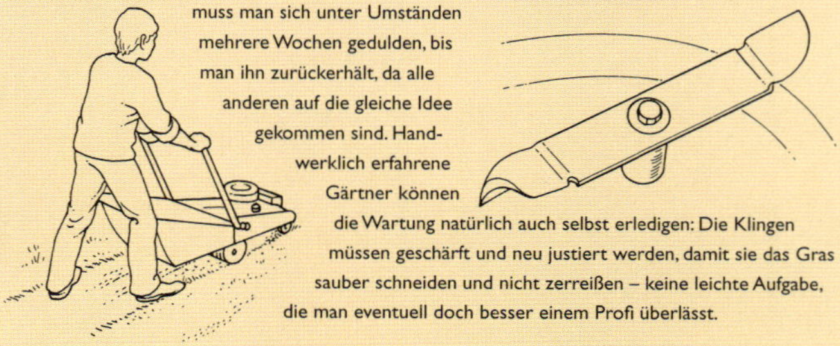

Teiche schützen

Wenn der Gartenteich länger als nur ein paar Tage zufriert, leiden die Fische unter den giftigen Gasen, die sich unter der Eisfläche entwickeln und nicht entweichen können. Dies verhindert man am besten mit einer Teichheizung.

Das Füttern der Fische einstellen

Sobald die Wassertemperatur fällt, stellen die Fische ihre Aktivitäten ein und leben im Winter von gespeicherten Körperfettreserven. Erst im Frühling nehmen sie wieder Futter auf. Futter sinkt in der Ruhephase nur auf den Grund und verschmutzt das Wasser.

1 In dieser Jahreszeit muss das Teichwasser unbedingt regelmäßig von totem Pflanzenmaterial (abgestorbenen Wasserpflanzen oder herabfallenden Blättern) befreit werden. Gegebenenfalls ein Laubschutznetz über die Wasseroberfläche spannen.

2 Die Teichpumpe entfernen (links), sorgfältig reinigen und den Winter über an einem trockenen Ort lagern. Eine Teichheizung installieren, die einen kleinen Teil der Wasseroberfläche eisfrei hält, und so einen ausreichenden Luft- und Gasaustausch gewährleistet.

3 Wer keine Teichheizung verwenden kann, kann einen Ball auf die Wasseroberfläche legen, der vom Wind hin und her getrieben wird und so ein Überfrieren hinauszögert (oben). Falls der Teich dennoch zufriert, heißes Wasser über den Ball gießen, sodass man ihn herausnehmen kann und ein Loch in der Eisdecke entsteht.

4 Herkömmliche Gartenteiche frieren nur sehr selten bis zum Teichgrund vollständig durch; Miniwassergärten in Bottichen und Kübeln fehlt aber die isolierende Erdschicht. Während die Wasserpflanzen durch mehrere Lagen Luftpolsterfolie rund um die Behälter geschützt werden, müssen die Fische im Gartenhaus überwintern.

Nutzgarten: *Allgemeine Arbeiten*

Nachdem der erste Frost Einzug gehalten hat, beginnt allmählich die Erntezeit des Wintergemüses, das womöglich vor hungrigen Vögeln geschützt werden muss. Obwohl viele Gärtner den Fruchtholzschnitt für ein Buch mit sieben Siegeln halten, ist es im Grunde ganz einfach.

Obstbäume zurückschneiden

Apfel- und Birnbäume, die als Buschform mit offener Mitte oder als kleine Bäume kultiviert werden, lassen sich relativ leicht zurückschneiden. Beim Schnitt geht es darum, einen wohl geformten Baum mit möglichst viel Fruchtholz und gleichzeitig vielen jungen Trieben zu erzielen, die das Fruchtholz in zukünftigen Jahren ersetzen. Entfernen Sie zuerst abgestorbene und schwache Zweige, danach Triebe, die in die Mitte wachsen, und schneiden Sie schließlich alle kräftigen, jungen Seitentriebe um etwa die Hälfte bis zwei Drittel des Holzes des laufenden Jahres zurück (je nach Wuchsfreudigkeit). Starkwüchsige Triebe sollte man weniger stark zurückschneiden, da der Winterschnitt das Wachstum fördert. Die Spitzen der Leittriebe werden nur leicht gestutzt – um ein Viertel des Holzes laufenden Jahres. Zum Schluss entfernt man einige alte, Frucht tragende Zweige, um die Bildung neuer Triebe anzuregen.

WURZELGEMÜSE ERNTEN

Viele Wurzelgemüsesorten wie Pastinaken, Kohlrüben, Möhren und Schwarzwurzeln sind so frosthart, dass sie den Winter über im Beet verbleiben können, wo sie sich besser halten als im Keller. Allerdings fällt das Ernten bei gefrorenen Böden extrem schwer. Daher sollte man einen kleinen Teil der Ernte jetzt herausnehmen und in Kisten mit Substrat in der Nähe des Hauses lagern, sodass sie bei kaltem Wetter gut zugänglich sind. Auch Lauch, der bei Frost kaum zu ernten ist, lässt sich auf diese Weise lagern.

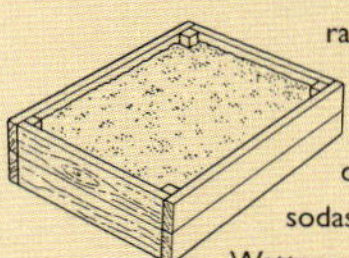

▼ *Ein Astschneider ist sehr nützlich für das Zurückschneiden höherer Obstbaumtriebe – man benötigt dann keine Trittleiter.*

Vögel fern halten

Ein gut angelegter Gemüsegarten enthält eine Vielzahl von Gemüsesorten, die den Speiseplan im Winter bereichern. Allerdings sollten Sie das Gemüse vor hungrigen „Mitessern" wie Vögeln und kleinen Säugetieren schützen. Dabei stehen Ihnen verschiedene Mittel zur Verfügung.

1 Kohlsorten wie Winterkohl und Rosenkohl fallen besonders häufig hungrigen Tauben zum Opfer – bei kaltem Wetter können diese Vögel Ihre Ernte innerhalb weniger Stunden komplett vertilgen.

2 Die abschreckende Wirkung von Vogelscheuchen hält nicht lange an. Besser geeignet sind glitzernde Objekte, die sich bewegen oder Geräusche machen (rechts). Einfach ein paar Streifen Alufolie oder CDs an Blumenpfähle hängen, die sich im Wind drehen und aufblitzen. Spielzeugwindräder sorgen für Bewegung und Lärm, und straff gespannte Video- und Kassettenbänder erzeugen im Wind ein tiefes Brummen.

3 Man kann aber auch zwischen mehreren Pfählen Gartenschnüre im Zickzackmuster über das Gemüse spannen oder ein Schutznetz darüber drapieren, das an den Rändern befestigt wird, damit es nicht fortweht (unten).

4 In Regionen mit starker Taubenpopulation bietet sich ein Käfig an, in dem das Gemüse dann ungestört wächst. Das feinmaschige Netz im Winter durch ein grobmaschiges ersetzen, damit sich darauf kein Schnee sammelt und durch sein Gewicht das Netz beschädigt.

Rosenkohl und Pastinaken

Rosenkohl und Pastinaken sollen einer alten Gärtnerregel zufolge erst nach dem ersten Frost geerntet werden, weil sie dann besser schmecken. Über diese Frage lässt sich sicherlich streiten – aber es steht fest, dass beide Gemüsesorten extrem frosthart sind und daher den ganzen Winter über geerntet werden können.

Nutzgarten: *Pflanzen und säen*

Kartoffeln sorgen nun für eine willkommene Abwechslung auf dem herbstlichen Speiseplan. Denken Sie daran, jetzt auch Saatkartoffeln für die Frühjahrsaussaat zu bestellen. Und so unwahrscheinlich es klingen mag: Jetzt ist der richtige Zeitpunkt für die Aussaat einiger Freilandgemüsesorten.

Erbsen und Bohnen säen

Wählen Sie winterharte Erbsen- und Bohnensorten, und säen Sie sie an einem geschützten Standort mit durchlässigem Boden – die Sämlinge sorgen dafür, dass Sie bereits im Spätfrühling ernten können. Bei schweren Böden besteht die Gefahr, dass das Saatgut verfault. In diesem Fall sät man besser in Kübel oder Blumenkästen in einem ungeheizten Gewächshaus und härtet die Sämlinge im Frühling ab (die Erntezeit setzt dann ein wenig später ein).

Säen Sie die Bohnen mit jeweils 10–15 cm Abstand sowie mit 30 cm Reihenabstand und die Erbsen mit 5–8 cm Abstand und etwas geringerem Reihenabstand. Erkundigen Sie sich in Ihrem örtlichen Gartencenter nach den für Ihre Region am besten geeigneten Sorten.

▲ *Bestimmte Bohnensorten können jetzt im Spätherbst gesät werden, damit sie bereits im nächsten Spätfrühling ihre Hülsenfrüchte hervorbringen.*

Im Sommer gepflanzte Kartoffeln

Speziell präparierte, kältebehandelte Saatkartoffeln, die im Sommer gepflanzt wurden, bringen nach zwei bis drei Monaten ihre Ernte hervor. Ein wenig Erde beiseite kratzen und die Knollen prüfen. Wenn die Mehrheit eine zum Verzehr geeignete Größe erreicht hat, kann man sie nach Bedarf ernten. Bei mildem Wetter werden manche Knollen noch dicker, doch die meisten haben ihr Wachstum jetzt beendet. Nicht alle Kartoffeln gleichzeitig ernten, da sie sich bis zur Wintermitte am besten im Boden lagern lassen (mit Stroh vor Frost schützen).

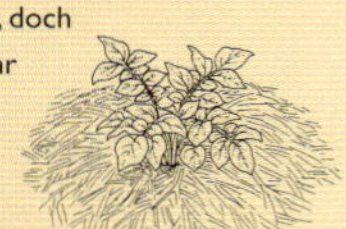

▶ *Kirschbäume wie die beliebte Sorte 'Schattenmorelle' gedeihen besonders gut an geschützten Mauern oder Zäunen.*

Obstbäume und -sträucher pflanzen

Dank der Entwicklung schwachwüchsiger Wurzelstöcke können Apfel- und Birnbäume jetzt selbst in kleinen Gärten angepflanzt werden. Aber auch Beerensträucher wie Johannis- und Stachelbeeren sind relativ pflegeleicht und bringen im Sommer köstliche Früchte hervor.

1 In Fachgärtnereien und -baumschulen sind eine Vielzahl standortgerechter Obstbaumsorten erhältlich, die meist als wurzelnackte Exemplare geliefert werden. Dagegen halten Gartencenter eine etwas kleinere Auswahl an Obstgehölzen mit Wurzelballen im Container bereit.

2 Ein Pflanzloch ausheben, in dem die Wurzeln ausgebreitet Platz finden und in dem der Baum später genauso tief steht wie in der Baumschule. Den Grund des Lochs anhäufeln und etwas gut verrotteten Kompost oder Pflanzsubstrat hinzufügen.

3 Einen kurzen Pfahl in den Boden treiben, den Baum in das Loch setzen und die Wurzeln ausbreiten.

4 Die ausgehobene Erde nach und nach wieder in das Loch füllen, dabei den Baum leicht hin und her bewegen, damit sich die Erde um die Wurzeln verteilt. Die Erde jeweils leicht antreten.

5 Zum Schluss den Baum mit einem verstellbaren Baumband am Pfahl befestigen. Obststräucher werden ebenso gepflanzt. Bei Kübelpflanzen den Wurzelballen mehrere Stunden zuvor gießen, dann vorsichtig herausnehmen, einsetzen und gut in der Erde verankern.

Unterlagen von Obstbäumen

Mittlerweile lässt sich nahezu in jedem Garten ein Obstbaum pflanzen. Apfel-, Birn- und viele andere Obstbäume sind in so kleinen Formen erhältlich, dass sie sogar in Kübeln auf der Terrasse gedeihen.

Die Größe des Baumes richtet sich nach der verwendeten Unterlage, auf die die gewünschte Fruchtsorte gepfropft wird – eine Technik, die man als „Veredelung" bezeichnet. Aber die Unterlage bestimmt nicht nur die spätere Größe des Obstbaumes, sondern auch den Ertragsbeginn. Bäume mit einer eher schwachwüchsigen Unterlage bringen schneller Früchte hervor – ein weiterer Vorteil für den Hobbygärtner.

Im professionellen Gartenbau wurden und werden zahlreiche Untersuchungen zu schwachwüchsigen, qualitativ hochwertigen Unterlagen durchgeführt, die langfristig auch für Hobbygärtner von Bedeutung sind,

denn kleine Bäume eignen sich besser für herkömmliche Gärten mit beschränktem Platzangebot; außerdem sind sie leichter zu schneiden, abzuernten und zu pflegen. Das Hantieren mit Leitern und langstieligen Astscheren kann sehr beschwerlich und zeitaufwändig sein; dagegen lässt sich ein Baum, dessen Krone man mühelos erreicht, viel leichter umsorgen.

Allerdings besitzen schwachwüchsige Unterlagen auch einige Nachteile: Sie müssen in den ersten Jahren mit einem Baumpfahl gestützt werden (manche sogar ihr Leben lang), und sie benötigen einen fruchtbaren, Wasser speichernden Boden, da sonst die Ernte eher enttäuschend ausfällt.

Für normale Gartenzwecke benötigt man im Allgemeinen keine extrem schwachwüchsigen Unterlagen wie etwa M27; meist liefert hier die Apfelunterlage M26 (für halb-schwachwüchsige Bäume) sogar bessere Ergebnisse. Diese Bäume sind zwar immer noch kompakt und tragen recht schnell, aber sie tolerieren weniger fruchtbare Böden, können nach wenigen Jahren auf die Stütze verzichten und bringen eine größere Ernte hervor. Sehr schwachwüchsige Unterlagen benötigt man nur für die Kübelkultur oder wenn die Bäume besonders stark erzogen werden sollen, wie etwa bei Zwergspalieren.

Obwohl viele Gartencenter eine gewisse Auswahl an Unterlagen anbieten, empfiehlt es sich, eine Obstbaumschule aufzusuchen. Die meisten Gärtner dort helfen Ihnen gerne weiter und beraten Sie hinsichtlich standortgerechter Sorten. Einige der neuesten Unterlagen, vor allem für Kirschbäume, haben ihre Frost- und Krankheitsbeständigkeit und ihre Kompatibilität mit anderen Sorten noch nicht ausreichend bewiesen und werden meist nach ein oder zwei Jahren wieder aus dem Versandkatalog genommen, wenn sie die in sie gesetzten Erwartungen nicht erfüllen.

◀ *Obstbäume sind eine Bereicherung für jeden Garten und lassen sich überall kultivieren, selbst auf Terrassen und Balkonen.*

Obstbaumunterlagen

Unterlage		**Größe**	**Jahre bis Ertragsbeginn**
Äpfel	M27	bis 1,80 m	2
	M9	1,80–2,70 m	2–3
	M26	3–3,50 m	2–3
	MM106	3,50–4 m	3–4
	MM111	4–4,50 m	4–5
Birnen	Quince C	3,50 m	3–4
	Quince A	4 m	4–5
Pflaumen	Pixy	1,80–3 m	3
	St Julien A	3,50 m	4–5
	Brompton	4 m	4–5
	Myrobalan B	4 m	4–5
	Mariana 4	über 4,50 m	4–5
Kirschen	Gisela	1,80–3 m	3
	Colt	4 m	4–5
	F12/1	über 4,80 m	5–6

Umveredeln

Alte Gärten besitzen oft sehr große, alte Obstbäume unbekannter Herkunft, die manchmal zu Platzproblemen führen und gegebenenfalls (krankheitsbedingt) entfernt oder durch jüngere Bäume ersetzt werden sollen. Wenn der Baum jedoch noch attraktive, aromatische Früchte hervorbringt, bei denen man die Art und Sorte nicht eindeutig bestimmen kann, ist ein radikaler Kahlschlag noch zu vermeiden.

Man kann den Baumbestand erhalten, indem man Edelreiser des Originalbaumes auf eine geeignete Unterlage pfropft und diese dann einpflanzt. Das Veredeln von Gehölzen erfordert sehr viel Erfahrung. Man kann jedoch in einer Baumschule um Hilfe bitten; gegen eine Gebühr und ein paar ruhende Edelreiser erledigt man dort diese Arbeit.

Gewächshaus: *Allgemeine Arbeiten*

Da es immer kälter wird, steigt das Risiko der Treibhausgewächse, Frostschäden davonzutragen. Einige Pflanzen benötigen nur etwas Schutz, sodass eine Isolierung des Gewächshauses meist schon ausreicht. Aber auch wenn Sie zusätzlich heizen müssen, senkt die Isolierung die Stromkosten.

Gewächshäuser und Frühbeete isolieren

Eine Isolierung verhindert auf preisgünstige Weise, dass die Temperatur im Gewächshaus zu stark fällt. Da aber die Pflanzen möglichst viel Licht bekommen sollten, ist die Auswahl der geeigneten Isoliermaterialen eingeschränkt: Am häufigsten findet Luftpolsterfolie Verwendung – sie ist preiswert, fast überall erhältlich und lässt sich gut verarbeiten.

Diese Folie wird auf Ballen geliefert und entsprechend den Innenmaßen des Gewächshauses zugeschnitten. Achten Sie darauf, dass die Bahnen möglichst lang sind, um die Anzahl der Nahtstellen zu minimieren. Am besten verlegen Sie die Folie in waagerechten Bahnen von innen gegen die Scheiben und befestigen sie mit Reißzwecken an der Holzkonstruktion. Ebenso lässt sich die Innenseite von Frühbeeten isolieren.

Früh getriebene Zwiebelgewächse

Früh getriebene Zwiebelgewächse werden die ersten Wochen nach dem Pflanzen in völliger Dunkelheit gehalten, damit sich ihr Wurzelsystem gut entwickelt. Dieser Zeitraum umfasst bei Krokussen 12 Wochen, bei Narzissen 12–13 Wochen, bei Hyazinthen 10–12 Wochen und bei Tulpen 15–16 Wochen. Nach dieser Frist (und wenn die Schösslinge eine Größe von etwa 3 cm erreicht haben) werden sie ans Licht geholt.

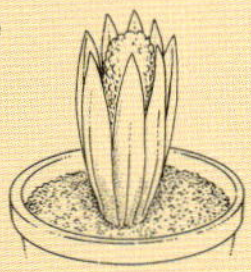

Ein Gewächshaus mit 10 °C bietet ideale Wachstumsbedingungen, da sich die Blätter und Blüten bei höheren Temperaturen nicht richtig entwickeln. Sobald die Knospen sich tönen, kann man die Pflanzen ins Haus holen und sich an ihren Blüten erfreuen.

▼ Es gibt spezielle Klammern, mit denen man die isolierende Luftpolsterfolie am Alurahmen des Gewächshauses befestigen kann.

Das Gewächshaus heizen

Beheizbare Gewächshäuser bieten dem Gärtner deutlich mehr Möglichkeiten als unbeheizte, und der Handel hält eine Vielzahl von Heizsystemen für jede Größe und jedes Budget bereit. Am besten lassen Sie sich umfassend beraten, um den für Sie geeigneten Heizlüfter zu finden.

1 Ein Elektroanschluss im Gewächshaus ist immer gut. Allerdings sollte dies von einem Elektrofachmann durchgeführt werden, da Leitungen und Steckdosen wasserdicht sein müssen. Wenn das Treibhaus in der Nähe des Hauses steht, braucht das Ganze nicht viel zu kosten.

2 Elektroheizlüfter werden häufig über ein Thermostat gesteuert und schalten sich nur bei Bedarf ein, was viel Arbeit und Kosten spart. Außerdem sorgen sie für eine gute Luftzirkulation und eine gesunde, wachstumsfördernde Atmosphäre.

3 Manchmal bietet sich die Installation einer Gasleitung zum Heizlüfter an, doch das ist selten. Häufiger werden Heizgeräte mit Propangas betrieben, wobei jedoch ein regelmäßiger Austausch der Gasflaschen erforderlich ist. Gas setzt beim Verbrennen Wasserdampf frei, was zu einer feuchten Atmosphäre führt, die die Verbreitung von Pflanzenkrankheiten fördern kann.

4 Relativ preiswert in der Anschaffung sind mit Petroleum betriebene Heizgeräte für Gewächshäuser ohne Strom- oder Gasanschluss. Allerdings sind sie arbeitsintensiv, können unangenehm riechen und müssen regelmäßig gefüllt werden. Und da sie nicht über Thermostate gesteuert werden, verschwenden sie Brennstoff und können im Unterhalt recht teuer werden.

Wohlriechenden Wicken-Sämlinge

Die in der Herbstmitte gesäten Sämlinge von *Lathyrus odoratus* sollten inzwischen kräftig gewachsen sein. Bei 10–15 cm Größe knipst man die Triebspitze aus, sodass sie sich zu kompakten, gesunden Pflanzen mit vielen Seitentrieben und Blüten entwickeln. Die Sämlinge am besten in ein Frühbeet oder an einen anderen kühlen, gut belüfteten Standort stellen.

Winter

Trotz der kurzen Tage und des eisigen Wetters kann der Garten auch im Winter einen erhebenden Anblick bieten. Neben immergrünem Blattwerk, Winterblüten und Beeren erfreuen die klaren, fast abstrakten Formen von Bäumen und Sträuchern das Auge – und mit einem funkelnden Überzug aus Raureif und Eiskristallen entsteht ein wahrhaft magisches Wintermärchen.

Frühwinter

Das Wetter ist in dieser Jahreszeit ausgesprochen launisch: Durchdringende, eisige Winterstürme wechseln sich ab mit endlosen, deprimierenden Regenphasen und milden, ruhigen Sonnentagen, die fast an den Frühherbst erinnern. Zum Arbeiten im Garten eignen sich nur die trockenen Tage.

Besitzer eines Gewächshauses dürfen sich in dieser Jahreszeit besonders glücklich schätzen – unabhängig vom Wetter lässt es sich im Treibhaus relativ komfortabel arbeiten. Und im Gegensatz zur trüben Szenerie im Freien können im Gewächshaus farbenfrohe Zwiebelgewächse, Topfpflanzen und Sämlinge vorherrschen.

Obwohl das Gras jetzt nicht mehr wächst und der Rasenmäher den Winter über im Geräteschuppen steht, sollten Sie Ihren Rasen nicht vollkommen ignorieren: Der Frühwinter ist die Jahreszeit, die dem Gras am stärksten zusetzt. Daher sollten Sie bei auftretenden Schäden am besten umgehend handeln.

Während die Vogelwelt zu anderen Zeiten eine wahre Plage sein kann, sind Vögel im Winter meist willkommen, weil sie den Garten mit Leben erfüllen. Wer möchte, kann jetzt mit dem Füttern der gefiederten Freunde beginnen. Allerdings sollte man dies bis zum Frühjahr fortsetzen, da die Vögel sich auf die milden Gaben verlassen. Und stellen Sie auch genügend Trinkwasser und ein Vogelbad zur Verfügung – vor allem bei Frostwetter.

Wirkt der Garten zu trist, bepflanzen Sie doch einfach ein paar Kübel mit winterharten Gewächsen wie blühenden Stiefmütterchen *(Viola)*, Heidekraut *(Calluna)* und panaschierten Blattpflanzen. Im Nutzgarten können weiterhin Wintergemüse geerntet und Obstbäume geschnitten werden.

◀ *Panaschierte Immergrüne wie die Efeusorte* Hedera colchica *'Sulphur Heart' sind in den Wintermonaten besonders wertvoll, da sie den Garten beleben.*

Arbeiten im Frühwinter

Allgemeines:

- *Beete weiterhin umgraben,*
- *Plattenwege anlegen, damit der Rasen nicht zu sehr abgenutzt wird,*
- *Komposthaufen abdecken, um sie vor Regen zu schützen.*

Ziergarten:

- *Kübel weiterhin mit einer Winter- und Frühjahrsbepflanzung versehen,*
- *neu gepflanzte Bäume und Sträucher nach Frostperioden wieder fest andrücken,*
- *Christrosenblüten* (Helleborus niger) *mit Stroh vor Schmutz schützen,*
- *Standfestigkeit von Bäumen und Sträuchern nach Stürmen oder Frost überprüfen; gegebenenfalls wieder fest andrücken,*
- *Blumensaat aus Katalogen bestellen,*
- *junge Bäume mit Stammschonern vor Hasen schützen.*

Rasenflächen:

- *Nicht über gefrorenes Gras gehen,*
- *bei mildem Wetter weiterhin Rollrasen verlegen.*

Wassergarten:

- *Zugefrorene Teiche mit heißem Wasser stellenweise auftauen.*

Nutzgarten:

- *Im Herbst gesäte Erbsen- und Bohnensämlinge schützen,*
- *Saatgut aus Katalogen bestellen,*
- *Obstbäume zurückschneiden.*

Gewächshaus:

- *Die Temperatur regelmäßig mit einem Maximum-Minimum-Thermometer überprüfen,*
- *früh getriebene Zwiebelgewächse ins Haus holen, sobald die Blütenknospen Farbe bekommen,*
- *Zwiebel- und Pelargoniensamen in beheizbaren Anzuchtkästen säen,*
- *Töpfe und Saatschalen für die Frühlingsaussaat sorgfältig reinigen,*
- *verwelkte Alpenveilchenblüten entfernen,*
- *Alpenveilchen* (Cyclamen), *Primeln* (Primula) *usw. nach der Blütezeit ins Gewächshaus stellen. Topfazaleen* (Rhododendron simsii) *regelmäßig mit Wasser besprühen,*
- *weiterhin* Narcissus *'Paper White' pflanzen.*

▲ Legen Sie einen Steinplattenweg auf häufig genutzten Rasenflächen an, damit das Gras nicht zu sehr heruntergetreten wird.

▼ Jetzt gepflanzte Zwiebeln der Sorte Narcissus *'Paper White' blühen nach etwa sechs Wochen.*

Pflanzennamen

Die Verwendung korrekter botanischer oder wissenschaftlicher Pflanzennamen ist immer ein umstrittenes Thema. Viele Gärtner empfinden die wissenschaftlichen Bezeichnungen als umständlich, kaum auszusprechen oder zu buchstabieren und nicht im Entferntesten so anschaulich wie die allgemein üblichen Namen, die sie ihr Leben lang benutzt haben.

Es gibt jedoch gute Gründe für die Verwendung der wissenschaftlichen Namen: Erstens variieren die allgemein üblichen Namen von Region zu Region und bezeichnen häufig mehr als nur eine einzige Pflanze, und zweitens verwenden andere Länder mit anderen Sprachen auch andere Namen.

Dagegen wird die Benennung der Pflanzen mit wissenschaftlichen Namen durch den „Internationalen Code der Botanischen Nomenklatur" geregelt. Dieser Code stellt sicher, dass jede Pflanze einen eigenen, einzigartigen Namen hat und dass diese Bezeichnung die Herkunft der Pflanzenfamilie korrekt wiedergibt. Die Namen basieren hauptsächlich auf der lateinischen Sprache, wobei auch Griechisch und andere Sprachen Verwendung finden. Sobald man die Sprache der wissenschaftlichen Namen einmal beherrscht, lässt sich den Namen selbst eine Vielzahl von Informationen entnehmen.

Der botanische Name einer Pflanze besteht im Allgemeinen aus zwei Teilen: Der erste bezeichnet die Gattung (wie etwa *Crocus),* der zweite die Art (wie etwa *chrysanthus).* Weitere Bestandteile sind eventuelle Varietäten (eine natürlich auftretende, stabile Variante der Art) oder Sorten (eine von Menschenhand ausgewählte oder gezüchtete Variante).

Auch die Schreibweise des Namens folgt festen Regeln: Die Gattung beginnt mit einem Großbuchstaben, während die Art klein geschrieben wird; beide Namensteile sind in Kursivschrift gesetzt. Eine natürlich auftretende Varietät wird ebenfalls kursiv geschrieben und erhält die Abkürzung „var." vorgestellt, wohingegen die Sorte in Antiqua (d. h. nicht kursiv) geschrieben wird und durch einfache Anführungszeichen gekennzeichnet ist. Auf diese Weise entstehen Namen wie *Ficus benjamina* var. *nuda* oder *Lonicera japonica* 'Aurea-reticulata'. Hybriden (Kreuzungen) zwischen zwei Arten oder

◀ x Cupressocyparis leylandii: *Das „x" kennzeichnet, dass es sich bei diesem Baum um eine Kreuzung zwischen zwei Gattungen handelt:* Cupressus *und* Chamaecyparis.

▶ Lithospermum diffusum: *Verbesserte Methoden bei der Identifikation von Pflanzen haben dazu geführt, dass dieses Gewächs heute unter dem Namen* Lithodora diffusa *geführt wird.*

Gattungen werden durch ein „x" vor dem jeweiligen Namen dargestellt, wie etwa bei x *Cupressocyparis leylandii* (eine Kreuzung zwischen zwei Gattungen: *Cupressus* und *Chamaecyparis)* oder *Ceanothus* x *veitchianus* (eine Kreuzung zwischen zwei Arten: *Ceanothus griseus* und *C. rigidus).*

Der Name der Art liefert die meisten Informationen über eine bestimmte Pflanze und kennzeichnet häufig ihre Farbe, Größe, Wachstumsart, Blüten oder Herkunft. Namen mit dem Zusatz *„folius"* beschreiben die Blätter, während sich *„florus"* auf die Blüten bezieht – wie etwa bei *albiflorus* (weißblütig) oder *cordifolius* (herzblättrig). Einige weit verbreitete, beschreibende Artbezeichnungen finden Sie im Kasten unten rechts.

Manchmal werden botanische Pflanzennamen geändert. Dies geschieht jedoch nicht willkürlich, sondern aufgrund der Tatsache, dass neue und verbesserte Methoden zur Pflanzenidentifikation zeigen, dass einige Pflanzen bisher falsch zugeordnet waren. So bezeichnet man *Lithospermum diffusa* inzwischen als *Lithodora diffusa.*

▲ *Die Buntnessel* (Coleus) *war ursprünglich falsch zugeordnet und wurde vor kurzem unter den Bezeichnungen* Plectranthus *und* Solenostemon *neu klassifiziert.*

Botanische Artbezeichnungen und ihre Bedeutungen

alatus: geflügelt
albus: weiß
alpinus: Alpen-, Gebirgs-
angustifolius: schmalblättrig
arachnoides: spinnwebartig
baccifera: Beeren tragend
candidus: reinweiß
chinensis/sinensis: chinesisch
citriodorus: mit Zitrusduft
denticulatus: fein gezähnt
dissectus: fein geschlitzt
foetidus: stinkend
fragrans: duftend
glaucus: blaugrün
grandifolius: großblättrig
hispidus: steifhaarig, borstig
laciniatus: ausgefranst, zipfelig
laevigatus: geglättet
lanuginosus: kurzwollig, flaumig
maculatus: gefleckt
maritimus: Meeresstrand-
meleagris: gesprenkelt, getüpfelt
nanus: zwergig
nummularius: münzenartig
nutans: nickend
officinalis: Arznei-
pictus: gefleckt, gezeichnet
procumbens: niederliegend
pumilus: niedrig, zwergig
repens: kriechend
scandens: kletternd
sempervirens: immergrün
spectabilis: ansehnlich, herrlich
tenax: zäh, ausdauernd
tortuosus: gewunden
utilis: nützlich, nutzbar
variegatus: buntfleckig
vernalis: Frühlings-
vulgaris: gewöhnlich, allgemein
xanthocarpus: gelbfrüchtig

Allgemeine Arbeiten

Wenn Sie die Vögel in Ihrem Garten jetzt füttern, werden sie sich im Frühling und Sommer durch das Vertilgen von Insektenschädlingen revanchieren. Fische in zugefrorenen Teichen tragen erhebliche Schäden davon, wenn die Wasseroberfläche länger als ein oder zwei Tage versiegelt bleibt.

Füttern von Vögeln

Mit sinkenden Temperaturen wird es für Vögel immer schwieriger, ausreichend Nahrung zu finden: Es gibt nicht nur weniger Insekten, Früchte und Beeren im Garten, auch die Stunden mit Tageslicht, in denen sie Nahrung suchen können, nehmen ab. Vor allem bei kleineren Vogelarten entscheiden regelmäßige Futtergaben über Leben und Tod.

Am besten verwenden Sie eine Futterstelle mit Überdachung (damit das Futter trocken bleibt), die frei steht und vor Katzen geschützt ist. Füllen Sie erst dann wieder Futter nach, wenn die Vögel alles aufgepickt haben, da überschüssige Nahrung Ungeziefer anlockt. Besonders geeignet sind Erdnüsse, eingeweichte Brotkrumen, Äpfel, Talg, Haferflocken, frische (nicht getrocknete) Kokosnuss, Samen usw. Im Handel sind für die verschiedenen Vogelarten und Futtersorten auch spezielle Futterspender erhältlich, die für Eichhörnchen unzugänglich sind.

▲ *Vögel im Garten sollten bis zum Frühjahr regelmäßig gefüttert werden, da die Tiere sich an die Futtergaben gewöhnen und darauf vertrauen.*

Beete umgraben

Das Umgraben der Beete ist sehr anstrengend und sollte daher über mehrere Wochen verteilt werden. Möglichst viel organisches Material unter die Erde arbeiten, vor allem bei leichten und schweren Böden. Auch Gartenkompost, Stallmist, Pilzsubstrat, verblühte Hopfenblüten u. Ä. verbessern die Bodenstruktur, sodass Wasser bei leichten Böden stärker gespeichert wird und bei schweren Böden besser abfließt. Statt der Grabegabel kann man natürlich auch einen motorgetriebenen Kultivator verwenden, sobald das Beet für die erneute Bepflanzung geräumt ist.

Rasenflächen vor übermäßiger Abnutzung schützen

Kaltes, feuchtes Wetter begünstigt Schäden bei Rasenflächen, weil der Boden schneller verdichtet und das Gras sich nicht erholen kann. Ein häufig benutzter Trampelpfad quer über den Rasen wird im Winter deutlicher sichtbar, da dort das Gras ausdünnt, bis nur noch kahle Stellen zurückbleiben. Natürlich wäre es für den Rasen am besten, wenn er überhaupt nicht mehr betreten würde, doch da dieses wahrscheinlich nicht gelingt, sollte man einfach einen befestigten Weg anlegen.

Ein naturnaher Weg aus Trittsteinen ist weniger auffällig als ein durchgehend befestigter Weg und passt im Grunde zu jedem Gartenstil. Geschwungene Pfade sind sehr attraktiv, sollten aber nicht zu sehr von dem direkten Trampelpfad abweichen, da sie sonst nicht benutzt werden.

1 Die Steine in Schrittweite verlegen. Den ersten Trittstein verlegen und seinen Umfang mit einem Halbmond-Kantenstecher markieren (unten links). Die Grasdecke mit einem Spaten abtrennen, den Boden ausheben und eine dünne Sandschicht einstreuen.

2 Den Trittstein wieder einsetzen – die Oberfläche sollte etwas unterhalb des Rasens liegen, damit die Rasenfläche gemäht werden kann. Der Trittstein muss plan liegen und mit einem Hammerstiel o.Ä. festgeklopft und verankert werden (unten rechts).

Zugefrorene Teiche auftauen

Wenn ein Teich länger als zwei Tage zugefroren ist, sollte man die Eisdecke öffnen, damit sich entwickelnde giftige Gase die Fische nicht schädigen können. Jedoch kein Loch hineinschlagen, weil die dadurch verursachten Druckwellen die Tiere verletzten könnten. Stattdessen einen Topf mit kochendem Wasser auf die Eisdecke stellen. Den Vorgang gegebenenfalls mehrfach wiederholen, bis das Eis getaut ist. Eine Teichheizung verhindert, dass das Wasser wieder zufriert.

Ziergarten: *Allgemeine Arbeiten*

Im Frühwinter können Mauern hinter Laub abwerfenden Kletterpflanzen gereinigt werden. Sie werden überrascht sein, wie viele Schädlinge sich hinter dem Gewirr aus Zweigen und Trieben verstecken. Kübel und Töpfe können nun mit einer interessanten Winterbepflanzung versehen werden.

Winterbepflanzungen für Kübel

Viele Gärtner vertrauen im Sommer auf attraktive Kübelpflanzen, um Terrassen, Wege und Beetränder aufzuheitern, doch die wenigsten halten dies auch während der Wintermonate für möglich. Dabei gibt es eine Reihe von Gewächsen, die auch im Winter und selbst bei extrem kaltem Wetter einen reizvollen Anblick bieten: immergrüne Zwergsträucher (vor allem panaschierte Sorten), Zwergkoniferen, winterblühende Stiefmütterchen, Heidekraut, Zierkohl oder Kriechpflanzen wie etwa Efeu.

Als Gefäße eignen sich Kübel, Balkonkästen und sogar Blumenampeln (an geschützten Standorten). In sehr kalten Regionen sollten Sie die Gefäße von innen mit einer Lage Luftpolsterfolie isolieren, bevor Sie das Substrat einfüllen. Bereits bepflanzte Kübel schützt man ebenfalls mit Luftpolsterfolie, die mehrfach um das Gefäß gewickelt wird. Achten Sie bei der Verwendung von Terrakotta- und Tontöpfen darauf, dass sie garantiert frostbeständig sind.

◀ *Auch im Winter können Kübel und Töpfe dank immergrüner und blühender Pflanzen wie Stiefmütterchen und Primeln einen attraktiven Anblick bieten.*

Standfestigkeit von Bäumen überprüfen

Neu gepflanzte Bäume können durch Wind beschädigt werden, wenn die Pflanze hin und her schaukelt. Dadurch werden die Wurzeln gelockert, und es entsteht unterhalb des Stamms ein Loch, in dem sich Wasser sammelt – die Wurzeln verfaulen. Drücken Sie Ihre Bäume und Sträucher regelmäßig wieder fest an.

Schutz junger Bäume

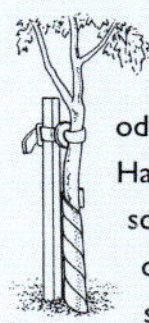

Neu gepflanzte Bäume in Gärten mit angrenzenden Feldern oder offenen Flächen sollten vor Hasen und anderen Tieren geschützt werden: Sie beschädigen die Rinde, was die Bäume schwächt, krankheitsanfällig macht und schlimmstenfalls absterben lässt. Den Stamm mit einem spiralförmigen Wickelschoner aus Kunststoff umgeben, der durch seine flexible Konstruktion das Wachstum des Baumes nicht einschränkt – selbst wenn man später vergisst, ihn wieder zu entfernen.

Mauerwerk hinter Kletterpflanzen

Das Erscheinungsbild nackter Mauern lässt sich mit einem Bewuchs aus Kletterpflanzen enorm verbessern. Allerdings muss das Mauerwerk hinter den Pflanzen gelegentlich gereinigt werden, damit es keinen Schaden nimmt. Und da die Kletterpflanzen im Frühwinter das Wachstum eingestellt haben, ist jetzt der richtige Moment, diese Arbeit zu erledigen.

Christrosen vor Schmutz schützen

Die winterblühende Christrose *(Helleborus niger)* bringt ihre Blüten in Bodennähe hervor, wo sie bei Regen durch Schmutzspritzer verunreinigt wird. Etwas Stroh oder ähnliches Material unter den Wurzelhals schieben, sobald die Knospen erscheinen.

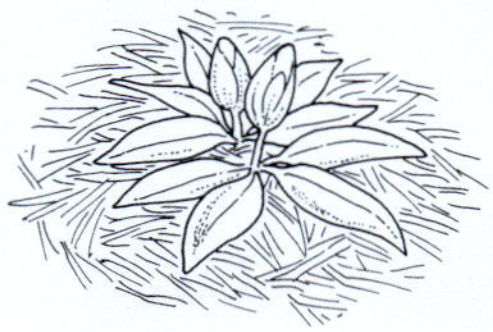

1 Kletterpflanzen lässt man am besten an einem Spalier hochranken statt direkt an einer Wand – dies verbessert die Luftzirkulation und erleichtert den Zugang zum Mauerwerk. Das Spalier auf 5 cm dicke Holzleisten schrauben und diese an der Mauer befestigen (rechts).

2 Überlange und gegebenenfalls zu dicht wuchernde Triebe zurückschneiden, das Spalier mit der Kletterpflanze von der Mauer schrauben und abklappen. Bei mittelgroßen bis großen Spalieren sollte man sich dabei unbedingt helfen lassen.

3 Das Mauerwerk hinter Kletterpflanzen ist ein beliebtes Versteck für Schnecken. Diese zuerst entfernen und entsorgen, dann die Mauer mit einer Wurzelbürste gründlich reinigen (rechts).

4 Gegebenenfalls Reparaturen am Mauerwerk durchführen, dann das Spalier wieder befestigen. Statt Schrauben eventuell Haken und Ringschrauben verwenden. Der Haupttrieb der Kletterpflanze darf beim Wegklappen und erneuten Befestigen des Spaliers nicht beschädigt werden.

◀ *Jetzt ist der richtige Zeitpunkt, um die Standfestigkeit von Bäumen und Sträuchern zu überprüfen, deren Wurzeln möglicherweise durch starken Wind gelockert wurden.*

Ziergarten: *Pflanzen der Jahreszeit*

Der Frühwinter ist die Jahreszeit, in der Zweige und Rinden von Bäumen und Sträuchern besonders gut zur Geltung kommen, wenn das Blattwerk die eindrucksvollen Formen und interessanten Strukturen nicht länger verdeckt. Doch es gibt noch viel mehr zu entdecken: zarte Blüten wie die hübschen Schneeglöckchen und die im Winter beliebten Beeren von Stechpalme und Efeu.

▲ *Schneeglöckchen zählen zu den ersten Blüten im Jahr. Die gefüllte Sorte* Galanthus nivalis *'Flore Pleno' ist besonders hübsch.*

▶ Hamamelis x intermedia *'Westerstede' (Hybrid-Zaubernuss) bringt duftende, spinnenartige Blüten an kahlen Zweigen hervor.*

▼ *Die süß duftenden, hellgelben Blüten der* Mahonia japonica *erscheinen den ganzen Winter – auch bei kältestem Wetter.*

Bäume und Sträucher

Acer (Ahorn), besonders *A. capillipes* (Roter Schlangenhautahorn), *A. davidii* (Davids Ahorn), *A. griseum* (Grauahorn)
Arbutus unedo (Westlicher Erdbeerbaum)
Aucuba japonica 'Crotonifolia' (Jap. Aukube)
Betula (Birke), besonders *B. ermanii* (Goldbirke), *B. nigra* (Schwarzbirke), *B. papyrifera* (Papierbirke)
Chimonanthus praecox (Chin. Winterblüte)
Cornus alba (Tatarischer Hartriegel)
Corylus avellana 'Contorta' (Gew. Hasel)
Cotoneaster (Zwergmispel)
Elaeagnus x *ebbingei* (Wintergrüne Ölweide)
Erica carnea (Schneeheide)
Euonymus fortunei (Kletternder Spindelstrauch), *E. japonicus* (Jap. Spindelstrauch)
Fraxinus excelsior 'Jaspidea' (Gew. Esche)
Hamamelis mollis (Zaubernuss)
Hedera (Efeu)
Ilex (Beeren tragende und panaschierte Arten) (Stechpalme)
Jasminum nudiflorum (Winterjasmin)
Lonicera fragrantissima (Wohlriechende Heckenkirsche)
Mahonia (Mahonie)
Prunus serrula (Tibetische Kirsche), *P.* x *subhirtella* 'Autumnalis' (Higankirsche)
Pyracantha (Feuerdorn)
Salix alba (Silberweide), *S. babylonica* var. *pekinensis* 'Tortuosa' (Korkenzieherweide)
Skimmia japonica (Japanische Skimmie)
Sorbus (Eberesche)
Tilia platyphylos 'Rubra' (Sommerlinde)
Viburnum (Schneeball)

Stauden

Helleborus niger (Christrose)
Iris unguicularis (Winteriris)
Schizostylis coccinea (Spaltgriffel)

Zwiebelgewächse

Crocus imperati (Italienischer Krokus)
Cyclamen coum (Alpenveilchen)
Galanthus (Schneeglöckchen)

Nutzgarten: *Allgemeine Arbeiten*

Solange es nicht friert, können Sie den Winterschnitt bei Obstgehölzen weiterhin durchführen und auch den Boden des Gemüsebeetes bearbeiten. Graben Sie die Erde dabei möglichst tief um, und fügen Sie reichlich organisches Material hinzu.

▲ *Im Herbst gesäte Erbsen- und Bohnensämlinge schützt man mit kurzen Folientunneln vor Kälte und Wind.*

Erbsen und Bohnen schützen

Im Herbst gesäte Erbsen- und Bohnensämlinge sollten inzwischen gekeimt haben. Obwohl die Jungpflanzen winterhart sind, können ihnen eisige und windige Witterungsverhältnisse stark zusetzen. Daher lohnt es sich, sie vor den schlimmsten Wetterkapriolen zu schützen, indem man eine Abdeckhaube aus Glas über die Reihen stellt. Die Glasscheiben halten die wärmende Sonnenstrahlung im Inneren zurück und wirken so wie ein Minitreibhaus – allerdings sind sie recht zerbrechlich und können besonders Kindern und Haustieren gefährlich werden. In diesem Fall empfiehlt sich die Verwendung eines Folientunnels, bei dem jedoch durch die Bildung von Kondenswasser Pilzerkrankungen bei den Sämlingen begünstigt werden können. Sie können aber auch transparente Abdeckfolie locker über die Sämlinge legen und an beiden Seiten sorgfältig befestigen, damit die Folie nicht vom Wind weggeweht wird.

Grosse Bäume zurückschneiden

Ältere Obstbäume können sehr groß und ausladend werden, sodass der Rückschnitt Probleme bereitet. Bei der Verwendung einer Leiter auf sicheren, festen Stand achten und möglichst mit einem einwandfrei funktionierenden Astschneider mit scharfen Klingen arbeiten.

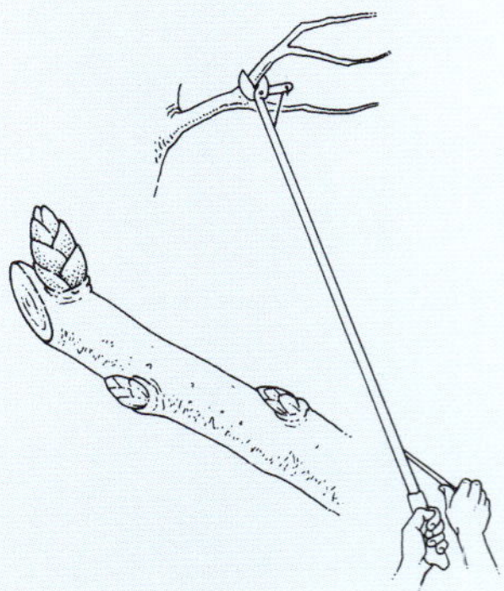

Obstgehölze zurückschneiden

Obstgehölze weiterhin wie auf Seite 692 beschrieben schneiden. Da ein Rückschnitt während der Ruheperiode im darauf folgenden Frühjahr einen kräftigen, wuchernden Wuchs auslöst, findet der eigentliche Rückschnitt bei Apfel- und Birnbäumen, die als Kordon oder Spalier gezogen werden, im Sommer statt. Im Winter sollte man sich darauf beschränken, abgestorbenes und krankes Holz zu entfernen und zu dicht stehende Triebe auszudünnen.

Dagegen dürfen Pflaumenbäume im Winter nicht gestutzt werden, da dies den „Bleiglanz" fördert. Diese Pilzerkrankung schwächt die Bäume und bildet eine Schwammschicht auf den befallenen Zweigen, die ihre Sporen hauptsächlich im Spätherbst und Winter freisetzt. Sie dringen durch frische Schnittwunden in noch gesundes Holz ein. Daher Pflaumenbäume im Frühling und Sommer schneiden, wenn weniger Sporen durch die Luft fliegen und die Bäume die Wunde schneller versiegeln können. Die beliebte Pflaumensorte 'Victoria' ist besonders anfällig für diese Krankheit, die aber auch Mandel-, Aprikosen- und Kirschbäume befällt – allerdings mit weniger gravierenden Folgen.

Beete umgraben

Da das Umgraben der Beete körperlich sehr anstrengend ist, sollte man größere Flächen etappenweise bearbeiten, um Rückenschmerzen zu vermeiden. Mit dieser Arbeit sollte man früh beginnen, damit der Boden möglichst lange Frost und Witterung ausgesetzt ist, die die Erde in feine Krümel aufbrechen.

1 Den Spaten an einem Beetende senkrecht und spatentief in den Boden stoßen und eine etwa 30 cm breite Furche graben (links). Die ausgehobene Erde abtransportieren. Beim Graben den Rücken möglichst gerade halten.

2 Den Boden am Grund der Furche lockern, einen Schritt zurückgehen und eine zweite Furche graben (unten links). Die Erde nach vorne in die erste Furche werfen und dabei den Spaten drehen, um den Boden zu wenden.

3 Auf diese Weise das gesamte Beet umgraben und etwas gut verrotteten Stallmist oder Gartenkompost auf den Grund jeder Furche geben, bevor sie mit der Erde der nächsten Furche gefüllt wird. Einjährige Unkräuter können untergegraben werden, während man die Wurzeln ausdauernder Unkräuter entfernen sollte.

4 Die letzte ausgehobene Furche mit der Erde der ersten Furche füllen. Der so umgegrabene Boden wird im Laufe des Winters von Frost und auftauender Feuchtigkeit im Boden in feinkrümelige Erde aufgebrochen.

Schutz für Nutzgartenpflanzen

Glasglocken und Folientunnel können zwar das ganze Jahr im Nutzgarten gute Dienste leisten, aber nie sind sie so wertvoll wie im Winter. Schließlich schützen sie das Gemüse nicht nur vor Regen, Wind und Frost, sondern auch vor einer Reihe von Schädlingen. Im Spätwinter und Vorfrühling schenken sie den ersten Gewächsen zusätzlichen Schutz, der ihnen einen Vorsprung vor anderen Pflanzen sichert; außerdem kann man mit ihnen Beetbereiche abdecken, auf denen später ausgesät werden soll. Da der darunter liegende Boden vor Regen geschützt ist, wärmt er sich stärker auf und lässt sich daher besser bearbeiten als nicht abgedeckte Bereiche.

Folientunnel und Glasglocken eignen sich aber nicht nur für flachwüchsige Pflanzen, sondern mit etwas Fantasie auch für größere Gewächse. So können die letzten, im Herbst heranreifenden Freilandtomaten mit zwei auf die Seiten gestellten und durch Draht miteinander verbundenen Abdeckhauben hervorragend vor schmuddeligem Herbstwetter geschützt werden.

Glasglocken

Glocken sind traditionell aus Glas oder werden aus stabilem Kunststoff gefertigt. Glas hält zwar die Wärme besser (wie ein Minitreibhaus) und ist weniger windanfällig, zerbricht aber auch leichter und stellt dann eine

▲ *Glasglocken für Einzelpflanzen sind zwar noch erhältlich, doch Hauben mit justierbaren Endstücken erfreuen sich inzwischen weit größerer Beliebtheit.*

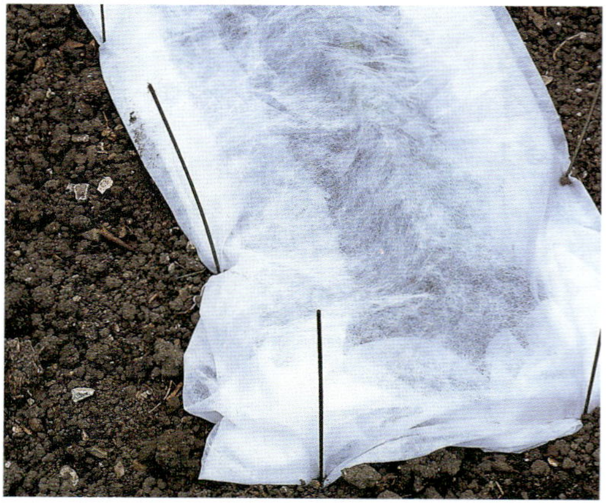

▲ *Ein leichtes Polypropylenvlies schützt Jungpflanzen erstaunlich gut vor Wetterunbilden.*

▶ *Folientunnel sind zwar preiswert und leicht zu verwenden – und daher auch bei Hobbygärtnern sehr beliebt –, haben aber keine lange Lebensdauer.*

Glocken und Folien verstauen

Nach dem Gebrauch sollten alle Einzelteile von Glasglocken und Folien sorgfältig gereinigt werden. Haubenabdeckungen aus Glas und Glaszelte kann man (vorsichtig!) auf die Seite stellen und ineinander stapeln, damit sie nicht zerlegt und vor der nächsten Verwendung wieder zusammengesetzt werden müssen. Kunststofffolien sollten lichtgeschützt lagern, da sich so ihre Lebensdauer verlängert.

größere Gefahr dar (vor allem in Gärten, in denen Kinder spielen). Außerdem ist es teurer und schwerer. Kunststoffhauben sind dagegen preiswert, leicht und weniger empfindlich als Glas; dafür halten sie aber die Wärme weniger gut und müssen sorgfältig befestigt werden.

Abdeckungen werden aus unterschiedlichen Kunststoffen angeboten: transparente Plastikplane, PVC, doppelwandiges Polykarbonat und Polypropylen. Sie sollten aber immer UV-stabilisiert sein.

Die ersten Glasglocken waren glockenförmig und dienten dem Schutz einzelner Pflanzen. Diese Einzelglasglocken sind auch heute noch erhältlich, aber inzwischen erfreuen sich Reihenglocken großer Beliebtheit. Häufig bestehen sie aus zwei Glas- oder Plastikscheiben, die zeltförmig miteinander verbunden sind („Glaszelt"), bzw. aus vier mit Hilfe von Drahtkrampen zusammengesetzten Glasplatten mit leicht geneigten Seitenteilen und einem abnehmbaren „Deckel". Letztere eignen sich gut für größere Pflanzen, sind aber wesentlich schwieriger aufzustellen als Glaszelte. Eine weitere beliebte Abdeckung besteht aus einer flexiblen, halbsteifen, meist geriffelten Kunststoffplatte, die gewölbt und dann mit Federstahlbügeln befestigt wird. Damit die Glocke nicht zum Windtunnel wird, sollte sie mit (justierbaren) Endstücken versehen sein. Im Handel sind auch Hauben mit integrierter Sprinkleranlage erhältlich.

Folientunnel

Bei diesen Abdeckungen wird Kunststofffolie über Drahtbügel gespannt, die man links und rechts neben den Jungpflanzen in den Boden steckt. Es gibt auch Produkte, bei denen die Folie bereits fest mit den Bügeln verbunden ist und sich ziehharmonikaförmig dehnt, wodurch sich diese Folientunnel viel leichter aufstellen lassen. Folientunnel sind preiswert, mühelos zu verwenden und lassen sich gut lagern.

Wachsende Folien

Als „wachsende" oder „Schlitzfolie" bezeichnet man perforierte Kunststofffolien oder Faservliese, die locker über die Jungpflanzen gelegt und an den Seiten mit Erde beschwert oder mit Stangen befestigt werden. Aufgrund ihres geringen Gewichts und ihrer hohen Flexibilität behindern sie nicht das Wachstum der Pflanzen. Am häufigsten findet Polypropylenvlies Verwendung, das die Gewächse vor Wind und Kälte schützt, zugleich aber Luft und Regen durchlässt. Bei sorgfältiger Behandlung kann das empfindliche Material mehrere Jahre als Schutzfolie dienen, vor allem mit verstärkten Rändern.

Gewächshaus: *Allgemeine Arbeiten*

Verschaffen Sie Gemüsesorten mit langer Wachstumsperiode einen kleinen Vorsprung, indem Sie sie jetzt in einem beheizbaren Anzuchtkasten aussäen. Denken Sie daran, die Temperatur im Gewächshaus regelmäßig zu überprüfen, um sicherzugehen, dass die Heizung einwandfrei funktioniert.

Aussaat im beheizbaren Anzuchtkasten

Verschiedene Gewächse, wie etwa Zwiebeln und Pelargonien, werden gerne früh ausgesät, um ihre Wachstumsperiode zu verlängern. Für eine rasche Keimung benötigen die Samen zusätzliche Wärme, die man ihnen in einem beheizbaren Anzuchtkasten mühelos zukommen lassen kann.

Bei elektrisch beheizbaren Anzuchtkästen befindet sich das Heizelement in der Bodenplatte des Gerätes und verleiht so der Erde eine gleichmäßige, konstante Temperatur. Eine Plastikabdeckung verhindert zwar, dass die Wärme sofort wieder entweicht, führt aber auch zu Kondenswasserbildung. Achten Sie daher auf regulierbare Ventilatoren, damit die Luftfeuchtigkeit im Inneren des Anzuchtkastens nicht zu stark ansteigt.

Anzuchtkästen sind in unterschiedlichen Größen erhältlich – von Modellen für eine Saatschale bis zu Kästen, die Platz für vier Saatschalen bieten. Hochwertigere Modelle besitzen einen regulierbaren Thermostat, sodass man die Temperatur den unterschiedlichen Anforderungen des Saatguts anpassen kann – meist liegt sie zwischen 15 und 24 °C. Mithilfe von Bodenheizkabeln und einem geeigneten Thermostat können Sie aber auch Ihren eigenen beheizbaren Anzuchtkasten konstruieren.

▲ *Beheizbare Anzuchtkästen sorgen für eine konstante, gleichmäßige Temperatur des Substrats in der Saatschale.*

Temperaturen im Gewächshaus

Um sicherzugehen, dass die Gewächshausheizung einwandfrei funktioniert, sollte man sich ein Maximum-Minimum-Thermometer zulegen und die Temperatur täglich ablesen (anschließend wieder auf Null stellen!). Einerseits darf die Temperatur nicht zu tief sinken, andererseits auch keine Energie durch zu hohe Gradzahlen verschwendet werden. Am besten überprüft man dies an einem kalten, frostklaren Morgen: Die gemessene Tiefsttemperatur der vergangenen Nacht sollte nicht deutlich über der erforderlichen Mindesttemperatur liegen. Die Temperatur gegebenenfalls mit Hilfe des Thermostats schrittweise regulieren.

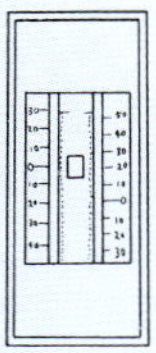

Früh blühende Narzissen

Die Narzissensorte *Narcissus* 'Paper White' eignet sich besonders gut für die winterliche Gewächshauskultur. Sie stellt keine hohen Ansprüche und bringt an jedem Stängel mehrere schneeweiße, sternförmige und süß duftende Blüten hervor. Wenn man die Zwiebeln in mehreren Schüben im Abstand von zwei Wochen setzt, hat man während einer langen Blüteperiode immer frische Narzissen im Haus.

1 Die Zwiebeln der 'Paper White' gedeihen sowohl in Schalen mit Torfkultursubstrat als auch auf Kieselsteinen oder in einem mit Wasser gefüllten Glasgefäß. Die Zwiebeln so in die Erde setzen, dass ihre Spitzen gerade aus dem Substrat herausragen (rechts).

2 Das Substrat mäßig gießen und die Pflanzschale auf eine helle, aber kühle Fensterbank stellen. Am besten eignet sich ein frostfreies Gewächshaus.

3 Die Pflanzen benötigen viel Licht, sobald die Stängel wachsen, da sie an einem warmen oder schattigen Standort zu lang und dünn werden. Jeden Stängel mit einem dünnen Bambusstab stützen, ohne die Zwiebeln zu verletzen (unten).

4 Etwa sechs bis acht Wochen nach dem Setzen erscheinen die ersten Blüten (unten). Die Pflanzschale kurz vor dem Öffnen der Blüten vom Gewächshaus ins Haus holen und an einen kühlen, sehr hellen Standort stellen.

Topfazaleen

Rhododendron simsii (die Stammform der Topfazaleen) ist eine attraktive, winterblühende Topfpflanze, benötigt aber feuchte Erde und hohe Luftfeuchtigkeit. Besprühen Sie die Pflanzen täglich mit einem feinen Nebel aus klarem Wasser, und platzieren Sie sie im Haus an einem kühlen Standort mit einer Temperatur von 10–15 °C.

Wintermitte

Diese Jahreszeit ist für viele Gärtner besonders unangenehm: Das Wetter vergällt jeden Aufenthalt im Freien, und obwohl die längste Nacht des Jahres bereits ein Weilchen zurückliegt, ist die Zunahme der Tageslichtstunden noch kaum wahrzunehmen.

Auch während der Ruheperiode gibt es noch viele Aufgaben im Garten: Wurzelnackte Bäume und Sträucher müssen gepflanzt bzw. eingeschlagen werden, falls der Boden bei ihrer Ankunft gefroren oder sehr nass ist. Bei frisch gepflanzten Exemplaren sollte man nach Frostperioden die Standfestigkeit überprüfen. Das lang anhaltende nasse Wetter lässt Bereiche mit verdichtetem Boden besonders deutlich hervortreten. Wenn Stunden nach dem letzten Regen noch immer Pfützen zu sehen sind, ist dies ein Zeichen dafür, dass die Drainage verbessert werden muss.

Die Wintermitte ist die Jahreszeit mit der größten Schneewahrscheinlichkeit. Zwar lässt der Schnee den Garten wunderbar strahlen und dient den Pflanzen als Isolierschicht gegen Kälte, trotzdem sollten Vorkehrungen getroffen werden, damit er Bäume und Sträucher durch sein Gewicht nicht zu sehr beschädigt.

Einige Beetpflanzen vermehrt man jetzt durch Wurzelschnittlinge, und im Nutzgarten sollte der Boden für die Frühjahrssaat vorbereitet werden. Besorgen Sie sich jetzt schon alle erforderlichen Gerätschaften für die kommende, betriebsame Pflanz- und Saatzeit.

◄ Schnee im Garten bietet zwar einen wunderschönen Anblick, doch das Gewicht der Schneemassen kann Bäume und Pflanzen beschädigen.

Arbeiten in der Wintermitte

▲ *Viele Beetpflanzen lassen sich mit Hilfe von Wurzelschnittlingen mühelos vermehren.*

Allgemeines:

- Alle Gerätschaften vor dem Verstauen überprüfen und warten,
- Bodendrainage gegebenenfalls verbessern.

Ziergarten:

- Unkraut bei früh blühenden Zwiebelgewächsen entfernen,
- Wurzelschnittlinge von Phlox, Mohn *(Papaver)*, Königskerze *(Verbascum)* und anderen Beetpflanzen schneiden,
- weiterhin wurzelnackte und Containerpflanzen setzen; neu gepflanzte Exemplare nach Frostperioden fest andrücken,
- Schnee von immergrünen Gewächsen schütteln, damit die Zweige nicht abbrechen,
- Jungpflanzen für den Frühling aus Katalogen bestellen.

Rasenflächen:

- Nicht über gefrorenes oder sehr nasses Gras gehen,
- auf Anzeichen von Schneeschimmel achten,
- Blätter und anderes abgestorbenes Pflanzenmaterial entfernen.

Nutzgarten:

- Beete weiterhin umgraben,
- Rhabarber für eine frühe Ernte vortreiben,
- Sprossensaat (für die Verwendung im Salat) säen,
- Gemüsesamen, Saatkartoffeln, junge Gemüsepflanzen und Steckzwiebeln möglichst bald aus Katalogen bestellen,
- Erbsen und Bohnen für eine frühe Ernte säen,
- Haltbarkeit von gelagertem Obst und Gemüse weiterhin kontrollieren,
- den Boden mit Glasglocken oder Folien bedecken, um ihn für eine frühe Aussaat zu trocknen,
- weiterhin Obstbäume und Beerensträucher pflanzen,
- Fruchtholzschnitt abschließen,
- Fruchtknospen an Bäumen und Sträuchern vor Vögeln schützen.

Gewächshaus:

- Abgestorbenes Pflanzenmaterial sofort entfernen, um Krankheiten zu vermeiden; häufig lüften, damit die Luftfeuchtigkeit möglichst niedrig bleibt,
- neue Saatschalen, Töpfe, Anzuchtkastenhauben, Etiketten usw. für die nächste Saatzeit besorgen,
- weiterhin Samen in beheizbaren Anzuchtkästen aussäen,
- überwinternde Fuchsien, Pelargonien, Chrysanthemen und Dahlien zur Bildung von Wurzelschnittlingen vortreiben,
- Duftwicke *(Lathyrus odoratus)* säen,
- runde Wurzelgemüsesorten (Möhren und Radieschen) in Pflanzsäcke säen.

▼ *Für eine frühe Möhrenernte sollte das Saatgut jetzt in einem Pflanzsack im Gewächshaus ausgesät werden.*

Allgemeine Arbeiten

Der erste Schnee bedeckt unansehnliche Bereiche im Garten, doch er kann auch zu Problemen führen, zumal wenn die weiße Pracht länger liegt. In den meisten Regionen ist Väterchen Frost ein recht häufiger Gast, der eine Reihe von Nachteilen mit sich bringen kann, vor allem für Rasenflächen.

Schutz vor Schneeschäden

Bereits eine mitteldicke Schneedecke kann für immergrüne Bäume und Sträucher eine Gefahr darstellen und deren Zweige innerhalb weniger Stunden durch das Gewicht der Schneemassen abknicken lassen.

Am besten entfernen Sie den Schnee sofort mit einem Besen oder Handfeger von allen Zweigen, die unter dem Gewicht zusammenzubrechen drohen – warten Sie nicht, bis es erneut friert, da sich der Schnee dann nicht herunterfegen lässt.

Auch Tauwetter sorgt durch die schmelzenden Schneemassen für Probleme, weil der Boden das Wasser meist nicht schnell genug aufnehmen kann. Auf Rasenflächen bilden sich dann gelbe, runde Flecken, die immer größer werden und manchmal sogar von einer weißen, flaumigen Schimmelschicht bedeckt sind. Dieser so genannte Schneeschimmel wird durch den Pilz *Fusarium nivale* verursacht. Behandeln Sie die Krankheit mit einem Rasenfungizid. Lassen Sie sich an der „Gifttheke" beraten.

▲ *Eine Schneehaube verhilft dem Garten im Winter zu strahlender Schönheit. Doch das Gewicht des Schnees kann zu Problemen führen.*

Geräte aufbewahren

Gartengeräte müssen gepflegt werden, damit sie ihre Aufgaben zuverlässig erfüllen können. Der Winter ist der ideale Zeitpunkt, um sämtliche Gerätschaften in Ruhe zu überholen. Die Metallteile von Spaten und Grabegabeln werden sorgfältig von Erdresten gereinigt und mit etwas Öl eingerieben, während man die Holzgriffe mit Schleifpapier glättet, damit keine Holzsplitter entstehen. Auch die beweglichen Teile von Hecken- und Gartenscheren sollten geölt werden. Die Klingen aller Schneidegeräte (also auch von Hacken, Schuffeln und Kantenstechern) mit einem Carborundum-Wetzstein schärfen. Alle Geräte, die im Winter nicht gebraucht werden, an einem trockenen Ort lagern und schadhafte Werkzeuge reparieren oder durch neue ersetzen, bevor die Hauptwachstumsperiode beginnt.

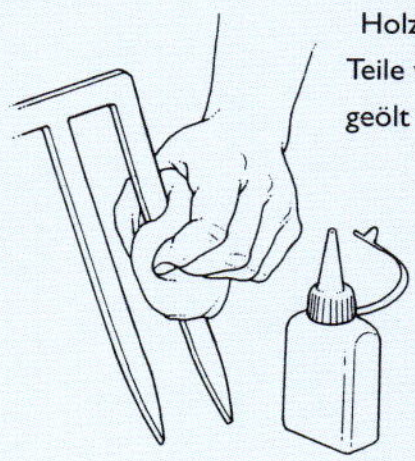

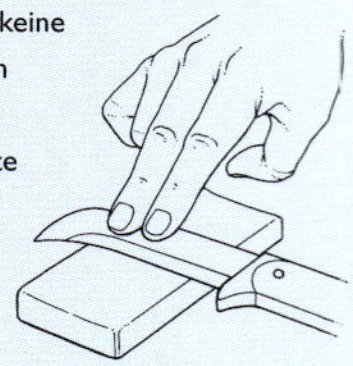

Ein Frühbeet errichten

Der Wert von Frühbeeten im Garten wird häufig unterschätzt, dabei eignen sie sich hervorragend zum Überwintern nicht ganz frostharter Gewächse oder Jungpflanzen sowie zum Abhärten von Treibhauspflanzen. Im Handel sind verschiedene Aluminium- und Kunststoffmodelle erhältlich, aber Sie können auch selbst ein Frühbeet anlegen, häufig sogar aus Restmaterialien.

1 Typische Frühbeete besitzen eine 30–50 cm hohe Rückwand aus Holz oder Ziegelsteinen, zwei nach vorne abfallende Seitenmauern, eine niedrigere Vorderwand sowie eine Abdeckung aus Glas. Meist sind sie 120 cm x 60 cm groß.

2 Auf Bauschuttplätzen findet man häufig preiswerte alte Fenster mitsamt Rahmen, die sich hervorragend als Abdeckung eignen. Möglichst große Fenster nehmen und danach die Mauern passend zum Rahmen errichten.

3 An geschützten Standorten können die Ziegel ohne Mörtel aufeinander gestapelt werden. Den Fensterrahmen auf die Mauern legen und mit Hilfe weiterer Ziegelsteine sichern (rechts). Bei Holzwänden den Rahmen mit einem Scharnier befestigen, um die Belüftung des Frühbeetes zu erleichtern.

4 Das Frühbeet an kalten Tagen mit einem alten Teppich oder Sackleinen zusätzlich abdecken (unten). Bei sonnigem Wetter die Scheibe zum Lüften abnehmen oder mit Hilfe von Holzkeilen arretieren. Vermeiden, dass die Abdeckung von Windstößen weggeweht wird.

◀ *Durch das Betreten einer mit Reif bedeckten Rasenfläche werden die gefrorenen Grashalme zerdrückt und so schwer beschädigt, dass später ein schwarzes Muster aus Fußspuren im Rasen zurückbleibt. Auch bei feuchtem Winterwetter sollte man sich unbedingt an Pfade und Wege halten und den Rasen möglichst nicht betreten.*

Verwendung von Düngemitteln

Pflanzen erzeugen ihre Energie mit Hilfe der Fotosynthese, benötigen dazu aber nicht nur Sonnenlicht und Wasser, sondern auch Mineralien, die aus der Erde aufgenommen und als Pflanzennährstoffe bezeichnet werden. Zu den wichtigsten Mineralien gehören Stickstoff (chemische Bezeichnung N), Phosphor (P), Kalium (K), Kalzium (Ca), Magnesium (Mg) und Schwefel (S).

Darüber hinaus benötigen sie so genannte Spurenelemente (Mineralien in geringen Mengen) wie etwa Bor, Kupfer, Eisen, Mangan, Molybdän und Zink. Kobalt, Aluminium und Silizium sind zwar ebenfalls von Vorteil, aber nicht unerlässlich.

Gute, fruchtbare Böden liefern alle Nährstoffe, die die Pflanzen brauchen. Doch vielen Böden mangelt es aufgrund ihrer geologischen Beschaffenheit an bestimmten Elementen, oder sie sind durch ständige Ernten ausgelaugt. In manchen Böden sind zwar alle Nährstoffe vorhanden, aber nicht in einer von den Pflanzen verwertbaren Form (so sind in alkalischen Böden häufig Spurenelemente wie Eisen eingeschlossen). Fehlende Nährstoffe können aber vom Gärtner in Form von Düngemitteln dem Boden zugesetzt werden.

Düngemittel

Düngemittel sind als Einzeldünger (mit nur einem Nährstoff) oder als Komplex- oder Universaldünger (mit einem Nährstoffcocktail) erhältlich. Genauere Angaben zur Zusammensetzung des Düngers stehen auf der Verpackung: Die drei wichtigsten Nährstoffe (Stickstoff, Phosphor und Kalium) zählen zu den bevorzugten Inhaltsstoffen von Komplexdüngern und werden häufig im Verhältnis von „N:P:K 7:7:7“ oder „7:7:7“ deklariert. Ein Dünger mit der Angabe 5:5:9 ist kaliumreich, während 30:10:10 für einen hohen Stickstoffgehalt steht. Auch Einzeldünger werden manchmal ähnlich deklariert, z. B. Ammoniumsulfat 21:0:0 oder Kaliumsulfat 0:0:50.

Daneben können dem Boden auch noch andere Elemente fehlen. Einige Dünger enthalten eine Mischung aus Hauptnährstoffen und Spurenelementen, während andere auf Mikronährstoffe spezialisiert sind (so genannte Spurenelementedünger). Einige der Spurenelemente werden speziell behandelt, damit der Boden sie nicht binden und für die Pflanzen unerreichbar machen kann.

Diese als Chelatdünger bezeichneten Düngemittel eignen sich hervorragend für alkalische Böden. Und schließlich gibt es noch speziell zusammengestellte Spu-

◀ Flüssigdünger stellen den Pflanzen sofort Nährstoffe zur Verfügung; manche sind speziell behandelt, sodass sie von den Blättern aufgenommen werden können.

renelementedünger, die vom Blattwerk aufgenommen werden können und damit eine Belastung des Bodens vermeiden.

Dünger ausbringen

Düngemittel sind in flüssiger Form, als Pulver oder als Granulat erhältlich. Beachten Sie die Anleitung auf der Verpackung: Manche Dünger müssen direkt ausgebracht werden, während man andere erst in Wasser auflöst. Die Streumenge oder Düngemittelgabe variiert je nach Produkt und zu düngender Pflanze. Tragen Sie beim Ausbringen sämtlicher Dünger unbedingt Gartenhandschuhe, und achten Sie darauf, dass das Düngerpulver nicht mit den Pflanzen in Berührung kommt, da sonst Verätzungsgefahr besteht. Flüssigdünger sind weniger gefährlich – sie stellen den Pflanzen sofort Nährstoffe zur Verfügung und können mit der Gießkanne oder einer Düngemittelspritze ausgebracht werden. Manche Dünger sind in Form von Düngestäbchen oder Düngetabletten erhältlich, die sich leicht ausbringen lassen.

Langzeitdünger geben ihre Nährstoffe über einen Zeitraum von mehreren Wochen ab. Damit ein derartiges Düngergranulat langsam zersetzt wird, muss der Boden jedoch warm und feucht sein.

▲ *Beim Ausbringen von Dünger unbedingt Gartenhandschuhe tragen. Düngergranulat darf nicht mit den Pflanzen in Berührung kommen.*

▼ *Düngetabletten erleichtern die Versorgung des Bodens mit Nährstoffen.*

Nährstoffmangelsymptome

Nährstoff	Mangelerscheinung
Stickstoff	hellgrüne oder gelbe (vor allem ältere) Blätter; verkümmerter Wuchs
Phosphor	kleine, violett getönte Blätter; ältere Blätter fallen frühzeitig ab
Kalium	gelbe oder braune Blattspitzen und -ränder; ältere Blätter zuerst betroffen; geringe Blüten- und Fruchtbildung
Kalzium	abgestorbene Blattspitzen und Vegetationspunkte; Blütenendfäule bei Tomaten und Paprika; bittere Apfelkerne
Magnesium	gelb verfärbte Flächen zwischen den Blattadern; ältere Blätter zuerst betroffen, danach die jüngeren
Schwefel	gelb verfärbte Blätter; breitet sich von den jungen Blättern über die gesamte Pflanze aus (keine häufige Mangelerscheinung)
Eisen	gelbe Blätter mit dunkelgrünen Blattadern; junge Blätter zuerst betroffen (im Gegensatz zu Magnesiummangel)
Mangan	gelb verfärbte, abgestorbene Flächen zwischen den Adern junger Blätter
Zink	gelb verfärbte Flächen zwischen den Adern der jungen Blätter; kleine Blätter; braune Verfärbung der Knospen
Bor	abgestorbene Vegetationspunkte; deformierte Blätter, verfärbte Flächen
Molybdän	deutlich gebänderte und schmale Blätter bei Blumenkohl

Ziergarten: *Allgemeine Arbeiten*

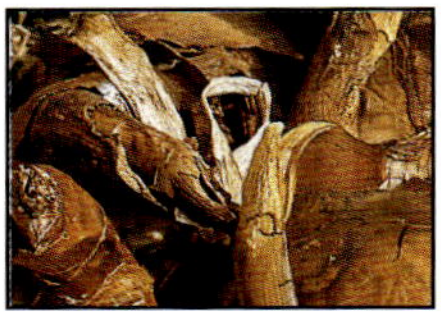

Auch in der Wintermitte gibt es deutliche Anzeichen für das Wachstum von Zwiebelgewächsen. Damit sie sich richtig entfalten können, entfernen Sie Unkraut und anderes Pflanzenmaterial. Beetpflanzen, Sträucher und Bäume können nun mithilfe von Wurzelschnittlingen vermehrt werden.

Zwiebeln lagern

Viele Pflanzen mit speziellen Speicherorganen wie Zwiebeln, Stängelknollen und Knollen können den Winter über an einem kühlen, trockenen und frostfreien Ort lagern. Überwintern sie in kalter, feuchter Erde, können sie verrotten. Allerdings lässt sich dies auch dann nicht völlig ausschließen, wenn man die Speicherorgane herausnimmt.

Diese Lagerfäulnis wird von verschiedenen Pilzen und Bakterien verursacht, die sich entweder im Boden oder in der Luft befinden und im Allgemeinen zuerst beschädigte Pflanzenteile befallen. Man erkennt sie häufig an Schimmelpilzflecken oder roten, braunen bzw. schwarzen Veränderungen des Gewebes, das außerdem sehr weich oder aber besonders hart sein kann. Überprüfen Sie Ihre gelagerten Zwiebeln daher regelmäßig, und bestäuben Sie sie mit einem Fungizid.

▼ *Narzissenzwiebeln können während der Wintermonate an einem trockenen, frostfreien Ort in Kisten gelagert werden.*

Die ersten Frühlingsboten

Bereits jetzt schieben sich die ersten grünen Pflanzenteile der früh blühenden Zwiebelgewächse durch die Erdoberfläche. Unkraut, Blätter und andere Pflanzenteile von den Schösslingen entfernen und den umliegenden Boden mit einer Handgabel lockern.

Unter Bäumen gepflanzte Zwiebeln müssen sich manchmal durch eine Moosschicht kämpfen, daher das Moos entfernen. Magere Böden erhalten nach dem Jäten etwas Universaldünger, der rund um die Zwiebeln verteilt wird.

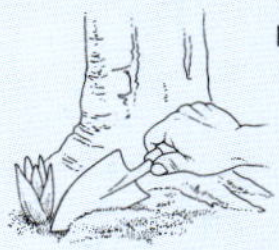

Wurzelschnittlinge nehmen

Die Vermehrung durch Wurzelschnittlingen ist nicht so bekannt wie die Kultur neuer Pflanzen mit Hilfe von Blatt- oder Triebstecklingen. Wurzelschnittlinge werden von Wurzelstücken genommen und bilden ihrerseits wieder neue Wurzeln. Diese Vermehrungsmethode zählt zu den wenigen, die man im Winter während der Vegetationsruhe durchführen kann.

1 Für diese Methode eignen sich verschiedene Sträucher und krautige Pflanzen wie etwa Ochsenzunge *(Anchusa)*, Anemonen-Hybriden *(Anemone x hybrida)*, Mohn *(Papaver)*, Phlox, Primel *(Primula)*, Baummohn *(Romneya)*, Seidelbast *(Daphne)* und Essigbaum *(Rhus typhina)*.

2 Die Wurzelschnittlinge können während der gesamten Ruheperiode genommen werden, solange der Boden nicht staunass oder gefroren ist. Die Pflanze vorsichtig aus dem Boden nehmen oder ein paar Wurzeln freilegen, falls das Gewächs sich nicht ausgraben lässt.

3 Von jeder Pflanze zwei oder drei kräftige, gesunde Wurzeln sauber abschneiden (unten links) und die Erde um die Mutterpflanze wieder fest andrücken. Alle Wurzelfasern von den Wurzeln entfernen und in einen Plastikbeutel legen, damit sie nicht austrocknen.

4 Die Wurzeln in etwa 5 cm lange Stücke schneiden und das untere Ende durch einen schrägen Schnitt markieren. Die Schnittlinge in feuchtes, sandiges Vermehrungssubstrat stecken, sodass das obere Ende gerade hinausragt (unten rechts). Im Frühbeet überwintern.

Pflanzen andrücken

Starker Frost sorgt dafür, dass sich der Boden ausdehnt und so die Wurzeln neu gepflanzter Bäume und Sträucher angehoben werden. Daher alle Pflanzen nach der Frostperiode kontrollieren und die Erde gegebenenfalls wieder festtreten.

Ziergarten: *Pflanzen der Jahreszeit*

Auch in der Wintermitte heitern immergrüne Pflanzen – vor allem die panaschierten Sorten – jeden trüben Garten auf. Viele der jetzt blühenden Bäume und Sträucher duften außerdem betörend, und immer mehr Zwiebelgewächse blühen.

▼ *Christrosen* (Helleborus niger) *bringen Schwung in den Garten. Obwohl diese Nieswurzarten winterhart sind, benötigen flachwüchsige Sorten einen Frostschutz.*

▲ *Die leuchtend roten Beeren des Feuerdorn* (Pyracantha) *verleihen dem winterlichen Garten zusätzliche Farbe.*

Bäume und Sträucher

Acer (Rindenzeichnung) (Ahorn)
Aucuba japonica (Japanische Aukube)
Betula (Birke)
Camellia (Kamelie)
Chimonanthus praecox (Chin. Winterblüte)
Cornus alba (Tatarischer Hartriegel)
Corylus avellana 'Contorta' (Gew. Hasel)
Cotoneaster (Zwergmispel)
Daphne odora (Winterseidelbast)
Erica carnea (Schneeheide)
Euonymus fortunei (Kletternder Spindelstrauch), *E. japonicus* (Jap. Spindelstrauch) (panaschierte Sorten)
Garrya elliptica (Spalierbecherkätzchen)
Hamamelis mollis (Chinesische Zaubernuss)
Hedera colchica 'Dentata Variegata' (Kolchischer Efeu) u.a.
Hippophae rhamnoides (Gew. Sanddorn)
Ilex (Beeren tragende und panaschierte Arten) (Stechpalme)
Jasminum nudiflorum (Winterjasmin)
Lonicera fragrantissima (Wohlriechende Heckenkirsche
Mahonia (Mahonie)
Prunus serrula (Tibetische Kirsche), *P. x subhirtella* 'Autumnalis' (Higankirsche)
Pyracantha (Feuerdorn)
Salix alba (Silberweide)
Skimmia japonica (Japanische Skimmie)
Sorbus (Eberesche)
Viburnum (Schneeball)

Stauden

Ajuga reptans (Kriechender Günsel)
Bergenia (Bergenie)
Helleborus atrorubens (Purpurrote Nieswurz), *H. foetidus* (Stinkende N.), *H. niger* (Christrose)
Iris unguicularis (Winteriris)
Phormium tenax (Neuseeländer Flachs)
Viola (Veilchen, Stiefmütterchen)

Zwiebelgewächse

Crocus ancyrensis (Botanischer Krokus), *C. imperati* (Italienischer Krokus)
Eranthis (Winterling)
Galanthus (Schneeglöckchen)
Iris danfordiae (Danfords Schwertlilie), *I. histrioides*, *I. reticulata* (Kleine Netzblattiris)

◀ *Die Blüten der* Camellia x williamsii *'Jury's Yellow' bieten im Winter einen besonders willkommenen Anblick.*

Nutzgarten: *Allgemeine Arbeiten*

Pflanzen Sie nun zusätzliche Beerensträucher, und ergreifen Sie schon jetzt geeignete Schutzmaßnahmen gegen Vögel, bevor sich die Fruchtknospen überhaupt entwickeln. Mit Schutzhauben und -folien lässt sich der Boden für eine frühe Aussaat vorbereiten.

Fruchtknospen schützen

Verschiedene kleine Vogelarten können die gesamte zukünftige Obsternte vernichten, indem sie die heranreifenden Knospen während der Ruheperiode mit ihren Schnäbeln malträtieren. Jede Klimazone und Region hat ihre eigenen Übeltäter, hierzulande sind dies oft Dompfaffen und Eichhörnchen.

In der Regel fressen die Vögel die zarten Schösslinge in der Knospenmitte, aber man nimmt auch an, dass die Vögel nur nach Insekten suchen, die sich in und um die Knospen herum verstecken, und dabei die Pflanzen nur zufällig beschädigen. Das Ergebnis ist aber das Gleiche: Ganze Zweige und Äste bleiben kahl zurück, und die zukünftige Ernte fällt erheblich geringer aus. Während bitter schmeckende Abschreckmittel, mit denen die Bäume besprüht werden, und Vogelscheuchen die Tiere nicht immer effektiv fern halten, erzielt man mit Schutznetzen wesentlich bessere Ergebnisse.

Beerensträucher und Obstbäume

Selbst gezogenes Obst und Gemüse bereichert jeden Speiseplan, und je größer die Auswahl, desto besser. Schönwetterperioden zum Pflanzen von Obstbäumen und Beerensträuchern nutzen, gegebenenfalls neue und verbesserte Sorten ausprobieren, die jedes Jahr in den Katalogen vorgestellt werden. Besonders beliebt sind *Rubus*-Hybriden (hauptsächlich Himbeer-Brombeer-Kreuzungen) wie etwa Boysenbeere, Silvanbeere, Taybeere, Youngbeere, Sunbeere und Veitchbeere.

▶ *Netze schützen während der Erntezeit vor gefräßigen Vögeln und verhindern zu Jahresbeginn, dass die empfindlichen Knospen zerstört werden.*

Saatgut für Sprossen (für die Verwendung im Salat)

Während im Winter kaum eine Salatsorte wächst, lassen sich Sprossen und Keimlinge ganz leicht ziehen. Die Keimung erfolgt innerhalb weniger Tage, und die Sprossen überraschen durch ihre knackige Struktur und ihr bisweilen pfeffriges Aroma. Außerdem enthalten viele Sprösslinge hohe Konzentrationen Krebs vorbeugender Substanzen und sind daher sehr gesund. In Saatkatalogen finden Sie eine große Auswahl unterschiedlicher Sorten.

1 Am besten ein großes Marmeladenglas mit breiter Öffnung nehmen, ein Musselintuch oder ein Stück Nylonstrumpf darauf legen und später mit einem Gummiband befestigen.

2 Mehrere Löffel Samenkörner in das Glas geben, mit Wasser bedecken und mehrere Stunden oder über Nacht einweichen (rechts). Das Wasser durch das Tuch abgießen, frisches Wasser auffüllen, das Glas schwenken und auch dieses Wasser sofort wieder abgießen.

3 Das Glas an einen mäßig warmen Ort stellen. Im Dunkeln wachsende Keimlinge bleiben weiß, während bei Tageslicht wachsende Sprösslinge eine grüne Farbe aufweisen und etwas anders schmecken. Die Keimlinge jeden Tag mit frischem Wasser abspülen (wie in 2 beschrieben) und das Spülwasser fortgießen.

4 Nach ein paar Tagen sind die Sprösslinge bereit für den Verzehr (unten). Für diese Methode eignen sich nur spezielle Samen für Sprossen und Keime wie Mungobohne, Adzuki-Bohne, Alfalfa (Luzerne) und Bockshornklee (Fenugrec). Andere können giftig sein.

Das Gemüsebeet

An einem geschützten Standort im Nutzgarten ein Beet mit einem Folientunnel bedecken, um es auf die baldige Aussaat vorzubereiten. Obwohl diese Hauben auch etwas Wärme speichern, dienen sie vor allem dazu, den Regen abzuhalten, damit der Boden trocknen und danach in feine Krümel aufgebrochen werden kann.

Gewächshaus: *Allgemeine Arbeiten*

Bald beginnt die Zeit der Frühjahrsaussaat. Schon jetzt können Sie ein paar Duftwicken* (Lathyrus odoratus) *und Möhren oder Radieschen säen. Im Gewächshaus überwinterte Pflanzen sollten nun allmählich vorgetrieben werden, damit Sie bald Stecklinge schneiden können.

Pflanzen zum Leben erwecken

Die Wurzeln von Dahlien, Chrysanthemen, Fuchsien und Pelargonien haben den Winter in fast trockenem Substrat weitgehend ruhend verbracht. Jetzt ist der richtige Zeitpunkt, sie in einem beheizten Gewächshaus allmählich wieder zum Leben zu erwecken.

Setzen Sie die Wurzeln dazu in frisches Substrat, und stellen Sie sie an einen hellen Standort. Gießen Sie das Substrat sorgfältig, sodass es gleichmäßig feucht, aber nicht nass ist, und achten Sie auf eine gleichmäßige Temperatur von etwa 7 °C. Schon bald erscheinen die ersten neuen Triebe, die Sie als Grünstecklinge zu kräftigen Pflanzen kultivieren und ins Freie setzen können, sobald die Frostgefahr vorüber ist.

Gerätschaften und Zubehör

Sobald die Hauptsaatzeit beginnt, benötigen die meisten Gärtner eine Vielzahl von Pflanzschalen und Töpfen und große Mengen von Anzuchterde für sämtliche Samen und Stecklinge, die sie kultivieren möchten. Am besten überprüfen Sie schon jetzt Ihre Ausstattung – Saatschalen und Multitopfplatten, verschieden große Töpfe, Kunststoffhauben, Pflanzhölzer, Brettchen zum Andrücken, Sprühflasche, Etiketten usw. –, um den Fundus zu ergänzen. Und es schadet auch nicht, ein oder zwei große Säcke Substrat zu kaufen.

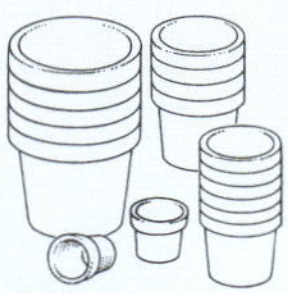

▲ *Chrysanthemen lassen sich in den nächsten Wochen mit Hilfe von Grünstecklingen (unverholzten Stecklingen) mühelos vermehren.*

Aussaat für eine frühe Gemüseernte

In frostfreien Gewächshäusern lassen sich schon jetzt Möhren oder Radieschen in Pflanzsäcken aussäen. Auf diese Weise können Sie sich schon bald an jungem Gemüse erfreuen, das so früh im Jahr sonst nirgends wächst.

1 Für die Kultur in Pflanzsäcken geeignetes Saatgut verwenden, also Sorten mit kurzen, runden Wurzeln. Bei Radieschen ist das kein Problem, doch die Auswahl der Möhren erfordert mehr Sorgfalt: Sorten mit kurzen, runden oder abgerundeten Wurzeln wie 'Parmex' oder 'Nantes' eignen sich am besten.

2 Den Pflanzsack aufschneiden, sodass rundherum nur ein schmaler Steg stehen bleibt. Mit einem Pflanzholz mehrere Rillen in das Substrat ziehen, das Saatgut dünn aussäen (rechts) und mit Erde bedecken. Das Substrat vorsichtig andrücken und mit einer feinen Brause gießen.

3 Den Pflanzsack an den hellsten Standort im Gewächshaus stellen und das Substrat gleichmäßig feucht halten. Die Sämlinge pikieren, sobald man sie an den Keimblättern fassen kann.

4 Das Substrat immer gleichmäßig feucht halten und ernten, sobald das Wurzelgemüse groß genug ist (unten), allerdings immer nur jede zweite Pflanze, damit die restlichen Exemplare weiterhin kräftig wachsen können.

Lathyrus odoratus

Wer im Herbst keine Duftwicke gesät hat (oder Nachschub wünscht), kann dies jetzt nachholen. Das Saatgut keimt am besten bei 10 °C in einem beheizbaren Anzuchtkasten. Die Blüten erscheinen zwar später als die der Herbstsaat, duften aber genauso gut.

Pflanzen und Gewächshaus beleuchten

Die fehlende Wärme ist nicht das einzige Problem, mit dem sich der Gärtner während der Wintermonate beschäftigen muss, um die Pflanzen zum Wachstum anzuregen – auch die Tageslichtwerte liegen weit unter dem optimalen Maß. Während man im Gewächshaus angenehme Temperaturen erzeugen kann, reagieren die Pflanzen erst dann, wenn sie auch die entsprechende Menge, Dauer und Zusammensetzung an Licht erhalten, denn das Kunstlicht, das zur Beleuchtung herkömmlicher Räume dient, hilft den Pflanzen wenig.

Lichtqualität

Für die Fotosynthese nutzen Pflanzen nicht das gesamte Spektrum des sichtbaren Lichts, sondern nur bestimmte Wellenlängen. Auch die Lichtintensität spielt eine wichtige Rolle.

▲ *Herkömmliche Neonröhren sind für Hobbygärtner eine preiswerte Alternative zu den Hochleistungslampen, die im gewerblichen Gartenbau Verwendung finden.*

Auswirkungen der Tageslänge auf die Blütezeit

Viele Pflanzen richten ihre Blütezeit nach der Tageslänge: Manche bringen nur dann Knospen hervor, wenn die Tageslänge weniger als zwölf Stunden beträgt. Zu diesen so genannten Kurztagpflanzen zählen Chrysanthemen, Weihnachtssterne, Kalanchoë und *Begonia* x *elatior*-Hybriden. (Da es bei diesen Gewächsen tatsächlich auf die Dauer der Dunkelheit ankommt, müsste man sie eigentlich eher als Langnachtpflanzen bezeichnen.) Der gewerbliche Gartenbau manipuliert die Blütezeit durch eine zusätzliche Beleuchtung während der Nachtstunden.

Wenn Hobbygärtner in ihren Gewächshäusern Kunstlicht einsetzen, können sie unwissentlich die Blüte der Kurztagpflanzen stören, indem sie die Periode anhaltender Dunkelheit (die diese Gewächse benötigen) einschränken. Dabei kann schon eine kurze Unterbrechung der „Nachtruhe" die Knospenbildung unterbinden.

▶ *Chrysanthemen zählen zu den Gewächsen, die man als „Kurztagpflanzen" bezeichnet – diese Pflanzen bilden nur dann Knospen, wenn die Tageslänge weniger als zwölf Stunden beträgt.*

Die meisten künstlichen Lichtquellen müssen sehr dicht über den Pflanzen platziert werden, damit die Gewächse eine ausreichende Menge an Licht aufnehmen können.

Viele Beleuchtungskörper erzeugen neben Licht jedoch auch reichlich Wärme, die den Pflanzen wiederum schaden kann, wenn die Lampe zu dicht darüber hängt. Aus diesem Grunde scheiden herkömmliche Haushaltsglühbirnen als Lichtquelle für Pflanzen aus.

Professionelle Gartenbaubetriebe verwenden speziell für das Pflanzenwachstum entwickelte Natriumdampfhochdruck- und Halogenmetalldampflampen, die aber teuer und im Wohnzimmer nicht sonderlich attraktiv sind. Als preiswerte Alternative bietet sich herkömmliches Neonlicht an: Die Röhren erwärmen sich kaum, stellen Licht der geeigneten Wellenlänge zur Verfügung und erhellen relativ große Flächen. Kompaktleuchtstofflampen eignen sich sogar für herkömmliche Fassungen, beleuchten aber wesentlich kleinere Flächen.

Kunstlicht für üppiges Pflanzenwachstum

Während der Wintermonate können Sie das Tageslicht durch künstliche Lichtquellen verstärken oder sogar bis in die Abendstunden hinein verlängern, um Ihre Pflanzen zum Wachstum anzuregen. Die dafür eingesetzten Neonröhren sollten etwa 25–60 cm über den Pflanzen angebracht werden.

Im Haus bietet sich die Verwendung einer Kompaktleuchtstofflampe in einer Pendelleuchte an, die man über eine Gruppe von Zimmerpflanzen hängt.

Im Gewächshaus empfiehlt es sich, auf spezielle Pflanzenleuchten mit wasserdichten Fassungen zurückzugreifen – dies ist ein nicht zu vernachlässigender Sicherheitsaspekt.

Bei den meisten Pflanzen erzielt man mit einer Helligkeitsdauer von insgesamt 12–18 Stunden (inklusive natürlichem Tageslicht) die besten Ergebnisse.

Spätwinter

Obwohl es auch in dieser Jahreszeit noch recht häufig Schlechtwetterperioden gibt, steht nun der Frühling vor der Tür. Die Tage sind wieder länger, die Knospen an Bäumen und Sträuchern werden praller, und immer mehr Zwiebelgewächse bringen Blüten hervor.

Wenn solche Arbeiten wie das Umgraben der Beete, das Pflanzen wurzelnackter Bäume und Sträucher und der Fruchtholzschnitt noch nicht ganz erledigt sind, sollten Sie sie möglichst bald zu Ende führen. In vielen Regionen können nun auch die Rosen zurückgeschnitten werden.

Nach ein paar trockenen, windigen Tagen ist der Boden fast schon für die Aussaat im Freien bereit. Falls Sie nicht wissen, welche Art von Boden in Ihrem Garten vorherrscht, ist der Spätwinter ein hervorragender Zeitpunkt zur Durchführung einiger Bodenuntersuchungen.

Die Blumenbeete sollten allmählich gesäubert und von Unkraut und abgestorbenen Pflanzenresten befreit werden – diese bieten einen idealen Unterschlupf für Schnecken, die sich auf die bald erscheinenden jungen Triebe stürzen. Anschließend sollte man die Beete mulchen. Außerdem wirkt der Garten so wesentlich ordentlicher und attraktiver.

Im Gewächshaus werden jetzt immer mehr Samen gesät und Stecklinge geschnitten. Achten Sie unbedingt darauf, dass die Gewächshausheizung einwandfrei funktioniert, da sie noch eine Zeit lang für die Kultur junger Sämlinge benötigt wird. Und da Sie auch zuvor gesäte Sämlinge nun pikieren müssen, wird das Platzangebot im Gewächshaus bald kaum noch ausreichen.

Im Nutzgarten sollte man nun das letzte Wintergemüse wie Lauch und Pastinaken verbrauchen (bevor die Pflanzen erneut austreiben) und früh getriebenen Rhabarber und Blätterkohl ernten.

◀ *Jetzt ist der richtige Zeitpunkt zum Säubern der Blumenbeete: Unkraut und abgestorbene Pflanzenreste bilden einen idealen Unterschlupf für Schnecken, die die ersten Jungtriebe fressen.*

Arbeiten im Spätwinter

▲ *Etwas Wasser speicherndes Substrat auf den Grund der für die Stangenbohnen ausgehobenen Gräben geben.*

Allgemeines:

- Alle Gerätschaften überprüfen und gegebenenfalls durch neue ersetzen,
- Bodenuntersuchungen an verschiedenen Standorten im Garten durchführen.

Ziergarten:

- Beete jäten, säubern und mulchen,
- Rosen zurückschneiden,
- Pflanzung wurzelnackter Bäume und Sträucher abschließen,
- überwinterte, frostharte Einjährigen von Unkraut befreien und gegebenenfalls mit Stützen versehen,
- empfindliche Pflanzen vor Schnecken schützen,
- Duftwicke *(Lathyrus odoratus)* im Freien säen,
- weiterhin Lilienzwiebeln setzen, sobald sie erhältlich sind,
- Winterjasmin *(Jasminum nudiflorum)* nach der Blüte zurückschneiden,
- sommerblühende *Clematis*-Hybriden zurückschneiden,
- blühende Sträucher mit Kaliumsulfat düngen.

Rasenflächen:

- Das Gras eventuell leicht mähen, schadhafte Kanten reparieren und verdichtete Flächen belüften,
- gegebenenfalls einen neuen Rasenmäher kaufen, bevor die Mahdzeit beginnt.

Nutzgarten:

- Wintergemüse wie Lauch und Pastinaken verbrauchen, bevor die Pflanzen erneut austreiben,
- Umgraben der Beete abschließen und evtl. etwas Kalk hinzufügen,
- Saatbeete vorbereiten, wenn das Wetter gut ist,
- Erbsen- und Bohnensämlinge sowie Frühjahrskohl abdecken,
- Saatkartoffeln sofort nach dem Kauf zum Keimen an einen hellen Standort stellen,
- Schalotten und Topinambur pflanzen,
- Gräben für Stangenbohnen mit Wasser speicherndem Substrat versehen,
- früh getriebenen Blätterkohl und Rhabarber ernten, sobald die Triebe groß genug sind,
- remontierende Himbeeren zurückschneiden,
- Obstbäume und -sträucher mit Kali düngen.

▲ *Busch- oder Saubohnen in Einzeltöpfe säen, die später ins Freie gestellt werden.*

Gewächshaus:

- Gewächshaus für die nächste Saison aufräumen und reinigen,
- früh getriebene Zwiebelgewächse nach der Blüte düngen, damit sie später ins Freie gesetzt werden können,
- Stecklinge von Chrysanthemen, Dahlien, Fuchsien und Pelargonien schneiden,
- Tomaten, Melonen und Gurken für die Treibhauskultur säen; halbharte Einjährige und Bohnen in Töpfe säen, damit sie später ins Freie gesetzt werden können; zuvor gesäte Sämlinge pikieren,
- Begonienknollen vortreiben,
- Topferdbeeren für eine frühe Ernte ins Gewächshaus stellen,
- bei geeignetem Wetter die Lüftungszeiten während des Tages langsam steigern.

Bodenuntersuchungen

Von Garten zu Garten kann die Zusammensetzung des Bodens stark variieren. Die Bodenart bestimmt in entscheidendem Maße das Wuchsverhalten der Pflanzen, und das Wissen um die Qualität seines Bodens ist wichtig zum erfolgreichen Gärtnern.

Das Bodenmaterial stammt zum Großteil von Felsgestein, das über Jahrmillionen in kleinste Partikel aufgebrochen wurde. Größe und Art dieser Partikel hängen nicht nur vom ursprünglichen Gestein ab, sondern auch davon, wie das Gestein zersetzt wurde. Einen weiteren Hauptbestandteil des Bodens bildet organisches Material. Diese werden wiederum von anderen Organismen zersetzt, bis daraus Humus entsteht, ein krümeliges, poröses Material, dessen Herkunft sich nicht mehr genau identifizieren lässt.

Bestimmung der Bodenart

Die verschiedenen Bodenarten werden nach der Größe ihrer Partikel klassifiziert. Die kleinste Korngröße findet man bei Ton, Schluff zeichnet sich durch etwas größere Partikel aus und Sand besitzt die größten Partikel. Je größer die Partikel, desto größer sind auch die Lufteinschlüsse dazwischen und desto leichter kann das Wasser abfließen. Daher sind Sandböden gut durchlässig, aber meist auch nährstoffarm, da die löslichen Nährsubstanzen mit dem Wasser ausgewaschen werden. Da Humus aufgrund seiner porösen Struktur Feuchtigkeit binden und dazu beitragen kann, verdichtete Bodenpartikel aufzubrechen, eignet er sich sowohl bei leichten Sandböden als auch bei schweren Tonböden hervorragend zur Verbesserung der Bodenstruktur.

▲ *Wenn man eine Hand voll Gartenerde zusammendrückt oder zwischen den Fingern zerreibt, erhält man bereits erstaunlich viele Informationen über die jeweilige Bodenart.*

▲ *Das Mengenverhältnis der verschiedenen Bestandteile des Bodens ist leicht abzulesen, wenn man etwas Erde in einem Glas Wasser auflöst und eine Weile stehen lässt.*

Kalkdüngung

Die meisten Pflanzen gedeihen sehr gut in leicht sauren bis neutralen Böden, doch manche Gemüsearten entwickeln sich noch besser, wenn der Boden durch die Zugabe von Kalk einen geringeren Säuregrad aufweist. In einer neutralen oder alkalischen Umgebung tritt Kohlhernie seltener auf. Allerdings sollte man nur dann Kalk hinzufügen, wenn eine Analyse des pH-Wertes die Notwendigkeit bestätigt. Bei einem pH-Wert von 6,5 und darüber kann man getrost darauf verzichten.

Eine Bodenuntersuchung durchführen

Heben Sie eine Hand voll feuchte Erde aus, und zerreiben Sie sie zwischen Daumen und Zeigefinger. Sandige Böden fühlen sich körnig an, während Tonböden feucht-klebrig und Schluffböden glatt und seifig wirken. Drücken Sie die Erde nun fest zusammen: Sandboden zerbröselt sofort, ein Tonboden bildet einen Klumpen. Testen Sie, ob Sie aus dem Tonklumpen einen Ball formen können: Je flexibler der von Ihnen geformte Klumpen, desto höher der Tonanteil des Bodens.

Als Nächstes geben Sie eine Pflanzkelle Erde in ein sauberes Marmeladenglas mit Schraubdeckel, füllen es zur Hälfte mit Wasser, schütteln es kräftig und lassen die Mischung mehrere Stunden stehen. Die größten Steine und Bodenpartikel setzen sich am Boden ab; darüber befinden sich die feinen Tonpartikel, während das organische Material an der Wasseroberfläche schwimmt. Die Höhe jeder Schicht zeigt das unterschiedliche Mengenverhältnis dieser Substanzen im Boden an.

Zum Schluss nehmen Sie von verschiedenen Standorten im Garten Bodenproben und analysieren diese mit Hilfe eines im Handel erhältlichen Testsatzes. Besonders nützlich sind Tests zur Bestimmung des pH-Wertes, da manche Pflanzen nur in sauren Böden gedeihen. Dagegen sind Tests zur Bestimmung von Stickstoff, Phosphor und Kalium zwar informativ, aber nicht sehr zuverlässig.

▼ *Kalk kann in Nutzgärten das Auftreten von Kohlhernie verhindern; aber arbeiten Sie diesen Dünger nur dann unter den Boden, wenn ein pH-Test die Notwendigkeit bestätigt.*

Ziergarten: *Allgemeine Arbeiten*

In Regionen mit mildem Klima erscheinen bald die neuen Triebe krautiger Stauden, und im Herbst gesäte, winterharte Einjährige müssen nun gestützt werden. Wer Topfpflanzen mit langer Blütezeit sucht, sollte jetzt die ersten Begonienknollen vortreiben.

Beetpflanzen und Schneckenfraß

Bei mildem Wetter gedeihen nun die ersten frühen Kräuter, deren zarte, saftige Triebe für Schnecken einfach unwiderstehlich sind.

Sie können Fraßschäden jedoch verhindern, indem Sie die Beete und die umliegenden Flächen jäten und säubern, sodass die gefräßigen Tiere keinen Unterschlupf mehr finden.

Denken Sie daran, dass Schnecken relativ große Strecken zurücklegen können, um zu ihrer bevorzugten Speise zu gelangen.

Einzelpflanzen schützt man am besten mit einer Hürde: Obwohl zerdrückte Eierschalen, grober Sand und Kies, kohlensaurer Kalk und Schlacke zu den traditionellen Hindernissen zählen, sind Schneckenzäune wesentlich effektiver.

Schneiden Sie einfach ca. 10 cm breite Streifen aus alten Plastikflaschen, und stecken Sie sie rund um jede Pflanze so tief in den Boden, dass etwa knapp die Hälfte herausragt. Diese Methode ist zur Schneckenabwehr meist besser geeignet als Schneckenkorn.

Wenn Sie nicht auf den Einsatz herkömmlicher Abwehrmittel verzichten können, versuchen Sie es doch einmal mit organischen oder biologischen Bekämpfungsmitteln wie etwa „Ferramol" (Wirkstoff Eisenphosphat) oder speziellen molluskenpathogenen Nematoden (*Phasmarhabditis hermaphrodita*, Handelsbezeichnung „Bioslug-Schneckennematoden"). Sie sind für die Natur wesentlich weniger schädlich als die Wirkstoffe Methiocarb und Metaldehyd im üblichen Schneckengift.

◀ *Schnecken verstecken sich tagsüber und legen nachts erstaunliche Strecken zu ihren bevorzugten Futterplätzen zurück.*

Beete mulchen

Sämtliches Unkraut entfernen und die Beete mit Rindenmulch oder Pilzsubstrat bedecken, um das Wachstum neuer Wildkräuter zu verhindern und das Erscheinungsbild der Beete zu verbessern. Die Mulchschicht trägt außerdem dazu bei, dass der Boden im Frühling und Frühsommer mehr Feuchtigkeit bindet. Die neu erscheinenden Triebe sollten jedoch nicht bedeckt werden, weil dies den Schneckenbefall fördert. Daher die Wurzelhälse der Pflanzen vollständig freilassen bzw. bis an die Schneckenzäune heran mulchen.

Begonien vortreiben

Knollenbegonien eignen sich hervorragend zur Bepflanzung von Kübeln und Blumenampeln und lassen sich jedes Jahr mühelos zu neuem Leben erwecken. Die überwinterten Knollen können nun in einem warmen Gewächshaus vorgetrieben werden.

Harte Einjährige

Im Herbst gesäte, winterharte Einjährige sollten nun von Unkraut befreit, gegebenenfalls pikiert und mit einer Stütze versehen werden, damit sie während des Wachstums nicht umknicken. Am unauffälligsten sind Stützen aus dünnen Pflanzstöcken, die man von Hecken oder Gartensträuchern schneidet und zwischen den Pflanzen in den Boden steckt, sodass diese ihre Stützen bald vollständig verdecken. Falls die Herbstsaat den Winter nicht überstanden hat, kann man im nächsten Monat einen weiteren Versuch starten.

1 Begonienknollen besitzen häufig eine merkwürdige Form. Die Oberseite erkennt man an der Innenwölbung und den Triebknospen (unten), während die Unterseite abgerundet und mit Faserwurzeln bedeckt ist.

2 Die Töpfe mit sandigem Torfkultursubstrat füllen und die Unterseite der Knollen leicht in die Erde drücken, sodass die Oberseite unbedeckt bleibt (unten). Die Töpfe an einen hellen, warmen Standort (Idealtemperatur: etwa 14 °C) stellen.

3 Das Substrat gleichmäßig feucht halten. Es sollte jedoch kein Spritzwasser auf die Knollenoberseite gelangen. Nur wenn sich die Knospen nicht entwickeln wollen, sollte man sie ein einziges Mal leicht mit Wasser besprühen.

4 Sobald die Knospen groß genug sind, teilt man die Knollen in zwei bis drei Abschnitte mit je einer Knospe. Sie können aber auch warten, bis sich kräftige Triebe entwickeln, die als Grünstecklinge vermehrt werden.

Pflege von Wegen, Terrassen und Treppen

Harte Bodenbeläge und -oberflächen im Garten sind zwar sehr belastbar, benötigen aber regelmäßige Pflege, damit sie auch weiterhin ihren Zweck erfüllen. Der Spätwinter ist der richtige Zeitpunkt, um sämtlichen Dreck und Schmutz der vergangenen Monate gründlich zu beseitigen. Außerdem können Sie beim Reinigen eventuelle Schäden und Risse feststellen und entsprechend reparieren. Die regelmäßige Pflege von Wegen, Terrassen und Treppen trägt nicht nur dazu bei, dass diese länger halten und gut aussehen, sondern ist auch eine wichtige Sicherheitsmaßnahme.

Reinigung

Fegen Sie zuerst sämtliche Flächen mit einem robusten Besen, und achten Sie besonders auf Ecken und Bereiche, in denen sich Laub und Erde ansammeln. Mit einem Spachtel lösen Sie hartnäckigen Schmutz und kratzen die Fugen zwischen den Steinplatten sauber, wo sich häufig Unkraut angesiedelt hat. Besonders effektiv sind Hochdruckreiniger, die auch Nischen und Spalten gründlich reinigen. Diese Geräte kann man für einen Tag oder ein Wochenende ausleihen – Sie müssen sich also nicht sofort einen Hochdruckreiniger zulegen.

Auf ständig feuchten und schattigen Flächen siedeln sich oft Moose, Algen und Flechten an, die Sie mit dem Wirkstoff Dichlorophen entfernen können. Danach sollten Sie versuchen, die Wachstumsbedingungen zu verändern, die ein Auftauchen dieser Pflanzen erst ermöglicht haben. Flächen, die lange Zeit mit Schmutz und Erde bedeckt waren, können nach dem Fegen Verfärbungen aufweisen, die sich jedoch mit einem Hochdruckreiniger meist beseitigen lassen. Dagegen sind Ölflecken auf Stein- und Betonflächen wesentlich hartnäckiger. Im Handel sind diverse Reinigungsmittel erhältlich; Sie können aber auch Spiritus (z. B. Farbverdünner) mit Sägemehl mischen, bis das Sägemehl gut durchfeuchtet ist, und die Mischung dick auf den Fleck auftragen. Nach einer Weile entfernen Sie das Ganze mit einer Stahlbürste – gegebenenfalls wiederholen.

Übrigens ist Beton wesentlich länger haltbar, wenn er mit einem Sperranstrich versiegelt ist: Im Handel sind verschiedene Produkte dafür erhältlich.

◀ *Bevor man mit der Reparatur beginnen kann, müssen zuerst alle losen oder bröckligen Stellen mit einer Drahtbürste entfernt werden.*

▲ *Manchmal müssen Risse an den Kanten mit Hammer und Meißel gesäubert werden, bevor man sie reparieren kann.*

Reparatur

Plattenbeläge können im Laufe der Zeit uneben werden, sodass herausragende Kanten zu gefährlichen Stolperfallen werden. Entfernen Sie die unebenen Platten, glätten das Fundament, und verlegen Sie die Platten erneut.

Auch einzelne Risse in Beton oder Platten lassen sich reparieren. Säubern Sie die Kanten der Risse mit Hammer und Meißel, entfernen Sie das lose Material, und versehen Sie die Seiten mit einem geeigneten Bindemittel, bevor Sie Mörtel oder Flickmasse einfüllen.

Wenn Sie den Mörtel mit Betonpigmenten mischen, sodass er zur Oberflächenfarbe passt, lässt sich die Reparatur besser kaschieren. Nicht fachmännisch angelegte Betonflächen können nach einiger Zeit durch vorzeitige Abnutzung sehr unansehnlich wirken und mit flachen Vertiefungen übersät sein. Solange das Fundament noch trägt, lässt sich die Oberfläche erneuern, doch die neue Schicht muss mindestens 5 cm dick sein, damit sie nicht abblättert. Reinigen Sie die abgenutzte Oberfläche gründlich, und versehen Sie sie mit einem Bindemittel, bevor die Sand-Zement-Mischung aufgetragen wird.

Die Erneuerung der Oberfläche ist häufig nur eine Zwischenlösung – letztendlich wird die gesamte Betonfläche ersetzt werden müssen.

Sicherheitsvorkehrungen

- Tragen Sie bei der Arbeit mit Hammer und Meißel immer eine Schutzbrille,
- achten Sie auf Ihren Rücken, wenn Sie schwere Platten heben müssen; lassen Sie sich gegebenenfalls von jemandem helfen,
- tragen Sie bei der Arbeit mit Fertigzement eine Schutzmaske, damit Sie den feinen Staub nicht einatmen,
- tragen Sie beim Umgang mit Beton und Mörtel vorsichtshalber Arbeitshandschuhe, um Hautreizungen zu verhindern.

◀ *Die vorbereiteten Risse und Spalten mit Mörtel oder Flickmasse füllen und das Ausbesserungsmaterial sorgfältig glätten, damit die Oberfläche wieder plan ist.*

Ziergarten: *Pflanzen der Jahreszeit*

Die Zahl der nun blühenden Gewächse im Garten nimmt von Tag zu Tag zu, da der Winter langsam, aber unaufhaltsam in den Frühling übergeht. Blütenkätzchen erscheinen an noch kahlen Zweigen, und einige besonders früh blühende Zierkirschen zeigen bereits ihre Blütenpracht.

▲ *Die Higankirsche* Prunus x subhirtella *'Pendula Rubra' bietet im Spätwinter eine herrliche Blütenpracht.*

▲ *Mit ihren zarten gelben Blüten verleiht die Zaubernuss* Hamamelis x intermedia *'Westerstede' dem Winter etwas Farbe.*

▶ Mahonia aquifolium *'Smaragd' schenkt dem Garten kräftige Formen und Strukturen.*

Bäume und Sträucher

Acacia dealbata (Akazie)
Camellia (Kamelie)
Chaenomeles japonica (Japanische Scheinquitte)
Chimonanthus praecox (Chin. Winterblüte)
Cornus alba (Tatarischer Hartriegel)
Daphne odora (Winterseidelbast)
Erica carnea (Schneeheide)
Garrya elliptica (Spalierbecherkätzchen)
Hamamelis mollis (Chinesische Zaubernuss)
Hedera colchica (Kolchischer Efeu)
Jasminum nudiflorum (Winterjasmin)
Lonicera fragrantissima (Wohlriechende Heckenkirsche), *L. standishii* (Stinkende Heckenkirsche)
Magnolia campbellii (Magnolie)
Mahonia x media 'Charity' u. a. (Mahonie)
Prunus incisa 'February Pink' (Märzkirsche), *P. mume* (Japanische Aprikose) u. a.
Pyracantha (Feuerdorn)
Salix alba (Silberweide)
Sarcococca hookeriana (Niedere Fleischbeere)
Skimmia (Skimmie)
Sorbus (Eberesche)
Stachyurus praecox (Japanischer Perlschweif)
Viburnum (Schneeball)

Stauden

Bergenia (Bergenie)
Helleborus niger (Christrose), *H. orientalis* (Orientalische Nieswurz)
Phormium tenax (Neuseeländer Flachs)
Primula (Primel)
Pulmonaria (Lungenkraut)
Viola odorata (Wohlriechendes Veilchen)

Zwiebelgewächse

Anemone blanda (Berganemone)
Chionodoxa (Schneestolz)
Crocus (Krokus)
Cyclamen coum (Vorfrühlingsalpenveilchen)
Eranthis hyemalis (Kleiner Winterling)
Galanthus (Schneeglöckchen)
Iris danfordiae (Danfords Schwertlilie, Gelbe Zwergiris), *I. histrioides*, *I. reticulata* (Kleine Netzblattiris)
Narcissus (Narzisse)

◀ *Der Seidelbast* Daphne mezereum *'Rubra' erfreut in dieser Jahreszeit mit seinen Blüten.*

Nutzgarten: *Allgemeine Arbeiten*

Trockene, windige Schönwetterperioden sorgen jetzt dafür, dass der Boden trocknet und die Saatbeete entsprechend vorbereitet werden können. Doch wenn das Wetter umschlägt, sollte man die jungen Sämlinge unbedingt vor Kälte und Wind schützen.

Sämlinge schützen

Auch im Spätwinter ist das Wetter immer noch unberechenbar und überrascht regelmäßig mit eisiger Kälte – häufig direkt nach milden Tagen, die die Pflanzen aus ihrem Winterschlaf geweckt haben. Im Herbst gesäte Erbsen- und Bohnensämlinge können nun schwere Schäden davontragen, wenn man sie dem schlechten Wetter schutzlos ausliefert. Doch glücklicherweise lässt sich mit Schutzhauben aus Glas oder Kunststoff oder leichten Schutzfolien und -vliesen das Schlimmste verhindern.

Junger Frühjahrskohl, der im Herbst noch nicht ins Freie gesetzt wurde, kann nun an seinen endgültigen Standort gepflanzt werden, sofern das Wetter zum Graben und Pflanzen trocken genug ist. Auch diese Pflanzen lassen sich mit verschiedenen Hauben und Folien zusätzlich schützen.

▼ In dieser Jahreszeit sollte man Erbsen- und Bohnensämlinge mit Schutzfolie oder -vlies vor kaltem Wetter schützen.

TOPINAMBUR PFLANZEN

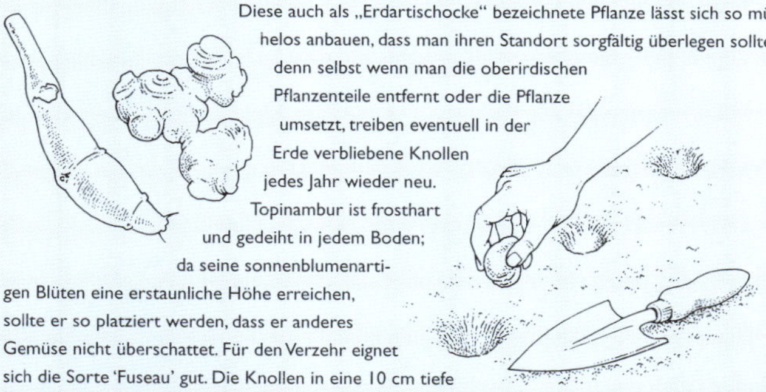

Diese auch als „Erdartischocke" bezeichnete Pflanze lässt sich so mühelos anbauen, dass man ihren Standort sorgfältig überlegen sollte, denn selbst wenn man die oberirdischen Pflanzenteile entfernt oder die Pflanze umsetzt, treiben eventuell in der Erde verbliebene Knollen jedes Jahr wieder neu. Topinambur ist frosthart und gedeiht in jedem Boden; da seine sonnenblumenartigen Blüten eine erstaunliche Höhe erreichen, sollte er so platziert werden, dass er anderes Gemüse nicht überschattet. Für den Verzehr eignet sich die Sorte 'Fuseau' gut. Die Knollen in eine 10 cm tiefe Rille setzen, mit 30 cm Pflanzabstand und 90 cm Reihenabstand.

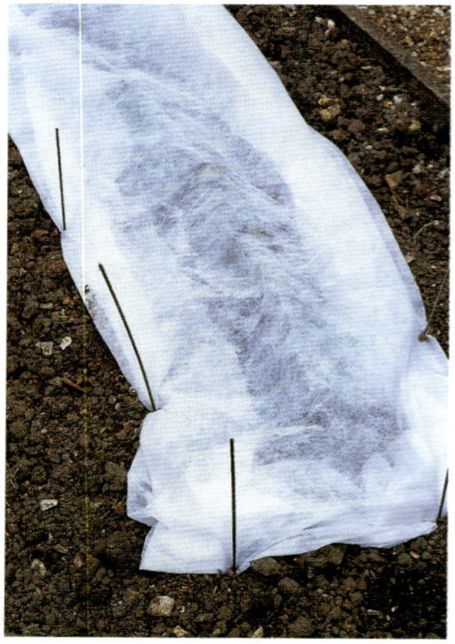

Stangenbohnen anbauen

Stangenbohnen sind ausgesprochen nützliche Gemüsepflanzen, da sie im Verhältnis zum benötigten Platz sehr hohe Erträge liefern, und zwar den ganzen Sommer über bis zum ersten Herbstfrost. Jetzt ist der richtige Zeitpunkt zur Vorbereitung der Beete, auf denen die Bohnen dann später gesät werden.

1 Stangenbohnen benötigen ein warmes, geschütztes Beet und sollten möglichst jedes Jahr an einen neuen Standort gesetzt werden, damit sich im Boden keine Wurzelfäule verursachenden Pilze ansammeln können. Einen Graben ausheben, und zwar mindestens einen Spaten tief und 60 cm breit. Die Erde am Grund des Grabens sorgfältig umgraben, um sie zu lockern (rechts).

2 Bohnen brauchen einen fruchtbaren und vor allem Wasser speichernden Boden. In trockenen Böden fallen viele Blüten unbefruchtet ab, was zu geringen Erträgen führt.

3 Deshalb eine Schicht Wasser speicherndes Material auf den Grund des Grabens geben. Am besten eignet sich gut verrotteter Stallmist mit hohem Strohanteil (unten) oder eine Mischung aus Grasschnitt, Hopfen und Pilzsubstrat. Sogar alte Zeitungen wären geeignet.

4 Bis zur Aussaat im Frühling (nach dem letzten Frost) bleibt der Graben offen liegen. Dann wird er noch einmal gründlich gewässert, bevor man die oberste Erdschicht zurückgibt und gründlich festtritt.

Blätterkohl und Rhabarber

Im frostfreien Gewächshaus früh getriebener Blätterkohl (auch Stielmus oder Rübstiel genannt) und Rhabarber müssten jetzt erntereif sein. Wenn die Triebe mit einem schwarzen Eimer abgedeckt waren und in völliger Dunkelheit heranwachsen konnten, sind sie besonders zart und überhaupt nicht bitter. Blätterkohl ist ein sehr edles Gemüse und wird manchmal sogar mit Spargel verglichen, doch die zarten, weißen Blattstängel besitzen ein ganz besonderes Aroma.

Fruchtwechsel

Auf den Anbau des gleichen Gemüses an immer gleicher Stelle im Garten – Jahr für Jahr – sollte man verzichten. Dafür gibt es verschiedene Gründe: Unterschiedliche Gemüsearten stellen unterschiedliche Ansprüche an die Nährstoffe im Boden. So gelten z. B. alle Kohlarten *(Brassica)* als „Vielfraß", da sie dem Boden viele Nährstoffe entziehen. Wenn nun der Kohl Jahr für Jahr an der gleichen Stelle kultiviert wird, ist der Boden bald ausgelaugt, vor allem wenn er nicht zum Ausgleich mit organischem Dünger angereichert wird. Kohlpflanzen sind darüber hinaus sehr anfällig für bestimmte Schädlinge und Krankheitserreger, die sehr lange im Boden oder auf Pflanzenresten verbleiben können und dann im darauf folgenden Jahr die nächste Ernte infizieren.

Kultiviert man jedoch dort eine andere Gemüseart, entnimmt diese dem Boden ganz andere Nährstoffe; außerdem ist sie immun gegen *Brassica*-spezifische Schädlinge und Krankheitserreger, sodass der Kreislauf einer ständigen Neuinfektion durchbrochen wird.

Wenn an einer bestimmten Stelle jedes Jahr ein anderes Gemüse wächst, nennt man das „Fruchtwechsel". Wichtigste Voraussetzung für einen gelungenen Fruchtwechsel ist eine sorgfältige Planung und die Unterteilung des Gemüses in drei Pflanzengruppen.

Unterteilung des Gemüses in Gruppen

Die erste Gemüsegruppe umfasst die Pflanzengattung *Brassica* – also alle Kohlarten inklusive Rosenkohl, Grünkohl, Brokkoli, Blumenkohl usw. Diese Gruppe entzieht dem Boden viel Stickstoff und ist anfällig für Kohlhernie. Zur zweiten Gruppe gehören alle Wurzelgemüse – Kartoffeln, Pastinaken, Möhren, Rote Beete, Topinambur, Schwarzwurzel usw. –, die etwas weniger Stickstoff benötigen und häufig nicht gedeihen, wenn der Boden mit frischem Stallmist gedüngt wurde. Die dritte Gruppe umfasst die Hülsenfrüchte Erbsen und Bohnen. Sie sind insofern ungewöhnlich, als sie ihren Stickstoffbedarf aus der Luft und nicht aus dem Boden decken:

▲ *Blumenkohl zählt zur Kohlartengruppe, die dem Boden besonders viele Nährstoffe entzieht.*

▲ *Erbsen werden im Allgemeinen der gleichen Gruppe zugeteilt wie Salat und Lauch, da sie alle weder zu den Kohlarten noch zum Wurzelgemüse gehören.*

▲ *Möhren zählen zur Gruppe der Wurzelgemüse, genau wie Kartoffeln, Pastinaken, Rote Beete und Topinambur.*

Fruchtwechsel

	Beet A	Beet B	Beet C
1. Jahr	*Kohlarten*	*Wurzelgemüse*	*Hülsenfrüchte*
2. Jahr	*Hülsenfrüchte*	*Kohlarten*	*Wurzelgemüse*
3. Jahr	*Wurzelgemüse*	*Hülsenfrüchte*	*Kohlarten*
4. Jahr	*Kohlarten*	*Wurzelgemüse*	*Hülsenfrüchte*

Die Grösse spielt (k)eine Rolle

Beim Fruchtwechsel gibt es ein entscheidendes Problem: Jede Pflanzengruppe müsste exakt die gleiche Anbaufläche benötigen, was in der Praxis natürlich nicht der Fall ist. Die Lösung besteht darin, nicht zuzuordnende Gemüsearten wie Salat, Kürbis, Spinat usw. zusätzlich in eines der Beete zu setzen und dieses aufzufüllen. Im Übrigen muss man sich nicht zu strikt an den Beetwechsel halten, sondern kann ihn durchaus seinen speziellen Bedürfnissen anpassen.

An ihren Wurzeln leben Stickstoff bindende Bakterien, die den elementaren Luftstickstoff fixieren und ihn in organische Stickstoffverbindungen umwandeln: Diese Pflanzen erhöhen sogar den Stickstoffgehalt des Bodens.

Nicht alle Gemüsearten lassen sich exakt einer dieser drei Gruppen zuordnen, etwa Spinat, Kürbis, Zucchini und Zwiebel. Kohlrübe, Weiße Rübe und Kohlrabi gehören sowohl zu den Kohlarten als auch zu den Wurzelgemüsen! Letztere werden der Kohlartengruppe zugeteilt, weil sie anfällig für Kohlhernie sind. Und da der Spinat viel Stickstoff verbraucht, fällt er ebenfalls in diese Gruppe. Die meisten anderen Gemüsearten wie Salat, Tomate, Kürbis, Lauch, Zwiebel usw. teilt man im Allgemeinen der Gruppe der Hülsenfrüchte zu, weil sie nämlich weder zu den Kohlarten noch zu den Wurzelgemüsen zählen. Allerdings gibt es bei diesen Gemüsearten keine festen Regeln – so wird manchmal die Zwiebel als Wurzelgemüse und der Spinat als Hülsenfrucht eingestuft.

Planung des Fruchtwechsels

Für die meisten Gärten empfiehlt sich der „Drei-Beet-Wechsel", da sich der Fruchtwechsel mit jedem weiteren Beet enorm verkompliziert. Dazu wird das Gemüsebeet in drei Abschnitte unterteilt, in denen jeweils ein oder mehrere Vertreter aus je einer Pflanzengruppe gedeihen, z. B. Kohlarten in Beet A, Wurzelgemüse in Beet B und Hülsenfrüchte in Beet C. Im darauf folgenden Jahr wechseln die Hülsenfrüchte zu Beet A, Kohlarten zu Beet B und Wurzelgemüse zu Beet C. Im dritten Jahr tauschen sie erneut die Plätze und im vierten Jahr werden sie wieder in dem Beet angebaut, in dem sie zuerst kultiviert wurden.

Das bedeutet, dass das Wurzelgemüsebeet am Ende der Saison mit Stallmist gedüngt und so für die Kohlartengruppe vorbereitet wird, während das Wurzelgemüse das Beet bezieht, das die Hülsenfrüchte bereits mit Stickstoff angereichert haben.

Gewächshaus: *Allgemeine Arbeiten*

Jetzt beginnt die Hauptsaatzeit, und von den überwinterten Pflanzen müssten sich viele Stecklinge schneiden lassen. Wenn Ihr Gewächshaus jedoch nicht über eine zuverlässige Heizung verfügt, sollten Sie sich lieber etwas Zeit lassen und kein unnötiges Risiko eingehen.

▲ *Wenn man jetzt Stecklinge von Pelargonien und Fuchsien schneidet, entwickeln sich diese zu kräftigen Jungpflanzen.*

Treibhausgemüse säen

Jetzt wird Gemüse gesät, das im Sommer im Gewächshaus gedeiht. Am besten verwenden Sie dazu einen beheizbaren Anzuchtkasten für eine gleichmäßige Temperatur.

Tomaten, Gurken, Melonen, Paprika und Auberginen benötigen eine Keimungstemperatur von 18–21 °C. Denken Sie daran, jede Gemüseart zur besseren Identifikation mit einem Schild zu versehen.

Da Gewächshäuser nur über ein begrenztes Platzangebot verfügen, sollte man sich auf sechs oder sieben Exemplare von jeder Gemüseart beschränken und nicht zu viele säen, die später verschenkt werden müssen.

Säen Sie das Saatgut direkt in Einzeltöpfe (statt in Saatschalen), und bewahren Sie die restlichen Samen für das nächste Jahr auf, vorzugsweise in sauberen Marmeladengläsern mit Schraubverschluss.

GRÜNSTECKLINGE

Vorgetriebene Dahlien, Chrysanthemen, Pelargonien und Fuchsien bringen inzwischen die ersten Triebe hervor, die sich als Grünstecklinge eignen. Die Triebe sollten ca. 10 cm lang sein und können mit einem scharfen Messer sauber abgeschnitten werden. Die untersten Blätter entfernen und den Steckling direkt unterhalb eines Blattgelenks abschneiden. Das untere Ende in Bewurzelungshormon tauchen und den Steckling in sandige Anzuchterde setzen. Die Pflanzschalen oder Töpfe mit einer transparenten Anzuchtkastenhaube abdecken, damit die Stecklinge in einer feuchten Atmosphäre Wurzeln bilden können.

Das Gewächshaus aufräumen

Bei der Kultur von Samen und Stecklingen ist eine hygienische Umgebung besonders wichtig, da übertragene Pflanzenkrankheiten zu großen Verlusten im Gewächshaus führen können. Sämtliches alte oder abgestorbene Pflanzenmaterial entfernen und Schädlinge und Krankheitserreger mit einem geeigneten Mittel bekämpfen. Töpfe und Saatschalen sowie Arbeitsflächen und Regale reinigen. Zum Schluss sollten alle Vorräte an Pflanzenschutzmitteln und ähnlichen Chemikalien überprüft und solche ersetzt werden, deren Verfallsdatum überschritten oder deren Etiketten und Gebrauchsanweisungen nicht mehr zu lesen sind.

Bohnen in Töpfe säen

Wer im Herbst keine Bohnen ausgesät hat, kann dies nun nachholen und so ebenfalls eine frühe Ernte erzielen: Jetzt im ungeheizten Gewächshaus oder Frühbeet gesäte Bohnen sind im Frühsommer erntereif. In Regionen mit besonders kalten oder feuchten Wintermonaten verspricht diese Methode ohnehin größere Erfolge als die Herbstaussaat.

1 Bohnen zählen zu den frühesten Gemüsesorten. Zwar lässt sich jede Bohnenart mühelos in Töpfen ziehen, doch für eine frühe Ernte sollte man schnell reifende Sorten wählen.

2 Mehrere 8 cm große Einzeltöpfe mit Anzuchtsubstrat füllen, die Bohnen so in das Substrat drücken, dass sie gerade mit Erde bedeckt sind (rechts), und mit einer feinen Brause gießen, bis die Erde leicht feucht ist. Sorte und Pflanzdatum auf einem Etikett vermerken.

3 Bohnen sind ausgesprochen winterhart und benötigen zur Keimung keine hohen Temperaturen. Stellen Sie die Töpfe daher in ein ungeheiztes Gewächshaus oder in ein Frühbeet.

4 Sobald die Samen keimen, sollte man die Sämlinge feucht halten und an einen hellen Standort stellen. In Einzeltöpfen kultivierte Sämlinge werden naturgemäß seltener umgetopft, wodurch sich ihre Wurzeln besser entwickeln und die Pflanzen früher Früchte hervorbringen (links).

Garten Design

Einleitung

Ein Garten ist viel mehr als ein Stück Land beim Haus. Wie eine weiße Leinwand oder ein Stück Ton lädt er ein, etwas ganz Individuelles daraus zu gestalten. Kein Problem, angesichts des großen Angebots an Pflanzen und Materialien, die heute erhältlich sind.

Aspekte der Gestaltung

Wer einen Garten anlegt, muss lebende und unbelebte Elementen kombinieren, um eine Ausgewogenheit in Raum, Rhythmus, Perspektive, Farbe, Form und Textur zu schaffen. Erst durch bewussten und geschickten Umgang damit entsteht ein harmonisches Ganzes. Jeder Garten sollte einen Eindruck von Ausgewogenheit vermitteln. Je kleiner das Grundstück, desto wichtiger wird dieser Gesamteindruck. Gleichzeitig spielen aber die Nutzung des Gartens, Zeit und Lust zur Pflege und das Budget eine Rolle.

Grundregeln

Wer einen Garten anlegen will, muss sich zuerst mit dem Bodentyp, dem örtlichen Klima und der Himmelsrichtung des Gartens beschäftigen. Es gibt Lösungen für alle Bodentypen, für sonnige und schattige Lagen. Generell sollte man einfach von dem ausgehen, was man vorfindet, statt es sich selbst schwer zu machen, indem man beispielsweise Schattenpflanzen an einen Sonnenplatz

▶ *Der minimalistische Garten betont verschiedene Baumaterialien. Er ist pflegeleicht und bietet sich als Wohnbereich im Freien an.*

oder Sonnenkinder in den Schatten setzt (siehe Seite 970–973).

Als Nächstes beurteilen Sie Ihren Lebensstil und entscheiden, wie Sie den Garten nutzen wollen. Wer kleine Kinder hat, sollte nicht von einem überbordenden Bauerngarten oder einem makellosen Rasen träumen. Wer wenig Zeit hat, tut sich mit einem pflegeintensiven Garten keinen Gefallen. Auch wer den Garten als Wohnbereich nutzen und gerne einen Essplatz oder Raum für sportliche Aktivitäten schaffen will, hat viele Möglichkeiten, seine Pläne umzusetzen.

Wenn Sie einen angelegten Garten übernehmen, lassen Sie sich Zeit, ehe Sie alles umgraben und verändern. Beobachten Sie lieber in Ruhe, was er Ihnen zu den verschiedenen Jahreszeiten bietet. Versuchen Sie bei späteren Veränderungen, die Vorzüge der Anlage zu nutzen, schöne Pflanzen und andere Elemente zu erhalten. Um festzustellen, welche Pflanzen in Ihrer Gegend gut gedeihen, werfen Sie einen Blick in die Nachbargärten. Viele gute Anregungen für die Gestaltung findet man auch in Gärten, die der Öffentlichkeit zugänglich sind. Notieren Sie sich, welche Effekte Ihnen gefallen und wie sie umgesetzt wurden.

Gestaltungsprinzipien

Einige Prinzipien lassen sich auf fast alle Gärten anwenden. Die Materialien, die Sie für Wege und befestigte Flächen, für Mauern, Zäune, Sichtschutzwände oder Beetkanten verwenden, sollten mit denen des Hauses harmonieren. Oft ist es sinnvoll, den Übergangsbereich zwischen Haus und eigentlichem Garten zu befestigen, etwa mit Kies, Ziegelsteinen, Natursteinplatten oder sogar Beton. Überfrachten Sie Ihren Garten nicht, und beachten Sie bei der Pflanzenwahl die Vorgaben des Grundstücks in Bezug auf Bodentyp und Himmelsrichtung.

Optische Korrekturen sind einfach auszuführen. Zeichnen Sie unschöne Formen durch gerundete Konturen weicher. Lichten Sie enge Bereiche, oder legen Sie dichte Pflanzungen an, um einen Bereich optisch zu verengen. Einen langen, schmalen Garten kann

▶ *Viele Materialien, etwa alte Eisenbahnschwellen und Kies, eignen sich, um eine Verbindung zwischen Garten und Haus herzustellen.*

◀ *Die Geometrie des formalen Kräutergartens wird aufgelockert, wenn die Pflanzen wachsen und über die Beetränder quellen.*

▲ *In einen Familiengarten passen auch witzige Möbel wie dieser Tisch samt Hockern im Sonnenblumen-Design – ideal für kleine Kinder.*

man mehrmals quer unterteilen und so verschiedene gut proportionierte Gartenräume schaffen.

Ein Garten, der als Freizeitbereich genutzt wird, muss vor allem sicher und praktisch sein. Das gilt besonders für Familien mit Kindern und für ältere oder behinderte Menschen. Typische Risikofaktoren sind Niveauunterschiede im Boden. Befestigte Oberflächen müssen gute Trittsicherheit bieten und dürfen auch bei Nässe nicht rutschig sein. Zäune müssen stabil genug sein, um einen Treffer mit einem Fußball oder eine Kollision mit einem Fahrrad zu verkraften. Wasser ist ungemein faszinierend, doch im Spielbereich von Kindern stellt es auch ein beträchtliches Risiko dar. Ein schön angelegtes, plätscherndes Wasserspiel, und sei es noch so klein, hat andererseits eine wunderbar entspannende Wirkung. Wege und Durchgänge sollten im Idealfall so breit sein, dass man sie mit einer Schubkarre befahren kann. Führt ein Weg an einem Beet entlang, sollten Sie bedenken, dass die Pflanzen über den Beetrand wuchern und einen schmalen Weg schnell überdecken können. Ein kurviger Weg sieht schöner aus, wenn er von attraktiven Sträuchern gesäumt ist. Ein Blickfang, sei es ein dekorativer Baum oder ein Solitärstrauch, eine Vogeltränke, eine Skulptur oder ein Springbrunnen, gibt dem Auge einen Ruhepunkt und dem Weg ein Ziel.

Gestalten mit Farbe

Farbe ist ein wesentlicher Aspekt der Gartengestaltung. Natürlich spielt der persönliche Geschmack eine wichtige Rolle, einige Grundregeln über die Wirkung von Farben – separat, als Hintergrund und in Kombinationen – sollte man dennoch kennen.

Grün – Grün ist mit seinem unglaublichen Spektrum an Tönen und Nuancen ein wichtiger Hintergrund für die übrigen Farben im Garten. Man kann es aber auch für sich allein verwenden, sei es für elegante Formschnittsträucher, für eine üppige Dschungelatmosphäre, für ein ruhiges Formenspiel oder eine exotische Mischung glänzender Blätter.

Rosa – Rosa kann in Form der Pink- und Magentatöne sehr intensiv wirken. Die mittleren Rosarottöne wirken eher sanft, die hellen Nuancen zart und süßlich. Am besten kommt es in Kombination mit Blau und Violett zur Geltung.

Rot – Feurige Rottöne wirken aufregend und dramatisch, allerdings auch leicht überwältigend. Darum kombiniert man sie am besten mit reichlich kühlem Grün. Reizvolle Kontraste entstehen durch Kombinationen von klarem Blau, Scharlachrot oder leuchtendem Gelb.

Blau – Klares Himmelblau ist eine Farbe, die in der Pflanzenwelt selten

◀ *Findlinge, Kies und Gräser sind die Hauptzutaten dieses bewusst sparsam gestalteten Gartens, der eine beruhigende Ausstrahlung hat.*

vorkommt. Es gibt aber eine Reihe von anderen Blautönen – vom kühlen Eisblau über Lavendel bis zu tiefem Violett. An schattigen Plätzen wirkt Blau etwas düster. Frisch und freundlich ist dagegen die Kombination mit gelben Blüten. Dunkleres Blau kommt im hellen Hochsommerlicht gut zur Geltung.

Gelb – Gelbtöne sind, ebenso wie Rot, warm und einladend, können aber aufdringlich wirken und sollten darum sparsam verwendet und mit reichlich Grün kombiniert werden.

Weiß – Diese Farbe ist schwierig einzusetzen. Weiße Beete können sehr edel und elegant wirken, wenn der Hintergrund durch viele interessante, großblättrige Grünpflanzen ausreichend gefüllt ist. Prinzipiell sollte man sich entweder für warme Weißtöne mit einem Hauch Gelb oder Rosa entscheiden oder die kühlen Weißtöne mit blauen oder grünen Anklängen wählen, aber die beiden Gruppen keinesfalls mischen.

Planvoll vorgehen

Natürlich werden im Lauf der Zeit immer wieder Veränderungen anfallen, doch sollten Sie sich zu Beginn der Arbeiten einen Plan machen. Das gilt besonders, wenn Sie kostspielige Materialien vorsehen oder Pflanzen verwenden wollen, die es übel nehmen, wenn sie mehrmals ausgegraben und umgepflanzt werden. Skizzieren Sie einen Grundriss Ihres Gartens und markieren Sie schattige und sonnige Bereiche, trockene und feuchte Zonen, schöne und hässliche Aussichten, erhaltenswerte Sträucher oder Bäume und die vorherrschende Windrichtung.

Benutzen Sie Kopien dieser Skizze, um mit verschiedenen Gestaltungs- und Bepflanzungsvarianten zu experimentieren. Wenn Sie sich für einen Entwurf entschieden haben, messen Sie den Garten aus und zeichnen einen maßstabsgetreuen Plan auf Kästchenpapier. Zeichnen Sie Position und Größe der vorgesehenen Pflanzen ein, aber auch alle befestigten Bereiche wie Wege und Stufen. In den folgenden Kapiteln wird eine Reihe von Gärten vorgestellt, deren Besitzer ganz unterschiedliche Ansprüche haben. Aufbau und Bepflanzung eines Modellgartens werden gezeigt, praktische Bau- oder Pflanzvorhaben detailliert erklärt. Dazu gib es Alternativvorschläge für das gleiche Grundstück, um Ihnen Ideen und Anregungen zu liefern.

◀ *Wer ein Blumenmeer gestalten möchte, sollte sich vorher etwas Zeit nehmen und Farbkombinationen ausarbeiten.*

Wassergärten

Wasser ist auch im kleinsten Garten ein belebendes Element. Es reflektiert das Licht, den blauen Himmel und die Bilder der Wolken oder die benachbarten Pflanzen. Ein stiller Teich vermittelt ein Gefühl von Weite, fließendes Wasser dagegen klingt beruhigend und sieht – vor allem mit abendlicher Beleuchtung – sehr reizvoll aus. Obendrein lockt Wasser viele Tiere an – kleine Säuger, Frösche und Kröten, Vögel, Schmetterlinge oder Libellen, von denen viele als Nützlinge gelten.

Teich und Sumpfbeet

Wenn ein Teich das Hauptelement des Gartens sein soll, kann die gesamte Gestaltung auf ihn ausgerichtet sein. Dann brauchen Sie nur noch einen Sitzplatz, um das Wasser zu beobachten, und einen Weg oder Steg, um das Leben im Teich aus der Nähe zu betrachten.

Vorüberlegungen

Der Platz für einen Teich muss mit Bedacht gewählt werden; er muss hell, aber geschützt sein. Durch den Regen wird der Teich immer wieder aufgefüllt, aber bei anhaltender Trockenheit kann viel Wasser verdunsten, darum ist ein Wasseranschluss in der Nähe sinnvoll. Wählen Sie einen Platz in einiger Entfernung zum Haus und möglichst nicht unter großen Bäumen. Fallen im Herbst die Blätter, verrotten sie am Grund, trüben das Wasser und begünstigen das Wachstum von Algen. Pralle Sonne ist – außer für einen Seerosenteich – aus dem gleichen Grund nicht empfehlenswert.

Ideal ist eine Senke oder ein tief gelegener Teil des Gartens, in dem sich Wasser ganz natürlich sammeln würde. Meiden Sie aber Frostfallen, in denen die Pflanzen leiden, sowie Plätze, an denen der Grundwasserspiegel zu hoch steigen kann.

Stil und Größe des Teiches

Ein naturnaher, zwangloser Teichstil bietet sich für fast alle Gärten an, ausgenommen für streng formale oder elegante Gärten. Bauen Sie den Teich so groß, wie Sie es sich leisten können. Ein stattlicher Teich sieht nicht nur besser aus, die größere Wasseroberfläche macht ihn auch weniger anfällig für Vergrünung durch Algen. Wählen Sie für die Kontur großzügige Kurven. Ein exakter Kreis eignet sich, ebenso wie

◀ *Sumpfpflanzen für die feuchte Uferzone wachsen schnell. Sie bilden schnell einen üppigen, fast tropischen Bewuchs.*

◀ *Pflanzen Sie in den feuchten Randbereich des Teiches einige Sumpfpflanzen mit üppigem Laub, das die Teichfolie gut verdeckt.*

ein Quadrat oder Rechteck, nämlich ausschließlich für einen formalen Garten. Eine angedeutete Nierenform mit einer schön geschwungenen Innenkurve sieht gut aus und erleichtert die Beobachtung des Lebens im Wasser. Für Teiche dieses Stils eignen sich am besten moderne Teichfolien, die auf einer weichen, schützenden Vliesschicht verlegt werden.

Beim Anlegen des Teiches fällt eine Menge Aushub an, der verwertet werden will. Statt ihn abfahren zu lassen, kann man ihn zur Gestaltung des restlichen Gartens verwenden, etwa um weiche Bodenwellen anzulegen. Die nahrhafte, oberste Erdschicht sollten Sie beiseite legen, um sie für Pflanzungen zu benutzen.

Liebe zum Detail

Wenigstens die Hälfte des Teichufers sollten Sie als Feuchtzone oder Sumpfbeet gestalten. Hier gedeihen typische Sumpfpflanzen, die die Teichkontur weicher zeichnen und vielen kleinen Tieren Unterschlupf bieten. Planen Sie eine Böschungsstufe für Flachwasserpflanzen ein und legen Sie ein Stück Ufer mit einem flach abfallenden Kiesstrand an, damit kleine Tiere gefahrlos ans Wasser gelangen. Sehr natürlich sieht es aus, wenn Gras bis ans Teichufer wächst.

Sollen im Teich Fische leben, muss die Wassertiefe einen Meter betragen, damit sie im Winter überleben, wenn die Wasseroberfläche zufriert. Dekorative Koi eignen sich allerdings nicht für einen naturnahen Teich. Sie brauchen ein aufwändiges Filtersystem und makellos klares Wasser. Außerdem müssen sie vor Reihern geschützt werden, die zwar sehr attraktiv sind, jedoch gern in Teiche waten und die teuren Zierfische vertilgen.

Holz und Stein lassen sich am Wasser gut kombinieren. Ein Deck oder Steg aus Holz könnte über das Wasser ragen, sodass man das Leben im Teich gut beobachten kann. Eine kleine Brücke vermittelt den Eindruck eines fließenden Gewässers und stellt eine physische und optische Verbindung der beiden Ufer dar.

▶ *Dieser attraktive Teich mit Wasserfall lässt an einen Gebirgsbach denken. Die Ufer sind dicht mit Teich- und Sumpfpflanzen begrünt.*

Ein Beispiel für Teich und Sumpfbeet

Ein feuchtes Grundstück entsteht meist dort, wo Oberflächenwasser schlecht abfließt. Eine tiefer liegende Lehmschicht kann das Versickern verhindern, ebenso ein verdichteter Boden, der über Jahre nicht bearbeitet wurde. Auch tief liegende Bereiche, in denen Regenwasser zusammenläuft, sind meist dauerfeucht.

▲ *Ein dauerfeuchtes Grundstück ist ideal für Sumpfpflanzen, die außerdem kleinen Amphibien Unterschlupf gewähren.*

Auf einen Blick

Lage:	*New Jersey*
Klima:	*mild*
Bodentyp:	*feuchter Lehm, sauer*
Richtung:	*Osten*
Aussicht:	*Waldgebiet*

Die Vorgaben

In diesem kleinen Garten mit hohem Grundwasserspiegel ist die Anlage eines Teiches problematisch, weil das Grundwasser die Folie in die Höhe drücken kann. Andererseits wollten die Gartenbesitzer aber gerne Tiere in den Garten einladen. Bei der Planung ist zu berücksichtigen, dass sich der Feuchtigkeitsgehalt des Bodens mit dem Grundwasserspiegel im Jahresverlauf verändert.

Die Lösung

Wir haben uns entschlossen, mit dem Strom zu schwimmen und einen zwanglosen Garten mit weich gerundeten Linien anzulegen. Sitzbereich und Brücke bestehen aus Holz, dicke Scheiben von Baumstämmen dienen als Trittsteine im Rasenweg.

Auch die Bepflanzung ist unkompliziert. Sie beschränkt sich auf einige wenige Blickfangpflanzen, kombiniert mit Stauden und Gräsern, die viel Feuchtigkeit vertragen. Die größeren Pflanzen sorgen als natürliche Barrieren dafür, dass man nicht den ganzen Garten auf einen Blick überschauen kann. Dadurch wirkt die Anlage abwechslungsreicher und intimer, zugleich entstehen willkommene Verstecke für scheue Tiere.

▲ *Scheiben von Baumstämmen dienen als „Trittsteine".*

▲ *Einige Irisarten brauchen sumpfigen Boden.*

◀ *Eine dicke Holzplanke überbrückt den Teich.*

▶ *In einem alten Wassertank wächst eine kleine Seerose.*

Gartenpraxis

▲ Primula vialii *ist eine winterharte Staude.*

Ein Sumpfbeet oder ein ganzer Sumpfgarten ist ein reizvoller, zwangloser Wassergarten und obendrein mit Teichfolie schnell angelegt. Ein Sumpfbeet kann den Übergang zwischen Teich und trockenem Bereich bilden, aber auch separat gestaltet werden.

In der Natur findet man Sümpfe nicht an offenen, sonnigen Plätzen – das sollte man auch im Garten bedenken. Schließt sich das Sumpfbeet nicht an einen Teich an, wirkt es in einer Senke in einem tief liegenden, möglichst etwas schattigen Bereich des Gartens am glaubwürdigsten.

Das Ziel ist, einen Bereich mit dauerfeuchtem Boden anzulegen, in dem jedoch ausreichend Luftaustausch stattfindet, sodass keine Staunässe entsteht und die Wurzeln der Pflanzen mit Sauerstoff versorgt werden. Ein Sumpfbeet am Ufer wird durch überlaufendes Teichwasser feucht gehalten. Liegt es aber separat, muss es bei Trockenheit gelegentlich gewässert werden.

Sie müssen lediglich eine Vertiefung in passender Tiefe und Form ausheben und mit einer gelochten Teichfolie auslegen. Auf die Folie geben Sie für die Drainage eine Schicht groben Kies, dann Mutterboden und wieder eine Deckschicht aus Kies.

▼ *Diese Querschnittzeichnung zeigt, wie mit einfachen Materialien ein Sumpfbeet angelegt wird. Pflanzen, die Feuchtigkeit lieben, gedeihen darin prächtig.*

Ein Sumpfbeet anlegen

In einem künstlich angelegten Sumpfbeet soll das Wasser nur sehr langsam versickern – das lässt sich mit einer gelochten Teichfolie leicht erreichen. Viele Pflanzen gedeihen gut in sehr feuchtem Boden, doch bei Staunässe faulen ihre Wurzeln. Darum muss für eine gewisse Drainage gesorgt werden.

1 Zuerst eine Vertiefung in der Größe des gewünschten Sumpfbeetes ausheben. Je nach Größe der gewünschten Pflanzen kann es bis zu 1 m tief sein. Spitze Steine, die die Teichfolie beschädigen, und Unkräuter werden entfernt.

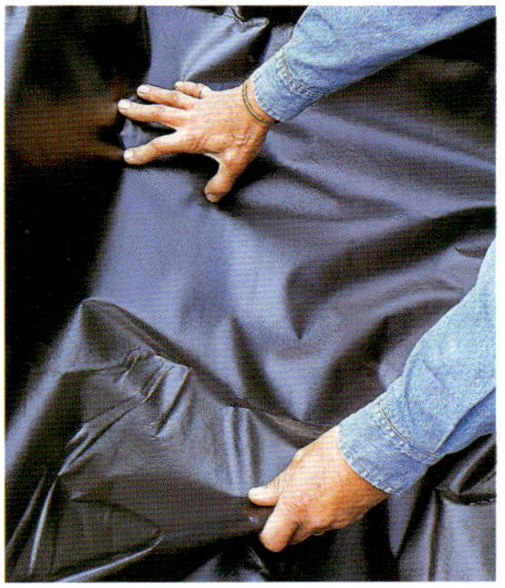

2 Den Boden der Vertiefung glätten und mit einer Teichfolie aus Butyl-Kautschuk auslegen. Mit einer Grabegabel vorsichtig Löcher stechen, durch die das Wasser versickern kann.

3 Eine Schicht groben Kies auf die Folie geben. Wer Säure liebende Pflanzen verwenden will, sollte keine Kalkstein-Kiesel verwenden. Anschließend saubere Gartenerde einfüllen.

4 Vor der Bepflanzung das Beet gut durchfeuchten. In längeren Trockenperioden im Hochsommer muss das Sumpfbeet ebenfalls reichlich gewässert werden.

Praxistipps

- Wenn Sie Teichfolie verwenden, achten Sie darauf, dass der Grundwasserspiegel den tiefsten Punkt des Beetes nicht übersteigt.
- Sumpfbeete und Teiche werden frühestens eine Woche nach dem Füllen bepflanzt, damit die Chemikalien aus dem Leitungswasser Zeit haben, sich zu zersetzen. Auch Fische sollten nicht früher eingesetzt werden.
- Setzen Sie reichlich Sauerstoff produzierende Pflanzen in den Teich. Verwenden Sie lieber zu viele und dünnen Sie sie gelegentlich aus.
- Benutzen Sie für bewegte Wasserspiele eine Pumpe mit adäquater Fördermenge. Lassen Sie sich im Fachhandel beraten und nennen Sie dem Verkäufer Größe und Tiefe Ihres Teiches.
- Legen Sie einen Teich oder Sumpfgarten nicht auf einer Anhöhe an. Das sieht unnatürlich aus, und die notwendige Feuchtigkeit lässt sich kaum halten.
- Wählen Sie für einen kleinen Garten keine wüchsigen Pflanzen wie Binsen. Auch einige Gräser wie *Phalaris arundinacea* und *Carex pendula* breiten sich aggressiv aus.

Bepflanzung: Teich und Sumpfbeet

Für zwanglose Teiche eignen sich natürlich wirkende Pflanzen am besten – raschelnde Gräser am Ufer, Iris in der Flachwasserzone, einige Seerosen an einem stillen, sonnigen Fleck und lange Triebe von Unterwasserpflanzen in der Tiefe. Wasserpflanzen wirken beruhigend und locken viele Tiere an den Teich.

Effekte

Die Bepflanzung eines Teiches macht einen Teil seiner Wirkung aus. Die großen Blätter des Mammutblatts oder Zierrhabarbers, dekorative Weiden oder die leuchtend roten Winterstämme des Hartriegel prägen die Atmosphäre und Stimmung des Teichgartens. Wie die Pflanzen im tiefen und flacheren Wasser werden auch die Uferpflanzen durch die Spiegelung in der Wasseroberfläche betont.

Sanft abfallende Teichufer bieten sich für Uferpflanzen besonders an. In einem kleinen Teich würde die flache Böschung aber zu viel Platz einnehmen. Hier ist es sinnvoll, am Rand eine breitere Stufe für Pflanzen der Flachwasserzone einzubauen. Um Platz zu sparen, wird diese Stufe so ausgehoben, dass sie zum Ufer und zur Teichmitte hin fast senkrechte Wände hat. Damit das Erdreich der Stufe nicht abrutscht, wird es mit größeren Steinen abgestützt. Wenn der Teich groß genug ist, kann das Ufer jedoch schräg abfallen.

Die Uferzone

Wird die Teichfolie nicht bis über das Ufer hinaus gezogen, sondern am Teichrand ins Erdreich eingegraben, kann ständig Wasser über den Rand ins Erdreich dringen – es entsteht eine feuchte Uferzone. Um hier ein größeres Sumpfbeet anzulegen, kann man angrenzend ans Teichufer eine flache Vertiefung ausheben und diese

▶ Primula secundiflora *blüht im Sommer.*

◀ Miscanthus sinensis *'Gracillimus' fürs Ufer.*

mit gelochter Teichfolie auslegen. Auf die Folie wird eine Schicht Kies gegeben, dann folgt Pflanzerde und eine Deckschicht aus Kies.

Pflanzkörbe

In einen Naturteich kann man direkt in die Uferböschung pflanzen, in einem Folienteich muss man Pflanzkörbe verwenden, die mit grobem Sackleinen ausgelegt und mit sauberer Erde gefüllt werden. Damit die Erde nicht aufschwimmt, deckt man sie mit einer 1,5 cm dicken Schicht Kies ab. Dann wird das Sackleinen an den Rändern angehoben und um den Schaft der Pflanze festgebunden.

Seerosen pflanzt man normalerweise in größere Körbe, die ganz allmählich in tieferes Wasser geschoben werden, sodass die Blätter immer schwimmen. Ist der Teichgrund zu tief, kann man die Körbe auf Sockel aus Mauersteinen setzen. Unterwasserpflanzen, die das Wasser mit Sauerstoff anreichern, werden einfach in den Teich geworfen. Ihre Wurzeln finden selbst auf dem Teichgrund Halt.

Die Pflanzenwahl

Wählen Sie Pflanzenarten, die für die Größe Ihres Teiches nicht zu wüchsig sind, und dämmen Sie Algenwachstum durch Unterwasserpflanzen ein. Es ist besser, die Sauerstofflieferanten ab und an auszudünnen, als zu wenige zu haben. Die Bepflanzung der Ufer sollte eher ruhig wirken. Farbige Flächen kommen vor einem ruhigen, grünen Hintergrund von Blattgewächsen gut zur Geltung. Sumpfiris sind in Wassernähe zu Hause und haben attraktive Blätter und Blüten. Kaufen Sie Wasserpflanzen möglichst in einer spezialisierten Gärtnerei, deren Mitarbeiter Sie kompetent beraten können.

Pflanzenporträts

Miscanthus sinensis
CHINASCHILF

Gräser, die am Ufer schwanken und rascheln, dürfen in einer Teichbepflanzung nicht fehlen. Die Sorten des Chinaschilfs haben überhängende Blätter und tragen im Spätsommer aufrechte Stiele mit seidigen, duftigen Blütenständen. *M. s.* 'Gracillimus' hat besonders schmale Blätter mit weißem Mittelstreifen, die sich im Herbst bronzebraun färben. *M. s.* 'Morning Light' schimmert silbrig.
Höhe und Ausbreitung: 1,20 m

Iris species
SCHWERTLILIEN

Mit den Fächern aus schwertförmigen Blättern und den hohen Stielen mit den unnachahmlich eleganten Blüten sind sie eine Augenweide. *Iris pseudacorus*, die Sumpfschwertlilie, steht gern mit den Wurzeln im Wasser. *Iris sibirica*, die blau oder weiß blühende Wiesenschwertlilie, gedeiht im feuchten Uferboden.
Höhe: 1,20 m und mehr
Ausbreitung: 90 cm

▶ Iris pseudacorus *ist eine Sumpfpflanze.*

Design-Alternativen

SKIZZEN

Hier sehen Sie Alternativvorschläge für Teich- und Sumpfgärten. In beiden Fällen bildet das Wasser, das man durch einen Weg aus Steinen oder Holz erreicht, das Hauptelement.

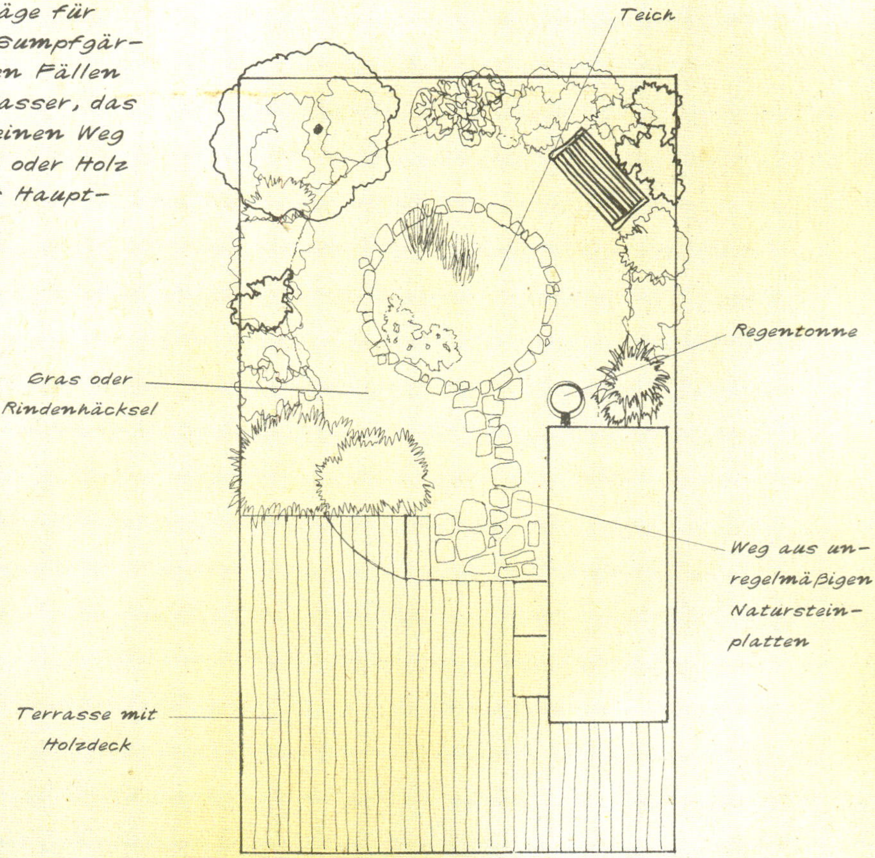

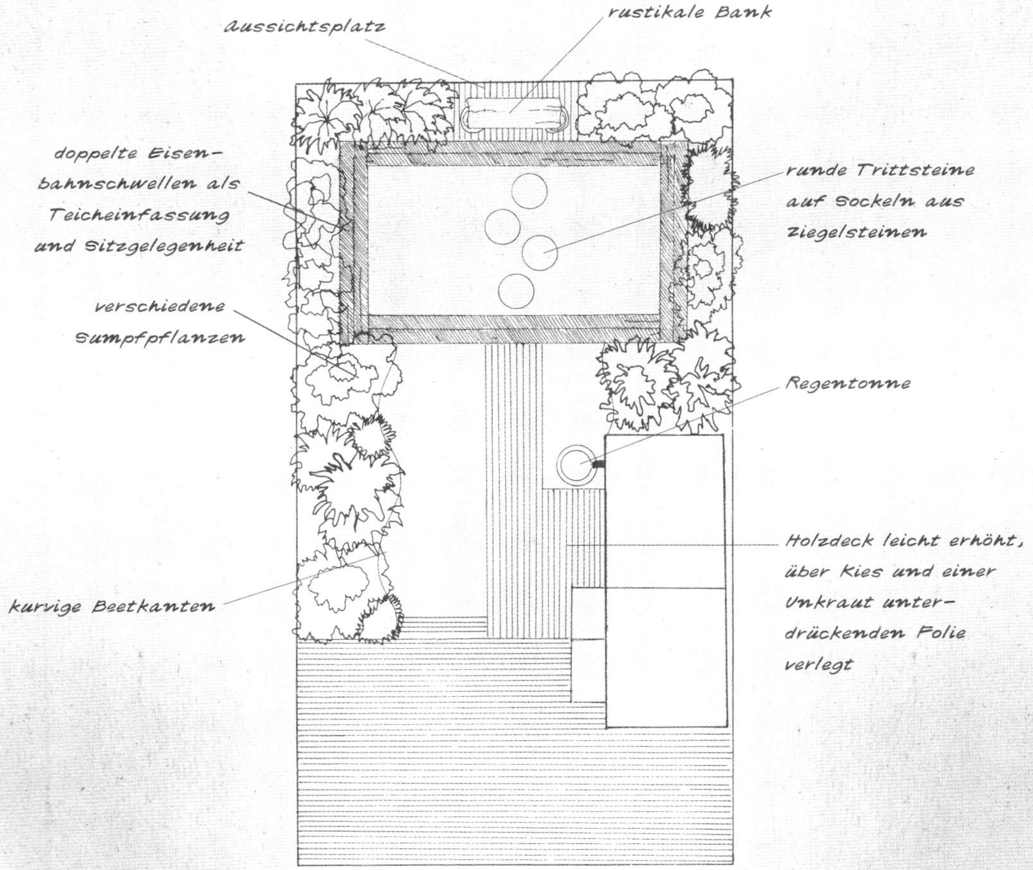
Aussichtsplatz
rustikale Bank
doppelte Eisenbahnschwellen als Teicheinfassung und Sitzgelegenheit
runde Trittsteine auf Sockeln aus Ziegelsteinen
verschiedene Sumpfpflanzen
Regentonne
Holzdeck leicht erhöht, über Kies und einer Unkraut unterdrückenden Folie verlegt
kurvige Beetkanten

Wasserspiele

Wer nicht den Platz für einen Teich oder nicht die Zeit für dessen Pflege hat, muss auf Wasser im Garten dennoch nicht verzichten. Kleine Wasserspiele bieten sich vor allem für überschaubare Gärten an, etwa Gartenhöfe, Stadtgärten oder die gepflasterte Terrasse am Haus.

Feste Elemente

Der Vorteil einfacher Wasserspiele ist, dass ihre Installation meist wenig Mühe macht, weil kein Aushub nötig ist und kein Erdreich verteilt oder entfernt werden muss. Viele Modelle werden als Fertigset angeboten. Mit etwas Geschick kann man jedoch originelle und individuelle Varianten selbst bauen. Sie brauchen ein Wasserreservoir, eine Pumpe, einen Schlauch und einen Austritt. Das Wasser aus dem Reservoir wird durch den Schlauch gepumpt, strömt aus dem Austritt oder dem versteckten Schlauchende und fließt wieder ins Reservoir zurück. Als Wasserreservoir eignet sich eine Schale, ein Becken, eine alte Spüle oder Tonne. Es kann Bestandteil des Wasserspiels sein oder versteckt werden. Die Möglichkeiten für den Austritt des Wassers reichen vom altmodischen Badewannenhahn über dekorative

◀ *Das dekorative Metallgitter verhindert, dass spielende Kinder zu Schaden kommen.*

Wasserspeier in Form von Löwenköpfen oder Masken bis hin zu einem schlichten Bambusrohr.

Viele Wasserspeier lassen sich auch an einer Wand installieren, was im Hinblick auf die Sicherheit für Familien mit Kindern ein wichtiger Aspekt ist. Dennoch sollte man Kinder nie unbeaufsichtigt in Wassernähe spielen lassen. Wer solche Überlegungen vernachlässigen kann und ein stilles Wasserelement bevorzugt, das beruhigend wirkt, könnte in einem beliebigen wasserfesten Gefäß einen winzigen Seerosenteich anlegen. Für Fische sind solche Minibecken aber ungeeignet, weil sich das Wasser im Sommer zu stark erhitzt und im Winter durchfriert. Mühlstein- oder

▶ *Der Steinbuddha unterstreicht die ruhige, meditative Stimmung, die von der Wassertreppe mit der schlichten Bepflanzung ausgeht.*

Kieselbrunnen am Boden sind für Familien mit Kindern ebenfalls eine gute Lösung, weil keine offene Wasserfläche zugänglich ist.

Diskreter Charme

Oft bekommt fertig gekauften Wasserspielen ein bisschen Diskretion recht gut. Sie bieten sich für Schattenplätze an, wo sie bald von Moos überwachsen werden. Das Plätschern sollte beruhigend wirken und weder die eigenen Nerven noch die der Nachbarn strapazieren. Je tiefer das Wasser im Auffangbecken, desto besser wird das Plätschern gedämpft. Eine Tiefe von mindestens 25 cm ist empfehlenswert. Auch Fließgeschwindigkeit und Fallhöhe des Wassers spielen eine Rolle – je schneller es fließt und je tiefer es fällt, desto lauter ist es. Fällt Wasser auf Steine, entsteht ein sanftes Plätschern, ganz anders jedoch, wenn Wasser auf Wasser fällt. Je breiter die Austrittsöffnung, desto ruhiger ist das Geräusch.

Die meisten Pumpen haben ein Ventil, an dem sich die Durchflussmenge verstellen lässt. Dieses Ventil sollte leicht zugänglich sein, damit Sie bequem experimentieren können, bis Ihnen optische und akustische Effekte zusagen. Die Kunst liegt im geschickten Verstecken. Die Pumpe sollte nicht sichtbar und möglichst auch nicht hörbar sein.

◀ *Ein Wassergarten mit verschiedenen Steinmaterialien. Seerosen und Gräser lockern die strengen Linien der Betonelemente auf.*

Beispiel für ein Wasserspiel

Höfe und Terrassen wirken oft langweilig. Das lässt sich mit einem kleinen Wasserspiel mit geschlossenem Wasserkreislauf schnell ändern. Im Sommer untermalt es zwanglose Mahlzeiten im Freien mit sanftem, erfrischendem Plätschern, und am Abend kann es mit geschickter Beleuchtung in Szene gesetzt werden.

▲ *Ursprünglich waren Haus und Garten nicht miteinander im Einklang. Das Wasserspiel auf der Terrasse „schlägt eine Brücke" zum Fluss.*

Auf einen Blick

Lage:	*Connecticut*
Klima:	*kühl, windig*
Bodentyp:	*leichter Lehmboden*
Richtung:	*Westen*
Aussicht:	*zu Bäumen hin abfallend*

Die Vorgaben

Das Haus aus dem 19. Jahrhundert ist an zwei Seiten von einer Terrasse umgeben. Das Haus liegt höher als der Garten, sodass es über der Umgebung zu thronen scheint. Das Problem bestand darin, eine geschickte Verbindung zwischen Gebäude und Gartenanlage zu finden.

Die Lösung

Ein Fluss, der entlang der Grundstücksgrenze verläuft, lieferte die Anregung für das Bindeglied zwischen Garten und Haus. In die Terrasse wurde ein Wasserspiel integriert, um ein lebendiges Element in diese eher statische Umgebung zu holen. Die Besitzer haben gerne Gäste, darum nehmen Tische und Sitzgelegenheiten auf der Terrasse viel Platz ein. Eine niedrige Steinmauer an einem Ende der Hauptterrasse bot sich für einen Wandbrunnen an, aus dem Wasser in einen alten Steintrog plätschert. Eingerahmt wird der Trog von einer Fläche aus Gesteinssplitt

6 m x 3 m

und Natursteinplatten, die in Farbe und Textur zu den Bodenplatten der Terrasse passen. Durch diese Abstimmung von Farben und Texturen konnte mit wenig Kosten und Aufwand ein fließender Übergang zwischen formaler Terrasse und zwanglosem Brunnen geschaffen werden. Stattliche Farne, Hosta, Stauden, Gräser und Wasserpflanzen runden das Bild des Wassergartens ab.

▲ Aus einem Löwenkopf-Wasserspeier fließt das Wasser in einen alten Steintrog.

▲ Mit Folie ausgekleidete, halbierte Holzfässer dienen als Kübel für verschiedene Wasserpflanzen.

▲ Farne (hier: Asplenium) fühlen sich in der feuchtschattigen Umgebung des Wandbrunnens wohl.

Gartenpraxis

▲ *Die Reproduktion eines alten Trinkbrunnens macht in diesem kleinen Gartenhof zwischen den Kletterpflanzen eine gute Figur.*

Praxistipps

- Stellen Sie die Tauchpumpe auf Mauersteine, damit sie nicht so leicht Schlick vom Grund des Reservoirs ansaugt.
- Holen Sie die Pumpe im Winter ins Haus oder schalten Sie sie mindestens eine Stunde wöchentlich ein, um sie betriebsfähig zu halten.
- Die Filter von Pumpen müssen regelmäßig gereinigt werden.
- Lassen Sie die Installation der Pumpe von einem qualifizierten Elektriker vornehmen.

Wasserspiele sehen aufwändig aus, sind aber recht einfach zu installieren. Man kann Fertigsets kaufen oder auch mit Pumpe und etwas Zubehör einen eigenen Entwurf verwirklichen – ob als Wandbrunnen oder Wasserspiel am Boden.

Kleine Wasserspiele

Natürlich sollen Wasserspiele dekorativ sein, doch sie müssen sich auch einfach anbringen und warten lassen. Meist sind schlichte Lösungen überzeugender als aufwändige. Immer sollten Stil und Größe des Wasserspiels zur Umgebung passen.

Für die Stromversorgung der Pumpe brauchen Sie einen Elektroanschluss. Soll das Kabel fest verlegt werden, muss ein spezielles Erdkabel mindestens 60 cm tief im Boden eingegraben werden. Die Steckdose, die die Verbindung zum Stromnetz darstellt, sollte unbedingt mit einer Sicherheitsvorrichtung, z. B. einem FI-Schalter, ausgestattet sein, damit bei einer Funktionsstörung die Stromzufuhr sofort unterbrochen wird. Die Pumpe muss vollständig unter Wasser stehen. Als Verbindung zum Wasserspiel wird ein flexibler Kunststoffschlauch verwendet.

Für kleine Wasserspiele genügt eine Pumpe mit 24 Volt. Der dazugehörige Transformator steht im Haus.

▲ *Dieser Wandbrunnen, einem klassischen Vorbild nachempfunden, ist ein Blickfang für Hof oder Terrasse.*

▶ *Aus dem Mühlstein quillt eine Wasserfontäne hervor, das Reservoir ist unter den Steinen versteckt.*

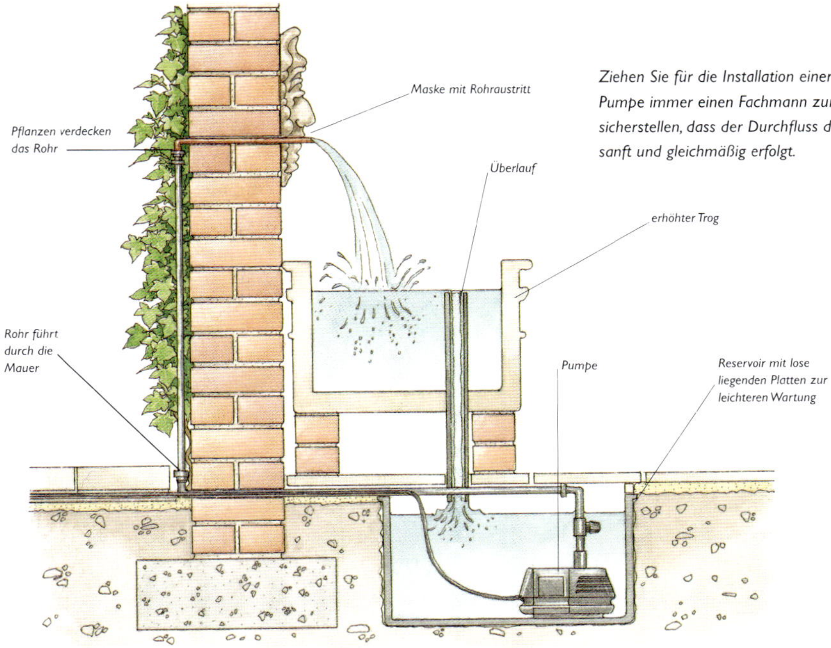

Ziehen Sie für die Installation einer elektrischen Pumpe immer einen Fachmann zurate. Er soll sicherstellen, dass der Durchfluss des Wassers sanft und gleichmäßig erfolgt.

Bepflanzung: Wasserspiele

Üppig und Grün – so soll die Bepflanzung rund um das Wasserspiel sein. Vor allem Farne und moosartige Pflanzen schätzen die kühle Feuchtigkeit. Ausnahmen sind nur Plätschersteine, Springbrunnen oder Wasserläufe auf sonnigen Höfen und Terrassen – hier sorgen Kübel mit Kakteen oder Exoten für tropische Stimmung.

Kühle Schönheit

Weil nur wenige Pflanzen sich in ständig bewegtem Wasser wohl fühlen, wird man die Pflanzen um das Wasserspiel anordnen, wo ihre Blätter und Blüten die Ränder auflockern können. Blattform und Habitus spielen die Hauptrolle, und Sie werden staunen, wie viele verschiedene Grüntöne es gibt. Pflanzen Sie unbedingt auch einige Immergrüne, etwa Helleboren, damit der Wassergarten im Winter nicht trist wirkt.

◀ Asplenium scolopendrium *'Crispum'*

▼ Helleborus orientalis, *die Oriental. Nieswurz*

Pflanzen rund ums Wasser

Farne

Farne mit ihren sattgrünen, langen oder kurzen, breiten oder schmalen, glatten oder gekräuselten Wedeln fühlen sich in Wassernähe wohl.
Adiantum capillus-veneris (Frauenhaarfarn) – feine, drahtige Stiele mit zarten, muschelförmigen Blättern. Gut in schattigen Nischen in Wassernähe.
Höhe und Ausbreitung: 30–60 cm
Asplenium scolopendrium (Hirschzungenfarn) – apfelgrüne, schmal zulaufende, leicht ledrige Wedel mit gewellten Rändern. Immergrün.
Höhe und Ausbreitung: 60 cm
A. s. 'Crispum' – dichte, aufrechte, apfelgrüne Wedel mit stark gewellten Rändern. Immergrün.
Höhe und Ausbreitung: 60 cm
A. s. Marginatum-Gruppe – verschiedene aufrechte Hirschzungenfarne mit gewellten und teilweise gezahnten Rändern.
Höhe: 40 cm, Ausbreitung: 50 cm
Dryopteris affinis (Spreuschuppiger Wurmfarn) – hohe Stiele mit goldbraunen Schuppen. Die jungen Wedel sind gelbgrün und werden nach dem Entrollen dunkelgrün. Oft immergrün.
Höhe und Ausbreitung bis 80 cm
D. erythrosora (Rotschleier-Wurmfarn) – kleinere, sommergrüne Art mit rötlicher Färbung.
Höhe: 60 cm, Ausbreitung: 40 cm
D. filix-mas (Gewöhnlicher Wurmfarn) – hohe, Horst bildende Art mit mittelgrünen Wedeln.
Höhe und Ausbreitung: bis 1,20 m
Phegopteris connectilis (Buchenfarn) – niedriger, hellgrüner Farn in blassem Grün. Gut für saure Böden.
Höhe: 20–25 cm, Ausbreitung: 30 cm
Polystichum setiferum (Borstiger Schildfarn) – weich gewellte Wedel in mittlerem Grün für lichte Schattenplätze. Immergrün.
Höhe: 60 cm–1,20 m, Ausbreitung: 40–90 cm
Woodsia polystichoides (Wimperfarn) – kleiner, hellgrüner Farn, heimisch in felsigen Regionen und ideal für feuchte Standorte mit guter Drainage, etwa eine Mauer bei einem Wasserspeier. Braucht Frostschutz.
Höhe und Ausbreitung: 20 cm

▲ *Die stark strukturierten Blätter der* Hosta *'Tokudama' wirken auch ohne Blüten.*

Seerosen für kleine Becken

Seerosen (*Nymphaea*-Kultivare) brauchen ruhiges Wasser an einem Sonnenplatz. Viele Zwergformen gedeihen sogar in winzigen Teichen und Fässern.
N. tetragona 'Helvola' – sternförmige Blüten in klarem Gelb. Winzige, rotbraun gefleckte Blätter.
N. 'Pygmaea Rubra' – rosarote Blüten, die sich blutrot verfärben. Kupfergrüne Blätter.
N. 'Sulphurea' – leuchtend gelbe, über dem Wasser stehende Blüten. Braun gezeichnete Blätter.
N. 'Daubeny' – duftende, blaue Sternblüten mit gelben Staubgefäßen. Olivgrüne Blätter. Mindestwassertemperatur 21 °C im Sommer, 10 °C im Winter.

Weitere Pflanzen für den Wassergarten

Astilbe (Astilbe, Prachtspiere) – fiedrige Blütenstände in Rot, Creme und Rosa. Schöne Sorten sind *Astilbe* 'Brautschleier' (cremeweiß), 'Fanal' (leuchtend karminrot), 'Sprite' (muschelrosa) und *A. chinensis* var. *pumila* (kleinwüchsig, rötlich rosa).
Höhe und Ausbreitung: 20–90 cm
Dicentra spectabilis (Tränendes Herz) – hängende, herzförmige Blüten in Rosa oder Weiß, fiedriges Laub (siehe Seite 986).
Filipendula (Mädesüß) – lockere Wolken aus duftenden Blüten in Creme, Rot und Rosa. Gute Sorten sind *F. rubra* (rote Stiele, pfirsichfarbige Blüten) und *F. r.* 'Venusta' (rosarote Blüten), die sehr hoch werden können, sowie die kleinere *F. ulmaria* (creme).
Höhe: über 60 cm
Helleborus (Christrose, Lenzrose) – z. B. *Helleborus* × ballardiae 'December Dawn' und Formen von *H. niger* und *H. orientalis*. Nickende, schalenförmige Blüten in mattem Dunkelrot oder Weiß, manchmal rosa gefleckt oder mit schöner Zeichnung. Höhe und Ausbreitung bis 30 cm
Hosta (Hosta, Funkie) – attraktive, breite Blätter und schlanke Blütenstände mit röhren- oder glockenförmigen Blüten. Für Schattenplätze (siehe Seite 861).
Primula-Arten (Primel, Schlüsselblume) – aufrechte Stiele mit runden oder kegelförmigen Blütenständen. Gute Arten sind *P. pulverulenta*, *P. japonica*, *P. secundiflora* und *P. vialii*.
Höhe: 40–90 cm, Ausbreitung: 40–60 cm
Zantedeschia aethiopica (Calla) – weiße Spathen auf aufrechten, fleischigen Stielen. Breite, schmal zulaufende, glatte Blätter.
Höhe: 60–90 cm, Ausbreitung: bis 60 cm

Design-Alternativen

SKIZZEN
Hier finden Sie zwei weitere Entwurfsskizzen für die Terrassengestaltung. Beide basieren auf schlichten, klassischen Linien und traditionellen Materialien wie Ziegeln, Terrakotta und Naturstein, die zum Wasserspiel in der Mitte passen.

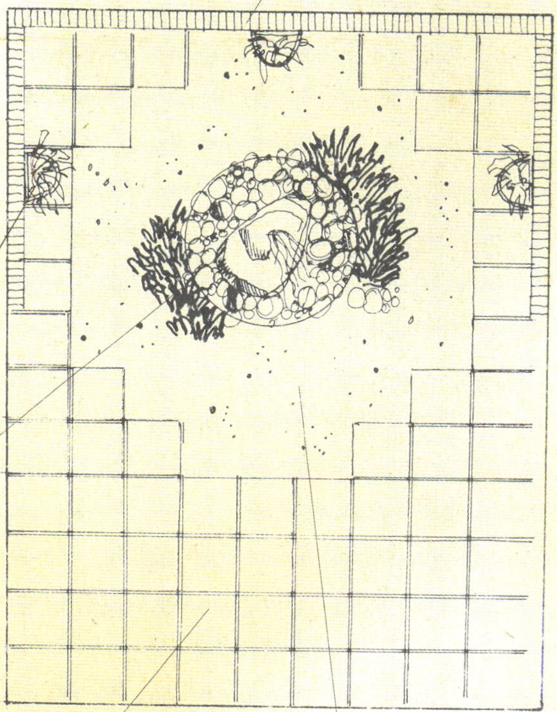

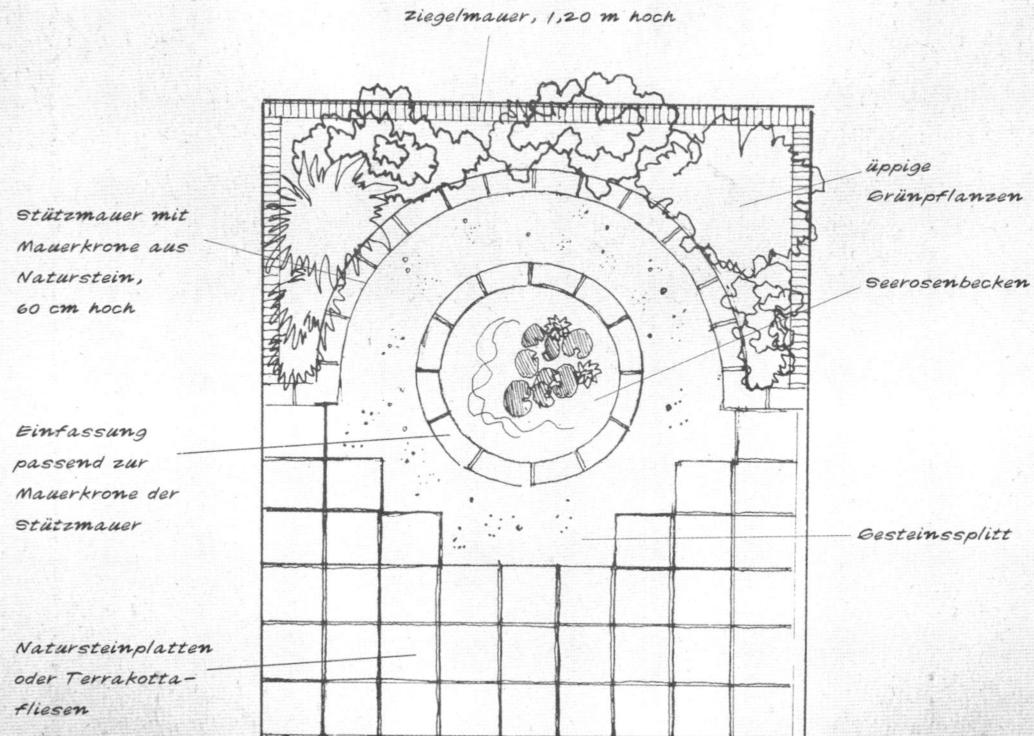
Ziegelmauer, 1,20 m hoch
üppige Grünpflanzen
Stützmauer mit Mauerkrone aus Naturstein, 60 cm hoch
Seerosenbecken
Einfassung passend zur Mauerkrone der Stützmauer
Gesteinssplitt
Natursteinplatten oder Terrakotta-fliesen

Traditionelle Gärten

Für die Gärten in diesem Kapitel standen klassische Vorbilder Pate. Sie alle vermitteln den Eindruck, im Einklang mit der Natur und der von Menschen gebauten Umgebung zu stehen und eine kontemplative Ruhe auszustrahlen. Es sind Orte, um Platz zu nehmen und die Pflanzen einzeln und in ihren Kombinationen zu bewundern, aber auch, um die Pflanzenpflege als Hobby zu genießen.

Bauerngärten

Ein Bauerngarten muss nicht auf dem Lande liegen. Sein wichtigstes Merkmal ist seine überschaubare Größe und die kompakte Gestaltung. In einem Bauerngarten wachsen Gemüse, Blumen und Obst in friedlicher Eintracht und bilden ein Meer aus Farben, Texturen und Düften, in dem sich viele Arten selbst aussäen dürfen.

▲ *In einem Bauerngarten wachsen die verschiedensten Pflanzen auf engem Raum: Blumen, Kräuter, Obst und Gemüse.*

Nostalgische Idylle

Die echten Bauerngärten der Vergangenheit hatten mit unseren romantischen Vorstellungen von üppigen Blumenbeeten, summenden Bienen und gaukelnden Schmetterlingen wenig zu tun. Bei der Bepflanzung des Landes um das Haus herum kam es vor allem auf den Nutzen an. Außer Obst und Gemüse wuchsen dort Würz- und Heilkräuter, Pflanzen zum Färben, zum Vertreiben von Flöhen und Läusen, zum Parfümieren der Wäsche und zum Überlagern von Schimmelgeruch. Auch die Blütenpflanzen hatten neben ihrem optischen Reiz meist einen praktischen Zweck.

Moderne Bauerngartenliebhaber können dieses Konzept aufgreifen, indem sie verschiedene Obstsorten, Kräuter und Gemüse mit Blumen kombinieren und jedes Fleckchen Platz – die Senkrechte eingeschlossen – nutzen. Dies ist aber kein Gartenstil für allzu Ordentliche, denn die Pflanzen wuchern munter durcheinander. Zwanglose Lässigkeit ist das Motto. Doch das Bild ist trügerisch, denn die Anlage und vor allem die Pflege eines gelungenen Bauerngartens ist harte Arbeit.

Grundlagen

Sie müssen keineswegs ein Bauernhaus bewohnen, doch sollte Ihr Garten möglichst kompakt sein. Auch auf die Umgebung kommt es an, vor allem die Begrenzungen müssen zum Stil des Gartens passen. Die Landbewohner früherer Zeiten waren Meister des Recyclings und benutzten, was gerade zur Hand war. Ein Hasel- oder Weidenflechtzaun passt viel besser ins Bild als ein aufwändiges Modell aus Metall. Einfache Latten- oder Staketenzäune und sogar umfunktionierte Paletten wirken viel stimmiger und zwangloser.

Auch eine schöne Hecke passt gut als Begrenzung zu einem Bauerngarten. Für höhere, natürlich wirkende Hecken bieten sich einheimische Sträucher wie Weißdorn oder Schlehe an. Robuste Strauchrosen, etwa Rugosa-Rosen, bilden dicke Blüten-

◀ *Ein prächtiger Bauerngarten entsteht, wenn traditionelle Pflanzen mit den Boden- und Lichtverhältnissen gut zurechtkommen.*

hecken, die im Herbst und Winter leuchtende Hagebutten tragen. Hainbuche und Hasel eignen sich für sommergrüne Hecken, zudem kann man Haselruten gut als Pflanzenstützen verwenden. Immergrüne Sträucher wie Ilex lassen die Hecke auch im Winter reizvoll aussehen, während Buchsbaum vorwiegend für niedrige Hecken als Einfassung benutzt wird. Lavendel, Rosmarin und Rosen als niedrige, duftende Hecken geben dem Garten Struktur, wenn man sie zur Abgrenzung verschiedener Bereiche einsetzt. Kletterpflanzen wie Geißblatt oder Rambler-Rosen können Zäune und Hecken überwuchern und unter duftenden Blüten verschwinden lassen.

Pflege

Wer einen Bauerngarten pflegen will, muss den Umgang mit der Hacke üben, denn Zierpflanzen und Unkräuter säen sich bereitwillig aus. Entfernen Sie die Sämlinge aber nicht zu rigoros, denn gerade die versprengten, selbst ausgesäten Einjährigen sorgen für den authentischen Bauerngarten-Charme. Es lohnt sich auch, reife Samen von Ein- und Zweijährigen wie Mohn, Ringelblumen und Fingerhut abzunehmen und an gewünschter Stelle gezielt auszusäen.

Planung und Anlage

Viele der Pflanzen erfordern vor allem im Sommer Aufmerksamkeit, darum sollte man hier und da einige Trittplatten in die Beete legen, um Rosen auszuputzen, Johannisbeeren oder Stachelbeeren zu pflücken, Bohnenstangen auszurichten, Pflanzen anzubinden oder mit der Hacke zu werkeln. In heißen Sommern muss außerdem ab und zu der Phlox gegossen oder die vom Mehltau befallene Aster gespritzt werden.

Wer einen Bauerngarten plant, sollte bedenken, dass er zwar im Frühling und Sommer hinreißend aussieht, im Herbst und Winter dagegen eher trist. Einige Immergrüne schaffen hier Abhilfe. Die auf den ersten Blick ungeordnete Anlage mit gewundenen Wegen und üppiger Bepflanzung verlangt außerdem nach einigen geschickt platzierten Strukturelementen, damit sie nicht wirr und chaotisch wirkt.

▶ *Die alte Steinbank ist ein wunderbarer Platz, um auszuruhen und Blumendüfte sowie Anblick und Geräusche des Bauerngartens auf sich wirken zu lassen.*

Ein Bauerngartenbeispiel

Der Zweck traditioneller Bauerngärten war, viel Ertrag auf geringem Raum zu erwirtschaften. Weil sich verschiedenste Pflanzen dicht drängen, taugt dieser Stil nicht für Ordnungsliebhaber. Aber im Frühling und Sommer haben die farbenfrohen, üppigen Bauerngärten einen geradezu unwiderstehlichen Charme.

▲ *Die hohe Hecke sollte erhalten bleiben, ansonsten wurde der Garten auf dem Land komplett neu gestaltet.*

Auf einen Blick

Lage:	Ohio
Klima:	mild
Bodentyp:	kalkhaltiger Lehmboden
Richtung:	Westen
Aussicht:	offenes Flachland

Die Vorgaben

Der Blick aus diesem kleinen, nach Westen gelegenen Garten fällt auf offene Felder und oft auf hinreißende Sonnenuntergänge. Hohe, dichte Hecken, die vor scharfem Wind schützen, sind bereits vorhanden. Der Garten bekommt reichlich Sonne, nur das Beet am Fuß der Hecke auf der Südseite bleibt bis zum Nachmittag kühl und schattig. Den Besitzern gefiel die Idee, einige Gemüsesorten in einen traditionellen Blumengarten zu integrieren.

Die Lösung

Wir haben das vorhandene Gras abgetragen, Unkrautsämlinge mit einem schnell abbaubaren Herbizid bekämpft und große Mengen biologischen Kompost zur Bodenverbesserung untergegraben. Um die Pflege zu erleichtern, haben wir dann den ganzen Garten (mit Ausnahme der Terrasse) mit einer Schicht Kies bestreut und die verschiedenen Bereiche durch kurvige Wege verbunden. Der Kies hält Unkräuter im Zaum und erleichtert, wenn sie doch wachsen, das Auszupfen. Mindestens ein Obstbaum gehört in jeden Bauerngarten. Wir haben zusätzlich Zeltgerüste aus Haselruten als Stützen für kletternde Einjährige und Gemüse aufgestellt. Ein kleiner Naturteich wurde als Überraschungselement in einer sonnigen Ecke angelegt.

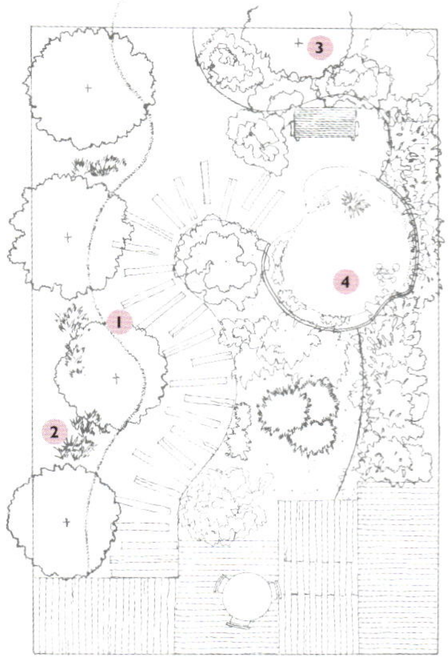

20 m x 9 m

▶ *Der Pflaumenbaum der Sorte Victoria trägt im Sommer rote Früchte.*

▲ *Ein kleiner Naturteich vervollständigt das Ökosystem des Gartens.*

▲ *Verschiedene Frühlingszwiebeln wurden direkt ins Gras gepflanzt.*

▲ *Planken aus französischer Eiche markieren den Weg.*

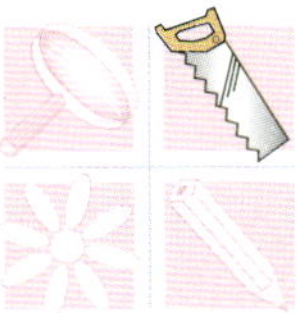

Gartenpraxis

Früher zog man auf dem Land Pflanzen aus praktischen Gründen und nutzte jedes Fleckchen aus. Der Bauerngartenstil ist auch heute beliebt, selbst wenn nur wenige Pflanzen verwertet werden. Sorgen Sie bei dichtem Bewuchs nur für Stützen und etwas Platz, um sich zwischen ihnen zu bewegen.

Keine hohe Kunst

Anlage und Pflege eines Bauerngartens verlangen etwas Geschick und viel Arbeit, doch sind keine besonderen handwerklichen Fähigkeiten erforderlich. Sie müssen nur mit einigen einfachen Werkzeugen umgehen können. Die Pflanzen nehmen jeden verfügbaren Raum ein, einschließlich der Senkrechten. Weil sie aber etwas Pflege brauchen, muss auch für guten Zugang gesorgt sein.

Frei stehende Rankhilfen für Kletterpflanzen sind praktisch, wo keine Zäune oder Wände vorhanden sind – oder wo diese bereits mit Pflanzen begrünt sind. Solche Elemente sehen dekorativ aus und bieten dem Auge auch im Winter, wenn die Beete kahl sind, Abwechslung.

Besonders stabil sind Stützen, die unten breiter sind als oben. Bewährt haben sich Wigwams, die auch bei kräftigem Wind nicht so leicht kippen. Kräftige Hasel- und Weidenruten oder Bambusstangen sind gut geeignet.

Um natürlich wirkende Wege anzulegen, betten Sie alte Eisenbahnschwellen oder wetterfest imprägnierte Holzplanken in einen Rasen oder eine Kiesfläche ein.

◀ *Wenn Pflanzen sehr dicht stehen, stützen sie sich teilweise gegenseitig und müssen seltener angebunden werden.*

PRAXISTIPPS

- Kaufen Sie eine Hacke, um im Frühling all die auflaufenden Sämlinge zu entfernen.
- Wer eine Katze hat, sollte keine Kiesflächen anlegen – sie werden als Toilette interpretiert.
- Setzen Sie Akzente, indem sie alle Stangen zum Anbinden von Pflanzen mit blauer, rosa oder roter Farbe wetterfester machen.

Einen Wigwam bauen

Wählen Sie für den Wigwam eine ebene Stelle und entfernen Sie alle Unkräuter. Legen Sie die Höhe fest und geben Sie die Hälfte des Maßes zu, um die Stangenlänge zu ermitteln. Dabei ist das Stück, das zur Stabilisierung in den Boden eingesenkt wird, einkalkuliert.

1 Um die Position der Stangen festzulegen, schlagen Sie einen Stab in der Mitte des Bereiches ein, binden ein Stück Schnur (50 cm) daran und markieren einen Kreis auf dem Boden.

2 Dann ein Stück Unkraut unterdrückende Folie in passender Größe zuschneiden, ein Loch in die Mitte stechen, über die mittige Stange legen und mit Kies oder einigen Steinen beschweren.

3 Die Stangen entlang des Kreisumfangs in den Boden schlagen und zur Mitte biegen. 30 cm unterhalb der Spitze zusammenbinden, dann auch an der Spitze verschnüren. Den Wigwam mit Draht, Schnur oder Ruten umwickeln.

Trittplanken verlegen

Zuerst die Positionen der einzelnen Planken festlegen. Mit beiden Füßen auf das Brett stellen, damit es nicht verrutschen kann, und die Kanten einstechen.

Im abgestochenen Bereich das Gras ausheben, eine dünne Schicht Zement einfüllen und die Planke wieder einlegen.

Mit einem Hammerstiel festklopfen, sodass die Planke bündig mit dem Boden abschließt. Mit der Wasserwaage kontrollieren, ob sie gerade liegt.

Bepflanzung: Bauerngärten

Im Frühling und Sommer quillt der Bauerngarten über vor Zwiebelblühern, bunten Einjährigen und Stauden. Kräuter, Obststräucher und Gemüse wachsen zwischen den Blumen und machen den besonderen Charme aus. Wählen Sie, wo immer möglich, dekorative Sorten. Im Winter sorgen Immergrüne für Struktur.

Bauerngartenblumen

Eine Wiese mit vielen Zwiebelblühern sieht einfach zauberhaft aus. Werfen Sie die Zwiebeln einfach auf den Boden und pflanzen Sie sie dort ein, wo sie gelandet sind. Ideal ist ein Platz unter einem Laub abwerfenden Baum oder Strauch, wo Krokusse, Narzissen und andere Frühlingsblüher zeitig im Jahr noch reichlich Licht bekommen.

Stauden spielen im Bauerngarten eine Hauptrolle, während die Einjährigen in die Lücken gesät oder gepflanzt werden. Wo sich die Pflanzen wohl fühlen, säen sich Einjährige bereitwillig selbst aus, und die Stauden bilden große Horste, die im Herbst oder Frühling geteilt und so vermehrt werden können. Pflanzen auf engem Raum konkurrieren um Nährstoffe. Im Winter sollte man die Beete mit Stallmist oder selbst produziertem Kompost (siehe Seite 826-827) mulchen, um die Bodenqualität zu erhalten und die mehrjährigen Pflanzen zu düngen.

Sträucher und kleine Bäume

Ein kleiner Obstbaum ist ein dekorativer Blickfang, liefert wertvolle Erträge und lädt Singvögel in den Garten ein. Halbstämme mit einem niedrigen Stamm und nicht zu ausladender Krone sind für kleinere Gärten ideal. Weil auch Tiere in den Bauerngarten gehören, sollten Sie Schmetterlinge mit einer Buddleja anlocken und Feuerdorn pflanzen, um den Vögeln im Winter Schutz und Nahrung zu bieten.

Pflanzenporträts

Aster novi-belgii 'Apple Blossom'
GLATTBLATTASTER 'APPLE BLOSSOM'

Astern sind beliebt, weil ihre Blütezeit bis weit in den Herbst hinein reicht. Wie alle Stauden breiten sie sich im Bauerngarten schnell aus. 'Apple Blossom' mit Blüten in altmodischem Rosa ist besonders robust und wüchsig. Sie muss kaum gestützt werden, ist aber etwas anfällig für Mehltau, der durch

▶ Rosa gallica *ist als Heilpflanze bekannt.*

Spritzungen bekämpft werden kann.

Höhe: 75 cm

Ausbreitung: 50 cm

Boden und Standort: Keine besonderen Ansprüche an den Boden. Optimal ist ein heller, sonniger Platz, doch sie blüht auch im Halbschatten.

Foeniculum vulgare 'Rubra'

ROTER GARTENFENCHEL

Mit seinen hohen, fiedrigen Blättern ist der Fenchel nicht nur ein traditionelles Würzkraut, sondern auch ein Schmuck. Für Abwechslung sorgen Sorten mit roten, bronzefarbenen und violetten Blättern. Alle tragen flache Blütenstände mit gelblichen Blüten, die zum Reiz der Pflanze beitragen und nützliche Schwebfliegen anlocken. 'Rubra' ist die rotblättrige Form.

Höhe: bis 1 m

Ausbreitung: 50 cm

Boden und Standort: schattig, durchlässiger Gartenboden.

Rosa gallica

ESSIGROSE

Diese Rose, aus deren karminroten Blüten besonders gutes Rosenöl gewonnen wird, ist die klassische Apothekerrose. Sie braucht kaum beschnitten zu werden und eignet sich wegen ihrer geringen Größe auch für kleinere Gärten, um Höhe in gemischte Beete zu bringen.

Höhe: 80 cm

Ausbreitung: 80 cm

Boden und Standort: nahrhafter, durchlässiger Boden und volle Sonne.

▲ *Johannisbeeren sind vitaminreich.*

▲ *Fenchel trägt würzig duftende Blätter.*

PFLANZEN FÜR DEN BAUERNGARTEN

Stauden

Centranthus ruber (Rote Spornblume)
Dianthus (Nelken), z. B. 'Dad's Favourite', 'Gran's Favourite', 'London Delight', 'Mrs Sinkins', 'Prudence'
Geranium (Storchschnabel), z. B. 'Johnson's Blue' und *G. renardii*
Heuchera (Purpurglöckchen), z. B. *Heuchera cylindrica* 'Greenfinch', 'Palace Purple'
Lupinus polyphyllus Russell-Hybriden (Gartenlupine)
Nepeta (Katzenminze), z. B. 'Souvenir d'André Chaudron' (syn. 'Blue Beauty')
Paeonia officinalis (Pfingstrose)
Phlox (Phlox), z. B. *Phlox paniculata* 'Amethyst' (blasslila), 'White Admiral' (weiß) und 'Windsor' (pink)
Primula florindae (Tibet-Primel)
Pulmonaria (Lungenkraut), z. B. *Pulmonaria officinalis* 'Mawson's Blue' oder *P. o.* 'Sissinghurst White'
Scabiosa (Skabiose), z. B. *Scabiosa caucasica* 'Clive Greaves'
Verbena bonariensis (Eisenkraut, Verbene)

Ein- und Zweijährige

Alcea rosea (syn. *Althaea rosea*) (Stockrose), z. B. 'Chater's Double' oder 'Majorette'
Aquilegia (Akelei), z. B. *A. flabellata* (hellblau), *A. longissima* (hellgelbe Blüten, sehr langer Sporn), *A. vulgaris* 'Nora Barlow' (gekräuselt) und Mrs-Scott-Elliott-Hybriden (verschiedene Farben)
Calendula (Ringelblume), z. B. *Calendula officinalis* 'Lemon Queen' oder *C. o.* 'Orange King'
Centaurea cyanus (Kornblume)
Clarkia elegans (Atlasblume)
Cosmos bipinnatus Sensation-Serien (Kosmee, Schmuckkörbchen)
Dianthus barbatus (Bartnelke)
Digitalis purpurea (Fingerhut)
Erysimum cheiri (Goldlack, Schöterich)
Helianthus annuus (Sonnenblume), z. B. 'Giant Yellow' und 'Music Box'
Lathyrus odoratus (Duftwicke)
Meconopsis cambrica (Waldscheinmohn)
Nigella damascena (Jungfer-im-Grünen)
Papaver rhoeas Shirley-Serien (Klatschmohn)
Papaver somniferum (Schlafmohn, s. S. 978)

Design-Alternativen

Skizzen

Zwei Entwürfe für etwas formaler angelegte Bauerngärten. Im ersten Fall führt der Weg durch den Garten, der in klare Bereiche gegliedert ist. Im zweiten Beispiel gelangt man durch Rankbögen mit Geißblatt zu einem Birnbaum im Zentrum.

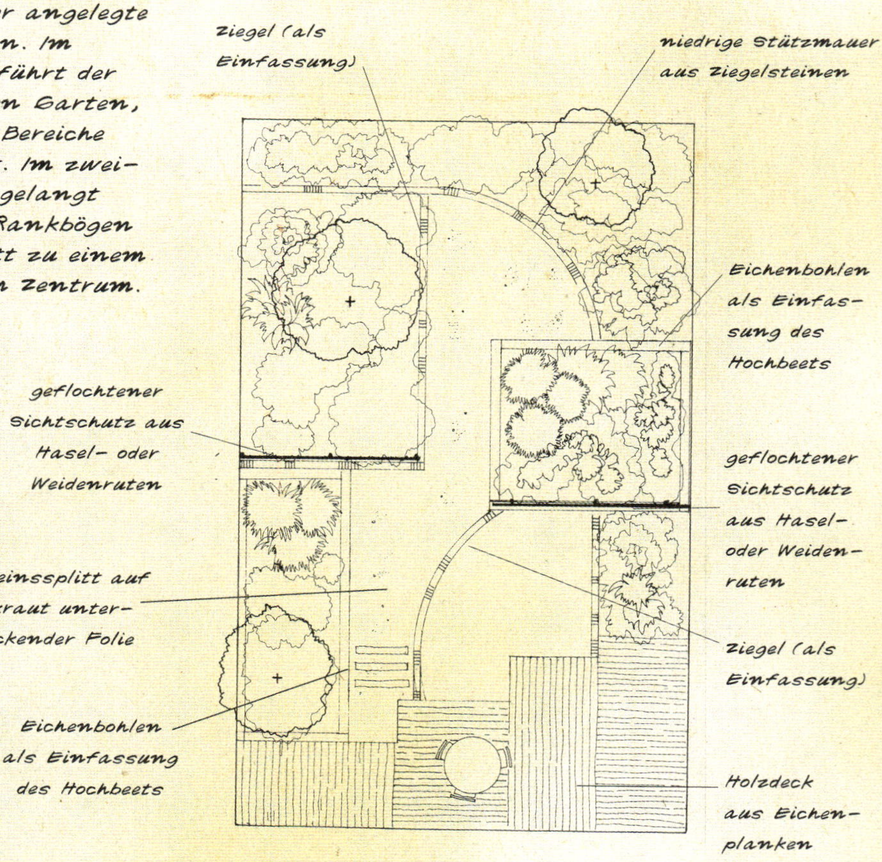

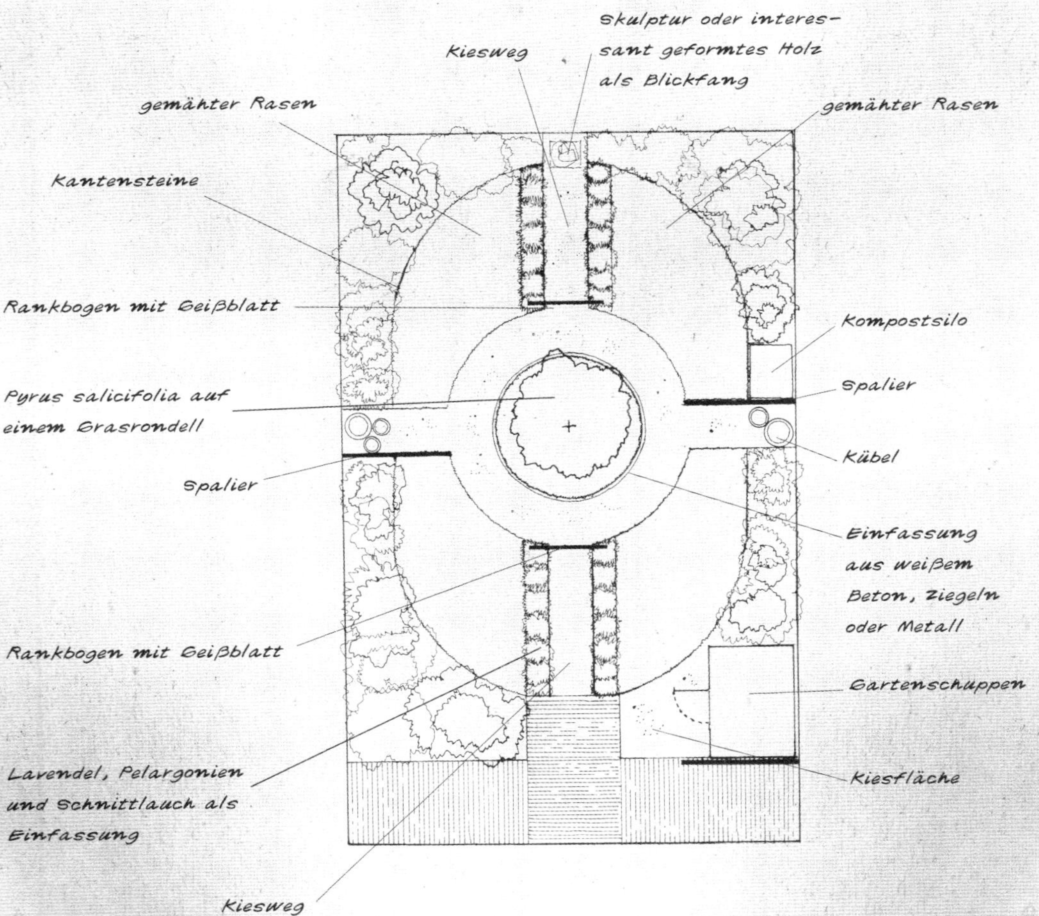
Skulptur oder interessant geformtes Holz als Blickfang
Kiesweg
gemähter Rasen
gemähter Rasen
Kantensteine
Rankbogen mit Geißblatt
Kompostsilo
Pyrus salicifolia auf einem Grasrondell
Spalier
Kübel
Spalier
Einfassung aus weißem Beton, Ziegeln oder Metall
Rankbogen mit Geißblatt
Gartenschuppen
Lavendel, Pelargonien und Schnittlauch als Einfassung
Kiesfläche
Kiesweg

Rosengärten

Rosen werden seit Urzeiten kultiviert, und wo immer sie gedeihen, findet man auch Gärten, die ausschließlich diesen Blumen gewidmet sind. Rosengärten können mit ihrem Duft, ihrer Schönheit und Grazie einfach himmlisch sein. Sie verlangen aber gute Planung und sorgfältige Pflege.

Der Entwurf

Der klassische Rosengarten, Rosarium genannt, ist eigentlich ein Garten im Garten. Meist ist sein Grundriss rechteckig oder quadratisch, und häufig ist die Fläche nochmals unterteilt. Die regelmäßig geformten Beete sind symmetrisch angeordnet und von geraden Gras- oder Kieswegen unterbrochen. Das Zentrum bildet ein Kreis oder Oval, in dem ein Vogelbad, eine Sonnenuhr oder eine Statue präsentiert wird. Stattliche Bögen mit Kletterrosen überspannen den Eingang zum Rosarium und rahmen Ausblicke ein, in seinem Inneren wachsen weitere Kletterrosen an Säulen oder dicken Seilen, die wie Girlanden zwischen Pfosten befestigt sind. Kontur gibt solchen Gärten meist eine formale Hecke aus Buchsbaum, Eibe, Lavendel oder Rosmarin. Verschiedene Sitzplätze laden ein, die Anlage auf sich wirken zu lassen.

◀ In diesem Rosengarten überspannen kräftige Rankhilfen aus rustikalen Rundhölzern die Wege und setzen verschiedene Kletterrosen in Szene.

▶ *In diesem klassischen Rosengarten wurden die Beete mit duftendem Lavendel eingefasst – eine traditionelle und perfekte Ergänzung.*

Für einen kleinen Garten, der ganz den Rosen gewidmet sein soll, mag diese Gestaltung sehr formal scheinen, dennoch kann man sich bei den klassischen Rosarien einiges abschauen. Viele Elemente lassen sich auch in lockerer Form kopieren und tragen zu dem Gefühl bei, dass in dem Garten die Zeit stehen geblieben sei. Eine immergrüne Hecke bildet beispielsweise einen schönen Hintergrund. Buchsbaum, Rugosa-Rosen und strauchige Kräuter in niedrigen bis mittelhohen Hecken strukturieren den Garten und sorgen zugleich für optische Kontinuität. Wigwams aus Haselruten bieten sich als informeller und preiswerter Ersatz für noble Säulen an, stützen Kletterrosen ebenso gut und lenken den Blick in die Höhe. Kurvige Beetränder und breitere Beete mit einer lockeren Bepflanzung lassen dieses eigentlich formale Gartenkonzept ebenfalls viel entspannter wirken. Gras, Ziegel, Naturstein, Holz, Kies – letztlich alle traditionellen Materialien – eignen sich für Wege und Flächen zwischen den Beeten.

Den Garten planen

Rosen brauchen viel Licht und Luft, Windschutz und nahrhaften, tiefgründigen Boden. Zuerst muss also sichergestellt sein, dass der Garten sich für Rosen eignet. Bedenken Sie bei der Pflanzung, wie groß die Arten werden und ob sie durch Rückschnitt kleiner gehalten werden können. Es ist schwierig, eine Rose dort zu etablieren, wo über längere Zeit eine andere stand, darum sollte man das Umpflanzen von Rosen möglichst vermeiden.

Viele der modernen Rosen blühen entweder fortlaufend oder in mehreren Schüben bis zum Herbst. Im Idealfall kombiniert man Sorten, die gemeinsam eine möglichst lange Blühsaison haben. Neben den Blüten haben viele Rosen auch einen attraktiven Habitus, eine interessante Höhe oder dekorative Früchte. Für Kontraste sorgen entsprechende Begleitpflanzen.

◀ *In den warmen Sommermonaten bezaubern die Rosen mit einer Fülle von prächtigen Blüten, die oft auch wunderbar duften.*

Rosenbegleiter

Die hohen Blütenstände von Fingerhut, Rittersporn, Glockenblumen oder edlen Lilien sehen zwischen Rosen bezaubernd aus. Schattenpflanzen wie Veilchen, Storchschnabel und Heuchera eignen sich zur Unterpflanzung. Clematis vertragen sich ausgezeichnet mit Kletterrosen, füllige Päonien oder Türkischer Mohn schaffen Kontraste. In offeneren Lagen bieten sich Lavendel, Heiligenkraut, Salbei oder Katzenminze mit ihren herb-würzigen Aromen an, die den süßlichen Rosenduft gut ergänzen. Begleitpflanzen sollten sparsam, wohl aber in größeren Gruppen eingesetzt werden. Die Unterpflanzung dagegen kann sich wie ein „grüner Faden“ durch den ganzen Garten ziehen.

Ein Rosengartenbeispiel

Rosen lassen an die berühmten Gärten denken, die im 19. Jahrhundert in England entstanden. Mit ihren prächtigen Farben und Düften und den elegant geformten, samtigen Blüten haben sie Dichter, Maler und Musiker in aller Welt zu Meisterwerken inspiriert.

▲ *Der geschützte Garten ist ein idealer Standort für viele Rosensorten. Der Boden ist gut und bekommt ausreichend Sonne.*

Auf einen Blick

Lage:	*New Jersey*
Klima:	*mild, gemäßigt*
Bodentyp:	*kalkhaltiger Lehmboden*
Richtung:	*Süden*
Aussicht:	*offene Landschaft*

Die Vorgaben

Das leicht abschüssige Grundstück ist sonnig und vor scharfem Wind geschützt. Die Besitzer wünschten sich einen romantischen Rosengarten und nehmen in Kauf, dass der Garten vorwiegend im Sommer bezaubert, während des restlichen Jahres jedoch karg wirkt. Es gibt viel Platz für Kletter- und Rambler-Rosen, doch fehlte dem Garten ein Blickfang und eine geschickte Gliederung, die von der langweiligen Viereckform ablenkt.

Die Lösung

Weil der Garten in einer Neubausiedlung liegt, entschieden wir uns nicht für einen traditionellen, geviertelten oder anderweitig geometrischen Grundriss, sondern für eine zeitgemäßere Aufteilung. Vorhandene Grenzzäune sowie mehrere Wigwams wurden mit Kletter- und Rambler-Rosen begrünt. Um diese gruppieren sich farblich sorgfältig abgestimmte Strauch- und Bodendeckerrosen. Dazu wählten wir eine Reihe von Begleitpflanzen,

22 m x 12 m

die gut mit den Rosen harmonieren und in den Wintermonaten den Garten beleben. Die Einfassung der Rosenbeete besteht aus Minipalisaden. Gras und Ziegel sind traditionelle Materialien, die gut zu Rosen passen. Alle Beete sind gut zugänglich – zum Schnuppern, Pflücken und Pflegen.

Minipalisaden von der Rolle ▲
dienen als Beetkanten.

▲ *Eine romantische Laube und eine Statue bilden den zentralen Blickfang. In der Zeichnung ist alternativ ein kleiner Brunnen.*

▶ *'Gloire de Dijon' ist eine wunderschöne Rambler-Rose.*

Gartenpraxis

Ein hölzerner Bogen für Kletterrosen ist ein klassisches Element traditioneller Rosengärten, zudem lenken solche Bögen den Blick in die Höhe und gliedern den Garten. Sie dienen nicht nur Kletterpflanzen als Stütze, sondern können auch einen Blickfang einrahmen oder eine Bereichsgrenze markieren.

Eingerahmt

In Gärten jeder Größe ist eine sichere Hand bei der Gestaltung der Proportionen wichtig. Zum Glück sieht das, was dem menschlichen Körper gerecht wird, meist auch stimmig aus.

Ein Rankbogen muss schon aus praktischen Gründen ausreichend hoch und breit sein. Wählt man Pfosten von 3 m Länge, die etwa 60 cm tief in den Boden eingelassen werden, bleibt auch dann noch eine Durchgangshöhe von etwa 2 m erhalten, wenn die Rosentriebe etwas herabhängen. So können selbst groß gewachsene Besucher risikolos durch den Bogen gehen. Eine Durchgangsbreite von 1,20 m sieht ausgewogen aus und ist groß genug, dass man durch den Bogen schlendern kann, ohne sich in den Stacheln zu verfangen. Selbst zwei Personen im Gespräch finden in dem Bogen Platz, und natürlich auch ein Gärtner, der mit einer Schubkarre oder einem Rasenmäher unterwegs ist.

In unserem Beispielgarten haben wir Minipalisaden als Beetkanten verwendet. Sie sind ideal für gerundete Beetkonturen und werden in verschiedenen Längen angeboten.

Beetrand aus Minipalisaden

Minipalisaden von der Rolle sind praktisch zum Einfassen von Beeten und Wegen. Sie sind mit Drähten verbunden und lassen sich in jede gewünschte Form biegen. Zudem sind sie wetterfest imprägniert. Entscheiden Sie, wie weit die Hölzer aus den Boden ragen sollen. Dann einen Graben ausstechen, die Palisaden einsetzen, festklopfen und alle noch vorhandenen Zwischenräume mit Erde füllen.

Einen Rosenbogen bauen

Ein hölzerner Rankbogen für eine Kletter- oder Rambler-Rose ist aus dicken Birken- oder Kastanienrundhölzern oder Bambusstäben schnell gebaut. Der Standfestigkeit wegen müssen die Pfosten mindestens 60 cm tief in den Boden eingelassen werden. Eine Höhe von 2 m und eine Breite von 1,20 m ermöglichen einen bequemen Durchgang, ohne sich in den Stacheln zu verfangen. Wir haben vier Pfosten mit je drei Querstreben verwendet. Zuerst werden die Seitenteile gebaut, dann folgt das Oberteil des Bogens, deren Pfosten je 1,80 m lang sind.

1 Die Rundhölzer auf den Boden legen und an den Senkrechten die Positionen der Querstreben einzeichnen. Mit einem Stecheisen jeweils ausreichend Holz entfernen, damit sich die Hölzer rechtwinklig zusammensetzen lassen.

2 Die Querstreben auf die Pfosten legen und festnageln oder -schrauben. Je nach Wuchs der gewünschten Rosen können eventuell mehr Querstreben erforderlich sein.

3 Das Oberteil zusammensetzen und mit langen Schrauben an den Seitenteilen befestigen.

4 Löcher von etwa 60 cm Tiefe ausheben und die Pfosten einsetzen. Mit einer Lotschnur exakt senkrecht ausrichten, dann die Löcher mit Erde auffüllen und gut feststampfen.

PRAXISTIPPS

- Pflanzen Sie nicht zu viele duftende Rosensorten. An windstillen Tagen kann die Mischung der Düfte aufdringlich wirken.
- Begleitstauden verdecken die verholzten, oft kahlen unteren Triebe der Rosen und sorgen für Abwechslung in Form und Textur.
- Verwenden Sie zum Anbinden von Rosen leicht gebogene Hasel- oder Weidenruten. Sie sehen natürlicher aus als gerade Stangen.

Bepflanzung: Rosengarten

Es gibt eine große Auswahl von Rosen, einige eignen sich auch für schwierige Standorte. Ein Rosengarten wird auf Dauer angelegt, darum müssen die Sorten zu Beginn sorgsam gewählt werden. Informieren Sie sich genau über Größe und Wuchsform Ihrer Favoriten und sehen Sie sich im Sommer in Rosengärten um.

Vorbereitungen

Rosen sind zwar dankbar für gute Pflege, gedeihen aber auch in verschmutzter Stadtluft, deren Säuregehalt Mehltau und Sternrußtau verhindert. Sie brauchen einen nahrhaften, schweren, aber durchlässigen Boden, der gut vorbereitet werden muss, weil Rosen lange an ihrem Standort bleiben. Mindestens einen Monat vor der Pflanzung graben Sie den Garten gründlich um und arbeiten dabei reichlich Stallmist tief ein. Nehmen Sie die Vorarbeiten im Spätsommer in Angriff, denn Rosen pflanzt man am besten im Herbst.

Wurzelnackte Rosen pflanzen

Vor der Pflanzung werden die Wurzeln in einen Eimer mit Wasser gestellt. Inzwischen graben Sie ein ausreichend großes Loch, in dem die ausgebreiteten Wurzeln Platz finden. Auf den Boden des Pflanzloches geben Sie krümeligen Gartenboden, Knochenmehl (sofern vorhanden) und Gartenkompost. Dann wird die Rose eingesetzt. Die Veredelungsstelle (eine Verdickung am Stammansatz) soll knapp über der Erde liegen. Breiten Sie die Wurzeln aus und halten Sie die Rose beim Auffüllen des Pflanzloches gerade. Zum Schluss die Erde gut festtreten und gießen.

Rosenpflege

Rosen müssen gemulcht, geschnitten, gespritzt und ausgeputzt werden. Versuchen Sie, verrotteten Stallmist zu bekommen und legen Sie ihn in dicker Schicht im Frühling und im Herbst auf die Beete. Öfter blühende Rosen brauchen im Hochsommer noch einmal Nährstoffe, am besten einen speziellen Rosendünger. Die meisten Rosen werden im Winter oder Frühling geschnitten, doch informieren Sie sich vorsichtshalber über die Vorlieben Ihrer Sorten. Gegen Mehltau und Stern-

◀ Rosa *'Suffolk' ist ein sehr guter Bodendecker.*

◀ Rosa *'Wedding Day' ist eine umwerfende Rambler-Rose.*

langen Zeitraum und reifen zu leuchtend orangeroten Hagebutten aus.
Höhe: 50 cm
Ausbreitung: 1,20 m

Rosa 'Wedding Day'
Die Rambler-Rose mit den zarten, duftigen Blüten bedeckt schnell Bögen, Pergolen oder einen Gartenschuppen. Sie trägt sehr zahlreiche Knospen in Apricot, die sich zu cremeweißen, später verblassenden Blüten öffnen. Die Blüten sind ungefüllt, die Staubgefäße sind leuchtend gelb.
Höhe: bis 9 m
Ausbreitung: 4,50 m

Rosa 'Gertrude Jekyll'
Diese robuste Sorte ist eine Englische Rose, eine neuere Gruppe von Strauchrosen mit dem Charme historischer Rosen. Die intensiv duftenden, rosettenförmigen Blüten sind kräftig rosafarben. Der Strauch wird jährlich auf die Hälfte gestutzt.
Höhe: 1,20 m
Ausbreitung: 1 m

rußtau kann im Frühling und bei anfälligen Sorten noch einmal während der Blüte gespritzt werden. Falls Blattläuse auftreten, können Sie mit einem geeigneten Insektizid spritzen. Knipsen Sie während der Blühsaison verwelkte Blüten regelmäßig ab, um die Nachblüte anzuregen. Die letzten Blüten sollten Sie aber stehen lassen, damit sich im Herbst dekorative Hagebutten bilden können.

Pflanzenporträts

Rosa 'Suffolk'
Die niedrige, dicht und buschig wachsende Rose mit den großen Gruppen scharlachroter Blüten an überhängenden Trieben eignet sich sehr gut als Bodendecker, gedeiht aber auch in Kübeln. Die Blüten mit den gelben Staubgefäßen erscheinen über einen

▶ Rosa *'Gertrude Jekyll' in kräftigem Rosa.*

Design-Alternativen

SKIZZEN

Hier finden Sie zwei weitere Ideen für Rosengärten, jeweils mit Sitzgelegenheiten, damit Sie die schönen Ergebnisse Ihrer Arbeit bestaunen können. Sauber gemähtes Gras und feiner Kies harmonieren gut mit den edlen Blüten.

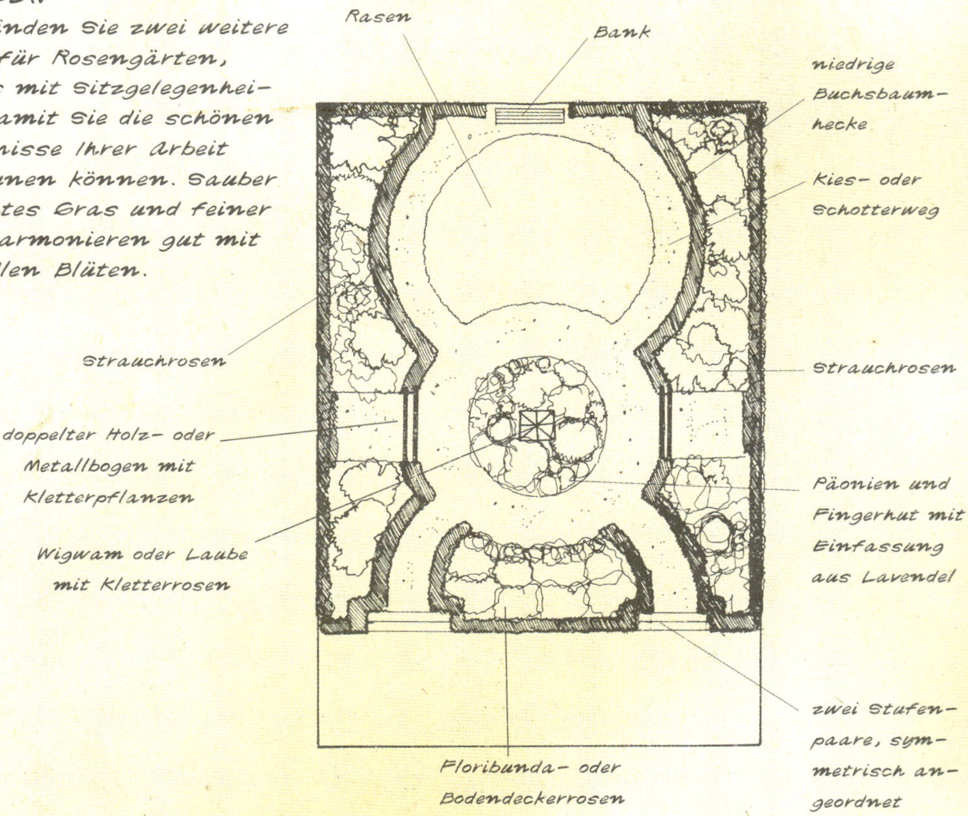

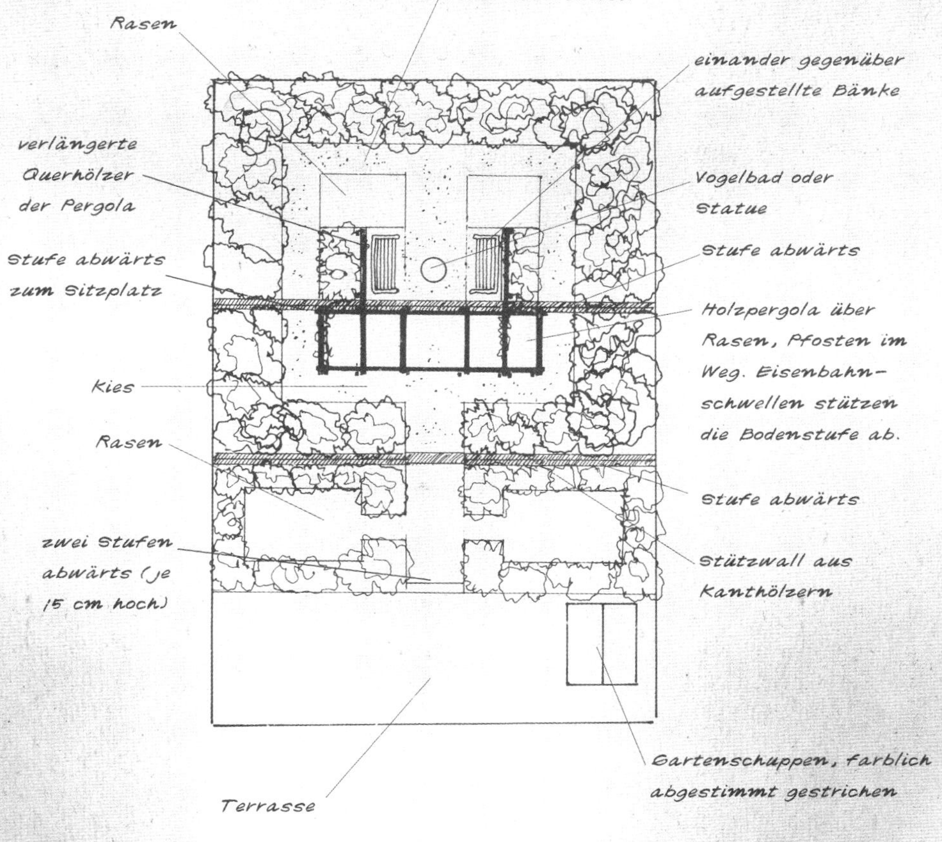
Weg mit feinem Kies oder Schotter
Rasen
einander gegenüber aufgestellte Bänke
verlängerte Querhölzer der Pergola
Vogelbad oder Statue
Stufe abwärts
Stufe abwärts zum Sitzplatz
Holzpergola über Rasen, Pfosten im Weg. Eisenbahnschwellen stützen die Bodenstufe ab.
Kies
Rasen
Stufe abwärts
zwei Stufen abwärts (je 15 cm hoch)
Stützwall aus Kanthölzern
Gartenschuppen, farblich abgestimmt gestrichen
Terrasse

Staudengärten

Ein gemischter Staudengarten ist mit seiner Kombination von Farben, Höhen und Wuchsformen ein Klassiker der Gartengestaltung, dabei entstand die Idee erst im 20. Jahrhundert. Gemischte Staudenbeete passen in Gärten aller Art. Großzügige Wege und reichlich Platz für Pflanzen sind das ganze Geheimnis.

Das gemischte Beet

Traditionelle Staudenbeete zeigen im Hochsommer ihre ganze Pracht. Weil heute beherzt Arten und Sorten gemischt werden und immer neue auf den Markt kommen, haben solche Beete das ganze Jahr über viel zu bieten. Früher bestanden sie ausschließlich aus Stauden und Einjährigen, heute sind auch Kletterpflanzen, kleine Bäume, Laub abwerfende und immergrüne Sträucher, im Frühling und Herbst blühende Zwiebelpflanzen und Einjährige zu finden.

Stauden bilden nach wie vor die Basis der Bepflanzung, doch erst durch die mutige Mischung zeigen die Beete rund ums Jahr lebendige Formen und Farben. Die Frühlingszwiebelblumen und die frühen Einjährigen leuchten, ehe die Stauden ihre Hochblüte erreichen. Kletterpflanzen lenken den Blick in die Höhe, während Immergrüne, Bäume und größere Sträucher als dauerhaftere Strukturelemente dienen und den verschiedenen Farben einen ruhigen Rahmen geben.

Die meisten Gärten haben Sonnen- und Schattenbereiche. Diese Tatsache kann man ausnutzen, indem man Beete mit ganz unterschiedlichem Charakter gestaltet. Sonnige Beete laden zu modernen Farbfeuerwerken ein.

◀ *Ein modernes, gemischtes Beet mit Sträuchern, Stauden und Gräsern bietet rund ums Jahr Abwechslung in Farbe, Form und Textur.*

▶ Das Zusammenspiel der verschiedenen Blattformen und Grüntöne ist ebenso wichtig wie die Blütenfarben.

Blumen und Blätter mit starker Farbintensität sind die Hauptzutat, an zweiter Stelle steht ihre Kombination. Was früher als „zu laut" galt, etwa ein Ensemble aus sattem Karminrot mit Orange, Violett und Blau, liegt heute voll im Trend. Viele sonnenhungrige Pflanzen haben nicht zufällig so leuchtende Farben, sondern sie signalisieren damit ihren hohen Lichtbedarf. Die Farben im Schattenbeet sind sanfter – Weiß und Blau, Creme, Flieder oder helles Rosa –, und auch die Formen sind meist weicher. Dunkle Immergrüne und helllaubige Pflanzen wie Frauenmantel fungieren als optisches Bindeglied.

◀ Kübel können Lücken im Beet füllen, sodass keine nackte Erde sichtbar bleibt. Probieren Sie Materialien wie Terrakotta oder Metall.

Wege zum Schlendern

Natürlich geht es primär um das Gesamtbild, doch besteht ein Teil des Reizes solcher Gärten auch darin, wie Blick und Füße geführt werden. Der Garten sollte nicht gleich zu überschauen sein. Schöner ist es, wenn man von verschiedenen Standorten aus immer neue Aspekte entdeckt. Mit geschwungenen Beeten ist das selbst in kleinsten Gärten möglich. Ist der Abstand zwischen den Beeten im vorderen Bereich breit und im hinteren schmal, wird der Garten optisch in die Länge gezogen.

Wege sind wesentlicher Bestandteil der Anlage, außerdem braucht man einen Sitzplatz, um nach der Betrachtung der Details das Gesamtbild auf sich wirken zu lassen. Ideal ist eine Stelle am Ende des Gartens. Kurven sollten generell weit ausschwingen und nicht zu eng sein. Liegen zwei Beete mit parallel verlaufenden Kurvenkonturen einander an einem freien Bereich gegenüber, entstehen viele interessante Blickwinkel. Gärten, die nicht auf einen Blick zu erfassen sind und immer neue Überraschungen bieten, wirken generell größer.

Traditionell werden die Bereiche zwischen Beeten mit Rasenflächen ausgefüllt. Auf einem trockenen Grundstück, wo ein Rasen zu viel Pflege verlangt, kann auch Kies eine stimmige Ergänzung zu den Blühpflanzen sein. Der Hintergrund rundet das Bild ab. Eibenhecken sind imposant, doch sie brauchen viel Platz und Nährstoffe, die den Beetpflanzen entgehen. In einem kleinen Garten ist ein Spalier mit Kletterpflanzen oft die bessere Lösung.

Ein Staudengartenbeispiel

Lange galt ein prächtiges Staudenbeet als Visitenkarte eines begnadeten Gärtners. Allerdings hielt diese Pracht oft nur wenige Wochen lang an – gerade so lange, wie betuchte Familien auf ihrem Sommersitz verweilten. Heute ist uns eher daran gelegen, dass Beete rund ums Jahr attraktiv sind.

▲ *Der abschüssige Garten bietet Sonnen- und Schattenpflanzen in den Beeten an den Längsseiten Platz.*

Auf einen Blick

Lage:	*Pennsylvania*
Klima:	*mild, gemäßigt*
Bodentyp:	*kalkhaltig*
Richtung:	*Osten*
Aussicht:	*offene Landschaft*

Die Vorgaben

Der lange, nach Osten gelegene Garten fällt relativ steil vom Haus ab. Ein Schuppen und eine ältere Laube sollen ersetzt werden, ein alter Apfelbaum steht ungünstig mitten im Rasen. Eine Längsseite des Gartens ist schattig, die andere warm und sonnig. Die Bereiche müssen unterschiedliche Kriterien erfüllen, sollen aber optisch verbunden werden. Die lange Blickflucht soll unterbrochen werden, sodass einzelne Bereiche entstehen und Neugier wecken.

Die Lösung

Der vorhandene Rasen wurde in zwei verschieden große Bereiche geteilt, was interessanter wirkt. Der Schuppen wurde umgesetzt, die Laube durch ein attraktiveres Modell ersetzt. Die Bepflanzung ist auf der einen Seite leuchtend und lebhaft, auf der anderen kühl und üppig. In Hausnähe ähnelt sie konventionellen Staudenbeeten, zur Laube hin geht sie in einen exotischen Dschungel über. Der Rasen wird nicht von Wegen unterbrochen, weil das Regenwasser wegen seines Gefälles gut zu den Sielen hin abfließt.

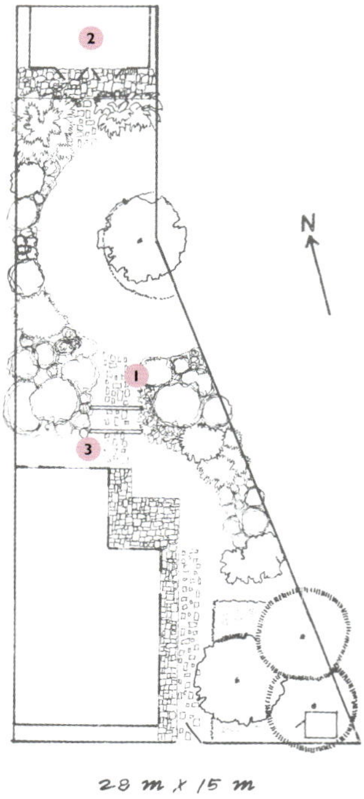

▲ *Trittsteine im Gras führen durch den Garten.*

▲ *Die alte Laube wurde ersetzt.*

▲ *Ein Metallbogen für Kletterpflanzen.*

Gartenpraxis

In diesem Garten geht es vor allem um die Planung von Form und Bepflanzung der Beete. Höhe, Ausbreitung, Wuchsgestalt und Farbe wollen berücksichtigt sein. Ist der Entwurf auf dem Papier fertig, wird er auf den Boden im Garten übertragen und eventuell korrigiert. Und dann auf zum Pflanzenkauf.

Pflanzpläne

Die Pflanzen in einem Beet sollten so angeordnet sein, dass die verschiedenen Arten über einen möglichst langen Zeitraum hinweg blühen. Wenn eine Art verwelkt, soll eine andere gerade erblühen. Weiche Kurven markiert man mit einem Behelfszirkel aus einem Stück Schnur und zwei Holzpflöcken. Generell sollten die höheren Pflanzen weiter hinten stehen als die niedrigeren.

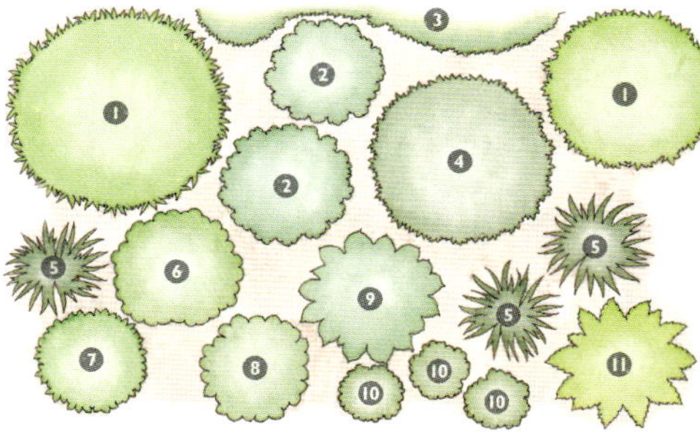

1. Aucuba japonica *'Salicifolia'*
2. Thalictrum rochebrunnianum
3. Hedera helix *'Glacier'*
4. Viburnum tinus
5. Phormium tenax
6. Saxifraga hirsuta
7. Epimedium
8. Trillium grandiflorum
9. Hosta crispula
10. Viola odorata
11. Athyrium filix-femina

▲ *Farbe ist ein wichtiger Gestaltungsaspekt. Einander gegenüberliegende Farben harmonieren meist gut, benachbarte Farben weniger.*

Pflanzen stützen

Viele hohe Stauden haben große, schwere Blüten, die leicht umkippen. Päonien, Rittersporn und andere sollten darum gestützt werden. Traditionell verwendet man dazu „Erbsenreiser" aus Haselruten, die natürlich aussehen und zwischen dem Laub der Stauden kaum ins Auge fallen.

◀ *Ein Schattenbeet, von oben und von vorn gesehen.*

1 Schneiden Sie im zeitigen Frühling mit einer scharfen Rosenschere verzweigte Haselruten von etwa 1,20 m Länge zurecht.

2 Die Ruten rund um die Stauden fest (bis zu einem Drittel ihrer Länge) in den Boden stecken und leicht zur Mitte neigen.

3 Sofern die Reiser nicht stark verzweigt sind, müssen die Stauden eventuell mit Bast oder Gartenschnur angebunden werden. Auch einzelne Blütenstiele sollten an den stützenden Reisern festgebunden werden.

Stauden stützen – alternative Methode

Fachhändler und Spezialversender bieten Staudenhalter aus Metall mit einer grünen Kunststoffummantelung an. Sie haben gegenüber Reisern den Vorteil, dass man sie viele Jahre lang benutzen kann. Zudem hat nicht jeder Zugriff auf Haselsträucher. Die Blätter der Stauden verdecken die Stützen schnell.

Zu Beginn der Saison werden die Stützen tief in den Boden gesteckt, sodass die waagerechten Verbindungsstücke die frisch austreibenden Blätter stützen. Wird die Pflanze höher, zieht man die Stützen allmählich aus dem Boden, sodass sie der Pflanze ausreichenden Halt geben.

Staudenringe sehen aus wie Räder mit wenigen Speichen. Sie werden auf einen Stab geschoben, über den jungen Austrieb gelegt und allmählich auf dem Stab immer höher gezogen. Sie eignen sich gut für Pflanzen mit hohen, dünnen Stielen.

Bepflanzung: Staudengarten

Im Staudengarten geht es vor allem um die Gesamtkomposition, wenngleich es auch ein Vergnügen ist, die einzelnen Pflanzen im Detail zu betrachten. Eine begrenzte Anzahl von Arten und Sorten wirkt meist besser als ein Sammelsurium. Blattgewächse dienen als Hintergrund für die Blüten und als optisches Bindeglied.

▲ Hosta *'Whirlwind' ist eine ausdrucksvolle Pflanze für ein Schattenbeet.*

Planen und pflanzen

Als Grundregel gilt, dass Wiederholung rhythmisch und harmonisch wirkt und dass größere Gruppen einer Art meist effektvoller sind als Einzelpflanzen. Nun können Wiederholungen aber auch langweilig sein, darum ist das Spiel mit Varianten gefragt. Bedenken Sie bei der Planung, wie groß die einzelnen Pflanzen werden, und zwängen Sie die Beete nicht zu voll. Hier und da brauchen Sie freie Stellen, in die Sie beim Pflegen der Pflanzen treten können. Unansehnliche Lücken können später immer noch mit Einjährigen oder Kübelpflanzen ausgefüllt werden.

Wer ein Beet ganz neu anlegt, sollte es gut vorbereiten und im Herbst vor der Bepflanzung reichlich Stallmist oder Kompost untergraben. Zwar kann man die Wachstumsbedingungen im Garten etwas manipulieren, doch generell sollte man Pflanzen wählen, denen die Standortgegebenheiten in Bezug auf Licht, Boden und Wind zusagen (siehe Seite 970–973). Die meisten Gärten haben solch unterschiedliche Bereiche, und solange man Pflanzen mit ähnlichen Bedürfnissen kombiniert, ergeben sich zahlreiche Möglichkeiten.

▶ Viburnum *'Opulus roseum' fühlt sich in einem sonnigen Beet wohl.*

Prächtige Beete

Legen Sie die Beete möglichst breit an, dann können Sie Stauden zu Gruppen zusammenfassen und behalten dennoch ausreichend Platz für niedrige Arten im Vordergrund sowie für Sträucher, Bäume oder Kletterpflanzen im Hintergrund. Die Höhen der Pflanzen sollten von vorn nach hinten abgestuft ansteigen, doch auch in Längsrichtung des Beetes muss für Abwechslung gesorgt sein, indem in Abständen Gruppen höherer Arten platziert werden. Achten Sie, um Enttäuschungen zu vermei-

◀ Calendula *'Pacific Beauty'*.

Blüten. Beide werden im Frühling zurückgeschnitten, sonst bilden Sie ein Dickicht aus blütenlosen Trieben.

Höhe: bis 3,50 m

Ausbreitung: 1,50 m

Boden und Standort: nahrhafter Boden. Blüten brauchen Sonne, die Wurzeln Schatten.

den, auf die Winterhärte der Arten. Viel Arbeit ersparen Sie sich mit Arten, die nicht gestützt werden müssen, oder Sie pflanzen so dicht, dass sie sich gegenseitig stützen. Schneiden Sie die Stauden im Herbst nicht zu eilig ab. Einige Pflanzen sehen bizarr aus, wenn sie vom Raureif überzuckert sind. Viele haben attraktive Samenstände, die obendrein den Vögeln Nahrung bieten.

Pflanzenporträts

Magnolia stellata
STERNMAGNOLIE

Diese zierliche Magnolie mit dem breiten Wuchs ist eine Bereicherung für große Beete, kann aber auch solo im Rasen stehen. Die zahlreichen weißen Sternblüten mit kräftigem Duft und gelben Staubgefäßen erscheinen im Frühling, noch ehe das Laub austreibt. Zu ihren Füßen fühlen sich Frühlingszwiebelblumen wie Scilla, Krokusse oder Alpenveilchen wohl.

Höhe und Ausbreitung: 3–4,50 m

Boden und Standort: nahrhafter Boden, heller, geschützter Standort.

Heuchera cylindrica 'Greenfinch'
PURPURGLÖCKCHEN

Die gescheckten Blätter mit den gebogenen Rändern bilden Rosetten, über denen sich hohe, drahtige Stiele mit duftigen Blütenständen aus winzigen, lindgrünen Blüten erheben. Die anpassungsfähige Staude fühlt sich in sonnigen und schattigen Beeten wohl und blüht im Frühsommer. Ähnlich hellgrüne Blüten trägt die Sorte *H. c.* 'Chartreuse'.

Höhe: 90 cm

Ausbreitung: 60 cm

Boden und Standort: nahrhafter, nicht zu trockener, durchlässiger Boden in Sonne oder Halbschatten.

Clematis 'Etoile Violette'
KLEMATIS, WALDREBE

Diese Klematis der Viticella-Gruppe bildet vom Frühsommer bis zum Herbst massenhaft nickende, violette Blüten. Sie lässt sich sehr gut mit einer Kletterrose, einer gelbblättrige Pflanze wie *Euphorbia polychroma* oder einem gelbblättrigen Pfeifenstrauch kombinieren. 'Abundance' ist eine Viticella-Hybride mit rosaroten

BEETE RICHTIG PFLEGEN

Regelmäßige Arbeiten:

- im Frühling und Herbst den Boden um die Pflanzen mit Kompost oder Häcksel mulchen, um Unkraut zu unterdrücken und Feuchtigkeit zu speichern
- im zeitigen Frühling Stützen anbringen
- in Trockenphasen wässern
- im Sommer Unkraut jäten/hacken
- während der Blütezeit düngen
- Schädlinge wie Schnecken (vor allem an Hosta, Dahlien und Rittersporn) bekämpfen
- verwelkte Blüten ausknipsen, um die Blüte zu verlängern (sofern nicht die Samenstände erwünscht sind, z. B. bei Japananemonen, Sedum, Mohn)
- größere Stauden im Herbst teilen

SCHÖNE BEETSTAUDEN

Für die Sommerblüte:
Nelken *(Dianthus)*, Rittersporn, Edeldisteln, Männerstreu *(Eryngium)*, Nelkenwurz, Stockrosen, Iris, Lupinen, Päonien, Phlox

Für den Herbst:
Sommerhyazinthe *(Galtonia)*, Chrysanthemen, Gew. Waldrebe *(Clematis vitalba)*, Dahlien, Astern, Montbretien, Sedum. Siehe auch Bauerngartenpflanzen, Seite 786–787.

Design-Alternativen

SKIZZEN

In diesen Vorschlägen wurden die Sonnen- und Schattenbeete anhand von Farbthemen gestaltet. Im ersten Beispiel hat jedes Beet ein Motto, etwa „Feuerfarben", „kühles Blau" oder „Weiß".

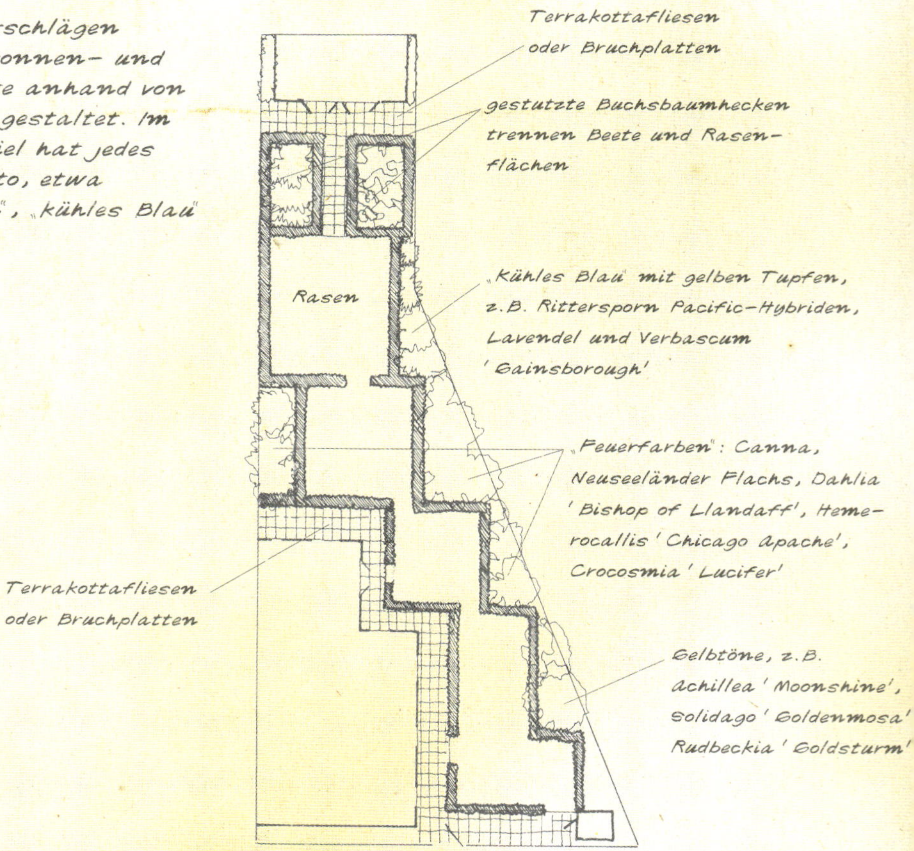

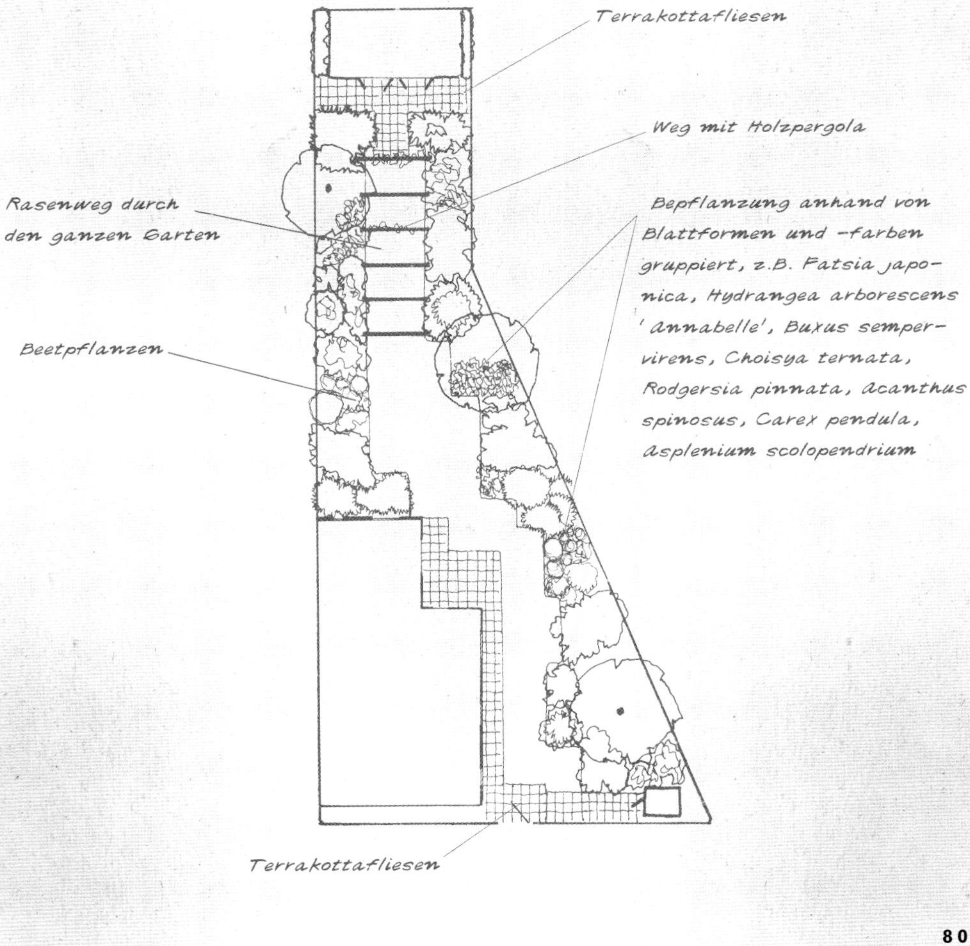
Terrakottafliesen
Weg mit Holzpergola
Rasenweg durch den ganzen Garten
Bepflanzung anhand von Blattformen und -farben gruppiert, z.B. Fatsia japonica, Hydrangea arborescens 'Annabelle', Buxus sempervirens, Choisya ternata, Rodgersia pinnata, Acanthus spinosus, Carex pendula, Asplenium scolopendrium
Beetpflanzen
Terrakottafliesen

Gartenhöfe

Einen Gartenhof kann man in einem Bereich anlegen, der ganz oder teilweise umfriedet ist. Oft grenzen solche Höfe ans Haus an, sind beispielsweise über eine Terrasse zugänglich und von Mauern, Zäunen oder Hecken umgeben. Einige sind sonnendurchflutet, während Höfe auf Souterrain-Ebene kühl und schattig sind.

◀ *Schwarzer Bambus in Metallkübeln dominiert diesen minimalistischen Hof, dazu passende Möbel runden das Bild ab.*

Ein Zimmer im Freien

Ein kleiner Garten hinter einem Reihenhaus bietet sich für einen Gartenhof förmlich an. Die Grenzen des Privatbereichs sind klar definiert, und man versperrt sich nicht die Aussicht, denn es ist keine vorhanden. Ältere Häuschen auf dem Land haben oft einen angrenzenden Hof mit Platten-, Ziegel- oder Kopfsteinpflaster. Wenn sich noch ein Garten anschließt, sollte der Hof allerdings nicht zu stark abgegrenzt werden, damit der Blick auf Garten oder Landschaft erhalten bleibt.

Weil Höfe fast immer ans Haus angrenzen, eignen sie sich bestens als Freiluftzimmer zum Essen, Sonnenbaden, Dösen und sogar zum Arbeiten. Abgesehen vom Wohnwert werden Höfe durch ihre Baumaterialien geprägt. Wer einen Naturstein- oder Ziegelboden besitzt, sollte ihn erhal-

▶ *In einem sonnigen Gartenhof setzt die skurrile, spitzblättrige Pflanze in einem klassischen Terrakottakübel einen südländischen Akzent.*

ten. Andernfalls wählen Sie ein Material, das mit dem Haus harmoniert. Auf kleinen Flächen sehen kleinteilige Pflaster meist besser aus.

Manche Höfe sind bereits von Begrenzungen umschlossen. Ist das nicht der Fall, werden sie meist zuerst errichtet. Bedenken Sie, dass mit der Höhe zwar die Privatsphäre zunimmt, aber auch der Schatten. Unschlagbar sind Mauern aus dem gleichen Material wie das des Hauses. Eingemauerte Ösen und Spanndrähte oder Spaliere geben Kletterpflanzen Halt. Eine dichte, immergrüne Hecke ist ein guter Sichtschutz, doch braucht es Jahre, ehe sie groß genug ist. Zudem entzieht sie dem Boden viele Nährstoffe. Am Fuß von Hecken und Mauern entstehen trockene Bereiche, in denen Pflanzen schlecht gedeihen. Leichte Zäune können eine gute Alternative sein, weil sie Sichtschutz bieten, als Rankhilfe fungieren und dennoch Licht durchlassen. Geometrische Spaliere passen gut in eher formale Gärten, während Flechtzäune aus Hasel oder Weide ideal für ländliche Gärten sind.

◀ *Viele Pflanzen fühlen sich in Gartenhöfen wohl – sowohl in Kübeln wie auch an Spalieren an der Wand.*

Struktur geben

Eine gewisse Zurückhaltung und Strenge ist in Gartenhöfen meist sinnvoll. Legen Sie ein Thema fest und überfüllen Sie den engen Raum nicht. Die meisten Pflanzen werden in Kübeln stehen, es lohnt sich aber auch, über den Bau von Hochbeeten (mit Drainage) nachzudenken, die den Garten gliedern und seltener gegossen werden müssen als Kübel. Wiederum sollten die Baumaterialien mit denen des Hauses und der Umfriedung harmonieren. Vermutlich werden Sie Ihren Gartenhof auch häufiger von oben sehen, etwa aus dem Bad oder Schlafzimmer im ersten Stock. Achten Sie darauf, dass er aus diesem Blickwinkel ebenso gut aussieht wie vom Erdgeschoss aus. Weil die Umfriedung Windschutz bietet, sind Gartenhöfe abends oft warm und windstill. Mit bequemen, attraktiven Möbeln und einer stimmungsvollen Beleuchtung können Sie sich einen behaglichen Platz für lange Sommerabende schaffen.

Ein Gartenhofbeispiel

Gartenhöfe sind besonders elegant, wenn sie geradlinig gestaltet und mit modernen Möbeln ausgestattet sind. Wer den traditionellen Stil liebt, füllt sie mit Kübelpflanzen an und begrünt die Mauern mit Kletterpflanzen. Pflastersteine, Fliesen, Platten oder Kies prägen den Charakter, die Kübelpflanzen können ausgetauscht werden.

▲ *Trotz des unvorteilhaften ersten Eindrucks bietet dieser Garten überraschende Möglichkeiten für die Gestaltung.*

Auf einen Blick

Lage:	*Maryland*
Klima:	*mild, gemäßigt*
Erdtyp:	*kalkhaltiger Lehm*
Richtung:	*Norden*
Aussicht:	*Stadtgarten, ummauert*

Die Vorgaben

Der kleine Garten wirkt dunkel, und die Pflanzen sind verwahrlost. Der Besitzer ist kein begeisterter Gärtner, wünscht sich aber rund ums Jahr etwas Farbe und Abwechslung. Im Sommer möchte er den Gartenhof als zusätzlichen Raum zum Entspannen und gemütlichen Beisammensitzen mit Gästen nutzen.

Höfe auf der Nord- und Ostseite eines Hauses sind kühl und schattig. Liegen sie nach Süden oder Westen, sind sie sonnendurchflutet. Bei der Planung eines Gartenhofs muss zuerst seine Nutzung bestimmt werden, etwa als geschützter Privatbereich zum Sonnenbaden oder als Sitzplatz für viele Gäste.

Die Lösung

Um Raum und Licht zu gewinnen, wurde der Garten komplett gerodet. Die morschen Zäune wurden durch lasierte Spaliere ersetzt, die zwar Licht durchlassen, aber dennoch Sichtschutz bieten. Kleine Bereiche sollten freundlich gestaltet werden, darum haben wir die dunklen Ziegel der Terrasse durch helle Platten ersetzt und mit cremefarbenem Kies kombiniert. Die Bepflanzung ist unkompliziert. Einjährige, die alljährlich erneuert werden können, sorgen für Farbe. Wir haben ein automatisches Bewässerungssystem und einen Strahler installiert, der abends eine moderne Skulptur in Szene setzt.

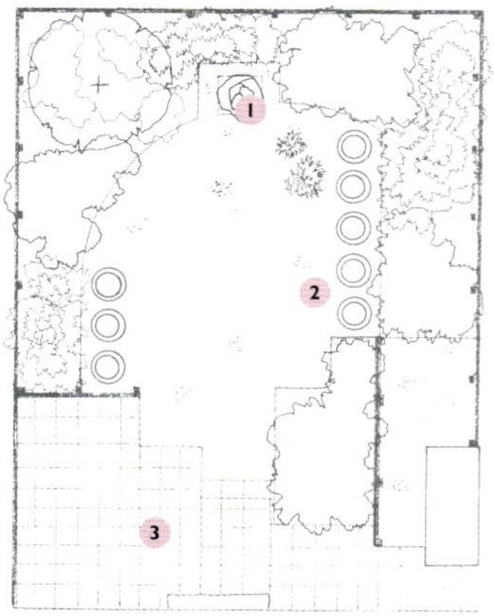

7 m x 9 m

Skulptur

▲ *Eine große Skulptur bietet sich als ungewöhnlicher Blickfang an.*

Kübel

▲ *Mehrere gleiche Kübel sehen immer edel aus.*

Pflaster

◀ *Die gepflasterte Terrasse ist ein schöner Sitzbereich.*

Gartenpraxis

Typisch für einen Gartenhof ist seine Einfriedung. Wo sie nicht vorhanden ist, kann man mit stabilen Spalieren an kräftigen Pfosten schnell und unkompliziert Sicht- und Windschutz schaffen.

▲ *Das Fenster in dem Holzspalier erlaubt Durchblicke – eine gute Idee für Gärten, die aus mehreren Bereichen bestehen.*

Eine Einfriedung bauen

Ein Gartenhof ist ein Garten im Kleinformat, in dem man jedes Detail aus der Nähe sieht. Weil er nahe am Haus liegt, meist als Sitzplatz genutzt wird und einen guten Blick auf die übrige Anlage bietet, hat er oft auch einen recht formalen Charakter. Aus all diesen Gründen kommt es auf Sorgfalt im Detail an.

Der Effekt einer Einfriedung wird entscheidend durch die Kletterpflanzen bestimmt, die sie beranken. Was immer Sie bauen, muss stabil genug sein, um das Gewicht der Pflanzen zu halten. Gute Oberflächenbehandlung verlängert die Lebensdauer.

Wer Spalierfelder fertig kauft, sollte stabile Modelle wählen und sie an kräftigen Pfosten anbringen. Die Pfosten werden mit speziellen Einschlaghülsen im Boden verankert, die guten Halt geben und das Holz schützen. Es sieht gut aus, wenn man Spaliere passend zum Haus oder zu anderen Elementen streicht. Dunkles Grün ist ein guter Hintergrund für alle Pflanzen, sanftes Mittelgrau wirkt sehr ruhig. Wer die Farbe von Naturholz liebt, sollte es wetterfest imprägnieren. Das Angebot an ungiftigen Lacken und Lasuren ist inzwischen sehr groß.

Praxistipps

- Wählen Sie Baumaterialien, die gut zu denen des Hauses passen.
- Versuchen Sie nicht, in einem kalten oder windigen Gartenhof ein tropisches Paradies zu gestalten.
- Legen Sie den Gartenhof nicht in einem trockenen Schattenbereich an. Wenn Sie kein Bewässerungssystem installieren, werden die Pflanzen eingehen, und Ihnen bleibt ein brauner, staubiger Fleck. Auch feuchtkühle Höfe entsprechen nicht jedermanns Bedürfnissen.
- Legen Sie ein Thema für die Gestaltung fest. Versuchen Sie nicht, auf engem Raum zu viel unterzubringen.
- Je höher die Umfriedung, desto mehr Schatten beherrscht den Hof.

◀ Clematis sieboldii *ist eine ausgezeichnete Kletterpflanze. Ihre zarten weiß-violetten Blüten passen gut zu dem Holzspalier.*

Ein Spalier aufbauen

Spalierfelder sind einfach zu montieren, doch wenn sie lange halten sollen, lohnt sich etwas Sorgfalt bei der Arbeit. Gute Pfosten halten mindestens 15 Jahre lang. Die Pfosten werden fest im Boden verankert – entweder in einem Betonfundament oder mit speziellen Einschlaghülsen –, dann werden die Felder dazwischen festgeschraubt. Die meisten Gartenhölzer, die im Fachhandel angeboten werden, sind bereits imprägniert. Fragen Sie trotzdem vorsichtshalber nach.

1 Zuerst die Positionen der Pfosten genau ausmessen. Dabei auf die richtigen Abstände und parallelen Stand achten.

2 Die Bodenhülsen mit einem Holzklotz und einem schweren Hammer in den Boden treiben.

3 Die Pfosten in die Hülsen setzen und festschrauben. Mit einer Wasserwaage exakt senkrecht ausrichten.

4 Die Spalierfelder mit rostfreien Winkeln an den Pfosten festschrauben.

5 Zum Schluss Kappen auf die Pfosten setzen. Sie dienen nicht nur zur Dekoration, sondern verhindern auch, dass Regenwasser ins Hirnholz eindringt und die Pfosten verrotten.

Bepflanzung: Gartenhof

Gartenhöfe überschaut man mit einem Blick, doch sie bieten besondere Möglichkeiten zur Bepflanzung. Die meisten Pflanzen werden in Kübeln oder Hochbeeten stehen, außerdem kann die Umfriedung einbezogen werden, etwa mit Heckensträuchern oder mit Kletterpflanzen, die über Mauern oder Spaliere ranken.

Das Thema

Ein klares Schema ist für jeden Gartenstil sinnvoll. Zu viel optische Unruhe auf kleinem Raum kann verwirrend und unordentlich wirken. Verwenden Sie Kübel ähnlichen Stils, ob es nun bunt lackierte Eimer, alte Steintröge oder klassische Pflanzkästen sind. Wählen Sie auch für die Bepflanzung ein Thema und seien Sie sparsam mit Akzentpflanzen. Eine prächtige Kletterpflanze am rechten Platz kann besser wirken als mehrere, die miteinander konkurrieren.

◀ Blühende Yucca filamentosa.

Kübelpflanzen für sonnige Gartenhöfe

Sonnige Höfe, die geschützt liegen, bieten sich für viele exotische Pflanzen an. Die folgenden Arten eignen sich als Solitärpflanzen in großen Kübeln für einen Hof im Tropenstil. Alle brauchen nahrhaften Boden.

Agapanthus 'Blue Giant': hohe Stiele mit runden Blütenständen aus blauen Blüten. Breite, riemenförmige Blätter.
Höhe: 1,20 m
Ausbreitung: 60 cm

Ensete ventricosum (syn. *Musa ensete*): Bananengewächs aus Äthiopien mit riesigen, olivgrünen Blättern und großen Blüten in Bronze und Weiß.
Höhe: bis 10 m
Ausbreitung: bis 4,50 m

Hakonechloa macra 'Aureola': goldgrünes, Polster bildendes Gras, kleiner als die meisten anderen Gräser, das in Kübeln interessant aussieht.
Höhe: 30–40 cm
Ausbreitung: 40 cm

Musa basjoo: Bananengewächs aus Japan mit langen, gerippten Blattspreiten und exotischen, braungelben Blüten, aus denen sich ungenießbare Früchte entwickeln.
Höhe: bis 4,50 m
Ausbreitung: bis 3,60 m

Phormium tenax (Neuseeländer Flachs): große Rosetten aus langen, schmalen Blättern. Hohe Stiele mit dunkelroten Blüten.
Höhe: 3 m (Blätter), 3,60 m (Blüten)
Ausbreitung: 1,80 m

Yucca filamentosa (Palmlilie): Rosetten aus ledrigen, spitzen Blättern und aufrechte Stiele mit kleinen, cremefarbenen Blüten.
Höhe: 1 m
Ausbreitung: 1 m

◀ *Papageientulpen mit gefransten Blütenrändern.*

Kletterpflanzen für warme Höfe

Diese Pflanzen brauchen an Mauerwerk eine Kletterhilfe in Form von Spalieren oder Spanndrähten.

Clematis armandii: frühe Clematis mit duftenden, cremeweißen Blüten.

Clematis montana var. *rubens:* rosafarben blühende Varietät der im Frühsommer blühenden Art.

Lonicera periclymenum 'Serotina': spät blühendes, stark duftendes Geißblatt.

Passiflora caerulea (Passionsblume): exotische, sternförmige Blüten in cremeweiß mit blauer Zeichnung.

Rosa banksiae: im Frühling Gruppen aus hellgelben oder weißen, leicht duftenden Blüten.

Solanum crispum 'Glasnevin' (Kletternder Nachtschatten): wüchsige, an Jasmin erinnernde Kletterpflanze mit violetten, nicht duftenden Blüten.

Vitis coignetiae: Wein mit einer auffälligen Herbstfärbung in Bordeauxrot. Schwarze, ungenießbare Trauben.

Efeu für schattige Mauern

Immergrüner Efeu braucht keine Kletterhilfe und ist die ideale Wandbegrünung für schattige Höfe. Arten mit gelber Panaschierung brauchen etwas Sonnenlicht. Es gibt zahlreiche Efeuarten mit Blättern in unterschiedlichen Formen und Größen.

Hedera colchica 'Dentata' und *H. c.* 'Dentata Variegata': wüchsige Sorten mit großen grünen oder panaschierten, gezähnten Blättern.

Hedera helix 'Goldherz': kleine, gelappte Blätter mit gelber Mitte. Mäßig wüchsig.

Hedera helix 'Maple Leaf': schwächer wüchsige Sorte mit tief eingeschnittenen, ahornähnlichen Blättern.

◀ Solanum crispum *ist ein wüchsiger Kletterer.*

Pflanztipps für Gartenhöfe

- Buchsbaum *(Buxus sempervirens)* und Eibe *(Taxus baccata)* sind für immergrüne Sichtschutzhecken seit jeher beliebt. Sie wachsen sehr langsam, doch die Geduld zahlt sich aus. Die Heckenkirsche *Lonicera nitida* ist eine kleinblättrige Immergrüne, die schneller wächst als Buchsbaum. Sie kann in Form geschnitten werden und ist leicht aus Stecklingen zu ziehen. Für sonnige Standorte eignet sich die Sorte 'Baggesen's Gold'.

- Hochbeete, die keinen Kontakt zum Erdreich haben, brauchen eine Drainage. Am Fuß der Mauern werden Abflusslöcher eingebaut, auf den Boden der Beete gibt man eine dicke Schicht groben Kies oder zerbrochene Mauersteine. Niedrige, buschige oder hängende Pflanzen zeichnen die strengen Konturen weicher: Lavendel oder Bodendeckerrosen in der Sonne, Efeu oder Immergrün im Schatten.

- Kübel kann man einzeln, paarweise oder in Gruppen aufstellen. Gefäße verschiedener Höhe und Größe sehen in Gruppen meist besser aus und eignen sich obendrein dazu, gemischte Pflanzungen zusammenzustellen.

Design-Alternativen

Skizzen

Beide Alternativvorschläge sind um einen zentralen Blickfang herum aufgebaut. Das linke Beispiel wirkt üppig und modern, das rechte ist eher traditionell gestaltet.

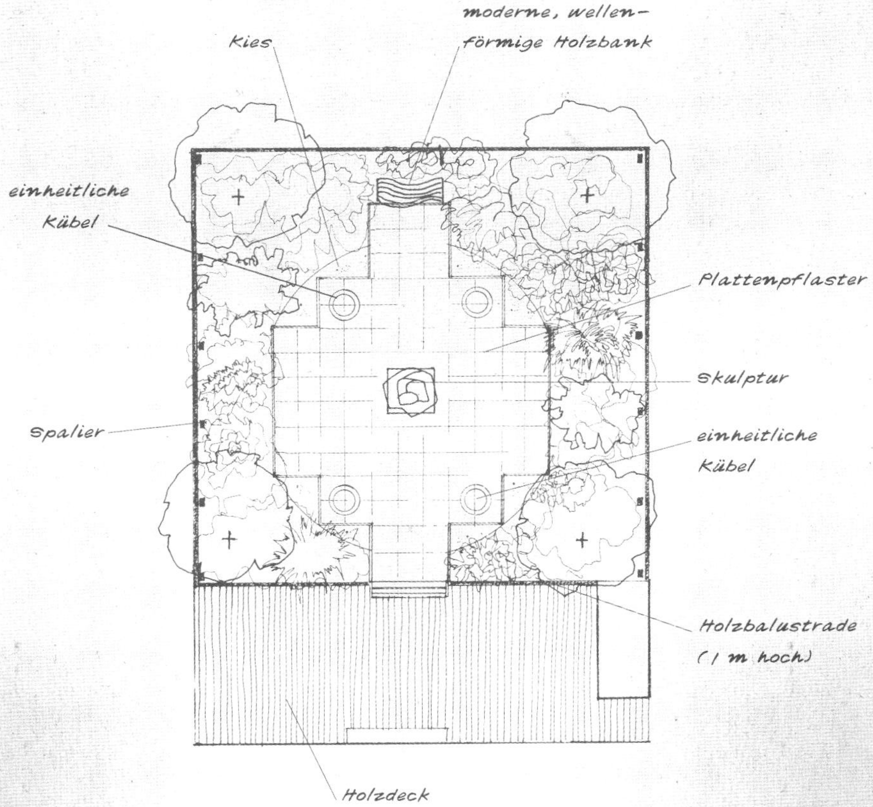
moderne, wellen-
förmige Holzbank
Kies
einheitliche
Kübel
Plattenpflaster
Skulptur
Spalier
einheitliche
Kübel
Holzbalustrade
(1 m hoch)
Holzdeck

Kulinarische Gärten

Gemüse und Kräuter aus dem eigenen Garten sind köstlich und praktisch. Ist der Garten jedoch klein, sollte er nicht allzu nutzorientiert aussehen. Das muss auch nicht sein. Küchen- und Kräutergärten kann man so anlegen, dass sie reiche Erträge bringen und trotzdem eine Augenweide sind – und selbst auf bunte Blumen muss man keineswegs verzichten.

Küchengärten

Zweifellos verlangt der Anbau von Gemüse, Kräutern und vielleicht etwas Obst für den Eigenverbrauch Zeit und Arbeit. Andererseits zahlt sich die Mühe aus. Viele Menschen finden diese produktive Art zu gärtnern nicht nur wegen der Ernte lohnend, sondern auch sehr entspannend und befriedigend.

Planung und Vorbereitung

Um die Nährstoffe des Bodens optimal zu nutzen, sollte auf die Kulturfolge geachtet werden. Damit für bequemen Zugang zum Pflegen und Ernten gesorgt ist, empfehlen sich rechteckige Beete mit schmalen Wegen dazwischen. Natürlich ist auch eine Aufteilung mit kurvigen Beetkonturen möglich, wenn Sie darauf achten, dass alle Pflanzen problemlos zugänglich sind.

Drei Gruppen von Gemüsepflanzen sind bei der Planung zu berücksichtigen: Wurzelgemüse (Rote Bete, Möhren, Rüben, Radieschen), Kohlgewächse und Hülsenfrüchte wie Erbsen und Bohnen. Zwiebelgewächse können ein eigenes Beet erhalten oder mit den anderen Arten rotieren. Lauch wird erst im Sommer gepflanzt und eignet sich gut, um Lücken zwischen anderen Gemüsearten auszufüllen. Bis zum folgenden Frühling ist er abgeerntet, sodass die Beetfläche für andere Gemüsepflanzen frei wird. Salat kann zu den Wurzelgemüsen oder Hülsenfrüchten gepflanzt werden. Er eignet sich auch gut als Lückenfüller früh im Jahr, weil er schnell erntereif ist.

◀ Der Boden in den Hochbeeten dieses formal angelegten Küchengartens hat eine optimale Drainage und erwärmt sich besonders schnell.

Beete vorbereiten

Gemüse braucht viele Nährstoffe, darum muss der Boden vor der Pflanzung gut vorbereitet werden. Im

◀ *Wer keinen ganzen Küchengarten pflegen mag, kann auch vereinzelte Kräuter oder Gemüse zwischen die Beetblumen pflanzen.*

Idealfall werden die Beete im Herbst gründlich umgegraben. Danach wird eine dicke Schicht Stallmist oder Kompost aufgelegt oder untergegraben. Im Frühling wird der Boden noch einmal umgebrochen und geharkt. Dann können Samen gelegt oder Jungpflanzen gesetzt werden.

Warum Fruchtfolge?

Durch den regelmäßigen Wechsel der Bepflanzung wird das Risiko von Krankheits- und Schädlingsbefall reduziert. Jede Pflanzenart ist für bestimmte Krankheiten oder Schädlinge besonders anfällig. Die Schadorganismen haben weniger Chancen, sich im Boden anzusiedeln, wenn dort alljährlich andere Pflanzen gezogen werden.

Außerdem haben die Gemüsesorten unterschiedliche Nährstoffansprüche. Erbsen und Bohnen gedeihen gut in Beeten, in denen vorher Wurzelgemüse stand. Die Hülsenfrüchte wiederum reichern den Boden mit viel Stickstoff an, von dem Kohl und andere Blattgemüse profitieren. Wurzelgemüse bildet auf mit Mist gedüngten Beeten üppiges Blattwerk, aber nur kleine und oft gegabelte Wurzeln.

In einem großen Garten könnte man neben den Beeten für die drei Gemüsegruppen auch ein Kartoffelbeet einplanen. Kartoffeln gedeihen gut in frisch gedüngtem Boden, in der Fruchtfolge stehen sie vor dem Wurzelgemüse. Allerdings hat nicht jeder den Platz, Kartoffeln zu pflanzen oder größere Vorräte zu lagern. In unserem eignen Garten ziehen wir einige Kartoffeln zwischen dem Wurzelgemüse und verwenden ein viertes Beet nur für Beeren. Weil man sie exakt im Moment der optimalen Reife pflücken kann, schmecken sie unvergleichlich gut.

◀ *Ein gut gepflegter Küchengarten mit dekorativen Kräutern und Gemüsen bereichert die Küche und ist obendrein eine echte Augenweide.*

Ein Küchengartenbeispiel

Kaum jemand hat die Zeit und die Energie, den kompletten Haushaltsbedarf an Gemüse anzubauen. Ein guter Kompromiss besteht darin, Blumen, Obst, Kräuter und Gemüse in kleinen Mengen zu kombinieren, um den Speisezettel zu bereichern, aber gleichzeitig große Ernteschwemmen zu vermeiden.

▲ *Ein abschüssiges Grundstück ist ein idealer Gemüsegarten. Wir haben die Terrassen mit einjährigen Blumen und Gemüse bepflanzt.*

Auf einen Blick

Lage:	*Staat New York*
Klima:	*mild*
Erdtyp:	*kalkhaltig*
Richtung:	*Süden*
Aussicht:	*vom Haus aufsteigend*

Die Vorgaben

Das offene Grundstück liegt nach Süden, der Boden erwärmt sich im Frühling schnell, und das junge Gemüse profitiert vom Licht. Der Garten steigt vom Haus aus terrassenförmig an. Die Terrassen sind Grundlage für die Beetgestaltung.

Die Lösung

Die einzelnen, bereits vorhandenen Terrassen wurden mit einer kleinen Motorhacke geglättet und eingeebnet, damit die Samen nicht beim ersten starken Regen weggespült werden. Nach der Beseitigung von Steinen, Unkräutern und Wurzeln wurde der Boden mit einer Harke feinkrümelig geglättet. Die Stützmauern aus Ziegeln waren instabil, darum wurden sie durch niedrige, aber kräftige Wälle aus imprägnierten Eisenbahnschwellen ersetzt, die in regelmäßigen Abständen von Holzpfosten gehalten werden. (Achtung: Alte Eisenbahnschwellen sind oft mit Teer imprägniert, der den Boden verunreinigt.) Auch die Stufen zwischen den Terrassen bestehen aus Eisenbahnschwellen. Die Wege zwischen den Beeten wurden mit Rindenmulch bestreut. Spaliere auf den Böschungen geben Kletterpflanzen Halt.

▲ *Ein Kübel mit leuchtenden Pelargonien.*

Kompost

▲ *Die Kompostsilos sind gut versteckt.*

Rindenmulch

▲ *Die Wege sind mit Rindenmulch bestreut.*

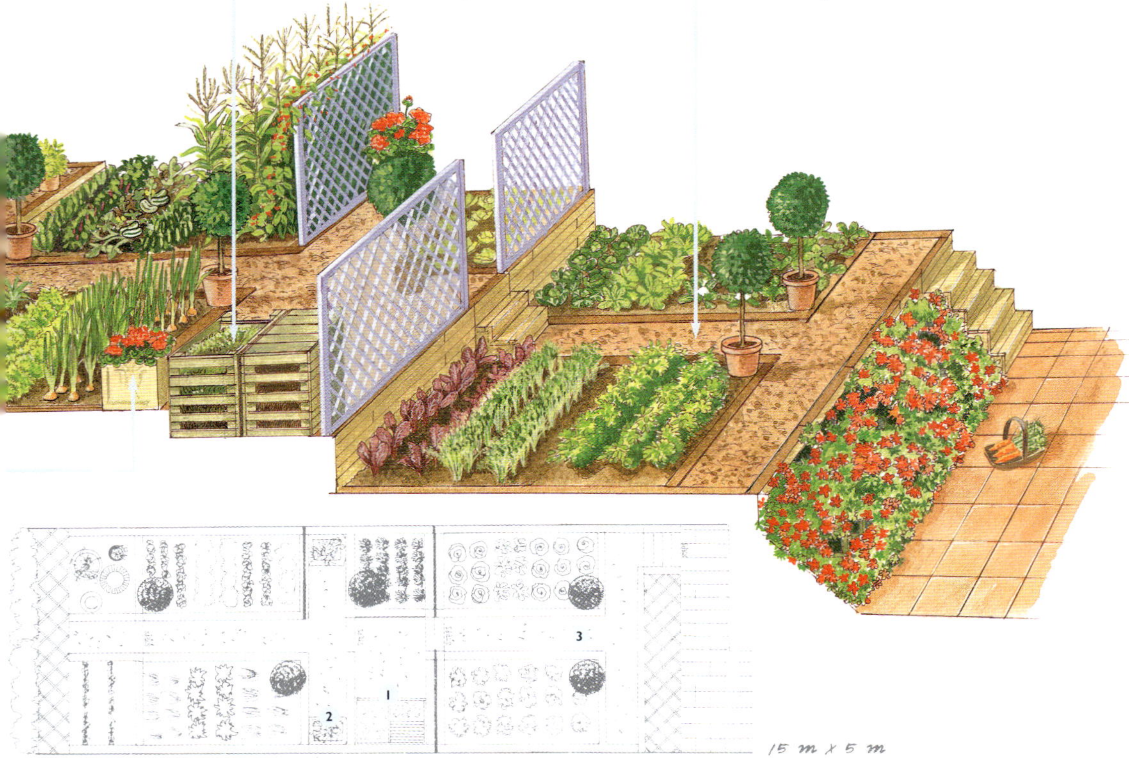

Gartenpraxis

Gartenkompost tut allen Pflanzen gut, vor allem aber dem Gemüse. Hier bauen wir einen Kompostsilo aus druckimprägniertem Holz und bringen auf einer schwarzen Folie ein Rautenspalier an, um eine Böschung zu befestigen und gleichzeitig den Unkrautwuchs zu unterdrücken.

Praxistipps

- Bereiten Sie Gemüsebeete gründlich vor.
- Ebnen Sie Gemüsebeete ein, damit die Samen nicht vom Regen weggespült werden.
- Hochbeete sind bequemer zu bearbeiten, haben eine bessere Drainage und erwärmen sich bei Sonnenschein schneller.
- Gemüsebeete müssen relativ schmal sein, damit alle Pflanzen von den Wegen aus zu erreichen sind.
- Verwenden Sie immer frisches Saatgut.
- Um eine Ernteschwemme zu vermeiden, legen Sie wöchentlich kleine Samenmengen aus. Offene Samentüten in einem luftdicht schließenden Gefäß aufbewahren.
- Ernten Sie Gemüse, solange es jung und knackig ist. Möglichst frisch verzehren.
- Befolgen Sie die Kulturhinweise auf den Samentüten bezüglich Aussaattermin usw.
- Entfernen Sie Unkräuter zwischen den Gemüsepflanzen regelmäßig mit der Hacke.
- Pflanzen Sie einjährige Kräuter und Blumen, um Nützlinge anzulocken.
- In kleinen Gärten, wo der Platz nur für ein Gemüsebeet reicht, wechseln Sie Wurzelgemüse und oberirdisch fruchtendes Gemüse jährlich ab.

Gemüse gut ernähren

Die Herstellung von Gartenkompost ist einfach und umweltfreundlich. Über die feineren Details der Kompostierung gibt es verschiedene Ansichten. Fest steht jedoch, dass ein gewisses Maß an Feuchtigkeit und Luftzirkulation nötig sind, damit Grünabfälle zu gutem Kompost verrotten. In den selbst gebauten (oder fertig gekauften) Kompostsilo werden abwechselnd Schichten aus Gemüseabfällen, Rasenschnitt, grünen Pflanzenabfällen und einjährigen Unkräutern gefüllt. Mehrjährige Unkräuter wie Löwenzahn wachsen jedoch im Kompost weiter. Zum Inhalt des Staubsaugerbeutels gibt es unterschiedliche Meinungen.

Richtig hacken

Beim Hacken kommt es auf die Technik an. Halten Sie Abstand zu den Stielen der Gemüsepflanzen und hacken Sie nicht tiefer als 3 cm ins Erdreich.

▲ *Wer keinen Kompostsilo selbst bauen will oder einen sehr kleinen Garten hat, findet im Fachhandel viele verschiedene Fertigmodelle.*

Gibt man zwischen die Schichten etwas Gartenboden, wird die Rotte beschleunigt. Je schneller der Silo gefüllt wird, desto zügiger und effektiver verrottet das Material. Stiele und Stängel fördern die Luftzirkulation, holzige Zweige sind jedoch zu hart und verrotten nicht. Dicke Stiele sollten zerdrückt werden. Auch geknülltes Zeitungspapier, Herbstlaub und alte Blumenerde, die beim Umtopfen von Zimmerpflanzen anfällt, können kompostiert werden.

Kompostsilo selbst gebaut

Dieser bewegliche Kompostsilo ist schnell gebaut und liefert wegen der guten Belüftung in kurzer Zeit hochwertigen Kompost.

1 Geeignet ist jedes druckimprägnierte Holz. Die Bretter auf etwa 1,20 m Länge sägen. Ein kleinerer Silo ist ungünstig, weil in dem geringeren Volumen keine ausreichende Hitze zur Verrottung entsteht. Kurz vor den Brettenden Kerben sägen, damit die Hölzer zusammengesteckt werden können.

2 Die Bretter zusammensetzen. Sie sollten nicht verschraubt werden, damit sie sich wieder demontieren lassen, wenn der Kompost fertig ist und entnommen werden soll. Danach kann der Silo an einer anderen Stelle im Garten wieder aufgebaut werden.

3 Bauen Sie den Silo bis zur gewünschten Höhe auf. Ideal sind zwei nebeneinander stehende Silos. Während der Kompost aus dem einen abgetragen wird, kann der zweite Silo befüllt werden und „arbeiten".

Spalier auf einer Folie für Böschungen

Schwarze Folie, die das Auflaufen von Unkräutern unterdrückt, ist ein Segen für den Gemüsegärtner, weil sie das Jäten fast überflüssig macht und das Gemüse dennoch kräftig heranwachsen lässt. Eigentlich ist sie für ebene Beete gedacht, man kann sie aber auch auf Böschungen auslegen, sofern man sie mit Spalieren fixiert.

Die Spaliere werden mit langen, rostfreien Nägeln im Erdreich fixiert. Dann die Folie einschneiden und die Pflanzen einsetzen.

Bepflanzung: Küchengarten

In einem idealen Gemüsegarten gibt es während der gesamten Saison etwas zu ernten. Mit Einfassungen aus Blumen sehen die Beete hübscher aus, doch sind auch viele Gemüsepflanzen selbst sehr attraktiv. Kräuter ergänzen den Gemüsegarten und bereichern den Speisezettel.

Blumen und Gemüse

Generell ist es sinnvoller, Blumen und Gemüse getrennt zu halten. Blumen haben einen anderen Nährstoffbedarf als Gemüse, außerdem können sie beim Jäten und Ernten im Weg sein. Viele Blüten locken jedoch nützliche Insekten wie Bienen und Schwebfliegen an, die der Ernte zugute kommen. Sie haben ähnliche Ansprüche wie Kräuter und können gut mit ihnen kombiniert werden. In unserem Gartenbeispiel haben wir für die meisten Kräuter Kübel vorgesehen. Schnittlauch und Petersilie eignen sich auch für hübsche Beetkanten, wo sie bequem zu ernten sind. Mehrjährige Kräuter wie Rosmarin und Thymian brauchen einen dauerhaften Standort. Kleine Blumen wie *Bellis perennis* (Kulturgänseblümchen) sehen als Einfassung von Gemüse- oder Kräuterbeeten bezaubernd aus, auch Kapuzinerkresse ist gut geeignet.

◀ *Borretsch hat hübsche, blaue Blüten.*

Ordnung halten

Wer einen Gemüsegarten anlegt, sollte mit der Hacke umgehen können, damit die Unkräuter den Nutzpflanzen nicht die Nährstoffe im Boden streitig machen. Ordnung und Sauberkeit dient im Nutzgarten nicht nur der Optik, sondern auch dem Ertrag. Einjährige Unkräuter werden behutsam entfernt, solange sie noch klein sind. Das geschieht am besten, wenn der Boden trocken ist, damit sie nicht wieder wurzeln können.

Pflanzenporträts

Borago officinalis
BORRETSCH

Borretsch ist mit seinen zahlreichen nickenden Blüten in hübschem Blau

◀ Buschbohnen sind dekorativ und ertragreich.

ein sehr dekoratives Küchenkraut. Borretsch ist leicht aus Samen zu ziehen und sät sich an günstigen Standorten später selbst aus. Die Blätter mit dem milden Gurkenaroma passen zu Salaten und sommerlichen Getränken. Essbare Blüten.

Höhe: bis 90 cm

Ausbreitung: bis 30 cm

Boden und Standort: durchlässiger Boden und viel Sonne.

Phaseolus vulgaris

BOHNE (KLETTERNDE ARTEN)

Die rundlichen, oft fadenlosen Schoten der Stangenbohnen werden jung geerntet, solange sie noch zart und knackig sind. Die Pflanzen sehen attraktiv aus und gedeihen gut an einem Wigwam, an Bohnenstangen und sogar an einem Wandspalier. Besonders interessant sind Sorten mit violetten Schoten wie 'Triofono'. Bei der Sorte 'Purple Giant' sind die Blüten und später die Früchte violett, selbst Stiele und Blätter haben einen Lilaschimmer. Beim Kochen färben sich die Schoten grün. 'Goldmarie' ist eine Sorte mit gelben Schoten, die neben einer violetten Sorte ausgesprochen reizvoll aussieht.

Höhe: bis 2,50 m

Ausbreitung: 1 m

Boden und Standort: feuchter, aber durchlässiger Boden in voller Sonne.

Beta vulgaris

MANGOLD

Mangold ist ein enger Verwandter der Roten Bete, der wegen seiner Blätter mit den fleischigen Stielen kultiviert wird. Sie ähneln Spinat, sind aber größer und haben eine dickere Mittelrippe. Mangold ist recht frosttolerant. Die Blätter werden wie Spinat zubereitet, die fleischigen Stiele kann man separat kochen und mit brauner Butter servieren. Sorten mit leuchtend roten Stielen sind dekorativ, aber empfindlicher gegen Kälte. Die jungen Blätter werden regelmäßig geerntet, um den Neuaustrieb anzuregen. Mangold ist ein ideales Gemüse für den Hausgarten, weil er ganz frisch verzehrt werden muss.

Höhe: 50 cm

Ausbreitung: 1 m

Boden und Standort: Mangold braucht feuchten, nahrhaften Boden. Er gedeiht auch im Halbschatten.

▶ Mangold enthält viele Mineralien.

Design-Alternativen

SKIZZEN

Beide Vorschläge bieten reichlich Beetfläche, sind aber mit schwungvollen Kurven und linearen Konturen, formalen Elementen und traditionellen Materialien so gestaltet, dass sie gefällig aussehen.

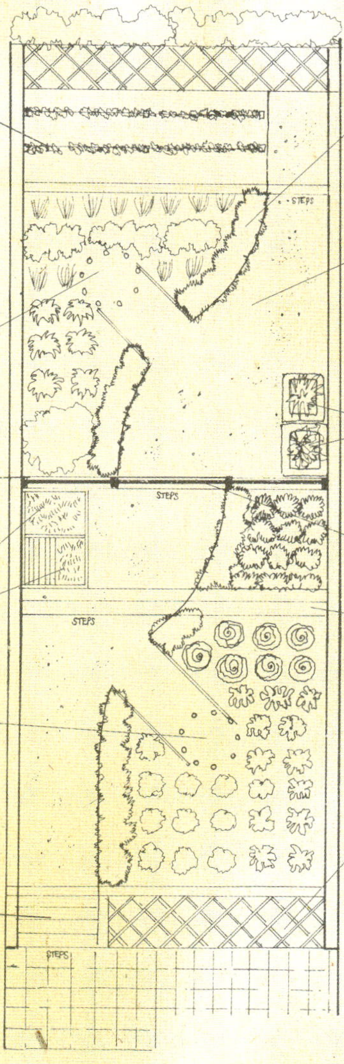

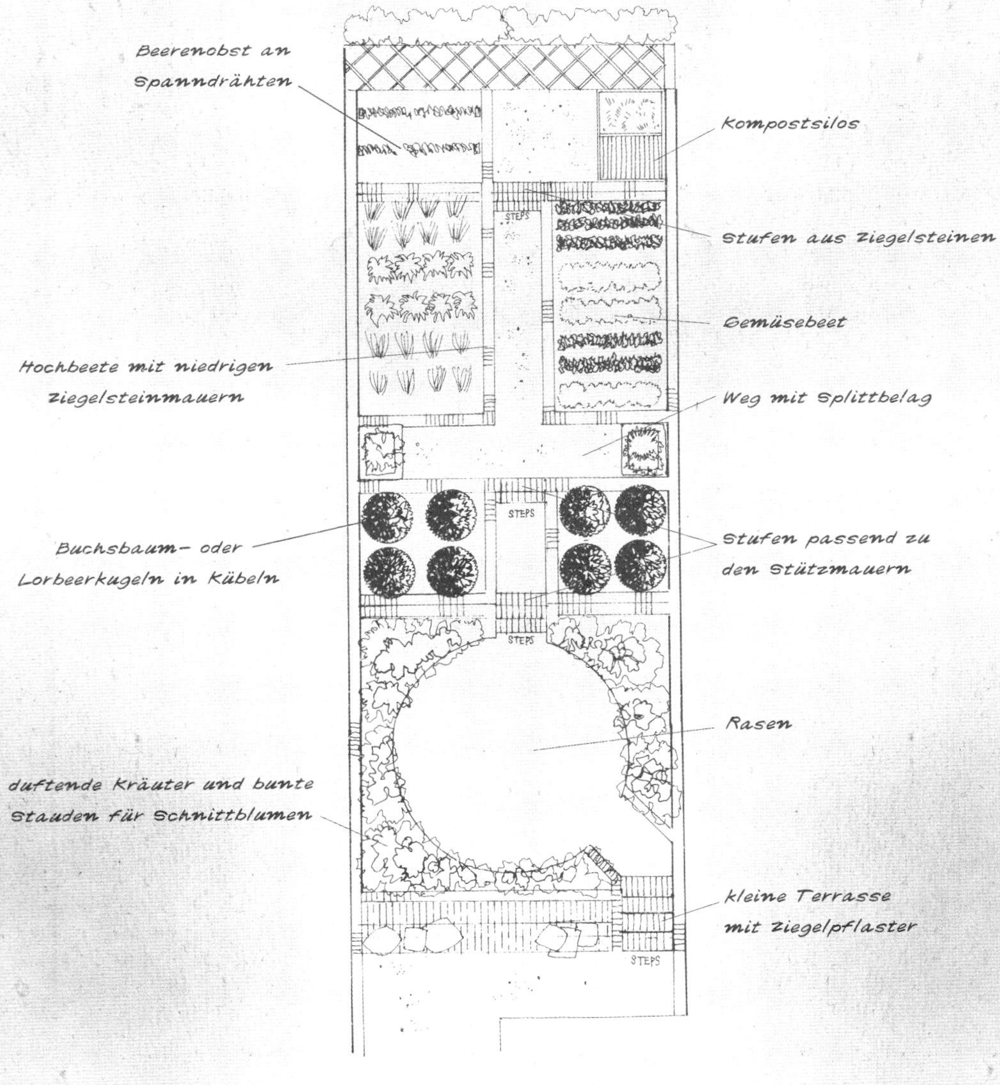
Beerenobst an
Spanndrähten
Kompostsilos
STEPS
Stufen aus Ziegelsteinen
Gemüsebeet
Hochbeete mit niedrigen
Ziegelsteinmauern
Weg mit Splittbelag
STEPS
Buchsbaum- oder
Lorbeerkugeln in Kübeln
Stufen passend zu
den Stützmauern
STEPS
Rasen
duftende Kräuter und bunte
Stauden für Schnittblumen
kleine Terrasse
mit Ziegelpflaster
STEPS

Kräutergärten

Zu den Kräutern gehören die Einjährigen wie Basilikum, die am Ende des Sommers absterben, und die Mehrjährigen wie Zitronenmelisse, Estragon und Fenchel, die im Winter das Laub einziehen und im folgenden Frühling wieder austreiben. Rosmarin, Thymian und Lorbeer können auch im Winter frisch geerntet werden.

Kräutergesellschaft

Ein gut strukturierter Kräutergarten ist sehr dekorativ und kann durchaus einen großen Teil des Gartens einnehmen. Bei sorgfältiger Planung kann er auch ein eigenständiger „Gartenraum" sein. Viele Pflanzen werden traditionell als Küchen- und Heilkräuter verwendet. Wegen ihrer unterschiedlichen Düfte ist ein Herbarium, wie man den Kräutergarten früher nannte, ein sehr sinnlicher Ort. Eine große Zahl von Kräutern stammt aus der Familie der Lippenblütler, die im Sommer Scharen von Hummeln und Bienen anlocken. Wer sich für Volksbräuche und Traditionen interessiert, hat vielleicht auch Spaß daran, mit Kräutermischungen und Kräuterweinen zu experimentieren oder die Blätter und Blüten zum Kochen und getrocknet für Tees zu verwenden.

Es gibt Kräuter für die verschiedensten Standorte. Viele beliebte Kräuter stammen aus dem Mittelmeerraum und verlangen einen geschützten Platz in voller Sonne und sehr durchlässigen Boden. Zuchtformen von Salbei oder Melisse mit goldgelben oder pana-

◀ *Die Pflanzen aus dem Kräutergarten können frisch und getrocknet für die Küche und für allerlei Hausmittel verwendet werden.*

▶ *Ein kleines Wasserspiel auf einem Rondell aus Flusskieseln in einem Betonbett bildet den Blickfang in diesem traditionellen, formalen Kräutergarten.*

schierten Blättern gedeihen besser, wenn sie vor der prallen Mittagssonne geschützt werden. Viele Kräuter bevorzugen einen Boden, der eher nährstoffarm ist.

Die Anlage

Traditionelle Kräutergärten waren ähnlich wie Rosengärten angelegt (siehe Seite 790–799). Sie bestanden aus kleinen, geometrisch geformten und formal angeordneten Beeten mit einer niedrigen, akkurat gestutzten Buchsbaumhecke als Einfassung. Die dekorative Geometrie der Wege wurde durch einen Bodenbelag aus Kies, Ziegeln oder Natursteinen betont. Zwangloser sieht ein Kräutergarten aus, wenn die Beete keine Einfassung haben und die Kräuter sich auf die Wegränder neigen können. Auch in Kübeln gedeihen viele Kräuter gut und gewinnen zudem an Höhe. Alle Gestaltungsformen eignen sich ausgezeichnet für kleine Gartenhöfe.

Auf einem kleinen Grundstück kann eine streng symmetrische Anlage allzu formal wirken, doch lässt sich das Gestaltungsprinzip vielfältig variieren, sodass eine überzeugende Kräutergartenatmosphäre entsteht, die dennoch nicht zu nüchtern aussieht. Solche Lösungen eignen sich vor allem für unregelmäßig geschnittene Gärten gut. Die Bau- und Pflastermaterialien sollten sorgfältig auf die angrenzenden Gebäude abgestimmt sein.

Bedenken Sie, dass ein formaler Kräutergarten mit gestutzten Hecken viel Mühe macht, denn er sieht nur gut aus, wenn er allzeit perfekt gepflegt ist. Ein zwangloserer Garten dagegen darf etwas wild wirken. Unabhängig vom Stil des Kräutergartens sollten Sie die Tiefe der Beete nicht zu groß wählen, andernfalls wird das Ernten der Kräuter mühsam und belastet den Rücken.

◀ *Viele Kräuter eignen sich für einen lockeren, zwanglosen Kräutergarten. Sie sehen am schönsten aus, wenn man sie frei wachsen lässt.*

Ein Kräutergartenbeispiel

Neben den vielen Würzkräutern gibt es eine Fülle anderer Pflanzen, die in der Heilkunde, Aromatherapie, Kosmetik, Parfümherstellung und zum Färben von Stoffen verwendet werden. Einige Kräuter säen sich reichlich selbst aus und gelten bei manchen Gärtnern als Unkräuter. Andere sind ausgesprochen dekorativ.

▲ *Der düstere Garten scheint für Kräuter ungeeignet, kann aber mit etwas Mühe und Überlegung viel heller gestaltet werden.*

Auf einen Blick

Lage:	*Kentucky*
Klima:	*mild, gemäßigt*
Erdtyp:	*kalkhaltig*
Richtung:	*Westen*
Aussicht:	*nach Süden offen*

Die Vorgaben

Der schmale Garten zeigt nach Westen, bekam aber wegen seiner hohen, von alten Kletterpflanzen überwucherten Mauern nur wenig Sonnenlicht. Ein kleiner, mit Ziegeln gepflasterter Hof verbindet das Haus und den Garten mit einem Sitzplatz vor dem Schuppen.

Die Lösung

Wir haben sämtliche Kletterpflanzen entfernt, Gartenmauern, Backsteinschuppen und Pflaster mit einem Hochdruckreiniger gesäubert und mit einem Fungizid behandelt. Alles Mauerwerk wurde untersucht und teilweise neu verfugt.

Die Mauern von Garten und Hofdurchgang haben wir in einem sanften Gelbton gestrichen. Spaliere wurden wasserblau gebeizt und an die Mauer an der Südseite geschraubt. Die Schuppentür wurde passend gestrichen. Den maroden Holz-Rankbogen haben wir durch eine einfache Metallstange mit einem

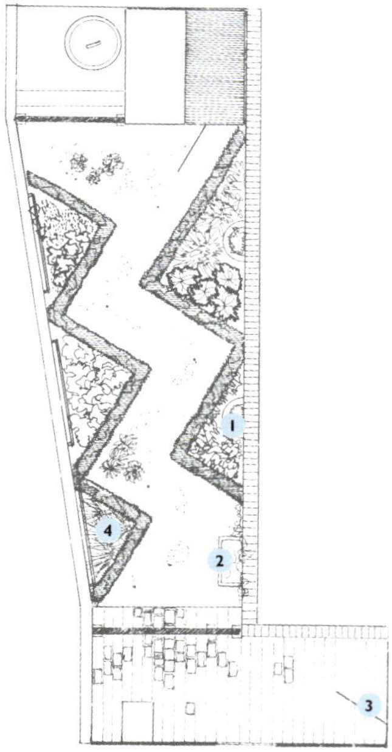

16 m x 6,5 m

Bambusvorhang ersetzt, ein weiterer Vorhang schirmt den Nutzbereich beim Schuppen ab. Das Gras wurde durch Kies ersetzt, am alten Ausguss hängt jetzt ein Wasserspeier.

◀ Der Löwenkopfwasserspeier ist ein schöner Blickfang an der Gartenmauer.

▲ Die altmodische Holzpforte sieht sehr stilvoll aus.

▲ Einseitig abgeflachte Wandtöpfe sind ideal, um den Mauern Farbtupfer zu verleihen.

◀ Die dreieckigen Beete lassen den schmalen Garten breiter wirken.

Bepflanzung: Kräutergarten

Es gibt Dutzende von Küchenkräutern, deren Kultur sich lohnt. Und neben diesen zählen zu den Kräutern im weiteren Sinne viele dekorative Pflanzen, die früher als Nutz- oder Heilpflanzen gehalten wurden, die heute aber vorwiegend als Zierpflanzen bekannt sind.

Schöne und nützliche Kräuter

Angelica archangelica – Echte Engelwurz: hohe, stattliche Pflanze. Die Stiele werden kandiert, die Blätter als Gewürz zu Kochfisch verwendet.

Borago officinalis – Borretsch*: kühles Gurkenaroma. Die jungen Blätter und die leuchtend blauen Blüten sind essbar.

Chamaemelum nobile – Römische Kamille: Die weißen Blüten werden für Aufgüsse verwendet.

Melissa officinalis – Zitronenmelisse: winzige, weiße Blüten locken Bienen an. Blüten und Blätter werden für beruhigende Aufgüsse verwendet.

Symphytum officinale – Gewöhnlicher Beinwell, Arzneibeinwell: hohe, reich belaubte Pflanze mit blauvioletten Blättern. In der traditionellen Heilkunde als Universalmittel verwendet, heute zur Selbstmedikation nicht mehr empfohlen. Die ganze Pflanze ist ein ausgezeichneter Gründünger.

Tanacetum parthenium – Mutterkraut: weiße Blüten mit gelbem Auge. Die Blätter können als Brotbelag verwendet werden, die Blüten vertreiben Motten.

Tropaeolum – Kapuzinerkresse: Blätter und Blüten sind essbar, mit pfeffrigem Aroma.

Blüten für den Kräutergarten

Wer in seinem Kräutergarten Blumen wie Lilien, Fingerhut und Rosen unterbringt, knüpft einerseits an die Traditionen des historischen Apothekergartens an und bereichert seinen Garten andererseits um die Schönheit der verschiedenen Blüten. Selbst wenn man nur Pflanzen auswählt, die einmal wegen ihres Nutzens kultiviert wurden, ist die Auswahl groß. Zwar ist es nicht direkt empfehlenswert, alte Heilkräuter zur Selbstmedikation zu verwenden, doch ihr Anbau ist ein ganz anderes Thema.

Neben den noch bekannten Würzkräutern gibt es andere Pflanzen, die früher in Küche und Haushalt verwendet wurden. Poleiminze benutzte man, um Flöhe zu vertreiben, Alant für Süßwaren. Beide sind bei Spezialanbietern noch heute zu bekommen. Achten Sie auch auf gelb blühenden Rainfarn, blaublättrige Raute und den duftenden, blau blühenden Ysop. Dazu passen Klassiker wie Kamille, Ringelblume, Minze, Thymian und Lavendel.

▶ *In der Mittelmeerküche gehört Rosmarin traditionell zu Lammgerichten.*

Pflanzenporträts

Rosmarinus officinalis
ROSMARIN

Mit den immergrünen, schmalen Nadeln und den hellblauen Blüten, die zwischen November und Frühsommer erscheinen können, ist Rosmarin ein attraktiver Strauch.

Höhe und Ausbreitung: bis 1,50 m, Rückschnitt möglich.

Boden und Standort: durchlässiger, eher magerer Boden an einem geschützten, sonnigen Platz.

Tropaeolum
KAPUZINERKRESSE

Die beliebte und unkomplizierte Kapuzinerkresse bringt Farbe in den Kräutergarten. Niedrige und rankende Sorten sind leicht aus Samen heranzuziehen.

Höhe: 30 cm (buschig), 1–3 m (rankend)

Ausbreitung: 50 cm (buschig), 1,20 m (rankend)

Boden und Standort: durchlässiger, eher magerer Boden in sonniger Lage.

Salvia officinalis
SALBEI

Salbei trägt hübsche, blauviolette Blüten und attraktive, pelzige, graugrüne Blätter. Es gibt zahlreiche Sorten, darunter auch goldgelb und violett panaschierte ('Aurea' und 'Purpurascens').

Höhe: 75 cm

Ausbreitung: 90 cm

Boden und Standort: nahrhafter, leichter, durchlässiger Boden in voller Sonne.

▲ *Kapuzinerkresse hat essbare Blüten.*

▲ *Salbei für die Weihnachtsgans.*

BELIEBTE KRÄUTER FÜR DIE KÜCHE

Einjährige und kurzlebige Kräuter

Allium sativum – Knoblauch: pikante Zehen, die in der Mittelmeerküche verwendet werden.

Anethum graveolens – Dill: der frische, aromatische Geschmack passt zu Fisch und Kartoffelsalat.

Eruca sativa – Ölrauke**: gibt gemischten Blattsalaten ein herbes, pfeffriges Aroma.

Ocimum basilicum – Basilikum: würzig und aromatisch, für Pesto und Salate. Klassisches Würzkraut für Tomaten.

Petroselinum crispum – Petersilie**: das Universalküchenkraut, auch als Garnierung.

Mehrjährige und strauchige Kräuter

Allium schoenoprasum – Schnittlauch**: schlanke Halme mit Zwiebelaroma. Gut zu Quark.

Artemisia dracunculus – französischer Estragon*: feiner Anisgeschmack, passt zu Hähnchen und Saucen.

Foeniculum vulgare – Fenchel*: fiedrige Blätter mit feinem Anisaroma.

Laurus nobilis – Lorbeer: ledrige, immergrüne Blätter für das Bouquet garni. Für Formschnitt geeignet.

Mentha spicata – Grüne Minze**: erfrischendes, kühles Aroma für Minzsauce, Kartoffeln und Erbsen. Es gibt einige interessante Formen wie *M. suaveolens* 'Variegata' (Ananasminze), *M. x piperita f. citrata* (syn. *M. citriodora*, Eau-de-Cologne-Minze) und andere.

Origanum vulgare – Oregano*: für das Bouquet garni, kräftige Schmorgerichte und Eintöpfe sowie zu Pizza und Pastasaucen.

Poterium sanguisorba – Pimpernelle*: Gurkenaroma, passt zu Salaten und sommerlichen Getränken.

Rosmarinus officinalis – Rosmarin*: duftende Nadeln, traditionell zu Lamm. Auch für Mischungen und kosmetische Zwecke.

Salvia officinalis – Salbei*: für Schweinefleischgerichte und Salbei-Zwiebel-Füllung.

Thymus vulgaris – Echter Thymian*: für das Bouquet garni und für herzhafte Suppen und Schmorgerichte.

* braucht Sonne und gute Drainage
** braucht Halbschatten und Feuchtigkeit

▲ *Thymian und einjähriges Basilikum bilden eine aromatische, dekorative Kombination.*

Design-Alternativen

SKIZZEN

Der erste Entwurf schafft mit rustikalen, alten Ziegelsteinen, traditionellen Kräutern und einem alten Handstein die Atmosphäre eines mittelalterlichen Kräutergartens. Der zweite Entwurf mit den geometrischen Linien, den Hochbeeten und den Lorbeerkugelbäumchen wirkt wesentlich moderner.

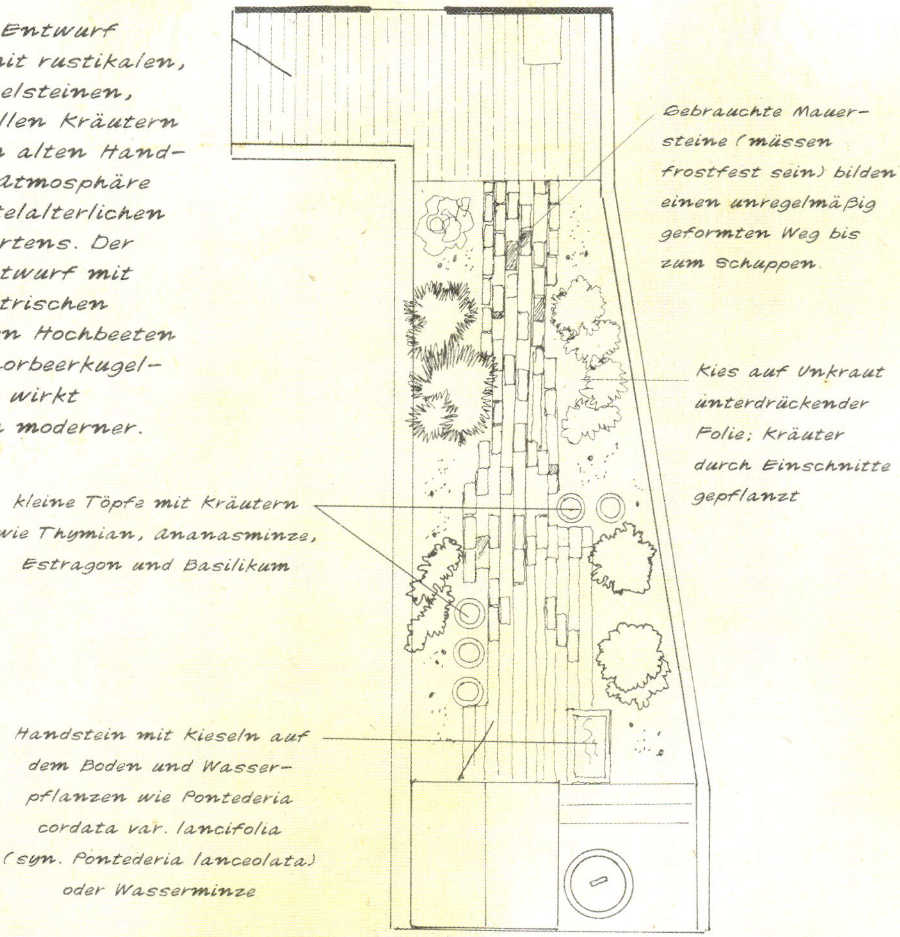

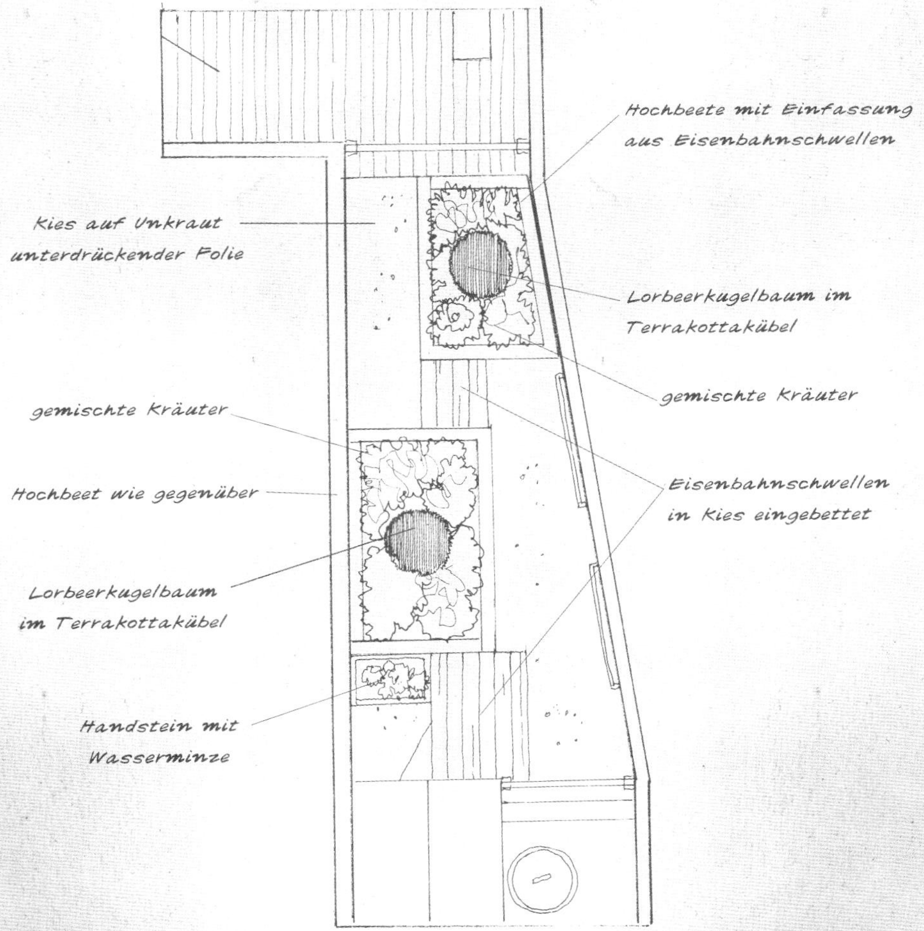
Hochbeete mit Einfassung
aus Eisenbahnschwellen
Kies auf Unkraut
unterdrückender Folie
Lorbeerkugelbaum im
Terrakottakübel
gemischte Kräuter
gemischte Kräuter
Eisenbahnschwellen
in Kies eingebettet
Hochbeet wie gegenüber
Lorbeerkugelbaum
im Terrakottakübel
Handstein mit
Wasserminze

Ruhige Gärten

Dieses Kapitel stellt Gärten zum Betrachten und Meditieren vor, zum Sitzen, zum Anschauen, zum Ausruhen und Erholen. In gewisser Weise trifft das natürlich auf alle Gärten zu, doch die folgenden Beispiele sind speziell mit diesem Ziel konzipiert. Es kostet zwar eine Menge harter Arbeit, solch einen Garten anzulegen, aber für die wunderbaren Ergebnisse lohnt sich die Mühe.

Wiesengärten

Wenn Sie Ihren Garten einfach wachsen lassen, bildet sich schnell ein Dickicht aus unausrottbaren Unkräutern, von Ackerwinde umschlungen und von Brennnesseln überwuchert. Es ist also nicht so einfach, eine Blumenwiese zu kultivieren, die an ein impressionistisches Gemälde erinnert.

◀ *Gräser, die sich sanft im leichten Sommerwind wiegen, sind ein wichtiges Element einer gelungenen Blumenwiese.*

Wilde Wonne

Eine Blumenwiese wirkt wunderbar leicht und „zufällig". In vielen Gärten, auch wenn sie insgesamt ganz konventionell gestaltet sind, findet sich ein passendes Plätzchen. Eine Wieseninsel mitten im Rasen vermittelt einen ausgesprochen natürlichen Charme. Eine wichtige Nebenwirkung von Wiesenblumen ist, dass sie Insekten in den Garten einladen, die stille Sommerabende mit ihrem Summen erfüllen. Neben den Bienen, die für die Bestäubung sorgen, befinden sich darunter auch Nützlinge wie Schwebfliegen, Marienkäfer und Raubwespen.

Einige Pflanzen, die sich für einen Wiesengarten eignen, sind einheimische Wildpflanzen, andere sind aus dem „Kulturgarten" entliehen. Wenn sie sich im Gras durchsetzen müssen, bleiben sie aber meist zarter. Die Anlage einer Wiese ist ein Beitrag zum Naturschutz, denn viele einheimische Pflanzen werden immer seltener. Der Einsatz von Herbiziden, das Abholzen von Knicks, intensive Landwirtschaft und stetig wachsende Siedlungen sind nur einige Gründe hierfür. Fingerhut, Kornblume, Vergissmeinnicht, Skabiose, Königskerze und andere waren früher so verbreitet wie wilder Klatschmohn auf Baustellen und Felberich an Autobahnböschungen. All diese typischen Wiesenpflanzen lassen sich aus Samen ziehen. Andere Pflanzen für die Blumenwiese, darunter Lerchensporn, Tulpen, Jungfer-im-Grünen und Lupinen sind in anderen Teilen der Welt heimisch und sorgen hier für einen interessanten oder exotischen Touch.

Pflege

Die wichtigsten Arbeiten im Wiesengarten sind die Vorbereitung und die Anlage (siehe Seite 850–851). Danach braucht eine Wiese viel weniger

Pflege als ein Rasen oder ein Blumenbeet. Wenn Wiesen sich etabliert haben und die Pflanzen sich selbst aussäen dürfen, entwickeln sie sich zu selbstständigen Ökosystemen. Dafür müssen Blüten und Gräser aber verwelkt sein, ehe sie gemäht werden.

Wuchernde Unkräuter und Gräser muss man im Zaum halten. Wiesen, die im Hochsommer blühen, werden im Herbst gemäht. Liegt die Blütezeit im Frühling, wird im Frühsommer gemäht. Die Sommerwiese kann bis ins folgende Frühjahr hinein kurz gehalten werden, man kann sie aber auch wachsen lassen. Lediglich unerwünschte Unkräuter werden entfernt. Enthält die Mischung Frühlings- und Sommerblumen, sollte einmal im Frühsommer und dann erst wieder im Herbst gesenst werden.

Viele Gärtner mähen die Wiese beim ersten Schnitt recht kurz. In jedem Fall muss die Mahd zusammengerecht werden. Bleibt sie auf dem Boden liegen, führt sie ihm zu viele Nährstoffe zu – die meisten Wiesenblumen gedeihen jedoch am besten auf nährstoffarmem Boden. Es kann vorkommen, dass Unkräuter die Überhand gewinnen. Normalerweise bringt regelmäßiges und bei Bedarf rigoroses Jäten guten Erfolg, im schlimmsten Fall kann aber auch eine Neuaussaat erforderlich sein.

▲ In Wiesengärten gedeihen sorgfältig ausgewählte Gräser und Wildblumen in friedlicher Eintracht, als hätte allein die Natur sie gestaltet.

▶ Eine Blumenwiese findet mit der Zeit ihr eigenes biologisches Gleichgewicht, aber jedes Jahr setzen sich andere Pflanzen durch.

Ein Wiesengartenbeispiel

Eine Wildblumenwiese, im Hochsommer voller Insekten, ist ein seltener und bezaubernder Anblick. Selbst in einem kleinen Garten kann man ein Fleckchen Wiese schaffen – entweder indem man ein Stück Rasen wachsen lässt und Wildblumen erlaubt, sich anzusiedeln, oder indem man gezielt eine Saatmischung streut.

▲ *Wird ein Stück dieses großen Gartens in eine Wiese verwandelt, tummeln sich auf den nektarreichen Pflanzen bald viele Insekten.*

Auf einen Blick

Lage:	*Rhode Island*
Klima:	*kalt, windig*
Erdtyp:	*leichter Lehmboden*
Richtung:	*Westen*
Aussicht:	*zu Bäumen hin abfallend*

Die Vorgaben

Die freie Fläche, auf der ein kleiner Wiesengarten entstehen soll, ist Teil eines größeren, zwanglos bepflanzten Gartens. Die Mutterbodenschicht ist dünn und kalkhaltig – ideal für Wiesenpflanzen. Die Besitzer wünschen sich einen sommerlichen Farbtupfer, der vom Haus aus zu sehen ist. Sie sind bereit, den Umgang mit der Sense zu lernen, um die Wiese im Spätsommer zu mähen. Unkraut muss gelegentlich entfernt werden; mehr Arbeit fällt nicht an.

Die Lösung

Um Konkurrenz durch wüchsige Gräser zu vermeiden, haben wir den vorhandenen Rasen entfernt. Der Boden wurde nicht verbessert, lediglich Steine von der Oberfläche wurden entfernt.

Es gibt viele Pflanzen, die sich für Wiesen oder sogar Minikornfelder eignen. Wir haben eine Mischung gewählt, die Trockenheit und leicht basischen Boden verträgt. Außer

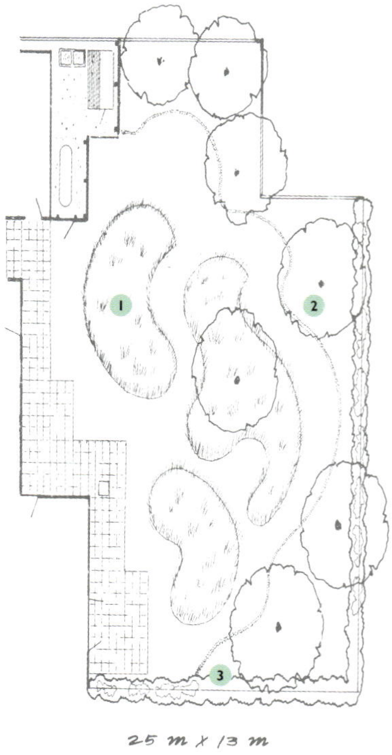

Vergissmeinnicht sind alles Sommerblüher, die sich nach zwei bis drei Jahren etablieren und dann auszubreiten beginnen.

◀ Eine blühende Zierkirsche bildet im Frühling den Blickfang in diesem Gartenentwurf.

▶ Eine ländliche Wildhecke im Stil eines Knicks ist eine passende Begrenzung für einen Wiesengarten.

◀ Wilde Wiesenmargeriten sind hübsche Wiesenblumen, die auch im Garten gut gedeihen.

Gartenpraxis

Es braucht etwas Fingerspitzengefühl, um die Pflanzen für eine wogende Wiese aus Samen zu ziehen. Da die meisten aber mehrjährige Stauden oder Einjährige sind, die sich selbst aussäen, hält sich die Wiese später selbst in Stand. Wildblumensamen kann man in verschiedenen Mischungen und artenrein kaufen.

Aussaat leicht gemacht

Die meisten Wiesenblumen kann man aus Samen ziehen. Das ist auch sinnvoll, denn es werden bei der Neuanlage sehr viele Pflanzen benötigt. Manche sät man direkt ins Freiland, weil die Jungpflanzen das Umpflanzen nicht vertragen.

Wiesenstorchschnabel und andere Arten kann man in Schalen vorziehen und später auspflanzen. Nach der Keimung brauchen die Sämlinge Licht, Wärme und Feuchtigkeit, darum dürfen sie erst im Freiland gesät werden, wenn sich die Erde erwärmt hat. Sofern es nicht geregnet hat, muss der Boden vorher durchdringend gewässert werden. Fertige Wiesenblumenmischungen werden normalerweise direkt ins Freiland gesät.

Breitwürfige Aussaat

Für eine Blumenwiese bereiten Sie den Boden wie für einen Rasen vor, streuen aber keinen Dünger aus.

Die Oberfläche mit einer Harke glätten und einebnen. Die Samen von Hand ausstreuen und behutsam mit Wasser besprengen.

Einzelne Pflanzen

Um Farbakzente zu setzen, empfiehlt sich der Kauf von kräftigen Jungpflanzen, die unter optimalen Bedingungen vorgezogen wurden. Sie werden zuerst in größere Töpfe und später an den endgültigen Standort umgepflanzt. (Nähere Informationen zum Kauf und zum Umpflanzen siehe Seite 973.)

Der Vorteil dieses Verfahrens ist, dass die Wurzeln der Pflanzen beim Umpflanzen nur wenig gestört werden. Primeln, Hasenglöckchen, Lichtnelke, Wiesenmargerite und Kornblume sind nur einige Wiesenblumen, die man als Jungpflanzen kaufen kann. Natürlich können Sie die Vielfalt auch erweitern, indem Sie Ihre Lieblingspflanzen selbst im Haus vorziehen.

Eine Wildwiese säen

Wer das Ergebnis stärker steuern will, als dies bei der breitwürfigen Aussaat möglich ist, kann die verschiedenen Pflanzen gemäß ihren individuellen Bedürfnissen aussäen. Die Keimdauer variiert von Art zu Art, außerdem säen sich einige Pflanzen reichlich selbst aus. Darum sieht eine Blumenwiese jedes Jahr etwas anders aus.

1 Den Boden gründlich vorbereiten, aber nicht düngen. Für größere Samen mit einer Handschaufel flache Gräben ziehen.

2 Für kleinere Samen mit der Hacke Rillen ziehen. Einige Samen werden direkt auf die Oberfläche gestreut.

3 Dann dünn aussäen. Zwischen großen Samen jeweils 1 cm Platz lassen. Feine Samen können mit Sand gemischt werden. Die Saatrillen und -gräben vorsichtig schließen, nach der Keimung die Sämlinge eventuell ausdünnen.

4 Im Sommer ist die Wiese ein Farbenmeer. Die meisten Blumen säen sich selbst aus. Mit der Zeit werden sich die Arten, die für den Standort am besten geeignet sind, durchsetzen.

Bepflanzung: Wildwiese

Das Erfolgsgeheimnis einer schönen Blumenwiese ist, die Natur zu unterstützen, statt sie beherrschen zu wollen. Nach der Bodenvorbereitung werden die Samen im Frühling ausgestreut. Den Rest erledigt die Natur. Manche Pflanzen gedeihen an vielen Standorten, allerdings ist etwas Geduld erforderlich.

Vor der Aussaat

Mehrjährige Unkräuter können im Wiesengarten zum Problem werden, darum sollten sie vorher möglichst gründlich entfernt werden. Beginnen Sie mit nacktem, eventuell gepflügtem Boden. Kleine Flächen kann man mit einer Motorhacke umbrechen. Eventuell legen Sie ein Jahr lang schwarze Folie aus, um Unkräuter zu unterdrücken, oder spritzen mit einem systemischen Herbizid, beispielsweise einem Glyphosat-Produkt. Eine gute Methode zur Bodenvorbereitung besteht darin, auf der Fläche eine Saison lang Kartoffeln anzubauen. Hingebungsvolle Gärtner entfernen die Unkräuter mit der Hand. Die meisten Wiesenpflanzen bevorzugen eher magere Böden. Wenn der Boden über Jahre kultiviert und verbessert wurde oder von sich aus einen hohen Nährstoffgehalt hat, kann es sinnvoll sein, die oberste Schicht abzutragen.

Um Pflanzen zu finden, die optimal gedeihen, machen Sie sich zuerst genau mit den Boden- und Standortbedingungen vertraut. Dann erst blättern Sie in Katalogen. Meist werden drei Bodentypen unterschieden: nahrhafte Böden, mittelschwere Böden und magere Sandböden. Überprüfen Sie auch, ob der Boden schnell abtrocknet (meist an offenen, sonnigen Standorten) oder ob er eher feucht ist (meist im Schatten).

◄ Briza media *ist ein mehrjähriges Gras.*

Anpassungsfähige Wiesenblumen

Die folgenden Blumen gedeihen unter vielen Bedingungen. Sie werden meist unter den volkstümlichen Namen verkauft.

Akelei	Primel
Bocksbart	Schafgarbe
Braunelle	Schlüsselblume
Gänseblümchen	Skabiose
Kornblume	Vergissmeinnicht
Kugellauch	Vogelfuß
Labkraut	Wiesenmargerite
Leimkraut	Wiesensalbei
Lichtnelke	Wiesenstorchschnabel
Löwenzahn	Wilde Möhre
Luzerne	Wundklee

▲ Allium sphaerocephalon, *der Kugellauch.*

▲ *Wiesensalbei lockt Bienen und andere nützliche Insekten in den Garten.*

Wiesenpflanzen

Aussaat im Rasen

Im Frühling oder Herbst kann man Wiesensamen direkt in eine Grasfläche säen. Das Gras sehr kurz mähen, dann mit einer Harke die Grasnarbe aufreißen. Eine Samenmischung breitwürfig auf dem feuchten Boden ausstreuen, leicht einharken und mit einer Walze andrücken.

Im ersten Jahr muss das Gras recht kurz gehalten werden, damit es die Blumen nicht unterdrückt. Vom zweiten Jahr an wird einmal im Mai gemäht, dann im August nach der Sommerblüte und noch einmal im Oktober.

Pflanzen für feuchte Wiesen

Astilbe	Blutweiderich
Gauklerblume	Mädesüß
Trollblume	Wiesenhahnenfuß
Wiesenschaumkraut	

Pflanzen für kalkige Böden

Beinwell	Flachs
Hasenglöckchen	Kornblume
Leinkraut	Löwenzahn
Pfingstnelke	Schlüsselblume

Pflanzen für Schattenwiesen

Diese Pflanzen wachsen auch unter Bäumen:

Blutweiderich	Fingerhut
Günsel	Reiherschnabel
Vergissmeinnicht	Ziest

Zwiebeln und Knollen zum Verwildern

Die Zwiebeln locker auswerfen und pflanzen, wo sie landen. Jede Zwiebel wird so tief gepflanzt, dass sie mit einer Erdschicht in doppelter Zwiebelstärke bedeckt ist. Zwiebelblumen brauchen mehr Nährstoffe als andere Wiesenblumen. Ihnen tut eine jährliche Versorgung mit einem kaliumreichen Dünger gut.

Mit (W) gekennzeichnete Arten gedeihen auch an waldartigen Standorten und im Schatten.

Bärlauch *(Allium ursinum)* (W)
Glockenblume (W)
Krokus
Maiglöckchen (W)
Narzisse *(Narcissus pseudonarcissus)*
Schneeglöckchen (W)
Schöllkraut
Traubenhyazinthe
Waldanemone (W)
Wilde Tulpe *(Tulipa sylvestris)* (W)

Pflanzen für dünne, trockene Böden

Auch für windige Standorte und Küstenlagen. Mit (S) gekennzeichnete Pflanzen eignen sich für Sandböden.

Flachs	Hasenglöckchen
Johanniskraut	Königskerze
Kornrade (S)	Leinkraut
Lupine	Nachtkerze (S)
Pfingstnelke	Saatwucherblume (S)
Schafgarbe	Scheinmohn (S)
Wicke	Winde

Es gibt eine Reihe von Fertigmischungen unter Bezeichnungen wie „Kornfeldmischung", „Heuwiese" (früh blühend), „Blumenrasen" (für kürzeres Gras) oder „Blumenwiese" (besonders artenreich). Daneben gibt es spezielle Mischungen für verschiedene Bodentypen, darunter auch saure und basische. Nehmen Sie sich Zeit für die Pflanzenwahl.

Wiesengras

Wichtig ist auch die Wahl der richtigen Gräser, die den Blumen keine Konkurrenz machen, sondern ihnen als Hintergrund dienen. Die Gräser bilden duftige Blütenstände in Beige und Hellbraun, die ihrerseits zum Charme der Wiese beitragen. Viele Saatmischungen für Wildwiesen enthalten bereits geeignete Gräser, man kann sie aber auch separat kaufen. Lesen Sie immer die Artenliste auf der Saatguttüte. Im Zweifelsfall lassen Sie sich vor dem Kauf im Fachhandel beraten.

Pflanzenporträts

Geranium pratense (Wiesenstorchschnabel) braucht nahrhaften Boden.
Leucanthemum vulgare (Wiesenmargerite) verträgt verschiedene Bedingungen.
Briza media (Mittleres Zittergras) ist ein sehr dekoratives Wiesengras.

Design-Alternativen

SKIZZEN

Diese Pflanzideen eignen sich auch für kleine Flächen von etwa 3 m x 3 m Größe. Wichtig ist es, bei der Pflanzenwahl die Bodenbedingungen zu berücksichtigen.

⊖ Wiesenstorchschnabel
△ Wiesenmargerite
⦶ Papageientulpe
◎ Kugellauch
○ Katzenminze, Blauminze
+ Mittleres Zittergras
• Wiesensalbei

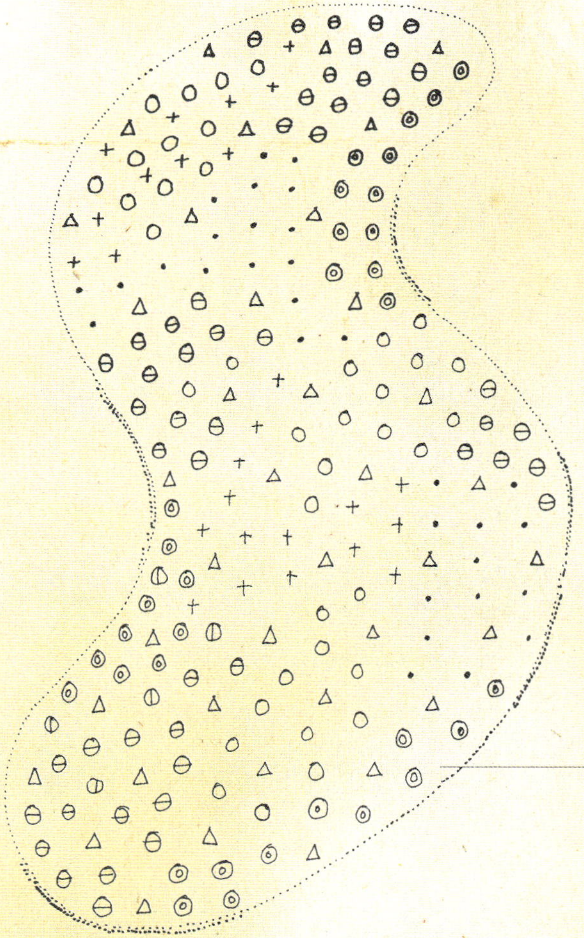

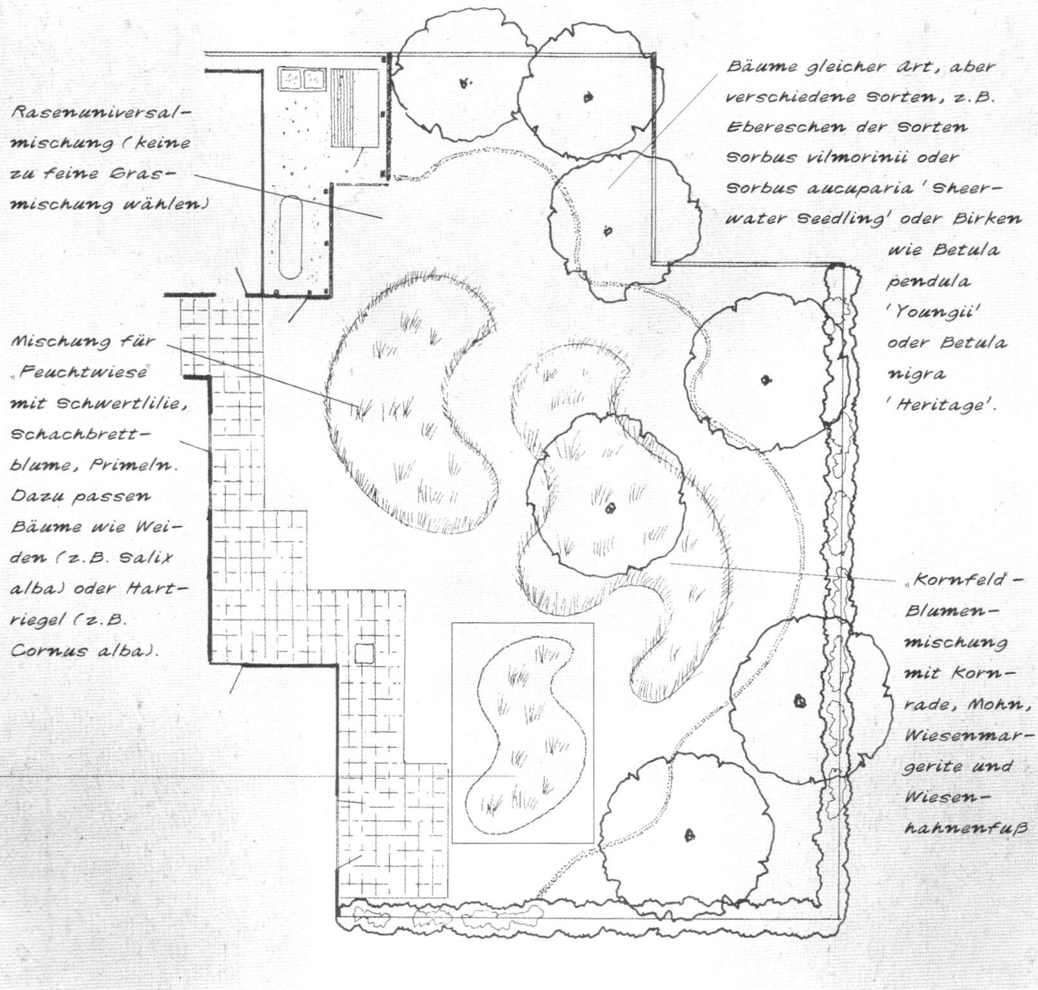
Rasenuniversalmischung (keine zu feine Grasmischung wählen)
Mischung für „Feuchtwiese" mit Schwertlilie, Schachbrettblume, Primeln. Dazu passen Bäume wie Weiden (z.B. Salix alba) oder Hartriegel (z.B. Cornus alba).
Bäume gleicher Art, aber verschiedene Sorten, z.B. Ebereschen der Sorten Sorbus vilmorinii oder Sorbus aucuparia 'Sheerwater Seedling' oder Birken wie Betula pendula 'Youngii' oder Betula nigra 'Heritage'.
„Kornfeld"-Blumenmischung mit Kornrade, Mohn, Wiesenmargerite und Wiesenhahnenfuß

Schattengärten

Ein schattiger Garten ist nicht unbedingt ein Nachteil. Im Gegenteil, er lässt sich in ein wunderbar grünes Paradies verwandeln. Aber auch in einem sonnigen Garten kann man erfrischend kühle Schattenplätze für eine Siesta oder zum beschaulichen Entspannen schaffen.

◄ *Hosta, Astilbe, Taubnessel und Frauenmantel gedeihen gut im Schatten und sehen in jedem Garten wunderschön aus.*

Schattenseiten

Meist ist es die Himmelsrichtung oder die Bepflanzung der Nachbargärten, die für den Schatten im Garten sorgt. Auch Gärten in einer Niederung sind oft recht schattig. Es kann auch sein, dass alle Nachbarn ein Faible für Bäume haben, die Ihrem Garten das Licht nehmen. Wenn das der Fall ist, streiten Sie nicht mit den Nachbarn, sondern folgen Sie Ihnen: Verwandeln Sie das ganze Viertel in eine grüne Oase! Hohe Gebäude, darunter das eigene Haus, werfen ihren Schatten auf einige Bereiche des Gartens, und auch daran lässt sich nichts ändern. Besser ist es, den Schatten zu akzeptieren.

Schattenplätze sind oft eher feucht, und viele Pflanzen bevorzugen solche Standorte. Wer das Pech hat, einen Garten mit trockenem

Schatten zu besitzen oder einen Boden, der im Winter nass und im Sommer staubtrocken ist, muss sich mit einer kleineren Auswahl zufrieden geben. Wie in jedem ruhigen Garten muss auch im Schattengarten für einen Sitzplatz gesorgt sein. Selbst auf einem sonnigen Grundstück könnte man eine schattige Laube bauen, die von grünen Kletterpflanzen überwuchert ist. Am besten legt man den Schattengarten in einem Bereich an, in den morgens und abends etwas Sonne fällt, wenn Schatten nicht so sehr benötigt wird.

◀ *Fingerhut ist eine Waldrandpflanze, die sich an Schattenplätzen selbst aussät. Die Blüten in zarten Farben leuchten besonders schön.*

Der Gehölzgarten

Wenn der Garten groß genug ist, das Grundstück an ein Waldgebiet grenzt oder bereits Bäume und hohe Sträucher vorhanden sind, bietet sich die Gestaltung eines Gehölzgartens an. Natürlich brauchen Bäume einige Jahre, um heranzuwachsen. Die Kronen von Laub abwerfenden Bäumen lassen im Winter und Vorfrühling viel Licht durch, und es gibt viele Pflanzen, die sich zu ihren Füßen wohl fühlen. Treibt im Frühling das Laub aus, tragen sie einen zauberhaften, hellgrünen Schleier. Kleine „Lichtungen“ mit Grasbewuchs, zwischen denen sich Wege schlängeln, passen gut zu einem Gehölzgarten. Als Bodenbelag bieten sich Rindenhäcksel und Scheiben von Baumstämmen an. Sie könnten auch einige Flächen mit hohem Gras und Wiesenblumen für Schattenlagen bepflanzen.

Zwiebeln verwildern gern unter Laub abwerfenden Bäumen. Sie sehen besonders schön aus, wenn sie sich locker und scheinbar zufällig verteilt im Schattenmuster des Astwerks aus dem kurzen, frischen Frühlingsgras erheben.

Ein Schattengarten, in dem nur Laub abwerfende Bäume stehen, kann im Winter trist aussehen. Einige Immergrüne geben ihm auch in der kalten Jahreszeit Leben und sorgen für eine klare Struktur. Viele immergrüne Sträucher wachsen in Wäldern wild. Viele haben auffällige Blüten, die mit dem dunklen Grün kontrastieren, oder bezaubern an Sommerabenden mit süßem Duft.

Eine gute Lösung besteht darin, als Verbindung zwischen Haus und Gehölzgarten eine niedrigere, formale Pflanzung zu wählen. So treten Sie nicht direkt in den „Wald“, sondern sehen ihn in etwas Entfernung vor sich. Ein Bereich mit formal angeordneten Sträuchern und passenden Blumen, vielleicht umrahmt von niedrigen, immergrünen Hecken, bietet sich als Übergangsbereich an.

◀ *Farne gedeihen gut in Kübeln und können sehr elegant aussehen. Frostempfindliche Arten werden über Winter einfach ins Haus geräumt.*

Ein Schattengartenbeispiel

Ein schattiges Grundstück lässt sich in eine wunderbar üppige, grüne Oase verwandeln. Es gibt viele geeignete Grünpflanzen mit vielfältigen Laubtexturen, und auch auf Blüten muss man keineswegs verzichten. Problematisch ist nur der trockene Schatten unter Bäumen, aber auch hier gedeihen Efeu oder Rebhuhnbeere.

▲ *In diesem Garten haben wir das Gartenhaus hinter Bäumen versteckt, um einen intimen Rückzugsort zu schaffen.*

Auf einen Blick

Lage:	Pennsylvania
Klima:	gemäßigt
Erdtyp:	neutral bis basisch
Richtung:	Norden
Aussicht:	am Bahndamm

Die Vorgaben

Der nach Norden gelegene Garten wird an drei Seiten von den Bäumen der Nachbargrundstücke beschattet, an der vierten vom Wohnhaus. Erwünscht ist eine ganzjährig abwechslungsreiche Bepflanzung, die ein Gegengewicht zu den umgebenden, hohen Bäumen bildet. Am Ende des Gartens steht ein Holzhaus.

Die Lösung

Wir haben den schattigen Charakter als Basis für einen Gehölzgarten rings um das Holzhaus verwendet. Zierliche Birken wurden gepflanzt, die ausreichend Licht auf den Boden zu ihren Füßen fallen lassen. Den Platz unter den Bäumen füllen verschiedene Bodendecker aus, die zu unterschiedlichen Jahreszeiten blühen. Eine Kamelie präsentiert ihre Blüten im Frühling vor dem tiefen Dunkelgrün einer Eibenhecke. Der Boden zwischen den Pflanzen wurde dick mit Rindenhäcksel gemulcht (Laubkompost wäre noch besser), ein geschwungener Weg ist mit gröberem Häcksel bestreut. Näher am Haus haben wir als Kontrast zu der zwanglosen Gehölzzone ein geometrisches Muster aus Platten in den geschorenen Rasen gelegt. Strenge Buchsbaumhecken rahmen Stauden und blühende Sträucher ein und lenken den Blick auf den Gehölzgarten.

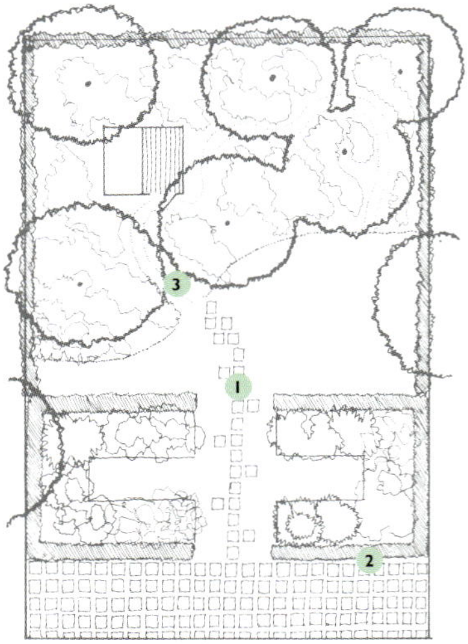

19 m x 11 m

▲ *Akkurat beschnittener Buchsbaum rahmt die Blumenbeete ein.*

▲ *Rindenhäcksel dienen als Mulch und als Belag des Weges zum Holzhaus.*

▲ *Ein Muster aus Platten im gemähten Rasen.*

Gartenpraxis

Es gibt für jeden Gartenstil die passende Hecke. Dichte, immergrüne Hecken haben eine formale Ausstrahlung und geben der Anlage Struktur. Eine niedrige Hecke bietet sich an, um Bereiche voneinander abzugrenzen, während eine hohe Hecke ideal ist, um Funktionsbereiche des Gartens zu verstecken.

Eine immergrüne Hecke

Buchsbaum *(Buxus sempervirens)* ist die traditionelle Pflanze für eine niedrige, immergrüne Hecke. Sie eignet sich besonders gut für Schattengärten, weil ihr Laub in praller Sonne ausbleicht. Hier haben wir ein locker bepflanztes Beet mit einer niedrigen Buchsbaumhecke eingefasst.

Wenn das Budget es zulässt, sollten Sie Jungpflanzen kaufen, um sich das Bewurzeln von Ablegern zu ersparen. Das Ziehen einer Hecke ist ohnehin schon langwierig. Allerdings ist die Anzucht von Stecklingen sehr befriedigend, und Sie könnten vorübergehend andere Pflanzen einplanen (etwa *Bassia scoparia*, Sommerzypresse), während der Buchsbaumnachwuchs bewurzelt. Falls Sie jemanden kennen, der schon eine Buchsbaumhecke besitzt, melden Sie sich freiwillig, sie einmal zu schneiden.

Am besten schneidet man Stecklinge im Spätsommer, wenn die neuen Triebe gerade zu verholzen beginnen. Weil die Stecklinge keinesfalls austrocknen dürfen, schneidet man sie am besten an einem bedeckten oder feuchten Tag und verpackt sie sofort in Plastikbeutel. Schneiden Sie Triebspitzen von bis zu 30 cm Länge, möglichst von Seitentrieben. Kürzen Sie alle Stecklinge direkt unter einem Blattansatz auf gleiche Länge. Dann tauchen Sie die Schnittwunde in Bewurzelungspulver und stecken Sie in Töpfe mit Anzuchtsubstrat. Im Anzuchtbeet im Garten arbeitet man Sand in den Boden ein und deckt die Jungpflanzen mit einem Folientunnel ab.

◀ Zum Schneiden einer Buchsbaumhecke eignet sich eine Heckenschere, eine Rosenschere oder eine spezielle Formschnittschere.

Praxistipps

- Gegen tiefen, trockenen Schatten kann man kaum etwas unternehmen. Akzeptieren Sie, dass hier nur wenige Pflanzen gedeihen, etwa Wurmfarn *(Dryopteris filix-mas)*, Wolfsmilch *(Euphorbia robbiae)* oder Immergrün *(Vinca minor)*. Liegen Baumwurzeln an der Oberfläche, können Sie sie freilegen, mit Kies umstreuen und zum Blickfang machen.
- Gelb und Weiß leuchten im Schatten besonders schön. Ideal ist hier der Spindelstrauch *(Euonymus japonicus* 'Aureomarginatus und *E. fortunei* 'Silver Queen').

Eine Buchsbaumhecke pflanzen

Formale, immergrüne Hecken sehen nur gut aus, wenn sie wirklich sorgfältig gepflanzt werden. Exakt gerade Linien erhält man durch Schnüre, die zwischen Pflöcken gespannt werden. Für Hecken von etwa 60 cm Höhe wählt man Pflanzabstände von 30 cm, für eine niedrigere Hecke reichen Abstände von 15 cm aus. Damit die Hecke immer makellos aussieht, muss sie zwei- bis dreimal im Jahr geschnitten werden.

1 Zuerst ein Stück Schnur zwischen zwei Pflöcke spannen und entlang der Schnur einen Pflanzgraben ausheben.

2 Die Pflanzen in geeigneten Abständen in den Graben setzen und gut andrücken. Angießen, danach täglich gießen, bis sie angewachsen sind und auszutreiben beginnen.

Eine Buchsbaumhecke schneiden

Buchsbaum dankt regelmäßigen Rückschnitt durch sehr dichten Wuchs. Wer kein sicheres Auge hat, sollte eine waagerechte Schnur spannen, damit die Schnittkontur der Hecke akkurat gerade ausfällt.

Buchsbaum kann man mit verschiedenen Scheren schneiden. Eine spezielle Formschnittschere (siehe Foto) wird flach entlang der Hecke geführt, sodass alle vorwitzigen Triebe gekappt werden. Geschnitten wird im Frühling und im Hoch- bis Spätsommer.

Bepflanzung: Schattengarten

Unser Beispielgarten liegt auf einem Schattengrundstück und verlangt Pflanzen, die dort gedeihen. In sonnigen Gärten dagegen sollen mit geeigneten Pflanzen Schattenplätze geschaffen werden. Im Winter, wenn mehr Licht erwünscht ist, zeichnen Laub abwerfende Pflanzen nur filigrane Schattenmuster auf den Boden.

Grüne Lauben

Kletterpflanzen auf Bögen, Pergolen und Lauben schaffen Schattenbereiche in sonnigen Gärten. Solche Kletterhilfen müssen stabil gebaut bzw., falls es Bausätze sind, zusammengebaut sein, denn sie haben viel Gewicht zu tragen, und es ist frustrierend, sie erneuern zu müssen, wenn die Pflanzen gerade am schönsten sind. Eine Pergola überdacht im Idealfall einen Weg zu einem Ziel oder erstreckt sich über die Breite einer ganzen Wand. Kletterer, die in Bäume wachsen sollen, werden in reichlich Abstand zum Dach gepflanzt und mit Stäben oder Schnüren zu ihrer Stützpflanze gelenkt.

Schattenspender

Waldgeißblatt *(Lonicera periclymenum)* und Chinesischer Blauregen *(Wisteria sinensis)* gehören neben einigen Kletterrosen zu den schönsten duftenden Kletterpflanzen. Chinesischer Knöterich oder Silberregen *(Fallopia aubertii,* syn. *Polygonum aubertii)* wächst sagenhaft schnell und bildet ein grünes Dach, muss aber regelmäßig beschnitten werden, damit er nicht ausufert. Die Rostrote Weinrebe *(Vitis coignetiae)* trägt überlappende, kühlgrüne Blätter, die sich im Herbst feuerrot färben. Hopfen *(Humulus lupulus)* ist ebenfalls ein Kletterer mit hübschen, überlappenden Blättern, die bei der Form *H. l.* 'Aureus' ein helles Gelbgrün zeigen. Alle Pflanzen sind sommergrün. Im Winter sehen ihre verschlungenen Triebe dennoch interessant aus.

Grüne Mauern im Schatten

Als immergrüne Kletterpflanze ist Efeu *(Hedera helix)* in seinen vielen Varianten unschlagbar. Gut geeignet für schattige Mauern ist auch Sternjasmin *(Trachelospermum asiaticum)* mit wachsartigen, duftenden Blüten. Die Kletterhortensie *(Hydrangea petiolaris)* ist anspruchslos und sieht auch ohne Laub noch interessant aus.

◀ *Astilben fühlen sich im Schatten wohl.*

Hosta für den Schatten

Hosta oder Funkien sind ideale Schattenpflanzen. Sie bilden dichte Horste aus überlappenden, herzförmigen Blättern und schlanken Blütenständen. Sie schätzen die humusreiche Erde im diffusen Schatten unter Laubbäumen. Es gibt eine Vielzahl von Hostazüchtungen mit dekorativen Blättern – gekräuselt, gerippt oder andersfarbig gerändert – in vielen verschiedenen Grüntönen sowie in Gelb- und Blaugrün. Stellen Sie in einem gut sortierten Gartencenter eine Auswahl zusammen. Achten Sie aber unbedingt auf Schnecken, die auf junge Hostablätter ganz wild sind.

Hosta – eine Auswahl
H. 'Blue Wedgwood'
H. fortunei var. *aureomarginata*
(syn. *H.* 'Aureomarginata')
H. 'Frances Williams'
H. 'Halcyon'
H. 'Honeybells'
H. 'Sum and Substance'
H. sieboldiana var. *elegans*
H. tokudama
H. undulata var. *albomarginata*
H. venusta
H. 'Wide Brim'

▲ *Die Schwarzbirke hat eine hübsche, sich pellende Rinde.*

Pflanzenporträts

Betula nigra 'Heritage'
SCHWARZBIRKE

Die hohe, elegante Birke für den Gehölzgarten hat eine weißliche Rinde, die abschilfert und die bräunliche Schicht darunter zeigt. Im Frühling trägt sie lange, braune Kätzchen.

Höhe: 9 m

Ausbreitung: bis 6 m

Boden und Standort: nahrhafter, feuchter Boden, Schatten.

Bodendecker für den Schatten

Lamium maculatum (Gefleckte Taubnessel), *Tiarella cordifolia* (Waldschaumkraut), *Epimedium* (Elfenblume) und *Vinca major* (Großes Immergrün).

Ajuga reptans
GÜNSEL

Ein niedriger Bodendecker für waldähnliche Pflanzungen mit Wirteln aus kleinen, dunkelblauen oder bronzefarbenen Blüten über kleinen, grünen Blättern.

Höhe: 20 cm

Ausbreitung: 60 cm

Boden und Standort: feuchter Boden im Halbschatten.

Astilbe 'Fanal'
ASTILBE, PRACHTSPIERE

Viele Astilben fühlen sich im Schatten wohl. Die meisten tragen rosa- oder cremefarbene Blüten. 'Fanal' ist eine ungewöhnliche Sorte mit feuerroten Blüten und sehr dunklem Laub.

Höhe: 60 cm

Ausbreitung: 50 cm

Boden und Standort: trockener Boden im Halbschatten.

▼ *Der kriechende Günsel* (Ajuga reptans) *trägt zierliche Blütenstände in Dunkelblau.*

Design-Alternativen

SKIZZEN

Wer einen formalen, symmetrischen Garten anlegen will, muss zuerst die festen Elemente genau ausmessen. So muss man später beispielsweise keine Steinplatten zuschneiden, um sie dem Pflanzplan anzupassen.

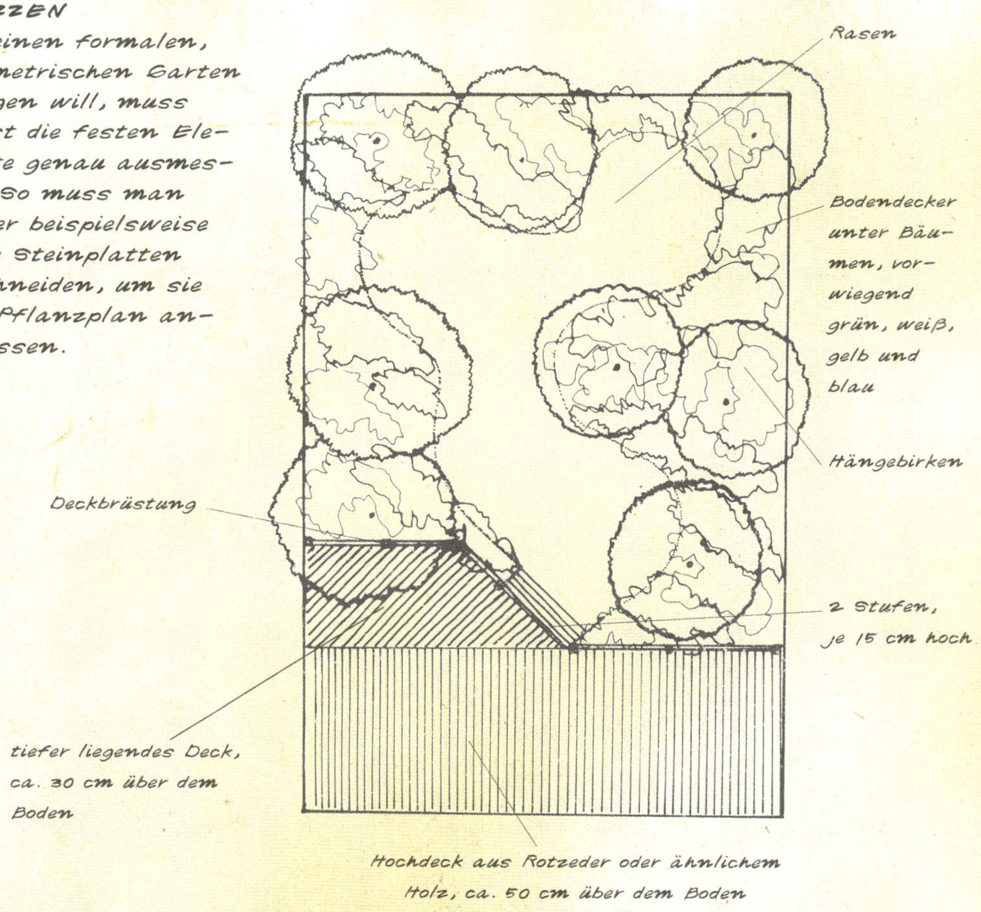

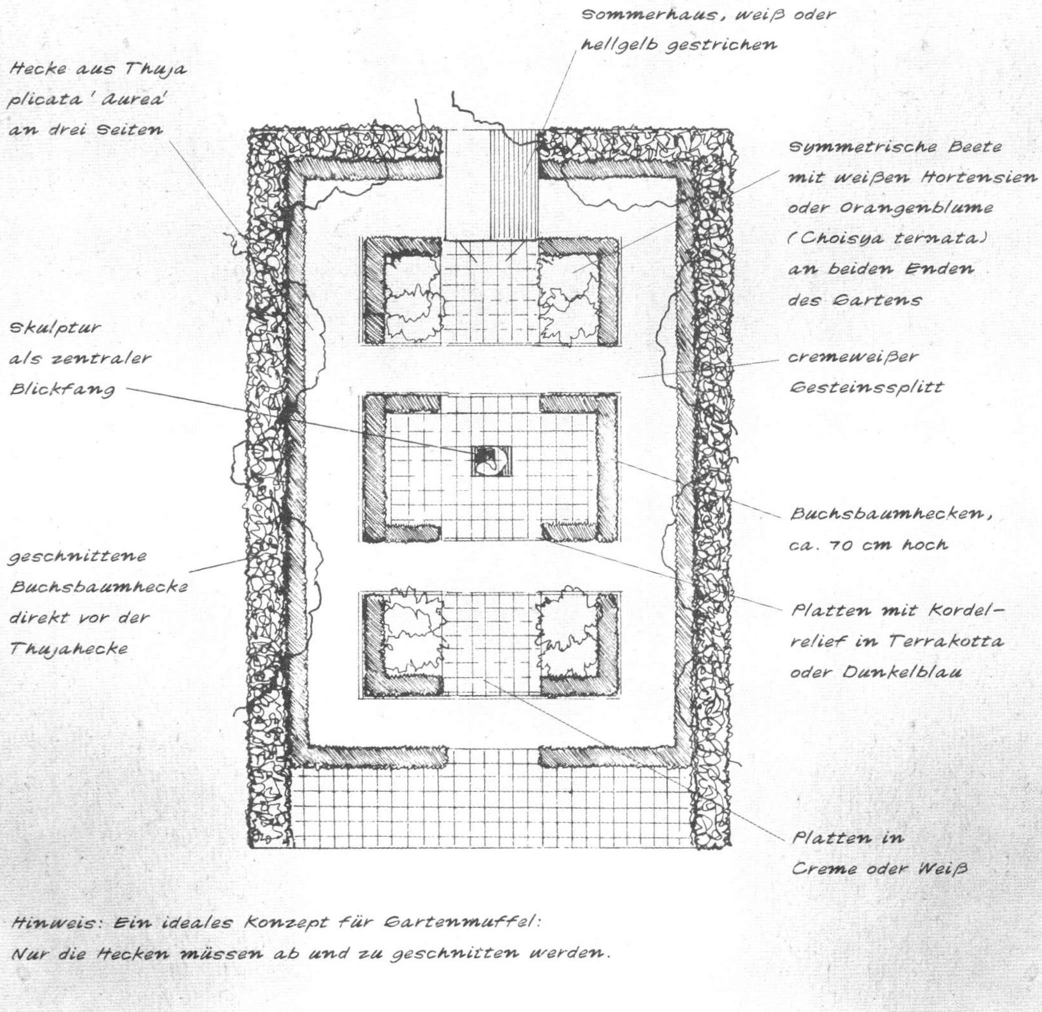

Hinweis: Ein ideales Konzept für Gartenmuffel:
Nur die Hecken müssen ab und zu geschnitten werden.

Duftgärten

Frühling und Sommer sind die schönsten Zeiten im Duftgarten, doch auch der Winter hat Erstaunliches zu bieten – ganz besonders, weil man um diese Zeit kaum mit süßen Düften rechnet. Ein Duftgarten kann sehr sinnlich sein, doch übertreiben Sie nicht, denn an heißen Tagen wird die Mischung leicht zu schwer.

◄ *Rosen gehören zu den schönsten Duftpflanzen, darum sollten sie in keinem traditionellen Garten fehlen.*

Die Rolle des Duftes

Düfte wirken unmittelbar auf elementare Bereiche des Gehirns. Sie beeinflussen unsere Emotionen – was durch die besondere Schönheit vieler Duftpflanzen noch verstärkt wird. Biologisch dienen Düfte dazu, bestäubende Insekten anzulocken. Pflanzen mit hellen Blütenfarben duften meist in den Abendstunden am intensivsten, wenn die Blüten zu leuchten beginnen. Auf diese Weise zeigen sie den Nachtfaltern, von denen sie bestäubt werden, gleich zweifach den Weg. Farbenfrohe Blüten locken im hellen Tageslicht Bienen und Schmetterlinge allein durch ihre Farbe an, darum duften sie meist schwächer. Weil die Natur großzügig ist, hat sie aber auch einige farbenprächtige Blüten wie Goldlack, manche Rosen und Hyazinthen mit kräftigem Duft ausgestattet. Bei

◀ *Eine gelungene Kombination verschiedener Duftpflanzen erzeugt eine wunderbar romantische Mischung, die in der Luft schwebt.*

aromatischen Pflanzen sind die ätherischen Öle in den Blättern enthalten und dienen zum Schutz vor Hitze. Der Duft der Öle wird durch Wärme intensiviert, darum sticht er unter südlicher Sonne oft besonders in die Nase. Diese Düfte wirken weniger sinnlich als belebend und deuten auf den medizinischen oder antiseptischen Gebrauch der Pflanzen hin.

Duftzutaten

Abgesehen von der Unterscheidung zwischen Düften und aromatischen Gerüchen fällt es uns schwer, olfaktorische Wahrnehmungen zu beschreiben, ohne Vergleiche – meist zu Pflanzen – zu ziehen. So sagt man von Rosen, dass sie nach Veilchen, Maiglöckchen, Orangenblüten oder sogar Zitrone duften. Nelken schreibt man Gewürznelkenduft zu, die *Choisya* riecht nach Orangenblüten und *Buddleja* nach Honig. Aromatherapeuten sprechen auch von den „Noten" eines Duftes, von der leichten, flüchtigen „Kopfnote" (die häufig mit Zitrusdüften assoziiert wird) bis zur schweren, lange haltbaren „Basisnote". Dazwischen liegen viele Abstufungen. Basisnoten sind beispielsweise die intensiven Düfte von Lilien, Jasmin, Levkojen. Tabak und einigen Rosen, die recht schwer sein können. Es empfiehlt sich, mehrere Duftnoten zu mischen, sodass verschiedene Typen vertreten sind. Außerdem sollte man den schweren Düften leichtere, frische Gerüche als Ausgleich zur Seite stellen. Duftpflanzen sind so vielseitig, dass man mehrere unterschiedliche „Schnupperecken" gestalten könnte. Sie passen am besten zu einer weichen Gestaltung mit geschwungenen Rasenflächen, die auch als Weg dienen können. In zwanglosen Beeten dürfen die Pflanzen ineinander wachsen, sodass die zumeist sanften Farben der Duftpflanzen sich vermischen. Zusammenhalt geben einem so lässig-natürlichen Garten einfache Weidenruten für Zäune und Pflanzenstützen. Auch dieser Garten verlangt nach Sitzplätzen – vielleicht einer Bank am Ende des Grundstücks, wo man inmitten der vielfältigen Düfte den herrlichen Anblick genießen kann.

▶ *Diese Beete mit Aromapflanzen sind von beschnittenen Buchsbaumhecken umgeben, die einen ganz eigenen, herben Duft verströmen.*

Ein Duftgartenbeispiel

Ein Duftgarten vermittelt seine romantische und feminine Atmosphäre vor allem an warmen Sommerabenden. Der ideale Platz ist ein geschützter, warmer Bereich. Die meisten Pflanzen geben bei Wärme ihren Duft frei, und es wäre ein Jammer, wenn der Wind ihn gleich davontrüge.

▲ *Geschickt platzierte Flechtzäune lassen den schmalen Garten breiter wirken und bieten guten Windschutz.*

Auf einen Blick

Lage:	*nördliches Kalifornien*
Klima:	*wechselhaft, mild*
Erdtyp:	*leicht sauer*
Richtung:	*Süden*
Aussicht:	*offene Landschaft*

Die Lösung

Der Garten ist lang und schmal. Durch den geraden Weg, der ihn in zwei Hälften teilt, wird seine Schlauchform ungünstig betont.

Wir haben einen schlichten, aber weicheren Grundriss mit geschwungenen Beetkonturen und einem schmalen Rasenstreifen entworfen. Flechtzäune grenzen die Gartenräume voneinander ab, bieten verschiedenen Kletterpflanzen Halt und sorgen gleichzeitig dafür, dass die Düfte nicht so schnell verwehen. Eine Bank lädt ein, Farben, Formen und Düfte in Ruhe zu genießen. Und wenn abends die Beleuchtung eingeschaltet wird, bleibt man gern noch auf ein Glas Chardonnay im Freien. Die Farbgestaltung beruht auf sanften Weiß- und Rosatönen, zartem Gelb und Blau.

Der Rasenweg zieht sich wie ein grüner Teppich durch den Garten und lenkt nicht von den Düften und dem Summen der Insekten ab.

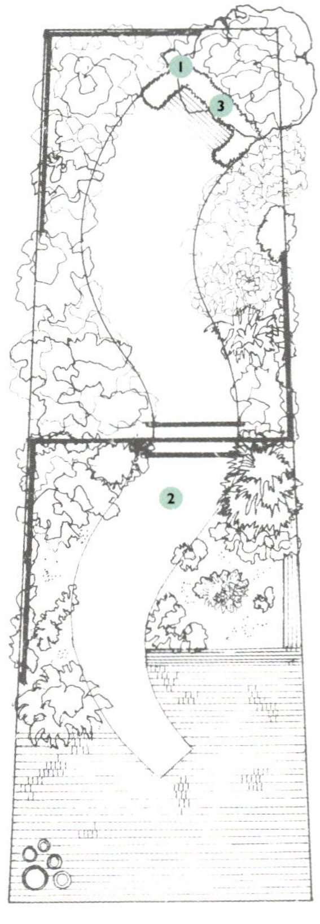

15 m x 6,5 m

▶ *Flechtzäune aus Weide bieten Windschutz.*

▲ *Der geschwungene Rasen-weg lockt in die Ferne.*

▲ *Eine Bank inmitten von Duftpflanzen ist ein idealer Platz zum Entspannen.*

Gartenpraxis

Ohne eine schöne Bank ist ein Duftgarten nicht komplett. Sie sollte so platziert sein, dass man zwar große Teile des Gartens überschaut, aber nicht alle – so bleibt noch etwas zum Entdecken.

▲ *Duftbänke gibt es in vielen Formen. Dieses Modell mit akkurat gestutzten Sträuchern wird von Kletterrosen „beduftet".*

▲ *Wie wäre es mit einer duftenden Liege? Bepflanzen Sie eine Liegefläche in entsprechender Größe mit Kriechthymian und relaxen Sie.*

Eine Duftbank

Der herbe Geruch von Buchsbaum bereichert den Duftgarten um eine kühle, grüne Note, und beschnittener Buchs ist ein schöner Rahmen für eine Gartenbank. Eine Alternative ist eine einfache Bank in einer begrünten Laube, die man als Bausatz kaufen oder mit etwas Einfallsreichtum und Geschick selbst bauen kann. Kletterrosen, Jasmin und Geißblatt beschatten und beduften den Platz.

Wer viel Geduld hat, kann auch eine Bank aus Erde anlegen und mit Kriechthymian oder englischer Rasenkamille bepflanzen. Solche Bänke sind zwar romantisch, aber sehr empfindlich. Besser ist es, die Stützmauer eines Hochbeetes als Sitzgelegenheit zu benutzen und mit gewöhnlichen Kissen zu polstern. Den Duft der Kräuter und Blumen nimmt man noch intensiv genug wahr, wenn man auf dem Beetrand sitzt.

▲ *Schlicht, aber einladend: eine rustikale Holzbank in einer Laube aus duftenden Blüten und Blättern.*

Ebenso könnte man eine Bank kaufen, eine „Rückenlehne" aus Buchsbaum oder anderen beschnittenen Sträuchern in Beeten oder Kübeln pflanzen und zu beiden Seiten Kästen mit Duftpflanzen aufstellen. Eine gewöhnliche Gartenbank sieht viel mehr wie ein Bestandteil des Gartens aus, wenn man sie in einer solchen grünen Nische aufstellt.

Eine Duftbank bauen

Schnell und einfach lässt sich eine Duftinsel schaffen, indem man einen Blumenkasten mit duftenden und aromatischen Pflanzen füllt. Stellt man den Kasten direkt neben eine Bank, kann man den Duft genießen, wann immer man sich dort eine Pause von der Gartenarbeit gönnt. Natürlich sollte er passend zur Bank gestrichen werden.

1 Zuerst wird der Kasten mit einer umweltfreundlichen Farbe im gleichen Ton wie die Bank gestrichen.

2 Um ihn wasserdicht zu machen, legen Sie ihn mit einer Folie aus. Die Folienränder mit einem Tacker am Innenrand des Kastens befestigen, dann Drainagelöcher in den Boden stechen.

3 Die gewünschten Pflanzen einsetzen (hier: Lavendel und Thymian). Eine Deckschicht aus Kies sieht hübsch aus.

4 Streichen Sie mit der Hand sanft durch die Pflanzen, damit sie an warmen Tagen ihr würziges Aroma freigeben.

Grenzen für den Duftgarten

Eine ideale Begrenzung sind alte Ziegel- oder Natursteinmauern in sanften Farben, an denen duftende Kletterpflanzen gezogen werden können.

Wer darüber nicht verfügt, kann Spaliere an den Zaunpfählen seines Gartens befestigen.

Rahmen sie den Duftgarten mit einer aromatischen Hecke ein. *Rosmarinus* 'Miss Jessop's Upright' oder Buchsbaum eignen sich für Hecken bis zu 1,20 m Höhe.

Bepflanzung: Duftgarten

Die Pflanzen im Duftgarten müssen sorgfältig zusammengestellt werden, damit in jeder Blickhöhe und zu jeder Jahreszeit etwas zu sehen und zu schnuppern ist. Dazu gehören Duft- und Aromapflanzen – sowohl in Augenhöhe als auch solche, deren Duft vom Boden aufsteigt.

Pflanzenporträts

Philadelphus 'Belle Etoile'
PFEIFENSTRAUCH

Von den Blüten mit vier Petalen geht im Frühsommer ein herrlicher Orangenblütenduft aus. Die Blüten dieser Sorte sind im Zentrum rotbraun überhaucht. Der kleine Strauch eignet sich für Gärten jeder Größe. Der Rückschnitt erfolgt nach der Blüte.

Höhe und Ausbreitung: 2 m

Boden und Standort: durchlässiger Boden, Sonne oder Halbschatten.

Erysimum × *allionii*
(syn. *Cheiranthus* × *allionii*)
GOLDLACK

Dieser Goldlack hat leuchtend orangefarbene Blüten und einen sehr intensiven Duft. Es ist eine kurzlebige Staude, die im Frühling und Frühsommer zahllose Blüten trägt. Sie ist als Beetpflanze beliebt.

Höhe: 40 cm

Ausbreitung: 30 cm

Boden und Standort: nahrhafter, durchlässiger, neutraler oder basischer Boden. Volle Sonne.

Viola odorata
DUFTVEILCHEN

Diese intensiv duftende Veilchenart trägt den ganzen Frühling lang duftende, dunkelblaue Blüten. Manche blühen auch weiß oder rosafarben. Sie breitet sich flächig aus und verwildert gern an feuchten, kühlen Standorten. Es gibt eine Reihe von Kulturformen, darunter das gefüllte Veilchen 'Duchesse de Parme' und die rosafarbene Sorte 'Cœur d'Alsace'.

Höhe: 10 cm

Ausbreitung: bis 40 cm

Boden und Standort: nahrhafter, durchlässiger Boden im Halbschatten oder, sofern der Boden kühl bleibt, in der Sonne.

▶ Erysimum × allionii, *der Goldlack.*

◀ Philadelphus *'Belle Etoile', der Pfeifenstrauch.*

Duftende Bäume und Sträucher

Choisya ternata (Orangenblume) (siehe Seite 944–945)

Daphne mezereum (Gewöhnlicher Seidelbast) – im Winter kleine, stark duftende Blüten in rötlichem Violett. Verlangt alkalischen Boden
Höhe: bis 1,50 m

ACHTUNG: DIE BEEREN SIND GIFTIG.

Fothergilla major und *F. gardenii* (siehe Seite 993)

Magnolia grandiflora – herrlicher Baum für geschützte Standorte. Im Sommer Blüten mit würzigem Duft.
Höhe: 9 m
(siehe auch *Magnolia stellata,* Sternmagnolie, siehe Seite 807).

Rhododendron luteum (Pontische Azalee) – Rhododendren und Azaleen zählen nicht zu den bekannten Duftpflanzen, doch diese Hybriden haben einen intensiven, an Geißblatt erinnernden Duft und leuchtend gelbe Blüten im Spätfrühling. Braucht sauren Boden.
Höhe: bis 3 m

Sambucus (Holunder) (siehe Seite 994–995)

Syringa (Flieder) – im Spätfrühling intensiv duftende Blüten in Weiß und verschiedenen Violetttönen.
Höhe: ca. 2,50 m
Ausbreitung: 2 m
(siehe auch Seite 890–891)

Viburnum (Schneeball) – Alle Schneeball-Kultivare, die im Winter und Frühling blühen, haben einen herrlichen Duft. (siehe Seite 995)

EINE AUSWAHL SCHÖNER DUFTPFLANZEN

Düfte für den Hochsommer

Heliotropium arborescens (syn. *H. peruvianum*) – Heliotrop oder Vanilleblume
Lathyrus odoratus – Duftwicke (siehe S. 977)
Lavandula species – Lavendel (siehe S. 988)
Lilium regale und andere Lilien
Matthiola bicornis – Nachtlevkoje
Matthiola incana – Gartenlevkoje
Nicotiana – Ziertabak (siehe S. 978)
Pelargonium crispum und *P.* × *fragrans* – Duftblattpelargonien
Petunia-Hybriden – Petunien
Phlox paniculata – Gartenphlox (siehe S. 989)

▲ *Die Königslilie* (Lilium regale) *blüht im Hochsommer.*

Düfte für Frühling und Frühsommer

Convallaria majalis – Maiglöckchen
Dianthus species – Nelken
Erysimum species (syn. *Cheiranthus*) – Goldlack
Hesperis matronalis – Nachtviole
Hyacinthus-Kultivare – Hyazinthe
Narcissus jonquilla (Jonquille) und viele andere Narzissen
Paeonia 'Sarah Bernhardt' – Pfingstrose in Apfelblütenrosa
Primula vulgaris und *P. auricula* – Stängellose Schlüsselblume und Alpenaurikel

Duftende Rosen

Hier finden Sie einige der schönsten Duftrosensorten:

Rosa 'Boule de Neige'– öfter blühende Bourbon-Rose, deren Blüten an weiße Kamelien erinnern.
Höhe: 1,20 m

Rosa 'Cardinal de Richelieu'– Gallica-Rose mit Blüten in mattem Rotviolett.
Höhe: 1,20 m

Rosa centifolia 'Robert le Diable' – Centifolia-Rose in Mauve, Rosa, Violett oder Karminrot.
Höhe: 1,20 m

Rosa damascena – die Damaszena-Rose blüht weiß, rosa oder rot.
Höhe: bis 1,50 m

Rosa gallica officinalis – Karminrot gestreifte Blüten (siehe Seite 786–787).

Rosa 'Margaret Merril' – niedrige Floribunda-Rose mit zierlichen Blüten in rosa überhauchtem Weiß.
Höhe: 90 cm

Rosa moschata (Moschusrose) – altmodische, cremeweiße Kletterrose.
Höhe: bis 2,50 m

Rosa 'Mme Pierre Oger' – Bourbon-Rose, trägt den ganzen Sommer lang rundliche Blüten in Muschelrosa.
Höhe: 1,20 m

Rosa 'Penelope' – Moschushybride, trägt den ganzen Sommer lang hell lachsrosafarbene Blüten.
Höhe: bis 1,50 m

Rosa rugosa 'Blanc Double de Coubert' – dauerblühende Rugosa-Rose mit weißen Blüten; große, rote Hagebutten.
Höhe: 1,50 m

Rosa 'Zéphirine Drouhin'– Kletterrose, auch für schattige Mauern. Trägt den ganzen Sommer lang zahlreiche Blüten in kräftigem Rosa.
Höhe: 3 m

Rosa 'William Lobb' – öfter blühende (remontierende) alte Moosrose, karminrote Blüten, die zu hellem Violett verblassen.
Höhe: 2,50 m

Design-Alternativen

Skizzen

Beide Beispiele sind auf dem Prinzip mehrerer Gartenräume aufgebaut und laden zu einer Entdeckungsreise durch Düfte, Texturen und Farben ein. Spezielle Kräuter-, Rosen- und Staudenbereiche sorgen dafür, dass die Nase rund ums Jahr verwöhnt wird.

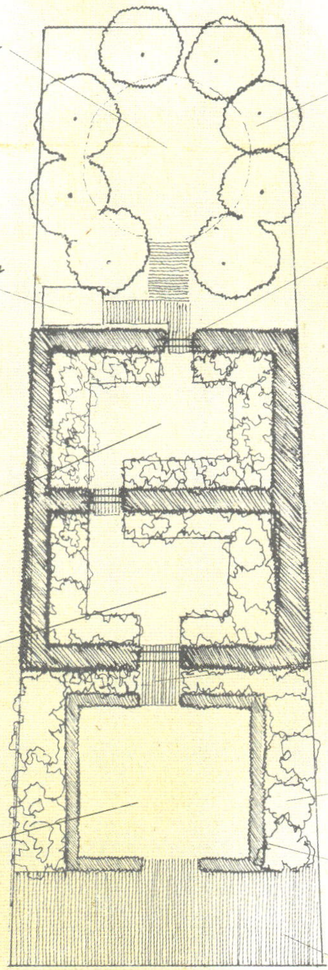

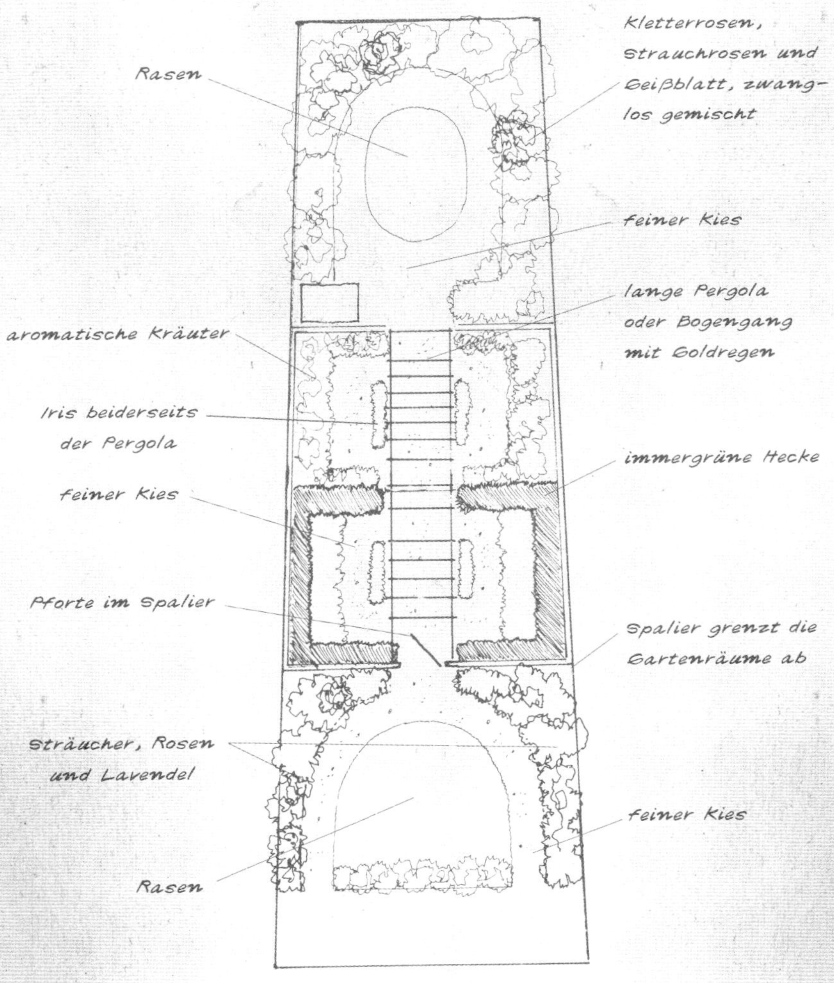
Rasen
Kletterrosen, Strauchrosen und Geißblatt, zwanglos gemischt
feiner Kies
lange Pergola oder Bogengang mit Goldregen
aromatische Kräuter
Iris beiderseits der Pergola
immergrüne Hecke
feiner Kies
Pforte im Spalier
Spalier grenzt die Gartenräume ab
Sträucher, Rosen und Lavendel
feiner Kies
Rasen

Zen-Gärten

In einem japanischen Zen-Garten spielen die einzelnen Elemente gegenüber dem Gesamtbild die untergeordnete Rolle. Nichts bleibt dem Zufall überlassen. Alle Elemente haben eine symbolische Bedeutung und sollen den Geist erhellen. Zurückhaltung und Schlichtheit sind die Schlüsselworte.

Was sind die Elemente?

Auch wer den Symbolismus des Zen nicht kennt, kann sich durchaus von den japanischen Gärten anregen lassen, um friedliche Rückzugsorte zu schaffen, die bei geschickter Gestaltung sogar hierzulande gut wirken.

Wenn Sie am Ende des Gartens Platz nehmen, denken Sie vielleicht über Ihre geistige Reise durch die Welt nach. Tun Sie das nicht, ist es dennoch ein friedlicher Platz zum Ausruhen. Wenngleich einige Elemente auf buddhistische Klostergärten zurückgehen, ist der Japanische Garten nach heutigem Verständnis eine Erfindung des frühen Mittelalters. Seine Entwicklung geht Hand in Hand mit der Teezeremonie, die von Zen-Priestern und ihren Schülern als mystisches Ritual kultiviert wurde. Die Teilnehmer an der Zeremonie reflektierten über die Natur und suchten innere Ruhe, während Sie zurückgezogen Blüten, Keramik und Kalligraphien betrachteten. Der Zen-Garten war der Bereich, den sie auf ihrem Weg in das Heiligtum durchquerten.

Eine spirituelle Reise

Der Garten wurde als Abbild der unberührten Natur verstanden, der Weg stand für eine Reise durch das Gebirge – eine Metapher für die spirituelle Reise auf der Suche nach der Ewigkeit. So ist es letztlich der

◀ *Traditionell waren die schlichten Zen-Gärten Orte der Kontemplation, an denen man Ruhe finden und sich besinnen konnte.*

▶ *Im Zen-Garten stehen Findlinge und Kies als Symbole für Felsen und Wasser.*

Sinn eines Zen-Gartens, ihn zu durchschreiten und dabei unser niederes Selbst hinter uns zu lassen. Feste symbolische Elemente des Gartens sind der Eingang als Beginn der Reise, der Weg zu Weisheit oder Erleuchtung, eine Sitzgelegenheit, um die Reise für eine stille Meditation zu unterbrechen, und eine Pforte oder Schwelle, an der man die Welt der Stadt verlässt und ins Reich der Natur eintritt. Ferner gehören in den Zen-Garten ein stilisierter Bergbach, um sich rituell die Hände zu waschen, und am Ende des Weges das Teehaus als Ort der Kontemplation.

Symbole im Garten

In der buddhistischen Symbolik stehen Berge, die von Wasser umgeben sind, für das Paradies. Auch im Zen-Garten sind die Elemente Wasser und Fels vorhanden. Häufig werden die Kontraste zwischen Steinen, Kieseln und Wasser betont, bei der Ausrichtung von Findlingen wird stets ihre natürliche Struktur beachtet. Durch diese Platzierung wirken die Steine ästhetisch, sind aber auch spirituell bedeutsam. Immergrüne Pflanzen symbolisieren die Unsterblichkeit, spiralförmig oder knorrig gewachsene Gewächse stehen für Langlebigkeit. Auch der Fächerahorn mit den gedrehten Trieben wird als Symbol langen Lebens verstanden, während die Zierkirsche mit ihrer kurzen, prächtigen Blüte die Vergänglichkeit der materiellen Werte symbolisiert.

Wasser muss nicht wirklich vorhanden sein. Die geharkten Kiesflächen buddhistischer Gärten, die als Symbol für fließendes Wasser stehen, finden auch im Westen viele Freunde. Das morgendliche oder abendliche Harken kann eine sehr beruhigende, meditative Beschäftigung sein. Steine oder Findlinge im Kies stehen für die vom Wasser umgebenen Felsen des Paradieses. Sie sollten am Ende des Gartens stehen, denn das Paradies liegt stets in der Ferne. Gerade Linien werden möglichst vermieden, der kontemplative Geist folgt gewundenen Wegen. Um den Fluss der Energie zu verlangsamen und so die meditative Stimmung zu intensivieren, können gerade Linien unterbrochen und neu aufgenommen werden. Optische Ausgewogenheit wird durch ein bewusstes Vermeiden von Symmetrie erreicht.

Die Farben sind sanft und werden sparsam eingesetzt. Naturtöne von Stein, Holz und Bambus, das Grün von Bambuspflanzen und immergrünen Sträuchern bilden einen ruhigen Hintergrund.

◀ *Eine moderne Interpretation des Zen-Gartens mit sauber geharktem Kies und einer zarten, violetten Iris in einem Bambusrohr.*

Ein Zen-Gartenbeispiel

Vor etwa 900 Jahren gestalteten buddhistische Mönche die ersten Zen-Gärten. Es sind strenge, abstrakte Arrangements aus Felsen, Wasser und Pflanzen, die die Natur als Ganzes symbolisieren. Immer wieder haben westliche Gärtner auf diese Kultur Bezug genommen und versucht, den zeitlosen Stil nachzuempfinden.

▲ *Reisen durch den Fernen Osten regten den Besitzer an, seinen rechteckigen Garten minimalistisch-japanisch zu gestalten.*

Auf einen Blick

Lage:	*Massachusetts*
Klima:	*gemäßigt*
Erdtyp:	*sandig*
Richtung:	*Westen*
Aussicht:	*Stadtgebiet*

Die Vorgaben

Der Besitzer dieses Gartens ist lange durch den Fernen Osten gereist, ehe er dieses Haus kaufte. Der rechteckige Garten hat eine günstige Form, die er für eine minimalistische Anlage mit deutlichen japanischen Anklängen nutzen möchte.

Die Lösung

Um für optimalen Wind- und Sichtschutz zu sorgen, haben wir an drei Seiten Spaliere angebracht und daran dicke Bambusstäbe mit Drähten befestigt. Dadurch konzentriert der Blick sich ausschließlich auf den Garten, umgebende Gebäude und Landschaft werden ausgeblendet. Die Anlage ist in drei Bereiche aufgeteilt.

Entlang der Umfriedung wurde eine Hecke gepflanzt, die später in Bergform geschnitten werden soll. Große Findlinge, kleinere Steine, Kiesel und flache Steine wurden so zusammengestellt, dass Größe, Farbe und Zeichnung miteinander harmonieren, und in einem asymmetrischen, aber ausgewogenen Ensemble angeordnet. Die Hauptfläche ist mit feinem Splitt bestreut, geharkte Wellenlinien deuten sich kräuselndes Wasser an. Trittsteine führen zu einem ruhigen Wasserbecken, in dem sich das ständig wechselnde Bild des Himmels spiegelt.

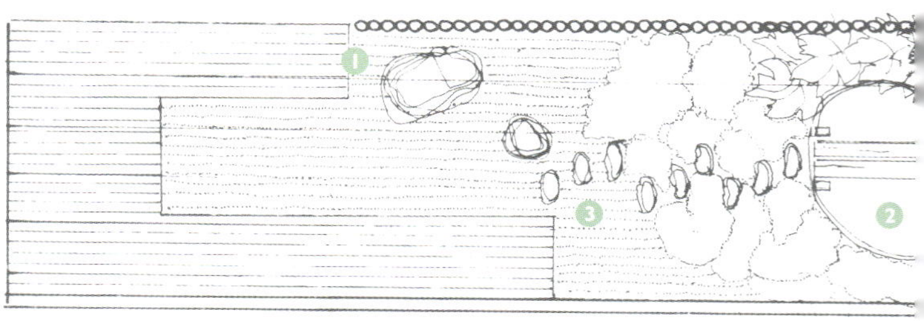

▲ *Geharkter Kies deutet sich kräuselndes Wasser an.*

▲ *Ein ruhiges Wasserbecken bildet das Zentrum.*

3/ m x 6 m

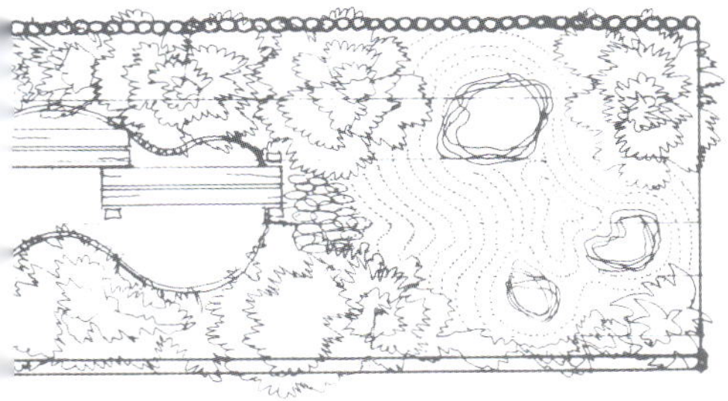

▲ *Trittsteine im Moos dienen als Weg.*

Gartenpraxis

In einem Zen-Garten sind Wasser, Stein und Holz wichtige Elemente. Wege und Brücken haben symbolische und gleichzeitig praktische Bedeutung. Alle Materialien sollen in ganz elementarer Weise natürlich sein. In diesen Garten passt eine schlichte Holzbrücke, die über das Wasser führt.

Zen-Brücken

Wir empfehlen Ihnen, sich vor dem Bau einer Brücke fachlich beraten zu lassen. Es gibt viele Gestaltungsmöglichkeiten, deren Wirkung auch davon abhängt, ob das Holz längs oder quer verlegt wird. Hartholz oder behandeltes Weichholz werden auf festem Unterbau verarbeitet.

Praxistipps

- Stein, Wasser und Pflanzen sind die drei Hauptelemente eines Zen-Gartens.
- Wählen Sie möglichst nur einheimische Gesteinsarten für Ihren Garten.
- Stellen Sie große Steine einzeln oder in Gruppen mit ungerader Anzahl auf.
- Zen-Gärten sind niemals symmetrisch. Optische Ausgewogenheit entsteht durch geschickte Asymmetrien.
- Große Findlinge können eine Tonne und mehr wiegen. Sorgen sie für freie Zufahrt zum Grundstück und stellen Sie sich auf Transportkosten ein, die den Preis des Steins übersteigen können.
- Vorsicht beim Kauf japanischer Stein- oder Betonlaternen – manche sehen wie billige Imitationen aus.

Traditionelle Sandmuster

Geharkter Sand oder Kies ist in vielen japanischen Gärten, vor allem in Tempelanlagen, zu sehen. Der Sand und die darin gezogenen Linien symbolisieren Wasser. Weil es in der Philosophie des Zen darum geht, durch Meditation zur Erleuchtung zu finden, gilt das Harken als meditativer Akt, den auch viele Westeuropäer als sehr beruhigend empfinden. Bedenken Sie aber, dass die Muster vergänglich sind und täglich erneuert werden müssen. Andererseits können Sie natürlich immer wieder neue Muster ausprobieren.

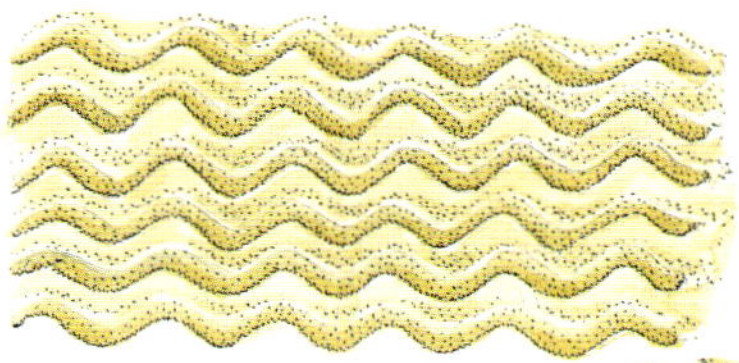

Muster wie Meereswellen entstehen, wenn Sie die Harke in regelmäßigem Zickzack zu sich hin ziehen.

Sie können auch gerade Linien oder Kreise harken. Um gerade Linien aufzulockern, bewegen Sie ab und zu die Harke nach links oder rechts.

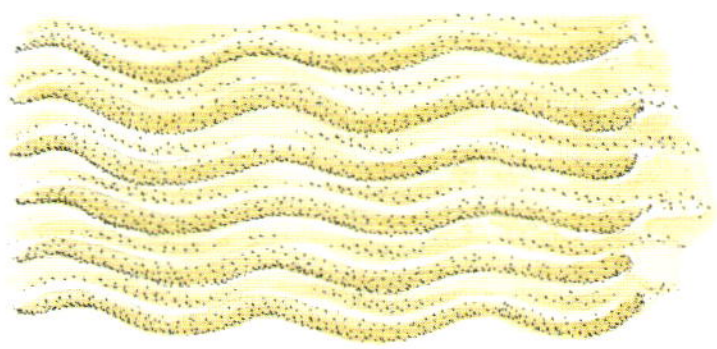

Durch ganz leichte Zickzackbewegungen entstehen sanfte Wellenmuster.

▲ Schlichtheit ist das Motto japanischer Gärten. Steine, Pflanzen und Kies sind wichtige Zutaten, die mit großer Präzision angeordnet werden.

▼ Die elegante Holzkonstruktion erinnert an Monets Japanische Brücke im Garten von Giverney in Nordfrankreich. Einfachheit in ihrer schönsten Form.

Betonfundamente geben der traditionellen Holzbrücke sicheren Halt im Wasser.

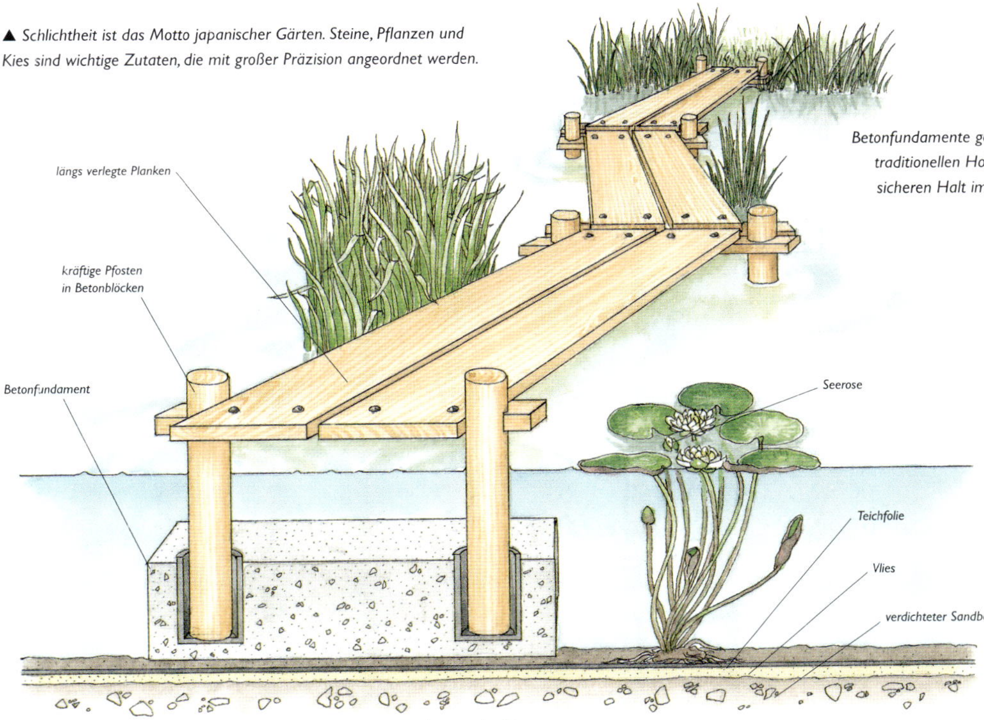

▲ Auch die Zickzack-Form der Holzbrücke entspricht den Traditionen des Zen.

Bepflanzung: Zen-Garten

Die Bepflanzung von Zen-Gärten ist stets zurückhaltend. Grüne Pflanzen herrschen vor und kontrastieren mit den verwendeten Naturmaterialien. Einige wenige Blüten, vorzugsweise in Rot, sind erlaubt. Geeignete Pflanzen sind Bambus, Immergrüne, Sträucher mit glänzendem Laub, Fächerahorn oder eine Zierkirsche.

Wissenswertes über Bambus

Die Bambusarten sind immergrüne Pflanzen, die eng mit Gräsern und Seggen verwandt sind. Sie haben interessante Wuchsformen und schönes Laub, bringen aber auch sanfte Bewegung und leises Rascheln in den Garten. Die meisten Arten werden bis 4 m hoch und bilden dichte, rundliche Horste. Einige Arten werden deutlich höher, andere neigen stark zum Wuchern. Man kann sie als dekorative Insel pflanzen, aber auch als Hecke oder Sichtschutz. Es dauert etwa drei Jahre, bis die hohlen Stiele ausgereift sind. Diese sind wegen ihres hohen Kieselerdegehaltes sehr stabil. Man kann sie schneiden und als Pflanzenstützen verwenden. Die meisten Bambusarten sind etwas frostempfindlich und bevorzugen einem geschützten Platz.

Pflege

Bambus braucht viel Feuchtigkeit, darum sollte schon bei der Pflanzung reichlich organisches Fasermaterial, z. B. Kokosfaser oder gehäckseltes Stroh, ins Pflanzloch gegeben werden, um das Wasserhaltevermögen des Bodens zu verbessern. Gartenkompost ist ungeeignet, weil er zu viele Nährstoffe enthält. Bambus braucht kaum Dünger, gelegentliche Versorgung mit Kalziumsilikat fördert die Bildung stabiler Stiele.

Im Frühling wird Bambus ins Freie gepflanzt. Die Blätter dürfen nicht austrocknen, sonst welken sie

◀ *Fächerahorn passt gut in einen Zen-Garten.*

schnell und sterben ab. Bis Bambuspflanzen angewachsen sind, sollte das Laub regelmäßig mit Wasser besprengt werden. Wuchernde Arten dämmt man am besten ein, indem man rund um den Wurzelballen einen Ring aus undurchdringlichem Kunststoff etwa 30 cm tief in den Boden einlässt.

Pflanzenporträts

Acer palmatum var. *heptalobum* 'Rubrum'
FÄCHERAHORN

Dieser Ahorn ist eher ein Strauch als ein Baum. Die Blätter sind im Austrieb grün, färben sich dann bronzebraun und im Herbst feuerrot. Der breite Habitus mit den gedrehten Zweigen überzeugen im Zen-Garten.

Höhe und Ausbreitung: bis 6 m

Boden und Standort: nahrhafter, feuchter, aber durchlässiger Boden, vorzugsweise neutral oder sauer. Geschützter Standort.

◄ *Bambus darf in einem Zen-Garten auf keinen Fall fehlen.*

◄ *Eine rote Form der* Camellia japonica.

Camellia japonica
KAMELIE

Kamelien sind attraktive, immergrüne Sträucher mit dunkelgrün glänzenden Blättern und herrlichen Blüten, die im Winter erscheinen. Es gibt tausende von Arten und Sorten mit ungefüllten, halb gefüllten, gefüllten und päonienartigen Blüten. Die Blüten müssen vor Morgensonne geschützt werden, denn durch schnell schmelzenden Schnee verfärben sie sich braun. *C. j.* 'Alexander Hunter' hat halb gefüllte, dunkelrote Blüten mit gelben Staubgefäßen. 'Paul's Apollo' (nicht zu verwechseln mit 'Apollo') mit roten, halb gefüllten Blüten gedeiht in gemäßigtem Klima. 'Dr. H. G. Mealing' blüht blutrot und ist halb gefüllt. 'Kouron-jura' ist eine gefüllte, dunkelrote Sorte, 'Letitia Schrader' hat große, päonienartige Blüten in Dunkelrot.

Höhe: bis 8 m

Ausbreitung: 7,5 m

Boden und Standort: feuchter, nahrhafter, durchlässiger und unbedingt saurer Boden, der mit Rindenhäcksel gemulcht wird. In nördlichen Regionen ist ein nach Norden oder Westen gelegener Standort ideal.

Winterharter Bambus für kleine Gärten

Chusquea culeou – zierliche, weißlich grüne Blätter
Höhe: 4,50 m

Fargesia murieliae – graugrüne Stiele und apfelgrüne Blätter
Höhe 3,60 m

Phyllostachys nigra var. *henonis* – grün und dicht belaubt, frostempfindlich
Höhe: 9 m

Phyllostachys viridiglaucescens – grün und dicht belaubt, frostempfindlich
Höhe: bis 10 m

Pleioblastus auricoma – gelb-grün panaschierte Blätter, grünlich violette Stiele
Höhe: 1,50 m

Pleioblastus simonii 'Variegatus' (syn. *Arundinaria simonii* 'Variegata') – weiß gestreifte Blätter
Höhe: bis 3 m

Pleioblastus variegatus – cremeweiß gestreifte Blätter und hellgrüne Stiele
Höhe: 75 cm

Pseudosasa japonica – olivgrüne Stiele, die sich später hellbeige färben
Höhe: 3–6 m

Sasa veitchii – weiß geränderte, grüne Blätter und violette Stiele
Höhe: bis 2 m

Semiarundinaria fastuosa – kräftige, grüne Stiele, die sich im Alter rot färben
Höhe: 3–12 m

Yushania anceps – dunkelgrün glänzende Stiele, im Alter überhängend
Höhe: 2–3 m

Design-Alternativen

SKIZZEN

Beide Vorschläge basieren auf den Prämissen Minimalismus, Naturmaterialien und zurückhaltende Bepflanzung. Sie sind relativ schattig, sodass Moose und Farne gut gedeihen. Einzelne Bereiche der Entwürfe eignen sich auch zur Gestaltung eines Gartenhofes oder eines Gartenraums.

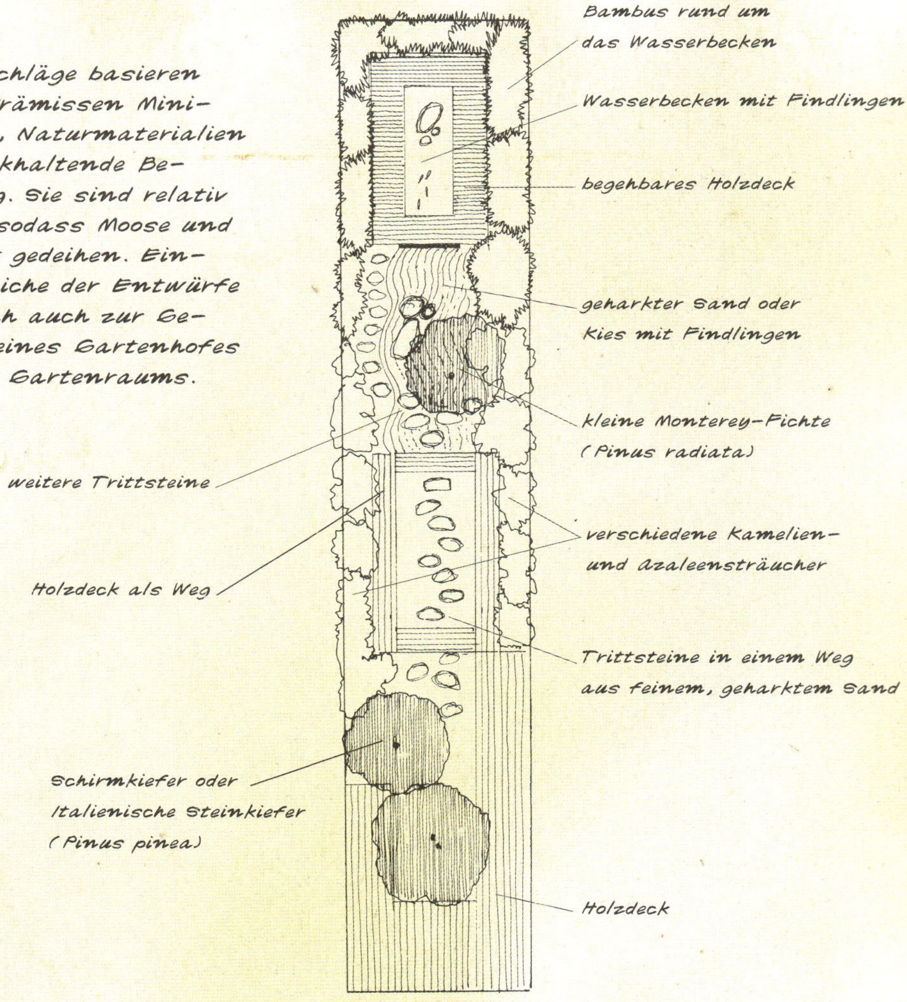

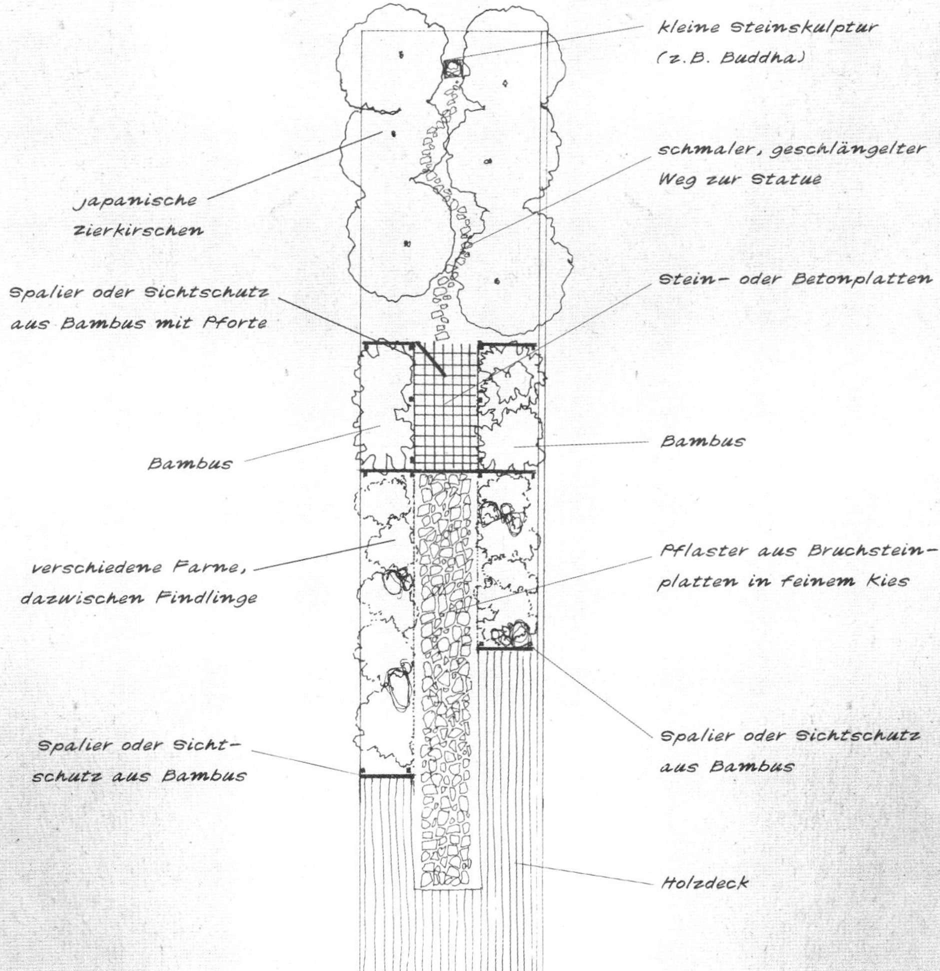
kleine Steinskulptur
(z.B. Buddha)
schmaler, geschlängelter
Weg zur Statue
japanische
zierkirschen
Spalier oder Sichtschutz
aus Bambus mit Pforte
Stein- oder Betonplatten
Bambus
Bambus
verschiedene Farne,
dazwischen Findlinge
Pflaster aus Bruchstein-
platten in feinem Kies
Spalier oder Sicht-
schutz aus Bambus
Spalier oder Sichtschutz
aus Bambus
Holzdeck

Abendgärten

Ein Platz zum Essen, sichere Wege, dramatische oder romantische Beleuchtung und abendliche Düfte – das sind die wichtigsten Faktoren für Gartengenuss in den Abendstunden. Selbst wer seinen Garten vorwiegend tagsüber benutzen will, sollte schon bei der Planung auch an die langen Sommerabende denken.

Abendstimmung

Es ist ein Vergnügen, im Freien zu essen, darum ist ein geeigneter Platz nahe am Haus immer ein Gewinn. Wenn im Spätsommer die Dämmerung früher einbricht, hängt die Wärme des Tages oft noch lange in der Luft. Dann wird Licht benötigt. Kerzen oder kleine Lampen auf dem Tisch lassen jedoch die umgebende Dunkelheit noch tiefer, manchmal sogar unheimlich erscheinen. Folglich ist eine spezielle Beleuchtung für den Garten gefragt. Man kann sie nutzen, um dramatische Effekte zu zaubern und einzelne Elemente in Szene zu setzen, etwa den schlanken Stamm einer silbrigen Birke, eine Statue oder Skulptur oder ein Wasserspiel. Denken Sie aber daran, dass niemand gern geblendet wird und dass natürlich auch die Nachbarn nicht angestrahlt werden möchten.

◀ *In der ausdrucksvollen, minimalistischen Szenerie dieses Stadtgartens zeichnen versenkte Strahler interessante Reliefs auf die Steine.*

▶ Unterwasserscheinwerfer strahlen die kleinen Fontänen an, während im Hintergrund mit dramatischen Lichteffekten gespielt wird.

Beleuchtung und Installation

Sicherheit ist oberstes Gebot bei der Installation einer Gartenbeleuchtung. Vor allem wenn eine kräftige Beleuchtung mit einer Spannung von 220 Volt gewünscht wird, muss ein Elektriker beauftragt werden. Sanfter fällt das Licht aus, wenn Sie ein Niedervoltsystem verwenden, für das die Netzspannung mithilfe eines Transformators auf 12 Volt reduziert wird. Der Transformator wird an eine Steckdose im Haus angeschlossen. Kabel müssen gut versteckt werden, damit man nicht über sie stolpern oder sie bei der Gartenarbeit beschädigen kann. Für Netzstrom müssen im Außenbereich spezielle Kabel verwendet und tief eingegraben werden – das sollte auch ein geschickter Laie nicht selbst übernehmen. Ganz ohne Kabel kommen Solarleuchten aus, die jedoch nur ein relativ schwaches Licht produzieren.

◀ Geschickt platzierte Leuchten können in den Abendstunden Bereiche zum Leben erwecken, die tagsüber kaum ins Auge fallen.

Im rechten Licht

Eine effektvolle Beleuchtung sollte sich auf wenige, geschickt platzierte Lichtquellen beschränken. Ideal sind Lichtquellen in verschiedenen Höhen, darunter nach oben und unten gerichtete Strahler. Verstellbare Strahler oder größere, rechteckige Fluter sind besonders vielseitig. Man kann sie mit Erdspießen im Boden verankern oder in geringer Höhe an einer Wand montieren und nach oben richten, um einen Baum, eine Skulptur oder einen Rankbogen zu akzentuieren. Von einem höheren Befestigungspunkt aus bescheinen sie Wege, Terrassen oder Bäume. Spots können ihren Lichtstrahl über eine Wand werfen oder Pflanzen von hinten beleuchten. Vor allem die Silhouetten von formstarken Pflanzen wie Neuseeländer Flachs und die sanften Bewegungen von Gräsern sehen im Gegenlicht reizvoll aus. Lampen in Pilzform eignen sich zur blendfreien Beleuchtung von Wegen.

Fluter produzieren einen breiten Lichtkegel, dessen Außenbereich diffuser ist als der eines Strahlers. Auch sie eignen sich gut, um Pflanzen oder Objekte von unten oder von hinten zu beleuchten oder um eine größere Fläche in Licht zu tauchen. Viele Außenleuchten sind mit einem Erdspieß oder einer Wandhalterung ausgestattet. Die Glühlampe und die Leuchtenform wirken sich auf die Lichteffekte aus. Für Niedervoltsysteme werden Halogenlampen verwendet, sie müssen jedoch für den Außenbereich zugelassen und wasserdicht sein.

Ein Abendgartenbeispiel

Am Abend kann ein Garten geheimnisvoll wirken, wenn er geschickt und subtil beleuchtet ist. Hochwertige Niedervoltlampen können den Feierabend im Freien verlängern oder Details betonen; Wege und Stufen werden durch Licht sicherer. Für den Essbereich empfehlen sich tragbare Leuchten und Kerzen.

▲ *Die Besitzer wünschten sich einen pflegeleichten Garten, um sich abends mit Freunden zu treffen oder zu entspannen.*

Auf einen Blick

Lage:	*New Jersey*
Klima:	*gemäßigt*
Erdtyp:	*Lehmboden*
Richtung	*Westen*
Aussicht:	*Stadtgebiet*

Die Vorgaben

Tagsüber wird der Garten selten benutzt, weil die Besitzer selbstständig sind und auch am Wochenende oft arbeiten. Sie wünschten sich einen pflegeleichten Bereich, in dem sie mit Freunden sitzen oder sich nach der Arbeit entspannen können.

Die Lösung

In dem Garten steht ein besonders schöner Baum – eine Weißbirke mit Trauerwuchs. Sie verlangt geradezu nach einem Strahler, der im Sommer das zarte, flatternde Laub akzentuiert. Im Winter bilden die elegant hängenden Zweige und die seidig weiße Rinde an dunklen Abenden einen interessanten Blickfang. An der anderen Seite des Gartens haben wir eine moderne Steinskulptur von hinten angestrahlt, um den dunklen Schatten ihrer Winkel und Rundungen dramatisch zu betonen. Das Weiß der Skulptur und der Birkenrinde ergänzen einander, zudem stehen beide weit genug voneinander entfernt, um sich nicht gegenseitig die Schau zu stehlen. Zwei Holzdecks wurden so angelegt, dass man einen guten Blick auf die Lichteffekte hat. In die Vorderkanten der Decks wurden vier Lampen eingelassen, die das Bild vervollkommnen und verhindern, dass jemand über die Kante stolpert.

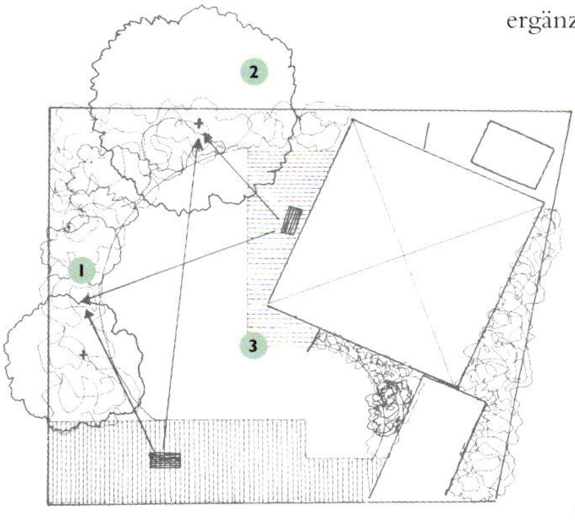

13 m x 20 m

▲ Die moderne Skulptur bildet einen Blickfang.

▲ Die weiße Birkenrinde sieht abends im Scheinwerferlicht umwerfend aus.

◀ Kerzen und Fackeln als elegante Dekoration des Holzdecks.

Gartenpraxis

Ein Abendgarten kann ein wunderbar ruhiger und friedlicher Ort sein. Vergessen Sie laute Musik und Gartenpartys, durch die Sie sich nur bei den Nachbarn unbeliebt machen. Schaffen Sie lieber ein beruhigendes Ambiente, in dem Sie sich erholen und nach einem langen Arbeitstag Entspannung finden können.

Im rechten Licht

Für die meisten Menschen gehört zum abendlichen Gartengenuss die Beleuchtung einfach dazu. Zwar sollten Sie die Installation von einem Elektriker vornehmen lassen, dennoch lohnt es sich, die verschiedenen Möglichkeiten kennen zu lernen und abzuwägen (siehe nächste Seite).

▲ *Lichtquellen müssen nicht versteckt werden. Diese moderne Lichtskulptur nimmt einen zentralen Platz im Garten ein.*

Die Beleuchtung sollte schon in der frühen Planungsphase bedacht werden, denn die Installation erfordert einige bauliche Vorbereitungen. Eine sinnvolle Kabelführung muss festgelegt werden, auch sollte die Stromversorgung für Beleuchtung und Wasserspiele gleichzeitig verlegt werden – in jedem Fall vor etwaigen Pflasterarbeiten.

Bei der Außenbeleuchtung geht es hauptsächlich darum, Pflanzen oder andere Objekte im Garten anzustrahlen und so hervorzuheben (siehe Seite 884–885). Dazu reicht ein kleiner Strahler in der Nähe des Objektes aus, Sie können auch eine kräftigere Lichtquelle in größerer Entfernung aufstellen. Lichtstrahlen können von verschiedenen Punkten aus auf ein Objekt gerichtet sein, und natürlich können auch Strahler von einem Punkt aus in verschiedene Richtungen leuchten. Allerdings sollten alle Lichtquellen vom Sitzbereich abgewandt sein. Falls mehrere Sitzplätze vorhanden sind, sollte die Beleuchtung von überall reizvoll aussehen.

Praxistipps

- Wenn Sie eine Terrasse planen, lassen Sie die Stromleitungen darunter verlegen.
- Achten Sie darauf, dass man auch beim Gehen durch den Garten von keiner Lichtquelle geblendet wird.
- Unterwasserscheinwerfer sind heikel – oft strahlen sie nur den Algenbewuchs an.
- Wer nahe an einer Straße wohnt, muss darauf achten, dass Straßenlaternen die Beleuchtung nicht überstrahlen und dass die Gartenbeleuchtung keine Verkehrsteilnehmer blendet oder irritiert.

Zielgerichtete Beleuchtung

- **Aufwärts** – von unten kann ein Lichtstrahl auf Bäume, Skulpturen, Pergolen, Rankbögen oder hohe Sträucher gerichtet werden. Pflanzen mit ausdrucksvollen Formen, etwa Neuseeländer Flachs oder Gräser, sehen interessant aus, wenn sie von unten oder von hinten angestrahlt werden.
- **Abwärts** – von oben können Lichter aus Bäumen strahlen, auch Wege und Terrassen werden meist von oben beleuchtet.

Lichtvielfalt im Garten

Hier sehen Sie einige Möglichkeiten für die stimmungsvolle Gartenbeleuchtung.

▶ *Punktuelle Lichtakzente sind sehr effektvoll. Selbst ein Stück des Bodens könnte angestrahlt werden.*

▼ *Eine Wachsfackel, einfach ins Beet gesteckt, ist eine hübsche, vorübergehende Beleuchtung.*

▲ *Niedervoltbeleuchtung wirft ein sanftes Licht. Diese Leuchte steckt zwischen hohen Gräsern.*

▲ *Der Strahler selbst ist im Beet kaum zu sehen, setzt aber eine einzelne Pflanze reizvoll in Szene.*

▲ *Diese Laterne mit Teelicht wird in kindersicherer Höhe aufgehängt und braucht keinen Strom.*

▲ *Traditionelle Wandleuchten sind praktisch für Grillplatz, Terrasse, Wegen und Stufen.*

Bepflanzung: Abendgarten

Am Abend gibt sich der Garten geheimnisvoll. In der Dämmerung verblassen die Farben, Rot nimmt einen geheimnisvollen Schimmer an und verliert sich dann. Nur die hellsten Blüten leuchten im Dunkeln. An warmen Abenden erfüllen die Düfte der Nacht den Garten – eine wunderbar friedliche Stimmung senkt sich herab.

Pflanzen für den Abendgarten

Menschen mit romantischer Ader werden bei der Bepflanzung des Abendgartens zuerst an Duftpflanzen denken. Aber auch Sträucher und Bäume zeichnen sich vor dem dunklen Himmel dramatisch ab und schaffen Atmosphäre. Der Sitzplatz ist rund ums Jahr gut geschützt, wenn immergrüne Sträucher in seiner Nähe platziert werden. Wird der Garten vorwiegend am Abend benutzt, muss man sich um die Details nicht zu sehr bemühen, denn sie verschwinden ohnehin im Dunkeln. Konzentrieren Sie sich lieber auf Bäume und Sträucher mit schöner Form und investieren Sie in eine attraktive Skulptur. Für feine Duftwolken und hell leuchtende Inseln sorgen Ein- und Zweijährige sowie einige langlebige Pflanzen wie die bewährten Rosen und Lilien. Eine größere Auswahl von Duftpflanzen für Frühling und Sommer finden Sie auf Seite 870–871.

Pflanzenporträts

Syringa vulgaris, weiße Sorten
FLIEDER

Weißer Flieder ist ein Geschenk für den Abendgarten. Sein schwerer Duft füllt im Frühsommer die Luft, wenn wir beginnen, die Abende im Freien

◀ Syringa vulgaris, *weißer Flieder.*

◀ Dianthus *'Mrs Sinkins'.*

zu genießen. Seine hellen Blüten leuchten beinahe gespenstisch im Dunkeln. 'Mme Lemoine' ist eine ausgezeichnete Sorte mit großen Blütenständen aus cremeweißen, gefüllten Blüten. 'Maud Notcutt' trägt riesige, ungefüllte Blüten in Schneeweiß, und 'Vestale' ist ein kompakterer Strauch mit locker aufgebauten, weißen Blütenständen.

Höhe: 3,50 m

Ausbreitung: 3 m

Boden und Standort: Flieder gedeiht am besten in nahrhaftem, eher feuchtem Boden an einem sonnigen Platz. Er bevorzugt alkalischen Boden. Alle drei Jahre wird er geschnitten, um seine runde Form zu erhalten.

Dianthus 'Mrs Sinkins'

WEISSE GARTENNELKE

Gartennelken sind unkompliziert, wenn ihnen der Standort zusagt. Mit ihrem süß-würzigen Duft parfümieren sie die Abendluft. Sie sind zwar mehrjährig, blühen aber nach einigen Jahren schwächer und sollten darum alle drei bis fünf Jahre ersetzt werden. Es gibt Nelken in vielen Größen, Blütenfarben und -formen: ungefüllt und gefüllt, mit andersfarbigem Auge, ringförmiger Streifenzeichnung oder kontrastierendem Rand. Ihr graugrünes Laub trägt zu ihrem Reiz bei. 'Mrs Sinkins' ist eine hübsche, altmodische Sorte mit locker aufgebauten, gekräuselten und gefransten Blüten. Sie ist ungewöhnlich langlebig und verströmt einen intensiven Duft. Allerdings blüht sie, wie die meisten alten Nelkensorten, nur einmal in der Saison – im Frühsommer.

Höhe: 40 cm

Ausbreitung: 30 cm

Boden und Standort: Nelken brauchen neutralen, durchlässigen Boden, sie vertragen jedoch auch magere, kalkhaltige Böden. Ideal ist ein sonniger, aber nicht zu heißer Standort. Sie sind recht frosttolerant, lediglich nasse, kalte Winter vertragen sie nicht gut.

Matthiola incana 'Giant Excelsior'

GARTENLEVKOJE

Levkojen sind Zweijährige, die aus Samen gezogen werden und im Spätfrühling oder Frühsommer des folgenden Jahres blühen. Gelegentlich kann man im Frühling auch Jungpflanzen kaufen. Sie haben einen wundervollen Duft. 'Giant Excelsior' ist eine hohe, buschige Sorte, die meist einjährig kultiviert wird und im Frühsommer blüht. Das Laub von Levkojen ist graugrün, die gefüllten Blüten können hellrosa, dunkelrot, hellblau oder cremeweiß sein. Hohe Pflanzen sollten gestützt werden.

Höhe: 70 cm

Ausbreitung: 30 cm

Boden und Standort: Feuchter, nahrhafter, durchlässiger, vorzugsweise kalkhaltiger Boden in Sonne oder Halbschatten. Schönste Blüte bei ruhigem, warmem Wetter.

▶ Matthiola incana *'Giant Excelsior'.*

Design-Alternativen

SKIZZEN
Beide Alternativen für den Garten beinhalten Möglichkeiten für eine dramatische Beleuchtung. Denkbare Elemente sind ein Schwimmbecken, eine Pergola oder ein kleines Wasserspiel.

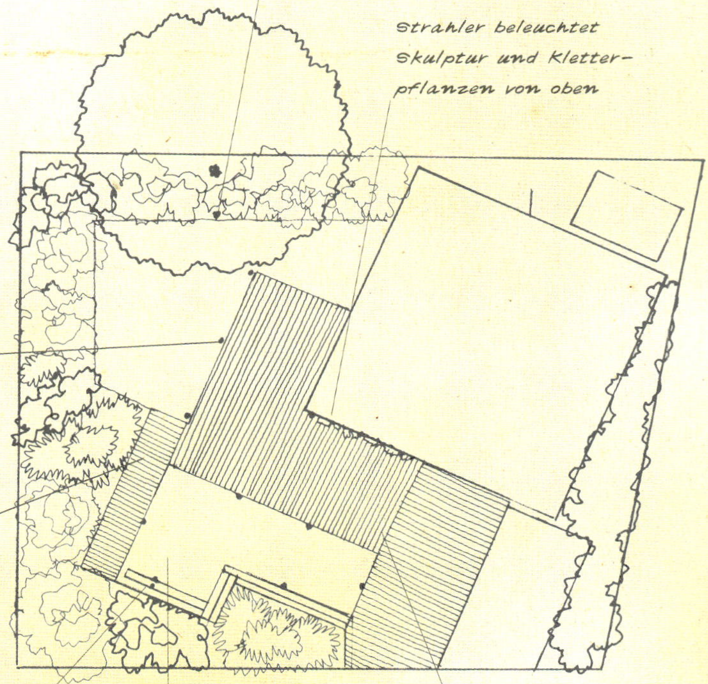

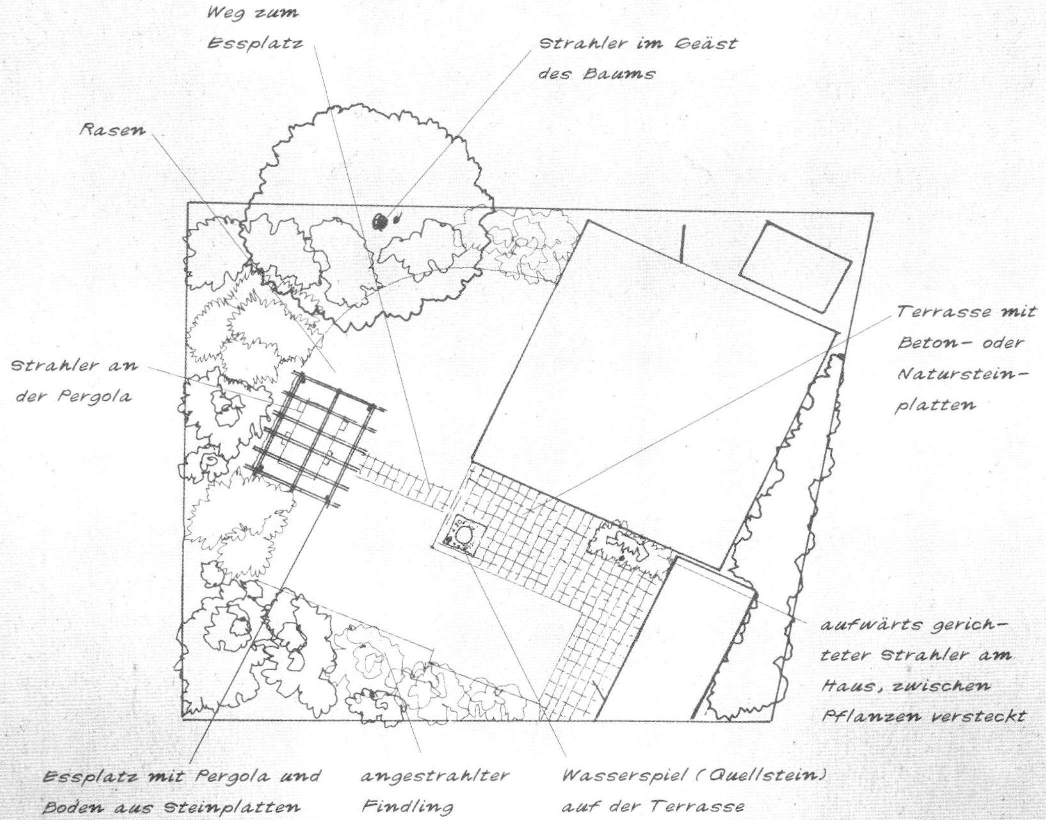
Weg zum Essplatz
Strahler im Geäst des Baums
Rasen
Terrasse mit Beton- oder Naturstein-platten
Strahler an der Pergola
aufwärts gerich-teter Strahler am Haus, zwischen Pflanzen versteckt
Essplatz mit Pergola und Boden aus Steinplatten
angestrahlter Findling
Wasserspiel (Quellstein) auf der Terrasse

Praktische Gärten

In diesem Kapitel geht es um praktische Alltagsbedürfnisse. Im Familiengarten können sich kleine Kinder und ihre Eltern gleichermaßen wohl fühlen. Im Seniorengarten ist an Menschen mit eingeschränkter Bewegungsfähigkeit gedacht, denen die Beete in der Höhe ein Stück entgegenkommen sollten. Solche Ideen bieten sich für begeisterte Gärtner an, eignen sich aber auch für pflegeleichte Gartenkonzepte – einfach zum Erholen und Entspannen.

Familiengärten

Ein Garten, in dem Kinder spielen, soll fröhlich in der Optik und unkompliziert in der Bepflanzung sein. Empfindliche Blüten und edle, langstielige Blumen sind hier fehl am Platz. Auch der Rasen muss robust sein und ausgelassene Spiele oder Fahrradreifen problemlos verkraften. Samtig grün wird er wohl selten aussehen.

Interessenkonflikte

Wer Kinder hat, muss natürlich nicht auf den optischen Reiz eines Gartens verzichten. Fast alle Familien wünschen sich einen Sitz- und Essplatz nahe am Haus. Wenn dieser stabil und sicher angelegt und ausreichend groß ist, kann er tagsüber als Spielbereich für kleinere Kinder dienen – im Idealfall im Sichtbereich eines Fensters, an dem Sie sich häufig aufhalten. Ein kleiner Baum mit dichter Krone sorgt dafür, dass auch an heißen Sommertagen kein Sonnenbrand droht. Eine Spielterrasse unterscheidet sich von einem Grillplatz nur durch eine Sicherheitsbrüstung. Niedrige Stufen sind auch für Erwachsene sinnvoll, die den Garten abends nutzen.

Statt sich über einen geschundenen Rasen zu grämen, belegen Sie lieber eine größere Fläche mit einem robusten, aber weichen Synthetikmaterial. Dieser Bereich sollte klare, aber gerundete Konturen haben und kann später, wenn die Kinder größer sind, leicht in einen Rasen, ein Inselbeet für Gräser oder Stauden oder einen Gartenteich verwandelt werden. Als Ausstattung für den Spielbereich eignen sich Wippe, Schaukel oder große Holzpilze wie in unserem Beispielgarten. Interessante, aber strapazierfähige Pflanzen bieten sich zum Gestalten eines Abenteuerdschungels oder einer Fantasiesavan-

▶ Ein Garten für Kinder darf farbenfroh sein. Diese Plastikspiralen reflektieren das Licht und machen den Garten auch im Winter lebendig.

◀ *Eine altmodische Schaukel steht in einer Ecke, der Rasen bietet reichlich Platz zum Spielen.*

ne an. Versierte Heimwerker könnten auch ein Klettergerüst bauen. Achten Sie aber darauf, dass es fest im Boden verankert ist.

Spaß und Sicherheit

Solange die Kinder noch klein sind, sollte man den Garten einzäunen. Maschendraht mit Kunststoffummantelung eignet sich gut, weil er wenig Platz einnimmt, Licht für die Pflanzen durchlässt und mit Kletterpflanzen begrünt werden kann. Auch eine robuste, kindersichere Pforte ist wichtig. Im Spielbereich empfiehlt sich ein weicher Bodenbelag. Preiswert und ansehnlich ist beispielsweise eine 15 cm dicke Schicht aus Holzhäcksel auf einer Unkraut unterdrückenden Folie. Wasser kann ein tödliches Risiko für kleine Kinder sein, darum sollten Sie auf einen Gartenteich oder ein festes Schwimmbecken besser verzichten. Besser ist ein aufblasbares Plantschbecken, das nur aufgestellt wird, wenn ein Erwachsener es beaufsichtigen kann.

Steht im Garten ein geeigneter, großer Baum, sollten Sie über ein Baumhaus nachdenken. Der Bau ist aufwändig und nicht ganz preiswert, aber Kinder aller Altersgruppen – und manche Erwachsene – finden Baumhäuser unwiderstehlich. Statt jedoch ein Spielhaus am Boden zu bauen, das Platz einnimmt und Geld kostet, halten Sie lieber eine Fläche frei, auf der bei Bedarf ein Zelt oder ein Wigwam aufgebaut werden kann. Der Entwicklung der Kinder ist damit besser gedient. Wenn Sie eine Sandkiste planen, bauen Sie die Seitenwände hoch genug, damit der Sand drinnen bleibt. Denken Sie auch daran, dass Katzen Sandkisten gern als Toilette benutzen. Schon wegen des Krankheitsrisikos sollte die Sandkiste immer abgedeckt sein, wenn sie nicht benutzt wird.

Manche Kinder gärtnern gern selbst. In diesem Fall trennen Sie einen Bereich ab, in dem die Kinder ihren eigenen Garten anlegen können. Ideal ist ein Platz in der Sonne, wo Einjährige und Gemüse gut wachsen. Damit das Gießen nicht vergessen wird, sollte auch ein Außenwasserhahn in der Nähe sein.

▶ *Geben Sie den Kindern ein eigenes Beet, in dem sie Blumen oder Gemüse ziehen können. Meist nehmen sie dieses Angebot gern an.*

Ein Familiengartenbeispiel

Es ist nicht einfach, das Spielbedürfnis lebhafter Kinder und das Ruhebedürfnis der Eltern in Einklang zu bringen, bei geschickter Planung ist es aber durchaus möglich. Selbst in einem kleinen Garten kann man stille Ecken schaffen, in denen man sich entspannt oder mit Freunden plaudert, während die Kinder spielen.

▲ *Der Garten soll von den Kindern zum Spielen benutzt werden und muss interessant, aber sicher gestaltet werden.*

Auf einen Blick

Lage:	*Illinois*
Klima:	*gemäßigt*
Erdtyp:	*leichter Lehmboden*
Richtung:	*Süden*
Aussicht:	*Waldgebiete*

Die Vorgaben

Die Familie besteht aus zwei Söhnen (2 und 4 Jahre) und den Eltern. Der Vater gärtnert gern, beide Eltern sind sich einig, dass Plastikspielmöbel hässlich aussehen und zu viel Platz einnehmen. Sie wünschen sich einen Garten, den sie und ihre Kinder gleichermaßen genießen können. Das Grundstück ist vom Haus aus leicht abschüssig, ein Drainagegraben an der Grundstücksgrenze ist für die Kinder ein potenzielles Risiko.

Die Lösung

Wir haben den Garten in klare Bereiche gegliedert, darunter Terrasse, Holzdeck/Grillplatz, weiche Spielfläche mit Sandkiste, Rasen und bepflanzte Beete. Das Holzdeck, das sich an die Terrasse anschließt, ist mit einem Geländer gesichert. Niedrige Stufen führen zur Spielfläche hinab. Aufrecht gestellte, neue Eisenbahnschwellen laden zum Klettern und Balancieren ein. Es gibt eine „Höhle" aus Flechtmatten, hölzerne Pilze und dschungelartige Pflanzen, die etwas Gerangel vertragen können. Auf einen 1,2 m hohen, offenen Holzzaun wurde von hinten ummantelter Maschendraht getackert, um eine sichere Barriere zum Entwässerungsgraben zu schaffen.

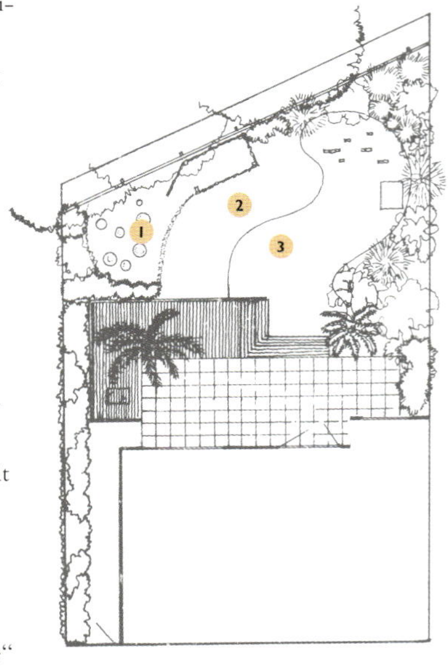

19 m x 12 m

1 **Pilze**

▲ *Selbst gebaute Holzpilze schaffen Waldatmosphäre.*

2 **Spielhöhle**

▲ *Eine Höhle aus Flechtmatten.*

3 **Weiche Spielfläche**

▶ *Synthetische Fallschutzmatten helfen, aufgeschlagene Knie zu vermeiden.*

Gartenpraxis

Es gibt viele kunterbunte Spielgeräte für Kinder zu kaufen, aber jeder, der nicht allzu ungeschickt ist, kann die Ausstattung des Spielbereichs preiswerter selbst bauen. Das Bauen und das Gestalten des kindgerechten Gartens kann ein Spaß für die ganze Familie sein.

▲ *Das Baumhaus ist einfach, aber stabil gebaut. Das abnehmbare Dach besteht aus Markisenstoff, ein Seil gibt Halt auf der Leiter.*

► *Als „Ausstieg" aus dem Baumhaus dient eine Rutsche aus buntem Kunststoff, der schön glatt ist und nicht splittert.*

Abenteuergarten

Ein Baumhaus ist der Traum aller Kinder, doch es ist recht teuer, und man braucht dafür einen geeigneten Baum. Ist dieser vorhanden, könnten Sie eine Strickleiter, eine Schaukel, einen Autoreifen oder ein Kletterseil anbringen. Auch eine Hängematte, in der sich auch Erwachsene gerne zurücklehnen, ist immer willkommen.

Eine gute Alternative zum Baumhaus ist ein kleiner Gartenschuppen, der zum Spielhaus umgebaut wird. Gebrauchte Modelle werden gelegentlich in Kleinanzeigen angeboten. Fröhlich angestrichen, mit Gardinen und Sitzmöbeln ausgestattet, ist es ein herrlicher Ort, um sich von den Erwachsenen zurückzuziehen. Wer handwerklich geschickt ist, kann das Häuschen auch auf eine erhöhte Plattform stellen (siehe Seite 943).

Kleinere Kinder freuen sich über eine stabile Sandkiste mit Deckel, der den Sand sauber und trocken hält, wenn er nicht benutzt wird. So eine Sandkiste ist aus gehobeltem, druckimprägniertem Holz schnell gebaut. Alle Holzflächen müssen jedoch sorgfältig geschliffen werden. Die Sandkiste sollte möglichst groß sein, damit mehrere Kinder darin spielen können. Verwenden Sie zum Einfüllen speziellen Spielsand, der feiner und sauberer ist als normaler Bausand. Schaufeln, Eimer und Förmchen dürfen natürlich nicht fehlen.

Eine Sandkiste bauen

Eine Sandkiste muss vor allem kindertauglich sein. Ehe Sie mit dem Zusammenbauen beginnen, prüfen Sie, ob alle Holzflächen glatt geschliffen und alle Splitter entfernt sind. Wird die Sandkiste nicht benutzt, sollte sie immer abgedeckt werden, damit Katzen sie nicht als Toilette benutzen.

▼ *Kinder lieben Sandkisten. Eine gut schließende Abdeckung hält den Sand sauber.*

1 Zuerst in jeder Ecke der Bodenplatte ein Kantholz von der Unterseite aus festnageln oder -schrauben.

2 Die Seitenteile so an das Kantholz schrauben, dass die Ecken bündig abschließen.

3 Alle rauen und scharfen Kanten schleifen. Einige Schichten Holzschutzmittel oder Lack dichten die Sandkiste ausreichend ab. Zum Schluss speziellen Spielsand einfüllen.

PRAXISTIPPS

- Geeigneten Bodenbelag für den Spielbereich gibt es in vielen Farben.
- Ein Holzdeck eignet sich ganzjährig als warme, angenehme Spielfläche, sofern es an einem sonnigen Platz liegt und mit einem rutschhemmenden Anstrich versehen ist.
- Holz für Decks und andere Oberflächen muss gehobelt sein. Bei sägerauem Holz drohen schmerzhafte Splitter.

Bepflanzung: Familiengarten

Der Familiengarten verlangt Kompromisse. Die Kinder sollen fröhlich spielen, doch sollen auch die Pflanzen zu ihrem Recht kommen. Er soll ansprechend aussehen und Sie möchten nicht jedes Mal zusammenzucken, wenn das Fahrrad aus dem Schuppen geholt wird oder Nachbarskinder zu Besuch kommen.

Robuste Pflanzen

In einem Garten, in dem Kinder spielen dürfen, sind robuste, große Pflanzen sinnvoll. Nur auf sehr großen Grundstücken könnte man einen separaten Ruhebereich anlegen. Gräser und winterharter Bambus sind ideal für den Spielgarten. Beide breiten sich schnell aus und brauchen nur wenig Pflege.

Günstig sind auch Pflanzen mit ungewöhnlichem, aufregendem Aussehen, die sich ausbreiten und wenig Fürsorge verlangen. Dazu gehören winterharte Palmen und Grünpflanzen wie das stattliche Mammutblatt *(Gunnera manicata)* oder Rhabarber *(Rheum palmatum)*. Empfindlichere Pflanzen sind in etwas Abstand vom Spielbereich besser untergebracht.

Pflanzenporträts

Stipa arundinacea
FEDERGRAS

Ein wunderschönes, wild aussehendes Gras für den Spielbereich. Es stammt aus Neuseeland und breitet sich durch unterirdische Ausläufer aus. Das junge Laub ist kräftig grün, färbt sich im Sommer bräunlich orange und nimmt im Winter einen rötlichen Braunton an. Die großen Horste aus Halmen und die fiedrigen Blütenstände in grünlichem Braunviolett rascheln beim kleinsten Windhauch.

Höhe: 90 cm

Ausbreitung: 1,2 m

Boden und Standort: eine der robustesten Arten der Gattung. Sie gedeiht auf fast allen Böden, von schwer und nahrhaft bis leicht und mager, in voller Sonne oder Halbschatten. Abgestorbenes Laub wird im zeitigen Frühling entfernt.

◀ *Die Fatsie trägt beeindruckende Blätter.*

▶ *Fackellilien erregen immer Aufsehen.*

▶ *Das Federgras aus Neuseeland ist ideal für den Spielgarten. Die Halme der großen Horste rascheln im leichtesten Sommerwind.*

Kniphofia 'Bee's Sunset'
FACKELLILIE

Fackellilien sind recht robust und wegen ihres ungewöhnlichen Aussehens bei Kindern beliebt. Diese Sorte ist so groß wie ein kleines Kind. Den ganzen Sommer lang erscheinen aus den Horsten fester, grasartiger Blätter steife Stiele mit Blütenständen in warmem Orange. Die Blüten locken Bienen an, die einerseits Kinder zur Beobachtung einladen, andererseits auch Vorsicht gebieten. Weitere Fackellilien für den Garten siehe Seite 988.

Höhe: 90 cm
Ausbreitung: 60 cm
Boden und Standort: Braucht sehr durchlässigen, aber feuchten und nahrhaften Boden mit hohem Sandanteil. Gedeiht in Sonne und Halbschatten. 'Bee's Sunset' *ist winterhart, braucht aber einen Frostschutz.*

Fatsia japonica
FATSIE, ZIMMERARALIE

Der stattliche, immergrüne Strauch trägt große, ledrige, gelappte Blätter an steifen Stielen. Im Spätsommer erscheinen kleine, runde Blüten in Cremeweiß.

Höhe und Ausbreitung: 1,8 m
Boden und Standort: Einigermaßen nahrhafter, durchlässiger Boden und lichter Schatten sind ideal. Die Pflanze verträgt auch Stadtluft und Küstenklima, sofern sie vor kaltem Wind geschützt ist. Das Laub kann abfrieren, die Pflanze selbst ist aber frosttolerant. In alkalischem Boden können die Blätter vergilben.

HOHE GRÄSER FÜR DEN GARTEN

Sofern nicht anders angegeben, vertragen sie Sonne und Schatten sowie fast alle Böden.
Cortaderia selloana (Pampasgras) – hohe, weiße, sich wiegende Blütenstände (ältere Kinder).
Höhe: 2–3 m ('Pumila' ist die kleinste Sorte.)
Braucht Windschutz und Sonne.
Miscanthus sinensis (Chinaschilf) – schmale Blätter und fiedrige Blüten.
Empfehlenswerte Sorten: 'Gracillimus', 'Kleine Fontäne', 'Morning Light', 'Silver Feather', 'Zebrinus' (gelb gestreifte Blätter).
Höhe: 1,5–2 m
Pennisetum alopecuroides (Japanisches Federborstengras) – Blütenstände wie pelzige Raupen.
Höhe: 1,2 m
Stipa arundinacea (siehe Seite 902)
Stipa gigantea (Riesenfedergras) – blaugrüne Stiele, an Hafer erinnernde Blüten.
Höhe: 1,8–2,5 m
Braucht einen sonnigen Standort.
Stipa splendens (Glänzendes Raugras) – duftige, violett überhauchte Blütenstände.
Höhe: bis 2,5 m
Siehe auch Bambus, Seite 880–881.

Seniorengärten

Senioren und Menschen mit eingeschränkter Bewegungsfähigkeit brauchen einen Garten, in dem sie sich nicht viel bücken müssen. Hochbeete und Kübel bieten sich an, es sollte aber dafür gesorgt sein, dass reichlich Freiraum vorhanden ist und die Pflanzen von allen Seiten leicht zugänglich sind.

Bequeme Pflege

Viele der Elemente eines Gartens, der ohne große körperliche Anstrengung zu pflegen ist, bieten sich auch für Wochenendgärtner oder Menschen mit wenig Zeit für die Gartenarbeit an. Wer statt Hochbeeten Kübel verwendet, sollte jedoch bedenken, dass sie bei trockenem Wetter häufiger gegossen werden müssen. Gärten dieses Typs legen eine eher formale Aufteilung nahe, denn sie verlangen große, offene Flächen für ausreichende Bewegungsfreiheit. Ein Rasen braucht zu viel Pflege, darum ist eine rutschfeste, gepflasterte Fläche meist die bessere Lösung. Naturstein oder Kompositstein ist geeignet, ebenso Blockpflaster, Kiesel oder gewalzter Kies – die Wahl hängt vom Stil des Hauses und auch vom Budget ab. Es lohnt sich, für die Pflasterung etwas mehr auszugeben, denn sie macht rund ums Jahr einen großen und auffallenden Teil des Gartens aus. Sofern der Garten nicht sehr klein ist, sehen abwechslungsreiche Bodenbeläge interessanter aus – sei es in Form von großflächigen Verlegemustern oder durch Verwendung verschiedener Materialien. Große, einheitliche Flächen wirken leicht nüchtern und monoton.

◀ *Geschickt verteilte Pflanzgefäße lockern die gepflasterten Flächen auf und heben die Pflanzen auf eine pflegefreundliche Höhe an.*

Praktische Überlegungen

Hochbeete und Pflanzkästen sollten, sofern sie nicht von allen Seiten zugänglich sind, relativ schmal sein, damit man alle Pflanzen gut erreicht (maximale Tiefe 1,5 m). Die Seiten eines Hochbeetes bieten sich als Sitzgelegenheit an. Ragen sie ein Stück ins Beet hinein, kann man inmitten der Pflanzen sitzen und sie pflegen oder einfach genießen. Reizvoll sind auch stabil gebaute Rankbögen oder Pergolen, an denen man pflegeleichte Pflanzen ziehen kann. Schließlich könnten Sie ein Wasserbecken mit einer breiten Mauer in angenehmer Höhe erwägen, auf der man bequem Platz nehmen kann.

Zum Bewässern der Pflanzen ist ein automatisches Bewässerungssystem oder ein preiswerterer Tropfschlauch eine praktische Hilfe. Wer die Kosten scheut, sollte überlegen, mehrere Außenwasserhähne anbringen zu lassen und statt eines langen, unhandlichen Schlauchs mehrere kurze Stücke zu verwenden.

Wenn große Flächen aus harten Materialien bestehen, sollte man möglichst viele Naturstoffe verwenden. Hochbeete müssen nicht gemauert sein. Man kann sie auch aus Holz bauen, das zur Verlängerung der Lebensdauer druckimprägniert ist. Die Wände werden von innen mit dicker Kunststofffolie abgedichtet. Da viele kleine Arbeiten gut im Sitzen erledigt werden können, sollten Sie auch über eine Sitzgelegenheit mit einer stabilen Arbeitsplatte in passender Höhe nachdenken.

▲ *In dieser Nische der Hochbeetmauer sitzt man quasi mitten im Beet.*

◀ *Eine gute Idee ist auch ein Wasserbecken mit einer stabilen, verbreiterten Mauerkrone, auf der man Platz nehmen kann.*

Ein Seniorengartenbeispiel

Für Menschen mit eingeschränkter Bewegungsfähigkeit ist ein Garten mit schmalen Hochbeeten ideal. Anstelle von Stufen überwinden Rampen die Niveauunterschiede. Rutschfeste Oberflächen aus Materialien in verschiedenen Texturen und Farben können auf die Bepflanzung abgestimmt werden.

▲ *In diesem Zustand ist der Garten nicht geeignet für ein älteres Ehepaar mit eingeschränkter Mobilität.*

Auf einen Blick

Lage:	*Virginia*
Klima:	*mild, gemäßigt*
Erdtyp:	*leichter Lehmboden*
Richtung:	*Süden*
Aussicht:	*vom Haus ansteigend*

Die Vorgaben

Derek und Jane sind Rentner. Sie sind begeisterte Gärtner, aber körperlich nicht mehr in der Lage, anstrengende Pflegearbeiten auszuführen. Sie wünschen sich einen Garten, den sie noch bis ins hohe Alter selbst pflegen können und der gleichzeitig attraktiv und praktisch ist. Der vom Haus leicht ansteigende Südgarten ist warm und sonnig.

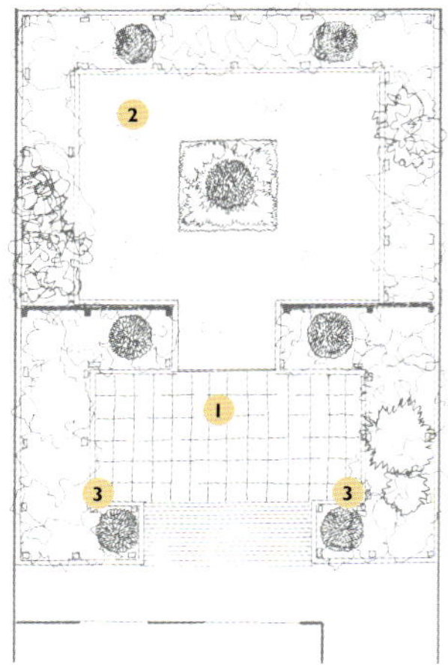

9 m x 14 m

Die Lösung

Wir haben eine einfache, recht formale Aufteilung gewählt, zu der viele verschiedene Blumen und Gemüsesorten passen. Eine hölzerne Rampe wurde mit einer rutschfesten Beschichtung versehen und führt in den oberen Gartenbereich. Die breiten Wege sind mit rauen, im Mörtelbett verlegten Natursteinplatten und mit gewalztem Kies belegt. Die Hochbeete haben Einfassungen aus Eisenbahnschwellen, die breit genug sind, um bequem darauf zu sitzen. Auch Stein- oder Ziegelmauern wären denkbar gewesen, Holz ist jedoch wärmer. Die Beete sind mit verschiedenen Duft- und Aromapflanzen und Schnittblumen bepflanzt, dazwischen gedeihen Salatgemüse und verschiedene Küchenkräuter. Die gesamte Bepflanzung, die Formschnittfiguren eingeschlossen, ist eher niedrig. So kann sie mühelos gepflegt werden und lässt viel Sonnenlicht in den Garten.

▲ Rutschfeste Bodenplatten sind ideal für ältere Menschen und Rollstuhlfahrer.

▲ Auf den breiten Einfassungen der Hochbeete kann man bequem sitzen.

▶ Lavendel ist eine schöne Pflanze für den pflegeleichten Garten.

Gartenpraxis

Viele Elemente des Seniorengartens eignen sich auch für andere Gartenstile und werden gern von Menschen übernommen, die sich die Arbeit erleichtern möchten. Unsere Beispiele sind sehr pflegeleicht, jedoch ohne dabei die Schönheit den praktischen Anforderungen zu opfern.

Leicht gemacht

Es ist gar nicht schwierig, einen Garten „auf Ellenbogenhöhe" für Menschen zu entwerfen, deren Bewegungsfähigkeit eingeschränkt ist. Hochbeete haben viele Vorteile, doch um Stützmauern aus Natursteinen oder Ziegeln zu bauen, wird man einen Fachmann engagieren müssen. Auf der nächsten Seite sehen Sie, dass Hochbeete mit einer stabilen Holzeinfassung einfacher anzulegen sind.

Der Verlauf von Wegen und die Übergänge zwischen verschiedenen Niveaus sind zu planen. Vielen Menschen fällt es schwer, enge oder steile Treppen zu benutzen. Stufen müssen daher generell flach und breit sein. Steile Böschungen sind ebenfalls ungünstig. Geschickter ist es, Terrassen anzulegen und durch flache Stufen zu verbinden. Für Rollstuhlfahrer müssen anstelle von Stufen Rampen eingebaut werden. Damit das Manövrieren mit einem Rollstuhl leicht fällt, sollten die Wege breit und in großzügigen Kurven angelegt sein.

Praktische Hilfen im Garten

Für Menschen, die schlecht sehen oder unsicher auf den Beinen sind, ist ein einfaches Seil in handlicher Höhe eine gute Hilfe.

Zum Pflegen der Pflanzen in Hochbeeten kann man auf der Einfassung Platz nehmen. Auch Rollstuhlfahrer erreichen die Pflanzen bequem.

Breite, in großzügigen Bögen angelegte Wege aus glatten Platten, die direkt an den Rasen angrenzen, machen Rollstuhlfahrern das Manövrieren leicht.

Eine niedrige Stützwand bauen

Wer nicht mauern kann, sollte Eisenbahnschwellen als Einfassung für ein Hochbeet in Betracht ziehen. Erkundigen Sie sich vor dem Kauf alter Schwellen, ob das Holz mit Teer behandelt ist, der ins Erdreich eindringen und den Pflanzen schaden kann. Im Zweifelsfall verwenden Sie neue Schwellen aus langlebiger Eiche.

1 Die Schwellen bis zur vollen Höhe aufschichten (an den Ecken verzahnen). In jeder inneren Ecke ein Kantholz in den Boden treiben.

2 Die Kanthölzer mit langen, rostfreien Schrauben an den Eisenbahnschwellen festschrauben.

3 Damit keine Feuchtigkeit aus der Pflanzerde ins Holz eindringt, wird auf die Innenseiten des Hochbeetes stabile Kunststofffolie genagelt. Dann kann Erde eingefüllt werden.

◀ *Auch eine niedrige Stützmauer aus alten Ziegelsteinen kann reizvoll aussehen. Die Stufen mit Ziegelkante sind angenehm breit und flach.*

Design-Alternativen

SKIZZEN

Hochbeete, Stützmauern, rutschfeste Oberflächen und viel Bewegungsfreiraum sind die Kriterien, die bei der Gestaltung beider Vorschläge berücksichtigt wurden.

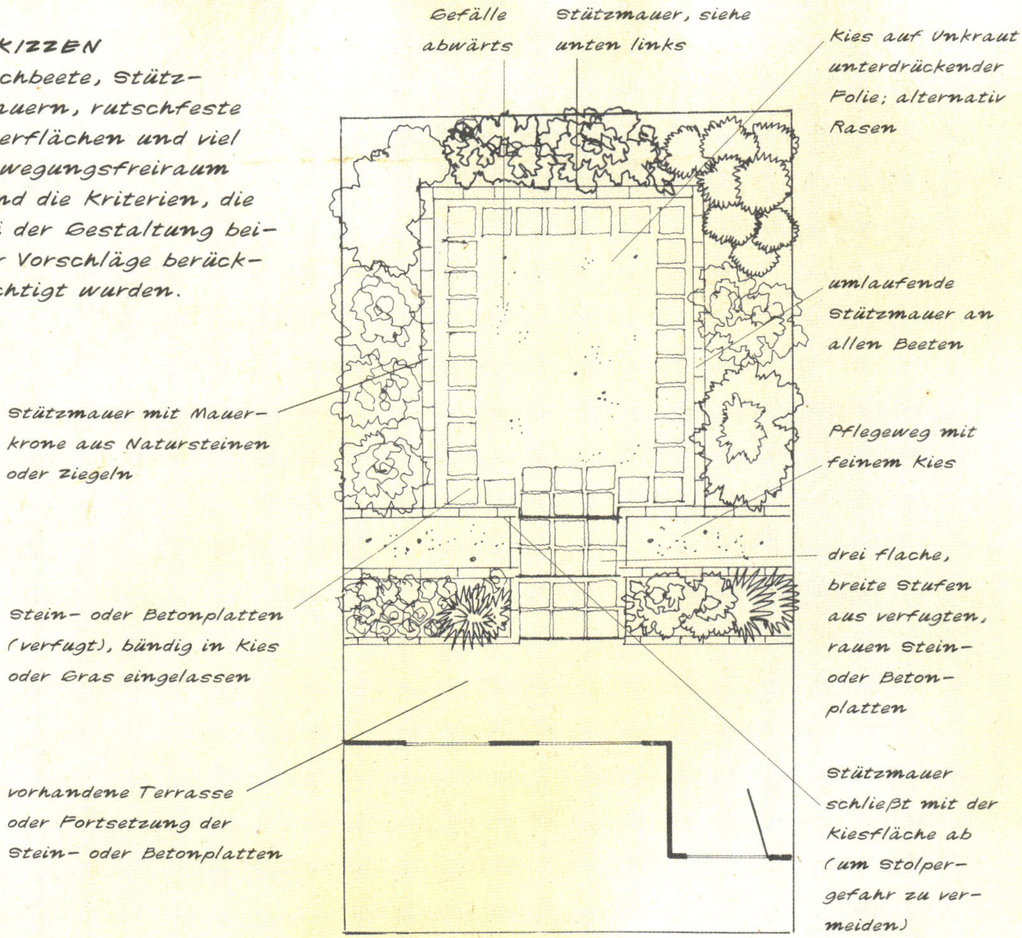

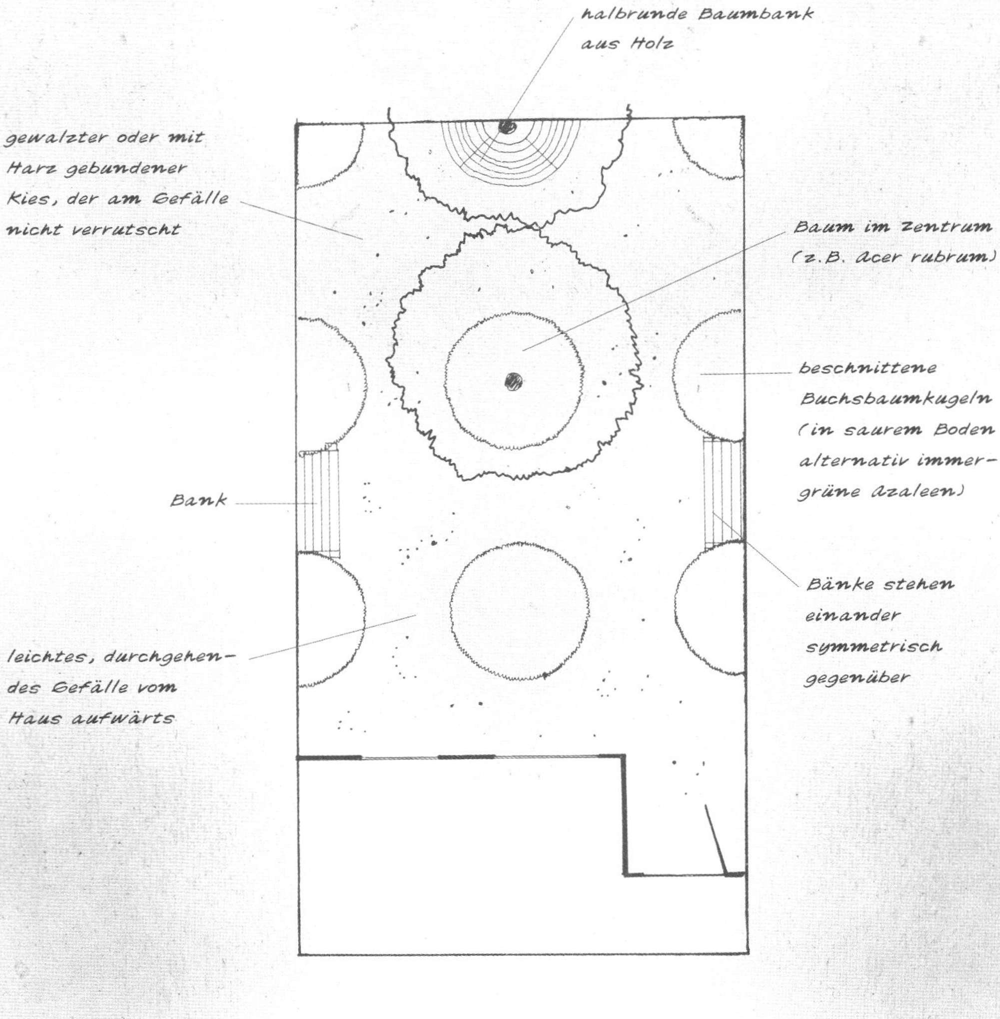
halbrunde Baumbank
aus Holz
gewalzter oder mit
Harz gebundener
Kies, der am Gefälle
nicht verrutscht
Baum im Zentrum
(z.B. Acer rubrum)
beschnittene
Buchsbaumkugeln
(in saurem Boden
alternativ immer-
grüne Azaleen)
Bank
Bänke stehen
einander
symmetrisch
gegenüber
leichtes, durchgehen-
des Gefälle vom
Haus aufwärts

Schwierige Gärten

Natürlich ist jeder Garten einzigartig und in seinem Charakter vom Geschmack seiner Besitzer und vielen anderen Faktoren abhängig. Es gibt aber einige Situationen, die die Gestaltungsmöglichkeiten einengen oder auf eine ungewöhnliche, wenn auch reizvolle Richtung festlegen. In jedem Fall ist es sinnvoll, sich die Grundgegebenheiten zunutze zu machen, statt sie ändern zu wollen.

Küstengärten

Ein Garten direkt am Meer ist definitiv ein Sonderfall. Der Wind kann das Salz kilometerweit ins Land tragen – auch dorthin, wo man das Rauschen der Wellen nicht mehr hört. Die Gestaltung eines Küstengartens ist eine echte Herausforderung. Der erste Schritt wird meist im Bau eines guten Windschutzes bestehen.

Maritimes Design

Ein Garten direkt am Meer verlangt natürlich nach einer passenden Gestaltung, die sich am Thema des Meeres orientiert: Treibholz, Sand, Kiesel, Muscheln, Ankerketten, Netze und Tauwerk passen bestens ins Bild. Ein satt grüner Rasen würde hier kaum gedeihen und obendrein recht deplatziert aussehen. Pflaster und Kiesflächen sehen wesentlich glaubwürdiger aus. Der Boden ist für viele Pflanzen ungeeignet, sodass Sie sich auf heimische Arten beschränken und neben den Gewächsen andere Objekte und Materialien stärker in die Gestaltung einbeziehen müssen. Natürlich können Sie für anspruchsvollere Pflanzen Kübel mit gekauftem Substrat verwenden.

Massivholz eignet sich für viele Elemente eines maritimen Gartens, weil es an alte Boote und Hafenstege erinnert. Geteertes Holz sollten Sie aber nicht im Bereich der Bepflanzung verarbeiten, weil es noch nach Jahren Giftstoffe an den Boden abgeben kann, die den Pflanzen schaden. Um neuem Holz ein altes, vom Salz verwittertes Aussehen zu geben, streichen Sie es am besten mit einer ungiftigen, weißen Dickschichtlasur.

Gegen den Wind

Küstengärten sind, ähnlich wie Dachgärten (siehe Seite 928–929), besonders stark dem Wind ausgesetzt. Auf dem Dach sind nur die Böen lästig, an der Küste bringt der Wind auch noch Salz vom Meer mit. Glücklicherweise gibt es eine Reihe von Sträuchern, die den salzigen Wind vertragen und einzeln oder in Gruppen an strategisch günstigen Stellen als Windschutz gepflanzt werden können (siehe Beispielgarten auf Seite 920–921). In kleinen Gärten ist

◀ *Ein Holzdeck passt perfekt in einen Küstengarten, vor allem, wenn das Holz behandelt ist und aussieht, als sei es vom Salz verblichen.*

◀ *Für einen Küstengarten eignen sich nur Pflanzen, die starken Wind, salzige Luft und heftigen Regen vertragen können.*

manchmal ein durchgehender Wind- und Sichtschutz in Form eines Flechtzauns oder einer durchbrochenen Mauer sinnvoller, weil er Licht durchlässt und die Kraft des Windes bremst, ohne Turbulenzen zu erzeugen. Ein Zaun muss keineswegs eine schnurgerade Linie bilden. Er muss auch nicht naturfarben sein, sondern kann passend zur Gartengestaltung gestrichen werden. Neben mattem Weiß sind im hellen Küstenlicht kräftige Farben oft vorteilhafter als sanfte Töne, da zarte Farben leicht fade aussehen. Nur im Schatten können sie angenehm kühl wirken.

Eine Stein- oder Ziegelmauer bietet zwar guten Sichtschutz, doch verursacht solch eine massive Barriere Windwirbel. Außerdem hat sie den Nachteil, dass sie die Aussicht – sofern sie schön ist – versperrt. Andererseits kann in einer Gegend, in der man häufig Natursteine sieht, eine niedrige Mauer in traditioneller Bauweise sehr attraktiv sein – vor allem, wenn man in Hausnähe einen Gartenhof gestalten möchte. Generell sind aber durchbrochene Mauern, Zäune oder stabile Spaliere als Windschutz zweckmäßiger und auch bestens geeignet, um eine hässliche Aussicht zu verstecken. Fertige Flechtzaun- und Spalierfelder bekommt man in jedem Baumarkt für wesentlich weniger Geld, als man für eine Mauer ausgeben müsste; obendrein kann einen Zaun jeder Heimwerker aufstellen.

Als gute Alternative zu einer „künstlichen" Barriere bietet sich eine küstentaugliche Hecke an, die den Wind bricht und zugleich attraktiv aussieht. Bis die Hecke die gewünschte Höhe erreicht hat, sollte zu ihrem Schutz auf der Windseite ein Netz zwischen Pfosten gespannt werden. Sträucher, die sich für Hecken in typischen Küstenlagen eignen, finden Sie auf Seite 924.

▶ *Ein Küstengarten verlangt nach stimmigen Dekorationen. Dieses alte Ruderboot sieht aus, als sei es von der Flut angespült worden.*

Gartenpraxis

In Küstengebieten ist der Boden fast immer mager. Selbst bei sonnigem Wetter kann der Wind scharf und recht kühl wehen. Für solche schwierigen Gärten sind große Holzdecks als Ess- und Ruheplatz eine gute Lösung. Holzpalisaden schächen die Kraft des Windes ab.

Nautisches Flair

In einem Küstengarten möchte man vielleicht frischen Fisch grillen, ungestört in der Sonne liegen und das spezielle Mikroklima zu nutzen, um einige exotische und ungewöhnliche Pflanzen zu ziehen – aber nicht viel Zeit und Mühe auf die Pflege ungeeigneter, kümmernder Pflanzen verwenden. Ein Palisadenzaun kann aus einem sonnigen Küstengarten einen geschützten Bereich machen, in dem sich Pflanzen wohler fühlen als in völlig offenen Lagen. Hier gedeihen Arten, die es lieben, von der Sonne verwöhnt zu werden.

Unser Windschutz sieht bewusst improvisiert aus. Seine unregelmäßige Kontur passt gut zum rustikalen Stil der Möbel und des Holzdecks. Das Deck mit dem maritimen Flair ist direkt auf dem Strandsand verlegt. Kontrollierte Unregelmäßigkeit ist das Zauberwort, das hier für den natürlichen Look sorgt. Ideal sind natürliche, schon etwas abgenutzte Materialien.

Praxistipps

- Erkundigen Sie sich, bevor Sie Steine vom Strand mitnehmen, nach den örtlichen Küstenschutzbestimmungen.
- Beschränken Sie sich auf einheimische Materialien und Pflanzen. Alles andere würde fremd und deplatziert aussehen.
- Ordnen Sie Treibholz, Steine und Pflanzen entlang einer gedachten Linie in der Hauptwindrichtung an.
- Die vorherrschende Windrichtung finden Sie heraus, indem Sie beobachten, in welche Richtung sich die älteren Büsche und Bäume in der Umgebung neigen.

◀ *Wer direkt am Meer wohnt, muss mit viel Besuch rechnen. Und weil Seeluft hungrig macht, hat ein geräumiger Essplatz oberste Priorität.*

Einen rustikalen Windschutz bauen

So ein origineller Windbrecher ist schnell gebaut. Wenn Sie am Meer wohnen, wird das Holz schnell ausbleichen. Im Binnenland können Sie es mit einer Dickschichtlasur in heller Farbe – am besten einem grausstichigen Weiß – streichen.

1 Einen Graben ausheben, dessen Tiefe einem Drittel der Länge der längsten Zaunlatte entspricht.

2 Kiesel und groben Sand auf den Grund des Grabens streuen, um die Drainage am Ende der Hölzer zu verbessern.

3 Die Hölzer in ungleich lange Stücke sägen, damit der Zaun schön rustikal aussieht. Bei Bedarf das Holz lasieren.

4 Ein Kantholz quer auf die Zaunlatten legen, dann die Latten mit einem schweren Hammer kräftig in den Boden schlagen.

5 Zwischen den Latten Lücken lassen, um den Wind zu bremsen. Eine unregelmäßige obere Kontur bricht den Wind ebenfalls.

Bepflanzung: Küstengarten

Viele Pflanzen gedeihen im Küstenklima, das trotz des scharfen Windes meist frostfrei und manchmal sogar mild ist. Gärten am Meer bekommen normalerweise viel Sonne und sind von Frühling bis Herbst eher trocken, folglich sind trockenheitsverträgliche, sonnenhungrige Pflanzen genau richtig.

Strauchige Pflanzen für Küstengärten

Artemisia absinthium (Wermut) – rundlicher Strauch mit silbergrauen Blättern.
Höhe: 1 m
Cytisus scoparius (Ginster) – leuchtend gelbe Blüten an hellgrünen Trieben.
Höhe: bis 2,50 m
Escallonia-Arten (Andenstrauch) – Immergrüne mit glänzendem Laub für wärmere Gebiete. Blüten in Rosa, Weiß oder Rot.
Höhe: 1,50–2,50 m
Elaeagnus pungens (Ölweide) – (siehe S. 992)
Fuchsia magellanica (Freilandfuchsie) – winterharte Fuchsie mit hängenden, karminroten und violetten Blüten.
Höhe: 1,20–1,80 m
Genista hispanica (Spanischer Ginster) – goldgelbe Blüten an stacheligen Zweigen.
Höhe: 60–80 cm
Olearia x haastii und *O. cheesmanii* (Gänseblümchenstrauch) – immergrün mit weißen Blüten, glänzend grüne Blätter mit weiß behaarter Unterseite.
Höhe: 1,80 m, 3,60 m *(O. cheesmanii)*
Juniperus communis (Wacholder) – wetterresistenter, immergrüner Nadelstrauch.
Höhe: 3–4,50 m

Pflanzen für trockene, sonnige Standorte siehe Seite 944–945.

Pflanzen für Küstenlagen

Viele Pflanzen die sich an heißen, trockenen Standorten wohl fühlen, verraten sich durch ihre Blätter. Um den Wasserverlust durch Verdunstung zu verringern, haben diese Pflanzen kleine oder sehr schmale Blätter, manche sind fein behaart, andere haben einen wachsartigen Überzug. Auch Sukkulenten haben sich an trockene Bedingungen angepasst. Das gilt nur nicht für die exotischen Kakteen, sondern auch für *Sedum*, Hauswurz *(Sempervivum)* und andere Arten mit fleischigen Blättern. Blühende Knollen- und Rhizompflanzen wie Schmucklilien, Zierlauch und Montbretien gedeihen in Küstengärten, wenn sie Windschutz bekommen.

Dem Wind trotzen

Windverträglichkeit ist das wichtigste Merkmal der Pflanzen, denn am Meer ist es vom Herbst bis zum

▶ *Kalifornischer Kappenmohn ist fröhlich.*

Frühling oft stürmisch, selbst im Sommer kann es kräftig wehen. Es muss also für Windschutz gesorgt werden. Andererseits gilt es, drahtige, schmalblättrige Pflanzen zu wählen, die den Wind filtern, wenig Wasser verdunsten und niedrig bleiben. Ein Windschutz von 50 cm Höhe reicht für niedrige Pflanzen aus, außerdem schützen die Pflanzen einander. Neuseeländer Flachs, Ölweide und verschiedene Formen des Gänseblümchenstrauchs (siehe Kasten Seite 924) nehmen Wind nicht übel.

Pflanzenporträts

Eschscholzia californica

KALIFORNISCHER KAPPENMOHN

Die leuchtenden Farben dieser einjährigen, zarten Mohnblumen sehen zu grauen Kieseln und blauem Himmel toll aus. Kappenmohn braucht viel Sonne, an bedeckten Tagen öffnet er seine Blüten nicht. Er ist leicht aus Samen zu ziehen. Sinnvoll sind Folgesaaten vom Frühjahr an. Die typische Blütenfarbe ist Orange, es gibt aber auch Creme und Gelb.

Höhe: 20–30 cm

Ausbreitung: 10–15 cm

Boden und Standort: Braucht mageren, durchlässigen Boden (auch sandig oder steinig) und viel Sonne.

▶ Rutus graveolens, *die Weinraute.*

◀ *Die Blüten der Wilden Artischocke.*

Cynara cardunculus

WILDE ARTISCHOCKE

Die Verwandte der Kugelartischocke ist eine imposante, distelartige Pflanze mit wolligen, grauweißen Stielen, spitzen graugrünen Blättern und violetten Blüten, die den ganzen Sommer lang erscheinen und viele Bienen anlocken. Man zieht sie am besten aus Samen. Die Blattstiele und -rippen kann man blanchieren und als Gemüse essen.

Höhe: 2 m

Ausbreitung: 1,20 m

Boden und Standort: durchlässiger, relativ nahrhafter Boden in voller Sonne. Braucht Schutz vor starkem Wind.

Ruta graveolens

WEINRAUTE

Die Weinraute ist ein buschiges, aromatisches Kraut mit blaugrünen Blättern und kleinen, gelben Blüten. Die Römer verbreiteten sie in ihrem ganzen Imperium, noch heute wird sie zur Herstellung von Grappa verwendet. Werden die Blätter zerdrückt, geben sie einen charakteristischen Geruch frei. Heute wird sie nur noch als Zierpflanze verwendet.

KANN BEI EMPFINDLICHER HAUT REIZUNGEN VERURSACHEN.

Höhe: bis 60 cm

Ausbreitung: 75 cm

Boden und Standort: Gedeiht am besten an trockenen, heißen Standorten mit magerem, durchlässigem oder sandigem Boden.

Design-Alternativen

Skizzen

Beide Vorschläge setzen auf organische Materialien und robuste Gräser als Bepflanzung. Es sind unkomplizierte, pflegeleichte Gärten, die die örtlichen Gegebenheiten der Küstenlage optimal nutzen.

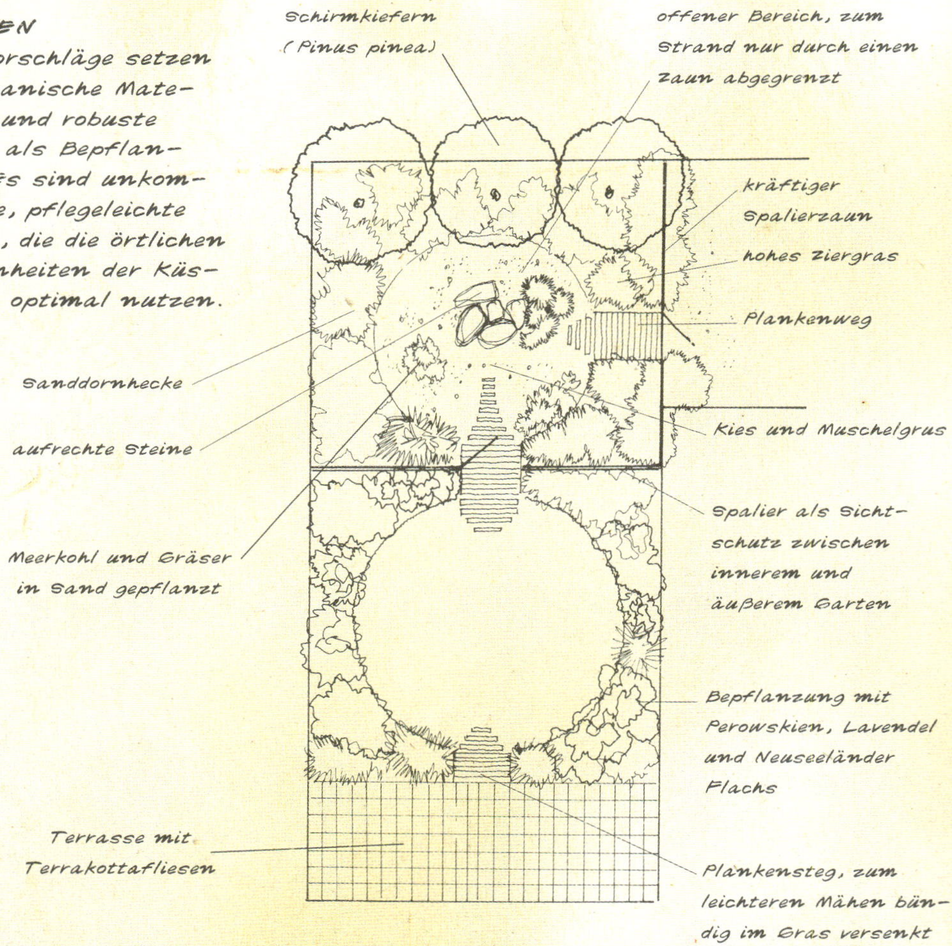

Ein sehr exponierter Garten:

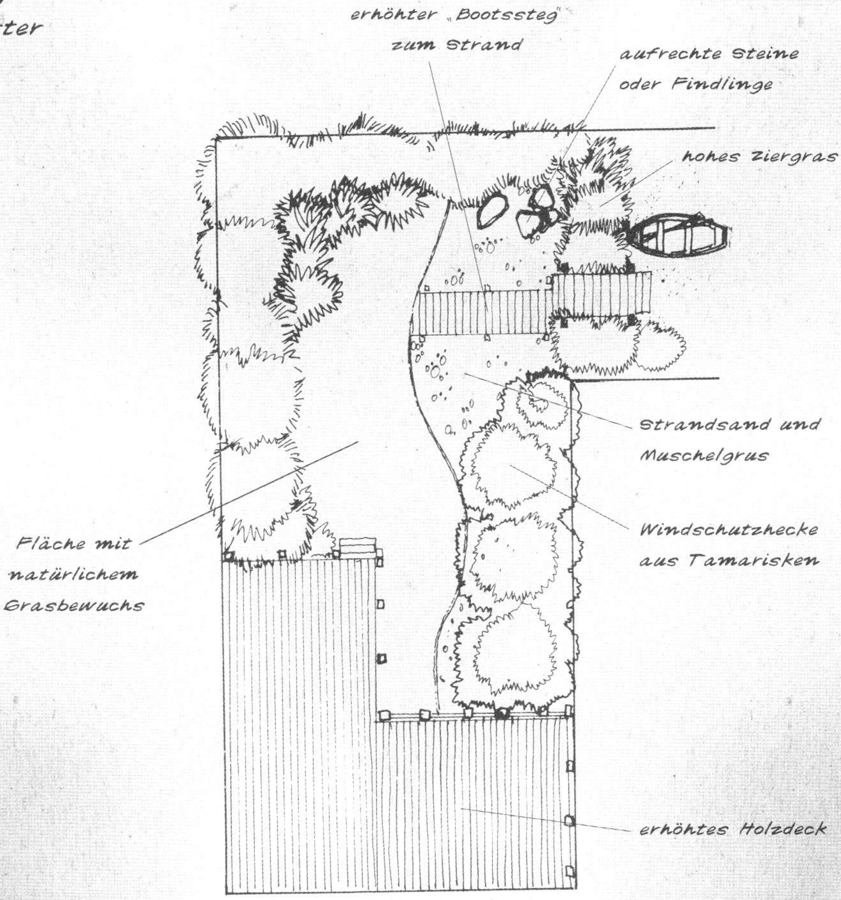

Dachgärten

Auf Dächern findet man gelegentlich besonders interessante Gärten, da diese keinen alten Traditionen folgen und die Fantasie mehr Spielraum hat. Weil außerdem die besonderen Gegebenheiten einige Schwierigkeiten mit sich bringen, sind kreative und innovative Gestaltungslösungen gefragt.

Typische Probleme

Bei Dachgärten sind einige Besonderheiten zu berücksichtigen: die Sicherheit, die Tragfähigkeit und Wasserundurchlässigkeit des Daches sowie die exponierte Lage. Zuerst muss geprüft werden, ob das Dach überhaupt das Gewicht von Blumenkübeln und die Trittbelastung aushält. Dazu muss in jedem Fall ein Architekt oder Statiker befragt werden. Dächer sind dem Wind ausgesetzt und oft von anderen Wohnungen aus einsehbar. Wenn keine Brüstung vorhanden ist, an der ein Wind- und Sichtschutz angebracht werden kann, muss auch dieses Thema mit einem Fachmann besprochen werden. Ferner gibt es das Problem des Zugangs. Es kann kompliziert sein, große Pflanzen und sperrige Materialien auf ein Dach zu befördern. Die Materialien für einen Dachgarten müssen allerdings sowieso leicht und

◀ Dieser moderne Dachgarten zeigt unkonventionelle moderne Lösungen.

tragbar sein. Wer einen Bodenbelag verlegt, muss sicherstellen, dass das Regenwasser weiterhin ungehindert abfließen kann. Die Unterkonstruktion eines Holzdecks beispielsweise sollte nicht quer zum Dachgefälle montiert werden, damit sich kein Wasser stauen kann.

Leichte Lösungen

Dünne, asbestfreie Platten (z. B. Eternit), leichte Decks aus druckimprägniertem Holz, Kies oder Splitt eignen sich als Bodenbelag für einen Dachgarten besser als schwere Stein- oder Betonplatten. Jeder Sicht- und Windschutz muss aus stabilem Material bestehen, solide gebaut und sicher befestigt werden, damit er auch kräftigen Windböen widersteht und gleichzeitig als zuverlässige Brüstung die Gartenbenutzer schützt. Ein fest eingebauter Stauraum für Gartenwerkzeuge, Grill und anderes Zubehör ist praktisch, damit man diese Utensilien nicht ständig hin- und hertragen muss. Wichtig ist auch ein bequem erreichbarer Wasseranschluss, denn das Pflanzsubstrat im Kübel auf einem Dach trocknet besonders schnell aus. Wenn das Dach tragfähig genug ist, könnte eine Regentonne aufgestellt werden. Auch ein voll- oder halbautomatisches Bewässerungssystem ist sehr praktisch.

Als Materialien für Pflanzkübel eignen sich vor allem Fiberglas, Kunststoff, Aluminium oder Holz. Um die Dachfläche zu entlasten, können sie bei Bedarf mit geeigneten Halterungen an der Brüstung befestigt werden. Aus Gewichtsgründen sollten außerdem leichte Pflanzsubstrate für die Kübel verwendet werden.

► *Auf Balkonen sind ähnliche Gegebenheiten zu berücksichtigen wie in Dachgärten.*

Von oben herab

Ältere Häuser haben oft einen Anbau mit Flachdach, auf dem sich ein Dachgarten einrichten lässt. Kräftige Holzspaliere, an die Mauer gedübelt, bieten Kletterpflanzen Halt, die diese Dachterrasse beschatten und vor Einblicken schützen.

Eine Dachterrasse hat durch den Blick aus der Vogelperspektive auf die Nachbargärten etwas Erhabenes – als säße man hoch zu Ross und blickte auf das Fußvolk herab. Um diese besondere Qualität zu bewahren und die Aussicht nicht vollständig zu verbauen, sind kräftige Holzspaliere mit großen Öffnungen eine gute Lösung. Pflanzgefäße, die an der Brüstung angebracht werden, müssen natürlich sorgfältig befestigt werden, damit sie nicht abstürzen können. Und selbstverständlich sollten Sie auch beim Gießen vorsichtig sein, damit kein Wasser auf die Fußgänger tropft.

◄ *Ein behaglicher, vor Wind und Blicken gut geschützter Dachgarten mit leichtem Holzdeck und nach Maß gebauten Sitzbänken.*

Ein Dachgartenbeispiel

Ein Dachgarten ist für Stadtbewohner ein wunderbarer Rückzugsort. Ob Sonntagsfrühstück, sommerliches Sonnenbad oder abendlicher Umtrunk mit Freunden – hier ist man ganz privat. Und ist er auch noch so winzig, reicht er immer noch für einige Kübel aus, die man durch ein Fenster bequem gießen kann.

▲ *Das kleine Flachdach braucht eine stabile Brüstung und etwas Arbeit, bietet aber eine herrliche Aussicht auf die Dächer der Stadt.*

Auf einen Blick

Lage:	New Jersey
Klima:	mild, gemäßigt
Bodentyp:	–
Richtung:	Norden
Aussicht:	Dächer

Die Vorgaben

Die Büros eines kleinen Familienbetriebes liegen im zweiten Stockwerk eines Gebäudes in einer lebhaften Küstenstadt. Obwohl das Flachdach kräftigem Seewind ausgesetzt ist, beschlossen die Angestellten, hier einen Garten anzulegen, um aus den Fenstern einen reizvollen Ausblick zu haben.

Die Lösung

Wir haben die Brüstung mit robusten, gewebten Polyäthylenmatten bespannt, die den Pflanzen Windschutz geben, aber Licht durchlassen. Der Bodenbelag aus Baumstammscheiben ist leicht, sieht gut aus und sorgt für gute Luftzirkulation zwischen den Kübeln. Zinkeimer eignen sich bestens als Pflanzgefäße. Wir haben Drainagelöcher in die Böden gebohrt, die Eimer in kühlen Blau- und Grüntönen gestrichen und sie dann zwischen hellen Strandkieseln auf dem Dach verteilt. Die Bepflanzung aus Neuseeländer Flachs, Edeldisteln, Meerkohl und Sedum ist anspruchslos, pflegeleichte Gräser wiegen sich hübsch im Wind. Für sommerliche Blütenpracht sorgen weiße Pelargonien. Als witziger Akzent würde sich eine Flagge oder ein Windsack anbieten.

9 m x 4 m

▲ *Kunststoff- oder Zinkeimer sind als Pflanzkübel praktisch und dekorativ.*

▲ *Kunstrasen ist ein leichter, robuster Bodenbelag.*

Gartenpraxis

Die meisten Dachgärten sind dem Wind ausgesetzt. Es liegt außerdem in ihrer Natur als „gebaute“ Gärten, dass sie als Zimmer im Freien genutzt werden. Es sind private Wohnräume, in denen auch gegärtnert wird. Aus diesem Grund hat ein Windschutz, der auch die Privatsphäre wahrt, oberste Priorität.

▲ *Bambus-, Hasel- oder Weidenmatten verdecken die Dachbrüstung und dienen als attraktiver Windschutz.*

Materialien

Ein Windschutz sollte über 1 m hoch sein. Er muss an stabilen Pfosten befestigt sein, die ihrerseits im Boden verankert werden. Schwarzes oder grünes Gewebe sieht – von den Nachbarhäusern aus betrachtet – besonders unauffällig aus. Wer es bunter mag und keine behördlichen Vorschriften berücksichtigen muss, könnte auch farbige Gewebeplanen verwenden. Matten aus Bambus, Hasel oder Weide sehen gut aus und eignen sich bei solider Befestigung ausgezeichnet als Windschutz, halten jedoch nur fünf Jahre.

Die Dachfläche

Achten Sie darauf, dass die Dachfläche ein leichtes Gefälle vom Haus fort aufweist, damit Regenwasser abfließen kann. Für eine Regenrinne, die zu einem Fallrohr führt, muss ein Abfluss vorhanden sein. Belegen Sie den Boden mit Kunstrasen oder Synthetikbelag für Spielplätze, den es in verschiedenen Farben gibt. Diese Materialien werden auf dem Dach verklebt. Man kann sie vollflächig verlegen oder Muster gestalten. Elegant sieht ein Holzdeck aus Modulen aus, die auf hellem Splitt in höchstens 5 cm Schichtstärke verlegt werden.

Einkaufstipps

Seien Sie beim Kauf von Pflanzen kritisch. Untersuchen Sie die Blätter auf Anzeichen von Krankheiten oder Schädlingen (links). Meiden Sie Pflanzen, auf deren Substrat Moos wächst – sie stehen schon zu lange in ihrem Gefäß. Prüfen Sie möglichst auch, ob die Wurzeln gesund sind (rechts).

Ein Dachgarten braucht ein stabiles Geländer, das der Sicherheit der Benutzer dient und gleichzeitig verhindert, dass Kübel bei Wind auf die Straße fallen können. Pflanzgefäße sollten an der Brüstung befestigt werden. Brüstungen müssen von einem qualifizierten Fachbetrieb montiert werden.

Ein begrüntes Dach mit Gras und Wildblumen sieht zwar hinreißend aus, muss aber von einem Fachbetrieb angelegt werden. Außerdem macht es erhebliche Mühe, das Gras mit einer Schere zu schneiden.

Zum Schluss sind die Kübel an der Reihe. Gefäße aus Kunststoff oder verzinktem Eisen sind hier besser als schwere Terrakotta- oder Steinkübel. Wählen Sie Kübel in schlichten Formen und kaufen Sie sie einige Nummern zu groß für Ihre Pflanzen. So können Sie sie vor der Bepflanzung mit Moos auskleiden, um die Wurzeln bei heißem Wetter kühl zu halten. Das Gewicht des Substrates verringern Sie durch Zugabe von Perlit.

Praxistipps

- Ein guter Windbrecher schützt die Pflanzen bis zu einer Entfernung, die seiner fünffachen Höhe entspricht.
- Wählen Sie leichte, aber stabile Materialien und verwenden Sie ein spezielles Pflanzsubstrat für Dachgärten und Balkons. Bäume sind ungeeignet.
- Alle Pflanzen müssen zum Gießen bequem erreichbar sein. Noch besser ist ein automatisches Bewässerungssystem, das Ihnen viel Arbeit abnimmt.
- Ein beleuchteter Dachgarten ist an dunklen Winternachmittagen ein schöner Anblick. Ein oder zwei Strahler reichen für einen kleinen Dachgarten völlig aus.

◀ *Balkons und Dachgärten brauchen ein stabiles Geländer. Schlichter Stahl passt gut zum modernen Design dieses Balkons.*

Bepflanzung: Dachgarten

Dachgärten sind der Witterung ungeschützt ausgesetzt. Selbst wenn ein Windschutz vorhanden ist, sind widerstandsfähige Pflanzen gefragt. Weil Dächer obendrein meist sonnig sind, bieten sich neben sonnenhungrigen Pflanzen Gräser an, die sich im Wind wiegen und leise rascheln.

Pflanzen für Sonne und Wind

Beim Gestalten eines Dachgartens ist Einfallsreichtum gefordert. Unkomplizierte Pflanzen stellen sicher, dass Sie Ihre Freizeit nicht mit der Pflege verbringen, sondern sich in Ihrem Garten entspannen. Unabhängig von der Pflanzenwahl sollten Sie sich darauf einstellen, dass Sie in einem Dachgarten öfter Pflanzen ersetzen müssen als in offenem Boden.

◀ Eryngium x oliverianum, *die Edeldistel.*

Viele Kräuter, vor allem aber Thymian, Lavendel und Rosmarin, fühlen sich an offenen und sonnigen Standorten wohl. Wählen Sie vorzugsweise Pflanzen für trockene, durchlässige Böden, darunter beispielsweise Gräser oder Ginster. Hohe Pflanzen leiden, sofern Sie ihnen keinen geschützten Platz bieten können, unter dem Wind und können leicht umknicken, darum sind niedrige Arten die bessere Wahl. Eine Ausnahme bilden locker wachsende Gräser wie *Stipa gigantea*, die den Wind filtern. Für Abwechslung in der Höhe lässt sich leicht durch Pflanzgefäße in unterschiedlichen Formaten sorgen. Auch Sockel und Pflanzentreppen sind eine gute Lösung. Schwere Pflanzbehälter sollten jedoch vorwiegend am Rand aufgestellt werden, um die Dachfläche nicht zu stark zu belasten.

Pflanzen für den Dachgarten

Allium flavum – niedriger Zierlauch mit gelben Blüten im Sommer.
Höhe: 30 cm

Buddleja davidii (Schmetterlingsstrauch) (siehe S. 991)
Höhe: bis 3,50 m

Crambe maritima (Meerkohl) (siehe S. 985)
Höhe: 75 cm

Kniphofia (Fackellilie) (siehe S. 988)
Höhe: 1–1,80 m

Santolina chamaecyparissus (Graue Heiligenblume) – graugrüne Blätter und gelbe Knopfblüten.
Höhe: 50 cm

Pleioblastus pygmaeus var. *distichus* (Zwergbambus) – niedriger, stark belaubter, grüner Bambus.
Höhe: bis 1 m

Sedum spectabile (Fetthenne) (siehe S. 990)
Höhe: 50 cm

Stipa gigantea (Riesenfedergras) (siehe S. 903)
Höhe: 1,80–2,50 m

Siehe auch Pflanzen für Küstengärten, Seite 924–925.

▶ Pennisetum alopecuroides *'Hameln'.*

Pflanzenporträts

Eryngium × oliverianum
EDELDISTEL

Edeldisteln haben eine interessante, verzweigte Wuchsform. Sie filtern den Wind und sind daher ausgezeichnete Kandidaten für den Dachgarten. Die stacheligen Brakteen unter den kegelförmigen Blüten sehen in hellem Licht besonders gut aus. *E. × o.* hat silbrige Stiele und Blätter und trägt den ganzen Sommer lang silbrig blaue, manchmal violett überhauchte Blüten.

Höhe: 1 m

Ausbreitung: 50 cm

Boden und Standort: magerer, durchlässiger Boden in voller Sonne.

◀ Phormium tenax, *eine unkomplizierte, winterharte Pflanze.*

Pennisetum alopecuroides-Sorten
FEDERBORSTENGRAS

Viele dieser anspruchslosen Gräser bilden dichte, niedrige Horste und eignen sich gut für Dachgärten. Die zarten Blütenstände in der Form einer kleinen Flaschenbürste wiegen sich den ganzen Sommer lang über den Halmen. Die kompakte Sorte 'Hameln' blüht vom Frühsommer an. Im Herbst färben sich die Blätter goldgelb und die Blüten sanft graubraun. 'Bunny' ist eine weitere empfehlenswerte Sorte.

Höhe: 60 cm–1,50 m

Ausbreitung: 60 cm–1,20 m

Boden und Standort: leichter, durchlässiger, relativ nahrhafter Boden in voller Sonne.

Phormium-Arten
NEUSEELÄNDER FLACHS

An einem warmen, sonnigen Standort ist *Phormium* nahezu unverwüstlich. Die Gattung umfasst auch einige kleinwüchsigere Arten. *P. cookianum* hat normalerweise eine gelblich grüne Laubfärbung, die Sorte 'Maori Sunrise' jedoch hat apricot- und rosafarben gestreifte Blätter mit bronzefarbenem Rand. *P. tenax* ist eine riesige Art, 'Bronze Baby' ist eine Zwerghybride mit bronzebraunen, abwärts gebogenen Blättern. 'Dazzler' hat eine Streifenzeichnung in Rot, Orange und Rosa.

Höhe und Ausbreitung: bis 2 m; 75 cm ('Bronze Baby')

Boden und Standort: durchlässiger, aber relativ nahrhafter Boden in voller Sonne.

Design-Alternativen

SKIZZEN

Dachgärten bieten sich für moderne, unkonventionelle Gestaltungen an. Hier wurde mit verschiedenen Oberflächenmaterialien und ausdrucksvollen Blattpflanzen experimentiert.

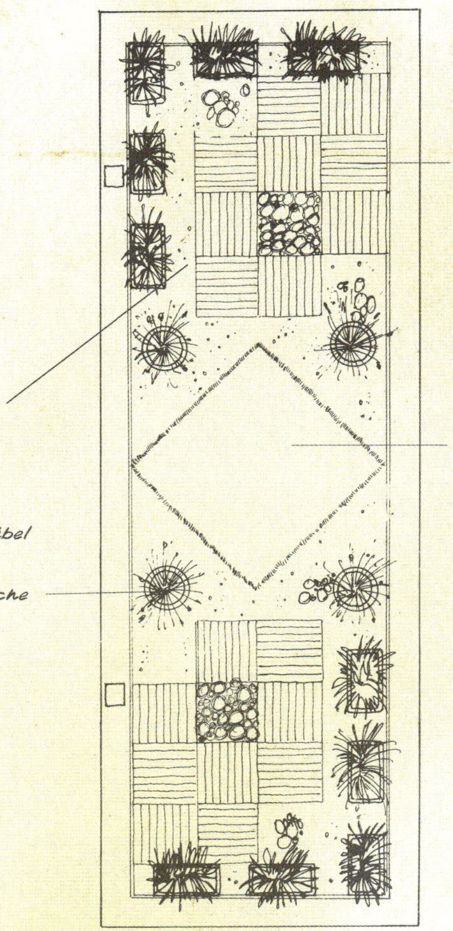

Minimalistischer Garten für schattige Gärten:

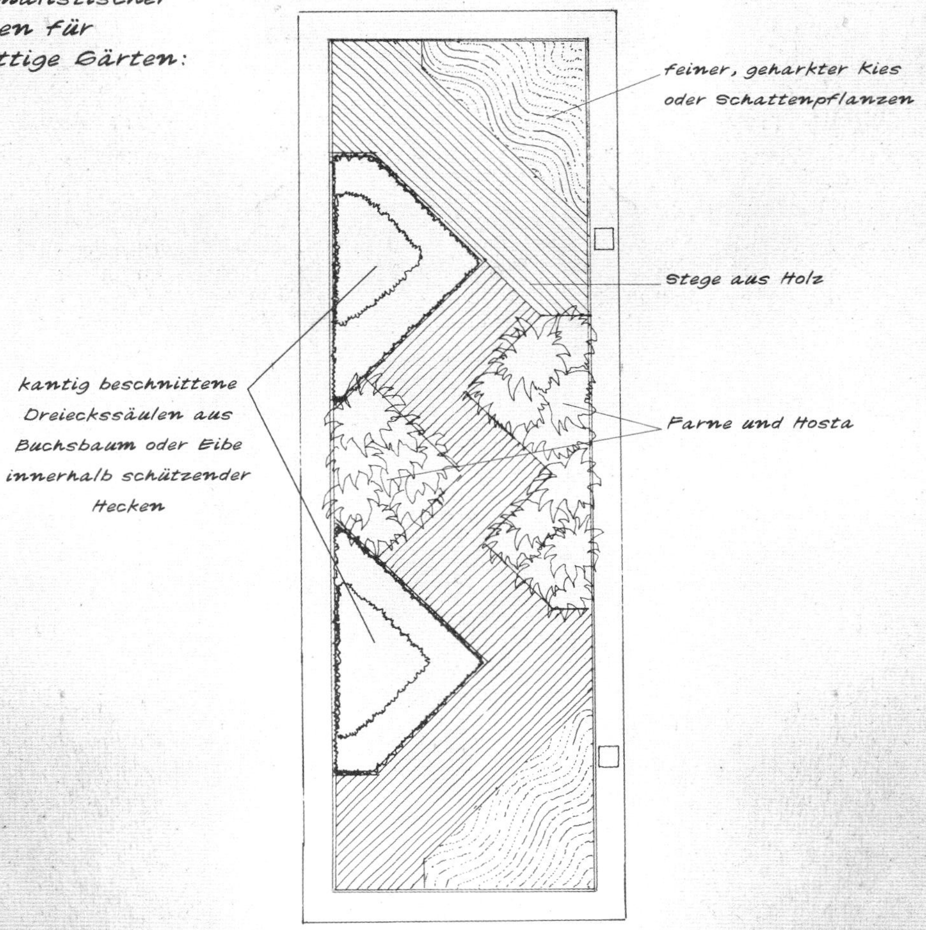

Terrassen

Eine Terrasse als Sitzbereich im Freien sollte vor Wind und neugierigen Blicken geschützt sein. Sie muss aber nicht unbedingt hinter dem Haus liegen. Wenn der Vorgarten warm und sonnig ist und sich gegen die Nachbargärten abschirmen lässt, könnte man auch dort ein Freiluftzimmer einrichten.

Draußen wohnen

Die Terrasse liegt meist direkt am Haus, sodass man jederzeit ins Freie treten und sie als Erweiterung des Wohn- oder Esszimmers nutzen kann. Tagsüber lädt sie überdies zum Sonnenbaden ein und hat insofern einiges mit sonnigen Küstengärten und windgeschützten Gartenhöfen gemeinsam.

Ein Terrassengarten ist ideal für Menschen, die nicht viel Zeit für die Gartenarbeit haben oder die den Garten vor allem als Wohnraum nutzen wollen. Die Fläche sollte mit einem festen Bodenbelag ausgestattet sein, zumindest ein Teil sollte sich zum Aufstellen von Möbeln eignen. Ein Kieselbelag ist ungünstig, weil Tische und Stühle auf diesem Untergrund nicht fest stehen. Pflastersteine und Platten sind praktischer, Holzdecks sind zum Sonnenbaden besonders angenehm und etwas weicher. In jedem Fall wird der Bodenbelag eine der größten Investitionen für den Garten sein, darum sollten Sie sich Zeit für gründliche Überlegungen nehmen. Auf großen Flächen sieht es schöner aus, wenn verschiedene Bodenmaterialien verwendet werden. Freiräume für Pflanzen zwischen Steinplatten oder Ziegeln lockern die Anlage auf und sorgen, ebenso wie einzelne Gewächse in Kiesflächen, dafür, dass der Bereich nicht zu hart aussieht.

◀ *Harte Baumaterialien können leicht dominant wirken. Pflanzen zeichnen strenge Konturen weicher.*

◀ Größere Pflanzen im Vorgarten schützen vor Wind und neugierigen Blicken.

Bitte Platz nehmen

Lassen Sie sich bei der Wahl von Grill und Terrassenmöbeln Zeit. Auf lange Sicht zahlt es sich aus, etwas mehr für attraktive, komfortable und haltbare Möbel auszugeben. Möbel aus Hartholz, Gusseisen oder hochwertigem Aluminium können ganzjährig im Freien bleiben. Das Holz sollte jährlich geölt werden, auch Metall braucht ab und zu einen Anstrich, doch beide Materialien nehmen mit der Zeit eine schöne Patina an. Kunststoffmöbel sehen nicht so stilvoll aus und müssen im Winter eingelagert werden. Caféhaustische und Klappstühle aus Kunstharzmaterial sind eine Alternative, weil sie sich über Winter Platz sparend verstauen lassen.

Die Freiluftküche

Wer häufig draußen essen möchte, sollte über den Einbau eines festen Grillplatzes an einer Terrassenwand nachdenken. Einen frei stehenden Grill, der zu den Wand- oder Bodenmaterialien passt, kann ein geschickter Heimwerker durchaus selbst bauen. Er besteht letztlich nur aus einer Rückwand und zwei Seitenwänden. Dazwischen hängt eine Kohlenwanne mit ausreichendem Abstand zum Boden, damit das Feuer Luft bekommt. Darüber wird in etwa 90 cm Höhe der Grillrost eingeschoben. Der Rost sollte so groß sein, dass man gegarte Stücke aus der direkten Hitze an den Rand schieben kann, um sie warm zu halten. Im Idealfall integrieren Sie in den Grill eine Ablagefläche für Grillutensilien, Lebensmittel und Teller. Eine Vertiefung unter der Brennstelle verhindert, dass Asche vom Wind weggeblasen wird.

Unabhängig vom Stil sollte ein Grill nie unter überhängenden Bäumen oder in der Nähe von Sträuchern oder Blumen stehen, die Feuer fangen könnten. Im Idealfall steht der Grill in der Nähe der Küchentür, damit Lebensmittel bis zur Zubereitung gekühlt werden und dann ohne große Wege zum Feuer gebracht werden können.

Am Abend profitiert die Terrasse von einer stimmungsvollen Beleuchtung (siehe Seite 884–885). Aus Sicherheitsgründen sollten der Bereich des Grills sowie der Weg zur Küche gut ausgeleuchtet sein – möglichst ohne die Atmosphäre auf der Terrasse dabei zu beeinträchtigen. Für ein romantisches Essen bei Kerzenlicht kann man die funktionale Beleuchtung jederzeit abschalten.

◀ Eine Terrasse kann ein privater, romantischer Rückzugsort sein. Hier versteckt sich eine Bank unter einem Dach auf Holzpfosten.

Ein Terrassenbeispiel

Ein Vorgarten verrät einiges über ein Haus und seine Bewohner. Er vermittelt Besuchern den ersten Eindruck. Weil Vorgärten generell leichter einsehbar sind als Gärten hinter dem Haus, sollte man ihre Gestaltung auf Stil und Materialien des Hauses abstimmen und auf Sicherheit und unkomplizierte Pflege achten.

▲ *Dieser Vorplatz lässt einiges zu wünschen übrig, zumal kein Garten hinter dem Haus vorhanden ist.*

Auf einen Blick

Lage:	*Connecticut*
Klima:	*gemäßigt*
Erdtyp:	*neutral*
Richtung:	*Osten*
Aussicht:	*halb im Schatten*

Die Vorgaben

Der kleine, von einer Ziegelmauer umgebene Vorgarten ist typisch für Reihenhaussiedlungen. In diesem Fall haben die Erbauer preiswerte Materialien verwendet und mehrere Farben, Formen und Texturen ungeschickt gemischt, sodass ein trister, langweiliger Vorplatz entstanden ist, der keinen Bezug zur attraktiven Hausfassade hat. Die wenigen Pflanzen sind wahllos gemischt und ihre Proportionen harmonieren nicht mit dem Haus. Da hinter dem Haus kein Garten liegt, möchten die Bewohner hier einen Sitzplatz schaffen.

Die Lösung

Uns gefiel das graue Betonpflaster der Privatstraße, die zu dem kleinen Wohnkomplex führt, darum beschlossen wir, die vorhandenen Platten durch ein ähnliches Blockpflaster zu ersetzen. Vor der Mauer haben wir einen großzügigen Streifen für ein Beet frei gelassen und der Abwechslung halber einen Teil der Fläche mit

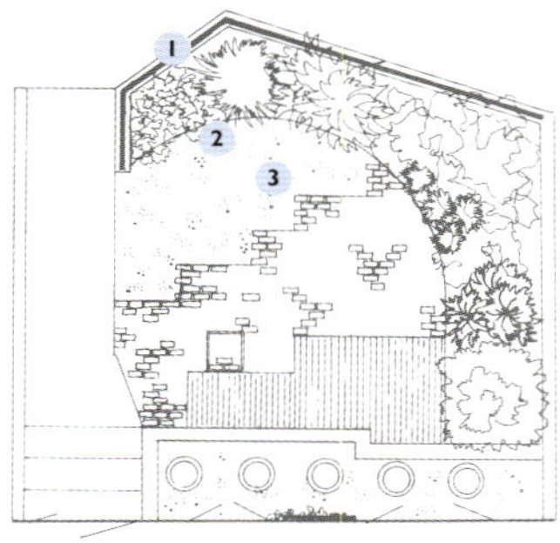

7 m x 6 m

cremeweißem Splitt bestreut. Durch den Farbkontrast wird zugleich die Kontur der gepflasterten Fläche betont. Ein Holzdeck direkt am Haus dient als Sitzplatz, leuchtend bunt blühende Pflanzen in Kübeln sorgen für Leben. Im Winter werden hier hübsche Kübel mit Stiefmütterchen oder Winterheide arrangiert. Ein Staketenzaun auf der Mauer sorgt für mehr Sichtschutz, wirft jedoch keinen zu starken Schatten. Die Bepflanzung besteht aus duftenden, weiß blühenden Kletterpflanzen, üppigen Blattgewächsen, Immergrünen und vereinzelten, lebhaften Farbtupfern.

▲ *Kletterpflanzen geben Sichtschutz.*

▶ *Hosta fühlen sich an schattigen Plätzen wohl.*

▶ *Der Gesteinssplitt passt zum hellen Pflaster.*

Gartenpraxis

Holzdecks sind vielseitig, praktisch und eignen sich für Gärten jedes Stils. Sie passen zu formalen und natürlichen Anlagen und können modern oder traditionell gestaltet werden. Sie harmonieren gut mit anderen Materialien und bilden einen schönen Hintergrund für Pflanzen.

Verschiedene Decks

Ein einfaches Deck besteht aus Brettern, die auf einer Unterlattung befestigt werden. Diese wiederum ruht auf Holzbalken oder Ziegelsteinen. Im Fachhandel bekommt man fertige Paneele, die in einem Sandbett liegen.

Ein erhöhtes Deck muss sehr stabil gebaut werden, darum sollten sich Ungeübte nicht an diese Arbeit wagen. Es ruht auf Pfosten, die in Betonfundamente eingelassen sind, und kann mit einer Holzlatte zusätzlich an der Hausmauer befestigt werden.

Gut geeignet ist druckimprägniertes Weichholz, das man lasieren, farbig oder klar lackieren kann. Verwenden Sie für die Gartengestaltung grundsätzlich Hölzer aus nachwachsenden Beständen, damit die Umwelt möglichst wenig belastet wird.

STAKETENZAUN

Legen Sie die Querstreben auf einen ebenen Untergrund und ordnen Sie die senkrechten Hölzer darauf an. Achten Sie auf rechte Winkel und gleiche Abstände, ehe Sie sie annageln. Dann werden die Querhölzer mit je zwei Nägeln an den Pfosten befestigt. Der Abstand zwischen den Pfosten sollte 2 bis 2,50 m betragen.

An einer Ecke werden die zweiten Querhölzer so fixiert, dass sie die Schnittseite der ersten überlappen. Ein langer Nagel wird durch das Querholz ins Hirnholz des anderen Querholzes getrieben, damit sich die Verbindung nicht löst.

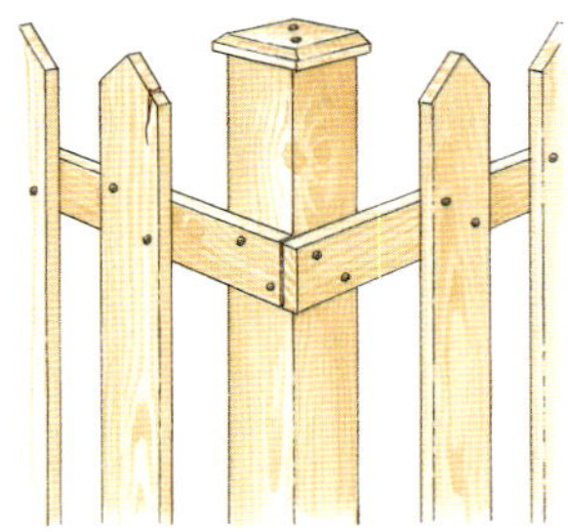

Zaunlatten mit verschiedenen Abschlüssen

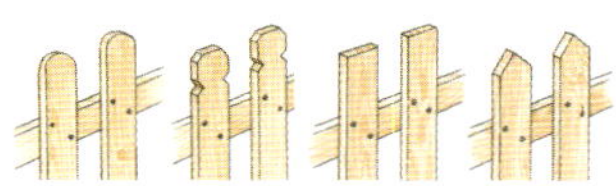

Ein erhöhtes Holzdeck bauen

Ein erhöhtes Holzdeck am Haus eignet sich als Sitzplatz für Erwachsene oder – mit einem Sicherheitsgeländer – als Spielbereich für Kinder.

1 Die Pfosten, die das Deck tragen, werden auf Betonfundamenten befestigt. Es macht nichts, wenn der Boden uneben sind, weil die Pfosten später so zugesägt werden, dass das Deck gerade liegt. Wichtig sind aber die Abstände, die für eine gleichmäßige Verteilung des Gewichts sorgen. Die Fundamentblöcke platzieren und die Metallhalterungen für die Pfosten anbringen.

2 Soll das Deck am Haus befestigt werden, dübeln Sie eine Dachlatte ins Mauerwerk. In die Latte werden vorher Kerben gesägt, in die die Latten der Unterkonstruktion eingelegt werden.

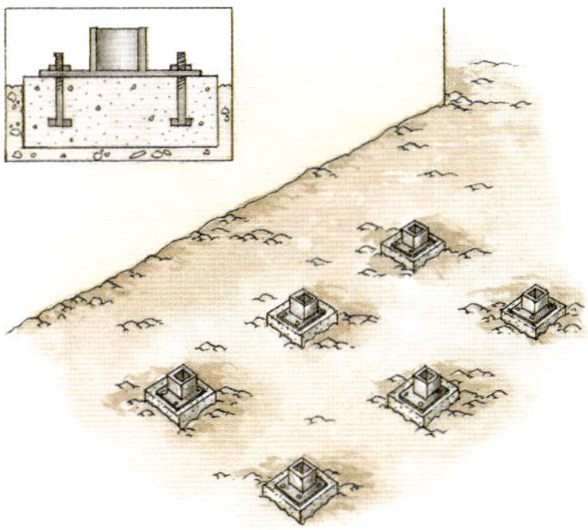

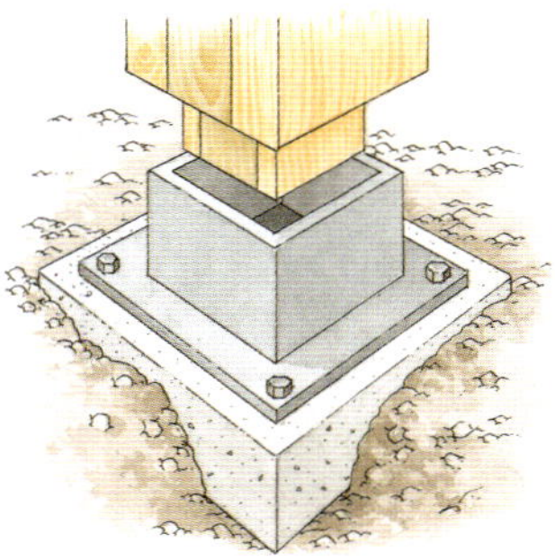

3 Die Pfosten in die Metallhalter setzen. Sie müssen genau passen, damit sie festen Halt haben. Bei Bedarf die Pfosten auf passende Länge zusägen.

4 Den Rahmen der Lattenkonstruktion bauen, die Ecken stumpf zusammensetzen. Die übrigen Latten so ausklinken, dass sie in die Kerben der Wandbefestigung eingelegt werden können. Mit Nägeln oder Schrauben befestigen.

5 Die Deckbretter zuschneiden und mit Nägeln oder Messingschrauben auf der Unterkonstruktion befestigen. Zwischen den Brettern 1 cm breite Zwischenräume lassen, damit Regenwasser abfließen kann. Das Deck mit Holzlasur für den Außenbereich streichen.

Bepflanzung: Terrasse

Eine Terrasse soll pflegeleicht sein, aber auch den Wert des Hauses steigern. Leisten Sie sich darum hochwertige, auf das Gebäude abgestimmte Materialien. Dann investieren Sie etwas Geld in langlebige, immergrüne Pflanzen, die zu jeder Jahreszeit attraktiv und einladend aussehen.

Form und Blüte

Auf einer sonnigen Terrasse spenden immergrüne Sträucher willkommenen Schatten. Zu ihren Füßen gedeihen Schattenliebhaber wie Hosta (siehe S. 861), Farne (siehe S. 774–775) oder im Winter und Vorfrühling blühende Helleboren (siehe S. 987). Fingerhut *(Digitalis purpurea)* sät sich im Halbschatten gern selbst aus, während Frauenmantel über die Ränder gepflasterter Flächen quillt.

Sommerblüher wie Pelargonien und aus Samen gezogene Kapuzinerkresse finden in Kübeln nahe am Haus einen geschützten Platz, an dem man sie bequem gießen kann. Kletterpflanzen wie Clematis und Jasmin eignen sich, um Spaliere an der Hauswand zu begrünen. Die meisten Terrassen sind sonnig und bieten einer Vielzahl von Pflanzen gute Bedingungen. Auch Pflanzen für Dachgärten und sonnige Gartenhöfe empfehlen sich für die Terrassenbepflanzung (siehe S. 924–925 und 934–935).

◀ Choisya ternata, *die Orangenblume.*

Pflanzenporträts

Choisya ternata

ORANGENBLUME

Der immergrüne Strauch hat glänzende Blätter. Vom Spätfrühling bis zum Spätsommer trägt er kleine, weiße Blüten, deren intensiver Duft an Orangenblüten erinnert. Die Blätter verströmen, wenn man sie zerdrückt, einen aromatischen Duft. Der Strauch bevorzugt warme, geschützte Plätze, ist aber sehr tolerant und muss kaum beschnitten werden. Er sieht ganzjährig attraktiv aus. Die Sorte 'Sundance' hat eine goldene Laubfärbung.

◀ Ilex aquifolium *'J. C. van Tol'.*

Höhe: bis 2 m
Ausbreitung: bis 2,50 m
Boden und Standort: normaler, durchlässiger Gartenboden und Sonne oder Halbschatten. In kühlen Gegenden am besten vor eine schützende Mauer pflanzen. Erfrorene Triebe werden im Frühling abgeschnitten, um den Neuaustrieb anzuregen.

Pflanzen für sonnige Terrassen

Diese Pflanzen lieben sonnige, trockene Standorte. Mit * gekennzeichnete Arten gedeihen auch in Pflaster- und Mauerfugen und lockern so strenge Konturen auf.

Armeria maritima (Strandgrasnelke) – Horste aus graugrünen Blättern, pinkfarbene Blüten. Höhe: 20 cm

Cortaderia 'Gold Band' (syn. *C.* 'Aureolineata') – Gras mit goldgelb geränderten Blättern. Höhe: 1,80 m

Euphorbia characias (siehe S. 986)

Lavandula-Arten* (siehe S. 988)

Kniphofia caulescens (siehe S. 988)

Phormium cookianum ssp. *hookeri* 'Cream Delight' und *P. tenax* (Neuseeländer Flachs) – robuste, schwertförmige Blätter. Höhe: 1,80–3,60 m

Santolina-Arten* (Heiligenkraut) – silbergraue Blätter und kleine, gelbe Blüten. Höhe: 30–80 cm

Sedum spectabile (siehe S. 990)

Yucca filamentosa und *Y. gloriosa* – schwertförmige Blätter. Höhe: 1–2 m

Mahonia × media 'Charity'
MAHONIE

Mahonien sind pflegeleichte Terrassensträucher, die – je nach Sorte – im Winter oder Frühling mit kräftigem Maiglöckchenduft überraschen. 'Charity' trägt den ganzen Winter über lange Rispen aus zierlichen, gelben Blüten, aus denen sich später blaue Beeren bilden. Das glänzende, an Ilex erinnernde Laub ist auch außerhalb der Blütezeit attraktiv.

Höhe: bis 3 m
Ausbreitung: bis 2,50 m
Boden und Standort: Mahonien sind tolerant, bevorzugen aber humusreichen Boden mit gutem Wasserhaltevermögen und einen halbschattigen Platz. Sie vertragen Frost und Wind recht gut.

Ilex aquifolium 'J. C. van Tol'
STECHPALME

Für einen kleinen Garten braucht man einen Ilex, der nicht zu groß wird und als Selbstbestäuber auch ohne einen Partner Früchte bildet. 'J. C. van Tol' wird all diesen Forderungen gerecht und trägt reichlich feuerrote Beeren zwischen dunkelgrün glänzenden Blättern an rötlichen Zweigen. Die Sorte 'Golden van Tol' hat gelb geränderte Blätter. Der schlanke Strauch ist ausgesprochen winterhart und kann auch empfindlicheren Arten Schutz bieten.

Höhe: 3–5,50 m
Ausbreitung: 1,80–3 m
Boden und Standort: normaler, vorzugsweise etwas feuchter Gartenboden in Sonne oder Schatten. Die panaschierte Form braucht Sonne für eine gute Färbung. Verträgt auch verschmutzte Stadtluft.

▶ Mahonia x media *'Charity' blüht im Winter.*

Design-Alternativen

SKIZZEN
Für beide Vorschläge wurden verschiedene Sträucher und Stauden verwendet. Die Materialien für die Stützmauern und den Bodenbelag sind auf Ziegel und Baustil des Hauses abgestimmt.

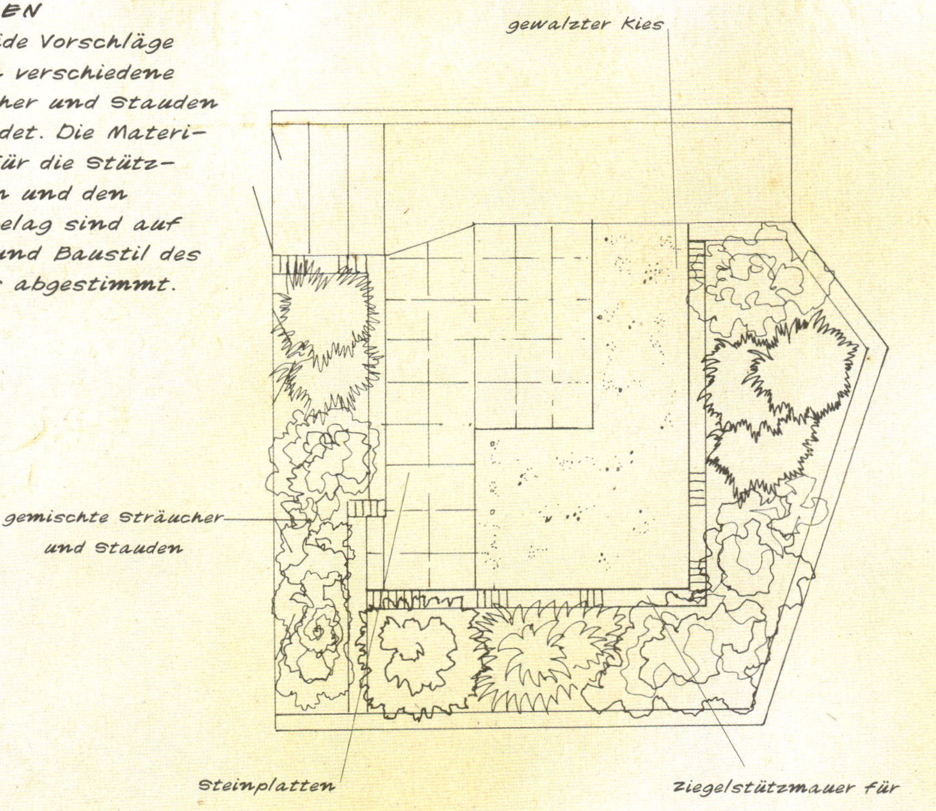

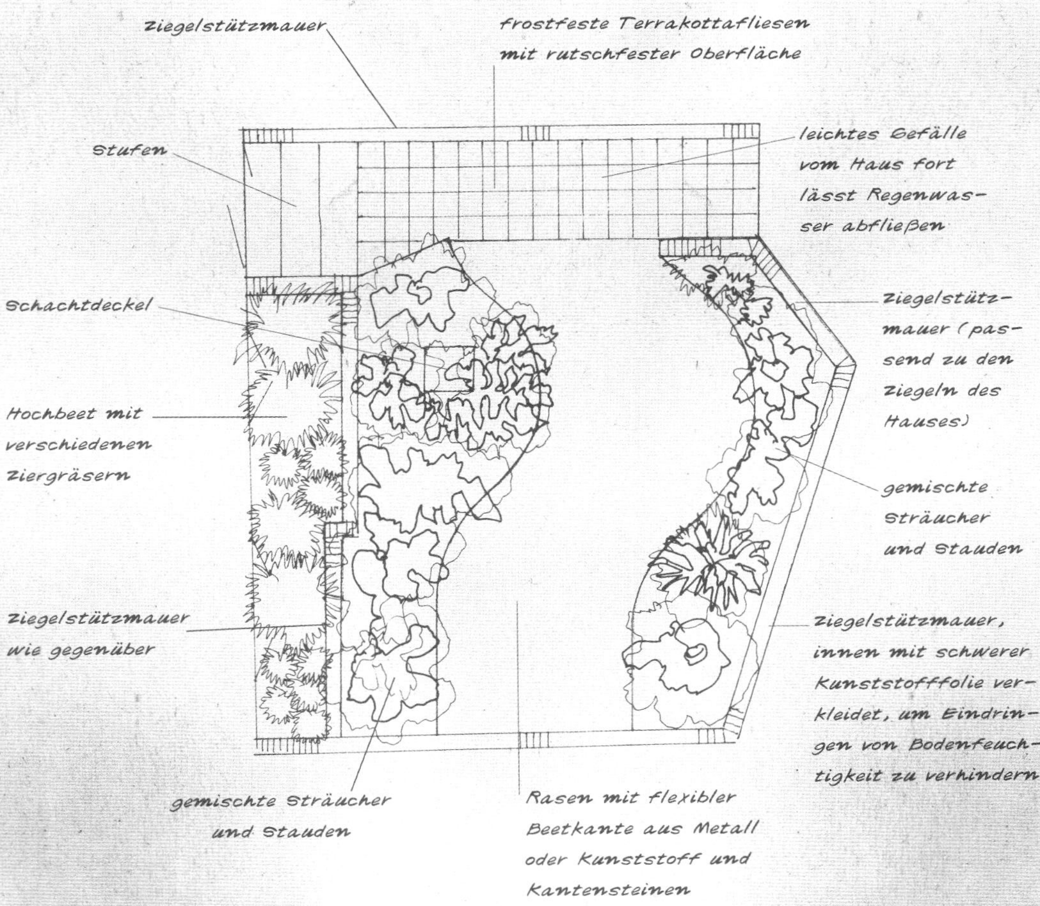
Ziegelstützmauer
frostfeste Terrakottafliesen mit rutschfester Oberfläche
Stufen
leichtes Gefälle vom Haus fort lässt Regenwasser abfließen
Schachtdeckel
Ziegelstützmauer (passend zu den Ziegeln des Hauses)
Hochbeet mit verschiedenen Ziergräsern
gemischte Sträucher und Stauden
Ziegelstützmauer wie gegenüber
Ziegelstützmauer, innen mit schwerer Kunststofffolie verkleidet, um Eindringen von Bodenfeuchtigkeit zu verhindern
gemischte Sträucher und Stauden
Rasen mit flexibler Beetkante aus Metall oder Kunststoff und Kantensteinen

Saisongärten

Im Garten werden uns die Jahreszeiten bewusst. Der Winter geht nahtlos in den Frühling über, der Frühling wandelt sich zum Sommer. Und doch gibt es Pausen in diesem Rhythmus, in denen sich der Garten ein Weilchen fast gar nicht zu verändern scheint.

Sommergärten

Die meisten Gärten zeigen sich im Sommer von der schönsten Seite, doch wenn die Pflanzung nicht geschickt geplant ist, vergeht die Pracht sehr schnell. Trotz der enormen Vielfalt an herrlichen Sommerblumen sollte man sich Mäßigung auferlegen, sonst sieht der Garten leicht wie ein kunterbuntes Chaos aus.

◀ *Die meisten Pflanzen blühen im Sommer und verwandeln den Garten in ein Meer aus Farben und Düften.*

Ein Garten für den Sommer

Es gibt viele gute Gründe, einen Garten für den Sommer anzulegen. Vielleicht sind Sie erst kürzlich in Ihr Haus gezogen. Dann sollten Sie nicht gleich zu Spaten oder Unkrautspritze greifen, sondern dem Garten ein Jahr Zeit lassen und ihn beobachten – in Bezug auf die Bepflanzung und auch auf seine Vor- und Nachteile.

Vielleicht steht einfach nicht viel Geld für Stauden und Sträucher zur Verfügung. In diesem Fall könnten Sie die Gestaltung des Gartens Stück für Stück verändern und die übrigen Bereiche mit preiswerten Lückenfüllern bepflanzen. Vielleicht sind Sie auch einfach ein Sommerliebhaber, der sich im Winter ins Haus zurückzieht.

Wer einen sonnigen Garten hat, könnte ihn im Hochsommer in ein Blütenmeer in warmen Farben ver-

◀ *Das Angebot an herrlichen Sommerblumen ist so groß, dass jeder die passenden Arten für seinen Geschmack und Gartenstil findet.*

wandeln. Bei anderen Lichtverhältnissen sind sanftere Farben meist günstiger. Da Jungpflanzen teuer sind, sollten Sie erwägen, Ein- und Zweijährige aus Samen heranzuziehen. Die meisten Sommerblumen lassen sich leicht in einem Minigewächshaus auf der Fensterbank oder in einem Frühbeet an einer sonnigen Wand ziehen. Viele traditionelle Sommerblumen kann man sogar direkt an Ort und Stelle ins Freiland säen – entweder im Frühling, wenn sich der Boden erwärmt hat, oder im Herbst des Vorjahres, sodass sie kräftiger werden und früher blühen. Zweijährige und zweijährig kultivierte Mehrjährige (wie manche Akeleien) sät man im Sommer des Jahres vor der Blüte. In einem Sommergarten kann man viele Pflanzen auch im Herbst bei den Aufräumarbeiten zum Saisonende auspflanzen.

Sitzgelegenheit

Wer den Garten hauptsächlich im Sommer nutzt, wird meist eine größere Fläche als Terrasse oder Sitzbereich anlegen und dadurch das Maß an Gartenarbeit verringern. Eine Terrasse ist praktisch zum Grillen. Sehr angenehm ist aber auch ein lauschiges Plätzchen, wohin man sich zum Lesen oder Entspannen zurückziehen kann. Besonders schön sind Sitzplätze mit Morgen- oder Abendsonne.

Der Boden im Sitzbereich sollte gepflastert werden, denn Rasen wird durch die starke Beanspruchung leicht braun und löcherig. Natürlich ist ein saftiger Rasen ein schöner Rahmen für sommerliche Beete, doch Gewächse, die sich an trockenen Standorten wohl fühlen, sehen oft in einer Kies- oder Splittfläche oder zwischen Pflastersteinen besser aus. Zusätzlich kann man Kübel und Kästen aufstellen, um die Fläche durch interessante, markante Formen aufzulockern.

Am Ende der Saison folgt das große Aufräumen. Die Einjährigen werden entfernt, die Erde zwischen den langlebigen Pflanzen wird umgegraben oder aufgelockert. Frostempfindliche Kübel- und Knollenpflanzen müssen ins Winterlager geräumt werden. Nun wird auf den Beeten – vor allem unter den Sträuchern – Kompost oder Stallmist verteilt.

▶ *Die hoch aufragenden Blütenstände des Fingerhuts wirken an einem schattigen Platz des Sommergartens angenehm frisch und kühl.*

Ein Sommergartenbeispiel

Der Sommergarten verzichtet auf ganzjährige Elemente und zeigt sich nur einige Monate lang in voller Pracht. Üppige Blüten und Düfte berauschen die Sinne für kurze Zeit, doch die Erinnerung an laue Sommerabende kann man sich bis in den Winter hinein bewahren.

▲ *Die Ziegelmauer und der Erdbeerbaum sind die Vorzüge des kleinen Gartens, der mit minimalen Kosten neu gestaltet werden soll.*

Auf einen Blick

Lage:	*East Long Island*
Klima:	*mild, gemäßigt*
Erdtyp:	*neutral*
Richtung:	*Osten*
Aussicht:	*offen*

Die Vorgaben

Der winzige Garten gehört zum Haus einer jungen Familie, der nur ein schmales Budget zur Verfügung steht. Er ist recht kahl, hat aber zwei Vorzüge: eine hohe Ziegelmauer, die zwar vernachlässigt ist, aber Wind- und Sichtschutz gibt, und einen jungen Erdbeerbaum *(Arbutus unedo)*. Der hübsche immergrüne Baum hat eine kupferfarbene, abschilfernde Rinde, duftende, weiße Blüten und essbare Früchte. Auch in einem Sommergarten sollte man auf Immergrüne nicht völlig verzichten. Ganz ohne die klaren Formen von Bäumen oder Sträuchern wirkt er in den dunkleren Monaten allzu kahl und trist.

Die Lösung

Wir haben eine einfache, geometrische Aufteilung gewählt, die sich mit geringen Kosten verwirklichen lässt. Die Beete haben klare Konturen, die nicht von ihrer Farbenpracht ablenken. Die Materialien sind schlicht. Quadratische Platten wurden in einem geometrischen Muster so verlegt, dass sie nicht geschnitten werden mussten. Die Mauer wurde teilweise neu verfugt und dann in einem warmen Cremeton gestrichen. Die Pflanzen leuchten in Rot, Gelb, Orange, Cremeweiß und Blau, dazwischen blitzt silbriges und grünes Laub hervor.

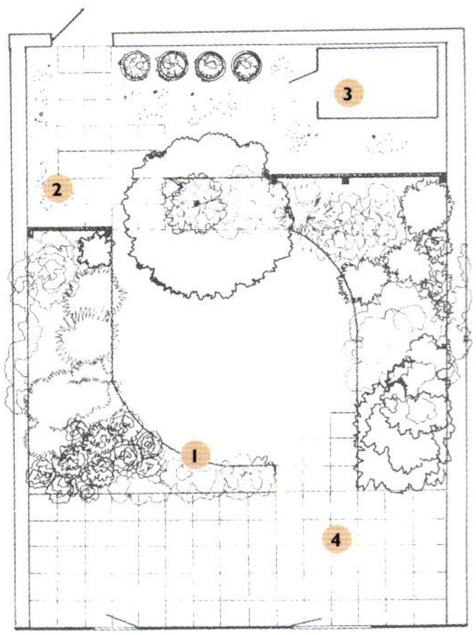

10 m x 7 m

▲ *Tomaten schätzen einen warmen Sonnenplatz.*

▲ *Eine Laube ist ein herrlicher Rückzugsort.*

▶ *Über das Beet mit niedrigen Sommerblumen fällt der Blick auf den Rasen.*

▶ *Der Platz reicht für einen Tisch mit Stühlen aus.*

Gartenpraxis

Die Terrasse ist gepflastert, die Mauern sind gestrichen, Spaliere aufgebaut. Nun hängt der Erfolg des Gartens ganz von den Einjährigen und Sommerblumen ab. Daneben ergänzen Töpfe und Kübel mit Sommerblumen wie Pelargonien, Tomaten, blühenden Sträuchern, Kräutern und Zwiebelblumen das Bild.

Wer im Winter im Garten arbeitet, kann den Komposthaufen umsetzen und andere im Herbst versäumte Arbeiten erledigen, etwa Beete umgraben. Wenn es Frühling wird und sich die Erde erwärmt, werden zuerst die Einjährigen gesät. Dann können Sie sich den Kübeln und Kästen zuwenden. Kaufen Sie die besten Kübel, die Sie sich leisten können, denn billige Tontöpfe können bei Frost reißen oder zerplatzen, und Plastik sieht meist primitiv aus. An heißen, trockenen Tagen müssen Kübelpflanzen mindestens einmal am Tag gegossen werden. Je kleiner ein Pflanzgefäß ist, desto schneller verdunstet das Wasser. Tontöpfe geben auch durch ihre Wand Feuchtigkeit ab, Kunststofftöpfe können sich so stark aufheizen, dass die Wurzeln leiden. Holzkübel und -tröge halten ihre Bewohner relativ zuverlässig feucht, vor allem, wenn sie mit Moos ausgelegt sind. Alle Kübel müssen Drainagelöcher im Boden haben. Drei, fünf oder sieben Pflanzen gleicher Art und Farbe machen in einem mittelgroßen Kübel mehr her als die gleiche Anzahl Pflanzen in unterschiedlichen Farben.

Am Ende des Sommers werden die Pflanzen, die den Winter nicht überstehen, entfernt. Die Kübelerde kommt auf den Komposthaufen. Dann werden die Kübel gereinigt verstaut oder mit Zwiebeln für die Frühlingsblüte bepflanzt. Kübelpflanzen, die keinen Frost vertragen, werden mit Kübel ins Haus gebracht.

▲ *Blumensamen werden einfach in feuchtes Substrat gestreut, mit Glas oder Folie abgedeckt und an einen hellen, warmen Platz gestellt.*

Praxistipps

- Sommerblumen sind so lebhaft bunt, dass sie in schlichter, großflächiger Anordnung am besten zur Geltung kommen.
- Pflanzen Sie einen oder zwei Bäume, die für Höhe und diffusen Schatten sorgen.
- Attraktives Laub kann ebenso reizvoll aussehen wie kurzlebige Blüten.
- Mindestens ein Drittel der Pflanzen sollte immergrün sein, eine interessante Rinde oder eine reizvolle Wuchsform besitzen, damit der Garten auch in den übrigen Jahreszeiten nicht zu kahl aussieht.
- Verwelkte Blüten von Einjährigen müssen regelmäßig entfernt werden. Nur dann treiben die Pflanzen immer neue Blüten.
- Lücken in den Beeten können leicht mit Kübeln oder mit Sommerblumen gefüllt werden, die man an Ort und Stelle sät.
- Ein automatisches Bewässerungssystem nimmt Ihnen in längeren Trockenperioden viel Arbeit ab.

Einen Sommerkübel bepflanzen

Pflanzt man im Frühling Pelargonien, Fuchsien und andere Sommerblumen mit langer Blütezeit in Kübel, hat man den ganzen Sommer an ihnen Freude. Als Hintergrund sollten einige unkomplizierte Blattpflanzen, etwa Efeu oder hängende Lakritzstrohblumen *(Helichrysum petiolare)* dazwischen gepflanzt werden.

1 Das Abzugsloch im Kübel mit einigen Tonscherben oder großen Kieseln abdecken, damit es nicht verstopft. Zur Verbesserung der Drainage kann dann eine Schicht Kies eingefüllt werden.

2 Den Kübel zu zwei Dritteln mit Substrat füllen. Um es aufzulockern, mit einer Handgabel Perlit oder Vermikulit untermischen. Wasser speichernde Gelkristalle sind ebenfalls ein praktischer Zusatz zum Kübelsubstrat.

3 Dann den Topf dicht mit den gewählten Pflanzen füllen und Substrat in die Zwischenräume zwischen den Ballen drücken. Zwischen Kübelrand und Substratoberfläche sollte ein „Gießrand" von etwa 3 cm Höhe frei bleiben.

4 Zum Schluss Düngerstäbchen oder -granulat ins Substrat schieben. Wählen Sie ein Produkt mit langsamer Nährstoffabgabe, dann müssen Sie während des Sommers nicht nachdüngen.

5 Die Pflanzen angießen und den Kübel während des Sommers regelmäßig wässern, auch wenn Sie Gelkristalle verwenden. Gruppen von Kübeln sehen oft attraktiver aus als hier und da verstreute Einzelgefäße.

Bepflanzung: Sommergarten

Ein großer Teil des Sommergartens wird als Wohnraum unter freiem Himmel benutzt. Der Rest der Fläche soll in ein leuchtendes Farbenmeer oder ein Ensemble sanfterer Töne verwandelt werden. Einige langlebige Pflanzen wie Sträucher, kleine Bäume oder Immergrüne bilden das Gerüst der Bepflanzung.

◀ Crocosmia 'Lucifer' *ist nicht zu übersehen.*

Sommerfarben

Im Hochsommer blühen viele Pflanzen in intensiven Farben. Feuriges Rot, Orange und Gelb kommen im hellen Sonnenlicht groß heraus und wirken in großen Gruppen noch viel dramatischer. Solche Effekte können aber leicht aufdringlich wirken, wenn nicht für einen mäßigenden Ausgleich durch Kontraste oder verschiedene Grüntöne gesorgt ist. Auch Pflanzen mit silbrigem Laub eignen sich gut als optischer Dämpfer. Das Grün von Laubgewächsen besänftigt einerseits die manchmal aggressive Leuchtkraft der Blüten und bildet andererseits harmonische Übergänge zwischen Farben, die in unmittelbarer Nachbarschaft ungünstig aussehen könnten.

Einjährige und Sommerblumen

Wer seine Sommerblumen aus Samen selbst zieht, statt Jungpflanzen zu kaufen, spart nicht nur Geld, sondern kann hochwertige Sorten in ausgewählten Farben kultivieren und muss sich nicht auf Standardfarbtöne beschränken. Petunien, Fleißige Lieschen, Ziertabak, Löwenmäulchen und viele andere weniger bekannte

Sommerblumen, etwa Atlasblumen und Malven (siehe Seite 975 und 977), lassen sich problemlos aussäen.

Mohn und einige andere Sommerblumen mögen nicht umgepflanzt werden und müssen darum an Ort und Stelle ins Beet gesät werden. Ringelblumen werden selten als Jungpflanzen angeboten, sind aber kinderleicht aus Samen zu ziehen. Zweijährige wie Königskerzen *(Verbascum)* und Bartnelken *(Dianthus barbatus)* bieten sich zur Aussaat ebenfalls an. Pelargonien sind etwas schwieriger, man kauft sie am besten als Jungpflanzen oder bewurzelt Stecklinge von älteren Exemplaren.

◀ *Aquilegia longissima* mit lang gespornten Blüten.

▶ Der Westliche Erdbeerbaum hat dekorative Früchte.

Pflanzenporträts

Crocosmia 'Lucifer'

MONTBRETIE

Montbretien sind Pflanzen mit Rhizomknollen. Sie sind mit den Schwertlilien verwandt und haben wie diese riemenförmige Blätter. Die Blüten in leuchtenden Rot- und Orangetönen erinnern an Lilien. Montbretien stammen aus Südafrika, werden aber heute in den gemäßigten Regionen aller Welt kultiviert. 'Lucifer' hat feuerrote Blüten und bildet schnell große Horste, die im Herbst geteilt werden können. Sie werden meist etwa 1 m hoch.

Höhe: bis zu 1,50 m

Ausbreitung: 8 cm

Boden und Standort: Montbretien gedeihen in durchlässigem Boden in sonniger Lage. Sie mögen Licht und Wärme, dürfen aber nicht völlig austrocknen.

Arbutus unedo

WESTLICHER ERDBEERBAUM

Der Erdbeerbaum ist ein rundlicher, immergrüner Strauch oder kleiner Baum mit abschilfernder, rötlichbrauner Rinde und Gruppen cremefarbener, wachsiger Hängeblüten in Glockenform, die im Herbst erscheinen. Die runden Früchte mit buckeliger Schale röten sich mit zunehmender Reife, die ein Jahr lang dauert. So tragen die Sträucher gleichzeitig Blüten und reife Früchte.

Höhe: 4,50 m

Ausbreitung: 3 m

Boden und Standort: nahrhafter Gartenboden an einem warmen, geschützten Platz.

Aquilegia longissima

AKELEI

Diese elegante Akeleiart hat blasszitronengelbe, duftende Blüten mit ungewöhnlichen, langen, leuchtend gelben Spornen. Die zarten Blätter erinnern an Farn. Die Akelei ist zwar streng genommen eine Staude, doch sie blüht reicher, wenn man sie jedes Jahr neu sät und zweijährig kultiviert. Akeleisamen werden im Herbst gesät und keimen recht leicht.

Höhe: 60–90 cm

Ausbreitung: 50 cm

Boden und Standort: durchlässiger, auch magerer Boden in sonniger Lage.

Design-Alternativen

SKIZZEN

Weil man im Sommer viel Zeit im Freien verbringt, ist das Kernstück beider Vorschläge die Terrasse mit dem Sitzplatz sowie Rasenflächen zum Entspannen. Sommergärten sind Wohnzimmer im Freien, darum sollten sich die Pflanzen nicht zu breit machen.

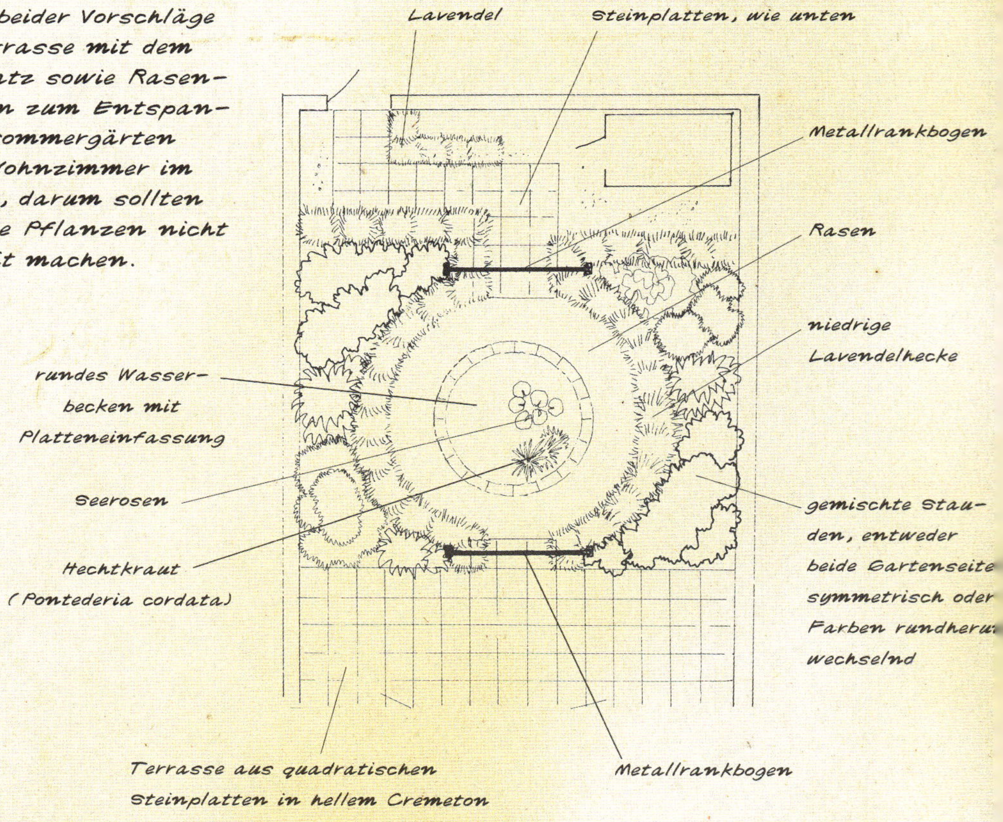

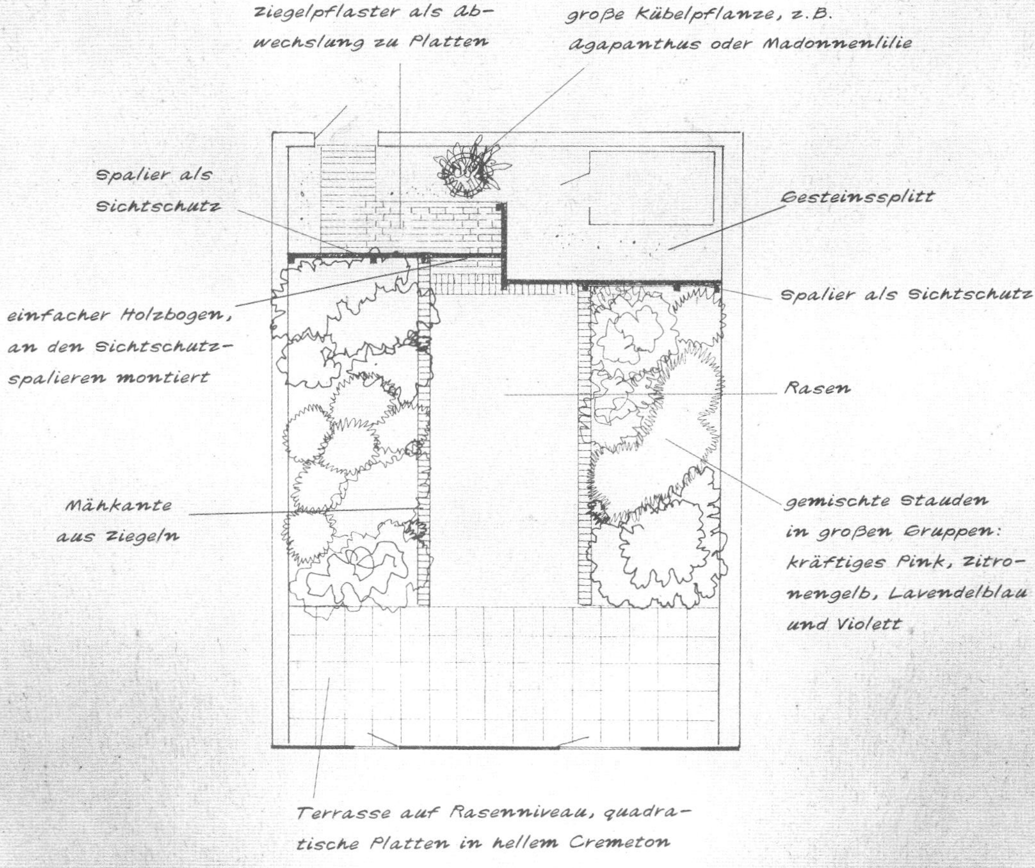
Ziegelpflaster als Abwechslung zu Platten
große Kübelpflanze, z.B. Agapanthus oder Madonnenlilie
Spalier als Sichtschutz
Gesteinssplitt
Spalier als Sichtschutz
einfacher Holzbogen, an den Sichtschutzspalieren montiert
Rasen
Mähkante aus Ziegeln
gemischte Stauden in großen Gruppen: kräftiges Pink, Zitronengelb, Lavendelblau und Violett
Terrasse auf Rasenniveau, quadratische Platten in hellem Cremeton

Wintergärten

Im Winter zeigt ein Garten sein innerstes Wesen. Wenn das Grün von Frühling und Sommer verschwunden ist und nur das nackte Skelett übrig bleibt, kann er dennoch viel bieten – nicht nur dem Auge, sondern auch der Nase. Es ist befriedigend und reizvoll, einen Garten für den Winter zu gestalten.

◀ *Eine leichte Schneedecke gibt dem Garten ein ganz neues Gesicht.*

Gestaltung für den Winter

Ein Garten, der im Winter gut aussieht, ist gar nicht so schwierig anzulegen. Etwas mehr Entschlossenheit als bei der Gestaltung eines Sommergartens ist allerdings nötig, denn es muss eine langlebige, optisch ansprechende Struktur aufgebaut werden. Im Sommer lenken die verschiedenen Blütenfarben und das Laub von diesem „Skelett" ab, und das Bild kann schnell verändert werden, indem man einen Kübel aufstellt, wo ein Farbtupfer fehlt.

Die Wirkung des winterlichen Gartens beruht teilweise auf der Anordnung von Pflanzen, Wegen und anderen festen Flächen, daneben aber auch auf den Farben und Texturen der verwendeten Materialien. Alte Ziegelsteine in warmen Farben sehen im Winterlicht angenehm aus, weil sie die schimmernden Rottöne und sanften Brauntöne der nackten Rinde wiederholen. Immergrüne sind zum Strukturieren des Gartens beliebt und sie geben zu anderen Jahreszeiten einen ausgezeichneten Hintergrund für Beetpflanzen ab. Auch weißstämmige Pflanzen wie Birken oder die warmen Rottöne von Heidekraut kommen neben Immergrünen gut zur Geltung.

Eine formale Aufteilung, in der die Struktur die Hauptrolle spielt, ist ideal für den Wintergarten. Mit Efeu bewachsene Spaliere und Eibenhecken können die Grenzen des Gartens bilden, während andere Immergrüne in seinem Inneren ausgewogene, symmetrische Muster bilden. Akkurat beschnittene Buchsbaumhecken können geometrisch geformte Beete einrahmen. Kugelig gestutzte Hochstämme aus Lorbeer oder Buchsbaum betonen wie Ausrufezeichen einzelne Bereiche und runden das Bild ab.

► *Mauern, Zäune, Wege, immergrüne Formschnittpflanzen und Skulpturen bestimmen das Bild des Gartens, wenn die Beete kahl sind.*

Wintersonne

Achten Sie auf den Einfall der Sonnenstrahlen und nutzen Sie Bereiche, die im Winter in der Mittagssonne liegen. Auch im Winter kann es herrlich sein, kurz an einem geschützten Platz in der Sonne zu sitzen. Sorgen Sie dafür, dass die Sonne leuchtende Hartriegelzweige oder trockene Wintergräser in Szene setzt, aber achten Sie gleichzeitig darauf, dass zarte Winterblüher wie Kamelien nicht der Morgensonne ausgesetzt sind, weil die Blüten sonst Schaden nehmen können. Die Strukturpflanzen und die festen Elemente des Gartens sollen einen Rahmen bilden, aber keinesfalls verhindern, dass die spärlichen Sonnenstrahlen auf die Pflanzen und das Haus fallen.

Mauern, Zäune, Spaliere, Pforten und Pergolen sind, sofern sie nicht mit Efeu begrünt sind, um diese Jahreszeit gut zu sehen, darum sollten sie sorgsam ausgewählt sein. Auch attraktive Pflanzgefäße fallen jetzt ins Auge, ebenso wie eine Sonnenuhr, eine Statue oder Skulptur. Weil man im Winter den Garten meist durch das Fenster betrachtet, verdienen solche Elemente einen zentralen Platz.

Wintergäste

Räumen Sie den Garten im Herbst nicht zu gründlich auf. Gräser, Samenstände und interessant gewachsene Pflanzen sehen faszinierend aus, wenn sie mit einer Raureif oder Schnee überzogen sind, außerdem liefern sie vielen heimischen Tieren im Winter Nahrung. Ein Futterhaus lockt Vögel in den Garten, die sie durchs Fenster beobachten können.

◄ *Der dekorative Zaun, der diesen Garten umgibt, fällt erst richtig ins Auge, nachdem die Sommerblumen das Feld geräumt haben.*

Ein Wintergartenbeispiel

Im Winter fallen Struktur, Oberflächen und Formen im Garten mehr ins Auge als zu anderen Jahreszeiten. Raureif verwandelt kahle Pflanzen in bizarre Gestalten, vor dem Winterhimmel heben sich ungewöhnlich geformte Samenstände oder zartes Zweigwerk reizvoll ab.

▲ *Markante Formen, Immergrüne und eine geschickte Aufteilung sind nötig, damit dieser Garten im Winter Eindruck macht.*

Auf einen Blick

Lage:	*Massachusetts*
Klima:	*mild*
Erdtyp:	*neutral*
Richtung:	*Osten*
Aussicht:	*offen*

Die Vorgaben

Der Blick aus dem Wohnzimmerfenster dieses traditionellen Landhäuschens fällt auf den nach Osten gelegenen Vorgarten, darum wünschen sich die Besitzer, dass er sich in den langen Wintermonaten von der besten Seite zeigt. Sie freuen sich auf Kaminabende und darauf, den Garten und die Vögel am Futterplatz zu beobachten. Das Grundstück ist eben und fast dreieckig.

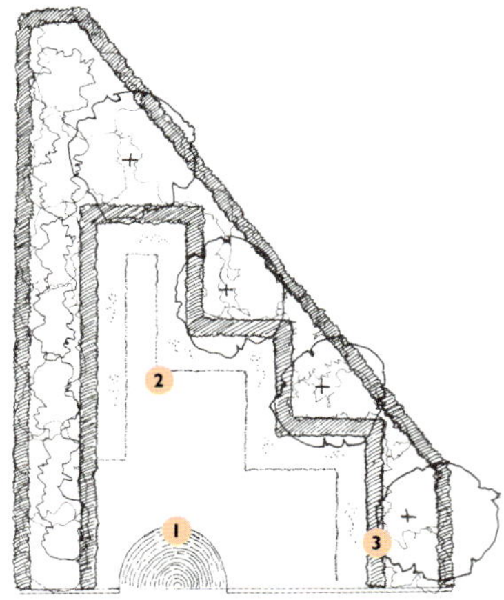

Die Lösung

An den Winternachmittagen liegt der Garten im Schatten, doch er bekommt Morgensonne. Als Farbtupfer haben wir Wege aus Ziegelsteinen verlegt, gleichmäßige oder unregelmäßig gebrochene Natursteinplatten wären ebenso geeignet. Für die Bepflanzung, die morgens im Sonnenlicht liegt, haben wir ausdrucksvolle Formen und warme Farben gewählt. Die formale Aufteilung könnte in einem größeren, eher privaten Garten hinter dem Haus zu streng wirken, passt hier aber gut zu der ungewöhnlichen Dreiecksform. Akkurat beschnittene, immergrüne Hecken, duftige Gräser und farbige Stauden wurden bewusst als Kontraste eingesetzt. Ein Futterplatz für Vögel steht im Zentrum, sodass man ihn vom Fenster aus gut sehen kann.

Ziegelpflaster

▲ Alte Ziegelsteine haben einen angenehm warmen Farbton.

Futterplatz

▲ Der Futterplatz bildet einen belebten Blickfang.

Buchshecke

▶ Die niedrigen Buchsbaumhecken sind säuberlich gestutzt.

Gartenpraxis

Es kann Gründe geben, bei der Gartengestaltung ganz bewusst den Schwerpunkt auf die Wintersaison zu legen. So kann man den Garten auf dem Weg zur Arbeit und bei der Rückkehr genießen und von drinnen bewundern. In diesem Fall kommt es auf klare Stukturen sowie auf funktionale, gepflasterte Flächen an.

Befestigte Flächen

Wer im Sommer längere Zeit verreist, an den Wochenenden wandern, schwimmen oder segeln geht oder vielleicht das Haus renoviert, hat nicht viel Zeit übrig, um den Garten zu pflegen und zu genießen. Wenn der Sommer für Sie nicht die ideale Gartensaison ist, sollten Sie dennoch ein oder zwei Sommerwochenenden opfern und einige Flächen pflastern.

Kaufen Sie für Wege und andere gepflasterte Flächen das beste Material, das Sie sich leisten können. Wir haben in unserem Beispielgarten Ziegel in angenehm warmen Farben verwendet. Machen Sie sich klar, dass gepflasterte Flächen immer ins Auge fallen und dass sich schon darum die Ausgabe für gutes Material lohnt.

Bei der Verlegung kommt es auf Sorgfalt im Detail an. Das Pflastern kostet Zeit, verlangt aber keine großen Fähigkeiten – und was man an Arbeitslohn spart, kann man in das Material investieren. Hat die gepflasterte Fläche gerade Konturen, achten

Bäume pflanzen

Die beste Pflanzzeit für Bäume sind Frühling und Herbst. Zuerst ein großes Loch graben, in das außer dem Wurzelballen auch reichlich Kompost passt.

Den Baum einsetzen, einen Stab über das Loch legen und prüfen, ob der Baum gerade steht. Den Stützpfosten einschlagen, Erde einfüllen, festtreten und wässern.

Den Stamm mit einem Baumbinder am Pfosten befestigen. Das Dickenwachstum des Stammes beobachten und bei Bedarf den Baumbinder lockern.

PRAXISTIPPS

- Die meisten Heidekräuter vertragen keinen Kalk im Boden, nur die Schneeheide *(Erica carnea)* ist eine Ausnahme. Auf dünnem Kreideboden gedeiht aber auch sie nicht. Im Zweifelsfall in Kübel mit Moorbeeterde (kalkfrei) pflanzen.
- Kamelien nicht an einen Standort mit Morgensonne pflanzen. Bei Kälte kann die Sonne Blätter und Blüten versengen.
- In nassen Wintern faulendes Laub von Gräsern und Stauden kurz abschneiden.
- Bei starkem Frost den Rasen möglichst nicht betreten. Die Spuren sind oft noch Wochen nach dem Auftauen sichtbar.
- Wer Fische im Gartenteich hält, darf die Eisschicht niemals zerschlagen. Die Fische können durch den Schock sterben. Gießen Sie mit reichlich Abstand zu den Pflanzen kochendes Wasser auf das Eis, damit es schmilzt und Sauerstoff ins Wasser gelangt.

Sie darauf, dass sie auch wirklich gerade ausfallen. Geometrische Konturen (etwa der Kreis in unserem Beispiel) müssen genau vorgezeichnet werden. Wer kurvige Linien plant, sollte erst mit einem Gartenschlauch ausprobieren, ob sie gefällig aussehen. Das ist an warmen Tagen einfacher, weil sich der Schlauch bei Wärme leichter biegen lässt.

Ziegel und Bruchsteinplatten müssen sorgfältig verlegt werden, ein Zementbett ist aber nicht erforderlich. Ein ebenes Sandbett auf einer etwa 10 cm dicken, unkrautfreien Erdschicht reicht als Untergrund aus. Legt man eine wasserdurchlässige Folie zwischen Erde und Sand, können keine mehrjährigen Unkräuter durch die Pflasterfugen wachsen.

Pflastern mit Ziegelsteinen

Ziegelsteine sind einfach zu verlegen, doch es kommt darauf an, das richtige Material zu kaufen. Mauersteine sehen anfangs gut aus, können aber bei Frost reißen und bröckeln. Fragen Sie im Baustoffhandel nach speziellen Ziegeln, die für Pflasterarbeiten im Außenbereich geeignet sind.

1 Den Boden einebnen und feststampfen. Eine Schicht scharfen Sand darauf verteilen, festtreten und prüfen, ob die Fläche eben ist. Die Pflastersteine dicht an dicht auslegen.

2 Sand auf die Oberfläche streuen und in die Fugen fegen, damit die Steine nicht verrutschen.

3 Ein stabiles Brett auf die Fläche legen und mit einem schweren Hammer die Steine festklopfen. Weiteren Sand in die Fugen fegen.

Bepflanzung: Wintergarten

Rinde, Stiele und selbst Blätter können im Wintergarten in der Sonne leuchten. Fast alle Sträucher, die im Winter blühen, haben einen herrlichen Duft und sind überraschend pflegeleicht. Die meisten eignen sich obendrein ausgezeichnet, um Zweige für die Vase zu schneiden.

Blüten, Rinde und Immergrüne

Immergrüne spielen in einem gelungenen Wintergarten eine Hauptrolle. In unserem Beispiel auf Seite 962–963 haben wir die Klassiker Buchsbaum und Eibe verwendet. Wer es weniger formal mag, könnte Kirschlorbeer *(Prunus laurocerasus)* wählen, einen wüchsigen, schattenverträglichen Strauch, in dem Vögel gerne nisten. Koniferen, darunter auch die blau-, gelb- und lindgrünen Wacholderarten, bereichern den winterlichen Garten durch Farbnuancen und interessante Formen. Liguster in Grün oder Gold *(Ligustrum ovalifolium* und *L. o.* 'Aureomarginatum') ist ein Klassiker für Gartenhecken.

Einige Hartriegel und Weiden *(Cornus* und *Salix)* zeigen im Winter ihre rote, orangefarbene, hellbraune, gelbe, lindgrüne oder olivgrüne Rinde. Birken *(Betula)* haben Stämme in blassem Silberweiß oder Orangerot und der Erdbeerbaum *(Arbutus unedo)* hat im Winter eine leuchtend zimtfarbene, abschilfernde Rinde. Viele Ahornarten *(Acer)* sind ebenfalls wegen ihrer leuchtenden, abschilfernden Winterrinde als Gartenpflanzen beliebt. Überraschend ist die Vielzahl duftender Blumen, die im Winter blühen. Zu den bekanntesten gehören die zart duftenden Schneeglöckchen *(Galanthus nivalis)* und die blau oder violett blühenden, kurzstieligen *Iris reticulata*. (Weitere Beispiele im Kasten rechts.)

◀ Erica carnea *hat schönes Winterlaub.*

Duftende Blüten für den Winter

- *Chimonanthus praecox* (syn. *C. fragrans*, Chinesische Winterblüte) – buschiger Strauch mit kleinen, duftenden Blüten in bräunlichem Gelb mit violetter Mitte an kahlen Zweigen. Braucht einen geschützten Standort.
- *Daphne odora* (Winterseidelbast) – holziger, immergrüner Strauch mit intensiv duftenden Winterblüten in bläulichem Rosa. **Achtung: Die Beeren sind giftig.**
- *Hamamelis mollis*, *H.* x *intermedia* 'Pallida' (syn. *H. m.* 'Pallida', Zaubernuss) – schöner Strauch mit intensiv duftenden, spinnenförmigen, gelben Blüten an kahlen Zweigen.
- *Lonicera fragrantissima* (Wohlriechende Heckenkirsche) – immergrün, mit cremeweißen, duftenden Blüten im Winter.
- *Mahonia* x *media* 'Charity' (Mahonie) – immergrüner Strauch mit stark duftenden, gelben Blüten und glänzenden Blättern. *(Mahonia aquifolium* ist ähnlich, hat aber dichtere Blütenstände)
- *Petasites fragrans* (Vanillenpestwurz) – hohe, sich ausbreitende Pflanze mit Blattrosetten und dichten, grünlichen oder gelblichen Blütenständen mit süßem Duft.
- *Viburnum farreri*, *V. grandiflorum* und *V.* x *bodnantense* 'Dawn' (winterblühende Schneeballarten) – Alle haben kleine, weißlich rosafarbene Blüten mit angenehmem Duft.

Pflanzenporträts

Buxus sempervirens

BUCHSBAUM

Buchsbaum eignet sich mit seinen kleinen, immergrünen Blättern gut für niedrige oder mittlere Hecken und ist außerdem *die* Formschnittpflanze. Für Hecken setzt man 20–30 cm hohe Jungpflanzen in 30–40 cm Abständen. Im ersten Jahr müssen sie um ein Drittel gekürzt werden, um den buschigen Austrieb anzuregen.

Höhe: 3 m (unbeschnitten)

Ausbreitung: bis 1,80 m

Boden und Standort: Gedeiht in jedem Gartenboden in Sonne oder Halbschatten.

Erica carnea

SCHNEE- ODER WINTERHEIDE

Sommerheide und Winterheide sind schwierig zu unterscheiden. Zu dieser Art gehören viele Namenssorten, die den Garten im Winter mit zahllosen Blüten in Rosa, Violett, Rot oder Weiß zum Leuchten bringen. Die Blätter ähneln feinen Nadeln. *Erica carnea* ist eine besonders nützliche Art, weil sie bei ausreichender Drainage auch kalkhaltigen Boden verträgt. Die meisten anderen Heidearten gedeihen ausschließlich auf sauren oder torfhaltigen Böden. Empfehlenswerte Sorten sind 'Aurea' mit goldenen Blättern und rosafarbenen Blüten sowie 'Vivellii' mit bronzefarbenen Blättern und dunkelmagentaroten Blüten.

▶ Salix britzensis *mit leuchtenden Zweigen.*

Höhe: 30 cm

Ausbreitung: 60 cm

Boden und Standort: durchlässiger Boden und ein heller Standort. Schwere Böden sollten mit Sand vermischt werden.

Prunus serrula

TIBETISCHE KIRSCHE

Diese Zierkirschenart ist im Winter besonders attraktiv, wenn man ihre glänzende, mahagoni- oder kupferrote, abschilfernde Rinde gut sehen kann. Im Frühling trägt sie schmale Blätter, die an eine Weide erinnern, und Gruppen aus kleinen, weißen Blüten. Die Herbstfärbung des Laubs ist gelb, die Krone hat einen schönen, runden Wuchs.

Höhe: 8 m und mehr

Ausbreitung: 5,50 m

Boden und Standort: normaler, durchlässiger Gartenboden, vorzugsweise leicht kalkhaltig, und ein heller Standort. Der Baum sollte angebunden werden, bis er fest verwurzelt ist (siehe Seite 964).

▶ *Helleboren sind bezaubernde Winterblüher.*

Design-Alternativen

SKIZZEN

Beide Entwürfe bauen auf ausdrucksvolle Formen. Für die Bepflanzung wurden Buchsbaum, Gräser, Hartriegel und Schneeheide gewählt.

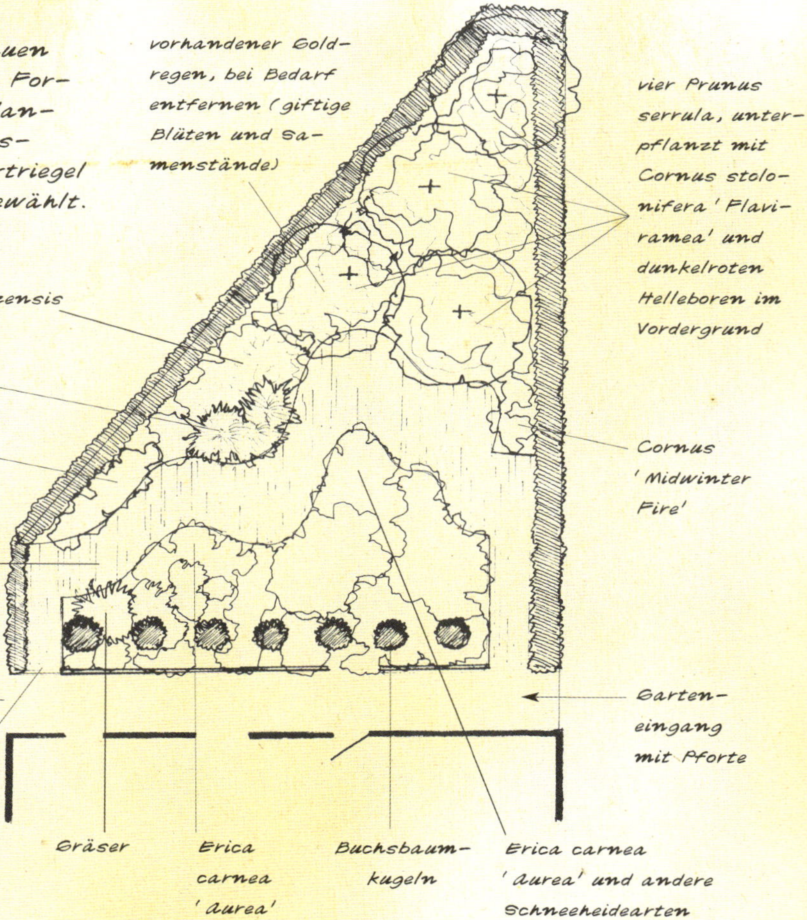

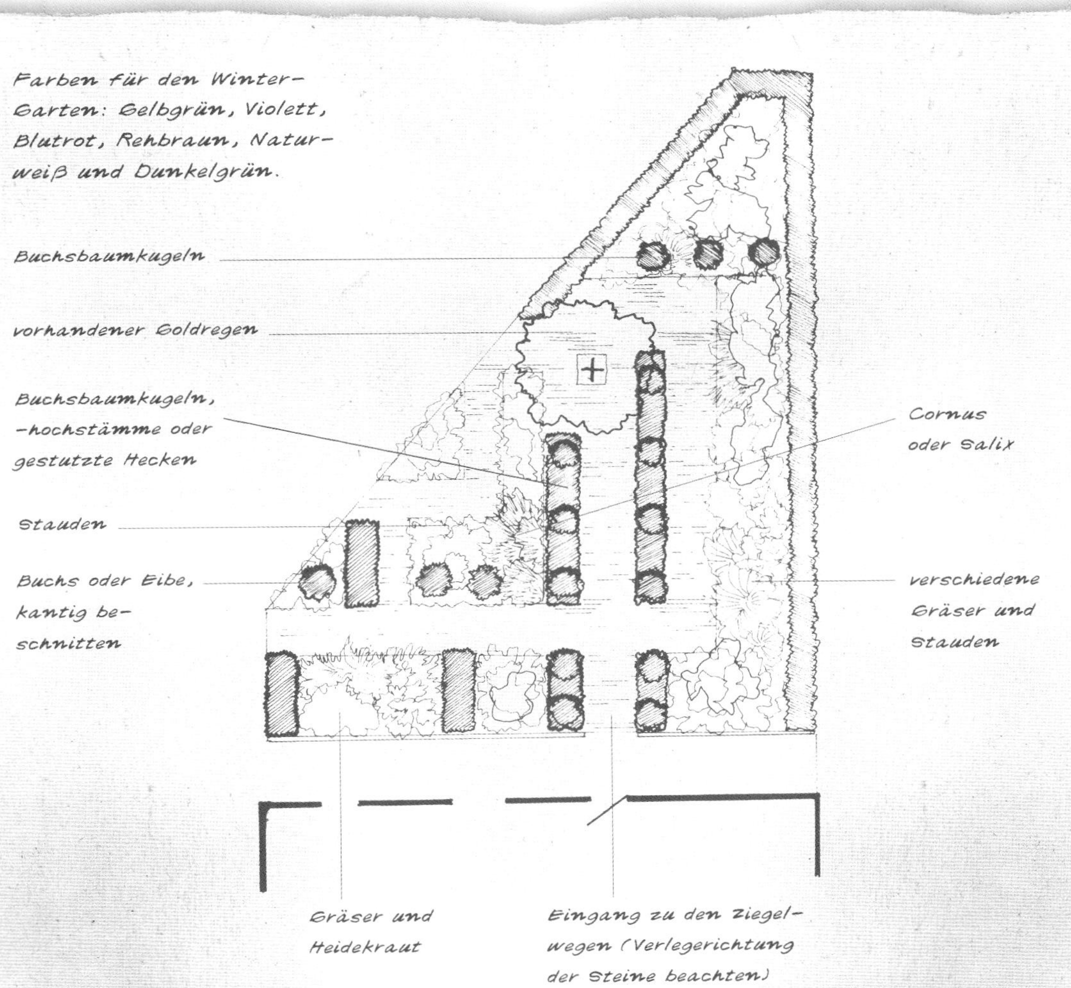
Farben für den Winter-Garten: Gelbgrün, Violett, Blutrot, Rehbraun, Naturweiß und Dunkelgrün.
Buchsbaumkugeln
vorhandener Goldregen
Buchsbaumkugeln, -hochstämme oder gestutzte Hecken
Stauden
Buchs oder Eibe, kantig beschnitten
Cornus oder Salix
verschiedene Gräser und Stauden
Gräser und Heidekraut
Eingang zu den Ziegelwegen (Verlegerichtung der Steine beachten)

Von Grund auf

Etwas Arbeit mit dem Spaten und vor allem sorgfältige Planung – das sind die Voraussetzungen für einen gelungen Garten. Wer Boden und Standort gut kennt, kann Pflanzen auswählen, die dort zuverlässig gedeihen. Jede Stunde der Vorbereitung und Planung des Gartens, ist eine lohnende Investition.

◀ Rhododendren gehören zu den so genannten Kalkfliehern, die nur auf saurem Boden gedeihen. Im Handel wird saures Pflanzsubstrat als Moorbeetsubstrat angeboten.

Boden ist nicht gleich Boden

Sie sollten unbedingt wissen, ob Ihr Boden leicht oder schwer, sauer oder alkalisch ist. Nehmen Sie eine Hand voll feuchter Erde und drücken Sie sie zusammen. Leichter, sandiger Boden fühlt sich rau an, die Hände bleiben fast sauber. Schwerer Boden ist glatt und ähnelt Ton, er klebt und lässt sich nur schwer abwaschen.

Leichte Böden haben den Vorteil, dass Wasser leicht abfließt und sie sich im Frühling schnell erwärmen. Sie müssen aber reichlich organische Substanz enthalten, damit auch für Nährstoffe gesorgt ist. Einige leichte Böden enthalten Torf. Sie sind warm, durchlässig und reich an Nährstoffen.

Schwere Lehmböden werden im Sommer rissig und bilden im Winter eine kalte, nasse Masse, die keine Luft an die Pflanzenwurzeln lässt. Sofern die Bodenstruktur nicht aufgelockert wird, sind ihre Nährstoffe für die Pflanzen nicht verfügbar. Schwere Böden sind kalt, darum keimen Samen hier nur schwer. Kreideböden ähneln Lehmböden, sind aber nährstoffarm. Es sind die magersten Böden überhaupt, zudem sind sie stark alkalisch.

Saure und alkalische Böden

Alkalische oder basische Böden findet man in Gebieten mit Kreide- oder Kalksandstein-Untergrund. Sie haben meist einen helleren Farbton als saure Böden. Dass Lehmböden generell sauer sind, ist ein Gerücht: Auch sie können stark alkalisch sein.

Der Säuren- und Basengehalt des Bodens wird mit dem pH-Wert auf einer Skala von 1 bis 14 angegeben. Ein pH-Wert unter 4 ist stark sauer, ein Wert über 8 stark basisch. Der Neutralwert liegt bei 7.

Pflanzen für alkalischen Boden

Nieswurz *(Helleborus)*
Fackellilie *(Kniphofia)*
Fingerkraut *(Potentilla)*
Flieder *(Syringa)*
Glockenblumen *(Campanula)*
Nelken *(Dianthus)*
Mexikanische Orangenblume *(Choisya ternata)*
Pfeifenstrauch *(Philadelphus)*
Schmetterlingsstrauch *(Buddleja)*
Storchschnabel *(Geranium)*

Saure Böden

Die meisten Pflanzen vertragen sauren Boden, die folgenden jedoch verlangen ihn:
Azaleen und Rhododendren
Kamelien *(Camellia)*
Heidekraut (außer *Erica carnea*)
Lilien, mit einigen Ausnahmen (siehe S. 983)

Den Boden verbessern

Um die Drainage schwerer Böden zu verbessern, graben Sie pro Quadratmeter einen Eimer voll Kies unter. Wer Kalkflieher pflanzen möchte, sollte keinen Kies aus Kalksandstein verwenden.

Allen Böden tut die Zugabe organischer Substanz gut, vor allem bei mageren Böden wird die Fruchtbarkeit erhöht. Geeignet sind Gartenkompost, verrotteter Stallmist oder Pilzkompost (meist alkalisch).

Viele Pflanzen schätzen alkalischen Boden, aber einige wenige gedeihen nur in saurem Boden (siehe Kasten).

Es gibt verschiedene Möglichkeiten, den pH-Wert des Bodens zu bestimmen. Spezielle Geräte mit einem Fühler zeigen den Wert auf einer Skala an. Bei Testsets für Bodenproben liest man den Wert auf einem Farbstreifen ab. Nehmen Sie Proben an verschiedenen Stellen im Garten. Wählen Sie Pflanzen, die auf dem jeweiligen Boden gedeihen, und verbessern Sie die Bodenstruktur, damit die Pflanzen reichlich Luft, Nährstoffe und Wärme erhalten.

◀ Sie brauchen einige Geräte für die Gartenpflege, die Sie immer sauber halten sollten.

Den Boden verbessern

Stallmist oder andere organische Substanz verbessert jeden Boden. Torf sollte man jedoch aus ökologischen Gründen nicht verwenden. Selbst hergestellter Kompost oder Laubkompost, Stallmist, Pilzkompost und Holzhäcksel lockern den Boden auf, verbessern das Wasserhaltevermögen

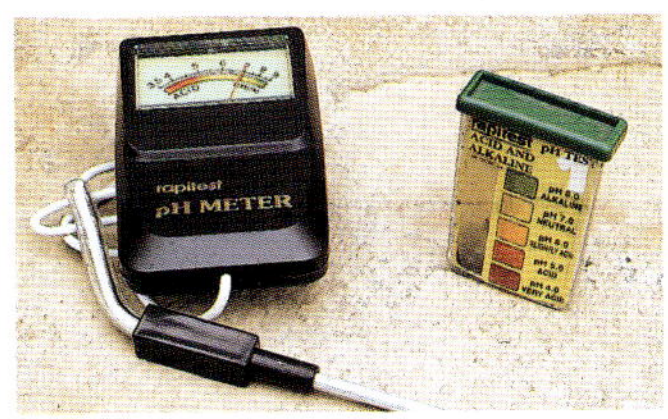

▲ Um den Boden optimal zu bepflanzen, sollten Sie den pH-Wert mit einem Messgerät (links) oder einem chemischen Testset (rechts) prüfen.

◀ *Fingerhut ist ursprünglich eine Waldrandpflanze. Er gedeiht am besten in einem beschatteten Bereich, verträgt aber auch Sonne.*

von sandigen und anderen durchlässigen Böden, belüften und erwärmen schwere Lehmböden. Je nach Substanz werden dem Boden zusätzliche Nährstoffe zugeführt. Außerdem wird die Vermehrung von Regenwürmern gefördert, die die Krume zerkleinern und vermischen, sodass die Pflanzen sich wohler fühlen.

Organische Substanz kann man mit Spaten oder Grabegabel in den Boden einarbeiten. Man kann sie auch als Mulch auf die Beete rings um die Pflanzen auflegen, solange der Boden im Frühling noch feucht ist. Der Mulch reduziert die Verdunstung von Bodenfeuchtigkeit, zerfällt langsam zu Humus und gelangt in den Boden.

Das Umgraben mit dem Spaten – am besten zwischen September und November – ist vor allem zum Auflockern von schweren Böden wichtig. Dazu gräbt man mit senkrecht gehaltenem Spaten einen Graben von einer Spatentiefe und wirft den Aushub zur Seite. Dann wird der Grund des Grabens mit der Grabegabel gelockert und organische Substanz zugegeben. Beim Ausheben des zweiten, angrenzenden Grabens werfen Sie den Aushub in den ersten Graben. Große Erdklumpen dürfen liegen bleiben, sie werden vom Frost aufgebrochen. Graben Sie das ganze Beet so um und füllen Sie den letzten Graben mit dem Aushub des ersten. Bis zum Frühling hat sich die aufgeworfene Erde wieder gesenkt, und Sie müssen nur grobe Klumpen mit einer Grabegabel auflockern.

Den Standort beurteilen

Die meisten Gartenpflanzen brauchen gutes Licht, einige gedeihen besser im Schatten. Arten, die ursprünglich aus Laubwäldern stammen, fühlen sich im Halbschatten wohl. Wer Glück hat, findet in seinem Garten verschiedene Bereiche für Pflanzen mit unterschiedlichen Lichtbedürfnissen. Einige Pflanzen bevorzugen einen offenen Standort, andere brauchen Windschutz. Offene Standorte sind meist sonnig, doch muss Windschutz nicht zugleich Schatten bedeuten. Einige Arten brauchen einen sonnigen, geschützten Platz.

Die meisten Pflanzen leiden bei starkem Wind. Nur einige zähe und widerstandsfähige Arten gedeihen an solchen Standorten in der Sonne

Flächen vermessen

Um die Kontur eines Weges oder Beetes anzuzeichnen, stechen Sie einen Pflock in den Boden und befestigen eine Schnur daran.

Die Schnur stramm ziehen und an einen zweiten Pflock binden. Um den Winkel zu verändern, werden die Pflöcke versetzt.

▶ *Sorgfalt beim Pflanzen zahlt sich aus. Die Pflanzen wachsen schneller an und werden kräftiger. Stecken Sie die Pflanzenetiketten dazu.*

oder im Schatten. All diese Faktoren müssen bei der Auswahl der Pflanzen berücksichtigt werden. Im Pflanzenverzeichnis (Seite 974–995) stellen wir Arten vor, die verschiedene Bedingungen tolerieren. Einige haben spezielle Vorlieben oder Bedürfnisse, die jeweils benannt sind.

Pflanzen einkaufen

Die einfachste Art, Pflanzen für den Garten zu beschaffen, ist der Einkauf im Gartencenter oder in der Gärtnerei, wo Sie die Pflanzen prüfen können. Containerpflanzen können ganzjährig gepflanzt werden, müssen aber bei Trockenheit regelmäßig gewässert werden, bis sie sicher angewachsen sind. Ideal ist ein Betrieb, der die Pflanzen selbst heranzieht und vom ersten Tag an gut versorgt. Manche Gärtnereien spezialisieren sich auf bestimmte Pflanzen, häufig auf Arten, die in der näheren Umgebung gut gedeihen. Engagierte Gärtner geben auch gern guten Rat.

Kaufen Sie nur Pflanzen mit kräftigen Stielen, gesunden Blättern und reichlich Knospen. Pflanzen, deren Wurzeln oben aus der Erde schauen oder unten aus den Abzugslöchern wachsen, sollten Sie stehen lassen. Solche Pflanzen haben zu lange in ihrem Topf gestanden, ihr Wurzelballen ist verfilzt. Auch auf Anzeichen von Krankheiten (z. B. Mehltau) oder Schädlingsbefall sollten Sie Pflanzen vor dem Kauf untersuchen. Vor der Pflanzung wird der Wurzelballen gut durchfeuchtet, vorsichtig aus dem Topf gelöst und mit den Fingern oder einer kleinen Grabegabel gelockert. Heben Sie das Pflanzloch großzügig aus und arbeiten Sie an seinem Grund etwas Kompost oder Dünger ein. Dann den Wurzelballen einsetzen, Erde einfüllen, andrücken und gründlich gießen.

Rosen, junge Bäume und einige andere Pflanzen werden von Spezialgärtnereien und Versandhändlern während der Pflanzperiode (Frühling oder Herbst) wurzelnackt angeboten. Wer sie nicht sofort pflanzen kann, muss die Wurzeln feucht halten. Am besten legt man die Pflanzen in eine Vertiefung und häuft Erde darüber oder schlägt sie in ein feuchtes Tuch.

◀ *Zwiebeln und Knollen pflanzt man während ihrer Ruhezeit in geeigneten Boden. Die Pflanztiefe entspricht der doppelten Zwiebelhöhe.*

Pflanzenverzeichnis

Einjährige und Zweijährige

In diese Gruppe fallen kurzlebige Pflanzen, die nur eine Saison lang blühen. Nach der Blüte sterben sie ab, den Winter überleben sie nur selten. Einjährige blühen innerhalb von 12 Monaten nach der Aussaat. Zweijährige blühen meist in der zweiten Saison ihres Lebens. Beide sind leicht aus Samen zu ziehen und bereichern den Garten durch Farbe und Vielfalt.

◀ *Alcea rosea (syn. Althaea rosea), die Stockrose oder Stockmalve.*

Alcea rosea
(syn. *Althaea rosea)*
STOCKROSE, STOCKMALVE

Stockrosen sind wunderschöne altmodische Blumen mit großen Rosetten (oder bei den gefüllten Sorten Pompons) aus Blüten, die sich an mannshohen Stielen reihen. Sie sind meist zweijährig, werden gelegentlich aber auch älter. Das Spektrum der Blütenfarben reicht von dunklem Karminrot über Rotbraun und Violett bis zu Weiß, Rosa und zartem Gelb. Stockrosen sind klassische Bauerngartenpflanzen, die sich vor einer Hauswand wohl fühlen, aber auch in Beeten und sogar Lücken im Pflaster wachsen. Sie blühen vom Spätsommer an und locken Schmetterlinge und Bienen an. *A. r.* 'Chater's Double' (hoch) und *A. r.* 'Majorette' (niedrig) sind gefüllte Sorten. 'Majorette' blüht etwas später und passt gut in gemischte Beete.

Höhe: 1,80 m und mehr (hohe Sorten), 60–90 cm (niedrige Sorten)
Ausbreitung: 60 cm
Boden und Standort: durchlässige, sogar steinige, aber nahrhafte Böden an einem sonnigen Platz. Die hohen Blütenstiele müssen gestützt werden.

Bassia scoparia
(syn. *Kochia scoparia)*
SOMMERZYPRESSE, BESEN-RADMELDE

Die grünblättrige Beetpflanze sieht aus wie eine Zwergkonifere. Sie eignet sich, um einer Pflanzung Struktur und Fülle zu geben. Bei geschickter Platzierung belebt sie den Garten mit ihrem frischen Grün. Man kann sie in Töpfe pflanzen und in Form schneiden oder zu einer kurzlebigen „Hecke" aufreihen. Ehe sie im Herbst abstirbt, nimmt sie einen rötlichen Bronzeton an. 'Evergreen' ist eine Sorte, die im Herbst grün bleibt.

Höhe: 0,5–1,50 m
Ausbreitung: 50 cm
Boden und Standort: anspruchslos. Leichter Boden und offener Standort sind ideal.

Bellis perennis
GÄNSEBLÜMCHEN, MASSLIEBCHEN

Die kleinen Kulturgänseblümchen tragen im Spätfrühling Blüten in Rosa, Rot und Weiß. Manche sind zweifarbig, alle haben ein gelbes Zentrum. Man zieht die hübschen Pflanzen im Vorjahr aus Samen heran oder kauft sie als Jungpflanzen. Empfehlenswert sind die Sorte 'Carpet Mixed' und die Serie Pomponette.

Höhe: bis 20 cm
Ausbreitung: 15 cm
Boden und Standort: durchlässiger Boden in Sonne oder Halbschatten.

Brachyscome iberidifolia
BLAUES GÄNSEBLÜMCHEN

Blaue Gänseblümchen tragen vom Früh- bis Spätsommer zahllose Strahlenblüten in Blau oder rötlichem Violett, manchmal mit einem weißen Innenkranz. Sie können leicht im Frühling aus Samen gezogen werden, bevorzugen aber einen

Sonnenplatz. An geschützten Standorten säen sie sich in Pflaster- und Mauerfugen selbst aus. Gut für Ampeln und Kübel.
Höhe: 20–50 cm
Ausbreitung: 30 cm
Boden und Standort: sehr durchlässiger Boden in sonniger, geschützter Lage.

Calendula
RINGELBLUME

Die Ringelblume ist eine altmodische Gartenblume, die leicht aus Samen zu ziehen ist. Früher säte man die Urform *Calendula officinalis* in Gärten und Gemüsebeeten, trocknete sie und verwendete sie in winterlichen Eintöpfen. Es gibt viele Zuchtformen mit Blüten in Schattierungen von leuchtendem Orange, Dottergelb und Creme mit lanzettlichen, hellgrünen Blättern. Zur *C. officinalis* Pacific-Beauty-Serie gehört die Sorte 'Lemon Queen' mit Blüten in warmem Gelb sowie verschiedene andere ungewöhnlich gefärbte Sorten.
Höhe: 30–60 cm
Ausbreitung: 30–50 cm
Boden und Standort: Gedeiht auf magerem Boden, sofern er durchlässig ist. Sät sich an warmen, sonnigen Plätzen leicht selbst aus.

Centaurea cyanus
KORNBLUME

Die bekannte Kornblume passt zu vielen Gartenstilen und blüht über einen langen Zeitraum, sofern man verwelkte Blüten regelmäßig abschneidet. Man kann sie im Frühling säen, bei Aussaat im Herbst des Vorjahres werden die Pflanzen aber kräftiger. Neben der blau blühenden Grundform gibt es Sorten mit rosa, weißen und violetten Blüten. Eignet sich auch für Kübel und Kästen auf der Terrasse und muss an windigen Standorten mit verzweigten Reisern gestützt werden.
Höhe: 20–75 cm
Ausbreitung: 15 cm
Boden und Standort: Gedeiht in durchschnittlichem, durchlässigem Boden bei gutem Licht. Verträgt gelegentliche Trockenheit.

▲ Centaurea cyanus, *die Kornblume, ideal für naturnahe Gärten.*

Clarkia
ATLASBLUME, KLARKIE, GODETIE, MANDELRÖSCHEN

Clarkia elegans ist leicht aus Samen zu ziehen und trägt Blüten in freundlichem Lachsrosa, Violett oder Lavendel. *C. amoena* hat seidige, papierdünne Blüten, meist in Weiß oder Rosatönen und oft mit interessanter Zeichnung. Alle werden im Frühling ins Freiland gesät und blühen in den Sommermonaten. Bei Herbstaussaat erfolgt die Blüte im Folgejahr früher. *(Clarkia elegans* heißt heute *Clarkia unguiculata*, jedoch wird dieser Name selten verwendet.)
Höhe: 30–90 cm
Ausbreitung: 20–30 cm
Boden und Standort: Atlasblumen brauchen durchlässigen, leicht sauren Boden und Schutz vor praller Sonne. In trockenem, magerem Boden blühen sie am besten.

Consolida ajacis
GARTENRITTERSPORN

Der Gartenrittersporn trägt hohe Blütenstiele mit Blüten in Blau oder verschiedenen Tönen von Rosa, Rot, Weiß und Violett. Das Laub ist fein geschnitten. Die Pflanze passt gut in informell gestaltete Beete. Man sät sie im Frühling ins Freiland, sie sät sich aber auch leicht selbst aus. Besonders kräftig und gut verzweigt ist die Serie Giant Imperial.
Höhe: 90 cm (Zwergsorten 30 cm)
Ausbreitung: 25 cm
Boden und Standort: anspruchslos, solange der Boden durchlässig ist.
ACHTUNG: DIE SAMEN DES GARTENRITTERSPORNS SIND GIFTIG.

◀ *Die rosa blühende Variante des Blauen Gänseblümchens* Brachyscome iberidifolia.

Cosmos bipinnatus 'Sensation Mixed'
KOSMEE, SCHMUCKKÖRBCHEN

Das zarte Aussehen der Strahlenblüten wird durch das fein geschnittene Laub betont. Kosmeen werden im zeitigen Frühling im Haus vorgezogen und blühen vom Hochsommer bis zum ersten Frost. Die bekannte Sorte 'Sensation Mixed' trägt Blüten in Weiß, Pink und rötlichem Violett. Innerhalb der Serie Sensation gibt es auch einfarbig blühende Sorten.
Höhe: 90 cm
Ausbreitung: 50 cm
Boden und Standort: durchschnittlich nahrhafter, feuchter, aber durchlässiger Boden in sonniger Lage.

▲ *Salbei* (Salvia splendens) *blüht den ganzen Sommer lang.*

Dianthus barbatus
BARTNELKE

Es gibt eine große Vielfalt von Nelken, darunter auch die Garten- und Polsternelken. *D. barbatus* hat altmodischen Charme. Man kultiviert sie am besten zweijährig, sät im Frühsommer und pflanzt im Herbst um. Man kann auch im Frühling Jungpflanzen kaufen. Viele haben gestreifte oder mehrfarbige Blüten mit dunklerem Auge und einen süßen Duft. Schneidet man sie nach der Blüte zurück, blühen sie meist noch einmal. Man kann sie über Winter stehen lassen, mit etwas Glück treiben sie im Frühling neu aus.

Höhe: 50 cm

Ausbreitung: 25 cm

Boden und Standort: durchlässiger, nahrhafter Boden, vorzugsweise leicht alkalisch, in sonniger Lage.

Digitalis purpurea
FINGERHUT

Fingerhut muss man nicht näher vorstellen. Als Gruppenpflanzung gibt er einem schattigen Gartenwinkel Höhe und wirkt sehr ruhig. Neben der kräftig rosa blühenden Wildform gibt es auch Sorten in Creme, Apricot und zarterem Rosa. Die Farben der hohen Excelsior-Hybriden harmonieren gut miteinander. *D. purpurea* f. *albiflora* blüht weiß. Die hohen Blütenstiele brauchen an windigen Standorten eine Stütze.

Höhe: bis 1,50 m

Ausbreitung: bis 60 cm

Boden und Standort: Bevorzugt humusreichen Boden und lichten Schatten. Ideal für helle Waldrandlagen. Sät sich an geeigneten Standorten selbst aus.

ACHTUNG: ALLE TEILE DER PFLANZE SIND BEI VERZEHR GIFTIG.

Erysimum cheiri
(syn. *Cheiranthus cheiri)*
GOLDLACK, SCHÖTERICH

Auf diese schöne Duftpflanze sollte man nicht verzichten. Die Blüten sind zwar einfach und nicht einmal groß, doch haben sie eine wunderbar samtige Textur und herrlich intensive Farben, etwa dunkles Blutrot oder Dottergelb. Sortennamen wie 'Blood Red', 'Cloth of Gold' oder 'Persian Carpet' sprechen für sich selbst. Man kann sie im Frühling des Vorjahres aus Samen ziehen oder Jungpflanzen im Spätherbst kaufen. Besonders effektvoll sehen dichte Pflanzungen aus. *E.* 'Bowles Mauve' ist eine immergrüne Staude, der jedoch der typische Duft fehlt. Sie blüht fast ganzjährig.

Höhe: bis 50 cm

Ausbreitung: bis 30 cm

Boden und Standort: durchlässiger, nahrhafter, eher alkalischer Boden an hellem Platz.

▶ Helianthus annuus, *die einjährige Sonnenblume.*

Euphorbia marginata
SCHNEE-AUF-DEM-BERGE

Diese winterharte Einjährige wirkt sehr elegant. Sie blüht zwar nicht, hat aber sehr attraktives, weiß gezeichnetes Laub. Am richtigen Standort ist sie vom Frühling, wenn sie ins Freiland gepflanzt wird, bis zum Spätsommer eine Zierde. Auch für Kübel und Töpfe geeignet.

Höhe: 60–90 cm

Ausbreitung: 30 cm

Boden und Standort: Braucht leichten, durchlässigen Boden und einen offenen, sonnigen Standort.

ACHTUNG: DER SAFT KANN HAUTREIZUNGEN VERURSACHEN.

Gomphrena globosa
KUGELAMARANT

Amarant ist ungewöhnlich, farbenfroh und unkompliziert. Die kräftigen, an Klee erinnernden Blütenköpfe sind meist rot und rosafarben und lassen sich gut trocknen. Mit dem buschigen Wuchs füllt die Pflanze Lücken im Beet. Im Frühling im Haus vorgezogen, blüht er den ganzen Sommer lang.

Höhe: 30–60 cm

Ausbreitung: 40 cm

Boden und Standort: Braucht durchlässigen, relativ nahrhaften Boden und einen sonnigen Standort.

Helianthus annuus
SONNENBLUME

In den letzten Jahren wurden viele Zuchtformen dieser beliebten Bauerngartenblume entwickelt – übermannshohe wie zwergwüchsige. Die Blüten sind meist gelb oder orangefarben, in der scheibenförmigen Mitte reifen die Samen heran, die nach dem Trocknen als Vogelfutter dienen. 'Pacino' ist eine traditionelle Sorte, zu den Zwergformen zählen 'Music Box' und 'Teddy Bear'.

Höhe: bis 5 m (hohe Sorten), 50 cm (Zwergsorten), 70 cm ('Music Box'), 90 cm ('Teddy Bear')

Ausbreitung: bis 60 cm

Boden und Standort: durchlässiger, humusreicher Boden, darf auch trocken und leicht alkalisch sein. Gedeiht nur in warmen Sommern optimal.

◀ *Der Ziertabak* (Nicotiana) *braucht durchlässigen Boden in Sonne oder Halbschatten.*

Ipomoea
PRUNKWINDE

Die Prunkwinde ist eine einjährige Kletterpflanze mit windenden Trieben, die im Spätfrühling ins Freiland gesät wird. Sie hat herzförmige Blätter und weit geöffnete, meist blaue Trompetenblüten. Jede Blüte hält nur einen Tag, doch es erscheinen den ganzen Sommer lang neue. Mehrere Pflanzen begrünen im Nu einen Zaun oder ein Wigwam aus Stäben. Die Sorte *Ipomoea purpurea* trägt Blüten in Rosa, Pink, Violett und Weiß. *I. tricolor* (syn. *I. violacea)* hat himmelblaue Blüten mit weißer Mitte.

Höhe: 3 m
Ausbreitung: 30 cm
Boden und Standort: durchlässiger, fruchtbarer Boden in geschützter, sonniger Lage.

Lathyrus odoratus
DUFTWICKE

Die Wicke ist mit der Erbse verwandt und hält sich wie diese mit Ranken an einer Kletterhilfe fest. Wicken tragen gewellte Blüten in vielen Pastellfarben, aber auch in intensiven Tönen wie leuchtendem Rot oder tiefem Violett. Sie werden im Herbst des Vorjahres ins Freiland gesät oder zeitig im Jahr im Haus vorgezogen und blühen vom Frühsommer bis zum Herbst. Viele duften intensiv und sind deswegen auch als Schnittblumen beliebt. Je mehr Blüten man schneidet, desto mehr neue treiben nach. Wicken werden in Gruppen gepflanzt. Sie brauchen eine Kletterhilfe, etwa ein Netz oder Reiser. 'Jet Set Mixed' und 'Knee High' sind kleinwüchsige Sorten für die Kübelkultur.

Höhe: bis 2 m; 1 m (Zwergsorten)
Ausbreitung: 15–25 cm (Bei diesem Pflanzabstand wachsen die Pflanzen ineinander.)
Boden und Standort: nahrhafter, tiefgründiger Boden mit guter Drainage, aber ausreichend Feuchtigkeit. Heller, sonniger, windgeschützter Standort.

Lavatera trimestris
BECHERMALVE

Die einjährige Gartenblume ist sehr kräftig und bildet reich blühende, buschige Pflanzen. Zu den beliebtesten Sorten gehören die auffällige 'Silver Cup' in sehr kräftigem Rosa sowie 'Mont Blanc' in Schneeweiß. Man sät sie im Frühling direkt ins Freiland.

Höhe: 75 cm
Ausbreitung: 40 cm
Boden und Standort: leichter, durchlässiger, relativ nahrhafter Boden in sonniger, geschützter Lage.

Limnanthes douglasii
SUMPFBLUME

Sumpfblumen bilden niedrige Teppiche aus weißen Blüten mit dottergelber Mitte, die bei Bienen und Marienkäfern (natürlichen Feinden von Blattläusen) beliebt sind. Sie werden im Frühherbst oder im mittleren bis späten Frühling gesät und blühen im Hochsommer. An günstigen Standorten säen sie sich leicht selbst aus.

Höhe: bis 20 cm
Ausbreitung: 15 cm
Boden und Standort: durchlässiger, aber feuchter Boden an einem sonnigen, offenen Standort.

Lunaria annua
(syn. *Lunaria biennis)*
SILBERBLATT

Das Silberblatt wird wegen der flachen, silbrigen Samenstände auch Silberling oder Silbertaler genannt. *Lunaria annua* blüht meist rötlich violett, *L. a.* var. *albiflora* blüht weiß. *L. a.* 'Variegata' hat weiß panaschierte Blätter, *L. a.* 'Alba Variegata' weiße Blüten und weiß gezeichnete Blätter. Man sät sie im Frühling ins Freiland. Im Herbst des Folgejahres sind die Pflanzen ausgereift und säen sich selbst aus.

Höhe: bis 75 cm
Ausbreitung: 30 cm
Boden und Standort: Die Pflanzen sind anspruchslos.

▶ *Die Duftwicke* (Lathyrus odoratus).

◀ Nigella damascena, *die Jungfer-im-Grünen.*

Meconopsis cambrica
WALDSCHEINMOHN, KAMBRISCHER SCHEINMOHN

Diese Pflanze ist nicht auf den ersten Blick als Mohngewächs zu erkennen, weil sie leuchtend gelbe Blüten und etwas niedrigere Stiele als der einjährige Klatschmohn hat. Die seidigen Blütenblätter, die behaarten Stiele und die nickenden Knospen identifizieren sie jedoch als Mitglied der Mohnfamilie. Ähnlich, aber noch ungewöhnlicher ist *M. grandis*, der Große Scheinmohn mit seinen leuchtend blauen Blüten.

Höhe: 30–50 cm

Ausbreitung: 20 cm

Boden und Standort: Gedeiht in durchlässigem, aber nicht trockenem Boden im Halbschatten. Verträgt keine heißen, trockenen Sommer.

Moluccella laevis
MUSCHELBLUME

Die Muschelblume hat ungewöhnliche, grüne Blütenstände, die sich gut trocknen lassen. Die eigentlichen, schwach duftenden Blüten sind winzig und weiß, auffälliger sind die grünen Kelchblätter, die wie Elfenkappen aussehen. Die Pflanze blüht im Spätsommer. Man zieht sie im zeitigen Frühling im Haus vor oder sät sie im späten Frühling an Ort und Stelle.

Höhe: 60 cm–1 m

Ausbreitung: 20–30 cm

Boden und Standort: Braucht fruchtbaren, durchlässigen Boden und einen geschützten Standort.

Nemophila menziesii
HAINBLUME

Die niedrige, breitwüchsige Pflanze eignet sich gut für Steingärten und Beetränder. Das hübsche, hellgrüne Laub verschwindet beinahe unter zahllosen kleinen Blüten in verschiedenen Farbkombinationen. Die Sorte 'Baby Blue Eyes' blüht hellblau mit weißem Auge, 'Penny Black' hat schwarz-weiße Blüten, 'Snowstorm' blüht schneeweiß. Die Pflanzen blühen den ganzen Sommer lang und werden im Spätfrühling ins Freiland gesät.

Höhe: 20 cm

Ausbreitung: 30 cm

Boden und Standort: Die Pflanzen brauchen durchlässigen, nahrhaften Boden mit ausreichend Feuchtigkeit und gedeihen in Sonne und Halbschatten.

Nicotiana
ZIERTABAK, TABAKSBLUME

Auf dem Markt findet man meist Jungpflanzen aus der Serie Domino mit verschiedenen Blütenfarben wie Rot, Pink, Weiß, Creme, Lindgrün, Mauve und Violett. Sie sind attraktiv und duften schwach. *Nicotiana alata* ist höher, trägt Blüten in milchigem Weiß oder Lindgrün und duftet vor allem abends sehr intensiv. *N. sylvestris* hat stark duftende, hängende Blüten in schlanker Röhrenform, die an verzweigten Stielen über den typischen Tabaksblättern stehen. Alle Arten werden meist zweijährig kultiviert und blühen vom Frühsommer bis zum Spätsommer.

Höhe: 30 cm (Serie Domino), 60 cm–1 m (N. alata), *1,20–1,50 m* (N. sylvestris)

Ausbreitung: 30 cm, 60 cm (N. sylvestris)

Boden und Standort: nahrhafter, durchlässiger, feuchter Boden in Sonne oder Halbschatten.

ACHTUNG: DAS LAUB KANN HAUTREIZUNGEN VERURSACHEN.

Nigella damascena
SCHWARZKÜMMEL, JUNGFER-IM-GRÜNEN

Die Pflanze mit dem fiedrigen Laub und den zierlichen, hellblauen Blüten sieht sehr duftig aus und trägt zudem im Herbst interessante, rundliche Samenkapseln. Die Einjährige ist eine beliebte Bauerngartenpflanze, die auch zu anderen Gartenstilen gut passt. Die Serie Persian Jewels Mixed trägt Blüten in verschiedenen Blau-, Rosa- und Violetttönen sowie Weiß, Puristen bevorzugen jedoch 'Miss Jekyll' mit himmelblauen Blüten. Man sät *Nigella* an Ort und Stelle, Umpflanzen verträgt sie schlecht.

Höhe: 40–50 cm

Ausbreitung: 25 cm

Boden und Standort: feuchter, nahrhafter, durchlässiger Boden und ein sonniger, geschützter Standort. Gedeiht am besten in eher kühlen Sommern.

Papaver
MOHN

Mohn ist eine Bereicherung für jeden Blumengarten. Die hauchzarten Blüten leuchten im Licht, bewegen sich im leichtesten Wind und sind in herrlichen Farben erhältlich. *P. rhoeas* 'Shirley' (Klatschmohn) ist mit einfachen und gefüllten Blüten in Rosa, hellem Violett, Weiß und seltener auch Orange und Rot erhältlich. *P. somniferum* (Schlafmohn) blüht in mattem Rosa oder Fliedertönen, meist mit weißer oder rötlicher Zeichnung. Die Blätter, Samenkapseln und Stiele sind bläulich.

Höhe: 90 cm (P. rhoeas), *1,20 m* (P. somniferum)

Ausbreitung: 30 cm

Boden und Standort: relativ nahrhafter, durchlässiger Boden mit gutem Licht.

ACHTUNG: VERURSACHT BEI VERZEHR VERGIFTUNGEN. (P. SOMNIFERUM/SCHLAFMOHN IST IN DEUTSCHLAND AUCH IM ZIERGARTEN GENEHMIGUNGSPFLICHTIG, SAATGUT IST NICHT IM FREIEN HANDEL ZU BEKOMMEN).

Rudbeckia hirta
RAUER SONNENHUT

Der Raue Sonnenhut ist eine Staude, die einjährig kultiviert wird und in Spätsommer und Herbst an Margeriten erinnernde Strahlenblüten in leuchtendem Gelb, Rot oder Rotbraun trägt. Die Blüten stehen auf kräftigen, verzweigten Stielen über einfachem, dunklem Laub und haben ein konisches Zen-

trum in bräunlichem Violett. Zu den besten Sorten gehören 'Rustic Dwarfs' mit dunkleren, gefleckten Blüten, 'Goldilocks' mit gefüllten oder halb gefüllten Blüten in Goldgelb sowie 'Marmelade' mit großen, leuchtend gelben Blüten. 'Becky Mixed' ist eine Zwergsorte in verschiedenen Farben. Verwelkte Blüten abschneiden, um die Nachblüte anzuregen.
Höhe: 60 cm,
25 cm ('Becky Mixed')
Ausbreitung: 30–50 cm
Boden und Standort: nahrhafter, durchlässiger Boden und volle Sonne.

Salvia splendens
PRACHTSALBEI

Diese Staude wird einjährig kultiviert. Sie blüht den ganzen Sommer lang und überlebt oft sogar die ersten Fröste. Wegen der leuchtenden Blüten ist sie für öffentliche Anlagen beliebt. Neben der bekannten, rot blühenden Salbei gibt es auch Sorten in Rosa und Orange oder die Serie Cleopatra mit rötlich violetten Blüten. Empfehlenswert sind weiterhin *S. s.* 'Phoenix Mixed', *S. s.* 'Phoenix Purple' und 'Sizzler Mixed' aus der Serie Sizzler.
Höhe und Ausbreitung: 30–40 cm
Boden und Standort: durchlässiger Boden und heller, sonniger Standort.

Scabiosa atropurpurea
SAMTSKABIOSE, WITWENBLUME

Die fliederfarbenen oder bläulichen Blüten der Skabiose erscheinen einzeln an drahtigen Stielen den ganzen Sommer lang und locken Schmetterlinge und Bienen an. Locker gewellte Blütenblätter umgeben ein rundliches Zentrum. Am besten sehen die Pflanzen in lockeren Gruppen in informellen Beeten aus. Es sind kurzlebige Stauden, die aber ein- oder zweijährig kultiviert werden. Man sät sie im Frühling an Ort und Stelle. Double Mixed und Dwarf Double Mixed haben Blüten in Blau sowie in Weiß, Rosa und Violett.
Höhe: 90 cm, 50 cm (Zwergsorten)
Ausbreitung: 20 cm
Boden und Standort: durchlässiger, nahrhafter, kalkhaltiger Boden an einem sonnigen, offenen Standort.

Tropaeolum
KAPUZINERKRESSE

Kapuzinerkresse ist eine unkomplizierte Einjährige mit samtigen, gespornten Blüten in leuchtenden Farben und runden, flachen, graugrünen Blättern. Blüten und Blätter sind essbar. Es gibt buschige, niedrige Sorten und kletternde Formen, die schnell Zäune, Spaliere und andere Pflanzen bewachsen. Namenssorten in Einzelfarben wie Scharlachrot, Orange, Rotbraun, Gelb und Creme sind erhältlich, ferner Sorten mit panaschiertem Laub. Die Serie Alaska hat rosacremefarben marmorierte Blätter. Die Pflanzen sind anfällig für Blattläuse.
Höhe: 30–60 cm,
1–3 m (kletternde Sorten)
Ausbreitung: 40–60 cm
Boden und Standort: Blüht am besten in magerem, durchlässigem Boden in voller Sonne.

▼ Meconopsis cambrica, *der Waldscheinmohn, mit leuchtend gelben Blüten.*

Zwiebel- und Knollenpflanzen

In diese Gruppe fallen nicht nur die klassischen Frühlingsblüher, sondern Arten für alle Jahreszeiten und Standorte, vom Steingarten bis zum feuchten Teichufer oder Sumpfbeet. Nach der Blüte sollte das Laub natürlich abwelken dürfen, damit die Zwiebel oder Knolle Nährstoffreserven speichern kann, um die Ruhezeit zu überdauern und in der folgenden Saison erneut zu blühen.

Agapanthus africanus
SCHMUCKLILIE

Im Spätsommer trägt die Schmucklilie auf hohen, kräftigen Stielen kugelige Blütenstände aus trompeten- oder glockenförmigen Blüten in Blau, gelegentlich auch in Weiß. Die attraktive Pflanze bildet große Horste aus langen, speerförmigen Blättern und eignet sich für Kübel und Beete. Sie ist frostempfindlich und muss im Winter mit einer dicken Mulchschicht geschützt werden.

Höhe: 60–90 cm
(einzelne Sorten wesentlich höher)
Ausbreitung: 45–60 cm
Boden und Standort: leichter, durchlässiger, aber feuchter Boden, sehr heller Standort.

Allium christophii
STERNKUGELLAUCH

Diese Pflanze aus der Familie der Lauchgewächse trägt auf hohen Stielen über schlanken, graugrünen Blättern Kugeln aus fliederfarbenen Sternblüten. Es gibt viele Alliumsorten in unterschiedlichsten Höhen, die vom Frühling bis zum Herbst blühen. *Allium christophii* blüht im Frühsommer. *A. giganteum* ist eine größere Art mit dichten, rötlichen Blütenkugeln im Sommer.

Höhe: 60 cm (A. christophii), *1,50–2 m* (A. giganteum)
Ausbreitung: 15 cm
Boden und Standort: relativ anspruchslos. Braucht durchlässigen Boden und viel Sonne.

ACHTUNG: DER SAFT DER ZWIEBELN KANN ALLERGIEN UND AUSSCHLAG AUSLÖSEN.

Anemone blanda
BERGANEMONE, WINDRÖSCHEN

Die zierliche Anemone mit den fein geschnittenen Blättern trägt im zeitigen Frühling Strahlenblüten in Himmelblau, bläulichem Rosa oder reinem Weiß. Sie eignet sich für Naturgärten und Gehölze und breitet sich an geeigneten Standorten schnell über große Flächen aus.

Höhe: 20 cm
Ausbreitung: 10 cm
Boden und Standort: durchlässiger, nicht zu trockener Boden in Sonne oder Halbschatten. Gedeiht gut unter Laubbäumen, weil sie blüht, ehe das Laub der Bäume austreibt.

Arum italicum
ITALIENISCHER ARONSTAB

Die Pflanze ist eng mit dem wilden Aronstab verwandt. Sie bildet im Winter und Frühling glänzende Blätter, über denen sich im Frühling winzige Blüten mit einer großen Spatha in Creme oder Hellgrün erheben. Im Spätsommer trägt der Spadix leuchtend rote Beeren. *A. i.* 'Marmoratum' (syn. *A. i.* 'Pictum') hat weiß marmorierte Blätter. Die frostempfindlichere Art *Arum pictum* hat schmale, weiß geäderte Blätter.

Höhe: 30 cm
Ausbreitung: 15 cm
Boden und Standort: humusreicher, durchlässiger Boden in Sonne bis Schatten.

◀ Allium christophii, *Sternkugellauch.*

Chionodoxa
SCHNEEGLANZ

Im zeitigen Frühling leuchten die weiß geöffneten Sternblüten zwischen den hübschen, mittelgrünen Blättern. *Chionodoxa forbesii* (manchmal auch als *C. luciliae* im Handel), die verbreitetste Art, hat blaue Blüten mit weißem Auge, die Sorte 'Pink Giant' blüht rosafarben. Schneeglanz eignet sich gut für Steingärten, gedeiht aber auch unter Bäumen. Die Pflanze sät sich leicht selbst aus.
Höhe: 10–20 cm
Ausbreitung: 3 cm
Boden und Standort: durchlässiger Boden, ausreichende Feuchtigkeit, sonnige Lage.

Colchicum
HERBSTZEITLOSE

Die zartfarbigen Blüten, die an Krokusse erinnern, erscheinen im Herbst noch vor den Blättern, die jedoch denen von Krokussen nicht ähneln. Einige Arten sind selten und begehrt (und darum teuer). *C. autumnale* und *C. speciosum* jedoch sind leicht erhältlich. Beide gibt es in verschiedenen Sorten mit Blüten in Weiß sowie Rosa- und Fliedertönen.
Höhe: 10–15 cm
Ausbreitung: 8 cm
Boden und Standort: nahrhafter Gartenboden und ein offener, sonniger Standort.
ACHTUNG: HERBSTZEITLOSE SIND GIFTIG.

Crinum × powellii
HAKENLILIE, KAPLILIE

Hakenlilien stammen aus Südafrika, viele Arten vertragen kein kaltes Klima. *Crinum × powellii* ist jedoch recht frosttolerant. Die Pflanzen bilden Horste aus breiten, riemenförmigen Blättern. Über diesen erheben sich kräftige Stiele, die sechs bis acht hängende Trompetenblüten in Rosa oder Weiß tragen. Die Blüten halten sich bis in den Herbst. Im Winter sollte die Pflanze mit einer dicken Mulchschicht geschützt werden.
Höhe: 90 cm
Ausbreitung: 30 cm
Boden und Standort: durchlässiger Boden mit ausreichend Feuchtigkeit an einem warmen, geschützten Standort.
ACHTUNG: ALLE TEILE DER PFLANZE KÖNNEN BEI VERZEHR ÜBELKEIT UND ERBRECHEN AUSLÖSEN. DER SAFT KANN HAUTREIZUNGEN VERURSACHEN.

Crocus
KROKUS

Früh blühende Krokusse dürfen in keinem Garten fehlen, ob im Steingarten, unter Bäumen, in Beeten oder in Kübeln auf der Terrasse. Zu den frühesten Sorten zählen *C. tommasinianus* mit Blüten in Amethystviolett bis Flieder oder bei der Sorte 'Ruby Giant' rötlichem Violett. Der größere *C. vernus* zeigt das gleiche Farbspektrum sowie einige intensivere Farben. 'Dutch Yellow' ist eine gelb blühende Sorte, 'Joan of Arc' hat gefiederte Blüten, 'Winston Churchill' trägt gestreifte Blüten. Alle blühen im mittleren Frühling, so auch *Crocus angustifolius* mit duftenden, gelben Blüten mit bronzefarbener Außenseite. Die Knollen vermehren sich schnell und bilden kleine Horste. Die robusteren Arten kann man in Rasenflächen verwildern lassen.
Höhe: bis 10 cm
Ausbreitung: 3 cm
Boden und Standort: durchlässiger Boden und ein sonniger Platz, an dem die Knollen möglichst wenig gestört werden.

▲ Agapanthus africanus, *die Schmucklilie.*

Cyclamen coum
ALPENVEILCHEN

Die Pflanze stammt aus der Türkei und gedeiht im Schutz von Bäumen und Sträuchern. Sie trägt im Winter Blüten in Rosa- und Violetttönen. Die flachen, herzförmigen Blätter sind sehr dunkel und oft silbrig marmoriert. Die Blüte dauert bis zum mittleren Frühling an. Bei einem renommierten Händler kaufen, um keine Knollen von Wildpflanzen zu erhalten.
Höhe: 10 cm
Ausbreitung: bis 15 cm
Boden und Standort: durchlässiger, humusreicher Boden. Sonne oder Halbschatten.
ACHTUNG: ALLE TEILE DER PFLANZE KÖNNEN BEI VERZEHR ÜBELKEIT UND ERBRECHEN AUSLÖSEN.

◄ Eranthis hyemalis, *der Winterling, blüht oft im Schnee.*

Erythronium dens-canis
HUNDSZAHN, ZAHNLILIE

Mit ihren zurückgeschlagenen Blüten und den marmorierten Blättern sehen diese Pflanzen aus wie Alpenveilchen, blühen aber im Frühling. Die Blätter sind breit, zugespitzt und bräunlich-violett gefleckt. Die Blüten sind meist weiß, rosa- oder fliederfarben. 'Lilac Wonder' (flieder), 'Pink Perfection' (rosa), 'White Splendour' (weiß) und 'Purple King' (violett) sind schöne Gartensorten. Hundszahn gedeiht gut unter Bäumen und Sträuchern, kann aber auch in Rasenflächen verwildern. Er bildet kleine Horste.

Höhe und Ausbreitung: 10–15 cm

Boden und Standort: durchlässiger, humusreicher Boden, der im Sommer nicht austrocknet. Halbschattiger Standort.

Fritillaria imperialis
KAISERKRONE

Dieses größte Mitglied der Fritillarienfamilie blüht im Spätfrühling. Ein Wirtel aus hellgrünen, schmalen Blättern steht über der Krone aus orangefarbenen Glockenblüten, die auf einem kräftigen braunen Stiel stehen. Die Sorte *F. i.* 'Lutea Maxima' hat zitronengelbe Blüten.

Höhe: bis 1,50 m

Ausbreitung: bis 90 cm

Boden und Standort: nahrhafter, durchlässiger Boden in Sonne oder Halbschatten.

Galtonia
GALTONIE, SOMMERHYAZINTHE

An den lockeren Blütenständen ist die Familienähnlichkeit zu den Hyazinthen zu erkennen. Die dicht stehenden Knospen an den Stielen öffnen sich im Spätsommer zu hängenden Glocken-

Dahlia
DAHLIE

Dahlien beleben den Garten vom Spätsommer bis zu den ersten Frösten. Neben den fröhlichen Pomponsorten und den ungewöhnlichen Kaktusdahlien gibt es auch elegante Sorten mit ungefüllten Blüten für Freunde des schlichteren Stils sowie zwergwüchsige Formen, die – im Gegensatz zu hohen Sorten – nicht angebunden werden müssen. 'Bishop of Llandaff' ist eine päonienblütige Sorte mit leuchtend roten Blüten und rötlich-schwarzem Laub. 'Easter Sunday' ist eine weiße, ungefüllte Sorte mit einem Kragen aus kleinen Petalen um das zentrale Auge. 'Moor Place' ist eine Pompondahlie mit kardinalsroten Blüten. 'Hamari Gold' ist eine dekorative, gefüllte Sorte in leuchtendem Goldorange, 'Princess Marie Jose' ist eine ungefüllte Sorte in zartem Rosa.

Höhe: 60 cm–1 m

Ausbreitung: 40–60 cm

Boden und Standort: relativ schwerer, nahrhafter Boden und ein sonniger Standort.

Eranthis hyemalis
WINTERLING

Im Spätwinter, etwa gleichzeitig mit den Schneeglöckchen, erscheinen die gelben Schalenblüten über grünen Blattwirteln an kurzen Stielen und zeigen an, dass der Garten bald wieder erwachen wird. Im Sommer ziehen die Pflanzen das Laub ein, im Winter treiben sie wieder aus. Wenn sie sich an ihrem Standort wohl fühlen, bilden sie im Lauf der Zeit große Kolonien.

Höhe und Ausbreitung: 8–10 cm

Boden und Standort: feuchter Boden, der auch im Sommer nicht austrocknet. Sonne/Halbschatten.

► Dahlia *'Bishop of Llandaff' mit leuchtend roten Blüten und dunklem Laub.*

blüten. Die Pflanzen bilden Horste aus breiten, riemenförmigen, leicht überhängenden Blättern. *Galtonia candicans* mit ihren weißen, duftenden Blüten ist besonders beliebt, *G. viridiflora* mit den hellgrünen Blüten ist ebenfalls interessant. Mit einer dicken Mulchschicht vor Frost schützen.

Höhe: 1 m

Ausbreitung: 20 cm

Boden und Standort: durchlässiger Boden, der im Sommer feucht bleibt. Sonniger, geschützter Standort.

Iris

Iris, Schwertlilie

Diese Pflanzen unterteilt man in zwei Gruppen: Knolleniris (relativ kleine Knollenarten) und Rhizomiris (große und zwergwüchsige Rhizomarten), zu denen auch die Bartiris gehören. Typisch für alle Irisarten sind die drei großen, hängenden Außenpetalen.

Zu den Knolleniris gehören die holländischen Sorten mit weißen, gelben oder blauen Blüten im Frühsommer, die englischen mit blauen, violetten und weißen Blüten sowie die spanischen Sorten in Weiß, Violett, Blau und Gelb. Eine bezaubernde Knolleniris ist auch *Iris reticulata*, die im Winter blaue oder violette Blüten trägt.

Zu den Rhizomiris ohne Bart zählt *Iris pseudacorus*, die Gelbe Sumpfschwertlilie, die in keinem Wassergarten fehlen sollte, sowie *I. sibirica*, die im Frühsommer blaue oder violette Blüten trägt.

Bartiris gibt es in allen Größen, von riesig bis winzig. Gute duftende Sorten sind *I. pallida* 'Variegata' mit bläulichen Blüten und grün-gelb gestreiften Blättern, sowie die schöne *I. unguicularis*, die im Winter Blüten in Lavendel, Blau oder Flieder zwischen dichtem Laub trägt. Weitere beliebte Sorten sind 'Langport Smoke' (klares Hellblau), 'Langport Song' (zitronengelbe, gekräuselte Petalen), 'Black Knight' (dunkles Violett), 'Bronze Cloud' (Kupfer und Lavendel) sowie 'Dante' (Goldbronze und Himbeerrot).

Höhe und Ausbreitung: 5 cm–1 m

Boden und Standort: Knolleniris brauchen durchlässigen Boden und einen offenen, sonnigen, geschützten Platz. Rhizomiris bevorzugen generell warmen, alkalischen Boden in sonniger, geschützter Lage. Lediglich die Sumpfschwertlilien brauchen feuchten Boden und Halbschatten. Gelbe Sumpfschwertlilien gedeihen auch im flachen Wasser der Uferzone.

▶ Iris reticulata *ist eine Knolleniris.*

Leucojum aestivum

Sommerknotenblume

Knotenblumen sehen aus wie große Schneeglöckchen. Sie haben kleine, geöffnete Glockenblüten mit grünen Punkten auf den Blütenblättern, die kurz über den schmalen, riemenförmigen Blättern von ihrem Stiel hängen. *Leucojum aestivum* 'Gravetye' ist eine sehr verlässliche Sorte, die im Spätfrühling blüht. Die niedrigere Art *L. vernum* (Frühlingsknotenblume, Märzenbecher) blüht schon im zeitigen Frühling.

Höhe: bis 60 cm (L. aestivum), *40 cm* (L. vernum)

Ausbreitung: 20 cm

Boden und Standort: feuchter Boden im lichten Schatten.

Lilium

Lilie

Lilien sind alte Gartenfavoriten. Sie bieten eine große Sortenvielfalt, aus der hier nur einige bekannte, unkomplizierte und leicht erhältliche genannt werden sollen. *Lilium candidum*, die Madonnenlilie, trägt im Hochsommer duftende, weiße Blüten und ist eine der wenigen, die alkalischen Boden brauchen. *L. longiflorum*, die Osterlilie, ist kalkltolerant und trägt im Hochsommer duftende Blüten. *L. regale*, die Königslilie, trägt im Hochsommer duftende, weiße Blüten mit rosafarben gestreiften Außenseiten. *L. mackliniae* ist eine duftlose Art, die im Hochsommer rosafarben blüht. *L. monadelphum*, die Kaukasus-Lilie, verträgt Kalk und trägt im Frühsommer cremegelbe Blüten mit violett gefleckten Innenseiten. *L.* 'Enchantment' trägt im Frühsommer duftlose Blüten in Orange. *L.* 'Star Gazer' öffnet im Hochsommer Blüten in rötlichem Pink mit dunkleren Flecken.

Höhe: bis 2 m, 30–60 cm (L. mackliniae)

Ausbreitung: 15–20 cm

Boden und Standort: Lilien bevorzugen durchlässigen, neutralen

◀ Nerine bowdenii, *die Guernsey-Lilie.*

oder leicht sauren Boden mit einen Anteil Kompost oder Laubkompost und einen sonnigen oder leicht schattigen Standort.

Muscari
TRAUBENHYAZINTHE

Im Frühling tragen diese Pflanzen Blütenstände über Horsten aus schlanken, überhängenden, manchmal etwas unordentlich aussehenden Blättern. Unbenannte Sorten sind überall erhältlich, es lohnt sich aber, nach *Muscari neglectum* (syn. *M. racemosum)* mit dunkelblauen, weiß geränderten Blüten zu suchen. Schön ist auch *M. aucheri* mit hellblauen, weiß geränderten Blüten und graugrünem Laub.

Höhe: 10–15 cm
Ausbreitung: 5 cm
Boden und Standort: anspruchslos, sonniger Standort.

Narcissus
NARZISSE

Die Auswahl an Narzissenarten und -sorten ist groß und kaum überschaubar: hohe und niedrige, frühe und späte, verschiedene Blütenfarben und -formen. Zu den kleineren Sorten zählt 'Tête à Tête' mit gelben Blüten im zeitigen Frühling und 'Minnow' mit helleren Blüten im mittleren Frühling. *N. cyclamineus* ist eine frühe Sorte mit zurückgebogenen Perianthien und langer Trompete. *N. cantabricus* ist eine zauberhafte, weiße Sorte mit weit offener Trompete und kleinen, spitzen Perianthien. Später im Jahr folgt *N. poeticus,* eine hohe, duftende Sorte, die statt der Trompete eine kleine Schale in Orange trägt. Empfehlenswerte Sorten sind weiterhin 'Actaea' (weiß mit orangefarbener Mitte), 'Cassata' (hellgelb), 'February Gold' (leuchtend gelb), 'Ice Follies' (eine der schönsten weißen Sorten), 'St Keverne' (kräftig, mit leuchtend gelben Blüten), 'Minnow' (Zwergsorte mit cremegelben Blüten), 'Suzy' (dottergelb mit roter Trompete) und 'Rainbow' (weiß und rosa). Die kräftigeren Hybriden kann man gut in Rasenflächen verwildern lassen.

Höhe: 20–50 cm, Ausbreitung: 15 cm (Hybriden und N. poeticus)
Höhe: 15–20 cm, Ausbreitung: 5–10 cm (übrige Arten)
Boden und Standort: normaler Gartenboden und ein sonniger, heller Standort.

Nerine bowdenii
NERINE, GUERNSEY-LILIE

Nerinen tragen gewellte, locker angeordnete, lilienähnliche Blüten an hohen, schlanken Stielen über grasartig schmalen Blättern. Die Blüte dauert bis in den Herbst an, was ein besonderer Vorzug ist. Die meisten Arten gedeihen in kühlem Klima nicht im Freiland, *N. bowdenii* mit den himbeerfarbenen Blüten ist jedoch frosttolerant. *N. b.* 'Mark Fenwick' ('Fenwick's Variety') ist eine kräftigere, höhere Sorte mit intensiv pinkfarbenen Blüten, *N. b.* f. *alba* blüht schneeweiß oder hellrosafarben.

Höhe: 60 cm
Ausbreitung: 10 cm
Boden und Standort: durchlässiger Boden an einem sonnigen, geschützten Standort, etwa vor einer Hausmauer.

Tulipa
TULPE

Man kann preiswerte Tulpenmischungen kaufen und sich im Frühling überraschen lassen. Wer aber etwas Besonderes sucht, sollte sich unter den Namenssorten umsehen, etwa 'Angelique' (gefüllt, hellrosa), 'Golden Apeldorn' (leuchtend gelb mit schwarzer Basis), 'Queen of Night' (schwärzliches Rotviolett), 'Spring Green' (weiße Blüten, grün gefiedert), 'White Parrot' und 'Black Parrot' (gedrehte, gefranste Blütenblätter in Weiß, fast Schwarz). Lohnend ist auch die früh blühende *T. kaufmanniana* mit weiß geöffneten, duftenden Blüten in Creme oder Gelb, manchmal mit andersfarbiger Mitte.

Höhe: 20 cm (T. kaufmanniana), *30 cm ('Angelique'), 40 cm ('Spring Green'), 60 cm ('Golden Apeldorn', 'Queen of Night', 'White Parrot' und 'Black Parrot').*
Ausbreitung: 10–15 cm
Boden und Standort: durchlässiger Boden in sonniger, relativ geschützter Lage.

Stauden

Diese Pflanzen leben viele Jahre lang und blühen normalerweise jede Saison. In diesem Kapitel finden Sie nicht nur die krautigen Stauden, die im Winter das Laub einziehen und im Frühling neu austreiben, sondern auch einige kleinere Sträucher. Wir stellen hier Arten für jede Jahreszeit vor.

Alchemilla mollis
FRAUENMANTEL

Diese Pflanze sollte in keinem Garten fehlen. Sie passt in formale wie in zwanglose Anlagen. Sie hat große, behaarte Blätter, auf denen sich Tau- und Regentropfen fangen, und trägt im Sommer einen duftigen Schleier aus winzigen, gelblich grünen Blüten. Die Pflanzen wölben sich schön über Beetränder, bilden große Stauden und säen sich selbst aus. Selbst in Kiesflächen und zwischen Pflastersteinen wachsen sie.

Höhe: 40 cm

Ausbreitung: 40 cm

Boden und Standort: Bevorzugt nahrhaften, eher feuchten Boden, gedeiht aber auch auf trockenem, magerem Boden. Verträgt Sonne und Halbschatten.

DIE JUNGEN BLÄTTER SIND DURCH SCHNECKENFRASS GEFÄHRDET.

Anemone × hybrida
JAPANANEMONE, HERBSTANEMONE

Eine hohe, zauberhafte Pflanze für den Spätsommer, die an aufrechten, verzweigten Stielen Blüten in Weiß oder sanften Rosatönen trägt. Die schlichten Blüten sind meist ungefüllt, weit geöffnet und tragen in der Mitte auffällige gelbe Staubgefäße. 'Honorine Jobert' ist eine einfache Sorte, 'Whirlwind' (weiß) und 'Queen Charlotte' (rosa) sind halb gefüllt. Die tief gezähnten Blätter stehen in den Stielachseln.

Höhe: 1,20 m

Ausbreitung: 60 cm

Boden und Standort: Braucht feuchten, aber durchlässigen Boden in Sonne oder Halbschatten.

Aquilegia
AKELEI

Die Akelei ist eine alte, beliebte Gartenblume, von der viele Zuchtformen existieren. Die nickenden, auffällig gespornten Blüten stehen an schlanken Stielen hoch über dem Laub, das tief gelappt und häufig graugrün ist. Akelei blüht im Frühsommer und bietet sich für Bauerngärten und Wildwiesen an. Sie ist nicht sehr langlebig, sät sich aber bereitwillig aus und kann, wo sie sich wohl fühlt, große Flächen besiedeln.

Zu den empfehlenswerten Hybriden der *A. vulgaris* gehört 'Nora Barlow' mit gekräuselten Blüten. Die Mrs.-Scott-Elliot-Hybriden sind oft zweifarbig und besonders lang gespornt. *A. longissima* hat hellgelbe Blüten und sehr lange Sporne. *A. flabellata* blüht in sanftem Blau.

Höhe: 90 cm

Ausbreitung: 60 cm

Boden und Standort: Bevorzugt feuchten Boden und einen kühlen Platz.

Campanula persicifolia
PFIRSICHBLÄTTRIGE GLOCKENBLUME

Die große Familie der Glockenblumen umfasst niedrige Steingartenarten, Polster bildende Arten und höhere Formen. Fast alle haben geöffnete Röhren- oder Glockenblüten in verschiedenen Blautönen, manchmal auch Weiß, Creme oder Rosa. *Campanula persicifolia* bildet hohe, drahtige Stiele mit hübschen Blüten in Himmelblau. *C. p. alba* ist die weiß blühende Variante. Weniger bekannt ist *C. alliariifolia* mit abwärts zeigenden, schmalen, weißen Blüten. *C.* 'Elizabeth' trägt besonders schlanke, rosafarben überhauchte Blüten, die sich vor dem dunklem Laub abheben. Alle blühen vom Hochsommer bis zum Spätsommer, sollten aber nach der Blüte abgeschnitten werden. Kleine Schnecken können an den Blüten Schaden anrichten.

Höhe: 1 m (C. persicifolia), *50 cm* (C. alliariifolia), *bis 40 cm (C. 'Elizabeth')*

Ausbreitung: 30 cm (C. persicifolia), *50 cm* (C. alliariifolia), *bis 40 cm (C. 'Elizabeth')*

Boden und Standort: Bevorzugt feuchten, aber durchlässigen Boden im Halbschatten.

▲ Anemone x hybrida *(syn.* A. japonica*), die Japan- oder Herbstanemone.*

Crambe cordifolia
MEERKOHL

Diese hohe, breitwüchsige Pflanze aus der Familie der Kohlgewächse hat große, geäderte und gefältelte Blätter und zahlreiche verzweigte Stiele mit winzigen Blüten, die duften und Bienen anlocken. *Crambe maritima*, der Küstenmeerkohl, sieht ähnlich aus, ist aber niedriger und hat fleischige, blaugrüne Blätter. Er gedeiht gut in Küstenlagen. Beide Arten blühen im Frühsommer. Die Stiele des Küstenmeerkohls kann man im Winter bleichen und im Frühling essen.

Höhe: 1,80 m (C. cordifolia), *75 cm* (C. maritima)

Ausbreitung: 1,80 m (C. cordifolia), *60 cm* (C. maritima)

Boden und Standort: Braucht einen sonnigen, windgeschützten Standort in durchlässigem, alkalischem Boden.

◀ Eryngium, *Männerstreu.*

Dicentra spectabilis
TRÄNENDES HERZ

Im Spätfrühling und Frühsommer tragen die fleischigen, leicht gebogenen, dunkelroten Stiele des *Dicentra spectabilis* zahlreiche hängende Blüten in Rosa oder Pink. Die weiß blühende Form *D. s.* 'Alba' hat grüne, drahtigere Stiele. *Dicentra formosa* sieht ähnlich aus, ist aber deutlich kleiner. Alle bilden Horste aus fein geschnittenen Blättern.

Höhe: 75 cm (Dicentra spectabilis), *bis 50 cm* (Dicentra formosa)
Ausbreitung: *40–60 cm* (Dicentra spectabilis), *bis 40 cm* (Dicentra formosa)
Boden und Standort: feuchter, aber durchlässiger Boden mit hohem Kompostanteil im Schatten. Bevorzugt basischen Boden.

Echinops
KUGELDISTEL

Die kräftigen, stattlichen Pflanzen tragen kugelrunde Blütenstände aus blauen Blüten. Und stachelige, graugrüne Blätter mit behaarter Rückseite. Die Blüten erscheinen im Spätsommer und locken viele Bienen an. Man kann sie gut trocknen. *E. bannaticus* 'Blue Globe' und die etwas kompaktere *E. ritro* 'Veitch's Blue' haben eine besonders schöne Blaufärbung.

Höhe: bis 1 m
Ausbreitung: 40–60 cm
Boden und Standort: Optimal ist volle Sonne und ein magerer, trockener, durchlässiger Boden. Kugeldisteln gedeihen aber fast überall.

Epimedium
ELFENBLUME

Die Elfenblume ist ein ausgezeichneter Bodendecker für Standorte unter Bäumen und Sträuchern. Es gibt viele verschiedene Sorten, die zwar hauptsächlich wegen ihres Laubs kultiviert werden, aber auch hübsche Blüten in Gelb, Orange, Rosa oder Rot tragen. Empfehlenswert ist *E. × rubrum* mit karminroten Blüten und rötlich braunen Blättern, die vor allem im Winter ins Auge fallen. *E. × versicolor* 'Cupreum' ist eine unkomplizierte Sorte mit kupferfarbenen Blättern und rosafarbenen Blüten. *E. × v.* 'Sulphureum' hat kupferfarbene Blätter und gelbe Blüten. Erkundigen Sie sich bei anderen Sorten nach der Winterhärte.

Höhe: bis 30 cm
Ausbreitung: evasiv
Boden und Standort: waldähnliche Bedingungen mit Halbschatten bis Schatten und feuchtem, humusreichem Boden.

Eryngium
MÄNNERSTREU, EDELDISTEL

Diese stattlichen Pflanzen mit den spitz gezähnten Blättern und den kegelförmigen Blüten über auffälligen, stacheligen Brakteen in Graublau oder metallischem Blau sehen sehr interessant aus. *Eryngium × oliverianum* ist eine langlebige Sorte mit silbrig blauer Färbung, die im Alter in bläuliches Violett umschlägt. *E. × tripartitum* ist ebenfalls langlebig, etwas höher, wirkt insgesamt zarter und hat eine blauviolette Färbung. Alle blühen im Herbst und eignen sich zum Schnitt und zum Trocknen.

Höhe: 60 cm–1 m
Ausbreitung: 50–60 cm
Boden und Standort: Braucht einen Sonnenplatz und sehr durchlässigen, gewöhnlichen Boden, der im Winter nicht nass bleibt.

Euphorbia
WOLFSMILCH

Dies ist eine Lieblingsgattung passionierter Gärtner, die viele buschige, meist immergrüne Pflanzen mit kräftigen, fleischigen Stielen, meist liegendem Wuchs und gelblich grünen Blüten umfasst. *E. nicaeensis*★ trägt im Frühling Kuppeln aus gelben Blüten mit grünen Brakteen und hat auf der ganzen Länge der kräftigen Stiele blaugrüne, gebogene Blätter. *E. characias*★ ist eine hohe, aufrechte Art mit dicht stehenden Blüten mit violetten Nektardüsen. Die Unterart *E. c. wulfenii* hat gelblich grüne Blüten. Wesentlich kleiner ist *E. polychroma* mit kräftig gelbgrünen Sternblüten und polsterartigem Wuchs. Empfehlenswert sind auch *E. amygdaloides*★★, *E. cyparissias*★, *E. myrsinites*★, *E. griffithii* 'Dixter'★★ und *E. g.* 'Fireglow'★★

Höhe/Ausbreitung: 80 cm/50 cm (E. nicaeensis)
1 m/1 m (E. characias)
40 cm/60 cm (E. polychroma)
50 cm/30 cm (E. amygdaloides)
20–40 cm/evasiv (E. cyparissias)
10–20 cm/bis 60 cm (E. myrsinites)
1 m/90 cm (E. griffithii)
Boden und Standort: Mit ★ gekennzeichnete Arten brauchen Sonne und durchlässigen Boden. Mit ★★ markierte Arten bevorzugen lichten Schatten und feuchten, humusreichen Boden. E. polychroma *gedeiht in Sonne und Halbschatten.*

ACHTUNG: DER MILCHSAFT DER PFLANZEN IST GIFTIG UND KANN HAUTREIZUNGEN VERURSACHEN.

Geranium
STORCHSCHNABEL

Man kann sich leicht in den bescheidenen Charme der Storchschnäbel verlieben. Sie sind winterhart und, je nach Standort, sehr langlebig. Ihre Blüten sind hellrosa- bis magentafarben, manchmal weiß oder himmelblau. Die Blätter sind einfach und tief gelappt, die Blüten ungefüllt und oft interessant geädert oder in der Mitte dunkler. Der Wuchs variiert von niedrigen Polstern bis zu großen Horsten. Zu den besten Sorten gehören *G.* 'Johnson's Blue' mit Blüten in warmem Blau, *G. sanguineum* 'Album' (weiß), *G. s.* 'Shepherd's Warning' (kräftig rosa) und *G. s.* var. *striatum* (hellrosa mit dunklerer Zeichnung). *G. renardii,* der auf mageren Böden gedeiht, hat samtige Blätter und dunkel geäderte, blasslavendelfarbene Blüten. Der Wiesenstorchschnabel *G. pratense* blüht blau (es gibt auch weiße Varianten) und bevorzugt wiesenähnliche Standorte mit nahrhaftem, feuchtem Boden. Der große *G. maderense* (immergrüne Blätter, rote Stiele, hellmagentafarbene Blüten) ist kurzlebig, aber leicht aus Samen zu ziehen.

Höhe/Ausbreitung:
bis 50 cm/bis 75 cm
(G. *'Johnson's Blue')*
30 cm/40 cm
(G. sanguineum *'Album')*
20 cm/20 cm
(G. s. *'Shepherd's Warning')*
10 cm/10 cm
(G. s. *var.* striatum)
30 cm/30 cm (G. renardii)
bis 1 m/60 cm (G. pratense)
bis 1,50 m/bis 1,50 m
(G. maderense)

Boden und Standort: Sofern oben nicht anders angegeben, gedeihen Storchschnäbel in normalem, durchlässigem Gartenboden in voller Sonne oder Halbschatten. Die kleineren Arten brauchen eine sehr gute Drainage, darum Kies oder Sand in den Boden einarbeiten.

Helleborus argutifolius
(syn. *H. corsicus)*
KORSISCHE NIESWURZ

Diese große, strauchig wachsende Nieswurz trägt im Spätwinter große Gruppen sehr haltbarer, kleiner Blüten in grünlichem Cremeweiß und immergrünes, interessant gezähntes Laub. Die etwas niedrigere Stinkende Nieswurz *(Helleborus foetidus)* ist ebenfalls robust und strauchig, die lindgrünen Blüten mit rötlichen Rändern halten bis in den Frühling hinein.

Niedriger sind *Helleborus niger*, die weiß blühende Christrose, und *H. orientalis,* die Lenzrose. Beide wirken am schönsten in Gruppen und haben große Schalenblüten von zartem Aussehen. Christrosen blühen im Spätwinter, Lenzrosen etwas später. 'Potter's Wheel' ist eine reich blühende Christrosensorte. Lenzrosen haben pflaumenfarbene Blüten. Es gibt auch eine Reihe von Hybriden mit sanften Blütenfarben.

Höhe/Ausbreitung:
60 cm/60–90 cm
(Helleborus argutifolius)
50 cm/40 cm
(Helleborus foetidus)
30 cm/30 cm
(Helleborus niger)
60 cm/60 cm
(Helleborus orientalis)

Boden und Standort: nahrhafter, feuchter, durchlässiger, kalkhaltiger Boden, Schatten oder Halbschatten.

ACHTUNG: DIE PFLANZEN SIND GIFTIG, DER SAFT KANN HAUTREIZUNGEN VERURSACHEN.

Hemerocallis
TAGLILIE

Taglilien sind mit den Lilien verwandt. Sie haben schwertförmige Blätter und gedrehte Stiele. Die Blüten halten nur einen Tag lang, doch es erscheinen den ganzen Sommer lang neue. Es gibt viele Zuchtformen mit Blüten in unterschiedlichen Farben und Formen, darunter auch gefüllt, spinnenförmige und dreieckige. Die Pflanzen bilden große Horste. Gute Gartensorten sind 'Berlin Red' und 'Red Precious' (rot), 'Cartwheels' (orange), 'Lemon Bells' und 'Marion Vaughn' (Gelbtöne) sowie 'Pink Damask' (rosa). Es gibt auch kleinwüchsige Arten, etwa 'Golden Chimes' und 'Stella de Oro' (gelb).

Höhe: bis 1 m
Ausbreitung: bis 90 cm
Boden und Standort: sonniger Standort mit nahrhaftem, feuchtem, eher schwerem, aber durchlässigem Boden. Verträgt auch Halbschatten.

Heuchera
PURPURGLÖCKCHEN

Die Pflanze aus der Familie der Steinbrechgewächse eignet sich als Bodendecker im Halbschatten. Im Beet bildet sie Horste, ihre Blüten locken Bienen an. Die Pflanzen bilden rundliche Polster aus Blättern, über denen im Frühling Rispen winziger Blüten an schlanken, hohen Stielen erscheinen. Viele der Zuchtformen haben rote oder korallenrosafarbene Blüten, in der Art *H. cylindrica* findet man jedoch grün blühende Sorten wie 'Greenfinch', die sehr dezent wirken. Schöne rote Sorten sind 'Coral Cloud' und 'Red Spangles'. Als Blattgewächse bieten sich Sorten wie 'Palace Purple' (schokoladenbraun), 'Pewter Moon' (grau) oder 'Snow Storm' (weiß gefleckt) an.

Höhe/Ausbreitung:
bis 90 cm/60 cm ('Greenfinch')
75 cm/30 cm ('Red Spangles')
bis 60 cm/bis 60 cm
('Coral Cloud')
bis 60 cm/bis 60 cm
('Palace Purple')
bis 40 cm/30 cm
('Pewter Moon')
30 cm/30 cm ('Snow Storm')
Boden und Standort: feuchter, aber durchlässiger, neutraler Boden in Schatten oder Halbschatten.

◀ Geranium, *der Storchschnabel.*

Kniphofia
FACKELLILIE

Fackellilien sind in Höhe, Farbe und Wuchsform auffällige Pflanzen – genau richtig als Farbtupfer oder Ausgleich für sanftere Pflanzen. Über den Horsten aus schmalen Blättern erheben sich aufrechte Stiele mit langen Blütenständen, die im Sommer für Aufsehen sorgen. Der genaue Blütezeitpunkt hängt von der Sorte ab. Hohe, rote Sorten sind beispielsweise *K.* 'Atlanta' (rot und gelb, Blüte im Frühsommer) oder *K.* 'Prince Igor' (klares Rot, Blüte im Spätsommer). *K. caulescens* ist eine sehr frosttolerante Art mit Blüten in sanfteren Farben (mattes Rotviolett über hellem Gelb) und blüht vom Spätsommer bis zum Herbst. Die niedrigere Sorge *K.* 'Bees Sunset' trägt den ganzen Sommer lang Blüten in hellem Orange. *K.* 'Sunningdale Yellow' ist eine mittelhohe Sorte mit gelben Blüten vom Hoch- bis Spätsommer.

Höhe/Ausbreitung:
1 m/75 cm ('Atlanta')
1,80 m/90 cm ('Prince Igor')
bis 1,20 m/60 cm (K. caulescens)
90 cm/60 cm ('Bees Sunset')
90 cm/50 cm ('Sunningdale Yellow')

Boden und Standort: nahrhafter, sandiger oder gut durchlässiger Boden in sonniger Lage. Toleriert auch lichten Schatten.

Lamium maculatum
GEFLECKTE TAUBNESSEL

Die Taubnessel mit den gezähnten, silbrig oder weiß panaschierten Blättern ist ein guter Bodendecker für Schattenplätze. *Lamium maculatum* f. *album* hat weiß gemusterte Blätter und im Frühling und Frühsommer reinweiße Blüten. *L. m.* 'Roseum' blüht rosafarben. *L. m.* 'White Nancy' hat silbrige Blätter mit grünem Rand und weiße Blüten, *L. m.* 'Aureum' hat weißgelb panaschierte Blätter und braucht, was für diesen Farbschlag ungewöhnlich ist, Halbschatten. Die Pflanzen breiten sich schnell aus und sind winterhart. Sofern es im Winter nicht zu feucht ist, sind sie immergrün.

Höhe: 15–30 cm
Ausbreitung: bis 60 cm
Boden und Standort: Gedeiht in durchschnittlichem Boden im Halbschatten. L. m. *'Aureum' braucht mehr Feuchtigkeit und Nährstoffe als die übrigen Arten und Sorten.*

Lavandula
LAVENDEL

Der beliebte Lavendel muss nicht näher vorgestellt werden. Es ist eigentlich ein Strauch, der sonnige Plätze mit durchlässigem Boden bevorzugt. Die Blüten kann man trocknen und in der Küche oder im Wäscheschrank benutzen. Die buschigen Pflanzen mit den silbrigen Blättern sehen auch außerhalb der Blütezeit gut aus. *Lavandula angustifolia* ist der alte, englische Lavendel, der auch unter den Namen *L. officinalis* und *L. spica* bekannt ist. Die Sorte 'Hidcote' hat dunkelblaue Blüten, die kompaktere Sorte 'Munstead' blüht blauviolett. 'Hidcote Pink' ist eine rosafarben blühende Sorte, während die zierliche Form 'Nana Alba' weiße Blüten trägt. Etwas frostempfindlich ist *L. stoechas*, der Schopflavendel mit den violetten Brakteen über den Blüten.

Höhe/Ausbreitung:
60 cm/75 cm ('Hidcote' und 'Hidcote Pink')
50 cm/60 cm ('Munstead')
30 cm/30 cm ('Nana Alba')
60 cm/60 cm (L. stoechas)

Boden und Standort: sehr durchlässiger Boden und volle Sonne.

▲ Kniphofia, *die Fackellilie.*

Papaver orientale
TÜRKISCHER MOHN

Mohn gehört in jeden Garten. *Papaver orientale* ist die mehrjährige Art mit orange-rötlichen Blüten, die man öfter in älteren Gärten sieht. Es gibt inzwischen jedoch eine Reihe von Hybriden in vielen anderen Blütenfarben. 'Black and White' trägt gefüllte, cremeweiße Blüten mit schwarzen Staubgefäßen. 'Bonfire Red' blüht in kräftigem Feuerrot. 'Cedric Morris' hat duftige Blüten in zartem Rosa mit dunkleren Flecken im Zentrum. 'Beauty of Livermore' zeigt ein klares Rot während 'Mrs Perry' lachsrosafarbene Blüten mit schwarzen Flecken trägt. (siehe auch *P. somniferum*, Seite 978)

Höhe: bis 90 cm
Ausbreitung: 60–90 cm
Boden und Standort: nahrhafter, auch schwerer Boden, jedoch mit guter Drainage. Volle Sonne.

Penstemon
BARTFADEN

Diese buschigen Pflanzen tragen hübsche Glockenblüten, die bis in den Herbst hinein halten. Die Pflanzen sind frostempfindlich und nicht sehr langlebig, doch in den letzten Jahren wurden verschiedene Kultivare mit verbesserter Winterhärte gezüchtet. Das Farbspektrum umfasst intensive und zarte Rosa-, Magenta- und Violetttöne, es gibt auch einige blaue und weiße Sorten. Die Pflanzen, die bei Schnecken sehr begehrt sind, brauchen einen Winterschutz. Frosttolerante Sorten sind 'Alice Hindley' (bläulich flieder), 'Apple Blossom' (apfelblütenrosa), 'Blackbird' (dunkelviolett), 'Garnet' (granatapfelrot), 'Hidcote Pink' (hellrosa), 'Mother of Pearl' (rosa oder flieder), 'White Bedder' (weiß).

Höhe und Ausbreitung: 10–60 cm
Boden und Standort: Bartfaden braucht fruchtbaren Boden mit guter Drainage, vor allem im Winter, und einen warmen, geschützten Platz in Sonne oder Halbschatten.

Perovskia atriplicifolia
SILBERPEROWSKIE

Diese robuste, strauchige Pflanze mit den winzigen bläulich violetten Blüten und den graugrünen, nach Salbei duftenden Blättern an drahtigen Stielen wird zu selten gepflanzt. Die Blüten erscheinen im Spätsommer, doch die aufrechten, silbrigen Stiele mit dem dichten, gezähnten Laub sehen den ganzen Sommer lang gut aus. *P.* 'Blue Spire' blüht besonders reich. *P.* 'Hybrida' ist etwas kleiner und trägt lavendelblaue Blüten.

Höhe: 1–1,50 m
Ausbreitung: bis 90 cm
Boden und Standort: Bevorzugt einen sonnigen Standort in durchlässigem Boden, gedeiht aber auch in magerem, trockenem und kalkhaltigem Boden. Verträgt feuchte, kalte Winter schlecht, treibt aber nach einem Rückschnitt im Frühling oft wieder aus.

Phlox paniculata
STAUDENPHLOX

Phlox ist mit den einfachen, weit offenen Blüten und dem holzigen Duft eine beliebte, langlebige Gartenstaude. Die Blüten sind meist rosafarben, weiß oder matt violett, gelegentlich mit kontrastfarbigem Auge, und öffnen sich im Hochsommer. Empfehlenswerte Sorten sind 'Alba Grandiflora' (weiß), 'Amethyst' (violett), 'Blue Ice' (bläuliches Weiß mit kontrastfarbigem Auge), 'Eva Callum' (pink mit kontrastfarbigem Auge), 'Eventide' (lavendelblau), 'Prince of Orange' (orangerot), 'Prospero' (flieder mit andersfarbigem Rand), 'White Admiral' (weiß). An windigen Plätzen müssen die Pflanzen gestützt werden, bei Trockenheit muss gegossen werden.
Höhe: 80 cm–1,20 m
Ausbreitung: 60–90 cm
Boden und Standort: nahrhafter, schwerer, feuchter, aber durchlässiger Boden und ein Standort in Sonne oder Halbschatten.

▶ Penstemon, *der Bartfaden.*

◀ Lamium maculatum, *die Taubnessel.*

Potentilla
FINGERKRAUT

Es gibt eine Reihe schöner Fingerkrautarten für den Garten. Es sind eigentlich Sträucher mit hübschem, buschigem Wuchs, die sich aber gut zwischen Stauden in Beetpflanzen einfügen. Die hübschen Blätter sind klein, oft tief eingeschnitten oder silbrig. Vom Frühsommer bis zum Spätherbst sind die Pflanzen mit zarten Schalenblüten übersät.

Das Farbspektrum der Blüten reicht von Weiß über viele Gelbtöne bis Rot, Orange und Rosa. Zu den schönsten Gartenformen zählen *Potentilla* 'Gibson's Scarlet' (blutrote Blüten mit dunklem Auge), 'William Rollinson' (halb gefüllte Blüten in Rot mit gelben Sprenkeln) und *P. nepalensis* 'Miss Willmott' (himbeerrosa mit karminroter Zeichnung). *P. recta* (zitronengelb) und *P. fruticosa* 'Abbotswood' (zarte, weiße Blüten) sind etwas höher.
Höhe/Ausbreitung:
30–50 cm/60 cm ('Gibson's Scarlet', 'William Rollinson', 'Miss Willmott')
50 cm/40 cm (P. recta)
60 cm/1,20 m
(P. fruticosa *'Abbotswood'*)

Boden und Standort: sehr durchlässiger Boden, der aber nicht sonderlich nahrhaft sein muss. Volle Sonne.

Pulmonaria
LUNGENKRAUT

Das niedrige Lungenkraut ist einer der ersten Frühlingsblüher. Im Laufe der Saison werden die Pflanzen größer und kräftiger. Nach der Blüte kommen die weiß gefleckten Blätter, die den Garten bis zum Herbst schmücken, gut zur Geltung. Die Blüten sind meist blau, bei einigen Sorten auch rosa-blau. Gelegentlich findet man weiß blühende Sorten, seltener sind Formen mit rosafarbenen oder roten Blüten. Gute blaue Sorten sind *Pulmonaria* 'Mawsons's Blue' (intensivblau), *P. officinalis* 'Royal Blue' und *P. o.* 'Blue Mist'.

P. o. 'Sissinghurst White' ist eine besonders schöne weiße Sorte.
Höhe und Ausbreitung: 30 cm
Boden und Standort: feuchter, nahrhafter Boden und Halbschatten. Lungenkraut wächst gut unter Laub abwerfenden Bäumen und Sträuchern.

Sedum spectabile
FETTHENNE

Diese Pflanze hat fleischige, graugrüne Blätter und Stiele und trägt im Spätsommer bis Herbst große, flache Blütenstände, die Schmetterlinge anlocken. Sie bildet große, rundliche Polster. Die Blütenstände lassen sich gut trocknen. *Sedum spectabile* 'Autumn Joy' ('Herbstfreude') und *S. s.* 'Brilliant' mit unzähligen leuchtend rosaroten Blütenköpfen sind empfehlenswerte Sorten. Die Sorte 'Stardust' hat leuchtend grüne Blätter.
Höhe und Ausbreitung: 50 cm
Boden und Standort: Gedeiht am besten in durchlässigem, leicht alkalischem Boden in voller Sonne.

Stachys byzantina
WOLLZIEST, ESELSOHREN

Beliebt ist diese Pflanze für trockene Standorte vor allem wegen der weichen, silbrigen, behaarten Blätter, die wie die Ohren eines Esels aussehen – daher der deutsche Name. Sie trägt jedoch im Sommer hohe Stiele mit kleinen Blüten in bläulichem Rosa, die zwischen Wirteln winziger grauer Blätter stehen. Generell ist die Pflanze jedoch niedrig und breitet sich schnell aus. Sie ist immergrün oder immergrau. Nasse Winter können ihr den Garaus machen.
Höhe: bis 50 cm
Ausbreitung: 60 cm
Boden und Standort: Braucht sehr durchlässigen Boden, der nicht sehr nahrhaft sein muss, und einen offenen, recht sonnigen Standort.

▲ Pulmonaria, *das Lungenkraut.*

◀ Sedum spectabile, *die Fetthenne, hier die Sorte 'Mawson's Blue'.*

Verbascum
KÖNIGSKERZE, WOLLBLUME

Eine elegante, hohe Pflanze mit grauen, filzigen Blättern. Königskerzen sind manchmal kurzlebig, aber leicht aus Samen zu ziehen. Die Blütenstiele erheben sich im Sommer aus einer Rosette von Blättern, einige Sorten sind ungewöhnlich hoch. *Verbascum bombyciferum* ist mit den enormen Blütenstielen in schwefligem Gelb definitiv ein Blickfang. Wer zierlichere oder sanfter gefärbte Pflanzen bevorzugt, sollte sich unter den Kulturformen umsehen. *V.* 'Cotswold Beauty' hat gelbe Blüten mit violettem Zentrum. Die Blüten von 'Gainsborough' sind weißlich gelb, 'Pink Domino' trägt Blüten in Rosa oder Violett. *V. phoenicium*-Hybriden haben Blüten in Rosa, Weiß oder Violett.
Höhe: 1,20; 2 m (Verbascum bombyciferum)
Ausbreitung: 30–60 cm
Boden und Standort: alkalischer, durchlässiger bis trockener, auch magerer Boden. Gedeiht am besten in voller Sonne.

Verbena bonariensis
VERBENE

Hohe, drahtige, verzweigte Stiele tragen den ganzen Sommer lang bis in den Herbst kleine Blütenstände aus leuchtend violetten Blüten in unterschiedlicher Höhe. Die Stiele sind dunkelgrün und rau. Verbenen werden gelegentlich einjährig kultiviert, können aber mit gutem Frostschutz überwintert werden.
Höhe: bis 1,50 m
Ausbreitung: 50 cm
Boden und Standort: durchlässiger Boden in voller Sonne.

Bäume und Solitärsträucher

Bäume und Sträucher gliedern den Garten und können auch als Blickfang fungieren. Sie müssen mit Bedacht gewählt und platziert werden, weil sie langlebig sind, viel Platz einnehmen und Schattenbereiche schaffen. Andererseits geben sie einem Garten mehr Höhe und Struktur. Hier werden Arten vorgestellt, die sich vor allem für kleinere Gärten eignen und möglichst in mehr als einer Jahreszeit etwas zu bieten haben.

Acer
AHORN

Es gibt viele kleinwüchsige Ahornarten, die sich für den Garten eignen. Viele haben eine interessante Rinde und eine schöne Herbstfärbung. *Acer griseum* hat eine abschilfernde, papierartige Rinde in bräunlichem Orange und flache, dreilappige Blätter, die sich im Herbst rot, orangefarben und rotbraun färben. Es gibt ein- und mehrstämmige Exemplare. *Acer henryi* ist ein hübscher, kleiner Ahorn mit leuchtend orangeroter Herbstfärbung. *Acer rufinerve* ist höher, aber schlank im Wuchs. Er hat eine grün-weiß gestreifte Rinde und im Herbst orangefarbenes und rotes Laub.
Höhe und Ausbreitung: 5–10 m
Boden und Standort: nahrhafter, durchlässiger, aber nicht trockener Boden an einem hellen Platz.
(Acer 'Rubrum' siehe Seite 881)

▲ *Acer palmatum 'Dissectum Atropurpureum', der Fächerahorn.*

Amelanchier lamarckii
KUPFERFELSENBIRNE

Das bronzerot austreibende Laub verschwindet fast unter dem Schleier der winzigen, weißen Sternblüten im Frühling. Wenn die Blüten verwelkt sind und das Laub sich grün färbt, ist die Felsenbirne weniger auffällig. Später entwickeln sich jedoch die korallenroten Früchte, dann folgt die flammende Herbstfärbung. Falls die Vögel Früchte übrig lassen, färben sie sich schwarz. Kann ein- und mehrstämmig gezogen werden.
Höhe: 9 m
Ausbreitung: 6–8 m
Boden und Standort: feucht, vorzugsweise neutral oder sauer, heller Standort.

Berberis sieboldii
BERBERITZE, SAUERDORN

Der dornige Strauch hat rötlich glänzende Triebe und trägt im Frühling Gruppen winziger, gelber Blüten. Im Herbst bilden sich daraus leuchtend rote Beeren. Auch die spitzen Blätter nehmen eine flammende Rotfärbung an und bleiben sehr lange am Strauch. Berberitzen gedeihen in vielen Böden.
Höhe und Ausbreitung: 1–1,20 m
Boden und Standort: Gedeiht auf fast allen Böden in voller Sonne.

ACHTUNG: DIE DORNEN DER BERBERITZE SIND SEHR SPITZ. BLÄTTER UND RINDE SIND GIFTIG. AUS DEN REIFEN BEEREN VON BERBERIS VULGARIS KANN JEDOCH MARMELADE HERGESTELLT WERDEN. IN DER IRANISCHEN KÜCHE WERDEN SIE ALS GEWÜRZ EINGESETZT. IN DER HOMÖOPATHIE ÜBERDIES WIRD SIE ALS HEILPFLANZE VERWENDET.

Buddleja davidii
SOMMERFLIEDER, SCHMETTERLINGSSTRAUCH

Der Schmetterlingsstrauch mit seinen gebogenen Zweigen und den Blüten, die bis in den Herbst leuchten, ist gut bekannt. Die dichten Blütenrispen zeigen meist Violetttöne vom hellsten Flieder bis zu dunklem Purpur, es gibt auch Sorten in Weiß und Rosa. 'Black Knight' ist eine besonders dunkle Sorte. 'Empire Blue' hat lavendelblaue Blüten. 'Harlequin' trägt pinkfarbene Blüten mit weißlichem Rand, 'White Profusion' hat sehr lange Blütenrispen in Weiß. Die weniger bekannte Art *B. alternifolia* mit den zarteren Blüten und dem weidenähnlichen Laub blüht früher im Jahr.
Höhe: bis 3,50 m
Ausbreitung: bis 4,50 m
Boden und Standort: gewöhnlicher, durchlässiger Gartenboden in voller Sonne.

◀ Buddleja davidii *'Black Knight', der Schmetterlingsstrauch.*

Ceanothus 'Gloire de Versailles'
SÄCKELBLUME

Dieser Strauch, auch Kalifornischer Flieder genannt, ist den ganzen Sommer lang von duftigen, hellblauen Blütenständen übersät. Die Pflanze, von der es viele Kulturformen gibt, gedeiht am besten an einem warmen, geschützten Platz, etwa vor einer Mauer. 'Gloire de Versailles' ist eine sommergrüne Sorte. 'Cascade' ist immergrün und trägt im Spätfrühling Blüten in kräftigerem Blau.

Höhe und Ausbreitung:
1,50 m oder mehr ('Gloire de Versailles'), bis 3,60 m ('Cascade')
Boden und Standort: Bevorzugt sandigen, mageren Boden mit guter Drainage. Braucht einen warmen Platz und Schutz vor kaltem Wind.

Cornus kousa var. *chinensis*
CHINESISCHER BLUMENHARTRIEGEL

Der aufrechte, ordentlich wachsende Strauch trägt winzige grüne Blüten über weißen Brakteen. In heißen Sommern entwickeln sich aus den Blüten erdbeerähnliche Früchte. Im Herbst färben sich die spitzovalen Blätter flammend karminrot.

Höhe: bis 7 m
Ausbreitung: 4,50 m
Boden und Standort: durchlässige Böden und ein sonniger oder halbschattiger Standort.

Cornus officinalis
JAPANISCHE KORNELKIRSCHE

Dieser winterharte, vielstämmige Hartriegel wird wegen seiner graubraunen und im Winter orangeroten Rinde und der purpurroten Herbstfärbung geschätzt. Er ist sehr wüchsig und gedeiht auf allen Böden. Andere Hartriegelarten mit farbigen Stämmen sind *C. stolonifera* (dunkelrot), *C. stolonifera* 'Flaviramea' (gelbgrün) und *C. alba* (leuchtend rot). Alle sehen am Wasser gut aus, aber auch an Standorten, wo Licht durch die Stämme fällt.

Höhe/Ausbreitung:
3 m/3 m (C. alba)
bis 4,50 m/bis 4,50 m (C. officinalis)
1,80 m/3,60 m (C. stolonifera)
Boden und Standort: gewöhnlicher Gartenboden in offener, sonniger Lage.

Cotinus
PERÜCKENSTRAUCH

Der Perückenstrauch hat eine reizvolle Herbstfärbung und trägt im Sommer duftige Blüten, die wie Rauchwolken aussehen. *Cotinus* 'Grace' färbt sich im Herbst rot und orangefarben. *C. coggygria* 'Royal Purple' hat sanftrosafarbene Blüten und violettes Laub, das für viele Gartenpflanzen einen schönen Hintergrund bildet. Im Herbst färbt er sich flammend rot.

Höhe und Ausbreitung: 3–4 m
Boden und Standort: normaler Gartenboden und ein sonniger Platz garantieren eine gute Laubfärbung.

Cotoneaster
ZWERGMISPEL

Cotoneaster sind dankbare Sträucher. Im Herbst tragen sie zahlreiche rote Beeren, die bei Vögeln sehr beliebt sind. Meist behalten sie ihr dunkelgrünes Laub über Winter, nehmen aber eine rote Färbung an. Im Spätfrühling tragen sie Massen winziger, weißer Blüten. Der stattliche, aufrechte *C.* 'Cornubia' hat breite, halbimmergrüne Blätter und Trauben aus leuchtend roten Beeren, unter deren Gewicht sich die Zweige im Herbst biegen. *C.* 'Exburyensis' trägt gelbe Früchte.

Höhe und Ausbreitung:
6 m ('Cornubia')
4,50 m ('Exburyensis')
Boden und Standort: gewöhnlicher, durchlässiger bis trockener Gartenboden in Sonne oder Halbschatten.

Elaeagnus pungens
DORNIGE ÖLWEIDE

Der kräftige Strauch mit den glänzenden, immergrünen Blättern ist vor allem im Winter wertvoll. Die Sorte 'Maculata' hat goldgelbe Blätter mit dunkelgrünem Rand. 'Dicksonii' trägt im Herbst kleine, aber stark duftende Röhrenblüten in Cremeweiß.

Höhe und Ausbreitung: bis 4 m, Rückschnitt möglich.
Boden und Standort: verträgt fast alle Böden und Standorte, auch Küstenlagen.

Eucalyptus gunnii
TASMANIEN-EUKALYPTUS

Dieser schnell wachsende Baum aus Tasmanien gedeiht auch in Europa. Die jungen Blätter sind rundlich, die Rinde der ein- oder mehrstämmigen Pflanzen ist silbrig grau. Die Blätter sind immergrün, doch die jungen Blätter sind besonders attraktiv. Darum schneidet man die Pflanzen zeitig im Jahr zurück, um den Austrieb anzuregen. Von Spätsommer bis Herbst erscheinen cremeweiße Blüten.

Höhe: 15–25 m

Ausbreitung: 4,50 m oder mehr; kann durch Rückschnitt als Strauch von 1,80 m Höhe und 1,20 m Ausbreitung gehalten werden.
Boden und Standort: nahrhafter, leicht saurer, feuchter Boden, sonniger Standort mit Schutz vor kaltem Wind.

Fothergilla major
FEDERBUSCHSTRAUCH

Winzige, duftende, cremeweiße Blüten erscheinen im Frühling noch vor den Blättern. Im Herbst trägt der Strauch leuchtend gelbe oder rot-gelbe Blätter. Er bleibt relativ niedrig, ist aber breitwüchsig. *Fothergilla gardenii* ist ähnlich, jedoch insgesamt kleiner mit karminroter Herbstfärbung.
Höhe/Ausbreitung:
bis 2,50 m/bis 1,80 m (Fothergilla major)
90 cm/1,20 m (Fothergilla gardenii)
Boden und Standort: Braucht hellen, sauren Boden. Gedeiht in Sonne und Halbschatten.

Genista aetnensis
ÄTNAGINSTER

Ginster mit den elegant überhängenden Trieben bestechen mit ihren goldgelben Sommerblüten. Der Ätnaginster ist ein kleiner, rundlicher Baum, dessen Triebe im Sommer ganz unter den Blüten verschwinden. *G. cineria* ist ein niedrigerer, mehrstämmiger Strauch, der zahlreiche duftende Blüten trägt.
Höhe/Ausbreitung:
bis 9 m/bis 5,50 m (Genista aetnensis)
bis 3 m/bis 2,50 m (G. cineria)
Boden und Standort: leichter, durchlässiger, auch magerer Boden. Warmer, sonniger Standort.

Hamamelis mollis
ZAUBERNUSS

Die Zaubernuss ist eine der besten Duftpflanzen für den Winter. Kälte sorgt sogar dafür, dass die zerzausten, gelben Blüten an den kahlen Stielen länger halten. Die rundlichen Blätter nehmen im Herbst einen warmen Goldgelbton an. *H. × intermedia* 'Pallida' (syn. *H. m.* 'Pallida') hat hellgelbe Blüten mit rotem Zentrum. Die Zaubernuss sollte an ein Fenster oder neben die Haustür gepflanzt werden, damit man im Vorbeigehen den Duft wahrnimmt.
Höhe und Ausbreitung: 3–4,50 m
Boden und Standort: Braucht relativ nahrhaften, feuchten, neutralen bis sauren Boden und einen geschützten Standort in Sonne oder Halbschatten.

Hebe
STRAUCHVERONIKA

Diese robusten Pflanzen behalten ihr ledriges Laub das ganze Jahr über und haben zudem eine lange Blühperiode. Sie haben einen rundlichen, buschigen Wuchs und gedeihen auch gut in Kübeln. Einige Arten haben panaschierte Blätter. Die meisten tragen Blüten in bläulichem Violett. Vereinzelt findet man rosafarben und weiß blühende Sorten. *H.* 'Autumn Glory' trägt Blüten in warmem Violett, *H.* 'Midsummer Beauty' hat fliederfarbene Blüten, die mit der Zeit verblassen. Beide blühen vom Hochsommer bis zum Spätherbst. *H. speciosa* 'Sapphire' blüht in sanftem Blau.
Höhe: bis 1,20 m
Ausbreitung: 1,20–1,50 m
Boden und Standort: Gedeiht in fast allen Böden, sofern sie durchlässig sind. Verträgt auch Kalk. Braucht einen sonnigen Standort. Widersteht salzigen Winden, verträgt aber keinen starken Frost.

Kolkwitzia amabilis
KOLKWITZIE

Der attraktive Strauch wächst langsam an, aber etwas Geduld lohnt sich. Er trägt im Spätfrühling und Frühsommer zahlreiche zart duftende Blüten in silbrigem Rosa an überhängenden Zweigen.
Höhe: bis 3,60 m
Ausbreitung: bis 3 m
Boden und Standort: gewöhnlicher, durchlässiger Boden in sonniger Lage. Blüht am besten in nicht zu nahrhaften Böden.

Lonicera periclymenum
WALDGEISSBLATT,

Geißblatt ist ein schlingender Kletterer, der schnell Spaliere, Bögen oder große Sträucher überwächst. Alle Arten haben einen süßen Duft und eignen sich darum gut für Lauben und Pergolen, aber auch für Spaliere an der Hauswand, an der Tür oder an einem Gartenschuppen. Ausgezeichnete Sorten sind *L. p.* 'Belgica' (purpurrote und cremegelbe Blüten im Frühling und Frühsommer), *L. p.* 'Graham Thomas' (vom Hochsommer bis Herbst weiße Blüten, die sich gelb verfärben), *L. p.* 'Serotina' (vom Hochsommer bis Herbst cremeweiße Blüten mit purpurroter Außenseite).
Höhe und Ausbreitung: 3,50–6 m, kann aber beschnitten werden.
Boden und Standort: normaler, durchlässiger Gartenboden mit einem Zusatz von Kompost. Bevorzugt Halbschatten, gedeiht auch in voller Sonne, wenn die Wurzeln beschattet werden.

▶ Cotinus, der Perückenstrauch, entwickelt in voller Sonne die beste Färbung.

◀ Lonicera periclymenum, *das Geißblatt.*

Malus
APFEL

Zierapfelbäume werden wegen ihrer duftenden Blüten und der hübschen Früchte geschätzt, die sich vom Herbst bis zum nächsten Frühling halten. Relativ kompakt wachsende Sorten sind *M.* 'Crittenden', der üppig weiß-rosa blüht und später zahlreiche Gruppen kleiner, leuchtend roter Früchte trägt. *M.* 'Golden Hornet' hat weiße Blüten und goldgelbe Äpfelchen, *M.* × *arnoldiana* trägt rote Knospen, die sich zu rosafarbenen Blüten entfalten und später zu goldgelben, rot überhauchten Früchten ausreifen.

Höhe: 4,50–5 m

Ausbreitung: bis 6 m

Boden und Standort: durchschnittlicher bis nahrhafter Gartenboden mit guter Drainage. Sonne oder Halbschatten.

Pieris japonica
JAPANISCHE LAVENDELHEIDE

Der stattliche, immergrüne, breitwüchsige Strauch trägt im Frühling Trauben aus wachsartig weißen, becherförmigen Blüten über dem jungen, kupferroten Laub. Die Sorte 'Debutante' wächst langsamer und ist weniger frosttolerant. Im mittleren Frühling verschwindet ihr Laub buchstäblich unter den cremeweißen Blüten. Im Gegensatz zu den anderen *Pieris*-Arten eignet sich diese Zwergform auch gut für kleine Gärten, Dachgärten und Terrassen.

Höhe und Ausbreitung: bis 3 m

Boden und Standort: Braucht kalkfreien, durchlässigen Boden. Blüht am besten in voller Sonne. Sollte vor Schäden durch kalte Winde geschützt werden.

Potentilla
FINGERKRAUT

Fingerkraut gibt es in vielen Größen und Gestalten, die kleineren werden gelegentlich den Stauden zugeordnet. *Potentilla fruticosa* var. *arbuscula* (syn. *P. arbuscula*) ist ein größerer Strauch mit einigen Formvarianten. Die meisten blühen gelb oder orangefarben, einige weiß, rosafarben oder rot. Die einfachen Schalenblüten erscheinen vom Frühling an über einen langen Zeitraum. Alle Arten haben hübsches, oft fein geschnittenes Laub.

Höhe: 90 cm–1,50 m

Ausbreitung: bis 1,50 m

Boden und Standort: leichter, auch magerer Boden mit guter Drainage. Blüht am besten an einem hellen, sonnigen Platz.
(siehe auch Seite 989)

Prunus
KIRSCHE/PFLAUME U.A.

Die Gattung *Prunus* umfasst Kirsch-, Pflaumen, Pfirsich-, Nektarinen-, Mandelbäume und andere. Als Zierpflanzen werden sie vor allem wegen ihrer herrlichen Blüte im Frühling geschätzt. Eine der schönsten Sorten ist die japanische Zierkirsche *Prunus* 'Shirotae' (syn. *P.* 'Mount Fuji'), ein ausladender Baum mit großen, duftenden, weißen Blüten und leuchtend orangeroter Herbstfärbung.

Höhe: 6 m

Ausbreitung: 7,5 m

Boden und Standort: normaler, durchlässiger, vorzugsweise alkalischer Gartenboden.

Rhus typhina
HIRSCHKOLBENSUMACH, ESSIGBAUM

Der bekannte Essigbaum hat eine prächtige Herbstfärbung und samtige Zweige mit glatter Rinde. Der mehrstämmige Baum verbreitet sich durch Ausläufer, spricht aber auf Rückschnitt gut an.

Höhe: 3–5 m

Ausbreitung: 3–4 m; kann jährlich über dem Boden gekappt werden.

Boden und Standort: Gedeiht in jedem Boden, sofern er nicht staunass ist. Am besten in sonniger Lage.

ACHTUNG: BEI HAUTKONTAKT MIT DEM SAFT GEFAHR VON BLASENBILDUNG.

Robinia pseudoacacia
ROBINIE, SCHEINAKAZIE

Die Robinie hat paarig angeordnete, goldgrüne Blätter, die sich im leichtesten Wind bewegen. Das ausgesprochen dekorative Laub dieses Baumes ist ein schöner Hintergrund für andere Gartenpflanzen. Ältere Bäume tragen im Frühsommer hängende, weiße Schmetterlingsblüten. Robinien kann man schneiden und an einer Wand ziehen, aber auch als frei stehenden Baum halten. Mit der Zeit können sie allerdings recht groß werden.

Höhe: 7–10 m (kleinere Sorten), sonst bis 25 m

Ausbreitung: 3–4,50 m

Boden und Standort: Gedeiht in jedem Boden, auch kalkhaltigem, sofern er nicht staunass ist. Bevorzugt Sonne oder Halbschatten, verträgt Wind nur schlecht.

Sambucus racemosa 'Sutherland Gold'
ROTER HOLUNDER

Diese Gartenform des wilden Knickholunders trägt im Frühsommer aufrechte, kegelförmige Blütenstände aus winzigen, cremeweißen Blüten, aus denen sich im Spätsommer leuchtend rote Beeren entwickeln. Das üppige, goldgrüne Laub hat interessant geschnittene Ränder.

Höhe und Ausbreitung: 3 m; kann aber beschnitten werden.

Boden und Standort: fast jeder Boden in lichtem Schatten.

Sorbus aria 'Lutescens'
GEWÖHNLICHE MEHLBEERE

Der hübsche, nicht zu große Baum trägt silbergraue Blätter, die sich später graugrün verfärben. Die feine Behaarung der Unterseite sorgt dafür, dass die Blätter beim leichtesten Wind rascheln. Im Spätfrühling trägt der Baum duftige Rispen aus winzigen, weißen Blüten.

Höhe: 9 m

Ausbreitung: 7,5 m

Boden und Standort: einfacher, durchlässiger Gartenboden in offener, sonniger Lage.

Sorbus commixta
JAPANISCHE EBERESCHE

Die Japanische Eberesche mit den gefiederten Blättern und den weißen Frühlingsblüten, aus denen sich im Spätsommer feste, runde Früchte entwickeln, ist ein schöner Solitärbaum. Viele Sorten haben eine reizvolle Herbstfärbung. 'Embley' blüht besonders reich und trägt später leuchtend rote Früchte. Die glänzenden, dunkelgrünen Blätter sind schön geformt und färben sich im Herbst flammend rot und orange.

Höhe: 4,50–8 m

Ausbreitung: 7 m

Boden und Standort: durchlässiger, feuchter Gartenboden in Sonne oder Halbschatten.

ACHTUNG: DIE ROHEN FRÜCHTE SIND UNVERTRÄGLICH, KÖNNEN ABER GEKOCHT FÜR GELEES VERWENDET WERDEN.

Spiraea 'Arguta'
SPIERSTRAUCH

Dies ist ein eleganter Strauch, dessen gebogene Zweige im Spätfrühling eine Fülle weißer Blüten schmückt. Die Zweige selbst haben, wenn sie vom Herbst bis zum zeitigen Frühling kahl sind, eine attraktive rote Rinde. *S. thunbergii* sieht ähnlich aus und es gibt einige gute Kultivare, darunter *S. japonica*, die im Sommer meist rosafarben blüht.

Höhe und Ausbreitung: bis 2,50 m; S. thunbergii *und* S. japonica *sind kleiner*

Boden und Standort: durchlässiger, aber relativ feuchter Boden in Sonne oder Halbschatten.

Symphoricarpos albus 'Laevigatus'
SCHNEEBEERE

Schneebeeren müssen mit Bedacht gepflanzt werden, denn einige können sich aggressiv ausbreiten und dann staksige Stiele und wenige Früchte bilden. Gute Sorten haben aber einen Platz im Garten verdient, vor allem wegen ihrer Wirkung im Winter. Diese Sorte trägt im Winter große, weiße Beeren an zarten Zweigen.

Höhe und Ausbreitung: 1,80 m; kann aber beschnitten werden.

Boden und Standort: Verträgt jeden Boden, sofern er nicht nass ist. Gedeiht in Sonne und Schatten.

ACHTUNG: DIE FRÜCHTE VERURSACHEN BEI VERZEHR ÜBELKEIT UND ERBRECHEN, IHR SAFT KANN DIE HAUT REIZEN.

Viburnum
SCHNEEBALL

Es gibt so viele gute Schneeballarten für den Garten, dass hier mehrere beschrieben werden sollen.

V. farreri (syn. *V. fragrans*), *V. grandiflorum* und *V. × bodnantense* 'Dawn', ein Abkömmling der beiden erstgenannten, tragen im Winter kleine Gruppen stark duftender, weißlich rosafarbener Blüten an nackten Zweigen.

Höhe/Ausbreitung:
bis 3 m/bis 2,50 m (Viburnum farreri)
3 m/1,80 m (V. grandiflorum)
3 m/2 m (V. bodnantense *'Dawn'*).

Viburnum × burkwoodii *trägt im Frühling runde Blütenstände aus weißen, duftenden Röhrenblüten.*

Höhe und Ausbreitung: 2,50 m.

▲ Sambucus racemosa *'Sutherland Gold'*, Roter Holunder.

Viburnum tinus *ist eine robuste, immergrüne Art, die fast durchgehend vom Spätherbst bis zum Spätfrühling weiße Blüten trägt.*

Höhe: bis 4,50 m

Ausbreitung: 6 m; kann aber beschnitten werden.

Viburnum opulus *ist eine sommergrüne Art mit großen Blütenkugeln im Frühling, die an Hortensien erinnern. Aus ihnen entwickeln sich im Herbst rote, leicht transparente Beeren.*

Höhe und Ausbreitung: bis 4 m

Boden und Standort: nahrhafter, relativ feuchter Gartenboden in Sonne oder Halbschatten.

ACHTUNG: DIE FRÜCHTE VERURSACHEN BEI VERZEHR ÜBELKEIT UND ERBRECHEN.

Glossar

A

abhärten
Das schrittweise, behutsame Akklimatisieren empfindlicher Pflanzen an die Bedingungen im Freien. Frühbeete werden häufig für diesen Zweck genutzt. Man öffnet die Abdeckscheibe tagsüber stundenweise.

Absenker
Eine Methode der vegetativen Vermehrung, bei der ein Teil eines Triebs flach in den Boden eingegraben wird. Ritzt man die Rinde an der Stelle, die Erdkontakt hat, an, wird der Saftfluss behindert, und es bilden sich Wurzeln. Das kann bis zu 18 Monate dauern. Anschließend wird der Absenker von der Mutterpflanze getrennt.

Adventivwurzeln
Wurzeln, die aus dem Pflanzenstamm oder -stiel wachsen.

alkalisch, basisch
Boden mit einem pH-Wert über 7,0. Ungeeignet für Pflanzen, die keinen Kalk vertragen.

alpine Pflanze, Steingartenpflanze
Pflanzen, die im Hochgebirge zwischen Baumgrenze und Schneegrenze heimisch sind. Allgemein auch kleinere Pflanzen, die in Steingärten und Steintrögen gut gedeihen.

anhäufeln
Hochschieben von Erde an Pflanzenstielen, um sie zu stützen (z. B. hohe Kohlarten), zu bleichen (z. B. Porree und Sellerie) oder die Bildung von Knollen anzuregen (z. B. Kartoffeln).

Art *siehe* Spezies

ausdünnen, auslichten
Das gezielte Entfernen von Sämlingen, damit sich die verbleibenden kräftiger entwickeln können. *siehe auch* pikieren, vereinzeln

ausgeizen
Das Entfernen von blühenden Seitentrieben, um die Fruchtreifung an den Haupttrieben zu unterstützen, z. B. bei Tomaten.

ausknipsen, abknipsen, entspitzen
Das Entfernen der Triebspitzen, um die Bildung von Seitentrieben zu fördern.

Ausläufer
Ein Trieb, der flach auf dem Boden wächst und bei Erdkontakt Wurzeln treibt (z. B. bei Erdbeeren).

ausputzen
Das Entfernen verwelkter Blüten, um die Samenbildung zu unterbinden. Das regt die Pflanze an, weitere Blüten zu bilden.

auswaschen, ausschwemmen
Nährstoffverlust des Bodens durch zu schnell versickerndes Regenwasser. Vor allem in sandigen Böden ein Problem. Die feinen Bestandteile von lehmigen Böden können Nährstoffe besser binden.

B

bedingt winterhart
Pflanzen, die niedrige Temperaturen im Prinzip vertragen, aber vor starkem Frost geschützt werden müssen.

Befruchtung
Die geschlechtliche Vereinigung einer männlichen (Pollen) und einer weiblichen Zelle (Eizelle). Sie kann (muss aber nicht) durch Bestäubung stattfinden, bei der der Pollen auf die Narbe der Blüte gelangt.

Bestäubung
Die Übertragung von Pollen auf die Narbe der Blüte.

biologische Schädlingsbekämpfung
Der gezielte Einsatz von natürlichen Organismen (Nützlingen) zur Bekämpfung von Krankheiten und Schädlingen.

Blattachsel
Der Ansatzpunkt eines Blattes am Stiel. Dort bilden sich gelegentlich Seitentriebe oder Blüten.

Blattdünger
Spezieller Flüssigdünger, der auf die Blätter gesprüht wird und das Wachstum anregt.

Blattlaus
Bekannter und verbreiteter saugender Schädling. Schwächt und schädigt Blätter, krautige Stiele und Blüten und überträgt außerdem Viruserkrankungen, die weitere Schäden nach sich ziehen.

bleichen
Wird Pflanzen gezielt das Licht entzogen, bleichen sie aus und entwickeln weniger Bitterstoffe. Porree, Staudensellerie, Endivien und Chicorée werden gebleicht.

Blindtrieb
Ein Trieb mit einer Wachstumsknospe, die nicht richtig entwickelt ist.

Blütenendfäule
Durch Wassermangel und dem daraus resultierenden Kalziummangel verursachte Fruchtbildungsstörung bei Tomaten und verwandten Arten. Die Früchte haben am Stängelansatz eine vertiefte, bräunliche Stelle.

Bodendecker
Niedrige Pflanzen, die Matten aus Blattwerk bilden. Werden gern zum Unterdrücken von Unkräutern gepflanzt.

Bonsai
Die gezielte Kultur zwergwüchsiger Pflanzen in kleinen, flachen Gefäßen. Die Technik entstand vor etwa 1000 Jahren in China und breitete sich nach Japan aus. Durch regelmäßiges Schneiden der Wurzeln, Blätter und Triebe werden die Pflanzen klein gehalten.

Botrytis, Grauschimmelfäule
Eine Pilzkrankheit, die vorwiegend in schlecht gelüfteten, feuchten Gewächshäusern auftritt. Zartes Blattgemüse wie Salat und Blütenpflanzen sind besonders gefährdet.

Braktee, Hochblatt
Umgebildetes Blatt, das einem Blütenblatt ähnelt. Einige Pflanzen mit unscheinbaren Blüten bilden auffallend farbige Hochblätter, um Insekten zur Bestäubung anzulocken, z. B. Weihnachtsstern, Bougainvillea, Hartriegel.

Brassica, Kreuzblütler
Große Pflanzengattung, zu der u. a. die Kohl- und Rübenarten gehören.

Bulbille
Brutzwiebeln, die in den Blattachseln und manchmal den Blüten gebildet werden.

C

Chlorophyll
Der grüne Blattfarbstoff, der in allen Pflanzen außer Pilzen und Parasiten vorhanden ist. Er nimmt Energie aus dem Sonnenlicht auf und spielt eine wichtige Rolle bei der Fotosynthese, der Umwandlung von Sonnenlicht in Energie.

Chlorose
Eine Wachstumsstörung, bei der hauptsächlich die Blätter helle Flecken zeigen. Kann durch Viren, Mutation oder ungeeignete Mineralstoffzufuhr verursacht werden.

Containerpflanze
Pflanzen, die in Gefäßen herangezogen und darin verkauft werden, je nach Art zur Pflanzung ins Beet oder in Kübel und Kästen. Bäume, Sträucher, Rosen und Stauden im Container können jederzeit gepflanzt werden, sofern der Boden frostfrei und nicht zu nass oder zu trocken ist. Weil die Wurzeln kaum gestört werden, wachsen sie meist gut an.

Cordon
Spezielle Form der Spaliererziehung für Obstbäume in kleinen Gärten, aber auch für Tomaten im Gewächshaus. Manche Cordons haben einen Stamm, andere zwei oder drei. Seitentriebe werden regelmäßig entfernt.

E

Edelreis
Trieb, der auf eine Unterlage aufgepfropft wird.

Einjährige
Pflanzen, die innerhalb eines Jahres aus Samen heranwachsen, blühen, Samen bilden und absterben. Viele Pflanzen werden einjährig kultiviert, obwohl sie mehrjährig sind. *Lobelia erinus, Mirabilis jalapa* und *Impatiens walleriana* beispielsweise sind frostempfindliche Stauden, die in kälteren Regionen einjährig gehalten werden.

einschlagen, im Boden
Das vorübergehende Pflanzen von Bäumen oder Sträuchern vor der endgültigen Pflanzung, etwa weil der Standort noch nicht vorbereitet ist oder weil wegen Nässe oder Frost nicht gepflanzt werden kann.

entknospen
Entfernen von seitlichen Knospen, um die Entwicklung der Hauptblüte zu fördern. Wird bei einigen Rosen und Chrysanthemen durchgeführt.

erdfreies Substrat
Spezialsubstrat, das keine Erdanteile enthält. Früher verwendete man Torf, heute werden andere Pflanzenprodukte wie Kokosfaser oder Tongranulat bevorzugt.

Erdsubstrat
Pflanzsubstrat auf der Basis von Erde, meist mit Beimischungen von Sand, Torf und Nährstoffen.

F

F1-Hybriden
Die erste Generation, die aus der Kreuzung zweier reinrassiger Arten hervorgeht. F1-Hybriden sind kräftig, gesund und homogen, doch aus ihren Samen können Pflanzen wachsen, die sich von den Elternpflanzen unterscheiden.

Fächerspalier
Sonderform des Spalierobstes, bei der die Zweige in Fächerform an einer Wand gezogen werden.

Fahne
Ein Stück vom älteren Holz, das beim Abreißen eines Seitentriebes vom Haupttrieb hängen bleibt. Stecklinge mit einem solchen Anhang bewurzeln schneller als andere und faulen seltener.

Filament, Staubfaden
Der schlanke Stiel, der die Staubbeutel in einer Blüte trägt.

Floribunda-Rose
Klassifizierung für eine Gruppe von Rosen mit vielen, in Gruppen stehenden Blüten.

Folientunnel
Tunnelförmige Konstruktion aus Stangen und transparenter Kunststofffolie zum Schutz junger Pflanzen vor Frost und Schädlingsfraß. Findet meist im Gemüsegarten Verwendung.

Fotosynthese
Chemischer Prozess, der das Überleben und Wachsen von Pflanzen ermöglicht. Durch Sonnenlicht wird das Chlorophyll in Blättern und anderen grünen Teilen aktiviert. Es reagiert mit dem Wasser, das durch die Wurzeln aufgenommen wird, und dem Kohlendioxid aus der Atmosphäre und stellt daraus energiehaltige Zuckerstoffe für die Pflanze her. Als Abfallprodukt des Pflanzenstoffwechsels wird Sauerstoff an die Atmosphäre abgegeben.

Fremdbestäuber
Pflanze, deren Blüten nur mit dem Pollen einer anderen Pflanze bestäubt werden können.

frostempfindlich
Frostempfindliche Pflanzen können durch Frost abgetötet oder stark geschädigt werden.

frostempfindliche Einjährige
Einjährige Pflanzen, die im zeitigen Frühling im warmen Gewächshaus gesät werden. Die Sämlinge werden in größere Töpfe umgepflanzt (pikiert) und nach den letzten Frösten ins Freie gesetzt.

Frostfalle
Bereich, in dem sich Kaltluft fängt, z. B. in Bodenvertiefungen oder vor Mauern. In Frostfallen erwärmt sich die Luft langsamer als im restlichen Garten, hier ist häufig mit Frostschäden an Pflanzen zu rechnen.

Fruchtfolge
Der regelmäßige Wechsel von Gemüsearten auf Beetflächen, um die Ansiedlung von Krankheiten und Schädlingen einzudämmen und das einseitige Auslaugen des Bodens zu verhindern.

Frühbeet *siehe* kalter Kasten

Fungizid
Chemisches Produkt zum Bekämpfen von Pilzerkrankungen (z. B. Sternrußtau) an Pflanzen.

Futtertrog
Ein Steintrog, der mit einer Schicht Drainagematerial und Substrat gefüllt ist. Futtertröge werden meist mit Zwergkoniferen, kleinen Zwiebelblühern und Steingartenpflanzen bepflanzt. Beliebt als Dekoration für Höfe und Terrassen.

G

Gartenbast
Geschmeidige, meist grüne Schnur zum Anbinden von Pflanzen.

Gartenkalk
Eine alkalische Substanz, die verwendet wird, um lehmige Böden zu verbessern und den pH-Wert des Bodens anzuheben.

Gattung
Gruppe von Pflanzen mit ähnlichen botanischen Merkmalen. Manche Gattungen umfassen viele Arten, andere nur eine.

Glasglocke
40–60 cm hohe Glasglocke (oder ähnliche Konstruktion aus transparentem Kunststoff), die zum Schutz junger Pflanzen vor Frost und Schädlingsfraß verwendet wird. Bei uns noch selten.

Griffel
Teil der weiblichen Fortpflanzungsorgane in der Blüte.

Gründünger
Pflanzen, die auf eine Fläche gesät und vor der Samenbildung untergegraben werden, um Struktur und Nährstoffgehalt des Bodens zu verbessern.

H

Halbstamm
Baum mit einer Stammhöhe von 80–120 cm, z.B. der Mandelbaum und einige Apfelsorten.

Halbstrauch
Kleines, breitwüchsiges, strauchähnliches Gewächs (z.B. Thymian und Lavendel) mit verholzter Basis. Im Gegensatz zu Sträuchern sterben bei Halbsträuchern in gemäßigtem Klima die oberen Zweige und Triebe im Winter ab.

halbverholzt
Triebe, die an ihrer Basis zu verholzen begonnen haben, aber noch nicht ganz verholzt sind.

Herbizid, Unkrautvernichtungsmittel
Chemisches Produkt, das Pflanzen abtötet.

Hochstamm
Baum mit einem Abstand von etwa 1,80 m zwischen den Erdboden und dem untersten Ast der Krone. Der Begriff wird aber auch für kleinere Pflanzen wie Rosen, Lorbeer, Margeriten etc. verwendet.

Hormone
In Pflanzen und Tieren vorkommende Stoffe, die das Wachstum regulieren. Wird benutzt, um die Bewurzelung von Stecklingen zu fördern oder um das Wachstum zu beschleunigen.

Humus
Die organischen Überreste verrotteter Pflanzenteile, die den Boden anreichern (= lockern und düngen).

Hybride
Kreuzung zwischen zwei ausgewählten Elternpflanzen. Es gibt Kreuzungen zwischen zwei Arten (interspezifische Hybriden), seltener zwischen zwei Gattungen (intergenerische oder bigenerische Hybriden).
siehe auch F1-Hybriden.

I

immergrüne Gehölze
Bäume und Sträucher, die ganzjährig grün bleiben. Sie werfen laufend vereinzelte Blätter ab und bilden neue.

Insektizid
Chemisches Produkt zum Abtöten von Insekten.

Internodium
Der Teil eines Sprosses, der zwischen zwei Blattansätzen (Knoten) liegt.

K

Kallus
Korkiges Pflanzengewebe, das sich auf beschädigten oder geschnittenen Zweigen bildet. Die Schnittenden von Stecklingen bilden Kallus, ehe sie Wurzeln treiben.

kalter Kasten
Holzkasten mit abnehmbarer Abdeckung aus Glas oder Kunststoff. Es gibt ungeheizte und beheizbare Modelle.

Kapillarität, Kapillarwirkung
Die Aufwärtsbewegung von Wasser im Boden. Sie erfolgt durch Kapillargefäße und mittels der Oberflächenspannung, ggf. auch entgegen der Schwerkraft. Je feiner der Boden ist, desto höher steigt das Wasser. Nach dem gleichen Prinzip funktionieren auch Pflanzkübel mit Wasserreservoir unter einem Zwischenboden.

Keimblatt
Das erste Blatt oder Blattpaar, das nach der Keimung des Samens erscheint.

Keimung
Vorgang, der bei ausreichend Feuchtigkeit, Wasser und Luft in einem Samen abläuft. Die Samenhülle bricht auf, ein oder zwei Keimblätter wachsen zum Licht hin. Gleichzeitig bildet sich eine Wurzel. Die meisten Gärtner bezeichnen als Keimung die Phase, in der sich die Keimblätter über der Erd- oder Substratoberfläche zeigen.

Kiesbeet
Fläche mit Splitt, Kies und kleinen Steinen zum Pflanzen von Steingartenpflanzen.

Klon
Durch vegetative Vermehrung gewonnene Jungpflanze, die genetisch mit der Mutterpflanze identisch ist.

Knoten
Verdickte Stelle, an der ein Blatt oder ein Seitentrieb vom Haupttrieb abzweigt.

Kompositstein
Ein industriell produziertes Material mit Steinoptik, aus dem Pflanzgefäße und Gartendekorationen hergestellt werden. Die Oberfläche erhält mit der Zeit eine schöne Patina.

Kompost
Organische Substanz aus verrotteten Pflanzenteilen, die zur Bodenverbesserung oder als Mulch eingesetzt wird. Kann aus Garten- und Küchenabfällen selbst hergestellt bzw. gekauft werden.

krautig
Triebe von Gehölzen, die noch grün sind und keine Anzeichen von Verholzung zeigen.

krautige Stecklinge, Weichholz-Stecklinge, unverholzte Stecklinge
Aus einem unverholzten Trieb geschnittener Steckling.

Kreuzung, Zucht
Die Kreuzung einer oder mehrerer Generationen, um Merkmale wie Blütengröße, Blühzeitpunkt, Unempfindlichkeit, Pflanzengröße, Fruchtgröße oder Ertrag zu verbessern.

Krume
Feinkrümelige Erdschicht, in der Samen gesät werden. Hat auch die Funktion einer Mulchschicht, indem sie die Verdunstung reduziert.

Kübel
Sammelbegriff für alle Gefäße, in die Pflanzen gesetzt werden können, z.B. Töpfe, Kästen, Ampeln.

Kultivar, Zuchtform
Kurzwort für kultivierte Varietät, d.h. gezüchtete Pflanzensorte. Streng genommen sind fast alle heutigen Gartenpflanzen Zuchtformen. Auch Begriffe wie Art und Sorte werden von Gärtnern noch häufig benutzt.

L

Lateraltrieb, Seitentrieb
Trieb, der seitlich aus einem Haupttast wächst. Der Begriff wird in Zusammenhang mit dem Obstbaumschnitt oft verwendet.

Laub abwerfend, sommergrün
Laubbäume, Sträucher und wenige Nadelbäume, die zum Ende der Vegetationsperiode (üblicherweise im Herbst) ihre Blätter verlieren.

Laubkompost
Kompost, der überwiegend aus Laub besteht. Kann als Mulch aufgelegt oder im Winter untergegraben werden.

Leittrieb
Der Ast, der die höchste Spitze eines Baums bildet.

M

Mehltau
Eine Pilzkrankheit, die zartes Pflanzengewebe befällt. Falscher Mehltau befällt vorwiegend Salat und Zwiebeln, echter Mehltau dagegen Obstbäume, Rosen und Chrysanthemen.

Mehrjährige, ausdauernde Pflanze
Winterharte Stauden, Bäume, Sträucher und mehrjährige Kletterpflanzen.

Moderne Englische Rosen
Eine von dem Briten David Austin durch Kreuzung alter und moderner Sorten gezüchtete Gruppe von Rosen. Blütenformen und -farben entsprechen den alten Rosen, sie blühen jedoch wie die modernen Sorten mehrmals (remontieren).

Mulch
Deckschicht auf der Bodenoberfläche, verlangsamt die Verdunstung von Wasser und unterdrückt Unkräuter. Kann organisch (Kompost, Rindenhäcksel) oder anorganisch (Kies, Mulchfolie) sein.

Mutation
Teil einer Pflanze, meist die Blüte, die Abweichungen von den genetisch bedingten Merkmalen zeigt.

Mutterboden
Fruchtbarer, durchlässiger Gartenboden von guter Qualität. Kann mit Steinen und Unkrautsamen versetzt sein.

N

Narbe
Der weibliche Teil der Blüte, der den Pollen aufnimmt.

neutral
Boden, der einen pH-Wert von ca. 7,0 hat, also weder sauer noch alkalisch ist. Die meisten Pflanzen bevorzugen einen pH-Wert von etwa 6,5.

NPK
Kürzel für die Nährstoffe Stickstoff (Nitrat), Phosphor und Kalium. Wird auf Düngerverpackungen zur Angabe der Inhaltsmengen der Nährstoffe verwendet.

O

okulieren
Methode der Vermehrung z. B. für Rosen und Obstbäume. Dabei wird die Rinde am Stamm der Unterlage T-förmig eingeschnitten. In den Schnitt wird ein Trieb der zu vermehrenden Art (das Edelreis) mit einem ruhenden Auge eingesetzt.

organisch
Substanz, die aus ehemals lebendem Material (z. B. Überresten von Tieren und Pflanzen) entstanden ist.

organischer Gartenbau
Pflanzenkultur unter bewusstem Verzicht auf chemische Düngemittel und Pestizide.

P

pathogen
Krankheit verursachender Organismus.

Pestizid
Chemisches Produkt zum Bekämpfen von Schädlingen, z. B. Insekten, Schnecken, Milben etc. *siehe auch* Insektizid

Pfahlwurzel
Lange, tief in den Boden ragende, kaum verzweigte Wurzel, wie bei Löwenzahn.

Pflanzbeutel
Beutel mit Substrat (= Plastiksäcke mit Blumenerde), die direkt bepflanzt werden. Ursprünglich wurde die Idee entwickelt, um Tomaten auf infizierten Beeten kultivieren zu können.

Pflanzennährstoffe
Die Mineralien, an denen Pflanzen einen relativ hohen Bedarf haben: Stickstoff, Phosphor, Kalium, daneben auch Kalzium, Magnesium und Schwefel.

Pflanzsubstrat
Eine Mischung aus Mutterboden, Sand, Torf, Nährstoffen und Kalk. Je nach Verwendungszweck ist das Mischungsverhältnis unterschiedlich, z. B. Aussaatsubstrat, Universalsubstrat, Auffüllsubstrat. Wegen der Umweltschädigungen durch kommerziellen Torfabbau werden heute hierfür meist Ersatzmaterialien verwendet, z. B. Coir (Kokosfasern).

pfropfen *siehe* veredeln

pH-Wert
Skala, die den Säuregehalt einer Substanz angibt. Sie reicht von 0 bis 14; 7 ist der Neutralpunkt. Je höher ein Wert über 7 liegt, desto alkalischer ist die Substanz. Je weiter er unter 7 liegt, desto saurer ist sie. Die meisten Pflanzen gedeihen in einem Boden mit einem pH-Wert von 6,5 gut, darum wird im Gartenbau dieser Wert oft als „neutral" bezeichnet. *siehe auch* neutral

pikieren, vereinzeln
Das Umpflanzen eines Sämlings aus der Saatschale in einen Einzeltopf.

Pollen
Die männlichen Fortpflanzungszellen, die in den Staubbeuteln gebildet werden.

R

radikaler Rückschnitt
Rückschnitt eines Strauches bis knapp über dem Boden, um die Bildung frischer Triebe anzuregen. Dient bei Obststräuchern der Verjüngung und Verbesserung des Ertrags. Einige Ziersträucher (z. B. Hartriegel) haben attraktiv gefärbte junge Triebe und werden deshalb zurückgeschnitten.

Ranke
Fadenförmiges, gedrehtes Organ, mit dem sich manche Pflanzen an Kletterhilfen festhalten (z. B. Wicken, Passionsblumen)

Reversion
Neigung mancher Pflanzen, sich wieder zu ihrer Urform zurückzuentwickeln. Panaschierte Arten, die ursprünglich als Mutationen entstanden sind, verlieren manchmal ihre Blattmusterung. Manche Mutationen sind unbeständig.

Rhizom
Ganz oder teilweise unterirdisch verlaufender, horizontaler Stiel, der fleischig oder schlank sein kann. Er dient als Speicherorgan und ermöglicht den Pflanzen das Überwintern. Einige Iris-Arten haben stark verdickte Rhizome. Die Rhizome von Maiglöckchen sind schlank und breiten sich stark aus.

Rhizomknolle
Unterirdischer, stark angeschwollener und zu einem Speicherorgan umgebildeter Spross

(z. B. Gladiolen). An der Basis bilden sich Brutknospen, die man abnehmen und separat einpflanzen kann. Bis die Jungpflanzen blühen, dauert es einige Jahre.

Ringkultur
Eine besondere Technik zum Ziehen von Tomaten. Die Pflanzen werden in Töpfe ohne Boden gepflanzt und in ein Kiesbett gestellt.

Rispe
Blütenstand mit vielen Einzelblüten, die an einem unverzweigten Stiel stehen.

ruhend
Pflanzen, Samen oder Triebknospen, die sich vorübergehend nicht im Wachstum befinden.

S

sauer
Boden mit einem pH-Wert unter 7,0. Für Pflanzen geeignet, die keinen Kalk vertragen (Kalkflieher).

schießen, in Saat schießen
Vorzeitige, unerwünschte Bildung von Blüten und Samenständen bei Gemüse. Tritt besonders häufig bei Salat, Roter Bete, Spinat und Radieschen auf.

schwachwüchsige Veredelungsunterlage
Unterlage für Obstbäume, die dafür sorgt, dass der veredelte Baum klein bleibt. Die Höhe des ausgewachsenen Baums richtet sich nach der Sorte, auf der er veredelt ist.

Seitentrieb *siehe* Lateraltrieb

Sekundärnährstoffe
Nährstoffe, die Pflanzen in kleineren Mengen benötigen, etwa Eisen, Molybdän, Mangan. Auch als Spurenelemente bekannt. *siehe auch* Pflanzennährstoffe

Selbstbestäuber
Pflanze, deren Blüten mit dem eigenen Pollen bestäubt werden können. Hauptsächlich bei Obstbäumen relevant.

Sommerblumen, Beetpflanzen
Blumen, die für die kurzfristige Bepflanzung von Beeten, Kübeln und Kästen verwendet werden. Zweijährige wie Goldlack pflanzt man im Herbst. Frostempfindliche Einjährige werden zeitig im Jahr im Haus oder Gewächshaus vorgezogen und nach den letzten Frösten ausgepflanzt.

Spalierobst
Obstbäume, deren Seitentriebe an Drähten oder Leisten mit 25–30 cm Abstand an einer Mauer gezogen werden.

Spatenstich
Die Stichtiefe des Spatenblattes, meist zwischen 25 und 30 cm. Wird als Maß für die Tiefe des Umgrabens verwendet.

Spezies, Art
Eine Gruppe von Pflanzen, die gleiche Merkmale haben und untereinander gekreuzt werden können.

Sphagnum, Torfmoos
Eine Moosart, die früher gern zum Auslegen von Pflanzkörben verwendet wurde. Es sieht attraktiv aus und speichert Wasser gut. Heute steht Sphagnum unter Naturschutz, daher benutzt man stattdessen oft Gartenmoos oder schwarze Kunststofffolie.

Sporn
Kurzer, Früchte tragender Zweig an einem Obstbaum.

Sport
Eine Zufallsveränderung in der Form, Größe oder Farbe einer Pflanze oder Blüte. Der Begriff wird eigentlich nur von Rosenspezialisten verwendet, sonst spricht man eher von Mutation.

Staubbeutel
Der Pollen tragende männliche Teil einer Blüte, auch Anthere genannt. Ein schlanker Stiel (der Staubfaden) trägt die Staubbeutel.

Staubblatt
Der männliche Teil einer Blüte, bestehend aus Staubfaden und Staubbeutel.

Staubfaden *siehe* Filament

Staude
Krautige Pflanzen, deren Triebe nicht verholzen und deren Blätter im Spätsommer oder Herbst absterben, im Frühling aber neu austreiben.

Steckling
Methode zur vegetativen Vermehrung. Von der Mutterpflanze werden Teile abgetrennt und zur Bildung eigener Wurzeln oder Triebe (oder beidem) angeregt. Man unterscheidet Blatt-, Trieb- oder Wurzelstecklinge.

Sternrußtau
Eine Pilzkrankheit, die Rosen befällt.

Stomata, Spaltöffnungen
Hautporengroße Öffnungen, meist auf der Unterseite der Blätter, die den Austausch von Gasen ermöglichen. Während der Respiration (nachts) nehmen Pflanzen Luft auf, verwenden den Sauerstoff und geben Kohlendioxid an die Luft ab. Während der Fotosynthese (tags) entziehen sie der Luft Kohlendioxid und geben Sauerstoff ab.

stratifizieren
Methode zur Förderung der Keimung von Samen mit harter Schale. Die Samen werden in feuchten Sand gelegt und einige Wochen oder über Winter kalt gestellt.

Strauch
Mehrjährige, holzige Pflanze, die keinen Stamm hat. Die Triebe verzweigen sich direkt über dem Boden. Manche Arten können als Baum oder Strauch kultiviert werden.

Substratzusätze
Materialien, die kommerziellen Substraten zugesetzt werden, um z. B. in Ampeln das Wasserhaltevermögen zu verbessern, z. B. Perlit, Vermikulit, Gelkristalle.

Sumpfpflanze
Pflanze, die in dauerfeuchtem Boden gedeiht. Ein Sumpfbeet kann separat angelegt werden oder an einen Teich angrenzen.

Synonym
Älterer botanischer Name einer Pflanze. Es kommt häufig vor, dass dieser bekannter ist als der aktuelle.

systemisch
Chemikalie (meist Insektizid), die in das Pflanzengewebe eindringt. Saugt ein Insekt den Pflanzensaft, wird es vergiftet. Die Wirksamkeitsdauer systemischer Insektizide ist abhängig von Pflanzentyp und Außentemperatur.

T

Teehybride
Klassifikation für eine Rosengruppe, auch als großblumige Strauchrose oder Edelrose bezeichnet.

Teichrandpflanzen
siehe Uferpflanzen

Teilung
Teilung des Wurzelballens zur vegetativen Vermehrung oder Verjüngung von Pflanzen. Wird meist bei krautigen Stauden angewandt.

Terrasse
1. An ein Gebäude angrenzende, befestigte Fläche.
2. Stufenförmig angelegtes Gelände an Hanglagen. Die einzelnen Ebenen (Terrassen) sind oft durch Stufen miteinander verbunden.

Tochterzwiebel
Unreife, kleine Zwiebel, die sich an der Basalplatte der Mutterzwiebel bildet.

Torf
Organisches Pflanzenmaterial, das in Mooren unter Luftabschluss verrottet ist. Torf hat einen pH-Wert unter 6,5.

Torfsubstrat
Pflanzsubstrat, das hauptsächlich aus Torf sowie Nährstoffzusätzen besteht.

treiben
Eine Pflanze zum frühzeitigen Wachstum anregen, meist durch Wärme. Tulpenzwiebeln werden beispielsweise zunächst im Dunkeln bei einer Temperatur von ca. 8 °C vorgetrieben und danach zur weiteren Wachstumsförderung langsam an Licht und Wärme gewöhnt.

Trockenmauer
Eine Stützmauer aus Natursteinen, die ohne Zement aufgesetzt sind. In die Fugen kann man kleine Pflanzen setzen.

U

Uferpflanzen, Teichrandpflanzen
Pflanzen für die Flachwasserzone am Teichufer. Manche gedeihen auch im Sumpfbeet.

umbrechen
Das grobe Umgraben eines Beetes im Herbst, ohne die Schollen zu zerkleinern. So wird die Oberfläche, die der Witterung ausgesetzt ist, vergrößert. Nach dem Frost brechen die Erdschollen auseinander.

umtopfen
Das Umpflanzen einer Topf- oder Kübelpflanze in ein größeres Gefäß.

Unkrautvernichtungsmittel
siehe Herbizid

Unterboden
Tiefer liegende Erdschicht unter dem Mutterboden, der kultiviert wird.

Unterlage, Veredelungsunterlage
Pflanze, auf die ein Edelreis aufgepfropft wird, die beim Veredeln das Wurzelwerk liefert. Auf den Stamm wird eine andere Art aufgepfropft. Es gibt verschiedene Gründe, Pflanzen nicht auf der eigenen Wurzel zu kultivieren, z. B. um ihr Höhenwachstum zu begrenzen.

Unterwasserpflanzen, Sauerstofflieferanten
Unter Wasser lebende Teichpflanzen, die Sauerstoff abgeben. Wichtig für ein gesundes biologisches Gleichgewicht im Teich.

V

Verdichtung
Zusammenpressen der Feinpartikel im Erdreich, etwa durch Trittbelastung oder Befahren. Zerstört die Bodenstruktur, verschlechtert die Drainage und erschwert Wurzeln das Durchdringen des Bodens.

veredeln, pfropfen
Eine Vermehrungsmethode, bei der das Gewebe einer ausgewählten Art mit einer Unterlage mit kalkulierbaren Wachstumseigenschaften verbunden wird. Wird vorwiegend bei Obstbäumen und Rosen angewandt.

verholzte Stecklinge, holzige Stecklinge
Methode zur vegetativen Vermehrung von holzigen Pflanzen (Bäume, Sträucher, Beerensträucher). Verholzte Triebe werden abgeschnitten und in ein Substrat gesteckt. Nach der Wurzelbildung werden sie in ein Beet gepflanzt, erst später kommen sie an ihren endgültigen Platz.

Verwachsungen
Wachstumsstörung mit abgeflachten, verkrüppelten oder zusammengewachsenen Trieben oder Blüten. Die betroffenen Teile sollten entfernt werden.

W

Wasserpeichermatte
Matte aus saugfähigem Schaumstoffmaterial, die in Kästen und Ampeln gelegt werden kann.

Wasserpflanze
Pflanzen, die ganz oder teilweise unter Wasser stehen und deshalb in Gartenteichen gehalten werden können.

Wildtrieb, Wildling
Spross, der an einer veredelten Pflanze unterhalb der Pfropfstelle an der Unterlage gebildet wird.

winterhart, frosthart
Pflanzen, die den Winter im Freien überleben.

Wundgewebe *siehe* Kallus

wurzelnackt
Pflanzen, die zum Pflanzen während der Ruhezeit aus dem Boden gehoben und ohne Pflanzgefäß verkauft werden.

Z

Zucht *siehe* Kreuzung

Zuchtform *siehe* Kultivar

Züchtungsstamm
Aus Samen gezogene Pflanzen mit einem gemeinsamen Vorfahren.

Zweijährige
Pflanzen, die im ersten Jahr Blätter bilden, im zweiten Jahr blühen und dann absterben. Viele Pflanzen werden zweijährig kultiviert, etwa *Bellis perennis* (Gänseblümchen) oder *Dianthus barbatus* (Bartnelke), die eigentlich beide mehrjährig sind.

Zwiebel
Speicherorgan, das aus vielen Schichten besteht, die an der abgeflachten Basis verbunden sind. Beispiele für Zwiebelgewächse sind Narzissen und Tulpen. Der Begriff wird häufig auch fälschlich für Knollen und Rhizome verwendet, die jedoch einen anderen Aufbau haben.

Zwischenfrucht
Gemüse mit kurzer Vegetationszeit, z. B. Salat, Radieschen. Kann zwischen langsam wachsende Arten gesät werden.

zwittrig
Blüte, in der sich sowohl männliche als auch weibliche Geschlechtsorgane befinden.

Register

A

B

C

D

H

I

L

M

N

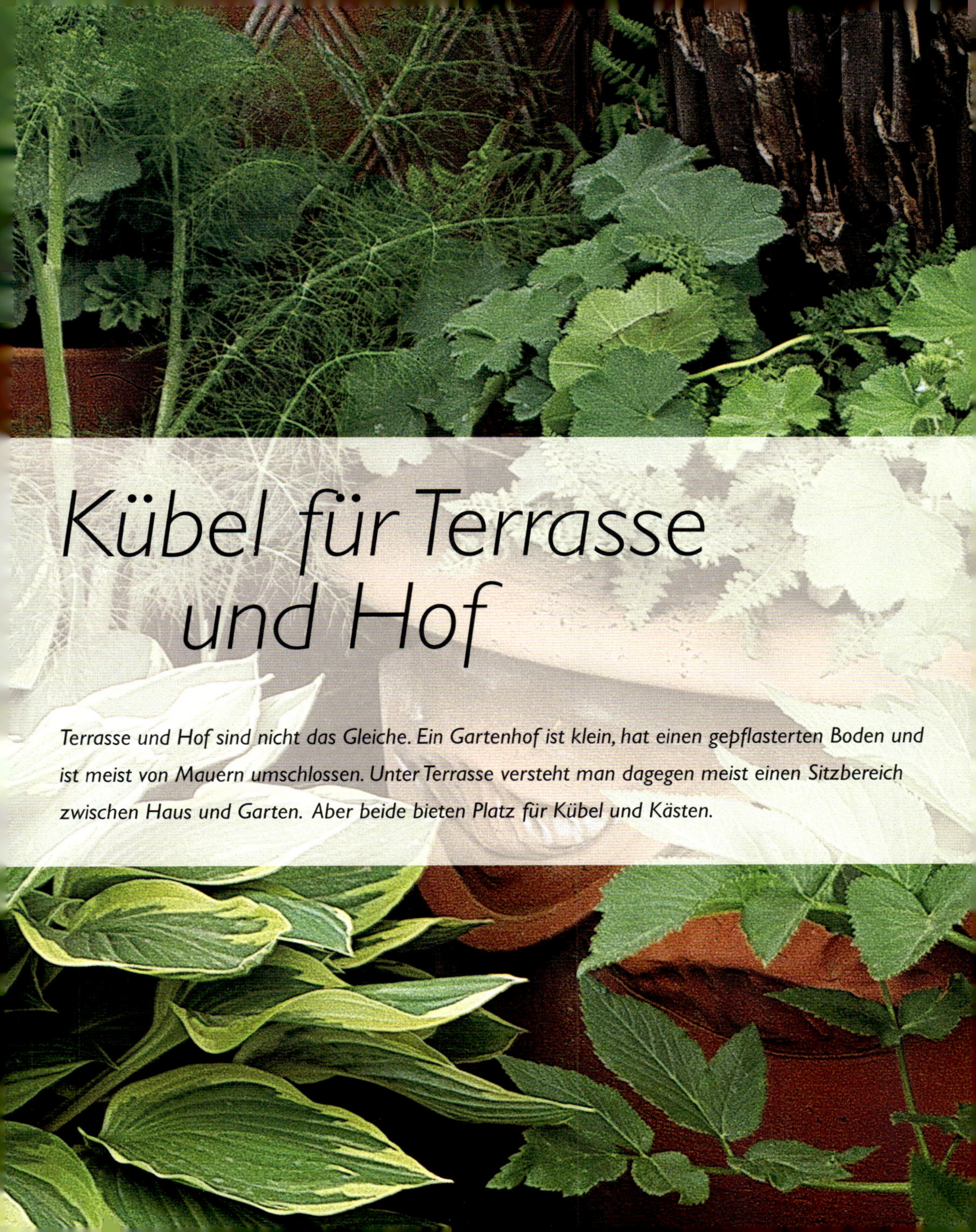

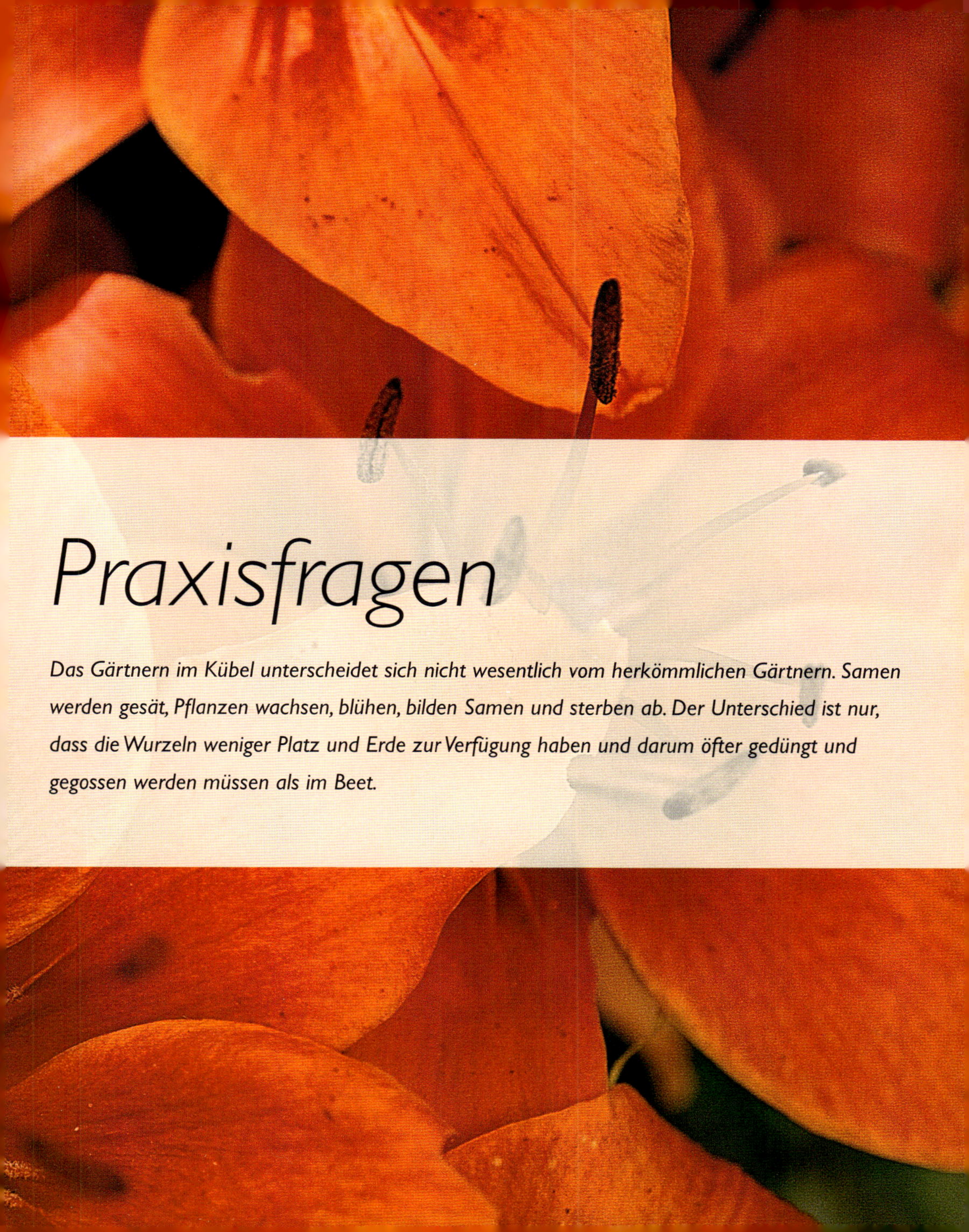

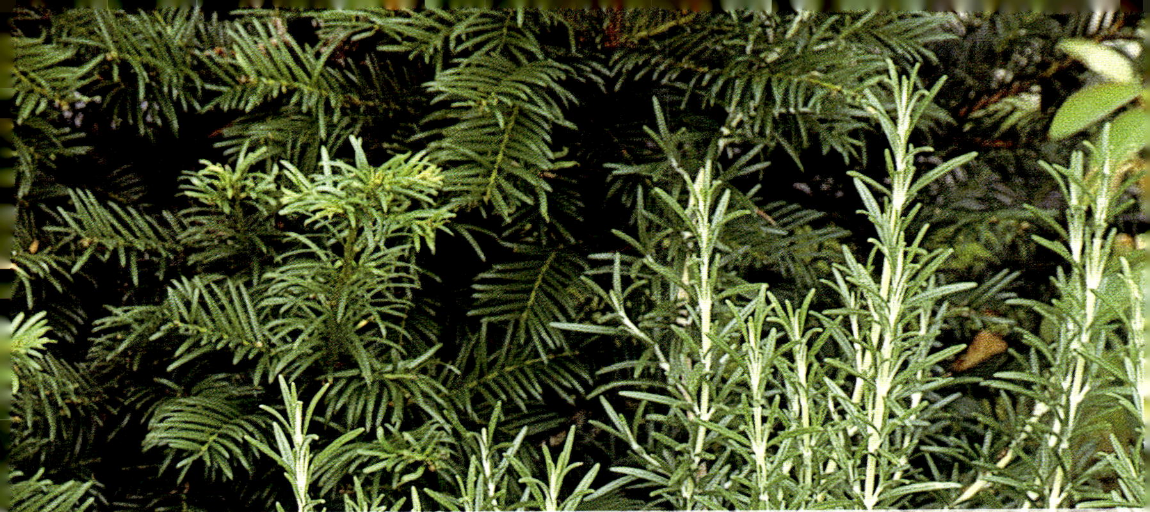

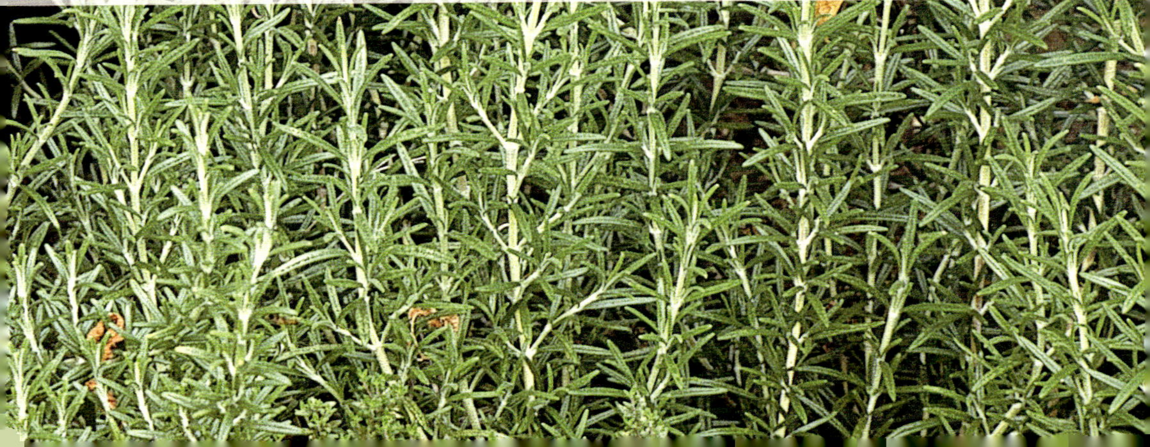

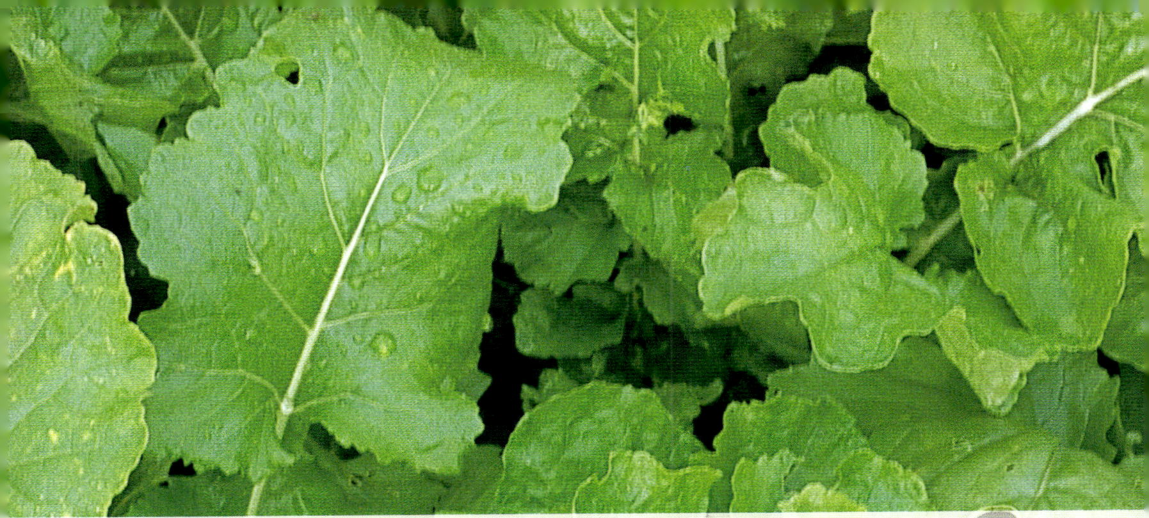

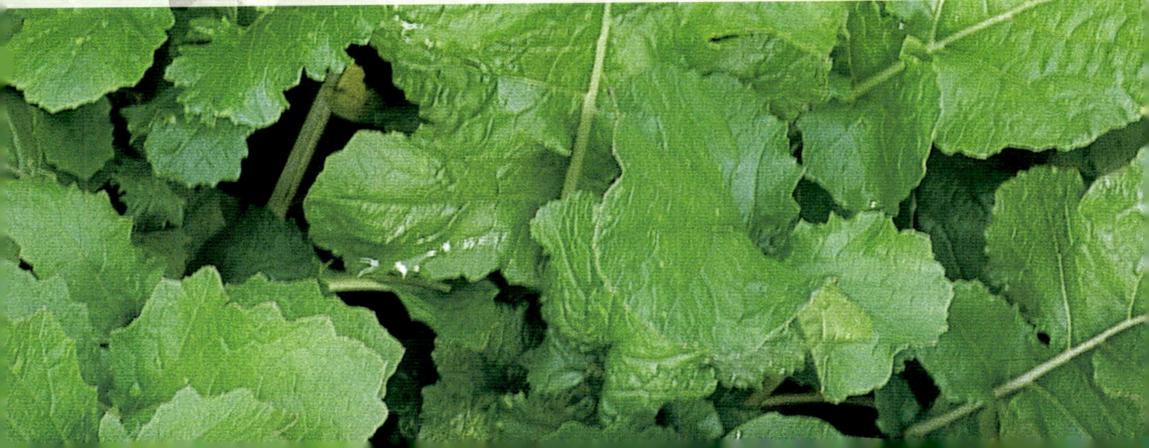

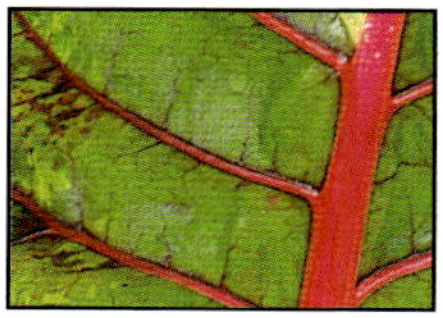

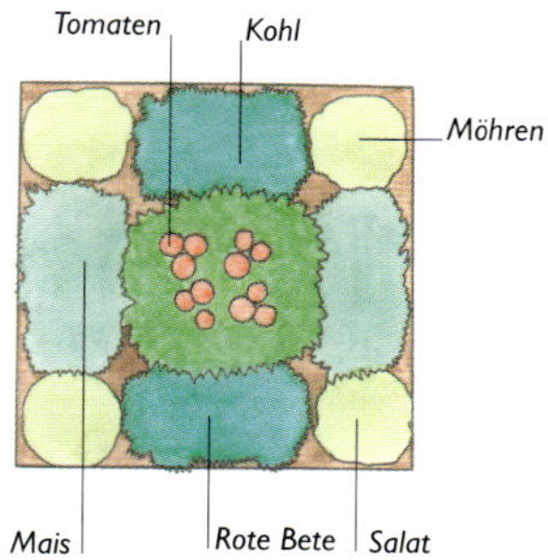

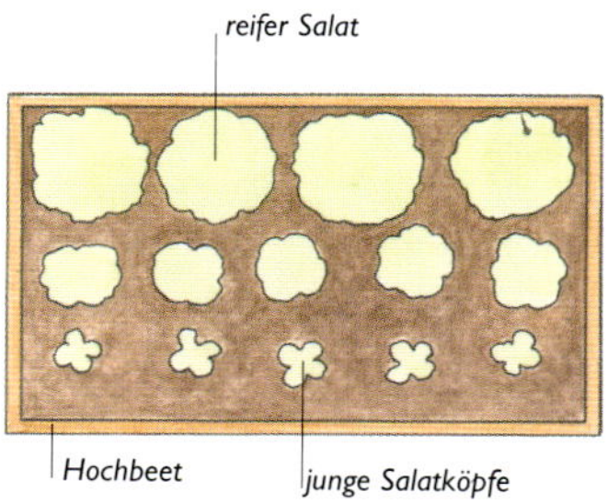

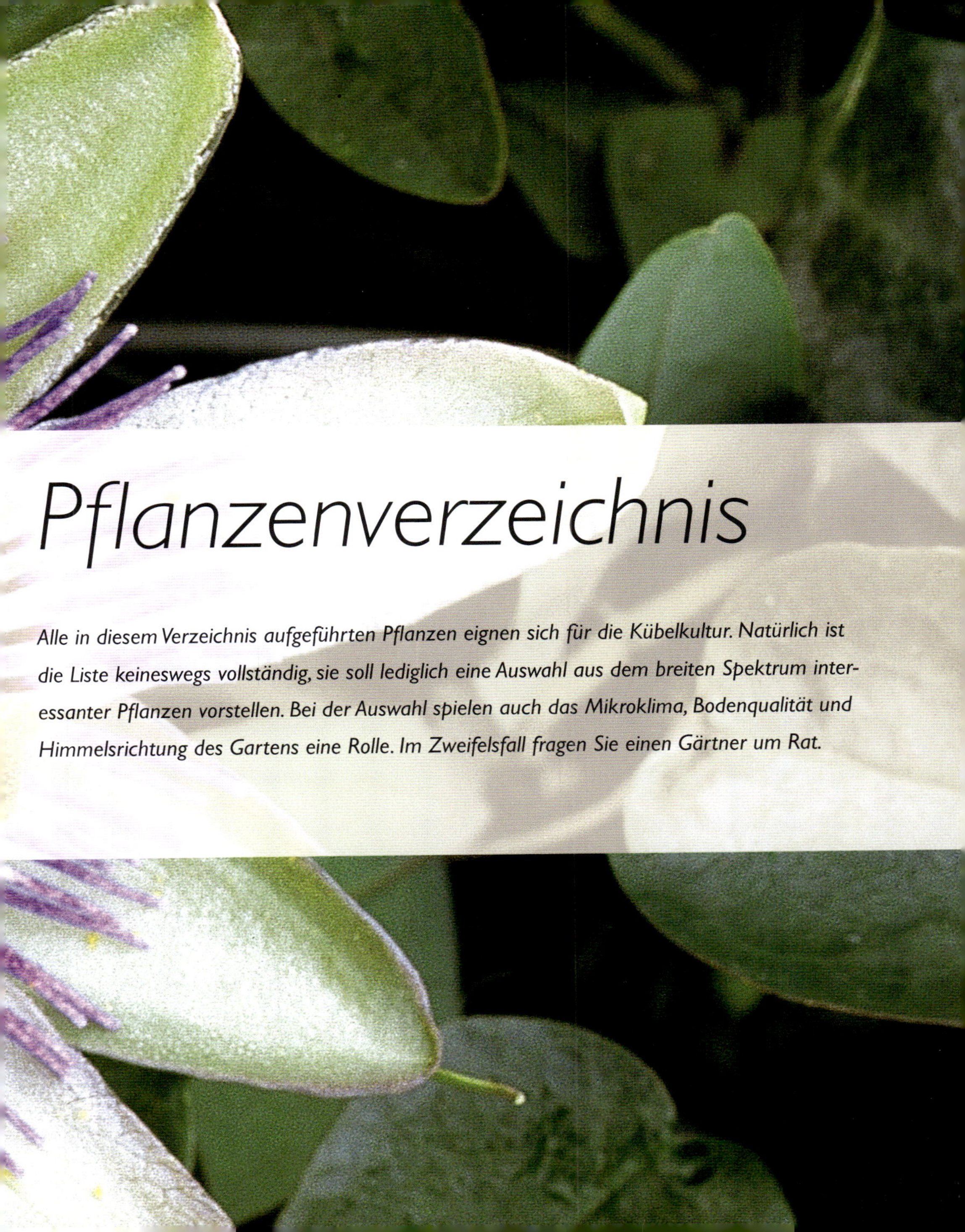

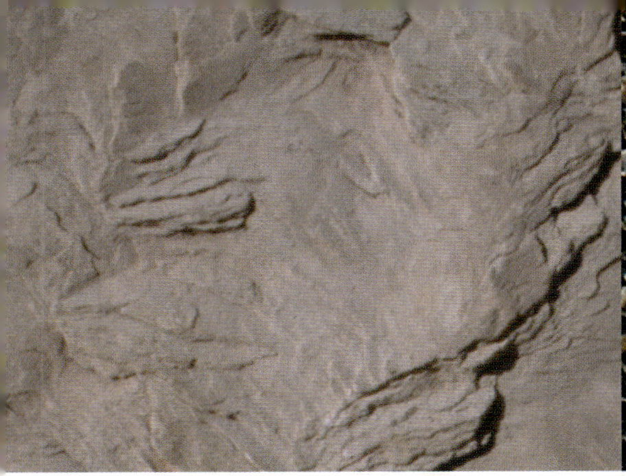
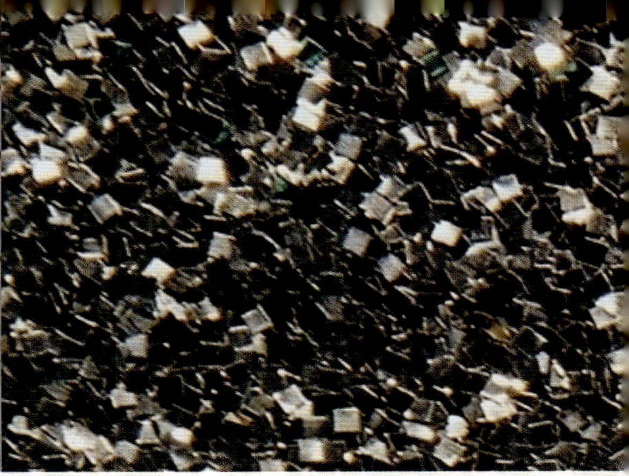

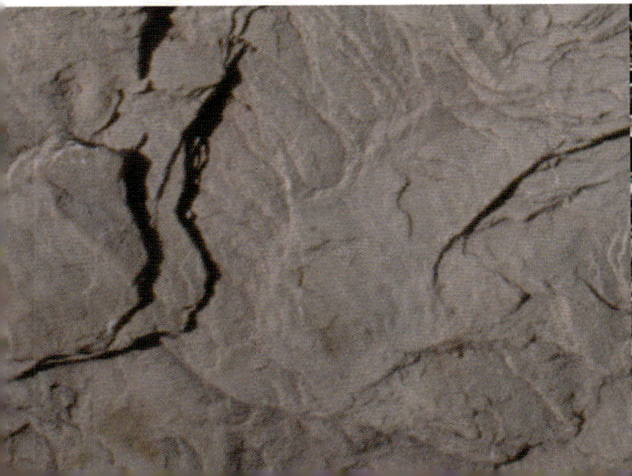
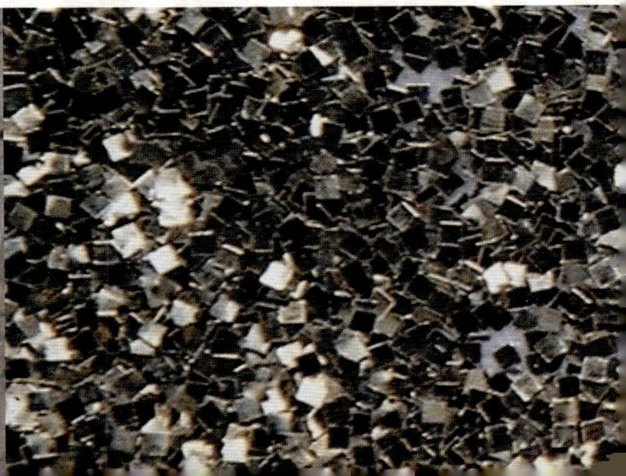

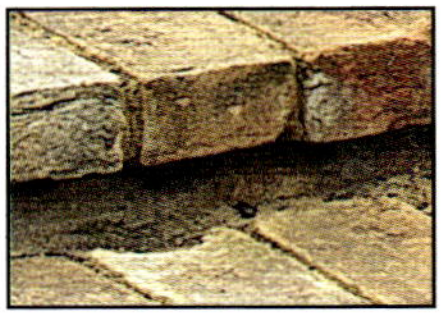

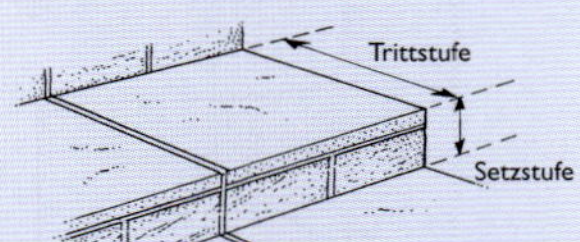

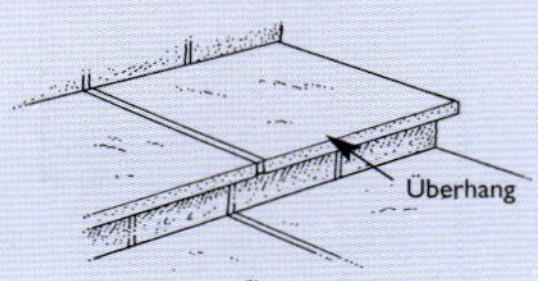

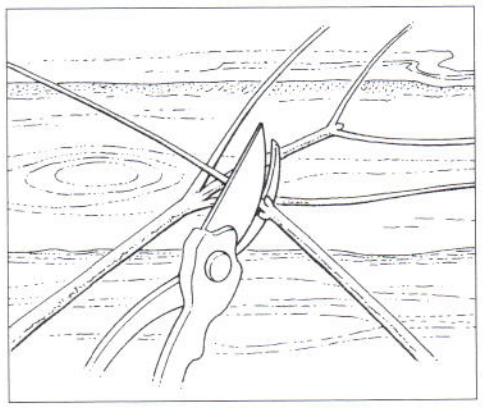

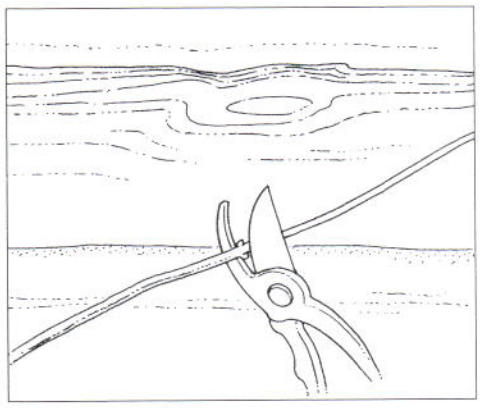

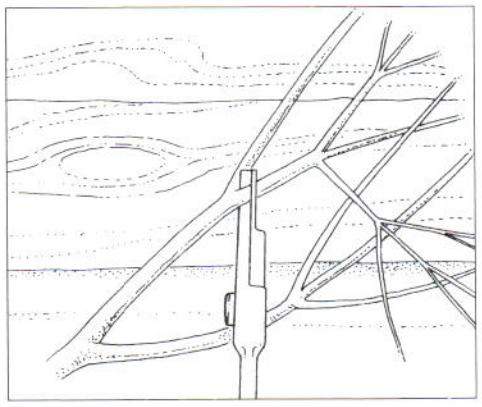

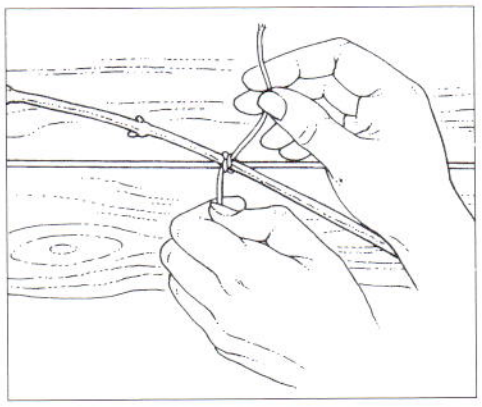

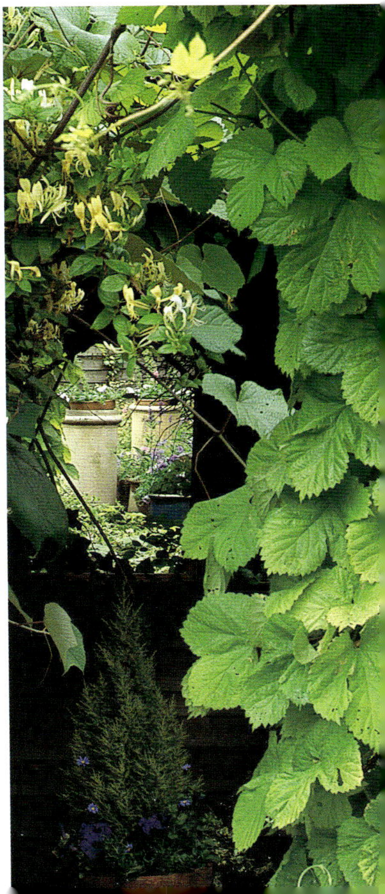

kommt es oft zur Entwicklung spärlicher Sträucher mit dürftiger Blüte. Besseres Wachstum sollte durch Düngung, Mulchen und Wässern angeregt werden.

Wildrosen

Diese verlangen nur wenig und in den ersten zwei Jahren nach der Pflanzung gar keinen Schnitt. In dieser Zeit sollte man der Pflanze zunächst erlauben, sich buschig zu entwickeln. Danach jeweils im Frühjahr abgestorbene, schwache und kranke Triebe herausschneiden. Falls der Strauch nach mehreren Jahren zu dicht wird, älteres Holz auslichten.

Englische Rosen

Dies sind mehrfach blühende Sträucher. Ziel des Schnitts ist es, eine attraktive Strauchform aufzubauen und die regelmäßige Entwicklung junger Triebe anzuregen, wobei man nicht zu stark schneiden sollte. Englische Rosen sind beim Kauf meist schon geschnitten, sodass man sie im ersten Jahr nicht mehr zurückschneiden muss. Im Frühjahr schwache, dürre und kranke Triebe entfernen. Nach einigen Jahren zu dichten Wuchs auslichten. Verbleibende Triebe auf die halbe Länge einkürzen, sofern dies der Form des Strauchs zuträglich ist. Einige Englische Rosen können auch als Kletterrosen gezogen werden.

Schnitt bei Edel- und Beetrosen

Starker Schnitt
Alle Zweige auf drei oder vier Augen zurückschneiden.

Moderater Schnitt
Kräftige, gesunde Zweige auf halbe Länge kürzen. Schwache Triebe stärker kürzen.

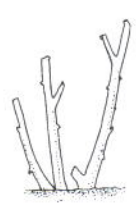

Schwacher Schnitt
Zweige um etwa ein Drittel kürzen. Seitentriebe zurückschneiden.

▶ *Rosen sind immer eine Augenweide – ob in gemischten Rabatten neben anderen Blumen oder in separaten Rosenbeeten.*

FISONS GRO-BAG
FISONS GRO-BAG
FISONS GRO-BAG FISONS GRO-BAG

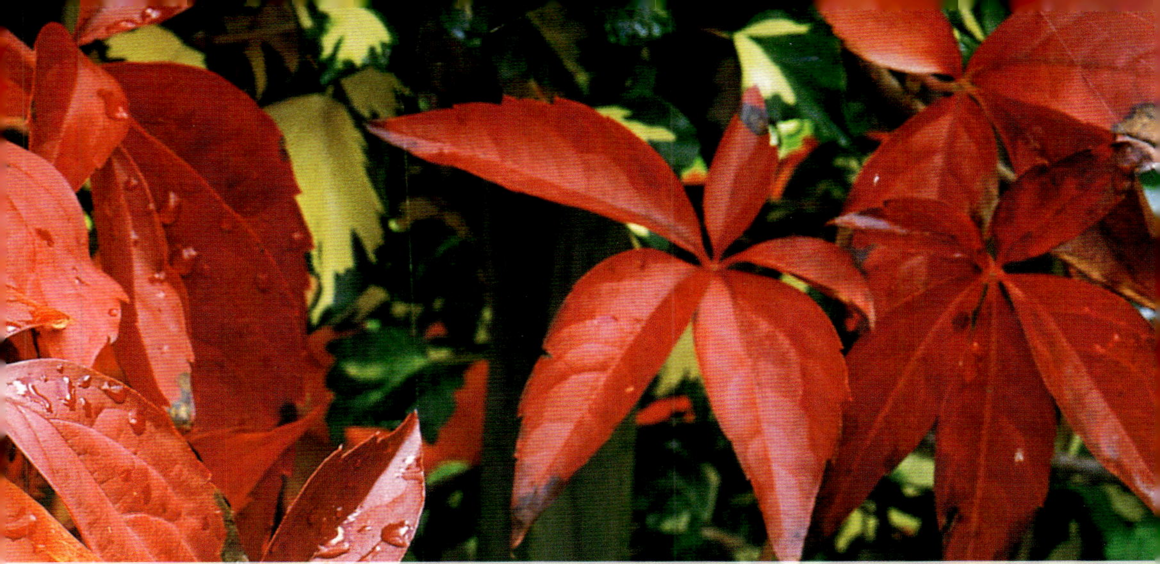

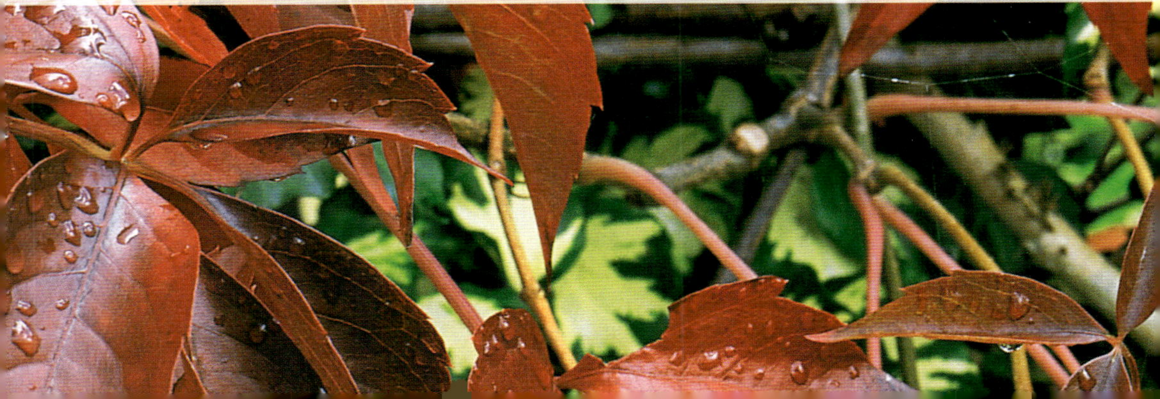

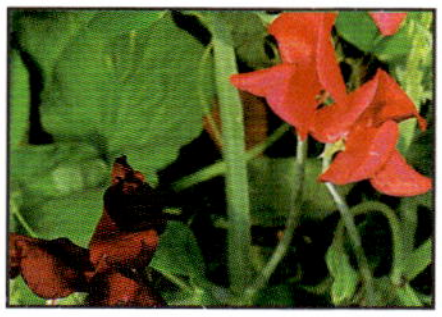

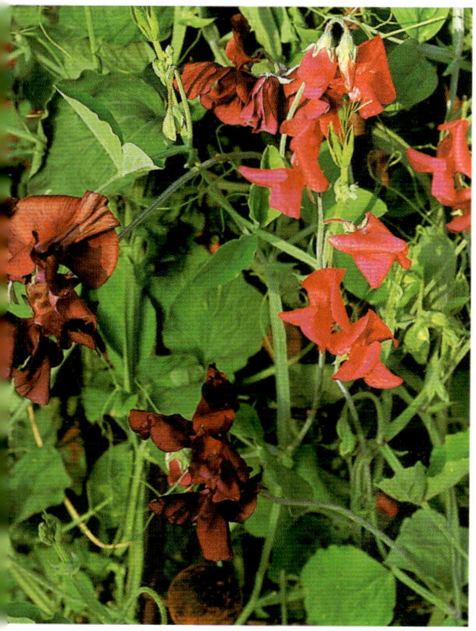

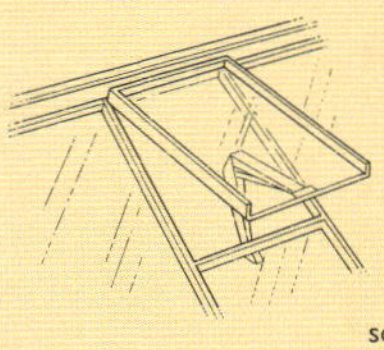

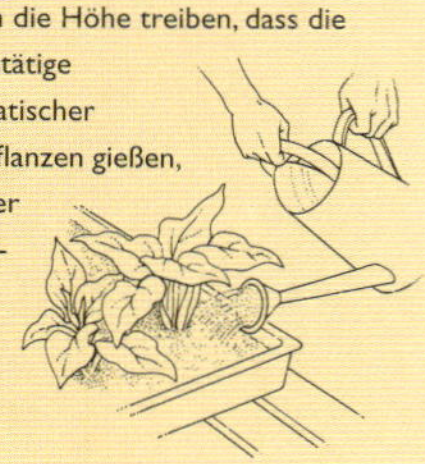

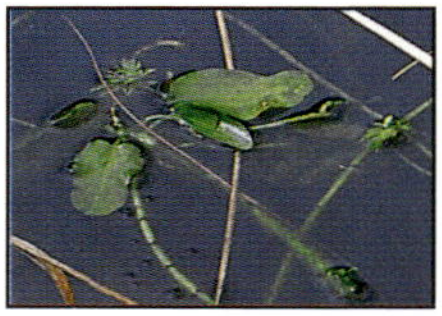

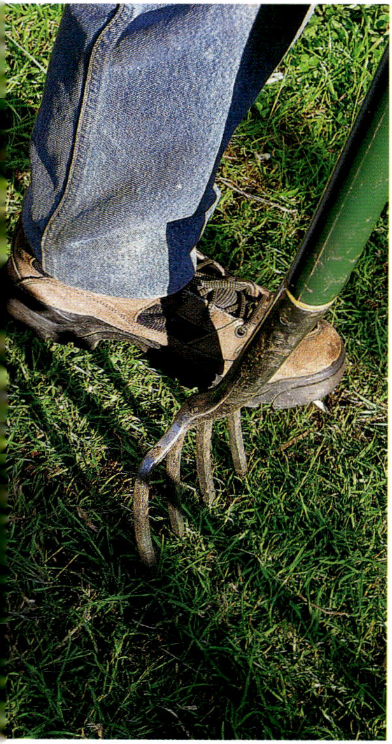

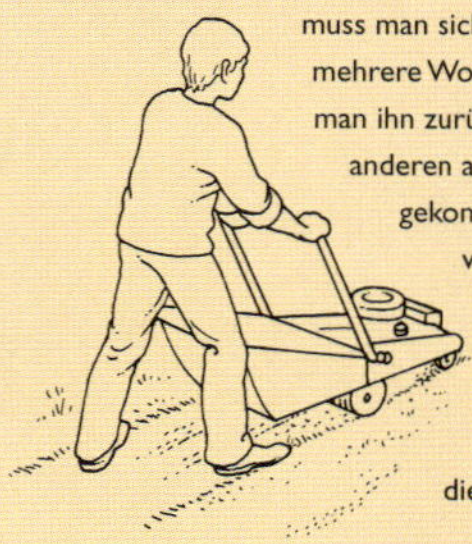

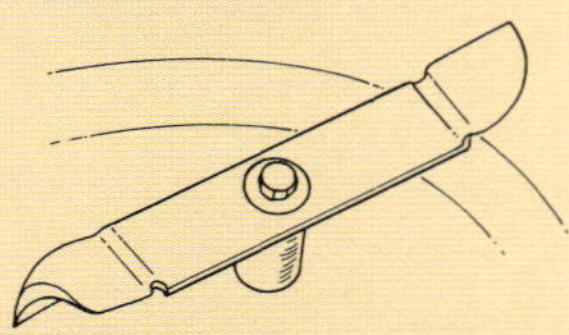

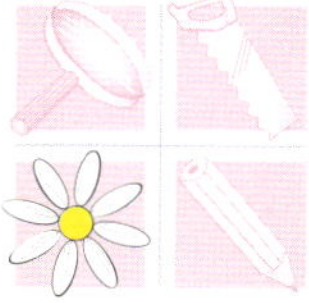

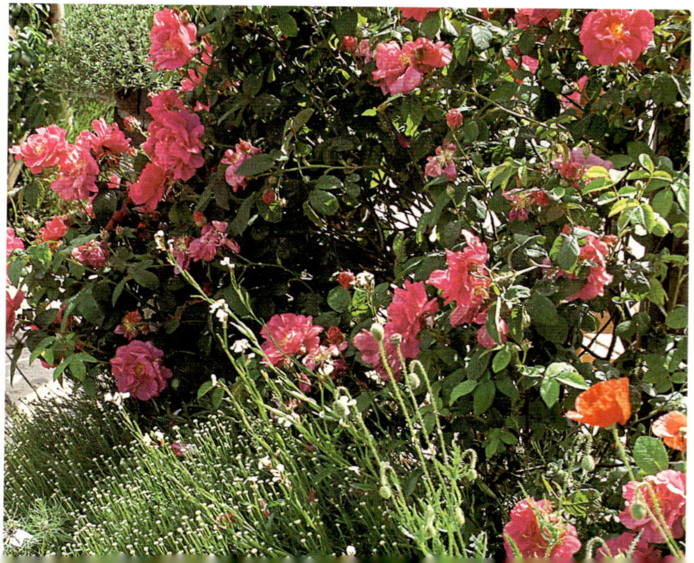

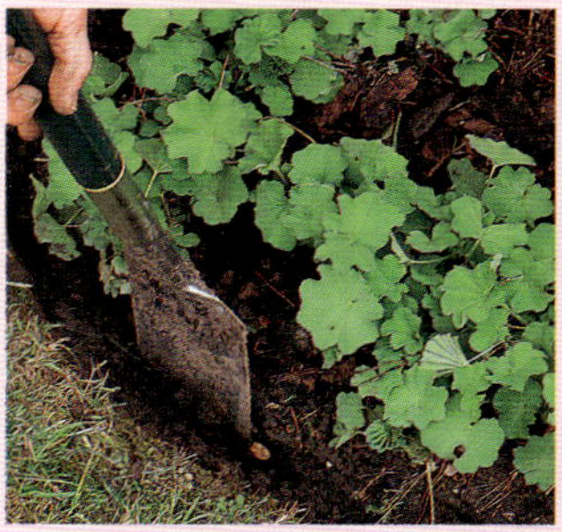

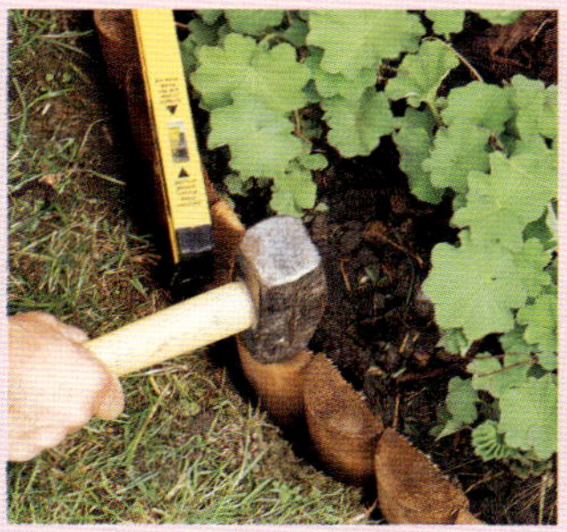

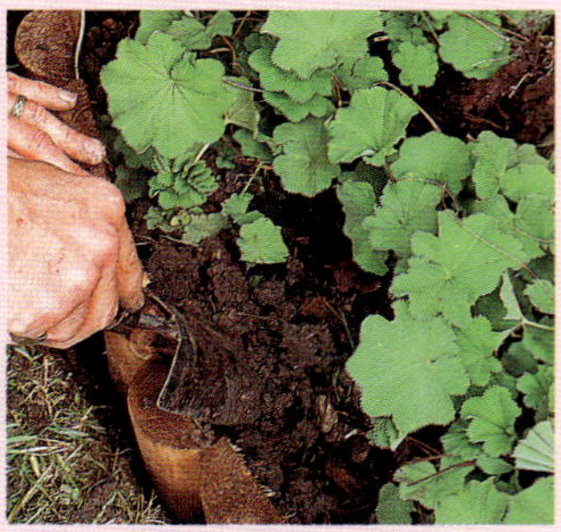

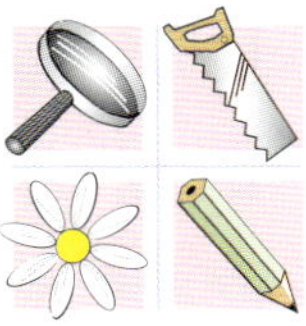

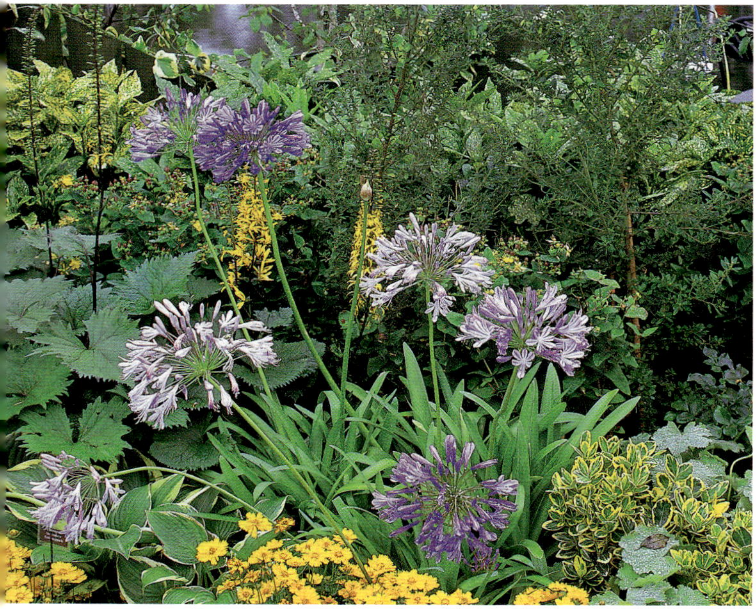

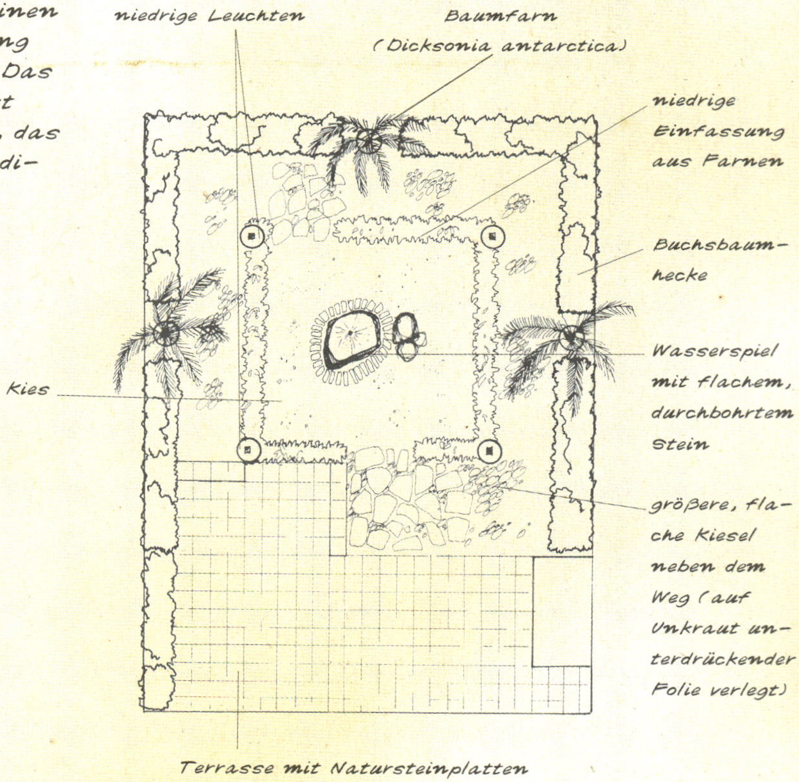

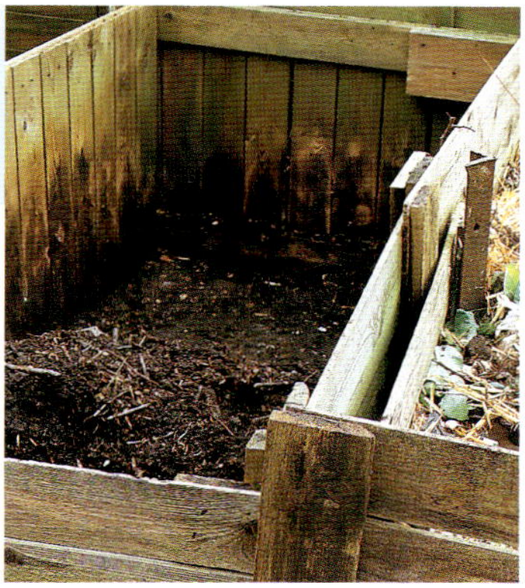

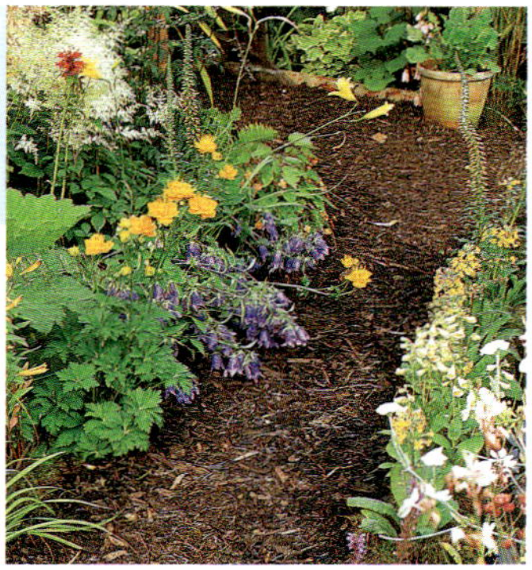

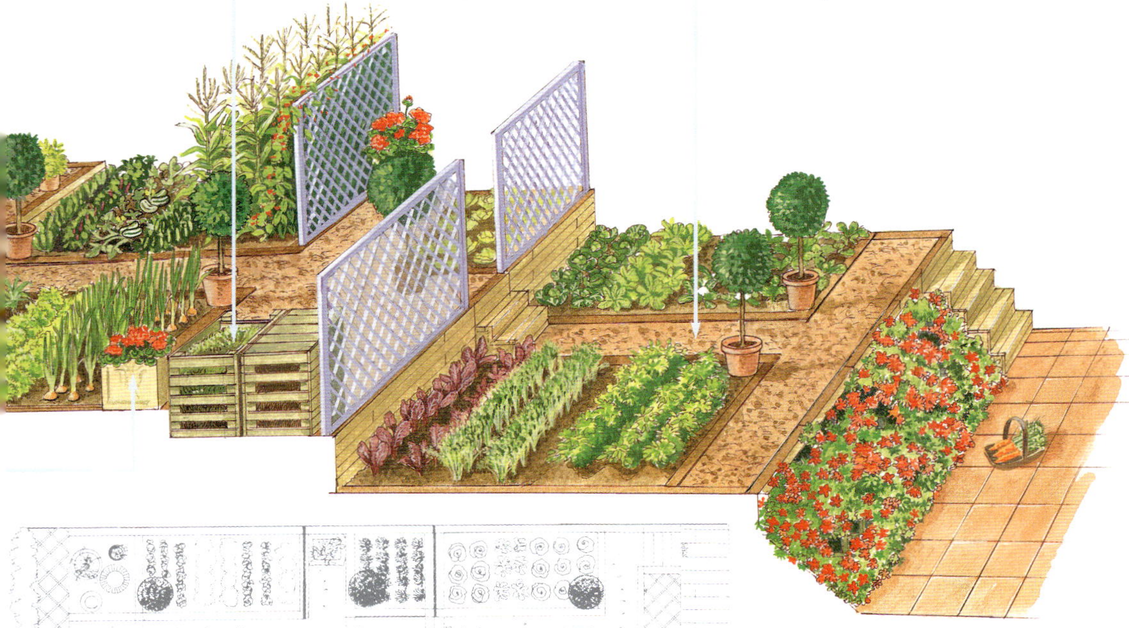

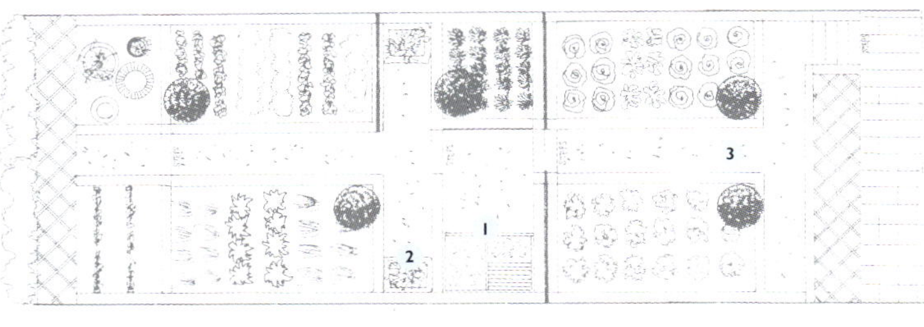

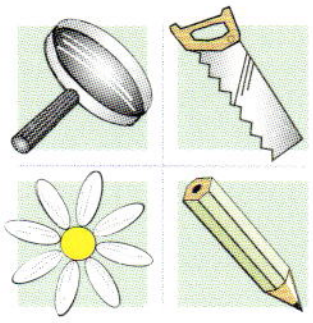

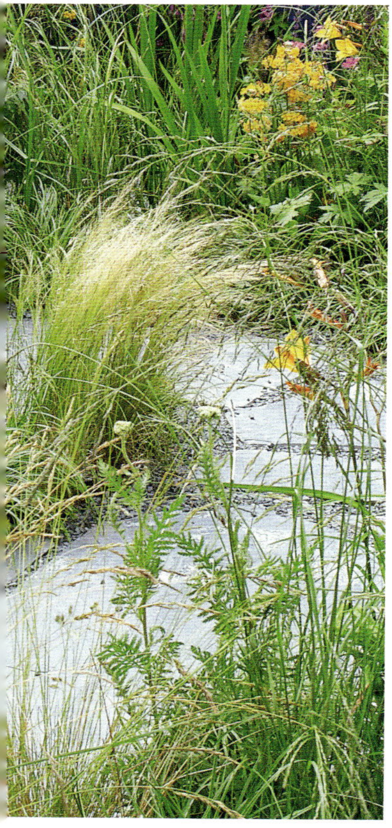

2 Zierkirsche

◀ Eine blühende Zierkirsche bildet im Frühling den Blickfang in diesem Gartenentwurf.

1 Margeriten

◀ Wilde Wiesenmargeriten sind hübsche Wiesenblumen, die auch im Garten gut gedeihen.

▶ Eine ländliche Wildhecke im Stil eines Knicks ist eine passende Begrenzung für einen Wiesengarten.

3 klassiche Wildhecke

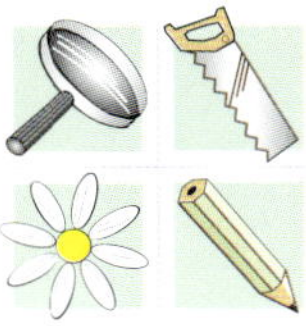

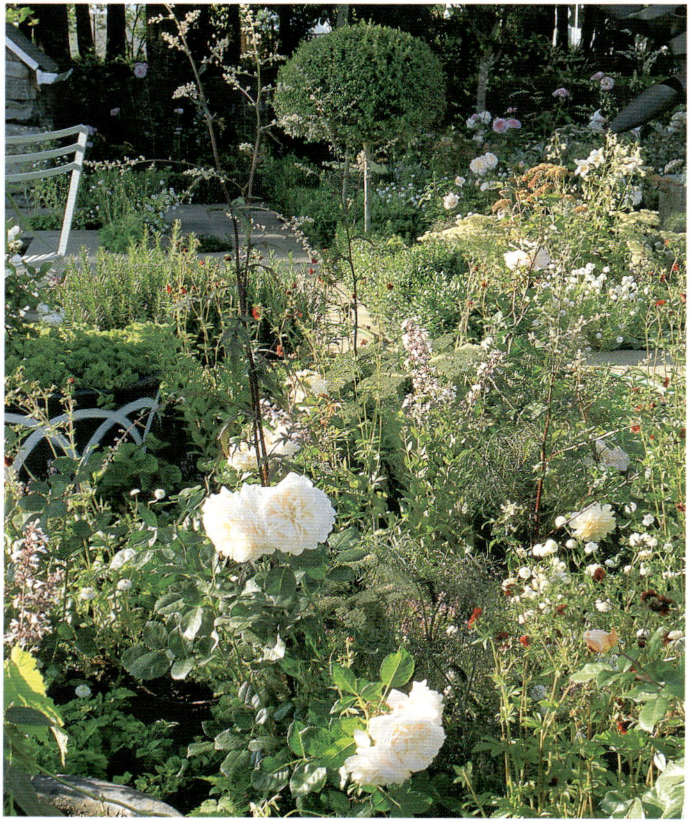

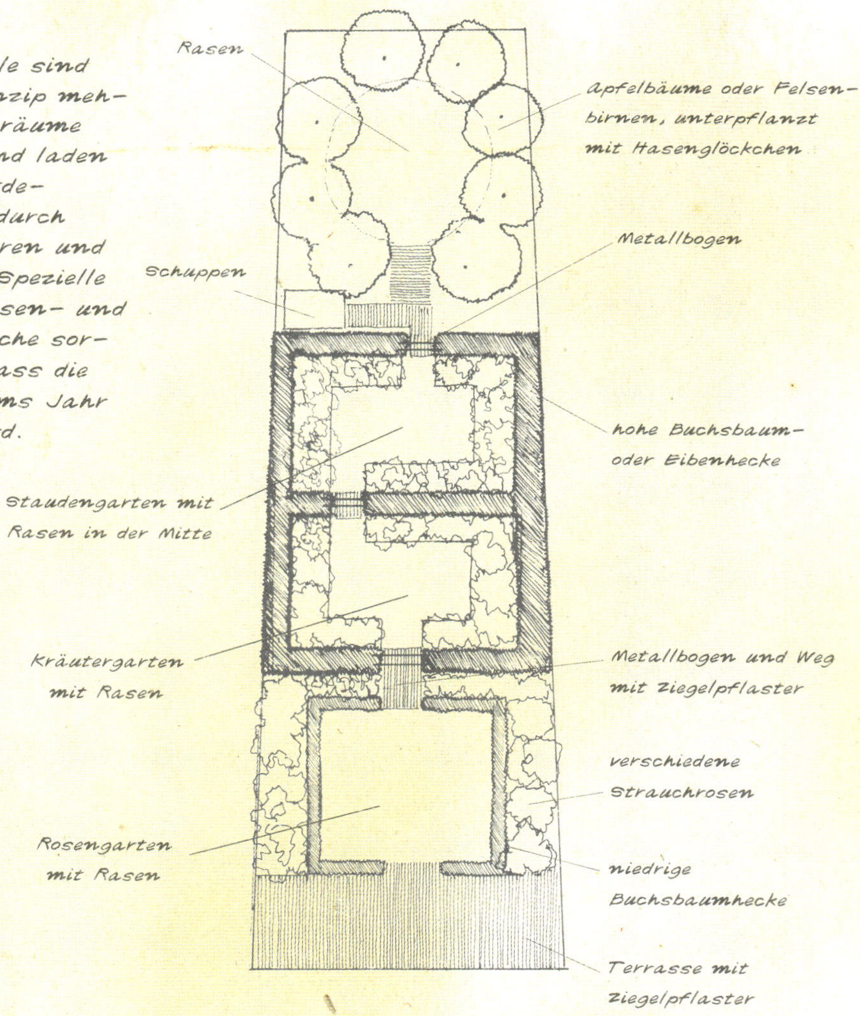

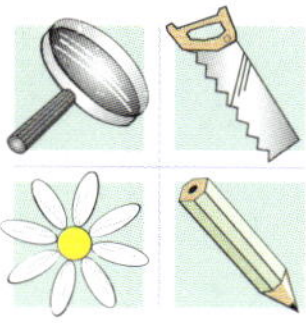

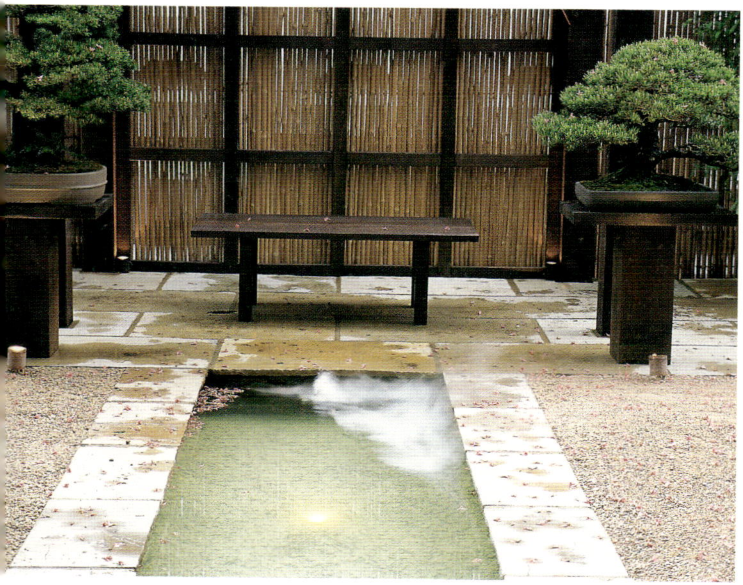

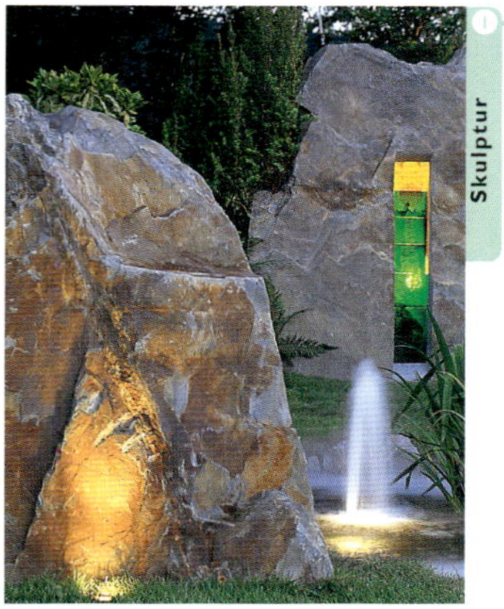

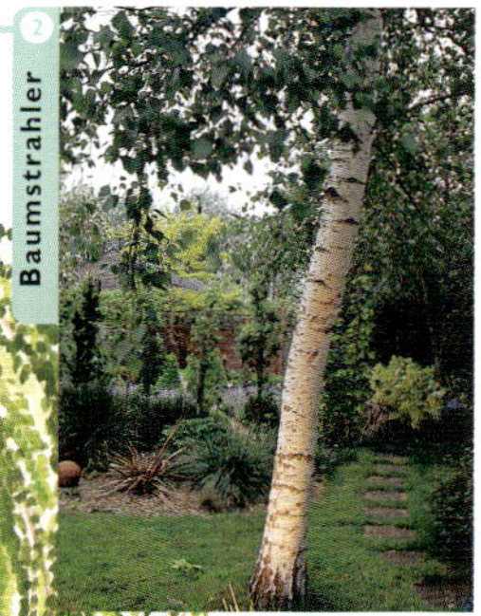

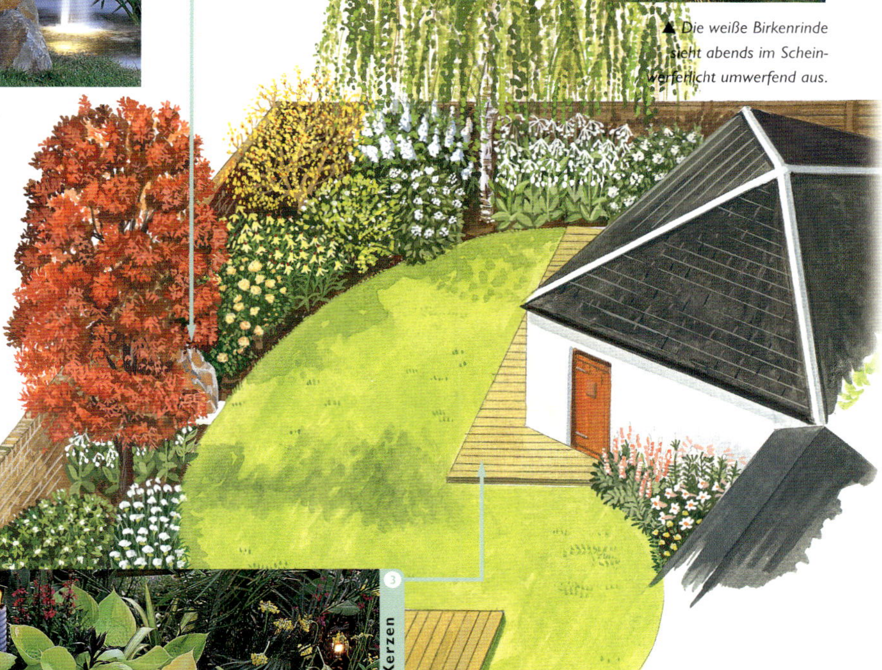

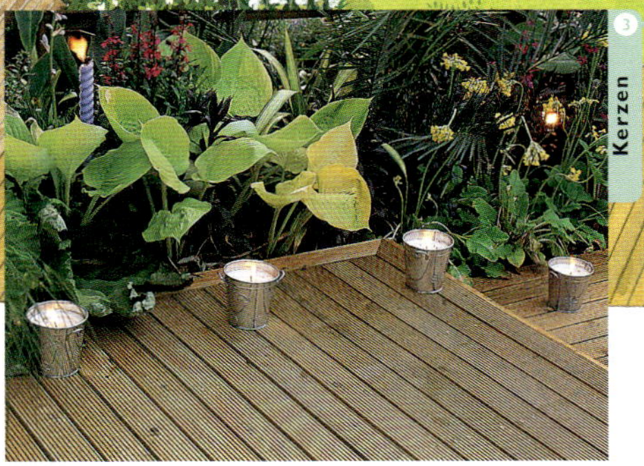

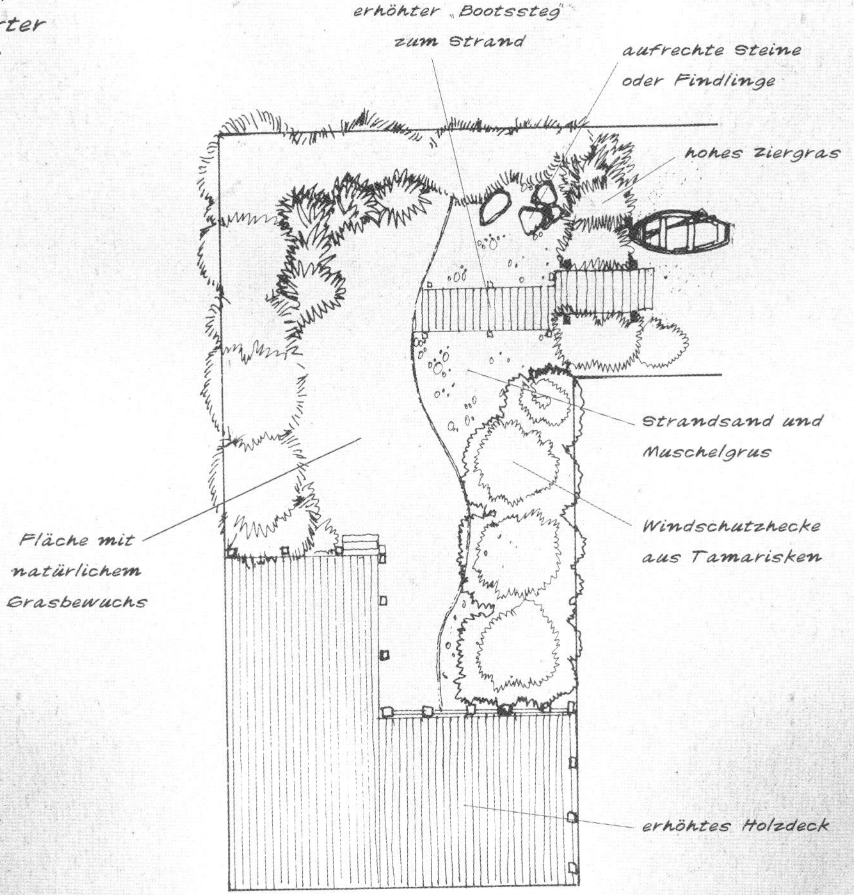

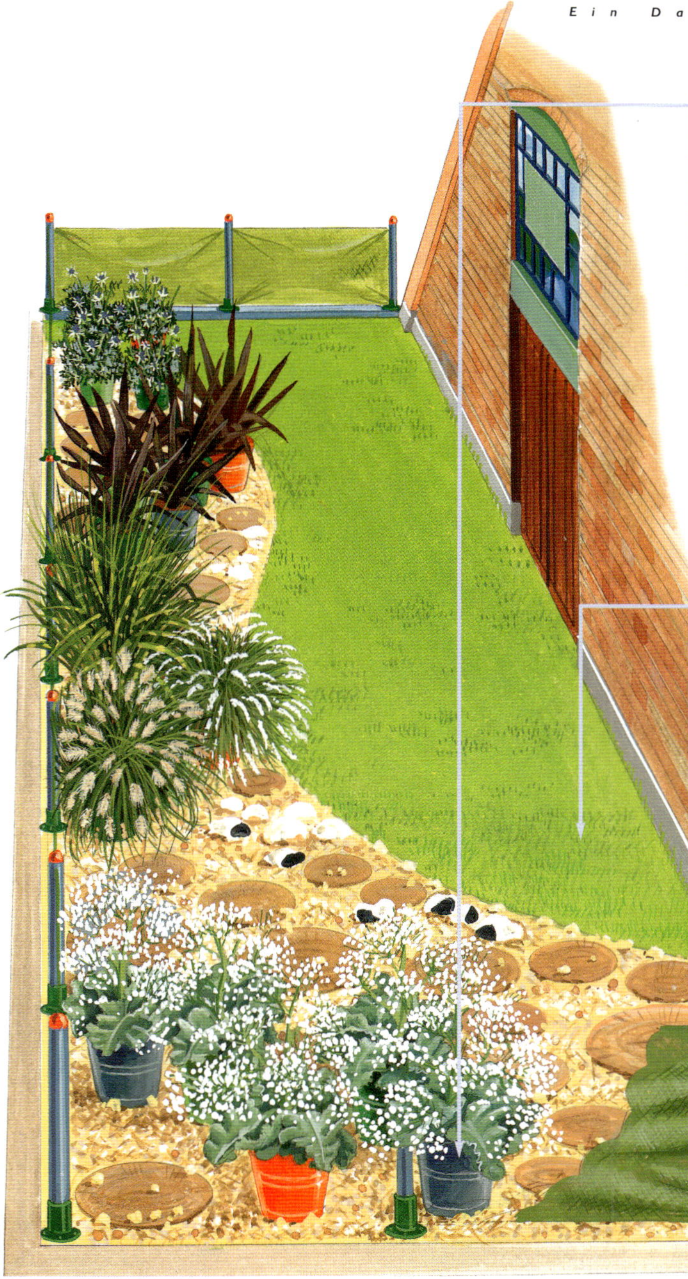

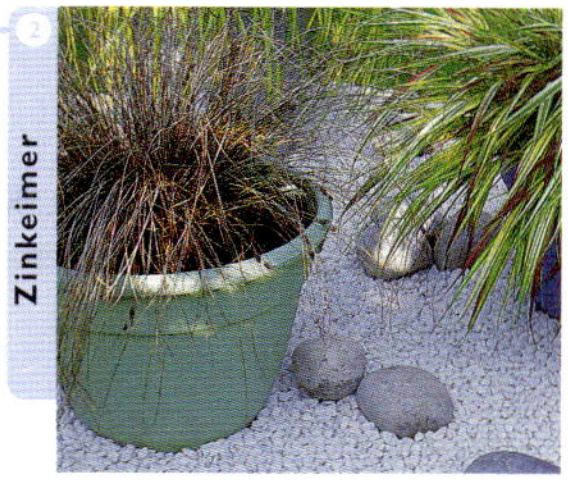

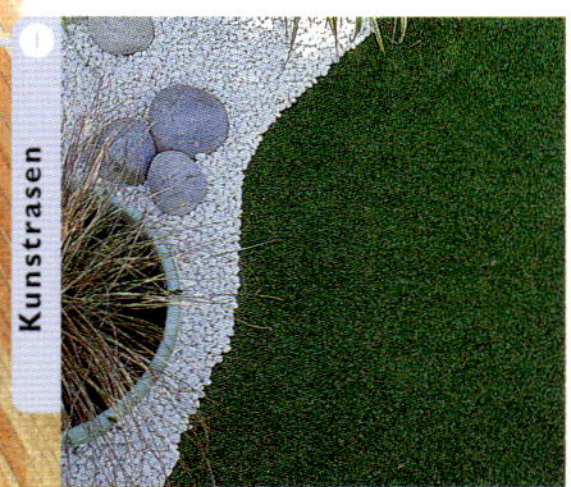

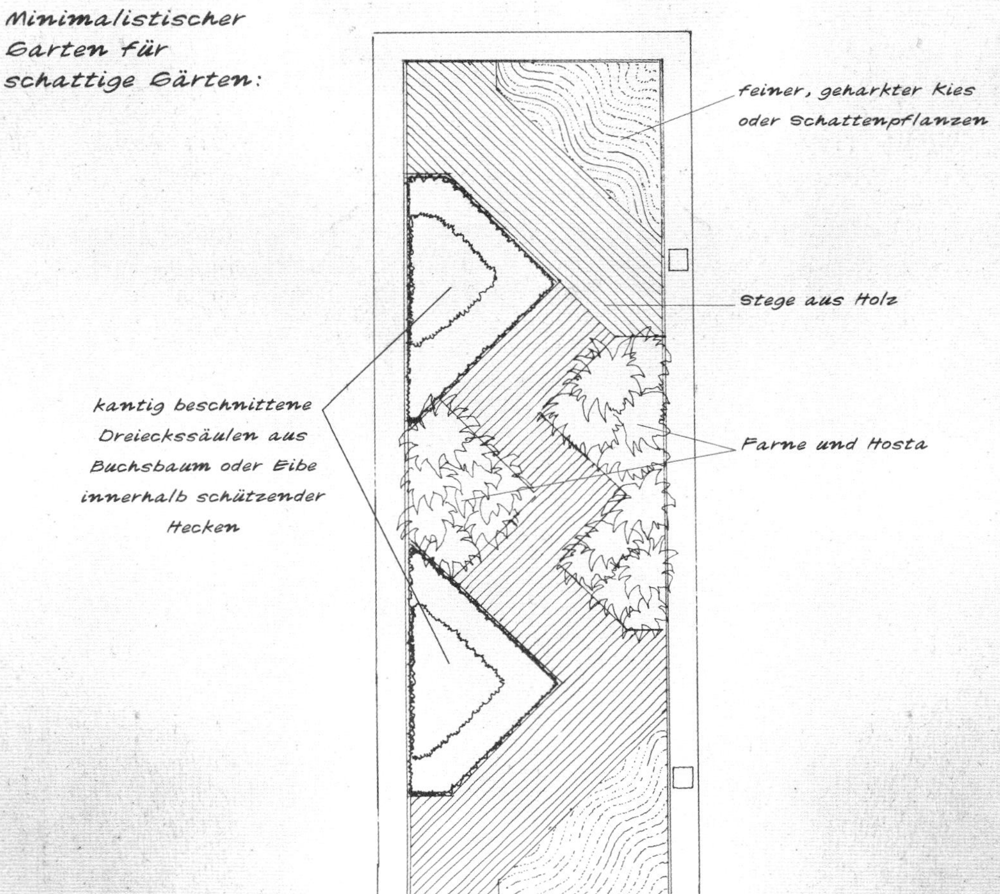
Minimalistischer Garten für schattige Gärten:
feiner, geharkter Kies oder Schattenpflanzen
Stege aus Holz
kantig beschnittene Dreieckssäulen aus Buchsbaum oder Eibe innerhalb schützender Hecken
Farne und Hosta

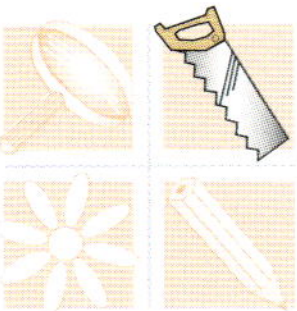

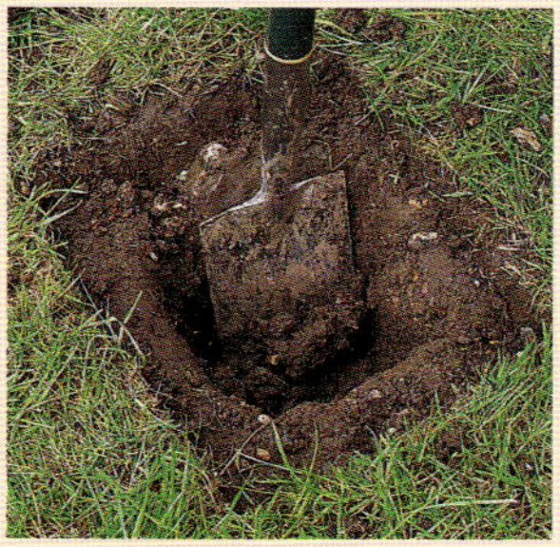

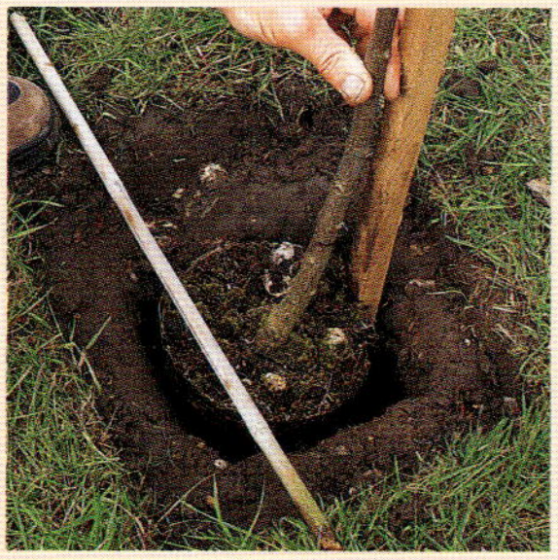

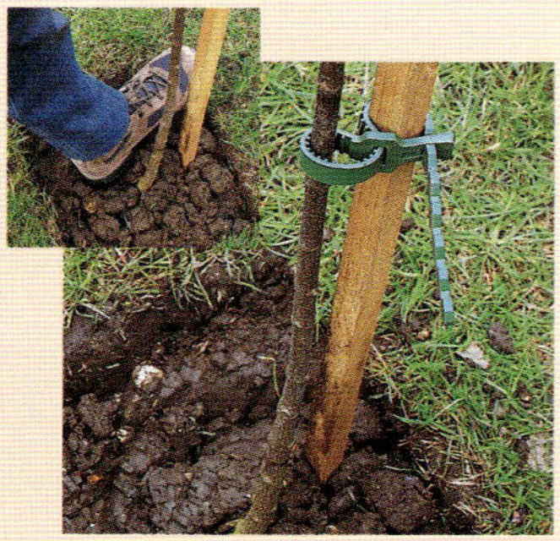

E

Q

R

Y

Z

Gärtnern mit Pflanzkübeln

Anthony Atha dankt seiner Frau Anthea für ihren Zuspruch, während er das Buch schrieb.

Er dankt ebenfalls Fiona Biggs, Michael Whitehead und Sarah Yelling
von Bridgewater Books für ihre Hilfe während des Entstehungsprozesses, ebenso Liz Eddison
für die Aufnahme oder Beschaffung aller Fotos im Buch.
Coral Mula und Ann Winterbotham sind die Illustrationen zu verdanken.

Außerdem dankt er allen Gärtnern, die Spaß daran haben, wenn Dinge wachsen.

Bildnachweise:
LIZ EDDISON **Garden Designers:** Susanna Brown 26; David Brunn 91; Butler Landscapes 93 (Chelsea 2000), 16–17, 20, 28, 59; Terence Conran 45, 219; Guy Farthing/Marshalls 53u; Alan Gardner 23; Gavin Landscaping 98ul, 99; Elizabeth Goodwin & Sylvia Whitehouse 52; Carol Klein 39; Lindsay Knight 21, 94; Landart 92; Wynniett-Husey Clarke 56–57, 63r;
NEIL HOLMES 138, 200, 224ul, 224uM, 229ul, 233ul, 233or, 234ul, 234ur, 235ul, 235uM, 236ur, 237ul, 238ul, 239ul, 239ur, 240ul, 241ul, 241or, 243ul, 246ur, 248uM, 250ul, 251ul, 252ol, 253ul, 259or
HARRY SMITH COLLECTION 61, 54l, 104, 105, 132, 133r, 209, 226, 229or, 230ul, 230uM, 231uM, 231ur, 232ur, 242ul, 244ol, 245ur, 253uM, 253ur;
DAVID SQUIRE 114ul, 114ur.

Dank an Roger Benjamin, Georgina Steeds
und Smith's Nurseries, New Denham, Middlesex.

Kleine Gärten

Dank an Roger Benjamin, Georgina Steeds
und Smith's Nurseries, New Denham, Middlesex.

LIZ EDDISON **Garden Designers:** Artisan Landscape Company (Tatton Park 2000) 369r;
Susanna Brown (Hampton Court 2000) 465u; David Brum (Hampton Court 2000) 286u, 440u, 464u,
(Chelsea 2000) 265u, 268-269, 309ul; Julian Dowle 299;
Kevin Dunne (Tatton Park 2000); Alison Evans (Tatton Park 2000) 281o;
Guy Farthing (Hampton Court 2000) 301, (Tatton Park 2000) 333ur;
Alan Gardner (Hampton Court 2000) 285; Gavin Landscaping 359;
Chris Gregory (Chelsea 1999) 332u; Toby & Stephanie Hickish (Tatton Park 2000) 452u;
HMP Leyhill (Chelsea 2000) 378; Carol Klein 270u, 443u; Lindsay Knight (Chelsea 2000) 287r, 352,
314-315; Land Art (Hampton Court 2000) 278–279, 302–303u, 300u;
Karen Maskell (Hampton Court 2000 – Natural & Oriental Water Garden) 289u, 358u, 370–371, 372,
Room in the Garden 309o; Alan Sargent (Chelsea 1999) 297o, 303o (Chelsea 2000) 272, 284u, 373;
Paul Stone 310u; Jane Sweetser (Hampton Court 1999) 297u;
Michael Upward & Richard Mercer 475; Pamela Woods (Hampton Court 1999) 434–435, 441;
THE GARDEN PICTURE LIBRARY 598u
NEIL HOLMES 396, 397, 419, 422, 456u, 457o, 457u, 478u, 489, 493o, 493u, 495, 498, 499;
PETER MCHOY 357ol, 357or, 357ul, 357ur
HARRY SMITH COLLECTION 352u, 353, 355, 356, 369l, 394, 400, 401, 402,
404, 405o, 406–407, 408, 409o, 409u, 410, 411o, 411u, 420, 421
SPEAR & JACKSON 346, 347
DAVID SQUIRE 341ol, 341oM, 341or, 341ur, 349, 385ur, 393ul, 393uMl, 393uMr, 393ur,
412, 413, 466, 469, 483, 491

Gärtnern durchs Jahr

Der Verleger dankt Roger Benjamin, Georgina Steeds und Smith's Nurseries, New Denham, Middlesex, UK.

LIZ EDDISON **Garden Designers:** Aughton Green Landscapes (Tatton Park 2001) 631u; James Basson (Hampton Court 2000) 626ul; David Brun (Hampton Park 2000) 562u; Bill Cartlidge (Tatton Park 2000) 509r, 556; Paul Dyer (Chelsea 2001) 630ur; Sarah Eberle (Hampton Court 2001) 522; Guy Farthing (Hampton Court 2000) 506, 508, 519ul; Sally Fell (Hampton Court 2001) 518u, 646ur; David Gibson (Tatton Park 2001) 539u; Carol Klein, 592; Douglas G. Knight (Tatton Park 2001) 560, 561; Colin Luckett (Tatton Park 2001), 624; Angela Mainwaring (Hampton Park 2001) 582; Tom Stuart-Smith (Chelsea 2000) 512u; Ian Taylor (Chelsea 2001) 605ur; Geoffrey Whiten (Chelsea 2001) 597ul

NEIL HOLMES 662ul, 673o, 673u, 686, 687o, 687u, 689o, 720, 734

HOZELOCK 576ul, 658u, 658r, 659

PARASENE 699or, 699ul

HARRY SMITH COLLECTION 527o, 551, 574, 575ul, 584r, 596u, 632, 638, 644, 653ul, 678ur, 692, 693ul, 699ol, 699ur, 704, 705or, 707u, 721ul, 728, 732, 745ul

Garten-Design

Für Godfrey Golzen

Bridgewater Book Co. dankt Sue Hook für die Gartenschemata und Zeichnungen.

LIZ EDDISON **Garden Designers:** Butler Landscapes 928; Christopher Costin 910ul, 910ur, 953or; Paul Dyer 259u; Sarah Eberle 933; Guy Farthing/Marshalls 813u; Folia Garden Designers 769u; Professor Masao Fukuhara 875u; Marney Hall 921ur; Graham Hardman 879ol; Susan Harman 857or; Stephanie Hickish 864; Carol Klein 856ul; Colin Luckett 811or; Natural & Oriental Water Gardens 756–757, 769or, 875o; Angel Mainwaring 811ul, 910uM, 939u; Jane Rendell & Sarah Tavender 885u, 887u, 889Ml, 889uMr; Alan Sargent 929u, 761ul; Judith Sharpe 922; Ian Taylor 884, 874, 885o, 888ol; Robin Templar Williams 768; Geoffrey Whiten 803ul, 867Ml; Wynniatt-Husey Clark 810, 813or, 881u
NEIL HOLMES 761or, 778-779, 790, 791o, 870ol, 891ol, 945o, 945u, 957or, 974, 982, 984, 985, 990or, 990ul *HARRY SMITH COLLECTION* 774l, 774r, 775, 783ol, 783oM, 806ur, 807, 842–843, 850ul, 861ol, 870ur, 890, 903ul, 913o, 934l, 935o, 956–957u, 967or, 979